과학기술법 2.0

손경한 · 조용진 편저

박영사

과학기술법 2.0 발간에 즈음하여

2010년 과학기술법 1.0을 출간한지 10년이 지났다. 지난 10년간 우리 세계는 과학기술에 압도된 시간을 보냈다. 인터넷, 핸드폰, 유전자 치료 등 이미 과학기술은 국가 사회 전반과 우리의 일상에 깊숙이 침투하여 이제는 과학기술을 떠나서는 사회시스템이 전혀 유지될 수 없는 상황에 이르렀다. 모든 학문에 있어 과학기술적 고려를 하지 않을 수 없어 "전 학문의 과학기술학화"가 진행되었다. 이점은 과학기술법학에 있어서도 예외는 아니다. 이러한 현상은 4차산업혁명과 팬데믹으로 더욱 심화되었다. 인공지능, 데이터, 사물인터넷, 블록체인이 우리 생활을 지배하고 2020년 세계를 강타한 코로나 19와 같은 전염병이 주기적으로 우리 인류를 엄습할 것이 예상되고 있다. 인공지능 인격과 책임, 데이터 물권, 전자상거래와 스마트계약, 개인정보보호와 사이버보안책임, 전자소송 등 과학기술을 대상으로 하거나 그를 수단으로 하는 영역이 확대되고 있다.

이제 우리는 과학기술의 발달로 편리한 생활을 누리게 된 반면 과학기술의 발달로 인한 부정적인 측면이 증가하고 있다. 기후변화, 과학기술에 의한 프라이버시의 침해, 후쿠시마 원전 사고에서 본 바와 같은 치명적인 방사능 누출, 과학기술을 악용한 신종 불법행위와 범죄가 출현하는 등 인간은 점점 더 과학기술의 위험에 노출되고 있으며 인간복제, 생물의 상품생산 등이 가능하게 되었다. 인간성의 상실과 불평등, 그리고 환경파괴가 야기한 기후변화와 팬데믹은 우리의 실존을 위협하는 상태에 이르렀다. 이러한 변화로 새로운 전체주의가 등장할 것임을 경고하고 있다. 이처럼 과학기술의 유용함과 아울러 그 위험을 정확하게 인식하고 이를 규범적으로 통제, 조장, 발전시켜 나갈 필요가 과학기술법의 존재 이유이다.

미래학자 제레미 리프킨(Jeremy Rifkin)은 우리는 이제 더 이상 '발전의 시대 (Age of Progress)'에 있지 않으며 '복원(회복탄력성)의 시대(Age of Resilience)'로 나아가야 함을 강조하였다. 우리는 지금까지 살아온 방식을 버리고 경제, 사회, 시설, 기업, 정부 그리고 개인까지 획기적인 변화하지 않으면 인류가 멸망의 참화를 당할 수 있는 시대에 살고 있다. 이러한 어려운 문제를 해결하여야 하는 법학은 새로운 도전에 직면하였으며 법학이 과학기술의 시녀가 될 것인지 법학이 과학기술을 통제할 수 있을 것인지가 당면 과제로 부상하였다. 이러한 시대적 요구로 모든 법학 분야가 총체적으로 과학기술법학화 하지 않으면 안 되게 되었다.

본서의 기본적 체계는 과학기술법 1.0과 같다. 다만 비법학도들을 위하여 평이하게 기술하려고 노력하였으며 각주를 미주(尾註)로 돌려 가독성을 높였다. 본서에서도 과학기술의 개념과 그 철학적, 사회학적 의미를 분석하는 데에서 출발하여 과학기술과 법 간의 대화를 이론화, 체계화하려고 노력하였다. 과학기술법을 과학기술실체법과 과학기술절차법으로 대별하고, 과학기술실체법을 다시 과학기술진흥법과 과학기술안전법으로 나누었다. 과학기술법 각론은 분야에 따라 정보기술법, 생명과학법, 에너지기술법, 나노과학기술법, 인지과학법, 항공우주기술법, 해양과학기술법, 그리고 이러한 기술들의 융합에 관한 융합기술법 등으로 나누어 간략히 그 특징과 현황을 언급하였다.

과학기술법 총론에서는 과학기술법 1.0에서 보다 깊은 연구를 시도하였다. 먼저 과학기술법의 법원(法源)을 검토하고 과학기술에 대한 헌법적 고찰을 하였으며 과학기술법의 두 축이자 서로 간에 긴장관계에 있는 과학기술진흥법과 과학기술안전법 간의 정합성 문제를 이론적으로 천착하였다. 그리고 과학기술법의 기초를 이루는 과학기술윤리와 법의 문제를 별도의 장으로 다루었다.

과학기술진흥법도 좀 더 심도 있게 연구하여 과학기술연구개발에 관한 과학기술혁신법에 관한 장을 두고 과학기술인력법을 별도로 다루었다. 이어 과학기술의 귀속과 보호 및 활용 법제를 검토하고 이러한 과학기술의 창출, 보호 및 활용에 관한 각종 계약을 검토하였다. 이점에 있어서 과학기술법 1.0에 비하여 그 넓이와 깊이를 더하였고 실무적인 필요에 부응하였다고 자부하고 싶다.

과학기술법 2.0 본서를 과학기술법 1.0과 차별화하는 큰 특징은 과학기술안전법을 별도의 한 편으로 독립시켜 깊이 있게 다룬 것이다. 즉 바이오기술의 비약적 발전에 따른 생명과학기술의 안전, 원자력사고 등 에너지안전 그리고 화학물질안전에 관한 법제를 각각 독립된 장으로 다루었다.

또 하나 본서의 특징은 4차산업혁명법제를 독립적으로 연구한 것이다. 4차산업혁명시대의 화두로 등장한 프라이버시 보호, 인공지능, 데이터, 사물인터넷 그리고 블록체인의 법적 문제를 심도있게 검토하였다. 인공지능 판사, 스마트계약 등 과학기술에 의한 법의 대체 현상도 검토의 대상이 되고 있는 현금의 사정을 고려하는 등 제2차 정보혁명에 대비하였다.

마지막으로 과학기술절차법에 있어서도 과학기술분쟁해결 전반에 이어 과학기술분쟁의 재판외 분쟁해결방법 즉 ADR을 새로운 관점에서 검토하고 과학기술에 대한 규제와 육성에 행정청이 관여하여 생기는 분쟁을 다루는 과학기술 행정절차와 행정소송에 관한 장을 신설하였다. 마지막으로 과학기술소송에 있어서는 민사소송뿐 아니라 형사소송의 문제도 다루어 그야말로 과학기술절차법을 망라하였다.

본서를 출간하는 데에는 여러분들의 도움이 있었다. 먼저 지난 2010년 출간된 과학기술법 1.0의 집필에 참여하여 주신 분들에게 감사드린다. 그분들의 기여에 힘입어 과학기술법 2.0이 탄생할 수 있음은 두말할 나위가 없다. 본서의 집필에 있어서도 과학기술법 1.0의 집필에 이어 계속하여 참여하신 집필자분들과 이번 개정판의 집필에 새로이 참여한 분들의 노고에 깊이 감사드린다. 편집자의 다양한 요구에 좇아 최신의 학문적 성과를 집대성하여 주신 것이 고마울 뿐이다. 또한 ㈜기술과 법연구소 연구원으로 중앙대학교 법학전문대학원에 입학한 송용주군이 원고정리와 참고문헌목록 그리고 각종 색인을 작성해 주어 본서가 연구서로서의 체제를 갖추게 되었음을 언급하지 않을 수 없다. 마지막으로 본서의 출간을 허락하여 주시고 편집과 출판에 노고를 아끼지 않으신 박영사 대표님 이하 편집부에 감사드린다.

새로운 시대를 위한 과학기술법 3.0을 기약하며

2021년 원단

편저자 손경한 · 조용진

과학기술법 1.0 서문

과학기술을 통한 인간의 신에 대한 도전은 계속되고 있다. 2010. 5. 미국의 크레이그 벤터 박사는 인공적으로 합성한 유전자를 이용하여 인공합성 세포, 즉 인공생물을 창조하였다. 동연구진은 '미코플라스마 미코이데스'라는 세균의 염기서열은 107만 7,947쌍(인간의 0.03% 수준)인데 DNA합성장치를 이용, 1080쌍 길이의 DNA조각 1,000개를 합성해 효모 안에 집어넣어 하나의 게놈으로 완성하고, 이렇게 만든 합성 게놈을 이종 박테리아인 '미코플라스마 카프리콜룸'에 넣어 인공생명체를 만들었다. 인류역사상 처음으로 세상에 존재하지 아니하던 생물을 인간의 손으로 창조하는 획기적인 사건이 일어난 것이다. 나는 경이로움과 함께 두려움을 느낀다.

21세기의 여명에 이미 정보기술(IT), 생명과학(BT) 등 개별 과학기술의 발달은 눈부신 진척을 보였다. 그 뒤를 이어 나노기술(NT)과 인지과학(뇌과학 및 신경과학을 포함하는 넓은 개념이다, CS) 등 새로운 과학기술과 이러한 과학기술간의 융합으로 종전에 전혀 존재하지 아니하였던 새로운 기술이 탄생하였다. 이러한 신종 과학기술의 특징은 이것들이 사회에 미치는 파급효과가 매우 크다는 것이다. 이를 교란적 기술(disruptive technology)라 부르는 학자도 있으나 나는 이를 사회적 기술(Social Technology)이라고 부르고 싶다. 이 개념은 20세기말과 21세기 초에 걸쳐 일어난 기술 혁명의 결과 이 사회에 급격한 변화를 초래하는데 기여한 일련의 기술을 말한다.

이러한 사회적 기술은 경제발전을 촉진하고 직접민주주의를 가능케 하며 종래 불치로 알려진 질병을 치료할 수 있게 하였고 나아가 여러 측면에서 인류의 삶을 편리하게 하고 있다. 그러나 다른 한편으로는 과학기술의 발전으로 인한 부정적인 측면이 증가하고 있다. 자연 훼손과 자원고갈, 기후변화, 과학기술에 의한 프라이버시의 침해, 원자력 발전소에서의 방사능 누출, 핵폭탄제조기술의 일반적 전파, 과학기술을 악용한 신종 불법행위와 범죄가 출현하는 등 인간은 점점 더 과학기술의 위험에 노출되고 있으며 인간복제, 생물의 상품생산 등 종래 신의 영역으로 인식되었던 행태가 인간에 의해 자행되기에 이르렀다. 이처럼 질주하는 사회적 기술의 유용함과 아울러 그 위험을 정확하게 인식하고 이를 규범적으로 통제, 조장, 발전시켜 나갈 필요가 어느 때 보다도 커졌다 할 것이다. 이것이 과학기술법의 존재이유이다.

종래에는 이와 같은 과학기술에 관한 법적문제를 정보기술, 생명과학, 원자력기술 등과 같이 개별 기술 분야별로 연구하여 왔고 상당한 연구성과가 축적된 것도 사실이다. 그러나 앞서본 바와 같이 오늘날은 새로운 기술 분야가 속속 출현하고 또 이러한 개별분야 기술간의 융합을 통하여 새로운 기술의 개발이 가속화되면서 그 발전 방향을 예측하기가 쉽지 않게 되었으며 인간과 사회에 끼치는 부정적 영향 또한 가늠하기 어렵게 되었음에 주목할 필요가 있다. 이와 같은 기술의 융합은 사회적 기술을 등장시킬 뿐 아니라 과학기술 전반에 관한 통합적인 법적 접근을 요구하게 되었다. 또한 새로운 과학기술분야의 출현이 가지는 법적함의는 과학기술법의 일반적 관점에서 관찰하여야 제대로 된 이해를 할 수 있고 그에 대한 법적 대응이 가능하게 되었다. 바꾸어 말하면 과학기술법에 대한 총론적 이해 하에서 개별 과학기술에 관한 각론적인 법적 고찰을 하여야 개별 과학기술법도 제대로 된 이론을 정립할 수 있게 된 것이다. 과학기술법은 이러한 현실적 필요에서 탄생하였다.

본서를 기획하고 편집함에 있어 편저자는 아래와 같은 점에 유의하였다. 먼저 과학기술의 개념과 그 철학적, 사회학적 의미를 분석하는 데에서 출발하여 과학기술과 법간의 대화를 이론화, 체계화하려고 노력하였다.

그러한 작업의 일환으로 과학기술법의 이념과 과학기술윤리와의 관계를 탐구하였다. 나아가 과학기술법을 체계화하려고 시도하였다. 과학기술법 총론을 먼저 과학기술실체법과 과학기술절차법으로 나누고 과학기술실체법은 다시 과학기술진흥법과 과학기술안전법 그리고 과학기술과 법간의 관계의 세 분야로 분류하였다. 과학기술법 각론은 분야에 따라 정보기술법, 생명과학법, 녹색기술법으로 나누고 아직 연구가 부족한 나노과학기술법, 인지과학법, 항공우주기술법, 해양과학기술법 등의 분야에 관하여는 문제의식을 환기하는 수준에 그쳤다.

앞으로 새로운 과학기술분야가 생길 때마다 과학기술법 각론은 그에 따라 영역을 넓혀 나가게 될 것이다. 이 책은 편저자가 과문한 탓인지는 몰라도 과학기술법에 관한 세계최초의 포괄적 체계서로 알고 있다. 앞으로 부족한 점을 보완하여 세계적으로 널리 읽힐 수 있는 저서로 만들어 나가고자 하는 것이 편저자의 포부이다.

본서의 출간에는 한국과학기술법학회의 공이 크다. 2009년 6월 창립된 한국과학기술법학회는 법학자나 법률실무가뿐 아니라 기술정책전문가도 함께 참여하여 바람직한 과학기술 법정책의 수립에 기여하자는 취지에서 출범하였다. 이와 같은 단체는 세계에서 그 유례를 발견할 수 없는 것으로 향후 그 활동과 역할이 크게 기대된다. 동 학회의 간부들을 중심으로 2009년 9월 과학기술법에 관한 개론서를 분담 집필하여 2010년에 출간하기로 결의하고 그 작업에 착수한지 1년 만에 그 결실을 본 것이 이 책이다. 이는 오늘날 새로운 사회현상으로 주목을 끄는 집단지성(collective intelligence)이 이루어 낸 작은 성과라 볼 수 있다. 집단지성은 공개, 참여, 공유의 기치 하에 많은 업적을 기록하고 있으며 이에 대한 사회적 신뢰가 깊어지고 있다. 본 편저자는 집단지성방식의 작업이 향후 학문연구의 기본적 형태로 자리 잡을 것임을 확신한다.

본서를 출간하는 데에 집필자분들의 기여가 절대적이었음은 더 말할 나위가 없다. 새로이 출범한 법학전문대학원에서의 강의와 연구에 병행하여 본 원고를 집필하느라 수고들을 많이 하였다. 특히 재판 업무에 바빠 마지막까지 과학기술소송 원고를 보내주지 않아 편저자의 애를 태웠던 최성준 서울중앙지방법원 수석부장판사에게도 감사드린다. 집필자분들 외에도 여러분의 수고가 있었다. ㈜기술과 법 연구소 연구원으로 성균관대학교 대학원에서 과학기술법을 전공한 심현주양 및 이홍기군 그리고 성균관대학교 법학전문대학원생인 나성권군이 원고 정리와 참고문헌 목록, 사항색인, 판례색인을 작성해 주어 본서가 연구서로서의 체제를 갖추게 된 점에 감사한다. 마지막으로 본서의 출간을 허락하여 주시고 더운 여름 날씨에도 불구하고 편집과 출판에 노고를 아끼지 않으신 진원사 양진수 사장님을 비롯한 임직원들에게도 감사드린다.

2010년 8월 길일
명륜동 한凡軒에서
편저자 **손경한** 씀

목 차

제1편 | 과학기술법 총론

제5편 | 과학기술분쟁의 해결

제1편

과학기술법 총론

제 1 장 과학기술법이란 무엇인가

Ⅰ. 서 론

1. 과학기술의 발전

21세기의 과학기술은 종래 산업사회에 있어서의 과학기술과는 판연히 다른 특징을 보여 주고 있다. 과학기술에 있어 이러한 새로운 현상은 20세기말부터 시작되었다. 최근까지 볼 수 없었던 새로운 종류의 기술이 동시 다발적으로 생겨났다. 정보기술(IT), 양자기술(QT), 생명기술(BT), 나노기술(NT), 뇌과학(Brain Science, 신경과학, 인지과학을 포함하는 개념이다)등이 그들이다. 정보기술의 측면에서 보면 인터넷이나 휴대폰이 일상생활에 필수품이 되었으며 인공지능, 사물인터넷, 블록체인 등 새로운 기술이 광범위하게 사용되고 있다. 생명기술 내지 생명과학의 측면에서도 2003년 인간 게놈 프로젝트가 완료되어 질병치료에 획기적인 도움을 주고 있으며,[1] 2010년에는 인공적으로 합성한 유전자를 이용하여 인공생물을 창조하는데 성공하였다.[2]

과학기술의 발달은 가속화되고 과학기술의 융합으로 종전에 존재하지 아니하였던 새로운 기술이 탄생하였다. 이러한 신종 과학기술의 특징은 이것들이 사회에 미치는 파급효과가 매우 크다는 것이다. 이를 교란적 기술(Disruptive Technology)이라 부르는 학자도 있으나,[3] 필자는 이를 사회적 기술(Social Technology)이라고 부르기로 한다. 이는 20세기 말엽과 21세기 초엽에 걸쳐 일어난 기술혁명의 결과 이 사회에 급격한 변화를 초래하는데 기여한 일련의 기술을 말한다.

이러한 사회적 기술은 경제발전을 촉진하고 직접민주주의를 가능케 하며[4] 종래 불치로 알려진 질병을 치료할 수 있게 하였고 나아가 여러 측면에서 인류의 삶을 편리하게 하고 있다. 그러나 다른 한편으로는 과학기술의 발전으로 인한 부정적인 측면이 증가하고 있다. 자연훼손과 자원 고갈, 기후변화, 전염병의 창궐, 과학기술에 의한 프라이버시의 침해, 원자력 발전소에서의 방사능 누출, 핵폭탄제조기술의 일반적 전파, 과학기술을 악용한 신종 불법행위와 범죄가 출현하는 등 인간은 점점 더 과학기술의 위험에 노출되고 있으며 인간복제, 생물의 상품생산 등 종래 신의 영역으로 인식되었던 행태가 인간에 의해 자행되기에 이르렀다. 이처럼 사회적 기술의 유용함과 아울러 그 위험을 정확하게 인식하고 이를 규범적으로 통제, 조장, 발전시켜 나갈 필요가 어느 때보다도 커졌다 할 것이다. 이것이 과학기술법의 존재이유이다.

종래에는 이와 같은 과학기술에 관한 법적 문제를 정보기술, 생명과학, 원자력기술 등과 같이 개별 기술분야별로 연구하여 왔고 상당한 연구성과가 축적된 것도 사실이다. 그러나 오늘날은 정보기술, 생명과학뿐 아니라 나노기술, 인지과학5) 등 분야의 융합을 통한 새로운 기술이 개발되고 있다. 이와 같은 기술의 융합은 사회적 기술을 등장시킬 뿐 아니라 법적으로도 과학기술 전반에 관하여 통합적으로 접근하게 되었다. 또한 새로운 과학기술분야의 출현은 그 분야의 법적 함의도 과학기술법의 일반적 관점에서 관찰하여야 제대로 된 이해를 할 수 있고 그에 대한 법적 대응이 가능하게 되었다. 과학기술법은 이러한 현실적 필요에서 탄생하였다.

2. 과학기술법의 개념

가. 과학과 기술의 개념

과학(science)은 좁은 의미로는 자연과학(natural science) 즉 자연세계에서 보편적 진리나 법칙의 발견을 목적으로 하는 학문을 가리키나 넓은 의미로는 자연과학을 포함하여 합리적 추론을 통하여 보편적인 진리나 법칙의 발견을 목적으로 하는 학문을 말하며 철학·종교·예술과 대립되는 개념으로 쓰인다.6) 과학은 다시 기초과학(basic science)과 응용과학(applied science)으로 나누어진다. 기초과학은 수학, 물리학, 화학, 생물학, 지질학 등 과학의 밑바탕을 이루는 순수과학을 말하고7) 응용과학은 의학·농학·공학 등과 같이 이미 얻은 과학적 지식을 사회생활에 응용하는 것을 목적으로 하는 과학을 말한다. 한편 기술(technology)이란 과학 이론을 실제로 적용하여 자연의 사물을 인간 생활에 유용하도록 가공하는 수단을 말한다.8) 광의로는 사물을 잘 다룰 수 있는 방법(technic)이나 능력(skill)을 포함한다. 요컨대, 기술이란 과학적 성과를 이용하여 산업에 적용하는 것이라고 할 수 있다.

나. 과학기술의 개념

그런데 오늘날은 과학과 기술을 합쳐 과학기술(science & technology)이란 하나의 개념으로 쓰는 경우가 많다. 그것은 오늘날 과학과 기술이 서로 밀착되어 과학이 기술의 진보를 촉진하고 기술적 성과를 이용하여 과학이 발전하는 상승효과로 인하여 과학과 기술이 불가분의 관계를 이루고 있을 뿐 아니라 현실적으로 과학과 기술을 구분하기 어려워져[9] 과학기술이 하나의 개념으로 인식되고 있기 때문이다. 결국 과학기술이라 함은 과학 특히 응용과학과 기술을 총칭하는 개념이라 할 수 있다. 법적으로는 과학기술에서 말하는 과학은 자연과학과 이에 밀접한 관련이 있는 사회과학의 원리·원칙을 말하고 기술이란 이 과학의 성과를 이용하여 산업 개발 등 인간생활에 활용하는 수단을 말한다고 할 수 있다.[10] 그렇다면 과학기술에서 말하는 과학은 단순히 자연과학뿐 아니라 자연과학과 밀접한 사회과학의 원리와 원칙을 포함하는데 그 특징이 있다고 하여야 할 것이다.

다. 과학기술의 종류

과학기술은 크게는 그 연구개발의 단계에 따라 기초과학기술(fundamental science & technology, 이를 줄여 기초기술이라 부른다), 응용과학기술(applied science & technology, 이를 줄여 응용기술이라 부른다)로 나눌 수 있다. 법적으로 과학기술은 기초과학기술과 산업과학기술(industrial science & technology, 이를 줄여 산업기술이라 부른다)로 나뉜다. 기초기술이라 함은 자연현상에 대한 새로운 이론과 지식을 정립하기 위하여 행하여지는 기초연구활동의 성과인 과학기술을 말하고,[11] 산업기술이라 함은 제조업 및 제조업 관련 서비스업, 광업, 에너지산업, 정보통신산업 등 산업의 발전에 관련된 기술을 말한다.[12]

국가연구개발사업에 있어서는 과학기술연구를 기초연구, 응용연구 및 개발연구로 나누었다.[13] OECD는 연구개발을 기초연구(basic research), 응용연구(applied research) 및 실험개발(experimental development)의 3단계로 나눈다.[14] 그러나 본장에서는 과학기술을 기초과학기술과 응용과학기술로 나누었고 응용연구와 개발연구는 이를 구분하기 힘들므로 과학기술에 대한 연구도 기초연구와 응용연구로 나누기로 한다.[15] 기초연구는 순수연구라고도 하는데 지적 호기심을 출발점으로 하여 이론이나 지식의 진전을 목적으로 하며 그 연구 성과가 무엇인가에 도움이 되는 것을 목표로 하지 않는 연구를 말하는 것이며 응용연구는 구체적인 문제의 해결을 목표로 하는 것으로 산업이나 사회의 발전을 위하여 하는 연구를 말한다.

라. 과학기술법의 개념

과학기술법은 그 개념이 다양하게 정의된다. 최광의로는 과학기술에 관한 일체의 규범을 말한다. 공법, 사법, 절차법, 실체법을 불문한다. 광의로는 과학

기술의 진흥과 과학기술의 위험에 대비하는 규범 일체를 말한다. 협의로는 과
학기술의 진흥을 위한 행정법 규범으로 한정한다. 우리는 과학기술의 양면성을
주목하지 않으면 안된다. 과학기술의 발전으로 인간의 생활이 편리해지는 면과
인간의 삶이 위협받는 면이 공존하기 때문이다. 따라서 과학기술법은 과학기술
의 진흥에 관한 규범은 물론 과학기술의 위험으로부터 우리의 안전을 지키는
규범까지를 포함하는 것으로서 과학기술 연구개발의 촉진, 금지 또는 제한, 기
술에 대한 권리인정 등 보호, 기술 발전 방향의 제시, 기술수명의 책정, 기술거
래와 이용의 통제 및 원활화, 환경 보존 등에 관한 일체의 규범을 말한다고 이
해하여야 할 것이다. 나아가 국가나 지방자치단체의 과학기술에 관한 규범에
한정되지 아니하고 그 외의 공공단체는 물론 연구기관이나 기업의 과학기술에
관한 내부규정도 규범의 성격을 가지는 한 과학기술법의 범주에 포함시키기로
한다.16)

Ⅱ. 과학기술의 법적 기초

1. 과학기술철학과 과학기술법

하이데거는 과학기술 시대를 사는 우리가 과학기술의 위력만을 볼 뿐 그
것을 가능하게 하는 존재의 은폐를 보지 못한다면 과학에 노예가 된다고 경고
하였고,17) 자크 엘륄(Jacques Ellul)은 기술의 발달이 초래하는 인간소외와 그 리
스크 등의 문제를 직시하고 이에 대처할 것을 권고한 바 있다.18) 과학기술은
생산력의 증대와 문화의 향상을 가져오지만 다른 한편으로는 자연을 훼손하고
현시적으로 또는 잠재적으로 인간에게 치명적인 피해를 야기할 수 있고 나아
가 인간을 과학기술에 종속시켜 인간이 과학기술을 도구로 사용하는 것이 아
니라 거꾸로 과학기술이 인간을 도구화하는 결과를 초래하고 있다.19) 과학기술
법은 문명의 이기로서의 과학기술의 효용을 증진시키면서도 그것이 인간의 존
엄과 가치를 유지, 보장할 뿐 아니라 이를 회복, 확장하는 것을 목적으로 하고
있다. 일견 서로 모순, 충돌되는 듯한 이 두 가지 목적을 조화롭게 달성할 수
있는 법제를 정립하는 것이 이상적 과학기술법이다. 즉 과학기술법은 과학기술
의 발전을 통하여 경제적, 사회적 발전을 달성함과 아울러 인간의 존엄과 가치
를 제고하는데 봉사하여야 한다고 할 수 있다.

2. 과학기술법의 이념

가. 과학기술법의 이념의 중요성

우리는 과학기술을 발전시켜야 하는 이유를 명확하게 인식하고 그에 맞는 방법과 수단을 구사하여야 한다. 과학기술은 인간을 이롭게 하는데 사용되어야 하며 안전하고 신중한 과정을 거쳐 개발되어야 한다. 과학기술법의 이념은 이처럼 인간의 존엄과 가치를 지키고 이를 증진하는데 그 초점이 있다. 이를 위하여 과학기술자들에게 최대한의 창의를 발휘할 수 있는 시스템을 갖추어야 하며 과학기술자들은 그에 상응하는 사회적 책임을 다하여야 한다. 과학기술윤리도 그러한 점에서는 과학기술법의 이념과 그 궤를 같이 한다. 과학기술법은 과학기술윤리의 최소한을 규정하여 이를 법치주의의 원칙하에 집행하여야 한다.

나. 과학기술법의 이념의 내용

1) 인간의 존엄과 가치 존중의 원칙

우리 헌법은 "모든 국민은 인간으로서의 존엄과 가치를 가지며, 행복을 추구할 권리를 가진다"고[20] 규정하고 있으며 이에 따라 과학기술기본법은 "과학기술혁신이 인간의 존엄을 바탕으로 자연환경 및 사회윤리적 가치와 조화를" 이룰 것을 기본 이념의 하나로 규정하였다.[21] 이로써 우리 법제는 과학기술법의 이념으로 인간의 존엄과 가치 존중의 원칙을 선언하고 있다고 할 것이다. 인간의 존엄은 인간을 인간으로 만드는 인격(人格) 그 자체이며 인간의 가치란 인간에 대한 독자적 평가라 할 수 있다. 그러나 '인간의 존엄과 가치'는 문화적 개념으로서 나라마다 공동체마다 달리 해석될 수 있다. 세계화한 오늘날 '인간의 존엄과 가치'에 대한 견해가 나라마다 다르다면 과학기술에 대한 범세계적 발전과 통제가 어려워지므로 '인간의 존엄과 가치'에 대한 인류 공통의 기준의 정립이 필요하다. 우리 헌법은 '인간으로서의 존엄과 가치'를 향유할 수 있도록 하기 위하여 국가에게 "개인이 가지는 불가침의 기본적 인권을 확인하고 이를 보장할 의무"를 지우고 있다.[22] 따라서 과학기술법은 국민의 기본권 특히 프라이버시의 보호, 쾌적한 환경을 누릴 권리, 평등한 정보접근권[23] 등을 보장하여야 한다.

2) 과학기술자 창의성 존중의 원칙

우리 헌법은 "모든 국민은 학문과 예술의 자유를 가진다."고 규정하여[24] 과학 연구의 자유를 보장한다. 나아가 과학기술기본법은 "과학기술인의 자율성과 창의성이 존중받도록 하여야 한다."고 규정하여 과학기술자 창의성 존중의 원칙을 선언하고 있다.[25] 과학기술자의 연구개발의욕을 고취하기 위하여는 그들의 자율성과 창의성을 최대한 존중할 필요가 있다. 이러한 창의성은 연구환경의 보장, 과학기술자 권리의 보호와 과학기술의 권리화 그리고 연구개발성과의 적절한 배분을 통하여 실현된다. 정부출연연구기관은 연구와 경영에 있어서 독립성 및 자율성이 보장되며,[26] 민간 연구소나 연구자에게도 법률상 명문규정은 없으나 독립성과 자율성이 인정된다 할 것이다.

3) 과학기술자 책임의 원칙

과학기술자는 "경제와 사회의 발전을 위하여 과학기술의 역할이 매우 크다는 점을 인식하고 자신의 능력과 창의력을 발휘하여" 과학기술법의 "기본이념을 구현하고 과학기술의 발전에 이바지"할 의무를 진다.[27] 이는 과학기술자 책임의 원칙을 선언한 것이라 할 수 있다. 과학기술자는 자신에게 주어진 자유와 권리에 상응하는 의무와 책임을 다하여야 하며 과학기술자의 윤리를 준수하여야 한다. 과학기술자는 인류의 공존과 공영을 위하여 과학기술을 연구, 개발한다는 신념하에서 과학기술자로서의 자부심과 책임감을 가지고 과학기술의 위험으로부터 인류를 보호할 책무를 진다.

4) 과학기술 확산의 원칙

과학기술법은 과학기술혁신이 경제·사회발전의 원동력이 되도록 하여야 하는바[28] 이를 위하여는 과학기술의 연구개발 성과를 잘 관리하고 기술이전 및 실용화 등 그 유통을 촉진하여 이를 널리 확산시킴으로써 가능한 한 많은 사람들이 활용할 수 있도록 하여야 한다. 이러한 과학기술의 확산에는 자연과학과 인문·사회과학의 상호 균형적 연계·발전이 중요하다.[29]

5) 법치주의의 원칙

과학기술 행정과 과학기술 관련 법률관계는 헌법과 법령에 따라 이루어져야 한다는 원칙을 말한다. 여기서 말하는 법치주의는 국민의 권리와 의무에 관한 사항을 법으로써 정해야 한다는 형식적 법치주의에 그치는 것이 아니라 그 법의 목적과 내용 또한 자유, 평등을 위한 기본권 보장의 헌법이념에 부합하고 정의의 실현에 봉사하여야 한다는 실질적 법치주의를 의미한다.[30] 법치주의는 국민의 기본권 보장, 권력분립의 원칙 준수, 포괄적 위임의 금지, 법치행정의 원칙, 적법절차의 준수 등으로 구체화된다.

3. 과학기술법과 과학기술윤리 간의 관계

가. 과학기술윤리의 개념과 내용

과학기술윤리라 함은 과학기술자가 과학기술의 연구개발에 종사함에 있어 그 사회적 책임을 다하기 위하여 지켜야 하는 윤리를 말한다.[31] 과학기술자는 과학기술 연구개발행위로 초래될 잠재적 위험(때로는 그 해결책까지)을 인지할 수 있는 위치에 있으므로 일반인보다 더 무거운 윤리적 책임을 진다. 또 과학기술의 연구와 개발은 과학적 엄밀성과 정직성에 기초하지 않으면 안되므로 그 연구개발 활동에 있어서 고도의 윤리적 책무가 부과된다.[32] 과학기술윤리는 그 분야에 따라 생명윤리[33], 환경윤리, 공학윤리, 의료윤리, 연구윤리 등으로 불린다. 과학기술윤리는 인류의 생존을 위협하는 연구개발(예: 원폭의 개발), 인간의 존엄성을 훼손하는 연구개발(예: 인간복제) 및 자연을 파괴하는 연구개발을 하지 아니하는 등 유해한 과학기술 연구개발의 금지의무, 저자 아닌 자의 저자 표시·인용표시 안하기, 허위진술 날조, 변조, 표절 등 연구개발과정에 있어서의 부정행위의 금지의무, 그리고 비밀유지 내지 타 용도 사용금지의무[34] 등으로 구성된다.

과학기술윤리에서 가장 중요한 생명윤리와 환경윤리를 아우르는 자연윤리(nature ethics)의 개념을 상정할 수 있다. 인간, 동식물을 포함한 자연의 생태계를 인간이 침해, 훼손, 파괴하여서는 안된다는 규범의식, 바꾸어 말하면 그러한 자연훼손이 결국 부메랑이 되어 인간자신을 훼손하는 것이 된다는 인식에 기초하는 것이다.

한국적 과학기술윤리의 연원은 선비정신과 장인정신에서 찾을 수 있다. 선비정신은 홍익인간의 정신과 천지인합일사상을 기초로 올곧은 선비의 도를 지켜 학문에 정진한다는 것이며,[35] 장인정신은 기술을 오랫동안 연마해 그것을 잘 유지, 발전, 계승시키는 것으로 자신이 보유하고 또 추구하는 기술의 전문성에 대한 자부심을 지키는 이른 바 전문가정신 바로 그것이다. 선비정신은 과학윤리의 기초를, 장인정신은 기술윤리의 기초를 각 이룬다고 할 수 있다. 한국적 과학기술윤리는 과학기술이 널리 인간을 이롭게 하여야 하고 인간과 자연(천·지·인)이 하나의 공동체를 이루어 상생하도록 하는데 그 초점이 놓여 있다고 하겠다.

나. 과학기술법과 과학기술윤리 간의 상관관계

과학기술법은 과학기술에 관련하여 법적 권리를 부여하고 법적 의무를 부과한다. 부여된 권리를 행사, 향유하는 한 아무런 법적책임이 없으며 의무를 이행하면 법이 부여한 혜택이 돌아오기도 한다. 반면 타인의 권리를 침해하면 계약위반이나 불법행위가 되어 채무불이행책임 또는 불법행위책임을 지고 법적 의무를 이행하지 않으면 그에 따른 민사적, 형사적 또는 행정적 제재가 가하여 진다. 그러나 과학기술윤리를 위반하였다고 하더라도 그것이 윤리위반에 그치고 법적 의무위반에 이르지 않는 한 법적 제재를 받지 않는다. 다만 과학기술윤리위반에 대하여는 사회적 비난이 가하여지고 경우에 따라서는 과학기술자가 소속한 단체로부터 징계를 받을 수는 있다.

윤리적 문제에 그치는지 법적 문제로까지 될 수 있는지는 사회적 비난가능성의 강도에 달려 있다고 할 수 있다. 윤리위반행위가 사회적으로 용인할 수 없는 행위로 되면 법적 제재가 가하여진다. 우리나라에서는 과거 인구증가를 억제하기 위하여 낙태죄에 관한 형법규정이 사실상 사문화되고 임산부에 대한 단순한 윤리적 비난만 가하여 졌으나 생명의 존귀함이 강조되고 노동인구의 감소가 국가경쟁력과 맞물려 사회적 문제로 등장한 시점에는 낙태가 사회적으로 비난받을 행위를 넘어 범죄행위로서 재인식되었었던 것이 그 예라 할 수 있다.36)

4. 과학기술인재양성법제

종래의 과학기술법제와 정책은 과학기술 그 자체의 발전에 초점을 맞추어 왔다. 그러나 과할기술을 연구, 개발하는 것은 사람이므로 과학기술인재를 양성하는 것이 곧 과학기술을 발전시키는 전제가 된다. 우리 헌법 제127조 제1항도 "국가는 과학기술… 인력의 개발을 통하여 국민경제의 발전에 노력하여야 한다."고 규정하여 국가의 과학기술인력 개발의무를 규정하였다. 그런데 종래 과학기술인력법은 과학기술진흥인력양성법을 의미하였다. 그러나 과학기술의 안전에 강조되는 오늘날은 과학기술인력은 과학기술진흥인력뿐 아니라 과학기술안전인력도 포함하는 것으로 이해되고 있다. 따라서 본서에는 과학기술자에 과학기술을 연구개발하는 인력뿐 아니라 과학기술의 안전에 종사하는 인력을 포함하여 논의하기로 한다.37) 과학기술인력법에서는 과학기술자의 권리와 의무, 과학기술에 관한 학문의 자유, 과학기술을 보호받을 권리, 창의적 인재의 육성, 과학기술인력정보 데이터베이스 구축 법제 등을 포함하여 과학기술 연구개발과 인재양성이 이루어지는 과학기술 생태계의 조성에 관한 법제 전반을 의미한다.

Ⅲ. 과학기술진흥법

1. 개 설

과학기술진흥을 위하여는 과학기술 연구기관의 설립, 연구개발주체들에 대한 자금지원, 과학기술자의 양성 등 과학기술혁신을 위한 제도와 개발된 과학기술의 지적재산권화 등 그 보호·관리법제, 그리고 나아가 개발된 기술의 이전 및 사업화를 촉진하기 위한 기술이전·거래체계의 구축, 기술창업의 지원, 과학기술정보 데이터베이스의 구축 법제 등이 필요하다. 이를 정리하면 과학기술의 진흥법제에는 (ⅰ) 과학기술의 연구개발을 포함한 과학기술의 혁신, (ⅱ) 연구개발 인력의 양성과 관리 법제, (ⅲ) 개발된 과학기술의 보호 및 (ⅳ) 개발된 과학기술의 관리·활용이라는 네 가지 측면이 있다. 이하에서는 인력개발법제를 제외한 나머지를 개략적으로 살펴본다.[38]

2. 과학기술혁신법

가. 과학기술혁신체제의 구축과 기술선택 규범

앞서 본 바와 같이 우리 헌법은 국민경제의 발전을 위하여 국가에 과학기술의 혁신과 정보 및 인력의 개발에 노력할 의무를 부과하고 있다. 과학기술진흥을 위하여는 대통령을 정점으로 과학기술정보통신부를 비롯한 중앙행정기관, 과학기술자문회의, 한국과학기술기획평가원 기타 과학기술 관련 행정기관으로 국가과학기술혁신체제를 구축하여야 한다. 이러한 국가과학기술혁신체제하에서 과학기술정책을 수립, 추진하여야 하는 바 이를 위하여 과학기술기본계획 등을 수립하여야 한다. 나아가 과학기술 예측 법제를 갖추고 기술영향 및 기술수준의 평가, 특히 기초과학진흥법제[39] 과학기술정책형성 및 정책집행의 과학화 촉진, 과학기술정책에 국민을 참여시키는 방안을 강구하여야 한다.[40] 우리나라의 과학기술 관련 공공연구기관에는 국립연구원,[41] "과학기술분야 정부출연연구기관 등의 설립·운영 및 육성에 관한 법률"에 따라 설립되는 출연연[42]과 "특정연구기관육성법"과 특별법에 의거 설립된 특정연구기관[43] 및 "산업기술혁신 촉진법"[44]에 따라 설립된 전문생산기술연구소[45]의 네 종류가 있다.[46]

이와 관련하여 과학기술정책의 수립에 있어 중요한 문제는 기술선택이다. 어떤 기술을 선택하는가는 국가의 장래 운명이 결정될 수 있다. 그럼에도 기술

선택의 문제는 합리적인 선택의 과정을 거치기보다는 대체로 소수의 의사결정
권자에게 일임되어 있다. 국가의 경우 과학기술계획을 입안하는 부처의 장과
그가 자문하는 공식, 비공식의 전문가에게 맡겨져 있다.[47] 장기적인 비전에 따
라 일관성 있는 결정을 가능하게 하고 리스크를 최소화할 수 있는 기술의 선택
과 활용 방법에 관한 자체적인 룰을 정립할 필요가 있다. 고려해야 할 사항의
체크리스트를 작성하고 조직 내외의 전문가로 하여금 이 체크리스트에 따라
단계적으로 기술 선택의 프로세스를 거치도록 하여 기술선택에 있어 오류를
회피하는 한편 최선의 방안을 강구할 수 있게 하는 규범 체계 또한 필요하다고
할 것이다.

나. 연구개발촉진법제

국가연구개발사업을 기획·평가하고 그 예산을 배분하며[48] 정부출연연구
기관 등을 육성하고[49] 과학기술투자를 확대하기 위하여 과학기술진흥기금을
설치하고 있다. 그 외 기업·대학 및 연구기관 등의 과학기술혁신역량을 강화
하기 위한 협동연구개발의 촉진, 연구개발시설·장비의 고도화, 과학연구단지
등의 조성 및 지원, 과학기술 비영리법인의 육성, 과학기술의 국제화 촉진, 남
북 간 과학기술의 교류협력 등의 과학기술 연구개발 법제를 갖추고 있다.[50] 국
가연구개발사업의 추진뿐 아니라 민간기업에의 기술인력의 공급, 세제지원, 금
융지원, 우선구매 등의 인센티브 제공을 통하여 민간기술개발을 촉진하고 지원
하는 법제를 갖추는 것도 중요하다. 민간 차원에서도 연구소 내 또는 기업 내
에 국가연구개발사업과 유사한 연구개발시스템을 구축하여 체계적인 연구개발
을 가능하게 하여야 할 것이다.

다. 연구개발계약법제

과학기술의 연구개발을 위하여는 연구기관과 그 수요자인 국가, 기업 또
는 타 연구기관과 연구개발계약을 체결하여야 한다. 이 연구개발계약에는 연구
수·위탁계약, 공동연구개발계약 등의 종류가 있고 그 연구개발계약에는 (ⅰ)
연구의 과제명·범위·수행방법 및 연구참여자(내·외부 참여자 및 책임자), (ⅱ)
연구개발비의 부담 및 그 지급방법, (ⅲ) 연구개발결과의 보고, (ⅳ) 연구개발
결과의 귀속과 연구성과(연구과제계획서·연구보고서·연구성과·참여인력 등 연구
개발 관련 정보 포함)의 등록·기탁 등 활용, (ⅴ) 연구개발결과의 활용에 따른
기술료의 징수와 사용, (ⅵ) 연구개발결과의 평가에 따른 조치, (ⅶ) 연구개발
비의 사용·관리 및 연구수행 과정에서 구입한 연구 장비의 등록·관리, (ⅷ)
연구개발과제의 보안 관리 (ⅸ) 연구부정행위의 방지, (ⅹ) 연구협약의 위반에

관한 조치 (xi) 연구협약의 변경 및 해약, (xii) 기타 연구개발에 수반되는 사항 등이 포함된다.[51] 국가연구개발사업에 있어서의 연구개발계약은 국가연구개발 혁신법 등 법령의 규제를 받는다.

3. 과학기술보호를 위한 법

가. 과학기술의 보호를 통한 진흥

과학기술에 대한 보호는 연구개발비용을 지원하지 아니하고도 과학기술의 발전을 가져오는 방법이다. 그중에서 가장 잘 알려진 것이 특허 등 지적재산권에 의한 보호제도이며 넓은 의미의 지적재산권제도는 독점권 부여제도뿐 아니라 영업비밀보호 등 부정경쟁행위를 금지하는 방법도 포함한다. 그러나 지식재산권 제도는 그 보호의 요건을 충족하는데 뿐 아니라 그 권리를 실행하는 데에도 많은 시간과 비용이 소요되어 비효율적이 측면이 적지 않다. 따라서 지식재산권제도 외에도 기술적 조치(technical measures)[52]의 보호, 신기술에 대한 지정 및 보호[53]나 신기술에 대한 인증이나 품질인증[54] 등의 과학기술에 대한 행정적 보호제도가 도입되어 있으며 최근에는 과학기술의 활용을 통한 보호와 지식재산으로서의 보호요건을 갖추지 못한 정보나 데이터로 그 보호대상이 확대되고 있다.[55]

나. 과학기술의 활용을 통한 보호

종래 과학기술의 보호와 활용은 별개의 문제로 다루어졌다. 오히려 과학기술을 보호하려다 보니 그 활용을 저해하는 결과가 되기도 하였다. 이제는 과학기술의 용도가 다양해지고 그 라이프사이클이 짧아진 현금에 있어서는 과학기술의 보호에 치중하다보면 제대로 활용되어 보지도 못하고 새로운 기술로 대체되어 버리는 현상이 나타나고 있다. 오히려 과학기술을 널리 활용하게 하고 그 보유자가 적절한 보상을 받아 이를 다른 과학기술의 연구, 개발에 투입하는 것이 과학기술의 발전에 더 도움이 됨을 인식하게 된 것이다. 과학기술법은 지식재산권법과는 달리 과학기술의 활용을 통한 보호 법제의 구축에 힘써야 할 것이다. 이런 관점에서 과학기술정보의 유통과 확산의 촉진과 그에 대한 정당한 대가의 지급 확보 법제의 정비가 중요한 과제로 등장하였다.

다. 보호하는 과학기술 범위의 확대

과학기술을 지식재산권에 의하여 보호받기 위하여는 우선 지식재산에 해당하여야 하고 나아가 신규성, 진보성, 산업상 이용가능성 등의 보호요건을 갖추어야 비로소 법적 보호를 받을 수 있다. 오늘날은 지식재산으로서의 요건을 갖추지 못한 단순한 과학기술정보나 데이터도 그 경제적 가치가 인정되고 있고 또 인공지능등이 지식재산을 창출하고 있어 그러한 산출물에 대한 보호와 유통 법제를 갖출 필요가 커지고 있다.

4. 과학기술성과 관리를 위한 법

가. 과학기술성과평가법

과학기술정보통신부는 "국가연구개발사업 등의 성과평가 및 성과관리에 관한 법률(이하 '성과평가법')"에 따라 매년 국가연구개발사업에 대한 조사·분석 및 평가(이하 '평가등')를 하여야 한다.[56] 과학기술정보통신부는 5년마다 연구개발사업 등에 대한 성과평가의 기본방향 및 방법을 포함한 성과평가기본계획을 수립하여야 하고, 그 계획을 바탕으로 매년 성과평가실시계획을 마련한다.[57] 성과평가에는 각 부처 및 국가과학기술연구회[58]가 소관 연구개발사업에 대하여 연간 연구성과 등에 대하여 하는 자체평가와 과학기술정보통신부가 하는 특정평가 및 상위평가가 있다. 특정평가는 일정한 연구개발사업[59]에 대하여 실시하는 심층적인 성과평가이고[60] 상위평가는 자체평가에 대하여 그에 사용된 성과목표 및 성과지표의 적절성과 자체평가의 절차 및 방법의 객관성·공정성 등을 평가하는 것이다.[61] 과학기술정보통신부가 특정평가를 실시하는 연구개발사업에 대하여는 자체평가를 실시하지 않는다.[62]

또한 과학기술정보통신부는 매년 과학기술 통계와 지표에 대한 조사·분석과 연계하여 과학기술혁신역량에 대한 평가를 실시한다.[63] 과학기술정보통신부는 연구개발사업에 대한 평가의 결과를 예산의 조정 및 배분에 반영하고,[64] 중앙행정기관은 효율적인 연구개발투자를 위하여 평가등의 결과를 반영하여 소관 국가연구개발사업을 추진할 의무를 진다.[65]

나. 과학기술관리활용법

과거에는 과학기술의 연구개발에 국가의 과학기술 자원의 대부분을 투입하였으나 오늘날은 중복투자방지와 효율성 증대를 위하여 개발된 과학기술적 성과를 상호 공유하고 활용하기 위하여 과학기술의 연구성과를 적절히 보호, 관리하고 그 산업적 이용을 촉진하기 위한 법제도의 중요성을 인식하게 되었다. 과학기술의 관리활용의 핵심은 과학기술정보의 개발에 있는바[66], 과학기술정보의 축적과 기술이전 및 실용화 등을 통한 유통과 확산을 촉진하는 법제를 갖추도록 하고 있다.[67] 과학기술을 활용하는 방법에는 용익적 활용과 가치적 활용이 있는데, 용익적 활용에는 다시 보유자 자신이 활용하는 직접적 활용과 타인으로 하여금 활용하게 하는 간접적 활용이 있고, 가치적 활용은 다시 환가적 활용과 담보적 활용으로 나눌 수 있다.[68] 과학기술활용에 관한 법제 역시 이러한 활용의 유형에 따라 정비되어야 할 것이다.

다. 과학기술보안법

과학기술은 한편으로는 널리 확산 및 이용되어야 하는 반면, 첨단과학기술은 비밀유지와 유출방지 등 보안조치의 대상이 된다. 과학기술보안법제로는 앞서본 영업비밀보호법제와 연구기관 종사자의 비밀보호법제 외에 외부의 해킹 등으로부터 기술을 보호하는 정보보호법제, 비밀유지보호계약 등 계약법제에 의한 보호와 국가 핵심기술의 해외유출규제 등 국가의 중요 산업기술을 보호하기 위한 "산업기술의 유출방지 및 보호에 관한 법률(이하 "기술유출방지법")"이 있다. 기술유출방지법은 산업기술의 유출을 방지함에 있어서 두 가지 기술분야로 구분하여 보호하고 있다. 즉, 국내 산업경쟁력 제고를 위하여 일정한 보호조치가 필요한 산업기술과, 산업기술 중 해외로 유출될 경우 국가의 안전보장 및 국민경제의 발전에 중대한 영향을 줄 우려가 있는 국가핵심기술로 구분하여 각각의 기술에 대한 유출방지 및 보호조치를 규정하고 있다.

먼저 산업기술[69]에 대하여는 영업비밀보호와 같은 법적 구성을 통해 그 침해와 유출을 방지하고 있다. 즉, 기업·연구기관·전문기관·대학 등이 보유한 산업기술을 유출한 경우에는 형사처벌한다. 그러나 영업비밀의 침해의 경우와 달리 민사적 구제방법은 인정되지 않는다. 한편 국가로부터 연구개발비를 지원받아 개발한 국가핵심기술[70]을 외국기업 등에 매각 또는 이전 등 수출을 하는 경우에는 산업통산자원부장관의 승인을 얻어야 하며, 국가핵심기술의 수출이 국가안보에 심각한 영향을 주는 경우에는 수출중지, 수출금지 또는 원상회복 등의 조치를 취한다.[71] 동법에 위반하는 수출행위는 처벌된다.[72]

5. 기술표준 확립을 위한 법

우리 헌법 제127조 제2항은 "국가는 국가표준제도를 확립한다."고 규정하여 국가에 표준제도 확립의무를 부과하고 있으며 이에 따라 "국가표준기본법"이 제정되었다.[73] 표준[74]은 그 제정주체에 따라 국가표준과 국제표준으로 나누어지고 그 제정목적에 따라서는 측정표준, 참조표준 및 성문표준으로 나누어지며 그 영역에 따라서는 산업표준, 정보·통신표준, 환경기준, 보건 및 안전기준으로 나눌 수 있다.[75] 국가측정표준 대표기관으로 한국표준과학연구원이 있고 국가표준제도의 확립 지원 및 산업표준화 정책의 수립·운영을 위하여 산업통상자원부내에 기술표준원을 두고 있다. 또한 광공업품 및 산업활동 관련 서비스의 품질·생산효율 및 생산기술의 향상을 위하여 적정하고 합리적인 산업표준을 제정·보급하고 품질경영을 지원하는 산업표준법이 제정되어 있다. 기술표준의 제정에서 나아가 과학기술의 분류를 표준화하기 위하여 과학기술 기본계획에 따라 국가과학기술표준분류체계가 확립되어 있다.[76]

Ⅳ. 과학기술안전법[77]

1. 과학기술의 발전과 위험의 증가

가. 위험사회의 도래

1984. 12. 인도 보팔시에 있는 유니언 카바이드 사의 비료공장에서 40여톤의 메틸 이소시안염(M.I.C:Methyliso-cyanate)이 누출되어 3,500여명이 당일 목숨을 잃고, 1만 5천명 이상이 후유증으로 죽었으며 약 50만 명이 가스에 노출되어 10만명 이상이 폐결핵, 암, 호흡곤란, 실명, 피부질환, 정신질환 등을 앓은 사고가 발생하였다. 이어 1986. 4.에는 구 소련의 체르노빌 원자력 발전소에서 10톤가량의 방사성 물질이 방출되어[78] 그 지역에서 소개된 민간인 2,510명과 발전소 해체작업에 동원된 노동자 5722명이 사망하고 또 43만명이 암, 기형아 출산 등의 휴유증을 겪은 사고가 있었으며 그 영향은 소련을 넘어 전유럽에 파급되었고, 2011. 3. 11. 일본 후쿠시마 제1 원자력 발전소(福島第一原子力発電所)에서 JMA진도 7, 규모 9.0의 지진과 지진 해일로 발생한 방사능 누출 사고는 체르노빌 사고와 함께 한 국가를 넘어 다른 광범위한 지역으로 방사능 피해를 주는 대량의 방사성 물질을 방출시킨 최고 등급의 사고인 7등급을 받았다. 또한 사스, 조류 인플루엔자, 신종플루, 코로나-19 등의 신종전염병이 몇 년의 주기를 두고 지속적으로 우리를 엄습하여 오고 있고 또 향후에도 올 것으로 예측되고 있다.

이와 같은 과학기술로 인한 참혹한 대형사고의 발생과 전대미문의 질병의 창궐은 과학기술안전법제의 중요성을 여실히 보여주었다. 독일의 울리히 벡(Ulrich Beck)이 갈파한 바와 같이 현대사회는 과학기술로 인하여 이와 같은 위험이 예외적이 아니라 일상적 위험이 만연한 사회, 재난과 관련된 파국성을 일상생활 안에 안고 살아가는 위험사회로 되었다.[79]

나. 과학기술위험의 유형

통상 과학기술의 위험은 그 위험발생의 원인에 따라 (ⅰ) 앞서본 보팔 참사나 체르노빌 및 후쿠시마 원전사고와 같은 기술적 결함과 인적 결함으로 인한 위험, (ⅱ) 자연파괴, 공해, 기후변화 등 과학기술의 정상적인 적용에도 비고의적이고 부차적으로 발생하는 위험, (ⅲ) 과학기술종사자가 의도적으로 초래한 위험,[80] (ⅳ) 과학기술적 수단의 사용을 법이 허용함으로 인하여 초래되는 위험[81]의 네 종류로 나눌 수 있다.[82] 기술적, 인적 결함은 다시 과정상의 위험, 공학적 위험, 시스템상의 위험으로 나눌 수 있다.[83]

또한 과학기술위험은 그 위험이 초래되는 대상에 따라 (ⅰ) 개인의 신체 또는 재산에 대한 위험, (ⅱ) 사회의 집단에 대한 위험, (ⅲ) 사회시스템에 대한 위험 및 (ⅳ) 인간의 존엄에 대한 위험으로 나눌 수도 있다.

다. 과학기술위험의 특징

현대 과학기술위험은 다음과 같은 특징을 지닌다. 먼저 과학기술의 고도화, 복잡화로 인하여 그 위험의 원인이 불명하거나 규명이 곤란하다. 나아가 가해자가 불명이거나 가해자에게 과실이 있는지 없는지 여부의 판단이 어렵다. 둘째, 위험이 장기에 걸쳐 발생하고 심지어는 그 위험을 피해자들이 자각하지 못하는 경우가 많다. 이른바 위험의 만발성(晩發性)의 문제이다. 셋째, 그 위험의 피해자가 다수이고 피해가 다대하며 치명적인 경우가 많다는 것이다. 넷째, 위와 같은 이유로 과학기술의 위험을 미리 예방하는 것이 무엇보다 중요하며, 위험이 현재화한 경우 이를 신속하게 진압하고 그로 인한 피해를 사회적 차원에서 적절히 치유할 필요가 있다는 점이다.

라. 과학기술안전법의 개념과 내용

위와 같은 특징을 가지는 과학기술의 위험으로부터 인간을 안전하게 지키기 위한 법제도가 과학기술안전법이다. 이는 과학기술이 야기하는 위험을 적절히 관리하고 이에 대응하여 인류의 안전을 확보하는 법제도로서 과학기술위험관리법이라고도 부를 수 있다. 과학기술안전법은 과학기술의 위험을 미리 예방하는 법제, 과학기술이 야기하는 위험이 현실화하였을 때 이를 진압하는 법제, 그리고 현실화한 위험으로 인한 피해를 치유하는 법제로 나누어 볼 수 있다.

2. 과학기술위험의 예방을 위한 법

가. 과학기술위험 예방을 위한 규범의 정립

과학기술이 야기하는 기술적 결함, 인적 결함, 환경 등 사회에 대한 위험, 사회시스템에 대한 위험, 인간존엄에 대한 위험 등 각종 위험을 예방하기 위하여 미리 그에 관한 규범을 정립해 두어야 한다. 이 규범은 관련자들에게 적극적 작위의무를 부과할 수도 있고 소극적 부작위의무를 부과할 수도 있다. 위험시설, 위험제품, 위험서비스 등 위험물의 건설, 제조, 제공, 관리, 운영자에 대한 허가제도, 위험물 취급 자격제도, 위험물에 대한 검사제도, 과학기술을 다루는 자에 대한 안전확보의무 부과제도 등이 그 예이다. 나아가 잠재적 피해자에게 위험의 회피가능성을 확보하여 주는 법제이다. 위험한 과학기술 연구개발자, 위험시설 종사자 기타 잠재적 피해자에게 과학기술이 야기할 위험을 고지하고 그러한 위험을 충분히 인식한 뒤에 승낙을 한 경우에 한하여 그에 종사하게 하거나 그 과학기술을 적용하는 것이다. 연구개발종사자에게는 당해 연구개발을 수행함에 있어서의 안전관리에 관한 정보를 미리 제공할 의무가 부과된다. 과학기술위험의 국제성으로 인하여 국제적 예방규범의 정립 또한 필요하다.

나. 과학기술위험 예방규범의 집행

과학기술위험 예방규범의 집행은 정부 등 규범제정자에 의한 집행과 과학기술 관련자의 자체적 집행으로 나눌 수 있다. 정부 등의 예방규범집행은 주로 사전, 사후 검사제도에 의하여 이루어진다. 시설의 재해예방과 안전성 확보 등을 위한 시정 또는 보완을 하거나 정밀안전진단을 실시하여야 한다. 유해·위험물질 및 시설·장비를 취급하거나 유해 또는 위험한 작업을 하는 시설은 정기적으로 정밀안전진단을 실시하도록 하여야 한다. 안전점검, 정밀안전진단 또는 건강진단의 실시 결과에 따라 당해 종사자의 격리, 치료는 물론 당해 시설의 사용제한·금지 또는 철거 등 그 종사자 또는 공중의 안전을 위하여 필요한 조치를 취할 의무를 부과하여야 한다.[84] 과학기술의 연구개발이나 그 적용에 위험을 초래할 가능성이 있는 과학기술 관련자는 자체적으로 예방규범을 집행하여야 한다. 이를 위하여 안전관리위원회 등의 위험관리기구를 설치하여 안전관리규정의 제정, 안전점검계획의 수립, 정밀안전진단 계획의 수립, 사고 발생 시의 조치 등을 처리하게 할 수 있다. 안전관리규정을 숙지시키며 위험의 유형별 안전관리 매뉴얼의 작성하여 시행하고 당해 시설 사용에 따르는 안전성 확보 및 사고예방에 필요한 교육·훈련을 실시하도록 하여야 한다.

다. 과학기술위험 예방규범위반에 대한 제재

과학기술위험 예방규범의 위반에 대하여는 형사벌이나 행정벌을 부과할 수 있다. 중대한 규범위반에 대하여는 형사벌을, 비교적 경미한 규범위반에 대하여는 행정벌을 각 부과할 수 있을 것이다. 과학기술위험 예방규범의 위반에 대하여 민사책임을 지는가가 문제된다. 규범위반행위가 위법성을 대유하고 그 위반으로 인하여 피해자에게 손해가 발생한 경우에는 불법행위책임을 질 수 있을 것이다. 그러나 규범위반행위라 하여 모두 불법행위의 요건으로서의 위법성이 인정되는 것은 아니라 할 것이다. 따라서 위험관련 당사자 간 계약을 통하여 위험예방의무를 부과하고 그 의무위반에 대하여 위약금약정 또는 손해배상액의 예정 등을 하여 민사책임을 부과하는 방법이 민사책임의 확보에는 도움이 될 것이다.

3. 과학기술위험의 진압을 위한 법

가. 과학기술위험진압법제의 필요성

과학기술위험예방법제에 따른 예방조치에도 불구하고 위험이 발생하면 이를 신속하게 진압하여야 하므로 이를 위한 법제가 필요하게 된다.[85] 과학기술위험의 진압이라 함은 과학기술 위험으로 인한 피해가 발생할 우려가 현저하거나 현실적으로 발생한 때에 인간의 생명·신체 및 재산의 보호를 위하여 행하는 인명구조·응급처치 그 밖에 위험원(危險源)을 제거하기 위하여 필요한 조치를 말한다. 위험진압법제는 위험의 확산방지 법제와 위험원 제거조치 법제로 나눌 수 있다. 과학기술위험진압을 위한 국제적 공조의 필요성 또한 크므로 이를 위한 국제규범도 정립되어야 한다.

나. 과학기술위험확산방지 법제

위험확산방지법제라 함은 일단 위험이 발생한 경우에 위험발생의 고지, 대피, 추가적 폭발의 억제 등 피해의 회피와 확대의 방지를 위한 법제를 말한다. 즉 과학기술로 인한 재난이 발생한 경우 재난경보의 발령, 인력·장비 및 물자의 동원, 위험구역 설정, 대피명령, 응원 등 응급조치를 취하도록 하는 법제이다.[86] 위험의 확산방지 법제는 위험원 제거조치 법제에 비하여 소극적, 현상유지적 법제로서 제3자에 대한 피해나 영향이 상대적으로 적다.

다. 위험원(危險源)제거조치법제

위험원제거조치 법제는 위험확산방지를 넘어 그 위험의 원인을 근원적으로 제거하기 위한 법제이다. 위험야기 물건이나 시설의 수리[87], 폐기, 폐쇄, 전화(轉化)등을 위한 법제를 포함한다. 위험원 제거조치에는 위험원 제공자에 대한 조치뿐 아니라 제3자 인력의 동원과 제3자 소유물의 일시 사용, 동원, 변경 또는 제거조치 등 제3자에 대한 조치도 행해질 수 있는바 이 법제는 인권을 침해할 가능성이 크므로 철저한 법치주의와 과잉금지의 원칙[88]하에 제정되어야 하고 또 위험원 제거조치의 적법 여부를 떠나 제3자에게 발생한 피해를 보상하는 법제도 갖추어야 한다.

4. 과학기술위험의 치유를 위한 법

가. 과학기술위험치유법의 개념과 내용

앞서 본 바와 같이 과학기술 위험원을 제거하더라도 회복되지 않는 피해가 있다. 과학기술위험의 잔재를 처리하고 그런 위험이 초래된 아니한 상태로 복원하는 조치를 취하여야 한다. 이에 관한 법제가 과학기술위험치유법이다. 이에는 과학기술위험 잔재처리 법제, 피해의 전보에 관한 법제, 그리고 기타 원상회복에 관한 법제가 포함된다. 2010년 멕시코만 유전폭발사고[89]에서 보는 바와 같이 확산된 기름을 제거하고 피해를 입은 사람들에 대해 금전적으로 보상하더라도 원상으로 회복되지 않는 환경오염 등 자연훼손에 대한 책임을 묻고 이를 치유하기 위한 법제가 필요하다. 국제적 또는 초국적(transnational) 위험의 치유를 위하여는 국제적 공조가 필요하며 이를 위한 국제규범의 정립이 지구적 과제로 등장하였다.

나. 과학기술위험전보법제

과학기술의 위험으로 야기된 피해의 배상 또는 보상에 관한 법제로서 먼저 과학기술로 인하여 사고가 발생하면 재발을 방지하고 피해 전보를 포함한 원상회복을 위하여 사고 경위의 조사, 원인의 규명 및 피해의 측정에 관하여 규정한다. 과학기술의 위험으로 인하여 피해를 입은 자에게 충분한 배상 내지 보상을 위하여 원인 규명에 불구하고 책임의 귀속에 관련하여 원인자 책임주의[90]와 국가의 1차적 책임주의[91], 강제부보주의[92], 책임분산주의 등이 채택되어 있다.[93]

다. 기타 원상회복법제

개인의 신체 또는 재산에 대한 위험은 그 피해의 전보로서 어느 정도 원상회복이 된다고 할 수 있다. 그러나 환경훼손, 지구온난화 등으로 발생하는 위험 등 사회의 집단에 대한 위험이나 정보시스템의 붕괴와 같은 사회시스템에 대한 위험 및 컴퓨터에 의한 인간 지배, 인간복제 등 인간의 존엄에 대한 위험은 한번 그 위험이 발생하면 그 피해가 전지구적으로 미칠 뿐 아니라 그 원상회복 또한 매우 어렵고 또 가능하다 하더라도 엄청난 비용과 장구한 세월이 소요된다. 이러한 원상회복을 위하여는 앞서 본 위험전보법제만으로는 충분하지 않으며 전국민적, 또는 범인류적 노력으로 이를 극복하기 위한 특별한 국내규범 및 국제규범을 갖추어야 할 것이다.

V. 과학기술의 법에 대한 영향

1. 개 설

가. 과학기술과 법의 관계

역사적으로 과학기술과 법은 상호 영향을 주면서 또 서로 보완하면서 발전하여 왔다.[94] 과학기술의 발전은 특허법 등의 보호법제에 의하여 가속화되었으며 과학기술의 발전은 새로운 법제의 도입을 가져왔다. 또 과학기술은 법의 기능을 원활하게 하고 법이 잘 기능, 작동하지 못하는 영역에서 기술이 역할을 하여 왔다. 영업비밀보호와 관련하여 과학기술과 법 간의 관계를 살펴본다. 어떤 기술이 영업비밀로 보호받기는 실제 매우 어렵다. 따라서 종래 영업비밀이 누설되지 않도록 사전에 방지하는데 힘써 왔다. 영업비밀로 법의 보호받기 위해서는 비밀로 유지하려는 노력을 하여야 하고 이 비밀유지노력의 요체는 기술적 보안조치의 유무이다. 또한 영업비밀이 누설되었는지 여부의 판별도 기술이 한다. 이처럼 영업비밀 보호를 위한 법제가 형성되어 있지만 기술에 의하여 보완되지 않으면 그 법제는 잘 작동할 수 없는 것이다. 아래에서는 과학기술이 법에 미친 영향과 반대로 법이 과학기술에 미친 영향을 나누어 살펴본다.

나. 과학기술에 의한 법제의 변화

위에서 살펴본 21세기의 사회적 기술은 우리 인류의 생활과 법제도에 엄청난 변화를 가져오고 있다. 민법의 영역에서 보면 사소유권 절대, 계약자유, 자기책임의 원칙이 허물어지고 있다. "소유에서 접속(access)으로"[95] 이행하여 더 이상 소유가 중요하지 아니하게 되었고 물권법의 중심이 물건에 대한 소유권에서 기술/정보에 대한 지적재산권으로 이동하였다. 계약의 자유는 형해화(形骸化)하고 클릭의 자유만 주어져 있다. 계약에 있어서도 종래 중심적 위치를 차지하였던 물건의 매매에서 기술/정보/서비스의 이용의 법률관계로 중심이 이동하였고 1회적 거래보다는 계속적 관계의 설정이 중요하게 되었다. 자기책임의 원칙도 위기에 봉착하였다. 복잡하고 고도한 과학기술로 인한 피해의 원인을 규명하기 어려워졌고 사스, 신종플루 및 코로나 바이러스의 감염, DDoS 공격으로 인한 컴퓨터 마비 등에서 보듯이 피해의 대형화, 세계화 현상이 나타나고 있다. 따라서 개인의 자기책임의 원칙을 고수하여서는 문제를 해결할 수 없고 책임의 사회화를 통한 피해의 균등한 배분에 법이론의 중점이 놓이게 되었다.

형사법의 영역에 있어서도 과거 인간의 자유의지 유무를 전제로 형사책임의 근거에 관하여 도덕적 책임론, 사회적 책임론, 인격적 책임론 등이 주장되었으나 인지과학(뇌과학과 신경과학을 포함한다)의 발달로 인간의 의사결정의 메커니즘에 대한 이해가 깊어지고 이에 따라 형사책임의 기초에 대한 반성이 일어나고 있다.[96] 또한 진화심리학의 발달은 인간은 조상의 경험으로 선악을 판단할 수 있는 능력을 가지고 태어나며 후천적 성향의 선천적 성향화가 일어난다는 것이 알려졌다. 이처럼 과학의 발전으로 인하여 인간의 자유이성에 기초한 18세기적 법체계에 심각한 도전에 직면하고 있다.

다. 법의 과학기술에 대한 영향

1) 법에 의한 과학기술의 발전

앞서본 바와 같이 법은 과학기술의 발전에 기여하여 왔다. 지식재산권법이 그 대표적인 예이다. 그 외에도 과학기술의 연구개발을 촉진하는 각종의 법제도 예컨대 조세감면, 금융지원, 기술보호 등에 의하여서도 과학기술이 발전하였다. 일단 개발된 과학기술의 관리활용을 촉진함으로써 과학기술의 발전은 배가될 수 있었다. 또한 법은 과학기술의 발전을 바람직한 방향으로 유도한다. 국가사회에 도움이 되는 기술은 이를 장려하고 그렇지 못한 기술은 그 개발을 금지하는 등의 방법으로 법은 기술발전의 흐름을 통제할 수 있다.

2) 법에 의한 과학기술 발전의 저해

다른 한편으로 법은 과학기술의 발전을 방해할 수 있다. 법의 보수적 속성으로 인하여 사회를 변혁시키는 과학기술의 등장에는 적대적일 수 있다. 또한 과학기술의 위험을 예방하고 제거하기 위하여 과학기술의 연구와 개발을 금지하거나 그 확산을 억제하는 법은 과학기술의 발전을 저해한다. 대표적인 예가 자동차의 통행을 규제하는 1861년 영국의 적기법(Red Flag Act)으로[97] 선발 주자였던 영국의 자동차산업이 독일에 뒤처지게 되는 결정적인 역할을 하였다.

3) 과학기술에 대한 법의 역할

그러나 법의 과학기술에 대한 영향은 제한적이다. 과학기술은 항상 법에 앞서 나가고 법이 과학기술의 발전을 따라잡는 데는 시간이 걸리기 때문이다. 문제는 그 간극을 어떻게 최소화하는가이다. 새로운 과학기술이 등장하였을 때 그것의 사회적 함의를 검토하고 법률적 대응의 필요성 유무를 판단하는 작업을 가급적 신속하게 하여야 한다. 또한 법이 과학기술의 발전을 저해하지 않도록 과학기술의 발전 방향을 예측하여 과학기술자들에게 연구개발에 관한 일정한 재량을 남겨줄 필요가 있다. 즉 법이 과학기술에 대한 사전적, 사후적 통제를 적절히 함으로써 과학기술을 발전시키고 과학기술로부터 인류의 안전을 지켜내도록 하는데 법의 사회적 역할이 있다 할 것이다.

2. 과학기술이 법규범 형성에 미친 영향

먼저 과학기술에 의하여 새로운 법규범이 생성되고 있다. 컴퓨터네트워크의 등장으로 정보법이 태어났다. 종이문서를 전자문서로 대체하고 실시간 전자상거래를 가능케 하는 전자거래법 및 전자서명법이 제정되었고 사이버스페이스의 등장으로 사이버재산권(virtual property)과 사이버지적재산권 등을 보호하기 위한 사이버물권법이 생성되고 피싱, 파밍, 해킹 등 사이버불법행위와 사이버범죄의 등장에 대응하여 정보불법행위와 정보범죄에 대한 입법이 "정보통신망 이용촉진등에 관한 법률(이하 '정통망법')"의 개정 등의 형태로 생겨났다. 바이오기술(BT)의 발전은 생명과학법을 탄생시켰다. 인간배아줄기세포복제·배양, 인간복제, 인간의 아이덴티티 침해, 유전자 세탁 등 새로운 현상에 대응하여 생명윤리법, 유전자은행법 등이 제정되고 생명공학특허제도가 인정되었다. 과학기술의 발달로 인한 환경오염 등 자연훼손으로부터 인류의 지속가능한 발전을 위하여 녹색기술법이 생겨났는바 기후변화협약의 체결, 저탄소 녹색성장 기본법의 제정, 그리고 파리협정 발효로 발전하였다.[98]

과학기술에 의하여 새로운 법영역이 형성됨과 아울러 종래의 법규범에 많은 변화가 일어났다. 과학기술로 인한 위험사회에 대응하여 종래의 법이론에 많은 변화가 있음은 이미 위에서 살펴본 바와 같고 프라이버시침해의 심각화로 인하여 개인정보보호 등 각종 프라이버시보호법제가 강화되었으며 계약의 전자화에 따른 약관규제법의 적용이 강화되었다. 종래 이혼한 여성은 친자관계의 결정을 위하여 일정한 대혼기간을 거쳐 재혼할 수 있었으나 유전자검사에 의한 친자감별이 가능해진 오늘날은 이러한 대혼기간제도는 불필요하게 된 것도 법제도 변화의 한 예이다. 과학기술의 발전이 법제도의 형성에 끼친 영향은 이루 열거할 수 없을 정도로 많다.

3. 과학기술이 법제도 운영에 미친 영향

과학기술의 발전에 따른 제도의 운영에도 많은 변화가 일어나고 있다. 먼저 법정보의 집적과 활용이다. 모든 법령과 판례 그리고 법문헌들이 데이터베이스화되어 언제 어디서나 검색할 수 있게 됨으로써 법학의 발전이 가속화되고 법실무에 있어서의 효율이 상승되었다. 둘째 과학기술의 발달로 법적 절차가 정보화되고 있다. 행정부가 법안을 제안하거나 행정입법을 할 때 전자공시 방법으로 입법 예고를 하여 국민의 의견을 전자적 방법으로 수렴한다. 사법절차에 있어서도 전자적 방법으로 서면 등을 관리하고 각종 재판서류의 전자송달, 전자공시 등의 방법을 통하여 신속하게 진행하며 이해관계인이 사법정보에 신속하게 접근하여 그에 대응할 수 있도록 한다. 이 경우 법적절차에서 저장, 관리, 유통되는 전자적 정보의 보안을 유지하여 국민의 프라이버시가 침해되는 일이 없도록 배려하고 있다.

또한 과학기술의 발달은 민사소송이나 형사소송에 있어 입증문제에 커다란 파급효과를 가져오고 있다. 컴퓨터정보를 이용한 디지털 포렌식, 유전자 감식 등 바이오 포렌식, CCTV 증거능력부여 등 증거와 입증에 관한 법제도의 운영에 획기적인 변화가 일어나고 있다. 근자에는 이 분야는 4차산업혁명의 전개와 함께 리걸 테크(Legal Tech)라는 독자적 영역으로 발전하였다.[99]

4. 과학기술에 의한 법의 대체

오늘날 현저해진 사회현상의 하나가 과학기술에 의하여 법이 대체되는 것이다. 종전에는 본인확인과 문서의 진정성을 입증하기 위한 복잡하고 정교한 법제[100]가 요구되었으나 오늘날은 정보화, 지문 또는 홍체인식 등으로 본인확인이 실시간에 이루어지고 전자서명, 디지털 포렌식 등으로 문서의 진정성이 용이하게 입증될 수 있게 되어 종전의 법제도가 무용지물이 되고 있다. 전자입찰제도는 자동적으로 낙찰자를 결정함으로써 경매나 입찰의 공정성을 담보하기 위한 종전의 엄격한 규제를 불필요하게 만들었다. 경비의 지출을 신용카드로 하게 하면서 기술적으로 정해진 용도 외에는 신용카드를 쓸 수 없게 만듦으로써 부정한 지출을 방지하기 위한 회계법규가 불필요하게 되었다. 계약서작성 소프트웨어가 개발되어 필요한 데이터만 입력하면 계약서가 만들어져 나옴으로써 변호사들의 업무가 대폭 감소하고 있다. 법제도는 전자시스템에 편입되고 전자정부 시스템에 의하여 법제도는 정보시스템의 일부가 되었다.

정보기술을 이용한 사회설계(social architecture)에 의하여 많은 법제도가 대체될 것이다. 예컨대 모든 동산에는 전자태그(RFID)가 미구에 부착되어 그 소유자가 누구인지를 알 수 있게 되므로 점유나 등록 등 기존의 공시방법은 사라지고 선의취득에 관한 법제도 필요 없어질 것이다. 또한 전자도로망의 완비로 속도제한에 관한 법제가 불필요해 질 것이다. 왜냐하면 교통이 한적하면 자동차가 속도를 내고 교통이 혼잡하면 스스로 속도를 줄이는 시스템이 자동적으로 가동될 것이기 때문이다. 일찍이 Lawrence Lessig교수는 이를 "코드가 법이다."라고 갈파한 바 있다.[101]

VI. 분야별 과학기술과 법

1. 정보기술과 법

가. 정보기술법의 개념

정보기술법이란 컴퓨터네트워크를 중심으로 하는 정보기술을 혁신, 보호, 관리, 활용하고 정보기술의 위험과 폐해에 대처하며 정보기술거래를 원활하게 하고 정보기술분쟁을 해결하기 위한 일체의 법을 말한다. 따라서 정보기술법에는 정보기술진흥법, 정보기술안전법, 정보기술거래법 그리고 정보기술분쟁해결법이 모두 포함된다. 정보기술법의 세계화도 정보기술법의 특징적인 면인데, 정보기술에 관한 국제조약의 발전, 정보기술에 관한 소프트로(soft law)로서 국제기술표준의 발전이 주목된다. 무엇보다도 정보기술법의 가장 특징적인 분야가 사이버스페이스법이다.

나. 사이버스페이스법

컴퓨터네트워크로 형성된 사이버스페이스는 현실세계와 별도로 존재할 수 있는 새로운 세계이다. 사이버스페이스는 현실세계에 비하여 자유성, 무국경성, 익명성, 비대면성, 즉시성, 무한복제가능성 등의 특징을 가지므로 "사이버스페이스법"도 현실법과 다른 특징을 가진다. 사이버스페이스법은 전자상거래법, 사이버재산권법, 사이버불법행위법, 사이버형법 등의 새로운 법분야를 형성하고 있다.

다. 정보기술행정법

정보기술의 중요성으로 인하여 행정이 깊이 관여하고 있다. 정보의 보호와 활용을 위한 법제에서 출발하여 정보기술을 육성하고 정보기술을 규제하는 법제가 증가하고 있다. 이하에서는 이들 법제를 일별하기로 한다. 정보는 한편으로는 보호되어야 하고 다른 한편으로는 널리 공유, 활용되어야 한다. 보호되어야 할 정보 내지 정보시스템으로는 개인정보, 개인의 명예, 비밀정보, 정보통신망 등이 있다. 정보 내지 정보시스템의 보호를 위한 법제로 개인정보보호법, 정통망법, 통신비밀보호법, 국가정보화기본법, 정보통신기반보호법, 전자정부법, 정보보호산업의 진흥에 관한 법률 등이 있다. 널리 정보의 공유와 활용을 위한 법제로는 정보공개에 관한 법률, 공공데이터의 제공 및 이용 활성화에 관한 법률 등이 있다. 그러나 공공정보뿐 아니라 민간 정보도 공유, 활용하는 것이 과학기술의 진보와 사회의 발전에 도움이 될 뿐 아니라 정보를 활용한 새로운 사업을 창출할 수 있게 되는 것이므로 정보의 보호와 활용은 적절한 균형점을 찾아야 한다. IT기술의 개발을 위하여 정보통신산업 진흥법, 정보통신 진흥 및 융합 활성화 등에 관한 특별법, 클라우드컴퓨팅 발전 및 이용자 보호에 관한 법률, 스마트도시 조성 및 산업진흥 등에 관한 법률 등의 법률이 제정되어 있다.

라. 정보기술거래법

정보기술거래에는 정보기술을 대상으로 하는 거래와 정보기술을 이용한 거래가 있다. 또 거래의 대상에 따라 디지털상품거래, 디지털정보거래, 디지털금융거래 등으로 나누기도 하고, 거래당사자에 따라 기업 간(B2B)거래, 기업과 소비자 간(B2C)거래, 소비자 간(C2C)거래로 나누기도 한다. 정보기술거래법의 내용으로는 형식적으로는 전자문서의 효력과 전자문서에 사용되는 전자서명의 기술중립성, 일반서명과 동일한 효력의 인정 여부, 전자서명 인증기관의 관리와 책임 등이 포함되고 실질적으로는 거래의 성립, 거래당사자의 권리의무 기타 거래의 효력이 포함된다. 정보기술거래법 중 소비자 보호법제는 중요한 일부를 점하고 있다. 소비자는 계약의 성립단계와 이행단계에 있어서 각각 보호를 받는다. 스마트폰과 관련한 정보기술거래는 앱스토어의 법적 성격, 앱스토어와 개발자의 어플리케이션 공급, 개발자와 이용자 간의 이용관계, 앱스토어와 이용자와의 법률관계 등 새로운 법적 쟁점을 제기하고 있다.

정보기술거래에 대한 과세문제도 정보기술거래법의 중요한 쟁점이다. 정보기술거래는 사이버상으로 이루어지고 그 이행도 사이버상의 이행으로 끝나는 경우가 많아 과세권의 행사에 어려움이 많다. 관세에 관하여는 세계 각국이 당분간 무관세의 원칙을 지키기로 합의하였으나 거래세나 소득세의 부과에 있어서는 합의를 보지 못하고 있어 각국의 국내법에 맡겨져 있는바[102] 근래에는 고정사업장을 두지 않고 디지털 서비스를 제공하는 플랫폼 기업들에 대한 과세가 문제되고 있다. 유럽 각국, 특히 프랑스, 이탈리아, 영국, 스페인 등의 국가가 디지털서비스세(Digital Service Tax)를 부과하자[103] 미국은 이에 반발하였다. 이는 국제조세제도가 정보사회에 제대로 작동하지 못하고 있음을 보여준다.

마. 4차산업혁명과 법

4차산업혁명과 함께 정보기술법제도 비약적으로 발전하고 있다. 인공지능,

데이터, 자율이동수단, 드론, 블록체인 등 4차산업혁명의 핵심 요소를 개발하기 위한 법제가 마련되고 있다. 일찍이 지능형 로봇 개발 및 보급 촉진법이 제정되어 로봇산업을 육성하고 있고 자율주행자동차 상용화 촉진 및 지원에 관한 법률,104) 드론 활용의 촉진 및 기반조성에 관한 법률105) 등이 제정되었다.

바. 양자기술과 법

양자정보통신, 양자컴퓨팅 및 양자센서 기술 등을 포함하는 양자기술106)이 그 탁월한 성능으로 각광을 받고 있다. 이에 미국은 2018. 12. 21. "국가양자선도법(National Quantum Initiative Act)"을 제정하여 양자 연구기관을 대통령 직속으로 신설하고 10년간 '국가양자선도프로그램'(National Quantum Initiative Program)을 수립, 집행할 것을 규정하였다. 독일정부도 2018. 9. 양자 컴퓨터, 양자 통신, 양자 기반 측정기술, 양자 시스템을 위한 기초기술의 4가지 영역을 중점 R&D 분야로 하여 2022년까지 6억 5천만 유로를 투자할 것을 발표하였다. 우리나라에서도 이미 2017. 1. 4. "양자정보통신기술 개발 및 산업화 촉진에 관한 법률안"107)이 발의된 바 있고 2019년 과학기술정보통신부는 양자컴퓨팅 핵심원천기술 확보 및 국내 연구생태계 조성사업을 통해 향후 5년간 양자컴퓨터 하드웨어 등 핵심원천기술 개발과 양자컴퓨팅 신(新)아키텍처, 양자알고리즘, 기반 소프트웨어 등 미래 유망 분야에 총 445억 원을 투자할 계획을 발표하였다.108)

2. 생명과학기술과 법109)

가. 생명과학법의 개념

생명과학법이라 함은 생물학은 물론 생명에 관계되는 화학 · 물리학 · 의학110) · 심리학 · 인류학 · 언어학 · 사회학 · 농학 · 공학 등의 생명과학111)을 규율하는 법제를 말한다. 유전자의 재조합, 세포 융합, 육종, 의료, 공해 방지 등 생명 현상 내지 생물 기능 그 자체를 인위적으로 조작하는 기술을 이르는 생명공학112)에 관한 법제를 포함한다. 현재 생명과학분야에서 가장 큰 쟁점은 인간배아줄기세포 배양을 포함한 인간복제, 생명창조 및 유전자변형식품(GMOs), 그리고 유전자원(genetic resources) 및 생물학적 다양성(bio-diversity)의 보존의 문제와 이러한 생명공학기술 및 유전자원에 대한 특허부여 여부라 할 수 있다. 그러나 생명과학법은 이에 한정하지 아니하고 대리모, 임공수정, 체외수정, 제대혈관리, 장기이식, 안락사, 뇌사, 연명치료중단, 생명 · 신체와 관련한 고지 후 동의(informed consent), 동물실험 등 인간과 동물의 생명과 신체에 관련한 어려운 법적 쟁점을 포함하고 있다.113) 넓게는 DNA신원정보법114)과 화학적 거세법115) 등도 이 범주에 포함될 수 있다.

나. 인간 배아줄기세포 연구의 법적 문제

줄기세포(stem cell) 중 성체줄기세포의 연구는 윤리적 문제를 유발하지 않으나 배아줄기세포의 연구는 생명윤리와 충돌한다. 이 문제를 해결하기 위하여 우리나라는 "생명윤리및안전에관한법률"을 제정하여 체세포복제배아를 자궁에 착상하거나 착상한 상태를 유지 또는 출산하는 행위는 물론 이러한 행위를 유인 또는 알선하는 행위를 금지함으로써 인간복제를 금지하고 있으며 임신이외의 목적으로 배아를 생성하는 행위자체를 금하고 나아가 유전자 검사를 엄격히 제한하였다.

다. 생명공학기술의 육성과 지적재산권 보호

생명공학기술의 육성을 위하여 "생명공학육성법"이 제정되었다. 동법은 생명공학육성기본계획의 수립과 시행, 생명공학종합정책심의회의 설치, 한국생명공학연구원의 설립을 규정하고 있다. 생명공학의 효율적인 육성을 위하여 생명공학의 기초연구 및 산업적 응용연구에 관하여 과학기술부, 농림수산부, 산업통상부, 보건복지부, 환경부 등 행정 각부는 소관분야에서 생명공학육성시책을 강구하고 있다.

생명공학기술을 지식재산권으로 보호하는 방법에는 특허에 의한 보호와 식물품종보호권에 의한 보호의 두 가지가 있다. 나아가 유전자원을 포함한 전통지식에 대한 지식재산권 보호도 문제된다. 특허에 의하여 생명공학기술을 보호함에 있어서는 특허요건 중 생명공학기술발명의 산업상 이용가능성을 포함한 발명의 성립성 요건을 충족하는가 하는 문제이다. 우리 특허법은 자연법칙을 이용한 기술적 사상의 창작인 발명에 해당하여야 하고 공공의 질서 또는 선량한 풍속을 문란하게 할 염려가 있는 발명은 특허를 받을 수 없다고 규정하고 있으므로116) 단순한 유전자의 발견에 그친다든가 신의 영역에 도전하여 인간 유전자에 관한 발명을 하거나 인위적으로 생명을 창조하는 것은 특허요건을 갖추지 못한 것으로 볼 여지가 있다. 신종식물은 식물특허로 보호될 수 있을 뿐 아니라 "종자산업법"에 따라 품종보호권 등록을 함으로서 보호받을 수 있다. 즉 특허권에 의한 보호와 품종보호권에 의한 보호는 병존적, 중첩적이다. 품종보호권으로 등록받기 위하여는 신규성(Novelty), 구별성(Distinctness), 균일성(Uniformity), 안정성(Stability)의 4요건을 갖추어야 한다.

라. 전통지식에 대한 지적재산권 보호

전통지식(traditional knowledge)이란 특정 생태계나 생물 종의 유용성에 대한 토착민의 전통적인 지식을 말하는바 생물다양성자원을 포함한 전통지식의 보호문제는 그에 대한 독자적 보호를 인정할 것인가와 이러한 자원을 이용한 기술에 대한 특허권을 인정할 것인가[117] 하는 문제이다. 이는 생물주권의 수호와 생물자원약탈(biopiracy)의 방지에 그 중점이 있는바 전통지식의 보유자와 이를 약품으로 개발한 자 간에 전통지식의 이용에 따른 이익의 정당한 배분을 위한 법제의 정비를 통하여 해결하여야 할 문제이다.

3. 에너지기술과 법

가. 녹색기술법

종래 에너지기술은 녹색기술의 한 내용으로 이해되었다. "녹색기술"이란 제품의 생산에서 소비까지 경제활동의 전 과정에 걸쳐 에너지 사용을 줄이고, 오염물질 및 폐기물 배출을 최소화하는 기술을 말한다. 녹색기술에는 청정에너지기술, 신·재생에너지기술, 에너지이용 효율화기술 등의 에너지기술을 비롯하여 온실가스 감축기술, 청정생산기술, 자원순환 기술 및 친환경 기술을 포함된다. 녹색기술의 개발, 사용권장, 부작용 해소 등에 관한 법체계가 녹색기술법이다. 녹색기술법에는 (ⅰ) 녹색기술의 연구개발 및 사업화 등의 촉진 법제 등 녹색기술진흥법제, (ⅱ) 대기, 수질 및 토양 환경 기타 자연환경 보전법제, 폐기물관리 및 자원재활용법제 등 환경기술법제, (ⅲ) 신에너지 및 재생에너지 개발·이용·보급 촉진, 에너지이용합리화, 원자력기술을 포함한 전력기술 개발·관리 등 에너지법제, (ⅳ) 그 외 환경친화적 산업구조로의 전환, 환경친화적 자동차의 개발 및 보급 등 사회의 환경친화적 변환법제가 포함된다. 녹색기술법의 기본법으로 저탄소 녹색성장 기본법이 있다. 동법에 따르면 국무총리를 위원장으로 하는 녹색성장위원회를 두고 환경부가 주무부처이되 산업통상자원부 등 녹색기술 관련 행정기관은 소관분야의 녹색기술을 각 관장한다. 정부는 저탄소 녹색성장 국가전략과 지속가능발전 기본계획 및 기후변화대응 기본계획을 수립·시행하고 있다.

나. 에너지기술법

에너지기술이라 함은 신에너지 및 재생에너지 개발·이용·보급 촉진, 에너지이용합리화, 원자력기술을 포함한 전력기술 개발·관리 등을 가능하게 하는 기술을 말한다. 에너지기술법은 이러한 에너지기술의 개발, 관리, 활용 및 안전에 관한 법제를 말한다. 에너지기술법은 그 목적에 따라 대별하면 에너지기술개발법과 에너지기술안전법으로 나눌 수 있다. 에너지기술개발법은 에너지의 생산을 촉진하고 에너지의 사용 그리고 저장, 수송 등의 관리를 편의롭게 하기 위한 기술에 관한 일체의 법제를 말하며 에너지기술안전법은 에너지기술에 관련하여 발생하는 위험을 방지하기 위한 일체의 법제를 말한다. 에너지기술개발법과 에너지기술안전법은 상호 충돌하면서도 보완적인 관계에 있다.[118]

4. 기타 기술과 법

가. 나노기술과 법

"나노기술"이라 함은 물질을 나노미터 크기의 범주에서 조작·분석하고 이를 제어함으로써 새롭거나 개선된 물리적·화학적·생물학적 특성을 나타내는 소재·소자 또는 시스템을 만들어 내거나 이를 나노미터 크기의 범주에서 미세하게 가공하는 과학기술을 말한다.[119] 우리나라는 2003년 "나노기술개발촉진법"을 제정하여 나노기술종합발전계획의 수립과 시행, 나노기술연구협의회의 조직, 나노기술전문연구소의 설립, 나노기술정보체계의 구축 등을 하였다. 나노기술이 가져올 인체 등에 대한 피해를 방지하는 것 또한 나노기술법에서 다루어야 할 문제이다.[120]

나. 인지과학과 법

인지과학은 뇌과학 내지 신경과학의 발전에 힘입어 인간의 마음과 심리 및 행동현상을 뇌의 신경기제에 바탕하여 개념화하고 분석하는 과학을 말하는 바 이전에는 과학과는 별개의 영역으로 간주하였던 인간이성의 현상까지도 신경과학적 틀과 그 경험적 데이터에 근거하여 이해하고 재조명하는 다양한 인지과학의 연구결과에 기초하여 행위자의 의사결정 행동과 법적 판단을 연구하는 법분야이다. 그동안 행위자의 의사자유와 타행위가능성을 전제로 하였던 전통 법학에 대하여 새로운 관점에서 인간의 법적 책임의 문제에 접근하고자 하는 시도로 주목받고 있다. 인지과학에 관한 입법은 아직 없는 상황이다.

다. 항공우주기술과 법

항공우주기술(Aerospace Technology)은 대기권내 비행에 관한 항공기술(Aviation Technology)과 대기권외의 항행에 관한 우주기술(Space Technology)을 아우르는 개념으로 항공기술에는 비행체의 제작, 항행에 관한 기술이 포함되고 우주기술에는 위성체기술, 발사체기술, 위성이용기술 등이 포함되나 오늘날 양자의 구별은 쉽지 않다. 항공우주기술의 개발과 항공우주의 안전과 사고에 대한 대응에 관한 법체계가 항공우주기술법이다. 항공우주산업을 지원·육성하고 항공우주과학기술을 연구·개발하기 위하여 1987. 12. "항공우주산업개발촉진법"이 제정되었다. 동법에 따라 항공우주산업개발기본계획이 수립, 시행되고 있다. 나아가 우주개발을 체계적으로 진흥하고 우주물체를 효율적으로 이용·관리하기 위하여 2005. 5. "우주개발진흥법"이 제정되었다. 동법은 우주개발진흥기본계획의 수립, 국가우주위원회의 설치, 우주물체의 등록, 우주발사체의 발사, 우주사고와 손해배상책임 등을 규정하고 있다. 항공우주기술 개발을 위하여 국가우주개발전문기관으로 과기출연연법에 따라 한국항공우주연구원이 설치되어 있다.

라. 해양기술과 법

해양과학기술(Marine Technology, MT)이라 함은 바다에서 인간의 활동을 자유롭게 하고 해양 자원을 효율적으로 활용하기 위한 과학기술을 말하며 해양에너지 개발이나 친환경 수산 증양식 개발, 해양 환경 보호, 고부가가치선박기술, 통합물류수송시스템구축기술 등 해양수산업의 발전을 위한 과학기술을 포함한다. 해양과학기술을 진흥하고 안전을 도모하는 법체계가 해양과학기술법이다. 우리나라에서는 해양과학기술과 관련하여 해양수산발전기본법이 있고[121] 해양 및 해양수산자원의 관리·보전과 개발·이용에 관련된 과학기술을 육성하기 위한 해양수산과학기술육성법에 따라[122] 해양수산부는 5년마다 해양수산과학기술육성기본계획을 수립하고 있다.[123] 해양과학기술개발을 위한 연구기관으로[124] 출연연법에 따라 한국해양연구원이 설치되어 있다. 해양과학조사와 그 조사자료의 효율적 관리를 위하여 1995. 1. 해양과학조사법이 제정되었다.

5. 융합기술과 법

앞서본 바와 같이 정보기술, 나노기술, 양자기술, 생명공학기술, 인지과학 분야의 융합을 통한 새로운 기술의 개발은 법학에 새로운 도전을 강요하고 있다. 특히 정보기술은 통신기술과의 융합(ICT), 생명공학기술과의 융합(IBT), 녹색기술과의 융합(IGT). 나노기술과의 융합(INT) 등을 통하여 새로운 기술적 지평을 열면서 비약적인 발전을 거듭하고 있는바, 이와 같은 융합기술에 대한 선제적 법적 대응이 중요한 과제로 부상하였다. 글로벌 융합추세에 대비하고 융합 신시장 창출을 지원할 목적으로 기술 간의 결합과 복합화 등을 통해 기존 기술과 산업의 발전을 혁신하거나 새로운 사회적, 시장적 가치가 있는 기술 및 산업을 창출하기 위하여 "산업융합촉진법"이 제정되었고,[125] 정보통신 간 또는 정보통신과 다른 산업 간에 기술 또는 서비스의 결합 또는 복합을 통하여 새로운 사회적·시장적 가치를 창출하는 창의적이고 혁신적인 활동을 활성화하기 위하여 "정보통신진흥 및 융합활성화 등에 관한 특별법"[126]이 제정되었다.

Ⅶ. 과학기술분쟁해결법

앞서 본 바와 같이 과학기술의 발전은 법적 절차에도 큰 영향을 미치고 있다. 과학기술법의 입법절차와 그 집행을 위한 행정절차 그리고 과학기술분쟁해결 절차는 일반적인 입법, 행정, 사법절차와는 다른 특징을 보인다. 그것은 과학기술법의 특징에 기인하는 것이기도 하지만 과학기술분쟁의 특수성에 기인하는 것이기도 하다. 과학기술절차법의 또 다른 측면은 법적 절차의 과학기술화 내지 정보화이다. 행정절차에 이어 사법절차도 급격한 속도로 정보화되어 가고 있다. 미국에서는 협상을 통한 규칙제정(Negotiated Rulemaking)절차가 일반화되는 등 이해관계인이 참여하는 사전 청문과 협상을 통하여 규범이 제정되고 있다. 과학기술분쟁의 기술성, 집단성, 분쟁해결 소요기간의 장기성 등의 특징으로 인하여 그 분쟁해결방법에 있어서도 여러 가지 특징을 발견할 수 있다. 신속한 과학기술분쟁의 해결을 위하여 행정적 해결을 포함하여 전문가에 의한 재판외 분쟁해결(Alternative Dispute Resolution, ADR)이 많이 활용되고 있으며 분쟁에 대한 구제수단에 있어서 손해배상보다는 침해의 즉각적 금지와 원상회복 및 재발방지조치에 그 중점이 놓여 소송에 있어서도 민사소송이나 형사소송보다는 행정소송이 많다.[127]

Ⅷ. 결 론

이상에서 과학기술법이 무엇인지 이를 어떻게 학문적으로 체계화할 것인지를 살펴보았다. 이러한 과학기술법학을 관통하는 이념은 과학기술안전법제에 있어서는 물론 과학기술의 진흥법제에 있어서도 인간의 존엄과 가치를 지키는 일에 있음을 유념하여야 할 것이다. 또한 과학기술의 진흥과 안전, 그리고 분쟁해결에 있어서의 과학기술의 특수성을 고려한 법치주의를 확립하는 것이 긴요하다. 그러나 과학기술분야에 있어서는 기계적인 법적용이 불가능하고 그 법제를 형성하고 집행하는데 재량이 요구될 뿐 아니라 기술의 진보에 따른 변화도 수용하여야 한다는 점에서 다른 법학에 있어서의 법치주의 실현과는 차이가 있을 수밖에 없다. 그러므로 향후 새로운 과학기술이 등장하였을 때 그 것의 사회적 함의를 검토하고 법률적 대응의 필요성 유무를 판단하는 작업을 가급적 신속하게 하고 법적 대응이 필요하다고 판단하는 경우 그에 상응한 입 법 또는 행정조치를 취할 절차 규정을 미리 완비하는 것이 법치주의를 관철할 수 있게 하는 핵심이 된다 할 것이다. 이를 위하여는 법률가들의 과학기술에 대한 관심 제고, 과학기술자들도 법률적 소양을 배양하고, 나아가 학계에서 다 양한 기술적 배경을 가진 학생들을 법률가로 양성함으로써 사회적 수요에 부 응하여야 할 것이다. 많은 법률가들이 지식재산권법 영역에 머무르지 아니하고 과학기술정책법, 과학기술거래법, 과학기술분쟁해결 등의 영역에도 진출하여야 과학기술법 영역에 있어 진정한 법치주의가 실현될 수 있을 것이다. 국제적인 관점에서 보면 과학기술법은 과학기술의 보편성으로 인하여 만국에 공통한 법 체계를 가지는 것이 바람직하나 각국의 과학기술 수준이 다르고 또 주어진 과 학기술환경이 다르므로 먼저 우리나라에 적합한 과학기술법학을 정립하고 우 리나라 과학기술의 발전과 그 법제의 진화에 관한 경험을 외국과 공유하는 단 계로 나아가야 할 것이다. 그렇게 함으로써 세계적으로 보편성을 가진 과학기 술법학을 구축하는 기초를 닦아 나가야 할 것이다.

---

1) 당초 10년 이상이 걸린다는 것이 6년만에 완료되었으며 2009년 국내에서도 서정선 마크 로젠 연구팀이 한국인 표준 유전체 지도를 만들고 2016년에는 정밀 한국인 표준 유전체 지도를 완성하였다.
2) 미국의 크레이그 벤터(J. Craig Venter)박사 연구진은 2010. 5. '미코플라스마 미코이데스'라 는 세균의 염기서열은 107만7947쌍(인간의 0.03% 수준)으로 연구팀은 DNA합성장치를 이 용, 1080쌍 길이의 DNA조각 1000개를 합성해 효모 안에 집어넣어 하나의 게놈으로 합성 하고 이 게놈을 이종 박테리아인 '미코플라스마 카프리콜룸'에 넣어 인공생명체를 만들어 'JCVI-syn1.0'이라 명명하였고 2016년에는 최소한의 유전자 473개, 염기쌍 53만1000개를 가진 인공생명체를 JCVI-syn3.0을 만들어냈다. J. Craig Venter/David Ewing Duncan(2021).
3) Mathias Klang(2006); Roger Brownsword(2008), p.4 et seq.
4) 특히 블록체인 기술은 민주주의의 실현을 가능하게 한다. 제4편 제4장 참조.
5) 이 네 분야의 두문자를 따서 INBC라 부른다.
6) 과학의 개념과 사회적 함의에 관하여는 Wikipedia, "Science" 참조.
7) 기초과학연구진흥법 제2조는 "기초과학연구"라 함은 자연현상에 대한 새로운 이론과 지식 을 정립하기 위하여 행하여지는 기초연구활동을 말한다고 정의한다.
8) 기술의 개념과 역사에 관하여는 Wikipedia, "Technology" 참조.
9) 앤드루 웹스터(1998), 16면. 이 책은 그 외 현대과학기술의 새로운 방향으로 학문 간 경계 의 모호화, 대기업연구소의 기초연구, 국가의 과학기술에의 전략적 관여를 들고 있다.
10) 구 과학기술진흥법 제2조는 '과학기술'을 "자연과학과 이에 밀접한 관련이 있는 사회과학

의 원리·원칙 및 그의 성과를 이용하여 산업을 개발하고 사회복지를 증진하는 것"이라고 정의하였다. 이 정의규정은 과학기술진흥법 제정시로부터 1991. 11. 22. 법률 제4402호로 전부 개정될 때까지 존속하였다. 이 정의 규정이 삭제된 것은 사회복지를 증진하는 것만 기술이라고 보는 가치판단을 한데 대한 비판 때문이었던 것으로 추측된다.

11) 기초과학연구진흥법 제2조 참조.

12) 산업기술혁신촉진법 제2조 제1호 참조.

13) "기초연구단계"란 특수한 응용 또는 사업을 직접적 목표로 하지 아니하고 현상 및 관찰 가능한 사실에 대한 새로운 지식을 얻기 위하여 수행하는 이론적 또는 실험적 연구단계를, "응용연구단계"란 기초연구단계에서 얻어진 지식을 이용하여 주로 실용적인 목적으로 새로운 과학적 지식을 얻기 위하여 수행하는 독창적인 연구단계를, "개발연구단계"란 기초연구단계, 응용연구단계 및 실제 경험에서 얻어진 지식을 이용하여 새로운 제품, 장치 및 서비스를 생산하거나 이미 생산되거나 설치된 것을 실질적으로 개선하기 위하여 수행하는 체계적 연구단계를 각 말한다. 구 국가연구개발사업의 관리 등에 관한 규정 제2조 제12, 13, 및 14호 참조. 이 구분은 일본과학기술기본법이 과학기술연구를 기초연구, 응용연구 및 개발연구로 나눈 것을 참고하였다.

14) Frascati Manual 2015.

15) 응용연구와 개발연구는 실제 그 구별이 어렵고 또 함께 수행하는 것이 일반적이라 구별의 실익도 거의 없다.

16) 이점에 관한 상세는 본편 제2장 과학기술법의 법원 참조.

17) Martin Heidegger(1962) 참조.

18) 자크 엘륄(2011)(원전은 La Technique ou l'Enjeu du siècle, 1954) 참조.

19) 이러한 문제는 과학기술철학의 영역에 속한다. 기술철학(philosophy of technology, Philosophie der Technik)은 사회적, 정치적 및 문화적 가치가 과학연구와 기술혁신에 영향을 미치며 반대로 과학기술이 사회, 정치 및 문화에 미치는 영향을 연구하는 것이다. Ernst Kapp(1877). 기술철학의 조류에 관하여는 스탠포드대학의 기술철학 자료 Stanford Encyclopedia of Philosophy(2018) 참조.

20) 헌법 제10조 제1문.

21) 과학기술기본법 제2조 전단.

22) 헌법 제10조 제2문.

23) 국가정보화기본법은 장애인·고령자 등을 비롯한 국민의 정보통신서비스에의 접근과 이용을 증진하는 등 정보격차 해소에 노력할 의무를 지우고 있다(동법 제31조, 제32조 참조).

24) 헌법 제22조 제1항.

25) 과학기술기본법 제2조 중단.

26) 과학기술분야 정부출연연구기관 등의 설립·운영 및 육성에 관한 법률 제10조 제1항.

27) 과학기술기본법 제4조 제3항.

28) 과학기술기본법 제2조.

29) 과학기술기본법 제2조 참조.

30) 헌법재판소 1998. 2. 27. 선고 94헌바13·26,95헌바44(병합) 전원재판부 결정.

31) 과학기술윤리에 대해서는 본서 제1편 제5장 과학기술윤리와 법을 참고하기 바란다.

32) 서울대학교 연구지침(2009. 6. 25. 교육과학기술부 등록)은 연구자의 책임과 의무로서 인류의 기본 가치 존중, 신분·나이·성별·인종·종교 등에 따른 차별 불인정, 자연 환경 침해 금지, 인간 대상 연구 시 생명윤리 준수, 동물 대상 연구 시 동물보호 유의, 연구의 진실성과 개방성 유지, 연구에 대한 충실성과 엄밀성, 공동연구원의 권리 보호, 연구실 안전 유지 및 관련법과 윤리적 규범 준수를 열거하고 있다. 한편 전미 공학협회의 공학자윤

리장전(National Society of Professional Engineers. Code of Ethics for Engineers, 2007)은 (ⅰ)시민의 건강, 안전, 복지에 우선순위를 둘 것(Hold paramount the safety, health, and welfare of the public), (ⅱ) 자신의 전문영역에서만 활동할 것(Perform services only in areas of their competence.), (ⅲ) 공적발언은 객관적이고 진실한 방법으로 행할 것(Issue public statements only in an objective and truthful manner), (ⅳ) 사용자 및 고객의 충실한 대리인 또는 수탁자로 행동할 것(Act for each employer or client as faithful agents or trustees), (ⅴ) 기만적 행위를 회피할 것(Avoid deceptive acts), (ⅵ) 명예롭게, 책임성 있게, 윤리적으로 그리고 합법적으로 행동하여 전문직의 명예와 평판, 및 존재가치를 제고할 것(Conduct themselves honorably, responsibly, ethically, and lawfully so as to enhance the honor, reputation, and usefulness of the profession)을 열거한다.

33) 생명윤리에 관하여는 노화준(2001) 및 본서 제3편 제2장 생명과학기술안전법을 참조하기 바란다.

34) 이 비밀유지의무가 법적 의무로 격상된 예로는 정부출연연구기관 등의 임원이나 직원에게 직무상 알게 된 비밀을 누설하거나 다른 용도로의 사용을 금지하는 의무를 부과한 것을 들 수 있다(과기출연연법 제31조).

35) 한영우(2010) 참조.

36) 이점에 관하여는 합헌으로 본 헌법재판소 2012. 8. 23. 선고 2010헌바402 전원재판부 결정 및 헌법불합치라는 헌법재판소 2019. 4. 11. 선고 2017헌바127 전원재판부 결정 및 본서 제3편 제2장 생명과학기술안전법중 관계 부분 참조.

37) 과학기술인력법의 상세는 본서 제2편 제2장 참조.

38) 이에 관한 상세는 손경한(2010c) 참조.

39) 이를 위하여 기초과학연구진흥협의회가 설치되어 있고(과학기술기본법 제15조의2) 기초과학연구진흥법이 제정되어 있다.

40) 이상 과학기술기본법 제4조 내지 제15조 참조.

41) 2019. 12. 현재 국립수산과학원 등 14개 기관이 있으며 "책임운영기관의 설치운영에 관한 법률"이나 정부 직제에 의하여 관리된다. 그외 지자체가 설립하는 공립연구원도 같은 범주로 분류할 수 있다.

42) 2020. 11. 현재 한국과학기술연구원등 19개 연구기관이 있다.

43) 특정연구기관육성법이 1973. 12. 31. 제정, 시행될 당시에는 그 적용대상이 연구학원도시 안에 있는 연구기관으로 한정되어 있었으나 2020. 11. 현재에는 한국과학기술원 등 16개 기관이 지정되어 있다.

44) 동법 제42조 참조.

45) 산업통상자원부장관의 허가를 받아 업종별 또는 기능별로 설립되는 연구소로 2019. 12. 현재 16개가 있다.

46) 손수정외(2020) 참조.

47) 이점은 경쟁에서 살아남아야 하는 기업에 있어서도 마찬가지라 할 것인데 경영자가 소수의 사내 기술전문가에 자문하여 결정하는 경우가 많다. 핸드폰의 세계적 기업이었던 노키아가 애플이 아이폰을 개발하였을 때 이를 무시하고 피처폰에 머물러 있다가 핸드폰 시장에서 퇴출된 반면 삼성전자는 재빨리 스마트폰 생산에 착수하여 세계시장에서 애플과 양강 구도를 형성한 것이 기술선택의 중요성을 보여주는 좋은 사례이다.

48) 국가연구개발사업 등의 성과평가 및 성과관리에 관한 법률.

49) 앞서 본 과기출연연법 참조.

50) 이상 과학기술기본법 제12조의2 내지 제33조 참조.

51) 국가연구개발혁신법 제6조, 원자력법시행령 제20조의3 등 참조.

52) "기술적보호조치"란 지식재산권침해를 방지하기 위한 기술적 조치를 말한다(저작권법 제2

조 제28호).

53) 건설기술이나 전력기술 등에 관하여는 신기술지정·보호제도가 마련되어 있다. 예컨대 건
설기술진흥법은 일정한 새로운 건설기술에 대하여 중앙행정기관은 보호기간을 정하여 기
술사용료를 받게 하는 등의 보호를 할 수 있는바 발주청에 신기술과 관련된 신기술장비
등의 성능시험, 시공방법 등의 시험시공을 권고하여 그 결과가 우수하면 발주청이 시행하
는 건설공사에 신기술을 우선 적용하게 할 수 있고, 기술개발자에 대하여 신기술의 성능
또는 품질의 개선을 권고할 수도 있다(동법 제14조). "전력기술관리법"에도 전력에 관한
신기술의 지정·보호에 관한 규정이 있다(동법 제6조의 2 및 3).

54) 신기술인증제도나 품질인증제도도 과학기술보호제도로 기능할 수 있다. 예컨대 기술개발
촉진법은 산업통상부는 신기술을 인증하여 고시하고 신기술에 대한 새로운 수요를 만들
어 내기 위한 자금지원 및 이를 이용한 제품에 대한 우선구매 등 지원시책을 강구하고
있으며 소프트웨어산업진흥법은 소프트웨어의 품질확보 및 유통촉진을 위한 소프트웨어
품질인증제도와 소프트웨어 및 정보시스템 개발프로세스의 품질 향상과 신뢰성 확보를
위한 소프트웨어프로세스 품질인증제도를 운영하고 있다.

55) 과학기술의 보호에 관한 상세는 본서 제2편 제4장 참조.

56) 과학기술기본법 제12조 제1항.

57) 과학기술기본법 제5조.

58) 과기출연연법 제18조에 따라 설립된 기관이다.

59) 장기간 대규모의 예산이 투입되는 사업, 사업간 중복조정 또는 연계가 필요한 사업, 다수
중앙행정기관이 공동으로 추진하는 사업, 국가적·사회적 현안으로 대두된 사업 등이 이
에 해당된다.

60) 성과평가법 제7조.

61) 성과평가법 제7조 제3항.

62) 성과평가법 제8조 제1항.

63) 성과평가법 제11조.

64) 성과평가법 제10조.

65) 과학기술기본법 제12조 제4항.

66) 헌법 제127조 제1항.

67) 과학기술기본법 제26조.

68) 본서 제2편 제5장 과학기술활용과 법 참조.

69) 제품 또는 용역의 개발·생산·보급 및 사용에 필요한 제반 방법 내지 기술상의 정보 중
에서 관계중앙행정기관의 장이 소관분야의 산업경쟁력을 제고하기 위하여 지정·고시하
는 기술로서, 일정한 수준 이상의 기술적·경제적 가치를 갖는 기술을 말한다(동법 제2조
제1호).

70) 국내외 시장에서 차지하는 기술적·경제적 가치가 높거나 관련 산업의 성장잠재력이 높
아 해외로 유출될 경우에 국가의 안전보장 및 국민경제의 발전에 중대한 악영향을 줄 우
려가 있는 기술로서, 산업기술보호위원회의 심의를 거쳐 지정된 기술로서(동법 제2조 제2
호 및 제9조 제1항) 2020. 10. 현재 12개 분야의 66개 기술이 지정되어 있다(산업통상자원
부 고시 2019-111호).

71) 기술유출방지법 제11조 제1항 및 제5항.

72) 전략기술의 수출에 관하여는 전략물자 수출통제제도가 있다(대외무역법 제19조 및 제53
조 등).

73) 동법은 1999. 2. 8. 법률 제5930호로 제정되어 1999. 7. 1. 시행되었다.

74) "표준"이라 함은 사회의 모든 분야에서 정확성, 합리성 및 국제성을 높이기 위하여 통일
적으로 준용하는 과학적·기술적 공공기준을 말한다.

75) 표준의 분류에 대한 상세는 손경한(2010c) 참조.

76) 과학기술기본법 제27조.

77) 과학기술안전법에 대한 상세한 설명은 본서 제3편 제1장 과학기술안전과 법을 참고하기 바란다.

78) 이는 히로시마에 투하된 원자폭탄의 400배에 달하는 수치였다.

79) Ulrich Beck(1986); 김영환(2007) 참조. 2008. 3. 내한했던 Beck은 "근대화가 극단적으로 실험된 한국 사회는 특별히 위험한, 심화된 위험사회"라고 말한 바 있다.

80) 이러한 유형의 사례로는 1960년대 미국 포드사가 원가절감을 위하여 Pinto자동차의 연료 탱크를 사고에 노출되는 위치에 두는 설계를 채택함으로써 사고발생 시 높은 사망률을 보인 경우를 들 수 있다.

81) 예컨대 "특정 범죄자에 대한 위치추적 전자장치 부착 등에 관한 법률"(2007. 4. 27. 제정, 2008. 9. 1.시행)에의한 전자발찌의 강제부착이나 "성폭력범죄자의 성충동 약물치료에 관한 법률"(2010. 6. 29. 제정, 2011. 7. 시행)에 의한 화학적 거세로 인한 위험을 들 수 있다.

82) 과학기술위험의 유형에 관한 상세는 오병철(2010a) 참조.

83) 상세는 William Langewiesche(1998), p.190 et seq.

84) 원자력안전법은 당해 발전용 원자로 및 관계시설의 성능이 기술기준에 적합하지 아니하거나 안전조치가 미흡할 때에는 교육과학기술부장관이 원자로운영자에 대하여 그 사용정지 · 개조 · 수리 · 이전 · 운영방법의 지정 또는 운영기술지침서의 변경이나 오염제거 기타 안전 조치를 명할 수 있도록 규정하고 있다(동법 제27조).

85) 이에 관한 일반법으로는 "재난 및 안전관리기본법"이 있다.

86) 재난 및 안전관리기본법 제36조 참조.

87) 제품의 결함이 발견되었을 때 리콜을 하는 것이 대표적인 예이다.

88) 이는 위험진압수단의 선택과 행사에 있어 위험제거에 필요한 최소한에 그쳐야 한다는 것이다.

89) BP가 운영하는 미국 멕시코만의 딥워터 호라이즌(Deepwater Horizon) 유정시설이 2010. 4. 폭발, 침몰하는 사고로 다량의 기름이 바다로 유출되어 루이지애나주, 미시시피주, 앨라배마주 및 플로리다주의 해양을 심각하게 오염시켜 그 처리와 보상 비용으로 1459억 달러가 소요되었다고 한다.

90) 예를 들면 원자로 운전 등으로 인하여 생긴 원자력손해에 대하여는 당해 원자력사업자에게 무과실 손해배상책임을 지운다(원자력손해배상법 제3조).

91) 예컨대 원자력 손해배상보상 계약에 관한 법률 참조.

92) 예컨대 위험한 연구활동이나 위험 시설에 관한 강제보험가입제도에 관하여 연구실 안전환경 조성에 관한 법률 제14조 참조.

93) 이에 관한 자세한 사항은 오병철(2010b) 참조.

94) 과학기술과 법의 관계에 관하여는 김문환(2010), 3면 이하 참조.

95) Jeremy Rifkin(2000).

96) 김성돈(2010) 참조.

97) 동법의 정식명칭은 The Locomotives on Highways Act으로 자동차의 중량은 12톤으로 제한하고 최고 속도는 시속 10마일, 시가지에서는 시속 5마일로 제한하며 도심에선 자동차 앞에 적색 깃발을 든 기수를 앞세워서 운행하도록 하였던바 1896년에야 폐지되었다.

98) 1992년 지구온난화에 대처하기 위하여 "기후변화에 관한 유엔기본협약(United Nations Framework Convention on Climate Change, UNFCCC)"이 체결되었으며 이를 실효화하기 위하여 2015년 파리 협정(Paris Agreement)이 체결되고 2016. 11. 4. 발효하였다. 동 협정은 지구 평균온도 상승 폭을 산업화 이전 대비 2℃ 이하로 유지하고, 더 나아가 온도 상승 폭을 1.5℃ 이하로 제한하기 위해 함께 노력하기로 약속하였다. 가입국은 자발적으로 정

한 온실가스감축 목표를 실천해야 하는바 세계 7위의 온실가스 배출국가인 한국은 2030
년까지 전망치 대비 37%의 온실가스 감축을 목표로 제시하였으며, 국제사회는 그 이행을
공동으로 검증한다.

99) 리걸 테크는 인공지능과 같은 첨단기술을 활용한 법률 서비스로서 자동화된 서류 작성,
증거 수집, 정리, 빅데이터 처리 기술을 이용한 판례 수집, 문서 분석, 법률자문 및 판결
서 작성 등 다양한 분야로 확장되고 있다.

100) 주민등록법, 인감증명법, 운전면허증소지제도. 의료보험증제시제도 공증제도 등이 그러한
예이다.

101) 로렌스 레식(2000) 31면 이하 참조.

102) 안경봉(2001), 52-71면 참조.

103) 과세대상은 온라인광고를 비롯하여 타겟 광고, 디지털 인터페이스의 제공등에까지 미치고
있다. 세율은 2%에서 7.5%를 부과한다.

104) 동법은 2019. 4. 30. 법률 제16421호로 제정되어 2020. 5. 1. 시행되었다.

105) 동법은 2019. 4. 30. 법률 제16420호로 제정되어 2020. 5. 1. 시행되었다.

106) 양자기술(quantum technology)은 에너지 최소단위인 양자(量子)의 성질을 컴퓨터 개발에
활용하는 기술로 1982년 미국 리처드 파인먼 교수가 창안하였다. 양자의 중첩성·불확정
성·비가역성·얽힘 원리를 활용해 0 또는 1 하나만 표현하는 기존 컴퓨터에 비해 0과 1
을 동시에 가져(큐빗·Qbit) 폭발적 능력을 발휘하는데 큐빗 2개는 00, 01, 10, 11이라는 4
개값, 큐빗 3개와 4개는 각각 8개와 16개값으로 기하급수적으로 늘어 연산능력이 폭증하
고 정보누출 우려가 없다. 양자의 중첩성과 얽힘을 극대화하기 위해 섭씨 영하 270도에서
전기저항이 0이 되는 '초전도체'를 이용해 큐빗을 만들어 구동한다. 그러나 양자는 미세한
자극에도 본래 성질을 잃는 등 기술적 문제가 많다. 한영일(2017), "양자기술이란", 서울경
제, 2017. 9. 27.자 기사.

107) 동법안은 이은권 의원이 대표발의하였으나 임기 만료로 폐기되었다.

108) 이준(2019).

109) 상세한 내용은 본서 제3편 제2장 생명과학기술안전법을 참고하기 바란다.

110) 생명공학육성법은 기초의과학(基礎醫科學), 즉 생명현상의 기전(起傳), 질병의 원인 또는
발병과정에 대한 연구를 통하여 생명공학의 원천지식을 제공하는 생리학·병리학·약리
학 등의 학문도 광의의 생명공학의 개념에 포섭하고 있다(동법 제2조 제2호).

111) 생명과학은 ① 생명현상과 생물의 여러 가지의 해명, ② 자연환경의 해명, ③ 정신활동의
해명, ④ 건강유지와 의료의 향상, ⑤ 식량자원의 확보, ⑥ 생물 및 그 기능의 공업에의
응용, ⑦ 인구 문제 등을 연구목표로 한다.

112) 법적으로는 생명공학은 산업적으로 유용한 생산물을 만들거나 생산공정을 개선할 목적으
로 생물학적 시스템, 생체, 유전체 또는 그들로부터 유래되는 물질을 연구·활용하는 학
문과 기술을 말한다(생명공학육성법 제2조 제1호). 통상 bio-engineering 또는 bio-
technology(BT)라 불린다.

113) 이러한 제반 쟁점에 관한 자세한 논의는 한지영 본서 제3편 제2장 생명과학기술안전법
참조.

114) "디엔에이신원확인정보의 이용 및 보호에 관한 법률"은 2010. 1. 25. 법률 제9944호로 제
정되어 2010. 7. 26. 시행되었다.

115) 2010. 6. 29. 제정된 "성폭력범죄자의 성충동 약물치료에 관한 법률"은 성폭력범에게 성충
동 약물치료 및 심리치료를 15년의 범위 내에서 일정기간 실시하게 되어 있으나 동법의
적용대상의 광범함, 약물 투여로 치료가 아닌 성충동 억제 효과에 한정됨과 부작용, 화학
적 피거세자 본인의 동의 없는 약물의 강제투여 등의 점에서 인간의 존엄과 가치의 본질
적 내용을 훼손하여 위헌의 소지가 높다. 헌법재판소 2015. 12. 23. 선고 2013헌가9 전원재

　　판부 결정은 동법 제8조 제1항의 치료명령 판결조항은 치료명령 선고를 피고사건 선고와
동시에 하여야 하므로 장기형이 선고되는 경우 치료명령 선고시점과 집행시점 간에 시간
적 격차가 있어 피치료자가 집행시점에 치료 필요성에 이의를 제기하는 등 불필요한 치
료를 방지하는 절차가 없어 과잉금지원칙에 위배된다는 이유로 헌법불합치결정을 하였다.

116) 특허법 제32조.

117) 미국 정부와 다국적 제약회사인 그레이스사가 1995년 인도의 님(Neem) 나무로부터 항균
제품을 개발하여 유럽특허청에서 취득한 특허에 대하여 인도는 유럽특허청에 특허권 취
소를 청구하여 10년에 걸친 투쟁 끝에 2008. 1. 최종 승소한 기념비적 사건이 있었다.

118) 에너지개발법과 에너지안전법의 관계 및 그 상세에 관하여는 본서 제3편 제3장 참조.

119) 나노기술개발촉진법 제2조 제1호.

120) 조용진/손경한(2013) 참조.

121) 동법은 국가등이 수산과학기술의 육성을 위하여 수산 관련 연구기관·지도기관·대학 및
단체 등으로 하여금 수산과학기술의 연구·개발 및 보급을 하도록 하고 있으며(동법 제26
조 제1항), 동법에 의거 해양과학기술의 향상과 실용화·산업화를 위하여 2004. 해양과학
기술개발계획이 수립된 바 있다(동법 제17조 제2항).

122) 동법은 2016. 12. 27. 법률 제14515호로 제정되어 2017. 6. 28. 시행되었다.

123) 2018년에 제1차 해양수산과학기술 육성 기본계획('18~'22)이 수립되었다.

124) 해양수산발전기본법 제30조

125) 2011. 4. 5. 법률 제10547호로 제정되어 2011. 10. 6. 시행되었다.

126) 2013. 8. 13. 법률 제12032호로 제정되어 2014. 2. 14. 시행되었다.

127) 과학기술분쟁의 해결에 관한 상세는 본서 제5편 참조.

제2장 과학기술법의 법원(法源)

I. 서론 - 실정법 중심의 과학기술법에 대한 반성

　　우리 인류는 지난 20세기 고도산업사회를 경험하였던바 이 고도산업사회는 우리 법률가들에게 많은 과제를 안겨주었다. 대량생산, 대량소비에 따른 거래관행의 변화, 거래당사자 간 힘의 불균형에 따른 계약자유의 원칙의 제한, 위험사회의 도래에 따른 과실책임주의 관철의 어려움 등으로 인하여 18세기적 근대 시민사회, 초기 산업사회를 전제로 하는 사법체계 나아가 법체계 전반의 사회적 불합치가 발생하였고 산업의 고도화에 따른 자원의 희소화에 대처하기 위한 자원에 대한 공공성의 강화, 인간의 존엄과 가치를 침해하는 사회현상의 증가에 대처하는 인권의 강화 등의 법체계를 정립하는 문제에 봉착하였었다.

　　우리에게 주어진 이러한 법적 과제는 21세기 정보사회의 도래로 더욱 심화되고 있다. 정보기술을 비롯한 과학기술의 비약적인 발전에 대처하기 위한 과학기술법의 영역이 자연스레 부상하였고 과학기술법의 체계화를 통하여 이 문제를 해결하려는 노력이 전개되었다. 그러나 과학기술법은 실정법[128)]을 중심으로 하는 종래의 법체계와는 근본적으로 다른 관점에서 정립될 필요성에 직면하였다. 지금까지 우리는 비교적 완비된 실정법 체계를 가지고 있었으며 과학기술의 발전에 따라 실정법을 제정함으로써 이에 대처하려 하였다. 그러나 과학기술이 비약적으로 발전하여 실정법만으로 이 변화하는 사회를 제대로 규율할 수 없게 되었을 뿐 아니라 실정법 이외의 법규범을 스스로 만들어 내고 있다.

　　먼저 새로운 사회현상에 대처하는 입법을 하는 데는 시간이 걸리므로 입법이 될 때까지는 법의 공백 내지는 법규법의 흠결 현상이 불가피하게 발생한다. 더욱 문제인 것은 이미 만들어진 실정법이 그동안의 기술의 발전으로 현실에 맞지 않게 되는 상황의 발생이다. 이 때문에 실정법 적용의 결과가 부당하게 되는 경우가 많을 수밖에 없다. 이 문제를 해결하기 위하여 실정법의 규정을 추상화하거나 일반조항을 설치하는 방법을 통하여 기술의 변화와 발전에 유연하게 대처하고자 시도하고 있으나 이로써 실정법이 국민들의 행동규범으로서의 기능을 하지 못하고 행정부와 사법부에 사실상 입법권을 위양하는 결과를 초래하였다. 이러한 결과는 법치주의를 근본적으로 위협하는 것이다.

또 한 가지 사회현상은 과학기술의 발전에 따라 과학기술자가 법규범 형성에 참여하는 것이다. 과학기술자는 입법부 또는 행정부의 일원으로서, 혹은 입법 자문역으로서 과학기술 관련 입법 즉 실정법 제정에 참여한다. 그러나 과학기술자는 입법과정보다는 사법작용이나 과학기술에 관한 관습 또는 법적 관행의 형성에 더 많이 관여하고 있다. 과학기술자가 기술적 판단이라는 이름하에 사실상 법적 판단을 하는 예가 증가하였다. 실정법은 참고자료가 될 뿐이고 실제 적용되는 법규범은 실정법 이외의 것인 경우가 많아졌다.[129] 이처럼 실정법이 법현실을 규율하지 못함을 넘어 실정법 이외의 법규범에 그 자리를 양보하고 있다. 그동안 우리가 가히 신뢰하여 말지 않았던 실정법 체계는 이제 커다란 위기를 맞이하고 있다.

이러한 실정법의 위기(crisis in positive law, Krise des Positives Rechts)를 해결하기 위하여는 법의 개념과 그 내포 그리고 사회적 기능에 대한 근본적인 재검토가 필요하다. 우리 법률가들은 21세기 정보사회의 지도 원리를 새롭게 정립하고 이를 체계적으로 구체화하는 작업을 하는 한편 법원(法源)에 대한 새로운 접근을 통하여 우리 사회가 요구하는 법규범을 공급해야 할 책무를 지게된 것이다. 즉 우리는 이제 실정법 만능사상에서 벗어나야 하며 실정법외의 법원의 가치를 재음미함으로써 새로운 법창조와 법발견 방법을 개발하여 추상적이고 불명확한 실정법규범을 구체화, 명확화하고 나아가 법적 안정성의 희생을 최소화하면서 구체적 타당성과 합목적성을 만족시킴으로써 법의 이념을 실현하지 않으면 안되게 되었다.[130] 이처럼 실정법 외의 법원에서 법규범을 발견하여야 할 필요와 실제 적용은 과학기술법의 영역이 다른 어느 법역보다 더 현저하므로 여기에서는 과학기술법의 법원을 새로운 관점에서 검토하여 21세기의 사회현상이 요구하는 법적 수요를 충족시키고 과학기술법의 체계적 정립에 도움이 되고자 한다.

Ⅱ. 과학기술법의 법원 일반

1. 법원의 개념

가. 법원에 대한 종래의 이해

법원(法源, sources of law, Rechtsquelle) 또는 법의 연원이라는 개념은 법은 어디에서 비롯되는가, 또 법을 아는 데는 무엇을 보면 되는가 하는 문제를 다루는 것이지만 실제로는 다양한 의미로 쓰여지고 있어 개념상 혼란이 있다. 이를 용례에 따라 개념을 구분하여 보면 다음과 같이 세 가지로 나눌 수 있다

먼저 법원은 법생성 근거131)의 의미로 쓰인다. 즉 법을 창설, 발생, 결정하는 의사 및 행태 등의 실질적 요인을 법원으로 보는 입장이다. 이러한 의미의 법원을 실질적 법원(material source of law)이라 부르기도 한다. 둘째는 법원을 법평가 근거132)로 이해한다. 즉 정의라든가 자유와 같은 일반적 평가의 척도 내지는 법이 성립하는 기초인 법의 타당성 근거를 법원으로 보는 입장이다. 셋째는 법원을 법인식 근거133)의 의미로 쓴다. 즉 법관이 재판을 함에 있어 준거로 삼을 수 있는 재판규범의 연원이 법원이라고 보는 입장이다.134) 법이 실제로 나타나는 형식과 종류, 바꾸어 말하면 법관이 판결이유에서 이유로 삼는 법규범 또는 법적 판단의 근거로 인식되는 법의 존재 형식 내지 존재 형태를 말한다고 보며 이를 형식적 법원(formal source of law)이라 부르기도 한다.

일반적으로 법원을 영미법계에서는 법생성 근거로, 대륙법계에서는 법인식 근거로 이해하는 것이 일반적이나 법원성이 다투어지는 것 중 가장 중요한 것인 판례의 법원성에 관하여 영미법에서는 판례가 당연한 법생성 근거가 된다고 보고 반면 대륙법에서는 법인식 근거가 될 수 있다고 보므로 실제에 있어서는 큰 차이가 없다고 할 수 있다. 본 장에서는 법원을 법생성 근거와 법인식 근거 양자를 모두 포괄하는 개념으로 이해하며 다만 법평가 근거로서의 법원은 논의의 범위를 좁히기 위하여 편의상 제외하기로 한다.

나. 법과 법원의 준별

종래 법규범과 법원 간의 개념상의 차이를 혼동하여 설명하는 경향이 있었으나 법원의 성격과 기능을 정확하게 이해하기 위하여는 법과 법원을 엄격하게 구별할 필요가 있다. 육법전서(六法全書)가 바로 법이라고 생각할는지 모르나 이것만으로 바로 법을 알 수 있는 것이 아니며, 또 법전(法典)으로부터만 법이 나오는 것도 아니다. 법전은 법을 인식할 수 있는 하나의 근거 즉 법원이 될 뿐이다. 이 법원으로부터 법이 인식되어야 비로소 법규범이 될 수 있는 것이다. 바꾸어 말하면 법전과 같은 법원은 법, 즉 규범이 아니라 사실에 불과하다. 거꾸로 법이 인식될 수 없는 대상은 법원이 될 수 없다는 점에 유의할 필요가 있다.

2. 법원의 종류

일반적으로 형식적 법원으로 헌법, 법률(조약 포함), 명령, 조례 및 규칙, 그

리고 법적 관습이 있고 판례와 조리까지도 법원에 포함시키는 견해가 있다. 법원에 관한 입법례로는 국제사법재판소규칙 제38조를 든다. 동 규칙은 재판준칙으로 국제협약, 관습법, 법의 일반원칙, 제한된 범위 내의 판례 및 학설을 열거하고 있는바[135] 이는 국제법뿐만 아니라 일반적으로 법원을 규정한 입법례로 인정받고 있다.

법원을 1차적 법원(primary sources of law)과 2차적 법원(secondary sources of law)으로 나누고 1차적 법원은 성문법전, 관습 등의 구속력을 가지는 규범을 직접 생성시키는 법원을 말하고 2차적 법원은 학설 등 직접적인 구속력은 없으나 1차적 법원이 흠결되었거나 불명확 또는 불완전한 경우 이를 보충하는 기능을 하는 법원을 말한다고 설명된다. 판례는 영미법 국가에서는 1차적 법원이 되는 반면, 대륙법계 국가에서는 2차적 법원이 됨에 그친다고 한다.[136]

또한 법원을 법창설권자(authority/legal institution)의 관여 유무에 따라 공적 법원(official source of law)과 사적 법원(private source of law)으로 나누기도 한다. 전자로는 입법기관, 행정기관 또는 민간기관에 의해 만들어진 헌법, 국제조약, 자치법규 기타 성문법령과 사법기관에 의해 만들어진 판례(법원성을 인정하는 경우)가 있고 후자에는 법창설권자의 의사와 무관하게 생성된 관습, 법의 일반원칙 및 학설(법원성을 인정하는 경우)이 포함된다. 그 외 사적 법원으로 논의되는 것에는 법적 행태(law practice)와 조리(reason)가 있다.[137] 이상과 같은 법원에 관한 이해를 전제로 아래에서는 과학기술법의 법원으로 논의되는 것을 일반적으로 검토해 본다.

3. 과학기술에 관한 성문법전

가. 헌법전상 과학기술에 관한 규정

입헌주의하에서는 최상위 규범으로서 헌법이 기술된 헌법전 중에 과학기술에 관련되는 규정이 중요한 법원이 될 것이다. 우리 헌법전 중 과학기술에 관련한 조항을 보면 먼저 모든 국민의 과학의 자유를 보장하고 과학기술자와 발명가의 권리를 보호하여야 하고(헌법 제22조), 국가는 과학기술을 혁신하고, 과학기술 정보와 인력을 개발하여야 하며(헌법 제127조 제1항), 국가표준제도를 확립하여야 한다(헌법 제127조 제2항). 국가가 과학기술로 인한 재해를 예방하고 그 위험으로부터 국민을 보호하며 모든 국민이 건강하고 쾌적한 환경에서 생활할 권리를 보장하여야 하는 것(헌법 제34조 제6항, 제35조)도 과학기술과 관련한 규정이라 할 수 있다. 이런 헌법 규정들이 법원이라 하더라도 정부 등을 구속하는 법규범을 바로 창설하는 효력이 있는가 아니면 이를 실행하는 입법과 함께 법원이 되느냐에 관하여는 견해의 대립이 있으나 헌법의 규범력을 강화해 나가고 있는 현대적 추세에 비추어 헌법 규정의 구속성을 긍정하여야 할 것이다.

나. 국제조약

일반적으로 볼 때 과학기술은 보편적 성격을 가지고 있고, 21세기에 접어들어서는 인터넷을 비롯한 통신, 교통수단의 발달로 과학기술법은 세계성을 가지게 되었으므로 과학기술에 관한 국제조약은 과학기술법의 중요한 법원으로 자리를 잡았다. 우리 헌법 제6조 제1항은 "헌법에 의하여 체결·공포된 조약과 일반적으로 승인된 국제법규는 국내법과 같은 효력을 가진다"고 규정하므로 대한민국이 체결, 공포한 과학기술에 관한 조약은 물론 대한민국이 체결하지 않았더라도 일반적으로 승인된 과학기술에 관한 국제조약은 법원이 될 수 있다.[138]

과학기술에 관한 국제조약에는 다자간 조약과 양자간 조약이 있고 전자에는 기후변화협약, 교토의정서, UNCTAD규범, 유네스코헌장, WTO협정, ITU협정과 각종 국제기술표준협정 등이 있고 후자인 양자간 조약에는 대한민국이 외국과 체결한 과학기술협력협정 및 원자력협정 등이 있다.

다. 성문법령

과학기술에 관한 법령이 과학기술법의 가장 중요한 법원임은 두말할 나위도 없다. 그 중 과학기술기본법은 우리나라의 과학기술 법체제의 근간을 설정하는 중요한 법원이다. 그 외 국가연구개발혁신법, 기초연구진흥법 등 과학기술의 진흥에 관한 법률이 200여개에 달하고 과학기술의 안전에 관하여도 수십개의 법률이 제정되어 있다. 이와 같은 법률을 시행하기 위하여 대통령령, 총리령, 부령 등이 제정되어 있는바, 이들 역시 중요한 법원이다. 과학기술에 관한 지방자치단체의 조례, 규칙도 과학기술법의 법원이 된다. 과학기술법령이 가장 중요한 법원이라 하더라도 그로부터 바로 법규범이 추출되는 것이 아니라 다른 법원과 함께 법규범 추출의 대상이 됨을 유의하여야 한다.

라. 과학기술에 관한 소프트로(soft law)의 법원성

과학기술법의 영역에서는 과학기술의 비약적 발전과 변화에 대응하여 새롭고 혁신적인 법규범의 필요성은 크나 이를 입법하는 데에는 복잡한 절차와 정치적 고려 그리고 시간이 소요되므로 헌장(charter), 원칙(principles), 지침(guideline), 행위규범(code of conduct), 모델법(model law), 선언(declaration; statement) 등 이른바 소프트로(soft law) 내지는 연성법(軟性法)의 형태로 규범을 제정하는 경우가 많은바 이러한 소프트로가 법원이 될 수 있는가가 문제된다. 실제로 정보기술법의 영역과 생명과학법의 영역에서는 소프트로의 역할이 지대하였다.[139] 이러한 소프트로는 법률의 제정, 관습법으로 고착 또는 법의 일반원칙으로 인정받아 경성화(hardening)할 수 있다. 경성화하기 전의 소프트로는 엄격한 의미에서는 법원이라고 하기 어려우나, 경우에 따라서는 2차적 법원으로서 재판규범의 근거로 될 수 있을 것이다.

4. 성문법전 외의 과학기술법의 법원

가. 과학기술에 관한 관습

과학기술법은 우리 인류가 프로메테우스로부터 기술과 불을 훔쳐 받았을 때로부터[140] 존재하여 왔다고 말할 수 있다. 과학기술을 사용함에 있어 정의와 인류애에 기초하여야 한다는 것은 헌법 등의 성문법 제정 이전에 인류의 역사와 더불어 확립된 관습이었으며 그것이 신화의 형태로 전승되었다고 볼 수 있다. 과학기술의 연구, 개발, 거래, 이용 등에 있어 관련된 학계, 연구계, 업계 등에 존재하는 관습이 구성원의 묵시적 합의, 법적 확신 또는 의무적 준수에 대한 기대 등으로 그 이행이 강제된다면 이는 관습법이 될 수 있고 따라서 그러한 관습은 과학기술법의 법원이 될 수 있다. 과학기술에 관한 국제관습의 법원성에 관하여는 앞서본 바와 같이 우리 헌법이 "일반적으로 승인된 국제법규는 국내법과 같은 효력을 가진다."고 규정하고 있고[141] 이 "일반적으로 승인된 국제법규"에는 국제관습법도 포함된다고 이해되고 있으므로[142] 과학기술에 관한 국제관습이 법원이 되는 경우도 있을 것이다. 특히 사이버공간에 있어서는 실정법의 관여가 어려운 영역이므로 관습이 중요한 법원이 될 수 있다. 이점에 관하여는 뒤에서 자세히 살펴보기로 한다.

나. 과학기술에 관한 판례의 법원성

과학기술에 관한 판례가 법원이 될 수 있는가에 관하여는 영미법계 국가에서는 그 법원성을 인정하나 대륙법계 국가에서는 대체로 그 법원성을 부인하고 있다. 그러나 우리나라를 포함한 대륙법계 국가에서도 판례가 법이 없거나 법을 알 수 없는 영역에서는 법을 창설 또는 발견하는 역할을 하고 있으므로 판례의 현실적 규범력을 솔직하게 인정하여 법원으로 보는 것이 타당할 것이다. 과학기술법의 영역에 있어서는 법관이 자신의 과학기술적 지식에 기초하거나 전문가의 조력을 받아 관련 판례를 생성하고 있음에 유의할 필요가 있다.

판례의 법원성을 인정한다면 과학기술전문가가 참여하여 내리는 중재판정례, 행정심결례 등도 훌륭한 법원이 될 수 있다.

다. 과학기술법의 일반원칙의 법원성

법의 일반원칙이 법원이 될 수 있는가 하는 점은 크게 다투어 지고 있다. 국제법에 있어서는 법의 일반원칙이 법원 내지는 재판의 준칙으로 인정되고 있다.143) 하지만 앞서본 바와 같이 법원은 규범이 아닌 사실이므로 사실이 아닌 법의 일반원칙을 법원으로 보는 것은 논리적으로 난점이 있다. 따라서 법의 일반원칙을 인정하게 만드는 제반 법적 사실이 법원이고 법의 일반원칙은 그 법원으로부터 추출된 법규범이라고 보아야 할 것이다. 지금까지 논의되고 있는 과학기술법의 일반원칙으로는 인간의 존엄과 가치 존중의 원칙, 과학기술자 창의성 존중의 원칙, 과학기술자 책임의 원칙, 과학기술 확산의 원칙, 법치주의의 원칙 등이 열거되고 있다.144) 이러한 과학기술법의 일반원칙이 헌법이나 과학기술기본법 등에 규정되어 있는 경우에는 소위 일반조항(general clause, Generalklausel)으로 당연히 법원이 될 것이나 그렇지 못한 경우에는 관습의 법원성 인정에 준하는 검증절차를 거쳐 그 규범성을 인정하여야 할 것이다.

라. 과학기술윤리의 법원성

과학기술법의 영역에 있어서는 과학기술윤리가 중요한 지위를 점한다. 과학기술윤리라 함은 과학기술자가 과학기술의 연구개발에 종사함에 있어 그 사회적 책임을 다하기 위하여 지켜야 하는 윤리를 말한다. 과학기술연구윤리의 예로는 인류의 기본 가치 존중, 차별 불인정, 자연환경 침해 금지, 생명 윤리의 준수, 연구의 진실성과 개방성 유지, 연구에 대한 충실성과 엄밀성, 공동연구원의 권리보호, 연구실 안전 유지 등이 열거되고 있다.145) 이러한 과학기술윤리의 존재가 법원이 될 수 있는가. 원칙적으로는 과학기술윤리 위반 그 자체에 대하여는 사회적 비난이 가하여지고 과학기술자가 소속한 단체로부터 징계를 받음에 그치고 법적 제재를 받지는 않으므로 과학기술윤리의 존재가 법원으로 될 수는 없다고 하여야 할 것이다. 다만 과학기술윤리가 과학기술자가 취하여야 할 주의의무의 기준으로서 역할을 하는 경우에는 그 범위 내에서 법원이 될 수 있다고 보아야 할 것이다.146)

마. 과학기술법에 관한 학설의 법원성

법에 관한 학설이 법원이 될 수 있느냐에 관하여는 영미법에서는 그 법원성을 부인하고 대륙법에서는 견해가 나누어진다.147) 법령이나 판례가 아직 정비되지 아니하였고 또 나날이 발전하는 과학기술에 대처하여야 하는 과학기술법의 영역에 있어서는 과학기술에 관한 전문적 지식에 기초하여 주장되는 학설도 이른바 2차적 법원으로서 재판규범의 근거로 원용될 수 있다고 할 것이다.

바. 과학기술에 관한 법적 행태의 법원성

법원을 법생성 근거 또는 법인식 근거가 되는 사실로 이해하게 되면 법원으로서 논의되어야 할 대상이 성문법전이나 관습에 한하지 아니하고 법적 행태(law practice)의 법원성이 주목되게 된다. 법적 행태 내지 관행이라 함은 사회적 행태 내지 관행(social practice) 중에서 규범적, 법적 의의를 가지는 것을 말한다.148) 바꾸어 말하면 사회적 행태에 종사하는 자에게 권리의무를 발생시킬 수 있는 사회적 행태가 바로 법적 행태인 것이다. 예컨대 소프트웨어를 구입하면 일정기간은 그 판매자가 무상으로 점검을 해주는 것은 사회적 행태이다. 그런데 그 사회적 행태로부터 그 구입자가 판매자에게 법적으로 점검을 청구할 수 있는 가능성이 있으면 이는 법적 행태로 된다. 구매자가 점검을 청구하였을 때 판매자에게 점검을 해주어야 할 의무가 있으면 이 무상 점검의 법적 행태는 법원이 된다. 그 법적 행태로부터 점검의무라는 법규범이 추출될 수 있기 때문이다. 그러면 법적 행태가 어떤 상태에 이르면 법원이 될 수 있을까. 이는 관습이 구성원의 묵시적 합의, 법적 확신 또는 의무적 준수에 대한 기대의 요건을 갖추면 법원으로 될 수 있듯이 법적 행태도 그러한 요건을 갖추어 확립된 법적 행태(established law practice)로 되었다면 법원이 될 수 있다고 보아야 할 것이다. 아래에서 보는 바와 같이 법적 행태는 사이버법의 법원을 발견함에 있어서 중요한 역할을 한다.

사. 과학기술에 관한 조리(條理)의 법원성

과학기술에 관한 조리가 법원이 될 수 있는가 하는 문제는 일반적인 명제로서 견해의 대립이 있을 수 있다. 법원을 법의 인식근거로 이해하면서 조리는 법의 일반원칙 내지 원리로서 그 법원성을 긍정할 수 있다고 보는 견해149)도 있다. 그러나 18세기적인 인간 이성의 우위에 기초한 조리에 따르려는 사고는 우리 인간이 얼마나 비합리적으로 행동하는가를 밝혀낸 21세기 행태과학(behavior science)의 성과 앞에 무력해지고 있다. 또한 논리적으로도 앞서본 바와 같이 법원을 법을 창설하는, 또는 인식하는 근거가 되는 사실로 이해한다면 조리는 사실이 아니므로 논리적으로 법원이 될 수는 없고 다만 법을 창설, 발견, 해석하는 과정에서 도구의 기능을 하는데 그친다고 할 것이다.

5. 과학기술법의 법원에 관한 특수한 문제

법원에 관한 일반이론의 과학기술법 영역에의 적용을 넘어 과학기술법에 특유한 법원이 문제 된다. 가장 대표적인 것이 인터넷의 등장으로 촉발된 사이버스페이스 내지는 사이버공간에서 발생하는 여러 가지 법적인 쟁점에 적용될 규범을 어떻게 창설하며 또 발견할 수 있는가하는 문제가 있다. 또 컴퓨터 소프트웨어와 하드웨어로 구성된 코드(code)가 많은 규범을 대체함으로써 코드가 법원으로 인정될 수 있는가 하는 문제가 생겨났다. 그리고 기술표준의 광범한 적용과 준수는 기술표준의 규범성의 문제를 낳았고 그렇다면 기술표준이 법원이 될 수 있는가 하는 의문을 불러일으키고 있다. 아래에서는 이러한 문제를 중심으로 그 외 과학기술법의 영역에서 문제되는 법원에 관하여 살펴보고자 한다.

Ⅲ. 사이버법의 법원

1. 사이버법의 개념과 실례

가. 사이버법의 개념

사이버공간의 지배구조는 국가간의 합의나 입법에 기초한 것이 아니라 인터넷에로의 진화 및 생성과 함께 자율적인 원칙 및 규칙 등의 규범, 의사결정과정 및 프로그램을 성립시킴으로서 형성되었다는 점에 큰 특징을 가진다. 이러한 사이버공간에서 발생하는 일체의 법률관계에 적용되는 법체계를 사이버법(cyberlaw)이라 통칭한다. 사이버법은 인터넷을 비롯한 컴퓨터 통신망에서 일어나는 교신, 거래, 불법행위, 범죄 등의 다양한 영역을 포괄하며 사이버공간에서의 표현의 자유, 사생활 보호, 지적재산의 보호, 재판관할 및 준거법 결정을 포함하는 분쟁해결 등의 법적 쟁점을 다룬다. 사이버법은 과학기술법의 중요한 일부를 구성하는 정보기술법에 속하지만 사이버공간은 지리적인 제한을 받지 않으므로 국가법(national laws)의 적용이 어려운 상황 속에서 인터넷의 개방성, 공유와 참여 등의 특징으로 인하여 법에 있어서도 자유와 자치를 근간으로 하는 독자적이고 자생적인 법체계를 이루고 있다.[150] 그러나 사이버법의 독자성을 주장하는 견해에 대하여는 국가법에 의한 규제의 필요성과 현실적 규제의 관점에서 비판하는 견해도 있다.[151] 아래에서는 사이버공간에서 생겨난 새로운 법적 규범 몇 가지를 살펴보기로 한다.

나. 사이버규범의 실례

1) 인터넷주소관리를 위한 규범

인터넷은 정보가 유통하는 물리적 구조, 그 구조를 통제하는 코드 그리고 디지털 정보를 담은 컨텐츠의 3개의 층으로 구성되어 있다.[152] 1998. 8. 과학기술전문가들이 창설과 운영에 참여하는 민간기구인[153] 인터넷주소관리기구(ICANN)[154]가 설립되어 인터넷의 상호운용성을 확보하기 위한 도메인 이름 시스템, 인터넷 프로토콜(IP), 주소공간, 기타 파라메터를 관리하고 그에 필요한 규범을 제정하였는바 인터넷 도메인 이름 관련 분쟁 해결을 위하여는 세계지적재산권기구(WIPO)와 함께 통일도메인이름분쟁해결방침(Uniform Domain Name Dispute Resolution Policy, UDRP 이하 "분쟁해결방침") 및 동 규칙(Rules for Uniform Domain Name Dispute Resolution Policy, 이하 "분쟁해결방침규칙")을 제정하였다.

2) 인터넷상 인권 및 원칙 헌장

인터넷인권장전의 제정에 관한 선구적 작업으로는 2002년에 국제적 민간단체인 진보통신연대[155]가 제정한 "인터넷권리헌장(Charter for Internet Rights)"이 있었다. 그 헌장은 인터넷 접속권, 표현 및 결사의 자유, 알 권리, 학습과 창작의 공유, 사생활 보호, 이러한 제 권리 보호의 실현 등을 규정하고 있다.[156] 이어 2005년 "인터넷상 권리와 원칙을 위한 역동적 연합"[157]이 창립되어 "인터넷상 인권과 시회정의를 위한 10대 권리와 원칙"[158]을 발표하고 이에 기초하여 유엔 인터넷 거버넌스 포럼(UN Internet Governance Forum)과 함께 "인터넷상 인권 및 원칙 헌장(Charter of Human Rights and Principles for the Internet)"의 제정 작업에 착수하여 2010년 버전 1.0을 공표하였으며 2020년 현재 버전 2.0 제정 작업을 하고 있다.

동 헌장은 인터넷과 관련하여 접속권, 차별받지 않을 권리, 자유와 안전에 대한 권리, 인터넷을 통해 발전할 권리, 표현과 정보의 자유, 종교와 신념의 자유, 온라인상 집회와 결사의 자유, 사생활 보호를 받을 권리, 디지털 자료를 보호받을 권리, 인터넷상 및 인터넷에 관한 교육을 받을 권리, 문화를 누릴 권리 및 알 권리, 아동의 권리, 장애인의 권리, 일할 권리, 공적인 일에 온라인상 참여할 권리, 소비자의 권리, 건강 및 사회 서비스를 받은 권리, 법적 구제와 공정한 재판을 받을 권리, 적절한 사회적 및 국제적 질서에 대한 권리를 규정하고 있다.[159]

3) 소프트웨어 일반 공중 라이선스 및 크리에이티브 커먼즈 라이선스

소프트웨어의 무상사용에 관하여 1980년대부터 자유소프트웨어재단이 만든 GNU 일반 공중 라이선스(GNU General Public License, GNU GPL 또는 GPL)가 광범하게 사용되고 있다.[160] 대표적인 GPL은 리눅스 커널(Linux kernel)이 이용하는 라이선스로서 라이선스 조건을 가진 프로그램을 사용하여 새로운 프로그램을 만들게 되면 2차적 프로그램 역시 같은 조건으로 라이선스를 허용할 의무를 진다. GPL은 오늘날 소프트웨어 저작물 자유 이용에 가장 널리 쓰이고 있으며, 위키피디아 등 대부분의 GNU 프로젝트는 GPL과 "완화 일반 공중 라이선스(GNU Lesser General Public License, LGPL)"[161]의 조건에 따라 이용되고 있다.[162]

한편 저작물을 합법적으로 공유함을 촉진하기 위하여 2001년 설립된 민간단체 크리에이티브 커먼즈(Creative Commons)는 2002. 12. 16.에 크리에이티브 커먼즈 라이선스(Creative Commons licenses, CCL)조건을 제정하였다. 이 저작권 라이선스의 조건으로는 (i) 저작자 표시(BY), (ii) 저작자 표시 − 비영리(BY − NC), (iii) 저작자 표시 − 비영리 − 변경 금지(BY − NC − ND), (iv) 저작자 표시 − 비영리 − 동일조건 변경 허락(BY − NC − SA), (v) 저작자 표시 − 변경 금지(BY − ND), (vi) 저작자 표시 − 동일조건 변경 허락(BY − SA)의 6가지가 있었던바[163] 2009년 저작물을 공중 영역(public domain)에 놓는 CC0가 제안되어 이용되고 있다.[164]

이와 같이 자생적으로 발전하여 온 사이버법규범의 법원은 어디에 있는가하는 의문은 우리에게 새로운 과제를 던져주고 있다. 아래에서는 통일도메인이름분쟁해결방침을 비롯하여 GPL 및 CCL, 인터넷권리헌장 등 사이버법의 영역에 속하는 규범의 법원을 검토해보기로 한다.

2. 통일 도메인이름 분쟁해결방침의 법원성

가. 통일 도메인이름 분쟁해결방침의 요지

분쟁해결방침은 상표권자등 신청인이 (i) 도메인이름이 신청인의 상표와 동일, 유사하여 혼동을 일으킬 것, (ii) 등록인이 자신의 도메인이름에 관하여 권리 또는 정당한 이익이 없을 것, (iii) 도메인이름이 "부정한 목적(bad faith)"으로 등록, 사용되고 있을 것의 세 가지 요건을 입증하는 경우에는 도메인이름의 등록을 말소 또는 이전을 명하도록 하고 있는바 부정한 목적은 (i) 상표권자에게 그 도메인이름을 양도할 목적, (ii) 상표권자의 도메인등록을 방해할 목적, (iii) 경쟁자의 사업을 방해할 목적, 및 (iv) 경쟁자의 상표와 혼동시켜

이익을 얻고자 하는 경우에 인정된다.165)

　　도메인이름 등록인은 등록 시 자신이 등록하는 도메인 이름이 제3자의 권리를 침해하지 않으며 만약 제3자(신청인)가 분쟁해결방침규칙에 따라 권리를 주장하는 경우에 중재유사의 의무적 행정절차(Mandatory Administrative Proceeding)에 응할 의무를 부담하는 조건으로 도메인이름을 등록하게 된다. 신청인도 분쟁해결방침과 분쟁해결방침규칙에 따라 도메인 이름의 등록 말소, 이전 또는 변경을 신청할 수 있게 되어 있으므로 결국 분쟁해결방침은 등록인과 신청인 모두를 구속한다. 즉 분쟁해결방침은 등록기관을 매개로 등록자와 그 절차에 따른 판정을 신청하는 자의 순차적인 동의에 의하여 구속력을 갖추는 구조를 취하고 있다.166) 당사자들은 도메인이름 분쟁에 관한 소를 제기한 이후에도 분쟁해결방침에 의한 판정을 신청할 수 있고 이 절차 진행 중 또는 판정 후 일정 기간 내에 재판관할권이 있는 법원에 소를 제기할 수 있으나 그 권리를 행사하지 않는 한 도메인이름 등록기관은 이 절차에서 그 등록 말소 등의 판정에 따라야 한다.167)

나. 통일 도메인이름 분쟁해결방침의 의의

　　분쟁해결방침은 사이버공간의 특수성을 고려하여 저렴한 비용으로 신속하게168) 도메인이름에 관한 분쟁을 온라인상의 절차로서 종식시키고자 하는 목적을 가지고 제정되었던 바 1999년 분쟁해결방침이 제정된 이래 이 방침에 의거하는 사건은 매년 증가하여 왔으며 2019년에 세계지적재산권기구와 미국 분쟁해결원(The Forum) 두 곳에서 처리한 분쟁사건만 하더라도 7,800건을 상회하고 있다.169)

　　이처럼 분쟁해결방침이 활발하게 이용되고 있는 사실은 사이버법의 법원에 관한 논의를 함에 큰 시사를 주고 있는바, 먼저 분쟁해결절차규범으로서의 성공을 들 수 있다. 사이버공간에서 발생하는 분쟁은 신속하고 저렴하게 해결되는 것을 그 요체로 하고 있는바, 분쟁해결방침은 온라인 신청, 온라인 심리, 온라인 판정으로 모든 절차를 온라인상으로 처리하면서 선례를 데이터베이스화하여 신속한 심리, 판단을 가능하게 해주고 있다. 이러한 분쟁해결방침상의 절차는 이른바 온라인분쟁해결(ODR)의 전형으로서 이 방법이 사이버분쟁의 원칙적인 해결 수단으로 정착될 수 있도록 하는데 지대한 공헌을 하였다.170)

　　둘째는 부정경쟁행위의 실체적 기준을 제시하였다는 점이다. 주지하는 바와 같이 공업소유권보호에 관한 파리협약은 국제적 부정경쟁행위의 한 유형으로 "여하한 방법에 의함을 불문하고 경쟁자의 영업소, 산품 또는 공업상 혹은 상업상의 활동과 혼동을 일으키게 하는 모든 행위"를 부정경쟁행위의 한 유형으로 열거하였다.171) 따라서 타인의 상품 또는 영업과 혼동을 일으키는 부정경쟁행위는 모두 규제의 대상이 되어야 함에도 불구하고 이를 국내법화한 각국은 보호받고자 하는 지역 내에서 당해 표장이 주지, 저명할 것을 부정경쟁행위 성립의 요건으로 삼음으로써 국제적 부정경쟁행위라 하더라도 지역성의 제한을 받았었다.172) 분쟁해결방침은 파리협약이 규정하는 바에 따라 앞서본 바와 같이 판정기준의 핵심 요건으로 "혼동가능성"과 "도메인 이름 등록인이 부정한 목적(bad faith)으로 등록, 사용할 것"만을 규정하여 지역성 요건을 버리고 후자에 해당하는 4가지 경우를 열거함으로써 부정한 목적이라는 기준을 제시하고 또 그에 해당하는 유형도 비교적 명확하게 규정하였다.

이 부정한 목적(baith faith)이라는 분쟁해결방침상의 기준과 유형은 각국에서 국내법상의 기준으로 수용되었다. 예컨대 우리나라의 부정경쟁방지법은 도메인이름 등록과 관련한 부정경쟁의 요건으로 (ⅰ) 상표 등 표지에 대하여 정당한 권원이 있는 자 또는 제3자에게 판매하거나 대여할 목적, (ⅱ) 정당한 권원이 있는 자의 도메인이름의 등록 및 사용을 방해할 목적 또는 (ⅲ) 그 밖에 상업적 이익을 얻을 목적을 열거하였고,173) 인터넷주소자원법도 인터넷주소를 이전, 말소 조정결정의 판단기준의 하나로 유사한 요건을 열거하고 있다.174)175) 이처럼 분쟁해결방침은 사이버스쿼팅에 있어 부정한 목적의 존재라고 하는 최소한의 요건을 제시함으로써 종래 각국 부정경쟁법의 한계였던 지역성을 탈피하여 파리협약의 원칙에 충실한 구체적 기준을 국제적으로 정립하는 성과를 거두었다.

다. 준거기준합의의 유효성

먼저 분쟁해결방침의 법원성을 살피기 전에 도메인이름분쟁을 해결하기 위하여 당사자가 그 판단의 준거기준을 설정하는 합의를 한 경우 그 합의의 효력에 관하여 본다. 일반적으로 당사자자치의 원칙상 분쟁 당사자는 자신들의 분쟁에 적용될 준거법을 선택하는 것은 물론 자신들이 그 준거기준을 설정할 수 있는 자유가 있으며 그러한 준거법합의 또는 준거기준합의는 강행법규의 적용을 회피하려는 의도가 없는 한 존중되어야 한다. 국제사법재판소의 재판준거기준으로 형평과 선(ex aequo et bono)에 의거하기로 하는 당사자의 합의까지도 인정하고 있다.176) 분쟁해결절차에서 적용하여야 할 준거기준을 계약에 명시하는 것은 외국법을 계약에 편입하는 이른바 실질법적 지정과 다를 바 없는 것으로서 그 지정의 결과가 법정지국 등의 강행법규에 반하는 결과가 될 경우를 제외하고는 일반적으로 이를 금지할 이유가 없다 할 것이다. 주지저명상표 보호에 관한 우리나라의 부정경쟁방지법이나 인터넷주소자원법이 강행법규이기는 하나 주지저명성의 정도를 낮추거나 이를 요건으로 하지 않는 등 구체적인 적용기준을 달리하겠다는 당사자의 합의를 위 법규에 반하여 무효라고 보아야 할 이유가 없다. 이러한 의미에서는 부정경쟁방지법이나 인터넷주소자원법은 상표권자 등의 보호를 위한 편면적 강행법규의 성격을 가진다고 볼 수 있다. 따라서 분쟁해결방침에 따라 절차를 개시한 상표권자 등과 도메인이름 등록인 간에 분쟁해결에 관한 준거기준설정의 합의가 있다고 볼 수 있다면 그 효력을 인정하여야 할 것이다. 다만 그 효력이 미치는 범위가 분쟁해결방침에 따른 판정절차를 넘어 소송절차에까지 미치는지 여부는 분쟁해결방침의 규정과 그 취지를 검토하여 판단할 문제이다.

라. 분쟁해결방침상의 판단기준의 소송절차에서의 구속력

1) 소송에서의 구속력을 인정하는 견해

분쟁해결방침은 기본적으로 등록기관과 등록인 사이의 약관으로서 제3자와 등록인 사이에 분쟁이 발생하였을 경우에 이를 해결할 수 있는 절차를 규정하고 있고 도메인이름을 둘러싼 관계자들의 실체적 권리관계를 규정하는 것으로 해석되므로, 등록인과 제3자는 분쟁에 관한 사법적 판단에 분쟁해결방침을 적용할 것을 사전에, 또는 그에 따른 분쟁해결을 신청함으로써 승낙한 것으로 볼 수 있어, 분쟁해결방침은 분쟁해결절차 안에서는 물론 법원의 심리, 판단에도 그 실체법적 근거가 된다고 보는 견해가 있다.[177] 아래에서 보는 2008년 대법원 판결이 나올 때까지 상당수의 하급심 판결도 이러한 태도를 보였다.[178]

2) 소송에서의 구속력을 부인하는 견해

대법원은 분쟁해결방침의 구속력을 부인한다.[179] 그 논거는 분쟁해결방침은 도메인이름 등록기관과 도메인이름 등록인 사이에 합의된 등록약관의 내용에 편입된 규정에 불과하고 그 자체에 분쟁해결방침에 의한 절차의 개시 전 또는 종결 후는 물론 절차 진행 중에도 국제재판관할권이 있는 법원이 도메인이름에 관한 분쟁을 최종적으로 해결할 것을 예정하고 있으므로[180] 의무적 행정절차 외에서 도메인이름 등록인과 제3자를 규율하는 구속력을 가지는 것은 아니라고 하거나[181] 제3자인 상표권자가 분쟁해결방침상의 요건에 의하여 도메인이름의 사용금지를 그 등록인에게 직접 청구할 수 있는 실체적 권리가 없음을 근거로 삼고 있다.[182] 따라서 도메인이름에 관한 소송을 심리·판단하는 법원은 분쟁해결방침에 의할 것이 아니라 당해 사건에 적용 가능한 법률에 의하

여 당해 사건을 심리·판단하여야 한다고 판시한다.[183)184)]

3) 분쟁해결방침에 의거한 판정 이후의 소(訴)에서의 구속력을 인정하는 견해

분쟁해결방침상의 판단기준이 적용될 수 있는 소를 제소시기와 형태에 따라 구분하여 분쟁해결방침에 의거한 판정이전에 제소된 경우에는 분쟁해결방침이 적용될 여지가 없으나[185)] 판정이 내려진 이후에 제기된 소에 있어서는 경우에 따라서 분쟁해결방침이 적용될 수 있다고 본다.[186)]

4) 소 결

도메인이름 분쟁에 관하여 하나의 판단기준으로 일의적으로 해결하여야 한다는 관점에서 분쟁해결방침상의 판단기준의 구속력을 사법적 절차에까지 인정하는 견해나 적어도 판정이 있은 이후에 제기된 소에 있어서는 그 구속력을 인정하려는 견해는 그 논거의 설득력과 또 앞서본 바와 같은 분쟁해결방침상의 판단기준의 우수성의 관점에서 경청할 가치가 있다. 또한 도메인이름 등록인은 자국어로 방어를 할 수 있는 권리가 있고[187)] 분쟁해결절차 진행 중 언제든지 분쟁해결절차를 탈퇴하여 제소할 수 있는 권리가 보장되어 있으며 또 판정을 받은 후에도 일정기간 내에 등록인이 상호관할 규정에 불구하고 국제재판관할이 인정되는 법원에 제소할 수 있으므로[188)] 등록인의 방어방법이 불충분하다고 단정할 수 없다.[189)] 또한 국제중재에서 중재판정취소의 소를 특정국 법원에 제기할 수 있음에 비추어 보면 국제중재절차에 유사한 분쟁해결방침에 따른 절차에서의 판정에 대하여 법원에 그 재심사를 구하는 것이 항소심 내지 재심의 형태가 된다는 이유로 판정기준이 적용되지 않는다고 단정할 수 없다.[190)]

그러나 분쟁해결방침의 규정체계를 면밀히 살펴보면 분쟁해결방침상의 판단기준이 분쟁해결방침 전반에 미치는 것으로 규정되어 있지 않은 점 등에 비추어[191)] 분쟁해결방침상의 판단기준의 우수성과 또 그 절차에 이은 사법절차에서도 이를 적용할 현실적 필요에도 불구하고 그 적용범위는 의무적 행정절차에 한정되고 그에 이은 소나 중재절차에까지 확장되는 것은 아니라 할 것이다.

마. 분쟁해결방침상 판단기준의 법원성

그러나 분쟁에 적용할 준거기준합의의 유효성은 앞서본 바와 같고 또 분쟁해결방침에 의거한 판정절차에서는 분쟁해결방침상의 판단기준이 실체적 기준의 제시 측면이나 절차적 효율성의 측면에서 광범하게 수용되므로 이 분쟁해결방침상의 판단기준이 법원이 될 수 있는가는 별도로 검토해 보아야 한다.

대부분의 도메인이름분쟁이 분쟁해결방침에 의거하여 처리되고 있고 극소수의 분쟁만이 소송으로까지 나아가고 있어 적어도 일반 최상위 도메인이름(gTLD)에 관련한 분쟁에 있어서는 분쟁해결방침상의 판단기준이 분쟁해결의 확립된 관행으로 자리잡았다고 할 것이다. 이제 최상위 도메인이름을 등록하는 자는 그에 관한 분쟁의 대부분이 분쟁해결방침의 판단기준에 의거, 처리될 것임을 알고 등록을 하며 상표권자 등도 기꺼이 분쟁해결방침에 의거하여 판정을 신청하고 있다. 그렇다면 최상위 도메인이름 분쟁해결방침상의 판단기준은 이제 사이버공간의 상관습이거나 확립된 법적 관행(established law practice)으로서 법원이 될 수 있다 할 것이다.192)

3. 저작권 공중 라이선스의 법원성

가. 저작권 공중 라이선스의 법적 성격

소프트웨어 일반 공중 라이선스 즉 GPL이나 저작물에 관한 크리에이티브 커먼즈 라이선스 즉 CCL 등에서 사용되는 라이선스(이를 저작권 공중 라이센스라 통칭한다)의 법적 성격에 관하여는 영미법과 대륙법 간에 그 이해를 달리하고 있다. 영미법상으로는 저작권 공중 라이선스는 저작권법상의 라이선스로서 계약법에 따라 집행되는 계약은 아니라고 한다.193) 대륙법적으로는 일종의 단독행위라 보거나 라이선서가 저작물의 이용조건을 제시한 것이 청약이고 그 조건에 따라 이용을 시작함으로써 묵시적인 승낙을 하여 계약이 성립한다고 본다. 여기서 라이선서가 제시한 조건은 다수의 이용자들 나아가 제2차적 이용자들에게까지 적용된다는 점에서 약관의 일종이라고 할 수 있다.

나. 저작권 공중 라이선스의 법원성의 검토

저작권 공중 라이선스 조건을 단독행위로 보든 약관으로 보든 그 조건이 관련 업계에서 널리 사용되고 있다는 점에서 통상의 일방적 조건이나 약관과는 비교할 수 없는 규범력을 가진다. 예컨대 리눅스 커널을 사용하는 자는 모두 GPL조건에 구속됨을 너무나 잘 알고 있으므로 이는 소프트업계의 확립된 법적 관행(established law practice)으로서 법원이 될 수 있을 것이다. 이러한 의미에서 소프트웨어 등 사이버 저작물에 대한 보호에 관하여 이를 인정하는 실정법규범과 이를 제한하는 사이버규범이 팽팽하게 대립하고 각각 적용 영역을 달리하는 상황이다. 그렇게 본다면 법원은 저작권 공중 라이선스의 조건을 부과하는 사실은 공지의 사실 또는 법원에 현저한 사실로서 당사자의 입증을 기다리지 않고 그 존재와 나아가 그 규범성을 인정하여 직권으로 그 조건을 적용할 수 있을 것이다.

4. 기타 사이버법의 법원성이 문제되는 경우

가. 사이버 성문법원

사이버법에 관한 국제규범의 효시는 1996년 유엔국제거래법위원회(UNCITRAL)가 성안한 전자상거래모델법(Model Law on Electronic Commerce)이라 할 수 있다. 이어 세계지적재산권기구(WIPO)는 같은 해 WIPO저작권조약(WCT)과 WIPO저작인접권조약(WPPT)을 제정하였다. 2001년 유럽평의회(Council of Europe)의 주도로 사이버범죄협약(Convention on Cybercrime)이 제정되고[194] 2005년에는 유엔국제거래법위원회가 국제계약상 전자문서의 사용에 관한 협약(Convention on the Use of Electronic Communications in International Contracting)을 제정하였다.[195] 이미 발효한 조약은 물론 한국이 아직 가입하지 않은 국제규범이라도 예컨대 사이버범죄조약이 열거하고 있는 범죄의 유형은 그 위법성을 인정함에 하나의 법원이 될 수 있을 것이다.

나. 인터넷에 관한 자율규범

국제적으로는 1998년 국제상업회의소가 "초국경 데이터 유통에 관련한 계약에 사용하기 위한 모델조항(Model Clauses for Use in Contracts involving Transborder Data Flows)을 작성하였고 2000년 UN/CEFACT가 전자상거래계약서(Electronic Commerce Agreement)를 성안하여 그 사용을 권고하였다. 국내적 자율규범의 예로는 일본이 2002년 전자상거래준칙을 제정한 바 있고 우리나라에서도 2008년 디지털콘텐츠이용표준약관이 제정되었다. 그 외에도 사이버공간에 적용되는 무수한 자율규범이 생겨나고 있는바 당사자가 이를 계약조건의 일부로 실질법적 지정을 한 경우는 물론 적용될 것이며, 그렇지 않다 하더라도 당사자들이 이에 따라 거래를 하는 것이 일반화되었다면 확립된 법적 관행으로서 법원이 될 수 있을 것이다.

다. 인터넷상의 관행

1996년 인터넷이 공중에 개방된 이래 오늘날까지 사이버공간상에는 수많은 관행이 자리 잡았다.[196] 예컨대 인터넷상에서 정보서비스를 이용하기 위하여 성명(user name)과 비밀번호(password)를 입력하는 관행, 타인의 웹사이트에 자유로이 링크하는 관행,[197] 받은 이메일을 자유롭게 제3자에게 전달(forwarding)하는 관행, 일정시간 웹브라우저가 사용되지 않으면 자동적으로 연결을 단절하는 관행, 입력한 정보의 삭제 등 중요한 결과를 가져오는 행위를 하는 이용자의 행위의사를 확인하는 관행,198) 전자상거래에 있어서 수신확인을 요구하는 관행 등 수많은 관행이 확립되었는바 이러한 관행이 법원이 될 수 있는가 하는 점이다.

오늘날 이러한 관행은 인터넷상 정보 서비스를 제공하는 자나 이를 이용하는 자는 누구나 준수하며 또 관계자들에게 그 준수를 기대할 수 있으므로 사이버공간상 관습이거나 확립된 법적 관행으로서 법원이 된다 할 것이다. 이처럼 관습으로 되었거나 명확하게 확립된 법적 관행이 아니라 할지라도 인터넷상에서는 수많은 관행이 확립되는 과정에 있거나 또는 소멸되는 과정에 있다. 이러한 관행이 어떤 단계에 이르렀을 때 관습 또는 확립된 법적 관행이 되는가 또는 그러한 지위를 잃는가에 대한 명확한 기준을 정립하여야 할 것이다.

라. 인터넷권리 헌장

앞서 살펴본 진보통신연대(APC)의 인터넷권리헌장이나 "인터넷상 권리와 원칙을 위한 역동적 연합(IRP)"의 인터넷상 인권 및 원칙 헌장은 아직은 형성 중에 있는 규범이라 할 것인데 만약 이러한 헌장이 그 제정 작업에 참여한 개인 및 단체의 결의로 확정된다면 범세계적인 영향력을 가지게 될 것이다. 그렇다 하더라도 이러한 단체들은 인터넷주소관리기구(ICANN)와 같은 법적 권위가 없으므로 이 헌장이 바로 법원이 된다고 하기는 어렵고 법적 권위를 가진 국제연합의 승인(endorsement)이나 결의(resolution)가 있어야 비로소 법원이 될 수 있다 할 것이다. 그러나 이 헌장의 전부 또는 일부가 법의 일반원칙으로까지 격상된다면 법원을 넘어 바로 법규범이 되어 이를 현실적으로 적용할 수 있게 될 것이다.

Ⅳ. 코드의 법원성

1. 코드의 개념과 기능

코드(code)란 넓게는 문자, 언어, 행동 등의 정보를 디지털 정보 등의 다른 형태나 표현으로 전환하는데 쓰이는 규칙(rule)을 말한다. 코드는 군사적 용도나 외교적 용도, 간첩을 위한 용도 등 비밀을 요하는 통신의 경우, 긴급을 요하는 경우, 비용을 절약하고자 하는 경우, 전신용 모르스부호(telegraph Morse code) 등 다른 통신미디어로 전환하려고 하는 경우 등 다양한 목적으로 사용된다. 오늘날 코드는 일상적인 아날로그 언어를 컴퓨터가 해독할 수 있는 디지털 언어로 전환한 것을 지칭하고 있다. 따라서 아날로그 언어를 디지털 언어로 전환하는 것을 부호화(encoding)라 하고 디지털 언어를 아날로그 언어로 변환하는 것을 해독(decoding)이라고 부른다.

오늘날 하드웨어 및 소프트웨어로 된 정보통신기술을 이용한 사회통제는 점점 그 중요성을 더해가고 있으며 기술은 더 이상 가치중립적이라고 할 수 없다. 코드는 그 작성자의 가치관을 반영하며 사회적으로 엄청난 영향을 미칠 수 있다. 따라서 국가와 사회는 코드의 작성과정에 관여하여 국가적으로 사회적으로 바람직한 코드가 작성되도록 유도할 필요가 있으므로 국가는 특정 코드의 개발을 재정적으로 지원하거나 이를 규제를 할 수 있고 사회는 여론의 압력이나 시장 매커니즘을 통해 이를 지원 또는 규제할 수 있다.199)

2. 코드에 의한 법의 대체

오늘날 개인정보보호를 위해 접속정보를 암호화한다든가, 음란물을 배제하기 위하여 음란성을 판단하는 소프트웨어를 가동한다든가, CRM 등 복제를 방지 또는 추적하는 기술적 조치(technical measures)를 취하여 지식재산권의 침해를 예방하는 등 표현의 자유의 한계 설정, 사생활의 보호, 지식재산권의 보호 등을 코드에 의해 해결(code-based solutions)하는 경우가 늘고 있다. 즉 코드가 법을 대체하는 것이다. 그런데 코드에 의한 법의 대체는 정확한 표현이 아니다. 코드는 사실이고 법은 규범이므로 사실인 코드가 규범인 법을 대체할 수는 없기 때문이다. 엄밀하게 말하면 코드가 법의 기능을 대체하는 것이라고 말할 수 있다. 법의 다양한 기능 중에서 법이 가진 사회규제기능을 코드가 대신한다는 의미이다. 또 다른 경우로는 당사자 일방이 계약조건을 초안하고 타방당사자가 이를 검토하여 협상을 통하여 계약조건에 관한 합의에 이르던 과정이 모두 생략되고 이미 표준화된 계약조건이 전자적으로 제시되고 상대방은 이에 클릭함으로써 계약체결을 대신하는 것이다. 블록체인을 이용한 스마트계약에서는 계약체결과 동시에 이행도 이루어진다. 이런 경우는 코드가 법의 기능을 대체하는 것은 아니지만 법적 관행을 바꾸는 결과를 초래하는 경우이다.

3. 코드의 법원성에 대한 검토

앞서 살펴본 바와 같이 코드가 법의 기능을 대체하는 범위 내에서는 코드가 법규범을 내장하고 있다고 볼 수 있으므로 이는 법적 행태 내지 관행이라 할 수 있다. 그런데 이 법적 관행이 법원으로 되기 위하여는 그에 대한 준수를 기대할 수 있어 그 관행이 확립된 법적 관행이 되어야 하고 확립된 법적 관행이 되기 위하여는 관계당사자들이 그 법적 관행의 존재를 인식하고 있어야 한다. 그런데 코드의 경우에는 코드에 따르는 사회적 관행은 있다고 할 것이나 그것이 법적 관행이라는 인식을 하고 있는 사람이 많지 않을 것이기 때문에 그 법적 관행이 확립되었다고는 말할 수 없다. 만약 그 코드가 확립된 법적 관행의 지위를 획득하였다면 법원이 될 수 있을 것이다. 그러나 코드로부터 법규범을 추출하는 것은 용이한 일이 아니다. 따라서 법규범을 코드에 반영하고자 하는 자는 부호화(encoding)하기 전에 먼저 코드에 반영할 법규범을 확정하고 이에 기초하여 소프트웨어의 경우에는 소스코드를 작성하고 하드웨어의 경우에는 기술사양서 등을 작성하여 후일 코드로부터 법규범을 추출하는 작업을 용이하게 할 수 있도록 미리 대비하여야 할 것이다.

4. 코드상의 법규범과 현실 법규범 간의 충돌

관습이 성문법과 충돌하는 경우는 비교적 쉽게 인식할 수 있으나 코드의 경우에는 그 코드로부터 법규범을 추출해 내기 전까지는 성문법과 충돌하는지 여부를 알 길이 없다. 코드로부터 법규범을 추출해 본 결과 성문법 기타 다른 법규범과 충돌하는 것이 발견된 경우에는 어떻게 처리하여야 할 것인가. 성문법 등의 기존 법규범이 임의법규인 경우에는 그에 반한다 하더라도 코드상의 법규범을 적용할 수 있을 것이다. 기존 법규범이 강행법규인 경우에는 그와 같은 코드를 작성한 취지를 검토하여 기존의 강행법규를 개폐할 의사가 있었다면 신법우선의 원칙을 적용할 수 있을 것이다. 그러나 그 코드를 사용하는 관계 당사자들이 강행법규까지 개폐할 의사를 가지고 있는 경우는 오히려 희소하다 할 것이고 그 강행법규에 의하여 보호하고자 하는 법익을 존중한다는 취지에서 그 법적 효력을 부인하여야 하는 경우가 많을 것이다.

V. 과학기술계획의 법원성

1. 과학기술계획의 수립과 집행

우리나라 과학기술의 발전은 경제개발 초기부터 장기적인 기술개발계획을 세워 이를 집행하는 방식을 취한데 크게 힘입었다고 할 수 있다.[200] 2001. 1. 과학기술기본법이 제정된 후에는 동법에 의거 2003년 제1차 과학기술기본계획이 수립된 이래 매 5년마다 새로운 계획이 국가과학기술자문회의의 심의를 거쳐 수립, 집행되고 있다.[201] 과학기술기본계획은 국가 과학기술정책의 수립 및 추진체제의 핵심적 내용으로 동 기본계획에는 (ⅰ) 과학기술의 발전목표 및 정책의 기본방향, (ⅱ) 과학기술혁신 관련 산업정책, 인력정책 및 지역기술혁신정책 등의 추진방향, (ⅲ) 과학기술투자의 확대, (ⅳ) 과학기술연구개발의 추진 및 협동연구개발 촉진, (ⅴ) 기업·대학 및 연구기관 등의 과학기술혁신 역량의 강화, (ⅵ) 연구 성과의 확산, 기술이전 및 실용화 촉진, (ⅶ) 기초과학의 진흥, (ⅷ) 과학기술인력의 양성 및 활용 증진, (ⅸ) 과학기술지식과 정보자원의 확충·관리 및 유통체제의 구축 등 과학기술기본법이 규율하는 거의 모든 사항이 포함된다.202) 이에 기초하여 지방의 과학기술진흥을 촉진하기 위하여 5년마다 지방과학기술진흥종합계획을 수립, 추진하는바 이 계획에는 (ⅰ) 지방 연구개발사업의 지원, (ⅱ) 지방 과학기술기반 구축과 지원, (ⅲ) 지방과학기술진흥 성과의 확산 및 산업화, (ⅳ) 지방의 과학기술인력과 산업인력의 양성 및 과학기술정보 유통체제 구축 등의 사항이 포함된다.203) 과학기술정보통신부는 매년 다음 연도 시행계획과 전년도 추진실적을 종합하여 국가과학기술자문회의의 심의를 받아야 하며 관계 행정기관은 기본계획에 따라 연도별 시행계획을 세우고 이를 추진할 의무를 진다.204)

2. 과학기술계획의 법원성에 대한 검토

과학기술계획의 수립과 집행에 관하여 법에 직접적인 규정이 있는 경우에는 그 규정을 통하여 과학기술계획이 정부 또는 민간인을 구속하게 될 것이지만 만약 그러한 규정이 없는 경우 그 과학기술계획이 법원으로서 재판규범이 될 수 있는가 하는 점이다. 이와 같은 과학기술계획은 행정계획205)의 일종이라 할 것인바 그 법적 성질에 관하여는 행정지도 내지는 행정규칙이라는 설, 일반적이고 추상적인 규율을 행하는 입법행위설, 개인의 권리를 구체적으로 규제하는 경우에는 행정행위가 된다는 설,206) 법규명령인 것도 있고 행정행위인 것도 있다는 개별적 검토설 및 법규범도 행정행위도 아닌 독자적인 법형식이라는 설이 대립하고 있다.

생각건대 과학기술기본계획은 국가로 하여금 그 기본계획에 따라 연도별 시행계획을 세워 추진할 의무를 부과하는데 불과하고 그로부터 구체적인 권리의무가 발생하는 것은 아니라는 점에서 법원성을 인정할 수 없다 할 것이나 연도별 시행계획이 구체성을 띠고 있다면 행정기관이 이에 구속되고 국민도 행정청에 대하여 그 시행을 요구할 수 있으므로 구속력 있는 과학기술계획의 고시는 그 일반적·추상적 성격으로 인하여 법규명령이 될 수 있을 것이다. 과학기술계획에 법적 구속력을 부여하기 위하여는 법규명령의 제정에 준하는 절차를 거치고 이를 법령정보센터 사이트에 공지하여야 할 것이다. 따라서 과학기술계획도 경우에 따라서는 법원이 될 수 있고 법관은 이로부터 법규범을 추출하여 적용할 수 있다고 할 것이다.

Ⅵ. 기술표준의 법원성

1. 기술표준의 개념과 종류

기술표준(technical standards)이란 일상적이고 반복적으로 일어나는 기술적 문제를 주어진 여건하에서 최선의 상태로 해결함에 필요한 합리적 기준이라 정의할 수 있는바[207] 통상 서면의 형태로 통일적인 공학적 또는 기술적인 기준, 방법, 공정 및 처리를 명시하는 공식 서면의 형식을 취한다. 기술표준에는 법적표준(de jure standard)과 사실상의 표준(de facto standard)의 두 가지가 있다. 법적표준은 제정주체에 따라 국가표준과 단체표준으로 나눌 수 있으며 사실상의 표준은 공중의 수용이나 시장지배력으로 통용되는 관습, 규약, 공산품, 시스템 등의 표준을 말한다. 표준은 제정목적에 따라 측정표준, 참조표준 및 성문표준(成文標準)으로 나눌 수 있고[208] 표준의 국제성 여부에 따라 국내표준과 국제표준으로 나눌 수 있는바 국내표준은 특정 국가의 영역 내에서 적용되는 표준을 말하며 국제표준은 국제적인 표준제정기구가 정하는 등 국제적으로 통용되는 표준을 말한다. 가장 대표적인 국제 표준제정 기구는 각국의 성문표준의 조정 및 통합, 국제성문표준의 설정 등을 목적으로 1947년 창립된 "국제표준화기구"이다.[209]

국제표준에는 처음에는 사실상의 표준이었다가 나중에 법적 표준으로 전환되는 경우도 있다. 예컨대 컴퓨터 파일포맷인 HTML은 1993년 사실상의 표준으로 널리 통용되었으나 1995년 이후에는 법적표준으로 채택된 바 있었고 또 다른 컴퓨터 파일 포맷인 PDF는 1993년 Adobe가 자신의 소프트웨어 품질시스템의 일부로 공표한 후 Acrobat Reader 프로그램의 무상지원 등을 통하여 인쇄할 수 있는 웹문서 및 e-북을 위한 사실상의 표준으로 되었다가 2005년 PDF/A는 ISO 19005-1:2005로 법적표준이 되었다. 그러나 법적표준이 되지 못하고 사실상의 표준으로 장기간 남아 있는 경우도 있다.[210]

2. 기술표준의 법원성에 대한 검토

기술표준의 법원성의 문제는 법적표준인지 사실상의 표준인지 여부와는 원칙적으로 관계가 없다. 예컨대, ISO가 정한 표준은 법적표준으로 분류되지만 국가 기관이 정한 것도 아니고 또 반드시 국제조약화한 것도 아니므로 바로 법원성이 인정되는 것은 아님을 유의할 필요가 있다.

기술표준이 국가의 법령 또는 국제조약으로 강제되는 경우에는 그 기술표준이 규범력을 가지는 것은 당연하나 이 경우에는 기술표준에 관한 당해 법령 또는 국제조약이 법원이 되는지 아니면 기술표준도 법원이 되는지에 관하여는 의문이 있을 수 있다. 국제표준화기구는 민간단체로서 예컨대 동기구가 제정한 ISO 9000과 같은 표준은 임의적인 기술표준이다. 그러나 이 국제표준이 조약화하거나 국내법으로 국제표준을 강제하는 경우에는 그 법령에 의하여 규범력을 가지게 된다.[211]

생각건대 기술표준이 사회적인 행태 내지는 관행으로서 관계자들이 그에 따르는 것은 사실이지만 기술표준이 관계자들에게 규범력을 가지고 강제된다고 보기는 어렵다. 즉 기술표준은 제품이나 공정의 기술적 사양을 정한 것일 뿐 당사자에게 법적인 권리의무를 발생시키는 것이 아니므로 기술표준에 따르지 아니하여 받는 불이익은 사실상의 불이익일 뿐 형사책임이나 손해배상책임의 근거가 되는 것은 아니다. 결국 기술표준 자체는 규범적 행태 나아가 법적 행태 내지 관행이라고 볼 수 없으므로 과학기술법의 법원이 될 수 없다 할 것이다. 따라서 법관이 기술표준을 법원으로 다루어 직권으로 조사하여 적용한다든가 사실심 법관의 기술표준 적용상의 과오를 사실오인이 아니라 법령위반으로 보아 상고이유로 삼을 수 없을 것이다.

Ⅶ. 기타 법원성이 문제되는 경우

1. 기술사규의 법원성

한 기업이 제정한 기술에 관한 사규는 일반성이 없으므로 법원이 될 수 없다 할 것이나 당해사규가 당해업계에서 일반적으로 채택되는 것이고 사용자나 피용자 모두 그 내용을 숙지하고 있어 그 일반적 준수가 기대되는 경우에는 이는 하나의 확립된 법적 관행(established law practice)으로써 법원이 될 수 있을 것이다. 예컨대 기업이 상당한 비용을 투자하여 피용자에게 일정한 기술을 습득하게 한 경우 그 투자비용의 회수에 필요한 기간 동안 전직을 제한하는 사규 같은 것은 일반성을 인정할 수 있어 피용자가 계약에 구속됨을 넘어 경쟁기업 등 제3자에 대하여도 그 사규에 근거하여 법적책임을 물을 수 있다는 것이다.212)

2. 기술거래약관의 법원성

기술거래는 그 기술의 전문성으로 인하여 거의 대부분이 사전에 기술보유자 등의 일방이 준비한 약관에 의해 그 거래조건이 결정된다. 약관 자체는 계약에 편입되는 범위 내에서 당사자가 이에 구속됨은 당연하나 이것이 법원으로서 당사자 이외의 제3자에 대하여 권리의무를 발생시키는 근거로 될 수 있는지는 별개 문제이다. 앞서본 기술사규와 같이 그 약관이 당해업계에서 일반적으로 채택되는 것이고 거래관계자 모두가 그 내용을 숙지하고 있어 그 일반적 준수가 기대되는 경우에 한하여 이는 하나의 확립된 법적 관행으로서 법원이 될 수 있다고 보아야 할 것이다. 스마트계약에 있어 일반적으로 포함되는 약관이나 분쟁해결방법도 그 하나의 예가 될 수 있다.

3. 과학기술단체 규정의 법원성

과학기술 관련 단체는 다양한 규정을 가지고 있다. 앞서본 과학기술윤리 규정이라든가 기술표준의 제정이 그 예이다. 그러나 그에 한정되지 않고 새로운 과학기술의 발견 내지 개발, 그에 대한 평가, 과학기술에 대한 예측, 과학기술인의 양성 등 우리사회에 유용한 많은 활동을 하면서 그 활동의 준거가 되는 규정을 제정하고 있다. 이러한 단체의 규정이 법원이 될 수 있는가 하는 문제이다. 원칙적으로는 그러한 단체의 규정은 그 단체의 구성원만을 구속할 뿐이므로 법원이 될 수 없다 할 것이나 그 단체가 국제표준화기구(ISO)처럼 법적 권위를 획득한 경우에는 그 단체가 대외적인 적용을 위하여 제정하는 규정은 예외적으로 법원성을 가진다 할 것이다.213)

Ⅷ. 결 론

이상 과학기술 실정법의 위기에 대처하기 위하여 과학기술법의 법원을 차례로 검토하여 보았다. 이처럼 과학기술법의 영역에 있어 성문법 이외의 관습, 판례, 법의 일반원칙, 코드, 법적 관행, 학설 등 많은 불문법 규범을 인식할 수 있는 법원이 존재한다. 이는 중세 상인들 간에 관습법으로서 발전하여 하나의 법체계를 이루었던 상인법(*lex mercatoria*)보다 훨씬 광범하고 깊이 있는 법체계를 형성하고 있다. 따라서 이를 통합적으로 이해하고자 하는 입장에서는 이 법원과 그로부터 추출되는 법규범을 통틀어 기술불문법(*ius technica*)이라 칭할 수 있고 이러한 불문법규범의 근거가 되는 법원의 존재는 사이버공간까지를 포괄하는 정보기술법의 영역에서 더욱 현저하여 이를 정보불문법(*lex informatica*)이라 통칭할 수 있다.214) 따라서 실정법의 흠결과 불명확의 문제를 해결하고 새로운 법규범에 대한 수요에 충당할 수 있는 보고(寶庫)로서 이러한 불문법의 가치를 깨닫고 이를 체계화할 필요를 느끼게 된다.

이 보고를 잘 활용하기 위하여는 우선 성문법 외의 법원을 찾아내는 (identify) 작업과 그 법원에서 법규범을 추출하는(extract) 작업을 선행하여야 하며 나아가 법원에서 추출한 법규범을 성문화하는(codify) 작업을 하는 한편 그 추출한 법규범을 실제에 적용하는(apply) 작업을 성실히 하여야 할 것이다. 일단 성문화한 규범은 다시 현실의 수요에 따라 이를 코드화하는(codify) 작업을 할 수도 있고 성문화한 규범을 입법하는(legislate) 작업을 하여 성문법으로서의 확고한 지위를 갖도록 할 수도 있을 것이다. 위와 같은 작업은 성문법이 존재하지 않는 경우는 물론 기존의 성문법이 존재하는 경우에도 과학기술의 발전에 발맞추어 지속적으로 하여야 할 것이며 이를 위하여 입법자는 물론 법관 기타 법집행자들의 과학기술과 그 적용현장에 대한 이해와 통찰이 전제되어야 할 것이다.

---

128) 본 장에서의 실정법은 법철학에서 말하는 자연법에 대치되는 실정법(positive law)을 의미하는 것이 아니라 관습법 등에 대치되는 제정법(statutory law)의 의미로 사용하기로 한다.

129) 독일에서는 이를 기술자에 의한 판사의 대체현상이라고 부른다. 김유성(1980), 437면 이하 참조.

130) 이와 같은 실정법의 문제를 해결하기 위하여는 그 흠결을 메우거나(extra ius positivum) 실정법의 규정을 구체화하거나(intra ius positivum), 실정법의 규정에 반하는(contra ius positivum) 법원을 창조 또는 발견하는 세 가지 방법이 있다.

131) law creating facts, Rechtserzeugungsquellen/Rechtsentstehungsquellen.

132) law rating facts, Rechtswertungsquellen.

133) law recognizing facts, Rechtserkenntnisquellen.

134) 우리 민법 제1조가 규정하는 법원은 법관의 재판규범 즉 법인식 근거로 이해되고 있다. 최병조(2007), 34면 이하 참조.

135) International Court of Justice 홈페이지 참조.

136) 국제법상으로는 판례와 학설은 1차적 법원이 아니라 법의 인식근거라는 의미에서 법원이 될 수 있다고 이해되고 있다. 위키피디아, "法源".

137) 법실증주의와 비법실증주의는 사회적 행태(social practice) 및 법적 행태(law practice)의 법원성에 관하여 근본적으로 이해를 달리한다.

138) 성낙인(2011), 법문사 293면.

139) 정보기술에 관련한 소프트로에 관하여는 후술하는 바와 같고, 생명윤리규범에 관련한 소프트로에 관하여는 Roberto Andorno(2007).

140) 김진(2004), 19－20면.

141) 헌법 제6조 제1항.

142) 앞서본 국제사법재판소규칙 제38조 제1항 나목은 국제관습 중 법으로 수용되었음이 증명된 일반 관행(international custom, as evidence of a general practice accepted as law)을 재판의 준칙으로 열거하고 있다.

143) 앞서본 국제사법재판소규칙 제38조 제1항 다목은 문명국이 인정하는 법의 일반원칙(the general principles of law recognized by civilized naitons을 재판의 준칙으로 열거하고 있다.

144) 손경한(2010a), 8면 이하 참조.

145) 2020. 9. 21. 개정 서울대학교 연구지침(2020) 참조.

146) 반대로 법적의무는 도덕적의무의 부분집합이라는 전제하에 법창설기관의 행태에 의하여 도덕/윤리가 변화한다는 견해로는 Greenberg, Mark(2014).

147) 로마 제정기의 칙허해답법학자(勅許解答法學者)의 해석은 법원이 될 수 있었다. 즉 황제의 권위로 법률을 해석하는 권리(ius respondendi)를 부여받은 법학자들의 의견이 일치하면 법률로서의 효력을 인정되었다. 최병조(2007), 67면; 서울대 법학연구소 편(1994), 39면.

148) 법의 내용을 결정하는 행태(law determinant practice)가 법적 행태라고 하며 법적 행태 및 사회적 행태는 서술적 사실(descriptive facts)의 부분집합이라는 견해로는 Mark Greenberg(2006), p.226.

149) 최병조(2007), 54면 이하 참조.

150) John Perry Barlow(1996); David R. Johnson/David G. Post(1996); 손경한(1998)(그 수정판은 기술과법 창간호, 2003 참조)

151) Lawrence Lessig(2000); Lawrence Lessig(2006); Jack Goldsmith/Tim Wu(2008); W. Benedek/V Bauer /M. Kettemann(2008).

152) Yochai Benkler(2000).

153) 2016. 10. 1. ICANN은 미국 상무부의 감독을 벗어남으로써 순수한 민간기구로 되었다. 민간기구인 ICANN이 아니라 만국통신연합이나 유엔 같은 공적 기구에 인터넷주소관리를 맡기자는 논의가 있다. 가장 대표적인 참여자로는 인터넷 표준을 개발한 미국의 컴퓨터 과학자 Jonathan Postel이 있다. Wikipedia, "Jon Postel".

154) ICANN 홈페이지 참조.

155) The Association for Progressive Communications, APC.

156) 진보통신연대는 1990년 인터넷의 평화적 사용, 인권, 환경보호, 지속가능성을 담보하는 통신구조를 제공할 목적으로 설립되었다. 동 헌장에 관하여는 APC(2006) 참조.

157) The Internet Rights and Principles Dynamic Coalition (IRP)

158) The 10 Internet Rights and Principles for Human Rights and Social Justice.

159) IGF, The Charter of Human Rights and Principles for the Internet 참조.

160) GNU 홈페이지 참조.

161) 초기에는 GNU Library General Public License라고 하였는데 소프트웨어 라이브러리에 쓰기 위한 것으로 무상사용조건을 링크하여 사용하는 프로그램에까지는 적용하지 않는 조건으로 완화한 것이다. LGPL의 조건에 따르는 모든 프로그램이나 프로젝트는 동시에 GPL의 조건에 따르고 있다.

162) GPL은 자유소프트/공개소프트 라이센스로 허락되는 모든 소프트웨어 패키지의 약 60%를 점하고 있다. Open Source License Resource Center 참조.

163) CreativeCommons 홈페이지 참조. 이 라이센스조건을 우리나라 실정에 맞추어 수정하는 작업을 사단법인 한국정보법학회가 하여 2007. 5. 버전 3.0을 발표하였다.

164) CC0는 2014. 10. Open Knowledge Foundation의 승인을 받았다. 또한 2013. 11. 25. CCL 4.0을 제정하여 일반 라이선스로서 로컬 버전 작업 없이 대부분의 법역에서 그대로 적용 가능하게 하였다.

165) 분쟁해결방침 제4조 a항 및 b항 참조.

166) hpweb사건에 관한 제1차 대법원 판결인 대법원 2005. 1. 27. 선고 2002다59788 판결 참조.

167) 분쟁해결방침규칙 제18조 a항, 분쟁해결방침 제3조.

168) 신청 시 기본 비용은 미화 1500불 내지 4000불이며 신청일로부터 45일 이내에 판정을 내린다.

169) 2010년 WIPO는 2,696건을, NAF는 2,177건을 각 접수하였으나, 2019년에 이르러서는 WIPO는 6,296건을, NAF는 1,562건을 각 접수하여 사건이 WIPO로 집중되는 현상을 보였다. 동기관들의 웹사이트 참조.

170) David Lindsay(2007). 다만 이에 관련하여 UDRP의 개선을 요구하는 견해로는 Elizabeth C. Woodard(2009); 미국법원의 제국주의적 태도를 비판하는 견해로는 이광영(2005), 213면 이하 참조.

171) 파리협약 제10조의2 제3항(a).

172) 예컨대 우리나라의 부정경쟁방지법 제2조 제1항 가목도 국내에 널리 인식된 타인의 상품 표지에 한하여 그와 동일, 유사한 것을 사용 등을 하여 타인의 상품과 혼동하게 하는 행위를 부정경쟁행위의 하나로 열거한다.

173) 부정경쟁방지법 제2조 제1항 아목 참조.

174) 인터넷주소자원법 제18조의2은 "피신청인의 인터넷주소의 등록·보유 또는 사용이 정당한 권원이 있는 자의 인터넷주소의 등록 또는 사용을 방해하거나 성명, 명칭, 표장 또는 상호 등에 대하여 정당한 권한이 있는 자에게 판매·대여하려는 등 부당한 이득을 얻으려는 목적으로 행하여진 경우"를 열거한다. 다만 부정경쟁방지법은 보호대상을 국내에 널리 인식된 상표 등 표지에 한정하여 지역성을 탈피하지 못하였다.

175) 1999년 제정된 미국의 반(反)사이버스쿼팅 소비자보호법(Anticybersquatting Consumer Protection Act, ACPA)도 그 도메인 이름으로부터 이익을 얻을 부정한 목적(bad faith)을 요건을 규정하였다. 다만 부정한 목적 요건 외에 저명상표 희석화도 부정경쟁행위의 한 유형으로 추가하였고 부정한 목적 존부의 판단기준에 분쟁해결방침상의 유형 외에 몇 가지를 더 열거한 점에서[15 U.S.C. § 1125(d)(1)(A),(B)] 약간의 차이가 있다.

176) 국제사법재판소 규칙 제38조 제2항. 이러한 합의의 유효성은 중재에서도 일반적으로 인정되고 있다. UNCITRAL중재규칙 제33조 등.

177) 한상호(2002), 1006-1007면; 장문철(2003), 100면.

178) 예컨대 서울지방법원 2004. 1. 15. 선고 2003가합24685 판결(morinaga.co.kr사건) 등 2008년 대법원판결이 있기까지 다수의 하급심 판결이 이러한 전제에서 판정의 당부를 심사하였다.

179) 미국의 판례도 같은 입장을 보인다. Barcelona.com, Incoporated v Excelentisimo Ayuntamiento De Barclona(4th Cir., 2003) 등.

180) 분쟁해결방침 제4조 k항, 분쟁해결방침규칙 제18조 a항 참조.

181) hpweb.com에 관한 2차 대법원 판결인 대법원 2008. 4. 24. 선고 2005다75071 판결.

182) 대법원 2008. 2. 1. 선고 2004다72457 판결.

183) 이 판결들은 그동안 입장이 엇갈리던 하급심판례를 통일하는 의미를 가졌다. 평석으로는, 나지원(2008); 임채웅(2009) 참조.

184) 최성준(2004), 493-495면은 분쟁해결방침은 등록인의 방어방법이 불충분하고 신청인이 이를 사법적 판단의 준거로까지 수용한 의사표시로 보기 어려우며 특정국가 법원의 재판이 국제적 절차인 분쟁해결방침에 따른 판정의 항소심 내지 재심의 형태가 되는 부당함을 추가적인 논거로 든다.

185) 먼저 분쟁해결방침에 따라 상표권자 등이 판정을 신청하기 전후를 불문하고 제소된 사건의 경우에는 그 소에는 분쟁해결방침이 적용되지 않는다고 본다.

186) 이 경우에도 소의 형태를 가리지 아니하고 분쟁해결방침이 적용될 수 있다는 견해와 소의 형태에 따라 그 적용여부를 달리 보는 견해가 있다. 후자의 견해는 분쟁해결방침에 따른 판정 후에 (i) 판정 취소 또는 무효확인의 소, (ii) 판정에 따른 도메인 이름 말소 또는 이전 금지청구의 소, (iii) 판정에 따른 손해배상청구의 소 등 판정을 전제로 그 재심사를 포함한 구제를 구하는 소의 경우에는 판정의 당부가 쟁점이 되므로 분쟁해결방침상의 판단기준에 따라야 할 것이나 (i) 도메인이름에 대한 배타적인 권리의 확인을 구하는 소, (ii) 도메인 이름의 배타적인 권리에 근거하여 방해제거, 예방을 구하는 소, (iii) 도메인 이름 이전 또는 등록말소 청구권 또는 사용금지청구권 부존재확인의 소, (iv) 도메인 이름의 이전 또는 등록말소 청구의 소 또는 그러한 권리의 부존재 확인의 소, (v) 판정과 무관한 손해배상청구의 소 등 판정과 관계없이 제기된 소에서는 분쟁해결방침상의 판단기준이 적용되지 않는다고 본다.

187) 분쟁해결절차에서 사용되는 언어는 등록계약상의 언어이므로 등록인은 자국어로 계약을 체결함으로써 자국어로 절차를 진행할 수 있다. 분쟁해결방침규칙 제11조.

188) 앞서본 대법원 2005. 1. 27. 선고 2002다59788 판결은 이러한 태도를 취하였다.

189) 오히려 앞서본 바와 같이 국내 부정경쟁법이 표장의 당해 국내에서의 주지저명성을 요건으로 규정함으로써 파리동맹의 원칙을 저버리고 내국인 보호에 기울어졌다고 보는 것이 객관적인 평가일 것이다.

190) 중재의 경우에는 중재지를 관할하는 법원에 중재판정취소의 소가 전속하는 점을 반론의 근거로 삼을지 모르나 국제중재의 경우에도 중재지 없는 즉 anational한 중재가 허용되므로 그 성격이 전혀 다르다고 할 것은 아니다.

191) 오히려 분쟁해결방침상의 판단기준이 의무적 행정절차를 규정한 제4조 내에 a항 내지 c항으로 규정되어 있고 제4조의 의무적 행정절차와 무관한 사법적 절차에 관하여는 제5조에 별도로 규정하였다.

192) 이광영(2005), 258면은 "이제 UDRP는 국제적인 도메인네임분쟁에 있어 무시할 수 없는 절대적인 규범으로 자리 잡았음"을 인정한다.

193) Essay by Richard M. Stallman(2006) explaining why a license is more suitable than a contract.

194) 2020. 1. 현재 유럽. 미국, 일본, 호주 등 67개국 서명하였고 64개국 가입하여 그 규범력을 인정받고 있다.

195) 2020. 1. 현재 러시아, 싱가포르 등 14개국이 가입하였다.

196) 인터넷상의 관행에 관한 상세한 논의는 P. P. Polanski(2007), pp.305-346.

197) 여기서 말하는 링크는 프레이밍이나 이른바 딥 링크(deep link)가 아닌 단순링크(simple link)를 말한다.

198) 예컨대 정보서비스제공자가 이용자에게 "Are you sure?"라고 다시 묻는 관행을 말한다.

199) 이점은 정보통신기술의 코드화에 한정되는 것이 아니며 현실세계에서도 기술사양(technical specification)과 같이 그 사양에 따라 기술, 제품 또는 서비스를 사용 내지 이용하지 않으면 안되므로 코드와 유사한 기능을 하는 점이 지적되어야 한다.

200) 1962년 제1차 경제개발 5개년 계획을 수립할 때부터 과학기술진흥5개년계획을 수립, 집행해온 것을 비롯하여 경제개발 5개년계획과 병행하여 기술개발5개년계획을 꾸준히 세워

왔고 1980년대 이후에는 기술부문별로 기술개발계획을 수립하였다.

201) 과학기술기본법 제7조 제1항. 과학기술기본계획의 수립과 집행에 관하여는 손경한(2010c) 참조.

202) 과학기술기본법 제7조 제3항.

203) 과학기술기본법 제8조.

204) 과학기술기본법 제7조 제4항 및 제5항.

205) 행정계획이라 함은 행정주체가 일정한 행정활동을 위한 목표를 설정하고 이를 실현하기 위한 행정수단을 동원하기로 하는 계획 또는 그러한 계획을 하는 행위를 말한다. 판례는 행정계획을 행정에 관한 전문적·기술적 판단을 기초로 하여 특정한 행정목표를 달성하기 위하여 서로 관련되는 행정수단을 종합·조정함으로써 장래의 일정한 시점에 있어서 일정한 질서를 실현하기 위한 활동기준으로 설정된 것이라고 정의한다(대법원 2006. 9. 8. 선고 2003두5426판결, 대법원 2007. 1. 25. 선고 2004두12063판결 등).

206) 그러나 다른 집행행위의 매개 없이 그 자체로서 직접 국민의 구체적인 권리의무나 법률관계를 규율할 때에는 행정처분이 될 수 있다(대법원 1982. 3. 9. 선고 80누105 판결; 대법원 2003. 10. 9.자 2003무23 결정; 대법원 2007. 1. 11. 선고 2006두3841 판결 등 참조). 판례는 고시된 도시계획결정, 택지개발예정지구의 지정, 도시개발법상의 관리처분계획과 같은 구속적 행정계획은 행정처분이라고 보는 반면 도시기본계획은 일반 국민에 대한 직접적인 구속력은 없어 행정처분이 아니라고 한다(대법원 2002. 10. 11. 선고 2000두8226 판결).

207) ISO/IEC 가이드 2 참조 .

208) 이에 관한 자세한 설명은 손경한(2010c) 참조.

209) International Organization for Standardization, ISO. 그 외 예컨대 전기전자 분야의 표준화 기구로는 국제전자기술위원회(International Electrotechnology Commission)가 있다. IEC 홈페이지 참조.

210) 예컨대 1980년대부터 쓰인 AutoCAD DXF나 PC 워드프로세서용 Microsoft Word DOC를 들 수 있다.

211) 1999년 제정된 국가표준기본법은 "국제표준"이란 국가 간의 물질이나 서비스의 교환을 쉽게 하고 지적·과학적·기술적·경제적 활동 분야에서 국제적 협력을 증진하기 위하여 제정된 기준으로서 국제적으로 공인된 표준을 말한다(동법 제3조 제2호)고 정의하여 이를 법제화하고 있다.

212) 이는 제3자에 의한 채권침해의 법리에 의거하는 것이 아니라 사규의 법규범성에 의거한다는 것을 의미한다.

213) 과학기술단체에 관한 것은 아니나 예컨대 카톨릭교회의 교회법전(CODEX IURIS CANONICI)은 전세계 카톨릭 신자와 성직자들에게 적용되는 규범이라는 점에서 그 자체는 법규범이 아니나 세속법원에서도 그로부터 법을 인식할 수 있는 법원의 하나로 보는 견해가 유력하다.

214) 손경한(2016); Reidenberg(1998).

제 3 장 과학기술과 헌법

Ⅰ. 과학기술과 헌법 일반

1. 과학기술과 헌법의 의미

과학은 "관찰과 실험을 통해 얻은 자료를 기반으로 하여 주로 법칙과 이론의 형태로 체계화한 지식 체계"215)라고 정의되거나, 혹은 "자연 현상에 대한 호기심에서 출발하여 자연의 원리나 법칙을 찾아내고, 이를 해석하여 일정한 지식 체계를 만드는 활동을 말한다"216)고 정의되고 있다. 즉, 과학이 원리나 법칙 혹은 이론의 형태를 가지는 지식 체계인 것은 분명하지만 자연 현상에 대한 것이냐 아니면 관찰과 실험을 통해 얻은 자료를 기반으로 하느냐에 대하여는 다툼이 있을 수 있다. 이는 과학이 단순히 자연과학만을 의미하는 것인지 아니면 인문과학, 사회과학을 포함하는 것이냐에 따라 달라질 수 있다. 헌법상 과학기술이라고 할 때에는 자연과학만을 의미하는 것으로 해석하여야 하는 것으로 볼 수 있다. 왜냐하면 기술이란 용어가 인문기술, 사회기술이라고는 잘 사용되지 않기 때문이다.

기술이란 "무엇인가를 만들어 내거나 또는 성취하는 방법. 보다 넓은 의미로는 인간의 욕구나 욕망에 적합하도록 주어진 대상을 변화시키는 모든 인간적 행위를 말한다."고 설명되고 있다.217) 기술이란 말은 그리스어 '테크네'(techne)에서 유래한 말로서 어원적으로는 예술, 의술 등을 포함하나 오늘날은 주로 물적 재화를 생산하는 생산기술의 뜻으로 사용된다. 자연의 생성이나 인간의 생산적 사고와는 구별된다.

과학기술이란 이와 같은 과학과 기술이 서로 연관되어 이루어진 용어이지만, 과학과 기술이 양자를 합하여 규정한 말인지 아니면 기술에 과학적이란 수식어가 붙어서 기술 중심에서 과학적 성격을 가지는 것만을 지칭하는 것인지 의미가 분명하지 아니하다. 과학이란 용어를 중심으로 기술적 성격을 가지는 과학을 의미하는 것인지도 분명하지 아니하다.218)

그런데 산업사회를 거치고 후기산업사회 내지 정보사회를 거친 오늘날 기술은 이미 과학적 지식 없이는 그 의미가 사실상 없다고 할 수 있기 때문에 기술이란 과학적 지식을 포함한 기술이라고 보아야 하고, 과학은 이러한 기술을 이끄는 전제되는 학문이라는 점에서 과학기술이란 과학과 기술 양자를 모두 병렬적으로 포함하는 것으로 이해하는 것이 타당하다고 설명되고 있다.[219] 영어에는 "science and technology"라는 용어가 일반적으로 사용되고 있고 우리 헌법상 기술과 관련 없는 과학은 순수한 학문으로 취급하는 것이 일반적이기 때문에 '과학기술과 헌법'이란 주제하에서의 과학기술은 일단 과학과 기술 양자를 포괄하되 기술적인 측면이 강조된 용어로 이해하여, 과학기술이란 '관찰과 실험을 통해 얻은 자료를 기반으로 하여 주로 법칙과 이론의 형태로 체계화한 지식 체계인 과학을 이용하여 인간의 욕구나 욕망에 적합하도록 주어진 대상을 변화시키는 모든 인간적 행위'로 이해하기로 한다.

한편 헌법이란 국가의 최고법 혹은 국가의 기본질서에 관한 법이라고 할 수 있다.[220] 여기서 중요한 요소는 법, 국가, 최고법, 기본질서 등이다. 법이란 인간이 사회생활을 하는데 있어 구속되고 준거하도록 강요되는 일정한 행동양식인 규범의 일종으로서 조직적인 사회공동체에 의하여 그 강제적인 실현이 보장된 것을 말한다. 특히 현대에 있어서는 국가에 의하여 조직화된 강제규범을 의미한다.[221] 헌법은 이러한 법 중에서도 최고법이기 때문에 국가의 모든 법은 헌법의 하위법으로 그 타당성을 헌법에 근거하고 헌법에 반하는 법은 더 이상 효력을 가질 수 없다. 국가란 법적으로는 일정한 물리적 영역인 영토를 중심으로 그 영토 위에서 생활하는 인적 구성원인 국민 그리고 이들에 대한 최고 지배권력인 주권을 요소로 하는 조직적 공동체를 의미하고, 이러한 국가에서의 헌법은 국가공동체 구성원으로 하여금 통일되고 단일한 조직체로서의 조화롭고 균형잡힌 공동생활이 가능하게 하는 질서공동체를 형성하는 기본요소이다. 헌법은 질서공동체로서 조화로운 단일체(Einheit)로 작동할 수 있는 조직구성 및 작동원리를 규정하여 국가공동체를 형성하고, 이러한 국가공동체가 추구하여야 할 목적이나 이념을 선언한다. 그리하여 헌법은 국가의 이념 즉 목적, 조직구성 및 작동원리를 규정하고 있다. 국가의 목적에 관하여는 헌법통칙과 기본권 분야에서 그리고 조직구성 및 구성 원리에 관하여는 권력기구 부분에서 규정하고 있다. 우리 헌법은 국가공동체의 목적으로 민주공화국을 선언하여 그 구성원인 모든 인간의 존엄과 가치를 보장하고, 국가조직원리로는 민주주의를 실현하기 위한 권력분립을 규정하고 있다.

이러한 헌법의 본질과 관련하여 과학기술의 문제를 다양한 측면에서 살펴

볼 수 있다. 과학기술이 헌법에 어떻게 영향을 미치는가 그리고 헌법은 또 과
학기술을 어떻게 변화시키는가 등 상호간의 관계를 이론적인 측면에서 살펴볼
수도 있고, 향후 과학기술의 발전과 관련하여 바람직한 헌법이란 어떤 것인가
하는 헌법정책적인 측면에서도 살펴볼 수 있다. 하지만 현실에 있어서 실천적
인 측면에서의 가장 중요한 것은 현행 헌법이 과학기술에 대하여 어떻게 규정
하고 있으며 또 그 구체적 내용은 무엇인가 하는 과학기술에 대한 현행 헌법의
해석과 적용의 문제이다.

과학기술은 도구를 사용하기 시작한 인간으로 하여금 자기보존과 종족보
존에 이바지하였고 복지를 증진 시켰으며 인간집단 공동체의 존속과 발전에
도움을 주었다. 특히 18세기 산업혁명 이후 급격한 생산성의 증대와 예측가능
성의 향상을 가져와 인간으로 하여금 기아와 공포로부터의 자유를 가지고 왔
고 안전하고 풍요로운 삶을 가능하게 하였다. 과학기술은 위험도 야기하였지만
그 위험은 예측가능하고 통제 가능한 것으로서 근대까지의 과학기술은 기본적
으로는 인간의 안전과 자유 그리고 행복을 증진 시키는데 기여하였다.

현대 첨단과학기술은 근대 과학기술에 비하여 고도의 전문성과 세밀성,
그 효과의 지역적 광범성과 시간적 계속성, 신속한 진행, 거대 비용투입이란
특성을 지닌다.[222) 이로 말미암아 현대 과학기술은 근대까지의 그것과는 비교
가 되지 않을 정도로 생산적 증대와 편리함에 있어서 획기적 향상을 가져왔다.
하지만 현대 과학기술은 동시에 그 위험에 있어서 불확실성, 비경계성, 복잡성
을 가지게 되며 그 위험에 대한 예상과 대처를 매우 어렵게 만들고 있다.

오늘날 인간은 개별적 존재로서 또 공동체의 구성원으로서 모두가 안전하
고 자유롭고 행복하게 살기를 희망하고 또 그렇게 살도록 하여야만 한다는데
우리 모두가 동의하기 때문에 국가공동체 생활에 중요한 영향을 미치는 과학
기술에 대한 국가공동체 차원의 통제와 규제 즉 강제적인 규율이 있어야 함에
도 이의가 있을 수 없다.[223) 이러한 강제적 규율은 현 단계의 국가공동체 생활
에서는 법적 규율일 수밖에 없고 법 중에서도 헌법이 최고법이기 때문에 법적
규율의 출발점은 헌법이고 그리고 그 마지막 기준점도 헌법이라고 할 수밖에
없다.[224) 과학기술에 대한 강제적 규율이 최종적으로 헌법에 의하여 이루어질
수밖에 없다면 얼마나 규제할 것인가, 어떻게 규제할 것인가 그리고 국민국가
의 영토범위를 넘어서서 야기되는 위험에 대하여 어떻게 대처할 것인가 등 과
학기술에 대한 규율 즉 보호육성과 통제 문제 모두는 헌법에 의하여 제시되는
기준에 의하여 해결될 수밖에 없다.

2. 현행 헌법에서의 과학기술에 대한 개관

현행 헌법은 과학기술과 관련하여 약간의 규정을 두고 있다. 첫째, 헌법 제22조 제1항에서 학문의 자유를 보장하여[225] 학문으로서 과학기술의 연구의 자유를 보장하고 있다. 둘째, 헌법 제22조 제2항에서 발명가와 과학기술자의 권리를 보호하고 있다.[226] 셋째, 헌법 제127조에서 과학기술의 혁신과 정보와 인력의 개발을 규정하고 있다.[227] 넷째, 국가는 국가표준제도를 확립하도록 하고 있다.[228] 다섯째, 과학기술의 진흥을 위한 대통령 자문기구를 둘 수 있도록 하고 있다.[229]

그런데 이 중에서도 가장 문제가 되는 규정은 헌법 제22조 제2항의 "저작자·발명가·과학기술자와 예술가의 권리는 법률로써 보호한다"라는 규정, 그리고 헌법 제127조 제1항의 "국가는 과학기술의 혁신과 정보 및 인력의 개발을 통하여 국민경제의 발전에 노력한다."라는 규정과 제3항의 "대통령은 제1항의 목적을 달성하기 위하여 필요한 자문기구를 둘 수 있다"라는 규정이다. 이들 규정은 모두 과학기술자의 권리나 이익에 관한 규정 혹은 과학기술의 혁신에 관한 규정으로서 과학기술에 대한 긍정적 측면에서의 규정들이다. 하지만 과학기술은 단순히 과학기술자만 관련된 것이 아니고 국민 일반 모두에게 그 영향을 미친다. 인류 역사상 모든 사람은 과학기술의 발달로 인하여 생활의 편리와 안전을 향유할 수 있었지만, 그 반대로 과학기술의 진보가 전쟁이나 예상하지 않은 부작용으로 인하여 많은 사람들의 생명과 안전에 피해를 가한 것도 사실이다.

따라서 과학기술에 관련한 헌법 문제를 고찰할 경우에는 과학기술이 국가공동체에 미치는 긍정적 측면만이 아니고 부정적 측면과 관련하여서도 우리 헌법이 어떻게 규정하고 있는지 살펴보아야 하고, 단순히 과학기술자와 관련하여서만이 아니고 과학기술에 의하여 영향을 받는 일반인과 관련하여서도 어떻게 규정하고 있는지 살펴보아야 한다.

국가공동체 생활 모든 영역에서 보장되어야 하는 우리 헌법의 최고원리인 인간의 존엄과 가치의 보장이 과학기술 분야에서는 어떻게 보장되도록 규정하고 있으며, 헌법이 규정하는 공동체 구성원 모두의 대화와 논의를 통하여 공동체의 의사를 결정하도록 하는 민주주의 원칙이 과학기술과 관련하여서는 어떻게 작동하도록 규정되어 있는지를 살펴보아야 한다.

Ⅱ. 헌법의 규율대상으로서의 과학기술

1. 헌법의 의미와 과학기술

인간들이 사는 사회공동체에서는 그 구성원의 이해관계를 조정하고 공동체의 질서에 반하는 사람들에 대하여는 그들의 의사를 제압하고 구성원 모두의 존엄과 가치를 보호할 필요가 있다. 모든 인간의 존엄과 가치를 보장하기 위하여서는 인간의 이기심을 억누르고 공존의 질서를 정립하여야 한다. 이리하여 타인의 의사를 제압할 수 있는 공적 권위와 공권력이 생기고 최고·궁극의 질서공동체가 생기게 된다. 인류 역사상 국가가 현재 바로 이러한 궁극의 질서공동체라고 할 수 있다.230) 헌법(Verfassungrecht, Constitutional Law)이란 원칙적으로 이러한 시원적이며 최고의 질서공동체인 국가공동체의 근본 질서에 관한 법이다. 따라서 오늘날 국가공동체의 범위를 초월하여 그 소속 구성원으로부터 그 공적 권위를 일반적으로 인정받은 공동체가 존재하지 않는 이상 헌법은 법 중에서도 최고법이다. 그리고 헌법의 과제는 모든 인간의 공존을 확보할 수 있는 정치적 공동체231)인 국가를 형성, 조직하고 유지하면서도 공동체 구성원의 평등성과 자유를 보장하고 복지를 더욱 향상시켜 인간의 존엄과 가치를 보장하는 일이다. 정치적 공동체의 형성과 공동체 구성원의 인간의 존엄과 가치의 보장은 헌법이 추구하는 두 가지 기본과제라고 할 수 있으며 이 둘은 일견 대립되는 것으로도 보이나 헌법이 추구하는 정치적 공동체는 인간의 존엄과 가치를 보장하기 위한 공동체라는 측면에서 둘은 불가분의 관계에 있다고 할 수 있다.

과학기술이란 위에서 설명한 바와 같이 관찰과 실험을 통해 얻은 자료를 기반으로 하여 주로 법칙과 이론의 형태로 체계화한 지식 체계인 과학을 이용하여 인간의 욕구나 욕망에 적합하도록 주어진 대상을 변화시키는 모든 인간적 행위이다. 그렇다면 인간의 행위인 과학기술 역시 인간의 행위를 규제하는 법의 적용을 받는 분야이고 법의 최고법인 헌법에 의하여 규율되는 분야일 수밖에 없다. 과학기술 역시 다른 인간 행위와 마찬가지로 인간들 사이의 공존을 확보할 수 있는 정치적 공동체를 유지하고 공동체 구성원의 평등성과 자유를 보장하고 복지를 더욱 향상시켜야 하며 인간의 존엄과 가치에 해를 끼쳐서는 아니 된다는 헌법의 규율을 받을 수밖에 없다.

하지만 과학기술에 있어서는 다른 분야와는 달리 과학기술이 근본적으로 객관적 법칙과 논리정합적인 이론을 바탕으로 한다는 점에서 차이가 있다. 관찰과 실험을 통하여 획득한 법칙과 이론체계인 과학은 합리성과 객관성을 가진다는 점에서 이러한 과학에서 생성된 기술에 대하여 국가 차원에서 개입하고 간섭하는 것이 과연 타당한가 하는 점이 의문점으로 제기될 수 있다. 과학기술에 대한 지식이 없는 일반인이나 관료의 개입과 간섭은 합리성과 객관성을 훼손시키고 결국에는 파국을 초래하여 공동체에 더 많은 부담을 지우게 하여 국가공동체 구성원인 인간의 안전과 자유 그리고 행복에 불리한 결과를 가져오는 게 아닌가 하는 의문이 있을 수 있다.

이러한 의문과 관련하여 과학기술과 헌법의 문제를 고찰함에 있어서는 기본적으로 과학기술에 있어서 사회구성주의(social constructionalism)와 기술결정론(technological determinism)의 논의를 참조할 필요가 있다.[232] 사회구성주의의 입장에서는 기술은 사회적으로 구성된다는 것으로 그 의미는 기술의 변화가 기술 내적 요인뿐만 아니라 그 기술이 속해있는 사회의 형편이나 그 기술과 관련된 사회집단의 영향을 받아 일어난다고 주장한다.[233] 이에 반하여 기술결정론에서는 기술은 자율적으로 변화, 발전한다는 것이며 기술변화와 발전은 일정한 과정을 통하여 독자적으로 이루어지며 가치중립적이며 기술적 합리성에 전적으로 의존한다고 주장한다.[234] 사회구성주의는 개별기술에 있어서 어떠한 측면이 중요하며 어떤 기준에 의하여 그 효율성을 측정할 것인가 하는 것은 객관적 기준이 아닌 관련 집단의 상호작용에 의하여 결정되므로 기술의 발전은 우연적인 것이라고 주장하고, 사용자와 기술자 등 사회 관련 집단이 관련 기술에 대하여 다르게 판단한다는 기술에 대한 해석적 유연성(interpretative flexibility)을 전제로 하고 있다. 하지만 기술결정론에서는 기술의 자율성(autonomy of tech-nology)을 인정하여야 하며 그 자체의 고유한 발전논리 즉 공학적 논리를 가지고 있어서 구체적인 시간과 공간에 관계없이 동일한 경로를 밟는다고 주장한다.[235]

하지만 기술은 인간행위에 의하여 이루어진 것으로 인간이 기술발전의 주체이고 공동체 생활의 한 측면으로서 기술은 사회와 단절되어 효율성의 법칙 등에 의하여 독자적으로 발전되어 온 것이 아니며 기술자체와 공동체 내에서의 기술경험이나 기술사용을 분리하여 생각할 수 없기 때문에 역사적, 사회적, 정치적인 맥락 속에서 기술발전을 이해하여야 한다. 이와 같이 기술이 사회에 의하여 구성되는 측면을 배제할 수 없다면 기술의 앞으로의 변화와 발전도 사회적으로 영향을 받을 수밖에 없다고 보아야 한다. 특히 기술은 과학과 달리 인간의 욕구나 욕망에 적합하도록 주어진 대상을 변화시키는 모든 인간적 행위로서 수단적 성격이 강하다. 과학에서는 진리를 탐구하는 순수한 이론으로서 진리에의 대응이나 이론정합성이 필수적인 것임에 반하여 기술은 현실을 변화시킨다는 도구적 측면이 강하다. 그 결과 과학에서는 진리의 발견이 일차적 목적으로 현실적 적용문제가 직접적이지 않은 반면에, 기술에 있어서는 추상적인 목적보다는 현실의 개선을 실제로 달성할 수 있느냐 하는 점과 얼마나 적은 비용으로 달성할 수 있느냐 하는 수단적합성과 효율성이 중요하다.

이와 같이 과학기술에 있어서 순수한 기술결정론을 받아들이기 곤란하다는 것을 인정한다면 과학기술의 발전은 사회 그리고 국가공동체가 형성된 이후에는 국가를 떠나서 생각할 수 없다. 국가를 떠나서 생각할 수 없다는 것은 국가의 구성목적과 구성 원리 그리고 작동원리를 규정하고 있는 헌법을 벗어나서는 생각할 수 없다는 것을 의미한다. 그렇다면 헌법은 국가공동체를 규율하는 최고법으로서 공동체 내의 인간행위의 한 특수한 분야인 과학기술에 역시 작용하고 헌법의 제반 원리는 과학기술에도 적용되어야 하는 것이다.

다만 헌법이 과학기술 분야에 적용된다고 하더라도 과학기술의 고유성과 특수성을 부인하고 다른 분야와 마찬가지로 획일적으로 적용된다는 것을 의미하지는 않는다. 무엇보다도 우리 헌법은 그 전문에서 "자율과 조화를 바탕으로 자유민주주의 기본질서"를 더욱 확고히 한다고 하여 자유민주주의 원리인 개인과 각 집단의 자유와 자율을 존중한다고 선언하여 과학기술 분야에도 자율성을 보장하고 있고, 헌법 제22조에서 학문의 자유와 함께 특별히 발명가와 과학기술자의 권리를 법률로써 보호한다고 규정하며, 특별히 헌법 제127조에서 과학기술의 혁신을 위한 국가의 노력의무를 명문화하여 과학기술 분야의 자율성과 특수성을 인정하고 있기 때문이다.

2. 헌법의 특색과 과학기술에 대한 규율

가. 최고법으로서의 헌법과 과학기술

과학기술과 헌법의 문제를 살펴봄에 있어서 먼저 고려하여야 할 점은 헌법이 국가의 최고법이란 점이다. 국가공동체의 법의 단계구조는 헌법, 법률, 명령, 규칙의 순으로 되어 있으므로 상위법은 하위법에 대한 타당근거이며 하위법은 상위법의 구체화라고 할 수 있다. 헌법은 법의 단계구조에서 최고법으로서 실정법 질서 내에서는 더 이상 그 정당성의 근거를 구할 상위법이 없다. 그 정당성은 헌법 외에서만 구할 수 있을 뿐이다. 한편 헌법은 최고법이므로 헌법에 반하는 모든 법규범은 상위법 위반으로 인하여 그 효력을 인정받을 수 없다.

과학기술과 헌법에 있어서도 헌법이 최고법이기 때문에 헌법은 과학기술에 대하여 적용되는 모든 법의 타당근거이고 이러한 헌법에 반하는 과학기술 관련법은 모두 그 효력을 인정받을 수 없다. 배아연구에 대한 법률적 근거인 '생명윤리 및 안전에 관한 법률'도 헌법의 규정, 예를 들면 생명권이나 인간의 존엄권 혹은 연구자의 학문의 자유나 기업의 영업의 자유에 반하면 그 법률조항은 효력을 상실하여 무효로 되는 것이다.236)

나. 헌법의 개방성과 과학기술

헌법은 국가법 체계상 최고법이고 변화하는 현실과 닿아 있는 법규범이기 때문에 다른 법규범에 비하여 개방적인 성격을 가지며 추상성·불완전성을 띠며, 행위를 엄격하게 확정적으로 규율하기 보다는 윤곽질서로 작용하는 경우가 많다. 따라서 헌법에 관하여는 그 해석에 있어서 많은 재량의 여지가 있으며 그 내용을 하위 법규범들인 법률이나 명령·규칙 등과 같이 다른 규범을 참고로 하여 확정할 수밖에 없다. 이와 같은 개방성으로 말미암아 헌법해석이나 헌법의 구체화 작업이 중요하며 이러한 작업은 국가공동체 모두에 의하여 이루어지되 종국적으로는 국민적 정당성을 가진 민주적 의회에서 행하여지고 최종적으로 헌법에 대한 전문적 지식을 가진 헌법재판소라는 특별재판소에서 행하여진다. 그리고 만약 헌법의 개방성을 인정하지 않으면 헌법은 약간의 역사변경이나 현실변화로 말미암아 그 실천적 타당성을 상실하여 헌법에 대한 신뢰를 잃게 되어 헌법의 계속성 또한 유지할 수 없게 된다.

과학기술과 헌법 문제에 있어서 헌법의 개방적 성격은 매우 중요한 의미를 가진다. 헌법이 국가의 강제력에 의하여 그 실현이 보장되는 통제규범으로서 과학기술의 연구주제나 연구방법 그리고 결과물의 구체적 실현을 제한하고 있다. 하지만 헌법은 위에서 설명한 바와 같이 개방적인 성격을 가진 유동적이고 가변적인 것이기 때문에 과학기술에 대한 통제에 있어서도 개방적이고 유동적이고 가변적인 성격을 지닌다. 국가공동체의 현실상황이 변하면 과학기술에 대한 헌법의 규율도 변하게 되어 유동적으로 해석하게 되는데, 예를 들어 언론의 자유나 공정선거의 원칙 등도 인터넷이나 휴대폰의 발달 등으로 인하여 그 적용범위나 규율대상을 달리 해석하는 것으로 헌법을 재해석하여야 하는 것 등이다.237) 주거의 자유 등도 단순히 물리적인 침해만이 아니고 새로운 과학기술인 전파기술이나 드론에 의한 촬영 등에 의한 침해도 금지되기 때문에 그 해석을 달리하여 하고, 헌법상 재산권 보장의 하나인 토지 소유권의 범위 등에 관하여도 새로운 과학기술에 의한 인공위성이나 지하시설 등을 고려할 때 그 의미나 적용범위를 축소하여 수정하여 해석하여야 한다. 그리고 유전자기술의 발달에 의하여 인간으로 간주되는 시점 혹은 생명권 등에 대하여도 그 헌법적 의미가 변하였다고 볼 수 있다.

오늘날 과학기술과 관련하여 규칙중심규제(Rule-based Regulation)가 아니고 원칙중심규제(Principle-based Regulation)가 문제로 되고 전통적인 경성법(hard law)이 아닌 연성법(soft law)의 개념이 많이 문제되는데,238) 이 문제들의 논의에는 헌법의 개방성 혹은 윤곽질서로서의 성격이 관련되어 있다.

원칙중심규제란 법률에서 세부적인 내용을 사전에 정하는 규칙중심규제와 달리 법률에서 원칙만 제시하여 정하고 피규제자가 이를 준수하도록 하는 형태의 규제를 말한다. 원칙중심규제는 기존의 상세한 규정을 통한 규제방식에서 벗어나 기본원칙과 결과를 중시하는 상위규정(high-level rules)을 중심으로 하는 규제하는 형태를 말한다. 헌법은 이러한 원칙중심규제에서 가장 상위의 규정으로 헌법의 윤곽질서가 그 원칙의 구체적 내용과 범위 그리고 한계를 제시하고 있다고 할 수 있다.

연성법이란 전통적인 법(경성법)과 비법(非法)과의 경계영역에 존재하는 법적 규범의 총칭으로서 비법률적 합의, 프로그램법, 사실상의 합의, 형성도상(形成途上)의 법이라고도 한다. 과학기술에 있어서 이 개념이 등장한 배경요소로서는 급속한 발전에 따른 법률문제로의 대처의 긴급성과 중요성을 들 수 있다. 과학기술과 관련한 연성법에는 2종류가 있다. 우선, 과학기술 공동체에서 실제적으로 적용되는 규칙이면서 구속력이 낮거나 의무성이 적은 것이 있다. 예를 들어 과학기술기본법상의 추진의무, 이바지 의무, 최대한 노력의무 등이 그것이다.239) 이것들은 실정법인 법령에 규정되어 있지만 규칙 또는 의무의 내용과 그 결과의 애매함과 불확실성, 재량의 범위 등이 인정되어 법적 구속성이 완화된 것이다. 그리고 형식적으로는 법적 구속력이 없는 문서 중에서 실질적으로 어떠한 구속력이 요구되는 것 또는 단순한 사실 혹은 도덕·정치 수준의 구속을 넘어 사실상 법으로 되어 있는 것이 있다. 법률이나 명령, 규칙과 같이 엄격한 법형식이 아니고 오히려 '개인정보 비식별 조치 가이드라인'과 같은 가이드라인이나 윤리규정, 자율규정, 선언 혹은 지침 등의 형식을 가진다는 것 등이다. 이것들은 결의의 반복이나 중복의 효과와 법적 의견으로서의 인식, 새로운 법의 형성도상등의 취급방법에 의해 법과 비법 간의 중간단계를 인정하고 본래는 법이 아닌 것을 법의 레벨로 끌어올려 평가하고자 한다.

연성법이라는 개념은 현재의 단계에서는 법관법이나 실정법 해석상 확립된 개념이 아니라 아직은 학설상의 개념에 그친 것이라고 할 수 있고, 법과 비법의 구별을 애매하게 한 결과 과학기술법의 규범구조 전체를 무너뜨릴 위험성을 갖는다는 비판을 받을 수도 있다.[240] 하지만 이러한 연성법이라고 하여도 헌법과 관련하여서는 헌법이 윤곽질서를 선언하고 있고 또 그 개방성으로 인하여 그 구체화가 유연하게 이루어진다는 측면에서 헌법의 허용범위 내에 있으며, 아직 국가 공권력에 의하여 실현이 담보되는 완전한 강제규범으로 형성되지는 않았지만 헌법질서를 구체화하는 과정 속의 규범으로서 자율성에 근거한 심리적, 도덕적 강제성을 가지는 규범이라고 할 수 있다.

다. 헌법의 이데올로기성과 과학기술

헌법은 궁극적인 공동체에 관한 법으로서 그 공동체를 어떻게 구성할 것인가 하는 문제를 결정하는바 결국 특정한 역사적 상황 속에서 채택한 가치체계를 반영할 수밖에 없으며, 또한 헌법은 국가공동체의 최고규범이기 때문에 일단 채택된 가치체계는 그 객관성과 관계없이 사회생활의 안정성을 위하여 타당한 것으로 받아들여진다. 결국 헌법이란 이념체계이며 객관성의 증명이 어려운 가치체계라는 측면에서 이데올로기성을 가진다.[241]

헌법의 이데올로기적 성격은 과학기술의 합리성과 객관성으로 인하여 그 편파성이나 허구성이 밝혀지기도 한다. 과학에 의한 객관적 관찰이나 실험에 의하여 객관적인 합리성이 없이 단순히 종교적이거나 전통적 관념에 근거하여서 헌법 조문으로 편입된 헌법 규범은 법적 신뢰를 상실하게 한다. 장애인이나 고등학생에 대한 선거권의 불부여의 근거로 제시된 사유들이 과학기술에 의하여 실제로는 별다른 문제 없이 해결될 수 있음이 밝혀지기도 하고, 재판공개의 원칙을 제한하는 원리들이 과학기술의 방법으로 문제점이 없다는 것이 드러나기도 한다.

다음으로 이데올로기 성격을 강하게 가지는 헌법이 과학기술의 진보나 발전을 제약하는 요소로 작동하기도 한다. 강력한 원리주의적 기독교적 사상에 기반한 헌법상의 인간 존엄성에 대한 이해가 인간의 배아나 태아에 대한 과학기술의 발전을 방해하고, 극단적인 생태주의에 바탕한 헌법상의 환경권에 대한 이해가 환경에 대한 과학기술의 발달을 저해하는 점에서 이러한 현상을 볼 수 있다.

3. 헌법의 최고원리인 인간의 존엄과 가치와 과학기술

헌법은 국가공동체를 구성하는 구성원들인 국민 스스로의 존엄과 가치를 보장하기 위한 법이다.242) 오늘날 국가는 신의 의지나 국왕의 일인통치를 실현하기 위한 것이거나 국가 그 스스로가 목적이 아니고 그 구성원 모두의 존엄과 가치를 보장받기 위한 하나의 수단적 개념에 지나지 않는다. 따라서 국가공동체의 질서는 그 구성원의 존엄과 가치를 보장받기 위하여서만 그 존재 이유가 있을 뿐이다. 국가공동체 구성원 모두의 존엄과 가치는 다 같이 중요하기 때문에 이들 모두를 보장하기 위해서는 구성원 각 개인의 의사는 때로는 공동체 구성원 일반에 의하여 인정된 공적 권력에 의하여 제한되고 억압될 수 있을 뿐이다.

　　인간의 존엄과 가치가 우리 헌법상의 최고원리이고 헌법의 핵을 구성한다고 하면 과학기술 역시 인간 공동체 내에서 존재하는 것이고 인간의 창작물인 한에서는 당연히 인간의 존엄과 가치의 보장에 이바지하여야 하고 인간의 존엄과 가치를 침해하여서는 아니 된다.

　　그렇다면 헌법에서 규정하는 인간의 존엄과 가치가 도대체 무엇인가 하는 그 개념이 문제가 되고 이와 관련하여 인간의 존엄성243)이란 구체적으로 무엇을 의미하는가 하는 점이 문제된다. 인간의 존엄과 가치는 일반적으로 인간존엄성이라고도 칭하여지는데, '(인간의) 존엄이란 인간이 지니는 윤리적 가치로서 그 자체 인간이기 때문에 가지는 정체성과 고유한 가치를 의미하며 인간은 그 자체 목적으로 존재하며 어떠한 경우에도 타자의 수단으로서 존재하지 않는다는 것'을 의미한다. 이에 의하여 '인간은 자신의 문제를 스스로 결정하는 자율적 존재이고 자신을 삶을 스스로 영위하는 존재'244)라고 설명되거나 인간의 존엄성은 '인간의 본질로 간주되는 인격주체성'을 의미한다고 하면서 인격주체성이란 '인간을 비인격적 자연과 구별하여 자기 자신을 의식하고 자기 자신의 결단에 의하여 스스로를 규율하며, 자신과 주변세계를 형성할 능력의 소유자임'을 의미한다고 설명되고 있다.245)

　　헌법재판소는 "우리 헌법질서가 예정하는 인간상은 자신이 스스로 선택한 인생관·사회관을 바탕으로 사회공동체 안에서 각자의 생활을 자신의 책임 아래 스스로 결정하고 생성하는 성숙한 민주시민인바 이는 사회의 고립된 주관적 개인이나 공동체의 단순한 구성분자가 아니라, 관련되고 공동체에 구속되어 있기는 하지만 그로 인하여 자신의 고유 가치를 훼손당하지 아니하고 개인과 공동체의 상호연관 속에서 균형을 잡고 있는 인격체"라고 판시하고 있다.246)

　　우리 헌법이 규정하는 인간의 존엄과 가치를 이해하는 태도는 결국 우리 헌법이 인간을 어떻게 이해하는가에 의하여 결정된다고 할 수 있다. 인간에 대한 이해는 일반적 학문인 생물학을 비롯한 자연과학, 인류학, 사회학과 같은 사회과학 그리고 역사학과 철학과 같은 인문과학에서 수천 년에 걸쳐서 인간이 무엇인가에 대하여 이미 설명하고 있기 때문에 헌법학 역시 이러한 학문적 성과에 근거하여 인간이란 개념을 객관적으로 이해함이 요청된다고 보아야 한다.

인간은 약 45억년 전에 만들어진 지구에서 약 30억년 전에 생물체가 출현한 후 진화과정을 거쳐 약 2,000만년 전에 탄생하게 된 유인원에서부터 약 400만년 전의 원시인류 그리고 약 30만년 전의 현생인류(Homo sapiens)를 거쳐 오늘날까지 존재하고 있다. 인간은 이와 같이 장구한 시간 동안 유전인자들 속에 새겨진 유전 정보들에서 출발하여 스스로 생산하고 또 스스로 재생산하는 하나의 생물종이다. 이와 같은 생물종으로서의 인간은 공동체 속에서 교육과 학습을 통하여 자신을 형성하여 개체로서 독립된 존재로 완성되게 된다. 특히 약 1만년 전 신석기 시대 이후 인간은 본격적으로 집단적으로 정착하여 농사를 짓고 문명을 축적하여 문자에 의하여 이를 전승하여 왔다. 인류에게 자연과 세계는 근본적으로 주어진 것이면서 동시에 장차 새롭게 형성하여 존재할 수 있도록 하는 대상으로 파악된다. 개별적 인간이란 자연과 세계에 의하여 포획된 존재이면서 동시에 이를 변화시킬 수 있는 주체로 이해된다. 헌법학에서도 역시 인간을 생물학적 특성을 지니고 태어나 공동체가 축적한 문화에 의하여 자아를 형성하면서 나아가 스스로 공동체에 영향을 미쳐 그 변화를 가져오는 이중적 성격을 지닌 존재로 이해하여야 한다. 인간은 유전자를 통하여 생물학적으로 재생산되고 또 다시 새로이 축적된 문화에 의하여 재형성되면서 세대를 이어 새로운 유전자와 문화를 형성하여 가는 존재이다. 그리고 모든 인간은 현생인류 종에 속하는 동일한 생물종이며 인류공동체에 소속하여 공통된 삶을 영위하면서 동시에 개인으로서 각자 타인에 대하여는 독립된 별개의 존재이다. 인간은 같은 생물종으로 공통된 인류문화 속에서 생존하고 생활하고 있으면서 타인과 협력 하면서 또한 경쟁하는 존재이다. 이러한 측면에서 인간은 타인에 대하여 인간관계에 따라 침해가능성으로부터 개체(인격)성(주체성, Personalitaet)을 그리고 부조(扶助) 가능성으로부터 연대성(사회성, Solidarietaet)을 가진다고 할 수 있다.[247]

그리하여 각 개별적 인간은 고유한 생물적 존재이면서 사회적 존재이고 또 자기형성적 단독자이다. 우리는 이러한 각 개인의 고유한 특성을 인격(Personlichkeit)이라고 부르고 이러한 인격이 인간존엄성의 근거라고 볼 수 있다.

인간존엄성의 근거는 "인간은 어떠한 인간에 의하여서도 단순히 수단으로서가 아니고 항상 동시에 목적으로 취급되어야 한다"는 칸트의 정언명령에서 그 근거를 찾을 수도 있다. 하지만 인간의 존엄과 가치란 기본적으로 인간의 자기보존과 종족보존의 본능에 근거한 것이라고 보아야 한다. 앞에서 인간을 인류유전자에 의한 생물적 존재로 보면서 동시에 사회연대 속에서의 인간 그리고 각 개인의 고유하면서도 독자적인 존재로 파악하였다. 따라서 인간은 생물적 존재로서 자신의 생명을 중시하고, 동시에 사회적 존재로서 자신의 사회적 연대를 방해받지 아니하고, 또 고유하면서도 독자적인 존재로서 자신만의 정체성(Identity)을 지닌다. 이러한 자기 자신의 존중으로부터 타인에 대한 존중도 유래한다. 왜냐하면 인간은 가장 진화한 생물종이면서 사회적 존재로서 자기를 보존하기 위하여 자신의 생명에 대한 존중과 동시에 타인도 존중하여야 하며 또 타인과의 공존과 생활이 필수적이라는 것을 인식하기 때문이다. 인간은 타인과 더불어 살아가야 하는 존재로서 존엄성은 사회적 기대관계에 있는 인간 간의 상호존중으로 파악할 수 있고, 인간존중은 사회적 존중요구에 대한 적극적 평가를 통한 사회적 승인 가운데 구성된다고 할 수 있다.[248] 인간을 단순한 수단적 존재로 대우하는 것을 인간존엄성의 침해라고 보는 것은 이러한 측면에서 이해될 수 있는 것이다.

결국 인간은 유전자에 의하여 연속되는 생물종으로 이러한 생물로서의 존재를 부인하는 생명의 박탈이나 생물로서의 계속적 존속을 어렵게 하는 생명의 단축 그리고 활동을 어렵게 하는 신체의 완전성에 대한 훼손은 인간존엄성의 훼손이다. 인간유전자의 조작, 인간종과 타종과의 교배, 인간장기의 강제적 적출, 생체실험, 생물적 특징을 가지지 않는 인공지능만을 가진 기계인간의 제조 등은 모두 이러한 측면에서 금지된다. 그리고 둘째, 사회적 존재로서의 공존과 연대성에 근거하는 인간사이의 평등을 본질적으로 부인하는 차별과 처우는 존엄성 훼손이다. 노예제도, 인신매매, 인종격리 등은 이러한 이유로 허용되지 아니한다. 그리고 생물적 생존만이 아니라 사회적 존재로서 최소한의 문화생활을 불가능하게 하는 것도 역시 인간존엄성의 침해라고 할 것이다. 마지막으로 개인의 고유한 정체성(Identity)을 부정하는 것도 존엄성의 침해이다. 복제인간의 제조, 고문이나 세뇌, 강제적인 거짓말 탐지기의 사용 등이 이에 해당한다. 그런데 이러한 인간에 대한 이해 나아가 인간존엄성에 대한 이해는 개별적 인간에 대한 구체적, 현실적 이해가 아니라 생물적 존재인 인간종으로서 그리고 인간 공동체의 구성원이란 추상적 측면에서 파악한 것이기 때문에 구체적 인간이 기형아라거나 지적 장애인 그리고 사망한 지 일정한 기간 범위 내의 사망자도 역시 인간존엄성을 가진 인간에 포함된다고 보아야 한다.[249]

그리고 개인과 공동체의 관계에 대하여는 인간은 "고립된 개체로서 개인주의적 인간상이나 국가권력의 객체로서의 인간상이 아니라 개인 대 사회라는 관계에서 인간 고유의 가치를 훼손당하지 않으면서 사회관계성 내지 사회구속성을 수용하는 인간상"을 의미한다.[250] 그리고 자유롭고 평등한 인간이며 자기 스스로 주체적으로 결정할 수 있을 뿐만 아니라 자신의 삶과 주변 환경을 주체적으로 형성해 나갈 수 있으며, 자신의 결정과 행동에 대하여 스스로 책임질 수 있는 자율적 존재라고 할 수 있다.

하지만 인간의 존엄성에 대한 침해 여부의 판단은 이러한 일반적 설명만으로는 부족하고 주관적 판단에 의하여 좌우될 가능성도 매우 크기 때문에 더욱 구체적인 판단기준이 필요하다. 이러한 판단기준으로는 인류사적 차원에서의 판단으로 역사적으로 인간존엄성 침해로 인정된 사례 등을 참고하는 역사적 방법, 현세대 다른 국가에서 구체적으로 판단한 사례를 참작하는 비교법적 방법, 우리 헌법의 기본권 조문들 중에서 명문으로 금지하고 있는 행위와 허용하고 있는 행위들과의 상호관계를 참고하여 판단하는 체계적인 방법, 마지막으로 헌법해석기관인 헌법재판소와 대법원을 비롯한 각급 법원의 판례 등을 참고하는 사례적 접근방법 등을 들 수 있다.[251]

특히 과학기술과 관련한 헌법해석에 있어서 주의하여야 할 것은 인간에 대한 개인의 종교적, 주관적 이해나 가치관에 입각하여 객관적이고 합리적인 인간의 이해와 합치할 수 없는 인간존엄성의 의미를 헌법해석이라는 이름으로 주장하는 것이다. 물론 모든 헌법해석이 주관적이고 개별적일 수밖에 없지만, 특히 인간이란 의미에 대하여는 이미 역사적으로 그리고 세계적으로 이미 어느 정도 합의가 되고 있으므로 이 합의를 존중하여야 한다. 존엄의 의미에 대하여는 그 해석에 있어서 사회적, 문화적 요소가 강하게 영향을 미친다고 할 것이므로 사회적 합의나 국민이 대표기관인 국회나 헌법재판소, 법원 등의 해석이 중요하다고 할 수 있다.

헌법 제10조는 인간의 존엄과 가치와 행복추구권을 함께 규정하고 있는데 우리 헌법재판소는 이 둘에서 일반적 인격권[252]과 개인이 자기운명을 결정하는 자기운명결정권을 도출하고 있다.[253] 일반적 인격권에는 인격에 대하여 소극적으로 침해받지 아니할 권리와 적극적으로 보호받을 권리 등을 포함한다.[254] 자기운명결정권에는 생명신체의 처분에 대한 결정권, 성적자기결정권,

생활스타일결정권, 가족의 형성유지에 대한 결정권이 있다.255) 연명치료중단이
나 생명단축은 인간존엄권에 대한 침해가 아니고 자기결정권으로서 인정된다
고 헌법재판소와 대법원은 판단하고 있다.256)

4. 과학기술 문제에 대한 헌법의 해석

과학기술과 관련하여 적용되는 헌법은 형식적으로 살펴보면 헌법전에 적
혀있는 헌법 즉 법전법(law in text)257)이라고 이해되고, 현대 헌법은 주로 경성
헌법으로서 그 개정을 어렵게 하고 있어 헌법전의 내용은 고정되어 있다고 일
반적으로 해석된다.258) 다만 과학기술의 그 전문성, 불확실성 등으로 인하여
고정된 법전법으로서의 헌법으로 과학기술을 규율하는 것이 상당히 어렵다거
나 문제점이 있다고 볼 수 있다.

실제적인 면에서 현실에 있어서 적용되는 헌법은 헌법해석자에 의하여 구
체적으로 해석된 헌법 규범이다. 헌법전에 규정된 헌법은 헌법의 내용을 구체
화하는 작업인 헌법해석을 거쳐서야만 비로소 현실에 적용되는 것이다. 헌법은
일반 법규범과는 달리 그 정치성 · 역사성 · 개방성으로 인하여 헌법해석은 단
순한 규범확인적 성격만을 가지는 것이 아니고 창조적인 성격을 가지게 된다.
따라서 전통적 해석원칙인 문리해석 · 체계적 해석 · 역사적 해석 · 논리적 해석
을 단순히 적용하기는 어렵고 고유한 해석원리에 의하여 해석되어야 한다. 고
유한 해석원리로는 가치체계적 해석과 통일적 해석의 원리, 그리고 조화적 해
석의 원리를 들 수 있다. 첫째, 헌법은 국가공동체 구성원인 인간의 존엄과 가
치를 보장하기 위한 일련의 가치체계가 헌법임을 깨닫고 모든 인간의 존엄과
가치가 보장될 수 있는 가치구현적으로 해석하여야 한다(가치체계적 해석), 둘째,
정치적 공동체인 국가의 근본 질서에 관한 법이므로 국가 전체질서가 통일을
달성할 수 있도록 헌법의 개별요소들의 관련과 상호의존을 존중하여 각 조항
들은 서로 모순되지 않도록 통일적으로 해석하여야 한다(통일적 해석). 셋째, 헌
법에 있어서 달성하도록 규정되어 있는 제반 목적이나 법익들은 문제 해결에
있어서 모두 실현될 수 있도록 조화롭게 해석되어야 한다. 모순되는 목적이나
법익의 이익비교나 일방적인 가치선택을 할 것이 아니고 양자가 실질적으로
조화를 이루도록 해석하여야 한다(조화적 해석).

과학기술과 관련하여 헌법을 적용할 경우에 문제가 되는 것은 실정헌법이
제정될 당시의 과학기술과 현재의 과학기술이 많이 달라져서 제정 당시의 헌
법해석이 그대로 적용하는 것이 과연 타당한가 하는 점이다.

하지만 헌법은 기본적으로 국가의 최고법으로서 현실에 있어서 그 규범적 요구를 강제적으로 관철할 것을 요구하고 있다. 그 결과로 과학기술에 대한 영역에서도 위에서 설명한 바와 같이 기본적으로 문리해석 · 체계적 해석 · 역사적 해석 · 논리적 해석을 적용하되 헌법해석에 고유한 해석방법인 가치 체계적 해석과 통일적 해석의 원리, 그리고 조화적 해석의 원리를 적용하여야 한다. 과학기술에 대하여 헌법적 문제가 제기된 경우에 일단 문언적 해석을 출발점으로 하되, 헌법의 이념인 인간의 존엄과 가치를 최대한 보장하고 국가공동체를 비롯한 각종 공동체의 구성원리인 민주주의가 실현되도록 가치 체계적으로 해석하여야 하며, 과학기술에 관한 헌법의 각종 조문들 사이에는 통일되고 조화롭게 해석하여야 한다. 예를 들어 태아의 생명권이나 임신여성의 행복추구권에서 나오는 자기운명결정권이 문제될 경우에 이 양자는 모두 헌법조문의 해석상 기본권으로 인정되고 가치체계상으로도 우열을 따지는 것은 쉽지 아니하므로 양자를 모두 존중하여 통일적이면서도 조화 가능하도록 해석하여야 한다. 우리 헌법재판소도 이러한 해석원칙에 따라 현행 형법 제269조의 낙태죄에 대하여 "자기낙태죄 조항은 입법목적을 달성하기 위하여 필요한 최소한의 정도를 넘어 임신한 여성의 자기결정권을 제한하고 있어 침해의 최소성을 갖추지 못하였고, 태아의 생명 보호라는 공익에 대하여만 일방적이고 절대적인 우위를 부여함으로써 법익균형성의 원칙도 위반하였으므로, 과잉금지원칙을 위반하여 임신한 여성의 자기결정권을 침해한다"고 하여 태아의 생명권과 임신여성의 자기결정권과의 조화로운 해석을 요구하고 있다.[259]

Ⅲ. 현대 과학기술에 있어서 헌법의 특수문제

1. 현대 과학기술에 수반하는 위험의 특징

인류는 도구를 사용하기 시작한 이래로 과학기술 개발을 통하여 인간의 자기보존과 종족보존의 본능을 보다 효율적으로 달성하여 왔다. 과학기술은 시행착오를 전제로 하기 때문에 과학기술이 고도화하면 시행착오의 위험도 그만큼 더 커진다는 사실을 쉽게 인식할 수 있다. 18세기 이전의 과학기술은 대부분 인간의 노동력이나 가축의 힘을 기반으로 한 소규모의 것이었기 때문에 그 위험성도 매우 한정적인 것이었지만, 18세기 산업혁명을 거치며 과학기술의 위험성은 기계에 의한 생산으로 말미암아 상당한 규모로 확대되었다. 하지만 근대 산업사회에 있어서 과학기술은 여전히 비교적 단순한 물리적 지식이나 화학적 지식에 근거한 것이어서 그 위험의 관리가 비교적 용이하였다.

　　20세기 후기 산업사회에서 과학기술이 야기하는 위험은 지나간 시대와는 그 성격이 본질적으로 다른 것이 되었다. 후기 산업사회의 위험은 지구적 삶과 인류의 생존을 위협하는 차원에 이르고 있는 것이다. 핵무기와 핵발전에 의한 방사능 오염, 지구 온난화로 인한 기후변화와 사막화, 산업용 유해물질의 누설이나 방출로 인한 대기, 수질, 토양의 오염, 유전자 조작기술에 의한 유전자 변형(GMO) 식품 유통으로 인한 인체 변화의 불확실성, 생명과학의 발달로 인한 복제동물의 출현과 인간복제의 가능성, 정보수집 기술의 고도화로 인한 개인의 비밀이나 사생활의 침해 등 많은 문제점들이 야기되고 있다. 독일의 사회학자 울리히 벡은 이와 같이 과학기술의 발달로 인하여 인류의 자기보존과 종족보존 자체가 위태롭게 된 사회를 위험사회(Riscogesellshaft)라고 정의하고 이러한 현대의 위험(risk)은 개별적 과학적 인식이나 통제의 범위를 벗어나는 것이기 때문에 인류의 연대성에 기초하여 사회적 합리성과 과학적 합리성을 함께 고려하는 성찰(reflection)의 근대화를 주장하였다.[260]

　　현대 사회의 첨단 과학기술은 그 이전의 과학기술과는 본질적으로 다른 몇 가지 뚜렷한 특징을 가지고 있다.[261]

　　첫째, 현대사회의 첨단 과학기술은 고도의 과학적 지식에 근거하여 전문화, 정밀화되어 있으며 많은 분야로 나뉘어져 세분화되어 있다. 그 결과로 그 분야에 대한 전공한 사람이 아닌 일반 사람들은 전문적 과학기술의 내용을 이해하기 매우 어려울뿐더러 과학기술자들조차 자신의 분야 외에는 과학기술의 내용을 파악하기 어렵다는 점이다. 오늘날 과학기술은 첨단 최신과학에 근거하여 거대하거나 아니면 극소한 기기들을 이용한 실험을 거쳐 정합성과 실행가능성을 판단하며 과학기술자들의 활동이 세분화됨으로 인하여, 일반인은 물론 전체 과학기술자 공동체를 통해 이루어지는 것이 아니라 분절된 작은 과학기술자 사회에서 주로 이루어지고 있는 것이다.

　　둘째, 현대사회의 과학기술은 과학의 본질적 핵심을 연구하여 원하는 효과나 성과를 얻으려고 하는 것이기 때문에 그 연구의 결과는 물질이나 구조의 본질적 핵심과 연관된 매우 많은 광범한 분야에서 나타난다는 사실이다. 본질적 핵심 영역이 과연 얼마나 많은 영역이나 분야에 연관되어 있는지를 잘 알지 못하고, 또 어느 정도로 연관된 것인지를 정확히 알지 못함으로 인하여, 과학기술의 부수효과(Nebenfolgen)로서 의도하지 않은 결과를 가져오게 된다. 그리고 이러한 부수효과는 매우 많은 분야에서 매우 신속히 또는 매우 천천히 하지만 지속적으로 오랜 기간 발생할 수도 있다는 점이 문제된다.

셋째, 현대의 과학기술은 자본주의 시장경제 체제하에서는 경쟁에서 승리하고 선발주자로서의 이익을 향유하기 위하여 그 위험에 대한 검토가 미처 마쳐지기도 전에 지나치게 신속하게 일반 사회나 시장에 노출되어 사용되기 시작한다는 점이다. 그리고 경쟁의 격화로 초과이윤을 획득하는 기간이 점차 짧기 때문에 새로운 과학기술에 근거한 재화와 용역이 만들어지면 시장에 바로 출시된다는 점이 문제된다.

마지막으로, 현대 사회에 있어서 과학기술은 그 연구나 발명에 있어서 오랜 기간 많은 자원과 사람이 투입되어 그 결과 산출물을 현재화한다는 점에서 많은 비용의 투입을 전제로 하고 또 그 부작용의 예방이나 결과의 제거에도 많은 비용이 소요된다는 점이다. 그 결과로 과학기술이 야기하는 위험은 저소득자, 빈곤지역, 저개발국가에서 더욱 많이 발생하거나 이들에게 위험이 이전할 가능성이 높다는 사실이다.262) DDT와 같은 살충제나 제초제 같은 농약, 유전자조작식품, 핵개발로 인한 방사능 오염 등의 현실을 살펴보면 이와 같은 현상을 쉽게 파악할 수 있다.

현대사회 과학기술의 이러한 성격은 이들이 야기하는 위험에 있어서도 불확실성(Ungewissheit), 비경계성(Grenzfrei), 복잡성(Komplexitaet)을 가지게 한다.263) 전통적인 위험은 전쟁이나 자연재해처럼 그 원인이 분명하고 물리적인 차원의 일차적 피해에 그치는 경우가 대부분이었다. 하지만 과학기술의 고도화로 인한 위험은 경험적 판단자료가 적거나 아예 없어 인과관계에 대한 판단이 매우 어렵고 그 대응책의 적실성 역시 판단이 어려운 불확실성을 특징으로 한다. 현대 과학기술에 의한 위험은 핵 피해나 공기 오염과 같이 그 피해의 정도나 규모를 파악하기 어렵고 한번 피해가 발생하면 그 공간적, 시간적 한계를 넘어 오랜 기간 세대를 뛰어넘어 전지구적 차원에서 피해를 초래하는 비경계성을 나타낸다. 또한 이러한 비경계성으로 인하여 인과관계를 파악하기 어려워 위험을 야기한 책임소재와 책임의 정도를 정확히 추궁하기 어렵고 관련자 사이의 책임분배 등에서도 복잡성을 띠게 된다

문제는 이러한 현대 과학기술이 야기하는 위험을 어떻게 정확히 예측하고 제어하며 또 그 피해를 최소화할 것이냐 하는 점이다. 그리고 그 비용을 누가 부담할 것이며 그 합의를 어떻게 이루어 갈 것이냐 하는 점이다.

현실적으로 이러한 문제들의 해결방법에 대한 다툼은 일차적으로는 과학기술의 부수적 효과를 제거하기 위한 새로운 더 나은 과학기술의 향상이라는

또 다른 과학기술의 문제라고 볼 수도 있지만, 이러한 향상된 과학기술로 이 문제를 해결하기 전까지는 결국 사회적으로 그 위험의 제거나 피해의 배상 그리고 향상된 새로운 과학기술의 창조 비용을 누구에게 부담시킬 것인가 하는 또 다른 문제에 직면하게 된다. 위험의 제거나 피해배상의 문제를 결정하기 위하여 결국 사회구성원 사이에 다툼이 발생할 것이고 이러한 다툼의 해결 없이는 사회공동체가 지속가능할 수 없게 된다. 그렇다면 이 문제는 결국 최종적으로 다툼 즉 분쟁해결의 문제로서 법적 문제로 귀결된다고 할 수 있고, 과학기술을 둘러싼 여러 당사자들 사이의 권리와 의무관계를 어떻게 조정할 것이냐 하는 과제로 전환된다고 할 수 있다.

국가공동체 구성원들 사이에서 권리의무의 귀속 관계는 최종적으로는 최고법인 헌법 문제로 귀착되고 그중에서도 기본권의 문제로 된다고 할 수 있다. 왜냐하면 현대 법치국가에 있어서는 모든 국민은 인간의 존엄과 가치를 가진 기본권 주체들로서, 이들 국가 구성원 사이의 갈등과 충돌은 기본권 주체들 사이의 기본권의 충돌과 갈등의 문제로 해석되기 때문이다. 특히 기본권이 단순히 개인이 가지는 주관적 권리에 그치는 것이 아니고 국가 공동체의 객관적 기본질서로서의 성격을 아울러 가짐으로 인하여, 사인 간의 권리 다툼도 기본권의 객관적 질서로서의 성격에 의거하여 국가질서를 결정하는 문제가 되기 때문이다.

Ⅳ. 과학기술과 관련된 기본권의 보장과 제한[264]

1. 개 관

기본권이란 헌법학에서 사용되는 용어로 기본권은 인간이 인간이기 때문에 당연히 가지는 권리 즉 인간의 존엄과 가치에 직결되는 기본적 권리인 인권에서 유래한 것이다. 모든 인간은 존엄과 가치를 가지는 고귀한 존재이며, 헌법은 인간의 존엄과 가치를 보장하기 위한 문서이며 기술적 장치이다. 이와 같이 고귀한 인간이 인간이라는 이유만으로 당연히 가지는 권리를 인권(human right)이라 하며 헌법에 의하여 국민의 기본적 권리로 인정되기 때문에 기본권(fundamental right, Grundrecht)이라고도 한다. 하지만 인권이라고 할 때에는 국가공동체를 염두에 두지 않는 자연 상태 혹은 개별적 상태의 천부적 권리라는 성격이 강하고, 기본권이라고 할 때에는 국가공동체를 염두에 두고 헌법에 의하여 실정권으로서의 보장된 권리라는 성격이 강하다. 헌법학에 있어서는 자연권적인 성격이 강한 인권이라는 용어보다는 실정헌법상의 권리라는 기본권이라는 용어가 많이 사용되나 양자를 구별하지 않아도 무방하다. 그런데 어떠한 권리가 기본권인가 아닌가 하는 점은 헌법에 나열되어 있는가 아닌가에 의하여 판단할 것은 아니다. 왜냐하면 우리 헌법 제37조 제1항은 헌법에 열거되지 않은 자유와 권리도 경시되지 않는다고 규정하고, 제10조는 인간의 존엄과 가치를 규정하고 국가는 이를 확인하고 보장한다고 함으로써 헌법에 열거되지 않은 인권도 모두 기본권으로 보장하고 있기 때문이다. 기본권인지 여부는 인간의 존엄과 가치에 직결되는 권리인가 여부에 따라 판단되어져야 할 것이나, 구체적으로는, 첫째 모든 인간이 성별·종교·신분 등과 관계없이 인간으로서 당연히 누릴 수 있는 권리인가(인간의 고유성), 둘째 특정한 기간이나 상황에서 보장되는 권리가 아니라 시간과 장소에 관계없이 보편적으로 인정되는 권리인가(보편성), 셋째 타인의 권리 또는 복수의 인간 공존을 위한 공공복리 등을 제외하고는 제한되거나 양도되어질 수 없는 권리인가(불가침, 불가양성) 등의 여부에 따라 판단된다. 따라서 깨끗한 물을 마실 권리는 우리 헌법에 열거되지 않았어도 기본권이지만, 담배를 피울 권리는 기본권이 아니라고 할 수 있다.

그런데 이와 같이 정의되는 기본권은 과학기술과 관련하여 어떠한 관계가 있는가? 기본권이란 인권이 헌법상으로 인정된 권리이기 때문에 먼저 우리나라 실정 헌법상 과학기술과 기본권이 어떻게 규정되고 있는지를 살펴볼 필요가 있다.

우리 헌법상 과학기술과 기본권의 문제를 살펴보는데 있어서 가장 중요한 것은 우리 헌법상의 최상의 이념이고 헌법의 궁극적 과제라 할 수 있는 헌법 제10조의 "모든 국민은 인간으로서의 존엄과 가치를 가지며, 행복을 추구할 권리를 가진다. 국가는 개인이 가지는 불가침의 기본적 인권을 확인하고 이를 보장할 의무를 진다."라는 규정이다. 일반적으로 이 조문은 우리 헌법상 모든 기본권의 원천이며 기본권의 핵을 구성하고, 헌법 제37조 제1항의 "국민의 자유와 권리는 헌법에 열거되지 아니한 이유로 경시되지 아니 한다"라는 조항과 더불어 헌법상 열거되지 않은 사항이 기본권인지 아닌지를 판정하는 기본원리가 되고 있다.[265)]

현행 헌법은 과학기술과 관련한 기본권과 관련하여 헌법 제22조 제1항에서 학문의 자유를 보장하여 학문으로서 과학기술의 연구의 자유를 보장하고 있고, 헌법 제22조 제2항에서 발명가와 과학기술자의 권리를 보호하고 있다. 그런데 과학기술에 관련한 기본권의 문제를 고찰할 경우에는 단순히 과학기술자의 측면만이 아니고 일반인의 측면도 고려하여야 하고, 또 과학기술의 인류 역사 발전에 미친 긍정적 측면만이 아니고 부정적 측면도 동시에 살펴보아야 한다. 과학기술자의 기본권만 문제가 되는 것이 아니고 과학기술과 관련된 일 반인의 기본권도 중요하다. 일반인의 기본권에서 중요하게 다루어져야 하는 것 은 과학기술의 이익을 향유할 권리와 과학기술이 야기하는 위험으로부터 안전 할 권리 등이다.

헌법에서 모든 국민(사람)이 비록 과학기술과의 연관이 명문화되어 규정된 것은 아니지만 존엄과 가치를 가지는 인간으로서 과학기술의 이익을 향유하거 나 아니면 과학기술이 내포하고 있는 위험으로부터 안전하여야 하기 때문에 헌법 제10조 제1문 전단의 인간이 존엄과 가치, 제10조 제1문 후단의 행복추구 권, 제12조 제1항의 신체의 자유의 전제가 된 생명권[266], 제17조의 사생활의 자유권, 제18조의 통신자유권, 제34조의 인간다운 생활을 할 권리[267], 제35조 의 환경권[268], 헌법 제36조의 건강권[269] 등 여러 가지 기본권이 문제된다.

특히 우리 헌법은 헌법 전문에서 "우리들과 우리들의 자손의 안전과 자유 와 행복을 영원히 확보할 것을 다짐하면서"라고 하여 대한민국 공동체가 그 구 성원과 구성원의 후손들에게 안전과 자유와 행복을 영원히 확보하여 주어야 할 의무를 선언하고 있다. 물론 자유와 행복도 중요하지만 더욱 우선할 것은 '안전'이라고 하겠다. 왜냐하면 안전을 전제로 하지 않는 '자유와 행복'은 존재 할 수 없기 때문이다. 뿐만 아니라 우리 헌법 제34조 제6항에서 "국가는 재해 를 예방하고 그 위험으로부터 국민을 보호하기 위하여 노력하여야 한다."고 규 정하여 재해와 위험으로부터 국민의 안전을 보장하여야 할 의무를 규정하고 있다. 과학기술에 의한 재해와 위험은 과학과 기술이 고도로 발달한 오늘날 그 위험의 불가예측성, 지역적 광범성, 시간적 장기간 계속성 등으로 말미암아 매 우 중요한 의미를 가진다고 할 수 있다.

과학기술과 기본권의 문제를 전반적으로 살펴보는데 있어서는 과학기술자 의 측면과 일반인의 측면에서 과학기술과 관련하여 어떠한 기본권을 향유할 수 있느냐를 살펴보는 것과 또 이들 기본권의 상호관계를 이해하는 것이 중요 하다. 일반적으로 헌법학에서 기본권을 논함에 있어서 개별 기본권의 의의, 향 유 주체, 법적 성격, 구체적 내용, 제한의 문제를 고찰하므로 과학기술과 관련 한 기본권의 문제에서도 물론 이러한 내용을 살펴보는 것이 중요하다. 다만 현 대 과학기술에 있어서 특별히 중요한 문제로 인식되고 있는 첨단 과학기술인 생물과학기술(BT), 정보과학기술(IT), 나노과학기술(NT), 핵과학기술(AT) 등에 있어서의 고도의 전문지식성과 그 영향력의 광범성, 효과의 장기간 계속성, 불가예측성 등은 전통적인 기본권 논의의 바탕이 되는 사회적 상황과는 상당히 다르기 때문에 앞에서 설명한 현대 첨단 과학기술의 특성이 기본권문제들에 영향을 미치고 있다.

이러한 문제들에 대한 구체적 논의는 생명기술안전과 법, 에너지안전법, 화학물질안전법, 4차산업혁명과 법, 프라이버시와 개인정보보호, 인공지능과 법, 데이터와 법, 사물인터넷과 법, 블록체인과 법 등의 분야에서 법적 문제를 총체적으로 설명하며 헌법적 쟁점에 대하여도 구체적으로 다루기 때문에 여기서는 전체적 관점에서 헌법적 문제를 간략히 언급하는데 그친다. 다만 이와 같이 각 개별분야에서 법적 문제를 다룬다고 하더라도 모든 법에 공통적이고 기본적인 것으로서 우리 인간과 인간의 존엄성을 헌법에서 어떻게 이해하고 있는지에 대한 문제가 있는데, 이에 대하여는 이미 간략히 언급하였다.

2. 과학기술과 관련한 기본권의 국제적 규정들

과학기술과 관련한 기본권은 과학기술자의 권리와 일반인의 기본권으로 나누어 볼 수 있는데 과학기술자의 권리로서는 과학기술 연구의 권리, 과학기술 발표의 권리, 과학기술 집회·결사의 권리 등을 들 수 있고 과학기술의 보상을 받을 권리 등을 들 수 있다. 그리고 일반인의 권리로서는 과학기술의 내용을 알 권리, 과학기술의 결과를 향유할 수 있을 권리 그리고 과학기술로부터 안전할 권리 등을 들 수 있다. 과학기술로부터 안전할 권리는 과학기술의 시험 대상이 되지 않을 권리 그리고 과학기술의 결과로부터 안전할 권리 등을 포함한다고 할 수 있다.

물론 과학기술자의 권리와 일반인의 권리로 나누는 것은 이해의 편의를 위한 분류로서 엄밀한 의미에서는 과학기술자나 일반인의 구별없이 과학기술과 관련한 모든 기본권을 향유할 수 있다고 보아야 한다. 왜냐하면 과학기술자가 아닌 사람도 과학기술에 몰두할 수 있으며 과학기술자 역시 자신이 관여하지 않은 과학기술에 대하여는 일반인의 지위에 있기 때문이다.

과학기술에 대한 권리는 일찍이 20세기 초 두 차례의 세계대전을 경험하고 나서 인류의 삶에 있어서 과학기술의 중요성을 인식함과 동시에 대량살상의 참상을 반성하며 이를 1948년 세계인권선언에서 인간의 존엄성과 인권의 보장을 명문화한 것에서 유래한다. 하지만 이러한 인권선언은 단순히 선언으로서 법적 구속력이 없다고 일반적으로 인식되었기 때문에 국제연합 회원국의 인권보장을 법적 의무로 규정하기 위하여 1976년 국제인권규약(International Covenant on Human Rights)이 발효되었는데, "경제적 · 사회적 · 문화적 권리에 관한 국제규약(International Covenant on Economic, Social and Cultural Rights: A규약 또는 사회권규약으로 약칭)"과 "시민적 · 정치적 권리에 관한 국제규약(International Covenant on Civil and Political Rights: B규약 또는 자유권규약으로 약칭)"으로 나누어 성립하였다. 이러한 국제인권규약은 세계인권선언의 내용을 법적 의무화 하였을 뿐만 아니라 보다 구체화하고 시대에 맞게 수정한 것이라고 할 수 있다.270)

과학기술과 기본권의 관계는 이 A규약과 B규약 속에서 명시적 조문을 찾아볼 수 있다. 먼저 A규약 제15조는 과학의 진보 및 응용으로부터 이익을 향유할 권리와 과학적 창작물로부터 생기는 정신적, 물질적 이익을 받을 권리를 인정하고 또 과학의 보존, 발전 및 보급에 필요한 조치를 취할 국가의 의무 그리고 과학연구의 자유와 국가 간 과학협력을 규정하고 있다.

제15조
1. 이 규약의 당사국은 모든 사람의 다음 권리를 인정한다.
(a) 문화생활에 참여할 권리
(b) 과학의 진보 및 응용으로부터 이익을 향유할 권리
(c) 자기가 저작한 모든 과학적, 문학적 또는 예술적 창작품으로부터 생기는 정신적, 물질적 이익의 보호로부터 이익을 받을 권리
2. 이 규약의 당사국이 그러한 권리의 완전한 실현을 달성하기 위하여 취하는 조치에는 과학과 문화의 보존, 발전 및 보급에 필요한 제반조치가 포함된다.
3. 이 규약의 당사국은 과학적 연구와 창조적 활동에 필수 불가결한 자유를 존중할 것을 약속한다.
4. 이 규약의 당사국은 국제적 접촉의 장려와 발전 및 과학과 문화 분야에서의 협력으로부터 이익이 초래됨을 인정한다.271)

다음으로 국제인권규약 B규약 제7조는 누구도 자유로운 동의 없이는 과학적 실험대상이 되지 않음을 규정하고 있다.

제7조
어느 누구도 고문 또는 잔혹한, 비인도적인 또는 굴욕적인 취급 또는 형벌

을 받지 아니한다. 특히 누구든지 자신의 자유로운 동의 없이 의학적 또는
과학적 실험을 받지 아니한다.272)

이를 정리하면 과학기술에 관하여 국제연합이 선언한 기본권의 내용으로
는 1) 과학의 진보 및 응용으로부터 이익을 향유할 권리와 2) 과학적 창작물로
부터 생기는 정신적, 물질적 이익을 받을 권리 3) 과학연구의 자유 4) 과학적
실험을 받지 아니할 자유 등을 들 수 있다.

이러한 내용은 모두 오늘날 국제사회에서 일반적으로 동의할 수 있는 내
용의 것으로 우리나라에서도 당연히 인정된다.273) 다만 이러한 내용이 우리 헌
법상 어떠한 규정에 의하여 인정되며, 그 구체적 내용은 무엇이고, 또한 그 한
계는 무엇인가 하는 점을 살펴볼 필요가 있다. 그리고 이들 상호 간에 충돌문
제가 생길 경우에는 또 어떻게 해결하여야 하는 것도 살펴볼 과제이다. 아울러
현대 첨단 과학기술사회에 있어서 기술과학의 전문성, 광범위성, 지속성, 불가
예측성 등과 관련하여 그 의미가 어떻게 변화하였는가 하는 것도 역시 중요하
게 살펴보아야 한다.

국제연합 외에 몇몇 유럽국가에 있어서 과학과 관련한 기본권 규정 내지
헌법규정들의 내용은 다음과 같다.274)

[헝가리]
자유와 책임
제X조 (1) 헝가리는 과학적 연구와 예술적 창조의 자유, 최고의 지식수준
   습득을 위한 학습의 자유 및 법률로 정한 구조 내에서 강학의 자유를
   보장한다.
   (2) 국가는 과학적 진실에 관한 문제를 결정할 수 없고, 과학자들이 과
   학적 연구를 평가할 수 있는 배타적 권리를 가진다.
   (3) 헝가리는 헝가리과학원과 헝가리예술원의 과학적 및 예술적 자유를
   보호하여야 한다. 고등교육기관은 연구와 교수의 내용과 방법을 자율적
   으로 정할 수 있으며, 그 조직은 법률로 정한다. 정부는 법적 체계 내에
   서 공공고등교육기관의 재무관리에 적용하는 규칙을 정하고, 그 재무관
   리를 감독하여야 한다.

제XX조 국가는 최신의 기술적 해법 및 과학적 성과를 이용하여 운영을
   효율화하고, 공공서비스 기준을 향상시키며, 공무의 투명성을 제고하고,

기회균등을 촉진하도록 노력하여야 한다.

[포르투갈]

제42조 (문학적 창작의 자유) 1. 지적 창작, 예술적 창작 및 과학적 창작
은 제한되지 않는다.

2. 이러한 창작의 자유는 과학적, 문학적, 예술적 저작물을 발명, 생산
및 발표할 권리를 구성하며 법률에 의한 저작권의 보호를 포함하다.

[스위스]

제64조 (연구) ① 연방은 과학 연구 및 혁신을 진흥한다.

② 연방은 과학 연구 및 혁신의 질적 보증 및 조정 보장을 조건부로 그
지원을 할 수 있다.

③ 연방은 연구소들의 설치, 인수 및 운영할 수 있다.

[이탈리아]

제9조 국가는 문화와 과학·기술 연구의 발전을 촉진하다.

국가는 자연경관과 역사적, 예술적 문화유산을 보호한다.

3. 과학기술과 관련한 기본권의 구체적 내용

가. 과학기술 연구의 자유

과학기술자도 결국 학문을 하는 자에 포함된다. 왜냐하면 학문이란 "일정
한 지식수준을 기반으로 방법론적으로 정돈된 비판적인 성찰을 함으로써 진리
를 탐구하는 활동"275)이라고 정의되는데 과학기술도 여기에 포함되기 때문이
다. 헌법재판소는 학문의 자유는 곧 진리탐구의 자유라 할 수 있고, 나아가 그
렇게 탐구한 결과를 발표하거나 강의할 자유 등도 학문의 자유에 포함된다고
하고 있다.276) 그리고 일반적으로 학문의 자유에는 학문연구의 자유, 학문발표
의 자유, 학문 집회·결사의 자유가 포함된다. 따라서 과학기술인의 자유에도
과학기술 연구의 자유, 과학기술 발표의 자유, 과학기술 연구를 위한 집회·결
사의 자유가 보장된다고 할 수 있다.

먼저 과학기술 연구의 자유란 어떠한 내용의 과학기술을 연구할 것인가,
어떠한 방법으로 연구할 것인가, 언제 어디서 연구를 할 것인가 하는 연구에
대한 자유를 말한다. 연구라 함은 진리탐구의 방법을 말하는 것이라고 할 수

있다. 다음으로 과학기술 발표의 자유란 과학기술 연구결과를 대외적으로 공표하는 것을 의미한다. 공표할 방법이나 매체, 시간, 장소, 대상을 선택할 권리를 포함한다고 할 수 있다. 과학기술 연구 집회·결사의 자유란 연구자들이 일정한 장소에 일시적으로 모이거나 혹은 계속적으로 단체를 결성할 자유를 의미한다.

물론 이러한 과학기술의 자유란 과학기술을 하지 않을 자유를 포함하는 것으로 과학기술과 관련하여 부작위에 머물 자유를 포함한다. 그 결과로 과학기술 연구를 거부할 자유, 과학기술의 성과를 발표하지 않을 자유, 과학기술 연구 관련 결사나 집회에 참여하지 않을 자유도 보장된다.

국민은 정확히는 대한민국 헌법의 적용을 받는 모든 사람들이 일반인으로서 과학기술 연구에 종사할 경우에도 과학기술 연구에 관한 권리들을 향유함은 당연하다. 연구의 자유, 발표의 자유, 연구집회·결사의 자유를 당연히 누린다. 다만 일반인은 전문적인 연구자들에 비하여 그 보장의 정도가 약하다고 할 수 있다. 일반인은 과학기술이 궁극적인 목적으로 하는 자연법칙이나 이용의 편익에 기여할 가능성이 상대적으로 적고, 또 과학기술의 연구에 따르는 위험성에 노출될 가능성이 지식과 경험의 부족, 연구장비의 미흡 등으로 더 커 사회공동체에 위험을 야기할 가능성이 높기 때문이다. 전문적인 과학기술인과 일반인을 연구의 자유 보장에 있어서 차별한다고 하여도 이는 합리적인 차별로서 허용된다고 하겠다.

나. 자신의 과학기술 성과에 대한 이익을 향유할 권리

현행 헌법 제22조에서도 명시하고 있듯이 과학기술자는 자신의 과학기술의 성과에 대하여 적절한 대가를 받을 권리가 있다. 현행 헌법 제119조의 시장경제 체제하에서는 자신의 비용과 노력을 투입하여 얻은 모든 과학기술의 성과물도 가격으로 평가되어 이를 향유할 권리가 성과를 낸 과학기술자에게 있다고 할 수 있다. 따라서 과학기술의 성과는 그 연구자의 재산으로서 재산권의 보장에 관한 헌법 제23조에 의하여 보장된다고 보아야 한다. 그럼에도 불구하고 이를 헌법 제22조에서 다시금 과학기술의 성과물에 관련된 비용의 투입과는 별개로 지적 재산을 창출한 과학기술자에게 그 이익을 향유할 권리를 특별히 보장하고 있는 것이다. 우리 발명진흥법 제10조에서 종업원·법인의 임원 또는 공무원이 그 직무에 관하여 발명한 것이 성질상 사용자·법인 또는 국가나 지방자치단체의 업무범위에 속하고, 그 발명을 하게 된 행위가 종업원 등의 현재 또는 과거의 직무에 속하는 발명인 직무발명에 대하여 정부가 종업원 등의 직무발명보상 제도의 실시에 관한 지원시책을 수립·시행하도록 규정하고 있는데 이는 사용자와 종업원의 이익관계에 형평을 기하면서도 발명을 한 과학기술자에 대하여 과학기술의 성과인 직무발명에 대하여 일정한 이익을 향유할 수 있는 권리를 보장하기 위한 규정이라고 할 수 있다.

다. 과학기술의 지식과 성과에 대하여 접근할 권리

모든 국민은 기본권으로서 알권리 내지 정보공개청구권을 향유하므로[277] 당연히 국가가 가지고 있는 과학기술의 지식과 성과에 대하여 접근할 권리(Access)가 있다. 정보공개청구권의 일부로 과학기술에 대하여도 이를 행사할 수 있다. 다만 사인(私人)에 대하여는 사인이 과학기술의 지식과 성과물에 대하여는 그 내용을 공개하지 않을 권리가 있고 또 재산권의 일종으로서 그 처분의 자유가 있기 때문에 접근이 제한된다고 하여야 한다. 산업재산권이 통상 그 공개를 조건으로 하여서 배타적인 수익을 보장하는 것은 과학기술자의 권리를 보장하면서도 동시에 일반인의 과학기술에 접근할 권리를 보장하는 측면이 있다고 할 것이다.

라. 과학기술의 성과를 사회적으로 향유할 권리

과학기술은 인류를 위한 것이므로 일반인은 기본적으로 과학기술의 성과나 이익을 사회적으로 향유할 권리를 가진다. 다만 이러한 권리는 사회권에 속하는 것이므로 그 구체적 범위나 내용이 법률로 구체화 되어야 한다. 과학기술기본법 제16조의3은 정부로 하여금 연구개발성과의 확산, 기술이전 및 실용화를 하도록 규정하여 과학기술을 일반인이 향유할 수 있도록 시책을 추진할 것을 명시하고 있고, 같은 법 제16조의6은 정부로 하여금 과학기술을 활용한 삶의 질 향상, 경제적·사회적 현안 및 범지구적 문제 등의 해결을 위하여 필요한 시책을 세우고 추진할 것을 규정하고 있다. 이들 규정이 국가에 대한 명령 규정이기 때문에 일반인에게 구체적 권리를 보장한 것은 아니지만 정부가 이들 시책을 수립하면 국민은 이를 근거로 과학기술 성과를 향유할 권리를 가지게 된다.

다만 과학기술의 성과를 사회적으로 향유할 권리가 사회권이라고 하더라도 그 개념의 본질적 내용은 구체적 권리라고 해석하여야 하고 또 그 내용상 사회적으로 향유하는 것을 방해받지 아니할 자유권적 측면이 있다고 보아야 한다.[278]

과학기술의 성과를 사회적으로 향유할 권리는 성과를 만들어낸 과학기술자가 아닌 제3자들에게 주어진 권리이기 때문에, 국가가 성과를 만들어낸 과학기술자인 경우에는 기본권의 제한이나 한계에 해당하지 않을 경우에는 그 권리 주장이 가능하다. 하지만 사인이 성과를 만들어낸 과학기술자인 경우에는 기본권의 충돌문제가 발생한다. 사인 간의 기본권의 충돌 문제는 헌법의 통일성 속에서 규범조화적으로 이루어져야 하고 이 경우에는 타인의 권리를 침해하지 않은 범위 내에서 기본권이 보장되는 것이 타당하므로, 원칙적으로 과학기술인의 권리가 우선한다고 보아야 한다. 그렇다고 하더라도 규범조화적인 측면에서 일반인의 생명이나 신체의 완전성 등 중요한 법익에 관한 과학기술인 경우에는 일정한 대가를 지급하고 일반인에게 과학기술의 성과를 사회적으로 향유할 권리를 허용하는 것으로 보아야 한다. 희귀질환 의약품 등의 경우에 일정한 대가를 지급하고 의약품을 공급받거나 혹은 제조할 수 있도록 허용하는 것이 여기에 해당된다고 할 수 있다.279)

마. 안전하게 살 권리280)

현행 헌법은 국민일반에게 안전에 관한 권리를 명문으로 보장하고 있지는 않다. 2018년 대통령의 헌법개정안에는 안전에 관한 권리가 사회권의 일종으로 제37조 제1항에서 명문화되어 있다.281) 협의에 있어서 안전권은 생명, 신체에 있어서 그 완전성을 유지할 수 있는 권리라고 할 수 있지만, 광의의 안전권은 생명, 건강, 환경, 재산 어느 것이라도 피해를 입지 않을 권리라고 할 수 있다.282) 광의에 있어서는 생명을 유지할 수 있는 권리, 상해와 질병으로부터 신체의 완전성을 지킬 수 있는 권리 또 건강하고 쾌적한 환경에서 생활할 권리와 소유한 재산을 훼손당하지 아니할 권리를 모두 안전에 관한 권리에 포함할 수 있다.

환경권은 현행 헌법 제35조 제1항에서 "모든 국민은 건강하고 쾌적한 환경에서 생활할 권리를 가지며, 국가와 국민은 환경보전을 위하여 노력하여야 한다."고 규정하여 인간의 존엄성을 기초로 하는 기본권으로서 환경권의 보장뿐만 아니라 국가와 국민의 의무로서 환경보전을 위한 노력의무를 규정하고 있다. 이 조항을 과학기술과 관련하여서도 국민의 안전에 관한 권리의 하나로 인식하여 과학기술로 인한 환경 훼손을 금지하는 헌법적 근거가 되는 규정이라고 해석할 수 있을 것이다. 이미 설명하였듯이 현대 사회에 있어서 과학기술은 환경에 대하여 치명적인 훼손을 가하여 인간의 삶에 광범하면서도 장기간에 걸친 극심한 피해를 입힐 가능성이 높기 때문이다.

건강권은 헌법 제36조 제3항의 "모든 국민은 보건에 관하여 국가의 보호를 받는다."와 헌법 제37조 제2항의 "국민의 자유와 권리는 헌법에 열거되지 않은 이유로 경시되지 않는다"는 조항에 의하여 보장된다고 하여야 한다. 왜냐하면 건강권은 인간의 존엄과 가치를 위하여 필수적으로 요구되는 권리이고 항구성, 보편성, 불가침성 등 기본권의 필수 요건을 모두 갖추고 있기 때문이다. 이 조항을 과학기술과 관련하여서도 국민의 안전에 관한 권리의 하나로 이해하여 과학기술로 인한 건강 훼손을 금지하는 헌법적 근거가 되는 규정이라고 해석할 수 있다. 이미 설명하였듯이 현대 사회에 있어서 과학기술은 사람의 건강에 대하여도 훼손을 가하여 인간의 삶에 광범하면서도 장기간에 걸친 회복불능의 피해를 입힐 가능성이 높기 때문이다. 건강권은 과학기술을 개발하고 과학기술을 실용화하여 적용하는 단계에서 국민의 건강을 해치는 과학기술을 금지하는 헌법적 근거로 작용한다고 이해할 수 있다.

재해 예방과 재해위험으로부터 보호받을 권리는 현행 헌법 제34조 제6항과 헌법 제37조 제2항에서 도출될 수 있다고 보아야 한다. 헌법 제34조 제6항은 "국가는 재해를 예방하고 그 위험으로부터 국민을 보호하기 위하여 노력하여야 한다."고 규정하여 국가의 재해 예방의무와 재해위험으로부터 국민보호의무를 명시하고 있다. 그리고 헌법에 열거되지 않은 기본권을 보장한 제37조 제2항을 여기에 더하면 당연히 기본권으로 보장된다고 보아야 한다. 재해 예방을 요구할 권리와 재해위험으로부터 보호받을 권리는 현대 사회국가에서 인간의 존엄과 가치를 위하여 또 인간다운 삶을 위하여 필수적으로 요구되는 권리이고, 이 권리에는 항구성, 보편성, 불가침성 등 헌법상 기본권으로 인정되기 위한 필수 요건을 모두 갖추고 있다고 보아야하기 때문이다.

헌법 제34조 제6항의 재해에 과학기술의 위험으로부터 발생하는 재해가 포함되는지 여부에 대하여는 의문이 있을 수 있다. 이러한 의문은 재해예방 청구권과 재해의 위험으로부터 보호하기 위한 노력의무에서 말하는 재해에는 자연재해만을 말하는 것인지, 아니면 인위적 재해도 포함하는지 여부에 대한 의문과 연관되어 있다. 재해에는 자연적 재해만이 아니고 인위적 재해도 모두 포함한다고 보아야 한다. 자연재해만이 아니고 인위적 재해도 인간다운 삶에 결정적인 지장을 초래하기 때문이다. 제34조 제6항은 단순히 사후적인 피해를 보상하기 위한 사회보장 수급청구권을 규정한 것으로 보아서는 아니 되고, 사전적 예방과 사후적 보호 모두를 보장하는 것이라고 해석하여야 한다. 물론 사후적 보상청구도 포함되겠지만 문언상 피해의 예방에 노력하여야 한다는 규정이 명시되어 있기 때문이다. 특히 주의하여야 할 점은 국가의 의무사항이 피해를 예방하도록 노력하여야 한다는 것이지 피해를 예방하여야 한다는 것은 아니라는 점이다. 우리 헌법재판소의 소수의견은 헌법 제34조 제6항의 국가의 재해위험으로부터 국민을 보호하기 위하여 노력하여야 할 의무에 대하여 이를 사회국가 실현을 위한 국가의 재해방지의무를 규정한 것이라고 해석한 적이 있다.[283]

결국 헌법 제34조 제6항에 의거하여 국가는 국민에게 과학기술의 위험에 대해서 재해를 예방하고 재해의 위험으로부터 국민을 보호하도록 노력하여야 할 의무를 진다고 이해할 수 있다. 과학기술의 연구와 실용화 적용단계에서 국가의 이러한 노력의무의 해태가 있는 경우 이 조항에 근거하여 국민이 국가에 대해 재해위험 보호청구권을 행사할 수 있다고 보아야 한다. 살균제 가습기 사건의 피해에 대한 보상이나 세월호 사건의 보상에서 보는 바와 같이 국가의 부작위에 의한 보호의무를 태만히 한 경우에는 금전적 보상까지도 주어져야 하는 것이다.

바. 과학기술 실험에 참여하지 않을 권리

과학기술은 본질적으로 경험하지 못한 새로운 사항에 대한 탐구로서 많은 경우 아직 알려지지 않은 위험성을 내포하고 있다. 현시점의 지식으로는 어떤 내용의 과학기술에 있어서 위험성을 인식할 수 없지만 상당한 기간이 경과한 후 그 위험이 현실화되는 경우가 있다. DDT 살충제나 베트남전에서 살포된 제초제 같은 경우가 이러한 경우이다. 따라서 일반인은 과학기술 실험에 참여를 거부할 권리를 당연히 가진다. 그리고 동의하는 경우에도 동의가 순수히 자발적인 것이어야 하므로 충분한 설명을 들을 기회를 가져야 한다. 실험을 하는 과학기술자는 자신이 보유하고 있는 실험에 관한 모든 정보나 지식을 실험 대상에게 충분히 설명하여야 하는 설명의무를 부담한다.

4. 과학기술과 관련한 기본권의 제한

가. 과학기술과 관련한 기본권의 헌법적 질서로서의 성격

헌법상의 기본권은 우리 헌법질서의 최고 가치인 인간의 존엄과 가치를 보장하기 위한 것이므로 기본권은 우리 헌법질서 전체 법질서로서 작용한다. 강학상 기본권의 이중적 성격이라 하여 기본권은 개인이 가지는 주관적 권리일 뿐만 아니라 객관적인 법질서로서의 성격도 가진다.[284] 그 결과로 과학기술과 관련한 기본권 보장을 위하여 국가는 과학기술의 연구 자유를 침해하는 법제도나 기구를 창설하여서는 아니 되고 과학기술자의 지적 성과물에 대한 보상 체제를 확립하여야 하며, 국가의 비용으로 이루어진 과학기술의 이익을 일반 국민이 향유할 수 있도록 성과물의 공개나 자유로운 이익을 최대한 보장하여야 한다. 또한 사인 사이에 있어서도 과학기술의 연구를 부당하게 제한하거나 과학기술의 성과를 향유하는 것을 방해하여서는 아니 된다. 특히 종교적인 이유나 기업경영상의 이유로 과학기술의 연구나 성과를 방해하여서는 아니 된다.285)

나. 법률에 의한 제한

과학기술에 관한 기본권도 다른 기본권과 마찬가지로 헌법 제37조 제2항에 의하여 국가안전보장, 질서유지, 공공복리를 위하여 필요한 경우에 법률로서 이를 제한할 수 있다.286) 따라서 과학기술에 관한 기본권도 그 제한을 위하여서는 그 제한 목적에 있어서 국가안전보장, 질서유지, 공공복리를 위하여 필요하여야 하고, 제한의 수단은 반드시 의회제정의 법률에 의하여야만 하며, 행정입법인 대통령령이나 부령에 의하여서는 제한할 수 없는 것은 물론 행정규칙에 의한 제한도 불가능하다. 다만 법률에 구체적 범위를 정한 위임이 있는 경우에는 대통령이나 국무총리령, 부령 등에 의한 제한도 가능하다. 문제는 어떠한 위임이 구체적 위임인가 하는 문제인데 단순히 과학기술기본법에 추상적인 규정만 있다고 하여287) 구체적 위임이 있다고 보아서는 아니 된다. 다음으로 제한의 정도와 관련하여서는 기본권을 제한하는 경우에도 과잉금지의 원칙 내지 비례의 원칙을 준수하여야만 한다. 제한은 목적이 정당하고(목적의 정당성) 제한수단이 제한목적 달성에 적합하며(수단의 적절성) 제한은 필요한 최소한에 그쳐야 하고(피해의 최소성) 제한에 의하여 달성하려고 하는 공익이 제한으로 인하여 입는 사익의 피해와는 균형(법익의 균형성)을 이루어야 한다.

일부 견해에 있어서 학문연구의 자유는 내면적 자유로서 절대적 자유라고 하는데288) 이러한 견해에 의하면 과학기술 연구의 자유도 절대적 자유라 할 수도 있을 것이다. 하지만 과학기술 연구에 있어서는 반드시 실험과 검증이 따른다는 측면에서 단순히 내면의 자유에 머무르지는 않으므로 절대적 자유라고 할 수 없다. 그리고 과학기술의 연구도 학회나 연구단체에서 발표할 경우가 아닌, 일반인을 상대로 하였을 경우나 상업적 목적의 경우에는 보다 강하게 제한할 수 있다고 보아야 한다. 그리고 현대 첨단 과학기술의 경우에는 위에서 설명한대로 그 결과의 광범위성, 계속성, 예측불가성 등으로 말미암아 그 제한의 정도는 더욱 강력하다고 할 수 있다.

다. 내재적 한계

과학기술에 관한 기본권 특히 과학기술 연구의 기본권은 헌법 제37조 제2

항에 의한 법률에 의한 제한과는 별도로 기본권에 내재하는 한계가 있어 이 한계의 범위를 벗어난 경우에는 보장될 수 없느냐 하는 의문이 있을 수 있다.

헌법은 국가의 최고법으로서 국가공동체의 기본질서를 규정하는 법이기 때문에 국가공동체 질서의 통일성과 조화성을 달성할 수 있도록 규정되고 해석되어야 한다. 국가공동체의 구성원이 공존하기 위한 법규범으로서 헌법은 조화롭고 통일되게 해석되어야 하는 것이다. 그렇다면 설령 기본권이라고 하더라도 헌법 전체의 질서나 공동체의 도덕의식 그리고 타인의 정당한 권리를 침해할 수는 없다고 할 수 있다. 특히 헌법 제37조 제2항의 법률유보 조항이 국가공동체에서 국가안전보장, 질서유지, 공공복리상에 문제가 발생한 경우에 사후적으로 국회입법에 의하여 규율되기 시작한다는 점에서 문제해결에 있어서 시간상의 간격(time lag)이 발생하게 된다. 이러한 문제의 발생과 해결책의 강구 사이의 시간상 간격으로 인하여 국가나 사회 혹은 개인은 심각한 피해를 입을 수도 있다. 특히 현대 사회에 있어서는 첨단 과학기술에 의한 위험에 따른 피해가 광범하고 오랜 기간 지속되고 피해정도도 심각한 경우가 많지만 피해발생의 원인을 알기 어렵기 때문에 즉각적인 입법이 매우 어렵다. 뒤늦게 입법이 되더라도 그 피해를 회복하기에는 불충분할 가능성이 매우 높다. 이런 측면에서 과학기술과 관련한 기본권에서는 그 내재적 한계가 반드시 필요하고 중요한 의미를 지니게 된다.[289] 따라서 집단학살을 위한 과학기술이나 특정 종족만을 죽이기 위한 연구 등은 이것을 명문으로 금지하는 법률이 없더라도 기본권의 내재적 한계에 의하여 금지된다고 해석하여야 한다. 또한 핵무기 개발을 위한 과학기술에 대한 일반인의 접근은 법률이 없더라도 당연히 허용되지 않는다고 해석하여야 한다.

라. 기본권의 충돌

기본권 일반에서와 마찬가지로 과학기술과 관련한 기본권에도 기본권의 충돌문제가 발생한다. 복수의 기본권 주체들이 각자 서로 모순되는 기본권을 주장하는 경우에 이를 어떻게 해결해야 하는가 하는 문제인 기본권 충돌 문제에 관하여는 전통적으로 입법에 의한 해결방법, 기본권 서열에 의한 해결방법, 법익형량에 의한 해결방법, 규범조화에 의한 해결방법 등이 있는데[290] 과학기술 분야에 있어서도 마찬가지로 해결할 수 있다.

일반적인 학설과 판례에 의하면 조화적 방법에 의한 해결방법이 지지를 받지만 이는 일률적으로 해결할 수 없고 구체적 사례별로 해결할 수밖에 없다. 기본권 중에서 생명권이나 신체의 자유 등은 매우 중요한 기본권이기 때문에 과학기술 연구의 자유와 충돌하는 경우 이들이 우선 한다고 할 수 있다.[291] 그리고 인격이나 자유와 관련된 기본권이 재산에 관한 기본권 보다는 더 우선한다고 하므로[292] 과학기술자의 재산상 권리보다는 신체를 훼손당하지 않을 권리가 더 우선한다고 할 수 있다. 하지만 이 경우에는 단순히 기본권의 서열이나 이익형량의 원칙만을 적용할 것이 아니라 규범조화의 방법을 먼저 적용하여 해결하는 것이 타당하다고 본다. 즉 대안식 해결방법을[293] 적용하여 우선 당장 비용을 지급하지 않고 후불로 한다는 등의 방법을 고려할 수 있다. 과잉금지의 원칙 역시 중요한 원칙이고,[294] 최후 수단의 억제방법[295] 역시 규범조화의 구체적인 방법이라고 할 수 있다.

과학기술 연구의 자유와 실험대상이 되지 않을 권리가 충돌할 경우에는 원칙적으로 실험대상이 되지 않을 기본권이 우선한다고 보아야 한다. 다만 의학실험의 대가를 지급하고 그 동의를 얻어 신체나 생명을 훼손하도록 하는 것이 허용되는가 하는 문제는 기본권의 충돌 문제라기보다는 오히려 기본권의 포기 문제로 이해하여야 한다. 기본권의 포기에 대하여 모든 권리는 그 주체에게 이익을 부여하는 것으로 권리포기 이론의 일반적 예에 따라 포기가 허용되어야 한다는 견해와 기본권은 단순히 사인의 주관적 공권에 머무르는 것이 아니고 국가공동체의 객관적 법질서를 구성하므로 국가공동체의 질서유지에 영향을 미치므로 이를 허용하여서는 아니 된다는 견해도 있지만, 원칙적으로 자유로운 포기를 허용하되 국가공동체의 구성과 운영에 극히 중요한 영향을 미치는 경우에만 예외적으로 포기가 제한된다고 해석하는 것이 타당하다고 본다.[296] 그렇다면 자살방조죄나 자살교사죄를 형벌로 처벌하는 법체제하에서는 설령 본인의 동의가 있더라도 생명을 희생하는 과학기술에 실험대상이 되는 것은 허용되지 않는다고 보아야 한다.

V. 과학기술에 대한 국가기구

1. 헌법상 국가조직 원리와 과학기술

과학기술과 관련한 의사결정에 대하여는 그 자율성을 강조하는 견해와 민주적 통제를 강조하는 견해가 나뉘고 있다.[297] 헌법상 민주공화국의 구성 원리인 민주주의 원칙상 자율성 보장에는 일정한 한계가 있을 수밖에 없고 다른 한편 민주적 통제는 과학기술의 합리성을 해치지 않도록 하여야 하기 때문에 두 견해 중 어떠한 견해가 더 타당한지 그 판단이 쉽지 않다.

사회구성주의에 따르면, 사회는 실재를 만들기도 하고 파괴하기도 하며, 진실을 드러내 보이기도 하고 가리기도 한다. 우리가 현실이나 실재로 믿고 있었던 것들은 사실 사회적 구성원들 간의 상호 작용을 통해 만들어지며, 이 실재는 어떤 과학적 방법을 통해 밝혀지는 객관적인 진리를 담고 있는 것이 아니라 다만 다양한 현실들을 반영하는 것이다.298) 그렇다면 과학기술에 대한 사회적 합의 내지 결정을 할 조직이 필요한 것이다. 물론 우리 헌법상의 대의민주주의에서는 국회가 그 의사결정의 일차적 조직이 되고 행정부가 이를 집행할 조직이 된다. 하지만 오늘날 사전적이고 전문적인 대응이나 조치가 절실히 요청되는 현대 첨단과학기술에 대하여는 이러한 일반적인 국가기구 이외에 특별조직에 의한 논의와 결정 구조가 더욱 요청된다. 그리하여 우리 헌법도 국가특별조직으로서 과학기술 혁신을 위한 대통령 자문기구를 설치할 수 있도록 헌법에 규정하고 있는 것이다.

과학기술에 있어서 국민주권을 실질화하고 인간의 존엄성과 가치를 보장하려면 이러한 일반적인 국가기구나 특별조직의 구성이나 의사결정에 있어서 참여민주주의와 숙의민주주의적인 요소의 도입이 중요하다.299) 민주주의의 문제점인 엘리트주의와 의회구성원의 과점적 성격 그리고 논의와 토론절차의 형식성을 시정하기 위한 참여민주주의와 숙의민주주의의 요소의 보완적 도입이 요청되는 것이다. 참여민주주의와 숙의민주주의는 공동체 의사를 결정함에 있어서 국회나 행정부가 아닌 직장이나 지역사회 등 각계각층의 수준에서 시민의 참여를 확대하고 자발적 결사체와 매개집단을 보다 많이 개발하여 공공영역에서의 교화된 시민들 간의 심도 있는 토론과 심의를 통해 국가적, 사회적 쟁점에 대한 결론을 도출하려고 한다. 다만 이러한 참여민주주의와 숙의민주주의는 국가공동체의 전체 이익이 아닌 부분이익의 강화나 책임지지 않는 주장의 과잉을 가져와 국가의 안정성과 통합성에 문제를 야기하는 것도 사실이다.

사회구성이론에 의하면 과학기술에 있어서 관련사회집단이란 특정기술의 개발에 직간접적으로 관여하거나 그 기술을 사용하는 자, 그 기술에 어떤 방식으로든지 그 기술에 관련되어 이해관계를 가진 집단을 의미한다.300) 참여민주주의를 실현하기 위해서는 누가 참여하여야 하는지를 먼저 결정하여야 하는데 관련사회집단을 규정하기 어렵기 때문에 결국 참여하거나 숙의과정을 거치는 자를 결정하는 것도 대단히 어렵다고 할 수 있다. 만약 우리가 참여민주주의와 숙의민주주의를 신뢰한다면 결국 과학기술에 관한 관련사회집단의 범위를 넓힐 수밖에 없다고 본다. 왜냐하면 첫째, 과학기술자들 사이에도 자신의 전문영역이 아니면 이해하기 어려워 실질적 의미에서의 전문가 범위는 매우 협소하다는 점, 둘째 관료와 전문가들만이 참여하여 결정하기 보다는 다양한 주체들이 참여하도록 하는 것이 상호견제를 하도록 하여 부분이익의 추구를 보다 어렵게 만든다는 점, 마지막으로 과학기술에 대한 전문지식이 없는 일반인도 결국 진지한 대화와 토론을 거치면 합리적 결정을 할 수 있게 된다는 점을 그 이유로 들 수 있다.

2. 국회에 의한 과학기술의 통제

우리 헌법은 헌법 제1조에서 민주공화국임을 선언하고 모든 국가의 의사를 전반적 최종적으로 결정할 수 있는 주권을 국민이 보유한다는 국민주권주의를 선언하고 있다. 그리고 이러한 국민주권주의에 근거하여 국민에 의하여 직접 또는 간접적으로 선출되는 국민의 대표자로 하여금 국민을 대신하여 국가적 의사를 결정하는 간접민주주의를 채택하고 있으며, 모든 국가적 활동과 국가공동체 생활은 국민의 대표기관인 의회가 제정한 법률에 근거한 법률에 근거를 두어야 한다는 민주적 법치주의와 의회주의를 채택하고 있다. 법치주의 아래에서는 모든 국가작용이나 국가공동체의 중요한 문제는 국민의 대표로 구성되는 국회에서 법률로 정하여야 한다. 헌법 제40조는 국회에게 입법기관으로 법률을 제정할 수 있는 권한을 부여하고 있다. 법률이란 모든 국민들에게 어느 경우에나 적용되는 일반적, 추상적 법규범으로, 국민의 기본권을 제한하거나 국가의 중요한 사항인 입법사항에 대하여는 반드시 법률로 규율하도록 규정하고 있다.[301]

과학기술에 관한 사항도 기본적이고 중요한 사항은 반드시 법률로 규정하여야 한다. 과학기술이 국민의 기본권을 제한하거나 혹은 국가공동체의 구조와 기능에 중요한 변화를 가져올 경우에는 반드시 국회 제정의 법률에 의하여야 한다. 특히 의회가 다양한 국민의 대표로 구성되어 대화와 토론을 거쳐 국가공동체의 의사를 결정한다는 측면에서 과학기술과 가장 중요한 국가기구는 역시 국회라고 할 수 있다. 행정부는 이와 같이 국회에서 결정한 결과인 법률을 구체적으로 집행하여 공동체의 구성원인 국민의 생활에 있어서 안전과 자유와 행복을 위한 구체적 문제를 실천하는 적극적이면서도 계속적인 형성작용을 한다. 그리고 사법부는 복수의 공동체 구성원 혹은 법적 주체 사이의 구체적인 권리분쟁에 있어서 분쟁당사자의 제소를 기다려 무엇이 입법의 내용과 의미이며 또한 법인가를 선언하는 국가 활동을 의미하는 사법권을 가지고 있다.

따라서 과학기술과 관련한 국가기구에서도 법적 측면에서는 국회가 가장 중요하고 대통령을 비롯한 행정부는 국회에서 결정한 내용을 현실에서 실현할 뿐이며, 사법부는 과학기술과 관련한 구체적 권리분쟁이 발생하여 제소가 있을 경우, 사후적으로 분쟁을 법에 근거하여 해결하는 사후적 작용을 할 따름이다. 사법부의 재판권의 발동에는 법적 이해관계가 있는 당사자(당사자적격)의 제소에 의하여 그 다툼에 대하여 종국적 해결이 가능한 경우(소의 이익)에만 발동된다는 것이 중요한 특색이다. 그 결과 과학기술에 대한 사전적 문제해결에는 사법부의 재판이 적합하지 않은 측면이 강하다.

3. 국가과학기술자문회의

헌법 제127조 제3항은 "대통령은 제1항의 목적을 달성하기 위하여 필요한 자문기구를 둘 수 있다"고 규정하고 있다. 헌법 명문으로 과학기술의 발전을 위한 국가자문기구의 구성을 규정한 것으로 이 조항에 근거하여 국가과학기술자문회의법이 제정되었고 이 법률에 따라 현재 국가기술자문회의가 운영되고 있다.

1962년 개정헌법 제118조에서 제1항은 "국민경제의 발전과 이를 위한 과학진흥에 관련된 중요한 정책수립에 관하여 국무회의의 심의에 앞서 대통령의 자문에 응하기 위하여 경제·과학심의회의를 둔다"고 하여, 제2항에서 "경제·과학심의회의는 대통령이 주재한다"고 규정하고, 제3항은 "경제·과학심의회의의 조직·직무범위 기타 필요한 사항은 법률로 정한다"고 규정하였다.

그리고 1972년 개정헌법은 제123조 제1항에서 "국민경제의 발전과 이를 위한 과학기술은 창달·진흥되어야 한다"고 규정하고 이어서 제2항에서 "대통령은 경제·과학기술의 창달·진흥을 위하여 필요한 자문기구를 둘 수 있다."라고 하여 과학기술의 창달이 국가의 헌법상 의무로 명시적으로 규정되었으나, 이를 위한 대통령 산하의 기구는 구체적으로 헌법조문에 그 명칭이 명시되지 않았고 임의기구였다. 1980년 개정헌법은 제128조 제1항에서 "국가는 국민경제의 발전에 노력하고 과학기술을 창달·진흥하여야 한다."고 규정하고 이어서 제3항에서 "대통령은 제1항의 목적을 달성하기 위하여 필요한 자문기구를 둘 수 있다."라고 규정하였다. 다만 이전과는 다르게 국민경제의 발전을 위한 수단으로서의 과학기술의 창달과 진흥이 아니고 양자를 병렬적인 관계로 규정하였다.

1987년 헌법개정으로 현행 규정이 도입되었다. 현행 규정은 비록 임의적 국가기구이지만 1962년의 경제·과학심의회의의 체제와 기능을 대체로 이어받아 자문기구를 둘 수 있도록 규정하였다. 이 헌법 규정에 근거하여 창설된 국가기술자문회의는 국가과학기술자문회의법 제2조에서 "국가과학기술자문회의(이하 "과학기술자문회의"라 한다)는 다음 각 호의 기능을 수행한다. 1. 헌법 제127조 제1항 및 제3항에 따른 다음 각 목의 사항에 관한 자문기능 가. 국가과학기술의 혁신과 정보 및 인력의 개발을 위한 과학기술 발전 전략 및 주요 정책방향에 관한 사항 나. 국가과학기술 분야의 제도 개선 및 정책에 관한 사항 다. 그 밖에 과학기술 분야의 발전을 위하여 필요하다고 인정하여 대통령이 과학기술자문회의에 부치는 사항"이라고 적시하고 있고, 또 제3조에서 그 주재자인 의장을 대통령으로 규정하고 있으며 국무회의의 심의에 앞서 자문을 받아야 한다는 조항은 없어져 순수한 임의적 기구로 되었다. 다만 과학기술기본법에 의한 일부 사항을 심의하는 기능을 부여받고 있다.

문제는 이 기구의 민주성과 전문성 그리고 실질적 의사결정권이 문제이다. 민주성은 다양한 구성원의 참여를 의미하며 전문성은 다소 민주성과 모순되는 개념이지만 사태적합성을 의미하며 합리적인 논의를 가능하게 한다. 실질적 의사결정이란 형식적 통과의례에 그치거나 알리바이를 제공하는 것이어서는 아니 되고, 실제로 논의주제에 대하여 결정할 수 있는 권한을 가지고 있어야 하고 또 결정된 의사가 실현되어야 함을 의미한다.

헌법적 측면에서 과학기술자문회의는 의회의 기능적 상관기구(functional equivalent)로서 의회가 행사하는 기능에 상응하는 기능을 행하여야 한다. 다만 국민주권주의의 원칙상 최종적인 의사결정은 의회에 유보되어 있다고 하여야 한다.

VI. 과학기술에 대한 현행 헌법 규정의 문제점

과학기술의 발전은 생산성의 향상을 가져와 산업의 경쟁력을 강화하여 반사적 영향으로서 국가는 경제발전을 이룰 수 있다. 우리나라는 산업혁명을 늦게 맞이하고 경제 후진국으로서 국민경제의 조속한 발전을 위하여 과학기술과 경제발전의 관계에 주목하여 위에서 살펴본 바와 같이 1962년 헌법에서 경제·과학심의회의를 헌법기구로서 명시하고, 1972년 헌법에서 경제의 발전을 위한 과학기술의 창달·진흥을 헌법에 명문화하였다. 그리고 현행 헌법 제127조 제1항은 "국가는 과학기술의 혁신과 정보 및 인력의 개발을 통하여 국민경제의 발전에 노력하여야 한다.”고 규정하여 과학기술의 혁신이 국민경제의 발전을 위한 수단임을 명시하고 있다.

과학기술을 경제발전의 수단으로 파악하고 있는 이러한 현행 헌법규정으로 말미암아 과학기술에 관한 가장 기본법인 과학기술기본법 제1조도 “이 법은 과학기술발전을 위한 기반을 조성하여 과학기술을 혁신하고 국가경쟁력을 강화함으로써 국민경제의 발전을 도모하며 나아가 국민의 삶의 질을 높이고 인류사회의 발전에 이바지함을 목적으로 한다.”라고 하여 과학기술의 경제발전 종속성을 선언하고 다른 많은 법령에서도 과학기술을 경제발전의 도구로 인정하고 있는 것이다.

현행 헌법이 과학기술을 국민경제의 수단으로 파악하고 있다는 측면에서는 과학기술에 대하여 헌법 제119조 경제에 관한 우리 헌법상의 기본원칙이 적용된다고 보아야 한다. 따라서 경제적 측면에서의 과학기술은 ‘개인과 기업의 경제상의 자유와 창의를 존중함을 기본’으로 하되, ‘균형 있는 국민경제의 성장 및 안정과 적정한 소득의 분배를 유지하고, 시장의 지배와 경제력의 남용을 방지하며, 경제주체 간의 조화를 통한 경제의 민주화를 위하여’ 국가로부터 규제와 조정을 받음을 인정하여야 한다.

하지만 헌법적 측면에서 과학기술은 단순히 경제발전의 수단에 그치는 것이 아니고 국민의 일상생활이나 공동체 활동에 있어서 그리고 국가의 존립이나 대외활동에 있어서도 중요한 요소로 작용한다. 다시 말하여 헌법이 규율하는 국가공동체의 모든 영역에 있어서 직간접적으로 영향을 미친다. 특히 현대의 첨단과학기술이 그 위험에 있어서 불확실성, 비경계성, 복잡성으로 인하여 위험에 대한 예상과 대처를 매우 어렵게 만들어 개인의 안전과 국가공동체의 존속과 안전을 위태롭게 하고 있다.

과학기술 역시 인간 활동의 한 양식이고 국가공동체의 한 영역에 속한다면 과학기술에 대한 헌법적 규율도 일반적인 헌법의 과제인 모든 인간의 공존을 확보할 수 있는 정치적 공동체인 국가를 형성, 조직하고 유지하면서도 공동체 구성원의 평등성과 자유를 보장하고 복지를 더욱 향상시켜 인간의 존엄과 가치를 보장하도록 규정되어야 할 것이다. 특히 이미 대한민국이 세계에서 경제선진국의 지위를 지니게 되었다면 과학기술이 더 이상 경제발전의 수단에 머무르지 않고 과학기술의 본래 목적인 진리를 탐구하고 정치, 경제, 문화, 사회 모든 면에서의 인간생활의 향상에 기여하도록 하여야 한다. 과학기술에 대한 헌법조문 규정들도 헌법 전문이 선언하는 ‘인류공영에 이바지’하고 ‘우리들

과 우리들의 자손의 안전과 자유와 행복을 영원히 확보'할 수 있도록 새로이
수정되어야 할 것이다.302)

---

215) 브리태니커 비주얼 사전에 있어서 과학에 대한 정의이다.

216) 비상학습백과 중학교 과학에 있어서 과학에 대한 정의이다.

217) 네이버 지식백과에 있어서 기술이란 단어를 검색한 결과에서 얻은 설명이다.

218) 과학과 기술의 관계에 대한 관계에 대한 이러한 논의는 과학철학이나 기술철학에 있어서
    상당히 중요한 의미를 가지고 있어서 그 논의나 결론에 있어서 엄청난 차이를 가져온다.
    홍성욱(1994), 329-350면은 과학과 기술의 상호관계에 대하여 일반적인 설명을 충실히
    하면서도 저자 나름의 독자적인 견해를 제시하고 있다.

219) 조용진(2015), 13면 참조.

220) 헌법에 관한 일반적 설명은 김문환 편(1998), 87-119면 참조.

221) 김문환 편(1998), 23-35면 참조.

222) Ⅲ.현대 과학기술에 있어서 헌법의 특수문제에서의 현대 과학기술에 수반하는 위험의 특
    징 설명 부분 참조.

223) 다만 과학기술에 대하여 국가공동체 내에서의 중요성이 특별히 의식되지 못한 근대 선진
    입헌국가에서는 이에 대한 명시적 헌법규정들이 특별히 존재하지 않았지만, 산업화와 경
    제발전이 늦은 후진국가에 있어서는 과학기술의 진흥이 헌법에 명시되었고 현대국가들에
    있어서 그 위험에 대하여 헌법에 규정하고 있다. 전자의 예가 우리나라 헌법과 중국 헌법
    의 경우이고 후자는 독일 등 선진국에 있어서 환경권이나 미래세대에 대한 헌법규정들이
    다. 과학기술과 세계 각국의 헌법에 대하여는 김일환(2018), 48-111면; 김선화(2018),
    36-39면 참조.

224) 물론 국가공동체를 초월하여 국제사회의 존재를 인정하고 이러한 국제사회도 그 구성원
    인 국가의 의사에 반하여 자신의 공적 권력을 행사할 수 있다는 견해도 있으나, 이러한
    견해는 21세기 초기인 오늘날까지도 보편적으로는 받아들여지지 않고 있다. 왜냐하면 오
    늘날도 여전히 주권국가의 개념이 인정되기 때문이다. 따라서 국제사회에서 존재하는 국
    제법은 주권을 가진 공동체인 국가의 의사에 반하여서는 그 규범력을 발휘할 수 없다고
    봄이 일반적이다.

225) 헌법 제22조 제1항 모든 국민은 학문과 예술의 자유를 가진다.

226) 헌법 제22조 제2항 저작자·발명가·과학기술자와 예술가의 권리는 법률로써 보호한다.

227) 헌법 제127조 제1항 국가는 과학기술의 혁신과 정보 및 인력의 개발을 통하여 국민경제
    의 발전에 노력한다.

228) 헌법 제127조 제2항 국가는 국가표준제도를 확립한다.

229) 헌법 제127조 제3항 대통령은 제1항의 목적을 달성하기 위하여 필요한 자문기구를 둘 수
    있다.

230) 일반적으로 단일 불가분의 사회공동체인 국가의 지역적 한계를 영토라고 하고, 공동체 구
    성원을 국민, 그리고 최고·궁극의 공권력을 주권이라 일컫고, 이를 국가의 3요소라고 한
    다.

231) 정치적 공동체란 인간사회의 다양한 이념, 이해관계, 행동양식을 통일된 행위와 작용으로
    결합시켜 단일체를 이룬 것을 의미한다. 현대에 있어서 정치적 공동체란 역사적, 문화적
    공동체를 바탕으로 하여 국가의 강제력에 의하여 그 통일성이 부여된 것으로 해석된다.

232) 사회구성주의와 결정론에 대한 설명은 손화철(2003), 263-288면; 김환석(2010), 12-39면
    참조.

233) 손화철(2003), 269면 참조.

234) 손화철(2003), 269면 참조.

235) 손화철(2003), 279면 참조.

236) 헌법재판소는 '생명윤리 및 안전에 관한 법'에 대한 헌법소원 사건에서 착상 전 배아에 대하여는 인간이 아니어서 기본권 주체성이 인정되지 않으므로 이 법의 배아연구에 관한 규정은 합헌이라고 결정하였다(헌법재판소 2010. 5. 27. 선고 2005헌마346 전원재판부 결정).

237) 헌법재판소 2009. 5. 28. 선고 2007헌바27 전원재판부 결정은 휴대폰 문자메시지에 의한 선거운동을 합헌이라고 결정하였다.

238) 곽관훈(2016), 437−440면 참조.

239) 과학기술기본법 제4조 참조.

240) 정치학대사전편찬위원회 참조.

241) 일반적으로 이데올로기라 함은 사회적 사실의 판단에 관한 이념이나 가치체계를 말하는데, 부정적인 의미로서는 객관적이지 못하고 당파적인 이해관계로 인하여 행하는 주관적인 그릇된 신념체계를 말한다.

242) 이와 같은 헌법 개념은 물론 입헌주의적 의미의 헌법에 있어서만 타당한 것이지만 오늘날 인간의 존엄과 가치를 부인하는 헌법은 이미 민주적 정당성을 상실하여 헌법이라 할 수 없다. 프랑스인권선언 제16조는 "권리의 보장이 확보되지 아니하고 권력분립이 규정되어 있지 아니하는 사회는 헌법을 가지지 아니한다."고 규정하고 있다.

243) 우리 헌법상 인간의 존엄과 가치와 관련하여서는 존엄과 가치를 구별하여서 설명하는 견해도 있으나 여기서는 이 양자를 모두 포함하여 인간의 존엄성이란 용어로 포괄하여 사용한다.

244) 정종섭(2013), 316면 참조.

245) 권영성(2008), 374−375면 참조.

246) 헌법재판소 2003. 10. 30. 선고 2002헌마518 전원재판부 결정.

247) 계희열(2007), 192면 참조.

248) 한국헌법학회 편(2013), 295면 참조.

249) 다만 태아나 배아 등은 생성 중인 인간으로서 인간존엄성 문제로 파악하기 보다는 오히려 생명권의 문제로 파악하는 것이 타당하다고 본다. 헌법재판소는 수정전 배아는 인간으로 인정하지 아니하여 기본권 주체성을 인정하지 아니한다(헌법재판소 2010. 5. 27. 선고 2005헌마346 전원재판부 결정).

250) 권영성(2008), 374면 참조.

251) 한국헌법학회 편(2013), 291−292면 참조.

252) 헌법재판소 1991. 9. 16. 선고 89헌마165 전원재판부 결정; 헌법재판소 2001. 7. 19. 선고 2000헌마546 전원재판부 결정.

253) 헌법재판소 1990. 9. 10. 선고 89헌마82 전원재판부 결정; 헌법재판소 2008. 10. 30. 선고 2007헌가17 전원재판부 결정.

254) 성낙인(2007), 288면 참조.

255) 정종섭(2013), 323면 참조.

256) 헌법재판소 2009. 11. 26. 선고 2008헌마385 전원재판부 결정과 대법원 2009. 5. 21. 선고 2009다17417 전원합의체 판결.

257) 법전법이란 법을 이해하는 한 방법인데 법전에 적혀 있는 것이 법이란 것으로 이에 대하여 법관법이나 살아 있는 법으로 법을 이해하는 방법도 있다. 법관법이란 법관들이 법이라고 선언하는 것이 실제로 법이란 견해이고, 살아있는 법이란 실제 사회에 있어서 법이라고 받아들여지고 있는 법을 의미한다. 과학기술과 법이란 측면에서는 과학기술자법이란 개념을 법사회학적으로 상정할 수 있다. 과학기술자법이란 과학기술자 사회에서 법으로

의식한 것을 법으로 이해하는 방법이다.

258) 경성헌법이란 헌법개정 방법이 일반 법률보다 어렵게 된 헌법을 의미한다. 연성헌법에 반대되는 개념이다.

259) 헌법재판소 2019. 4. 11. 선고 2017헌바127 전원재판부 결정.

260) 올리히 벡(2014), 68-69면 참조.

261) 조용진(2015), 2면 참조.

262) 배건이(2011), 12면 참조.

263) Calliess, Rechtstaat und Umbeltstaat, SS.160-164.[배건이(2011), 14-15면에서 재인용]

264) 이 부분 중 많은 부분을 김문환 편(1998), 99-100면에서 전제.

265) 인간의 존엄과 가치에 대한 설명은 이미 상당부분 설명하였지만 추가로 계희열(2007), 189-214면; 한국헌법학회 편(2013), 283-388면 참조.

266) 헌법재판소는 "인간의 생명은 고귀하고, 이 세상에서 무엇과도 바꿀 수 없는 존엄한 인간 존재의 근원이다. 이러한 생명에 대한 권리, 즉 생명권은 비록 헌법에 명문의 규정이 없다 하더라도 인가의 생존본능과 존재목적에 바탕을 둔 선험적이고 자연법적인 권리로서 헌법에 규정된 모든 기본권의 전제로서 기능하는 기본권 중의 기본권이다"라고 판시하고 있다(헌법재판소 2008. 7. 31. 선고 2004헌바81 전원재판부 결정).

267) 헌법 제34조 제12항 모든 국민은 인간다운 생활을 할 권리를 가진다.

268) 헌법 제35조 제1항 모든 국민은 건강하고 쾌적한 환경에서 생활할 권리를 가지며, 국가와 국민은 환경보전을 위하여 노력하여야 한다. 제2항 환경권의 내용과 행사에 관하여는 법률로 정한다.

269) 헌법 제36조 제3항 모든 국민은 보건에 관하여 국가의 보호를 받는다.

270) 국제인권규약은 '경제적·사회적 및 문화적 권리에 관한 국제규약'(A규약 또는 사회권규약으로 약칭. 한국은 1990년 7월 10일 발효)과 '시민적 및 정치적 권리에 관한 국제규약'(B규약 또는 자유권규약으로 약칭. 한국은 1990년 7월 10일 발효)을 기본으로 하고 있다, 이와 더불어 그 시행을 위하여 '시민적 및 정치적 권리에 관한 국제규약의 선택의정서'(Optional Protocol to the International Covenant on Civil and Political Rights: 제1선택의정서로 약칭. 한국은 1990년 7월 10일 발효)와 '사형의 폐지를 목표로 하는 시민적 및 정치적 권리에 관한 국제규약의 제2선택의정서'(Second Optional Protocol to the International Covenant on Civil and Political Rights, Aiming at the Abolition of the Death Penality: 사형폐지의정서 또는 제2선택의정서로 약칭)도 포함되어 이 모두를 총칭하여 국제인권규약이라고 부르고 있다. 제2선택의정서를 제외한 3개의 조약은 1966년 12월 16일에 국제연합 제21회 총회에서 채택되었고, A규약은 1976년 1월 3일에, B규약 및 제1선택의정서는 같은 해 3월 23일에 발효하였다. 제2선택의정서는 1989년 12월 15일에 국제연합 제44회 총회에서 채택되어 1991년 7월 11일에 발효하였다. 각각의 당사국은 131, 129, 82, 27개국이다. 한국사전연구사 참조.

271) Article15 1. The States Parties to the present Covenant recognize the right of everyone: (a) To take part in cultural life; (b) To enjoy the benefits of scientific progress and its appli-cations; (c) To benefit from the protection of the moral and material interests resulting from any scientific, literary or artistic production of which he is the author. 2. The steps to be taken by the States Parties to the present Covenant to achieve the full realization of this right shall include those necessary for the conservation, the development and the diffusion of science and culture. 3. The States Parties to the present Covenant undertake to respect the freedom indispensable for scientific research and creative activity. 4. The States Parties to the present Covenant recognize the benefits to be derived from the encouragement and development of international contacts and co-operation in the scientific and cultural fields.

272) Article 7 No one shall be subjected to torture or to cruel, inhuman or degrading treatment or punishment. In particular, no one shall be subjected without his free consent to medical or scientific experimentation.

273) 헌법 제6조 제1항은 "헌법에 의하여 체결·공포된 조약과 일반적으로 승인된 국제법규는 국내법과 같은 효력을 가진다"고 규정하고 있으므로 국제인권규약의 과학기술에 관한 규정들도 국내에서 법률과 같은 효력을 가진다고 할 수 있다.

274) 김철수외(2014), 77면 및 437면에서 그대로 전제하였다.

275) 헌법재판소 1992. 11. 12. 선고 89헌마88 전원재판부 결정; 헌법재판소 2013. 9. 25. 선고 2001헌마814.815.816.817,818,819(병합) 전원재판부 결정.

276) 헌법재판소 1992. 11. 12. 선고 89헌마88 전원재판부 결정; 헌법재판소 2013. 9. 25. 선고 2001헌마814.815.816.817,818,819(병합) 전원재판부 결정.

277) 헌법재판소는 알권리를 국민의 기본권으로 인정하고 있고 학설도 이의가 없다. 2018년 대통령 헌법개정안 제22조 제1항은 "모든 국민은 알권리를 가진다."고 명문화하고 있다.

278) 김철수(2007), 945면 참조.

279) 하지만 우리나라의 약사법, 희귀질환관리법, 특허법 등은 아직도 지나치게 과학기술인의 재산적 권리를 우선시키고 있는 것으로 보인다.

280) 손경한 편(2010), 26면에서는 과학기술로부터 인간을 안전하게 지키기 위한 법제도라는 의미로 과학기술안전법이라는 용어를 사용하고 있다.

281) 2018년의 대통령 헌법개정안 제37조 제1항은 "모든 국민은 안전하게 살 권리를 가진다."고 명시하고 있다.

282) 주의하여야 할 점은 안전권이 단순히 안전을 위협 당하지 않을 소극적 권리에 그치는 것이 아니고 적극적으로 국가에 대하여 안전배려를 요구하는 적극적 권리로 사회권으로서의 성격을 지닌다는 점이다.

283) 헌법재판소 1991. 6. 3. 선고 89헌마204 전원재판부 결정의 소수의견(재판관 변정수, 재판관 김양균의 반대의견)은 '화재로 인한 재해보상과 보험가입에 관한 법률 제5조 제1항의 위헌 여부에 관한 헌법소원' 사건에서 헌법 제34조 제2항은 국가는 "사회보장, 사회복지의 증진에 노력할 의무를 진다."고 규정하고, 같은 조 제6항은 "국가는 재해를 예방하고 그 위험으로부터 국민을 보호하기 위하여 노력하여야 한다."라고 규정하여 사회보장, 사회복지증진의무뿐만 아니라 국가의 재해방지 의무까지도 명시함으로써 사회국가 실현의 국가적 의무를 제시하고 있다고 하였다.

284) 기본권의 이중적 성격에 대하여는 콘라트 헤세(1987), 189 – 193면; 허영(2004), 222 – 224면 등 참조.

285) 사립학교나 종교단체에서 학교 설립목적이나 교리를 이유로 특정 과학기술의 연구나 이익의 향유를 방해하는 것은 원칙적으로 허용되지 아니 된다. 물론 기업이윤의 극대화를 이유로 기업이익과 반하는 과학기술의 연구를 금지하는 것도 허용되지 아니한다.

286) 헌법 제37조 제2항은 국민의 모든 자유와 권리는 국가안전보장 · 질서유지 또는 공공복리를 위하여 필요한 경우에 한하여 법률로써 제한할 수 있으며, 제한하는 경우에도 자유와 권리의 본질적인 내용을 침해할 수 없다.

287) 과학기술기본법 제16조의 7은 '과학기술의 역기능 방지'라는 제목하에 "정부는 연구개발성과 또는 과학기술 활동이 국가사회·개인에게 해를 끼치거나 윤리적 가치를 침해하지 않도록 필요한 조치를 강구하여야 한다"고 규정하고 있지만, 이와 관련하여 개별 법률에 명시적 조항이 없으면 이 조항만으로는 과학기술의 연구를 금지하거나 그 성과물의 이용을 저지할 수는 없다고 해석하여야 한다.

288) 김철수(2005), 821면 참조.

289) 헌법재판소 1996. 12. 26. 선고 90헌바19 전원재판부 결정 등은 노동기본권에 내재적 한계

가 있음을 분명히 하였다.

290) 계희열(2007), 124-129면 참조.

291) 허영(2004), 258면 참조.

292) 허영(2004), 259면 참조.

293) 대안식 해결방법이란 규범조화의 구체적 방법의 하나로서 충돌하는 기본권 중에서 어느 기본권을 선택하기 보다는 제3의 대안을 찾아 조화롭게 해결하는 방법이다[허영(2004), 260면 참조].

294) 과잉금지의 원칙의 한 예로는 빅데이터의 활용 문제에 있어서 개인의 자기정보결정권과 과학기술자의 연구의 자유권이 충돌하는 경우인데 개인들의 식별 자료를 삭제하고 개인을 추적할 수 없도록 익명처리하고 빅데이터를 사용할 수 있도록 하는 것이 연구의 자유에 대하여 과잉금지의 원칙을 적용한 예라고 할 수 있다.다만 이 경우 어느 정도가 과잉되지 않은 것인가 하는 판정 문제가 남는데 이 문제는 입법자가 우선적으로 결정하고 헌법재판소가 최종 판정한다고 보아야 한다.

295) 기본권이 충돌할 경우에 어느 일방에게 극단적인 불이익인 형벌 등으로 처벌하는 것과 같은 극단적 방법은 지양해야 한다는 이론이다[허영(2004), 259면 참조].

296) 계희열(2007), 72-74면 참조.

297) 과학기술 연구에 대한 사회적 통제 문제와 관련하여 1998년 초 김환석 교수와 오세정 교수 사이에 치열한 논쟁이 있었다.

298) 두산백과 참조.

299) 김환석(2010), 12-39면 참조.

300) 손화철(2003), 276-278면 참조.

301) 한국헌법학회 편(2018), 5-11면 참조.

302) 현행 헌법상의 과학기술 조항의 개정 문제에 대하여는 정철(2018); 박기주(2016), 295-318면; 김일환(2018), 48-11면; 김선화(2018), 36-39면 참조.

제4장 과학기술진흥법과 안전법의 정합성[303)]

I. 법의 정합성 문제를 보는 태도

1. 정합성의 정의

국립국어연구원 표준국어대사전에 의하면 정합(整合)이란 "이론의 내부에 모순이 없음"이라고 정의하고 있고, 정합성에 대해서는 풀이를 대신하여 동의어로서 '무모순성'을 소개하고 있다.

네이버 국어사전에서는 "같은 말은 무모순성이며, 공리적인 논리 체계에서 우선 필요로 하는 요건으로, 공리계에 논리적 모순이 없는 것"이라고 정의하고 있다. 철학사전에서는[304)] 정합성과 무모순성을 서로 동의어로 소개하면서 "어떤 공리계(公理系)에 있어서, 정리(定理)의 부정이 증명할 수 없는 것. 결국 어떤 문장과 그 문장의 부정이 동시에 그 공리계의 공리군(群)과 추론 규칙으로부터 한정된 회수의 절차로써 도출될 수 없는 것"이라고 정의하고 있으며, 영어 표현으로 'consistency'를 소개하고 있다.

산업안전대사전에서는 정합성에 대해서 "시스템을 이루는 물리적 부품 간의 상호 용량이 잘 맞아 전체 시스템의 유효성을 극대화할 수 있을 때, 부품 간에는 정합성이 좋다고 말한다."라고 설명하고 있고, 영어 표현으로 'matching'을 소개하고 있다.[305)]

영영사전에서는[306)] integrity를 "1. the quality of being honest and strong about what you believe to be right, 2. the state of being united as one complete thing"이라고 정의하고 있고, coherence를 "1. when something such as a piece of writing is easy to understand because its parts are connected in a clear and reasonable way, 2. if a group has coherence, its members are connected or united because they share common aims, qualities, or beliefs"라고 정의하고 있다.

법률영어사전에서는[307)] integrity를 "성실성, 완전(한 상태), 완전성, 정합성(整合性)"이라고 표현하고 있고, coherence를 "(수미)일관성, 통일, 결속, 단결,

결합"이라고 표현하고 있다.

본 장에서는 정합성을 과학기술의 진흥과 안전을 동시에 추구하는 법제에 관한 법리의 핵심용어로 사용하고자 하는 바, 위와 같은 정의 내지 개념을 고려하여 정합성을 이론의 내부 또는 이론들 상호 간에 모순 없이 하나의 논리 체계를 형성하는 성질로 정의하고자 하며, 영어 표현으로 'integrity'를 사용하고자 한다. 다만, 정합성 법리에 관한 국·내외 타 연구논문 내지 단행본에서 정합성이 'coherence'로 표현되었지만 본 장과 맥을 같이 하고 있는 경우에는 본고에서 고찰의 대상으로 삼았다.

2. 정합성과 법의 정합성의 의미

정합성의 사전적 의미는 이미 앞의 정의에서 이론의 내부 또는 이론들 상호 간에 모순 없이 하나의 논리 체계를 형성하는 성질이라고 밝힌 바 있다. 이를 법의 문제에 국한하여, 법의 정합성의 개념은 하나 또는 복수의 법률 체계 내에서 법 이론의 내부 또는 이론들 상호 간에 모순 없이 하나의 논리 체계를 형성하는 성질이라고 말할 수 있다. 이러한 개념에 반하여, 법률 체계 내에서 법 이론의 내부 또는 이론들 상호 간에 하나의 논리 체계를 형성하는 성질이 모순을 가진다면 그것은 법의 정합성을 형성하지 않는다고 할 것이다.

한편, 흄(David Hume)은 「인성론」에서 지속적인 존재들은 항상성이라고 하는 고유의 성질을 가지고 있으면서 변화를 보이는데 그럼에도 불구하고 그 존재들은 일관성을 유지하며 서로 의존하고 있는바, 이를 '정합성'이라고 보았다.308)

3. 법철학, 헌법학 및 법경제학의 태도

과학기술의 진흥과 안전을 위한 정합성에 대해 법철학, 헌법학 및 법경제학이 법 이론의 내부 또는 이론들 상호 간에 하나의 논리 체계를 세우는 과정에서 나타날 수 있는 모순을 극복하는 기본적 태도에 대해서 짚어보면 다음과 같다.

법철학이 법의 정합성 문제에 대해서 가지는 태도는 법의 정합성을 형성하는 철학적 논리를 탐구하는 것이라고 할 수 있다. 법학의 경우에 정합성의 개념부터 논란의 여지가 있음을 부인하기 어렵다. 이러한 법학의 형편을 고려할 때 법의 정합성 이념을 논의의 출발점으로 삼으면 오히려 법의 정합성을 이해하는 데 편리함을 찾을 수 있을 것이다. 법의 정합성 이념이란, 법의 사전적 의미와 사회적 역할을 동시에 고려한다면 사회질서를 유지함에 있어 법규범 사이의 충돌 시 타협에 의한 균형과 조화의 기교를 뛰어넘는 정치적 도덕성의 원리주의적 추구라고 제시할 수 있다. 이러한 법의 정합성 이념을 염두에 두고, 실정법을 법이라고 보는 법실증주의의 입장에서 법의 정합성을 바라보는 시각과 자연적 도덕이 법이라고 보는 자연법론의 입장에서 법의 정합성을 바라보는 시각을 비교해 볼 때, 대표적인 법실증주의자인 맥코믹[309]은 법체계상에 존재하는 무수히 많은 규칙들이 모두 이치에 부합되어야 한다는 것을 정합성이라고 보았고, 그러므로 법의 정합성을 이루는 규칙들은 모두 다수의 일반규범들과 일관성을 유지하게 된다고 하였다.[310] 이에 비해 대표적인 자연법론자인 드워킨은 법의 정합성은 정치의 이상과 부합하고 현실 정치를 잘 구현해야 하는 것이라고 설명하고 있다.[311]

이에 비해, 헌법학은 기본권의 상충과 경합의 문제를 포함하여 법 이론의 내부 또는 이론들 상호 간에 충돌하여 모순되는 문제를 다룸에 있어서 정합성의 관점에서 해결하려는 태도와, 타협과 조화의 관점에서 해결하려는 접근이 공존하고 있다. 헌법학은 법경제학이 가치는 타협과 조화의 입장과는 다른 입장을 가지는데 헌법학의 경우는 도덕적 가치 내지 법이념에 토대를 두고 타협과 조화를 추구하기 때문이다.

한편, 법경제학은 법 이론의 내부 또는 이론들 상호 간에 충돌하여 모순되는 문제를 정합성의 문제로 보지 않고 타협과 조화의 문제로 보는 태도를 가진다. 법경제학의 대표적인 방법론이 비용편익분석이며, 비용편익분석에서는 비용과 편익이 발생할 때, 화폐적 가치를 토대로 하여 법 이론의 내부 또는 이론들 상호 간에 최선의 타협과 조화를 찾는 것을 목표로 하고 있다.

Ⅱ. 법의 정합성에 관한 이론

1. 서

법의 정합성에 관한 법철학적 입장과 헌법의 입장을 고려하여 법의 정합성에 관한 구성요건과 그 관계를 도출할 수 있는 대강을 파악해 보면, 법의 정합성은 특정 시대와 사회의 도덕적 가치를 토대로 형성된 법이념과 그 법이념에 따른 법규범의 관계로 파악할 수 있다. 또한, 법규범은 법원리와 법규칙으로 구분되는 것으로 이해할 수 있다. 여기서는 다음 절에서 과학기술법제의 정합성 이론을 전개함에 있어 이론적 근거로 삼기 위해 법의 정합성에 관한 기본모델과 이론을 개발하여 제시하고자 한다.

2. 정합성 법리의 모델

가. 기본모델 및 유형

　일군의 법률들의 법체계가 정합성을 이루기 위해서는 법해석의 관점이든 입법의 관점이든 특정의 법이념 하에서 단수 또는 복수의 법원리, 그리고 그 하부에서 단수 또는 복수의 법규칙이 서로 수직적 정합성뿐만 아니라 수평적 정합성을 형성해야 한다는 것이다. 이를 도식화하여 다음의 <그림 1-4-1> 의 구조를 갖는 정합성 법리의 기본모델을 제시할 수 있다.

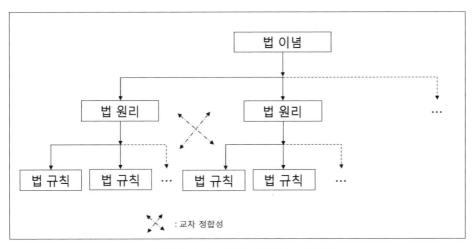

▲ 그림 1-4-1　정합성 법리의 기본모델

　법이념은 특정의 시대적 및 사회적 가치를 기반으로 형성된다. 정합성을 구현하는 법률은 그 법이념을 전제로 하여 하부에서 법원리에 기반한 법규칙 으로 형성되어야 함을 의미한다. 이때 법제의 성격상 단수의 법원리가 도입될 수 있고 또한 복수의 법원리가 도입될 수 있다. 유사하게 하나의 법원리를 수 범자가 준수하도록 하는 법규칙을 만들 때 단수의 법규칙만으로 그 규칙을 만 들 수도 있지만 복수의 법규칙을 도입하는 경우도 있을 수 있다. 정합성 법리 를 위한 모델의 유형을 3가지로 나누어 단순모델, 복수모델 및 복합모델의 유 형을 다음과 같이 정의하고자 한다.

　• 단순모델: 단순모델은 특정의 법이념 아래에서 단수 법원리-단수 법규 칙 모델을 형성하는 모델을 가리킨다.

• **복수모델**: 복수모델은 특정의 법이념 아래에서 단수 법원리－복수 법규칙 모델을 형성하는 모델을 가리킨다.
• **복합모델**: 특정의 법이념 아래에서 복수 법원리－복수 법규칙 모델을 형성한다.

나. 정합성 법리 모델의 의의

법제의 정합성 법리에 대해서 <그림 1－4－1>과 같은 모델을 도식화하여 제시하는 방법은 그 법제의 정합성 법리를 평가하거나 형성하고자 할 때 체계적인 접근을 가능하게 한다. 앞에서 제안한 3가지 유형의 정합성 법리 모델에 대한 의의를 고찰하면 다음과 같다.

• **단순모델**: 단수 법원리－단수 법규칙 모델의 경우, 정합성의 문제는 수직적 정합성만 논의의 대상이 된다. 여기서는 최하위의 법규칙들이 상위의 법원리에 부합하여 모순이 없고 나아가서 최상위의 법이념에 부합하면 정합성이 인정된다고 평가할 수 있다.
• **복수모델**: 단수 법원리－복수 법규칙 모델의 경우, 수직적 정합성뿐만 아니라 수평적 정합성의 문제가 논의의 대상이 된다. 여기서 법규칙 상호 간에 수평적 정합성의 여부를 따질 때 상위의 법원리에 대한 법규칙의 부합성 즉, 무모순성 여부가 판단기준이 된다.
• **복합모델**: 복수 법원리－복수 법규칙 모델의 경우, 정합성 여부를 판단하는 것은 다소 복잡하다. 여기서는 앞에서 논의한 복수모델의 정합성 문제가 논의의 대상이 되는 것은 물론이고, 법규칙들이 타 법원리에 대한 정합성 여부가 어떠한지에 대한 문제가 발생한다. 이 문제는 쉽게 판단할 수 있는 성질이 아니다. 법제의 성격에 따라 두 가지 판단이 가능할 수 있다. 하나는 최하위의 법규칙들이 최상위의 법이념에 부합한다면 그 법규칙들이 다른 법원리와의 정합성 평가를 유보하고 법의 정합성을 인정하는 경우이고, 다른 하나는 더욱 엄격하게 법규칙들이 상위의 법원리와 최상위의 법이념과의 수직적 정합성은 물론이고 다른 법원리와의 정합성, 즉 교차 정합성(intersectional integrity)도 요구하는 경우이다.

법해석이나 입법에서 위의 3가지 유형의 정합성 모델 중에서 가장 단순한 단순모델의 법제를 형성하는 것이 가장 바람직하나 경우에 따라서는 법률의 수를 가급적 줄이는 입장이라면 복수모델을 활용하여 효율적 법제를 형성할 수 있다. 그러나 법제가 복합모델의 유형에 해당한다면 법의 정합성을 판단하기가 매우 어려운 상황이 발생할 수 있어 수범자들이 법규범을 준수하는 법규칙을 만들기가 쉽지 않을 수 있다. 그럼에도 불구하고, 현대사회의 복잡성으로 인해 복합모델의 형식을 가지는 법제가 도입될 수밖에 없는 조건이 주어져서 그에 대한 정합성 여부를 판단해야 하는 상황이 발생하면, 기본적으로 교차 정합성의 형성 유무에 대해서 따져야 할 것이다.

3. 법제의 정합성 요건

법제의 효력이란 관점에서 요건 구성은 가치론적 효력론과 체계적 효력론으로 양분된다고 지적하고 있다.[312] 유사하게 법으로서 효력을 가지기 위한 법제의 정합성 요건의 관점에서도 법제의 가치와 체계가 모두 반영되어야 한다.

현대의 법철학에서 법실증주의와 자연법론은 서로 접점을 향해 수렴하는 경향을 보이고 있다고 하는데, 이러한 경향의 구체적 사례로서, 풀러의 자연법론은 "절차적 공정성을 통해 법의 내적 도덕성을 달성한다는 완화된 자연법론인 세속적 자연법론"이고, 드워킨의 자연법론은 "도덕적 원리의 제한성", 즉 현실의 법체계에서 도덕적 평가가 어느 정도 제한을 받을 수밖에 없다는 자연법론이고, 하트의 법실증주의는 "최소한의 자연법의 내용, 즉 법규칙이나 법체계를 위해 최소한의 도덕이 법과 공유하는 것은 필수적 요소"라는 법실증주의이고, 맥코믹의 법실증주의는 "부정당한 법은 법률성의 부패"라고 말하면서 탈실증주의 제도법 이론에 의거하여 제도법의 해석에서 도덕적 가치를 고려할 필요가 있다는 법실증주의를 소개하고 있는 것을 보아 알 수 있듯이 법실증주의와 자연법론의 수렴 경향을 확인할 수 있다고 하였다.[313]

1980년대 이후, 정합성에 대한 관심이 유행처럼 퍼졌을 때 진실과 지식체계에 대한 정합성 고찰은 큰 논쟁거리였다. 라즈의 견해에 따르면, 도덕과 법에 대한 정합성 설명은 새로운 영역을 만들었으나 숙고적 평형상태(reflective equilibrium)에 대한 롤스(John Rawls)의 저작[314]이 그런 정합성에 관심을 불러일으킨 주요역할을 했다고는 보지 않고 있다. 그럼에도 불구하고 철학적 전략의 한 부분으로서 고안된 롤스의 저작은 이 분야 연구의 수준을 도덕철학의 기초적 질문 수준으로 매몰시킨 반면에 뜻하지 않게도 상반된 영향을 주었다고 라즈는 평가하고 있는 바, 롤스의 저작들은 도덕철학의 기초적 질문에 대해 많은 구성숙고(constructive reflection)를 불러일으켜 결과적으로 숙고적 평형상태와 도덕철학(moral philosophy) 모두에 올바른 해석으로서의 정합성에 관심을 돌리는 역할을 크게 했다고 보고 있고, 또한 법철학에서 드워킨의 업적은 법과 법적 추론을 위한 정합성에 대한 관심을 갖도록 하는 데에 공헌하였다고 평가받고 있다.315)

정합성은 이론철학의 관점에서 지식의 기술언어학적 패러다임과 논리적 경험주의를 전체론적 모델(holistic model)로 대체시켜 지식이 명백하게 시스템적 성질을 갖도록 만들었다. 이에 관련하여 라즈의 견해를 소개하면, 정합성은 전체론(holism)과 강한 연결을 가지고 있는 바, 모든 실체가 모든 실체에 의해 영향을 받는다면 정합성에 의해 평가되지 않을 경우 참과 거짓을 구분할 수 없다고 하였다.316)

또한, 정합성은 실천철학의 관점에서, 정합성에 대한 롤스의 견해를 강조하는 것이 중요한 의미를 갖는다. 즉, 정합성 주제에 대한 그의 숙고적 평형상태(reflective equilibrium)의 관념은 우리의 도덕적 직관은 완전도덕이론(complete moral theory)에 의해 규율됨이 분명하다는 입장을 가진다. 결국 도덕적 직관은 정합적 도덕 이론(coherent moral theory)을 받아들이게 된다. 그렇게 되면 만약 도덕적 직관의 중심의 일부가 정당화될 수 없는 경우가 발생할 경우 도덕적 직관을 수정할 수 있다. 이런 과정을 거치게 되면 종국적으로 도덕적 직관과 도덕적 이론 사이에서 완전한 평형상태를 얻게 된다. 여기서 롤스가 강조한 점은 완전한 평형상태가 불변하는 확정적 상태로 유지되는 것이 아니라 불안정성이 출현할 때까지 유지될 뿐이며 불안정성은 다시 정합성에 따라 도덕적 직관을 수정하게 되어 도덕적 직관과 도덕적 이론 사이에는 새로운 숙고적 평형상태가 형성되며 이러한 과정은 계속 이어지게 된다고 하였다.317) 흥미로운 점은 드워킨은 자신의 법적 정합성의 관념이 롤스의 숙고적 평형상태에 대한 관념에서 영감을 얻었다고 밝히고 있다.318)

맥코믹은 정합성을 법의 해석적 도구로 인식한 것에 반해, 드워킨은 정합성을 그 이상의 것으로 다루었다. 드워킨식 접근의 강점은 법의 이해는 하나의 해석적 활동이라는 전제를 두고 있는 점이며, 이에 따라 드워킨은 법적 시스템의 특징을 형성함에 있어 개인의 주관성이 중요한 역할을 해야 한다고 주장하고 있다.319) 이러한 드워킨의 입장에 대해서 비판적 견해로, "법이 진정으로 해석적 관심사라면 법을 해석함에 있어 필수적으로 이념적, 사회적, 심리적 특징에 관심을 가져야 하는데, 그 이유는 법 이해의 내적 경험이 주는 영향에 대해서 관심을 가져야 하기 때문”이라는 주장을 제시할 수 있다.

이러한 검토를 바탕으로, 법제의 정합성 요건의 핵심은 사회의 도덕적 가치로부터 비롯된 법이념을 근간으로 하여 그 법이념을 지향하는 법원리가 정합적으로 형성되어야 하며, 그 법원리를 정합적으로 구현하는 법규칙이 정립되어야 한다는 것이다. 나아가서 롤스식의 숙고적 평형상태는 정체되어 있지 않으므로 사회의 변화에 따라 새롭게 출현하는 모순을 극복하기 위한 새로운 평형상태를 지향하는 법의 정합성 체계는 살아있는 생명과 같은 기능을 요구한다고 할 수 있다.

4. 교차 정합성 법리

가. 교차 정합성의 형성

본 절에서는 복합모델에서 나타나는 ‘교차 정합성(intersectional integrity)’(<그림 1-4-1> 참조)의 형성에 대해 보다 구체적으로 고찰해 보고자 한다.

앞의 용어의 정의에서, 정합성은 이론의 내부 또는 이론들 상호간에 모순 없이 하나의 논리 체계를 형성하는 성질이라고 정의한 바와 같이 고려의 대상이 되는 법체계에서 하나의 법원리 내에서 또는 법체계 내의 법원리 상호간에 무모순성이 형성되면 그 법체계의 정합성을 인정할 수 있고, 특히 복합모델의 경우 법원리 상호간에 무모순성이 형성되면 그 법체계는 정합적이라고 판단할 수 있을 것이다. 그러므로 이미 <그림 1-4-1>을 통해 소개한 바와 같이, 복수의 법원리가 포함되는 복합모델의 법체계에서는 교차 정합성의 형성 여부에 대한 검토가 필요하게 된다.

사실, 교차 정합성을 직접 증명하는 것은 쉬운 일이 아닐 것이다. 서로 다른 법원리와 그에 따른 법규칙에 대해서 다른 법원리에 속한 법규칙이 교차적으로 정합적임을 직접 증명하는 것은 쉽지 않다. 비유적으로 보건데 신체의 건강을 평가함에 있어 체질과 체형을 평가하여 건강을 평가하고 체질과 체형은 각각 그 해당 구성요소를 평가함으로써 신체의 건강을 평가하게 되는데, 체질의 구성요소를 평가하여 체형을 평가하는 오류를 범하는 것과 유사하기 때문이다.

그러나 자명한 것은 교차 정합성의 형성을 간접증명으로 평가하는 것은 가능하다는 점이다. 다시 비유적으로 보건데, 체질과 체형의 구성요소 사이에 모순성이 발견되지 않는다면 이들의 관계가 비정합적 즉 모순적이지는 않다는 평가를 할 수 있고, 건강 평가를 위한 전체 체계가 정합적이라는 평가를 할 수 있다. 정합성에 대한 용어의 정의에서 무모순성에 대한 평가는 간접증명을 위한 핵심이기 때문이다. 본고에서는 이와 같이 무모순성의 발견을 통해 교차 정합성을 인정하는 것을 교차 정합성에 대한 무모순성의 원리(Non – contradictory Principle)라고 명명하며, 이를 소극적 교차 정합성이라 정의하고자 한다.

나아가서, 특정의 법이념 아래에서 서로 다른 두 법원리들과 그에 따른 법규칙들의 하부체계 사이에서 교차 정합성을 형성함에 있어 두 하부체계가 서로 상보하는 관계를 가지는 경우가 있을 수 있다. 예를 들면, 특정의 법이념 아래에서 하나의 하부 법체계가 다른 하나의 하부 법체계를 공고히 하거나 더욱 발전시키는 역할을 할 수 있다. 본고에서는 이러한 경우를 교차 정합성에 대한 상보성의 원리(Complementary Principle)라고 명명하며, 이를 적극적 교차 정합성이라 정의하고자 한다.

한편, 라드브루흐(Gustav Radbruch)는 법개념과 법이념의 문제를 설파하면서 초기에는 방법2원론에 입각하여 '존재(sein)'와 '당위(sollen)'의 성질을 각각 독립적으로 다루었고, 후기에는 방법3원론에 입각하여 '존재'와 '당위'의 각각의 성질과 함께 그 관계를 다루었다. 먼저 그의 법개념을 살펴보면, 법개념은 "가치에 관계된 사실이라고 하여 법이념을 실현하는 의미를 가지는 소여(所與)"라고 규정하였다.[320] 그리고 라드브루흐는 법이념으로서 '정의', '합목적성', '법적 안정성'을 제시하면서 이들의 관계는 상호모순의 관계를 가짐과 동시에 상호보완의 관계를 가진다고 하였다. 만약 3대 법이념을 각각 독자적으로 추구하게 되어 정의만 강조하면 법적 안정성이 깨지고, 법적 안정성만 강조하면 악법도 법이 되는 오류를 범하게 되며, 합목적성만을 강조하면 공리주의의 함정에 빠질 수 있다.[321] 여기서 법의 내용에 관한 이념인 정의와 합목적성, 그리고 법의 기능에 관한 이념인 법적 안정성의 관계를 '존재'와 '당위'의 관점에서 보면 정의는 '당위'에 상응하고, 법적 안정성은 '존재'에 상응하며, 합목적성은 그 사이의 관계에 상응한다고 하였다.[322] 결국 라드브루흐의 법이념론에서 법의 합목적성은 정의를 지향하는 법적 안정성이 아니라 정의와 관계된 법적 안정성을 의미하는 것임을 알 수 있다. 종합적으로, 법의 정합성의 관점에서 라드브루흐는 법이념들의 타협과 조화를 추구하고 있다.

이러한 관점을 바탕으로 하여 과학기술의 진흥과 안전을 위한 법제의 정합성을 추구함에 있어 교차 정합성의 개념을 보다 구체적으로 고찰해 볼 수 있다. 과학기술진흥법제에서 '존재'에 상응하는 법적 안정성과 '당위'에 상응하는 정의, 그리고 '존재'와 '당위'의 관계에 상응하는 합목적성이 정합적이고, 또한 과학기술안전법제에서 마찬가지로 '존재'에 상응하는 법적 안정성과 '당위'에 상응하는 정의, 그리고 '존재'와 '당위'의 관계에 상응하는 합목적성이 정합적일 때, 교차 정합성이 형성되기 위해서는 과학기술진흥법제의 정의와 과학기술안전법제의 정의는 정합적이어야 하고, 진흥법제의 법적 안정성과 안전법제의 법적 안정성 또한 정합적이어야 하며, 그들 사이의 관계 역시 정합적이어야 한다는 의미이다.

　　여기서, 라드브루흐가 정의에 대해 궁극적인 객관적 인식을 포기하면서 정의를 완전하게 실정법으로 구현하는 것은 불가능하다는 입장을 취한 것에서 알 수 있듯이 과학기술진흥법제에서의 정의와 과학기술안전법제의 정의는 과학기술 발전단계별로 차별을 둘 수밖에 없음을 지적해 두고자 한다.

나. 소극적 교차 정합성 - 무모순성의 원리

　　본고에서 핵심적으로 다루고 있는 정합성 문제는 과연 한 영역의 법제에서 정합성을 형성하고, 한편으로 다른 영역에서 정합성을 각각 형성하고 있을 때, 두 법체계가 혼합되어 있는 경우[323]가 정합성을 형성하고 있는지에 대해 판단할 수 있는가이다. 이에 대해, 앞에서 논의한 교차 정합성의 개념을 도입하면 전체 법체계의 정합성에 대한 평가는 가능해진다할 것이다.

　　즉, 한 영역의 법제를 위한 법원리와 다른 영역의 법제를 위한 법원리, 그리고 각각의 법규칙에 대해 정합성을 평가한다는 것은 각각의 법원리 및 그에 따른 법규칙에 대해 정합성을 평가하고, 두 영역을 모두 포함하는 법의 법이념에 대해서 무모순성의 관점에서 교차 정합성을 평가한다는 의미이다.

다. 적극적 교차 정합성 - 상보성의 원리

　　앞에서 상보성의 원리를 갖는 교차 정합성을 적극적 교차 정합성이라고 정의한 바와 같이, 두 개 영역의 법제가 서로 상보하는 관계를 형성할 때 즉, 상보성의 원리가 작동할 때 적극적 교차 정합성이 형성되었다고 보는 것이다. 적극적 교차 정합성이 형성되면 두 개 영역의 법제는 각각의 규율의 대상이 상호 발전을 촉진하는 역할을 할 뿐만 아니라 발전의 선순환 구조를 형성하게 한다.

　　이러한 선순환 구조에 대해서 자동차공학기술의 예를 들어 보자. 자동차가 출현한 이래 자동차의 최고속도는 첨단과학기술의 발전 덕분에 급속히 발전하였다. 자동차가 출현한 초기에는 자동차의 속도가 마차의 속도에도 미치지 못한 수준이었으나 오늘날 자동차의 속도는 시속 수백 킬로미터의 속도를 능가하고 있다. 이렇게 고속의 자동차의 속도가 가능해진 것은 한편으로 속도에 발맞추어 발전한 브레이크 성능의 발전에 힘입은 것임은 자동차 공학자에게는 상식에 속하는 것이다.

5. 소 결

법의 정합성은 법을 이해하는 여러 가지 유형에 관한 문제, 이들 이해의 유형을 만드는 데 기여하는 요소들의 문제, 우리가 법을 이해하는 데 주는 영향들의 문제와 관련 있다. 정합성은 법의 속성 이상의 것이며, 법에 대해 생각하는 특별한 방식의 결과이다.[324] 달리 표현하면, 법의 성질을 이해하기 위해서는 법을 이해하는 성질을 이해해야 한다. 정합성이 무엇인지 이해하기 위한 시도를 하기 전에 법적 주체가 법의 객체에 대해서 법을 이해하는 관점에 관심을 가져야 한다. 법 시스템을 이해함에 있어 이념적, 사회적, 심리적 특징을 염두에 두고 법의 성질에 대한 질문을 가져야 한다. 법적 주체 자신은 사회적으로 형성된 것이기 때문에 법적 주체가 속한 사회구조를 고려해야 한다.

특히, 종래에 존재하는 법의 정합성을 이해하거나 새롭게 제정하고자 하는 법의 정합성을 형성하고자 할 때 어느 경우든 정합성의 구성 요건을 법이념, 법원리, 법규칙의 관점으로 구분하여 이해하는 방식, 나아가서 그 구성 요건들 사이의 관계를 정합성의 모델을 통해 이해하는 방식은 정합성을 구현하는 방식으로서 매우 합리적이고 효율적이라 할 수 있다.

Ⅲ. 과학기술법제의 정합성의 이론

1. 서

칸트는 자연법을 분류함에 있어 자연적 법과 사회적 법이 아니라 자연적 법과 시민적 법으로 분류하여야 한다고 하여 전자를 사법(私法)이라 하고 후자를 공법(公法)이라 하였다. 이러한 주장은 자연 상태에 대비되는 것은 사회적 상태가 아니라 시민적 상태이기 때문이라고 생각한 것에 근거하고 있다.[325] 과학기술의 진보는 과학기술에 관한 자연적 법에 바탕을 두고 있는 것인지 아니면 자연적 법과 시민적 법 모두에 바탕을 두고 있는 것인지 생각해 보지 않을 수 없다. 만약 후자의 입장이라면 과학기술의 진보는 진흥정책과 안전정책의 병행에 기인한다고 볼 수 있으며 두 정책의 법제는 칸트식의 사법과 공법을 아우르는 법리에 따라 형성되어야 할 것이다.

오늘날 과학기술의 연구개발은 과거에 비해 자본집약적 성격을 점점 더 크게 띠고 있고, 과학기술의 진흥이든 안전이든 관련 분야의 발전은 국가의 정책에 크게 의존하는 경향이 강해짐으로 인해 공공 영역과 민간 영역 모두에서 국가의 정책에 의한 영향을 크게 받고 있다. 이러한 현상은 곧바로 과학기술 관련 법제의 형성에 결정적으로 영향을 주고 있고, 역으로, 형성된 과학기술 관련 법제는 다시 과학기술의 발전에 영향을 크게 주고 있는 것이 현실이다.

우리나라에는 다양한 과학기술 분야 내지 영역이 존재하는 것에 비례하여 수많은 과학기술법 내지 관련법이 존재한다.[326] 수많은 과학기술법이 존재함으로 인해 긍정적인 측면이 있으나 한편으로 부정적인 측면이 강하게 나타난다. 대표적인 부정적 현상으로는 법제의 복잡성, 모순성, 중복성 등을 거론할 수 있다.[327]

본 절에서는 정합성의 관념과 우리나라 과학기술법제의 형편을 고려하여 먼저 과학기술 진흥 및 안전을 위한 법제의 정합성 이론을 전개한 후 과학기술의 진흥 및 안전 법제에서 고려해야 하는 점을 검토해 보고자 한다.

2. 과학기술법에 있어서 정합성 검토의 필요성

라드브루흐가 정의, 합목적성, 법적 안정성으로 제시한 3대 법이념은 시대별로 다른 무게를 가진다고 하는 바, 자연 시대에서는 정의라는 이념이 강조되고, 경찰국가 시대에는 합목적성이 강조되며, 법실증주의 시대에는 법적 안정성이 가장 중시된다고 한다.[328]

그런데 과학기술의 진흥과 안전을 위한 과학기술법제가 정합성에 대한 검토를 필요로 한다는 점을 제시하기 전에 과학기술법에 있어서 정의의 문제를 생각해 볼 필요가 있다. 왜냐하면 과학기술의 세계는 미지의 세계를 모험적으로 탐구해야 하는 과학기술의 속성상 항상 예기치 못한 위험을 야기할 가능성이 있으므로 과학기술의 세계에 관한 한 자연 시대와 유사한 속성을 가지기 때문이다. 달리 표현하면, 과학기술법에 의해 과학기술의 진흥이 지지됨으로써 오히려 과학기술의 위험이 초래될 가능성이 존재하는 한편, 과학기술의 위험을 배제하기 위해 안전을 추구함으로써 과학기술의 진보를 저해할 가능성이 있기 때문이다.

과학기술법에 있어서 정의의 개념은 과학기술의 진흥과 안전을 동시에 조화롭게 실현하는 것이라고 말할 수 있고, 정의 실현의 지향점은 안전하게 과학기술의 편익을 추구하는 것이라 할 수 있다. 그럼에도 불구하고 과학기술 단계별329)로 정의의 실현은 차등을 둘 수밖에 없을 것이다. 과학기술의 단계를 크게 구분할 때 태동기, 발전기, 성숙기, 쇠퇴기로 나눈다. 과학기술 태동기에서는 과학기술의 탐구에 강조점을 둘 수밖에 없으므로 정의의 실현이 과학기술의 안전에 비해 상대적으로 진흥의 관점에서 추구되고 있고, 과학기술의 이해가 진전됨에 따라 안전의 관점이 뒤따르게 되는 경향을 보이고 있다. 과학기술법제의 관점에서도 이러한 경향을 반영하여 정의라는 법이념이 선행하고 법의 합목적성과 안정성이라는 두 이념이 뒤따라 실현되도록 함이 타당할 것이다. 결국 과학기술의 진흥과 안전 문제는 가부의 문제가 아니라 정도의 문제로 귀결되어 과학기술 단계별로 그 정도를 달리할 필요가 있으며, 과학기술의 진흥과 안전 사이에서 정합성에 대한 검토 필요성은 필연적으로 나타날 수밖에 없다.

그러나 과학기술의 진흥과 안전 법제의 정합성이 무엇인가의 대한 문제제기는 우리의 주관성에 의존한다는 의문을 가질 수 있다. 그럼에도 불구하고 우리의 주관성은 우리가 이해하려는 법문화적 객체의 형성에 기여하는 역할을 하게 된다. 법적 주체와 법 이해의 대상이 되는 객체 사이에는 상호 변증법적으로 작동하게 됨을 경험을 통해 알고 있다. 법문화와 법문화적 객체는 법적 주체에 의해 이해될 때에만 의미를 가지는 것이지 어느 특정한 주체의 관점에 종속되지 않는다는 의미이다.330) 이러한 의미를 과학기술의 진흥과 안전의 두 관점에서 보자면 법적 주체가 과학기술의 진흥에 의한 편익을 기대하는 것만큼 과학기술의 안전에 대한 기대를 요구하게 되고, 과학기술의 안전이 확연히 뒷받침될 때 과학기술의 진흥은 더욱 촉진된다는 점을 인식하게 된다고 할 것이다.

따라서 과학기술법제가 정합성을 형성함에 있어 과학기술의 진흥과 안전의 관점에서 정합성을 형성하기 위한 요건을 검토해 볼 필요성이 요구된다. 다만, 본고의 전 범위에 걸친 제한사항으로서 뿐만 아니라 본 절에서도 적용되는 제한사항으로서 안전과 규제는 다른 개념으로 이해할 필요가 있다. 일부에서 안전은 곧 규제라는 인식이 있을 수 있고 안전이 일부 규제와 교집합을 형성하는 경우도 있으나, 안전이 안전기술의 진흥과 같이 진흥과도 교집합을 형성하는 경우도 있기 때문이다.331)

3. 법의 정합성에 관한 일반 이론의 적용

가. 법철학적 입장의 적용

법해석 방법론은 해석의 목표를 기준으로 의도중심적 법해석론, 목적중심적 법해석론, 문언중심적 법해석론으로 분류되고 있는데, 우리의 대법원 판결은 문언중심적 법해석론이 주류를 이루고 보충적으로 목적중심적 법해석론의 입장을 가지고 있으나 법해석의 지향점은 목적중심적 법해석론이라고 주장하고 있다.332) 이러한 태도는 정합성의 원칙과 밀접한 관련이 있는 바, 법해석론의 관점에 국한하지 않고 입법의 관점에도 시사점을 던져주는 것이다. 즉, 법제가 정합성의 원칙에 따라 모순 없이 형성되어 있는 경우에는 해석론의 시비 없이 문언중심적 법해석만으로 가능하나 그렇지 않은 법제에 대해서는 목적중심적 법해석이 바람직하다는 의미로서 종국적으로 법해석의 관점이든 입법의 관점이든 정합적 법제의 형성이 지향점이 되어야 한다는 것을 시사하는 것이라고 이해할 수 있다.

카르펜(Ulrich Karpen)은 바람직한 입법의 범주에 들기 위한 조건으로 "① 불요불급한 법률의 제정은 하지 말아야 하며, 올바른 규정화 작업의 선택을 위하여 보충성의 원칙이 지켜져야 한다. ② 세심한 입법절차가 마련되고 유지되어야 하며 적절한 법률의 유형이 선택되어야 한다(입법과정의 질적인 면). ③ 법률은 규정함에 있어서 형식적, 그리고 ④ 내용적으로 충분한 질적 수준을 갖추어야 한다. ⑤ 마지막으로 법률의 이행 비용이 최소화되어야 한다."고 제시하고 있고,333) 좋은 입법의 기준으로는 "첫째, 법률 자체가 지향하는 목표를 달성하기에 적절해야 하고, 둘째, 가능한 많은 효과를 발휘할 수 있어야 하며, 셋째, 비용이 적절해야 하며, 넷째, 가능한 반대급부를 고려해 필요 최소의 규칙으로 만들어져야 하며, 다섯째, 경제, 국민 및 행정을 위해 관료비용이 최소화될 수 있어야 한다."고 요구하고 있다.334)

법에 대한 이러한 태도와 기준들은 과학기술의 진흥과 안전을 위한 법제가 가져야할 지향점을 시사해 주고 있다. 유용한 과학기술이 신속히 사회시스템으로 편입되어 인류의 생활을 윤택하게 만들기 위해서는 과학기술의 진흥과 안전이 조화를 이루도록 해야 하는바, 그 조화를 구현하는 방식으로서 법철학적 정합성의 추구를 지향해야 한다는 점이다.

나. 헌법학적 입장의 적용

우리 「헌법」이 과학기술의 안전 등 안전에 관한 기본권을 보장하고 있긴

하지만 관련 기본권이 지도원리로서 제대로 작동할 수 있는지를 생각해 볼 때 「헌법」이 과잉금지의 원칙, 보충성의 원칙, 편의주의 원칙에 의거하여 모든 위험으로부터 완전한 보호는 불가능하다는 견해가 있지만,[335] 우리 「헌법」은 과학기술의 진흥을 위한 규정으로서 과학기술의 혁신이라는 문언을 두고 있고, 과학기술의 안전과 관련하여 재난으로부터의 보호라는 문언을 두고 있다. 또한, 인간의 존엄과 가치(「헌법」 제10조), 평등권(「헌법」 제11조 제1항), 신체의 자유(「헌법」 제12조), 사생활 비밀보호와 자유(「헌법」 제17조), 자기결정권(「헌법」 제10조와 제12조), 알권리(「헌법」 21조), 학문의 자유(「헌법」 제22조 제1항), 지식재산권 보장(「헌법」 제22조 제21항), 직업의 자유(「헌법」 제15조) 등 과학기술의 안전과 관련된 개별적 기본권은 매우 많다.

이러한 「헌법」의 제반 규정은 「헌법」이 과학기술의 진흥과 안전을 동시에 추구한다는 기본원리 또는 지도원리를 제시하는 것으로 볼 수 있다. 과학기술법제는 우리의 헌법적 가치에 따라 과학기술의 혁신을 통해 국민경제의 발전을 도모함과 함께 국민의 생명과 재산, 그리고 환경을 보호하는 역설적 과제를 규율하는 기능을 해야 하므로 앞의 절에서 전개한 법의 정합성에 관한 일반 이론을 적용하기 위해서는 복합모델의 관점에서 정합성을 추구해야 한다는 점을 알 수 있다.

4. 과학기술 진흥과 안전 법제의 정합성 요건

가. 과학기술법제의 정합성 요건: 법이념

전 세계적으로 법치가 발달하여 오늘에 이른 시점에서 우리 「헌법」 제10조에서 명시적으로 선언하고 있는 인간의 존엄과 가치는 모든 법제의 최상위에 위치하는 법이념이라는 점을 부인할 사람은 없을 것이다. 과학기술법제의 정합성을 논할 때 출발점의 법이념으로도 역시 인간의 존엄과 가치는 여전히 유효하다 할 것이다. 그러므로 인간의 존엄과 가치는 과학기술의 진흥법제는 물론이고 안전법제에도 마찬가지로 적용되는 법이념이라고 받아들일 수 있을 것이다.

손경한 교수는 우리 「헌법」 제10조의 인간의 존엄과 가치를 포함하여 과학기술법의 이념에 해당하는 5대 원칙을 제시하고 있는 바, "첫째, 인간의 존엄과 가치 존중의 원칙, 둘째, 과학기술자 창의성 존중의 원칙, 셋째, 과학기술자 책임의 원칙, 넷째, 과학기술 확산의 원칙, 다섯째, 법치주의의 원칙"으로 구체화하고 있다.[336]

이와 관련하여, 「헌법」은 과학기술법의 법이념을 명시적 내지 암시적으로 규정하고 있는 다양한 조항을 두고 있다. 즉, 인간의 존엄과 가치를 존중하기 위한 생명권(「헌법」 제10조에서 포섭), 정보통신의 비밀과 자유(「헌법」 제18조 및 제21조), 보건권(「헌법」 제36조), 환경권(「헌법」 제35조) 등은 자연환경 및 사회 윤리적 가치와 조화를 이루도록 하는 법이념과 관련한 「헌법」의 연원에 해당한다.

또한, 「헌법」은 학문의 자유(「헌법」 제22조)를 규정함으로써 과학기술자의 자율성과 창의성을 존중하는 법이념의 연원을 제공하고 있다.

또 다른 과학기술법의 법이념으로서, 과학기술의 확산을 통해 국민경제의 발전을 위한 중요정책의 수립에 대한 「헌법」 제93조, 균형 있는 국민경제의 성장에 대한 「헌법」 제119조, 국민경제상의 사영기업 통제에 대한 「헌법」 제126조, 과학기술의 혁신과 정보 및 인력의 개발을 통한 국민경제의 발전에 대한 「헌법」 제127조 등에서 연원을 찾을 수 있다.

이러한 검토를 바탕으로 하여 우리 「헌법」으로부터 과학기술법의 법이념으로서 다음의 4대 이념을 도출해 낼 수 있다.

- 인간의 존엄과 가치 존중
- 과학기술자의 자율성과 창의성 존중
- 경제와 사회 발전의 원동력
- 자연환경 및 사회윤리적 가치와의 조화

위의 과학기술 진흥과 안전에 대한 4대 과학기술법의 법이념이 가지는 의미를 각각의 법이념에 대해서 그 의미를 살펴보면, 첫째, 인간의 존엄과 가치 존중이라는 법이념은 과학기술의 진보에 의한 삶의 질 향상과 생명의 안전을 천명하는 이념으로서 과학기술의 진흥과 안전을 모두 추구하는 「헌법」의 지도원리를 제시하는 것이고, 둘째, 과학기술자의 자율성과 창의성 존중이라는 법이념은 학문의 자유뿐만 아니라 양심의 자유에 따라 과학기술의 진흥과 안전을 추구하게 하는 지도원리를 제시하는 것이며, 셋째, 경제와 사회 발전의 원동력이라는 법이념은 과학기술의 진흥에 의한 경제의 발전과 과학기술의 안전에 의한 안전사회의 구축이라는 지도원리를 제시하는 것이며, 마지막으로, 자연환경 및 사회윤리적 가치와의 조화라는 법이념은 과학기술이 인간의 생명과 재산의 안전뿐만 아니라 자연환경의 안전과 조화를 이루는 과학기술의 진흥과 안전을 추구하는 지도원리를 제시하는 것이다.

나. 과학기술법제의 정합성 요건: 법원리와 법규칙

앞에서 살펴본 과학기술법제의 법이념은 사실 추상적 개념이며 선언적 표현이다. 과학기술법제의 법이념은 하부 구조의 법원리 및 법규칙과 정합성을 형성하는지 판단하는 기준이 되지만 실제로 의미 있는 법이념이 되기 위해서는 법원리와 법규칙의 요건이 구체적으로 제시되어야 한다.

여기서, '가습기 살균제 사건'의 비극을 간략히 고찰해 보자.[337] 가습기 살균제는 종래의 가습기 오염이라는 문제를 해결하기 위하여 보다 진보된 가습기의 기능을 제공한다는 명분으로 '세정제'를 '살균제'로 도입한 데서 비롯되었다. 종래에, 이미 사용하던 세정제인지라 그 세정제를 '가습기 살균제'로 활용함에 있어 합리적인 의심이나 추가 임상실험을 누락한 채, 과거 피부접촉의 관점에서 무해하다고 판정받은 세정제 성분이 미세한 입자[338]로 분산·분무하여 호흡 흡입될 때 나타나는 과학적 현상을 고려하지 않아서 생긴 비극이다. 이 사례를 과학기술적 관점에서 보면, 진흥과 안전 어느 관점에서도 이해되기 어려운 사건이었음을 알 수 있다. 더구나 앞에서 논의한 과학기술법제의 어느 법이념에도 부합하지 않은 사건이었다. 그러나 당시 안전을 고려하지 않고 기술의 진보만을 강조한 입장을 받아들여 실용화까지 허용한 사건이었던 것이다. 이러한 특정 사건의 한 예를 고려해 보더라도 과학기술법제의 경우에는 진흥과 안전에 관한 법원리와 법규칙이 동시에 반영되어야 과학기술법제의 법이념과도 부합하게 됨을 알 수 있다. 여기서 주의해야 할 점은 진흥이 안전을 저해하지 않아야 하며, 동시에 안전이 진흥을 저해하지 않아야 한다는 것이다.

이러한 배경적 사례를 바탕으로 먼저 과학기술 진흥을 위한 법원리와 법규칙의 요건을 검토해 보기로 한다. 과학기술법제의 정합성 요건을 도출하기 위한 출발점은 과학기술진보를 위한 요건부터 검토할 필요가 있다. 가장 중요한 요건은 학문의 자유와 과학기술자[339]의 권리보호라고 할 수 있다. 이와 관련하여 우리 「헌법」 제22조는 국민의 권리로서 학문의 자유와 과학기술자의 권리보호를 규정하고 있다.

그러므로 과학기술진흥을 위한 법적 요건에서도 학문의 자유와 과학기술자의 권리보호는 유효하게 요구되는 요건이라고 할 수 있다. 이러한 법원리의 요건에 따라 요구되는 법규칙의 요건으로서 학문의 자유의 경우 학문의 대상 및 범위에 대해서 명확해야 한다. 또한 과학기술자의 권리보호의 경우에는 권리주체, 권리객체, 보호범위, 보호기간 등을 명확히 해야 한다. 이러한 요건을 요약하면 다음과 같다.

- 과학기술 진흥을 위한 법원리 요건: 학문자유의 원칙, 과학기술자 권리 보호의 원칙
- 과학기술 진흥을 위한 법규칙 요건
  - 학문의 자유: 학문의 대상 명확성, 학문의 범위 명확성
  - 과학기술자의 권리보호: 권리주체의 명확성, 권리객체의 명확성, 보호범위의 명확성, 보호기간의 명확성

이어서, 과학기술 안전을 위한 법원리와 법규칙의 요건을 검토해 보기로 한다. 과학기술은 항상 창의성에 바탕을 두고 진보하는 속성을 가지고 있다. 이러한 속성으로 인하여 새로 탄생하는 과학기술이나 개선된 과학기술은 '가습기 살균제 사건'의 사례에서 보듯이 안전에 관한 한 과거의 과학기술적 이해만으로는 해결되지 않음을 알 수 있다. 그러므로 아무리 개선되거나 새로운 과학기술이 그 실체 면에서 잘 이해되었다고 하더라도 안전 문제는 예기치 못한 모습으로 나타날 수 있다. 그렇다고 규제와 같이 과학기술의 진보를 금지할 수도 없고 해서도 안 된다. 이러한 상황을 고려하면 과학기술의 진보를 도모하면서도 과학기술의 위험으로부터 안전을 확보하기 위해서는 과학기술 위험에 대한 합리적 예방, 신속한 진압, 적절한 치유가 필수적으로 요구된다. 따라서 이러한 요건은 과학기술의 안전을 위한 법제의 법원리적 요건이 되어야 한다.

여기서 위험에 대한 무제한 예방은 과학기술 진흥을 위한 학문의 자유를 금지하거나 억압하는 결과를 초래하므로 위험에 대한 합리적 예방이 요건으로 도입되어야 하고, 위험의 진압은 신속하게 이루어져야 하므로 신속한 진압이 요건으로 요구되며, 위험발생 후 치유의 범위와 수준을 무제한으로 할 수 없는 현실을 반영해야 하므로 적절한 치유가 요건으로 도입되어야 한다.

이러한 법원리의 요건에 따라 법규칙의 요건이 제시되어야 한다. 첫째, 과학기술 위험의 합리적 예방에 대한 법규칙의 요건으로서 위험에 대한 평가, 예측, 예방수준이 요구되고, 신속한 진압에 대한 법규칙의 요건은 위험진압의 주체, 진압수단, 진압방법 등이 포함되어야 하며, 적절한 치유에 대한 법규칙의 요건으로는 손해의 책임, 배상·보상의 대상, 배상·보상의 범위 등이 포함되어야 한다. 과학기술 안전을 위한 법원리 및 법규칙의 요건을 요약하면 다음과 같다.

- 과학기술 안전을 위한 법원리 요건: 과학기술 위험에 대한 합리적 예방의 원리, 신속한 진압의 원리, 적절한 치유의 원리

• 과학기술 안전을 위한 법규칙 요건
  − 과학기술 위험의 합리적 예방: 위험에 대한 평가, 예측, 예방수준
  − 신속한 진압: 위험진압의 주체, 진압수단, 진압방법
  − 적절한 치유: 손해의 책임, 배상·보상의 대상, 배상·보상의 범위

이상에서 살펴본 법원리 및 법규칙의 요건들이 과학기술 진흥과 안전을 위한 법제로 포함되어 법제화되는 경우, 법이념−법원리−법규칙의 체계에서 앞에서 논의한 정합성 법리에 관한 여러 가지 모델을 활용하여 법제의 종류나 성격에 따라 정합적 법제를 형성할 수 있을 것이다.

5. 과학기술법제의 정합성에 특유한 문제

가. 소극적 교차 정합성 문제

본고에서 핵심적으로 다루고 있는 정합성 문제는 과연 과학기술진흥법제에서 정합성을 형성하고, 한편으로 과학기술안전법제에서 정합성을 각각 형성하고 있을 때 두 법체계가 혼합되어 있는 과학기술의 진흥 및 안전 법제340)가 정합성을 형성하고 있는지에 대해 판단할 수 있는가이다. 이에 대해, 앞에서 논의한 교차 정합성의 개념을 도입하면 전체 법체계의 정합성에 대한 평가는 가능해질 것이다.

구체적으로, 진흥과 안전을 포함하는 과학기술법제의 법이념은 앞에서 「헌법」과 「과학기술기본법」을 통해 도출한 결과, ① 인간의 존엄과 가치, ② 과학기술자의 자율성과 창의성 존중, ③ 경제와 사회 발전의 원동력, 그리고 ④ 자연환경 및 사회윤리적 가치와의 조화로 구체화할 수 있다. 또한, 과학기술 진흥을 위한 법원리는 「헌법」을 분석한 결과로부터 학문자유의 원칙과 과학기술자 권리보호의 원칙이 도출될 수 있으며, 과학기술 안전을 위한 법원리는 「헌법」과 최근의 과학기술안전법제의 이론을 통해 도출한 합리적 위험예방의 원리, 신속한 위험진압의 원리, 적절한 위험치유의 원리로 나타난다.

이와 같이 과학기술진흥을 위한 법원리와 과학기술안전을 위한 법원리, 그리고 각각의 법규칙(앞에서 논의한 과학기술법제의 법원리와 법규칙에 관한 정합성 요건 참조)에 대해 정합성을 평가한다는 것은 각각의 법원리 및 그에 따른 법규칙에 대해 정합성을 평가하고, 진흥과 안전을 포함하는 과학기술법의 법이념에 대해서 무모순성의 관점에서 교차 정합성을 평가한다는 의미이다.

나. 적극적 교차 정합성 문제

앞에서 상보성의 원리를 갖는 교차 정합성을 적극적 교차 정합성이라고 정의한 바와 같이, 과학기술법제에서 진흥법제과 안전법제가 서로 상보하는 관계를 형성할 때 즉, 상보성의 원리가 작동할 때 적극적 교차 정합성이 형성되었다고 보는 것이다. 적극적 교차 정합성이 형성되면 과학기술 진흥과 안전의 두 법제는 과학기술의 진흥과 안전을 상보적으로 촉진하게 된다. 즉, '진흥 → 안전 → 진흥 → …'의 선순환 또는 '안전→ 진흥 → 안전 → …'의 선순환 구조를 형성하게 된다.

법제 면에서 과학기술의 진흥과 안전 법제의 상보성에 관한 대표적인 예는 원자력진흥법과 원자력안전법의 관계이다. 원자력안전법의 규율에 따라 원자력의 진흥은 위험 없이 막대한 편익을 얻어 왔고, 원자력의 진흥법제에 따라 발전한 원자력기술은 원자력의 안전기술의 발전을 촉진해 왔다.

따라서, 과학기술의 경우에도 진흥법제와 안전법제가 상보성을 형성하게 되면 각각의 법제에 따라 규율하는 과학기술의 진흥과 안전은 서로 촉진하여 상승작용을 가져오는 현상을 기대할 수 있게 된다.

다. 과학기술법제에서 교차 정합성의 의의

과학기술의 특징은 과거에 알지 못했던 현상을 탐구하는 것이다. 이로 인해 과학기술은 인간에게 유익한 결과를 줄 수도 있고 유해한 결과를 줄 수도 있다. 연구개발 단계에서는 연구개발자의 안전이 요구되고, 연구개발의 결과를 사회 시스템에 진입시키는 단계에서는 그 결과를 활용하는 제조업자, 유통업자, 소비자들의 안전이 요구된다. 이때 안전이 염려되어 과학기술의 효용을 무작정 차단하거나 제한하는 것은 과학기술법의 법이념에도 맞지 않는다. 그렇다고 과학기술의 효용을 과대평가하여 안전을 도외시할 수도 없다. 과학기술법제가 과학기술의 진흥과 안전을 동시에 추구하도록 하는 역할을 해야 한다.

여기서 과학기술의 안전 문제는 규제와는 다르다는 점을 지적하고자 한다. 규제 법제는 과학기술의 진흥을 위한 주요 법원리인 학문자유의 원칙이나 과학기술자 권리보호의 원칙과 상충하는 것이다. 그러므로 과학기술의 진흥과 안전에 관한 법제에서 교차정합성을 형성시킨다는 것은 과학기술의 진흥을 오히려 촉진시키는 결과를 낳으면서 안전을 추구하면서도 동시에 과학기술의 위험을 사전에 예방할 수 있는 근거를 제공한다는 점이 가장 큰 의의라 할 것이다.

한편, 도입하려는 법제의 법원리나 법규칙의 편익과 비용이 충돌할 때 타협을 추구하는 법경제학적 방법론의 하나인 비용－편익분석은 정합성의 법리와는 다른 차원의 개념임에도 불구하고 정합성 문제를 다룰 수 있는 대안의 하나로 활용할 수 있다. 과학기술의 진흥과 안전이 조화를 이루도록 해야 함에 있어서 그 조화를 구현하는 방법으로 법경제학적 방법론의 하나인 비용편익분석이 적극 활용될 수 있다. 이때 해당 법제의 법이념을 실현하는 도덕적·철학적 가치가 굳건히 유지되는 전제조건을 유지하면서 과학기술의 진흥과 안전을 위한 법체계에서 모순성을 최소화하는 범위 내에서 타협의 수단으로 비용편익분석을 활용될 수 있는 근거를 제공하는 것이 교차정합성의 또 다른 의의로서 암시적 의의라 할 것이다.

6. 소 결

과학기술법제에서 진흥과 안전의 두 측면을 모두 고려한 정합성의 관점을 추구하는 이유는 과학기술의 혁신을 통해 과학기술의 진흥과 안전이 주는 가치를 조화롭게 추구하기 위함이다. 특히, 첨단과학기술의 특징은 과거에 알지 못했던 현상을 탐구하는 것이므로 첨단과학기술은 편익과 위험에 대한 잠재력을 모두 내포하고 있다. 안전이 염려되어 첨단과학기술의 효용을 무작정 차단하거나 제한하는 것은 과학기술법의 법이념에도 맞지 않는다. 그렇다고 첨단과학기술의 효용을 과대평가하여 안전을 도외시할 수도 없다.

지금 이 시점에서도 과학기술자들은 첨단과학기술이 주는 편익과 효용을 기대하면서 신기술의 청사진을 펼쳐 보이고 있다. 첨단과학기술 분야에서 내놓고 있는 미래전망은 인간의 상상력을 초월하고 있다. 심지어 어떤 미래학자라고 일컫는 사람은 지구와 달 사이에 승강기를 설치할 수 있다고 장담하고 있다. 무한한 상상력이 신기술을 탄생시키는 원동력이 되고 그 신기술이 구현되도록 법제가 뒷받침하는 것은 한 국가의 전략이 되고 있다. 그러나 그 상상력만큼이나 상상하지 못한 신기술의 폐해도 나타날 수 있는 가능성은 역시 존재할 것이다.

따라서 과학기술 분야, 특히 첨단과학기술 분야를 규율하는 법제는 진흥과 안전을 동시에 추구하는 정합적 법제가 필요하다 하겠다. 이때 정합적 법제를 형성함에 있어 법이념을 정점으로 하여 진흥과 안전을 위한 법원리와 법규칙들 사이에서 수직적 정합성과 수평적 정합성은 물론이고 교차 정합성에 대한 검토가 요구된다.

Ⅳ. 진흥과 안전을 위한 정합적 법제의 효용

1. 서

진흥 위주로 과학기술을 이끄는 법제는 여러 가지 폐단을 초래할 수 있다. 예로서, 초보적 과학기술의 관점에서도 이해할 수 있었던 '가습기 살균제 사건'[341]은 엄청난 규모의 인명피해를 발생시켰고, 상당 기간 동안 사건의 실체를 파악하지도 못하였다.

현대의 첨단과학기술은 탄생부터 쇠퇴기까지 과학기술의 생애주기가 점점 짧아지고 있고, 그 편익을 추구하는 것 못지않게 이해하지 못하는 위험이 나타날 가능성도 커지고 있다. 특히, 과학기술의 진보는 법제에 의해 영향을 받는 동시에 법제의 진보에도 영향을 주는 것이 과학기술법제의 큰 특징이다.

여기서는 과학기술의 진흥과 안전의 관점에서 과학기술의 혁신을 도모하는 정합적 법제가 과학기술적 측면, 경제적 측면, 그리고 사회적 측면에서 주는 효용에 대해서 고찰해 보고자 한다.[342]

2. 과학기술적 효용

가. 과학기술의 진흥 효용

과학기술의 안전에 대한 개념은 규제와는 전혀 다른 개념이다. 안전을 위해 무엇을 하지 않아야 한다는 소극적 개념은 규제라는 개념과 어느 정도 공유하는 부분이 있을 수 있다. 그러나 과학기술의 안전을 위해 무엇을 해야 한다는 적극적 개념은 규제와는 전혀 다른 영역을 가진다. 즉, 과학기술이 안전하기 위해 무엇을 해야 한다는 접근은 그 과학기술의 속성을 제대로 이해해야만 가능한 일이고, 그 속성을 제대로 이해하는 것은 해당 과학기술의 진보를 촉진하는 기능을 하게 된다. 최근의 예로, 휴대폰의 전자파가 위험을 초래하는지에 대한 논란은 오히려 휴대폰의 성능을 개선하는 효용을 가져 왔으며, 과거 원자력의 위험에 대한 논쟁은 원자력 안전기술의 개발을 촉발하여 오히려 원자력 기술의 발전을 촉진하는 기회가 되었다.

따라서 과학기술의 진흥을 위한 법제를 새로 도입할 때 종래 진흥 위주의 법제를 만들기보다는 진흥과 안전을 동시에 추구하는 정합적 법제를 추구하는 것이 해당 과학기술의 혁신을 촉진하는 효용을 가져올 수 있다.

나. 융합기술의 진보 촉진 효용

IT, BT, NT 등 개별적인 첨단과학기술은 IT-BT, IT-NT, BT-NT, IT-BT-NT 등 이미 융합적 첨단과학기술의 형태로 나타나고 있다. 과거, 하나의 과학기술이 출현한 것에 반응하여 하나의 개별적 과학기술법제를 만들어가는 방식으로 미래의 융합적 첨단과학기술의 진흥과 안전을 규율하는 방식은 실효성을 의심하게 만든다.

이러한 문제점을 극복하기 위해 미래의 융합적 첨단과학기술의 위험을 사전에 예방할 수 있는 안전법제를 진흥법제와 함께 정합적으로 형성시키면 융합적 연구개발의 진보를 촉진하는 것은 물론이고 첨단과학기술의 사회적 출현을 안전하게 유도할 수 있다.

3. 경제적 효용

가. 경제적 편익의 최대화

과학기술의 진흥과 안전을 위한 정합적 법제는 앞에서 개별 과학기술의 진흥뿐만 아니라 융합적 첨단과학기술의 진보에도 긍정적 효과를 준다는 점을 살펴본 바와 같이 과학기술의 위험을 잘 이해하게 만드는 진흥과 안전의 동시관점은 첨단과학기술의 사회적 출현을 앞당기는 역할을 하므로 경제적 이익을 극대화하는 효용을 얻을 수 있다.

오늘날, 「화평법」에서와 같이 새로운 위험물질에 대해서 사전에 위험예방조치를 법제화하는 추세를 보이고 있는 바, 이에 대해 일부 산업계에서 반발하는 입장을 보이고 있음에도 불구하고 위험에 대한 사전예방을 일상화 내지 생활화하는 습관은 오히려 관련 산업을 발전시키게 되어 경제적 편익을 확대하는 역할을 하게 될 것이다.

나. 경제적 비용의 최소화

과학기술의 진흥과 안전에 대한 정합적 법제가 경제적 편익을 극대화하는 논리는 역으로 경제적 비용을 최소화하는 의미를 내포하고 있다. 즉, 과학기술의 위험을 잘 이해하여 사전에 예방조치를 합리적으로 취하는 행위는 그 과학기술로 인해 발생하는 위험을 줄여서 경제적 비용을 최소화할 뿐만 아니라 만약 위험이 실제로 발생한다 하더라도 위험의 속성을 사전에 잘 이해하고 있기 때문에 위험의 진압이나 치유를 최소비용으로 처리할 수 있게 된다.

'가습기 살균제 사건'의 피해를 제조업체 관점이 아니라 전 국민의 관점에서 바라다보면 사전예방조치의 비용은 피해발생 이후의 전체 비용에 비해 무

시할 정도로 적은 비용에 불과하다는 판단을 할 수 있으므로 당장 해당 산업계
나 관련자들의 반발 때문에 경제적 비용의 최소화 효용을 간과해서는 안 된다.

4. 사회적 효용

가. 사회통합

과학기술을 규율하는 법제를 도입하는 초기에 진흥과 안전을 조화롭게 규
율하지 못하고 어느 한 쪽을 지나치게 강조하다 보면 그 과학기술이 상당히 진
보한 시점에서도 여전히 대립하는 모습을 보이게 되어 국민을 혼란스럽게 만
들거나 그 과학기술의 사회적 출현을 두려워하게 만들 우려가 생길 수 있다.

예컨대, 「나노기술개발촉진법」은 벌써 10여 년이 지났음에도 불구하고 나
노기술진흥을 위한 법제의 성격으로 이해하고 있어 진흥과 안전을 각각 주장
하는 집단들의 상충을 경험하고 있다. 즉, 나노기술의 진흥을 강조하는 집단은
아직 진흥 정책이 부족하다고 호소하고 있고, 안전을 강조하는 집단은 안전 정
책이 턱없이 부족하거나 전혀 없다고 주장하고 있다.

따라서 첨단과학기술의 진흥과 안전을 위한 정합적 법제를 마련하면 이해
가 충돌하는 집단들을 통합하는 기능을 할 수 있게 된다.

나. 안전한 사회의 구축

모든 과학기술은 편익만 주거나 위험만 주는 경직적 편향을 주는 것이 아
니라 편익과 위험을 동시에 주는 속성을 지닌다. 단지 과학기술을 어떻게 이해
하고 사용하는지에 따라 위험과 편익이 편향적으로 나타난다. 예로서, 과거 화
석연료의 과다사용에 따른 폐해를 줄이고자 원자력에너지의 사용을 확대하면
원자력에너지의 폐해가 오히려 더 크게 나타날 수 있다고 하여 바이오에너지
의 확대를 강조한 적이 있다. 그 중에서 바이오매스에너지의 확대를 통해 과거
의 문제점을 모두 해결할 수 있다고 하였으나 오히려 식량과 에너지의 경합 문
제를 야기하여 더 큰 사회적 및 경제적 문제를 초래하였을 뿐만 아니라 지구환
경적 문제까지 악화시키는 결과를 야기하였다.

그러므로, 과학기술의 진흥과 안전을 동시에 규율하는 법제는 그 과학기
술의 편익을 얻는 것과 함께 사회적, 경제적, 환경적 안전 등 전반적인 안전한
사회를 구축하는 데 기능을 할 수 있게 한다.

V. 결 론

정합성은 이론철학의 관점에서 지식의 기술언어학적 패러다임과 논리적 경험주의를 전체론적 모델로 대체시켜 지식이 명백하게 시스템적 성질을 갖도록 만들었다. 또한, 정합성은 실천철학의 관점에서, 정합성 주제에 대한 숙고적 평형상태의 관념을 통해 우리의 도덕적 직관은 완전도덕이론에 의해 규율됨이 분명하다는 입장을 가지게 하였다. 결국 도덕적 직관은 정합적 도덕 이론을 받아들이게 되고, 그렇게 되면 만약 도덕적 직관의 중심의 일부가 정당화될 수 없는 경우가 발생할 경우 도덕적 직관을 수정할 수 있다. 이런 과정을 거치게 되면 종국적으로 도덕적 직관과 도덕적 이론 사이에서 완전한 평형상태를 얻게 된다. 여기서 완전한 평형상태가 불변하는 확정적 상태로 유지되는 것이 아니라 불안정성이 출현할 때까지 유지될 뿐이며 불안정성은 다시 정합성에 따라 도덕적 직관을 수정하게 되어 도덕적 직관과 도덕적 이론 사이에는 새로운 숙고적 평형상태가 형성되며 이러한 과정은 계속 이어지게 된다.

결국, 법의 정합성에 대해서 법철학자들이 가지고 있는 견해들을 종합해 보면, 법실증주의자이건 자연법론자이건 큰 차이 없이 하나의 정합적 구조에 바탕을 두고 이해하고 있는 바, 가장 상위의 수준에서 법이념의 근원이 되는 도덕적 가치, 그에 따라 생성된 법이념, 그 하부 수준에서 법이념에 따라 형성된 법원리와, 다시 법원리에 따른 법규칙으로 연결되는 구조적 기본 체계를 그리고 있음을 알 수 있다.

과학기술의 진흥을 위한 법명제가 되기 위해서는 과학기술의 진흥을 위한 법률요건명제가 필요하고, 이에 따른 법률효과명제가 필요하다. 마찬가지로 과학기술의 안전을 위한 법명제가 되기 위해서는 과학기술의 안전을 위한 법률요건명제가 필요하고, 이에 따른 법률효과명제가 필요하다. 과학기술의 진흥과 안전을 위한 법제가 정합성을 가지는 법제가 되기 위해서는 진흥과 안전에 대한 각각의 법률요건명제와 이에 따른 법률효과명제가 상호 정합성을 가지는지에 대해 살펴보아야 한다.

현대의 과학기술은 진흥과 안전의 관점에서 서로 충돌할 가능성이 매우 높거나 서로 외면하여 과학기술의 진흥을 촉진하는 정책이 오히려 과학기술의 위험을 초래할 가능성이 있고, 반면에 과학기술의 안전을 추구하는 정책이 과학기술의 진흥을 억제하는 결과를 초래할 가능성이 있다. 특히 첨단과학기술의 경우에는 그 과학기술적 속성이 명확히 밝혀지지 않은 채 사회 시스템 속으로 진입하는 사례가 발생할 수 있고, 결과적으로 예기치 못한 폐해를 초래할 잠재적 가능성이 매우 높다. 이러한 과학기술의 특징을 제대로 이해하고 있다면 그 과학기술을 규율하는 법제는 진흥과 안전의 양면 모두 각각 정합적 법제로 형성되어야 할 뿐만 아니라 진흥과 안전 사이에서 선제적으로 교차정합성을 형성하는 법제를 추구해야 하는 바, 과학기술법의 법이념을 제대로 실현하기 위해서는 법이념 – 법원리 – 법규칙의 체계를 바탕으로 과학기술법제의 정합성 법리가 사전에 면밀히 검토되어야 한다.

---

303) 본 장은 조용진(2015)의 일부를 편집·수정·보완한 것임.
304) 철학사전편찬위원회(2009).
305) 최상복(2004).
306) 「Longman Dictionary of Contemporary English」(인터넷판).
307) 임홍근/이태희(2013).
308) 장동익(2004), 206 – 207면.
309) 현재, 법의 정합성 이론에 대해서 선구적이었다는 평가를 받고 있다.
310) Neil MacCormick(1978), 152면.
311) Ronald Dworkin(1986), 176면.
312) 최봉철(2014), 41 – 42면.
313) 오병선(2003), 46 – 50면.
314) John Rawls(1971) 참조.
315) Joseph Raz(1992), 273면.
316) Joseph Raz(1992), 233 – 234면.
317) Joseph Raz(1992), 234면.
318) Joseph Raz(1992), 424면.
319) Joseph Raz(1992), 87 – 90면.
320) 조천수(2004), 131면.
321) 김향기(2008), 25 – 26면.
322) 조천수(2004), 132 – 133면.
323) 예를 들면, 과학기술진흥법제와 과학기술안전법제가 별도의 개별 법률로 법제화되었건, 하나의 법률로 법제화되었건 상관없이 유효하다.
324) Jack M. Balkin(1993), 106면.
325) 임마누엘 칸트(2013), 65면.
326) 2012년 7월 기준으로 268개의 과학기술 관련 법률, 시행령 및 시행규칙이 있는 것으로 파악하고 있다[윤종민(2012), 17면].
327) 이상수(2000), 220면.
328) 김향기(2008), 25 – 26면.
329) 과학기술의 개발단계를 구분하는 방법으로서 흔히 기술준비단계(TechnologyReadyness Level, TRL)의 개념을 사용하고 있는바, TRL 1(Basic principles observed and reported)부터 TRL 9(Actual system proven through successful mission operations)까지 구분하고 있다.
330) Jack M. Balkin(1993), 108면.
331) 식품안전의 확보는 식품규제에 의한 방식보다 식품과학기술의 진흥과 안전의 두 관점에

서 정합적으로 이루어질 때 더욱 효과적이다. 예를 들면, 식품사업자의 영업의 자유를 제한하는 식품규제의 방식보다는 식품분쟁조정제도, 집단소송제도 등과 같은 소비자의 권리구제를 위한 법제의 도입이 더 바람직하다[이종영(2004), 55면].

332) 최봉철(1999), 272 – 275면.

333) 울리히 카르펜(2008), 16면.

334) 울리히 카르펜(2008), 20면.

335) 정문식(2007), 231면.

336) 손경한 편(2010), 8 – 10면.

337) '가습기 살균제 사건'은 대한민국을 뒤흔든 사건으로서 많은 자료를 인터넷이나 언론매체를 통해 쉽게 접할 수 있다.

338) 초음파로 처리하면 나노입자 수준까지 미립화될 가능성이 매우 높다.

339) 여기서 과학기술자라함은 과학기술을 탐구하는 과학자, 기술자, 발명가, 과학기술저작자 등을 포함하는 광의의 과학기술자를 의미한다.

340) 과학기술진흥법제와 과학기술안전법제가 별도의 개별 법률로 법제화되었건, 하나의 법률로 법제화되었건 상관없이 유효하다.

341) '가습기 살균제'는 1994년 11월 16일 국내 주요경제일간지에서 "독성실험결과 인체에 전혀 해가 없다."라는 회사의 입장을 소개하면서 국내회사가 처음으로 가습기 살균제를 개발했다는 기사를 보도함으로써 생활제품으로 등장하였으나, 이로부터 약 17년이 지난 2011년 5월 11일 "미확인 바이러스 폐질환으로 산모들이 잇달아 사망한다."는 언론의 보도가 있었고, 동년 8월 31일 보건복지부 산하 질병관리본부가 "가습기 살균제 사용 시 원인미상 폐손상이 47.3배 높다."는 역학조사 결과를 발표함으로써 '가습기 살균제 사건'은 수면 위로 올라왔다. 결국, '가습기 살균제 사건'으로 인한 피해자는 2016년 기준으로 총 357명으로 파악되었고, 심지어 사망자만 112명에 달했다(중앙일보 2016.6.16.). 이 사건은 아직 미해결 사건으로서 여전히 피해자를 찾고 있다.

342) 공리주의와 과학기술의 관계는 공리주의 사상에서 사용하는 '행복'과 '고통'의 개념이 각각 과학기술의 '편익'과 '위험'의 개념에 대응하는지를 검토해 볼 수 있는 바, 일반적으로 공리주의를 경제학적 방법으로 실현할 때 '행복'은 '편익'으로, '고통'은 '비용'으로 대응시킨다. 이러한 관계로부터 과학기술의 '편익'은 공리주의의 '행복'에 대응되고, 과학기술의 '위험'은 공리주의의 '고통'에 대응된다고 볼 수 있다.(Roger Brownsword, Rights, Regulation, and the Technological Revolution, Oxford University Press, 2008, p.36 – 37.)

제 5 장 과학기술윤리와 법

Ⅰ. 과학기술, 윤리 그리고 법

1. 과학기술윤리의 의의

과학기술이라는 표현은 '과학'과 '기술'이라는 두 단어로 이루어져 있다. 과학(science)의 의미에 대해서는 합의된 결론이 존재하지는 않지만, 대체로 일반적으로 정의(definition)하자면 "지식들의 체계 또는 체계화된 지식"이라고 할 수 있다.343) 이런 맥락에서는 과학은 다른 말로 학문이라고 표현할 수 있다. 최근에는 이런 측면에서 인문과학, 사회과학, 자연과학이라고 과학을 포괄적으로 분류하기도 한다. 그런데 우리가 과학기술이라고 함께 표현할 때 사용하는 '과학'이라는 말은 이런 학문 모두를 말하는 것은 아니고, 보통은 자연과학을 의미한다. 왜냐하면 과학기술이라는 표현은 그 자체로 '과학'이 '기술'과 모종의 관계맺음이 있다는 것을 보여주고 있는데, 기술과 밀접한 관계가 있는 것은 과학 분야 중에서 주로 자연과학이기 때문이다.

기술(technology)이라는 단어가 현재의 뜻을 가지게 된 것은 20세기 중후반 이후의 일이다.344) 최초에 '기술'이라고 불렸던 분야에는 공학, 의·약학, 농학 등이 포함되었고, 이런 사회적 언어 관행들은 연관된 학문 분야로 주로 자연과학을 떠올리게 하였다. 그리고 이런 상황은 사회와 대중에게 과학은 이론, 기술은 실천 혹은 과학은 상위 지식, 기술은 하위 지식 등의 잘못된 믿음을 가지게 만든 맥락으로 작용하였다. 그러나 현재는 적어도 기술은 단순한 과학이 탐구한 이론이나 지식을 실천적으로 응용하는 활동이거나 과학 활동의 부산물은 아니라는 것에 대해서는 어느 정도 보편적인 공감대가 형성되어 있다. 이런 공감대에 따르면 기술도 과학과 마찬가지로 그 본질은 창조적인 지식을 창출하는데 있다.345) 이런 관점에서 보자면, 과학과 기술을 따로 구별하여 파악하는 것은 큰 의미가 없다. 그런 의미에서 '과학기술'이라는 복합어는 과학과 기술을 서로 연관된 활동으로 파악하기에 적절한 표현이라고 할 수 있다.346)

이렇게 과학기술을 이해하자면, 과학기술이 포괄하는 범위는 매우 넓다는 것을 알 수 있다. 흔히 과학'연구' 혹은 기술'개발'이라고 부르는 언어 관행은 정책적인 용어로 'R&D'라는 표현의 기반이 되고 있지만, 이는 연구는 과학에 개발은 기술에 대응하라는 구분의 의미로 이해하기보다 연구와 개발을 포괄적으로 파악하라는 포용의 의미로 이해하여야 할 것이다. 어쨌든 과학기술을 연속적이고 관계적인 것으로 이해한다면, 과학기술은 흔히 연구계획을 수립하고, 연구를 수행하며, 연구결과를 발표하고, 이를 실생활에 사용할 수 있도록 개발하고 그 사용을 관리하는 단계까지 매우 다양한 활동을 포괄하는 개념이라고 할 수 있다.

현대 사회를 흔히 과학기술 사회라고 부르기도 한다. 그 이유는 현대 문명이 형성한 인간의 삶의 모습과 그 삶을 둘러싼 사회적 환경은 현대 과학기술의 급속한 발달에 힘입은 것이기 때문이다. 과학기술이 만들어 낸 현대 인간의 삶은 근대 인간들이 예상했던 삶의 모습과는 너무나 달라졌다. 현대 문명을 대표하는 인터넷, 모바일 기기, 각종 전자제품, 다양한 의약품과 의료기술은 지난 몇 천년 동안 이룩한 변화보다 더 극적인 형태로 인간의 삶을 변화시킨 것이다. 이는 다르게 보면, 현대 사회에서 과학기술이 가진 영향력이 매우 크다는 것을 웅변하는 것이기도 하다. 그리고 이런 막강한 영향력은 동시에 사회와 대중에 대한 엄밀한 책임성을 요구하는 것이기도 하다.[347] 즉, 과학기술이 부담해야 할 책임성은 그 영향력에 정비례하는 것이다. 더구나 과학기술의 영향력에는 인간의 삶을 개선하는 '좋은' 영향력뿐만 아니라 인간의 삶에 피해를 주는 '나쁜' 영향력도 있을 수 있다. 그러므로 과학기술이 막강한 영향력을 가지고 있다는 것은 '막강하게 나쁜' 영향력의 가능성을 시사해 준다. 이런 맥락을 고려할 때, 과학기술의 책임성은 무엇보다 이런 나쁜 영향력을 최대한 막는 것을 의미한다. 이를 위해 요구되는 것이 바로 과학기술윤리(science & technology ethics)이다.

과학기술윤리는 과학기술에 관한 윤리를 말한다. 윤리란 대체로 인간이 선택하고 행위 할 때 지켜야 할 규범의 총체를 말한다.[348] 그런데 과학기술 스스로가 선택하고 행위 할 수는 없으므로, 과학기술윤리는 과학기술과 관련된 사람들의 윤리적 규범의 문제가 된다. 과학기술과 관련된 사람들은 우선 과학기술을 직업으로 삼고 있는 과학기술인이 있을 것이지만, 그 외에도 이를 산업화하는 경제계 사람들, 과학기술의 혜택을 누리는 일반 시민들, 과학기술에 대한 교육과 커뮤니케이션을 담당하는 교육 및 언론 관계자들, 정책을 담당하는 정부 등 국가기관 등이 모두 과학기술윤리에 관련되는 사람들이다. 이들 모두 과학기술윤리에 관여되어 있고, 모두 중요한 역할을 담당하고 있다. 다만 그중에서 과학기술인이 이 주제에 가장 밀접하다고 할 수 있을 것이기 때문에 이하에서는 과학기술인의 윤리를 주로 다루도록 한다.

과학기술윤리의 원칙으로 잘 알려진 것 중의 하나는 레스닉의 과학윤리 12원칙이다.[349] 그가 언급한 과학윤리의 12원칙은 1) 정직성(honesty)[350], 2) 신중성(carefulness)[351], 3) 개방성(openness)[352], 4) 자유(freedom)[353], 5) 공로(credit)[354], 6) 교육(education)[355], 7) 사회적 책임(social responsibility)[356], 8) 합법성(legality)[357], 9) 기회평등(opportunity)[358], 10) 상호존중(mutual respect)[359], 11) 효율성(efficiency)[360], 12) 연구대상에 대한 존중(respect for subjects)[361] 등이다. 이 12원칙은 과학기술윤리에서 쟁점이 되는 주제를 거의 망라하고 있다고 볼 수 있다. 과학사회학자 머튼의 과학공동체 규범 원칙에 대한 논의도 많이 인용되고 있다.[362] 머튼에 따르면 1) 공유주의(communism)[363], 2) 보편주의(universalism)[364], 3) 무사무욕(disinterestedness)[365], 4) 조직화된 회의주의(organized skepticism)[366] 등이 주요 규범으로 받아들여져야 한다고 주장하는데, 이 앞글자를 딴 CUDOS는 실제 과학자 윤리강령에 많이 참고되고 있다. 이는 결국 과학기술인이 자신의 역할을 수행할 때 염두에 두어야 할 가치와 원칙을 의미하는 것이기 때문에, 과학기술인의 일종의 전문직 윤리라고 할 수 있다.

그런데 과학기술인의 전문직 윤리만으로 과학기술윤리가 확립될 수 있다고 믿는 것은 순진한 생각일 수 있다. 왜냐하면 과학기술이 실용화되어 우리의 삶에 도달하는 과정에는 과학기술인만 관여하는 것이 아니기 때문이다. 오히려 과학기술인 이외의 다른 과학기술 관련 집단과 사람들의 정치적, 경제적, 사회적 이해와 관심이 더 직접적으로 과학기술이 우리 삶에 나쁜 영향을 미치도록 하는 경우도 많이 있다. 예를 들어, 과학기술윤리를 언급할 때 항상 예시되는 나치의 인체실험과 미국의 원자폭탄 사용에 대해 생각해 보자. 나치의 인체실험은 나치의 인종주의라는 정치적, 경제적, 사회적 배경과 맥락 아래에서 이루어진 것이지만 직접 행위자는 과학기술인이었다. 이에 비해 원자폭탄에 관한 과학기술은 과학기술인에 의해 마련된 것이지만 직접 행위자는 정치인과 군인들이라고 할 수 있다. 이처럼 과학기술윤리는 과학기술인의 전문직 윤리가 잘 실현된다고 해도 반드시 지켜지지는 않는 통합적, 전체적인 성격을 가지고 있다.

2. 과학기술윤리의 역사적 맥락과 필요성

과학기술윤리에 관한 문제가 사회적 관심으로 대중들에게 각인된 것은 제

2차 세계대전이라는 유래 없는 역사적 경험이라고 할 수 있다. 제2차 세계대전에서 사용된 원자폭탄과 화학무기 등 대량 살상무기와 나치와 일본의 비인도적인 인체실험 등은 과학기술의 연구와 활용에 대한 심각한 반성을 불러 일으켰다. 원자폭탄과 화학무기에 대해서는 그 정치적 성격 때문인지 직접적인 윤리적 논의로 이어지지는 않았지만, 나치의 인체실험은 나치전범 재판인 뉘른베르크 재판을 통해 국제적인 관심사가 되었다.367) 이 재판에서 재판부가 판결문에 덧붙여 제시한 이른바 '뉘른베르크 강령(Nuremberg Code)'은 이후 인간 대상 연구를 규율하는 윤리 규범의 모태가 되었다.

　　제2차 세계대전 이후에도 대중과 사회에 충격을 주는 과학기술윤리에 관한 사례들이 속출하였다. 1966년 미국의 비처(Henry Beecher, 1904-1976)는 22개의 비윤리적인 의학 연구 사례를 발표하여 큰 파문을 일으켰는데, 이 연구들 중에는 딸의 암세포를 어머니에게 이식해 보는 실험, 정신지체 아동에게 인위적으로 간염을 감염시켜 보는 실험 등도 있었다. 1972년에는 비윤리적인 터스키기 매독 연구(Tuskegee Syphilis Study)가 뉴욕 타임스에 폭로되어 미국을 떠들썩하게 했다. 이 연구는 1932년부터 1972년까지 미국 앨라배마 주에 있는 흑인 거주지인 터스키기 마을에서 수행된 의학 연구로서 399명의 가난하고 문맹인 흑인 매독 환자들을 대상으로 했다. 이 연구는 매독의 자연 경과를 관찰하는 연구였는데, 1947년 페니실린이 개발되어 치료가 가능하게 되었음에도 연방정부의 지원을 받는 연구진은 치료를 하지 않고 경과만을 관찰했다. 이 중 28명이 매독으로 사망했고, 100명은 매독 후유증으로 사망했으며, 이들의 부인 중 40명이 매독에 감염되었고, 19명의 신생아가 매독으로 인해 사망했다. 이 연구는 1974년 미국의 국가연구법(National Research Act) 제정의 계기가 되었고, 그 이후 인간 대상 연구의 윤리적 체제가 법적으로 정비되었다. 이 이외에도 1950년대부터 1960년대 초까지 유럽을 휩쓴 '탈리도마이드 사건'은 과학적이고 윤리적인 임상시험의 필요성을 알리는 계기가 되었다. 당시에 많은 임산부가 임신안정제로 복용한 탈리도마이드라는 약이 신생아에게 팔다리가 없는 기형을 유발하여 그 결과 1만여 명에 달하는 사지 기형을 가진 신생아가 태어나게 된 사건이다. 이 사건은 사전에 안전성에 관한 충분한 연구가 없이 시판되는 신약이 어떤 치명적인 결과를 일으킬 수 있는지를 잘 보여주었다.368)

　　이런 인체에 위해를 끼치는 비윤리적인 과학기술 사례 이외에도 연구결과를 조작하거나 과학기술의 위험을 알면서도 이를 강행하여 사고를 발생시킨 다양한 사례들이 발굴되어 폭로되었다. 1954년의 위치타 배심원 사건은 미국

법원에서 배심원들이 피고인의 유·무죄에 대해 논의하는 것을 동의 없이 녹음하여 연구에 활용한 사건이다. 이 사건이 알려지고 여론이 들끓자 미국 상원에서 위원회를 구성하여 조사하기에 이르렀다. 또 하나의 잘 알려진 비윤리적인 실험으로 1963년 밀그램의 연구가 있다. 밀그램은 권위에 대한 복종 (obedience to authority) 연구에서 타인에게 전기충격으로 고통을 주는 실험을 하였다. 비록 실제로 전기충격을 받은 것은 아니고 연기에 불과했지만 고통을 가하는 역할을 맡은 연구대상자는 정신적 충격에 빠지게 되었다. 더구나 연구대상자들은 이 사실을 전혀 모르고 있었다. 이 연구 이후에 이렇게 연구대상자를 기망하는 연구가 용인되어야 하는지에 대한 사회적 논란을 불러 일으켰다.

그리고 엔지니어와 경영인의 역할에 대한 윤리적 성찰을 요구하는 여러 사건도 발생하였다. 1981년의 포드의 핀토(Pinto) 소송사건이나 1987년의 우주왕복선 챌린저 사고 등은 대표적인 것들이다. 핀토는 포드사의 자동차였는데, 설계결함으로 다른 차와 접촉사고가 나면 연료탱크에 화재가 날 가능성이 높았다. 실제로 포드사의 엔지니어들은 이를 알고 있었는데, 이에 대한 조치를 하지 않은 것이 사회적인 쟁점이 되었다. 우주왕복선 챌린저는 발사 후 폭발하여 7명의 승무원이 사망하였는데, 엔지니어들은 주원인인 O-링의 결함을 지적하였으나 O-링을 공급한 회사의 경영진이 이 의견을 묵살한 것이 밝혀져서 문제가 된 것이다.369)

이외에도 연구 데이터를 조작하는 연구부정행위에 대한 대단히 많은 사례들이 존재한다. 우리나라에서 발생한 황우석의 줄기세포 조작 사건은 그 예라고 할 수 있으며, 일본에서도 2014년에 줄기세포에 관한 연구성과를 조작한 오보카타 하루코 사건이 발생하여 큰 충격을 주기도 하였다. 이런 연구부정행위는 과거부터 현재까지 오랫동안 지속적으로 발생하고 있어 과학기술윤리에서도 주요한 쟁점으로 여겨지고 있다.

이처럼 과학기술윤리라는 문제는 인간의 선제적인 성찰에 의해 정립된 것이 아니라, 과학기술윤리에 위반되는 심각한 사건들이 먼저 일어나고 그에 대한 반성으로 그 대응방안이 마련된 것이라고 이해하는 것이 적절할 것이다. 이는 토머스 제퍼슨의 "민주주의의 나무는 피를 먹고 자란다"라는 유명한 말을 연상시키기도 한다. 과학기술윤리라는 나무는 이런 역사적 사건과 사고에서 해를 입거나 희생당한 사람들의 염원이기도 한 것이다. 적어도 과거에 일어난 불행한 과학기술윤리에 관한 사건과 사고가 다시 일어나지 않도록 하려면, 이에 대한 대처방안이 적절하게 마련되어야 한다. 이를 다르게 표현하면 과학기술윤

리는 관련된 사건과 사고에서 해를 입거나 희생당한 사람들을 보호하는 문제
이다. 이런 측면에서 과학기술윤리는 인권의 문제이기도 하다.

Ⅱ. 과학기술인권과 과학기술윤리법

1. 과학기술인권370)

과학기술인권에 대한 국제규범이 처음 등장한 것은 제2차 세계대전 이후
국제연합에서 선언한 1948년 세계인권선언(Universal Declaration of Human Rights)
에서 이다. 세계인권선언 제27조는 다음과 같이 규정하고 있다.

> 제27조 1. 모든 사람은 공동체의 문화생활에 자유롭게 참여하며 예술을
> 향유하고 과학의 발전과 그 혜택을 공유할 권리를 가진다.
> 2. 모든 사람은 자신이 창작한 과학적, 문학적 또는 예술적 산물로부터
> 발생하는 정신적, 물질적 이익을 보호받을 권리를 가진다.371)

세계인권선언은 과학기술에 대한 권리를 두 가지 범주로 구분하고 있다.
하나는 '과학의 발전과 혜택을 공유할 권리(right to share in scientific advancement
and its benefits)'이고, 다른 하나는 '자신이 창작한 과학적 산물로부터 발생하는
정신적, 물질적 이익을 보호받을 권리(right to the protection of the moral and ma-
terial interests resulting from any scientific production of which he is the author)'이다.
전자는 시민 일반에게 인정되는 권리이고, 후자는 시민 중에서 과학적 산물을
창작한 자, 즉 과학기술인에게 인정되는 권리이다. 이처럼 시민 일반의 과학기
술에 대한 권리와 과학기술인의 권리를 구분하는 것은 명문상 세계인권선언에
서 비롯되었는데, 현재 대한민국 헌법은 제22조 제2항에서 '저작자 · 발명가 ·
과학기술자와 예술가의 권리는 법률로써 보호한다'라는 규정만 두고 있어서 세
계인권선언에서 규정된 시민 일반에게 인정되는 과학기술에 대한 권리는 반영
하고 있지 않다.372)

세계인권선언의 규정은 과학기술 인권의 역사에서 매우 중요한 역할을 수
행하였지만, 직접적으로 국가들에게 의무를 지우는 조약의 형태는 아니었다.
그래서 1966년 UN은 세계인권선언의 내용을 발전시켜 2개의 국제규약과 2개
의 선택의정서를 마련하였다. 그중 경제적, 사회적 및 문화적 권리에 관한 국
제규약(International Covenant on Economic, Social and Cultural Rights)을 A

규약이 부르고, 시민적, 정치적 권리에 관한 국제규약(International Covenant on Civil and Political Rights)을 B규약이라고 부른다. 그중 A규약 제15조는 세계인권선언 제27조를 이어받아 과학기술에 관하여 다루고 있는데, 그 내용은 본서 제1편 제3장 과학기술과 헌법에서 인용한 바와 같다.

A규약 제15조의 내용은 세계인권선언 제27조와 큰 틀에서 다르지는 않다. 일단 세계인권선언 제27조 제1항은 A규약 제15조 제1항 제2호에 반영되어 있는데, A규약에서는 과학의 진보 및 응용으로부터 이익을 향유할 권리(To enjoy the benefits of scientific progress and its applications)라고 표현되어 있다. 세계인권선언과 비교했을 때, 달라진 점은 이익을 공유할(share) 권리가 향유할(enjoy) 권리로 수정되어 있고 과학적 발전(scientific advancement)이 과학적 진보와 응용(scientific progress and its applications)으로 수정되어 있는 점이다. 이는 세계인권선언의 문언에 규범력을 더하고 더 구체적으로 표현하려는 의도로 수정되었다고 할 수 있다. 그리고 세계인권선언 제27조 제2항은 A규약 제15조 제1항 제3호에 반영되어 있는데, 보호받을 권리(right to the protection)가 보호로부터 이익을 받을 권리(right to benefit from the protection)로 약간 더 구체화되어 있다.

하지만 무엇보다 A규약의 의미는 A규약에 참여한 당사국들이 규약에 따른 의무를 지게 된다는 점이다. 따라서 A규약 제15조가 세계인권선언과 가장 큰 차별을 갖는 것은 동조 제1항이 아니라 제2항 내지 제4항의 당사국에 관한 규정이다. 우선, A규약 제15조 제2항에서 당사국은 첫째, 권리의 완전한 실현의 달성(to achieve the full realization of this right)을 추구해야 하며, 둘째, 이를 위해 과학의 보존, 발전 및 보급(the conservation, the development and the diffusion of science)을 위한 제반조치를 시행해야 한다. 과학에 관한 권리를 완전히 실현하기 위해 과학의 발전과 보급을 위해 필수적인 조치를 취할 것을 당사국에게 의무지은 것은 과학기술과 인권의 측면에서 큰 의의가 있지만, A규약에 참여하고 있는 우리나라에 이에 관하여 헌법과 법률에 제대로 명시되어 있지 않은 것은 안타까운 일이다.

이어서 A규약 제15조 제3항은 당사국에게 '과학적 연구와 창조적 활동에 필수 불가결한 자유를 존중'할 것을 요구하고 있는데, 이는 대한민국 헌법 제22조 제1항의 '학문의 자유'에 포함될 수 있는 내용이다.[373] 동조 제4항은 당사국의 국제적 협력에 관한 의무를 규정하고 있는데, 우리나라 과학기술기본법 제18조에 관련된 규정을 가지고 있다.[374]

한편, B규약에서는 제7조에서 과학기술에 관한 중요한 조항을 두고 있다.

그 내용은 아래와 같다.

> 제7조 어느 누구도 고문 또는 잔혹한, 비인도적인 또는 굴욕적인 취급 또
> 는 형벌을 받지 아니한다. 특히 누구든지 자신의 자유로운 동의 없이 의
> 학적 또는 과학적 실험을 받지 아니한다.

이 조항 뒷 문장의 내용은 잘 알려져 있는 나치의 인체실험을 비롯한 여
러 생명윤리 사건들에 대한 반성에서 이루어진 것이다. 나치 전범에 대한 뉘른
베르크 재판에서 발표된 뉘른베르크 강령, 세계의사회에서 만든 헬싱키 선언
등이 모두 의학적, 과학적 실험에서 연구대상자에게 충분한 설명에 의한 동의
(informed consent)를 얻어서 인간 대상 연구를 시행할 것을 규정하고 있는데, B
규약 제7조의 후단과 이와 같은 맥락의 규정을 두고 있다.[375)]

전반적으로 보자면, 세계인권선언과 UN국제규약은 세계전쟁의 역사적 경
험에 대한 반성으로부터 나온 것은 사실이지만, 과학 그 자체가 위험하기보다
과학을 정치적, 경제적으로 이용하려는 사람들이 더 문제라는 과학의 중립성
(neutrality of science) 테제에 기반하고 있다고 할 수 있다. 사실 서구의 근대는
과학혁명과 그에 기반한 산업혁명이라는 큰 계기에 의해 번성하게 된 것이 사
실이다. 이런 역사적 변화 속에서, 과학기술은 문명의 토대이며 과학기술을 자
유롭게 연구하고 그 혜택을 모든 사람이 누릴 수 있다면 인류는 더욱 번성할
것이라는 기대가 형성되었다. 즉, 과학기술을 악용하는 정치적, 경제적 세력만
인권을 통해 견제할 수 있다면 과학기술은 문명의 진보에 크게 기여할 것이라
고 인식한 것이다. 이런 인식이 1단계 과학기술인권의 특성이라고 할 수 있
다.[376)]

그런데 1968년 테헤란 국제인권회의에서 채택된 테헤란 선언, 1993년 빈
국제인권회의에서 채택된 빈 선언 등 1970년에서 현재에 이르는 여러 국제규
범들에서는 과학기술인권에 과학기술에 대한 위험에 대한 경각심을 강조하고
이 위험이 인권에 미치는 영향을 제거하기 위해 국가적 노력이 필요함을 강조
하는 경향으로 변모하였다.[377)] 이를 1단계 과학기술 인권과 구별하여 2단계 과
학기술인권이라고 할 수 있을 것인데, 이 2단계 과학기술인권은 과학기술 자체
에 대한 통제가 필요하다는 점, 그리고 그 통제는 시민에 의해 이루어지는 것
이 바람직하다는 점을 강조하고 있다.[378)]

이런 과학기술인권 규범들이 정하고 있는 내용들은 과학기술윤리에서 고
려해야 할 최소한을 담고 있다고 할 수 있다. 즉, 과학기술윤리가 무엇인지 그

에 대해 숙고하고 토론할 때 그 최소한의 준거 내용은 이들 과학기술인권 규범에 의존해야 할 것이다. 이들 규범은 전 세계적으로 보편적으로 합의된 내용이라고 할 수 있기 때문이다. 그리고 이들 중 우리나라도 채택한 국제 규범은 단지 선언적 효력을 갖는 것을 넘어 법적 효력을 가지게 된다. 왜냐하면 대한민국 헌법 제6조 제1항은 "헌법에 의하여 체결·공포된 조약과 일반적으로 승인된 국제법규는 국내법과 같은 효력을 가진다"라고 규정하고 있기 때문이다.

2. 과학기술윤리법

과학기술윤리법은 과학기술윤리에 대한 법적 접근 또는 법적 대응을 의미한다고 일응 정의할 수 있다. 앞서 언급한 과학기술인권에 관한 국제규범 중에서 대한민국 헌법 제6조 제1항에 의해 국내법과 같은 효력을 가지는 것들은 당연히 과학기술윤리법의 범주에 해당하고 그 내용을 구성한다. 또한 우리나라에서는 이들 국제규범 이외에도 법령으로 과학기술윤리에 대한 내용을 정하고 있다.

국제규범과 국내 법령에 의해 과학기술윤리를 정하는 것은 과학기술윤리가 법령으로 제도화되었다는 의미를 가진다. 앞에서 언급했듯이 과학기술윤리는 과학기술 연구와 개발에서 응용에 이르는 전 단계를 대상으로 한다. 따라서 과학기술윤리는 포괄적인 범주로 파악되는 것이 바람직하고, 따로 과학윤리나 기술윤리로 구분하는 것은 큰 의미가 없다. 다만 역사적으로 과학기술윤리에 대한 법제화 과정을 거치면서, 서로 구분되는 제도나 법령으로 정립된 경우들이 존재할 뿐이다. 이렇게 역사적으로 정립된 법제화를 통해 볼 때, 가장 많이 정립된 범주로는 생명윤리(bioethics), 연구진실성(research integrity), 동물실험윤리, 공학윤리, 나노윤리 등을 들 수 있을 것이다. 최근에는 과학기술의 주제에 따라 로봇윤리, 인공지능윤리, 인터넷윤리, 정보통신윤리 등에 대해 논의가 진행되고 있다. 그런데 우리나라의 과학기술윤리 법제에서는 과학기술윤리를 포괄적으로 다루고 있지 않고, 몇몇 범주로 나누어 개별 법령으로 다루고 있을 뿐이다. 이렇게 개별 법령으로 다루고 있는 대표적인 예가 생명윤리, 연구진실성, 동물실험 등이다. 이 글에서는 법령에 제도적 근거를 가지고 있는 생명윤리, 연구진실성, 동물실험을 기본적인 범주로 다룬다.

그런데 이렇게 범주별로 과학기술윤리법의 문제를 다루기 전에, 과학기술윤리에 대해 법적 접근 혹은 법적 대응을 한다는 것이 무엇을 의미하는지 살펴볼 필요가 있다. 먼저, '윤리'의 뜻을 먼저 생각할 필요가 있다. 도덕(moral)과

윤리(ethics)를 같은 의미로 파악하는 경우도 있지만, 도덕과 윤리를 다르게 파악하는 경우도 많다. 윤리를 넓은 의미로 파악하는 경우에는 윤리는 도덕뿐만 아니라 사회규범 일반을 가리키는 말로 이해할 수 있다. 그렇다면 과학기술윤리라는 표현에는 법규범에 관한 내용도 이미 포함되어 있다고 할 수 있다.[379] 이렇게 이해한다면 과학기술윤리법은 과학기술윤리와 구별되는 것이 아니고, 과학기술윤리에 이미 포함되어 있는 요소라고 말할 수 있다. 즉, 과학기술윤리법은 과학기술윤리 중 하나의 요소이며 과학기술윤리가 과학기술에 대한 사회규범 일반을 의미한다면, 과학기술윤리법은 그 내용이 되는 사회규범 중에서 특히 법규범에 초점을 맞춘 접근을 의미한다고 할 수 있다.

그런데 과학기술윤리의 법규범은 관습이나 도덕과 같은 다른 사회규범이 갖지 못한 특수성을 가지고 있다. 사회에서 가장 논란이 되는 과학기술윤리 쟁점들에 대응하기 위해서는 관습이나 도덕 이외에 법규범이 필요할 경우가 많다. 법은 사회적 갈등을 관리하고 공존 가능한 사회적 가치를 형성해 감으로써 공동체를 유지하고 개선해 가는 권위적 규범이기 때문에, 논란이 되는 사회적 쟁점에 대해서 다양한 법적 이해와 평가가 필요하다. 특히 과학기술윤리의 쟁점 중에는 세계와 인간의 삶에 대한 근본적인 입장에 근거하기 때문에, 서로 양립 불가능한 대립되는 주장들이 경합하는 경우도 많다. 만일 이런 사회적 갈등이 있다면 도덕이나 관습으로 해결할 수 없는 경우가 많을 것이다. 이 경우에는 도덕이나 관습 혹은 종교로부터 등거리에 있는 규범인 법규범이 공동체의 유지와 공존을 이유로 개입하는 것이 요청될 수 있다.[380]

과학기술윤리법은 어떤 특성을 가지고 있을까? 과학기술윤리법을 과학기술윤리에 대한 법규범의 총체로 이해한다면, 자칫 과학기술윤리법이 과학기술윤리에 대한 법적 개입을 우선시하는 입장으로 오해될 수 있다. 그러나 법규범이 앞장서서 강제적으로 규제하는 역할을 수행하는 것이 바람직하다고 할 수는 없다. 왜냐하면 무분별한 법적 개입은 쉽게 법으로 무엇이든 할 수 있다는 법 만능 의식과 문화를 심어줄 수 있으며, 법으로 강제적으로 금지하고 제한하는 것은 또 다른 부작용을 낳을 수 있기 때문이다. 즉, 법은 공권력을 전제로 하고 있으며, 특히 형벌의 경우 국민의 신체, 재산, 생명을 침해할 수도 있는 것이기 때문에 그 적용에 있어 신중해야 하는 것이다. 그러므로 궁극적으로 왜 법령으로 규제하려고 하는가를 늘 묻지 않을 수 없다. 과학기술윤리법이 규제하려고 하는 것이 사회적으로 해악을 가한 사람을 응보하고 처벌하려고 하는 것이 근본적인 목적인지, 아니면 새로운 과학기술의 쟁점에 대해 사회적으로

토론하고 공론화하는 기회를 부여하여 전문직 문화를 개선하고자 하는 것이 목적인지 고민하여야 할 것이다. 만일 후자가 중요하다고 생각한다면, 법률을 통한 처벌은 최소화하고, 과학기술에 대한 전문직 문화를 형성하고 개선하기 위한 국가의 법적 개입이 더 필요할 것이다.381)

　　이렇게 새로운 과학기술의 시도가 사회적으로 수용될만한 것인지 여부에 대한 쟁점을 일차적으로 과학기술에 종사하는 전문직 사회에서 공론화되고 토론되는 것이 궁극적으로 바람직하다면 규제 모델 중에서는 자율 규제 모델이 가장 적합한 형태의 규제 모델이라고 할 수 있겠다. 무엇보다 과학기술 분야는 특화되고 전문화된 영역이어서 일반 사람들이 접근하는 데는 한계가 있다. 따라서 과학기술 종사자들이 스스로 제한하고 규제하지 않으면 사회적으로 바람직한 결과를 얻지 못하게 될 수 있다. 그렇다고 해서 자율 규제 모델만으로 과학기술윤리법을 구성할 수는 없다. 예를 들어, 인간복제 문제와 같이, 너무 사회적 해악이 강하고 그 함의가 분명한 경우에는 법령을 통해 직접 규제해도 무방하기 때문이다. 따라서 자율 규제를 근간으로 하되, 부분적으로 직접 규제와 행정 규제를 보완적으로 시행할 수 있는 복합 모델이 가장 현실성 있는 입법 모델이 될 것이다.382)

Ⅲ. 과학기술윤리법의 현황과 쟁점

　　위와 같은 논의를 바탕으로 이 부분에서는 국내 과학기술윤리법에 해당하는 내용을 다루도록 한다. 앞서 언급한 것처럼, 생명윤리, 연구진실성, 동물실험 등과 같이 법령으로 제도화되어 있는 부분을 주로 소개하도록 한다.

1. 생명윤리와 법

가. 생명윤리와 법적 대응

　　최근의 의생명과학은 그 이전 시대보다 훨씬 더 많은 사회적 관심의 대상이 되고 있으며 더 많은 사회적 책임을 부담하게 되었다. 이러한 상황 속에서 의학과 생명과학은 스스로 자신의 정당성과 가치에 대해 진지한 성찰을 하지 않을 수 없게 되었다. 그러한 성찰의 방식으로 제기된 것이 생명윤리(Bioethics)이다. 생명윤리란 용어가 처음 사용된 것은 1970년대 초로서, 생명윤리는 불과 40년 정도 밖에 되지 않은 새로운 규범체계이며, 학문이라고 할 수 있다. 이 용어를 처음 사용한 미국의 종양학자 포터(Van Rensselaer Potter)는 생명윤리를

"생물학 지식과 인간의 가치체계에 대한 지식을 결합한 새로운 학문분야"로 정의하였다. 이 교재에서는 이 정의를 약간 수정하여 생명윤리를 "의학과 생명과학의 새로운 지식체계에 대한 사회적 함의와 정당성을 비판적으로 고찰하는 규범체계 및 학문"이라고 정의하기로 한다. 이렇게 정의된 생명윤리를 편의상 '엄격한 의미의 생명윤리'라고 부를 수 있다.383)

엄격한 의미의 생명윤리는 크게 네 부분으로 구성되어 있다. 첫째, 생명윤리는 의학과 생명과학의 새로운 지식체계를 전제로 한다. 따라서 의학과 생명과학 및 이와 관련된 것 이외의 지식체계는 주요 논점으로 다루지 않는다. 그리고 의학과 생명과학 내에서도 특히 새롭게 제기되는 지식체계가 주된 관심이 된다. 둘째, 생명윤리는 이 지식체계들의 사회적 함의와 정당성을 고찰한다. 이 지식체계 자체의 논리성과 학문성은 의학과 생명과학이라는 학문이 자체적으로 담당할 문제이다. 이처럼 생명윤리는 사회적 함의와 정당성을 고찰하기 때문에 이를 고찰하기 위한 철학, 윤리학, 사회과학, 법학 등의 다양한 접근방법을 필요로 한다. 셋째, 생명윤리는 비판적으로 고찰하는 학문이다. 이는 두 가지 의미를 가지고 있는데, 먼저 비판적으로 고찰한다는 것은 그 지식체계 자체의 성립요건조차도 고찰의 대상이 될 수 있다는 것을 의미한다. 다음으로, 비판적으로 고찰한다는 것은 그 시대의 지배적인 의견이나 가치에 매몰되지 않고 이성적인 관점에서 생명과학의 결과물을 바라본다는 것을 의미한다. 황우석 박사 등의 연구결과물이 전 국민을 환호하게 했을 때를 생각해 보면, 비판적으로 고찰한다는 것이 생명윤리에서 얼마나 어려운 일이며 중요한 것인지를 이해할 수 있을 것이다. 넷째, 생명윤리는 규범체계이기도 하고 학문분야이기도 하다. 생명윤리는 단순한 학문이 아니라 의사나 생명과학자에게 실천적으로 주어지는 전문직 윤리이기도 하며, 그 전문직 윤리를 형성시키는 토대로서의 학문분야이기도 하다. 즉, 헬싱키 선언이나 유네스코 생명윤리와 인권에 관한 보편선언 등의 전문직 윤리 자체도 생명윤리라고 할 수 있을 것이고, 이것을 연구하는 학문도 생명윤리라고 할 수 있는 것이다. 이것이 생명윤리가 가지는 특별한 성격 중의 하나이다.384)

생명윤리에 대한 법적 접근은 여러 가지 함의를 가지고 있다. 첫째, 생명윤리의 주제는 최근 사회에서 가장 논란이 되는 사회적 쟁점들이다. 법은 사회적 갈등을 관리하고 공존 가능한 사회적 가치를 형성해 감으로써 공동체를 유지하고 개선해 가는 권위적 규범이기 때문에, 가장 논란이 되는 사회적 쟁점에 대해서는 다양한 법적 이해와 평가가 필요하다. 둘째, 생명윤리의 쟁점에 대해서는 생명에 대한 근본적인 입장에 근거한 양립불가능하게 대립되는 주장들이 제기되는 경우가 많다. 따라서 그와 관련된 사회적 갈등이 있다면 이는 자체적으로 해소되기 어렵다. 그렇기 때문에 공동체의 유지와 공존을 위해 법적 권위에 의한 해결이 요구된다. 셋째, 생명윤리에서 문제가 되는 사례들은 새롭게 생겨나는 대표적인 사회현상이기 때문에 기존의 법리로는 해결하기 어려운 경우들도 많다. 이처럼 생명윤리 문제를 다룸으로써 기존의 법리가 가지고 있는 한계를 이해할 수 있고, 새로운 법리의 형성도 가능할 것이다.385)

다만 생명윤리에 대한 법적 접근을 넘어, '생명윤리법'이라는 개념이 확립되어 있는 것은 아니다.386) 외국의 사례를 보면, 법과 생명윤리(Law and bio-ethics), 생명의료법(Biomedical law)라는 이름 등으로 생명윤리법을 표현하고 있다. 우리나라에서는 "생명윤리 및 안전에 관한 법률"이 제정되어 있고 이 법률을 약칭하여 생명윤리법이라고 부르고 있으나, 생명윤리법은 구체적인 어떤 법률로 한정하지 않고 생명윤리와 관련된 법을 보다 포괄적으로 부르는 것으로 이해하는 것이 바람직할 것이다. 그렇다면 생명윤리법의 대상은 생명윤리의 대상과 외연을 같이 한다고 할 수 있다. 생명윤리의 대상은 일반적으로 출산, 낙태, 보조생식, 질병치료, 유전자검사와 유전자연구, 유전정보의 보호, 인간대상 연구, 장기와 조직 등의 이식, 뇌사, 동물실험, 유전자조작, 안락사와 연명치료 중단 등 대단히 포괄적이라고 할 수 있으며, 마찬가지로 생명윤리법 또한 그 주제들에 대한 법적 접근을 의미하기 때문에 그 대상이 대단히 포괄적이다. 따라서 이런 맥락으로 생명윤리법을 정의한다면 생명윤리법에 속하는 개별 법률들에는 "생명윤리 및 안전에 관한 법률" 이외에 "장기등 이식에 관한 법률", "모자보건법", "인체조직 안전 및 관리 등에 관한 법률", "의료법", "약사법". "동물보호법", "실험동물에 관한 법률" 등 상당히 많은 것들이 포함될 수 있다. 이와 더불어 이런 개별 법률들 이외에 연명치료중단, 인공수정, 대리모 등에 관한 다수의 관련 판례들도 생명윤리법에서 다루어야 할 대상이 된다. 그리고 이러한 생명윤리법 분야를 다루는 학문을 생명윤리법학이라고 할 수 있을 것이다.387)

나. 생명윤리 및 안전에 관한 법률

"생명윤리 및 안전에 관한 법률(이하 '생명윤리법'으로 약칭함)"은 2004년 1월 29일 법률 제7150호로 제정되어 2005년 1월 1일부터 시행되고 있는 법률이다. 현재의 생명윤리법은 2012년 2월 1일 법률 제11250호로 전부 개정되어 2013년 2월 2일부터 시행되고 있는 법률에 근거하고 있으며, 2013년 이후 6번의 일부

개정이 부분적으로 이루어졌다. 현재 생명윤리법은 9개 장과 부칙으로 구성되어 있으며, 본문 총72개 조문과 부칙 1개 조문을 가지고 있다.

2005년 생명윤리법이 처음 시행되었을 때에는 그 내용이 제1장 총칙, 제2장 국가생명윤리심의위원회 및 기관생명윤리심의위원회, 제3장 배아 등의 생성·연구, 제4장 유전자검사, 제5장 유전정보 등의 보호 및 이용, 제6장 유전자치료, 제7장 감독, 제8장 보칙, 제9장 벌칙 등으로 구성되어 있었다. 이를 단순화하면, 국가생명윤리심의위원회와 기관생명윤리심의위원회라는 생명윤리 현안을 심의하는 2개의 위원회 구조하에서, 주로 배아와 유전자에 관한 내용을 규율하였다. 그런데 이미 위에서 얘기했듯이, 생명윤리 문제는 배아와 유전자에 국한되지 않으며, 나치 인체실험 이후 생명윤리 역사에서 가장 중요하게 다루어진 것이 연구대상자의 인권과 안전을 보호하는 것이었다. 그래서 2013년부터 전부 개정에 의해 시행된 현재 생명윤리법은 인간 대상 연구와 인체유래물 연구에 대한 규정을 추가하여 좀 더 포괄적인 생명윤리 쟁점을 다루도록 하였다. 이에 따라 현재 시행되고 있는 생명윤리법은 제1장 총칙, 제2장 국가생명윤리심의위원회 및 기관생명윤리심의위원회 등, 제3장 인간대상연구 및 연구대상자 보호, 제4장 배아 등의 생성과 연구, 제5장 인체유래물연구 및 인체유래물은행, 제6장 유전자치료 및 검사, 제7장 감독, 제8장 보칙, 제9장 벌칙으로 구성되어 있다.

생명윤리법은 제1조에서 "인간과 인체유래물 등을 연구하거나, 배아나 유전자 등을 취급할 때 인간의 존엄과 가치를 침해하거나 인체에 위해를 끼치는 것을 방지함으로써 생명윤리 및 안전을 확보하고 국민의 건강과 삶의 질 향상에 이바지함을 목적"으로 한다고 규정하고 있고, 제4조에서는 제1항에서 "생명윤리 및 안전에 관하여는 다른 법률에 특별한 규정이 있는 경우를 제외하고는 이 법에 따른다."고 하고 있을 뿐 아니라 제2항에서 "생명윤리 및 안전에 관한 내용을 담은 다른 법률을 제정하거나 개정할 경우에는 이 법에 부합하도록 하여야 한다."고 규정하고 있다. 따라서 생명윤리법은 생명윤리법에서 정한 내용에 대해서는 다른 법률보다 우선 적용되고, 다른 법률이 제정 혹은 개정할 경우에도 생명윤리법에 부합하도록 하는 특별한 효력을 갖는다.

생명윤리법의 내용에서 가장 핵심적인 기구는 기관생명윤리위원회(이하 '기관위원회'라고 함)이다. 기관위원회는 인간 대상 연구[388], 인체유래물 연구[389]를 수행하는 연구자가 소속된 기관뿐 아니라 배아생성의료기관, 배아연구기관, 체세포복제배아등의 연구기관, 인체유래물은행, 배아줄기세포주연구기관[390] 등에 설치되어, 연구계획의 심의, 연구대상자등391)으로부터 적법한 절차에 따라 동의를 받았는지 여부, 연구대상자등의 안전과 개인정보 보호에 관한 사항을 심의한다.392) 기관위원회는 이와 같은 심의 기능 이외에도 해당 기관에서 수행중인 연구의 진행과정 및 결과에 대한 조사·감독, 기관의 연구자 및 종사자교육, 취약한 연구대상자등의 보호 대책 수립, 윤리지침 마련 등의 기능도 수행하도록 되어 있다.393) 기관위원회는 이처럼 각 연구기관 단위로 설립되어, 각 기관에서 연구를 시행할 때 발생할 수 있는 생명윤리적 쟁점들을 책임성 있게 대응하는 역할을 수행한다. 기관위원회는 유전자검사기관을 제외하고는 생명윤리법에서 다루는 모든 주제에 관한 연구 및 생명윤리 활동394)을 관장하고 있다는 점에서, 생명윤리법의 중추를 이루고 있다. 그리고 생명윤리법은 생명윤리 문제에 대한 고도의 정책적 사안을 심의하기 위해 대통령 소속으로 국가생명윤리심의위원회를 설치하도록 하고 있다.

생명윤리법은 제1조 목적에서 언급하고 있듯이, 인간과 인체유래물을 '연구'하는 것과 배아나 유전자 등을 '취급'하는 상이한 종류의 생명윤리 활동을 규율하고 있다. 그중에서 '연구'에 해당하는 것이 인간 대상 연구, 인체유래물연구, 배아 연구, 체세포핵이식배아 연구, 단성생식배아 연구, 배아줄기세포주연구, 유전자 치료에 관한 연구 등이고, 연구에 해당하지 않는 것으로 배아, 생식세포 등의 취급, 배아 생성, 인체유래물 은행의 운영, 유전자검사 기관의 운영, 환자에 대한 유전자치료 등이 해당한다. 그리고 이런 연구와 취급 이외에 중요한 생명윤리 문제에 대해서 규율하고 있는데, 제20조에서 정하는 인간복제의 금지395), 제21조에서 정하는 이종 간의 착상 등의 금지396), 제46조에서 정하는 유전정보에 의한 차별 금지397) 등은 그 예에 해당한다.

생명윤리법은 새로운 의생명과학기술이 출현하면, 이 과학기술의 연구와개발을 허용할 것인지 여부에 대해 숙명적으로 다룰 수밖에 없다. 최근 배아를대상으로 한 유전자가위 기술 적용에 대한 문제, 유전자치료제 연구의 허용 범위에 대한 문제, 소비자가 직접 의뢰하는 이른바 DTC 유전자 검사 문제 등이생명윤리법과 관련하여 사회적 쟁점이 되는 것도 이에 해당한다. 그러나 생명윤리법은 새로운 의생명과학기술은 무조건 허용되어서는 안 된다고 말하고 있는 것은 아니다. 생명윤리법 제3조 제1항에서 언급하고 있듯이, 인간의 존엄과가치를 침해하는지 여부 그리고 연구대상자등의 인권과 복지가 우선적으로 고려되는지 여부에 비추어 판단하여야 할 것이다. 이런 측면에서 생명윤리법이개개 의생명과학기술을 다루는 방식이 타당한지에 대해서는 비판적인 목소리가 많다. 바람직한 것은 인간의 존엄과 가치 및 인권과 자율성을 지키는 것이고, 이는 헌법, 유네스코 생명윤리와 인권 보편선언 등의 취지이며, 생명윤리법은 이를 실현하기 위한 세부 원칙과 생명윤리 인프라를 형성하는 일종의 기본법으로 기능하는 것이 아닐까 생각한다.398)

2. 연구진실성과 법

가. 연구진실성과 법적 대응

연구진실성에 관한 법제는 1980년대 미국에서 처음 정립되었다. 1981년 미 의회는 1974년에서 1980년 사이에 일어난 12건의 연구부정행위를 조사하는 위원회399)를 만들었는데, 이 위원회가 연구부정행위를 공적 쟁점으로 부각시킨 계기가 되었다. 이후 1985년 "보건 연구 확대법(Health Research Extension Act)"으로 명명된 "공중보건법(Public Health Act)" 개정안을 통과시켰는데, 이에 따라 개정된 공중보건법 제493조에 연구진실성에 관한 최초의 조항을 두게 되었다. 이에 근거하여 1986년에 미국국립보건원(NIH)에서 "연구비 지원 및 계약에 대한 지침(NIH Guide for Grants and Contracts)"을 제시하게 되었고, 1989년 연방규정인 42 CFR Part 50, Subpart A400)로 법제화를 완료하게 되었다. 이에 근거하여 1989년에 연구부정행위에 관한 업무를 담당하는 연방기관으로 OSI(Office of Scientific Integrity)와 OSIR(Office of Scientific Integrity Review)이 설립되었는데, 이 두 기관은 1992년 ORI(Office of Research Integrity)로 통합되어 현재에 이르고 있다.

나. 학술진흥법과 연구윤리 확보를 위한 지침

우리나라에서는 황우석 연구부정 사건 이후 연구윤리와 연구진실성에 대한 사회적 관심이 높아짐에 따라 2007년 2월 과학기술부 훈령 제236호로 "연구윤리 확보를 위한 지침(이하 '연구윤리지침'이라 함)"이 처음 마련되었다.401) 이는 대학 등 연구기관의 자율적인 규정 마련의 토대가 됨으로써 대학 등 연구기관과 연구자들이 연구윤리에 대한 관심을 높이고 바람직한 연구윤리의 실천을 위해 노력해야 한다는 인식을 갖도록 하는 계기가 되었다. 특히, 이 지침에서는 국가로부터 연구비를 지원받는 모든 기관의 경우 정부의 연구윤리 확보를 위한 지침에 근거하여 자율적으로 자체 규정을 제정하여 운영하고 연구부정행위를 예방하기 위한 연구윤리교육을 강화하도록 하고 있다.402)

그런데 이 훈령의 중요성에 비해 실효성을 담보할 만한 법률적 근거가 미약하다는 지적이 많았다. 이에 2011년 법률 제10877호로 전부 개정되고 2012년 1월 시행된 "학술진흥법" 제15조에 '연구윤리의 확보'라는 표제 아래 처음으로 법률적 근거를 마련하였다.[403] 학술진흥법에서 연구윤리 확보를 위한 시책을 추진하는 주체는 처음에는 교육과학기술부장관이었는데, 정부의 직제가 변경되어 2013년 타법 개정에 따라 주체가 교육부장관으로 변경되었다. 이에 따라 2014년 '연구윤리 지침' 5차 개정부터 교육부 훈령으로 변경되어 시행되고 있다.

학술진흥법 제15조는 제1항에서 교육부 장관에게 연구윤리 지침을 마련하는 등 연구윤리 확보를 위한 시책을 세우고 추진할 책무를 부과하고 있으며, 제2항에서 시책의 효율적 추진을 위한 경비의 일부 또는 전부를 지원할 수 있도록 하고 있다. 대학등[404]은 자체 연구윤리규정을 마련하고 시행할 책무를 지고 있다.

교육부 장관이 연구윤리지침을 작성할 경우에는 학술진흥법 시행령 제15조 제1항에 따라 연구부정행위의 범위, 연구윤리정책 등에 대한 자문기구의 설치, 연구윤리 교육의 시행, 대학등의 자체 연구윤리규정 제정·시행에 관한 사항, 연구부정행위의 검증에 관한 사항, 연구부정행위의 처리에 관한 사항 등을 포함하여야 하며, 대학등의 의견을 들어야 한다. 대학등은 학술진흥법 시행령 제17조에 따라 연구부정행위의 방지·검증 및 제재조치가 포함된 자체 연구윤리규정을 마련하여야 하며, 시행령 제2항에 따라 교육부장관은 사업비를 지원받은 대학등의 장이 자체 연구윤리규정을 마련하여 실효성 있게 운영하고 있는지를 점검할 수 있도록 하고 있다.

2018년 교육부훈령 제263호로 개정된 연구윤리 지침은 5개 장 33개 조문과 부칙 2개 조문으로 구성되어 있다. 연구윤리 지침의 제1장은 총칙이며, 제2장은 연구자 및 대학등의 역할과 책임에 대해 규정하고 있다. 특히 연구윤리 지침 제5조는 연구자의 직업윤리 전반에 대해 요약해서 언급하고 있으며,[405] 대학등은 연구윤리 지침에 따라 자체적으로 연구윤리 규정을 마련해야 한다.[406]

연구윤리 지침에서는 연구부정행위에 대해 크게 7가지 범주로 규정하고 있다. 그것은 위조[407], 변조[408], 표절[409], 부당한 저자 표시[410], 부당한 중복게재[411], 연구부정행위에 대한 조사 방해 행위[412], 그 밖에 각 학문분야에서 통상적으로 용인되는 범위를 심각하게 벗어나는 행위 등이다. 다만, 대학등의 장은 이 7가지 범주 외의 행위에 대해서도 자체 지침에 포함시킬 수 있다.[413] 그리고 지침 제13조 제1항에서는 위 연구부정행위에 대한 판단 기준을 정하고 있는데, ① 연구자가 속한 학문 분야에서 윤리적 또는 법적으로 비난을 받을 만한 행위인지 고려 ② 해당 행위 당시의 '연구윤리 확보를 위한 지침' 및 해당 행위가 있었던 시점의 보편적인 기준 고려 ③ 행위자의 고의, 연구부정행위 결과물의 양과 질, 학계의 관행과 특수성, 연구부정행위를 통해 얻은 이익 등의 종합적 고려 등이 그것이다. 앞서 언급한 미국의 연구진실성 규정에는 연구부정행위를 위조, 변조, 표절에 한정하고 있는데, 우리나라 규정은 이 보다 폭넓게 연구부정행위를 정하고 있는 것이 특징이다. 이는 우리나라의 연구 문화가 아직 성숙하지 못한 단계여서, 바림직한 연구 문화 형성을 위해서는 포괄적으로 연구부정행위를 정하는 것이 더 낫다는 판단에서 비롯한 것으로 보인다.

연구부정행위 제보를 위해 교육부 장관, 전문기관[414] 및 대학등의 장은 연구부정행위 제보 접수창구를 마련하여야 하며, 교육부 및 전문기관이 제보를 접수하거나 연구부정행위 발생을 인지한 경우에는 해당 기관에 내용을 이관하여 조사하도록 하여야 한다.[415] 이처럼 연구부정행위를 검증하는 1차적 책임은 해당 연구가 수행될 당시 연구자의 소속 기관에 있으며, 대학등은 조사위원회 등을 두어야 한다.[416] 조사위원회는 연구부정행위를 입증할 책임을 지며, 제보자와 피조사자에게 의견진술, 이의제기 및 변론의 권리와 기회를 보장하여야 한다.[417] 조사위원회는 부당한 압력이나 간섭을 받지 않고 독립성과 공정성을 유지할 수 있어야 하며, 대학등의 장은 이를 위해 노력할 책무를 진다.[418]

연구부정행위 검증은 예비조사, 본조사, 판정의 절차를 거쳐야 한다.[419] 예비조사 기구는 해당기관의 장이 자율적으로 정하고,[420] 본조사는 위의 조사위원회가 맡으며,[421] 판정은 해당기관의 장이 조사결과를 확정하여 이를 제보자와 피조사자에게 문서로 통보하는 것을 말한다.[422] 판정에 대해서는 제보자와 피조사자 모두 이의신청을 할 수 있고, 이의신청 절차가 종료되면 대학등의 장은 연구부정행위에 대해 적절한 조치를 취하여야 한다.[423]

연구진실성에 대한 이런 지침은 그 자체로 의미가 있지만, 그럼에도 불구하고 대학 등과 연구자가 연구윤리에 적합한 연구문화를 마련하는 것이 근본적인 해결책이라 할 것이다. 무엇보다 연구부정행위에 대한 검증은 이미 연구부정행위에 의심되는 행위가 발생한 이후에 이루어지는 것이기 때문에, 사전에 이런 연구부정행위가 이루어지지 않도록 예방할 수 있는 다양한 조치가 필요할 것으로 생각된다. 그러나 이에 관하여 연구윤리 지침은 한 개 조문[424]을 두고 있을 뿐인데, 이를 넘어서서 보다 다양한 연구윤리 문화 조성을 위한 시책이 마련되어야 할 것으로 생각된다.

3. 동물실험윤리와 법

가. 동물실험윤리와 법적 대응

의생명과학이 발전하기 위해서는 사람을 상대로 임상시험을 직접 해보아야 그 연구 결과물이 인간에게 위험하지는 않은지, 효능이 있는지 등을 구체적으로 알 수 있다. 그런데 인간을 대상으로 하는 임상시험을 시작하기 위해서는 임상시험에 참여하는 피험자에 대한 위험성에 대해 합리적으로 예측할 수 있는 데이터나 정보를 어느 정도 가지고 있어야 한다. 이때 그 데이터를 얻기 위해 시행하는 것이 동물실험이다. 즉, 동물실험을 통해 인간을 대상으로 임상시험을 하는 것의 위험성과 성공가능성 등을 미리 예측하게 된다. 뿐만 아니라 이런 전임상시험을 위한 동물실험 이외에도 기초연구 단계에서 동물을 대상으로 수많은 연구가 이루어지고 있다. 실험동물로는 래트(rat), 마우스(mouse), 토끼, 개, 닭 등이 흔히 사용되며 필요에 따라 원숭이, 침팬지, 소, 말, 거북이, 개구리, 혹은 어류가 사용되기도 한다. 그런데 이러한 동물실험에 사용되는 동물은 실험하는 과정에서 대부분 다치거나 죽게 된다. 즉, 의생명과학의 발달은 결국 실험동물의 생명과 신체에 대한 침해를 필수불가결하게 가져오는 것이 현실이다.425)

동물실험에 대한 사람들의 견해는 다양하게 나뉜다. 먼저 인간의 복지 증진을 위해 동물을 희생시키는 것은 윤리적으로 문제될 것이 없다는 입장이 있다. 이 입장에 따르면 인간은 동물을 식용으로 삼기 위해 도살하는 것이 윤리적으로 문제가 없는 것과 마찬가지로 인간을 위해 동물을 실험하는 것도 문제가 없다는 것이다. 그러나 다른 입장에 따르면, 동물도 고통과 쾌감을 느끼며 스스로에게 주어진 생명에 따라 자신의 삶을 추구하여야 하는 존재라고 주장한다. 따라서 동물의 생명을 희생하여 인간의 복지를 추구하는 것은 지극히 인간중심적인 종차별적 발상이라는 것이다. 동물을 보호하여야 한다는 입장에도 크게 두 가지 형태로 나뉜다. 그중 하나는 동물에게 인간과 같은 생명을 보호받고 행복을 추구할 권리를 인정하는 동물권(animal rights)을 주장하는 사람들이다. 다른 하나는, 동물이 인간과 같은 권리를 가지는 것은 아니지만, 동물은 지구에서 인간과 같이 살아야 할 동료 생명이므로 당연히 그 복지를 위해 동물을 존중하고 보호하여야 한다는 동물복지(animal welfare) 주장자이다. 절충적인 의견을 제시하는 사람들은 동물이 인간과 동일한 도덕적 지위나 권리를 가지는 것은 아니지만, 마구잡이로 동물을 희생시키거나 불필요한 고통을 주는 것은 동물을 위해서 뿐만 아니라 인간 자신을 위해서도 바람직하지 않다고 주장한다. 이런 입장을 지지하는 사람들은 동물실험 그 자체는 인정하지만 동물실험을 하는 방법과 절차에 대해서는 일정한 규제가 있어야 한다고 주장한다.426)

이러한 절충적인 입장은 동물실험에 대한 생명윤리의 원칙을 세우는데 많은 기여를 하였다. 특히 지금도 동물실험에 대한 생명윤리의 기본원리로 널리 인식되고 있는 3R 원칙(Replace, Reduce, Refine)은 이러한 절충적인 입장을 반영한 대표적인 원리이다. 3R 원칙은 1959년 러셀과 버치가 제안한 것으로 다음 세 가지 내용을 담고 있다. 첫째, 실험동물을 사용하지 않을 가능한 다른 방법이 있다면 그 방법을 추구해야 하며, 고등동물이 아닌 그보다 하급의 동물을 사용할 수 있다면 그렇게 대체하는 것이 바람직하다는 것이다(Replace). 둘째, 가능한 범위 내라면 실험에 사용되는 실험동물의 숫자는 적을수록 바람직하다는 것이다(Reduce). 셋째, 실험 방법을 정교화(Refine)하여 가능한 한 동물이 겪는 불필요한 고통이나 불편을 없애야 한다는 주장이다. 대부분의 동물실험에 관한 규범에는 이 3R원칙을 기본으로 하여 사육과 관리의 과정에서 동물들이 불편함을 겪지 않도록 해야 하고, 실험 시에는 적절한 마취법을 사용하여 고통을 줄여주며, 실험이 끝난 후에는 해당 동물에 적합한 방법으로 고통을 극소화시키거나 안락사를 시킬 것을 요구하는 등의 내용이 포함되어 있다.427)

이와 같은 윤리원칙에 따라 실험동물을 잘 보살피고 적절하게 취급할 때 연구 결과도 기대한 만큼 얻을 수 있는 가능성이 높다. 실험동물이 지나친 고통과 스트레스를 받으면 연구자에게 위험할 뿐 아니라 실험 결과도 왜곡되어 나올 가능성이 높기 때문이다. 그리고 최근에는 동물 실험은 미리 해당 연구의 과학성과 타당성, 동물 사용의 필요성을 검토하는 기관동물실험위원회(IACUC)의 승인을 얻어 하도록 하고 있다. 또한 몇몇 나라들은 멸종 위기 동물이나 고등 영장류를 대상으로 하는 실험은 금지하고 있으며, 동물 실험의 대안으로 컴퓨터 시뮬레이션, 시험관 내 동물 모델, 무척추 동물 등 하등 동물의 사용 등이 활발히 연구되고 있다.428)

나. 동물보호법과 실험동물에 관한 법률429)

이 3R 원칙 등 동물실험에 관한 윤리 원칙들은 여러 나라에서 법제화되어 시행되고 있다. 미국은 1966년 '실험실 동물 복지법(Laboratory Animal Welfare Act)'을 제정하였고, 1970년에 이를 확대 개편한 '동물 복지법(Animal Welfare Act)'에 의해 실험동물에 대한 보호를 시행하고 있다. 미국의 실험동물에 대한 보호는 동물실험을 하는 각 기관에 기관동물실험위원회(Institutional Animal Care and Use Committee, IACUC)를 두고 동물실험에 대한 관리를 하도록 하는 것이 특징이다. 미국뿐 아니라 영국, 독일, 일본을 비롯한 여러 나라에서 동물실험에 대한 법적 규제가 시행되고 있다. 우리나라에서는 1991년 제정된 "동물보호법" 제10조에서 처음으로 실험동물에 관한 규정을 둔 이후 최근까지 관련 규정을 확대하여 왔으며,[430] 2008년에는 "실험동물에 관한 법률"(이하 '실험동물법'이라 한다)이 제정되어 2009년부터 시행되고 있다.

현행 "동물보호법" 제23조에서는 동물실험은 인류의 복지의 증진과 동물 생명의 존엄성을 고려하여 실시하여야 한다는 대원칙과 함께 동물실험에 대한 여러 규정을 두고 있다. 특히 3R 원칙을 법제화하여 규정하고 있다. 동물보호법에 따르면, 동물실험을 실시하고자 하는 때에는 이를 대체할 수 있는 방법을 우선적으로 고려하여야 하며, 고통이 수반되는 실험은 감각능력이 낮은 동물을 사용하여야 한다(Replace).[431] 또한 동물실험은 필요한 최소한의 동물을 사용하여야 한다(Reduce).[432] 그리고 고통이 수반되는 실험에서는 진통·진정·마취제의 사용 등 고통을 덜어주기 위한 적절한 조치를 취하여야 하고,[433] 동물실험을 행한 자는 그 실험이 종료된 후 지체 없이 당해 동물을 검사하여 당해 동물이 회복될 수 없거나 지속적으로 고통을 받으며 살아야 할 것으로 인정되는 경우에는 신속하게 빨리 고통을 주지 아니하는 방법으로 처리하여야 한다(Refine).[434]

이런 실험동물의 보호를 위해 동물보호법 제25조에서는 동물실험시행기관에 동물실험윤리위원회를 의무적으로 설치할 것을 규정하고 있다. 동물실험윤리위원회는 3인 이상 15인 이내의 위원으로 구성되며,[435] 동물실험에 대한 심의와 동물실험이 제23조에 규정된 원칙에 맞게 시행되도록 지도·감독하는 권한 및 동물실험시설의 운영자 또는 종사자에 대하여 실험동물의 보호와 윤리적인 취급을 위하여 필요한 조치를 요구할 수 있는 권한 등을 가지고 있다.[436]

아울러, 동법 제24조는 동물실험의 금지 대상을 규정하고 있는바, 유실·유기동물(보호조치 중인 동물을 포함한다)을 대상으로 하는 실험 및 「장애인복지법」 제40조에 따른 장애인 보조견 등 사람이나 국가를 위하여 사역(使役)하고 있거나 사역한 동물로서 대통령령으로 정하는 동물을 대상으로 하는 실험이 그러하다. 다만, 해당 동물종(種)의 건강, 질병관리연구 등 농림축산식품부령으로 정하는 불가피한 사유로 농림축산식품부령으로 정하는 바에 따라 승인을 받은 경우에는 동물실험이 예외적으로 가능하다. 최근 동물보호법에 신설되는 조항은 제24조의2(미성년자 동물 해부실습의 금지)이다.[437] 동조에 따르면, 누구든지 미성년자에게 체험·교육·시험·연구 등의 목적으로 동물(사체를 포함한다)

해부실습을 하게 하여서는 안되며, 예외적으로 「초·중등교육법」 제2조에 따른 학교 또는 동물실험시행기관 등이 시행하는 경우 등 농림축산식품부령으로 정하는 경우에는 가능하다.

한편, 이런 동물보호법 이외에 2009년부터 실험동물법을 따로 제정하여 시행하고 있다. 실험동물법에서는 제6조에서 실험동물시설 운영자의 책무를 규정하고 있으며[438], 제7조에서는 동물실험시설에서는 실험동물운영위원회를 의무적으로 설치하도록 규정하고 있다. 실험동물운영위원회는 4인 이상 15명 이내의 위원으로 구성되며, 동물실험의 윤리성, 안전성 및 신뢰성 등을 확보하기 위한 여러 사항을 심의할 권한을 가지고 있다.[439] 실험동물법에서는 동물실험시설 등(제3장), 실험동물의 공급 등(제4장), 안전관리 등(제5장), 기록 및 정보의 공개(제6장) 등에 대하여 포괄적으로 규정하고 있다. 특히 이 법에 따라 동물실험시설은 반드시 식품의약품안전처장에게 등록하여야 하고, 자격 있는 관리자를 두어야 하며,[440] 식품의약품안전처장의 지도와 감독을 받아야 하는[441] 등 그 의무가 강화되었다. 뿐만 아니라 실험동물공급자도 등록하여야 하고,[442] 일정한 준수사항을 이행하여야 하며[443], 식품의약품안전처장의 지도와 감독을 받아야 한다.[444]

이처럼 현재 우리나라의 실험동물의 보호에 관한 법제는 동물보호법과 실험동물법의 두 가지 형태로 규율되고 있다. 그런데 이렇게 이원적으로 관리하는 것이 적정하지도 않고 효율성도 떨어진다는 의문이 제기될 수 있다. 특히 동물보호법상의 동물실험윤리위원회와 실험동물법상의 실험동물운영위원회는 모두 미국법상 기관동물실험위원회(IACUC)를 모델로 하여 제도화된 것으로 비슷한 기능을 보유하고 있다. 동물보호법은 동물실험시행기관에 실험동물 법 제7조에 따른 실험동물운영위원회가 설치되어 있고, 그 위원회의 구성이 동물보호법 제27조 제2항부터 제4항까지에 규정된 요건을 충족할 경우에는 해당 위원회를 윤리위원회로 본다고 규정하고 있다. 실험동물에 관한 보호법제가 이원화된 가장 큰 이유는 동물보호법은 농림축산식품부의 소관법령이며, 실험동물법은 식품의약품안전처의 소관법령이라는 데 있다. 비록 소관부처가 다르기는 하지만, 행정의 효율성을 생각한다면 실험동물에 관한 부처별 기능을 조정하여 관련 사무를 통합 관리하는 것이 바람직할 것이다.

4. 기타 과학기술윤리와 법

이상에서 설명한 생명윤리, 연구진실성, 동물실험윤리는 모두 연구기관에 기관생명윤리위원회, 연구진실성위원회, 기관동물실험윤리위원회 등을 설치하는 등 명확하게 제도화되어 있다는 점에서 특징이 있다. 그런데 생명윤리, 연구진실성, 동물실험윤리 이외에도 과학기술윤리와 관련된 법령 등이 존재한다. 이 절에서는 이에 대해 간략하게 소개한다.

가. 과학기술윤리와 과학기술기본법

과학기술윤리에 대한 일반적인 내용은 "과학기술기본법"에도 반영되어 있다. 우선 과학기술기본법 제2조의 기본이념에서 "과학기술혁신이 인간의 존엄을 바탕으로 자연환경 및 사회윤리적 가치와 조화를 이루"도록 하여야 한다고 규정하고 있다. 그리고 제4조 제5항에서 과학기술인의 윤리에 대해 규정하고 있다. 이는 과학기술인의 전문직 윤리로서 과학기술 윤리를 이해하고 있음을 말해 준다. 이에 따르면, "과학기술인은 자율을 바탕으로 과학기술 활동을 수행하되 과학기술이 미치는 사회적 · 윤리적 영향을 고려하여 진실성 있게 수행하여야 하며, 경제와 사회의 발전을 위하여 과학기술의 역할이 매우 크다는 점을 인식하고 자신의 능력과 창의력을 발휘하여 이 법의 기본이념을 구현하고 과학기술의 발전에 이바지하여야 한다."

나아가 정부는 국가연구개발사업을 추진할 때 '연구윤리의 확보' 등 연구수행의 기반에 관한 사항을 정하여야 하며,[445] 새로운 과학기술의 발전이 경제 · 사회 · 문화 · 윤리 · 환경 등에 미치는 영향을 사전에 평가(기술영향평가)하고 그 결과를 정책에 반영하여야 한다.[446] 또한 정부는 과학기술의 역기능을 방지해야 하는데, 즉 "연구개발성과 또는 과학기술 활동이 국가 · 사회 · 개인에게 해를 끼치거나 윤리적 가치를 침해하지 아니하도록 필요한 조치를 강구하여야 한다."[447]

이처럼 과학기술기본법은 과학기술혁신이 사회윤리적 가치와 조화를 이루어야 한다는 원칙을 천명하고, 과학기술인과 정부에게 각각 윤리적 행위와 조치를 취하도록 책무를 부과하고 있다.

나. 로봇 윤리와 지능형 로봇 개발 및 보급 촉진법

지능형 로봇이란 외부환경을 스스로 인식하고 상황을 판단하여 자율적으로 동작하는 기계장치를 말하는 것으로서, 쉽게 말하면 인공 지능이 탑재된 로봇을 말한다. 우리나라에서는 2008년 "지능형 로봇 개발 및 보급 촉진법(이하 '지능형 로봇법'이라 함)"이 제정되어 시행되고 있는데, 이 법률에도 로봇윤리헌장의 제정에 관한 조항이 있다. 다만 법률적 근거가 있음에도 불구하고 현재 로봇윤리헌장이 제정되어 있지 못하고 있는 상태인 것은 유감이다.

어쨌든 지능형 로봇법 제18조에 따르면 정부는 지능형 로봇 개발자·제조자 및 사용자가 지켜야 할 윤리 등 대통령령으로 정하는 사항448)을 포함하는 지능형 로봇윤리헌장을 제정하여 공표할 수 있고, 헌장의 보급 및 확산을 위한 필요한 조치를 마련하여야 한다. 이 법에서 말하는 "지능형 로봇윤리헌장"이란 지능형 로봇의 기능과 지능이 발전함에 따라 발생할 수 있는 사회질서의 파괴 등 각종 폐해를 방지하여 지능형 로봇이 인간의 삶의 질 향상에 이바지 할 수 있도록 지능형 로봇의 개발·제조 및 사용에 관계하는 자에 대한 행동지침을 정한 것을 말한다.449)

이 지능형 로봇윤리헌장의 실행은 지능형 로봇에 관한 정부의 기본 계획에 포함되어야 하며,450) 로봇산업정책심의회의 심의를 받아야 한다.451) 그리고 이 로봇산업정책심의회에 지능형 로봇윤리헌장 등에 관한 조사·연구 및 의견 수렴을 위하여 로봇윤리자문위원회를 두도록 하고 있다. 또한 한국로봇산업진흥원에게 지능형 로봇윤리헌장의 실행·홍보에 관한 사업을 수행하도록 하고 있다.452)

다. 정보통신윤리와 법

정보통신윤리 혹은 인터넷윤리도 새로운 과학기술윤리 분야로 주목받고 있다. 이 정보통신 윤리는 과학기술인의 전문직 윤리라는 측면도 있지만, 정보통신 과학기술을 이용하는 시민의 윤리적 태도라는 측면이 더 많이 부각되는 것이 특징이다. "국가정보화 기본법" 제2조에서는 정보통신 윤리를 "정보통신 기술을 이용한 정보의 수집·가공·저장·검색·송신·수신 및 그 활용 과정에서 개인 또는 사회 구성원들이 지켜야 하는 가치판단 기준"으로 정의하고 있는데, 이는 과학기술인의 전문직 윤리가 아닌 측면에서 정보통신 윤리를 정의하고 있는 예이다.

"국가정보화 기본법"에 따르면 국가정보화 기본계획에 '건전한 정보통신윤리 확립'에 관한 사항이 포함되어야 한다.453) 한편, 국가기관과 지방자치단체는 '건전한 정보통신윤리의 확립'을 위한 시책454) 및 이에 관한 재원을 마련하여야 하고,455) 시책의 효율적인 수립·시행 등을 위하여 정보화책임관을 두어 '건전한 정보통신 윤리의 확립'을 위한 역할을 담당하도록 하고 있다.456) 그리고 "정보통신망 이용촉진 및 정보보호 등에 관한 법률 시행령" 제2조에서도 정보통신서비스 제공자 윤리강령을 정하여 시행할 수 있도록 규정하고 있다.457)

라. 기타 과학기술윤리 관련 법령

최근에 주목을 받고 있는 과학기술윤리 분야 중에는 나노기술과 뇌신경과학 연구 분야의 윤리가 있다. 이에 대해 우리나라 법률에서 부분적으로 정하고 있는 부분이 있다. 우선 나노기술 윤리에 대해서는 "나노기술개발 촉진법" 제19조에서 나노기술 영향평가에 대한 규정을 두고 있는데, 이 나노기술 영향평가는 과학기술기본법에서 정하고 있는 기술영향평가와 마찬가지로 윤리적 영향을 고려하도록 되어 있다.458)

"뇌연구 촉진법" 제16조에는 실험지침에 관한 규정을 두고 있는데, 동조 제2항에서는 그 실험지침 "뇌연구와 그 산업화 과정에서 예견될 수 있는 생물학적 위험성, 인간에게 미치는 악영향 및 윤리적 문제의 발생을 사전에 방지하기 위하여 필요한 조치 및 안전기준이 마련"하도록 하고 있다.

원자력에 관한 법령에서도 윤리 관련 규정이 존재하는데, "원전비리 방지를 위한 원자력발전사업자등의 관리·감독에 관한 법률"은 원자력발전공공기관은 윤리행동강령을 제정하고 공개하여야 하고,감사를 통해 윤리감사를 실시하여야 한다고 정하고 있다.459) 그리고 윤리감사에 대해서는 산업통상부 장관이 감독·점검하도록 하고 있다.460)

그 외에도 의료법461), 의료기사 등에 관한 법률462) 등에는 윤리위원회 설치에 관한 규정을 두고 있다. 그리고 장기 및 이식에 관한 법률에는 장기 적출과 이식의 윤리적 시행463) 및 그에 따르는 사안을 다루는 윤리위원회를 두도록 하고 있는데464). 인체조직안전 및 관리 등에 관한 법률에도 관련된 조항을 두고 있다.465)

Ⅳ. 과학기술윤리와 법의 과제466)

과학기술윤리법의 관점에서 볼 때, 단순한 사회적 담론이나 윤리적 주장을 넘어 법이라는 사회적 공권력으로 과학기술에 관계된 사회적 현상을 규율하려는 이유는 무엇일까? 첫째, 그것은 과학기술의 어떤 현상들이 기본적으로 공동체에 의미 있는 해악을 가져올 수 있기 때문일 것이다. 공동체에 미치는 의미 있는 해악이란 구체적으로 공동체 구성원에 대한 위험과 안전에 관한 것일 수도 있고, 공동체의 존립을 위해 구성원들이 공유하고 있는 기본 가치를 위협하는 것일 수도 있다. 어떤 이유에서든 공동체는 이 경우 공동체를 존속시키고 유지하기 위해서 법적 수단을 동원하게 된다. 인간 복제를 금지한다든지, 인간 대상 연구를 규제한다든지 하는 것은 이런 의미에서 법적 접근이 필요한 부분이다.

둘째, 공동체에 미치는 직접적인 해악이 아니라 하더라도 공동체 구성원 간의 의견이 너무나 대립되어 사회적 혼란을 가져오고 사회의 통합에 어려움을 준다면 공동체 구성원 간의 공존을 위해 법이 동원될 필요가 있다. 특히 종교적, 도덕적인 가치관이 근본적으로 상반되는 경우라면, 토론과 합의를 통해 어떤 절충이나 타협을 이루기는 극히 어려울 것이다. 이때에는 결국 법이 공동체 구성원 간의 공존을 이루기 위해 '권위적으로' 동원되어 어떤 해결방안을 제시하지 않으면 안 된다.

그렇다면 공동체에 해악을 끼치는 과학기술 연구는 왜 계속해서 수행되며, 사회적으로 논란거리가 되는가? 여기에는 여러 가지 이유가 있겠지만, 근본적으로는 인간이 가지고 있는 끝없는 호기심, 더 나은 생활 및 생명연장에 대한 욕망이 그 이유 가운데 하나일 것이다. 그러한 호기심과 욕망은 사람이면 누구나 가지고 있는 것이기 때문에, 그 자체는 옳고 그름의 대상이 아니라 자연적인 특징이 된다. 그러나 그러한 호기심과 욕망이 타인의 삶을 위협하고 공동체의 존속에 해를 끼친다면 그것은 법과 도덕의 차원에서 규범적으로 다루어져야 할 것이다.

그런데 법적 접근이 가지고 있는 일반성과 경직성 때문에 과학기술윤리법도 새로운 문제에 유연하고 순발력 있게 대처하기 어려운 것이 사실이다. 이런 법의 한계를 인정한다면, 과학기술윤리법은 이 한계에 대해 어떻게 반응해야 할 것인가? 그중의 하나는 과학기술윤리법이 과학기술윤리가 실질적으로 과학기술 연구개발 현장에서 그 효력을 발휘할 수 있도록 제도적 틀을 법적으로 마련해 주는 것이다. 가장 바람직한 과학기술윤리의 모습은 과학기술자들이 연구개발 과정에서 스스로 과학기술 윤리의 관점에서 자신의 연구를 검토하고 숙고하며 동료 과학자와 토론할 수 있는 과학기술 문화를 형성하는 것이다. 아무리 법령이 잘 갖추어져 있다 하더라도 급속도로 변화하고 새롭게 다가오는 모든 과학기술 연구개발을 언제나 규율할 수는 없는 것이기 때문에, 그 연구와 기술을 가장 잘 알고 있는 전문가들 사이에서 과학기술 윤리를 숙고하는 과학기술 문화를 형성하는 것은 오히려 법적 규제 보다 더 효율적일 수는 있을 것이다. 즉, 법에 의한 타율규제는 과학기술 현장에서 이루어지는 자율규제 보다 과학기술 윤리적 관점에서 더 효율적인 것은 아니다.

또한 법은 이런 과학기술 문화를 형성하기 위해 공동체가 가지고 있는 자원을 합법적으로 동원할 수 있는 제도적 틀을 형성할 수 있는 기능도 가지고 있다. 즉, 규제법에서 지원법으로 타율규제의 근거에서 자율규제가 가능한 제도적 틀의 근거로 과학기술 윤리법의 시선은 변화할 필요가 있는 것이다. 이는 구체적으로 과학기술 윤리법이 자율규제가 가능한 공동체의 자원 즉 국가나 지방자치단체의 예산과 인력을 지원할 수 있는 근거를 마련하고, 자율규제를 현실적으로 수행할 수 있는 윤리위원회를 비롯한 절차를 마련할 뿐 아니라, 과학기술 윤리에 대한 교육을 받을 수 있도록 지원하거나 과학기술 윤리 활동을 지원할 수 있는 기관을 설립하는 등의 내용에 대해 접근할 수 있어야 한다는 것을 의미한다. 이러한 새로운 과학기술 윤리법의 기능과 과제에 대한 접근은 법의 기능이 단순히 규제에만 머무르는 것은 아니며 이런 지원이나 제도적 틀을 마련하는 기능이 더 중요하다는 생각에 좋은 근거를 제공할 것이다.

그렇다면 과학기술 윤리법은 궁극적으로 어떤 가치를 추구하고 있는가? 첫째, 과학기술 윤리법은 인간존엄과 인권이라는 가치를 추구한다. 과학기술 윤리법은 과학기술이 인간과 사회에게 미치는 영향에 대해 법적인 접근을 통해 대응하는 분야이다. 오늘날 과학기술의 발달은 더 편리한 삶에 대한 사회적 요구를 이유로 결과가 좋다면 그 수단이나 과정은 다소 문제가 있어도 좋다는 일부의 사회적 분위기를 조성하고 있는 것이 사실이다. 이런 생각들은 결국 인간이 인간으로서 존재할 수 있는 기반이라고 할 수 있는 인간의 존엄과 인권의 관점과 때때로 충돌하게 된다. 인간존엄과 인권의 기본입장은 모든 사람을 인격체로 대하고 누군가의 욕망을 위한 수단으로 다루어서는 안 된다는 것이기 때문에 과학기술에 관련된 수많은 사람들이 이런 관점에서 인격체로 대우받아야 하고 누군가의 욕망을 위한 수단이 되지 않도록 해야 할 것이다. 과학기술 윤리법이 보호하여야 하는 가장 중요한 법익은 바로 이런 인간존엄과 인권의 가치가 우리 사회에서 침해되지 않도록 하는 것일 것이다.

둘째, 과학기술 윤리법은 공존, 관용, 소통의 가치를 추구한다. 과학기술윤리는 과학기술에 대하여 사회 구성원들이 다양한 견해와 가치를 가지고 있음을 전제하고 있다. 사회구성원들은 종교적으로든 도덕적으로든 자신의 기본 입장을 가지고 있기 때문에 어떤 과학기술의 사회적 쟁점에 대해 서로 대립할 수 있다. 이때 경우에 따라서는 공동체의 혼란과 분열을 가져올 수도 있다. 칸트는 "법이란 각자의 자유와 자유가 공존할 수 있는 조건"이라고 정의한 바 있지만, 이런 근본적인 입장의 대립에 대해 공동체 속에서 서로 공존하기 위해서는 어떤 도덕이나 종교보다는 이를 공존시킬 수 있는 법의 권위가 필요할 것이다. 앞서도 언급했듯이 법의 권위는 그 자체로 절충적인 해결책을 제시할 수도 있지만, 공동체를 분열시키지 않은 채 제도적으로 어떤 협의가 가능한 논의의 틀을 구성할 수도 있다. 나아가 공동체의 공존을 위해서는 그 구성원들이 공존을 위한 관용이 필요하다는 것을 깨달아야 할 것이다. 이런 관용을 통한 공존은 결국 의사소통(communication)을 통해 이루어진다. 더구나 과학기술 분야는 전문지식이 필요한 분야로서 그 정보를 정확히 이해하는 것뿐만 아니라, 그 정보의 의의와 가치를 다각도로 살피는 것도 필요하다. 따라서 과학기술 분야의 정보들이 왜곡되기 시작하면 관용을 통한 공존의 기반은 무너지고 마는 것이다. 이런 의미에서 새롭게 시도되는 과학기술의 사회적 의의를 대중들에게 알리고 사회 속에서 그 함의를 생각하게 할 수 있는 공론화 작업이 필요할 것이다. 무엇보다 과학기술윤리법은 그러한 사회적 커뮤니케이션과 공론화가 가능할 수 있는 제도적 틀을 마련해 주는 것이 필요할 것이며, 이것이 과학기술 윤리법의 중요한 과제 가운데 하나가 될 것이다.

---

343) 정광수(2017), 14면.
344) 기술, 즉 테크놀로지란 용어가 본격적으로 사용된 역사적 과정에 대해서는 토머스 휴즈(2008) 참조.
345) 과학과 기술의 관계에 대해서는 홍성욱(1999), 193-220면 참조.
346) 이렇게 과학과 기술을 함께 그리고 연관된 것으로 파악하고 연구하는 학문을 '과학기술학(science, technology studies)'이라고 부른다. 이에 대해서는 한국과학기술학회(2014) 참조.
347) 이런 현대 과학기술과 책임의 문제에 대해서는 한스 요나스(1994) 참조.
348) 윤리와 윤리학에 대해서는 윌리엄 프랑케나(2003) 참조.
349) 데이비드 레스닉(2016). 이하 12원칙에 대한 내용은 이 책의 번역에 따른다.
350) 과학자는 데이터나 연구결과를 위조하거나 변조하거나 잘못 전달해서는 안 된다. 과학자는 연구과정의 모든 측면에서 객관적이며 편견에 치우치지 않고 진실해야 한다.
351) 과학자는 오류를 피해야 한다. 특히 결과를 제출할 때는 더더욱 조심해야 한다. 과학자는 실험적·방법론적 오류는 물론이고 인간적인 실수까지 최소화해야 하며, 자기기만과 편견, 이해갈등을 피해야 한다.
352) 과학자는 데이터, 결과, 방법, 사상, 기술, 도구 등을 공유해야 한다. 과학자는 다른 과학자가 자신의 작업을 검토하도록 허용해야 하고, 비판과 새로운 견해에 개방적이어야 한다.
353) 과학자는 어떠한 문제나 가설에 대해서도 연구를 수행할 자유를 보장받아야 한다. 과학자는 새로운 사상을 추구하고, 낡은 사상을 비판하도록 허용받아야 한다.
354) 과학자에게 마땅히 공로를 인정해야 할 때는 인정하되, 공로가 없을 때는 인정하지 말아야 한다.
355) 과학자는 전도유망한 과학자를 교육시켜야 하며, 그들이 좋은 과학을 수행하는 방법을 배울 수 있도록 보장해야 한다. 과학자는 대중에게 과학을 교육하고 정보를 제공할 의무가 있다.
356) 과학자는 사회에 해를 끼치지 않도록 해야 하며, 사회적 유익을 생산하고자 노력해야 한다. 과학자는 자신의 연구결과에 책임을 져야 하고, 그 결과를 대중에게 알릴 의무가 있다.
357) 연구과정에서 과학자는 자신의 연구에 적용되는 법을 지켜야 한다.

358) 과학자는 과학적 자원을 사용하거나 과학 분야의 진보를 이룰 기회를 부당하게 거부당해 서는 안 된다.

359) 과학자는 동료를 존경으로써 대우해야 한다.

360) 과학자는 자원을 효율적으로 사용해야 한다.

361) 과학자는 인체를 대상으로 실험할 때 인권이나 인간존엄성을 침해하지 말아야 한다. 과학 자는 인간이 아닌 동물을 대상으로 실험할 때도 적절한 존중과 돌봄의 정신으로 대우해 야 한다.

362) 로버트 머튼(1998). 이하 주21-24 등 머튼에 대한 내용은 김환석(2001), 24-27면에 따름.

363) 과학자들은 데이터와 연구결과를 서로 공개하고 공유하여야 한다는 내용.

364) 정치적·사회적 요인들은 과학적 아이디어 또는 개인과학자를 평가하는 데 아무 역할을 하지 못하며 오직 과학적 성취 그 자체에 의해서만 평가가 이루어진다는 내용.

365) 과학자들은 오직 진리추구에만 관심을 두며 개인적 또는 정치적 이해관계를 추구하지 않 는다는 내용.

366) 과학자들은 높은 표준의 엄밀성과 증명을 추구하며, 충분한 증거 없이 어떤 믿음을 받아 들이지 않는다는 내용.

367) 일본군 731부대의 악명 높은 인체실험인 마루타 실험은 일본과 미국 등 전승국과의 거래 에 의해 아무런 처벌을 받지 않게 되었다. 일본군 731부대에 대해서는 서이종(2014a); 서 이종(2014b) 등 참조.

368) 비처, 터스키기, 탈리도마이도 사례에 대한 내용은 권복규/김현철(2014), 23-24면의 내용 을 일부 수정하여 소개함.

369) 핀토 사건과 챌린저 사고에 대한 간단한 설명은 송성수/김병윤(2001), 184-185면 참조.

370) 과학기술인권(Science-Technology Human Rights-STHR)의 개념과 의의에 대해서는 김현 철외(2019), 121-123면.

371) 번역은 UN인권최고대표사무소(UNOHCHR)의 한글 번역본을 따름.

372) 김현철(2019), 3-4면.

373) 과학기술기본법 제2조에서는 '과학적 연구와 창조적 활동에 필수 불가결한 자유를 존중받 도록 한다'고 표현하고 있다.

374) 과학기술기본법 제18조(과학기술의 국제화 촉진) 제1항 정부는 국제사회에 공헌하고 국내 과학기술 수준을 향상시킬 수 있도록 외국정부, 국제기구 또는 외국의 연구개발 관련 기 관·단체 등과 과학기술분야의 국제협력을 촉진하기 위하여 다음 각 호의 사항에 관한 시책을 세우고 추진하여야 한다.

375) 김현철(2019), 5-7면.

376) 김현철외(2019), 129면.

377) 과학기술 인권에 관한 주요 국제규범으로는 테헤란 선언(1968), 유네스코 과학연구자의 지위에 관한 권고(1974), UN 환경개발회의의 환경과 개발에 대한 리우 선언(1992), 빈 선 언(1993), 유네스코 인간유전체와 인권에 관한 보편 선언(1997), 세계과학회의의 과학적 지식의 이용에 관한 선언(1999), 유네스코 생명윤리 및 인권에 관한 보편 선언(2005), 과 학 및 과학연구자에 대한 권고(2017) 등을 들 수 있다. 이에 대한 자세한 설명은 김현철외 (2019), 33-118면 참조.

378) 김현철(2019), 8-13면.

379) 김현철(2014), 108면.

380) 권복규/김현철(2014), 52면.

381) 김현철(2014), 109면.

382) 김현철(2014), 110면

383) 김현철외(2014), 3면; 그런데 영어인 'Bioethics'가 기본적으로 의학과 생물학, 생명과학을

전제로 하는 것과는 달리 생명윤리라는 우리말은 더 포괄적으로 이해될 소지가 있다. 이렇게 이해한다면 생명윤리는 궁극적으로 인간생명의 의의와 가치라는 포괄적인 주제에 대한 윤리적, 종교적 접근까지 포함할 수도 있을 것이다. 이런 의미의 생명윤리는 의학과 생명과학이 가져온 최근의 놀라운 결과물을 전제하지 않더라도 인간 생명의 탄생이 있고 질병이 있고 죽음이 있는 곳이라면 어느 시대, 어느 장소든 늘 논의되어 왔던 주제일 것이다. 이런 관점에서 접근하는 생명윤리를 편의상 '넓은 의미의 생명윤리'라고 부를 수 있다. 김현철외(2014), 4면.

384) 김현철외(2014), 3-4면.

385) 김현철외(2014), 5면.

386) 생명윤리법에 대한 내용은 김현철(2014) 및 김현철(2015) 참조.

387) 김현철외(2014), 6면

388) 인간 대상 연구는 "사람을 대상으로 물리적으로 개입하거나 의사소통, 대인 접촉 등의 상호작용을 통하여 수행하는 연구 또는 개인을 식별할 수 있는 정보를 이용하는 연구로서 보건복지부령으로 정하는 연구"를 말한다(생명윤리법 제2조 제1호).

389) 인체유래물 연구는 "인체유래물을 직접 조사·분석하는 연구"를 말하며(생명윤리법 제2조 제10호), 인체유래물이란 "인체로부터 수집하거나 채취한 조직·세포·혈액·체액 등 인체 구성물 또는 이들로부터 분리된 혈청, 혈장, 염색체, DNA, RNA, 단백질 등"을 말한다(생명윤리법 제2조 제11호).

390) 배아줄기세포주연구기관의 기관위원회 심의는 생명윤리법 제34조 제1항에서 정하고 있다.

391) 연구대상자등이란 "연구대상자와 배아·난자·정자 또는 인체유래물의 기증자"를 말한다. 생명윤리법 제2조 제17호.

392) 생명윤리법 제10조 제3항 제1호.

393) 생명윤리법 제10조 제3항 제2호 및 제3호.

394) 기관위원회는 반드시 연구기관에만 설립되는 것은 아니다. 배아생성의료기관과 인체유래물은행에도 기관위원회가 설치되어야 하는데, 이 기관은 연구를 주 업무로 하는 기관은 아니다.

395) 제20조(인간복제의 금지) 제1항 누구든지 체세포복제배아 및 단성생식배아를 인간 또는 동물의 자궁에 착상시켜서는 아니 되며, 착상된 상태를 유지하거나 출산하여서는 아니 된다. 제2항 누구든지 제1항에 따른 행위를 유인하거나 알선하여서는 아니 된다.

396) 제21조(이종 간의 착상 등의 금지) 제1항 누구든지 인간의 배아를 동물의 자궁에 착상시키거나 동물의 배아를 인간의 자궁에 착상시키는 행위를 하여서는 아니 된다. 제2항 누구든지 다음 각 호의 행위를 하여서는 아니 된다. 1. 인간의 난자를 동물의 정자로 수정시키거나 동물의 난자를 인간의 정자로 수정시키는 행위. 다만, 의학적으로 인간의 정자의 활동성을 시험하기 위한 경우는 제외한다. 2. 핵이 제거된 인간의 난자에 동물의 체세포 핵을 이식하거나 핵이 제거된 동물의 난자에 인간의 체세포 핵을 이식하는 행위 3. 인간의 배아와 동물의 배아를 융합하는 행위 4. 다른 유전정보를 가진 인간의 배아를 융합하는 행위 제3항 누구든지 제2항 각 호의 어느 하나에 해당하는 행위로부터 생성된 것을 인간 또는 동물의 자궁에 착상시키는 행위를 하여서는 아니 된다.

397) 제46조(유전정보에 의한 차별 금지 등) 제1항 누구든지 유전정보를 이유로 교육·고용·승진·보험 등 사회활동에서 다른 사람을 차별하여서는 아니 된다. 제2항 다른 법률에 특별한 규정이 있는 경우를 제외하고는 누구든지 타인에게 유전자검사를 받도록 강요하거나 유전자검사의 결과를 제출하도록 강요하여서는 아니 된다. 제3항 의료기관은 「의료법」 제21조제3항에 따라 환자 외의 자에게 제공하는 의무기록 및 진료기록 등에 유전정보를 포함시켜서는 아니 된다. 다만, 해당 환자와 동일한 질병의 진단 및 치료를 목적으로 다

른 의료기관의 요청이 있고 개인정보 보호에 관한 조치를 한 경우에는 그러하지 아니하
다.

398) 생명윤리기본법에 대해서는 김현철(2015) 참조.

399) 이 위원회의 명칭은 the Investigations and Oversight Subcommittee of the House Science and Technology Committee이며, 의장은 앨 고어 상원위원이었다.

400) Responsibilities of Awardee and Applicant Institutions for Dealing With and Reporting Possible Misconduct in Science.

401) 이 지침은 2007년 제정된 후 2018년 7월까지 6차례 개정되었다.

402) 교육부/한국연구재단(2015), 2면

403) 제15조(연구윤리의 확보) 제1항 교육과학기술부장관은 학술진흥을 방해하는 연구자의 연구부정행위를 방지하고 건전한 학술연구의 기풍이 조성될 수 있도록 연구윤리 확보를 위한 지침(이하 "연구윤리지침"이라 한다)을 마련하는 등 연구윤리 확보를 위한 시책을 세우고 추진하여야 한다. 제2항 교육과학기술부장관은 제1항의 연구윤리 확보를 위한 시책을 효율적으로 추진하기 위하여 대학등의 활동에 필요한 경비의 일부 또는 전부를 지원할 수 있다. 제3항 교육과학기술부장관으로부터 사업비의 지원을 받은 대학등은 연구윤리지침에 따라 연구부정행위의 방지 및 검증을 위한 자체 연구윤리규정을 마련하여 시행하는 등 필요한 조치를 하여야 한다. 제4항 제1항에 따른 연구윤리지침의 작성, 제2항에 따른 정부의 지원 및 제3항에 따른 대학등의 조치에 필요한 사항은 대통령령으로 정한다.

404) 대학등은 학술진흥법 제6조 제1항에서 정의하고 있는 '대학·연구기관·학술단체'를 말한다.

405) 제5조(연구자의 역할과 책임) 연구자는 연구의 자유에 기초하여 자율적으로 연구를 수행하되, 다음 각 호의 사항을 준수하여야 한다. 1. 연구대상자의 인격 존중 및 공정한 대우 2. 연구대상자의 개인 정보 및 사생활의 보호 3. 사실에 기초한 정직하고 투명한 연구의 진행 4. 전문 지식을 사회에 환원할 경우 전문가로서 학문적 양심 견지 5. 새로운 학술적 결과를 공표하여 학문의 발전에 기여 6. 자신 및 타인의 저작물 활용 시 적절한 방법으로 출처를 밝히는 등 선행 연구자의 업적 인정·존중 7. 연구계약의 체결, 연구비의 수주 및 집행 과정의 윤리적 책임 견지 8. 연구비 지원기관의 이해관계에 영향을 받지 않고, 연구결과물에 연구와 관련된 모든 이해관계 명시 9. 연구결과물을 발표할 경우, 연구자의 소속, 직위(저자 정보)를 정확하게 밝혀 연구의 신뢰성 제고 10. 지속적인 연구윤리교육의 참여

406) 지침 제9조.

407) 지침 제12조 제1항 제1호 "존재하지 않는 연구 원자료 또는 연구자료, 연구결과 등을 허위로 만들거나 기록 또는 보고하는 행위".

408) 지침 제12조 제1항 제2호 "연구 재료·장비·과정 등을 인위적으로 조작하거나 연구 원자료 또는 연구자료를 임의로 변형·삭제함으로써 연구 내용 또는 결과를 왜곡하는 행위".

409) 지침 제12조 제1항 제3호 "일반적 지식이 아닌 타인의 독창적인 아이디어 또는 창작물을 적절한 출처표시 없이 활용함으로써, 제3자에게 자신의 창작물인 것처럼 인식하게 하는 행위"로서 구체적으로 가. 타인의 연구내용 전부 또는 일부를 출처를 표시하지 않고 그대로 활용하는 경우 나. 타인의 저작물의 단어·문장구조를 일부 변형하여 사용하면서 출처표시를 하지 않는 경우 다. 타인의 독창적인 생각 등을 활용하면서 출처를 표시하지 않은 경우 라. 타인의 저작물을 번역하여 활용하면서 출처를 표시하지 않은 경우 등을 말한다.

410) 지침 제12조 제1항 제4호 "연구내용 또는 결과에 대하여 공헌 또는 기여를 한 사람에게 정당한 이유 없이 저자 자격을 부여하지 않거나, 공헌 또는 기여를 하지 않은 사람에게 감사의 표시 또는 예우 등을 이유로 저자 자격을 부여하는 행위"로서 구체적으로 가. 연구내용 또는 결과에 대한 공헌 또는 기여가 없음에도 저자 자격을 부여하는 경우 나. 연

구내용 또는 결과에 대한 공헌 또는 기여가 있음에도 저자 자격을 부여하지 않는 경우
다. 지도학생의 학위논문을 학술지 등에 지도교수의 단독 명의로 게재·발표하는 경우 등
을 말한다.

411) 지침 제12조 제1항 제5호 "연구자가 자신의 이전 연구결과와 동일 또는 실질적으로 유사
한 저작물을 출처표시 없이 게재한 후, 연구비를 수령하거나 별도의 연구업적으로 인정받
는 경우 등 부당한 이익을 얻는 행위"

412) 지침 제12조 제1항 제6호 "본인 또는 타인의 부정행위에 대한 조사를 고의로 방해하거나
제보자에게 위해를 가하는 행위"

413) 지침 제12조 제2항.

414) 전문기관은 지침 제2조 제3호에 따라 "연구자 및 연구기관 등을 지원하고 관리·감독하는
기관"을 말하는데, 한국연구재단은 그 대표적인 예라고 할 수 있다.

415) 지침 제11조 제1항 및 제2항.

416) 지침 제16조 제1항 및 제2항.

417) 지침 제17조 제1항 및 제2항.

418) 지침 제17조 제3항.

419) 지침 제18조 제1항.

420) 지침 제19조 제1항.

421) 지침 제20조 제1항.

422) 지침 제24조 제1항.

423) 지침 제25조 및 제26조.

424) 제8조(연구윤리 교육 및 지원) 제1항 교육부장관과 전문기관의 장은 연구윤리 인식 확산
을 위한 교육·홍보 및 정보 제공, 연구윤리 교육 자료의 개발·보급 등을 위해 필요한
지원 시책을 마련하여야 한다. 제2항 교육부 소관 연구개발사업에 선정된 연구자는 협약
에 따라 지정된 교육기관으로부터 연구윤리교육을 이수하여야 한다.

425) 김현철외(2014), 162-164면.

426) 김현철외(2014), 164-165면.

427) 김현철외(2014), 165면.

428) 권복규/김현철(2014), 260-261면.

429) 이 절의 내용은 김현철외(2014), 165-168면(김현철 집필부분)을 수정하여 옮긴 것임.

430) 동물보호법은 1988년 서울올림픽을 전후로 개고기 식용 및 동물학대가 문제되어 입법된
것으로 선언적 성격이 강하다. 본고에서는 동법의 동물실험 관련 내용을 주로 살펴보지만
동법은 우선적으로 동물보호에 관한 기본원칙, 예컨대 동물보호의 정부차원 관리, 동물학
대행위 금지 등을 규정하고 있다.

431) 동물보호법 제23조 제2항 및 제4항 전단.

432) 동물보호법 제23조 제3항.

433) 동물보호법 제23조 제4항 후단.

434) 동물보호법 제23조 제5항 및 제6항.

435) 동물보호법 제27조 제1항.

436) 동물보호법 제26조 제1항.

437) 본조 신설 2018. 3. 20., 2020. 3. 21. 시행일.

438) 실험동물법 제6조 제1항에 따르면 동물실험시설 운영자의 책무는 다음과 같다. 1. 실험동
물의 과학적 사용 및 관리에 관한 지침 수립, 2. 동물실험을 수행하는 자 및 종사자에 대
한 교육, 3. 동물실험을 대체할 수 있는 방법의 우선적 고려, 4. 동물실험의 폐기물 등의
적절한 처리 및 작업자의 안전에 관한 계획 수립.

439) 실험동물법 제7조 제4항에 따르면 실험동물운영위원회의 권한은 다음과 같다. 1. 동물실

험의 계획 및 실행에 관한 사항 2. 동물실험시설의 운영과 그에 관한 평가 3. 유해물질을 이용한 동물실험의 적정성에 관한 사항 4. 실험동물의 사육 및 관리에 관한 사항 5. 그 밖에 동물실험의 윤리성, 안전성 및 신뢰성 등을 확보하기 위하여 위원회의 위원장이 필요하다고 인정하는 사항.

440) 실험동물법 제8조 제1항 및 제2항.

441) 실험동물법 제11조.

442) 실험동물법 제12조.

443) 실험동물법 제13조에 따르면 실험동물공급자의 준수사항은 다음과 같다. 1. 실험동물생산 시설과 실험동물을 보건위생상 위해(危害)가 없고 안전성이 확보되도록 관리할 것 2. 실험동물을 운반하는 경우 그 실험동물의 생태에 적합한 방법으로 운송할 것 3. 그 밖에 제1호 및 제2호에 준하는 사항으로서 실험동물의 안전성 확보 및 건강관리를 위하여 필요하다고 인정하여 총리령으로 정하는 사항.

444) 실험동물법 제16조.

445) 과학기술기본법 제11조 제3항 제4호.

446) 과학기술기본법 제14조 제1항.

447) 과학기술기본법 제16조의7.

448) 지능형 로봇법 시행령 제11조(헌장의 내용 등) ① 법 제18조제1항에서 "지능형 로봇 개발자·제조자 및 사용자가 지켜야 할 윤리 등 대통령령으로 정하는 사항"이란 다음 각 호의 사항을 말한다. 1. 로봇기술의 윤리적 발전방향 2. 로봇의 개발·제조·사용 시 지켜져야 할 윤리적 가치 및 행동 지침.

449) 지능형 로봇법 제2조 제2호.

450) 지능형 로봇법 제5조 제2항 제5호.

451) 지능형 로봇법 제5조의2 제1항 제4호.

452) 지능형 로봇법 제41조 제4항 제4호.

453) 국가정보화 기본법 제6조 제3항 제7호.

454) 제40조(건전한 정보통신윤리의 확립) 국가기관과 지방자치단체는 건전한 정보통신윤리를 확립하기 위하여 미풍양속을 해치는 불건전한 정보의 유통을 방지하고 건강한 국민정서를 함양하며, 불건전한 정보로부터 국민을 보호하기 위하여 다음 각 호의 사항을 포함한 시책을 마련하여야 한다. 1. 정보통신윤리 확립을 위한 교육, 전문인력 양성 및 홍보 2. 정보통신윤리 교육 콘텐츠 개발·보급 3. 정보통신윤리 관련 연구 및 개발 4. 정보통신윤리 관련 단체에 대한 지원 5. 건전한 정보이용 환경 조성을 위한 제도 마련 등.

455) 국가정보화 기본법 제36조 제1항 제4호.

456) 국가정보화 기본법 제11조 제1항 및 제2항 5의2.

457) 제2조(윤리강령) 제1항 「정보통신망 이용촉진 및 정보보호 등에 관한 법률」(이하 "법"이라 한다) 제2조 제1항 제3호에 따른 정보통신서비스 제공자 및 그 단체는 이용자의 개인정보를 보호하고 건전하고 안전한 정보통신서비스 제공을 위하여 정보통신서비스 제공자 윤리강령을 정하여 시행할 수 있다. 제2항 법 제2조 제1항 제4호에 따른 이용자의 단체는 건전한 정보사회가 정착되도록 이용자 윤리강령을 정하여 시행할 수 있다. 제3항 정부는 제1항 및 제2항에 따른 윤리강령의 제정 및 시행을 위한 활동을 지원할 수 있다.

458) 제19조(나노기술 영향평가) 정부는 대통령령으로 정하는 바에 따라 나노기술의 발전과 산업화가 경제·사회·문화·윤리 및 환경에 미치는 영향 등을 미리 평가하고 그 결과를 정책에 반영하여야 한다.

459) 원전비리 방지를 위한 원자력발전사업자등의 관리·감독에 관한 법률 제13조 및 제19조.

460) 원전비리 방지를 위한 원자력발전사업자등의 관리·감독에 관한 법률 제21조 제1항 제2호.

461) 제28조(중앙회와 지부) 제1항 의사·치과의사·한의사·조산사 및 간호사는 대통령령으로 정하는 바에 따라 각각 전국적 조직을 두는 의사회·치과의사회·한의사회·조산사회 및 간호사회(이하 "중앙회"라 한다)를 각각 설립하여야 한다. 제7항 각 중앙회는 제66조의2에 따른 자격정지 처분 요구에 관한 사항 등을 심의·의결하기 위하여 윤리위원회를 둔다. 제8항 윤리위원회의 구성, 운영 등에 관한 사항은 대통령령으로 정한다.

462) 제16조(중앙회) 제1항 의료기사등은 대통령령으로 정하는 바에 따라 그 면허의 종류에 따라 전국적으로 조직을 가지는 단체(이하 "중앙회"라 한다)를 설립하여야 한다. 제6항 각 중앙회는 제22조의2에 따른 자격정지 처분 요구에 관한 사항을 심의·의결하기 위하여 윤리위원회를 둔다. 제7항 제6항에 따른 윤리위원회의 구성, 운영 등에 필요한 사항은 대통령령으로 정한다.

463) 제2조(기본이념) 제4항 장기등의 적출 및 이식은 윤리적으로 타당하고 의학적으로 인정된 방법으로 이루어져야 한다.

464) 제8조(장기등이식윤리위원회) 제1항 장기등의 적출 및 이식과 뇌사판정 등에 관한 주요사항을 심의하기 위하여 보건복지부에 장기등이식윤리위원회(이하 "위원회"라 한다)를 둔다.

465) 제2조(기본이념) 제4항 인체조직의 기증·관리 및 이식은 윤리적으로 타당하고 의학적으로 인정된 방법에 의하여 행하여져야 한다.

466) 이 장의 내용은 김현철외(2014), 234-239면(김현철 집필부분)을 수정하여 옮긴 것임.

제2편

과학기술진흥법

제1장 과학기술혁신법

Ⅰ. 서 론

21세기의 과학기술은 종래의 과학기술과는 다른 몇 가지 뚜렷한 특징을 가지고 있다. 첫째, 현대사회에서 과학기술은 과학과 기술의 구분이 힘들 정도로 밀착되어 있다. 새로운 과학적 발견은 곧바로 기술로서 사회에 적용되어 새로운 법과 제도를 탄생시키고 있다. 이런 현상은 곧 사회에 영향을 주는 과학기술의 지배력이 매우 크다는 것을 드러내고 있는 것이다. 둘째, 현대사회의 과학기술은 고도로 전문화되어 많은 전문 분야로 세분화되어 있다. 이런 현상으로 인해 일반인들은 전문적 과학의 내용을 이해하기 매우 어려울뿐더러 과학기술자들조차 자신의 분야 외에는 과학의 전문성을 파악하기 어렵게 되어 과학기술자들의 활동이 전체 과학기술자 사회를 통해 이루어지는 것이 아니라 세분화된 과학기술자 사회에서 주로 이루어지고 있다. 셋째, 현대의 과학기술은 편익과 위험을 동시에 주는 양면성을 가지고 있다. 새로운 과학기술이 탄생하여 사회에 도입되기까지 주기가 매우 짧기 때문에 과학기술로 인한 위험이 제대로 이해되기도 전에 편익에 대한 기대로 과학기술의 활용이 활발히 이루어지고 있다.

이러한 점들을 고려한다면, 과학기술혁신법이라는 법제명 아래에서 규격화되거나 도식화된 법제를 통해서 과학기술의 혁신을 이루기 어려울 것이다.[1] 왜냐하면 과학기술의 혁신을 도모하기 위해 과학기술혁신법을 제정한다는 시도 자체가 성과를 내기 어려울뿐더러 근원적으로 과학기술은 과학기술혁신법이라는 규범적 수단에 의해 혁신이 가능한가에 대한 의문이 생길 수 있기 때문이다. 한편으로, 과학기술의 혁신이라는 개념은 과학기술의 진흥이라는 개념과 같이하는가 하는 문제도 제기될 수 있다.

그럼에도 불구하고 과학기술의 혁신은 과학기술진흥법제에 근간을 두어 추진되고 있다. 또한 어느 국가를 막론하고 과학기술의 진흥은 정부주도 과업으로 추진되고 있다. 정부주도 과업이란 정부가 기본방향을 제시하고 그에 따라 정부와 민간의 역할을 분담하며, 민간이 참여하더라도 예산배분 등 기본적으로 과학기술의 혁신을 위한 전략수립과 수행을 정부가 주도한다는 의미이다.

그러므로, 과학기술에 관한 혁신법제를 이해하기 위해서는 과학기술의 진흥을 위한 법제의 지도원리, 법제의 구조, 혁신지향의 규정 등이 이해되어야 할 것이다. 본 장에서는 먼저 과학기술혁신법의 개념, 과학기술 혁신과 진흥의 관계, 과학기술혁신법제의 구조, 과학기술진흥법에 의한 혁신의 한계 등을 포함하는 과학기술혁신법의 개념과 특징을 살펴보고, 이어서 기초기술혁신법제, 산업기술혁신법제 등 국가연구개발법제에 대해서 살펴본다. 마지막으로, 기술표준, 과학기술의 분류 등 국가표준법제에 대해서 살펴본다.

Ⅱ. 과학기술혁신법의 개념과 특징

1. 과학기술혁신법의 개념

혁신(革新)은 사전적으로 "묵은 풍속, 관습, 조직, 방법 따위를 완전히 바꾸어서 새롭게 함"이라고 정의하고 있다. 일찍이 토마스 쿤이 혁신과 관련하여 '패러다임'이라는 개념을 제시함에 따라 "과학기술이 동일한 영역 내에서 부족한 부분을 메우거나 점진적으로 발전하는 것이 아니라 전혀 다른 영역에서 비약적으로 발전하는 것을 패러다임의 전환"이라고 주장한 바 있다.[2]

이러한 두 개념을 이용하여, 과학기술의 혁신은 과학기술의 방법, 그러한 방법에 따른 성과 등이 종래의 과학기술과는 다른 모습으로 완전히 바뀌어서 새로운 패러다임으로 나타나게 하는 것이라고 제시해 볼 수 있고, 과학기술혁신법은 단일의 법제이건 관련 법제의 집단이건 과학기술의 혁신을 도모하는 법제를 일컫는 것이라고 개념화해 볼 수 있을 것이다.

2. 과학기술 혁신과 진흥의 관계

문제는 과학기술혁신법을 개념적으로 서술할 수 있다고 하여도 실효적으로 과학기술혁신법을 제정할 수 있는가에 대한 의문은 여전히 남는다. 과학기술과 법의 관계에서, 이미 잘 알려져 있는 바와 같이 과학기술은 과학기술법에 선행한다는 명제가 존재한다는 것을 기억한다면 과학기술혁신법을 선행적으로 제정하여 과학기술의 혁신을 도모하게 한다는 것이 올바른 태도인지에 대해 의문이 들지 않을 수 없기 때문이다. 법은 기본적으로 규범을 다루는 영역인데, 종래 전혀 경험해 보지 않은 과학기술의 방법이나 성과를 규율하는 규범을 법제로 만들 수 있는지에 대해서 의문이 생길 수 있기 때문이다.

과학기술의 혁신과 진흥의 관계를 살펴보기 이전에 먼저 과학기술의 진흥이 무엇인지 살펴볼 필요가 있다. 진흥은 사전적으로 "떨치어 일어남"이라고 정의하고 있고, 이러한 진흥의 사전적 개념에 부합하는 수많은 진흥법이 제정되어 시행되고 있다. 결국 과학기술의 진흥은 종래에 경험하고 있는 과학기술의 방법이나 성과를 더 발전시킨다는 의미가 되고, 과학기술의 진흥을 규율하는 법이 곧 과학기술진흥법이 된다는 것을 알 수 있다. 반면에 혁신법은 그 사례를 찾아보기가 매우 어렵다. 다만, 「산업기술혁신 촉진법」, 「중소기업 기술혁신 촉진법」[3] 등과 같이 혁신을 촉진하는 혁신 관련법은 존재하지만 혁신 관련법조차 사례가 많지 않기는 마찬가지이다.

그러면 과학기술의 혁신과 진흥의 관계를 살펴보자. 과학기술의 혁신은 앞에서 제시한 정의에 따르면 종래 경험하지 못한 과학기술의 방법이나 성과를 탄생시키는 것이고, 과학기술의 진흥이 더욱 고도화하여 종래의 방법이나 성과를 초월하는 특수한 경우가 과학기술의 혁신에 해당한다고 볼 수 있다. 그러므로 과학기술의 혁신은 과학기술의 진흥 중에서 특수한 사례가 되는 것으로 이해할 수 있다.

이러한 관점을 유지하면서, 과학기술의 진흥법 중에서 특수한 사례로서 과학기술 혁신법을 개념화할 수 있을 것이다. 문제는 종래 경험하지 못한 과학기술의 방법이나 성과에 대해서 선행적으로 법규범화를 달성할 수 있는가 하는 점이고, 이를 해결할 수 있어야 실효적인 과학기술혁신법을 제정할 수 있을 것이다.

결국, 자율성과 창의성을 보장하되, 과학기술의 안전을 고려한 과학기술의 진흥법제가 바람직한 과학기술혁신법이 된다고 볼 수 있다. 그러면 과학기술의 진흥이 더욱 고도화되어 아직 현실적으로 도래하지 않은 과학기술의 혁신이 나타날 것을 미리 염두에 두고 이를 규율하는 법제로서 과학기술혁신법을 생각해 볼 수 있다는 의미가 될 것이다. 과학기술의 혁신을 통해 얻어진 산물이 편익이 되든지 위험이 되든지 상관없이 과학기술의 진흥을 촉진한다는 것은 법규범의 영역 내에서는 허용되기 어려울 것이기 때문이다. 또 다른 측면에서, 과학기술의 혁신을 도모하고자 하는 입장에서 자원을 무한정 투입하게 하는 법규범은 현실사회를 규율하는 법제로서 바람직하지 않기 때문이기도 하다.

3. 과학기술혁신법제의 구조

가. 과학기술혁신을 위한 법적 근거

「헌법」은 최고규범으로서의 특성을 가지므로[4] 과학기술에 관한 법의 법원

(法源)5)을 「헌법」에서 찾을 수 있다. 「헌법」이 가지는 최고규범의 지위는 다른 법규범에 의해 만들어지는 것이 아니라 헌법제정권을 가진 권력에 의해 만들어지는 시원규범으로 부여되므로 과학기술에 관한 법의 출발도 「헌법」에서 비롯된다 할 것이다.

우리 「헌법」은 과학기술의 진흥과 관련하여 몇 개의 규정을 두고 있는데,6) 구체적으로, 학문의 자유7), 발명가와 과학기술자의 권리 보호8), 과학기술의 혁신9), 과학기술의 정보와 인력의 개발10), 국가표준제도 확립11), 과학기술의 진흥을 위한 기구12) 등에 관한 규정을 두고 있다. 특히, 제127조에서 "국가는 과학기술의 혁신과 정보 및 인력의 개발을 통하여 국민경제의 발전에 노력하여야 한다"고 규정함으로써 과학기술의 혁신이 국민경제의 발전을 위한 역할을 해야 함을 명시적으로 밝히고 있다.

「헌법」의 지도원리는 「과학기술기본법」13)으로 이어지고 있다. 「과학기술기본법」은 제정목적에서 과학기술발전을 위한 기반을 조성하여 과학기술을 혁신함을 명시하고 있다. 다만, 과학기술의 혁신은 그 자체가 목적이 아니라 국민경제의 발전 도모, 국민의 삶의 질 향상, 인류사회의 발전에 이바지한다는 목적을 위한 수단으로 선언하고 있다.

나. 과학기술혁신법제의 유형별 개관

여기서는 법제명이나 법률의 내용상 명시적으로 과학기술의 혁신을 드러내지 않더라도 현재 시행 법제 중에서 과학기술의 혁신과 관련된 법률들을 대상으로 하여 분류기준에 따라 법제의 유형을 소개하고자 한다.

먼저 법원(法源)의 체계상의 기준에 따라 「헌법」, 「과학기술기본법」, 그리고 각종 개별법으로 분류할 수 있다. 각종 개별법을 다시 세분해 보면, 기초과학기술의 진흥을 위한 「기초연구진흥 및 기술개발지원에 관한 법률」, 과학기술의 응용 및 산업화 촉진을 위한 「산업기술혁신 촉진법」, 특정의 첨단과학기술 영역의 진흥을 위한 「나노기술개발촉진법」, 연구개발된 과학기술의 산업적 활용을 위한 「기술의 이전 및 사업화 촉진에 관한 법률」 등 매우 다양한 개별 법률들이 시행되고 있다.

또 다른 분류기준으로, 과학기술의 연구개발부터 활용까지 단계별 기준에 따라 과학기술혁신법제를 세분하여 과학기술혁신기반법제, 기초기술혁신법제, 응용기술혁신법제로 구분할 수 있다.14)

한편, 현행 우리나라 제정법 중에서 과학기술 분야를 기준으로 분류하면, 정보통신기술, 생명공학기술, 나노기술, 에너지·환경기술, 우주항공기술, 문화 · 콘텐츠기술, 원자력기술, 공통기술 등 8개 기술영역의 법률로 구분해 볼 수 있고,[15] 과학기술의 학문 영역에 따라 자연과학, 공학, 농학, 의학 등의 분야로 법률의 유형을 나누어 볼 수 있다.

4. 과학기술진흥법에 의한 혁신의 한계

과학기술의 혁신을 포섭하는 과학기술진흥법의 각종 개별법들은 다양한 내용의 규정을 하나의 법률에서 구비하는 경우가 많기 때문에 특정 개별법이 법률의 분류기준에 따라 어느 한 영역에 속하는 법률이라고 단정하기가 매우 곤란한 점이 있을 뿐만 아니라 「게임산업진흥에 관한 법률」과 같이 정보기술과 문화 · 콘텐츠기술을 복합적으로 규정하고 있는 법률들도 다수 있기 때문에 과학기술 분야를 기준으로 하여 특정 영역의 법률이라고 단정 짓기 어려운 점이 있다. 이로 인해 수많은 과학기술혁신 관련법들이 산만하게 시행되고 있어 복잡성, 중복성, 공백성 등의 문제점을 야기할 수 있는 폐단이 있다. 결국 당해 과학기술의 혁신을 위한 법률 제정의 의도와는 달리 다른 개별의 법률에 의해 규제의 측면에서 규율되는 부작용이 발생하는 경우도 종종 발생하고 있는 것이 현실이다.

특히, 과학기술의 혁신은 진흥의 특수한 사례로서 종래에 경험하지 못한 과학기술의 방법이나 성과를 생산해 낼 수 있는 가능성을 이해한다면, 종래의 진흥법의 체제로는 과학기술의 혁신을 규율함에 있어 아직 현실화되지 않은 과학기술의 방법이나 성과를 대상으로 규율해야 하므로 그 규율의 대상이 불분명하기 때문에 법규범화의 한계를 극복하기 어렵게 된다. 이러한 상황을 달리 이해하면, 과학기술의 진흥을 위한 법제가 애초 의도하지 않은 방향에서 과학기술의 혁신을 위한 기본이념인 자율성과 창의성을 억제하는 부작용을 초래할 가능성이 있다는 점이다.

Ⅲ. 과학기술혁신을 위한 연구개발 법제

1. 서

과학기술의 혁신은 혁신적인 연구개발과 맥락을 같이한다. 혁신적인 연구개발은 기본적으로 자율성과 창의성에 바탕을 두고 있다. 그럼에도 불구하고 한 국가가 제한된 자원을 활용하여 혁신적인 연구성과를 창출하기 위해서는 먼저 국가연구개발에 관한 기본방향을 수립하고 이를 구체적으로 진행하는 연구기관을 지정하여 연구개발을 수행하게 하고, 연구수행 결과 또는 성과에 대한 평가를 실시하는 등 일련의 연구개발 과정을 규율하는 법규범이 필요하게 된다.

한편, 혁신적인 연구개발이 아무리 자율성과 창의성에 바탕을 둔다고 하더라도 국가적 책무를 구현하기 위한 혁신적인 연구개발을 추진하기 위해서는 연구개발의 목표뿐만 아니라 연구방법까지도 사전에 강제하는 경우가 발생할 수 있어 혁신적인 연구개발을 위한 자율성과 창의성도 일정한 범위 내에서 제한을 둘 수밖에 없다는 점도 부인하기 어려울 것이다.

결국, 한 국가에서 국가적 과제로서 과학기술의 혁신을 위해 추진하는 연구개발은 일정한 법규범 아래에서 수행될 수밖에 없을 것이다. 본 절에서는 과학기술의 혁신을 이루기 위해 우리나라에서 시행하고 있는 국가연구개발법제에 대해서 살펴보고자 한다.

2. 국가연구개발법제

가. 기본방향 수립

정부는 국가의 연구개발에 관한 과학기술기본계획을 수립하고 그에 따라 국가연구개발사업을 추진하고 있다. 「과학기술기본법」에 따르면, 정부는 국가과학기술자문회의의 심의를 거쳐 과학기술발전에 관한 중·장기 정책목표와 방향을 설정하고, 과학기술정보통신부장관은 5년마다 그 정책목표와 방향을 반영하고 관계 중앙행정기관의 과학기술 관련 계획과 시책 등을 종합하여 과학기술기본계획을 세우고 과학기술자문회의의 심의를 거쳐 확정하여야 한다고 명시하고 있다. 법에는 과학기술기본계획에 포함되어야 하는 내용을 구체적으로 명시하고 있는데, 주요 내용으로서 과학기술의 발전목표 및 정책의 기본방향, 과학기술혁신 추진방향, 과학기술투자의 확대, 과학기술 연구개발의 추진 및 협동·융합연구개발 촉진, 미래유망기술의 확보, 교육 및 연구기관의 역량 강화, 기술이전 및 실용화 촉진, 민간부문의 과학기술혁신 촉진 등이 포함되도록 하고 있다. 이러한 과학기술기본계획에 따라 관계 중앙행정기관의 장과 지방자치단체의 장은 연도별 시행계획을 세우고 추진하도록 하고 있다.

나. 국가연구개발사업의 진행

국가연구개발사업의 진행은 임의적인 자율에 맡겨지지 않는다. 과학기술기본계획의 수립에 따라 국가연구개발사업을 진행하기 위해서는 「과학기술기본법」에서 정한 대로 추진하도록 하고 있다. 정부는 국가연구개발사업을 추진

할 때 과학기술기본계획이라는 규범의 틀 내에서 연구개발의 자율성을 최우선
으로 반영하려는 노력을 하고 있다. 이를 실현하기 위한 구체적 방안으로, 민
간부문과의 역할분담 등 효율성 제고, 융합 및 창의적·도전적 연구개발이 활
성화될 수 있는 방안, 연구개발 역량을 높이기 위한 지원, 연구기관과 연구자
의 자율성을 최우선으로 고려한 제도나 규정 마련, 연구개발 성과의 확산 및
실용화 촉진 등을 포함하고 있다.

　　이러한 국가연구개발사업을 추진함에 있어, 정부는 사업을 투명하고 공정
하게 추진할 뿐만 아니라 효율적으로 관리하기 위하여 국가연구개발사업의 기
획, 공고 등에 관한 사항, 국가연구개발사업의 과제의 선정, 협약 등에 관한 사
항, 연구개발 결과의 평가 및 활용 등에 관한 사항, 국가연구개발사업의 보안,
정보관리, 성과관리, 연구윤리의 확보 등 연구수행의 기반에 관한 사항, 그 밖
에 국가연구개발사업의 기획·관리·평가 및 활용 등에 관하여 필요한 사항을
「국가연구개발사업 등의 성과평가 및 성과관리에 관한 법률」, 「국가연구개발사
업의 관리 등에 관한 규정」 등 소관 법령으로 정하여 추진하도록 하고 있다.

　　한편, 「과학기술기본법」에서 정부로 하여금 기업, 교육기관, 연구기관 및
과학기술 관련 기관·단체가 과학기술을 혁신하기 위한 활동을 적극 수행할
수 있도록 효과적인 국가과학기술혁신체제를 구축하도록 하고 있고, 이를 위한
환경과 기반을 만들도록 하고 있다. 그러나 국가과학기술혁신체제가 무엇인지
에 대해서는 명시적으로 규정하고 있지 않는 반면에, 과학기술의 혁신 환경을
조성하기 위하여 정부로 하여금 과학기술혁신에 지장을 초래하는 불필요한 규
제를 완화하거나 해소하기 위하여 과학기술에 관한 규제를 점검하고 개선하도
록 하고, 과학기술과 관련된 국내외 환경변화에 맞게 제도나 규정을 마련하도
록 하고 있다.

다. 정부출연연구기관 등의 법제

　　국가연구개발사업을 전담하기 위해 설립된 대표적인 기관이 국가과학기술
연구회 소속의 정부출연연구기관이다. 정부는 국가의 예산으로 정부출연연구
기관에게 출연금을 제공하고 과학기술기본계획에 따라 각 연구기관 자율로 구
체적인 연구사업을 발굴하여 진행하도록 하고 있다. 다만, 각 연구기관에서 발
굴한 연구개발사업은 무제한의 자율로 진행되는 것이 아니라 추진계획에 대해
정부의 승인을 받도록 하고 있고, 사업수행 후에는 결과에 대해 평가를 받도록
하고 있다. 이러한 규범적 틀은 자율에 따른 혁신적인 국가연구개발을 허용하
는 이면에 규제의 틀로서도 역할을 하게 되어 자율과 규제의 양면에서 충돌하

는 경우가 발생할 수 있다.

　「과학기술분야 정부출연연구기관 등의 설립·운영 및 육성에 관한 법률 (약칭: 과기출연기관법)」에 의거하여 설립된 연구기관은 <표 2-1-1>에 열거 되어 있다. 정부출연연구기관은 과학기술 분야는 물론이고 인문·사회과학 분 야의 연구를 위하여 다양한 학문 분야를 대상으로 설립되어 있지만, 특히 과학 기술 분야에서 국가연구개발사업을 담당하는 정부출연연구기관의 육성을 위하 여 별도의 법률을 통해서 구체적으로 규정하고 있는 것이다.

▼ 표 2-1-1 　「과학기술분야 정부출연연구기관 등의 설립·운영 및 육성에 관한 법률」에
따라 설립되는 연구기관

기 관 명	
1. 한국과학기술연구원	11. 한국표준과학연구원
2. 한국기초과학지원연구원	12. 한국식품연구원
3. 한국천문연구원	13. 한국지질자원연구원
4. 한국생명공학연구원	14. 한국기계연구원
5. 한국과학기술정보연구원	15. 한국항공우주연구원
6. 한국한의학연구원	16. 한국에너지기술연구원
7. 한국생산기술연구원	17. 한국전기연구원
8. 한국전자통신연구원	18. 한국화학연구원
9. 한국건설기술연구원	19. 한국원자력연구원
10. 한국철도기술연구원	

　「과기출연기관법」은 과학기술기반 강화 및 혁신환경 조성을 위한 방안 중 의 하나로서 「과학기술기본법」에 근거를 두고 있다. 그러나 「과학기술기본법」 은 국가연구개발사업을 추진함에 있어 효율성을 최우선적으로 선언하고 있고, 이어서 연구기관의 자율성을 두 번째로 명시하고 있다. 이러한 규정을 보면, 제한된 국가의 자원을 사용함에 있어 효율성을 우선시하고 있음을 알 수 있다. 「과기출연기관법」은 국가과학기술연구회라는 감독기구를 두어 그 효율성을 관 리하게 하고 있다. 결국 자율을 바탕으로 하는 연구개발 추진상의 창의성은 효 율성이라는 규범의 범위 내로 제한을 받을 수 있게 된다.

　라. 특정연구기관 등의 법제

　과학기술의 혁신을 통한 산업경제의 발전을 위하여 「특정연구기관 육성법」 을 시행하고 있다. 우리나라는 정부가 출연하여 운영하는 연구기관을 다양하게

운영하고 있다. 「특정연구기관 육성법」에 의해 육성되는 연구기관은 앞 절에서 소개한 「과기출연기관법」에 의해 설립된 19개 연구기관과는 별도의 정부출연 기관이다. 즉, 「특정연구기관 육성법」에 의해 정부의 보호·육성을 받는 기관은 각 기관별 특별법에 근거하여 설립된 연구기관과 대통령령으로 지정하는 재단법인의 연구기관을 포함하고 있는데, 이를 총칭하여 특정연구기관이라고 하며, 현재 16개의 기관이 설립되어 있다. <표 2-1-2>는 설립근거법에 따른 특정연구기관의 명칭을 나타낸 것이다.

▼ 표 2-1-2 설립근거법에 따른 특정연구기관

설립근거법	특정연구기관명
「한국과학기술원법」	한국과학기술원
「광주과학기술원법」	광주과학기술원
「대구경북과학기술원법」	대구경북과학기술원
「울산과학기술원법」	울산과학기술원
「한국원자력안전기술원법」	한국원자력안전기술원
「방사선 및 방사성동위원소 이용진흥법」	한국원자력의학원
「원자력안전법」	한국원자력통제기술원
「한국연구재단법」	한국연구재단
「과학기술기본법」	한국과학기술기획평가원 한국과학창의재단
「산업기술혁신 촉진법」	한국산업기술진흥원 한국산업기술평가관리원 한국세라믹기술원 한국산업기술시험원
「정보통신산업 진흥법」	정보통신산업진흥원
「국제과학비즈니스벨트 조성 및 지원에 관한 특별법」	기초과학연구원

정부는 과학기술의 혁신을 위해 특정연구기관에 연구비를 출연하여 연구사업을 수행하게 하는 경우, 앞 절에서 소개한 「과기출연기관법」에 의한 출연연구기관과 유사하게 연구사업의 효율성을 도모하기 위해 특정연구기관과 연구방법, 연구내용, 연구비 지급기준 및 연구보고서의 제출 등에 관하여 협약을 체결할 수 있도록 하고 있다. 이는 국가의 제한된 자원을 효율적으로 이용하기 위해 연구개발의 자율성과 효율성 사이에서 타협의 방안으로 시행하는 것이라 할 수 있다.

마. 시설 등 인프라 법제

과학기술의 혁신을 이루기 위해서 인력양성 혁신, 연구개발사업절차의 혁신 등 인재와 운영의 혁신과 함께 과학기술의 인프라가 뒷받침되어야 한다. 이에 따라 과학기술의 혁신에 관한 지도원리를 제시하고 있는 「과학기술기본법」은 연구개발 시설·장비의 확충 및 고도화, 그리고 그것의 관리와 활용에 관한 규정을 두고 있고, 실제 운용상의 표준지침을 두도록 하여 효율적이고 균형 있는 연구개발을 추진하도록 하고 있다. 나아가서, 산업계·학계·연구계가 한 곳에 모여 서로 유기적으로 연계하여 효율을 높이고, 국내외 첨단 벤처기업을 유치하거나 육성하기 위한 과학연구단지를 조성할 수 있도록 하고 있다.

특히, 과학기술의 혁신을 위한 개별법에서 구체적인 인프라 구축을 위한 조문을 두고 있는 사례도 있다. 예컨대, 첨단 신기술의 육성을 위한 법제 중의 하나인 「나노기술개발 촉진법 (약칭: 나노기술법)」의 경우, 나노기술의 연구개발을 효율적으로 추진하기 위하여 나노기술 관련 연구개발 시설·장비 등을 확충하기 위한 시책으로서 '나노팹센터'를 구축하여 운영하게 한 사례는 단기간에 나노기술이라는 신기술을 개발하여 산업화하는 데에 크게 기여하였다.

3. 기타 국가지원 연구개발법제

가. 정부출연금 지원법제

국가연구개발사업을 위한 정부출연금의 지원은 기본적으로 「과학기술기본법」에 근거를 두고 있다. 일반출연금을 지원받는 연구기관은 「과기출연기관법」에 따른 국가과학기술연구회 및 과학기술분야 19개 정부출연연구기관(<표 2-1-1> 참조), 「특정연구기관 육성법」에 따른 한국과학기술원 등 16개 특정연구기관(<표 2-1-2> 참조), 「한국연구재단법」에 따른 한국연구재단, 「한국해양과학기술원법」에 따른 한국해양과학기술원 등으로서 연구기관의 운영에 필요한 경비를 포함하는 연구개발사업비를 지원받고 있다. 출연금에 대한 정의는 「과학기술기본법」의 하위법령인 시행령 즉, 「국가연구개발사업의 관리 등에 관한 규정」에서 명시하고 있는바, "출연금이란 국가연구개발사업의 목적을 달성하기 위하여 국가 등이 반대급부 없이 예산이나 기금 등에서 연구수행기관에 지급하는 연구경비를 말한다"라고 정의하고 있다.

한편, 「기초연구진흥 및 기술개발지원에 관한 법률(약칭: 기초연구법)」에 따르면 '특정연구개발사업'을 추진할 수 있는 근거를 두고 있는바, 기초연구의 성과 등을 바탕으로 하여 국가 미래 유망기술과 융합기술을 중점적으로 개발하기 위한 '특정연구개발사업'을 위한 국가예산을 지원하고 있다. 구체적으로, 「산업기술연구조합 육성법」에 따른 산업기술연구조합, 「협동연구개발촉진법」에 따른 과학기술인협동조합, 「나노기술법」에 따른 나노기술연구협의회, 「민법」 또는 다른 법률에 따라 설립된 과학기술분야 비영리법인 중 연구 인력·시설 등 대통령령으로 정하는 기준에 해당하는 비영리법인, 「의료법」에 따라 설립된 의료법인 중 연구 인력·시설 등 대통령령으로 정하는 기준에 해당하는 의료법인, 「1인 창조기업 육성에 관한 법률」에 따른 1인 창조기업으로서 연구 인력 및 시설 등 대통령령으로 정하는 기준을 충족하는 기업, 그 밖에 연구 인력·시설 등 대통령령으로 정하는 기준에 해당하는 국내외 연구 기관 또는 단체 및 영리를 목적으로 하는 법인 등에 대해서 연구에 필요한 비용을 정부의 출연금으로 충당할 수 있도록 하고 있다.

나. 연구용역비지급법제

국가연구개발사업을 추진함에 있어 일반출연금에 의한 연구개발사업 외에 용역계약에 의한 연구개발사업 지원제도가 있다. 사실, 국가에서 발주하는 연구개발사업이 출연금의 성격인지 용역계약의 성격인지에 대한 개념이 명확히 구분되어 있지 않은 상태이지만 과학기술정보통신부 등 정부 각 부처가 제공하는 정부연구개발사업은 앞 절에서 소개한 정부출연금 지원사업과는 다르게 용역계약의 범주에서 이해하는 것이 타당할 것이다. 다만, 정부조달사업 또는 정부조달사업에 준하는 사업에 의한 연구개발사업은 명백한 용역계약사업의 성격을 가지고 있는데, 여기서는 다루지 않기로 한다.

「국가연구개발사업의 관리 등에 관한 규정」에서, "국가연구개발사업이란 중앙행정기관이 법령에 근거하여 연구개발과제를 특정하여 그 연구개발비의 전부 또는 일부를 출연하거나 공공기금 등으로 지원하는 과학기술 분야의 연구개발사업을 말한다"고 정의하고 있다.

이에 따라 정부의 각 부처는 산하의 연구개발예산관리 전문기관을 통해 국가연구개발사업비를 지원하고 있다. 산업통상자원부 산하의 한국산업기술평가관리원, 한국산업기술진흥원, 한국에너지평가원, 기타 일몰형 사업전문기구는 상의하달형(top-down) 또는 하의상달형(bottom-up)으로 발굴한 연구개발과제를 일반적 절차인 "시행계획공고 → 과제접수 및 선정평가 → 협약체결 및 사업비지급 → 연차(단계)평가 → 최종평가 → 성과활용관리" 등의 단계로 진행하면서 연구개발사업비를 지원하고 있다. 중소벤처기업부 산하의 중소기업기술정보진흥원, 농림축산식품부 산하의 농림식품기술기획평가원, 국토교통부 산하의 국토교통과학기술진흥원 등도 유사하게 국가연구개발사업비를 지원하고 있다.

여기서 특이한 점은 연구사업 발주자와 수주자 사이에서 계약이라는 용어 대신 협약이라는 용어를 사용한다는 것이다. 우리 「민법」에 '계약'이라는 법률용어는 있지만 '협약'이라는 용어는 존재하지 않으며, 다만 '협약'이라는 용어는 「국가연구개발사업의 관리 등에 관한 규정」에서 명시하고 있을 뿐이다. 동 규정에 따르면, 중앙행정기관의 장과 연구개발예산관리 전문기관의 장 사이에서 국가연구개발사업비의 제공에 의한 관계를 '협약'이라고 규정하고 있고, 또한 전문기관의 장과 주관연구기관의 장 사이에서도 '협약'이라고 규정하고 있다.

이러한 성격을 종합해 보면, 국가연구개발사업을 위해 제공되는 사업비의 성격은 중앙행정기관의 장과 연구개발예산관리 전문기관의 장 사이에서는 '출연금의 제공'이라고 이해하고, 전문기관의 장과 주관연구기관의 장 사이에서는 '용역연구비의 제공'이라고 이해하는 것이 타당할 것이다. 두 유형의 당사자 관계에서 모두 출연금의 성격이 되기 위해서는 「국가연구개발사업의 관리 등에 관한 규정」에서 명시하고 있듯이 출연금의 성격을 만족하기 위해서는 반대급부 없이 예산이나 기금 등에서 연구경비를 지급해야 하지만 국가연구개발사업을 직접 일선에서 수행하는 사업수주 당사자인 주관연구기관의 장에게 기술료의 징수 등 여러 가지 유형의 반대급부를 요구하고 있기 때문에 순수한 의미의 출연금으로 보기는 어려울 것이다.

4. 기초기술혁신법제

가. 법제 개설

기초기술의 기반적 성과는 응용 · 융합기술의 혁신을 뒷받침하는 역할을 한다. 「과학기술기본법」은 기초기술의 진흥이 과학기술혁신의 바탕이 된다는 점을 명시적으로 밝히고 있고, 이에 따라 기초기술의 진흥을 위한 조치를 추진하여야 한다고 규정하고 있다. 즉, 법에서 "정부는 과학기술혁신의 바탕이 되는 기초연구를 진흥시키기 위하여 대학과 정부가 출연하는 연구기관의 연구 및 상호 연계 · 협력을 활성화하고 안정적인 연구비를 지원하는 등 종합적인 시책을 세우고 추진하여야 한다"고 밝히고 있다.

기본법의 지도원리에 따라 구체적 시행을 위한 근거법으로서 「기초연구법」이 있다. 법에서 기초연구란 "기초과학 또는 기초과학과 공학 · 의학 · 농학 등과의 융합을 통하여 새로운 이론과 지식 등을 창출하는 연구 활동을 말한다"고 정의하고 있다. 법의 정의에서 특이한 점은 응용과학이라고 할 수 있는 공학 ·

의학·농학 등과의 융합과학 분야의 연구도 기초연구로 정의하고 있다는·것이다. 이에 따라, 법에서는 응용·융합기술 개발사업인 '특정연구개발사업'을 지원하기 위한 구체적 규정을 두고 있다.

한편, 세계적인 수준의 기초연구환경을 마련하고, 기초연구와 비즈니스를 융합하여 실효적인 기초연구의 성과를 창출하기 위하여 「국제과학비즈니스벨트 조성 및 지원에 관한 특별법(약칭: 국제과학벨트법)」을 시행하고 있다. 법에서는 기초과학연구원을 설립하여 기초연구 활성화를 위한 중심역할을 하도록 하고 있고, 법에서 지정하는 지구에16) 있는 연구기관·대학 및 기업 간 공동연구를 수행하기 위한 연구경비를 출연할 수 있도록 하고 있다.

나. 원천기술개발법제

원천기술이라고 할 때 원천기술은 기초기술과 유사하면서도 엄밀하게는 차이가 있다. 즉, 기초기술은 사전적으로 사물이나 일 따위의 기본이 되는 토대로서의 기술을 의미하고, 원천기술은 근원이 되는 기술을 의미한다. 즉, 원천기술은 이루고자 하는 목표의 응용기술과 직접적으로 연결되어 근원이 되는 기술인 반면에, 기초기술은 그 응용기술의 해당 원천기술뿐만 아니라 간접적으로 뒷받침하는 기초적 기술도 포함한다. 예컨대, 종래의 약물전달체의 한계를 극복하여 나노기술로 나노약물전달체를 제조하였을 때, 나노크기의 전달체를 만드는 직접적인 기초기술은 그 나노약물전달체의 원천기술에 해당하는 것인 반면에, 나노약물전달체가 인체 내에서 제대로 작동할 수 있는지를 살피는 인체 환경에 관한 평가기술이나 전달체의 물리화학적 특성을 평가하는 기술은 나노약물전달체 관점의 원천기술이라기보다는 관련 기초기술에 해당한다고 볼 수 있다. 그럼에도 불구하고, 원천기술과 기초기술은 서로 혼용하여 사용하는 사례가 많다.

현재 시행되고 있는 법률에서 과학기술과 관련된 연구개발법제 중에서 원천기술을 명시적으로 규율하고 있는 사례는 거의 없다. 다만, 원천기술의 개발을 장려하기 위해 「조세특례제한법」에서 원천기술 연구개발비에 해당하는 경우 연구 및 인력개발비에 대한 세액공제를 제공하는 규정을 두고 있고, 해당 기술이 원천기술에 해당하는지에 대한 심사를 위하여 상위법 없는 시행령으로 제정된 「신성장동력·원천기술심의위원회의 설치 및 운영에 관한 규정」이 있다.

이러한 사정으로 보아, 「과학기술기본법」을 비롯하여 다양한 연구개발법제는 기초기술의 육성을 포함하고 있으므로 원천기술개발법제의 영역으로 이해할 수 있을 것으로 본다.

다. 첨단 및 융합기술 개발법제

법제명에 첨단과학기술을 담고 있는 법제는 「첨단재생의료 및 첨단바이오 의약품 안전 및 지원에 관한 법률」을 제외하면 거의 없다. 첨단기술은 사전적으로 수준이 높고 선구적인 과학기술을 의미한다.[17] 이러한 의미로 보아 첨단기술은 혁신적인 과학기술 또는 새로운 원천기술을 지칭한다고 볼 수 있다. 과거에는 존재하지 않았던 나노기술, 생명공학기술, 인공지능기술 등을 첨단기술로 볼 수 있으므로 이들을 규율하는 법제는 첨단기술개발법제로 볼 수 있을 것이다.

이러한 관점에서 여러 가지 첨단기술개발법제가 시행되고 있다. 우선 첨단기술 분류법의 하나인 6T로 분류해 보면 첨단기술에는 ICT(정보통신기술), BT(생명공학기술), NT(나노기술), ST(우주항공기술), ET(환경기술), CT(문화기술)가 포함된다. 각 기술 영역에 포함되는 법률들은 다음과 같다.

- ICT 관련 주요 개별법: 「국가정보화 기본법」, 「국가초고성능컴퓨터 활용 및 육성에 관한 법률」, 「소프트웨어산업 진흥법」, 「정보보호산업의 진흥에 관한 법률」, 「정보통신망 이용촉진 및 정보보호 등에 관한 법률」, 「정보통신산업 진흥법」, 「정보통신 진흥 및 융합 활성화 등에 관한 특별법」, 「지능형 로봇 개발 및 보급 촉진법」 등
- BT 관련 주요 개별법: 「농림수산식품과학기술 육성법」, 「뇌연구 촉진법」, 「보건의료기술 진흥법」, 「생명공학육성법」, 「식품·의약품 등의 안전기술 진흥법」, 「천연물신약 연구개발 촉진법」 등
- NT 관련 주요 개별법: 「나노기술개발촉진법」 등
- ST 관련 주요 개별법: 「우주개발 진흥법」, 「항공우주산업개발 촉진법」 등
- ET 관련 주요 개별법: 「신에너지 및 재생에너지 개발·이용·보급 촉진법」, 「지능형전력망의 구축 및 이용촉진에 관한 법률」, 「환경기술 및 환경산업 지원법」 등
- CT 관련 주요 개별법: 「게임산업진흥에 관한 법률」, 「이러닝(전자학습)산업 발전 및 이러닝 활용 촉진에 관한 법률」 등

한편, 현대의 과학기술 또는 첨단과학기술은 고도의 기술적 문제를 다루는 경우가 매우 많아 융합기술의 중요성이 점점 커지고 있다. 「과학기술기본법」은 신기술 상호간 또는 신기술과 학문·문화·예술 및 산업 간의 융합연구개

발을 촉진하기 위한 시책을 세우고 추진하여야 한다고 선언하면서 융합연구개
발의 지도원리를 명시적으로 제시하고 있다. 이에 따라 법제명에 명시적으로
표시하여 융합연구개발을 촉진하는 법률로는 「산업융합 촉진법」, 「광융합기술
개발 및 기반조성 지원에 관한 법률」, 「정보통신 진흥 및 융합 활성화 등에 관
한 특별법」, 「탄소소재 융복합기술 개발 및 기반 조성 지원에 관한 법률」 등이
있다. 또한, 「기초연구법」은 국가연구개발사업의 하나인 특정연구개발사업에서
미래 유망기술과 융합기술을 중점적으로 개발하도록 규정하고 있다.

5. 산업기술혁신법제

가. 법제 개설

기초기술과 응용기술은 실용화기술 단계를 거쳐 산업화되었을 때 과학기
술이 실질적으로 경제발전과 삶의 질 향상에 기여하게 된다. 「과학기술기본법」
은 기술을 위한 기술의 개발에 머물지 않고 기술의 실용화를 촉진하기 위한 규
정을 두어 다양한 노력을 이행하도록 하는 지도원리를 제공하고 있다. 법에서
는 민간의 과학기술혁신을 지원하는 조문에서 정부는 기업 등 민간의 연구개
발을 지원하고 기업 간 기술 공유와 공동활용을 장려하며, 기술의 실용화 등을
촉진하기 위하여 인력 공급, 세제ㆍ금융 지원, 우선구매, 신기술ㆍ신제품 인증
등 다양한 시책을 세우고 추진하도록 하고 있고, 기술집약형 중소기업과 기술
창업기업에 대하여 우선적으로 추진하도록 하고 있다. 또 다른 조문에서는 연
구개발성과의 확산, 기술이전 및 실용화를 촉진하기 위한 규정을 두어 조직 육
성, 전문인력 양성, 기술평가 활성화 및 기술금융 지원, 비용의 일부 또는 전부
지원 등에 관한 사항을 규정하고 있다.

나. 산업화 촉진법제

연구개발한 기술을 실용화하여 산업화를 촉진하는 대표적인 법제로 「산업
기술혁신 촉진법」과 「산업발전법」이 있다. 「산업기술혁신 촉진법」은 산업기술
과 관련하여 기술혁신주체가 기술혁신 자원을 활용하여 기술혁신 활동을 수행
하고, 그 성과물을 사업화함으로써 새로운 부가가치를 창출하여 나가는 일련의
과정을 산업기술혁신으로 정의하면서 산업기술개발사업, 개발기술사업화촉진
사업, 신기술인증 및 신제품의 인증 등의 사업을 지원하고 있다.

특히, 「산업발전법」은 첨단기술 및 첨단제품을 선정하여 고시하도록 하여
기술의 혁신을 촉진하는 역할을 하고 있다. 법에서는 첨단기술 및 첨단제품은
산업구조의 고도화에 대한 기여 효과, 신규 수요 및 부가가치 창출 효과, 산업

간 연관 효과 등의 면에서 기술집약도가 높고 기술혁신속도가 빠른 기술 및 제품을 대상으로 한다고 하고 있다.

한편, 「산업기술연구조합 육성법」은 산업기술연구조합을 통해 산업기술의 연구개발과 선진 기술의 도입·보급 등을 협동적으로 수행하기 위하여 제정된 법률이다.

다. 외국기술 도입법제

산업기술의 혁신을 통해 국민경제를 활성화하고자 할 때 국내기술이 결여되어 있거나 취약점을 가지고 있는 경우 외국기술을 도입함으로써 효과적으로 산업기술의 혁신을 도모할 수 있다. 현재 시행 중인 「외국인투자촉진법」은 기본적으로 외국인투자를 규율하는 법제로서 대한민국 법인 또는 대한민국 국민이 경영하는 기업의 법인이나 기업의 주식 또는 지분을 소유하는 것 등의 방법에 따라 여러 가지 유형의 자산을 투자하도록 하여 국민경제의 건전한 발전에 기여하도록 하는 법률이다. 법에서는 출자목적물의 종류를 열거하면서 산업재산권, 대통령령으로 정하는 지식재산권, 그 밖에 이에 준하는 기술과 이의 사용에 관한 권리를 인정함으로써 외국기술의 도입을 투자 차원에서 가능하게 하고 있다.

Ⅳ. 국가기술표준법제

1. 서

국가표준이란 「국가표준기본법」에서 국가사회의 모든 분야에서 정확성, 합리성 및 국제성을 높이기 위하여 국가적으로 공인된 과학적·기술적 공공기준이라고 정의하고 있다. 그리고 국제표준은 국가 간의 물질이나 서비스의 교환을 쉽게 하고 지적·과학적·기술적·경제적 활동 분야에서 국제적 협력을 증진하기 위하여 제정된 기준으로서 국제적으로 공인된 표준을 말한다고 정의하고 있다.

국가표준 및 국제표준은 산업활동이나 사회활동 등 모든 활동에 영향을 주고 있다. 표준체계를 잘 갖춘 국가는 국가의 경쟁력을 고도화할 수 있는 반면에 그렇지 못한 국가는 국가경쟁력에서 심각한 취약점을 가질 수밖에 없다. 결국, 포장·표시·상표부착 요건을 포함한 성문표준 및 기술규정은 무역기술장애로 작용한다.

우리나라는 흔히 '미터법'이라고 부르며 사용하여 오던 단위계가 현대화된 '국제단위계(일명 SI)'를 사용하고 있다. SI는 프랑스어 'Le Systeme International d Unites'에서 온 약어이다. SI의 시초는 프랑스 혁명 시기인 1790년경 프랑스에서 발명된 '십진 미터법'이다. 이어, 1875년 17개국이 미터협약(Meter Convention)에 조인함으로써 미터법이 국제적인 단위 체계로 발전되는 계기가 되었다. 마침내, 1960년 제11차 국제도량형총회(CGPM)에서 'SI'가 표준화된 국제단위로 결정되었다. 이에 비해, 미국과 영국 등 일부 서구 국가에서는 공식적으로 국제단위계를 채택하고 있음에도 불구하고 일부 일상생활이나 사회시스템에서 아직 '야드파운드법(yard-pound법)'을 사용하고 있어 소통이나 교류 면에서 불편을 겪는 경우가 많다. 우리나라는 일찍이 「계량에 관한 법률」에 의거 국제단위계만 사용하도록 하였고, 현재, 「국가표준기본법」은 7개의 SI 기본단위와 그 밖의 유도단위를 규정하고 있다.18)

여기서는 과학기술의 표준과 혁신의 관계, 국내기술표준법제, 그리고 ISO (International Organization for Standardization)에 대해 소개하고, 마지막으로 과학기술분류법제에 대해서 살펴보고자 한다.

2. 과학기술의 표준과 혁신의 관계

과학기술의 표준은 긍정적 면이든 부정적 면이든 기술혁신과 밀접한 관계를 가지고 있다. 먼저 부정적 면에서 과학기술의 표준이 기술혁신에 미치는 영향을 살펴보면, 첫째, 규제라는 부정적 효과가 제기된다. 국가표준이든 국제표준이든 채택된 표준은 그 표준을 준수해야 하므로 소위 '구속효과(lock-in effect)'에 매몰될 우려가 있다. 둘째, 표준을 지배하는 집단에 의한 폐쇄성으로 인해 신규 기술의 진입이 용이하지 않게 된다. 셋째, 표준을 준수하게 됨으로써 제품 디자인의 유연성을 제약받을 수 있다. 마지막으로, 표준의 가장 중요한 역기능으로 지적되는 것으로서 표준에 의한 집중현상 때문에 기술혁신 노력을 저해할 우려가 있다.

그러나 표준은 오히려 기술혁신을 촉진하는 긍정적 면이 많다. 표준이 기술혁신에 미치는 긍정적 효과를 살펴보면, 첫째, 표준은 관련 기술의 공개와 공유를 전제로 하므로 기술혁신이 필요한 부분에 집중할 수 있게 만든다. 둘째, 수직적 분업과 수평적 분업을 가능하게 하여 협력과 경쟁을 촉진하므로 기술혁신을 조기에 이행하게 만든다. 셋째, 표준은 기술개발, 기술활용, 제품생산, 유통, 영업 등의 산업·경제활동에서 네트워크화를 구현할 수 있으므로 경제성을 강화할 수 있고, 그 결과로 확보된 잉여자원을 다시 기술혁신 노력에 투입할 수 있는 여력을 용이하게 만들 수 있다. 마지막으로, 바로 앞에서 나열한 세 가지 장점은 기술혁신을 위한 아이디어 발굴에 크게 기여하게 된다.

한편, 역으로 기술혁신이 표준을 촉진하는가에 대해서도 긍정적으로 평가하고 있다. 기술혁신에 따른 신기술의 등장은 신공정, 신제품, 기술 및 제품의 안전한 사용 등에 필요한 표준을 새롭게 요구하거나 종래 표준을 개선하게 하므로 긍정적 영향을 미친다고 주장하고 있다.[19]

이와 같이 표준은 기술혁신에 미치는 영향이 부정적 면과 긍정적 면 모두를 보이고 있으나 오늘날 대부분의 국가들이 국가표준과 국제표준을 더욱 강화하고 있는 현상을 볼 때, 표준은 기술혁신을 촉진한다고 보는 것이 명백하다.

3. 국내기술표준법제

우리나라에서 시행되고 있는 핵심 표준법제는 「국가표준기본법」과 「계량에 관한 법률」이다. 「국가표준기본법」은 목적에서 국가표준제도가 과학기술의 혁신, 산업구조의 고도화, 그리고 정보화 사회의 촉진을 도모하고자 함이라고 밝히고 있다. 법에서는 측정표준, 참조표준, 성문표준, 기술규정 등 법에서 규정하는 모든 표준을 국가표준으로 다루고 있다. 기본단위[20]와 유도단위로 구분되는 측정단위에 대한 측정표준은 물적척도, 측정기기, 표준물질, 측정방법 또는 측정체계에 관한 규정이다. 참조표준은 측정데이터, 정보의 정확도와 신뢰도를 과학적으로 공인하는 것으로서 물리화학적 상수, 물성값, 과학기술적 통계 등을 말한다. 성문표준은 문서화된 과학기술적 기준, 규격 및 지침에 대한 표준이다. 기술규정은 제품, 서비스, 공정에 대하여 강제적으로 적용하는 기준이며, 인체의 건강·안전, 환경보호와 소비자에 대한 기만행위 방지 등을 위하여 적용되는 규정이다.

「계량에 관한 법률」은 계량과 계량기에 대해 규율하는 법률이다. 법에서는 계량을 위한 법정단위를 규정하고 있다. 법정단위에는 기본단위, 유도단위, 특수단위가 포함된다. 기본단위와 유도단위는 「국가표준기본법」에 따르고, 특수단위는 「계량에 관한 법률 시행령」에 따른다. 법에서 상거래 또는 증명에 사용하기 위하여 어떤 양의 값을 결정하기 위한 일련의 작업을 계량이라고 정의하고 있듯이, 최근 모바일 거래가 폭발적으로 확장되고 있을 뿐더러 향후 더욱 심화될 것을 미루어 보아 국가표준에 따르는 기술표준과 계량은 더욱 중요한 역할을 하게 될 것이다.

4. ISO

ISO[21]는 과학, 기술, 경제활동 분야에서 국제 간의 협력을 위해 설립한 국제기구로서 현재 164개의 회원국을 가지고 있는 독립된 비정부국제기구라는 특징을 가지고 있다. ISO 창립에 대한 역사를 간략히 소개하면, 1926년 설립된 ISA (International Federation of the National Standardizing Associations)는 기계공학 분야의 표준화를 다루었다. 제2차 세계대전 동안 일시적 휴지기를 거쳐서 1946년 런던에서 25개국이 참가한 토목공학회의(Institute of Civil Engineers)에서 새로운 표준기구를 설립할 것을 결의한 후 1947년 2월 23일 ISO라는 기구가 공식적으로 출범하였다.

2020년 현재, ISO가 개발한 국제표준은 23,088개이고, 표준개발은 ISO 기술위원회(ISO/TC)에서 실무적으로 관장하고 있으며, ISO/TC 1부터 ISO/TC 326까지 구성되어 있다. 민간기구인 ISO에서 채택된 표준에 대해 각 국가에서 준수해야 하는 의무는 없으나 ISO는 UN을 비롯하여 많은 국제기구와 밀접한 관계를 가지고 있기 때문에 각 국가는 그 표준을 실제적으로 따르고 있다.

ISO가 추구하는 국제표준은 기술적 장벽을 제거하여 지적, 과학적, 기술적, 경제적 활동 분야에서 국제 간의 상품 및 서비스 거래를 보다 원활히 하는 것을 목적으로 하는바, 세부 활동을 구체적으로 살펴보면, 첫째, 각국의 표준 통일을 촉진하고, 둘째, 채택된 국제표준의 실시를 촉진하며, 셋째, 회원기관 사이의 정보교류를 촉진하며, 넷째, 다른 국제기구와 협력하여 국제표준에 관한 조사 및 연구를 하는 활동을 하고 있다.

5. 과학기술분류법제

「과학기술기본법」은 과학기술 관련 정보, 인력, 연구개발사업 등을 효율적으로 관리할 수 있도록 과학기술에 관한 국가표준분류체계를 세우고 국가과학기술표준분류표를 만들어 시행하여야 한다고 규정하고 있다. 이 법에 따라 마련된 국가과학기술분류체계[22]는 가장 상위에 분야로 하고, 그 하위에 대분류로 구분하고 있다. 즉, 자연, 생명, 인공물의 세부 분야로 구성된 과학기술 분야에서 수학 등 16개 대분류가 있고, 인간, 사회, 인간과학과 기술의 세부 분야로 구성된 인문사회과학 분야에서 역사/고고학 등 17개 대분류가 있다. 대분류 밑에서는 다시 중분류와 소분류로 세분하고 있다.

이러한 과학기술분류체계는 법에서 선언하고 있듯이 국가연구개발사업을 효율적으로 관리하기 위해 세워져 있다. 그러나 최근의 과학기술은 종래에 경험하지 못한 새로운 과학기술이 등장하는가 하면, 또는 종래의 개별기술들이 융합되어 새로운 유형의 과학기술이 등장하는 사례가 빈번한 현실에서 이미 제정된 과학기술분류체계에 속하지 않는 유형의 혁신적 과학기술이 오히려 장애에 부딪히는 경우가 발생할 수 있다.

V. 결 론

이제 우리나라의 국가연구개발사업은 그 규모면에서 100조의 시대가 되었다. 우리나라는 과학기술의 혁신을 통해 경제발전을 도모하는 정책을 시행하고 있는바, 그 근원은 헌법에 두고 있다.[23] 이에 따라「과학기술기본법」을 비롯하여 수많은 과학기술 진흥을 위한 법제가 마련되어 있다. 앞에서 살펴본 바와 같이, 수많은 과학기술진흥법에는 독립된 법제이든 한 법률 내에 포함되는 조문이든 과학기술의 혁신을 도모하는 법문을 다양하게 두고 있다. 법제에 근거하여 국가의 과학기술정책을 시행하고 진흥하는 방안은 매우 효과적이고 효율적이다. 우리나라도 예외가 아니어서 매우 짧은 기간에 세계적으로 모범이 될 만큼 과학기술 부문에서 관련 법제 덕분에 눈부신 고도성장을 이루었다. 예컨대, ICT, BT, NT 등은 세계적인 강국의 위치에 도달해 있다.

그러나 하나의 법제는 양면성을 가지고 있다는 점을 잊어서는 안 된다. 즉, 법제의 기능상 어느 특정 과학기술 분야를 진흥시키고자 혁신관련법을 만들면 그 분야는 진흥이라는 긍정적인 효과를 불러일으키지만 예기치 못한 부작용을 초래할 수 있기 때문이다. 예를 들면, 기초기술의 혁신을 위한 진흥법제는 응용기술과 같이 기초기술이 아닌 영역에서 오히려 억제 내지 규제의 작용을 할 수도 있다. 미래 유망한 개별기술을 육성하기 위한 혁신관련법이 지나치게 엄격하게 할 경우 개별기술이 아닌 융합기술에 대한 연구개발 도전을 예기치 못하게 가로막을 수 있다. 이러한 사안들이 발생할 때마다 소외된 과학기술 영역에 대한 진흥법제를 보충하려는 입법 노력이 있었다. 이런 현상으로 인해 과학기술법제상 수많은 법률들이 쏟아져 나왔고, 유사한 법률 상호 간에 충돌이나 공백의 문제가 지적되기도 했다.

그렇다고 법제의 중요성을 간과해서는 안 된다. 법적 근거를 둔 과학기술진흥정책은 임의적 진흥정책에 비해 견고할 뿐만 아니라 효율적이기 때문이다.

「과학기술기본법」, 「국가표준기본법」 등은 모범적 사례이다. 마지막으로, 과학기술의 혁신은 혁신법이든 진흥법이든 경성법(hard law)으로만 그 목적을 달성하기 어렵다는 점을 잊어서는 안 된다. 과학기술의 혁신은 무엇보다도 과학기술자의 창의적 자율성이 제대로 작동할 때 가능하다는 점을 기억할 필요가 있다.

---

1) 2018년 12월 현재, 범부처 공동규범으로서 국가연구개발사업의 추진 체제의 혁신을 위해 「국가연구개발 혁신을 위한 특별법안」이 국회에 발의되어 있다. 그러나 이 법안은 국가연구개발사업의 추진 체제상의 통일성을 주된 목표로 하고 있다.

2) 1962년 발간된 토마스 쿤(Thomas Kuhn, 1922~1996)의 저서 「The Structure of Scientific Revolutions」에서 패러다임의 개념을 소개하였다.

3) 「산업기술혁신 촉진법」에서 혁신과 관련된 정의로서 "산업기술혁신이란 산업기술과 관련하여 기술혁신주체가 기술혁신 자원을 활용하여 기술혁신[제품 및 서비스를 기획·디자인·개발·개량하는 제품·서비스혁신과 제품·서비스생산의 과정·관리 및 관련 장비 등을 효율화하는 공정혁신(工程革新)을 포함한다]활동을 수행하고, 그 성과물을 사업화함으로써 새로운 부가가치를 창출하여 나가는 일련의 과정을 말한다."라고 정의하고 있다.

4) 정종섭(2013), 30면: 헌법이 최고규범이라는 것은 한 공동체 내의 법규범의 구조에서 헌법이 최고, 최상의 지위에 있다는 것을 말한다.

5) 손경한(2010b), 3면.

6) 손경한 교수에 의하면, 우리 「헌법」은 과학기술과 관련하여 6대 책무를 부과하고 있는바, 과학기술진흥을 위한 5대 책무와 과학기술안전을 위한 하나의 책무를 제시하고 있다고 한다[손경한 편(2010), 14면].

7) 헌법 제22조 제1항 모든 국민은 학문과 예술의 자유를 가진다.

8) 헌법 제22조 제2항 저작자·발명가·과학기술자와 예술가의 권리는 법률로써 보호한다.

9) 헌법 제127조 제1항 국가는 과학기술의 혁신과 정보 및 인력의 개발을 통하여 국민경제의 발전에 노력하여야 한다.

10) 주 45) 참조.

11) 헌법 제127조 제2항 국가는 국가표준제도를 확립한다.

12) 헌법 제127조 제3항 대통령은 제1항의 목적을 달성하기 위하여 필요한 자문기구를 둘 수 있다.

13) 동법이 시행됨으로써 종래의 「과학기술진흥법」과 「과학기술 혁신을 위한 특별법」은 폐지되었다.

14) 손경한 편(2010), 53면.

15) 양승우외(2012), 175-177면.

16) 법에서는 지구를 '거점지구'와 '기능지구'로 구분하고 있고, 거점지구는 국제과학비즈니스벨트 안의 지역으로서 기초연구분야의 거점기능을 수행하기 위하여 지정·고시된 지역으로 정의하고 있고, 기능지구는 국제과학비즈니스벨트 안의 지역으로서 거점지구와 연계하여 응용연구, 개발연구 및 사업화 등을 수행하기 위하여 지정·고시된 지역으로 정의하고 있다.

17) 산업통상자원부 고시(첨단기술 및 제품의 범위)에서는 첨단기술 및 제품의 선정기준을 두고 있는바, 1.기술집약도가 높고 기술혁신 속도가 빠른 분야, 2. 신규수요 및 고부가가치를 창출하는 분야, 3. 기술적·경제적 파급효과가 크고 기술·경제적 비교우위 확보가 가

능한 분야, 4. 기타 자원 및 에너지절약, 생산성향상, 환경보전 효과가 큰 분야 등 4개의 기준을 제시하고 있고, 33개의 분야에서 구체적인 기술 및 제품을 별표로 고시하고 있다.

18) 한국표준과학연구원 참조.
19) 성태경(2015), 7면.
20) 기본단위는 길이의 미터, 질량의 킬로그램, 시간의 초, 전류의 암페어, 온도의 켈빈, 물질량의 몰, 그리고 광도의 칸델라이다.
21) ISO, About Us.
22) 과학기술정보통신부고시 제2018-10호(2018. 2. 7.).
23) 헌법 제127조 참조.

제 2 장   과학기술인력법

Ⅰ. 서 론

과학기술을 연구개발하고 관리하며 활용하는 데에는 전문 인력이 필요하다. 이 과학기술인력은 계획에 따라 체계적으로 양성되어야 한다. 반면 시대의 변화와 사회의 요구에 맞게 수시로 과학기술인력이 공급될 필요도 있다. 과학기술인력의 대부분은 이공계 대학에서 양성하게 된다. 따라서 이공계 대학을 체계적으로 관리, 지원하는 것이 과학기술인력양성의 핵심이라고 할 수 있다. 그러나 대학에 입학하기 전에도 정상적인 사회생활을 위한 일반적인 과학기술교육이 이루어져야 하고 또 과학영재에 대한 별도의 교육시스템도 갖추어야 한다. 이공계 대학을 졸업한 뒤에도 석사, 박사과정으로 거치면서 고급 과학기술인력으로 성장시키는 것과 연구소나 생산시설에서 연구개발업무를 적절히 수행할 수 있도록 하는 계속 교육(continuing education)은 물론, 새로운 사회적 수요를 충족시키기 위하여 기존의 과학기술인력을 다른 분야로 전환하는 것도 필요하다. 예컨대 4차 산업혁명으로 인하여 산업, 직종 및 일자리에 있어서 급격한 구조적 변화가 일어나고 있으므로 4차 산업혁명에 대응할 과학기술인을 공급하는 것이 긴요한 과제로 부상하였다. 다음 단계는 연구개발현장에서 은퇴한 인력 또한 적절히 활용하여 과학기술인 자신에게도 삶의 보람을 갖게 하고 사회적으로도 유휴 전문 인력을 활용하는 기회가 될 수 있다. 이를 과학기술인의 생애전주기적 양성과 활용이라 부른다.

한동안 우리 사회에서는 이공계 기피현상이 있었다. IMF 금융위기 이후 제1순위 감원대상이 연구개발인력이었기 때문에 신분이 보장되지 않는 이공계 진학을 꺼려하는 사회적 분위기가 형성되었다. 하지만 급격한 과학기술의 발전과 4차 산업혁명의 도래로 우리나라는 다수의 자연·공학·의약계열을 전공한 과학기술인력이 필요할 것으로 전망되고 있다. 따라서 무엇보다도 사회의 우수한 인력이 과학기술 분야에 종사하도록 유도하는 사회적 분위기 형성이 필요하다. 그러기 위해서는 과학기술인을 우대하는 사회적 풍토가 마련되어야 한다. 과학기술인에 대한 우대는 그들이 자부심을 가지고 연구개발에 종사할 수 있도록 하여 주는 것이다. 연구의 자율성과 신분을 보장하여 마음껏 연구를 하게 하면 보수가 많지 않더라도 자기만족을 위하여 과학기술분야를 선택하는 사람들이 늘어날 것이다. 사회적인 예우와 평가 그리고 금전적 보상 역시 무시할 수 없다.

종래 과학기술인력이라고 하면 연구개발인력을 지칭하였다. 그러나 연구개발에 종사하는 사람이 주축을 이루는 것은 사실이지만 연구개발자들이 연구개발을 잘할 수 있도록 연구개발을 기획, 관리, 활용하는 전문 인력 또한 필요하다. 그런데 그동안 우리 법제는 연구개발인력의 양성에만 초점을 맞추어 온 사실을 부인할 수 없다. 연구개발 지원인력 양성에 관한 법제에도 관심을 가져야 할 것이다.

또 한 가지 언급할 것은 지금까지는 과학기술인력양성이라고 하면 과학기술진흥인력의 양성을 의미하였다. 그러나 오늘날은 과학기술의 안전이 강조되고 있다. 과학기술의 안전을 확보하기 위하여는 과학기술의 안전을 도모할 인력의 양성 또한 반드시 필요하다. 본장에서는 이러한 폭넓은 관점에서 과학기술인력의 양성과 관리에 관한 법제를 살펴보기로 한다.

Ⅱ. 과학기술인력법 총론

1. 과학기술인의 개념과 헌법상 과학기술인의 지위

가. 과학기술인의 개념

과학기술인이라 함은 과학기술활동에 직접 종사하는 자라고 정의할 수 있다. 여기에서 과학기술활동(S&T activities)이라 함은 과학기술의 연구개발, 관리 및 활용을 말한다. 실정법에서는 "이학, 공학 분야와 이와 관련된 학제 간 융합분야를 전공한 사람으로 전문대학 이상의 교육기관에서 이공계 분야의 학위 또는 국가기술자격법에 의한 산업기사 또는 이에 동등한 자격 이상을 보유한 자"라고 정의한다.24) 그러나 대학에서 이공학을 전공하였다는 사실보다 실제 전문성을 가지고 과학기술활동에 종사하는지 여부를 기준으로 하는 것이 타당할 것이다.

나. 과학기술인의 지위에 관한 법규정

우리 헌법 제22조 제1항은 학문의 자유를 보장하고 제2항은 발명가와 과학기술자의 권리는 법률로써 보호한다고 선언한다. 법률로써 보호할 과학기술

자의 권리에는 과학기술 연구의 자유, 과학기술 연구성과 발표의 자유,[25] 과학
기술자로서의 신분을 보장받을 권리, 과학기술자로서 사회적 평가와 예우를 받
을 권리, 과학기술자의 연구성과에 대한 정당한 보상을 받을 권리를 포함한 재
산적 권리, 연구성과의 인격적 귀속에 대한 권리를 포함한 인격적 권리, 적절
한 연구개발 환경에서 일할 권리 등이 포함될 수 있을 것이다. 이와 관련하여
과학기술기본법은 정부에 나라를 빛낸 과학기술인과 그 업적을 기리고 보존하
는 등 과학기술인이 존중·우대받는 사회 분위기 조성과 안정적인 과학기술활
동을 할 수 있는 여건 마련 등 과학기술인의 사기를 진작할 것을 규정한다.[26]
반면 과학기술인은 자율을 바탕으로 활동하되 과학기술이 미치는 사회적·윤
리적 영향을 고려하여 연구개발의 진실성을 담보하고, 경제와 사회의 발전을
위하여 자신의 능력과 창의력을 발휘할 의무를 진다.[27] 과학기술인 보호를 위
한 위와 같은 선언적인 규정 아래 구체적인 특별법들이 제정되어 있으나 과학
기술자의 권리, 특히 그들이 평생을 두고 안정적으로 그리고 안전한 환경속에
서 연구와 개발에 매진할 수 있는 연구 환경과 신분 보장 등 실질적인 권리 보
호에는 미흡하다.

2. 과학기술인력법의 체계

과학기술인력법의 체계를 보면 먼저 헌법 제127조 제1항은 국가는 과학기
술 인력의 개발을 통하여 국민경제의 발전에 노력하여야 한다고 규정하여 국
가에 과학기술인력 개발의무를 부여하고 과학기술기본법은 이를 구체화하여
과학기술인력의 양성 및 활용 증진, 여성 과학기술인의 양성 및 활용, 과학영
재의 발굴 및 육성, 창의적 인재 육성을 하도록 하고 있다.[28] 그리고 대학에서
의 과학기술인력 양성을 지원하기 위한 "국가과학기술 경쟁력강화를 위한 이
공계지원특별법(이하 '이공계지원법')"[29]이 있고, 과학기술인의 예우를 위한 "과
학기술유공자 예우 및 지원에 관한 법률(이하 '과학기술유공자법')"[30]과 "상훈
법"[31]이 있으며, 과학기술인의 생활안정과 복지증진을 위한 "과학기술인공제회
법"[32]이 있다. 그러나 일단 양성된 과학기술인력의 활용에 관한 법제는 미비하
며 특히 과학기술인력의 전주기적 활용에 관한 법제를 찾아 보기 힘들다. 나아
가 과학기술안전 인력양성 법제도 필요하나 그에 대한 일반적인 입법을 발견
할 수 없다.

Ⅲ. 과학기술진흥인력 양성 법제

1. 개 설

과학기술의 변화와 발전에 대응하는 창의력 있고 다양한 재능을 가진 과학기술 인력자원을 양성·개발하고 그 활동여건을 개선하기 위하여 정부는 (i) 과학기술인력의 중·장기 수요·공급 전망의 수립,[33] (ii) 과학기술인력의 양성·공급계획 수립, (iii) 과학기술인력에 대한 기술훈련 및 재교육의 촉진, (iv) 과학기술교육의 질적 강화방안 수립, (v) 고급 과학기술인력 양성을 위한 고등교육기관의 확충조치를 취할 의무가 있다.[34] 연구개발과 인력양성을 상호 연계하여 추진하는 것이 투자의 효율성과 연구경쟁력을 높이는데 긴요할 것이다.[35]

2. 과학기술인력 양성계획 법제

정부는 과학기술발전에 관한 중·장기 정책목표와 방향을 설정하고[36] 이를 반영하여 과학기술기본계획을 세워야 하는데,[37] 이 계획에는 (i) 과학기술인력의 양성 및 활용 증진, (ii) 과학기술혁신 관련 산업정책, 인력정책 및 지역기술혁신정책 등의 추진방향, (iii) 기업, 교육기관, 연구기관 및 관련 기관·단체의 과학기술혁신 역량 강화 및 (iv) 과학기술교육의 다양화 및 질적 고도화 등 과학기술인력양성과 관련한 사항이 포함된다.[38] 구체적 계획으로는 (i) SW 융합체험·교육프로그램 및 중장기 수학·과학 교육 방향 설정, (ii) 신산업 중심의 현장 수요 및 문제해결형 전문인력 양성,[39] 신진연구자 발굴 및 성장 지원,[40] '과학기술인력정책 온라인 종합정보시스템' 구축 및 운영 등이 있다.[41] 그러나 인구 구조 변화, 청년일자리 수급 불일치, 교육과 노동시장의 괴리, 새로운 분야의 인력양성 교원의 부족과 같은 사회환경 변화 대응능력 불충분으로 인하여 인력의 배분 및 활용이 미흡하다는 지적을 받는다.

3. 과학인력 양성 법제

가. 과학영재의 발굴 및 육성계획

과학기술인력을 양성하기 위하여서는 그 저변이 확대되어야 할 것인바 이를 위해 먼저 과학기술에 대한 국민의 이해와 지식수준을 높이고 국민의 창의성을 기르며 창의적 인재를 육성하여야 하고[42] 나아가 과학영재를 조기 발굴하고 체계적으로 육성하기 위한 과학영재의 발굴 및 육성계획을 수립, 시행하

여야 한다.43)

나. 과학교육법제

과학 · 수학 · 정보 교육을 진흥하여 미래사회를 이끌어갈 융합형 인재 양성을 위하여 "과학 · 수학 · 정보교육진흥법"이 제정되었다.44) 교육환경이 과학 · 수학 · 정보에 관한 소양, 지식 · 탐구 · 문제해결능력 및 창의력 또는 컴퓨팅 사고력을 키울 수 있고, 과학 · 수학 · 정보 중 두 교과 이상의 융합을 통하여 창의적 인재를 양성할 수 있도록 교육환경을 조성하는 것을 목표로 한다.45) 동법에 따라 초 · 중 · 고등학교 등 교육연구기관은 과학 · 수학 · 정보교육을 위한 교재 · 교육자료와 전용교실을 확보하고46) 국가기관 등에게 연구 · 실험 및 학습 시설의 이용을 요구할 수 있다.47)

다. 과학영재교육기관

영재교육이란 재능이 뛰어난 사람을 조기에 발굴하여 능력과 소질에 맞는 교육을 함으로써 개인의 타고난 잠재력을 계발하는 것인데 이를 위하여 영재교육진흥법이 제정되었다. 영재교육을 담당하는 기관으로 영재학교와 영재교육원이 있다. 영재학교는 과학 등 재능이 뛰어난 사람, 즉 영재48)의 특별한 교육을 실시하는 학교를 말하고49) 영재교육원은 영재교육을 위하여 대학50)에 설치 · 운영되는 부설기관이다. 그 외 과학고등학교가 있는바 이는 과학인재양성을 위한 과학계열의 고등학교를 특수분야의 전문적인 교육을 목적으로 하는 고등학교로 교육감이 지정 · 고시한 학교이다.51) 과학고는 초 · 중등교육법에 근거하여 일반계 학교와 같은 시도교육청 또는 지역청 관할인바 자율성에 제한이 있어서, 영재교육진흥법에 의해 운영되는 과학영재학교와 비교하면 행 · 재정적인 면에서 많은 제약이 있다.52)53)

라. 과학교육을 위한 행정조직

청소년의 과학에 대한 탐구심을 함양하기 위하여 "과학관육성법"54)에 따라 과학관이 설치되어 있고 창의적 인재육성을 위하여 한국과학창의재단이 설치되어 있다. 과학관은 과학기술 자료를 수집 · 조사 · 연구하여 이를 보존 · 전시하며, 각종 과학기술교육프로그램을 개설하여 과학기술지식을 보급하는 시설이다.55) 이를 위하여는 큐레이터 등 과학관 건립 및 운영에 관한 전문인력을 양성하고 국가자격제도를 도입할 필요가 있다.56) 한국과학창의재단은 과학기술문화의 창달과 창의적 인재육성 체제의 구축을 지원하며 (i) 과학기술문화 창달 및 창의적 인재육성을 위한 조사 · 연구 및 정책 개발, (ii) 국민의 과학기술 이해 증진 및 확산사업, (iii) 과학교육과정 및 창의적 인재육성 프로그램

개발, (iv) 창의적 인재 교육 전문가 육성·연수 지원, 및 (ⅴ) 관련 과학문화·예술 융합프로그램 개발 지원 사업을 수행한다.[57] 그 외 한국과학우주청소년단이 있다.[58]

4. 과학기술인력 양성 법제

가. 개 설

과학기술인력양성의 중추는 역시 대학이다. 대학에서의 과학기술인력 양성을 위하여 이공계지원법, 특수한 지위를 가지는 4개의 과학기술원법 및 기술대학제도가 있다. 그 외 산학협력 교육, 특수분야 과학기술인력 양성, 과학기술인력의 재교육 및 여성과학기술인력 양성제도가 마련되어 있다.

나. 과학기술인력양성을 위한 대학지원 법제

이공계 기피 현상을 완화하고 이공계로의 진입을 확대하여 고급 과학기술인력 양성을 위한 고등교육기관의 확충을 위하여 2004년 앞서 언급한 이공계지원법을 제정하였다. 동법은 이공계 인력을 육성·지원하는 기본계획의 수립[59]과 집행, 과학영재의 발굴 및 육성, 초·중등생에게 이공계 대학[60] 진학정보의 제공, 특별전형의 확대, 핵심 이공계 인력에 대한 연구장려금 지급 등 장학제도의 운영[61], 연구중심대학의 육성, 이공계 인력의 재교육·재훈련,[62] 이공계 인력의 공무원 임용 확대,[63] 이공계 학생 채용 기업 지원, 연구개발사업을 통한 미취업 석박사 이공계 인력의 활용,[64] 기업의 미취업 석박사 이공계인력의 활용지원[65] 등을 규정하고 있다.[66]

이공계지원법은 과학기술자의 지위를 실효적으로 보장하는 매우 획기적인 입법이다. 그러나 과학기술인력개발의 차원에서 종합적인 접근을 하지 못하고, 이공계 대학의 지원이나 이공계 출신자의 취업 및 공직 진출에만 초점을 맞추었다. 동법이 이공계 출신자의 처우규정을 두고 있으나 과학기술인의 사회적지위 향상 프로그램의 제시, 과학기술자의 전주기적 연구활동 지원에 미흡하며앞서 본 핵심이공계인력지원제도가 시행되지 않고 있다.[67]

한편, 과학기술분야에 관하여 깊이 있는 이론과 실제적인 응용력을 갖춘고급과학기술인재를 양성하기 위하여 4개의 과학기술원이 설치되었다. 과학기술원은 고등교육법에 근거하여 교육부가 관할하는 일반 대학과 달리 한국과학기술원법,[68] 광주과학기술원법,[69] 대구경북과학기술원법,[70] 울산과학기술원법[71]에 각 의거하여 설립되어 과학기술부의 관할에 속한다.[72] 과학기술원은"특정연구기관 육성법"[73]의 적용을 받는 연구기관이다.[74]

그 외 기술대학[75]과 기능대학[76]이 있다. 기술대학은 대학과 산업체가 공동으로 기술대학법인을 설립하여 만든 대학으로[77] 산업체 근로자로 하여금 산업현장에서 전문적인 지식·기술의 연구·연마를 위한 교육을 받아 이론과 실무능력을 갖춘 전문인력으로 양성하기 위한 것이다.[78] 전문학사학위과정과 학사학위과정이 있고 수업연한은 각 2년이다. 학사학위과정에 입학하기 위하여는 전문대학 졸업자 또는 이와 동등한 학력이 있는 사람으로서 일정 기간 이상 산업체에 근무하여야 한다.[79]

기능대학은 산업현장에서 필요한 인력을 양성하고 근로자의 직업능력개발을 지원하기 위한 대학으로 국가, 지방자치단체나 학교법인이 설립한다.[80] 그외 직업능력개발훈련법인을 설립하거나[81] 직업훈련시설[82]을 설치하여 기술인력을 훈련할 수 있다. 또한 특정한 분야의 전문인력을 양성하기 위하여 대학원만 두는 대학원대학을 설립할 수 있는바[83] 그 하나로 과학기술연합대학원대학교(University of Science and Technology: UST)가 2003년 설립되어 학제 간 신생융합기술분야의 현장 경험 교육과 연구 활동을 통해 실천적이고 창의적인 인력을 양성한다.[84]

다. 산학연(産學研) 협력에 의한 인력 양성

인력양성을 연구개발과 연계하는 것이 바람직하다. 연구개발과 인력양성을 상호 연계하여야 국가연구개발 투자의 효율성을 제고하고 연구경쟁력을 강화할 수 있기 때문이다.[85] 제대로 된 과학기술인력을 양성하기 위하여서는 산학연 간의 연계교육이 매우 중요하다. 산학연 간의 연계 강화와 산학협력을 위하여 앞서 본 이공계지원법 외에 "산학협력법"이 있다.[86] 동법은 학생에게 산업교육, 즉 산업에 종사하거나 창업하는 데에 필요한 지식과 기술의 습득과 기업가정신 함양 교육을 위한 입법이다. 이를 위하여 교육부는 (i) 기업의 수요에 맞는 기술인력 양성체제 구축, (ii) 산학연협력 활성화, (iii) 산학연협력 촉진 교육 개편, (iv) 청년창업가 및 융합인재 양성, (v) 미래 산업기술 분야의 인력 양성, (vi) 지역 발전 선도 기술인력 양성, (vii) 기술인력 재교육, (viii) 중소기업에의 기술인력 공급, (ix) 여성기술인력의 양성과 산업기술계 진출 촉진 및 교육기관에의 출연, 보조를 한다.[87]

라. 특수 과학기술인력 양성 법제

과학기술 중 특수 분야의 전문인력의 양성을 위한 특별한 법제가 마련되어 있다. 예컨대 지능정보기술 및 지능정보서비스 전문인력 양성을 위하여 정부는 (i) 전문인력의 수요 실태 파악 및 중·장기 수급 전망 수립, (ii) 전문인력 양성기관의 설립, 지원, (iii) 전문인력 양성 교육프로그램의 개발, 보급 지원, (iv) 교육기관에서 시행하는 지능정보기술 및 지능정보서비스 관련 교육 지원 등을 한다.[88] 4차 산업혁명시대에 긴요한 소프트웨어 전문인력의 양성을 위하여 계획 수립과 교육훈련을 하며 연구소, 대학 등을 전문인력 양성기관으로 지정하여 지원한다.[89] 또 다른 예로는 생명공학 기술개발 및 산업화를 위한 생명공학 인력양성계획을 세우고 실천한다.[90]

마. 과학기술인력 재교육 법제

과학기술의 발전과 시대의 변화에 따라 과학기술인력을 재교육하여 사회의 요구에 부응하고 본인의 경쟁력을 향상시킬 필요가 있다. 이에 정부는 과학기술인력을 재교육, 재훈련하고[91] 지정된 기술훈련 및 재교육 실시기관에 소요 경비를 출연하거나 보조한다.[92] 과학기술 전문인력의 재교육을 통해 경력 전문성을 높이고 리더십·공감역량을 강화하기 위하여 국가과학기술인력개발원 (KIRD)이 설립되어 있다.[93] 동 개발원은 과학기술인재 경력개발 정책 기획, 교육 프로그램 개발·운영, 과학기술 교육·경력개발 시스템 구축·운영, 정부 위임·위탁 인력개발 사업의 수행, 인재개발교육 유관기관 간의 연계·협력 등의 사업을 한다.

바. 여성과학인력 양성 법제

국가과학기술역량을 높이기 위하여서는 남성과학기술인 뿐 아니라 여성과학기술인도 양성, 활용되고 그 자질과 능력을 충분히 발휘할 수 있도록 할 필요가 있다. 여성과학기술인 양성 및 활용 방안에는 (i) 여성 과학기술인의 경쟁력 향상 관련 연구개발사업의 기획·추진, (ii) 여성 과학기술인의 사기 진작, (iii) 여성 과학기술인의 고용 확대, (iv) 여성 과학기술단체의 육성, (v) 여성 과학기술인의 양성·활용기관에 대한 지원 등이 포함된다.[94] 이를 위하여 "여성과학기술인법"이 제정되어 여성과학기술인[95]의 육성 및 지원에 관한 기본계획을 수립하고,[96] 여학생들의 이공계 진학 및 진출을 촉진하며, 이공계 대학의 여학생 비율 적정하게 유지하고, 이공계 대학 재학 여학생에게 장학금 이나 연구장려금을 지급하는 외에 여성과학기술인의 국내·외의 대학 또는 공공연구기관에서 연수나 연구 활동을 지원한다.[97]

5. 과학기술지원인력 양성 법제

가. 과학기술 교육인력 양성 법제

먼저 과학기술인력을 양성할 전문교원을 양성하여야 하고 이 교원들이 가르칠 교육 커리큘럼이 개발되어야 한다. 이를 위하여 과학창의재단은 앞서본 바와 같이 창의적 인재 교육 전문가의 육성과 연수를 지원한다.[98] 과학기술인을 양성하는 교육제도로는 기술교육대학이 있다. 기술교육대학은 직업능력개발훈련교사, 실천공학기술자, 인력개발담당자의 양성 및 직무능력향상훈련사업[99]을 담당한다. 기술교육대학은 한국산업인력공단이 교육부의 인가를 받아 설립ㆍ운영하는 사립학교법상의 대학이다.[100] 직업능력개발훈련교사는 근로자에 대한 직업능력개발훈련을 담당하는 교육자이다. 고용노동부장관은 직업능력개발훈련교사 양성과정을 수료하는 등 일정 기준을 갖춘 사람에게 직업능력개발훈련교사 자격증을 발급한다.[101]

나. 과학기술 개발활용 지원인력 양성 법제

1) 연구기획평가사제도

과학기술 연구개발의 기획ㆍ자문ㆍ평가ㆍ기술정보 및 시험분석 업무를 담당하는 연구개발서비스업제도가 있다. 연구개발서비스업자가 국가연구개발사업에 참여하거나 정부의 지원을 받으려면 전문인력 확보 등 기준을 갖추어 과학기술정보통신부에 신고하여야 한다.[102] 연구개발서비스를 담당할 전문가 자격으로 연구기획평가사가 있다.[103] 연구기획평가사가 되려면 자격시험에 합격하고 일정한 실무수습을 받아야 한다.[104] 과학기술 연구개발 지원이 중요하므로 정부는 연구기획평가사제도를 조속히 실시하여야 할 것이다.

2) 창업기획자(액셀러레이터)

기술을 가지고 창업하려는 자, 즉 초기창업자를 위한 전문보육 및 투자 업무를 하는 자인 창업기획자(액셀러레이터)제도가 있다. 창업기획자는 일정한 재정적 기초를 갖추어 등록하여야 한다.[105] 창업기획자는 등록 후 3년 동안 전체 투자금액의 50%의 이내에서 일정 비율 이상을 초기창업자에 투자할 의무가 있다.[106] 또한 창업기획자는 공정거래법상 상호출자제한기업집단에 속하는 회사에 투자하거나 비업무용부동산을 취득하는 등 그 설립목적을 해치는 행위를 할 수 없다.[107]

3) 기술경영 전문가 양성

기술전략과 정책, 기술혁신 과정, 연구ㆍ개발 관리, 기술창업과 벤처경영, 기술신제품개발관리, 기술예측과 계획, 기술이전, 기술위험분석과 평가, 생산기술관리, 정보기술의 도입과 적용, 기술변화와 조직혁신 및 기술프로젝트 관리 등을 연구하는 기술경영학이 과학기술지원인력 양성에 유용하다.[108] 관련한 사설자격으로 기술경영사제도가 있다.[109]

4) 지식재산 전문인력 양성

과학기술의 보호와 활용을 지원하는 지식재산 전문인력의 양성도 중요하다. 정부는 지재권과 연구개발의 연계 가능 인력, 선도적 지식재산 창출 인력, 글로벌 지식재산 대응 전문 인력, 기술 권리화 · 보호 서비스 인력, 중소기업 지식재산 관리 인력 및 현장 · 융합형 지식재산 인력 양성에 초점을 맞추고 있다.[110] 이들이 기업, 대학, 연구소의 연구개발과 활용을 지원하는 업무를 담당하고 산학협력단이나 기술이전부서(Technology Licensing Office, TLO)에서 활동할 기회를 부여하여야 할 것이다. 변리사나 기술전문변호사 등 지식재산권 전문가에게는 기술개발과 활용에 관한 지식을 교육하고 창업기획자나 연구기획평가사에게는 지식재산권에 관한 교육이 이루어져 기술기업이나 연구소의 실질적 수요에 부응하여야 할 것이다.

Ⅳ. 과학기술인력활용법

1. 개 설

일단 양성된 과학기술인력을 적절히 활용하는 것이 관건이다. 과학기술인력의 활용과 교류를 촉진하고 수요자가 손쉽게 활용할 수 있도록 하기 위하여는 과학기술인력 정보 데이터베이스를 구축할 필요가 있다.[111] 또한 뒤에서 살펴보는 바와 같이 과학기술인 등록제도를 마련하여 등록된 과학기술인의 우대 및 고용기회 확대, 인력 활용 및 교류 등을 촉진하는데 활용하고 있다.[112]

2. 과학기술인 등록관리 법제

과학기술인을 우대하고 고용기회를 확대하기 위한 과학기술인 등록제도가 있다.[113] 과학기술인으로 등록할 수 있는 자는 (i) 국내외 이공계 대학 석사학위 이상 소지자 또는 이와 같은 수준 이상의 전문지식을 가지고 연구개발활동을 수행하거나 수행하였던 자, (ii) 정부가 주관하거나 후원하는 과학기술분야 수상실적이 있거나 국제학술대회에서 수상한 자이다.[114] 특정분야 기술자의 등록제도로는 소프트웨어기술자에 관하여 정부는 그의 근무처 · 경력 · 학력 및 자격 등을 신고 받아 국가기관, 소속 업체 · 기관에 조회하여 그 진실성과 정확성을 확보한 기록을 유지 · 관리하는 제도가 있다.[115]

3. 기술자격 법제

과학기술인력의 능력을 계발하고 그 사회적 지위를 향상시키며 적재적소에 인력을 활용하기 위하여 기술자의 능력에 따라 자격을 부여하는 기술자격 제도가 있다. 국가기술자격법상 기술·기능분야 자격에는 기술사, 기능장, 기사, 산업기사 및 기능사가 있다.116) 정부는 국가기술자격 취득자의 경력과 국가기술자격에 관련된 정보 등을 관리하는 국가기술자격 정보체계를 구축·운영한다.117) 기술사의 경우에도 그 효율적인 활용·관리와 국가 간 기술사자격 상호인정업무의 원활한 수행을 위하여 그 직무의 종류와 범위를 등록하게 하고 기술사의 근무처·경력·학력 및 교육훈련 등에 관한 기술사 종합정보시스템을 구축·운영한다.118) 국가기술자격증을 타인에게 대여하여서는 안된다.119)

4. 과학기술인 협업 법제

과학기술인 간의 교류와 협업이 능력향상과 연구개발 성과에 중요하다. 이에 정부는 효과적인 국가과학기술혁신체제를 구축하여 기업, 교육기관, 연구기관 및 관련 기관·단체가 과학기술 혁신 활동을 적극 수행할 수 있는 환경과 기반을 만들고 그 구성원들이 서로 인력, 지식, 정보 등을 원활하게 교류하고 연계하며 공유할 수 있도록 할 의무를 진다.120) 또한 정부출연 연구기관 및 연구회는 서로 간의 협동·융합연구개발과 중소기업이나 중견기업과의 협동연구 개발 등을 위하여 소속 인력을 교류하여야 하며, 교류 인력을 적극적으로 지원하여야 한다.121)

5. 과학기술인의 전주기적 활용 법제

과학기술인을 양성할 때부터 그들의 생애 전주기적(全週期的) 활용을 고려하는 법제가 필요하다. 과학기술인력 생태계 전반을 아우르는 선순환 경력개발 체제를 마련하여 고경력 연구자의 핵심 역량을 다음 세대로 이전시킴으로써 신진연구자의 역량을 개발하고 고경력 연구자의 자연스러운 퇴직과 경력 다변화를 유도하는 등 과학기술인력 생애 주기적 선순환을 이루어야 할 것이다.122)

이와 관련하여 고경력 과학기술인 멘토링제도가 유용하다. 출연연, 대학, 기업연구소 등에서 퇴직한 고경력 과학기술인의 경험과 지식을 활용하여 중소기업의 우수 연구성과를 창출하는 연구개발 지원사업과 미래 과학 꿈나무를 양성하는 청소년 과학교육 사업이 있는바 한국산업기술진흥협회가 이 업무를 주관한다.123) 그리고 이공계 정부출연기관 선임급 이상 연구원 출신 퇴직 과학기술인을 중소기업에 근무하도록 하는 테크노닥터 사업이 운영되고 있으며,124) 기업공감 원스톱서비스, 즉 SOS1379 프로그램도 운영되고 있다.125) 이러한 퇴직 연구원 활용은 연구단지가 있는 대전을 중심으로 활발하게 진행되고 있다.126)

청소년 교육사업에는 과학기술의 이해와 창의성 함양 및 과학 마인드 확산을 위하여 고경력 과학기술인들이 과학관을 방문하는 청소년들을 대상으로 전시주제에 대한 심층해설을 하는 사업과 1학교 1교사 원칙에 따라 초·중·고 학생의 과학기술에 대한 흥미와 이해를 높이고 창조적 사고와 문제해결 능력 배양을 위한 과학꿈나무지식멘토링사업 및 과학관별 및 과학관 소재 지역 초·중등학교에서 운영하는 청소년 과학교실이 있다.127)

나아가 고경력 과학기술인을 활용하여 우리나라의 연구개발 경험을 개발도상국에 전수할 수 있다. 우리 정부는 이러한 해외봉사활동을 '월드프렌즈코리아(Worlds Friends Korea)'라는 단일브랜드로 통합 운영하고 있는바,128) 퇴직 전문 인력들을 개발도상국에 파견하여 정보통신, 산업기술, 에너지자원 등의 각종 분야의 전문 지식·기술을 전수할 수 있도록 지원한다.129) 그 외 퇴직 과학기술인을 과학기술 정보분석사, 연구기획평가사, 과학관 큐레이터, 석좌연구원제도,130) 촉탁연구원제도131)로 활용하는 방안도 법제화하여야 할 것이다. 이러한 퇴직과학기술인의 활용은 일종의 일하는 복지로서 퇴직 후 정부지원 연금이나 훈포장 혜택이 없는 상황에서는 더욱 필요한 제도라 할 것이다.132) 이러한 퇴직 후의 활동을 위하여는 재직시부터 관련 과외활동을 권장하고 예비 멘토제도를 운용할 필요가 있다.

V. 과학기술안전인력법

1. 과학기술인의 안전에 관한 의무

과학기술인은 과학기술이 야기할 위험을 예방하고 그 위험을 제거하며 그 위험의 결과를 치유할 책임이 있다. 즉 연구개발성과 또는 과학기술 활동이 국가·사회·개인에게 해를 끼치거나 윤리적 가치를 침해하지 아니하도록 할 의무는 국가뿐 아니라 과학기술인에게도 부과되어 있다.133) 과학기술인의 책임이 강조되는 이유는 과학기술인이 일반 대중과 달리 과학기술에 대한 전문적인 지식을 보유하고 있거나 그것을 쉽게 확보할 수 있다는 이른바 과학기술에의 특별한 근접성(proximity)을 가지고 있기 때문에 그러한 지식을 바람직한 방향으

로 활용할 책임이 있다는데 있다.[134) 그리고 과학기술인 스스로 연구실의 안전
환경을 확보할 책임을 진다. 그러나 과학기술인들에게 과학기술안전에 대한 모
든 책임을 부과할 수는 없으므로 정부가 안전을 도모하며 나아가 그에 관한 전
문 인력을 양성할 필요가 있다.

   예컨대, 연구실의 안전에 관하여는 과학기술기본법은 정부에게 대학이나
연구기관 등에 설치된 과학기술분야 연구실의 안전한 환경을 확보할 의무를
부과하고,135) "연구실 안전환경 조성에 관한 법률"을 제정하여136) 연구실 관계
자에게 그 안전에 대한 책임을 부과하는 한편 안전에 대한 교육, 훈련의 실시
와 전문 인력육성을 규정하고 있다. 이처럼 과학기술의 안전을 도모하기 위하
여는 과학기술인들 스스로 안전 교육을 받아 안전을 지키는 한편 과학기술 안
전 전문인력을 양성하는 법제를 갖추어야 할 것이다.

2. 과학기술인에 대한 안전 교육 법제

   과학기술인에 대한 안전교육은 위험예방교육, 위험진압교육 및 위험치유
교육으로 나눌 수 있다. 연구실 종사자에 대한 안전 교육을 보면 먼저 연구주
체의 장은 연구활동종사자에게 연구실의 안전관리에 관한 정보를 제공하고,137)
연구실사고 예방 및 대응에 필요한 교육·훈련을 실시한다.138) 유해화학물질
취급시설의 기술인력, 유해화학물질관리자 기타 유해화학물질 취급 담당자는
유해화학물질 안전교육을 받아야 하고, 유해화학물질 영업자는 유해화학물질
안전교육을 받을 의무자를 고용한 때에는 자신의 부담으로 그 해당자에게 그
교육을 받게 하며, 해당 사업장의 모든 종사자에게 정기적으로 유해화학물질
안전교육을 실시할 의무를 진다.139) 한편 원자력 안전 훈련을 보면 원자력관계
사업자는 방사선작업종사자와 방사선 관리 구역 출입자에게 안전성 확보 및
방사선장해방지에 필요한 교육 및 훈련을 실시하고, 원자력관계사업자와 원자
력관련 연구 수행 기관은 소속원에게 원자력안전위원회가 실시하는 원자력통
제에 관한 교육을 받게 할 의무를 진다.140) 동물실험시설 운영자 등 동물실험
시설 관련자는 실험동물의 사용·관리 등에 관하여 식품의약품안전처장이 실
시하는 교육을 받을 의무를 진다.141)

3. 과학기술안전 전문인력 양성 법제
가. 개 설
   과학기술인 자신이 안전에 대한 교육을 받아 위험을 예방하고 위험발생

시 적절하게 대처하여야 할 뿐 아니라 과학기술의 안전을 책임질 전문 인력을 양성할 필요가 있다. 이를 위하여 연구실 안전관리사를 비롯한 전문직 제도가 도입되었다. 연구실안전전문가 양성에 관하여는 연구실안전환경관리자[142])에게 연구실 안전에 관한 전문교육을 받도록 하고,[143] 나아가 연구실 안전관리사 제도를 도입하여 안전점검·정밀안전진단 및 관리, 유해인자에 관한 취급 관리 및 기술적 지도·조언, 안전관리 및 연구실 환경 개선 지도, 연구실사고 대응 및 사후 관리 지도 등을 하게 하였다.[144] 과학기술 안전 전문인력은 안전에 대한 철저한 사명감을 가지고 과학기술 위험을 예방하고 위험 발생 시 신속하게 대처하여 시민과 사회의 안전을 책임져야 할 것이다. 이하에서는 대표적인 몇 개 분야의 과학기술 안전인력 양성 법제를 살펴본다.

나. 화학물질 안전인력 양성 법제

화학물질 안전관리를 위하여 국가는 (i) 화학물질의 오염도 측정·분석 기술, (ii) 화학물질 취급시설의 안전관리 기술, (iii) 화학물질의 영향조사·분석 기술, (iv) 화학물질로 인한 피해 최소화·제거 및 복구 기술의 분야별 전문인력 양성사업을 하는 자에게 자금을 출연하거나 보조하고,[145] 화학물질의 유해성과 위해성으로 인한 피해를 예방하는 녹색화학센터를 설치하여 화학물질의 정보 생산, 유해성심사 및 위해성평가와 관련한 전문 인력의 양성 및 교육·훈련을 담당하게 하였다.[146] 또한 정부는 중소기업의 화학물질 등록·평가 등과 관련한 화학물질 관리인력 양성을 위한 행정적·기술적·재정적 지원을 한다.[147]

다. 원자력 안전인력 양성 법제

원자력안전을 위하여 원자로의 운전이나 핵연료물질·방사성동위원소등의 취급은 원칙적으로 시험을 거쳐 원자력안전위원회가 부여하는 면허[148]를 받은 사람이나 방사선관리기술사[149]만 할 수 있다.[150] 또한 정부는 원자력안전 및 핵안보 교육훈련, 특히 원자력 안전규제 인력 양성을 위한 대학 강좌 개설을 지원한다.[151] 원자력기금에는 원자력연구개발계정과 원자력안전규제계정이 있는바 원자력안전규제계정은 원자력이용시설에 대한 안전관리, 방사선 및 방사성 물질로부터의 위해를 예방하기 위한 안전관리, 원자력통제 및 원자력이용시설의 방호 및 방사능 방재와 관련한 인력의 양성과 교육 훈련에 사용할 수 있다.[152] 방사성폐기물 관련 인력 양성을 위하여 한국원자력환경공단은 방사성폐기물 관리사업을 하고 있다.[153]

라. 기타 과학기술 안전인력 법제

정부는 환경보건의 증진을 위하여 전문적인 능력과 자격을 갖춘 전문인력 육성 사업에 필요한 비용을 지원한다.154) 이에 관련하여 환경기술·산업 변화에 능동적으로 대응할 수 있는 환경 기술 전문 인력양성, 미래 환경 분야를 위한 국가 자격종목 신설, 인문·공학 등 융합환경기술인재 양성, 환경인재 정보 및 구인구직 플랫폼(Eco-Job) 구축 등을 수행한다.155) 또한 위험물로 인한 사고 예방을 위하여 국가는 위험물에 의한 사고를 예방할 전문인력을 양성하여야 한다.156)

VI. 결론 - 과학기술인력 양성 법제의 미래

위에서 살펴본 바와 같이 현재의 과학기술인력양성 법제는 각개 약진의 양상을 보이고 있는바, 과학기술인력의 종합적 양성과 관리를 위하여 과학기술 기본법을 중심으로 관리 양성 규정을 통합하거나 독립된 단일한 과학기술인력 양성법을 제정할 필요가 있다. 이러한 통합법에는 다음과 같은 사항이 포함되어야 할 것이다.157)

첫째, 과학기술인의 미래상의 정립이다. 과학기술 진보의 속도는 점점 빨라지고 있으며 불현듯 다가온 4차 산업혁명에서 보듯이 예측 불허의 방향으로 발전하고 있다. 이러한 새로운 과학기술환경을 헤쳐 나가기 위해서는 종래의 지식전수방식의 인재양성에서 벗어나 창의성과 적응능력을 갖춘 과학기술인력을 양성하는 방향으로 전환하여야 할 것이다. 즉 미래의 과학기술인력이 과학기술에 대한 기초를 공고히 하여 다른 새로운 분야에 응용할 수 있는 능력을 함양하고, 어렵기는 하나 기술 동향의 미래를 예측하는 능력을 키울 수 있는 법제를 마련하여야 할 것이다.

둘째, 창의적인 과학기술인력을 양성할 수 있는 법제의 정비이다. 정부에게 창의적 인재를 육성하기 위한 시책을 세우고 추진할 의무를 부과하고 이를 담당할 기관으로 한국과학창의재단을 설치하였으나158) 기대에 미치지 못하는 실정이다. 학교는 학생이 스스로 문제를 정의하고 남과 다른 문제 해결능력을 가지도록 교육할 수 있어야 한다. 이를 할 수 있기 위하여는 과학기술인력양성 교원이 창의적이지 않으면 안된다. 중등교사의 경우 선진국 사례에서 보듯 학사학위 이상의 기초과학 전공자를 대상으로 2년간 교사훈련을 거쳐 교사로 배출하는 시스템을 도입할 필요가 있고, 대학의 경우에도 기업이나 연구소에서 창의적인 연구개발성과를 올린 전문가를 단기 교수로 임용하는 등 창의적인 교원을 확보할 필요가 있을 것이다.

셋째, 융합적 인재의 양성이다. 이공계 인력의 양성 과정에서 인문·사회·예술분야와 타 이공계 분야의 소양을 갖춘 융합형 인력159)을 양성하여 창의적인 연구개발과 다양한 분야의 진출을 가능하게 하는 법제가 필요하다. 융합교육은 교과 간의 통합적인 접근을 통한 사고력 증진, 학습능력 향상을 목표로 두고 과학과 수학의 기본적인 개념과 원리를 적용하여 실생활의 문제를 해결하는 교육에 중점을 두는 것이다.160) 이를 위해서는 중등교육과 대학 교육에 있어서 학제 간 융합이 필요할 것이다.

넷째, 연구소(lab) 중심의 교육이다. 학교에서도 강의중심의 교육에서 벗어나 연구소의 인력과 실험장비 등을 사용하면서 실제 연구개발 작업에 참여하면서 배우는 직무훈련(OJT)방식의 훈련과 과거 수공업시대부터 하여 왔던 도제식 교육이 유용할 수 있다. 따라서 연구개발에 참여하는 학생에게 지도관이 학점을 부여하는 제도 등을 검토할 수 있을 것이다.

다섯째, 과학기술인력의 국제교류 강화 법제이다. 정부는 외국의 연구개발기관 등과 (i) 국제공동연구개발, (ii) 과학기술인력의 국제교류, (iii) 외국 연구기관과 우수 과학기술인력의 유치, (iv) 국내 연구기관과 과학기술인의 해외진출 및 (v) 연구개발 시설·장비, 과학기술지식·정보의 국제적 공동 활용을 통하여 국제사회에 공헌하고 국내 과학기술 수준을 향상시키기 위한 과학기술분야의 국제협력을 촉진할 수 있으나161) 세계화 시대에 좀더 강력한 시책을 펴서 국내 과학기술인력의 수준 향상을 도모하는 구체적인 법제를 갖추어야 할 것이다.

마지막으로 과학기술인은 과학기술의 전문가로서 자신의 직무와 관련된 분야뿐 아니라 새로운 과학기술에 대한 지식의 습득을 위해 스스로 끊임없이 노력하여야 하며 이를 위하여 정부는 앞서 본 과학기술인력의 재교육을 강화하는 등 체계적인 재교육제도를 갖추어야 할 것이다.162)

---

24) 이공계지원특별법 제2조 및 동법 시행령 제2조 참조. 한편 과학기술기본법은 과학기술인으로 등록할 수 있는 자격으로 (i) 국내외 이공계 대학 석사학위 이상 소지자 또는 이와 같은 수준 이상의 전문지식을 갖고 있는 사람으로서 연구개발활동을 수행하고 있거나 수행한 경험이 있는 사람 및 (ii) 정부가 주관하거나 후원하는 과학기술 분야 수상실적이 있거나 국제학술대회에서 수상한 사람이라 규정한다. 동법 제31조 및 동법 시행령 제47조 제2항 참조. 과학기술인공제회법 제6조는 공제회에 가입할 수 있는 과학기술인의 자격을

제한한다.

25) 과학기술 연구의 자유, 과학기술 연구성과 발표의 자유는 헌법 제22조 제1항이 규정하는 학문의 자유 보장에 의하여도 보장되나 과학기술 연구는 반드시 학문적 연구에 국한되지 않는다는 점에서 그 범위가 더 넓다.

26) 동법 제31조 제1항. 그 외 동조는 나라를 빛낸 과학기술인의 업적을 기리고 보존하는 조치, 과학기술인의 우수한 연구개발성과에 대한 보상과 실용화 시책, 과학기술인 우대 및 고용기회 확대를 위한 과학기술인 등록 제도를 규정한다. 그러나 동 규정은 과학기술자 권리 보호 입법으로는 미흡하며 과학기술자의 권리를 법률로 구체화하라는 헌법 규정을 무시한 일종의 입법 부작위라 할 수 있다. 손경한/박진아(2013), 597-598면.

27) 과학기술기본법 제4조 제5항 참조.

28) 과학기술기본법 제7조 제3항 제9호, 제24조, 제25조 및 제30조 각 참조.

29) 대학에서의 과학기술인재양성을 위하여 교육부는 BK21플러스, 대학혁신지원, 산학협력 고도화 지원사업 등을 통해 대학과 대학원의 연구역량 향상을 지원한다.

30) 동법은 과학기술 발전에 뛰어난 공헌을 한 과학기술유공자를 예우하고 지원함으로써 과학기술인의 명예와 긍지를 높이기 위하여 과학기술유공자 지정, 과학기술인 명예의 전당 설치·운영, 과학기술유공자의 활동 기회 부여 및 정년 우대를 규정한다.

31) 동법상 과학기술훈장은 과학기술발전에 기여한 공적이 뚜렷한 자에게 수여하되 1등급 창조장, 과학기술훈장 2등급 혁신장, 과학기술훈장 3등급 웅비장, 4등급 도약장, 5등급 진보장으로 나누어지며, 과학기술포장은 과학기술의 연구개발 활동 등을 통해 국위를 선양한 자에게 수여한다. 동법 제17조의5 제26조의 5 참조.

32) 과학기술인공제회는 과학기술자의 퇴직 후 생활보장을 위하여 공제제도에 가입한 회원에게는 퇴직연금급여, 공제급여, 과학기술발전장려금 등을 지급하나 공무원연금이나 사학연금과는 달리 등록 과학기술인의 공제회 퇴직연금의 가입을 강제하지 않는다.

33) 중·장기 과학기술인력 수요·공급 전망을 3년마다 세워야 한다. 과학기술기본법 시행령 제37조.

34) 과학기술기본법 제23조.

35) 과학기술기본법 제17조의 2.

36) 과학기술기본법 제7조 제1항.

37) 과학기술기본법 제7조 제2항.

38) 과학기술기본법 제7조 제3항 제2호, 제5호, 제8호, 제9호. 또한 과기부는 지방의 과학기술 진흥을 촉진하기 위하여 5년마다 지방과학기술진흥종합계획을 세워야 하는데, 이 계획의 과학기술인력양성과 관련한 사항으로 "지방의 과학기술인력과 산업인력의 양성 및 과학기술정보 유통체제 구축 등에 대한 지원" 등이 포함된다. 동법 제8조 제2항 제4호.

39) 산학협력 교육과정, 학부-대학원연계 교육과정(URP: Undergraduate Research Program), 캡스톤 디자인 등의 프로그램이 있다.

40) 박사 후 연구자(Post-Doc) 대상 '생애 첫 연구비 지원', '최초혁신실험실 구축' 등.

41) 제4차 과학기술기본계획(2018~2022) 및 과학기술정보통신부(2019) 참조.

42) 과학기술기본법 제30조 참조.

43) 과학기술기본법 제25조에 따라 2008년부터 과학영재 발굴·육성 종합계획이 수립·추진되어 왔으며 2018년부터 시작된 제3차 종합계획에서는 4차 산업혁명시대의 혁신인재 성장 지원 체계의 구축 전략을 추진하였다.

44) 동법은 1967년 과학교육진흥법으로 제정되었다가 2017. 10. 24. 전부 개정되어 2018. 4. 25. 시행되었다.

45) 과학·수학·정보교육진흥법 제4조 참조.

46) 과학·수학·정보교육진흥법 제10조.

47) 과학 · 수학 · 정보교육진흥법 제6조.

48) (i) 일반 지능, (ii) 특수 학문 적성, (iii) 창의적 사고 능력, (iv) 예술적 재능, (v) 신체적 재능, (vi) 그 밖의 특별한 재능이 있는 자를 영재교육대상자로 선발한다.

49) 고등학교 과정 이하의 학교로서 과학영재학교와 과학예술영재학교로 나뉘지만 큰 차이는 없다. 영재교육진흥법 제2조 제1호, 제2호 및 제4호와 제6조.

50) 영재교육진흥법 제2조 제6호. 고등교육법 제2조가 규정하는 1. 대학 2. 산업대학 3. 교육대학 4. 전문대학 5. 방송대학 · 통신대학 · 방송통신대학 및 사이버대학 6. 기술대학 7. 각종학교로서 고등교육을 실시하는 학교를 말한다. 그 외 시 · 도 교육청, 대학, 국공립 연구소, 정부출연기관 및 과학 · 기술 · 예술 · 체육 등과 관련 있는 공익법인도 영재교육원을 운영할 수 있다(동법 제8조 제1항).

51) 초 · 중등교육법 시행령 제90조 제1항.

52) 과학고와 영재학교의 차이점은 과학고는 초 · 중등교육법에 근거하고, 광역단위로 7~12월에 모집하며, 이중지원과 조기입학(중학교 3학년만 지원가능)이 불가능하지만, 영재학교는 영재교육진흥법에 근거하고, 전국단위로 4~7월에 모집하며, 이중지원과 조기입학이 가능하다. 과학고는 조기졸업제도를 두고 있으며, 영재학교는 무학년 졸업학점제를 두고 있다.

53) 2019년 기준 영재학교는 서울과학고등학교, 한국과학영재학교, 세종과학예술영재학교 등 8개, 학생 수 2,509명이고 과학고는 20개, 학생 수 4,355명이며, 대학부설 과학영재교육원은 27개, 학생 수 4,874명이다. 국가과학영재정보서비스(2020).

54) "과학관의 설립 · 운영 및 육성에 관한 법률"은 과학기술문화를 창달하고, 청소년의 과학에 대한 탐구심을 함양하며, 국민의 과학기술에 대한 이해증진을 목적으로 1991. 12. 31. 제정되었다.

55) 과학관은 과학기술자료, 전문직원 등 등록 요건을 갖추어야 한다. 그 설립 · 운영 주체에 따라 국립과학관, 공립과학관, 사립과학관으로 구분된다. 과학관육성법 제2조 제1호 및 제3조 참조.

56) 과학관육성법 제15조는 국가 · 지방자치단체 · 교육기관 · 연구단체가 과학관에 전문인력을 파견할 수 있도록 하고 있으나 파견인력만으로는 장기적이고 전문적인 큐레이팅을 할 수 없으므로 상주 전문인력을 양성하여야 한다.

57) 과학기술기본법 제30조의2.

58) 동 단체는 청소년들에게 미래를 향한 꿈과 희망을 심어주고 과학 한국을 이끌어 나갈 창의적 인재로 육성하기 위하여 "한국과학우주청소년단 육성에 관한 법률"에 의거 2016년 설립되었는바 그 전신은 1989년 설립된 사단법인 한국과학우주청소년단이다.

59) 동법 제4조는 이공계 인력 육성 · 지원 기본계획에 (i) 이공계 인력의 육성 · 지원 및 전주기적 활용체제의 구축, (ii) 이공계 인력의 공직 진출 기회 확대 및 처우 개선 및 (iii) 연구개발 성과 및 기술이전 성과에 대한 지원에 관한 사항을 규정한다.

60) 김수갑/김민우(2008), 22면. 동법은 몇 차례의 개정에서 적용 대학의 범위를 확대하였다. 김보미/박문수(2020), 94면.

61) 동법 제20조는 정부에 이공계 대학의 우수한 학생에게 연구장려금 지급, 생활비 융자지원 등 장학 기회를 확대할 의무를 부과하고 있는바 이 규정에 따라 매년 10명씩 100명의 과학기술자를 선정해 65세 이상 핵심 이공계 인력은 매월 200만원씩의 생활보조금을 종신토록 지급하고 재직기간 중 선정된 핵심 이공계 인력이 신청할 경우 연간 1억원의 연구장려금을 지급하는 제도를 마련하였다. 그러나 예산상의 문제 등의 이유로 핵심이공계인력지원제도는 지속되지 못하고 있다. 손경한/박진아(2013), 599면.

62) 이공계지원법 제12조.

63) 이공계지원법 제13조.

64) 이공계지원법 제15조. 미취업상태에 있는 박사후 연구자(Post−doc)의 취업을 촉진하기 위하여 정부는 취업과 연계하는 연구개발사업 시행, 출연연구기관에서의 연수 등을 지원한다.

65) 이공계지원법 제16조.

66) 이공계지원법 제4조 내지 제20조 참조.

67) 손경한/박진아(2013), 600면.

68) 동법은 1980. 12. 31. 제정되어 한국과학원(KAIS)과 한국과학기술연구원(KIST)의 통합으로 한국과학기술원(KAIST)가 탄생하였다.

69) 동법은 1993. 8. 5. 제정되어 1993. 11. 17. 광주과학기술원(GIST)이 설립되었다.

70) 동법은 2003. 12. 11. 제정되어 2004. 9. 7. 대구경북과학기술원(DGIST)이 설립되었다.

71) 동법은 2007. 4. 6. 제정되어 2007. 9. 13. 울산과학기술원(UNIST)이 설립되었다. 국립대학법인 울산과학기술대학교 설립·운영에 관한 법률에 따라 설립되었던 울산과학기술대학교는 2015. 3. 27. 울산과학기술원에 통합되었다.

72) 과학기술원은 고등교육법상의 대학이 아니며, 자체 학위과정을 운영하고 있다. 한편 한국해양과학기술원은 한국해양과학기술원법에 의거하여 설립되어 해양수산부에서 관할하는 바 자체 학위과정이 없어서 과학기술연합대학원대학교, 한국해양대학교와 연계하여 석, 박사 학위과정을 운영하고 있다. 나무위키, "과학기술원" 참조.

73) 특정연구기관법은 1973년에 제정된 이후 약 25년간 과학기술분야 연구기관에 대한 단일의 육성법 역할을 해왔다. 하지만 특정연구기관의 유형이 다양하고 개별 설립, 운영법이 존재함에 따라, 특정연구기관법에는 특정연구기관의 운영·관리에 관한 규정이 많지 않으며 특히 육성에 관한 규정은 거의 없다. 단지 출연금 지급, 국유재산 양도, 회계감사, 비밀엄수, 공동관리기구 설치, 공동연구, 공동활용, 업무 협조 등에 관한 기본적인 사항만을 규정하고, 특정연구기관의 정의와 지정기준 규정이 없다. 권성훈(2020).

74) 4대 과학기술원은 2019. 5. 공동사무국을 출범시켰으며 2020. 1. 공동이사제 도입, 통합이사회 검토, 공동사무국 운영근거 법제화, 인력 확대, 사무국장 외부 영입 등 과학기술원 간의 경쟁과 협력을 위한 「과학기술원 혁신방안」이 제시되었다. 권성훈(2020), 4면.

75) 기술대학은 1997년에 도입된 고등교육기관의 하나이다. 고등교육법 제2조 제6호 참조.

76) 근로자직업능력개발법 제39조 참조. 전문대학에 관한 규정의 적용을 받는다(동법 제52조).

77) 산업체는 기술대학의 설립에 필요한 재산의 2분의 1이상을 출연하여야 한다.

78) 고등교육법 제55조 내지 제58조 참조.

79) 기술대학의 설립·운영 지원을 위하여 "기술대학설립·운영규정"이 제정되었다. 동규정 제3조 제1항 참조.

80) 근로자직업능력개발법 제39조 내지 제52조 참조.

81) 근로자직업능력개발법.

82) 공공직업훈련시설과 지정직업훈련시설이 있다. 근로자직업능력개발법 제2조 제3호.

83) 고등교육법 제30조 참조.

84) 과기출연기관법 제33조는 정부출연연구기관 등 연구기관이 공동으로 전문 연구인력을 양성하기 위하여 대학원대학을 설립할 수 있도록 허용하고 있다.

85) 과학기술기본법 제17조의2.

86) "산업교육진흥 및 산학협력촉진에 관한 법률"은 일찍이 1963년 산업교육진흥법으로 제정, 시행되다가 2003. 5. 27. 법률 제6878호로 현재와 같은 법명으로 전면 개정되어 2003. 9. 1. 시행되었다.

87) 산학협력법 제11조의2.

88) 지능정보화 기본법 제23조 참조.

89) 소프트웨어산업 진흥법 재4조 및 제10조 참조.

90) 생명공학육성법 제18조.

91) 이공계지원법 제12조 참조. 재교육 또는 재훈련의 내용은 (ⅰ) 첨단 과학기술의 동향 파악 및 공유(共有), (ⅱ) 첨단 과학기술 및 새로운 연구개발 방법론 습득을 위한 전문가 회의 및 세미나, (ⅲ) 과학기술 관련 지식재산권 및 (ⅳ) 과학기술 관련 경영에 관한 사항 등이다.

92) 과학기술기본법 제23조 참조.

93) 동 개발원은 "과학기술분야 정부출연연구기관 등의 설립운영 및 육성에 관한 법률"에 근거하여 2007. 11. 설립되었는바 한국과학기술기획평가원(KISTEP) 부설기관으로 청주시 청원구 오창읍에 위치한 국내 유일의 과학기술인 경력개발 기관이다.

94) 과학기술기본법 제24조 및 동 시행령 제38조 참조.

95) 2002. 12. 18. 제정된 "여성과학기술인 육성 및 지원에 관한 법률"에 따르면 "여성과학기술인"이라 함은 이학·공학 분야의 연구직·기술직 또는 관련 직종에 종사하고 있거나 종사하고자 하는 여성을 말한다(동법 제2조).

96) 제4차 여성과학기술인 육성·지원 기본계획(2019~2023)까지 수립된 바 있다.

97) 여성과학기술인법 제7조 내지 제10조 참조.

98) 과학기술기본법 제30조의2 제4항 제4호 참조.

99) 재직자 평생능력개발 교육·훈련, 공무원·교원 등에 대한 고용·노동교육과 고용·노동 행정업무 종사자에 대한 직무교육, 직업능력심사평가 등을 포함한다.

100) 근로자직업능력 개발법 제52조의2 참조.

101) 근로자직업능력 개발법 제33조 참조.

102) 이공계지원법 제18조 참조. 연구개발서비스업에 관한 규정이 이공계지원법에 포함된 것은 입법상 오류이다.

103) 연구개발평가사는 연구개발 진행과정에 따라 초기 연구개발 자금투자부터 연구개발이 성숙하여 상품화에 이르는 전반적인 지원업무를 수행한다. 기술경영정책 부문에서는 과학기술정책 관련 업무, 산업기술지원제도 관련 업무, 과학기술관계법령 관련 업무, 기술경영 일반 업무, 공학회계 관련 업무, 기술마케팅 관련 업무, 지적재산권관리 관련 업무를, 연구기획 부문에서는 신제품 구상 관련 업무, 기술전략 수립 관련 업무, 기술기획 실행계획 관련 업무, 중점추진과제 선정 관련 업무를, 과제 관리·평가 부문에서는 목표·자원 관리, 개발표준 관리, 과제위험 관리, 연구개발 평가 관련 업무를, R&D 사업화 부문에서는 기술완성도 평가, 기술사업화전략 관련 업무, 기술사업성 분석, 기술가치평가 관련 업무를 각 수행한다. 직업백과, "연구기획평가사" 참조.

104) 이공계지원법 제19조 및 동법 시행령 제18조 참조. 이에 따라 정부는 대학, 정부출연연구기관, 관련 단체에게 연구기획평가사 양성과정을 운영하게 할 수 있다. 이 제도는 이공계 인력의 활용 및 지위 개선과 관련이 있다. 김보미/박문수(2020), 93-94면. 정부는 연구기획평가사제도를 조속히 활성화할 책무가 있다.

105) 벤처투자 촉진에 관한 법률(벤처투자법) 제24조. 창업기획자는 그 외 개인투자조합 또는 벤처투자조합의 결성과 업무의 집행업무도 한다.

106) 회사는 자본금이 1억원 이상, 비영리법인은 출연 재산이 5천만원 이상이어야 한다. 벤처투자법 제26조.

107) 다만 창업기획자의 자산 운용의 건전성을 해칠 우려가 없는 일정한 경우에는 예외가 인정된다. 벤처투자법 제27조.

108) 유수의 대학에 기술경영학과 또는 기술경영대학원이 설치되어 있다.

109) 한국기술사업화진흥협회등이 부여한다.

110) 제3차 지식재산 인력양성 종합계획(2018~2022) 참조.

111) 과학기술기본법 제23조 제2항.

112) 과학기술기본법 시행령 제47조 참조. 과학기술인 등록기관은 관계 중앙행정기관의 장에게 등록 여부를 통보하고, 등록 정보를 데이터베이스로 구축·관리한다.

113) 과학기술기본법 제31조 제4항.

114) 과학기술인 등록 신청은 (ⅰ) 한국연구재단 (ⅱ) 기획평가원 (ⅲ) 한국과학창의재단 (ⅳ) 한국과학기술정보연구원 및 (ⅴ) 기타 지정된 법인에 한다. 실제로는 국가연구개발 사업의 과제, 인력, 연구시설·장비, 성과 등에 대한 정보를 한 곳에서 서비스하는 국가과학기술지식정보서비스(National Science & Technology Information Service, NTIS)에 등록할 수 있다. NTIS 홈페이지 참조.

115) 소프트웨어산업진흥법 제24조의3.

116) 국가기술자격법 제9조.

117) 국가기술자격법 제7조.

118) 기술사법 제5조의5 제1항 및 제5조의7 제1항 각 참조.

119) 국가기술자격법 제15조. 제26조에 의거 1년 이하의 징역 또는 1천만원 이하의 벌금형을 받을 수 있고, 제16조에 의거 당해 국가기술자격이 취소되거나 3년 이내의 범위에서 정지될 수 있다.

120) 과학기술기본법 제6조.

121) 과학기술분야 정부출연연구기관 등의 설립·운영 및 육성에 관한 법률 제32조.

122) 과학기술정책연구원(2017), 135면.

123) 이를 고경력 과학기술인 활용지원사업(Retired Scientists and Engineers Advancing Technology, ReSEAT)이라 하며 그 지원을 위하여 한국산업기술진흥협회는 고경력 과학기술인 활용 지원사업(ReSEAT) 업무관리 지침에 따라 운용하고 있다. 김형의(2019), 57면.

124) 2016년 중기부의 기술닥터사업으로 이관되었다. 김형의(2019), 57면.

125) 이는 중소기업의 애로기술을 전화 1통화로, 퇴직 과학기술인이 최대 5회 직접 방문하여 제품설계, 생산공정 분석, 시제품 제작 등의 R&D기술을 지원하는 프로그램으로 SOS1379는 중소기업의 애로기술을 전화 1통화로 3일이내 친구(79)가 된다는 의미이다. 김형의(2019), 59면.

126) 대전광역시의 2013년 은빛 멘코칭 사업하에 은퇴과학기술인들이 학교 과학멘토링, 중소·기업에의 기술 코칭 등의 활동을 하였고 2019년 대전시와 대전테크노파크가 공동 주관하여 고경력 과학기술인 활용 대전형 일자리 창출사업을 추진하여 출연연, 대학 및 기업 등에서 은퇴한 고경력 과학기술인(1명)과 이공계 출신 청년인재(최대 3명)을 한 팀으로 구성하여 중소기업 애로기술 해결과 신기술 개발에 참여를 유도하였다. 강대임(2019), 21면.

127) RESEAT 홈페이지 참조.

128) 2009년 외교부의 KOICA해외봉사단, 행정안전부의 대한민국 IT봉사단, 교육과학기술부의 대학생봉사단 및 개도국 과학기술지원단을 하나로 통합하고, 2010년 외교통상부의 중장기 자문단, 지식경제부의 퇴직전문가, 그리고 문화체육관광부의 세계태권도평화봉사단이 WFK로서 함께 활동하게 되었다. 부처별 활동을 통합 관리하기 위하여 2014. 11. 17. 외교부훈령 제34호로 "정부해외봉사단사업 통합운영에 관한 규정"이 제정되었다.

129) 월드프렌즈코리아 홈페이지 참조.

130) 연구업적이 뛰어난 연구원을 퇴직 후에도 정식 직원과 동등한 대우를 하는 제도이다.

131) 퇴직 후 5년간 반정도의 보수를 받으면서 촉탁 연구를 하는 제도이다.

132) 김영주(2019), 48면.

133) 과학기술기본법 제16조의7(과학기술의 역기능 방지) 참조.

134) McFarland은 핵발전과 관련된 과학기술인의 사회적 책임과 관련하여 과학기술인이 가진 근접성으로 (ⅰ) 이미 전문적인 교육을 받아 과학기술과 관련한 사회적 쟁점을 명확하게 할 수 있고 (ⅱ) 과학기술의 현재적·잠재적 위험을 발견, 평가함에 가장 먼저 참여할 수

있으며 (ⅲ) 현재의 과학기술의 문제를 회피할 수 있는 대안을 제안, 탐구할 능력이 있다
는 점을 들었다. Michael C. McFarland(1986). 송성수(2001), 17면에서 재인용. 그 외 John
G. Simon/Charles W. Powers/Jon P. Gunnemann(1972) 참조.

135) 과학기술기본법 제34조.

136) 동법은 2020. 6. 9. 전부 개정되어 연구실 설치운영 가이드라인 준수 의무화(제5조), 보호
구 비치 의무화, 보호구 착용 지도 의무화(제9조), 연구실안전환경관리자 통합 지정(제10
조), 연구실안전관리위원회 구성운영 의무화(제11조), 안전점검 및 정밀안전진단 대행기관
관리 강화(제17조), 안전점검, 사고조사 후 긴급조치 구체화 및 긴급조치 연구활동종사자
의 보호(제25조) 등을 규정하고 있다.

137) 연구실안전법 제20조 제1항.

138) 연구실안전법 제20조 제2항.

139) 화학물질관리법 제33조.

140) 원자력안전법 제106조. 원자력안전규제에 관한 교육은 한국원자력안전기술원법에 따라
설치된 한국원자력안전기술원이 담당한다. 동법 제6조 참조.

141) 실험동물에 관한 법률 제17조.

142) 연구실안전환경관리자란 각 대학·연구기관 등에서 연구실 안전과 관련한 기술적인 사항
에 대하여 연구주체의 장을 보좌하고 연구실책임자 등 연구활동종사자에게 조언·지도하
는 업무를 수행하는 사람을 가리키며(연구실안전법 제2조 제5호), 연구주체의 장이 지정
한다(동법 제10조 제1항).

143) 연구실안전법 제20조 제3항.

144) 연구실안전법 제35조. 연구실안전관리사가 되려면 자격시험에 합격하여야 하고, 자격취득
자는 교육·훈련을 받아야 한다. 동법 제34조.

145) 화학물질관리법 제4조 제3항 참조.

146) 화학물질의 등록 및 평가 등에 관한 법률 제40조.

147) 화학물질의 등록 및 평가 등에 관한 법률 제42조의2 참조.

148) 이 면허에는 원자로조종감독자면허, 원자로조종사면허, 핵연료물질취급감독자면허, 핵연
료물질취급자면허, 방사성동위원소취급자일반면허, 방사성동위원소취급자특수면허, 방사
선취급감독자면허가 있다. 원자력안전법 제84조 제2항.

149) 국가기술자격법에 의거하여 부여한다.

150) 원자력안전법 제84조 제1항, 제86조 및 제87조 참조.

151) 제2차 원자력안전종합계획(2017~2021) 및 비피기술거래(2016) 참조.

152) 원자력안전법 제111조의4.

153) 방사성폐기물 관리법 제9조, 제10조 참조.

154) 환경보건법 제28조.

155) 제4차 환경기술·환경산업·환경기술인력 육성계획(2018~2022) 참조.

156) 위험물안전관리법 제3조의2 제4호 참조. "위험물"은 인화성 또는 발화성 등의 성질을 가
지는 일정한 물품을 말한다(동법 제2조 제1항 제1호). 동법 제15조는 위험물취급자격자를
위험물안전관리자로 선임하도록 하고 있으며 국가기술자격법상 위험물 분야의 자격이 따
로 규정되어 있다.

157) 과학기술인력정책의 내용으로 그 기획에 대한 국가연구개발사업 예산의 투자, 노동시장
영향 평가제도 등 중장기적인 시각을 반영한 정책 기획 및 실행체계 구축, 박사인력의 경
력이동성조사(KCDH) 등 과학기술인력사업 성과분석 통계 인프라 구축, 과학기술인력의
전주기적 역량개발 체계 구축 등을 든 견해가 있다. 과학기술정책연구원(2013), 22−23면.

158) 과학기술기본법 제30조, 제30조의2 참조.

159) 앞서 본 이공계지원법에서도 이미 "이공계인력"을 이학(理學)·공학(工學) 분야 뿐아니라

이와 관련되는 학제(學際) 간 융합 분야를 전공한 사람까지 포함하는 것으로 정의하였다
(동법 제2조 참조).

160) 융합형 인재 교육은 1990년대 미국과학재단(NSF)에서 과학(Science), 기술(Technology), 공
학(Engineering), 수학(Mathematics)의 약칭으로 구성된 STEM 교육에서 출발하였다고 한다.
윤일영(2017).

161) 과학기술기본법 제18조 참조.

162) 특히, 정보통신(IT), 생명공학(BT), 항공 및 환경 분야 등에 비롯한 주요 첨단 전략기술,
기반기술, 신생기술 등에 대한 이해를 바탕으로 올바른 과학기술정책 및 관련 산업정책을
수립할 수 있을 것이다. 김수갑/김민우(2008), 21 – 27면.

제 3 장 과학기술의 귀속

I. 서 론

1. 과학기술 권리귀속의 주체

가. 자연인

자연에 존재하는 원리를 탐구하거나 그러한 원리를 이용한 새로운 기술을 개발해 인간의 삶에 적용하는 일련의 과정이 연구개발 활동이고 그 과정에서 발견되거나 창작된 유·무형의 성과를 과학기술이라고 정의할 수 있을 것이다. 이러한 과학기술자의 연구개발 활동은 법률효과를 발생시키려는 의사 없이 오직 사실적 결과의 발생만을 목적으로 하는 행위로 법률요건을 구성하는 개개의 법률사실[163] 가운데서도 사실행위[164]에 해당하고, 그 가운데서도 외부적 결과의 발생만 있으면 법률이 일정한 효과를 부여하는 순수사실행위에 해당된다고 할 수 있다.

사실행위가 있었다면 민법은 행위자의 의사와는 관계없이 일정한 법률효과를 부여하는데, 연구개발 활동이라는 순수사실행위에 대한 법률효과로 그에 따른 유·무형의 결과물에 대한 권리관계가 발생하게 된다. 최근 AI 분야의 눈부신 발전으로 인해 이론의 여지가 다분하지만, 순수사실행위인 연구개발 활동은 인간에 의한 고도의 정신적·신체적 활동을 통해서만 이루어질 수 있으므로 원칙적으로 그것을 행한 자연인에게 과학기술에 대한 최초의 권리가 귀속된다는 것을 부인하기는 어렵다.

문제는 오늘날 대부분의 연구개발 활동이 개인에 의해 이루어지지 않는다는 점에서 발생한다. 유사 이래 인류의 과학기술 발전은 상당 부분 천재적인 개인의 업적에 의한 것이었지만, 조직 중심의 연구개발 활동으로 변화하고 있는 것이 오늘날의 추세다. 이는 오늘날 연구개발 활동이 종래와는 비교가 되지 않을 정도로 복잡화하고 있는 것에 기인한다.[165] 그 결과 연구개발 활동의 결과물인 과학기술의 귀속은 다수의 자연인 주체 및 법인과 관련된 문제일 수 있고, 그들이 연구개발 활동에 참여 또는 기여하는 다양한 모습과 방식만큼이나 복잡한 권리관계를 발생시킨다.

나. 법 인

오늘날 대부분의 거래가 법인의 명의로 이루어지고, 국가경제에 있어서 법인이 기여하는 바는 자연인에 비할 바가 아닐 정도로 법인이 차지하는 비중은 크다. 이러한 추세는 연구개발 활동에 있어서도 다르지 않다. 산업이 고도화되면서 이를 뒷받침하는 과학기술 또한 복잡해졌고, 그에 따라 대형 연구시설 및 장비, 그리고 다수의 연구인력 등 개인이 감당할 수 없는 연구비 규모로 인해 연구개발 활동은 대학, 연구소 또는 기업과 같은 법인에 의해 계획되고, 수행되고 있다. 이와 같은 법인 주도의 연구개발 활동 양상은 필연적으로 그로 인한 유·무형의 결과물에 대한 권리귀속 문제를 낳게 되고, 과학기술 귀속의 주체로서 법인이 갖는 의의 또한 과거와 달리 더욱 커지고 있다.

법인은 자연인의 결합이나 특정한 재산에 대해 자연인과 마찬가지로 법에 의한 권리·의무의 주체로서의 자격을 부여받은 존재이다. 순수사실행위인 연구개발 활동의 결과물인 과학기술은 자연인에 의해 창작되고 그에게 귀속되는 것이 원칙이지만, 이를 규율하는 각국의 법규는 자연인이 아닌 법인으로의 귀속도 인정하고 있다. 법인이 순수사실행위인 연구개발 활동의 직접적인 주체가 될 수 있는지에 대한 법인 본질에 대한 논쟁은 차치하고 유·무형의 과학기술을 그것이 발생한 시점부터 또는 자연인으로부터의 승계절차를 통해 법인에 귀속시키는 법리는 최근 들어 갑작스럽게 등장한 것이 아니라 오랜 역사적 배경을 갖고 있다.

2. 과학기술 권리귀속의 대상

가. 유형적 성과물

과학기술 권리귀속의 대상 가운데 유형적 성과물은 단순한 구매 또는 구축 활동을 통해 얻어지는 것을 제외하고 연구개발 활동의 결과로 얻어지는 것 가운데 우선 우리가 그 형태를 오감을 통해 확인할 수 있는 연구기자재, 연구시설·장비, 시작품 등을 생각해볼 수 있다. 일반적으로 연구개발 활동의 최종적인 목표는 특허나 논문 등 잠재적 가치가 더 큰 무형적 성과물이 된다고 알려져 있다. 하지만 연구개발 활동의 결과로 만들어진 연구기자재나 연구시설·장비, 그리고 연구개발 활동의 목표가 기계적 장치 등 유형적인 부분을 포함하는 경우 이를 시험 삼아 만든 시작품과 같은 유형적 성과물 또한 그것에 대한 권리귀속이 유의미한 상황이 발생할 수 있다.

한편, 국가연구개발사업의 관리 등에 관한 규정 제20조는 "연구자가 연구의 수행시작에서부터 연구성과물의 보고 및 발표 또는 지식재산화에 이르기까지의 과정 및 결과를 기록한 자료[166]"인 연구노트를 유형적 성과물의 하나로 보고 있다.

나. 무형적 성과물

무형적 성과물 가운데 대표적인 것은 연구개발 활동의 결과로 발생한 지식재산이다. 지식재산이란 "인간의 창조적 활동 또는 경험 등에 의하여 창출되거나 발견된 지식 · 정보 · 기술, 사상이나 감정의 표현, 영업이나 물건의 표시, 생물의 품종이나 유전자원, 그밖에 무형적인 것으로서 재산적 가치가 실현될 수 있는 것[167]"이고, 법령 또는 조약 등에 따라 인정되는 지식재산에 대한 권리를 지식재산권이라고 한다.[168].

일반적으로 연구개발 활동과 관련된 지식재산의 형태로 "자연법칙을 이용한 기술적 사상의 창작으로서 고도한 발명"을 생각하지만, 연구개발 활동의 과정과 결과를 공개 · 발표하기 위한 "인간의 사상 또는 감정을 표현한 창작물"에 해당되는 학술연구 저작물 또한 주요한 지식재산의 형태이다. 뿐만 아니라 발명에 이르지는 못하였지만, 연구개발 활동을 통해 생산된 다양한 데이터 역시 무형적 성과물 가운데 중요한 부분을 차지한다.

3. 과학기술 권리귀속 법리의 필요성

일반적으로 유형적 결과물의 권리귀속에는 민법상의 재산권 법리가 적용되지만, 유형적 성과물의 발생이 단순한 구매 또는 구축에 의한 것이 아니라 원재료가 연구개발 활동을 통해 최초의 모습과는 다른 결과물이 될 경우 민법상의 가공의 법리가 적용될 수 있다.[169] 이에 따르면, 타인의 동산에 가공한 경우 가공자가 아닌 원재료의 소유자에게 소유권이 귀속되지만, '가공으로 인한 가액의 증가가 원재료의 가액보다 현저히 다액인 때'에는 가공자의 소유가 될 수 있도록 하는 단서조항을 두고 있다.

이와는 달리 연구개발 활동의 무형적 결과물인 지식재산은 일반적으로 한 사람에 의한 재화의 소비가 동일한 재화에 대한 다른 사람의 소비를 제한하지 않는 '비경합성'과 불특정 다수가 이를 소비하는 것을 막을 수 없는 '비배제성'이라는 특징을 갖는다. 따라서 유체물이 아닌 무형의 지식재산에 전통적 재산권과 동일한 배타적 권리를 부여하는 지식재산권 권리귀속의 법리는 기존의 재산권 법리와는 다른 양상을 보인다.

그런데, 과학기술이 눈부신 속도로 발전하면서 과거와는 달리 무체재산의 중요성이 점점 더 커지고 있고, 어느 시점에 이르러서는 재산권의 대상으로서 유체재산과 다를 바 없는, 심지어는 더욱 큰 가치를 갖는 대상으로 취급받게 되었다. 최근 발의된 민법 개정안[170]은 물건의 개념에 '데이터 등 관리할 수 있는 무체물'까지 포함시키고 있는데, 이러한 움직임은 무체재산을 유체재산과 다를 바 없는 동등한 재산권의 대상으로 보고 있는 현실을 반영한 것이라는 점에서 아직 입법까지는 가야할 길이 멀지만 큰 의미를 갖고 있다고 평가할 수 있다.

이처럼 과학기술의 발전은 민법상 물건의 개념의 변화에도 영향을 미치고 있고, 가까운 미래에는 현재의 법체계의 테두리 안에서 규율할 수 없는 또 다른 형태의 과학기술이 등장할 수 있다는 사실을 그 누구도 부정할 수 없다. 따라서 과학기술 권리귀속 법리의 근원을 파악해 새로운 환경에 직면하더라도 적용 가능한 대원칙을 정립하는 일에 의미를 부여할 수 있다.

Ⅱ. 과학기술 권리귀속 법리의 형성

1. 사상적 배경

가. 검토의 필요성

동산, 부동산과 같은 유체재산과는 다른 특성을 갖고 있는 무체재산에 소유권을 부여하는 권리귀속의 법리는 그 출발점에 있어서는 큰 차이를 보이지 않는다. 지식재산에 소유권이라는 배타적 권리를 부여하는 지식재산 권리귀속 법리의 토대가 되는 사상은 유체재산의 그것과는 다른 무엇이어야 한다는 기대와는 달리 대상의 형태 유무를 막론하고 그것에 대한 권리를 자연권으로 보는 노동이론 및 관념론과 공익의 극대화 차원에서 국가에 의해 권리가 부여되는 것이라는 공리주의자들의 견해가 유·무형의 재산에 대한 소유권 부여의 사상적 토대를 제공해왔다.

나. 노동이론

존 로크는 그가 1690년에 쓴 저서 통치론[171]에서 인간은 기본적으로 자신의 육체를 소유하고, 그의 신체에 의한 노동과 손에 의한 작업은 그 자신을 제외한 누구도 권리를 주장할 수 없는 그의 것이라고 말했다. 로크는 이러한 주장의 근거로 자연 상태에 자신의 노동을 더하여 무언가가 부가된다면, 그것은 그의 소유가 되고 타인의 권리는 배제된다는 '가치부가론'과 노동은 기본적으로 고통스러운 것이므로 개인의 노동이 부가되어 공유물로부터 분리된 것에 대해서는 소유권이라는 보상이 주어져야 한다는 '노동회피론'을 들었다.

현행 특허법은 특허의 요건으로 '신규성'과 '진보성', 그리고 '산업상 이용 가능성'을, 저작권법의 경우 저작물의 요건으로 '창작성'을 요구하고 있다. 따라서 노동이론이 개인에게 소유권을 부여하는 근거 가운데 가치부가론의 입장을 어느 정도 충족시킨다고 볼 수 있다. 그런데, 인간의 노동, 특히 정신적 노동의 경우 인간이 그 과정 속에서 어떠한 즐거움 또는 희열을 느끼지 않는가라는 질문과 마주하게 되면 노동회피론과는 부합하지 않는 부분이 있다는 것을 인정하지 않을 수 없다.

한편, 노동이론은 개인의 소유권이 인정되기 위해서는 다른 사람에게도 공유물이 충분하고, 동등하게 남아 있어야 하고, 개인이 즐길 수 있을 정도를 넘어서는 것은 그의 몫을 넘어선 다른 사람의 몫이라는 입장을 취하고 있어서 소유권의 한계에 대해서도 분명히 선을 긋고 있었다고 볼 수 있다.

유형의 재산이 타인에게도 공유물이 충분하고, 동등하게 남아 있어야 한다는 노동이론에 의한 소유권 부여의 첫 번째 전제조건을 만족시키기 위해서는 엄청난 양의 공급이 필요하지만, 지식재산의 경우 그것이 갖는 비경합성으로 인해 이를 충족시킬 수 있다는 점에서 로크의 이론에 부합하는 대상이라고 볼 수 있다. 또한 무제한적인 소유권을 인정하는 것이 아니라 개인이 즐길 수 있을 만큼이라는 두 번째 전제조건 또한 특허권과 저작권을 영구히 인정하지 않고 일정기간 동안만 인정하고 있어서 상대적으로 이러한 조건을 충족시키지 못하는 유체재산에 비해 노동이론에 더 충실한 대상이라는 주장도 가능해 보인다.

다. 관념론

아이디어는 창작자의 개성 또는 자아의 재현이므로 그것의 창작자에게 귀속되어야 한다는 것이 관념론의 출발점이다. 관념론의 기초를 세운 칸트는 저작자의 인격적 권리를 강조했다. 칸트의 철학을 계승한 피히테는 저작권을 부여하는 근거를 표현에 있어서의 독창성이라고 생각했는데, 그에 따르면 책은 인쇄된 책과 같은 물질적 측면과 관념적 측면을 갖고 있다. 관념적 측면은 다시 아이디어와 그것을 담아내는 형식으로 구분할 수 있는데, 아이디어는 그것을 읽은 독자가 자신의 사고체계의 일부로 만들 수 있지만, 아이디어를 담아낸 형식이나 표현은 저작자만의 사고체계에 의한 것이므로 도용되어서는 안 되고, 이로부터 형식과 표현에 대해 자신을 저작자로 인식할 수 있도록 요구할 권리와 타인의 침해를 방지할 수 있는 권리가 발생한다고 보았다.[172] 한편, 관념론을 완성시킨 것으로 평가받는 헤겔은 무형의 아이디어에 지식재산이라는 배타적 권리가 부여되기 위해서는 적절한 매체를 통해 외부로 표현되는 과정을 거쳐야 한다는 부분을 설명하는 근거를 제공한다.

이와 같은 관념론의 내용은 대륙법계 저작권법의 내용·형식 이분법 또는 영미법계 저작권법의 아이디어·표현 이분법에 닿아 있다고 볼 수 있다. 뿐만 아니라 아이디어가 아닌, 그것을 담고 있는 표현은 저작자의 독특한 사고체계에서 비롯된 것이라고 보는 견해나 저작물을 내적인 인격이 외형화한 결과물로 보는 견해는 저작권법이 저작인격권을 인정하는 전통과 밀접한 관련성을 갖는다는 사실에는 이견이 없어 보인다. 하지만, 관념론의 경우 인간 창작활동의 결과물에 투영된 창작자의 개성 또는 자아를 중시하고 있어서 인격적 권리가 중시되는 저작권의 근거로서는 큰 기여를 하고 있지만, 상대적으로 재산적 권리가 중시되는 특허권과 관련해서는 유용한 근거가 되지는 못했다.

라. 공리주의 이론

공리주의 이론은 지식재산에 독점권을 부여하는 근거를 창작활동을 유인하기 위한 인센티브가 필요하다고 보는 견해(유인이론)와 지식재산을 보다 효율적으로 사용하기 위해서는 공유보다는 사유가 효과적이라는 견해(효율적 배분이론)로 구분해 볼 수 있다. 두 견해는 모두 공리주의의 지향점인 최대다수의 최대행복을 목표로 한다는 점에서는 공통점을 갖고 있지만, 그것을 실현하기 위한 수단으로 각각 경제적 인센티브와 인위적 희소성을 부여해야 한다는 상반된 입장을 보이고 있다.

지식재산은 비경합성과 비배제성을 특징으로 하고 있어서 불특정 다수가 그것을 사용하는 것을 막기 어렵지만, 그것을 창조하기 위해서는 창작자의 노력과 비용이 반드시 필요하기 때문에 이를 보호하지 않아 대다수 사람들이 그것을 무상으로 사용할 경우 창작의욕이 저하된다는 것이 유인이론의 주요 내용이다. 미국 연방헌법 제1편 제8조 제8항은 "의회는 저작자와 발명자에게 제한된 기간 동안 저작물과 발명에 대한 배타적 권리를 보장함으로써 과학과 유용한 기술의 진보를 촉진하는 권리를 갖는다."고 정함으로써 미국의 지식재산 보호법이 유인이론에 근거하고 있음을 선언하고 있다.[173)]

효율적 배분이론은 공유지의 비극 이론을 그 출발점으로 하고 있다. Hardin에 따르면 공유지인 풀밭에서 목동들이 아무런 제한 없이 자기 소유의 양을 먹이도록 할 경우, 자신의 이익을 끊임없이 추구하는 인간의 본성으로 인해 각각의 목동들은 더 많은 양을 풀밭에 풀어놓을 것이고, 결국 제한된 풀밭이 수용할 수 있는 양들의 숫자를 넘어서게 되어 황폐화될 수밖에 없는 비극적인 상황이 초래된다고 한다.[174] 그는 공유지가 필연적으로 맞이하게 될 이와 같은 비극을 사전에 방지하기 위해서는 그것을 사유화하거나 수용 가능한 범위 내에서 사용할 수 있는 권한을 배분하는 방법을 제시했다.

공리주의 이론 또한 지식재산의 이론적 배경으로서 약점을 갖고 있다. 유인이론의 경우 인간 창작활동의 원동력을 경제적인 것에서만 찾고 있다는 비판이 가능하다. 경제적 인센티브가 주요한 요인이 될 수는 있겠으나 타인의 인정이나 단순한 자기만족을 위해 창작활동을 하는 과학자, 예술가가 존재할 수 있다는 사실을 우리는 알고 있기 때문이다. 효율적 배분이론이 출발점으로 삼고 있는 공유지의 비극은 지식재산이 갖고 있는 비배제성으로 인해 적용되기 어렵다는 비판이 가능하다. 토지의 경우 내가 사용한 만큼 타인의 사용을 방해하지만, 내가 MP3 파일이나 이미지를 사용한 것이 타인의 사용을 방해지는 않기 때문이다.

마. 소 결

'고통스러운 노동은 그 결과물에 대한 소유권을 부여함으로써 보상되어야 한다.'는 입장과 '고통스러운 노동에 대해 소유권을 부여함으로써 보상해야 하는 이유는 사람들에게 동기를 부여하기 때문이다.'라는 입장은 논리구조상 완벽히 분리되기 어렵기 때문에 항상 공존하고 있다고 볼 수 있고, 심지어는 한 쪽이 다른 한 쪽의 근거로 작용하기도 한다.[175] 따라서 주요국의 지식재산 보호제도가 하나의 사상적 배경만을 근거로 하고 있다고 보기는 어려운 것이고, 노동이론과 관념론에 기초한 자연권 사상과 창작활동의 촉진을 통한 산업 및 문화발전이라는 공리주의 이론이 서로 조화를 이루고 있다고 보아야 할 것이다.

우리나라의 현행 특허법 제1조는 "발명을 보호·장려하고 그 이용을 도모함으로써 기술의 발전을 촉진하여 산업발전에 이바지함"을 목적으로 하고 있고, 저작권법 제1조 또한 "저작자의 권리와 이에 인접하는 권리를 보호하고 저작물의 공정한 이용을 도모함으로써 문화 및 관련 산업의 향상 발전에 이바지함"을 목적으로 정하고 있다. 특허법과 저작권법의 목적 조항에 대한 문언적 해석에 따르면, 자연권 사상과 함께 공리주의 이론이 사상적 배경에 자리잡고 있음을 확인할 수 있다.

소유권에 대한 사회적 합의가 가능했던 것은 인간은 다른 동물들과는 달리 주어진 본성에 따라 환경에 적응해 사는 것이 아니라 자연과의 상호작용을 통해 보다 나은 삶을 추구하는 존재이기 때문이었다. 보다 나은 삶을 위해서는 자신의 노동의 산물인 외부의 물건에 대한 배타적인 권리가 필요했고, 이를 사회적 합의를 통해 구현한 것이 소유권이라는 개념이었던 것이다. 이 같은 사적 소유권 개념은 그 자체로 신성시되었으며 근대사회를 지탱하는 기둥으로서의 역할을 담당했지만, 18세기 이후 본격적인 산업화가 진행되면서 칼 맑스가 이와 구분해 개념화한 이른바 '자본주의적 소유'가 등장하면서 훼손되기 시작해 오늘에 이르렀다.[176]

2. 과학기술 권리귀속 법리와 헌법

가. 주요국 입헌례

전술한 바와 같은 역사적, 사상적 배경을 토대로 하고 있는 발명과 저작물에 대한 권리는 국가별로 다소간의 차이는 있지만 헌법에 그 근거를 두고 있다. 앞서 언급한 바와 같이 미국 연방헌법 제1편 제8조 제8항[177]은 보호기간에 있어 일정한 제한을 두면서 의회가 발명자와 저작자에게 각각 특허권과 저작권을 부여할 수 있는 법을 제정할 수 있는 권한을 위임하고 있다. 2차 세계대전 이전 독일의 바이마르 헌법 제158조 제1항[178] 또한 "정신적 노동, 작가 및 발명가, 그리고 예술가의 권리는 독일제국의 보호와 배려를 받는다."는 지식재산권 보호 조항을 두고 있었다. 이 밖에도 스웨덴, 포르투갈, 필리핀, 브라질, 멕시코 등의 국가가 헌법 또는 이와 유사한 위상을 갖는 법률에 지식재산권에 관한 별도의 규정을 두고 있다.[179]

지식재산권 보호에 관한 별도의 조항을 두지 않고 재산권 보호 조항에 포함된 것으로 간주하는 입헌례도 존재한다. 독일의 경우 과거 바이마르 헌법의 입헌례와는 달리 현행 독일연방기본법은 제14조 제1항[180]에 재산권 보호에 관한 조항을 두고, 지식재산권의 권리귀속 법리에 대해서는 별도의 조항을 두고 있지 않다. 일본의 경우도 지식재산권 보호와 관련한 별도의 조항을 두지 않고 헌법 제26조에서 "재산권은 이를 침해해서는 안 된다.(제1항)", "재산권은 법률로써 정하고, 공공복리와 조화를 이루어야 한다.(제2항)"고 정하고, 지식재산권 또한 법률로써 보호받는 재산권의 일종으로 보는 입헌례를 취하고 있다.[181]

한편, 중화인민공화국 헌법 제20조[182]는 "국가는 자연과학과 사회과학 사업 발전, 과학기술 지식 보급, 과학연구 성과와 기술 발명창작 등을 장려한다."는 정책적 조항과 함께 제47조[183]에 "인민은 과학연구, 문학예술 창작, 기타 문화활동 등을 누릴 자유를 가지고 있다. 국가는 교육, 과학, 기술, 문학 등에 종사하면서 인민에게 혜택을 줄 수 있는 창작활동을 하는 인민들에게 격려와 도움을 주어야 한다."는 창작자의 권리와 이들의 활동에 대한 국가의 진흥의무를 규정하고 있다.

나. 우리 헌법과 과학기술의 권리귀속

대한민국 건국 헌법 제14조는 "모든 국민은 학문과 예술의 자유를 가진다. 저작자, 발명가와 예술가의 권리는 법률로써 보호한다."고 규정한 바 있었고, 1962년 헌법 개정으로 헌법 제19조 제1항은 학문과 예술의 자유를, 제2항은 저작자, 발명가, 예술가의 권리를 법률로써 보호하도록 하고 있다. 또한 헌법 제23조 제1항은 "모든 국민의 재산권은 보장된다. 그 내용과 한계는 법률로 정한다." 는 내용을 담고 있는데, 이때 재산권의 개념은 지식재산권 등을 포함하는 포괄적인 권리이므로 해당 조항이 창작활동의 결과물에 대한 재산권을 그것의 창작자들에게 부여하는 지식재산권 보호의 근거조항이 된다는 해석도 가능하다.

특이한 부분은 1987년 헌법 개정 시 기존 조문에 '과학기술자'를 추가했다는 점인데, 어떤 배경에서 이러한 개정이 이루어졌는지 공식문서를 통해서 확인할 수는 없지만 당시 과학기술 강국을 표방했던 국가이념을 구체화한 것으로 볼 수 있다고 의미를 부여하는 견해[184]가 설득력이 있다.

그럼에도 불구하고 '발명가'의 권리와는 별도로 '과학기술자'의 권리를 보호하도록 명시했다는 점이 어떤 의미를 갖는지에 대해서는 되짚어볼 필요가 있다. 통상 발명가와 과학기술자를 일정한 경계를 두고 나누는 것은 불가능한 일이다. 모든 발명가는 과학기술자라고 볼 수 있고, 모든 과학기술자는 발명가가 될 수 있기 때문이다. 다만, 어떤 발명이 완성된 경우 그것의 발명가, 즉 발명자는 특허법 등을 통한 보호를 받을 수 있지만, 해당 발명에 일정한 기여를 했지만 발명자가 아닌 과학기술자의 권리 또한 보호해야 할 대상이라는 점에서 그 의의를 찾을 수 있다고 본다. 이하에서 살펴볼 지식재산 권리귀속의 일반법리인 창작자주의가 발명가의 권리 보호를 위한 것이라고 한다면, 이와는 다른 다양한 특수법리가 헌법상 과학기술자의 권리 보호를 구현하고 있다고 할 수 있다.

3. 과학기술 계약의 법적 성격

가. 연구개발 활동과 계약

지금도 어딘가에는 창고나 작은 골방에 자리잡은 자신만의 실험실에서 연구개발 활동에 몰두하는 수많은 개인 발명가가 존재한다. 하지만, 과학기술의 발전으로 더 이상 이런 방식으로는 대규모 재원이 투입되어야 하는 최첨단 연구를 진행할 수 없을 뿐만 아니라 다수의 전문가 집단에 의해 진행되는 연구개발 활동의 결과물을 뛰어넘는 획기적인 결과물을 창작하기도 어렵다. 이러한 현실적인 한계로 인해 오늘날 대부분의 연구개발 활동은 필요한 재원을 국가 또는 기업 등으로부터 지원받거나 혼자가 아닌 다양한 연구주체들이 참여하는 공동 연구개발의 형태로 추진되고 있다.

오늘날 진행되고 있는 다양한 형태의 연구개발 활동은 연구자 자신이 아닌 타인의 재원을 지원받아 연구개발 활동을 진행하는 위탁 연구개발 활동과 개인이 아닌 다수의 연구개발자가 참여하는 공동 연구개발 활동, 그리고 위탁 연구개발과 공동 연구개발이 혼합된 형태의 연구개발 활동으로 구분해 볼 수 있다. 각각의 연구개발 활동을 수행함에 있어서 참여주체 간의 권리와 의무를 명확히 하기 위해서 계약을 체결하는 것이 일반적이며, 해당 계약의 법적 성격은 연구개발 활동 결과물의 권리귀속에 영향을 미치므로 살펴볼 필요가 있는데, 공동연구개발계약과 연구개발위탁계약의 법적 성격에 관하여는 본서 제2편 제6장 기술계약을 참고하기 바란다.

Ⅲ. 유형적 결과물 권리귀속의 법리

1. 개 설

연구개발 활동의 결과물로서 과학기술 권리귀속을 논하기 위해서는 인간의 '노동'이라는 개념을 빼놓을 수 없다. 유체재산에 대해 소유권을 부여하는 사상적 배경은 무체재산에 대한 소유권 부여에 있어서도 동일한 토대로서의 역할을 담당하는데, 그것은 소유권 부여의 핵심적인 근거가 바로 인간의 육체적 또는 정신적 '노동'을 통해 완성된 결과물이라는 점이기 때문이다. 근로기준법은 로를 정신노동과 육체노동으로 구분하고 있고[185] 그 결과로 발생하게 되는 노동의 결과물 또한 정신적인 것과 물질적인 것으로 구별해 전자의 경우 지식재산권법으로 다루고 있지만, 후자에 대해서는 민법상 가공의 법리(제259조) 외에는 특별한 규정을 두고 있지 않다.

2. 민법상 가공의 법리에 의한 유형적 결과물의 권리귀속

가. 재료주의

현행 민법은 가공에 의한 물권변동의 경우 재료주의를 원칙으로 인정하고 있다. 가공은 부합, 혼화와 함께 첨부라고 총칭되며, 사회경제적으로 불리한 원 상회복을 방지함으로써 소유권의 효용을 제고하고자 하는 취지를 갖고 있 다.[186] 가공의 대상인 재료가 특정인의 소유물이 아닌 자연상태의 물건이었다 면 그것을 가공한 가공물이 가공자에게 귀속되는 것은 가공의 법리까지 적용 하지 않더라도 민법상 무주물의 귀속 법리에 따르면 당연한 것이다. 하지만, 가공의 대상인 재료가 누군가의 소유권이 존재하는 물건인 경우에는 가공을 통해 부가되는 가치가 있는 경우라도 재료의 소유자에게 부가가치를 포함한 가공물에 대한 권리를 귀속시키는 것이 합리적이라는 것이 재료주의의 입장이 다.[187] 이와 같은 법리는 부합, 혼화의 경우에도 일관되게 적용되고 있다.

민법상 가공의 법리에 관한 판례는 찾아보기 어렵지만, 부동산의 부합에 관한 대법원 판례[188]에 비추어 볼 때 가공물 또한 재료가 가공이라는 과정을 통해 새로운 물건으로 바뀌어야 하며, 그러한 가공물을 다시 재료의 상태로 되 돌릴 수 없는 불가역적인 상태인 경우에 한해 적용되는 법리라고 보는 것이 타 당하다. 가공물을 재료와 가공된 부분으로 분리할 수 있는 경우에는 재료는 재 료의 소유자에게, 가공된 부분은 가공자에게 귀속시켜야 할 것이기 때문이다.

한편, 재료의 소유자와 가공자의 관계가 근로계약에 기초한 것일 경우 근 로자는 가공에 대한 대가로 임금을 지급받는 것이므로 가공물에 대한 소유권 은 그 가액의 크기에 상관없이 항상 사용자에게 귀속되는 것이라는 기업주의 원칙은 보다 강화된 재료주의라고 볼 수 있으며, 노동자는 가공자가 아니라고 본다. 역사적으로 노예노동에 의해 생산활동이 이루어지던 시대에는 재료주의 가, 르네상스 시대에는 인간의 노동에 대한 사회적 인식이 변화하면서 가공주 의가 근로관계에서 발생하는 가공물 권리귀속의 원칙이었지만, 산업혁명 이후 기업적 생산방식이 본격화되면서 기업 자체를 가공자로 보는 기업주의 원칙이 일반적으로 인정되기에 이르렀다.[189]

나. 가공주의

민법은 가공에 의한 물권변동의 경우 재료주의를 원칙으로 인정하면서 '가 공으로 인한 가액의 증가가 원재료의 가액보다 현저히 다액인 때'는 예외적으 로 가공자에게 소유권을 부여하고 있다.[190] 가공의 법리가 가공을 통해 부가되 는 가치가 있는 경우라도 재료의 소유자에게 부가가치를 포함한 가공물에 대 한 권리를 귀속시키는 재료주의 원칙을 채택하고 있지만, 가공으로 인한 가액 의 증가가 원재료의 가액을 현저히 초과하는 경우 가공주의의 예외를 인정하 고 있다.

일반적인 수준의 가공과는 달리 고난이도의 가공이라고 볼 수 있는 연구개발 활동의 유형적 결과물은 가액의 증가가 보다 더 클 것으로 기대할 수 있으므로 가공주의가 적용될 수 있는 여지가 높다. 하지만, 대부분의 연구개발 활동이 대학, 연구소, 기업 등에 소속된 근로자 신분의 연구자들에 의해 수행되고 있고, 이를 통해 발생한 유형적 결과물의 권리귀속은 앞서 언급한 기업주의가 적용되는 것이 일반적이다. 그럼에도 불구하고 재료주의와 기업주의만으로는 강행규범인 가공의 법리를 충실히 구현할 수 없기 때문에 가공주의는 여전히 의의를 갖고 있다.

3. 공동연구개발계약에 의한 유형적 결과물의 권리귀속

공동연구개발이 상호출자로 진행되는 경우 계약의 성격은 조합계약으로 볼 수 있다. 민법 제704조에 따르면, 조합재산은 합유이다. 따라서 이를 통해 완성된 유형적 결과물에 대한 처분 또는 변경을 위해서는 합유자 전원의 동의가 있어야 하고, 보존행위는 각자가 할 수 있다. 또한 유형적 결과물에 대한 지분을 처분하기 위해서는 당사자 전원의 동의가 필요하고, 분할을 청구할 수 없다. 공동연구개발계약의 해지로 조합이 해산(공동 연구개발의 종료) 되거나 유형적 결과물이 양도될 경우에는 유형적 결과물에 대한 합유가 종료된다.

공동연구개발계약이 당사자들 간의 상호 위임계약에 해당된다면 당사자들은 위임자인 동시에 수임자의 지위에 놓이게 된다. 이 경우 각자의 비용으로 연구개발 활동을 진행하고 상대방에게 청구하지 않는 것이 일반적이어서 그로 인해 완성된 유형적 결과물은 분리가 가능할 경우 각자에게, 분리가 불가능할 경우에는 각자의 지분에 따른 공유의 형태로 귀속된다고 보아야 할 것이다. 유형적 결과물이 공유인 경우 공유자는 그 지분을 처분할 수 있고, 공유물 전부를 지분의 비율로 사용, 수익할 수 있지만, 다른 공유자의 동의없이 공유물 자체를 처분, 변경할 수는 없다.

공동연구개발계약이 민법상 전형계약의 일종이 아닌 무명의 쌍무계약에 해당된다고 본다면, 공동 연구개발 활동으로 유형적 결과물에 대한 권리귀속의 법리는 다수의 가공자에 의해 만들어진 가공물에 대한 소유권이 누구에게 귀속되느냐의 문제일 것이다. 갑, 을, 병이 동시에 또는 순차적으로 어떠한 재료를 가공하여 만들어진 가공물은 1인의 가공으로 인한 가액이 원재료의 가액보다 현저히 다액인 경우를 제외하고 가공 법리의 일반 원칙인 재료주의에 따라 여전히 재료의 소유자에게 귀속되어야 한다. 다만 이 경우에도 가공물은 다시 재료의 상태로 되돌릴 수 없는 불가역적인 상태를 유지하고 있어야 한다는 전제조건은 한 사람에 의한 가공의 경우와 동일하고, 순차적인 가공이라고 하더라도 협력의 의사를 공유한 경우 각각의 단계에서 발생한 가액의 합이 원재료의 가치를 현저히 초과하는 경우에는 재료주의가 아닌 가공주의가 적용될 여지가 있다.

한편, 협력의 의사를 공유한 상태의 공동의 가공행위가 발생하고, 그로 인한 가액이 원재료의 가액보다 현저히 다액인 경우 가공물의 권리는 가공자들에게 공동으로 귀속된다. 가공자들은 각자의 가공활동으로 인해 발생한 가액의 비율만큼 가공물에 대한 권리를 공유하게 되는데, 이때의 소유형태는 민법상 공유라고 보아야 할 것이다.191) 하지만, 공동의 가공자들 사이에 협력의 의사가 없는 경우에는 가액의 크기와 상관없이 각각의 가공행위를 별개의 행위로 보고, 1인의 가공행위로 인한 가액이 원재료의 가액을 초과하지 않는다면 최종적인 가공물은 재료주의 원칙에 따라 원재료의 소유자에게 귀속되어야 한다.

4. 연구개발위탁계약에 의한 유형적 결과물의 권리귀속

학설과 판례가 연구개발위탁계약의 법적 성격을 원칙적으로 도급계약으로 보고 있으므로 계약으로 인해 발생하는 위탁자와 수탁자 사이에서 발생하는 권리의무는 도급계약에 있어서 도급인과 수급인의 권리의무 관계에 비추어 파악할 수 있다. 먼저 위탁자가 부담하는 주된 의무는 보수지급 의무인데, 민법에 따라 도급계약에서 목적물의 인도와 보수지급은 동시이행관계에 있다.192) 따라서 위탁 연구개발 활동의 결과로 발생한 유형적 결과물은 인도와 보수지급이 이행되지 않은 상태에서는 수탁자에게 귀속되었다가 인도와 보수지급이 이행되는 순간 위탁자에게 귀속된다. 한편, 연구개발위탁계약을 매도인의 권리이전 의무와 매수인의 대금 지급의무가 동시이행관계에 있는 매매계약으로 보는 경우 연구개발 활동의 유형적 결과물에 대한 권리는 그것이 완성된 때로부터 수탁자에게 귀속되었다가 위탁자로부터 연구비를 지급받는 시점에는 위탁자에게 이전된다.

연구개발위탁계약을 민법상 도급 또는 매매계약으로 보는 경우 수탁자는 목적물에 대한 하자보수 의무를 부담해야 한다. 하지만, 연구개발 계약의 목적물은 일반적인 도급 또는 매매계약의 목적물과는 달리 목적물의 완성도를 담보하기 어렵다는 특수성을 갖고 있어서 수탁자 입장에서는 그와 같은 불확실성으로 인한 위험을 줄이기 위해 담보책임의 전부 또는 일부를 면책 받는 조건을 포함한 계약을 체결하는 것이 바람직하다.

연구개발위탁계약의 경우 대법원 판례[193]와 같이 그와 다른 방식의 보수 지급 방식을 약정할 수 있는 위임계약의 성격도 동시에 갖고 있다. 실험 등에 필요한 연구비를 일반적인 도급의 법리에 따라 지급할 경우 연구개발 활동이 정상적으로 이루어질 수 없다는 문제가 있을 수 있으므로 위탁 연구비의 일부 또는 전부를 선급하는 조건의 계약을 체결하는 경우가 많은데, 이는 위임계약 에서 인정되는 수임인의 비용선급청구권으로 이해할 수 있다. 그런데, 위임계 약의 경우 계약이 특정 '목적물'이 아닌 '사무의 처리'를 목적으로 하고 있으므 로 수탁자의 유형적 결과물의 인도와 위탁자의 비용 지급이 동시이행관계에 있다고 볼 수는 없다. 그럼에도 불구하고 유형적 결과물을 민법 제684조 제1항 의 수임인의 취득물, 즉 '위임사무의 처리로 인하여 받은 금전 기타의 물건 및 그 수취한 과실'로 본다면, 수탁자는 유형적 결과물의 이전의무를 부담한다고 보아야 할 것이다.

Ⅳ. 무형적 결과물 권리귀속의 법리

1. 창작자주의

가. 무형의 연구개발 결과물 권리귀속의 일반 법리

지식재산의 창작자에게 그에 대한 원시적인 권리를 귀속시키는 것은 지식 재산권 보호법의 대전제라고 할 수 있는 것으로, 대다수 국가들이 이를 특허법 과 저작권법에 선언적으로 규정하고 있는데, 그 구체적인 방식에 있어서는 다 소간의 차이를 보인다.

주요국 입법례와 마찬가지로 우리나라 특허법과 저작권법 또한 창작자주 의를 선언하는 명시적인 규정을 두고 있다. 특허법 제33조는 특허를 받을 수 있는 자를 "발명을 한 자 또는 그 승계인"으로 한정함으로써 발명자주의를 선 언하고 있다. 또한, 저작권법 제2조 제2호는 "저작자는 저작물을 창작한 자를 말한다"고 정의하고, 제10조 제1항은 저작자로 하여금 제11조 내지 제13조의 규정에 따른 저작인격권과 제16조 내지 제22조의 규정에 따른 저작재산권을 가지도록 규정하는 한편, 제10조 제2항에서 저작권의 발생에 있어서 어떠한 절 차나 형식을 필요로 하지 않는다고 규정함으로써 창작자를 저작자로 인정하고 저작재산권과 저작인격권을 모두 포함하는 저작권을 향유하는 주체가 될 수 있는 창작자주의를 규정하고 있다고 볼 수 있다.[194]

연구개발 결과물에 대한 권리의 양도와 관련해 특허법은 특허권과 그 이전 단계의 권리인 특허받을 수 있는 권리의 이전을 허용하고 있다. 특허출원 전의 특허받을 수 있는 권리의 양도는 불요식 행위로 당사자 간 의사의 합치가 있다면 인정되지만, 그 권리의 승계인은 특허출원을 하여야만 제3자에게 대항할 수 있다.195) 이와는 달리 특허출원 후의 권리의 양도는 요식 행위로서 특허출원인 변경신고를 하여야 승계의 효력이 발생한다.196) 한편, 특허권의 이전은 등록하여야만 모든 효력이 발생한다.197)

저작물에 대한 권리 가운데 일신전속성을 갖는 저작인격권은 양도할 수 없지만, 저작재산권은 권리자의 의사에 따라 그 전부 또는 일부를 자유롭게 양도할 수 있다.198) 특허권과는 달리 저작재산권의 양도는 계약만으로 그 효력이 발생하고 등록 등 특별한 형식은 요구되지 않으나 등록하지 않으면 그 양도를 제3자에게 대항할 수 없다.199) 저작재산권의 양도는 일반적인 소유권과 달리 일부 양도가 가능하다는 점이 특이한데, 복제권·공중송신권 등의 지분권 중의 일부를 양도하는 것은 물론 특정 지분권을 또 다시 이용형태에 따라 분할해 양도하는 것도 가능하고, 심지어는 권리를 행사할 수 있는 지역이나 장소를 한정해서 양도할 수도 있다.

저작재산권 전부를 양도하는 경우라도 특약이 없는 한 2차적 저작물 작성 및 이용에 대한 권리는 여전히 원저작권자에게 귀속되는 것으로 추정된다.200) 이 같은 내용은 저작재산권 양도에 있어 상대적 약자일 확률이 높은 저작자의 저작인격권(동일성유지권) 및 경제적 권리를 보호하기 위한 것이다. 하지만, 저작물의 특성상 계속적인 업그레이드나 변형 등의 2차적 저작물 작성 행위가 빈번하게 발생할 수밖에 없는 프로그램저작물의 양도에는 이러한 추정규정이 적용되지 않는다.

발명 및 저작물에 대한 권리가 공유인 경우 민법상 일반적인 공동소유에 적용되는 공유의 법리가 아닌 합유의 법리가 적용된다. 특허받을 권리와 특허권이 공유인 경우 지분 양도 및 질권 설정 시 공유자 전원의 동의를 얻도록 하고 있고,201) 저작권의 지분 양도 및 질권 설정 시 뿐만 아니라 저작재산권의 행사도 전원의 합의에 의하도록 하면서 이용에 따른 이익 또한 배분하도록 하는 등 보다 합유에 가까운 법리를 채택하고 있다.202) 이것은 일반적인 민법상의 공동소유와 달리 공동발명과 공동저작물의 창작자들 간에는 강한 유대가 존재하며, 이러한 유대를 보호하기 위한 것이다. 이러한 견지에서 공동발명자 및 공동저작자들에 의한 원시적 공유와 후발적 공유를 구분하지 않는 현행 특허법과 저작권법의 내용은 재검토되어야 할 것이다.

나. 무형의 공동연구개발 결과물 권리귀속의 법리

1) 공동발명자

2인 이상이 공동으로 발명한 때에는 특허를 받을 수 있는 권리는 공유로 한다.[203] 그러나 '공동으로 발명'한다는 것이 무엇인가는 명확치 않다. 일반적으로 발명자의 발명에 관한 아이디어가 최초로 형성되는 단계에서는 그 아이디어가 명백하고, 확고하게 존재하지 않는다. 이 시기에는 해당 발명을 기존의 것들과 차별화하는 그 무언가가 아직 완성되어 있지 않고, 이후 추가적인 실험을 거쳐 그러한 아이디어가 발명이 될 수 있을 것인지가 증명되는 것이기 때문에 다수의 연구자들이 발명에 관여한 경우에 공동발명자를 결정하는 것은 쉽지 않은 일이다.[204]

전술한 바와 같이 우리 특허법에 공동발명자의 개념에 관한 구체적인 정의 규정이 없으므로 이 문제는 해석론과 판례에 맡겨져 있는데, 학설은 공동발명이란 수인이 발명의 완성을 위해 실질적으로 기여·협력하여 완성한 발명을 말하는 것이고, 기술적 사상의 창작에 관여하지 않은 단순한 관리자, 보조자, 후원자는 공동발명자로 보지 않는다.[205] 대법원은 공동발명자의 자격에 관하여 공동개발 및 공동출원에 관한 약정을 하고 초창기에 기본적인 과제와 아이디어를 제공했으나, 그 이상의 기술을 제공하였다거나 기술의 개발에 기여하였다고 볼 증거가 없는 경우 공동발명자의 지위를 갖는다고 볼 수 없다고 판시[206]하는 한편, 문제 해결을 위한 구체적인 아이디어를 제공한 자와 그 아이디어를 청구항 구성요소의 형태로 개선한 자를 공동발명자로 인정했다.[207]

뿐만 아니라 공동발명자로서의 자격을 얻기 위해서는 공동발명의 의사를 필요로 한다는 학설과 이와 같은 취지의 대법원 판례에 따르면, 상호협력의 의사 없이 단순히 후자가 전자의 발명을 개량한 경우 양자를 공동발명자로 취급할 수는 없고,[208] 공동발명자가 되기 위해서는 '발명의 완성을 위하여 실질적으로 상호 협력하는 관계'가 있어야 한다.[209]

2) 공동저작자

저작권의 경우 공동저작자란 '공동으로 분리이용 불가능한 저작물을 창작한 자'이므로[210] 공동저작자가 되기 위해서는 분리이용 불가능한 저작물이 존재해야 하고, 해당 저작물에 창작적 기여를 한 사람이어야 한다. 이 가운데 분리이용 불가능성은 공동저작물로서 성립하기 위한 요건이지 공동저작자 자격요건이 아니라고 볼 수 있겠으나 공동저작물로 성립한 경우에 한해 공동저작자 자격이 발생한다는 점을 감안할 때, 분리이용 불가능성은 공동저작자 개념과 불가분의 관계에 있다고 할 수 있다.

"2인 이상이 저작물의 작성에 관여한 경우 그중에서 창작적인 표현 형식 자체에 기여한 자만이 그 저작물의 저작자가 되는 것이고, 창작적인 표현 형식에 기여하지 아니한 자는 비록 저작물의 작성 과정에서 아이디어나 소재 또는 필요한 자료를 제공하는 등의 관여를 하였다고 하더라도 그 저작물의 저작자가 되는 것은 아니며, 가사 저작자로 인정되는 자와 공동저작자로 표시할 것을 합의하였다고 하더라도 달리 볼 것이 아니다."라는 대법원 판결211)에 비추어 볼 때 공동저작자가 되기 위해서는 해당 공동저작물에 창작적인 기여가 있어야 함은 명백하다. 이러한 기준에 따르면, 교수 또는 연구책임자의 지시에 따라 실험을 담당한 학생 연구원의 경우 비록 그가 많은 시간을 실험에 투자했다 하더라도 그러한 노력이 그에게 공동저작자 자격을 부여해주지는 않는다.212)

이와 함께 공동저작자들 간의 '주관적 공동관계' 또한 저작권법상의 정의 조항에서 직접 유추할 수는 없지만 공동저작자가 되기 위한 또 다른 요건으로 논의해야 할 대상이다. 공동저작자가 되기 위해서 공동으로 저작물을 작성하고자 하는 주관적 공동관계를 필요로 하는지에 대해 우리 저작권법은 미국 저작권법213) 과는 달리 명문의 규정을 두고 있지 않다. 주관적 공동관계를 요건으로 보지 않을 경우 모든 2차적 저작물은 공동저작물이 된다는 문제가 있을 수 있고, 2인 이상의 저작자가 공동으로 저작물을 창작하는 과정에 저작자 상호 간에 그러한 의사가 존재하는 것은 어찌 보면 당연한 일이라 할 수 있을 것이므로 주관적 공동관계 또한 공동저작자가 되기 위한 요건으로 보는 것이 합리적일 것이다.214) 다만, 주관적 공동관계의 기준을 지나치게 엄격하게 적용해 공동저작물 창작에 있어 주도적 역할을 담당하는 자가 저작자 자격을 독점하기 위한 도구로 악용하는 부작용은 피해야 할 것이다.

분리이용 불가능성에 관해 우리 저작권법은 '각자의 이바지한 부분을 분리하여 이용할 수 없는 것'을 공동저작물로 정의하고 있다. 대법원 또한 분리이용 가능성을 근거로 뮤지컬이 단독저작물의 결합에 불과한 결합저작물이라는 판결215)을 내린 바 있고, 만화의 경우 만화 스토리 작가와 만화가의 공동저작물이라고 본 지방법원 판결216)과 고등학교 교사들이 공동으로 출제한 시험문제를 공동저작물로 인정한 지방법원 판결217)도 있다.

다. 무형의 위탁연구개발 결과물 권리귀속의 법리

발명 또는 저작물이 위탁계약의 결과물로 발생한 경우에도 창작자주의 원칙에 따라 그것을 창작한 창작자에게 최초의 소유권이 귀속된다는 사실은 명백하다. 따라서 위탁계약에 무형적 결과물을 위탁자에게 귀속시킨다는 내용이 포함되어 있는 경우에도 최초 창작자에게 귀속되었던 권리가 계약의 내용에 따라 위탁자에게 이전된다고 보아야 할 것이다. 위탁계약에 달리 정하는 바가 없는 경우 연구개발위탁계약의 체결이 무형적 결과물에 대한 권리를 위탁자에게 이전하는 것에 대한 묵시적 합의가 포함되어 있는지에 대해 현행 특허법은 별도의 법 규정을 두고 있지는 않다.

한편, 목적물의 인도 및 보수의 수령 이후에는 수급인이 도급인에 대해 하자담보책임을 부담하는데,[218] 연구개발위탁계약의 수탁자 또한 당연히 이를 부담한다고 보아야 한다. 이에 따라 수탁자는 발명이 제대로 구현되지 않는 경우 또는 저작물에 오류가 있는 경우에는 위탁자에 대해 하자보수 의무를 부담하고, 자신의 발명 또는 저작물이 타인의 권리를 침해해 위탁자에게 손해가 발생하는 경우에는 손해배상 의무도 부담해야 하며, 이와 같은 하자담보 책임의 발생시점 및 기간은 달리 정하지 않는 한 도급계약과 동일한 것으로 보아야 할 것이다. 다만, 높은 특허 무효심판 인용률이나 발명의 완성 시점에 확인하기 어려운 제3자의 특허 침해 여부 등 연구개발 활동을 둘러싼 리스크가 급격히 증가함에 따라 수탁자가 감당할 수 있는 범위를 넘어서고 있어서 이를 최소화하기 위한 조건을 위탁계약의 내용으로 포함시키는 사례가 늘고 있다.

2. 기여자주의

가. 무형의 연구개발 결과물 권리귀속의 특수 법리

연구개발 활동의 무형적 결과물에 대한 권리가 창작자에게 원시적으로 귀속한다는 창작자주의는 노동이론과 관념론으로 대표되는 자연권 사상과 공리주의 이론을 배경으로 탄생해 각국의 헌법에 직·간접적으로 투영되어 있으며, 이를 근거로 제정된 각국의 특허법 및 저작권법 등 개별 법률에서 그 내용을 구체화하고 있다. 국가별로 창작자주의를 지식재산권 보호법에 반영하는데 있어서 정도의 차이가 있기는 하지만, 그것이 지식재산권 보호법의 시발점이라는 사실은 부인할 수 없다. 그럼에도 불구하고, 창작자 개념을 명확하게 정의한다는 것이 사실상 불가능한 것이고, 창작자로 인정받기는 어려우나 무형적 결과물의 창작에 어떤 형태로든 기여한 사람들에게 아무런 보상이 주어지지 않는 권리귀속 법리는 연구개발 활동을 촉진하는데 분명한 한계를 가질 수밖에 없다.

이와 같은 창작자주의의 한계는 공동 연구개발 결과물의 경우에는 공동창작자로 인정받지 못하는 단순 기여자, 업무상창작물의 경우 법인 등의 사용자, 위탁계약에 의한 무형적 결과물의 경우 위탁자가 창작자에게 원시적으로 귀속되는 권리의 일부 또는 전부를 자신에게 배분 또는 승계하는 법리를 구성해 창작자주의의 예외를 인정해야 한다고 주장하는 근거가 된다. 공동 연구개발 활동에 있어서의 단순 기여자, 업무상창작물의 사용자, 위탁계약에 의한 무형적 결과물의 위탁자는 각자가 기여하는 방식은 다르지만, 연구개발 활동에 일정한 기여를 한다는 공통점이 있으므로 이들에게 무형적 결과물에 대한 권리를 부여하는 예외적인 법리를 창작자주의와 대비해 '기여자주의'라 명명할 수 있을 것이다.

여기서 '기여자'는 창작자가 될 수 있는 창작적 기여에 이르지 못한 기여를 한 사람을 일컫는 개념으로, 기여자는 그의 기여가 창작적 기여에 무한대로 접근해 그것을 창작적 기여로 볼 수도 있는 경우를 제외하고는 창작자가 될 수 없다 할 것이므로 창작자와 기여자는 중복되지 않는 개념이다. 기여자주의는 공동창작물에 있어서 (단순)기여자주의, 업무상창작물에 있어서 사용자주의, 위탁창작물에 있어서 위탁자주의를 포괄하는 상위개념이라고 할 수 있고, 창작적 기여를 부가한 창작자에게 무형적 결과물에 대한 원시적인 권리를 귀속시키는 창작자주의의 상대개념으로 정의할 수 있다.

나. 기여자주의 법리의 예

1) 직무발명

우리나라는 특허법에 발명자와 함께 그 승계인이 특허를 받을 수 있는 길을 열어놓고,[219] 그 외 직무발명과 관련한 구체적인 사항은 모두 발명진흥법에서 규정하는 입법체계를 갖추고 있다.[220]

발명진흥법은 직무발명을 "종업원, 법인의 임원 또는 공무원이 그 직무에 관하여 발명한 것이 성질상 사용자·법인 또는 국가나 지방자치단체의 업무범위에 속하고 그 발명을 하게 된 행위가 종업원 등의 현재 또는 과거의 직무에 속하는 발명"으로 정의하고 있다.[221] 직무발명을 완성한 종업원 등은 이를 지체 없이 사용자에게 문서로 알려야 하고,[222] 사용자는 통지를 받은 날로부터 4개월 이내에 승계 여부를 통지해야 한다.[223]

또한, 사용자와의 관계에서 상대적으로 약자의 입장에 놓일 수밖에 없는 종업원의 이익을 보호하기 위해 직무발명 외의 종업원 발명, 즉 자유발명에 대해 특허를 받을 수 있는 권리 등을 사용자에게 승계시키거나 전용실시권을 설정하는 계약이나 근무규정의 조항은 무효이고,[224] 사용자가 발명에 대한 권리를 승계하거나 전용실시권을 설정한 경우 종업원은 이에 대한 정당한 보상을 받을 권리를 갖도록 정하고 있기도 하다.[225]

직무발명이 사용자 등에게 승계되더라도 발명자는 변경되지 않는다. 발명자의 인격권에 해당한다고도 볼 수 있는 발명자의 성명표시권은 현행 우리나라 특허법상의 명시적 권리가 아니고,[226] 저작인격권이 저작재산권과 함께 저작자 권리의 두 개의 기둥을 이루고 있는 것에 비해 중요하게 다루어지지 않는 경우가 많다.

직무발명의 요건은 '종업원(근로자)일 것', '사용자의 업무범위에 속할 것', 그리고 '종업원의 직무에 속할 것'의 세 가지로 정리할 수 있다. 직무발명의 주체는 종업원, 법인의 임원 또는 공무원이 될 수 있는데, 이를 '종업원 등'으로 통칭하고 있다. 종업원이란 정식의 고용계약에 의한 종업원은 물론 사실상의 노무를 제공하는 지위에 있으면 사용자와 종업원의 관계가 성립한다고 볼 수 있으며, 노동법상으로는 종업원으로 보기 어려운 법인의 임원 또한 종업원의 범주에 포함되는 것으로 본다.[227]

사용자의 업무범위 요건에서 사용자는 개인인 사용자, 법인 또는 국가나 지방자치단체를 의미하는 것으로 보아야 할 것이다. 업무범위 개념은 비교적 폭넓게 해석되며, 영업방침에 부합하는 범주에서 행해진 발명은 사용자의 업무범위에 속하는 것으로 보아도 무방하다.[228]

직무 해당성 요건은 종업원에 의한 발명이 직무발명인지 자유발명인지를 결정하는 단초가 될 수 있다는 점에서 개별적·구체적으로 판단해야 하기 때문에 종업원 등이 통상 담당하는 직무내용에 국한시켜 판단할 것이 아니라 해당 발명이 현재 또는 과거의 직무에 해당되는지 면밀히 검토한 다음 결정해야 한다.[229] 이와 관련해 대법원은 악기 회사에서 숙련공으로 근무한 자가 피아노 부품의 하나를 고안한 경우 근무기간 중 그러한 고안을 시도하여 완성하려고 노력하는 것이 일반적으로 기대되므로 해당 고안은 직무발명에 해당한다는 판결을 내린 바 있다.[230]

2) 업무상저작물

저작권법은 업무상저작물을 '법인·단체 그 밖의 사용자의 기획하에 법인 등의 업무에 종사하는 자가 업무상 작성하는 저작물'이라고 정의하고 있다.[231] 법인 명의로 공표되는 업무상저작물의 경우 저작자는 계약 또는 근무규칙 등에 다른 정함이 없는 경우 그 법인이 되고,[232] 그 보호기간은 일반 저작물과는 달리 공표한 때로부터 70년간 존속하도록 하고 있다.[233]

직무발명의 경우 사용자 등에게 권리 등의 승계가 이루어진 경우에도 발명자 자격은 그대로 유지되는데 반해 업무상저작물의 경우는 법인 등을 저작자로 의제함으로써 법인으로 하여금 저작재산권은 물론 저작인격권까지도 보유할 수 있도록 하는 큰 차이가 존재한다. 업무상저작물에 있어서 법인을 저작자로 의제하는 저작권법의 위 규정은 그것 자체로 보아서는 창작자주의와 정면으로 배치되는 예외규정이라고 할 수 있지만, 고용관계의 존재, 업무범위 내의 저작물, 법인 등에 의한 기획, 법인 등의 명의 공표 요건을 갖춘 경우로 업무상저작물의 범위를 좁힘으로써 종업원에게 일방적으로 불리한 규정이 되지 않도록 하기 위한 최소한의 장치는 마련하고 있다고 볼 수 있다.

'고용관계의 존재' 요건과 관련해 다양한 고용관계 가운데 어떠한 형태의 고용관계까지 업무상저작물에 포함시킬 것인가 하는 의문이 생길 수 있다. 이와 관련해 학설은 법인 등과의 전형적인 고용관계만을 인정해야 한다는 견해와 실질적인 지휘·감독관계가 인정되는 경우 업무상저작물로 보아야 한다는 견해가 대립하고 있다.[234] 대법원은 상업성이 강한 응용미술작품의 경우에도 당사자 사이의 계약에 의하여 실제로 제작하지 아니한 자를 저작자로 할 수는 없다고 판단한 사건에서 업무상저작물 관련 조항을 언급하면서 "단체명의저작물의 저작권에 관한 저작권법 제9조를 해석함에 있어서도 위 규정이 예외규정인 만큼 이를 제한적으로 해석하여야 하고 확대 내지 유추해석 하여 저작물의 제작에 관한 도급계약에까지 적용할 수는 없다."는 판결[235]을 내린 바 있어 도급 등의 경우에는 적용되지 않는다는 것을 분명히 했다.

'업무범위 내의 저작물' 요건은 저작물의 작성 자체가 업무가 되어야 하는 것이므로 단지 업무수행에 있어서 파생적으로 또는 업무와 간접적으로 관련하여 작성하는 저작물의 경우 업무상저작물로 인정받을 수 없으므로 창작자 자신이 저작자가 되는 것인데,[236] 이와 관련해서는 대학교수의 저작물의 업무상저작물성이 문제되는 경우가 많다.

'법인 등의 기획' 요건과 관련해 대법원은 "법인 등이 일정한 의도에 기초하여 컴퓨터프로그램저작물의 작성을 구상하고, 그 구체적인 제작을 업무에 종사하는 자에게 명하는 것을 말하는 것으로, 명시적은 물론 묵시적으로도 이루어질 수 있는 것이기는 하지만, 묵시적인 기획이 있었다고 하기 위하여는 위 법규정이 실제로 프로그램을 창작한 자를 프로그램저작자로 하는 저작권법 규정(제2조 제2호)의 예외인 만큼 법인 등의 의사가 명시적으로 현출된 경우와 동일시할 수 있을 정도로 그 의사를 추단할 만한 사정이 있는 경우에 한정된다고 봄이 상당하다."는 판결[237]을 내린 바 있는데, 지극히 예외적인 경우를 제외하고는 묵시적 기획을 인정하지 않고자 한 취지로 이해할 수 있다.

V. 국가연구개발사업 연구성과 권리귀속의 법리

1. 국가연구개발사업의 추진체계 및 연구계약의 법적 성격

가. 국가연구개발사업의 추진체계

국가연구개발사업을 신규로 추진하기 위해서는 국가연구개발혁신법에 따라 이에 대한 예산을 편성하기에 앞서 기술적·경제적 타당성 등에 대한 사전조사를 바탕으로 사업을 기획하고, 세부계획을 예고 및 공모 후 선정평가를 거쳐 연구개발과제를 선정한 다음, 선정된 기관들과 협약[238]을 체결하는 일련의 절차를 거쳐야 한다. 국가연구개발사업의 협약은 사업의 기획·관리·평가 및 활용 등의 업무를 정부, 즉 중앙행정기관을 대행하여 처리하는 전문기관과 개별 연구개발과제를 수행하는 주관연구기관, 협동연구기관,[239] 공동연구기관,[240] 위탁연구기관[241]이 국가연구개발혁신법령상의 각자의 권리와 의무에 관한 사항을 정해놓은 것으로, 협약의 체결 후에 본격적인 연구개발과제 수행이 시작된다.

국가연구개발사업 협약에는 협약의 당사자에 따라 중앙행정기관이 선정된 주관연구기관과 체결하는 협약, 중앙행정기관과 전문기관이 일괄하여 체결하는 협약, 전문기관이 주관연구기관과 개별적으로 체결하는 협약, 그리고 전문기관이 포함되지 않은 주관연구기관, 협동연구기관, 공동연구기관, 위탁연구기관 또는 참여기업[242] 간에 체결되는 협약으로 구분할 수 있다. 전문기관이 주관연구기관 등과 체결하는 협약은 원칙적으로 주관연구기관을 연구수행주체로 하지만, 세부사업별 지침에 따라 협동연구기관까지 협약 당사자로 포함하는 경우도 있고, 참여기업이 연구비 일부를 부담하는 경우 참여기업이 협약 당사자에 포함되기도 한다.

나. 국가연구개발사업 연구계약의 법적 성격

중앙행정기관이 연구수행주체인 전문기관과 체결하는 국가연구개발사업 협약이 공법상 계약임에는 의문이 없고, 전문기관이 연구관리 주체로서 주관연구기관 등과 체결하는 협약 또한 공법상 계약으로 보는 견해가 유력하다. 동 견해는 국가연구개발사업 협약이 과거 특정연구개발사업 수행을 위한 정부출연금 교부에 관한 행정부관이 변화한 것으로 정부출연금 교부라는 행정행위를 대체하고 있다는 점, 부처별로 국가연구개발사업의 근거가 되는 법률에 의거하여 사업을 추진하기에는 무리가 있어 다수의 행정규칙 등을 제정하였고, 이들 행정규칙의 대외적 구속력을 보완하기 위해 과제협약을 이용하고 있다는 점 등을 근거로 제시한다.[243] 생각건대 연구수행 주체인 주관연구기관 등이 계약 내용을 위반하는 경우에는 국가연구개발사업에의 참여제한 등 일정한 행정상의 제재처분을 받는다는 점 등을 고려하면, 이러한 유형의 국가연구개발사업 협약은 공법상 계약으로 보는 것이 타당하다.

한편, 주관연구기관, 협동연구기관, 공동연구기관, 위탁연구기관 또는 참여기업 등 연구수행 주체들 간에 체결되는 협약은 개별 연구개발사업의 관리규정 등에서 규정하고 있는 사항을 내용으로 담고 있는 협약서 양식을 전문기관이 제공하고, 이에 서명날인 하는 형태로 진행되는 약관의 성격을 지니고 있다. 또한, 연구개발과제 수행과정에서 실질적으로 주관연구기관이 전문기관이 담당하고 있는 과제관리 기능의 일부를 담당하고 있다는 점에서 전문기관의 업무를 대행하는 범위 내에서는 일부 공법상 계약의 성격을 갖고 있다고 볼 수 있다. 하지만, 협약 당사자 중 어느 누구도 정부로부터 협약 체결의 권한을 위임받은 바 없는 사인 간의 계약이고, 연구성과의 귀속 등 표준 협약서상의 내용은 협약 체결 당사자 간의 합의에 의해 변경가능하다는 점에서 기본적으로는 사법상 계약으로 보는 것이 타당하다 할 것이다.

국가연구개발사업의 협약이 사법상 계약 가운데 어떠한 계약에 해당하는가에 대해서 지식재산의 개발을 목적으로 하는 계약은 당사자의 일방이 지식재산의 개발을 완성할 것을 약정하고 상대방이 지식재산 개발의 결과에 대하여 보수를 지급할 것을 약정하는 도급계약의 일종으로 이해하는 것이 대법원 판례[244]의 입장이지만, 계약의 목적물과 함께 그에 대한 소유권이 도급인에게 이전되는 도급계약과는 달리 계약의 목적물이 이전되더라도 창작자가 지식재산을 이용할 수 있고, 그에 관한 특허권이나 저작권은 창작자에게 남을 수 있다는 점에서 일반적인 도급계약과는 다른 특수성을 갖고 있으므로 도급계약적 성격을 갖고 있는 특수한 무명계약으로 보는 견해[245]도 있다.

2. 국가연구개발사업 연구성과 권리귀속의 법리

가. 국가소유의 법리

국가연구개발사업의 유형적 연구성과는 국가연구개발사업 연구계약의 법적 성격을 도급계약으로 본다면, 그것이 완성된 시점에는 수행기관에 귀속되었다가 연구개발 활동에 대한 보수에 해당하는 연구비가 지급되는 시점에는 도급인인 국가에 귀속된다. 무형적 연구성과의 경우 지식재산 권리귀속의 일반법리인 창작자주의에 의하면 재원의 성격과는 무관하게 국가연구개발사업 연구성과에 대한 원시적인 권리는 당연히 창작자에게 귀속되어야 할 것이지만, 재원의 성격과 함께 국가연구개발사업의 주된 수행 주체라고 할 수 있는 대학이나 공공연구소의 공공성은 반드시 고려되어야 할 추가적인 요인이다.

따라서 국가연구개발사업의 연구성과를 누구에게 귀속시킬 것인가 하는 문제는 지식재산권 정책의 문제인 동시에, 공공재원을 투입하는 국가 주도의 연구개발사업을 추진하는 모든 나라가 고민해야 하는 정책 목표와 관련된 문제이기도 하다. 1950년대 중반 이후 전체 미국 대학의 연구기금의 50%가 넘는 재원을 제공한 미국 교육보건복지부(Department of Health, Education & Welfare)는 연구기금을 받은 과학자가 특허를 취득할 경우, 이를 공적지식으로 만들기 위해 정부가 해당 지식재산권을 소유하도록 했다.[246] 국가연구개발사업의 연구성과는 공공성이 강조되었던 1970년대 말까지만 해도 국가 소유를 원칙으로 하는 것이 일반적인 입법례였다.

하지만, 오늘날 국가소유의 법리는 국가연구개발사업 연구성과 귀속에 있어서 예외적인 경우에 한해 적용되고 있다. 즉 국가연구개발혁신법은 국가연구개발사업을 수행함으로써 발생한 유·무형의 연구성과는 해당 연구개발과제를 수행한 연구개발기관이 해당 연구자로부터 연구개발성과에 대한 권리를 승계하여 소유하는 것을 원칙으로 하되[247] 두 가지 예외를 인정하고 있다. 그 하나는 연구개발성과의 유형, 연구개발과제에의 참여 유형과 비중에 따라 연구개발성과를 연구자가 소유하거나 여러 연구개발기관이 공동으로 소유할 수 있다는 것이고,[248] 다른 하나는 (1) 국가안보를 위하여 필요한 경우, (2) 공공의 이익을 목적으로 연구개발성과를 활용하기 위하여 필요한 경우, (3) 해당 연구개발기관이 국외에 소재한 경우 및 (4) 그 밖에 연구개발기관이 연구개발성과를 소유하는 것이 적합하지 아니한 일정한 경우에는 연구개발성과를 국가의 소유로 할 수 있다는 것이다.[249] 이와 같은 사유로 연구성과를 연구자 보유, 연구개발기관 공동 보유 또는 국가 보유로 하는 경우에는 협약서에 이를 명확히 하도록 해 연구자 및 연구수행의 권리를 보호하고 국가 보유의 예외가 남용되는 것을 방지한다. 국가 보유의 법리는 연구성과의 활용을 촉진하기 위해 국가연구개발사업 연구성과의 사유화를 인정했지만, 안보나 공공의 이익이 관여되는 연구성과는 국가가 이를 보유할 수 있는 여지를 남겨둠으로써 공익을 보호할 수 있도록 하기 위한 것이다.

나. 연구개발기관 소유의 법리

국가소유의 법리는 오랜 기간 국가가 주도한 연구개발 활동 결과물의 권리귀속 법리로 채택되었으나 미국이 연구성과 활용을 촉진함으로써 산업발전을 이루고자 1980년 베이돌법(Bayh-Dole Act)을 제정함으로써 큰 변화를 맞게 되었다. 연구개발 결과물을 연구기관이나 대학 등이 보유할 수 있도록 한 동법의 제정 이후 미국은 연구성과의 활용에 있어서 큰 성공을 거두게 되었고, 이에 자극받은 일본과 독일 등은 관련 법을 앞 다투어 재정비했다. 우리나라 역시 이러한 흐름을 거스르지 못하고 2000년 기술이전촉진법을 입법해 국가연구개발사업의 연구성과를 수행주체에게 귀속시키기에 이르렀다. 2020년 국가연구개발혁신법에서는 무형적인 연구성과는 물론 유형적인 연구성과도 원칙적으로는 연구개발기관에게 귀속함을 명시하였다. 국가연구개발사업이 국가와 수행기관 간의 매매와 도급계약의 성격을 갖는 위탁계약에 의한 연구개발 활동이라고 보면, 유무형적 결과물에 대한 권리는 그것이 완성된 시점부터 수탁자인 연구개발기관에 귀속되었다가 연구비가 지급된 시점에 위탁자인 국가로 귀속되어야 하지만 국가연구개발사업의 특수성을 인정하여 예외를 둔 것이다.

다. 기타 특수한 권리귀속의 법리

국가연구개발사업 연구성과의 권리귀속에 관련하여 국가, 주관기관, 개발기관 소유의 법리 외에도 다른 방식도 가능하다. 연구개발기관 소유의 원칙하에서도 무형적 성과를 소유할 의사가 없는 연구기관이 있는 경우에는 협약에서 정하는 바에 따라 함께 연구를 수행한 연구기관이 단독 또는 공동으로 소유할 수 있다. 또한 유형적 연구성과의 경우 그 가액 중 정부출연금 지분에 상당하는 금액을, 무형적 연구성과의 경우 실시권의 내용에 따른 기술료를 징수한 경우 참여기업·실시기업 또는 다른 적절한 기관에 양여할 수 있고, 연구성과 소유기관이 연구개발 결과물에 대한 권리를 포기하는 경우에는 연구책임자에게 무상으로 양여할 수 있다. 연구책임자에게 무상으로 양여할 수 있는 길을 열어 둔 것은 연구개발 계약 등에 의한 정당한 권리자가 해당 연구개발 결과물에 대한 권리를 포기할 경우에는 최초에 그것이 완성 또는 창작된 자에게 권리를 되돌려주기 위한 것이다. 하지만, 그러한 권리귀속의 주체가 해당 연구개발 결과물의 제작자 또는 창작자가 아닌 연구책임자라는 것은 납득하기 어렵다. 이러한 법리는 연구책임자는 연구개발 결과물의 제작자 또는 창작자라는 사실을 전제로 하고 있는데, 연구책임자가 해당 연구개발 결과물의 제작자 또는 창작자가 아닌 경우 연구책임자에게 과도한 기여자주의를 인정하는 법리가 될 수 있다는 점에서 문제의 소지가 있다.

　이러한 연구자 소유, 복수의 연구개발 기관에 의한 공동소유를 포함한 연구개발기관 소유를 인정한 것은 창작자주의 법리에 따라 국가연구개발사업의 연구성과를 최초 연구개발을 수행한 연구자에게 귀속시키고, 이후 업무상창작물의 법리에 따라 연구개발 기관이 승계하도록 하고 있어서 과학기술 권리귀속 법리의 대원칙을 충실히 구현하고 있다고 평가할 수 있다. 저작물에 해당되는 학술논문이나 컴퓨터프로그램의 권리귀속도 업무상저작물의 법리에 따라 법인 등 사용자인 연구개발기관이 저작자로 되므로 연구개발성과의 연구개발기관 귀속의 원칙과 모순되는 것은 아니라 할 수 있다.

VI. 과학기술 권리귀속의 대세적 효력

1. 개 설

　이상에서 살펴본 바와 같이 연구개발 활동의 결과로 발생한 유·무형의 결과물에 재산권과 같은 대세적 효력을 갖는 배타적 권리를 부여하기 위해서는 관련 법에서 요구하는 일정한 요건을 갖추어야 한다. 연구성과의 성격에 따라 각각의 법률이 요구하는 요건은 상이한데, 저작물의 경우 저작자가 대세적 효력을 주장하기 위해서 창작행위 그 자체 외에 추가적인 요건을 필요로 하지 않으나, 발명이 특허로 보호받기 위해서는 등록이라는 요건을 갖추는 경우에 한해 대세적 효력을 인정하고 있다.

　하지만, 재산권과 마찬가지로 대세적 효력을 갖는 지식재산에 대한 인격권은 특별한 요건을 필요로 하지 않고, 단지 발명 또는 저작물의 창작행위가 있는 경우 그것이 창작되는 순간 창작자에게 부여되는 것이다. 오늘날 지식재산의 재산권적 측면이 강조되는 추세로 인해 인격권적인 부분은 비중 있게 다루어지지 않고 있지만, 과학기술자들이 연구개발 활동에 몰입할 수 있도록 하는 동기부여 요인이 단지 금전적인 것뿐만 아니라 창작의 과정에서 느껴지는 희열과 연구성과에 대한 동료집단의 인정으로 인한 명예 또한 그에 못지않은 요인이 될 수 있다는 점을 생각할 때, 이와 관련된 법리 또한 큰 의의를 갖는다고 할 수 있다.

2. 유형적 결과물의 권리귀속과 대세적 효력의 요건

유형적 결과물의 권리귀속은 연구개발 활동의 형태와 그것이 어떠한 계약에 근거를 두고 있는지에 따라 결정될 것이다. 근로자인 연구자의 연구개발 활동은 근로의 일환으로 수행되는 것이고, 사용자의 지원을 기초로 하는 것이므로 재료주의, 기업주의 원칙에 따라 사용자에게 귀속되는 것이 일반적이다. 근로자인 연구자의 사용자가 외부로부터 지원을 받아 해당 연구자로 하여금 연구개발 활동을 수행하도록 하는 경우 유형적 결과물은 해당 연구개발 활동의 근거가 되는 계약에 정해진 바에 따르게 될 것이다. 유형적 결과물에 대한 권리귀속이 대세적 효력을 누리기 위해서는 민법상 동산에 대한 물권을 주장하기 위해 필요한 '점유' 조건을 충족시켜야 한다.

3. 산업재산권의 권리귀속과 대세적 효력의 요건

발명의 경우 그것이 완성되는 순간 그것을 발명한 사람에게 해당 발명에 대한 인격권과 함께 재산권을 누릴 수 있는 발명자로서의 권리를 부여한다. 그런데, 발명에 대한 인격권의 경우 특별한 요건을 갖추지 않아도 그것을 최초에 발명한 자에게 계속해서 부여되는 권리인 반면에 재산권에 해당하는 특허권은 발명자 또는 그 승계인이 특허를 출원, 등록한 이후에 부여된다. 특허법이 "발명을 한 사람 또는 그 승계인은 이 법에서 정하는 바에 따라 특허를 받을 수 있는 권리를 가진다."고 정하고 있듯이,[250] '등록'이라는 요건을 갖추지 못한 발명에 대해 발명자가 보유한 권리는 '특허를 받을 수 있는 권리'에 불과한 것이고, 대세적 효력을 갖지 못한다.[251]

발명이 완성된 시점과 그것에 대한 특허가 출원되는 시점 간에는 시간적 간극이 존재한다. 문제는 무권리자, 즉 발명자 또는 그 승계인이 아닌 사람이 그 사이에 해당 발명에 대한 특허를 출원, 등록함으로써 특허가 거절 또는 무효가 될 경우 정당한 권리자가 자신의 권리를 침해받을 수 있다는 점이다. 현행 특허법은 특허법 무권리자에 의한 특허출원과 등록이 이루어지더라도 정당한 권리자의 권리가 침해받지 않기 위한 장치를 마련해두고 있다. 특허법 제34조는 무권리자에 의한 특허출원이 진행되어 등록이 거절된 경우 정당한 권리자의 특허출원은 무권리자의 특허출원 시에 이루어진 것으로 본다. 또한 특허법은 무권리자에 의해 특허권이 등록되었지만, 이후에 특허가 무효로 된 경우 정당한 권리자의 특허출원이 무권리자의 특허출원 시에 이루어진 것으로 인정

하고 있다.252)

이처럼 발명자가 갖는 인격권은 발명이 완성된 시점부터 발명자에게만 부여되고, 타인에게 양도 불가능한 일신전속권적 성격과 동시에, 누구에게나 무기한으로 주장할 수 있는 대세적 효력을 지닌다. 이와는 달리 발명자가 갖는 재산권은 발명의 완성된 시점에는 대세적 효력을 갖지 못하는 '특허를 받을 수 있는 권리'에 불과한 것이다. 이후 특허법상의 절차에 따라 출원, 심사를 거쳐 최종적으로 '등록'이라는 요건을 갖추게 되면 비로소 제한적인 존속기간(출원일로부터 20년) 동안 대세적 효력을 갖게 된다. 하지만, 무권리자로부터 정당한 권리자를 보호하는 현행 특허법은 실현되지 않은 잠재적 권리 또한 보호하고 있다고 볼 수 있다.

실용신안법은 '고안자'라는 개념을 발명자에 대응하는 개념으로 법 전반에 걸쳐 사용하고 있고, 특허법 조문을 대부분 준용하고 있으므로 고안이 완성되는 시점에 이에 대한 인격권과 재산권은 고안자에게 귀속된다고 보아야 할 것이다. 대세적 효력을 갖는 인격권은 양도불가능한 일신전속성을 띠며, 보호기간의 제한이 없고, 재산권의 경우 제한적인 존속기간(출원일로부터 10년) 동안 대세적 효력을 부여받기 위해서는 '등록'이라는 요건을 갖추어야 한다.

4. 저작물의 권리귀속과 대세적 효력의 요건

저작권의 경우 저작물이 완성되는 시점에 즉각적으로 인격권과 재산권이 저작자에게 귀속되며, 이때 인격권과 재산권은 모두 대세적 효력을 갖는다는 점에서 발명의 권리귀속과는 다른 양상을 보인다. 저작권법은 저작자는 저작인격권과 저작재산권을 가지며 저작권은 저작물을 창작한 때부터 발생하며 어떠한 절차나 형식의 이행을 필요로 하지 않는다고 규정함으로써253) 최초의 권리귀속에 대해 정하고 있다. 보호기간에 있어서는 일신전속권적 성격을 갖는 인격권은 기한이 없는 반면, 저작재산권의 경우 저작자의 사후 70년으로 이를 제한하고 있다.

한편, 이와는 별도로 현행 저작권법은 저작권 등록제도를 두고 있다. 저작자와 그 상속인 등은 자신의 실명 또는 이명, 국적, 주소 또는 거소, 저작물의 제호, 종류, 창작연월일, 공표의 여부 및 맨 처음 공표된 국가와 공표연월일 등을 등록할 수 있도록 하고 있다.254) 저작권은 별도의 등록절차 없이도 대세적 효력을 갖지만, 등록저작권은 더욱 강력한 보호를 받을 수 있고,255) 보호기간의 연장 혜택도 누릴 수 있다.256)

5. 기타 무형적 결과물의 권리귀속과 대세적 효력의 요건

이상에서 살펴본 바와 같이 연구개발 활동의 결과물 가운데 무형적 결과물에 대한 권리를 보호받기 위해 지식재산 보호제도를 활용하기 위해서는 각각의 법률은 일정한 요건을 갖출 것을 요구한다. 특허권의 경우 신규성, 진보성, 산업상 이용가능성의 요건을 갖춘 경우에 한해 출원일로부터 20년이라는 제한적인 기간 동안 권리를 인정하고 있어서 보호대상과 보호기간에 있어서 상당히 제한적인 제도라고 할 수 있다. 따라서 무형의 과학기술 가운데 특허법에서 요구하는 발명의 요건을 갖추지 못하는 경우, 공개할 경우 기술유출의 위험성이 큰 경우, 그리고 특허법에서 정한 보호기간 보다 장기간의 보호가 필요한 대상에 있어서는 다소 부적합한 제도일 수도 있다.

부정경쟁 방지 및 영업비밀 보호에 관한 법률은 영업비밀의 소유자로 하여금 이에 대한 대세적 효력을 기간의 제한 없이 주장할 수 있도록 하고 있는 바, 영업비밀 원본 증명 제도를 두어 피해자의 입증부담을 완화하고 있다. 한편, 대·중소기업 상생협력 촉진에 관한 법률에서 규정하고 있는 기술자료 임치제도는 무형적 결과물의 권리귀속이 대세적 효력을 갖도록 하는 제도 가운데 가장 폭넓은 대상을 보호하면서 비교적 용이한 절차를 요구한다. 두 제도에 대한 자세한 설명은 본서 제2편 제4장 과학기술의 보호를 참고하기 바란다.

Ⅶ. 결 론

연구개발 활동의 결과물로서의 과학기술은 크게 유형적 결과물과 무형적 결과물로 구분해 볼 수 있다. 노동이론과 관념론 및 공리주의 등에 이론적 기반을 두고 있는 전통적인 소유권 법리에 따르면 유형적 결과물은 연구자가 자연상태 또는 자신이 소유한 재료를 활용해 그것을 완성한 경우 해당 연구자에게 귀속된다. 하지만, 오늘날 대부분의 연구개발 활동이 고용계약에 기초해 이루어진다는 것을 고려하면 재료 제공자에게 소유권이 귀속되는 가공의 법리가 적용될 여지가 있고, 위탁계약에 의한 연구개발 활동의 경우 해당 계약의 법적 성격을 무엇으로 볼 것인가에 따라 도급, 위임 또는 매매계약에 의한 소유권 귀속 법리가 적용될 수도 있을 것이다.

무형적 결과물의 경우 유형적 결과물과 구별되는 비경합성과 비배제성이라는 특성으로 인해 유형적 결과물에 적용되는 것과는 다른 특별한 권리귀속 법리가 적용되어야 할 것 같아 보인다. 하지만, 정신적 노동에 대한 보상 개념과 그것에 내재하고 있는 관념적 가치, 그리고 다수가 얻을 수 있는 이익을 극대화하기 위한 방안으로 지식재산에 대한 소유권을 창작자에게 부여하는 법리는 유형적 결과물에 적용되는 권리귀속 법리와 크게 다르지 않다. 창작자주의의 대척점에 서있는 기여자주의 법리 또한 사용자 등의 기여에 대한 보상으로 지식재산에 대한 소유권을 부여하는 것으로, 유형적 결과물의 완성에 있어서 재료 제공자와 도급인, 위임인 또는 매도인의 기여에 대한 보상으로 그에 대한 소유권을 부여하는 유형적 결과물의 권리귀속 법리와 동떨어진 것이라고 보기 어렵다.

따라서 연구개발 활동의 결과물로서 과학기술의 권리귀속은 유·무형성에 관계없이 그것을 창작한 자에게 최초로 소유권이 귀속되는 창작자주의 법리를 대원칙으로 채택하고 있다고 볼 수 있다. 하지만, 유·무형의 과학기술이 탄생하는 전 과정이 창작자만의 자원과 노력으로 이루어지기는 어렵고, 다양한 주체에 의한 기여가 필요하다는 사실을 부인할 수 없으므로 그 기여의 크고 작음을 헤아려 그에 합당한 수준의 보상을 소유권의 형태로 부여하는 기여자주의 법리를 보조적으로 반영하고 있는 것이다.

한편, 해당 국가의 관련 정책은 창작자주의와 기여자주의 법리 외에 과학기술의 권리귀속에 영향을 미치는 또 다른 주요요인이다. 국가연구개발사업을 통한 연구개발 활동의 결과물로서의 과학기술은 국가경쟁력 강화를 위해 확보가 필요한 과학기술을 공공재원을 투입해 개발한 것인데, 이를 국가가 소유할 것인지 그렇지 않으면 연구개발 활동에 참여한 주체가 소유할 것인지에 대한 정책적 결정이 있다면, 해당 사업의 관리규정에 이에 따른 권리귀속 법리가 반영되어 적용된다. 이러한 정책은 상황에 따라 변경 가능한 것이므로 우리나라의 경우 최초 국가소유의 법리에서 주관기관 소유의 법리, 개발기관 소유의 법리 순으로 변경되어 왔다.

과학기술의 권리귀속 법리는 연구개발 과정에 참여한 다양한 주체들의 이해관계와 직결된 것이어서 강력한 동기부여책이 될 수 있는 반면에 연구개발 주체들의 의욕을 저하시키는 부작용을 초래할 수도 있다. 따라서 창작자와 기여자 모두가 만족할 수 있는 최적의 균형점을 찾는 노력이 필요하며, 이를 위해서는 세밀한 제도설계가 필요하다.

163) 민법상 법률관계의 변동이 일어나기 위해 갖추어져야 하는 일정한 전제조건을 법률요건이라고 하고, 일정한 법률요건이 갖추어짐에 따라 발생하는 법률관계의 변동, 즉 권리 · 의무의 발생 · 변경 · 소멸을 법률효과라고 한다.지원림(2012), 172면.

164) 법률요건을 구성하는 개개의 법률사실 가운데 법률효과를 발생시키려는 의사 없이, 어떤 법률효과가 발생하는지에 대한 인식과는 무관하게 오직 사실적 결과의 발생만을 목적으로 하는 행위를 사실행위라고 한다. 유실물 습득, 무주물 선점, 가공 등이 이에 해당된다[지원림(2012), 173~174면].

165) 중산신홍(2010), 3면.

166) 연구노트지침 제3조 제1항.

167) 지식재산기본법 제3조 제1항.

168) 지식재산기본법 제3조 제3항.

169) 민법 제259조.

170) 민법 일부개정법률안(김세연의원 대표발의), 2019. 11. 18.

171) John Locke(1690).

172) Johann Gottlieb Fichte(1793), pp.450 − 451. − 피히테의 에세이 원문은 Primary Sources on Copyright (1450~1900) 홈페이지에서 제공하는 영문 번역본을 참조함.

173) 이처럼 미국 특허법이 공리주의 입장을 취하고 있음을 공공연히 밝히기는 했으나 2013년 3월 16일 발효된 America Invents Act에 의해 선원주의로 전환하기 전까지 무려 200년간 선발명주의를 고수했던 사실이나, 발명자 자격을 엄격하게 다룸으로써 진정한 발명자를 보호하는 것은 자연권 사상과 공리주의 이론의 두 사상체계 가운데 어느 하나만이 한 국가의 지식재산 보호제도의 사상적 배경으로 작용하고 있지 않다는 사실을 확인해준다.

174) Garrett Hardin(1968) p.1244.

175) Justin Hughes(1988), p.303.

176) 이재혁(2019), 111 − 116면.

177) "The Congress shall have power to promote the progress of science and useful arts, by securing for limited times to authors and inventors the exclusive right to their respective writings and discoveries."

178) Artikel 158
(1) Die geistige Arbeit, das Recht der Urheber, der Erfinder und der Künstler geniesst den Schutz und die Fürsorge des Reichs.
(2) Den Schöpfungen deutscher Wissenschaft, Kunst und Technik ist durch zwischen − staatliche Vereinbarung auch im Ausland Geltung und Schutz zu verschaffen.

179) 이규홍/정필운(2010), 95 − 98면.

180) Artikel 14 (1) Das Eigentum und das Erbrecht werden gewährleistet. Inhalt und Schranken werden durch die Gesetze bestimmt.

181) 第二十九条 (1) 財産権は´これを侵してはならない°
(2) 財産権の内容は´公共の福祉に適合するやうに´法律でこれを定める°

182) 第二十條 國家發展自然科學和社會科學事業, 普及科學和技術知識, 獎勵科學硏究成果和技術發明創造

183) 第四十七条 中华人民共和国公民有进行科学研究´文学艺术创作和其他文化活动的自由°国家对于从事教育´科学´技术´文学´艺术和其他文化事业的公民的有益于人民的创造性工作, 给以鼓励和帮助°

184) 김윤명(2009), 75면.

185) 근로기준법 제2조 제1항 제3호. 현행법은 '근로'와 '노동'이라는 용어를 혼용해서 사용하고 있다.

186) 지원림(2010), 621면.

187) 우리 민법은 법률의 규정형식에 있어서는 민법 제259조 제1항에서 재료주의를 원칙으로 하고 동항 단서에서 가공주의를 보조적으로 규정하고 있는 듯이 보이지만, 오늘날 재료를 가공해 생산한 제품은 통상 재료의 가치를 수 배 내지 수십 배를 초과하는 부가가치를 창출하고 있다는 사실을 고려할 때 재료주의 원칙은 실상 매우 제한적인 경우에 적용될 뿐이고 대부분의 경우 가공주의가 적용되고 있다는 반론도 존재한다. 강희원(2005), 127면.

188) 대법원 2007. 7. 27. 선고 2006다39270 판결
"어떠한 동산이 부동산에 부합된 것으로 인정되기 위해서는 그 동산을 훼손하거나 과다한 비용을 지출하지 않고서는 분리할 수 없을 정도로 부착·합체되었는지 여부 및 그 물리적 구조, 용도와 기능면에서 기존 부동산과는 독립한 경제적 효용을 가지고 거래상 별개의 소유권의 객체가 될 수 있는지 여부 등을 종합하여 판단하여야 할 것이고, 부합물에 관한 소유권 귀속의 예외를 규정한 민법 제256조 단서의 규정은 타인이 그 권원에 의하여 부속시킨 물건이라 할지라도 그 부속된 물건이 분리하여 경제적 가치가 있는 경우에 한하여 부속시킨 타인의 권리에 영향이 없다는 취지이지 분리하여도 경제적 가치가 없는 경우에는 원래의 부동산 소유자의 소유에 귀속되는 것이고, 경제적 가치의 판단은 부속시킨 물건에 대한 일반 사회통념상의 경제적 효용의 독립성 유무를 그 기준으로 하여야 한다."

189) 강희원(2005), 140 – 141면.

190) 민법 제259조.

191) 강희원(2005), 127면.

192) 민법 제665조 제1항.

193) 대법원 1996. 7. 30. 선고 95다7932 판결. 자세한 내용은 본서 제2편 제6장 기술계약 중 Ⅱ. 3. 참조.

194) 이해완(2012), 222면.

195) 특허법 제38조 제1항.

196) 특허법 제38조 제4항.

197) 특허법 제101조 제1항 제1호.

198) 저작권법 제45조 제1항.

199) 저작권법 제54조 제1호.

200) 저작권법 제45조 제2항.

201) 특허법 제37조 및 제99조.

202) 저작권법 제47조.

203) 특허법 제33조 제2항. 이 규정은 1973년 특허법 개정법(법률 제2505호) 제2조 제2항으로 처음 도입되었으며 1990년 개정법(법률 제4207호)에서 현행법과 같이 제33조 제2항으로 옮겨졌다. 정차호/이문욱(2005), 52면 각주 5) 참조.

204) Adam L. Sparks(2009), pp.53 – 54.

205) 정상조/박성수 편(2010), 452면(김운호 집필부분).

206) 대법원 2001. 6. 29. 선고 98후2405 판결.

207) 대법원 2005. 3. 25. 선고 2005후373 판결.

208) 조영선(2013), 228 – 229면.

209) 대법원 2011. 7. 28. 선고 2009다75178 판결.

210) 저작권법 제2조 제21호.

211) 대법원 2009. 12. 10. 선고 2007도7181 판결.

212) 2013. 2. 16 발표된 POSTECH 생물학연구정보센터(BRIC)와 연구개발인력교육원 연구윤리
　　정보센터(CRE)가 공동으로 연구자들을 대상으로 설문조사를 실시한 결과 가운데 최근 2
　　년 동안 연구윤리와 관련된 문제로 고민한 경험이 있다는 응답자가 42%로 나타났다. 고
　　민의 원인으로는 저작권(Authorship, 논문 저작자의 기여도) 41%, 연구 데이터 가공 20%,
　　연구노트 13% 순으로 나타나 저작권에 대한 고민을 많이 하고 있는 것으로 조사되었는
　　데, 그 가운데 59%가 현재까지도 고민이 진행 중이거나 해결되지 않았다고 응답해 많은
　　연구자들이 연구윤리 문제 발생 시 해결에 어려움이 있는 것으로 조사되었다.
213) 미국 저작권법의 경우 전술한 바와 같이 주관적 공동관계를 명시적으로 요구하고 있다(17
　　U.S.C. § 101).
214) 중산신홍(2008), 147면.
215) 대법원 2005. 10. 4.자. 2004마639 결정
　　("……, 뮤지컬은 음악과 춤이 극의 구성·전개에 긴밀하게 짜 맞추어진 연극으로서, 각
　　본, 악곡, 가사, 안무, 무대미술 등이 결합된 종합예술의 분야에 속하고 복수의 저작자에
　　의하여 외관상 하나의 저작물이 작성된 경우이기는 하나, 그 창작에 관여한 복수의 저작
　　자들 각자의 이바지한 부분이 분리되어 이용될 수도 있다는 점에서, 공동저작물이 아닌
　　단독 저작물의 결합에 불과한 이른바 '결합저작물'이라고 봄이 상당하고, ……").
216) 서울북부지방법원 2008. 12. 30. 선고 2007가합5940 판결.
217) 서울중앙지방법원 2006. 10. 18. 선고 2005가합73377 판결.
218) 민법 제667조.
219) 특허법 제33조.
220) 직무발명 관련 법 규정은 1961년 제정 특허법(법률 제950호)이 직무발명을 규정한 이래
　　특허법 내에 존재하다가 국가 과학기술혁신을 위한 직무발명의 역할이 증대됨에 따라 직
　　무발명을 활성화하고 직무발명에 대한 보상을 강화하기 위하여 특허법과 발명진흥법
　　(1994.3.24 제정, 법률 제4757호)에 각각 나누어 규정되어 있던 직무발명 관련 규정을
　　2006.3.3 특허법 개정(법률 제7869호)을 통해 발명진흥법으로 통합하여 직무발명에 대한
　　보상기준 및 절차 등을 체계적으로 정비한 것이다[특허청(2007), 241면].
221) 발명진흥법 제2조.
222) 발명진흥법 제12조.
223) 발명진흥법 제13조 제1항 및 시행령 제7조.
224) 발명진흥법 제10조 제3항. 대법원은 이와 관련해 종업원과 사용자 간에 직무발명 이외의
　　발명까지 사용자 등에게 양도하거나 전용실시권을 설정한다는 취지의 조항을 포함하고
　　있는 계약이나 근무규정이 있다면, 해당 조항만 무효가 되는 것이고 직무발명의 예약승계
　　와 관련된 조항은 여전히 유효한 것으로 보아야 한다고 판결했다(대법원 2012. 11. 15. 선
　　고 2012도6676 판결).
225) 발명진흥법 제15조. 대법원은 계약이나 근무규정 속에 대가에 관한 조항이 없더라도 종업
　　원 등에게 직무발명에 대한 정당한 보상을 받을 권리가 있다고 판시한 바 있다(대법원
　　2012. 11. 15. 선고 2012도6676 판결).
226) 현행 특허법에는 발명자 표시권에 관한 조항은 존재하지 않는다. 다만, 파리협약 Article 4
　　(Mention of the Inventor in the Patent)에서 "발명자는 특허의 발명자로 불리울 권리를 갖
　　는다. (The inventor shall have the right to be mentioned as such in the patent.)"고 발명자
　　의 성명표시권을 규정하고 있다.
227) 특허청(2011), 37면.
228) 정상조/박성수 편(2010), 456면(조영선 집필부분).
229) 특허청(2011), 38면.
230) 대법원 1991. 12. 27. 선고 91후1113 판결.

231) 저작권법 제2조.

232) 저작권법 제9조.

233) 저작권법 제41조.

234) 이해완(2012), 248면.

235) 대법원 1992. 12. 24. 선고 92다31309 판결.

236) 오승종(2012), 324면.

237) 대법원 2010. 1. 14. 선고 2007다61168 판결.

238) 민법상 계약은 이해관계가 서로 대립하는 당사자들 간의 의사합치를 의미하고, '협약'은 민법상의 용어는 아니다. 국가연구개발사업에서는 전문기관과 주관연구기관, 참여기관 등 당사자가 3인 이상인 경우 '협약'이라는 용어를 사용하고 있고, 그 외의 경우 '계약'이라는 용어를 구분하여 사용하고 있기도 하나, 모든 국가연구개발사업의 협약에 있어서 일관적으로 적용되는 원칙은 아니다. 따라서 '협약'은 '계약'과 동일한 의미를 갖는 것으로 이해하는 것이 타당하다.

239) 협동연구기관이란 연구개발과제가 2개 이상의 세부과제로 나누어질 경우, 협약으로 정하는 바에 따라 연구개발과제의 세부과제를 주관하여 수행함으로써 주관연구기관과 협동으로 연구개발과제를 수행하는 기관을 말한다.(공동관리규정 제2조 제3호)

240) 공동연구기관이란 협약으로 정하는 바에 따라 연구개발과제를 주관연구기관과 분담하거나 세부과제를 협동연구기관과 분담하여 공동으로 추진하는 기관을 말한다(공동관리규정 제2조 제4호).

241) 위탁연구기관이란 협약으로 정하는 바에 따라 주관연구기관으로부터 연구개발과제의 일부 또는 세부과제의 일부를 위탁받아 수행하는 기관을 말한다(공동관리규정 제2조 제5호).

242) 참여기업이란 연구개발결과물을 실시할 목적으로 해당 연구개발과제에 필요한 연구개발비의 일부를 부담하는 기업과 산업기술연구조합 육성법에 따라 설립된 산업기술연구조합, 그밖에 중앙행정기관의 장이 정하는 기관을 말한다(공동관리규정 제2조 제9호).

243) 윤종민(2010), 271면.

244) 대법원 1996. 7. 30. 선고 95다732 판결.

245) 손경한/박진아(2005), 78면.

246) 과학기술정책연구원(2009), 9면.

247) 국가연구개발혁신법 제16조 제1항.

248) 국가연구개발혁신법 제16조 제2항.

249) 국가연구개발혁신법 제16조 제3항.

250) 특허법 제33조 제1항.

251) 이와 관련해 '특허를 받을 수 있는 권리'라는 용어는 특허출원된 발명이 실제로 특허를 받지 못하는 비율도 무시 못 할 정도임을 감안할 때 적절한 용어라고 볼 수 없으며 '발명자권'이라고 부르는 것이 바람직하다는 견해가 있다[조영선(2011), 75면].

252) 특허법 제35조.

253) 저작권법 제10조.

254) 저작권법 제53조 제1항 제1호 내지 제3호 및 제2항.

255) 등록되지 않은 저작권의 경우 해당 저작물의 저작자로 추정되고, 저작물의 창작연월일과 공표연월일을 등록한 경우 예외적인 상황을 제외하고는 이 또한 법적인 추정력을 부여받게 된다. 따라서 등록되지 않은 저작물의 경우 저작권자가 입증책임을 부담하지만, 등록된 저작물에 대한 침해행위가 발생한 경우 해당 침해행위에 과실이 있는 것으로 추정받아서 입증책임이 전환되어 침해행위자가 과실 추정을 번복할 증거를 제시해야 한다. 뿐만 아니라 등록된 저작물에 대한 침해행위에 대해서는 손해액의 입증 없이 저작권자의 청구가 있는 경우 저작권법 제125조의 2에서 정하고 있는 법정 손해배상액(저작물마다 1천만

원, 영리를 목적으로 고의의 경우 5천만원 이하)을 법원이 인정할 수 있도록 하고 있다.

256) 저작권법 제40조 제1항은 무명 또는 널리 알려지지 아니한 이명이 표시된 저작물의 저작재산권은 공표된 때부터 70년간 존속한다고 정하고 있지만, 제2항 제2호에서 저작자의 실명이 등록된 경우에는 이에 대한 예외를 적용하고 있다. 즉, 무명 또는 널리 알려지지 아니한 이명(異名)으로 공표된 저작물의 경우 저작권이 등록되면 보호기간이 공표된 때로부터 70년에서 저작자 사후 70년으로 연장되는 효과를 누릴 수 있다.

제4장 과학기술의 보호

Ⅰ. 서론 - 과학기술의 발전과 지적재산권

지적재산(지식재산: Intellectual Property)이란 인간의 지능적 활동에 의하여 산출된 성과물, 즉 정보이다. 그러나 인간의 두뇌에 의하여 산출된 정보가 모두 지적재산은 아니다. 세간에 존재하는 많은 정보는 유용한 정보와 무용한 정보로 나눌 수 있다. 무용한 정보에는 본래적 역할을 하지 못하는 정보,[257] 예컨대 범죄를 위한 정보와 같이 역할을 할 수 없는 정보가 있다. 유용한 정보에는 특정인에게 독점시키더라도 좋은 유용한 정보와 만인의 것으로 개방하여 두는 것이 좋은 유용정보로 나눌 수 있다.[258] 정책적 판단에서 특정인에게 독점시켜도 좋은 유용한 정보가 지적재산이고, 이 유용한 정보에 법적 보호를 부여하기 위한 법률이 지적재산권법이다.

발명, 상표, 디자인, 저작물 등은 오늘날 매우 중요한 경제적 가치를 가지는 재산이다. 이러한 재산을 우리는 그 형체가 없다는 의미에서 무체재산이라고 하며, 인간의 지적 창작의 산물이라는 의미에서 지적재산이라고도 한다. 이러한 무체재산이나 지적재산이 예전에는 가치가 없었느냐 하면 그런 것은 결코 아니다. 그러나 최근 지적재산의 중요성이 강조되고 국제통상의 측면에서 중요관심사로 등장하고 있으며, 이러한 경향은 정보화사회, 지식사회로 진행할수록 더욱더 증가할 것이다.

지적재산권이란 인간의 지적 창작물에 관한 권리와 표지(標識)에 관한 권리를 총칭하는 말이다. 세계지식재산기구(WIPO) 설립조약 제2조 제8항은 "지적재산권이라 함은 문학·예술 및 과학적 저작물, 실연자의 실연, 음반 및 방송, 인간 노력에 의한 모든 분야에서의 발명, 과학적 발견, 디자인, 상표, 서비스표, 상호 및 기타의 명칭, 부정경쟁으로부터의 보호 등에 관련된 권리와 그 밖에 산업, 과학, 문학 또는 예술분야의 지적 활동에서 발생하는 모든 권리를 포함한다"고 규정하고 있다.

즉 저작권, 저작인접권, 특허권, 과학적 소유권, 디자인권, 상표권, 상호권이나 서비스표권, 부정경쟁방지법에 의하여 보호되는 원산지표시나 영업비밀 등 일체의 것, 소위 종래 산업재산권(공업소유권)과 저작권이 모두 지적재산권에 포함된다. 이렇듯 지적재산권은 현재도 대단히 광범위한 권리를 포섭하고 있을 뿐만 아니라, 시간이 경과함에 따라 과거에는 지적재산권으로 보호받지 못했던 것도 지적재산권으로 보호되거나 과학의 발달로 새로이 보호의 필요가 있는 것이 발생할 것이다. 영업비밀(trade secrets)이 전자의 예라면, 반도체 칩의 배치설계는 후자의 예이다. 또 지적재산권 속에 포함된 하나하나의 권리의 내용도 시간이 지남에 따라 보다 넓어지리라고 본다. 예컨대 저작권(copyright)은 카피할 권리(right to copy), 즉 복제권을 의미했으나 과학기술의 발전과 새로운 이용방법의 발달로 영화화권, 방송권, 대여권 등이 저작권의 내용으로 포함되기에 이르렀다. 이렇듯 지적재산권은 시간의 경과와 더불어 확장일로에 있는 권리이다.

이상을 이해의 편의를 위하여 나타내면 다음과 같다.

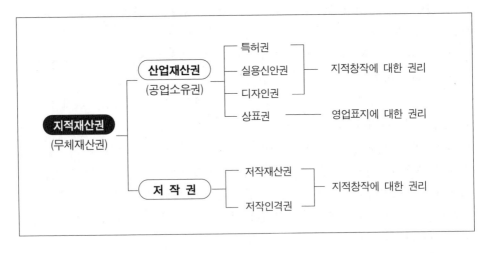

▲ 그림 2-4-1 지적재산권의 종류

Ⅱ. 과학기술과 특허

1. 과학기술과 특허제도

특허제도는 인간의 정신적 창작활동의 산물인 '발명'을 가장 효율적으로 보호·관리·규제함으로써 산업발전에 이바지하고자 하는 제도이다. 과학기술의 성과물이 법에 의하여 적절히 관리되지 않는다면 창작자는 창작물에 대한 모방을 우려하여 창작물을 공개하지 않고 비밀상태에서 자신만 활용하고 사장시키게 됨으로써 산업발전이라는 발명의 본래적 기능이 상실될 우려가 있다.

발명이라는 기술적 사상을 특정인의 전유물로 하는 것보다는 발명자로부터 공개시켜 공중에게 활용할 기회를 제공함으로써 더 발전된 발명이 창작될 수 있게 하여야 한다. 따라서 발명이 이러한 취지에 맞게 공개되어 공중이 이용될 수 있도록 하려면 발명자를 보호하는 제도적 장치가 필요하다. 특허법은 이를 염려하여 발명관리의 가장 효율적인 제도적 장치로서 국가는 발명을 공개한 자에게 그 노고에 상응하는 일정한 보상을 줌으로써 발명을 공개케 하고, 공개된 발명을 적절히 활용하여 더 좋은 기술의 탄생을 촉구함과 동시에 발명의 이용을 통하여 산업발전에 공헌하고자 한다.

2. 특허법의 보호대상 – 발명

가. 발명의 성립성

특허법의 보호대상은 발명이다. 한국 특허법상 발명이란 "자연법칙을 이용한 기술적 사상의 창작으로서 고도한 것을 말한다"고 정의되어 있다.[259] 발명은 물건의 발명, 방법의 발명, 물건을 생산하는 방법의 발명의 3가지 종류로 나누어 규정되어 있고, 어떤 종류의 발명인가에 따라, 특허권에 기초하여 독점할 수 있는 행위의 종류와 범위가 다르다.[260]

어느 발명이 특허법상 특허요건(산업상 이용가능성, 신규성, 진보성 등)을 충족하는지 여부를 판단하기 전에 먼저 그것이 ① 특허법이 정한 발명에 해당하는지 여부 및 ② 일응 발명으로서 외관을 가지고 있으나 통상의 지식을 가진 자가 반복실시하여 목적하는 기술적 효과를 얻을 수 있을 정도로 구체적, 객관적 발명인지 여부(미완성 발명 여부)를 살펴본다. 이를 실무상 '발명의 성립성'이라 한다.

나. 발명의 정의

1) 자연법칙의 이용

발명에 해당하기 위해서는 먼저 "자연법칙"을 이용하는 것이어야 하는데, 통상 자연법칙의 이용이란 자연력의 이용과 같은 뜻으로 해석되고 있다.[261] 앞서 본 발명의 정의에 따르면 자연법칙을 이용한 것이 아니면 '발명'에 해당하지 않는다. 따라서 ① 자연법칙 그 자체[262](질량불변의 법칙, 만유인력의 법칙 등), ② 영구기관과 같이 자연법칙에 어긋나는 것, ③ 자연법칙 이외의 법칙(경제법칙, 수학공식, 논리학적 법칙, 작도법, 암호의 작성방법 등), 인위적인 약속(게임의 규칙 그 자체 등), 또는 인간의 정신활동(영업계획 그 자체, 교수방법 그 자체, 금융보험제도 그 자

체, 과세제도 그 자체 등)을 이용하고 있는 경우에는 발명에 해당되지 않는다.263)

자연법칙을 이용하고 있다고 하는 것은 자연과학상의 인과율에 따르고 있다는 것을 의미하고, 항상 일정의 효과를 얻을 수 있는 것 즉 반복가능성이 필요하다. 즉, 자연법칙을 이용한 발명은 그 발명을 실시할 경우 일정한 확실성을 가지고 동일효과를 반복·계속할 수 있는 반복가능성이 있어야 한다. 다만, 반복가능성이 있다고 하는 것은 반드시 100%의 확률로 효과를 얻을 수 있는 것을 의미하는 것은 아니고, 가령 극소의 확률이라도 효과를 얻을 수 있는 것이 확실하다면 반복가능성이 있다고 보아야 한다. 예컨대, 진주양식방법의 발명은 최초 성공률은 1~2%에 불과하다. 이처럼 매우 적은 확률일지라도 인과관계가 명백하다면 반복가능성은 문제되지 아니한다. 출원발명이 자연법칙을 이용한 것인지 여부는 청구항 전체로서 판단하여야 하므로, 청구항에 기재된 발명의 일부에 자연법칙을 이용하고 있는 부분이 있더라도 청구항 전체로서 자연법칙을 이용하고 있지 않다고 판단될 때에는 특허법상의 발명에 해당하지 않는다.264)

2) 기술적 사상

발명은 기술에 관한 사상이다. '기술'이란 일정한 목적의 달성이나 문제를 해결하기 위하여 합리적으로 이루어진 구체적인 수단이며, 실시가능성 있고, 반복가능성이 있을 것을 필요로 한다. 기술은 합리적 수단이므로 기술적 사상에 따라 재생이 가능한 것이고 그것을 반복하여 실시할 수 있는 보편성과 반복성을 가지는 것이 아니면 안되고 기술적 효과를 발생하는 것이 아니면 안된다. 그러므로 기술은 통상의 지식을 가진 자라면 누가 행하더라도 동일한 결과를 얻을 수 있는 것이어야 하며, 특별한 재능을 가진 자만이 행할 수 있는 것이라면 기술이라고 할 수 없다. '사상(idea)'은 추상적인 관념이다. 실제의 발명품은 형체가 있는 제품이지만, 발명은 무형의 관념이다. 즉 발명의 본질은 기술 자체나 유형의 발명품이 아니라, 그 형체에 존재하는 무형의 아이디어이다.

3) 창 작

발명은 기술적 사상의 '창작'이어야 한다. 창작이 되기 위해서는 ⅰ) 새로운 것이고, ⅱ) 만들어 낸 것으로서, ⅲ) 만들어 낸 것이 자명한 것이 아닐 것을 필요로 한다. 즉 발명은 새로운 것이어야 하며 종래의 것과 다른 것이어야 한다. 또 종래의 것을 단순히 발견하는 것이 아니고 무엇인가 만들어 내거나 생각해 내는 것이어야 한다. 다만 화학물질은 그 다면적인 속성으로 인하여 이미 알려진 화합물로부터 새로운 용도가 발견되어 용도발명을 이루는 경우가 많다. 예컨대 DDT와 같이 염료로 알려져 있는 물질이 살충력을 가지고 있다는 것이 발견된 경우와 같이 그것은 단순한 발견에 그치는 것이 아니라 그 발견을 기초로 하여 새로운 용도의 물질인 살충제를 발명하는 것이므로 창작성이 있다. 또한 창작인지의 여부는 당업자로부터 인정받을 수 있는 객관성이 있어야 한다.[265]

4) 고도성

발명이 되기 위해서는 기술적 사상의 창작 중에서 고도한 것이어야 한다. 이 고도성은 발명의 정의에 있어서 중요한 것은 아니고, 단순히 실용신안법의 보호대상인 고안과 구별하기 위한 개념에 불과하다. 발명의 고도성이라 함은 기술수준이 높은 것, 당해 기술분야에서 통상의 지식을 가진 자가 용이하게 발명할 수 없을 정도의 것을 말한다. 이는 실용신안법상의 고안과 구별되는 데 의의가 있으나, 발명의 본질적 특징은 아니다. 판단시점이 문제가 된다.

3. 특허요건

가. 특허요건의 의의

특허권은 발명에 대해서 주어지는 권리이다. 그러나 특허권은 단순히 발명을 했다는 사실로부터 자동적으로 발생하는 것은 아니며, 발명자나 그 승계인이 발명내용을 특허법상의 일정한 기재방식에 따라 작성한 특허명세서 및 도면을 특허청에 출원하고 특허청이 이를 심사한 결과 특허를 받을 만한 자격이 있는 때에 비로소 부여되는 것이다.

특허요건이란 출원발명이 특허되기 위하여 필요한 요건이다. 특허법은 특허요건을 거절이유의 형태로 규정하여[266] 이에 해당하는 것은 거절하고, 이에 해당하지 않는 것은 특허요건을 충족한 것으로 하여 특허되는 것으로 하고 있다. 특허법은 등록주의·심사주의를 채택하고 심사청구를 전제조건으로 하여 특허출원에 대한 특허적격성을 심사관에 의해 평가를 받게 하고, 심사관의 거절이유에 관한 근거규정을 제62조에 한정열거주의로 규정하고 있다. 따라서 심사관은 그 외의 사유로는 거절하지 못한다. 이는 심사관의 자유재량을 배제하고 심사의 공정성과 객관성을 확보하여 발명의 창작을 보호하기 위함이다.

나. 특허요건의 내용

1) 주체적 요건

주체적 요건이란 특허출원인에게 요구되는 일정 구비요건을 의미하고, 독점·배타적인 특허권을 부여받기 위해서는 다음과 같은 필요한 주체적 요건을

충족하는 자이어야 한다. 특허를 받을 수 있는 자는 ⅰ) 권리주체의 전제요건
인 권리능력이 있을 것,267) ⅱ) 특허를 받을 수 있는 권리를 가진 자일 것,268)
ⅲ) 선출원자일 것,269) ⅳ) 정당권리자일 것,270) ⅴ) 직무발명인 경우에는 특허
를 받을 수 있는 권리를 가진 자에 해당할 것,271) ⅵ) 공동발명의 경우 전원이
공동출원할 것272)을 만족하여야 한다. 또한 출원인이 특허청 직원 또는 특허심
판원의 직원인 경우에는 상속 또는 유증의 경우를 제외하고는 특허를 받을 수
없다.273) 특허를 받을 수 있는 권리는 특허능력 있는 발명을 한 자에게 원시적
으로 귀속한다고 할 수 있다. 발명자라 함은 발명적 착상을 하고 이를 구체화
한 사람, 즉 과제를 해결한 사람을 말한다. 만약 어떤 연구자의 조교가 과제의
해결에 불가결한 아이디어를 제공하였다면 공동발명이 된다.274) 2인 이상이 공
동으로 발명한 때에는 특허를 받을 수 있는 권리는 공유(共有)로 한다.275)

  2) 객체적 요건

  객체적 요건이란 출원발명 자체가 독점배타권인 특허권을 부여받는 데 필
요한 구비요건을 의미하고 구체적으로 분류하면 ⅰ) 당해 발명이 적극적으로
구비해야 할 것을 조건으로 하는 '적극적 요건'과, ⅱ) 당해 발명이 일정요건에
해당되지 아니할 것을 조건으로 하는 '소극적 요건'으로 대별된다. 적극적 요건
으로는 ⅰ) 법상의 발명일 것, ⅱ) 산업상 이용가능성이 있을 것, ⅲ) 신규성이
있을 것, ⅳ) 진보성이 있을 것 등이 해당한다.276) 소극적 요건으로는 ⅰ) 발명
이 확대된 선원의 지위의 규정에 해당되지 않을 것, ⅱ) 불특허사유에 해당되
지 아니할 것, ⅲ) 조약의 규정에 저촉되지 아니할 것 등이 이에 해당한다.277)

  가) 산업상 이용가능성

  특허법은 산업발전을 목적으로 하므로 산업상 이용할 수 없는 발명은 특
허부여의 가치가 없다고 할 수 있고, 따라서 우리 특허법뿐만 아니라 여러 다
른 나라 특허법도 산업상 이용가능성을 특허요건으로 삼고 있다.

  발명을 산업상 이용할 수 있기 위해서는 그 발명의 성질에 따라 기술적
의미에서 생산 또는 사용할 수 있는 것이어야 하고 영구운동과 같이 실시 불가
능한 것이어서는 안 된다. 학술적, 실험적으로만 이용되는 발명도 산업상 이용
할 수 없다고 봄이 통설이다. 경제성이 적다거나 기술적 불이익이 있더라도 실
시가능한 것은 유용성이 인정되고 산업상 이용가능성이 긍정된다.

  한편, 의료업이란 인간의 질병을 진단·치료·예방하는 등 진료행위를 제
공하는 업을 말하는데, 이러한 의료업은 '산업'에 해당하지 않는다고 하는 것이
통설이다.278) 실무는 치료나 진단방법 등 순의료적 발명은 산업상 이용가능성

이 없다는 이유로 거절하고 있다. 그러나 인체로부터 분리 · 배출된 물건(혈액, 인모, 분뇨)에 관한 발명은 산업상 이용가능성이 있다. 이것은 인체를 필수의 구성요건으로 하지 않는 것이기 때문이다(즉, 인체의 일부가 아님). 단, 공서양속 위반279)의 적용 여지는 있다. 인체를 구성의 필수요건으로 하지 않는 발명(예: 인공신장 그 자체의 물건 또는 그 제조방법)은 특허를 받을 수 있다.

나) 신규성

신규성이라 함은 발명의 내용인 기술적 사항이 종래의 기술적 지식, 선행기술(prior art)에 비추어 알려져 있지 않은 새로운 것임을 의미한다. 사회일반에게 이미 공개되어 공동재산으로 된 기술에 관하여 특허를 주어 이를 한 사람에게만 독점시키는 것은 사회의 기술진보에 해를 끼치는 일이므로 당해 발명이 새로운 것이 아니면 특허를 부여할 수 없다.

그러나 실제로 무엇을 신규의 발명으로 볼 것인가는 나라와 시대에 따라서 그 내용을 달리한다. 우리 특허법은 발명이 i) 특허출원 전에 국내 또는 국외에서 공연히 알려진 것(공지), ii) 특허출원 전에 국내 또는 국외에서 공연히 실시된 것(공용), iii) 특허출원 전에 국내외에서 반포된 간행물에 게재된 것(간행물게재) 또는 전기통신회선을 통하여 공중이 이용가능하게 된 발명일 때에는 신규성이 없다고 규정한다.280)

다) 진보성

특허법은 신규의 발명이라 하더라도 특허출원 전에 그 발명이 속하는 기술분야에서 통상의 지식을 가진 자가 공지공용 · 간행물게재의 기술로부터 용이하게 발명할 수 있는 것일 때에는 특허하지 아니할 것으로 규정한다.281)

발명의 비용이성을 신규성과는 별개 독립의 특허요건으로서 규정한 셈인데 종래의 학설은 이를 발명의 진보성(inventive step)의 문제로 논하여 왔다. 선행기술에 비추어 자명한 발명은 발명으로서의 창조성이 없거나 또는 극히 미미하여 발명적 보폭이 부정되어야 할 것이므로 세계 각국의 특허법은 정도의 차이는 있지만 이러한 발명의 특허능력을 인정하지 아니하고 있다. 이러한 발명에 특허권을 인정하면 기업활동을 현저하게 저해하는 결과로 될 것이다. 그러므로 공지의 기술수준에서 쉽게 생각할 수 있는 것, 잠재적 기술수준에 속하는 것, 선행기술에 비추어 자명한 것은 창조적 행위를 요함이 없이 공지의 것에서 자연적으로 진화할 수 있는 것 및 누구에게나 진보 가능한 것으로 개방되어 있는 것에는 특허를 부여할 것이 아니다.

라) 특허를 받을 수 없는 발명(소극적 요건)

산업상 이용할 수 있는 신규의 진보적인 발명이라 하여도 특허법은 공익적 또는 산업정책적인 이유에서 일정한 발명을 특허의 대상에서 제외하는 것으로 하고 있다. 이 불특허사유는 한 나라의 산업발달의 정도와 과학기술의 수준 및 특허정책에 따라 변화하며 각국의 특허법도 약간씩 다르다. 우리 특허법상 불특허사유는 "공공의 질서 또는 선량한 풍속에 어긋나거나 공중의 위생을 해칠 우려가 있는 발명"이다.282)

3) 절차적 요건

절차적 요건이란 특허출원 절차상에서 요구되는 소정의 명세서 등이 구비해야 될 기재요건을 의미한다. 출원인은 출원절차가 법상에 규정된 명세서의 기재에 관한 절차적 규정을 만족하도록 하여야 한다. 즉 특허출원의 절차는 출원명세서의 기재사항 중 ⅰ) 발명의 상세한 설명의 기재요건을 구비할 것, ⅱ) 특허청구범위의 실질적, 형식적 기재요건을 구비할 것, ⅲ) 하나의 특허출원의 범위요건 등283)을 만족하여야 한다.

4. 특허요건의 판단 및 흠결의 효과

심사단계에서는 일정 자격을 구비한 심사관이 상기한 제반 특허요건의 구비여부를 심리하고 심판단계에서는 3인 또는 5인의 심판관 합의체에 의해 요건을 심리하게 된다. 이들이 각 절차단계에서의 심리주체이기 때문이다.

특허요건을 구비한 경우에는 심사관은 특허결정을 하고 출원인의 결정등본을 송달받은 후 3월 이내에 최초 3년분의 특허료를 납부하면 그것을 전제조건으로 특허청장은 특허권의 설정등록을 행한다. 이때의 설정등록처분은 특허권의 효력발생요건이다. 따라서 특허권자는 설정등록일로부터 독점·배타권을 향유하게 된다. 한편, 특허요건을 갖춘 발명에 대하여 거절결정처분을 받은 경우 출원인은 거절결정불복심판을 특허심판원에 제기하여 다툴 수 있다.284) 더 나아가 특허등록 후에 무효심판에 의해 무효심결을 받은 경우 특허권자는 특허법원에 소를 제기하여 그 당부를 다투어 구제받을 수 있다.285)

특허요건을 흠결한 경우에는 심사관은 특허법 제62조(거절이유)에 해당함을 이유로 거절이유를 통지하여 의견서 제출기회를 부여하고 그 의견서 제출기간내에 종국적으로 거절이유를 해결하지 못한 경우에는 거절결정을 한다. '출원인'은 출원보정, 분할·변경출원제도, 의견서 등을 통해 거절이유를 극복할 수 있는 기회를 갖게 되고, '제3자'는 정보제공제도를 통해 특허결정처분을 저지할 수 있다. 한편 특허요건의 흠결을 간과하여 특허등록된 경우 무효심판제도를[286] 통하여 하자 있는 특허등록을 취소 또는 무효시킬 수 있다. 다만, 특허청구범위의 형식적 기재요건, 하나의 특허출원의 범위의 요건위반은 정보제공사유, 무효사유에서 제외된다.

5. 특허권

가. 특허권의 발생 및 성질

특허결정을 받고 특허료를 납부한 후 특허원부(特許原簿)에 등록되면 특허권이 발생한다.[287] 강학상 특허결정으로부터 등록에 이르기까지의 일련의 처분을 특허권부여행위 또는 특허처분이라 하는데,[288] 특허법은 특허등록 전단계일지라도 출원공개 후의 당해 발명의 침해에 대하여는 실시료 상당의 보상금청구의 권리를 부여하고 있다.

특허권은 물권과 유사한 권리이며, 대상이 되는 발명을 독점배타적으로 사용·수익·처분하는 권리이다. 따라서 특허권이 특허무효심판 또는 존속기간의 만료 등의 원인으로 소멸할 때까지는 누구의 방해도 받음이 없이 당해 특허발명을 업으로서 실시할 권리를 독점한다.[289]

나. 특허권의 효력

앞서 보았듯이 설정등록처분이 특허권의 효력발생요건이다. 특허권의 효력은 '적극적 효력'(실시권)과 '소극적 효력'(금지권)으로 나눌 수 있다. 적극적 효력이란 특허권자가 특허발명의 독점적인 사용·수익·처분을 하는 권리를 가지는 것을 의미한다. 예컨대, 특허권자는 스스로 실시, 수익을 할 수 있을 뿐 아니라, 제3자에게 실시권 및 질권을 설정할 수 있다.

특허발명은 특허권자만이 독점적으로 실시할 수 있으므로 특허권자 이외의 자는 특허권자의 허락 없이는 이를 실시할 수 없는바,[290] 소극적 효력은 정당한 권원 없는 제3자가 특허발명을 업으로서 실시하는 것을 배제할 수 있는 것을 의미한다. 구체적으로는 이러한 자의 실시를 배제하기 위한 민사적 구제조치가 있으며, 침해자에게는 형사벌의 적용이 있다.

허락 없이 실시하는 것은 특허권의 침해로 된다. 문제는 특허권자가 가지고 있는 보호범위가 어디까지 인가이다. 이에 대해 특허법 제97조는 "특허발명의 보호범위는 특허청구범위에 기재된 사항에 의하여 정한다"고 규정한다. 본조의 취지는 특허권의 범위를 명시하여 당해 특허의 기술을 이용하는 일반공중에게 그 권리의 한계를 명백히 함과 동시에 발명자가 특허를 청구하지 아니한 것(특허청구범위에 불기재된 것)은 비록 명세서(주로 발명의 상세한 설명)에 기재된 신기술이라도 보호되지 아니한다는 점에 있다. 이 원칙은 오늘날 세계 각국에서 채용되고 있는 보편적인 권리범위해석방법이라고 할 수 있다.

다. 특허권 효력의 제한

독점배타권인 특허권도 산업정책적 견지, 공평의 견지, 공익보호적 견지에서 일정한 경우에 그 효력을 제한받는 경우가 있다. 특허권효력의 제한에는 적극적 효력에 대한 제한, 즉 특허권자 스스로 실시할 수 없는 경우와, 소극적 효력에 대한 제한, 즉 타인의 실시를 인정하는 경우가 있다.

적극적 효력에 대한 제한은 다음과 같다. ⅰ) 특허발명이 선출원된 타인의 특허발명 · 등록실용신안 · 등록디자인(이에 유사한 디자인)을 이용하거나 디자인권 또는 상표권과 저촉되는 경우에는 특허권자 · 실용신안권자 등의 동의를 얻거나 통상실시권허여심판에 의하지 아니하고는 자기의 발명을 업으로서 실시할 수 없고,[291] ⅱ) 전용실시권을 설정한 경우에는 그 설정된 범위 내에서는 특허권자도 실시할 수 없으며,[292] ⅲ) 특허권이 공유인 경우와 특허권에 질권이 설정된 경우에도 원칙적으로 자유로이 실시할 수 있으나 실시할 수 없다는 취지의 특약이 있을 때는 실시가 제한된다. 왜냐하면 이러한 계약체결은 자유이기 때문이다. 만일 실시된 경우에는 계약위반이 된다.[293]

소극적 효력에 대한 제한으로서 특허법 제96조는 특허권의 효력이 미치지 않는 범위를 규정하고 있으며, 특허권에 각종 법정실시권이 존재할 때에는 특허권자는 그자의 실시를 인정하여야 한다.[294] 또한, 특허에 의한 독점권의 부여는 국가의 산업발전을 꾀하려는 데 있으므로 특허발명을 실시할 공익적 필요가 있는 경우, 특허권자의 의사와 관계없이 실시권을 허여하는 강제실시제도가 여러 나라의 특허법에 채택되고 있는데, 우리법상 강제실시가 허용되는 경우로는 ⅰ) 국방상 필요한 경우나 공공의 이익을 위하여 비상업적으로 실시할 필요가 있는 경우, ⅱ) 특허청장의 재정을 통해 이용하는 경우, ⅲ) 통상실시권의 허여심판을 통해 이용하는 경우가 있다.

라. 존속기간

특허권은 설정등록에 의하여 발생하므로 실제로 특허권이 존속하는 기간은 '설정등록시'부터 '출원일의 다음날로부터 20년이 되는 날'까지이다.[295] 다만 의약품 · 농약품의 분야에서는 그 특허발명을 실시하기 위하여 다른 법령에 의한 허가 · 등록을 하여야 하고, 그 허가나 등록을 위해서는 활성이나 안정성 실험을 위하여 시간이 소요되기 때문에 이러한 불이익을 실제적으로 보상하기 위하여 특허권존속기간 연장제도가 마련되어 있다. 존속기간의 연장은 특허권자의 신청에 의하여 '실시할 수 없었던 기간'에 대하여 5년의 범위 내에서 허용된다. 다만, 특허권자에게 책임있는 사유로 소요된 기간은 그 '실시할 수 없었던 기간'에 포함되지 아니한다.296) 또한 특허출원인으로 인한 사유가 아닌 사유로 특허출원에 대하여 특허출원일부터 4년과 출원심사 청구일부터 3년 중 늦은 날보다 지연되어 특허권의 설정등록이 늦게 이루어지는 경우 특허출원인의 청구에 따라 그 지연된 기간만큼 특허권의 존속기간을 연장할 수 있다.297)

마. 특허권의 이용

특허권자는 당해 발명을 스스로 실시하여 이익을 얻을 수 있다. 그러나 단독으로 기업화할 의사나 경영능력, 설비, 자본 등이 없으면 이를 타인에게 양도하고 그 대가를 취득할 수도 있으며 타인에게 사용허락을 한 후 로열티(실시료)를 받을 수도 있다. 최후의 방법인 사용허락에는 허락을 받은 타인이 계약에서 정한 범위 안에서 독점적으로 지배·이용할 수 있는 전용실시권과 그렇지 아니한 통상실시권이 있다.

전용실시권이란 특허권자 이외의 자가 설정행위로 정한 범위 내에서 특허발명을 독점적으로 실시할 수 있는 권리를 말한다.298) 이것은 특허발명의 재산적 활용을 도모하기 위하여 제3자에게 실시케 하는 것이므로, 설정범위(기간, 내용, 지역) 내에는 특허권자일지라도 실시할 수 없다.299)

통상실시권은 배타성이 없는 채권적 권리이므로 실시권의 설정 후에도 특허권자는 스스로 실시할 수도 있고 동일한 내용의 통상실시권을 다른 자에게 허락할 수도 있으며, 전용실시권을 설정할 수도 있다. 통상실시권이란 특허권 이외의 자가 허락 등에 의하여 특허발명을 실시할 수 있는 권리를 말한다.300) 특허권자의 허락에 의한 경우를 '허락에 의한 통상실시권'이라 하고, 법정사유에 의하여 발생하는 권리를 '법정실시권'이라 한다. 또한 특허권자의 의사와는 관계없이 특허청장 등의 재정에 의하여 강제적으로 제3자에게 설정되는 경우를 '강제실시권'이라고 한다. 통상실시권은 전용실시권과는 달리 독점적으로 실시할 수 있는 권리는 아니고, 특허권자의 실시는 제한되지 않는다. 그러나 허락된 범위나 법정·재정의 범위에 대해서는 특허권자는 통상실시권자의 실시를 금지할 수 없다.

6. 특허권 침해에 대한 구제

가. 개 요

앞서 보았듯이, 특허권자는 업으로서 그 특허발명을 실시할 권리를 독점하는바, 특허권의 효력이 미치는 객관적 범위를 '특허발명의 보호범위'라 한다. 제3자가 정당한 권원없이 업으로서 특허발명의 보호범위(기술적 범위)에 속하는 물건 내지 방법에 대해서 생산, 사용, 양도 등 특허법 제2조 3호의 각호에 해당하는 행위를 하면 특허권 침해가 된다.

'특허발명의 보호범위'는 특허법 제97조에서 "특허청구범위에 기재된 사항에 의하여 정하여진다."고 규정하고 있다. 따라서 침해가 문제되는 물건 내지 방법(이하 '대상물건등')이 특허청구범위에 기재된 사항에 의하여 확정된 '특허발명의 보호범위'에 속하는 경우에 특허권 침해가 성립한다. 이러한 경우의 침해가 '문언침해'이다. 문언침해는 특허발명과 대비대상이 되는 물건 등이 특허발명의 구성요소를 모두 그대로 구비하는 경우에 성립한다. 즉, 특허권은 간접침해의 경우를 제외하고 각 구성요소에 부여되는 것이 아니고 유기적으로 결합된 전체가 하나의 발명으로 보호되는 것이므로, 특허침해는 특허청구범위의 모든 구성요소를 실시하는 경우에만 성립하는 것이 원칙이다(구성요소완비의 원칙). 그리고 침해제품 등에 특허발명의 청구범위에 기재된 구성 중 변경된 부분이 있는 경우에도, 특허발명과 과제의 해결원리가 동일하고, 그러한 변경에 의하더라도 특허발명에서와 실질적으로 동일한 작용효과를 나타내며, 그와 같이 변경하는 것이 그 발명이 속하는 기술분야에서 통상의 지식을 가진 사람(이하 '통상의 기술자'라고 한다)이 누구나 쉽게 생각해 낼 수 있는 정도라면, 특별한 사정이 없는 한 침해제품 등은 특허발명의 청구범위에 기재된 구성과 균등한 것[균등침해]으로서 여전히 특허발명의 특허권을 침해한다고 보아야 한다. 여기서 '과제의 해결원리가 동일'한지 여부를 가릴 때에는 청구범위에 기재된 구성의 일부를 형식적으로 추출할 것이 아니라, 명세서 중 발명의 설명 기재와 출원 당시의 공지기술 등을 참작하여 선행기술과 대비하여 볼 때 특허발명에 특유한 해결수단이 기초하고 있는 기술사상의 핵심이 무엇인가를 실질적으로 탐구하여 판단하여야 한다.[301]

특허권침해 여부를 판단하기 위해서는 청구범위에 기재된 문언 자체의 해석 및 그 기술적 구성의 확정이 필요하다. 특허발명의 보호범위의 확정을 바탕으로 하여 특허발명의 구체적인 권리범위를 적정하게 설정[302]하여 권리침해 여부를 판단할 것이 요구된다. 특허청구범위를 올바르게 해석하여야만 특허발명의 보호범위를 정확하게 확정할 수 있다. 종래 특허청구범위를 해석하는 데에는 문언중심의 원칙, 발명의 상세한 설명 등 참작의 원칙, 출원경과참작의 원칙, 공지기술참작의 원칙 등이 제시되어 왔다.

나. 특허침해의 유형

특허침해는 특허권의 직접침해와 간접침해로 구분된다. 직접침해란 침해자가 타인의 특허된 발명을 생산·판매하는 등 직접적으로 실시한 것을 말한다. 직접침해는 제3자가 어떤 특허발명의 구성요소 모두를 포함하는 침해제품(보통 특허발명을 위조하거나 모방한 제품)을 제조·판매하는 등 침해행위를 한 경우에 해당한다.303) 침해행위는 제3자가 정당한 권한없이 업으로 ① 물건의 특허발명인 경우 그 물건의 생산·사용·양도·대여 또는 수입하거나 그 물건의 양도 또는 대여의 청약을 하는 행위, ② 방법의 특허발명인 경우에는 그 방법을 사용하는 행위, ③ 또한 물건을 생산하는 방법의 특허발명인 경우에는 그 방법을 사용하는 행위 외에 그 방법에 의하여 생산된 물건을 사용·양도·대여 또는 수입하거나 그 물건의 양도 또는 대여의 청약을 하는 행위를 말한다.304) 직접침해는 문언침해(또는 동일침해)와 균등침해로 구분된다. 이용발명은 기본발명의 구성요소를 모두 그대로 가지면서 새로운 구성요소를 부가하여 특허성을 취득한 경우를 말하는데, 이러한 이용발명의 실시는 이용대상이 되는 발명의 침해행위에 해당하며, 새로운 구성요소를 부가하였다는 점을 제외하고는 침해의 성립요건 및 판단방법에 있어서 문언침해 및 균등침해와 차이가 없다.

간접침해라 함은 직접침해는 아니지만, 침해행위의 전(前)단계에 있어서 특허권의 침해로 의제된 실시행위이다. 간접침해는 침해되는 특허발명의 내용에 따라서 물건에 대한 간접침해와 방법발명(물건을 생산하는 방법에 관한 발명을 포함)에 대한 간접침해로 구분할 수 있다.

다. 특허권침해의 구제

특허권침해도 민법의 원칙에 따라서 구제된다. 그러나 특허권은 권리의 객체가 무체물이라는 특수성을 가지고 있다. 민법은 주로 권리의 객체가 유체물인 것을 예정하고 있기 때문에, 특허권침해에 대해서는 민법의 규정만으로는 충분하지 않다. 따라서 특허법은 특허권침해에 대한 구제조치로써 특허권자의 보호를 위한 특별규정들을 두고 있다. 즉, ⅰ) 간접침해의 인정,305) ⅱ) 생산방법의 추정 또는 과실,306) ⅲ) 손해액의 추정307) 등이 그러한 규정이다.

특허권자 또는 전용실시권자는 해당 특허권이 침해되었거나 침해될 우려가 있을 때에는 먼저 특허권 침해자 또는 침해의 우려가 있는 자에게 서면으로 경고할 수 있으며, 또 이에 응하지 않을 때에는 소를 제기하여 침해를 금지시키거나 손해배상, 부당이득반환 등을 청구할 수 있다. 게다가 특허권 또는 전

용실시권을 침해한 행위가 '고의'적인 경우 인정된 손해의 3배까지 배상액이 확장될 수 있다.308)

특허법은 형법의 특별법으로서 특허권의 침해에 대한 침해죄, 위증죄, 허위표시의 죄, 사위행위의 죄, 비밀누설죄 등과 행정법상의 질서벌로서 과태료에 관한 규정을 두고 있다.309) 특허권을 「고의」로 침해한 경우 특허권자는 「고소」하여 침해죄를 추궁할 수 있다.310) 법인의 경우 등에 있어서는 「침해자(종업원)」와 「법인(사용자)등」에게 양벌규정이 적용된다.311) 특허권 또는 전용실시권을 침해한 자에 대하여는 7년 이하의 징역 또는 1억원 이하의 벌금에 처한다.312)

Ⅲ. 과학기술과 저작권

1. 과학기술과 저작권제도

저작권제도는 학문적 또는 예술적 저작물의 저작자를 보호하여 문화발전에 이바지하기 위한 제도이다. 우리 저작권법은 "이 법은 저작자의 권리와 이에 인접하는 권리를 보호하고 저작물의 공정한 이용을 도모함으로써 문화 및 관련 산업의 향상발전에 이바지함을 목적으로 한다"고 규정하여 '문화 및 관련 산업의 향상발전'이라는 보다 궁극적인 목적을 위하여 저작권 및 저작인접권의 보호와 저작물의 공정한 이용 보장이라고 하는 서로 대립적인 이익을 균형 있게 보호하고자 하는 취지를 분명히 하고 있다.313)

그러므로 저작권법은 일차적으로 저작자를 보호하는 법이다. 저작자란 저작물을 창작한 자를 말한다.314) 시인 · 소설가 · 화가 등이 쉽게 머리에 떠오른다. 그러나 실은 명절 때 가족이 모여 찍은 가족사진도 저작물이고, 틈틈이 써보는 일기도 저작물이다. 그러므로 우리 모두가 저작자인 셈이다. 저작권법만큼 우리 가까이 있는 법도 드물다.

한편 저작권법은 이러한 저작자 이외에도 가수나 무용수 · 배우와 같은 실연자(實演者)나 음반제작자, 방송사업자도 아울러 보호한다. 가수를 예로 들어보면 아무리 훌륭한 작곡이나 작사가 있더라도 가수가 이를 잘 소화하여 노래를 부르지 않으면 우리의 심금을 울릴 수 없다. 그것은 마치 영어로 된 아무리 훌륭한 문학작품이 있더라도 영어를 잘 모르는 사람에게는 번역되어 있지 않으면 아무 쓸모가 없는 것과 비슷하다. 따라서 이들 실연자에게 아무런 권리도 인정하지 않는다는 것은 상식에도 맞지 않는다. 그래서 우리 1957년법에도 연

주(演奏), 가창(歌唱)은 저작물로 예시되어 있었으나 원래 연주, 가창은 저작물
이라고 보기는 힘들다. 여기서 1986년법은 이들이 갖는 권리를 저작인접권이
라 하여 저작권 이외의 별도의 권리를 인정하고 있다. 이것은 가창 등은 저작
물은 아니나 저작물의 이웃에 있는 것으로 보고 실연자들이 그 자신의 실연에
대해서 갖는 권리를 저작권의 옆에 있는 권리라 하여 저작인접권이라 이름을
붙이고 있다.

그 밖에 저작권법은 저작권자 이외의 제3자의 이익도 도모하여야 한다. 타
인 저작물을 인용한다든가, 비평한다든가, 이를 이용하여 교육하지 못한다면
문화발전이란 생각하기 힘들다.

결국 저작권법리의 기본원리는 지식의 성과를 이용하려는 일반공공의 필
요와 저작자에게 보답함으로써 창작활동을 자극시키려는 당연한 필요성에 입
각해 있다고 할 것이다. 세계인권선언 제27조는 이를 잘 나타낸다.

1) 인간은 누구나 공동체의 문화에 자유롭게 참여하고 예술을 향유하고,
또 과학적 발전과 그 혜택에 함께 참여할 수 있는 권리를 갖는다.
2) 인간은 누구나 자신이 제작한 모든 형태의 과학적·문학적·예술적 저
작물로부터 발생하는 경제적·인격적 이익을 보호받을 수 있는 권리를 갖는다.

이러한 공공의 필요와 저작자이익의 조화를 위하여 저작권법은 저작권에
대해 몇 가지 특유한 제한을 하고 있다. 저작물의 자유이용, 저작물의 강제이
용, 일정기간 경과 후 저작권의 소멸이 그것이다.

2. 저작물

가. 의 의

저작물이란 인간의 사상 또는 감정을 표현한 창작물을 말한다. 2006년 개
정법은 저작물의 정의를 "문학·학술 또는 예술의 범위에 속하는 창작물"에서
"인간의 사상 또는 감정을 표현한 창작물(創作物)"로 변경하였다. 이를 나누어
설명하면 다음과 같다.

저작물은 인간의 사상 또는 감정을 표현한 것이며, 인간의 지적·문화적
활동의 모든 영역에 속하는 것을 포함하는 개념이다. 다만 여기서의 사상·감
정은 철학적이거나 숭고한 것을 요하는 것은 아니며, 지적창작물로서의 저작물
에 정신적인 내용이 표현되면 족하다.

저작물은 창작물이다. 창작물이란 독창적으로 표현한 것이라는 의미이다.

창작물이 되기 위해서는 사상이나 감정 등이 색채·언어 등에 의해 외부로 표현됨으로써 객관적 존재로 되어야 하며 독창적으로 만들어진 것을 의미한다. 인간의 두뇌로부터 분리되어 제3자가 이해할 수 있도록 예컨대, 소설이면 원고에 정리되어 있다든지, 음악이면 악보에 표시되어 있다든지 혹은 테이프에 녹음되어 있다든지 어쨌든 구체적 객관화가 필요하다. 다만 유체물에 반드시 고정될 필요는 없다.315) 저작권법의 보호를 받는 저작물로 되기 위해서는 창작성이 있어야 한다. 이러한 창작성이란 극히 상대적 개념이다. 타인의 저작물에 직접 의거한 것이 아니고 저작자 스스로의 능력과 노력에 의해 만든 것이면 창작성이 있다고 본다.316) 무릇 인간의 사상이나 감정은 선인(先人)의 문화를 기초로 하여 또는 그 영향을 받아서 성립하는 것이므로 완전한 독창성이라고 하는 것은 있을 수 없다. 그러므로 저작권법에서 요구되는 창작성이란 특허법에서 요구되는 신규성(novelty)과는 다른 개념이다. 유사한 작품이 그전에 수없이 존재했다 하더라도 창작성을 인정하는 데는 조금도 지장이 없으며 심지어는 똑같은 작품이 존재했다 하더라도 마찬가지이다. 또 저작권법의 보호를 받는 저작물이 되기 위해서는 특허법이 요구하는 것과 같은 진보성이 필요한 것도 아니다. 그러므로 표현물의 학문적 가치 혹은 예술적 가치의 고저는 문제가 아니다. 그러나 단순한 사실의 집적에 불과한 알파벳순의 전화번호부에 대해서 미국 법원은 저작물성을 인정하지 아니한다.

나. 저작물의 보호범위

저작물이란 사상이나 감정이 외부로 표현된 것이다. 따라서 저작권으로 보호되는 것은 저작자의 사상 그 자체가 아니라 사상의 표현이다. 예를 들어, 한 저작자가 조선방법에 관한 논문을 썼다면 그의 저작권은 그 논문에 대해서 존재하며 다른 사람이 저작자의 승낙 없이 그 논문을 복제하여 판매하였을 때는 저작자를 저작권으로 보호하지만, 다른 사람이 그 논문 속에 들어 있는 아이디어 또는 기술이론을 이용하여 배를 건조하는 것을 막는 것이 저작권보호는 아니다. 또 부기방식을 설명한 책을 읽고 책에서 설명된 부기방식을 회계장부로 만들어 판매한 경우는 저작권침해가 아니다.317) 왜냐하면 부기방식은 저작권으로 보호받을 수 없는 아이디어에 해당하기 때문이다. 이를 아이디어/표현 이분법(idea-expression dichotomy)이라고 한다. 뿐만 아니라 어느 아이디어를 표현하는 방법이 제한되어 누가 하더라도 그렇게 될 수밖에 없는 경우[아이디어와 표현의 혼동(융합): Merger Doctrine(융합의 법리, 혼동이론)]나 처음에는 설사 창작적인 표현으로서 저작권의 보호를 받을 수 있었던 것이라도, 그 특정한 주제를 표현하

기 위해서는 그 장면이나 표현을 사용하는 것이 일반적인 것으로 되었거나 혹
은 불가결한 것으로 된 경우(흔한 장면, 필수장면의 법리)에는 저작권보호를 받을
수 없다. 그러나 단순한 매체의 변환에 불과한 경우는 저작권침해가 된다. 또
표현의 형식만을 바꾸어도 저작권의 침해이다. 예컨대 소설을 영상화하거나 연
극화하는 경우라든가 음악적 저작물의 편곡의 경우 등은 모두 저작권자의 허락
을 받아야 하며, 허락 없이 하는 형식의 변환은 저작권침해이다.318)

3. 저작자

가. 의 의

저작자란 저작물을 창작한 자이다.319) 그 결과 ⅰ) 창작의 힌트나 테마를
제공한 것에 불과한 자는 저작자는 아니다. 따라서 소설가나 화가에게 힌트나
테마를 준 자를 저작자라고 말할 수 없다. ⅱ) 저작자의 조수는 저작자가 아니
다. 저작물을 작성할 때 저작자의 지휘감독하에 그의 손발이 되어 작업에 종사
한 자는 저작자의 창작활동을 돕는 데 불과하고 스스로의 창의에 기해서 제작
에 힘쓰는 자는 아니므로 저작자로는 될 수 없다. ⅲ) 의뢰자는 저작자가 아니
다. 그림의 주문자, 건축주 등 제작기회의 제공자는 저작자라고 말할 수 없다.
문제가 되는 것은 종업원 등이 그의 의무이행으로 저작한 경우이다. 이때도 저
작자는 당해 종업원이며, 그가 원시적으로 저작권을 갖는다고 할 것이다.

나. 저작자 추정

누가 진정한 저작자인가에 대해서 분쟁이 생긴 경우에 제3자로서는 이를
용이하게 판단하기 힘들고 또 저작자 본인에게는 자명한 것이지만 제3자에게
이를 입증한다는 것도 그리 쉬운 일은 아니다. 여기서 법은 입증을 용이하게
하기 위하여 저작자 추정규정을 두고 있다. 즉 저작물의 원작품이나 그 복제물
에 저작자로서의 성명(이하 "실명") 또는 그의 예명 · 아호 · 약칭 등(이하 "이명")
으로서 널리 알려진 것이 일반적인 방법으로 표시된 자,320) 또 저작물을 공연
또는 공중송신 하는 경우에 저작자로서의 실명 또는 저작자의 널리 알려진 이
명으로 표시된 자321)는 저작자로 추정한다. 일반적인 방법이란 사회관행에 비
추어 보통 저작자의 성명을 표시하는 것을 의미한다.

다. 저작자와 저작권자

저작권자는 저작권의 귀속주체를 말한다. 원칙적으로는 저작자가 저작권
자로 된다. 다만 저작재산권은 양도 · 상속에 의한 이전이 가능하나 저작인격권
은 일신전속적이므로 경우에 따라서 저작재산권자와 저작인격권자의 분리현상

이 일어난다.

저작자의 표시가 없는 저작물에 있어서는 발행자·공연자 또는 공표자로 표시된 자가 저작권을 가지는 것으로 추정한다.[322) 추정의 효과는 저작자/저작권자로 추정되고 있는 자가 반증이 없는 한, 그 저작물의 저작자/저작권자로서 취급되는 것이다. 한편 이 추정은 저작자의 이익을 위해서만이 아니고 그 불이익의 경우에도 인정되며 또한 저작물의 보호기간의 산정에까지도 미친다. 추정의 효과는 소급하므로 저작명의인은 저작물의 창작시부터 그 저작물의 저작자인 것으로 추정되며, 반증에 의하여 이 추정이 깨어지는 경우에는 창작시부터 그 저작물의 저작자가 아닌 것으로 취급된다.

라. 특수한 경우

"업무상저작물"과 "공동저작물"에 대하여는 본서 제2편 제3장 과학기술의 귀속을 참고하기 바란다.

4. 저작권

가. 의 의

저작권이란 저작자가 그 자신이 창작한 저작물에 대해서 갖는 권리를 의미하며 크게 저작재산권과 저작인격권으로 구분된다.

저작권은 저작한 때부터 발생하며 어떠한 절차나 형식의 이행을 필요로 하지 아니한다.[323) 즉 저작의 사실로부터 저작권이 발생하며 특별한 절차를 밟거나 형식을 요하지 아니한다는 것이다. 이러한 입법주의를 무방식주의라 하며 우리나라, 일본, 독일, 프랑스 등과 베른조약이 취하는 바이다. 이에 반해 라틴 아메리카의 여러 나라는 저작권의 발생에 저작물의 납본이나 등록 등을 필요로 한다. 이러한 국가들을 방식주의국가라 한다. UCC(Universal Copyright Convention)는 가입국 국민이 방식주의국가에서 저작권향유를 보다 손쉽게 하도록 ⓒ 표시제도를 마련하고 있다.

나. 저작인격권(moral right, droit moral)

저작인격권이란 저작자가 자기의 저작물에 대해서 갖는 인격적 이익의 보호를 목적으로 하는 권리이며, 저작재산권과는 달리 그 성질상 일신전속권(一身專屬權)이다.[324)

우리법상 저작인격권에는 공표권, 성명표시권, 동일성유지권의 3종이 있으며 각각의 권리에 대해서 추정규정 또는 특례가 마련되어 있다. 또 저작권법상의 규정 중에는 명시된 위의 저작인격권 이외에도 수정증감권 등 실제로 저작자의 인격적 이익을 보호하는 기능을 하는 규정도 있다.

다. 저작재산권

1) 개 요

저작권법은 저작물의 이용형태에 따라 각종의 저작재산권을 저작권자에게 인정하고 있다. 저작재산권에는 복제권, 공연권, 공중송신권, 전시권, 배포권, 대여권, 2차적 저작물 등의 작성권325) 등이 있다.

이러한 저작재산권은 물권유사(物權類似)의 배타적 지배권이라고는 하나 물권의 경우와는 달리 저작자 자신이 이 권능을 직접 행사하는 경우는 드물며, 보통의 경우에는 타인, 특히 전문적 사업자로 하여금 이를 배타적으로 이용할 수 있도록 허락하고 그로부터 대가를 취득하는 권리로서 타인의 무단이용을 금지시킴으로써 권리의 효용을 확보할 수 있는 점에서 다른 지적소유권과 공통적이다. 또한 저작재산권은 저작인격권과 달리 양도가 가능하며, 유체재산권과 달리 독특한 소멸사유를 가지고 있다.

2) 복제권

저작자는 그 저작물을 복제할 권리를 가진다. 복제란 인쇄 · 사진촬영 · 복사 · 녹음 · 녹화 그 밖의 방법으로 일시적 또는 영구적으로 유형물에 고정하거나 다시 제작하는 것을 말하며, 건축물의 경우에는 그 건축을 위한 모형 또는 설계도서에 따라 이를 시공하는 것을 포함한다.326) 한미 FTA 이행을 위한 개정저작권법은 복제의 개념에 '일시적' 복제가 포함됨을 명시하고, 일정한 기준을 충족하는 다양한 형태의 일시적 복제에 대하여 포괄적으로 예외를 인정하고 있다.327)

복제권이란 구체적으로 말하면 소설이나 논문 등을 필사, 등사, 복사 인쇄한다든지, 그림이나 조각을 모사 · 사진촬영한다든지, 강연을 녹음한다든지, 음악을 레코드에 취입한다든지 하는 행위 등에 미치는 권리이며 저작권 중에서 가장 기본적인 권리라고 말할 수 있다. 또 건축저작물의 경우에 설계도를 인쇄 · 출판하는 것은 복제로 되지만 설계도서에 따라 이를 시공하는 것에 대해서는 의문이 있을 수 있으므로 이를 해결하기 위하여 이 경우에도 복제권이 미침을 명백히 하고 있다.

3) 공연권

저작자는 그 저작물을 공연할 권리를 가진다. 공연이란 저작물을 상연 · 연주 · 가창 · 연술 · 상영 그 밖의 방법으로 공중에게 공개하는 것을 말하며, 동일인의 점유에 속하는 연결된 장소 안에서 이루어지는 송신을 포함한다.328)

4) 공중송신권

저작자는 자기 저작물을 공중송신할 권리를 가진다. 공중송신이란 저작물 등을 공중이 수신하거나 접근하게 할 목적으로 무선 또는 유선통신의 방법에 의하여 송신하거나 이용에 제공하는 것을 말한다. 공중송신의 개념 속에는 방송, 전송, 디지털음성송신 등이 포함된다. 방송이란 "공중송신 중 공중이 동시에 수신하게 할 목적으로 음·영상 또는 음과 영상 등을 송신하는 것"을 말하고, 전송이란 "공중송신 중 공중의 구성원이 개별적으로 선택한 시간과 장소에서 접근할 수 있도록 저작물 등을 이용자에게 제공하는 것을 말하며, 그에 따라 이루어지는 송신을 포함"하는 개념이다. 디지털음성송신이란 공중송신 중 공중으로 하여금 동시에 수신하게 할 목적으로 공중의 구성원의 요청에 의하여 개시되는 디지털 방식의 음의 송신을 말하며, 전송을 제외한다.[329]

2006년 개정 저작권법은 방송 및 전송, 새로운 융합영역을 포괄하는 개념인 '공중송신'을 신설함으로써 저작자는 새로운 형태의 저작물 이용형태가 등장하더라도 보호를 받을 수 있게 되었다.

5) 전시권

저작자는 미술저작물 등의 원작품이나 그 복제물을 전시할 배타적 권리를 가진다. 이러한 전시권은 원본이 양도된 경우에는 가로·공원·건축물의 외벽 등 일반공중에게 개방된 장소에서 항시 전시하는 경우에만 그 효력이 미친다.[330]

6) 배포권

배포란 저작물의 원작품 또는 그 복제물을 공중에게 대가를 받거나 받지 아니하고 양도 또는 대여하는 것을 말하며,[331] 저작자는 저작물의 원작품이나 그 복제물을 배포할 권리를 가진다. 다만 "저작물의 원본이나 그 복제물이 당해 저작재산권자의 허락을 받아 판매 등의 방법으로 거래에 제공된 경우에는 그러하지 아니하다"[332]는 규정을 두어 소위 최초판매이론(First Sale Doctrine)[333]을 받아들임으로써 배포권의 행사범위를 제한하고 있다.

7) 대여권

저작자는 제20조 단서의 규정에 불구하고 상업적 목적으로 공표된 음반(이하 "상업용 음반")이나 상업적 목적으로 공표된 프로그램을 영리를 목적으로 대여할 권리를 가진다. 음반이나 컴퓨터 프로그램에 대해서는 대여권이 인정되므로 음반이나 컴퓨터 프로그램을 대여하는 경우에는 권리자의 허락을 얻어야 한다. 대여권은 최초판매원칙에 대한 하나의 예외라고 할 것이다.

8) 2차적 저작물 작성권

저작자는 그 저작물을 원저작물로 하는 2차적 저작물 또는 그 저작물을 구성부분으로 하는 편집저작물을 작성하여 이용할 권리를 가진다. 이를 명시한 제22조는 주의적 규정이며 당연한 사리를 규정한 것이다.

라. 저작재산권의 양도 등

1) 양도성

저작재산권은 전부 또는 일부를 양도할 수 있는데,[334] 양도에는 특별한 방식이 필요 없다. 저작재산권의 일부양도가 가능하므로 예컨대, 복제권, 공연권, 방송권 등 저작재산권의 내용을 구성하는 지분권을 개별적으로 양도할 수 있는 것은 말할 나위도 없고, 권리를 행사할 수 있는 지역이나 장소를 한정해서 혹은 분할해서 양도하는 것도 가능하다. 또 번역권의 경우에는 특정국어에 대한 번역권만 양도하는 것도 가능하다. 다만 법은 저작재산권의 전부를 양도하는 경우에도 원저작물의 원형을 해칠 우려가 있는 2차적 저작물 등의 작성권은 특약이 없는 한 원저작권자에게 유보되어 있는 것으로 추정하고 있다. 한편, 프로그램의 경우 특약이 없는 한 2차적 저작물 작성권도 함께 양도된 것으로 추정한다.[335]

2) 저작물의 이용허락[336]

저작재산권자는 다른 사람에게 그 저작물의 이용을 허락할 수 있다. 허락은 저작재산권자의 이용승낙의 의사표시이며, 따라서 이용권은 계약에 의해서 발생한다. 저작물의 이용허락을 받은 자는 허락을 받은 이용방법 및 조건의 범위 안에서 그 저작물을 이용할 수 있다. 피허락자에게 주어진 이용권의 성질은 '출판권'과 '배타적 발행권'의 경우를 제외하고는 채권이다. 따라서 저작재산권이 제3자에게 양도된 경우는 이용권자는 양수인에게 자기의 이용권을 주장할 수 없다. 뿐만 아니라 허락에 의하여 저작물을 이용할 수 있는 권리는 신뢰관계에 기초하고 있기 때문에 저작재산권자의 동의 없이는 제3자에게 이를 양도할 수 없다.

마. 저작권의 제한

특정한 경우 일반공중이 저작권자의 허락을 받지 않고 저작물을 자유로이 사용할 수 있는 것을 자유사용(free use)이라 한다.[337] 우리 저작권법 제2장 제4절 제2관은 저작재산권의 제한으로 규정하고 있다.[338]

우리는 종래 저작재산권이 제한되는 경우를 구체적으로 한정하여 열거하고 있었으나 2011년 개정 시 제35조의5를 신설하여 일반조항인 미국식의 '공정

이용' 제도를 도입하였다.339) 어느 경우가 공정한 이용에 해당하는지 여부는 궁극적으로 법원의 판단에 맡겨진다.

나아가 저작권법은 프로그램 저작자에게 일반 저작물의 저작자와 마찬가지로 배타적 권리를 부여한 다음 프로그램 저작권에 대한 일정한 제한 내지 예외에 관한 특례를 규정하고 있다.

컴퓨터에서 저작물을 이용하는 경우에는 원활하고 효율적인 정보처리를 위하여 필요하다고 인정되는 범위 안에서 그 저작물을 그 컴퓨터에 일시적으로 복제할 수 있다. 다만, 그 저작물의 이용이 저작권을 침해하는 경우에는 그러하지 아니하다.

바. 저작권의 보호기간

우리 저작권법은 저작재산권은 저작물의 창작시를 시기로 하여,340) 원칙적으로 저작자 생존 중 및 저작자 사후(공동저작물의 저작재산권은 맨 마지막으로 사망한 저작자의 사망 후) 70년간 존속한다고 규정한다.341) 저작재산권의 보호기간을 계산하는 경우에는 저작자가 사망하거나 저작물을 창작 또는 공표한 다음 해부터 기산한다.342) 만약 저작자가 2009.10.1. 사망한 경우는 그 이듬해인 2010.1.1.부터 70년인 2079년 12월 31일까지 저작재산권이 존속하며, 2080년 1월 1일부터 누구나 자유로이 이용할 수 있다.

5. 저작권침해에 대한 구제

가. 저작재산권 침해의 유형

1) 무단이용

저작물의 무단이용에는 완전한 의미에 있어서의 복제, 즉 해적행위가 있고 이 경우는 저작권 침해에 해당함이 문제되지 않는다. 저작물에 대하여 허락된 범위 외의 이용도 역시 무단이용으로 되어 저작권침해를 구성한다. 예컨대, 출판을 허락하였는데 출판권자가 무단히 영화제작자와 합의하여 영화화한 경우 등이다. 한편, 원래 작풍이나 style의 모방, 아이디어의 이용은 저작권을 침해하는 것은 아니고 표현형식의 도용(盜用: plagiarism)만이 침해를 구성한다.

2) 부정이용

저작권 침해 여부의 판단이 실제로 어려운 문제는 저작물과 동일하지 않고 일정 부분만 유사한 부정이용의 경우이다. 이때 저작권 침해 여부를 판단하기 위해서는 두 가지 요소를 고려하여야 한다. 첫째, 독자적으로 창작한 것이 아니고 저작물을 도용하였다고 볼 만한 증거[이를 미국 판례들은 접근(access)이라고 표현한다], 즉 의거관계가 있어야 한다. 이는 정황증거에 의하여 판단되지만 원고의 저작물이 널리 알려져 있다거나 피고가 원고의 저작물에 접근할 기회가 있었다거나 유사성이 현저하거나(striking similarity) 또는 공통의 오류(common error, 지도저작물 등에 일부러 오류를 만들어 두는 예도 있다고 한다)가 있다면 접근(access)이 사실상 추정되며 피고의 단순한 우연일치라는 주장에 법원은 회의적이 될 수밖에 없을 것이다. 유사성이 크면 클수록 우연의 일치나 독립제작 또는 공통소재나 공유저작물의 이용이라는 항변은 고도의 반증을 요한다. 둘째, 두 작품 간에 실질적 유사성(substantial similarity)이 있어야 한다.343) 대비된 저작물이 질적 또는 양적으로 어느 정도로 이용되었으면 저작권침해가 긍정되는 실질적 유사성이 인정될 수 있는지는 대단히 어려운 문제이다.

3) 침해의 의제

저작권 자체의 직접적인 침해는 아니지만 저작권침해에 직결되는 행위로서 ⅰ) 국외에서 작성된 해적판의 수입행위 등과 같이, 수입 시에 대한민국 내에서 만들어졌더라면 저작재산권의 침해로 될 물건을 대한민국 내에서 배포할 목적으로 수입하는 행위, ⅱ) 저작재산권을 침해하는 행위에 의하여 만들어진 물건(ⅰ의 수입물건을 포함)을 그 정을 알면서 배포하는 행위 및 ⅲ) 프로그램의 저작권을 침해하여 만들어진 프로그램의 복제물(제1호에 따른 수입 물건을 포함한다)을 그 사실을 알면서 취득한 자가 이를 업무상 이용하는 행위를 저작권침해로 보고 있다.344)

4) 기술조치 및 권리관리정보의 보호

"기술적 보호조치"라 함은 저작권 그 밖에 이 법에 따라 보호되는 권리에 대한 침해 행위를 효과적으로 방지 또는 억제하기 위하여 그 권리자나 권리자의 동의를 얻은 자가 적용하는 기술적 조치를 말하며, "권리관리정보"는 ⅰ) 저작물 등을 식별하기 위한 정보, ⅱ) 저작자·저작재산권자·출판권자·프로그램배타적발행권자·저작인접권자 또는 데이터베이스제작자를 식별하기 위한 정보, 또는 ⅲ) 저작물 등의 이용 방법 및 조건에 관한 정보나 그 정보를 나타내는 숫자 또는 부호로서 각 정보가 저작물 등의 원본이나 그 복제물에 부착되거나 그 공연·실행 또는 공중송신에 수반되는 것을 말한다.345) 저작권법은 이러한 기술적 보호조치나 권리관리정보를 제거하거나 변경하는 것 등을 금지하고 있다.346)

나. 구제제도

저작권자는 저작권 침해의 정지와 예방 및 손해배상의 담보를 청구할 수 있고,347) 저작재산권 침해로 발생한 손해의 배상348)과 저작인격권 침해로 발생한 정신적 손해의 배상349) 및 명예회복에 필요한 조치350)를 청구할 수 있다. 한편, 현행법은 부당이득반환청구권에 관한 규정을 두고 있지 아니하나 동 청구권을 부정하는 것이 아니고 민법의 부당이득반환에 관한 규정(민법 741조)에 의하여 동 권리를 행사할 수 있다.

저작권법이 규정하는 특정사항에 관한 의무위반에 대해서 저작권법은 벌칙으로 제재를 가하고 있다. 벌칙의 적용에 대해서 형법총칙 및 형사소송법상의 제 규정의 적용이 있음은 말할 나위도 없다. 저작권범죄에 대해서는 원칙적으로 고의범만을 처벌하였다. 그러나 최근 저작권 환경의 변화로 일정한 경우에는 미수범(영상물녹화 등의 금지 위반의 경우), 과실범(암호화된 방송신호의 무력화 등의 금지)도 처벌한다.351) 저작권 범죄에 대한 공소는 원칙적으로 고소가 있어야 한다(친고죄). 다만, 인터넷 환경에서 대규모 또는 반복적으로 이루어지는 저작권 침해는 권리자의 법익뿐만 아니라 사회 전체의 법익도 침해되므로 이에 대하여 권리자의 고소와 관계없이 검찰이 직권(ex officio)으로 공소를 제기할 수 있도록 비친고죄 적용범위를 확대할 필요가 있다. 한미 FTA 이행을 위한 개정 저작권법 제140조는 비친고죄 대상범위를 '영리를 위하여 상습적인(영리 & 상습)' 저작권 침해에서 '영리목적으로 또는 상습적인 경우(영리 or 상습)'로 확대하고 있다.

Ⅳ. 과학기술과 경쟁법

1. 과학기술과 부정경쟁방지법

우리 경제질서는 자유경쟁을 전제로 하나 거기에는 일정한 한계가 있고 적어도 공서양속 내지 신의성실의 원칙에 어긋나는 경쟁은 원래 허용될 수 없는 것이다. 자기의 경업(영업에 있어서 경쟁)상의 지위를 유리하게 하기 위하여 다른 사람의 창작(발명·디자인·저작물 등)을 몰래 훔쳐 쓰거나 널리 알려진 타인의 영업상 표지(상표·상호·서비스표 등)와 비슷한 표지를 사용하여 그가 힘들여 쌓아 올린 경제상의 유리한 지위 내지 경쟁력을 부정 이용하거나 거기에 기생하는 행위는 물론 그 밖에도 허위광고 · 영업비방 · 종업원매수 · 산업스파이 · 덤핑 등은 어느 것이나 경업상 지켜져야 할 경쟁윤리 내지 Fair Play 정신에 어긋나는 불공정한 경쟁행위에 속한다고 할 수 있다.

그러므로 세계 여러 나라의 입법 · 판례는 이러한 비건설적 내지 비기여적 경업을 금지함으로써 경업에 있어서 공정을 꾀하려고 하고 있다. 다만 발명 ·

실용신안·디자인·저작물은 각각 특별법에 의하여 보호되고 있으므로 부정경쟁방지법의 영역에서는 이들은 직접 보호되지 아니하지만, 경업상 보호받을 만한 가치 있는 이익이 존재하는 경우에 특히 문제된다.

2. 기술성과의 부정경쟁방지법에 의한 보호

종래 우리 법은 부정경쟁행위 일반을 규제할 수 있는 일반조항을 두고 있지 아니하며, 단지 부정경쟁행위로서 금지청구를 할 수 있는 행위유형을 다음과 같이 한정열거하고 있었다: 상품주체혼동행위, 영업주체혼동행위, 저명표시모용행위, 도메인이름에 관한 부정경쟁행위, 원산지허위표시, 출처지오인야기행위, 상품질량오인야기행위, 상품형태모방행위 및 영업비밀의 부정이용행위. 그러나 2013년 개정으로 타인성과의 모방에 한정되지만 "그 밖에 타인의 상당한 투자나 노력으로 만들어진 성과 등을 공정한 상거래 관행이나 경쟁질서에 반하는 방법으로 자신의 영업을 위하여 무단으로 사용함으로써 타인의 경제적 이익을 침해하는 행위"를 부정경쟁행위로 추가한 보충적 일반규정을 도입하였다.352) 이로써 성과모용행위에 한정된 것이기는 하나 타인성과 모용행위를 효과적으로 금지할 수 있게 되었다.353)

기술적 아이디어의 부정사용도 부정경쟁행위가 될 수 있다. 사업제안, 입찰, 공모 등 거래교섭 및 거래과정에서 경제적 가치를 가지는 타인의 기술적 또는 영업상의 아이디어를 그 제공목적에 위반하여 자신 또는 제3자의 영업상 이익을 위하여 부정하게 사용하거나 타인에게 제공하여 사용하게 하는 행위는 부정경쟁행위이다. 다만, 제공받은 아이디어가 동종업계에서 널리 알려진 것이거나 아이디어를 제공받은 자가 제공받을 당시 이미 알고 있었던 사실을 입증하는 경우에는 면책된다.354)

3. 과학기술과 영업비밀

가. 영업비밀의 개념

부정경쟁방지법은 제2조 제2호에서 "영업비밀이라 함은 공연히 알려져 있지 아니하고 독립된 경제적 가치를 가지는 것으로서, 합리적 노력에 의하여 비밀로 유지된 생산방법·판매방법 기타 영업활동에 유용한 기술상 또는 경영상의 정보를 말한다"고 영업비밀의 정의 규정을 두고 있다.355) 즉 부정경쟁방지법은 영업비밀의 개념요소로서 공연히 알려져 있지 않으면서(비공지성 또는 비밀성), 생산방법 또는 판매방법 기타 영업활동에 유용한 기술상 혹은 영업상의 정보로서 독립된 경제적 가치를 지니며(경제적 유용성), 비밀로 유지될 것(비밀유지성 또는 비밀관리성)을 요건으로 하고 있다. 이들 요건은 상호 밀접 불가분의 관계에 있는 것으로서 개개로 분리될 수 있는 것은 아니다.

　　현행 부정경쟁방지법은 제2조 제2호 영업비밀의 성립요건과 관련하여 비밀관리성 요건을 '상당한 노력'에서 '합리적 노력'을 거쳐 '비밀로 관리된'으로 완화하여 규정하고 있다. 여기서 '상당한 노력'이란 비밀관리 의사를 가지고 영업비밀을 제한된 장소에 보관(예컨대 물리적 장소뿐만 아니라 전자적인 디지털 정보의 경우에는 그 저장 서버나 폴더 등에 보관)하면서 보관장소에 대한 출입이나 접근을 제한하거나, 비밀자료의 보관, 파기방법을 지정하거나 비밀취급자를 특정하거나 비밀준수 의무를 부과하는 등의 방법으로 비밀을 관리하는 경우를 말한다. 그러나 직원이면 누구나 별다른 제한없이 열람, 접속 등이 가능하거나 수년간 근무한 사람이면 누구나 숙지할 수 있는 정도의 정보인 경우에는 비밀관리성을 인정하기 어려울 것이다. 따라서 구체적인 영업비밀을 특정하지 않은 채 단순히 일반적인 영업비밀 준수서약서만을 받고 별도 조치를 취하지 않는 경우 비밀관리성을 인정받기 곤란할 것이다. 다만 기업의 규모나 비밀의 가치 등에 비추어 비밀의 유지관리에 지나친 비용이 드는 경우 등에는 엄격하지 않은 적절한 방법으로 관리할 수도 있다고 할 것이다. 따라서 대기업인지 중소기업인지 여부, 정보의 가치 등을 고려하여 비밀관리성 여부를 판단해야 할 것이다. 다만, 문제는 이러한 요건 완화에도 불구하고 '비밀로 관리'는 불확정 개념이므로 그 구체적인 내용은 결국 판례를 통하여 형성될 수밖에 없을 것이고, 비밀을 유지하기 위한 적절한 조치는 요구하고 있으므로, 영업비밀 보유자는 현실적으로 일정한 노력을 기울여야 보호를 받을 수 있다.356)

　　한편, 영업비밀로 인정받기 위하여 영업비밀 원본 증명제도를 이용할 수 있다. 영업비밀 보유자가 영업비밀이 포함된 전자문서의 원본 여부를 증명받기 위하여 영업비밀 원본증명기관357)에 그 전자문서로부터 추출된 고유의 식별값 즉 "전자지문"(電子指紋)을 등록하면 그 원본증명기관은 등록된 전자지문과 영업비밀 보유자가 보관하고 있는 전자문서로부터 추출된 전자지문이 같은 경우에는 그 전자문서가 전자지문으로 등록된 원본임을 증명하는 원본증명서를 발급해 주며 이 원본증명서를 발급받은 자는 그 전자지문의 등록 당시에 해당 전자문서의 기재 내용대로 정보를 보유한 것으로 추정되는 효과를 받을 수 있다.358)

나. 영업비밀침해행위

　　영업비밀의 침해행위라 함은 비밀로서 관리되고 있는 영업비밀을 그러한 관리상태를 부정한 방법으로 뚫고 들어가 이를 취득, 공개 또는 사용하는 것을 말한다. 따라서 영업비밀의 보유자로부터 유래하지 아니하는, 즉 같은 정보를 독자의 방법으로 취득하여 이를 공개 또는 사용하는 행위는 침해행위에 해당하지 아니한다. 우리나라의 부정경쟁방지법은 침해행위의 유형을 6개로 나누고 있으나, 개념적으로 4개의 유형으로 분류할 수 있다.

첫째, 절취·기망·협박 기타 부정한 수단으로 영업비밀을 취득하는 행위 또는 그 취득한 영업비밀을 사용하거나 공개(비밀을 유지하면서 특정인에게 알리는 것을 포함한다)하는 행위, 둘째, 근로자 또는 라이선시 등과 같이 영업비밀에 대한 접근이 허용된 반면, 계약관계 등에 의하여 영업비밀을 비밀로서 유지하여야 할 의무가 있는 자가 부정한 이익을 얻거나 그 영업비밀의 보유자에게 손해를 가할 목적으로 영업비밀을 사용 또는 공개하는 행위, 셋째, 영업비밀에 대하여 첫째의 부정취득행위 또는 둘째의 의무위반행위가 있는 사실을 알거나 혹은 중대한 과실로 알지 못하고 그 영업비밀을 취득하는 행위 또는 그 취득한 영업비밀을 사용하거나 공개하는 행위, 넷째, 일단 영업비밀을 취득함에 있어서는 선의·무중과실이었으나, 그 후에 그 영업비밀에 첫째의 부정취득행위 또는 둘째의 의무위반행위가 개재되어 있는 사실을 알거나 중대한 과실로 알지 못하고 그 영업비밀을 사용 또는 공개하는 이른바 사후적 부정사용행위로 나누어 볼 수 있다.[359] 이상의 6가지 유형을 이해의 편의를 위해 도시하면 다음과 같다.

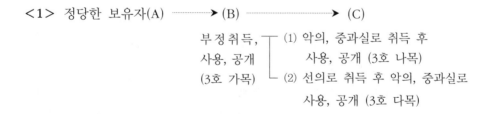

<1> 정당한 보유자(A) ⟶ (B) ⟶ (C)

                부정취득, ⊤ (1) 악의, 중과실로 취득 후
                사용, 공개   사용, 공개 (3호 나목)
                (3호 가목) ⊥ (2) 선의로 취득 후 악의, 중과실로
                                사용, 공개 (3호 다목)

<2> 정당한 보유자(A) ⟶ (B) ⟶ (C)

      정당하게 개시 ── 부정목적으로 ⊤ (1) 악의, 중과실로 취득 후
                         사용, 공개   사용, 공개 (3호 마목)
                         (3호 라목) ⊥ (2) 선의로 취득 후 악의, 중과실로
                                       사용, 공개 (3호 바목)

이상의 영업비밀의 침해행위에 대해서 법은 민사적 구제와 더불어 형사적 구제를 인정하고 있다. 즉 법은 민사적 구제로서 영업비밀보유자에게 금지청구권, 손해배상청구권, 신용회복청구권을 인정한다. 또 형사적 구제는 다음과 같다.[360)

ⅰ) 누구든지 부정한 이익을 얻거나 기업에 손해를 가할 목적으로 그 기업에 유용한 영업비밀을 외국에서 사용하거나 외국에서 사용될 것임을 알면서 취득·사용 또는 제3자에게 누설한 자는 7년 이하의 징역 또는 그 재산상 이득액의 2배 이상 10배 이하에 상당하는 벌금에 처한다.

ⅱ) 누구든지 부정한 이익을 얻거나 기업에 손해를 가할 목적으로 그 기업에 유용한 영업비밀을 취득·사용하거나 제3자에게 누설한 자는 5년 이하의 징역 또는 그 재산상 이득액의 2배 이상 10배 이하에 상당하는 벌금에 처한다.

다. 영업비밀의 소송절차상 보호

민사소송법 제163조에 따르면 소송기록 중에 당사자가 갖는 영업비밀이 적혀있는 경우, 법원은 당사자의 신청에 따라 소송기록 중 영업비밀이 적혀있는 부분의 등본등의 교부등 복사신청을 할 수 있는 자를 당사자로 한정하는 결정을 할 수 있으며, 위 신청에 따른 재판이 확정될 때까지 제3자는 비밀기재 부분의 열람 등을 신청할 수 없다.[361) 그러나 이는 상대방 변호사에게만 열람이 허용되는 미국의 Protective order 제도에는 미치지 못하고, 당사자 외의 제3자의 열람 및 복사만 금지되기 때문에 상대방 내지 소송대리인을 통한 영업비밀 공개를 막을 수 없는 등 한계가 있는바,[362) 이를 보완하기 위하여 2011년 부정경쟁방지법 개정에서 제14조의4(비밀유지명령)가 신설되었는데, 동조에 따르면 법원은 영업비밀 침해 등 소송에서 그 당사자가 보유한 영업비밀에 대하여 일정한 사유가 소명되는 경우 타방 당사자 및 관련자에게 그 영업비밀을 해당 소송의 계속적인 수행 외의 목적으로 사용하거나 무관계한 제3자에게 공개하지 아니할 것을 명하는 비밀유지명령을 할 수 있다.[363) 그리고 동법 제14조의6은 비밀유지명령이 내려진 소송에 관한 소송기록에 대하여 민사소송법상 소송기록 열람 등을 당사자 외의 제3자에게 제한하는 결정이 내려진 경우에 비밀유지명령의 실효성을 확보하기 위한 보완적 규정이다.[364)

한편, 특허법상 특허 침해의 증명 또는 침해로 인한 손해액의 산정에 필요한 서류 기타 자료의 제출을 상대방에게 명령할 수 있고 이 경우 그 자료의 소지자는 그 자료가 영업비밀에 해당하는 등 그 제출을 거절할 정당한 이유가 있음을 주장할 수 있으나 법원은 그 주장의 당부를 판단하기 위하여 자료의 제시를 명할 수 있다(다만 그 자료를 다른 사람이 못보게 하여야 한다). 그러나 영업비밀이라 하더라도 침해의 증명 또는 손해액의 산정에 반드시 필요한 때에는 그 제출을 거부할 수 없음에 유의하여야 한다.365)

V. 지식재산권에 의하지 아니한 과학기술의 보호

1. 개 설

과학기술은 부정경쟁방지법을 포함한 지식재산권에 의한 보호를 받는 외에 특별법에 의하여도 보호될 수 있다. 즉, 특정분야의 기술발전을 도모하기 위해 도입한 신기술보호제도나 신기술인증제도가 있고 하도급 관계에서 위탁기업이 거래상 우월적 지위를 이용하여 수탁기업으로부터 연구개발성과를 탈취하거나 기술정보의 제공을 강요하는 등의 불공정 거래관행을 시정하기 위하여 도입한366) 기술임치제도(technology escrows)가 그것이다. 그 외에도 민법상 불법행위책임에 따른 보호와 기술적 보호 등이 있다.

2. 신기술보호제도

가. 신기술보호제도의 내용

일정한 신기술에 대하여는 특허법에 의한 보호 외에 특별법에 의한 보호제도가 별도로 인정되고 있다. 즉, 건설신기술, 전력신기술, 신기술농업기계, 방재신기술, 목제제품신기술, 교통신기술 등에 대하여는 신기술지정 · 보호제도가 마련되어 있다. 여기에서는 건설신기술보호제도를 중심으로 살펴본다. 건설신기술로 지정받기 위하여는 (i) 국내에서 최초로 개발하였거나 기존 기술을 개량한 건설기술일 것, (ii) 신규성 · 진보성 및 현장적용성이 있을 것의 요건을 갖추어야 한다.367) 전문기관인 국토교통과학기술진흥원 신기술심사위원회의 심사를 거쳐 120일 이내에 신기술 지정 여부를 결정한다. 신기술을 지정하였을 때에는 이를 관보에 고시하고, 신청인에게 신기술 지정증서를 발급한다.

신기술로 지정되면 (i) 기술사용료를 받을 수 있고, (ii) 발주청에 신기술과 관련된 신기술장비 등의 성능시험, 시공방법 등의 시험시공을 권고해주며, (iii) 발주청은 신기술이 기존 건설기술에 비하여 시공성 및 경제성 등의 측면에서 우수하다고 인정되는 경우 해당 신기술을 시행 건설공사의 설계에 반영하고 건설공사 발주 시 이를 공사계약서에 구체적으로 표시하며 신기술의 사용협약을 체결하고 신기술과 관련되는 공정에 참여하게 하는 등 이를 우선 적용해주고, (ⅳ) 기술개발자에게 한국산업은행이나 중소기업은행의 기술개발 자금 등이 우선적으로 지원될 수 있도록 관계 기관에 요청해주는 혜택을 받을 수 있다.368) 신기술의 보호기간은 신기술의 지정·고시일부터 8년이며 심사를 거쳐 3년 내지 7년간 연장될 수 있다.369)

나. 신기술보호제도의 문제점

신기술보호제도는 신청일로부터 120일 이내에 신속하게 그 지정 여부의 판단을 받을 수 있고 실제 공사에 적용되고 금융의 혜택을 받는 등 신기술개발 자에게는 매우 유리한 제도이다. 그러나 그 요건 심사에 신규성과 진보성 외에 현장적용성, 경제성 및 보급성이라는 추상적인 기준을 적용하여 자의적인 판단 을 할 위험이 있고 보호기간도 최장 15년에 달하여 연차료 납부 없이도 특허 의 보호기간에 버금가는 장기간의 보호를 받을 수 있다. 따라서 건설신기술을 개발한 자는 특허출원을 하기 보다는 신기술지정을 받아 실질적이고 강력한 보호를 받는 것을 선호하게 되어 특허제도를 무용화할 위험이 있다.

3. 기술임치제도와 기술보유 수탁기업의 보호

가. 기술임치제도

기술보유자는 기술거래과정에서 기술을 탈취당하거나 이전을 강제당할 위 험이 있는바 이를 예방하기 위하여 「대중소기업상생협력촉진에 관한 법률("대 중소기업상생법")」에 따라 기술임치(任置)370)제도를 이용할 수 있다. 기술보유자 는 대중소기업상생협력재단 등 기술자료 수치기관("수치인", 受置人)에 자신의 기술자료371)를 임치할 수 있다.372) 실명으로 등록된 임치기술은 임치기업이 임 치물의 내용대로 개발한 것으로 추정받는 효과가 생긴다.373) 기술자료 임치는 대기업과 중소기업374)간의 수탁·위탁거래375)에서 특히 그 효용이 있다. 위탁 기업이 수탁기업에게 기술자료의 제공을 요구하는 경우 수탁기업은 기술자료 를 임치할 것을 제안할 수 있다. 위탁기업은 수탁기업이 임치를 요구한다고 하 여 불이익을 주는 행위를 할 수 없으며 임치된 기술에 대하여 (ⅰ) 수탁기업이 동의한 경우와 (ⅱ) 수탁기업이 파산선고 또는 해산결의로 그 권리가 소멸되거 나 사업장을 폐쇄하여 사업을 할 수 없는 경우 등 위탁기업과 수탁기업이 협의 하여 정한 기술자료 교부조건에 부합하는 경우에 수치인에게 수탁기업이 임치 한 기술자료를 내줄 것을 요청할 수 있는 권리를 가지게 된다.376)

나. 기술보유 수탁기업의 보호

기술보유자인 수탁기업은 대중소기업상생법에 따라 다음과 같은 보호를 받는다. 즉 위탁기업은 수탁기업에 위탁 시 정당한 사유 없이 기술자료 제공을 요구할 수 없으며, 위탁기업은 정당한 사유가 있어서 수탁기업에게 기술자료를 요구할 경우에도 요구의 목적, 비밀유지에 관한 사항, 권리귀속 관계 및 대가 등에 관한 사항을 해당 수탁기업과 미리 협의하여 정한 후 그 내용을 적은 서면을 수탁기업에게 주도록 되어 있다. 또한 위탁기업이 정당한 사유 없이 기술자료 제공을 요구하거나 기술자료의 임치를 요구한 수탁기업에 불이익을 주는 행위를 한 경우 해당 수탁기업이 그 사실을 관계 기관에 고지하였다는 이유로 수탁·위탁거래의 물량을 줄이거나 수탁·위탁거래의 정지 또는 그 밖의 불이익을 주는 행위를 할 수도 없다.[377]

4. 민법상 불법행위에 의한 보호

과학기술 침해행위가 민법상 불법행위에 해당되면 그에 따른 구제를 받을 수 있다. 불법행위의 성립요건은 ① 고의 또는 과실로 인한 가해행위, ② 가해행위의 위법성, ③ 손해의 발생, ④ 가해행위와 손해와의 인과관계이다.[378] 특히 지식재산권 침해를 구성하지 않는 불법행위의 성립 여부는 가해행위의 위법성 여부에 달려있다. 우리 대법원은 경쟁자가 상당한 노력과 투자에 의하여 구축한 성과물을 상도덕이나 공정한 경쟁질서에 반하여 자신의 영업을 위하여 무단으로 이용함으로써 경쟁자의 노력과 투자에 편승하여 부당하게 이익을 얻고 경쟁자의 법률상 보호할 가치가 있는 이익을 침해하는 행위는 부정한 경쟁행위로서 민법상 불법행위에 해당하는바, 위와 같은 무단이용 상태가 계속되어 금전배상을 명하는 것만으로는 피해자 구제의 실효성을 기대하기 어렵고 무단이용의 금지로 인하여 보호되는 피해자의 이익과 그로 인한 가해자의 불이익을 비교·교량할 때 피해자의 이익이 더 큰 경우에는 그 행위의 금지 또는 예방을 청구할 수 있다고 판시하여 불법행위의 성립뿐 아니라 금지청구권까지 인정하였다.[379]

5. 과학기술에 대한 기술적 보호

과학기술은 법적 보호를 받을 수 있을 뿐 아니라 기술적 보호조치에 의하여도 보호될 수 있다. 기술적 보호조치라 함은 과학기술에 대한 접근통제조치나 침해방지조치를 말한다. 즉 과학기술에 대한 불법적인 접근을 차단하기 위한 침입차단시스템 등 접근 통제장치의 설치·운영, 접속기록의 위조·

변조 방지를 위한 조치, 과학기술을 안전하게 저장·전송할 수 있는 암호화 기술 등을 이용한 보안조치 및 백신 소프트웨어의 설치·운영 등 컴퓨터바이러스에 의한 침해 방지조치를 포함한다. 앞서 본 바와 같이 저작권법은 기술적 보호조치의 무력화(anti-circumvention)를 금지하며 이를 위반할 경우 형사처벌까지 한다.380) 오늘날 대부분의 정보기술은 자체적인 기술적 보호망을 갖추고 있다.

VI. 새로운 문제들

1. 빅데이터와 데이터마이닝 면책

"빅데이터"란 정보처리능력을 가진 장치를 통하여 공개정보 및 이용내역 정보 등을 처리(수집, 생성, 저장, 조합, 분석, 그 밖에 이와 유사한 행위를 말한다. 이하 같다)하여 생성되는 정보 및 이로부터 가치를 추출하고 결과를 분석하는 기술을 말한다.

빅데이터를 구성하는 것은 데이터이므로 그 데이터에 저작물성이 있다면 빅데이터를 처리함에 있어서 저작권 문제가 발생할 수 있다. 그러나 빅데이터 분석을 위한 데이터 마이닝의 경우, 외형적으로는 저작물의 복제 등 이용행위가 행해지지만, 그 과정은 저작물의 표현 자체를 이용하는 것이 목적이 아니라 저작물에 포함된 아이디어나 배경 정보 등을 추출하는 것을 목적으로 하는 경우가 대부분이다. 이와 같이 '저작물 이용의 실질'을 충족하지 아니하는 빅데이터 분석을 위한 데이터 마이닝의 경우 빅데이터 산업 활성화를 위하여 저작권 행사가 제한될 필요가 있다. 데이터 분석을 위해 자동화된 분석기술을 사용하는 경우 해당 데이터의 복제를 수반하게 된다. 이른바 '데이터 마이닝'(data mining)이 가능하기 위해서는 이러한 복제를 저작권 침해에 대한 예외로 인정할 필요가 있다.

우리나라 저작권법 제30조의 사적이용을 위한 복제 규정과 제35조의2에 따른 저작물 이용과정에서의 일시적 복제 규정이 이와 관련된 규정으로 볼 수도 있으나, 양 규정은 한계가 있다. 왜냐하면, 비상업적 목적이라 하더라도 '데이터 분석'을 '사적 이용'으로 볼 수 있는지 의문이고, 어떤 저작물 '그 자체'를 컴퓨터에서 이용하기 위하여 복제하는 것이 아니라 수많은 데이터 내의 일정한 관계를 분석하기 위하여 해당 데이터를 이용한다는 점에서 제35조의2가 적용되는 전형적인 상황은 아니기 때문이다. 따라서 기존 연구데이터를 활용한 데이터 마이닝 기술로 관련 산업 발전을 도모하고, 관련 산업 분야에서 소송 위험을 최소화하기 위해서는 영국이나 일본과 같이 저작권법 개정을 통해 개별 제한 규정을 신설할 필요가 있다. 나아가 데이터베이스에 대한 보호를 넘어 창작성이 없는 데이터 또는 그 데이터의 집합에 대한 보호도 논의되고 있다.381)

2. 가상 · 증강현실 서비스와 파노라마의 자유

디지털 기술 발전을 통해 새로운 유형의 저작물 제공 서비스가 등장하고 있다. 다보스포럼('16.1.)에서 제4차 산업혁명 시대 승자가 되는 4가지 조건 중 하나로 '강하고 유연한 지식재산 제도'를 강조한 바 있고, 선진 각국은 기존 저작권 제도의 정비를 통해 제4차 산업혁명 시대에 우위를 점하기 위한 다각적인 노력을 경주하고 있다. 인공지능 · 로봇기술 등 정보통신기술의 융합으로 인한 제4차 산업혁명 시대 도래에 대응할 수 있는 저작권 체계 개편이 필요하다.

가상현실(Virtual Reality)은 컴퓨터 기술을 이용하여 사람의 오감을 자극함으로써, 가상의 환경과 경험 등을 현실에서 실제 느끼는 것처럼 체험하도록 제공하는 것을 말하고, 증강현실(Augmented Reality)이란 현실세계에 컴퓨터 등을 사용하여 정보를 부가 제시하는 기술 및 정보를 부가 제시한 환경 그 자체를 말한다. 최근에는 가상현실과 증강현실의 경계를 나누지 않고, 현실과 가상의 정보를 융합해 진화된 가상 세계를 만드는 기술로 가상현실의 몰입감과 증강현실의 현실감이 융합된 환경에서 상호작용하는 혼합현실(Mixed Reality)로 발전하고 있다. 현재 가상 · 증강현실 서비스는 엔터테인먼트, 관광, 부동산 콘텐츠 중심으로 성장하는 단계이다. 5G 통신이 상용화되고, 관련 콘텐츠의 다양화, 기기의 경량화가 실현되면 경쟁력 있는 산업으로 발전할 것이 확실하다.

가상 · 증강현실 서비스가 보편화되면 저작권 이슈들이 활발하게 제기될 것으로 예상된다. 특히, 저작권 제도와 가상 · 증강현실의 기술 변화가 가장 직접 관련된 사안은 파노라마 자유(freedom of panorama)라 할 수 있다. 파노라마의 자유란 공공장소에 항시 전시되는 건축물이나 미술저작물 등을 사진, 동영상 등으로 복제하여 이용할 수 있는 자유를 말한다. 우리 저작권법 제35조 제2항이 파노라마의 자유에 대해 규정한 것으로 이해되고 있는데, ① 개방된 장소일 것, ② 항시 전시되고 있을 것, ③ 판매의 목적에 해당하지 않는 등 단서에서 정한 각 호에 해당하지 않을 것이란 기준을 설정하고 있다. 증강현실은 이용자의 위치정보에 따라 예상하지 못한 정보를 시현해야 할 필요성이 크며, 가상현실도 현실에 있는 저작물을 가상으로 시현하기 위해서는 '옥외 제한'과 '항시 전시의 제한'이라는 요건을 충족시키지 못할 개연성이 크다. 따라서 파노라마의 자유에 관한 규정을 유연하게 해석하거나 불가능한 경우에는 법 개정이 필요하다.

3. 인공지능 성과물에 대한 보호

인공지능(Artificial Intelligence: AI)은 4차 산업혁명시대에 사회 모든 분야에 혁신적 변화를 일으키고 있다. AI는 저작권 분야뿐만 아니라 화화물질 합성이나 소프트웨어 제작 등 과학기술 분야에서도 활발하게 이용되고 있다. 이에 AI 산업에 대한 투자와 관련 산업의 진흥을 위하여 AI가 만든 창작물에 대해 보호의 필요성이 대두되면서 인간 중심의 지식재산 보호체계의 변화가 요구되고 있다. 다만, AI 창작물에 대한 보호를 위한 입법 추진은 인간의 권익을 해치지 않으면서도 AI 관련 산업을 진흥할 수 있도록 현행 보호 수준보다 낮고 제한된 범위에서 이루어져야 할 것이다.

---

257) 예컨대, 유체재산의 경우에는 전혀 가치가 없더라고 물건으로서 현존하고 있기 때문에, 이 물건에 대한 소유권의 성립은 부정되지 않는다. 그러나 지적재산의 경우 산출되더라도 사라지기 쉬운 가치없는 정보를 지적재산으로 구성할 필요는 없다. 따라서 지적재산을 정확히 정의하면, 지적재산이란 법적 보호의 가치가 있는 정보, 즉 지적재산권의 대상물밖에 없다.

258) 그러나 유용한 정보와 무용한 정보의 구별은 고정적인 것은 아니다. 예컨대, 개개의 정보는 무용한 정보일지라도 그것이 확대된 데이터가 되면 유용한 정보로서 지적재산의 보호 대상이 되는 경우가 있다.

259) 특허법 제2조 제1호.

260) 특허법 제2조 제3호.

261) 그런데 자연법칙의 이용이란 요건을 완만하게 해석하여 사회적 요청이 강한 것에 대하여는 특허법으로 보호할 필요가 있다는 주장이 많다.

262) 자연법칙 자체는 특허법상 발명이 될 수 없으며, 자연법칙을 이용한 것이어야 한다. 예컨대, "물은 높은 데서 낮은 데로 흐른다"고 하는 자연법칙 그 자체는 특허법상 발명이 될 수 없지만, 이를 이용하여 水車를 만드는 것은 발명에 해당한다.

263) 특허법원 지적재산소송실무연구회(2010), 139-140면; 특허청(2008), 2106-2108면.

264) 대법원 2008. 12. 24. 선고 2007후265 판결 등.

265) 주관적 창작을 보호하는 것은 저작권법이다.

266) 특허법 제62조.

267) 특허법 제25조.

268) 특허법 제33조 등.

269) 특허법 제36조.

270) 특허법 제34조 및 제35조.

271) 발명진흥법 제10조.

272) 특허법 제44조.

273) 특허법 제33조.

274) 공동발명에 관한 자세한 설명은 본서 제2편 제3장 과학기술의 귀속 중 Ⅵ. 1. 나. 참조.

275) 특허법 제33조 제2항.

276) 법상의 발명은 특허법 제2조 제1호, 산업상 이용가능성, 신규성 및 진보성은 각 특허법 제29조 제1항 본문, 제29조 제1항, 제29조 제2항에 규정되어 있다.

277) 소극적 요건은 각 특허법 제29조 제3항 및 제4항, 제32조, 제62조 제3호에 규정되어 있다.

278) 의료업 자체가 산업에 해당되지 않는다는 것이 이론적 근거이다. 그러나 의료업 자체를 산업이 아니라고 하는 논리는 부자연스러우므로 순수한 의료행위를 불특허사유에 포함하여 규정하여야 한다는 입법론이 있다. 대부분의 입법례는 이를 불특허사유로 하고 있다. 인도적 견지에서 널리 개방하는 것이 바람직하고 이를 특허대상으로 해야 할 다른 사회적 요청이 있다고 볼 근거는 없기 때문이다. 정상조/박성수 편(2010), 422면 이하(김기영 집필) 참조.

279) 특허법 제32조 참조.

280) 특허법 제29조 제1항.

281) 특허법 제29조 제2항. 당해 발명이 공지기술에 비추어 용이한 것인가 아닌가는 그 발명이 속하는 기술 분야에서 통상의 지식을 가진 자의 전문지식에 따라 판단된다. 특허법이 상정하는 상식 있는 제3자로서의 평균적 전문가를 전문가 · 당업자(person skilled in the art)라고도 부른다.

282) 1973. 2. 8. 법률 제2505호에서는 불특허사유로 ⅰ) 음식물 또는 기호물의 발명, ⅱ) 의약 또는 2 이상의 의약을 혼합하여 1의 의약을 조제하는 방법의 발명, ⅲ) 화학방법에 따라 제조될 수 있는 물질의 발명, ⅳ) 원자핵변환방법에 따라 제조될 수 있는 물질의 발명, ⅴ) 물질 자체가 지니는 성질에 따르는 용도의 발명, ⅵ) 공공의 질서 또는 선량한 풍속을 문란하게 하거나 공중의 위생을 해할 염려가 있는 발명을 규정하고 있었다. 1986. 12. 31. 법률 제3891호에서는 ⅰ), ⅳ), ⅵ) 발명만을, 1990. 1. 13. 법률 제4207호에서는 ⅳ), ⅵ) 발명만을 불특허대상으로 규정하고 있다. 또 1995. 1. 5. 법률 제4892호에서는 ⅵ) 발명만을 불특허대상으로 규정하고 있다(현행법 제32조).

283) ⅰ), ⅱ), ⅲ)의 요건은 각 특허법 제42조 제3항, 제42조 제4항 및 제8항, 제45조에 규정되어 있다.

284) 특허법 제132조의17.

285) 특허법 제186조.

286) 특허법 제133조.

287) 특허법 제87조 제1항.

288) 특허출원에 대하여 심사관은 특허를 거절할 이유를 발견할 수 없을 때는 특허결정을 하여야 하므로(특허법 제75조) 특허요건을 갖춘 발명에 대한 특허부여는 행정청의 자유재량이 아니고 기속적 행정행위에 속한다. 그러나 그것이 단순히 발명권의 존재를 인정하는 확인적 · 선언적 행정행위인지 아니면 발명자에게 독점배타권을 생기게 하는 형성적 · 창설적 행정행위인지에 관하여는 다툼이 있다.

289) 특허법 제94조. 한편, 본조 제1항 단서는 "다만, 그 특허권에 관하여 전용실시권을 설정한 때에는 전용실시권자가 그 특허발명을 독점하는 범위에서는 그러하지 아니한다."라고 규정하고 있다.

290) 설사 그가 우연히 특허발명과 동일한 발명을 독립적으로 창작한 경우라도 그러하다. 이 점은 저작권과 다르다.

291) 특허법 제98조.

292) 특허법 제94조.

293) 특허법 제99조.

294) 현행법상 법정실시권이 인정되는 대표적인 경우는 다음과 같다. •직무발명에 있어서 사용자 등의 실시권(발명진흥법 제10조 제1항) •선사용자의 실시권(선사용권)(특허법 제103조) •무효심판청구등록 전의 권리자의 실시권(중용권)(특허법 제104조) •디자인권의 존속기간만료 후의 실시권(특허법 제105조) •질권실행의 경우 특허권자의 실시권(특허법 제122조) •재심청구등록 전의 선의실시자의 실시권(후용권)(특허법 제182조 및 제183조).

295) 특허법 제88조.

296) 특허법 제89조.

297) 특허법 제92조의2 내지 제92조의5.

298) 특허법 제100조 제1항.

299) 특허권자가 발명을 실시하기 위해서는 전용실시권자로부터 통상실시권 허락을 받아야 한다.

300) 특허법 제102조.

301) 대법원 2014. 7. 24. 선고 2013다14361 판결, 대법원 2015. 6. 11. 선고 2015다204588 판결 등 참조

302) 해석원리에 의한 권리범위의 제한 또는 균등론에 의한 권리범위의 확장 형태로 나타난다.

303) 대법원 2001. 12. 24. 선고 99다31513 판결; 대법원 2001. 8. 21. 선고 99후2372 판결.

304) 특허법 제127조에서 직접침해 행위와는 달리 간접침해의 행위를 규정하고 있다.

305) 특허법 제127조.

306) 특허법 제129조 및 제130조.

307) 특허법 제128조.

308) 특허법 제128조 제8항.

309) 특허법 제225조 내지 제232조.

310) 특허법 제225조 제2항.

311) 특허법 제230조.

312) 특허법 제225조 제1항.

313) 저작권법 제1조.

314) 저작권법 제2조 제2호.

315) 영미법처럼 유형물에의 고정(fixation in tangible medium of expression)을 요건으로 하는 입법례도 있으나 베른조약에서는 동맹국의 입법에 맡기고 있다(조약 제2조 제1항). 우리 법은 이를 요건으로 하고 있지 않다(저작권법 제2조 제1호). 단 영상저작물(저작권법 제2조 제13호)의 경우에는 "기계 또는 전자장치에 의한 재생"을 요건으로 하고 있으므로 유형물에의 고정을 요건으로 한다고 해석된다.

316) 결국 창작성(originality)이란, 당해 저작물의 기원이 저작자에게 있으며(have originated with him) 타인의 것을 베낀 것은 아니다(have not copied it from another)라는 의미이다. Miller and Davis(1983), 287면 참조.

317) Baker v. Selden, 101 U. S. 99, 25 L. Ed 841(1879)

318) 저작권법 제5조 및 제22조 참조.

319) 저작권법 제2조 제2호.

320) 저작권법 제8조 제1항 제1호.

321) 저작권법 제8조 제1항 제2호.

322) 저작권법 제8조 제2항.

323) 저작권법 제10조 제2항.

324) 저작권법 제14조 제1항 참조.

325) 각 권리는 저작권법 제16조, 제17조, 제18조, 제19조, 제20조, 제21조 및 제22조에 규정되어 있다.

326) 저작권법 제2조 제22호 참조.

327) 저작권법 제2조 제22호 및 제35조의2 본문 참조.

328) 저작권법 제2조 제3호.

329) 방송, 전송, 디지털음성송신은 각 저작권법 제2조 제8호, 제10호 및 제11호에 정의되어 있다.

330) 저작권법 제35조.

331) 저작권법 제2조 제23호.

332) 저작권법 제20조 단서.

333) 복제권자가 정당한 방법으로 복제물을 판매한 경우 이후의 전전 배포는 자유이고 배포권은 최초의 판매(first sale)에 의하여 소멸하는 원칙이다. 특허권이나 상표권의 소진이론과 마찬가지 법리이다.

334) 저작권법 제45조 제1항.

335) 저작권법 제45조 제2항.

336) 저작권법 제46조 참조.

337) 저작물의 자유사용(Free Use)을 영국법에서는 Fair Dealing, 미국법에서는 Fair Use라 부르며, 입법에 따라서는 저작권의 제한(restrictions) 또는 예외(exceptions)로 규정하고 있다.

338) 재판절차 등에서의 복제(저작권법 제23조), 정치적 연설 등의 이용(제24조), 공공저작물의 자유이용(제24조의2), 학교교육목적 등에의 이용(제25조), 시사보도를 위한 이용(제26조), 시사적인 기사 및 논설의 복제 등(제27조), 공표된 저작물의 인용(제28조), 비영리목적의 공연·방송(제29조), 사적 이용을 위한 복제(제30조), 도서관 등에서의 복제(제31조), 시험 문제로서의 복제(제32조), 시각장애인 등을 위한 복제 등(제33조), 청각장애인 등을 위한 복제 등(제33조의2), 방송사업자의 일시적 녹음·녹화(제34조), 미술저작물 등의 전시 또는 복제(제35조), 저작물 이용과정에서의 일시적 복제(제35조의2), 부수적 복제 등(제35조의3), 문화시설에 의한 복제 등(제35조의4) 등을 개별적으로 열거하고 있다.

339) 신설 당시는 제35조의3이었으나 2019. 11. 26. 제35조의5로 이동하였다. 저작권법 제35조의 5에서는 '저작물의 통상적인 이용 방법과 충돌하지 아니하고 저작자의 정당한 이익을 부당하게 해치지 아니한 경우'와 더불어 아래와 같이 4가지를 고려 사항으로 하고 있다: 1. 이용의 목적 및 성격 2. 저작물의 종류 및 용도 3. 이용된 부분이 저작물 전체에서 차지하는 비중과 그 중요성 4. 저작물의 이용이 그 저작물의 현재 시장 또는 가치나 잠재적인 시장 또는 가치에 미치는 영향.

340) 저작권법 제10조 제2항 참조.

341) 저작권법 제39조 참조.

342) 저작권법 제44조.

343) 이렇게 실질적 유사성, 또는 일본 판례들이 즐겨 사용하는 '표현상의 본질적 특성의 직접 감득성'을 요구하는 이유는 우리법이 저작자의 권리로 복제권은 물론 2차적 저작물작성권까지 인정하고 있기 때문이다. 즉 2차적 저작물에도 권리가 미치기 때문이다.

344) 저작권법 제124조 제1항. 한편 제2항은 저작자의 명예를 훼손하는 방법으로 저작물을 이용하는 행위는 저작인격권의 침해로 본다.

345) 각 저작권법 제2조 제28호와 제29호에 규정되어 있다.

346) 저작권법 제104조의2 및 제104조의3 참조.

347) 저작권법 제123조 제1항 참조. 침해의 정지나 예방 청구를 할 때 상대방의 고의 또는 과실 여부를 묻지 않는다. 한편, 침해의 정지와 예방 및 손해배상 담보를 청구하는 소송을

제기할 수 있지만, 저작권 침해는 신속하게 구제가 이루어져야 하는 경우가 많으므로 본
안소송에 앞서 가처분 신청을 하는 것이 일반적이다(법제처, 「저작권 침해정지·예방 및
손해배상 청구」 참조). 가처분 신청에 관하여는 저작권법 제123조 제3항 및 제4항 참조.

348) 상대방의 고의나 과실로 저작권이 침해되면 저작권자는 민법에 따라 손해배상을 청구할
수 있다. 손해액의 추정 및 인정에 관하여는 저작권법 제125조 및 제126조 참조. 한편, 동
법 제125조의2는 법정손해배상을 규정하고 있는데, 이는 민사소송에서 법원이 원고의 선
택에 따라 원고가 실제 손해를 입증하지 않은 경우에도 사전에 저작권법에서 정한 일정
한 금액을 손해액으로 인정할 수 있는 제도를 말한다(법제처, 「저작권 침해정지·예방 및
손해배상 청구」).

349) 저작자는 저작인격권이 침해된 경우 특별한 사정이 없는 한 그의 명예와 감정에 손상을
입는 정신적 고통을 받았다고 보아 위자료 청구권이 인정되고(대법원 1989. 10. 24. 선고
89다카12824 판결), 공동저작자의 저작인격권이 침해된 경우 공동저작자 각자가 단독으로
자신의 정신적 손해배상을 청구할 수 있다(대법원 1999. 5. 25. 선고 98다41216 판결). 즉,
저작인격권이 침해된 경우 저작자는 정신적 손해(위자료)의 배상을 민법 제751조에 따라
청구할 수 있다.

350) 저작권법 제127조 참조.

351) 저작권법 제136조 제3항 3의5 및 제137조 제2항.

352) 2013년 개정법은 이를 제2조 제1호 차목에 추가하였지만 2018년 개정으로 현재 카목으로
변경되었다.

353) 이 법률의 성립으로 폐지된 대안(제안자: 정부, 의안번호: 1903158, 제안일자: 2012. 12.
28.)의 심사보고서에 의하면 "현행 「부정경쟁방지법」은 상표, 상호 등을 부정하게 사용하
는 행위를 제한적으로 열거하여 부정경쟁행위를 규율하는 방식을 택하고 있으나, 현대 사
회에서 기술의 발전과 시장의 변화에 따라 아바타, 인터넷 프레이밍 광고 등 법률에 규정
되어 있지 않은 새로운 유형의 부정경쟁행위가 발생하고 있음. 이에 개정안은 새로이 등
장하는 경제적 가치를 지닌 무형의 산물을 보호하기 위해 부정경쟁행위에 대한 보충적
일반조항을 도입하려고 하는 것"으로 보고하고 있다.

354) 부정경쟁방지법 제2조 제1호 차목 참조. 2018년 개정으로 신설되었다.

355) 우리 법의 규정은 미국 통일영업비밀법(Uniform Trade Secret Act: UTSA) 제1조 제4항 제
1·2호에서 정하는 영업비밀의 개념요소, 즉 비공지성·경제성·비밀유지성 등의 요건 및
일본 부정경쟁방지법 제2조 제4항에서 규정하고 있는 내용과 대체로 일치한다. 다만 일본
법은 우리 법과는 달리 경제성의 요건을 별도로 언급하지 아니하고 있다.

356) 정상조 편(2019), 314면(박준석 집필).

357) 대·중소기업·농어업협력재단, 한국특허정보원, 한국지식재산보호원 등.

358) 부정경쟁방지법 제9조의2 참조.

359) 첫째 유형은 부정경쟁방지법 제2조 제3호 가목, 둘째 유형은 제2조 제3호 라목, 셋째 유
형은 제2조 제3호 나목 및 마목, 넷째 유형은 제2조 제3호 다목 및 바목에 규정되어 있다.

360) 부정경쟁방지법 제18조 제1항 및 제2항.

361) 민사소송법 제163조 참조.

362) 김철환(2011), 2면.

363) 부정경쟁방지법 제14조의4 참조.

364) 김철환(2011), 3면: 부정경쟁방지법 제14조의6 참조.

365) 특허법 제132조 참조.

366) 손승우(2007), 725면.

367) 건설기술진흥법 제14조 제1항 참조. 동법상 요구되는 신규성(최초로 개발된 기술이거나
개량된 기술로서 기존기술과 차별성, 안전성, 독창성과 자립성 등이 인정되는 기술), 진보

성(기존의 기술과 비교하여 품질 향상, 개량 정도, 첨단기술성 등이 인정되는 기술), 현장
적용성(시공성, 안전성, 구조안정성, 유지관리 편리성, 환경성 등이 우수하여 건설현장에
적용할 가치가 있는 기술)외에 경제성(기존의 기술과 비교하여 설계·시공 공사비, 유지
관리비 등 비용 절감효과가 인정되는 기술) 및 보급성(시장성, 공익성 등이 우수하여 기
술보급의 필요성이 인정되는 기술)을 갖추어야 한다. 신기술의 평가기준 및 평가절차 등
에 관한 규정(국토교통부고시 제2019-946호, 2019. 12. 31. 시행) 제4조 참조.

368) 건설기술진흥법 제14조 제2항 이하 참조.
369) 신기술의 평가기준 및 평가절차 등에 관한 규정 제17조 참조. 다른 신기술의 보호기간은
    3년 내지 5년이 보통이다.
370) 임치는 당사자의 일방(임치인, 任置人)이 상대방(수치인, 受置人)에게 금전이나 유가증권
    기타의 물건의 보관을 위탁하는 계약이다. 민법 제693조 참조.
371) 여기에서 "기술자료"란 물품등의 제조 방법, 생산 방법, 그 밖에 영업활동에 유용하고 독
    립된 경제적 가치가 있는 일정한 자료를 말한다(대중소기업상생법 제2조 제9호). 기술자
    료의 범위에는 특허권, 실용신안권, 디자인권, 저작권 등의 지식재산권이 포함되는데, 이
    것은 지식재산권 보호제도와 영업비밀 보호제도의 보호대상 전체를 망라하는 것이다. 또
    한, 영업비밀과 달리 비밀로 관리될 것을 요구하지 않고, 별도의 심의절차도 두고 있지
    않지만 보호기간의 제한이 없이 영구적인 보호를 받을 수 있다는 점에서 무형적 결과물
    에 대한 대세적 효력을 얻고자 할 경우 산업재산권 보호제도나 영업비밀 보호제도에 비
    해 접근이 용이한 대안이 될 수 있다.
372) 대중소기업상생법 제24조의2 제1항.
373) 대중소기업상생법 제24조의3.
374) 여기에서 중소기업이라 함은 「중소기업기본법」 제2조에 따른 중소기업을 말한다(동법 제2
    조 참조).
375) "수탁·위탁거래"란 제조, 공사, 가공, 수리, 판매, 용역을 업(業)으로 하는 자가 물품, 부
    품, 반제품(半製品) 및 원료 등(이하 "물품등")의 제조, 공사, 가공, 수리, 용역 또는 기술
    개발(이하 "제조")을 다른 중소기업에 위탁하고, 제조를 위탁받은 중소기업이 전문적으로
    물품등을 제조하는 거래를 말한다(동법 제2조 제4호).
376) 대중소기업상생법 제25조 제1항 13호. 제24조의2 제2항 참조.
377) 대중소기업상생법 제25조 제1항 제12호, 14호 동조 제2항 참조
378) 민법 제750조 참조.
379) 대법원 2010. 8. 25.자 2008마1541 결정. 앞서 본 부정경쟁방지법상 성과참용행위에 대한
    구제는 이 대법원판례를 입법화한 것이다.
380) 저작권법 제104조의2(기술적 보호조치의 무력화 금지) 제1항은 누구든지 정당한 권한 없
    이 고의 또는 과실로 접근통제 기술적 보호조치를 제거·변경하거나 우회하는 등의 방법
    으로 무력화하여서는 아니 된다고 규정한다. 동법 제136조 제2항 3의3호 참조.
381) 데이터 소유권등에 관한 논의는 본서 제4편 제3장 데이터와 법 부분 참조.

제 5 장   과학기술활용과 법

I. 서 론

　　과학기술은 활용될 때 비로소 제 가치를 발현한다. 과학기술은 연구개발
하는 것만으로는 의미가 없으며 사회적으로 활용되어야 한다. 따라서 과학기술
을 연구개발하는 자는 자신이 개발한 과학기술이 어떻게 활용될 수 있는가를
염두에 두고 개발에 임함으로써 그 연구개발의 효과를 극대화할 수 있을 것이
다. 종래 과학기술의 연구개발에 관한 법제는 많이 논의되었으나 정작 그 활용
에 관한 법제는 체계적으로 연구되지 못하였다. 현행의 각종 법제는 과학기술
의 활용을 위한 다양한 규정들을 마련하고 있으나 과학기술의 활용에 관한 법
제는 통일되어 있지 않고 여러 법령에 분산되어 있어 이를 이해하기 쉽지 않
다. 특히 현장에서 연구개발에 전념하는 과학기술인의 입장에서는 법적 쟁점에
따라 관념적으로 체계화된 관련 법제의 내용을 손쉽게 살펴보기 어려울 것이
다.

　　따라서 본 장은 과학기술활용에 대한 최소한의 '법적 약도(略圖)'를 제공하
는 것을 목적으로 한다. 이를 통해 관련 법제들의 전반적인 개요와 그 절차를
이해하는 데 도움이 되고자 한다. 이하에서는 과학기술활용의 구체적 양태를
시계열에 따라 분류하고 각 단계에 검토해야 할 법제 및 주요쟁점을 소개한다.

II. 과학기술활용의 일반론

1. 과학기술활용의 개념

　　현행법상 과학기술활용을 명확히 정의하는 규정은 발견할 수 없다. 과학
기술은 자연에 내재된 원리를 이해하여 이를 인간의 필요와 목적에 따라 적극
적으로 변화시키는 수단임과 동시에, 시장에서 거래 가능한 경제적 가치이다.
따라서 '과학기술활용'이란 "과학기술에 내재된 원리를 구현하거나, 그 경제적
가치를 이용하는 것"으로 개념 지을 수 있을 것이다. 구체적으로는 과학기술보

유자가 이를 사업화하거나 타인으로 하여금 이용하게 하는 것을 말한다. 기술사업화란 기술을 이용하여 제품을 개발·생산 또는 판매하거나 그 과정의 관련 기술을 향상하는 것을 뜻한다.[382] 타인으로 하여금 과학기술을 이용하게 하는 것에는 기술의 양도, 실시권 허락, 기술지도, 공동연구, 합작투자 또는 인수·합병 등의 다양한 방법이 있다. 아울러 과학기술의 경제적 가치에 주목하여 이를 활용하는 것으로는 과학기술을 활용한 담보, 투자유치 등이 대표적일 것이다.

2. 과학기술활용의 유형

가. 유형 구분의 기준

과학기술의 활용은 크게 사용가치와 교환가치에 따라 용익적 활용과 가치적 활용으로 구분할 수 있다. 아울러 과학기술을 원활하게 활용하기 위한 준비적 행위가 있다. 그 세부 유형은 다음과 같다.

나. 용익적 활용

용익적 활용은 다시 용익의 주체와 방법에 따라 직접활용과 간접활용으로 구분할 수 있다. 직접활용은 보유자가 자신이 보유한 과학기술을 직접 활용하는 것으로서 과학기술 사업화가 대표적이다. 간접활용은 보유자가 타인에게 과학기술을 사용, 실시하게 하는 것으로, 과학기술 라이선스가 주요 예이다. 직접활용과 간접활용의 장·단점은 상호보완적이다. 직접활용은 보유자가 직접 그 활용주체가 되므로 과학기술활용의 구조가 비교적 단순하고, 활용에 따른 유·무형의 효용과 이익을 직접 거둘 수 있다. 반면 활용에 드는 비용을 직접 조달하고, 성패에 따른 위험을 감수해야 하는 단점이 있다. 그에 반해 간접활용은 직접활용에 따른 비용과 위험부담을 줄여주지만, 과학기술활용의 1차적인 성과와 이익이 타인에게 귀속하므로 이를 과학기술보유자가 분유(分有)하는 구조가 복잡하고 분쟁이 발생할 수 있는 단점이 있다. 따라서 직접활용은 비용의 조달 및 위험부담의 최소화를 위한 법제 위주인데 반해 간접활용은 라이선스계약 등 보유자와 실시자 사이의 법률관계를 주로 다루게 된다.

다. 가치적 활용

가치적 활용은 시장에서의 가치 활용방법에 따라 환가적 활용과 담보적 활용으로 구분한다. 환가적 활용은 과학기술의 양도와 기술에 대한 권리의 양도 두 측면에서 접근할 수 있다. 담보적 활용은 기술의 시장가치를 담보로 금융을 얻는 것으로, 자금확보뿐 아니라, 담보로 제공된 기술의 가치 입증에도 유용할 것이다. 이들 가치적 활용에 관한 법제에는 자본시장법, 동산·채권 등의 담보에 관한 법률 등이 있다.

라. 기타 활용을 위한 준비적 행위

1) 과학기술의 가치평가

과학기술활용의 궁극적인 목적은 과학기술에 내재된 기능적 가치를 발현함과 동시에, 시장에서의 가치를 적절히 구현하여 이익을 거두는 데에 있다. 그러나 과학기술의 기능적 가치와 시장가치가 반드시 비례하는 것은 아니며 가치평가의 방법, 가치평가의 주체 및 기타 다양한 요소에 따라 변동할 수 있다. 따라서 과학기술활용에 앞서 적절한 평가를 통해 과학기술의 기능과 경제적 가치를 적절히 고려해야 한다. 이러한 가치평가의 중요성 증대에 따라 일부 법제들은 가치평가에 드는 비용 등을 지원하거나 대상과 방법 등을 지정하고 있다.

2) 기술임치

안정적이고 지속적인 활용을 이해서는 관련 자료를 신뢰성 높은 기관이나 제삼자에게 보관하게 할 필요가 있다. 이에 기술임치는 장차의 환경변화와 무관히 임치된 기술자료를 통해 지속적인 기술접근을 가능케 하여, 활용 상대방에게 기술에 대한 신뢰를 높임과 동시에 안정적인 과학기술활용을 담보한다. 특히 임치의 중요성이 증대되면서 이를 별도로 규정하고 있는 법제가 마련되어 있다.

3) 기술신탁

과학기술활용에 선행하여 장차 발생 가능한 사업적 리스크와 보유기술을 분리할 필요도 제기된다. 이에 과학기술을 신뢰성 있는 기관 또는 제삼자에게 신탁하여 기술의 운용과 관리에 효율을 기할 수 있다. 이는 임치와 마찬가지로 그 중요성이 증대되면서 이를 별도로 규정하고 있는 법제가 있다.

3. 과학기술활용 관련 법제의 구성

가. 헌 법

우리 헌법은 과학기술활용에 관한 규정을 두고 있지는 않다. 다만 국민의 과학의 자유 및 과학기술자와 발명가 권리 보호를 천명하고,[383] 국가에 연구개발은 물론 과학기술정보 개발의무를 부과하여 이를 활용할 수 있도록 하고 있다.[384] 또한, 국가에 대해 기술표준제도를 확립할 의무를 부과하여 기술 활용도를 높이고 있다.[385]

나. 과학기술 활용주체 지원 법제

과학기술활용 주체에 따라 그 지원 법제를 달리 하기도 한다. 예컨대 중소기업진흥법은 중소기업의 과학기술활용을 지원한다. 이를 위해 중소기업창업 및 진흥기금을 설치하고 창업지원기관을 운영한다. 이외에도 벤처기업, 1인 창조기업, 연구소 기업 등 과학기술 활용주체의 속성에 따라 다양한 지원 법제가 있다.

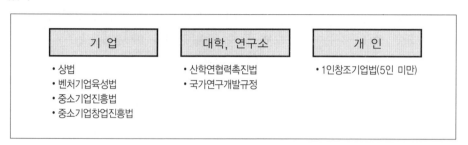

▲ 그림 2-5-1 과학기술활용주체의 구분

다. 과학기술 대상 활용 지원 법제

다양한 과학기술 법제들은 과학기술활용과 그 기반조성 및 지원정책 등 넓은 의미에서 과학기술활용을 규정한다. 특히 과학기술에 관한 기본법인 과학기술기본법은 정부에 연구개발성과의 확산, 기술이전 및 실용화를 촉진하는 시책, 창의적인 아이디어, 신기술, 과학기술 및 정보통신기술에 기반하여 문화 등 다양한 부문과의 융합을 촉진하여 기술창업을 활성화하는 시책, 과학기술을 활용한 삶의 질 향상, 경제적 · 사회적 현안 및 범지구적 문제 등의 해결을 위하여 필요한 시책을 세우고 추진할 의무를 부과하고 있다.[386] 과학기술이 인류의 삶의 질을 향상시키기 위한 목적으로 활용되어야 함에 유의할 필요가 있다.

라. 지식재산 관련 법제

과학기술의 지식재산법에 의한 보호는 그 활용의 전제가 된다.[387] 예컨대 발명이 특허로 보호되면 타인의 방해를 받지 않고 그 특허발명을 실시할 수 있고 타인에게 실시권을 허여할 수도 있다. 과학기술을 활용하고자 하는 자는 그 과학기술이 어떻게 지식재산법의 보호를 받을 수 있는지를 먼저 검토하여야 한다.

마. 기 타

과학기술활용에 직접 적용되는 법제 외에도 예컨대 공정거래법은 과학기술활용에 있어 불공정거래 및 시장 독과점을 규율하고 자본시장법은 기술을 활용한 자금조달에 관계된다.

4. 과학기술활용 법제의 시계열적 분석

과학기술활용의 법적 쟁점은 다음과 같은 시계열적 순서로 분석, 검토할 수 있다.

첫째, 자신이 보유한 기술을 권리화 내지 보호 요건을 갖춘다. 이는 용익적 활용이나 가치적 활용을 막론하고 반드시 필요한 과정이다. 특허 등록, 영업비밀 요건 충족, 컴퓨터프로그램 등록 등의 절차를 마친다.

둘째, 과학기술활용의 목적에 따라 활용의 유형을 선택한다. 따라서 과학기술 예비활용자의 역량과 대상 과학기술을 분석하여 이를 직·간접적으로 용익하여 과학기술에 내재된 기능적 가치를 발현시킬 것인지, 아니면 과학기술의 시장가치에 주목하여 이를 환가적 또는 담보적으로 활용할 것인지를 검토해야 한다. 가령, 자신이 개발한 게임을 사업화하고자 하는 주체는 자신의 역량을 분석하여 직접 퍼블리싱할 것인지(용익적 직접활용), 대형 퍼블리셔를 통해 활용하고 자신은 간접적으로 대가를 수취하는 것이 좋을지(용익적 간접활용), 아니면 해당 게임을 관련 시장에 매각(가치적 환가활용)하거나 이를 담보하여 추가적 자금을 마련하는 것(가치적 담보활용)이 최선일지를 고민해야 한다. 물론 직접 활용과 담보적 활용은 동시에 추구될 수 있다.

셋째, 과학기술의 직접 활용의 경우 그 주체의 유형에 따른 관련 법제를 고려한다. 중소·벤처기업이라면 그에 관한 법제상 지원의 체계와 내용을 파악하여 지원을 신청한다. 예를 들면 게임기술 사업화의 주체가 벤처기업일 경우 그에 따른 상법상의 특칙적용, 투자, 세제지원 등의 혜택을 받도록 한다.

넷째, 과학기술 활용을 위한 가치평가, 기술임치 및 신탁 등을 통하여 본격적인 활용 준비를 한다. 앞선 예를 이어 생각하면, 게임의 기술가치 및 시장가치를 평가받아 라이선스 대가 산정, 양도 또는 담보 제공에 이용하는 한편, 소스코드 등을 임치하여 안정적으로 활용할 수 있도록 한다.

다섯째, 활용 대상 과학기술의 유형에 따라 관련 법제상 활용에 관한 규정을 살펴본다. 예컨대 소재·부품·장비에 관한 기술 보유자인 경우 소재·부품·장비산업 경쟁력강화를 위한 특별조치법상의 지원을 검토하고, 게임 기술 보유자의 경우 이를 직접 지원하는 게임산업진흥법, 소프트웨어산업진흥법, 콘텐츠진흥법 등을 검토한다. 조세제한특례법상의 조세 지원이 가능한지 여부도 살펴본다.

끝으로 구체적인 활용 양상에 따라 개입될 수 있는 공정거래법, 자본시장법 등의 관련 특별법을 고려한다.

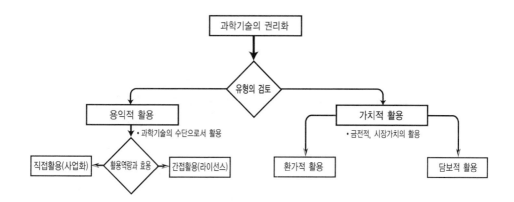

▲ 그림 2-5-2 과학기술활용 유형의 검토

Ⅲ. 과학기술활용의 준비

1. 과학기술의 평가

가. 가치평가기관 법제

기술보유자는 자신이 보유하는 기술의 가치에 대한 평가를 받을 수 있다. 이는 그 기술을 양도, 출자하거나 금융을 얻는데 필수적이다. 기술을 현물출자하는 경우 이를 출자받는 회사는 상법에 따라 현물출자의 이행에 대한 검사인의 조사 또는 공인된 감정인의 감정을 하고 법원에 보고하여야 함이 원칙이다.[388] 그러나 벤처기업이 출자하는 산업재산권 등의 가격을 기술보증기금 등 기술평가기관의 평가를 받으면 상법상 공인된 감정인에 의한 감정을 갈음할 수 있는 이점이 있다.[389] 기술평가기관은 정부의 인가와 규제를 받는다.[390] 기술평가를 신청할 때에는 기술사업계획서와 기타 특허등록원부 등 기술의 권리관계를 증명할 수 있는 자료를 첨부하여야 한다. 예비평가를 거쳐 본 평가에서는 현장 조사와[391] 보완 조사[392]를 하며 필요 시 전문연구기관 등의 시험ㆍ분석 관련 자료를 제출하여야 한다. 기술평가는 고도의 평가기술을 갖춘 전문가에 의해 수행되며, 개별 기술평가기관마다 보유한 고유의 평가모델을 적용한다. 기술가치평가의 방법에 관하여 시장접근법, 수익접근법, 원가접근법, 로열 티공제법 등이 있다.[393] 기술가치평가에는 상당한 비용이 소요되므로 국가는 이를 지원한다.[394]

2. 기술의 임치

가. 기술자료 임치제도

기술보유자는 기술자료 임치(任置)제도를 이용하여 기술자료의 보호를 받을 수 있는데, 이 제도는 특히 대기업과 중소기업 간의 수위탁거래에서 그 효용이 있다.[395] 이와 유사한 제도로 컴퓨터 프로그램 임치제도[396]와 클라우드컴퓨팅서비스 이용자 정보 임치제도[397]가 있다. 또한, 기획재정부의 계약예규 중 용역계약 일반조건은 계약목적물인 기술자료의 임치를 의무화하고 있고[398] 기술임치제도를 이용하면 소프트웨어 기술성 평가에서 가점을 받을 수 있다.[399]

나. 영업비밀 원본증명제도

한편, 기술이 공개될 경우 빠른 시일 내에 역설계를 통해 제품 제조가 불가능한 기술정보, 기업 경영정보 등 특허권으로 보호받기 어려운 정보, 특허 권리화 이전 단계의 연구 아이디어 등은 특허등록을 하기보다 영업비밀로 관리하는 것이 유용할 수 있는바, 기술자료 임치제도와 유사한 제도로 기술 중 영업비밀에 대하여 사용할 수 있는 영업비밀 원본증명제도가 있다.[400]

3. 기술의 신탁

가. 기술신탁 개관

신탁(信託)은 위탁자가 수탁자에게 특정의 재산을 이전, 담보권 설정 등의 처분을 하고 수탁자로 하여금 그 재산의 관리, 처분, 운용, 개발 등 신탁 목적 달성을 위한 행위를 하게 하는 것이다.[401] 신탁재산에는 기술도 포함된다. 또한, 기술을 보호하는 지식재산권뿐 아니라 지식재산권으로 보호되지 않는 노하우, 영업비밀 등과 특허를 받을 수 있는 권리도 대상에 포함된다.[402][403] 수탁자는 신탁재산에 대한 권리와 의무의 귀속주체로서 신탁재산의 관리, 처분 등을 하고 신탁 목적의 달성을 위하여 필요한 모든 행위를 할 권한을 가지나 선량한 관리자의 주의(注意)로 신탁사무를 처리하여야 하고 수익자의 이익을 위하여 신탁사무를 처리하여야 하는 충실의무를 진다.[404] 기술신탁계약이 체결되면 기술보유자에서 수탁자로 그 권리가 이전되므로 대외적으로는 수탁자 소유로 표시되나, 당사자 간에서는 신탁계약의 내용에 따른다.[405] 기술신탁에는 신탁에 관한 일반법인 신탁법을 비롯하여 자본시장법, 기술이전촉진법, 그리고 지식재산권법이 적용된다.

나. 자본시장법상 신탁업자에의 신탁

지식재산권의 보호를 받는 기술보유자는 자신의 지식재산권을 자본시장법 상 신탁업자에게 신탁할 수 있다.406) 그러나 지식재산권만을 수탁하는 신탁업 자는 거의 없고407) 동산, 부동산 등의 재산과 함께 종합하여 수탁하는 경우가 많다. 신탁업자는 선관의무 및 충실의무를 지는 등 자본시장법상 엄격한 규제 를 받는다.408)

다. 기술신탁관리기관에의 신탁

기술보유자는 자신의 기술과 그 사용에 관한 권리를 기술신탁관리기관에 게 신탁하여 기술의 설정ㆍ이전, 기술료의 징수ㆍ분배, 기술의 추가개발 및 기 술자산유동화 등의 관리업무를 하게 할 수 있다.409) 기술신탁관리기관으로는 한국산업기술진흥원, 연구개발특구진흥재단, 한국보건산업진흥원, 한국지식재 산전략원 및 농업기술실용화재단이 있다. 기술보유자는 신탁관리기관과 기술 신탁계약을 체결하고 계약에 따라 신탁관리기관이 특허연차료 관리, 특허권 보 호관리, 양도 및 라이센싱 등의 업무를 처리한다. 신탁관리기관은 자신이 직접 관리하기도 하지만 외부 법률전문가, 기술거래 전문가 등을 활용하여 수탁기술 을 제3자 기업에게 라이센싱 등을 하게 하기도 한다.410) 기술을 포함하는 저작 물에 대한 권리는 저작권신탁관리업자에게 저작재산권 등을 신탁하여 지속적 으로 관리하게 할 수 있다.411)

라. 신탁 등록

기술신탁이 대외적으로 효력을 발생하기 위해서는 수탁자의 명의로 이전 되어야 한다. 특허권 등 등록 지식재산권의 경우에는 신탁 등록을 하여야 한 다. 신탁등록이 가능한 권리로는 특허권, 실용신안권, 디자인권, 상표권 및 반 도체배치설계권을 포함하는 특허권 등과 이에 대한 전용실시권ㆍ통상실시권ㆍ 전용사용권 또는 통상사용권과 특허권 등 및 그에 관한 권리를 목적으로 하는 질권이 있다.412) 신탁등록은 특허신탁원부, 실용신안신탁원부, 디자인신탁원부, 상표신탁원부 및 배치설계등록원부의 신탁부에 한다. 권리마다 개별적으로 신 탁부에 등록하는 것은 불편하므로 신탁하는 모든 지식재산권 나아가 모든 신 탁재산에 대하여 포괄적으로 신탁 등록을 할 수 있는 법제가 마련되어야 할 것 이다.

가치평가	기술임치	기술신탁
• 기술이전촉진법 • 산업기술혁신촉진법 • 국가연구개발사업규정 • 기술평가기준운영지침	• 저작권법 • 대중소기업협력법 • 기획재정부 계약예규 • SW 기술성 평가기준	• 신탁법 • 기술이전촉진법 • 자본시장법 • 특허권 등의 등록령

▲ 그림 2-5-3   과학기술활용의 준비적 행위

Ⅳ. 과학기술의 직접활용

1. 과학기술의 직접활용 : 과학기술 사업화

가. 과학기술 사업화의 개념

과학기술 사업화는 과학기술보유자가 자신이 보유한 기술을 사용하여 제품을 생산하거나 서비스를 제공하는 사업을 영위하는 것이다. 기술이전촉진법은 기술사업화를 "기술을 이용하여 제품을 개발·생산 또는 판매하거나 그 과정의 관련 기술을 향상시키는 것"으로 정의한다.413) 본 장에서는 과학기술 사업화를 과학기술을 통한 창업 및 내부사업화 등 과학기술보유자의 과학기술에 대한 용익적 활용 중 직접 활용에 해당하는 것을 살펴본다.

나. 과학기술 사업화의 유형

과학기술 사업화의 유형은 사업화 주체와 출자방식을 기준으로 나눌 수 있다. 사업화 주체는 크게 1인 기업, 벤처기업, 중소기업, 대학 및 공공기관 기업으로 구분된다. 각 사업화 주체의 역량의 차이에 따라 각각 다른 법적 지원을 제공받을 수 있다. 대학과 공공기관 등도 교육과 공공목적 외의 사업화에 대한 지원을 받는다.

한편 과학기술 사업화는 새로운 사업 설비를 갖추는 신규 사업화가 보통이나 이미 갖춰진 인프라 내에서 행하는 내부 사업화도 포함된다. 신규 사업화를 위하여는 창업을 하는데 그 출자에는 단독출자, 공동출자 및 익명조합414) 등의 방식이 있다. 내부 사업화를 위하여는 통상 증자의 방식을 취한다.

2. 주요 과학기술 사업화 관련 법제

가. 과학기술 및 지식재산 관련 법제

과학기술기본법은 과학기술 사업화 기반조성 및 활성화를 위한 정부의 책무를 규정한다. 같은 취지로 지식재산기본법도 지식재산활용의 개념으로서 지식재산의 사업화를 규정하며 정부에 책무를 부과한다. 동법에 따라 정부는 기술을 활용한 창업 활성화 방안, 기술 수요자 및 공급자 간의 연결, 기술가치의 증대 및 이에 필요한 자본의 조성 등 기술사업화에 필요한 시책을 마련하고 추진할 의무가 부과된다.

한편 기술이전촉진법은 기술사업화를 명시적으로 규정하고 있는 대표적인 법제로, 공공연구기관과 민간의 사업화 촉진을 위한 정부의 책무를 규정한다. 아울러 산업기술혁신촉진법은 산업기술을 별도로 정의하고 그에 대한 정부의 책무와 지원을 규정하고 있다.

나. 기업 관련 법제

1인 기업, 벤처기업 및 중소기업에 대해서는 다양한 지원법제들이 마련되어 있다. 벤처기업법은 상법 및 자본시장법상의 엄격한 규정들에 대한 예외를 인정한다. 한편 벤처투자법도 창업기획자 등을 규정하여 창업자에 대한 지원을 규정하고 있다. 다만, 이들의 주요 내용은 주식, 출자 및 지분의 인수 등을 통한 투자에 있으므로 이는 후술할 가치적 활용에서 살펴본다.

다. 기타 관련 법제

이외에도 산업과 기술 분야에 따라 다양한 사업화 관련 규정이 마련되어 있다. 구체적으로는 게임산업진흥법, 소프트웨어산업진흥법, 정보통신산업진흥법, 콘텐츠산업진흥법 등이 기술 사업화와 관련된 규정을 두고 있고 발명진흥법, 지역균형개발법 등에서도 사업화와 관련된 정부의 책무와 환경조성을 규정하고 있다. 예컨대 발명진흥법은 정부에게 우수발명에 대한 이전알선 및 사업화 촉진의 책무를 부과하며, 발명의 사업화 촉진을 위해 발명 평가기관을 지정 및 지원할 수 있도록 하고 있다.[415]

3. 기술창업에 대한 법적 지원

가. 기술창업과 관련 법제

창업이란 새로운 기업을 만들거나 사업을 시작하는 것을 말하며 실정법상으로는 중소기업을 새로 설립하는 것이다.[416] 기술창업은 기술을 기반으로 창업을 하는 것이다. 기술 중소기업의 창업에는 중소기업창업지원법이 적용되고 기술 창업 중 벤처창업에 대하여는 벤처기업법과 벤처투자법이 적용된다.[417) 벤처기업법은 국가에 벤처기업 육성계획 수립책무를 부과하여 벤처창업지원에 관한 사항을 규정하며, 한편 대학과 연구기관 등의 벤처창업은 신기술창업전문회사의 설립과 운영을 통한 지원을 받을 수 있게 한다.[418) 이에 더하여 벤처투자법은 개인투자조합, 창업기획자, 중소기업창업투자회사 및 벤처투자조합을 규정한다. 이는 종래 산재해있던 규정을 일원화한 것으로 통합된 체계하에서의 창업자 선발, 보육 및 투자를 가능케 하였다. 1인 기업[419) 창업에 대하여는 1인 창조기업육성법이 적용될 것이다.

나. 1인 창조기업에 대한 지원

앞서 본 1인 창조기업은 1인 창조기업 지원센터로부터 1인 창조기업에 대한 작업공간 및 회의장 제공, 경영·법률·세무 등의 상담 등을 받을 수 있고, 그 외 정부로부터 지식서비스 거래지원, 교육훈련 지원, 기술개발 지원, 아이디어의 사업화 지원, 해외진출 지원, 홍보 지원, 금융 지원 및 조세 지원을 받을 수 있다.[420)

다. 벤처창업에 대한 지원

1) 벤처기업의 요건

벤처창업에 따른 법적 지원을 받기 위해서는 최우선으로 벤처기업의 요건을 갖추어야 한다. 벤처기업은 중소기업이어야 한다.[421) 벤처기업은 벤처캐피털 투자기업과 연구개발투자기업으로 나눌 수 있다.[422) 한번 창업하였더라도 재창업의 요건을 충족하면 재창업에 따른 지원을 받을 수 있다.[423)

2) 창업기업에 대한 기관 또는 지역적 지원

창업자는 창업보육센터에서 일정한 시설과 장소를 제공받을 수 있으며, 기술의 공동연구·개발 및 지도·자문, 자금의 지원·알선, 경영·회계·세무 및 법률에 관한 상담 등 창업 및 성장에 필요한 각종 지원을 받을 수 있고 창업보육센터에 입주할 경우 건축법 등의 제한에도 불구하고 도시형 공장을 설치할 수 있다.[424) 대학이나 연구기관이 벤처 창업할 경우, 해당 대학 및 연구기관이 소유한 부지에 설치된 창업집적지역에 입지할 수 있다.[425) 또한 창업자는 벤처기업육성촉진지구에 입주할 수 있다.[426) 동 지구에 입주한 기업은 국가 및 지방단체가 지원하는 자금 등을 우선하여 지원받을 수 있고, 각종의 의무가 면제된다.[427)

3) 창업기획자 및 중소기업상담회사의 지원

초기창업자는 창업기획자(액셀러레이터)의 지원을 받을 수 있다.428) 창업기획자는 초기창업자의 선발 및 전문보육, 초기창업자에 대한 투자, 개인투자조합 또는 벤처투자조합의 결성과 업무의 집행, 및 이에 부수한 사업을 하는바 초기창업자에 대한 전문 보육으로 사업 모델 개발, 기술 및 제품 개발, 시설 및 장소의 확보 등이 지원된다.429) 또한 창업기획자는 등록 후 3년이 지난 날까지 전체 투자금액의 50퍼센트의 이내에서 일정 비율 이상을 초기창업자에 투자할 것을 규정한다.430)

한편 벤처기업은 중소기업상담회사의 상담을 받을 수 있다. 중소기업상담회사는 중소기업의 사업성 평가, 경영 및 기술 향상을 위한 용역, 사업의 알선, 자금 조달·운용에 대한 자문 및 대행, 창업 절차의 대행, 및 창업보육센터의 설립·운영에 대한 자문 등을 목적으로 하는 회사로서 벤처창업에 대한 사업성 평가, 경영 및 기술향상을 위한 용역수행 사업, 자금알선과 창업절차의 대행 등의 상담을 지원한다.431)

4) 기술창업에 대한 조세 등의 예외

벤처창업 및 창업기업은 소득세·법인세·취득세·재산세 및 등록면허세 등을 감면받을 수 있다.432) 조세특례제한법 등은 창업벤처기업에 대한 과세예외를 규정한다. 다만 이러한 예외자격의 부여, 요건 및 구체적 내용은 유동적이므로 개별 적용의 여부는 별도로 살펴야 할 것이다.433) 그 외 유한회사인 벤처기업은 정관에서 정하는 바에 따라 사원총회의 결의로 이익배당에 관한 기준을 따로 정할 수 있다.434)

4. 과학기술 사업화의 종료

창업자가 사업화에 성공하여 안정적인 사업을 영위하게 된다면 과학기술활용으로서 사업화의 1차적 목표를 달성하게 된다. 한편 사업의 성공 정도에 따라 자신이 창업한 기업을 다른 기업에 인수·합병시킬 수도 있을 것이다. 이 경우에는 인수·합병에 관한 법제가 적용될 것이다. 한편 사업화에 실패하여 파산 또는 폐업을 하는 경우도 사업의 종료로 볼 수 있을 것이며, 역시 관련 법제의 적용을 받을 것이다.

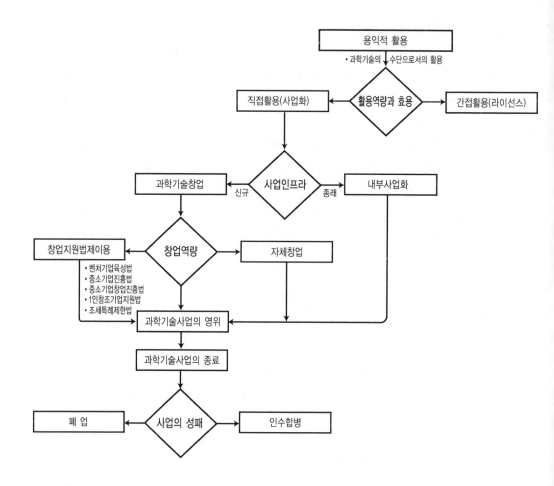

▲ 그림 2-5-4 과학기술의 직접활용

V. 과학기술의 간접활용 법제

1. 과학기술 라이선스의 개념과 의의

과학기술의 라이선스(license)는 '과학기술 보유자가 타인에게 그 과학기술을 실시할 권리를 부여하는 것'으로, 과학기술의 용익적 활용 중 간접활용에 해당한다. 이를 통해 과학기술의 보유자는 자신의 사업 외연을 확장하고 라이선시로부터 실시료를 수취할 수 있으며, 직접 사업화에 수반되는 위험부담을 줄일 수 있다.

　과학기술 라이선스의 구체적 내용은 당사자 간의 계약에 의한다. 따라서 개별 계약에 따라 다양한 유형이 존재한다. 이는 크게 독점과 비독점, 유상과 무상, 일방과 상호, 재라이선스 등이 있다. 독점 라이선스는 특정 라이선시에게만 해당 과학기술을 실시할 권한을 부여하는 것이며, 비독점 라이선스는 그 반대이다. 한편 유상 라이선스는 라이선스에 따른 유·무형의 대가가 지급되는 것이나 무상 라이선스는 급부의 제공이 없다. 일방 라이선스는 라이선서와 라이선시의 관계가 일방향이나, 상호 라이선스(cross-license)는 당사자 상호 간에 서로의 기술을 교환하여 라이선서와 라이선시의 지위를 동시에 갖는다. 재라이선스(sub-license)는 라이선시가 다시 제3자에게 라이선스하는 것이다.

2. 주요 과학기술 라이선스 관련 법제

가. 라이선스와 계약자유의 원칙

　과학기술 라이선스는 라이선서와 라이선시의 계약을 통해 이뤄지므로, 계약의 내용을 살피는 것이 가장 중요하다. 라이선스 계약도 원칙적으로는 계약자유의 원칙에 따라 그 내용을 당사자들의 의지에 따라 자유롭게 구성할 수 있다. 그러나 권리남용 등의 측면에서 이를 제한하는 법률이 있다. 전체 라이선스 계약에 관한 자세한 내용은 본 편의 제6장(기술계약)을 참고하기 바란다.

나. 과학기술 관련 법제

　과학기술기본법은 과학기술기본계획에 기술이전에 관한 사항을 포함할 것을 규정하여 라이선스에 대한 국가의 법제적 지원체계를 마련한다.[435] 구체적으로 기술이전촉진법은 주로 공공연구기관에서 개발된 기술을 민간부문으로 이전하는 것을 중심으로 기술 라이선스와 관련된 사항을 규정한다. 이에 '기술이전'을 "양도, 실시권 허락, 기술지도, 공동연구, 합작투자 또는 인수·합병 등의 방법으로 기술이 기술보유자(해당 기술을 처분할 권한이 있는 자를 포함한다)로부터 그 외의 자에게 이전되는 것"으로 정의한다.[436] 한편 이를 촉진하기 위한 수행기관 및 전담기관의 설치와 운영 및 이에 필요한 금융지원과 기술평가체제의 확립을 규정하고 있다.[437]

　또한, 기술이전촉진법과 산업기술혁신촉진법도 정부에 기술 및 산업기술의 이전에 관한 촉진계획의 수립 및 시행의 책무를 부과한다.[438] 이를 위해 기술이전 전담기관을 규정하고 있으며, 산업기술의 용이한 이전을 위한 표준화를 규정하고 있다.[439] 또한, 대·중소기업 간의 공동기술혁신촉진을 위해 대기업의 중소기업에 대한 기술이전에 관한 시책수립을 규정하고 있다.440) 아울러 한국산업기술진흥원을 설립하고, 산업기술의 이전을 주요 수행사업으로 규정하여 산업기술 이전사업에 대한 체계적 지원을 가능케 한다.441)

이러한 법제들은 직접적으로 라이선스 관계를 규율하기보다는, 원활한 라이선스의 활용과 그를 위한 정부의 책무를 규정하고, 그 외 라이선스에 필요한 절차와 자금 등을 지원하는 기관 및 정책의 근거로서 그 의의가 있을 것이다.

다. 지식재산 관련 법제

라이선스의 객체인 과학기술은 지식재산으로의 성격을 지닌다. 이에 지식재산권법이 규정하는 권리행사의 방법과 절차를 검토해야 할 것이다. 대표적으로 특허법은 전용실시권과 통상실시권을 규정한다. 아울러 소프트웨어 등 컴퓨터프로그램의 형태를 갖춘 과학기술 성과는 저작물로 보호를 받는바, 저작권법도 이러한 저작물에 대한 이용허락을 규정한다.

라. 기타 관련 법제

과학기술 라이선스는 실제 시장에서 영향을 가진 두 명 이상의 당사자에 의해서 체결된다. 따라서 라이선서와 라이선시가 라이선스를 통해 시장에 미치는 영향에 대해서도 규율 받게 된다. 이에 공정거래법은 시장지배적 지위의 남용금지, 기업결합의 제한 및 경제력집중의 금지, 부당한 공동행위의 제한, 불공정거래행위 및 특수관계인에 대한 부당한 이익제공의 금지 및 재판매가격유지행위의 제한 등을 규정하고 있다.

3. 라이선스의 절차와 법적지원

가. 라이선서와 라이선시의 고려

현행법은 특정 유형을 만족하는 라이선서와 라이선시에 대해 법적지원과 제한을 가하고 있다. 가령, 기술이전촉진법은 공공연구개발 성과의 공개적 활용과 기업 등의 균등한 접근기회를 부여할 것을 규정하고 있으나,442) 대학이나 연구기관은 해당 기관이 설립한 전문회사443)에 대하여 산업재산권 등의 이용을 허락할 때 전용실시권을 부여할 수 있다.444) 이는 소속 구성원에게도 적용되어, 휴직하거나 겸직을 승인받은 교육공무원등 또는 공공기관직원등에게 직무발명에 따른 산업재산권등의 이용허락에도 동일하게 적용된다.445) 다만 휴직 · 겸직 이후 완성한 직무발명에 대하여는 해당 교육공무원등 또는 공공기관직원등이 희망할 경우 정당한 대가에 대한 상호 합의를 거쳐 우선적으로 전용실시권을 부여하여야 하며, 국가, 지방자치단체 또는 공공기관이 연구개발 경비를 지원하여 획득한 성과로 얻어지는 발명에는 적용되지 아니한다446).

한편 공정거래법 및 그에 따른 지식재산권의 부당한 행사에 관한 지침은 시장지배력의 여부를 지식재산권의 존재뿐만 아니라 해당 기술의 영향력, 대체 기술의 존부, 관련 시장의 경쟁상황 등을 종합적으로 고려하여 판단하여 이에 해당하는 시장지배적 라이선서의 남용행위를 규제한다.447) 따라서 라이선서는 자신의 지위를 검토하여 법적 지원 및 제한의 요소를 라이선스 계약체결 이전에 검토해야 할 것이다.

나. 라이선스 대상 과학기술의 선정

라이선스 대상 과학기술의 성격에 따라 구체적인 라이선스의 내용이 달라지게 된다. 가령, 특허법상 전용실시권을 설정받은 자는 그 설정행위로 정한 범위에서 그 특허발명을 업으로서 실시할 권리를 독점한다. 다만 전용실시권자는 전용실시권을 실시사업과 함께 이전하거나, 상속 및 그 밖의 일반승계하는 경우를 제외하고는 특허권자의 동의를 받아야만 전용실시권을 이전할 수 있다. 또한, 전용실시권자는 특허권자의 동의를 받아야만 그 전용실시권을 목적으로 하는 질권을 설정하거나 통상실시권을 허락할 수 있다.448) 한편 통상실시권자는 특허법 또는 설정행위로 정한 범위에서 특허발명을 업으로서 실시할 수 있는 권리를 가진다. 다만 통상실시권은 실시사업과 함께 이전하는 경우에만 이전할 수 있다. 한편 실용신안법이나 디자인보호법에 따른 통상실시권은 그 통상실시권자의 해당 특허권·실용신안권 또는 디자인권과 함께 이전되고, 해당 특허권·실용신안권 또는 디자인권이 소멸되면 함께 소멸된다. 그 외의 경우에는 실시사업과 함께 이전하는 경우 또는 상속이나 그 밖의 일반승계의 경우를 제외하고는 특허권자의 동의를 받아야만 이전할 수 있다. 또한 특허권자의 동의를 받아야만 그 통상실시권을 목적으로 하는 질권을 설정할 수 있다.449) 한편 저작재산권자는 다른 사람에게 그 저작물의 이용을 허락할 수 있다. 허락을 받은 자는 허락받은 이용 방법 및 조건의 범위 안에서 그 저작물을 이용할 수 있으나, 저작물을 이용할 수 있는 권리는 저작재산권자의 동의 없이 제3자에게 이를 양도할 수 없다.450)

다. 라이선스 방법의 설정

라이선스의 구체적인 방법은 라이선스 당사자들의 합의에 따라 자유롭게 설정할 수 있다. 다만 특정 방법에 대해서는 제약이 가해진다. 앞서 살펴본 공정거래법 및 지식재산권의 부당한 행사에 관한 지침은 특정 유형의 방법들을 부당한 라이선스로 판단하고 있다. 이는 크게 라이선스를 통한 특허권의 취득,

부당한 라이선스 대가의 부과, 라이선스의 거절, 라이선스 범위의 제한, 특허풀을 통한 부당한 라이선스의 구성 및 실시, 경쟁배제적인 상호라이선스, 표준기술 관련 특허권 라이선스 및 기타 불합리한 특허관리전문사업자의 라이선스 부과 등을 규정한다.451) 따라서 라이선스 계약을 체결함에 있어 활용자의 의사를 최대한 반영하는 것도 중요하지만, 이러한 구체적 방법에 대한 제약요소를 미리 검토할 필요가 있을 것이다.

라. 기술라이선스에 대한 조세 지원

라이선스의 대가로 받는 실시료 소득에 대해서도 소득세 또는 법인세가 부과됨이 원칙이다.452) 그러나 중소기업 등의 지식재산 활용으로 인한 소득에 대하여는 조세감면 혜택이 부과된다. 이에 중소기업 등이 특허권, 실용신안권, 일정한 기술비법 또는 기술을 내국인에게 라이선스하여 발생한 소득에 대해서는 소득세 또는 법인세의 일정액을 감면하고,453) 중소기업이 자체 연구개발한 특허권 등을 라이선스하는 경우에도 소득세 또는 법인세의 일정액을 감면한다.454) 한편 연구개발업, 과학기술서비스업, 연구개발지원업, 창작 및 예술 관련 서비스업 및 지식재산 라이선스업 등을 영위하는 중소기업은 해당 소득에 대한 소득세 또는 법인세에 대하여 사업규모와 입지에 따라 세액공제 혜택을 받을 수 있으며, 일정 지식재산을 취득하는 경우 취득금액의 상당액을 소득세 또는 법인세액에서 공제받을 수 있다.455) 다만 앞서 살핀 창업에 대한 예외와 마찬가지로 이러한 조세감면 혜택은 정책의 목적 달성을 위해 한시적으로 적용되는 경우가 많으므로 혜택의 존부와 범위를 현행법에 따라 검토해야 한다.

4. 라이선스의 종료

라이선스는 라이선스 계약 기간의 만료나 계약위반 등의 사유로 종료될 수 있다. 기술보유자는 라이선시의 실시료 지급 해태 등 계약위반 시 계약 해제를 적시에 할 수 있도록 해제 사유와 그 절차를 계약에 명시하여야 한다. 또한 라이선시가 사용하였던 기술을 안전하게 회수하여야 하므로 라이선스 종료 후 기술 실시의 중지, 재고의 처분, 기술자료의 반환 등 라이선시가 취하여야 할 조치를 명확히 계약에 규정해 두는 것이 중요하다. 계약 종료 후에도 비밀유지의무등은 잔존함을 규정할 수도 있다. 이러한 라이선스 종료나 그 후의 조치가 부당한 경우에는 공정거래법의 적용을 받을 수 있다.

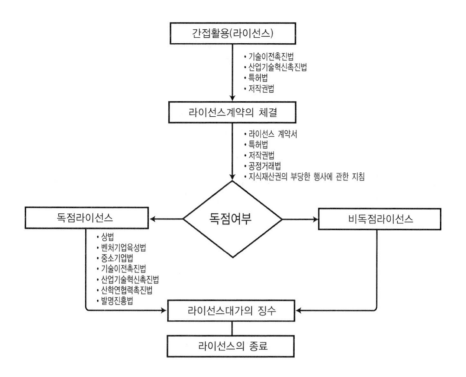

▲ 그림 2-5-5 과학기술의 간접활용

Ⅵ. 과학기술의 가치적 활용

1. 가치적 활용 관련 법제의 개관

가. 과학기술 관련 법제

과학기술기본법은 기업, 교육기관, 연구기관 및 기타 과학기술 관련 단체의 과학기술 활용을 위한 투·융자 및 벤처기업 및 신기술사업자에 대한 투자의 법적 근거를 마련하고 있다.[456] 한편 기술이전촉진법에 따른 기술이전·사업화 촉진계획에도 기술에 대한 금융지원 및 기술자산의 유동화를 위한 규정을 포함한다.[457] 아울러 기술진흥원을 통해 중개·알선 지원 및 유동화증권의 매입 등 기술자산유동화사업 등의 추진을 할 수 있도록 규정하고,[458] 기술자산 유동화 및 기술담보대출 촉진사업의 실시를 명시하여[459] 기술의 유동화를 목적으로 담보대출을 받는 등 기술촉진사업에 따른 수혜를 받을 수 있게 한다.

나. 기업 관련 법제

벤처기본법은 기술담보보다는 주로 기금에 의한 투자를 규정하고 있으며, 벤처기업의 자금공급을 원활케 하기 위한 투자조합의 결성 및 운용과 기타 벤처기업에 대한 금융상의 특례를 규정하고 있다.[460] 또한, 중소기업기술혁신법은 중소기업의 기술혁신을 촉진하기 위하여 필요한 자금을 지원하고, 중소기업이 단독 또는 공동으로 수행하는 사업이 기술혁신을 촉진하기 위하여 필요하다고 인정되는 경우 출연금을 지원하고 있다.[461] 아울러 중소기업에 대한 재정지원 및 신용보증의 지원을 규정하여, 중소기업의 기술혁신을 원활케 하기 위한 금융적 기반을 마련하고 있다.[462] 한편 1인창조기업육성법도 창의성과 전문성을 갖춘 소규모 사업자에 대한 금융적 지원을 규정한다.[463] 정부는 1인창조기업에 대하여 필요한 자금을 융자·투자할 수 있으며, 필요한 자금을 조달하기 위해 신용보증기금, 기술보증기금 및 지역신용보증재단에 의한 보증제도를 수립·운용하게 하고 있다.[464]

다. 금융 관련 법제

자산유동화법은 유동화 전문회사의 유동화 가능 대상으로 채권, 부동산 외에 기타의 재산권을 포함하여[465] 과학기술 등 지식재산을 기초자산으로 하는 유동화 전문회사의 설립근거를 마련하였다. 한편 동산·채권 등의 담보에 관한 법률은 지식재산담보권을 개별 지식재산권을 규율하는 법률에 따라 등록한 담보권으로 정의하고 이에 대한 특례를 규정한다.[466] 또한, 기술보증기금법은 기술보증기금의 설립 및 운용에 관해 규정하며, 신기술사업자 및 기업의 기술응용 및 사업화에 따라 발생하는 금전채무에 대하여 기술보증기금의 보증을 받을 수 있게 한다.[467] 아울러 여신전문금융업법은 신기술사업에 대한 금융업자, 금융전문회사 및 투자조합을 별도로 정의하고[468] 일반 금융업자에 대비한 특례를 마련하고 있다.[469]

라. 지식재산 관련 법제

정부는 지식재산의 유동화와 지식재산에 대한 투자, 융자, 신탁, 보증, 보험 등 지식재산금융 활성화 방안을 마련할 책무가 있다.[470] 특허권, 실용신안권, 디자인권 또는 품종보호권 등 지식재산권의 담보로 지식재산권 그 자체뿐아니라 그 권리의 전용실시권 또는 통상실시권을 목적으로 하는 질권을 설정할 수 있다.[471] 특허권 등이 공유인 경우에는 각 공유자는 다른 공유자 모두의 동의를 받아야만 자신의 지분을 목적으로 하는 질권을 설정할 수 있고,[472] 특허권의 통상실시권자는 특허권자[473]의 동의를 받아야만 그 통상실시권을 목적으로 하는 질권을 설정할 수 있다.[474] 특허권 또는 전용실시권 등 산업재산권을 목적으로 하는 질권의 설정은 등록하여야 효력을 발생한다.[475] 컴퓨터 프로그램 같은 저작물의 저작권에 대하여도 저작권법에 따라 질권을 설정할 수 있다.[476] 공동저작물의 경우 다른 공동 저작재산권자의 동의가 없으면 질권을 설정할 수 없음은 산업재산권과 마찬가지이다. 다만 이 경우 각 저작재산권자는 신의에 반하여 동의를 거부할 수 없다는 특칙이 있다.[477] 저작권에 대한 질권 설정은 저작권등록부(프로그램의 경우에는 프로그램등록부)에 등록하지 않으면 제3자에게 대항할 수 없으며,[478] 질권을 설정하는 배타적 발행권자는 저작재산권자의 동의가 필요하다.[479] 질권을 설정한 경우 그 저작재산권은 저작재산권자가 이를 행사함이 원칙이나 설정행위에 특약을 둠으로써 질권자가 권리를 행사할 수도 있음도 산업재산권의 경우와 마찬가지이다.[480]

2. 과학기술의 담보적 활용

가. 담보적 활용의 방법

과학기술의 담보적 활용의 핵심은 유형자산 등의 전통적 형태가 아닌 무형의 과학기술을 기반으로 자금을 차입하는 것이다. 이러한 융자를 받음에 있어 과학기술은 훌륭한 담보를 제공할 수 있다. 그 한 가지 방법은 위에서 본 지식재산권에 질권이나 양도담보를 설정하는 것이고 다른 하나는 기술보유기업이 신뢰할 수 있는 기관으로부터의 보증을 받는 것이다. 기술을 담보로 제공하고 대출을 받는 기술금융은 많이 활용되고 있다.[481] 기술을 담보로 금융을 받는 외에 기술 또는 기업의 신용을 평가 받아 채무에 대한 보증을 얻을 수 있는 제도가 있으므로 이를 살펴보기로 한다.

나. 보증제도의 구성

과학기술금융을 위한 보증제도는 크게 기술보증과 신용보증으로 구분된다. 기술보증은 신기술사업자가 기술활용을 위해 대출·급부 등을 받음으로써 발생한 금전채무를 기술보증기금이 보증하는 것을 말한다.[482] 기술보증에서 대표적으로 제공하는 보증의 종류는 총 10개 유형으로, 대출보증, 회사채보증, 지급보증의 보증, 사채인수 보증, 비은행대출보증, 어음보증, 상거래담보보증, 이행보증, 부동산담보부보증 등이 있다.[483] 신용보증은 중소기업 등이 은행에 대하여 부담하는 금전채무를 보증하는 것이다. 기술보증은 기술보증기금만 제공하며 신용보증은 신용보증기금과 기술보증기금 모두가 제공한다. 신기술사업자에 해당하지 않은 기업도 신용보증을 받을 수 있다. 신용보증은 기업에 대한 보증의 성격이 강하므로, 기술 자체에 대한 금융보다는 기업에 대한 금융에 더욱 초점이 맞춰져 있다. 유망한 중소기업은 후술하는 바와 같이 보증기금으로부터의 보증연계투자도 받을 수 있다.[484) 벤처기업과 신기술창업전문회사는 기술보증기금으로부터 우선적으로 신용보증을 받을 수 있다.[485) 지역 내 소기업과 소상공인 및 개인은 지역신용보증재단법상의 신용보증제도를 이용할 수 있다.[486) 신용보증재단 및 신용보증재단중앙회가 기술 기업을 포함한 소기업 등이 금융회사 등으로부터 자금의 대출을 받아 지게 되는 채무 등을 보증해 준다.[487) 이는 기술보증이나 신용보증과는 달리 지방 소기업 등 규모가 영세하고 담보력이 부족한 자가 보증을 받을 수 있도록 한 것이다.

다. 보증의 절차와 보증채무의 이행

신기술사업을 영위하는 중소기업은 기술보증기금으로부터 기술보증을 받을 수 있다.[488) 신기술사업자가 아니더라도 대부분의 중소기업은 기술보증기금이나 신용보증기금으로부터 일반보증을 받을 수 있다.[489) 기술보증기금으로부터 기술보증 또는 신용보증을 받기 위하여 보증신청을 하면 신기술기업의 사업전망, 경영능력 등에 대한 조사, 보증심사, 기술평가를 거쳐 보증이 실행된다. 예비창업자를 포함한 평가대상 기업의 특허권, 등록된 컴퓨터 프로그램 등 지식재산권, 기술력이 인정되는 신기술사업자가 보유한 기술 등이 기술평가의 대상이 된다.[490) 기술평가는 예비평가와 본평가의 2단계로 실시함이 원칙이고 평가 범위는 기술성, 시장성, 사업성 및 그 밖의 경영환경에 미치며, 평가의 종류에는 기술가치 평가, 기술사업 타당성 평가 및 종합기술평가가 있다. 평가신청기업은 소정의 기술평가료를 납부하여야 한다. 기술평가 결과 기술이 우수하고 사업성이 양호한 것으로 인정되는 기업은 기술보증을 받는 외에 엔젤클럽 공개대상 추천, 기업지도 등 연계지원을 받을 수도 있다.[491)

보증기금이 보증을 할 때에는 담보를 취득하지 않는 것을 원칙으로 하나 예외적으로 담보를 취득할 수도 있다.[492) 기술보증과 신용보증 모두 보증의 한도를 두고 있으므로 개별 보증유형에 따른 최고 보증한도액은 차이가 있다.[493) 만약 보증기금이 기술보증이나 신용보증을 한 기업을 대신하여 보증채무를 이행한 경우에는 그 기업은 이행금에 소정의 이율을 곱한 손해금을 부과 받게 되며, 보증기금으로부터 구상권을 행사 당하게 된다.[494)

라. 보증연계투자의 유치

기술보유 중소기업은 보증기금으로부터 보증연계투자를 받을 수 있다. 보증연계투자란 기술보증 관계가 성립한 신기술사업자가 보증기금으로부터 주식,

전환사채, 신주인수권부사채 등의 유가증권을 인수받는 것을 말한다.[495] 신기술사업자 이외의 중소기업은 신용보증기금으로부터 신용보증 관계에 따라 유가증권을 인수받을 수 있다.[496] 보증기금의 보증연계투자 총액의 한도는 제한된다.[497]

보증기금으로부터 보증연계투자를 받으면 피투자기업은 보증기금의 주주총회 참석, 의결권 행사, 동향관리, 회계 및 업무감사 등을 받아야 한다. 또한 경영부실 발생 시에는 보증기금의 직원이 파견되어 관리할 수 있으며, 업무수행보고서의 제출의무를 질 수도 있다. 아울러 피투자기업에 대한 이익상실 사유가 발생한다면 즉시 채무상환을 요구받을 수도 있다.[498] 보증연계투자는 다른 자본투자와 마찬가지로 경영권을 담보로 하여 받는 투자임을 명심하여 경영권 상실이나 채무 일시 상환 등에 대비하여야 할 것이다.

3. 과학기술의 유동화

가. 과학기술금융으로서 지식재산 유동화의 개념과 의의

자산 유동화(assset backed securitization, ABS)는 자산보유자의 자산을 기초로 증권을 발행하고 그 자산의 관리·운용·처분에 의한 수익을 증권 보유자에게 지급하는 것을 말한다.[499] 따라서 과학기술 역시 지식재산권 등 그 권리를 기초로 증권을 발행하여 투자자들에게 판매할 수 있다. 지식재산 유동화는 자산유동화법에 따른 등록유동화와 상법상 유동화회사를 통한 비등록 유동화로 구분된다. 등록유동화는 자산보유자의 자격이 금융회사 등 법령에서 규정하고 있는 자로 제한되며, 기초자산의 종류, 유동화증권의 종류 및 거래구조에 대해서도 제약이 가해진다.[500] 또한 금융위원회에 유동화 자산의 범위, 증권의 종류 및 관리방법 등에 관한 유동화계획을 제출·등록하여야 한다.[501] 등록유동화는 양도등록을 통한 대항요건을 구비할 수 있고, 기타 자산유동화법에 따른 특례규정의 적용으로 운용에 따른 위험을 최소화할 수 있다는 장점이 있다. 그러나 발행절차가 복잡하고, 발행기간에도 상당한 기일이 소요되며 감독기관의 다양한 규제가 있다는 단점이 있다. 다만, 비등록 유동화는 단기목적의 유동화로 제한되며, 상법상 일반조항의 적용을 받아 그 지위가 비교적 불안정하다는 문제를 고려해야 할 것이다.

나. 보증기금의 유동화 보증의 제공

기술보증기금과 신용보증기금은 유동화회사에 대한 보증을 제공한다. 즉 기술보증기금은 유동화회사가 신기술사업자의 회사채, 대출채권 등의 재산권을 유동화자산으로 하여 유동화증권의 발행 등을 하는 경우에 부담하는 채무에 대하여 보증을 해준다.502) 신용보증기금은 일반 기업의 재산을 유동화하는 경우 보증을 제공한다.503) 유동화자산의 대상으로는 사업자의 전환사채와 신주인수권부사채를 포함한 회사채, 대출채권, 자본시장법에 따른 기업어음증권 및 자산유동화법에 따른 유동화자산에 대해 부담하는 채무가 포함된다.504) 두 보증기금 모두 동일한 기업으로부터 자산보유자가 유동화회사보증으로 인수할 수 있는 최고한도의 제한을 두고 있다.505) 또한, 보증기금은 유동화회사보증을 받은 유동화회사로부터 유동화자산의 관리 또는 그 밖의 업무를 수탁하여 수행할 수 있다.506)

다. 기술에 대한 투자의 유치

기술에 대한 투자는 기술 유동화가 아닌한 기술보유기업에 대한 투자의 형식으로 행하여진다. 외부의 투자자들로부터 투자를 유치하기 위해서는 기술기업으로부터 얻을 수 있는 투자수익에 대한 기대가능성을 보여주는 것이 중요하다. 이에 일차적으로는 기술보유기업에 대한 가치평가가 중요하며, 투자에 따른 손실 및 기술의 고장으로 인한 추가손실에 대한 투자자의 책임을 제한하고, 그에 따른 회복방안을 강구하여 줄 필요가 있다. 만약 투자자가 기술기업의 지분을 매입하는 투자 형태라면 투자자는 상법상 주주 또는 사원(지분보유자를 말함)의 지위를 가져 원칙적으로는 간접유한책임만을 질 것이나 유한회사 사원의 경우 자본전보책임 등이 문제될 수 있으므로 그에 대한 투자자의 불안을 해소할 필요가 있다.507) 한편 투자자의 책임범위에 대한 제한과 함께 실제 발생한 손실에 대한 복구책도 마련되어야 한다. 이는 기술분야에 특수한 것이 아니며, 불특정다수로부터 투자받는 대중자금조달의 경우에 발생할 수 있는 문제이다. 따라서 충분한 자격요건을 갖추었거나 자신의 투자에 대한 손실감수능력이 있는 투자자로부터 기술보유기업에 대한 투자를 유치하여 후일 투자에 실패한 투자자가 기술보유기업의 책임을 추궁하는 일이 발생하지 않도록 하고 투자자 자신의 위험부담하에 투자를 한다는 인식을 환기할 필요가 있다.

라. 증권시장에서의 자금 조달

기술력 있는 중소기업은 증권시장을 통하여 자금을 조달할 수 있다. 이를 신규주식공모(Initial Public Offering, IPO)라고 한다. 상장할 수 있는 증권시장에는 코스닥시장과 코넥스시장이 있다.508) 코스닥(KOSDAQ, Korea Securities Dealers Automated Quotation) 시장은 IT, BT, CT(문화기술) 기업과 벤처기업의 자금조달을 목적으로 1996. 7. 개설된 첨단 벤처기업 중심 시장이다. 벤처기업과 신성

장동력기업509)에 설립 후 경과연수 면제, 최저 자기자본 15억 원 등 상장요건
에 특례를 인정한다. 코스닥시장에서는 2005년 기술력이 뛰어난 회사가 상장
할 수 있도록 상장 기준을 낮춰 주는 기술특례상장제도를 도입하였다. 보유 기
술이 유망하면 재무제표상 적자이더라도 상장 기회를 부여한다. 기술보증기금,
나이스평가정보, 한국기업데이터 등 기술평가기관 3곳 가운데 2곳에서 A · AA
등급 이상을 받은 회사는 상장예비심사를 청구할 수 있다. 2015년에는 기술특
례 상장제도의 규제를 완화하였다.510)

코넥스(KONEX, Korea New Exchange)시장은 초기 중소 · 벤처기업의 성장지
원 및 모험자본 선순환 체계 구축을 위해 2013년 개설된 초기 중소기업 전용
신시장으로 공모, 사모, 직상장 등 상장방법을 다양화하고 상장요건도 최소화
하였다. 코넥스상장기업에는 의결권 없는 주식의 발행한도 특례, 주식배당 특
례, 주식양도소득세 비과세 등의 특례가 인정된다. 또한 초기 중소기업이 M&A
등을 통하여 기업성장 및 경쟁력 강화를 할 수 있도록 하기 위하여 합병요건
(우회상장 포함)을 완화하고 대량매매와 경매매(競賣買)를 허용하고 있다.511)

4. 과학기술의 양도

과학기술의 양도는 과학기술의 보유자가 과학기술에 대한 권리를 타인에
게 이전하는 것이다. 과학기술보유자는 양도 대가로 받은 재원을 새로운 과학
기술 개발에 투자할 수 있다. 이는 과학기술을 직접 활용하거나, 간접적으로
타인을 통해 활용하는 것이 아닌, 과학기술에 대한 권리 자체를 대가를 받고
타인에게 양도함으로써 그에 대한 권리를 상실하게 되는 것이므로 양도 후에
는 원칙적으로 해당 과학기술의 이용이 불가능하다. 과학기술을 양도하는 방법
에는 그 기술에 관한 지식재산권을 양도하는 방법, 기술보유자가 향후 양도한
기술을 사용하지 않을 것을 약속하는 방법, 기술을 보유하는 기업을 양도하는
방법, 기술을 출자하는 방법 등이 있다.

과학기술 양도는 위 양도 방법에 따라 그에 맞는 양도계약을 체결하여야
한다.512) 저작재산권의 전부를 양도하는 경우에 특약이 없는 때에는 2차적 저
작물을 작성하여 이용할 권리는 포함되지 아니한 것으로 추정되나 프로그램의
경우 특약이 없는 한 2차적 저작물 작성권도 함께 양도된 것으로 추정하는 것
에 유의하여야 한다.513) 한편 양도에 대해서 법적으로 제한되는 경우가 있으므
로 이를 잘 살펴야 한다. 예를 들어 특허로 보호받는 과학기술에 대한 권리가
공유일 경우 그 지분의 양도함에는 다른 공유자의 동의를 받아야 한다.514) 아

올러 특허권 등 산업재산권의 양도는 특허청의 특허등록원부 등에 양도 등록을 하여야 그 효력이 발생함에 유의해야 한다.515) 저작권의 경우 양도계약만으로 양도의 효력이 생기나 제3자에 양도의 효력을 주장하기 위하여는 양도등록을 하여야 한다.516)

양도 후에도 해당 과학기술을 활용해야 할 필요성이 있는 경우에는, 양도 후 역라이선스(sales & license back) 방식을 적용할 수 있다. 이는 기술보유기업이 기술을 양도하더라도 실질적으로 해당 기술을 계속해서 사업에 이용할 수 있는 장점이 있다. 양도 후에라도 언젠가 양도한 기술을 다시 이용할 필요가 있다고 판단되는 경우에는 양도계약에 환매권을 유보하여 필요한 경우 다시 기술을 사올 수도 있다.

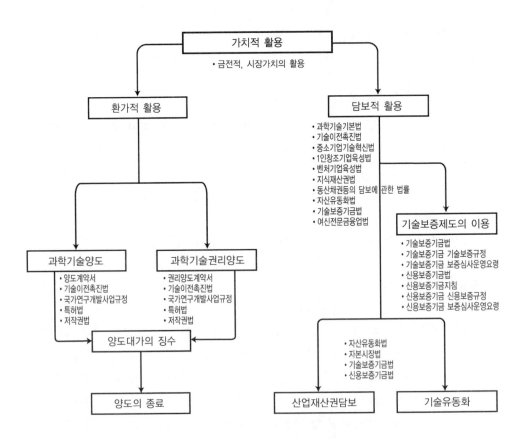

▲ 그림 2-5-6 과학기술의 가치적 활용

Ⅶ. 결 론

이상과 같이 과학기술활용과 관련된 규정을 개략적으로 살펴보았다. 서두에서 밝혔듯이, 이는 개별 쟁점에 대한 구체적인 분석보다는 과학기술활용의 관점에서 현행 법체계를 검토하고, 개별 사안에서 과학기술활용자가 법적 쟁점에 적용될 법적 문제를 찾아가기 위한 단서를 제공하는 '안내도'의 성격에 가까울 것이다.

과학기술은 갈수록 복잡·첨예해지고 있으며, 이를 활용한 산업환경과 시장도 빠르게 변화하고 있다. 또한, 실제 현장에서의 과학기술활용은 본 장에서 살펴본 것 같은 선형적 구조를 취하지 않고 복합적이다. 그동안 우리나라에서는 과학기술의 연구개발은 물론 그 활용촉진에 있어서도 관주도로 하여 왔음을 부인할 수 없다. 이제는 외국처럼 기술 사업화, 기술이전 및 기술금융 등 기술 활용의 모든 측면이 민간 주도로 활성화되어야 할 것이며 정부는 그 생태계를 조성, 지원하는 역할에 그쳐야 할 것이다. 이를 위하여는 무엇보다도 기술거래시장이 활성화되어야 할 것이며 투자자들이 될성부른 기술과 기술보유기업을 감별할 수 있는 기술평가에 대한 전문가적 능력을 길러 장기적으로 과학기술 활용시장의 중심적인 역할을 할 수 있어야 할 것이다.

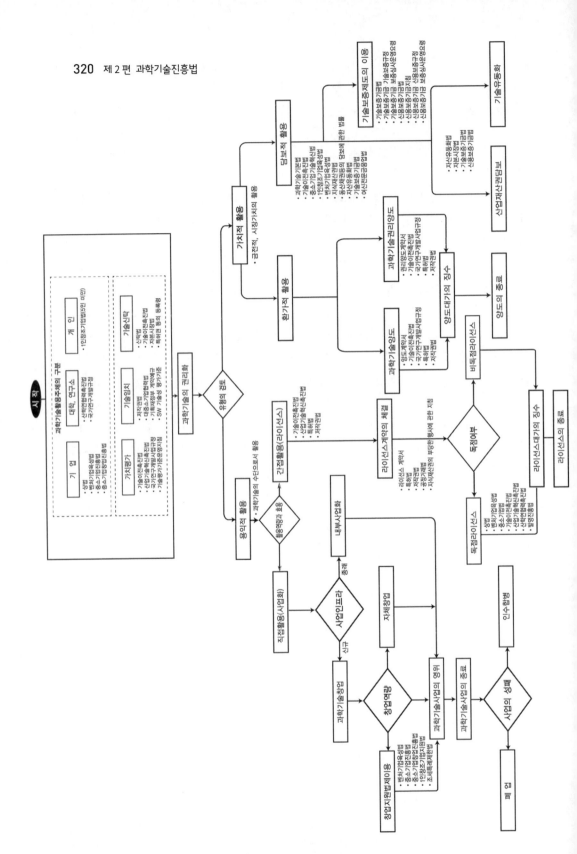

▲ 그림 2-5-7 과학기술활용과 법

382) 기술이전촉진법 제2조 참조.

383) 헌법 제22조.

384) 헌법 제127조 제1항.

385) 헌법 제127조 제2항.

386) 과학기술기본법 제16조, 제16조의3, 제16조의4, 제16조의6 등 참조.

387) 과학기술의 보호에 관하여는 본서 제2편 제4장 참조.

388) 상법 제299조 및 제299조의2, 제422조 참조.

389) 벤처기업법 제2조의2, 동법 제6조 및 동법 시행령 제4조 참조.

390) 기술이전촉진법에 따른 기술평가기관은 일정한 기준을 갖추어야 인가를 받을 수 있고 기술평가 외 기술평가 수요의 조사 및 분석, 기술평가정보의 수집·분석·유통 및 관련 정보망 구축 및 기술평가정보의 공동 활용 및 확산 사업을 한다(동법 제35조).

391) 현장조사에서는 기술개발 조직 및 인력, 기술개발 실적 등 기술개발능력, 제품개발계획 및 진척도, 제품의 완성도 등 기술의 제품화 능력, 생산설비 보유현황 및 가동상태, 공정관리, 품질관리 등 생산화능력, 제장부 또는 증빙서류 등과의 상호비교를 통한 접수자료의 사실여부 등을 조사한다.

392) 보완조사에서는 인쇄매체, 인터넷 등을 통한 관련 자료 수집, 거래처, 동업계 또는 금융기관 등을 통한 조회, 대내외 각종 기술정보 및 산업동향정보의 조회 등을 한다.

393) 기술이전촉진법에 따른 기술평가기준 운영지침 제36조. 그러나 가치평가 투입변수의 견고성을 고려하여 가장 적절한 평가접근법이나 방법을 적용하고, 그 적용 이유를 보고하여야 하며(동 지침 제47조), 공정한 시장가치 추정을 위하여 복수의 평가방법을 적용할 것을 권장하고 하나의 방식으로 가치평가를 한 경우 그 이유를 기재하여야 한다(동 지침 제48조).

394) 자연재해대책법은 방재기술, 방재제품 및 방재분야 산업체에 대한 평가시 일정한 기준에 해당하는 중소기업, 우수한 시범사업자 및 기술평가 결과에 따라 행정안전부의 결정으로 기술평가 비용을 지원한다(동법 제60조).

395) 기술임치제도에 관한 자세한 설명은 본서 제2편 제4장 과학기술의 보호 중 Ⅴ. 3. 참조.

396) 프로그램의 저작재산권자와 프로그램의 이용허락을 받은 자는 원시코드 및 기술정보 등을 한국저작권위원회에 임치할 수 있으며, 프로그램의 이용허락을 받은 자는 그 합의에서 정한 사유가 발생한 때에 저작권위원회에 임치된 정보의 제공을 요구할 수 있다(저작권법 제101조의7).

397) 클라우드컴퓨팅서비스 제공자와 이용자는 전문 인력과 설비 등을 갖춘 기관과 서로 합의하여 이용자 정보를 수치인에게 임치할 수 있고, 합의에 정한 사유가 발생한 때에 수치인에게 이용자 정보의 제공을 요구할 수 있다(클라우드 컴퓨팅법 제28조).

398) 기획재정부 계약예규 용역계약 일반조건 제57조. 이 때의 기술자료는 소스코드 및 오브젝트의 복제물과 매뉴얼, 설계서, 사양서, 플로우차트, 유지보수자료 등의 기술정보를 의미하며, 계약상대자는 계약목적물의 기능수행에 있어 중요한 변경사항이 발생한 경우 지정된 기한 내에 추가 임치하여야 하고 임치기관은 이를 발주기관에게 즉시 통보하여야 한다(동조 제2항). 본 임치의무에 따른 임치기관은 한국저작권위원회 또는 대·중소기업협력재단 중에서 계약 상대자가 선정하며, 임치수수료도 계약상대자가 부담한다(동조 제3항). 한편, 동법에 따라 계약담당공무원은 계약목적물의 사용을 위하여 당사자가 협의한 사유를 명시하여 계약상대자에게 통지한 후 임치기관에 기술자료의 교부를 요청할 수 있으며, 상대자가 파산선고를 받거나 해산결의를 하여 그 권리가 민법 또는 기타의 법률에 의하여 소멸된 경우에는 통지 없이 기술자료의 교부를 요청할 수 있다(동조 제4항).

399) 과기정통부의 소프트웨어 기술성 평가기준(소프트웨어산업진흥법 제20조 제4항 참조)은 소프트웨어 임치 여부를 국가기관 등의 소프트웨어사업 계약 체결 시 입찰자의 기술성을 평가하는데 반영한다. 본 기준에 따라 소프트웨어사업자가 저작권법 및 대·중소기업협력법에 따라 프로그램의 원시코드 및 기술정보 등 당해 소프트웨어사업과 관련된 기술자료를 임치하였거나, 소프트웨어사업 결과물인 기술자료의 임치를 확약하는 경우 기술성 평가점수 산정에 있어 총 배점한도 이외의 3점 이내의 가점을 부여받을 수 있다(과기정통부 소프트웨어 기술성 평가기준 제4조 제4항).

400) 영업비밀 원본증명제도에 관한 자세한 설명은 본서 제2편 제4장 과학기술의 보호 중 Ⅵ. 3. 가. 참조.

401) 신탁법 제2조.

402) 전응준(2008), 29면.

403) 지식재산권 중 저작인격권과 같은 인격적 권리는 처분할 수 없으므로 신탁의 대상에서 제외된다.

404) 신탁법 제31조에서 제33조 참조.

405) 신탁계약에는 일반적으로 1. 위탁자, 수익자 및 수탁자의 성명 또는 명칭, 2. 수익자의 지정 및 변경에 관한 사항, 3. 신탁재산의 종류·수량과 가격, 4. 신탁의 목적, 5. 계약기간, 6. 신탁재산의 운용에 의하여 취득할 재산을 특정한 경우에는 그 내용, 7. 손실의 보전 또는 이익의 보장을 하는 경우 그 보전·보장 비율 등에 관한 사항, 8. 신탁업자가 받을 보수에 관한 사항, 9. 신탁계약의 해지에 관한 사항 등이 포함된다(자본시장법 제109조 참조).

406) 자본시장법 제103조.

407) 신탁업자가 되는 수탁자는 자본시장법이 정한 엄격한 자격요건을 충족하여야 한다. 자본시장법 제8조 및 제4관 참조. 또한, 수탁자는 신탁재산에 속하는 금전을 운용함에 있어 무체재산권을 매수할 수도 있다(동법 제105조 제1항 제8호). 현실적으로는 자본시장법에 의거 금융투자업으로서 신탁업을 영위하는 신탁회사는 지식재산권 가치 평가의 곤란, 관련 전문가의 부재 및 관리의 어려움으로 실제 지식재산권 신탁은 찾아보기 어렵다.

408) 자본시장법 제102조 이하 참조.

409) 기술이전촉진법 제2조 제8호

410) 기술이전촉진법에 따른 기술신탁관리업에 대해서는 자본시장법상 신탁업에 관한 제한이 적용되지 아니하며(동법 제4조 제2항) 기술이전촉진법의 규정과 신탁법상 제한만이 적용된다.

411) 저작권법 제2조 제26호, 제105조 이하 참조.

412) 신탁등록에 관한 상세한 절차는 "특허권 등의 등록령"에 규정되어 있다(동령 제9조, 동령 제49조 내지 제61조 참조). 한편 동령 제60조의5는 위탁자가 자기 또는 제3자 소유의 특허권등이나 특허권등에 관한 권리에 채권자가 아닌 수탁자를 질권자로 하여 설정한 질권을 신탁재산으로 하고 채권자를 수익자로 지정한 신탁의 경우의 담보권신탁에 관한 특례를 규정하고 있다.

413) 동법 제2조. 한편 산업기술혁신촉진법 제2조는 이를 "기술을 이용하여 제품·서비스의 개발·생산 및 판매를 수행하거나 그 과정의 관련 기술의 향상에 적용하는 것"으로 정의하여 기술을 서비스에 적용하는 것까지 포함한다.

414) 익명조합이라 함은 당사자의 일방이 상대방의 영업을 위하여 출자하고 상대방은 그 영업으로 인한 이익을 분배할 것을 약정하는 사업형태이다(상법 제78조). 조합의 일종이나 출자자가 겉으로 드러나지 않는다는 의미에서 익명조합이라 부른다.

415) 발명진흥법 제28조 참조.

416) 중소기업창업지원법 제2조 1호. 나아가 종래 존재하는 중소기업을 폐업하고 새로이 설립하는 경우는 재창업이라 하고(동조 1의2호), 창업자는 사업을 개시한지 7년 이내인 자이

며(동조 2호), 사업개시 3년 이내인 창업자는 초기창업자로 별도 구분한다(동조 2의3호). 이러한 초기창업의 구분은 벤처투자법에도 준용된다(동법 제2조 4호).

417) 동법은 국가에 창의적인 아이디어, 신기술 등에 기반한 기술창업의 활성화에 필요한 시책 설정과 추진의무를 부과하고(동법 제4조의7), 창업보육센터사업자의 지정과 운영(동법 제6조), 중소기업상담회사(동법 제31조) 및 창업진흥원을 설치하여(동법 제39조) 창업지원체계를 구축하였다.

418) 벤처기업법 제3조의2 및 동법 제11조의2.

419) 1인 창조기업이란 창의성과 전문성을 갖춘 1인 또는 5인 미만의 공동사업자로서 상시근로자 없이 사업을 영위하는 자를 말한다. 1인창조기업법 제2조 참조.

420) 1인창조기업육성법 제8조부터 제17조 참조.

421) 벤처기업법 제2조의2 제1조 1호. 중소기업은 소기업 및 중기업으로 구분되며, 영리를 목적으로 사업을 하는 기업으로 업종별로 매출액 또는 자산총액 등이 일정 기준을 충족하여야 한다(중소기업기본법 제2조). 다만 해당 기준 등은 상당한 규모의 사업을 영위하는 중기업들을 포함하는 것으로(동법 시행령 제3조), 초기창업 벤처의 경우 대부분 중소기업에 포함된다. 아울러 합병 등의 사유가 아닌 중소기업의 성장 등으로 중소기업에 해당하지 아니하게 된 해의 다음 해부터 3년간은 중소기업으로 보므로, 창업 후 급격히 성장한 벤처기업이라 하더라도 유예기간에는 중소기업으로 간주한다(동법 제2조 제3항).

422) 즉 벤처기업은 벤처투자 기업으로부터 투자받은 금액이 자본금의 일정 비율 이상이거나, 기초연구진흥법 및 문화산업진흥법에 따른 부설연구소 및 연구개발 전담부서를 보유하고 그에 대한 연구개발비가 일정 기준 이상임을 벤처기업확인기관으로부터 우수한 것으로 평가받은 기업, 기타 창업 중인 기업을 포함하여 벤처기업확인기관으로부터 기술의 혁신성과 사업의 성장성이 우수함을 평가받은 기업중 하나여야 한다(벤처기업법 제2조의2 제1조 2호).

423) 중소기업창업지원법 제4조의3.

424) 벤처기업법 제18조의3.

425) 벤처기업법 제17조의2.

426) 지방자치단체는 벤처기업을 육성하기 위하여 필요하면 관할 구역의 일정지역에 대하여 벤처기업육성촉진지구의 지정을 중소벤처기업부장관에게 요청할 수 있다(벤처기업법 제18조의4).

427) 벤처기업법 제18조의5 및 동법 제22조. 구체적으로는 개발부담금, 대체산림자원조성비, 농지보전부담금, 대체초지조성비 교통유발부담금의 부담과 미술장식설치 등이 면제된다.

428) 창업기획자란 초기창업자에 대한 전문보육 및 투자를 주된 업무로 하는 자를 말한다(벤처투자법 제2조 제9호). 창업기획자는 등록하여야 하며 법에 따라 엄격한 규제와 정부의 지원을 받는다.

429) 벤처투자법 제24조, 제25조

430) 벤처투자법 제26조.

431) 중소기업창업지원법 제31조.

432) 벤처기업법 제14조.

433) 조세특례제한법 제6조.

434) 벤처기업법 제16조의5. 상법 제580조는 이익의 배당은 정관에 다른 정함이 있는 경우외에는 각사원의 출자좌수에 따라 하여야 한다고 규정하나 벤처기업은 차등배당을 할 수 있다.

435) 과학기술기본법 제7조.

436) 기술이전촉진법 제2조

437) 기술이전촉진법 제15조 및 제21조.

438) 기술이전촉진법 제9조 및 산업기술혁신촉진법 제5조

439) 산업기술혁신촉진법 제13조 및 제24조

440) 산업기술혁신촉진법 제35조.

441) 산업기술혁신촉진법 제38조.

442) 기술이전촉진법 제24조

443) 벤처기본법 제11조의2

444) 벤처기본법 제11조의5

445) 벤처기본법 제16조의7 제1항.

446) 벤처기본법 제16조의7 제1항 단서 및 제2항.

447) 공정거래법 제59조는 무체재산권의 행사행위라는 표제하에 동법이 "저작권법, 특허법, 실용신안법, 디자인보호법 또는 상표법에 의한 권리의 정당한 행사라고 인정되는 행위에 대하여는 적용하지 아니한다."고 규정하여 정당한 지재권행사에만 동법의 적용을 배제하고 있다.

448) 특허법 제100조 제3항 및 제4항.

449) 특허법 제102조 제5항 및 제6항.

450) 저작권법 제46조.

451) 지식재산권의 부당한 행사에 관한 지침, 공정거래위원회예규 제333호, 2019. 12. 16. 시행 참조.

452) 소득세법 제21조 제1항 제7호. 법인세법 제3조 제1항 제1호. 제15조 제1항.

453) 기술 및 기술비법에 관해서는 조세특례제한법 시행령 제11조 참조.

454) 조세특례제한법 제12조 제1항, 제3항.

455) 조세특례제한법 제7조 및 동법 시행령 제11조 제2항.

456) 과학기술기본법 제22조.

457) 기술이전촉진법 제5조.

458) 기술이전촉진법 제15조의2.

459) 기술이전촉진법 제27조 및 제28조.

460) 벤처기업육성법 제2장 제1절 이하 참조.

461) 중소기업기술혁신법 제9조 및 제10조.

462) 중소기업기술혁신법 제27조.

463) 1인창조기업육성법 제2조.

464) 1인창조기업육성법 제15조.

465) 자산유동화법 제2조.

466) 동산·채권 등의 담보에 관한 법률 제2조.

467) 기술보증기금법 제12조 이하.

468) 여신전문금융업법 제2조.

469) 여신전문금융업법 제41조, 제42조 및 제44조의2.

470) 지식재산기본법 제25조.

471) 특허법 제121조, 실용신안법 제28조, 디자인보호법 제109조. 식물신품종보호법 제77조. 질권자는 원칙적으로 그 지식재산을 실시할 수 없다. 예컨대 특허권·전용실시권 또는 통상실시권을 목적으로 하는 질권을 설정하였을 때에는 질권자는 해당 특허발명을 실시할 수 없으나 계약으로 특별히 정한 경우에는 실시할 수 있음에 유의하여야 한다.

472) 특허법 제99조 제2항.

473) 전용실시권에 관한 통상실시권의 경우에는 특허권자 및 전용실시권자의 동의까지 필요하다.

474) 특허법 제102조 제6항

475) 특허법 제101조 제1항.

476) 저작권법 제47조.

477) 저작권법 제48조 제1항

478) 저작권법 제62조.

479) 저작권법 제54조.

480) 저작권법 제47조.

481) 우리나라의 기술금융은 2014. 7. 기술신용대출 잔액이 2000억 원에 불과하였으나 정부의 적극적인 정책에 힘입어 2017. 3. 100조 원을 돌파하였고 2018.12.말에는 163조 7688억 원, 2019. 12월말에는 205조 4834억 원으로 대폭 증가하였고 대출건수는 48만 9084건을 기록하였다.

482) 기술보증기금법 제2조. 2019년의 경우 기술보증기금은 22조 원의 총보증액을 기술보증에 21.8조 원, 유동화보증에 0.2조 원을 각 사용하였다.

483) 기술보증기금법 제18조부터 제26조 참조.

484) 기술보증기금법 제28조의4. 신용보증기금법 제23조의4 참조.

485) 벤처기업법 제5조. 그러나 벤처기업이라는 이유만으로 신용보증을 우선적으로 제공하는 것은 다른 기술력 있는 중소기업을 차별하는 것으로서 기술보증제도의 존재의의를 감소시키는 부당함이 있다.

486) 지역신용보증재단법 제1조.

487) 지역신용보증재단법 제2조. 신용보증재단 및 신용보증재단중앙회에 관한 것은 각각 제9조 및 제35조 이하 참조.

488) "신기술사업자"란 기술을 개발하거나 이를 응용하여 사업화하는 중소기업 기타 기업과 산업기술연구조합을 말한다. 기술신용보증법 제2조. 기술보증기금 기술보증규정, 제12조.

489) 신용보증은 중소기업 외 대기업, 중견기업도 대상에 포함한다. 신용보증기금 신용보증규정 제7조. 다만 부당하게 채무를 면탈할 우려가 있거나 신용상태가 극히 불량한 경우에는 보증이 금지 또는 제한될 수 있으나, 이 경우에도 이사회 및 심사위원회의 결의를 얻으면 신규보증을 받을 수 있다. 기술보증기금 기술보증규정 제13조 및 제14조.

490) 기술보증기금 기술평가규정 제7조.

491) 기술보증기금 기술평가규정 제13조 내지 제19조 참조.

492) 기술보증규정 제9조.

493) 기술보증기금 기술보증규정 제16조 및 신용보증기금 신용보증규정 제12조. 금융위원회의 검토에 따라 그 재무건전성을 인정받거나, 기타 국민경제상 특히 필요하다고 인정하는 경우에는 일반보증한도를 초과한 한도가 적용될 수 있다. 기술보증규정 제16조 및 신용보증규정 제13조.

494) 기술보증기금법 제34조 및 제37조. 그러나 기업의 재산이 구상권 행사에 따른 비용에 충당하고 남을 여지가 없다고 인정되거나 구상권 행사를 유예함으로써 장래 기업의 채무상환능력이 증가될 수 있다고 인정될 때에는 구상권 행사가 유예될 수도 있으며, 그에 따라 기금의 임원 또는 직원이 파견되어 경영에 참여할 수도 있다.

495) 기술보증기금법 제2조 제10호, 제28조의4

496) 신용보증기금법 제2조 제9호, 제23조의4 참조.

497) 기술보증기금법 제28조의4, 동법 시행령 제22조의8 및 신용보증기금법 제23조의4.

498) 기술보증기금 투자규정, 제29조 및 신용보증기금 투자규정, 제23조 참조.

499) 자산유동화법 제2조 제1호 참조.

500) 자산유동화법 제2조.

501) 자산유동화법 제3조.

502) 기술보증기금법 제28조의3. 기술보증기금은 기술이전촉진법에 따른 기술 및 기술과 관련된 재산권을 포함시켜, 기술 자체의 유동화나 기타 지식재산권 등 기술과 관련된 권리를

유동화하는 것을 채무보증의 대상으로 하고 있다. 동법 시행령 제22조의7 제1항 제1호.

503) 신용보증기금법 제23조의3
504) 기술보증기금법 제28조의3 및 신용보증기금법 제23조의3.
505) 신용보증기금법 시행령 제19조의7. 다만 국민경제상 특히 필요하다고 인정되는 경우에는 이사회의 의결을 거쳐 한도를 따로 지정할 수 있다.
506) 신용보증기금법 제23조의3.
507) 정찬형(2012), 698면.
508) 한국거래소는 자본시장법 제390조가 위임한 바에 따라 코스닥상장규정과 코넥스상장규정을 제정하여 시행하고 있다.
509) 정부의 중점육성 대상업종이면서 전문평가기관으로부터 일정수준 이상의 기술평가등급을 받는 등 기술력과 성장성이 인정되는 기업을 말한다.
510) 2020.7. 현재 상장기업수 1,422개, 상장기업 시가총액 약 304조 원을 기록하였다.
511) 2020.7. 현재 상장기업수 145개, 상장기업 시가총액 약 55억 원을 기록하였다.
512) 이에 관한 내용은 본서의 제2편 제6장 기술계약의 세부내용을 참고하기 바란다.
513) 저작권법 제45조.
514) 특허법 제99조 제2항 참조.
515) 특허법 제101조 제1항.
516) 저작권법 제54조.

제 6 장   기술계약

Ⅰ. 기술계약의 개념

1. 기술계약의 의의

최근 4차 산업혁명으로 급속하게 기술이 융복합화되고 기술수명주기가 짧아지는 등 불확실성이 증가하고 있으며, 이에 혁신주체들은 혁신적인 지식과 새로운 기술을 외부로부터 받아들이는 개방형 혁신을 생존전략으로 채택하고 있다. 이러한 시대적 흐름에 따라 산학연 간의 기술이전과 공동 연구개발협력, 조인트벤처의 설립 등 협력의 기회도 증가하고 있고, 협력을 추진하는 준거 틀로서 기술계약을 통하여 법률행위가 이루어진다.

중국은 민법상 계약법에서 기술계약을 전형계약으로 규정하고 있어 그 규율내용이 명확한데 반하여, 우리나라의 경우 기술계약에 대한 일반적인 법령이 없어서 분쟁이 발생할 경우 그 결과를 예측하기 곤란하여 법적 안정성을 크게 해침으로써 개방형 혁신을 저해할 우려가 있다. 따라서 기술계약을 유형화하고 그 특성 및 법적 성격을 고찰함으로써 당사자 간의 법률관계를 규명할 필요성이 있다.

2. 기술계약의 유형

가. 개 설

기술계약은 수행 목적에 의해 기술창출계약, 기술보호계약, 기술활용계약 및 이들의 복합형 계약으로 유형화할 수 있으며,[517] 이러한 계약들이 단독으로 체결되기도 하지만 계약의 규모, 기간, 중요도 등에 따라 수행 단계별로 의향서(LoI, MOU) 등과 같은 계약 전의 부수계약과 공동개발계약, 기술이전계약 등의 본 계약이 상호 연계되어 진행된다.

본 절에서는 기술계약의 유형만을 살펴보고 각 계약의 법적 성격, 주요 내용 등은 절을 바꾸어 살피기로 한다.

나. 기술창출계약

기술창출계약은 다수 당사자 또는 일방의 연구개발활동에 의해 새로운 지식, 기술 등을 창출하는 것을 직접적인 목적으로 하는 계약을 말한다.[518] 기술창출계약에는 공동연구개발계약과 연구개발위탁계약이 포함된다.[519]

다. 기술보호계약

기술보호계약에는 비밀유지계약, 기술임치계약 등을 들 수 있으며, 보호와 함께 활용을 위한 복합적 유형의 물질이전계약 또는 옵션계약이 이에 해당한다.

라. 기술활용계약

기술활용에는 용익적 활용과 가치적 활용이 있는바 전자로는 기술대여계약(기술실시계약, 기술용역계약, 하도급실시계약)이 대표적이고 후자로는 기술양도계약(기술양도계약, 인수합병 계약)과 기술금융계약(기술담보계약)이 대표적이다.

Ⅱ. 공동연구개발계약

1. 공동연구개발계약의 의의 및 필요성

공동연구개발계약은 당사자 쌍방이 공동으로 신기술을 연구개발하는 것을 목적으로 하는 계약을 말하는바, 공동연구는 일반적으로 목적을 공유하는 당사자들이 각자 보유한 비교우위의 역량을 투입하여 공동의 기술적 목적을 달성하고 그 결과를 공유하는 일련의 과정을 의미한다.[520][521] 계약의 주요사항은 연구개발의 목적, 대상, 정보 · 자료의 상호개시, 연구개발업무 및 비용의 분담, 정기적 회합, 비밀유지, 개발성과의 취급 등이 있는데, 이에 대해서는 후술한다.

공동연구는 적절한 파트너 선정의 어려움, 복잡한 계약과정, 연구관리의 곤란성, 성공보수 분배의 공정성 등 다른 기술계약보다 협의하여야 할 사항이 많아서 사전 조율이 필요하지만, 지렛대 효과와 시너지효과 등 많은 효용이 있고[522] 특히 개방형 혁신을 통한 기술획득전략에서 매우 중요한 위치를 차지한다.[523]

2. 공동연구개발계약의 법적 성격

공동연구개발계약은 크게 두 가지 유형으로 구분할 수 있는데, ① 2인 이상의 자가 상호 출자하여 일정한 공동사업을 영위하는 것을 목적으로 하는 것과 ② 별도의 출자 없이 상호 연구자가 연구개발을 상호 분담하여 일정한 성과의 달성을 목적으로 하는 것이 있다. ①은 민법상 조합계약에 유사한 계약이지만, 이것을 토대로 당사자 간의 특약으로 연구개발목적에 부합하도록 다양하게 수정된다. ②는 상호 위임계약 또는 무명·쌍무계약으로 다양한 유형이 있다고 해도 개별 법률관계의 판단에서는 특정 전형계약으로 유추하여야 할 요건이 있으면 동종 전형계약의 법률효과에 의한 합의로 의사해석되어 적용될 수 있으며, 동종 사안에서 동종의 계약처리가 많아 상관습이 형성되면 그것이 의사해석으로서 작용할 수도 있다.524)

　　위와 같이 공동연구개발계약의 법적 성질은 도급525), 위임526), 조합 등의 전형계약으로 분류할 수 없고,527) 공동연구개발을 행할 채무인 역무(서비스)제공이라는 비전형 무명계약으로 이를 규율하는 내용이 법으로 정해져 있지 않다. 특히 예정하는 성과를 특정할 수 없는 공동연구개발의 경우, 일정한 성과를 창출하는 것(일의 완성)을 약정하여 수행하는 것은 아니므로 원칙적으로 도급계약으로 볼 수는 없다. 그러나 기존 기술을 전제로 한 실용화단계에서의 공동연구개발인 경우, 성과에 따른 대가가 정해져 있으면 도급계약으로 봐야 할 법률관계도 발생할 수 있으며 하자보수의 범위에서 도급의 하자담보책임의 적용될 수 있는 사안도 있다. 연구개발이라는 법률행위가 아닌 사무를 상호 위탁하는 것으로 준위임계약을 기본적인 계약관계로 포섭하여야 한다는 견해도 있을 수 있으나 공동연구개발은 원칙적으로 상대방뿐만 아니라 자기를 위해서도 수행하며 통상 그 비용을 각자 부담하는 경우도 많으므로 법령상 수임자의 비용선급청구권, 비용상환청구권의 규정을 포함하여 위임계약을 일률적으로 적용하기는 곤란하다. 조합계약과 관련하여 조인트벤처방식에 의한 공동연구개발 또는 국가 대형프로그램에서 조직체를 형성하는 공동연구개발에서는 상당한 정도로 상세하게 구체적 사항까지 계약에 규정하는 것이 통상이며, 조합에 대한 규정이 부족한 민법상 규율을 그대로 적용하기도 어렵다.528)

　　따라서 공동연구개발계약을 비전형 무명계약으로서 당사자의 합의내용에 의하여 형성되는 계약으로 파악할 수밖에 없고 따라서 논리적으로 계약서에 규정되지 않은 사항에 대하여 민법규정에 의해 보완은 기대할 수 없으며, 필요한 사항을 망라적으로 기재하도록 충분히 유의하는 것이 중요하다.529)

3. 계약 당사자의 권리의무 – 주요 조항 및 내용

가. 정의 조항

　공동연구계약의 정의조항에서 가장 중요한 것은 개발대상기술, 계약제품의 정의인바, 이것은 개발업무의 분담, 성과의 귀속, 성과활용에 의한 기술료 수입 등에 큰 영향을 미치므로 정의하는 용어는 더 이상 정의할 수 없을 때까지 검토되어야 하고, 당사자들이 남아있는 불확실한 부분을 사소한 것으로 여길 정도까지 이 과정을 반복하여야 한다. 공동연구결과물에 대한 정의조항 검토 미비로 제3자의 실시를 방지하지 못한 사례530)를 유념하여 정의조항의 작성에 가장 공을 들여야 할 것이다.

아울러 각 당사자가 공동연구 전에 보유한 기술 등을 고려하여야 하는데, 특히 보유기술이 공동연구개발에 이용될 경우 그에 대한 확인 및 대가여부, 공동연구개발 성과물을 활용할 경우 이용 여부 등을 명확하게 해둔다.

성과의 귀속에 대한 정의는 다른 업종 간 공동연구개발 시 매우 중요하며, 특히 계약서 중에 타목적 사용제한 규정이 있을 경우 유의하여야 한다. 성과의 한정 유무, 한정할 경우 확정기준을 구체적으로 정한다.

나. 연구개발의 대상 및 범위

연구의 대상 및 범위를 특정하는 것은 당사자가 계약에 의해 구속되거나 권리를 주장할 수 있는 범위와 직접 관계가 있을 뿐만 아니라 연구의 성공 여부의 판단기준이 되므로 신중하고 명확하게 정할 필요가 있다. 연구의 대상 및 범위를 불명확하게 특정하거나 지나치게 넓게 하면 자신의 다른 연구분야 또는 사업분야와의 구별이 곤란하게 되어 예측하지 못한 불이익을 입을 수 있으므로 용도, 목적 등을 가미하여 구체적으로 한정하여 필요이상으로 넓게 되지 않도록 한다. 연구를 어느 단계(기초연구인지 상품화연구인지)까지 할지는 연구기간·비용과도 밀접한 관련이 있으므로 가능한 명확하게 해 두는 것이 바람직하다.

다. 연구 분담

복수의 당사자가 공동연구를 하는 경우에 중복없이 연구를 효율적으로 수행하기 위해 각자의 연구 및 책임범위를 명확하게 해야 한다. 연구분담은 각자의 기술적 역량을 유효하게 이용하여 연구가 원활하고 효율적으로 행해지도록 각자의 기술분야 및 기술능력에 맞게 적절하게 정한다. 당사자 간의 핵심역량에 부합하는 역할분담인지 확인하고, 확보기술과 기술전수를 통하여 상대방으로부터 확보할 기술의 조합으로 역할분담을 결정하여야 한다. 한편 연구비용의 분담, 연구의 성과, 지식재산권의 귀속 등을 연구분담에 따라서 정하는 경우에는 이들 조항과의 균형을 맞추어 불공평하게 되지 않도록 배려한다.

참여 연구원은 연구 목적 달성은 물론 연구성과의 귀속주체를 결정하는데도 매우 중요한 사항이며, 비밀유지, 성과귀속 등에 대한 분쟁 예방을 위하여 연구기간 중 신규참여가 필요한 경우에는 사전에 상대방의 서면동의를 요건으로 하고, 특히 유동성이 많은 신분(학생, 위촉직, 시간강사 등)의 참여를 가급적 제한하도록 한다. 원칙적으로 대학생이나 대학원생은 대학의 종업원에 해당하는 교원이 아니며, 따라서 직무발명이 성립되지 않고, 특별한 계약이 없는 한 자유발명에 해당하여 대학, 산학협력단에서 대학원생의 발명에 관한 권리를 일방적으로 승계할 수 없다는 것을 유념하여야 한다. 진정한 공동발명자는 해당 특허발명에 대해 지분권을 가지며, 진정한 공동발명자를 제외하고 등록받은 특허는 일종의 모인특허에 해당하지만, 대법원판결에서 예외적으로 진정한 권리자의 지분이전청구권 행사를 인정하는 사례도 있다.[531]

라. 연구비 분담

비용부담에 대한 기본원칙을 정하고, 별도의 표를 만들어 예상 비용의 항목과 각 항목별 부담주체를 기재한다. 대기업과 소기업의 공동연구인 경우에[532] 대기업은 자금투자의 조건으로 또는 자금투자 대신에 소기업의 주식매입도 가능하며, 이를 통해 연구 성공 시 소기업을 인수하거나 경쟁업체가 소기업을 인수하는 것을 차단하는데 유리하다.

연구분담에 따라 비용을 부담하는 방법은 일방 당사자에게 예상하지 못한 비용이 소요되어 공평하지 못한 경우 또는 그 비용분담이 불분명한 경우가 있으므로 이와 같은 경우의 비용부담에 대해서는 협의사항으로서 유보하여 두는 것이 바람직하다. 한편 장기간 소요되는 연구의 경우에는 연구비를 투입하거나 중지하기 위한 옵션(마일스톤 지불방식)을 규정한다.[533] 연구비 정산과 관련해서는 통상의 경우에 실비정산을 하지만, 귀책사유 유무에 따라 정산범위를 다르게 규정하는 경우도 있다.

마. 연구기간

목적으로 하는 연구성과의 획득시기는 제3자와의 경쟁이나 성과의 실시시기 등의 점에서 매우 중요하므로 연구기간은 성과의 기업화 구상에 기초하여 성과를 적시에 획득할 수 있도록 각자의 경제력, 기술력을 고려하여 적절하게 정한다. 목표한 연구성과를 당초 정한 연구기간 내에 달성하지 못해 양당사자가 연구의 계속을 희망하는 경우가 자주 발생하므로 계약의 갱신 혹은 재계약을 회피하기 위해 계약기간의 연장에 대하여 규정한다.

바. 자료 및 정보의 교환

연구를 효율적으로 수행하기 위해서는 각자가 소유하고 있는 자료·정보를 상호 신뢰 관계에 따라 교환하여 유효하게 이용하는 것이 바람직하나 당사자의 일방이 현재 보유하고 있는 자료 중에는 제3자와의 계약에 의해 비밀유지의무를 부담하고 있는 경우도 있으므로 계약체결 전에 충분히 조사하여 이들 자료의 취급에 대하여 미리 그 대책을 마련하여야 한다.

자료·정보의 대상으로는 계약 시에 각자 소유하고 있는 것만으로 한정하는 경우와 계약 기간 중의 것도 포함하는 경우가 있다. 사안마다 적절한 것을 선택하고 아울러 특정한 자료를 대상으로 하는 경우에는 구체적으로 그 자료를 명시한다. 특별한 합의가 없으면 정보교환의 대가는 무상이므로 가치가 있는 정보를 제공할 경우에는 정보의 종류와 제공범위, 제공방법과 대가 여부 등에 대하여 상세한 규정이 필요하다.

사. 제3자와의 연구 제한

연구계약은 합의가 없으면 제3자에게 연구위탁을 할 수 없다는 점에 유의하여 연구위탁이 필요한 경우에는 반드시 해당규정을 마련해 둔다. 연구를 제3자에게 위탁하는 경우에는 비밀유지, 성과의 귀속·실시, 지식재산권의 귀속 등에 있어서 상대방의 이해와 밀접한 관련을 가지므로 제3자에게 위탁하는 경우에는 상대방과 위탁자의 선택 및 위탁조건에 대하여 협의한 후에 행하도록 한다.

제3자와 공동연구를 금지하는 경우가 자주 있는데, 그 취지는 공동연구의 일방당사자가 제3자와 동일하거나 유사한 공동연구를 하면 그 제3자에게 공동연구와 관련된 비밀이 누설될 우려가 있을 뿐만 아니라 성과의 귀속이 객관적으로 판별될 수 없게 되는 경우가 있으므로 동일한 목적 또는 유사한 공동연구를 자유로이 상대방에게 위탁하지 않도록 제한하여 당사자 간 신뢰관계를 유지하는데 있다. 특별한 사유로 인해 동일목적의 공동연구를 평행하여 제3자와 하는 것을 예외적으로 인정하는 경우에는 각각의 공동연구에서 제공된 자료, 정보 및 발생한 성과에 대하여 혼동이 생기지 않도록 명확하게 구별하고, 비밀유지에 특히 유의하여야 한다. 아울러 금지 또는 제한하는 연구범위가 불명확하게 되면 나중에 다툼의 원인이 되므로 그 범위를 명확하게 한정하도록 고려하여 "유사한 연구"나 "관련된 연구"와 같은 표현으로 제한하는 것은 피하여야 한다. 한편 공동연구의 종료 후에도 합리적인 기간을 넘어 제3자와의 공동연구를 제한하는 경우, 공정거래에 관한 법률상의 문제점을 고려해야한다. 다만 계약기간 동안 경합기술도입을 금지하는 조항은 적법하다.

아. 연구성과의 귀속[534]

성과귀속은 가장 이해관계가 대립하는 사항으로, 기관의 지식재산정책에

따라 그 기준이 다르기 때문에 협상하기 가장 힘든 항목이다. 성과의 귀속기준
은 크게 2가지가 있는데, 기술역량이 뒤처지는 경우에는 연구비 부담비율로 공
동소유하거나 무조건 공동소유하는 공헌도주의를 취하도록 하고, 상대방보다
기술역량이 우월한 경우에는 발명자주의를 선택하도록 하는 방법이 있다. 발명
자주의를 선택하면 발명에 대한 소유와 특허권의 소유를 분리하지 않을 경우
상대방의 연루를 배제한 채 발명을 양산하거나 지나치게 상대방의 발명에 권
리를 획득하려는 시도로 인하여 상호 불신을 초래하고 협력없이 분리하여 연
구를 수행함으로써 공동연구의 목적달성이 곤란하게 될 수 있다는 문제가 있
다. 이에 대하여는 발명에 대한 권리와 소유권을 분리하여 소유권은 발명과 관
련된 영역에 따라 결정하는 것도 한 방법이다. 공헌도주의는 발명과정에서 공
헌한 기여도에 따라 그 귀속을 결정하는 방법이며, 기여도에 포함되는 기준은
연구비, 투입인력·연구장비 등을 포함하여 다양하다. 한편 공동연구의 성과를
모두 공유로 하면 권리의 활용에 있어서 불합리한 면이 있으므로 당사자 간에
불공평함이 생기지 않도록 발명자의 인원수, 공헌도, 사업분야(연구분담) 등을
고려하여 적절하게 정하고, 특히 특허권을 공유로 할 경우 특허법상 제약사
항535)이 있으므로 필요 시 계약으로 이를 배제하도록 한다.

　　위의 2가지 귀속방식을 병용하여 그 기준을 정하는 것이 바람직할 것이다.
아울러 일방만이 그 성과로부터 수익이 발생할 경우에는 기여도에 따라 수익
의 일부를 배분하면 장기적인 협력관계를 유지하는데 도움이 될 것이다. 한편
협상 시 연구결과물의 소유권에만 집착하지 말고 실시대가, 연구결과의 비침해
보증 등 활용측면과 연계하여 큰 틀에서 유리한 협상대안을 마련하는 것 또한
필요하다.

자. 연구성과의 권리화를 위한 절차

　　산업재산권의 출원 및 권리유지를 위한 절차를 누가 담당할 것인지, 이 절
차 중에서 어떤 절차에 대하여 양자가 협의하여 처리할 것인지, 여기에 소요되
는 비용은 누가 부담할지를 정한다. 출원절차의 효율적 진행을 위해 권리와 직
접 영향을 미치지 않는 절차에 대한 사항은 특허출원사무를 위임받은 일방당
사자가 단독으로 진행한다. 다만 권리에 직접적으로 영향을 미치는 심사청구,
거절이유에 대한 의견서·보정서 제출 등 중요한 사항은 상대방의 동의를 받
아 일방이 진행하며, 통지 후 일정 기간 경과해도 회신이 없는 경우 동의로 간
주하는 규정을 둔다.

　　권리침해에 대한 조치방안과 거기에 소요되는 비용분담, 지불방법 등을

규정한다. 특히 해결방법에 따라서 많은 비용이 소요되므로 "양자의 지분에 따른 부담"으로 하면 사업형태를 달리하는 당사자에게는 불공평한 경우가 발생할 수 있으므로 원칙적으로 소송수행 주체나 사업화에 활용하고 있는 당사자가 부담하되 필요한 경우에는 그 분담에 대하여 협의하여 정하도록 한다.

차. 개량발명의 귀속

공동연구기간 종료 후에 일방 당사자가 공동연구의 성과를 이용하거나 성과의 실시과정에서 발명을 하는 경우가 있다. 이러한 발명은 연구기간 경과 후에 발생한 것으로서 특별히 제한 또는 의무를 부과하지 않고 자유롭게 취급하는 경우도 있지만 그 발명경위가 공동연구의 성과에 기초한 것이고 향후 사업이나 연구개발에 영향을 줄 수 있으므로 공동연구계약의 개량발명조항에서 그 귀속과 활용을 규정하는 경우가 일반적이다. 별도의 정함이 없으면 개량기술의 제공의무는 없다. 개량기술의 규정방법에 따라 권리 및 실시 주체가 달라질 수 있으므로 개량기초, 개량주체, 개량기간, 개량기술의 범위 등을 명확하게 특정한다.

개량기술을 제3자에게 양도하거나 실시권을 허락할 경우에는 최우선적으로 공동연구 상대방과 교섭할 것을 계약상 확보해 둔다. 상대방이 연구개발 역량이 부족하고, 장래에도 기대할 수 없는 경우에 개량기술에 관한 쌍무 조항은 오히려 자기기술의 일방적 유출을 초래하므로 피하여야 한다.

공동연구개발 성과를 이용한 연구개발을 제한하거나 개량한 기술 등을 다른 참가자에게 양도할 의무를 부과하거나 독점적 사용을 허락할 의무를 부과하는 것은 불공정한 거래행위로서 법적 제재를 받을 수 있으므로 유의하여야 한다.

카. 연구성과의 실시

공동연구의 성과를 제3자에게 실시허락할 것인지의 여부, 실시허락하는 경우의 대상 및 조건, 당해 제3자로부터 얻은 이익의 당사자 간 배분 등에 대하여 규정한다. 제한 규정이 없으면 특허법상 공유특허는 상대방의 동의없이 자유롭게 실시할 수 있지만 상대방이 생산원가가 싼 자회사 등에 위탁생산하는 등 일방 당사자의 자기실시로 불이익을 받을 우려가 있는 경우에는 사전에 실시의 형태에 대한 특약조항을 설정하는 것이 필요하다. 한편 성과실시에 상대방의 선행기술이 필요한 경우에 선행기술에 대한 실시권도 확보해 두어야 한다. 성과가 일방 당사자에게 귀속하는 경우에는 상대방도 실시할 수 있는지와 실시할 경우에 기술료 지급여부 및 금액도 함께 규정한다.

타. 성과에 대한 보증

기업과 협약체결 시 연구결과물의 하자보증, 제3자 권리 비침해보증 및 그로 인한 손해의 배상을 요구한다. 보증은 공정거래법상 규제대상이 아니며, 전적으로 당사자 간 합의에 의하여 결정되므로 가장 중요한 협상사항으로서 반드시 유리하게 관철시켜야 한다.

공동연구의 경우536) 양당사자의 보증능력이 동일한 경우가 많지 않으므로 상호보증하지 않는 것이 일반적이다. 연구비의 규모, 상대방 기업과의 관계 등을 종합적으로 고려하여 보증이 불가피할 경우에도 연구개발 중 제3자의 특허를 침해할 우려가 있는 것으로 판명될 시 상대방에게 통지하여 계속 수행여부를 결정하고, 통지의무를 다했을 경우에는 면책되도록 제안하는 한편, 보증의 내용적, 시간적, 장소적 또는 금전적 범위를 축소 제안한다.537) 이와 함께 침해소송이 발생하면 적극적으로 상대방을 지원하여 방어하는데 노력을 할 것을 약속하는 정도로 제한한다.

공동연구의 원활한 수행을 위해 상대방의 특허권 등에 대한 효력을 직접 다투거나 제3자가 다투는 것을 간접적으로 지원하지 않을 부쟁의무를 부과하는 경우가 있다. 공동연구는 파트너십에 준하는 협력관계에 있고, 선행기술을 포함하여 많은 정보가 상호 교환되므로 그러한 유리한 지위를 이용하여 특허를 공격하는 것은 신의칙(권리남용)에 반하기 때문에 연구계약기간 동안 부쟁의무를 부과하는 것은 불공정하지 않다.

파. 비밀유지의무

당사자 쌍방은 비밀의 범위, 비밀유지기간, 비밀유지의 예외 등에 관하여 협의하여야 한다. 비밀유지 대상을 명확하게 구체적으로 한정하고 비밀유지의무의 대상에서 제외되는 기술정보, 예를 들면, 계약 전에 보유하고 있던 정보, 자신의 책임없는 사유로 계약 전이나 후에 제3자에 의해 공지된 정보, 상대방으로부터 개시받은 정보에 의하지 않고 독자적으로 개발한 정보 등을 가급적 많이 포함시킨다. 수령자측의 입장에서는 비밀유지기간을 최대한 단기간으로 설정한다.

Ⅲ. 연구개발위탁계약

1. 연구개발위탁계약의 의의 및 필요성

연구개발위탁계약은 위탁자가 수탁자에 대하여 신기술의 연구개발을 위탁하는 계약을 말하며, 위탁자는 개발비를 지급하고 연구개발활동 자체는 수탁자만이 수행한다.538) 수탁자는 위탁계약으로 인해 일정기간 위탁자에게 어느 정도 구속되므로 위탁연구로 인해 연구개발 및 생산활동 등에 제약은 없는지 여부, 성과의 실시에 자신의 기존의 지식재산이 정당한 대가없이 이용되는 것은 아닌지 등에 대하여 충분히 검토하여야 하며, 위탁자는 종종 수탁자와의 원활한 협조가 이루어지지 못하여 중도에 포기되거나 위탁개발의 결과가 연구보고서 제출만으로 종료되는 등 제대로 이전되지 않아 본래의 목적을 달성하지 못하는 사례가 있으므로 수탁자와의 지속적인 교류를 유지하여 과제완료 후의 결과이전뿐만 아니라 과제수행 중에도 지속적으로 기술 및 성과가 이전되도록 해야 한다.539)

신기술을 획득하는 방법은 목적하는 발명을 양수 또는 실시권의 허락 등 기술도입의 방법이 있는데, 이러한 기술제휴가 불가능한 때에는 위탁연구개발방식을 이용하여 자신의 비전문 기술분야의 개발을 그 분야의 전문기관(수탁자)에 맡겨 개발에 필요한 설비, 기기, 기술자의 부족을 얻을 수 있다.540)

2. 연구개발위탁계약의 법적 성격

주된 법적 성격은 도급 또는 위임계약이라고 할 수 있지만 일률적으로 도급 또는 위임계약이라 단정할 수 없으며 혼합계약인 경우도 있을 수 있으므로 비전형계약인 무명계약으로 볼 수 있다. 따라서 연구계약서에서 규정한 내용에 비추어 당사자가 의도한 것이 무엇인지를 추론하여 법적 성격을 판단하여 각 전형계약이 정하고 있는 규정을 유추적용할 수 있는지를 사안별로 판단하는 것이 필요하다. 연구의 완성과 보수가 대가 관계에 있으며 도급으로 보고 연구개발의 성패와 무관하게 개발비를 지급하는 것이라면 위임으로 보는 것이 법조문에 일치할 것이다.541) 그 법적성격이 도급인지 위임인지 여부에 따라서 유·무형의 취득물의 소유권 귀속이나 연구비의 정산, 인지의 첨부 여부 등에 차이점이 있으므로 연구계약을 체결할 때 위탁연구관계 및 당사자의 권리의무를 명확하게 정하여야 할 것이다.542)

판례는 연구개발위탁계약의 일종이라고 할 수 있는 소프트웨어 개발계약

의 법적 성격은 원칙적으로 도급계약에 해당되지만,543) 반드시 정액급의 보수
지급방식을 취하여야 하는 것은 아니고, 개발계약의 구체적인 약정에 따라 얼
마든지 보수지급의 방식을 달리하여 실제로 투입한 인력의 실적에 따라 용역
대가를 지급하기로 약정할 수 있으므로 위임계약에 해당될 수도 있으며,544) 소
프트웨어 공급 계약과 유사한 기계장치의 공급계약은 이른바 제작물 공급계약
에 해당되는데, 이것은 그 제작의 측면에 있어서는 도급의 성질이 있고, 공급
의 측면에서는 매매의 성질이 있다고 판단해 매매 및 도급계약의 성격을 겸유
하고 있다고 보았다.545)

3. 계약 당사자의 권리의무 – 주요 조항 및 내용

가. 연구개발의 대상과 범위 및 연구기간
위의 공동연구개발계약과 같다.

나. 연구개발비의 지급
연구비의 정산문제에 대해서는, 위탁연구의 법적 성격이 계약내용에 따라
도급, 위임 또는 이의 혼합계약이 될 수 있는데, 이에 따라 연구비 잔액의 반환
여부가 결정된다.546) 가능하면 수탁자로서는 연구비를 선급받되 연구 종료 시
잔액이 있더라도 반환하지 않는 것으로 하여야 할 것이다. 즉 연구계약이 중도
에 해제되는 경우에 발생하는 민법상의 원상회복의무를 고려할 때, 위탁자의
채무불이행을 이유로 계약을 해지 또는 해제하게 되는 경우에는 연구비를 반
환하지 않거나 이미 진행된 연구에 소요된 비용을 지급하도록 하며, 아울러 일
정금액을 손해배상액의 예정으로 정하여 추가로 지급하도록 하는 규정을 두는
것이 바람직하다.547) 위탁자로서는 개발비가 수탁자의 요구치보다 감액된다고
하여 연구개발의 질이나 범위가 축소되면 곤란하므로 초기에 목표를 구체화한
상태에서 예산산정이나 계약조건 협상에 임해야 한다. 수탁자와 접촉할 때 수
탁자가 요구하는 개발비를 무조건 수용할 것이 아니라 초기부터 위탁자의 예
산산정 기준과 전례를 제시하여야 위탁자의 주도권을 유지할 수 있을 것이다.

다. 연구개발의 성공 여부 인정 및 성과의 취급548)
위탁연구의 성공 여부는 성과의 취급과도 관련된 중요한 사항이므로 누가
어떠한 기준에 따라서 인정할 것인가 등의 절차를 규정하여 둔다. 수탁자는 성
공으로 생각하고 있음에 반하여, 위탁자가 실패라고 인정하는 때가 문제되는데
일방적인 통지로 해결되는 일없이 수탁자도 납득한 다음에 결론을 내릴 수 있도
록 상호배려가 필요하다. 연구가 실패한 경우에도 발명, 노하우 등이 발생할 수

있으므로 이에 대한 취급을 연구비의 지불과의 관계에서 규정해 둘 필요가 있다.

　　일반적으로 위탁연구의 경우, 연구성과는 위탁자에게 귀속하지만 사안에 따라서는 위탁자, 수탁자의 공유로 하거나 수탁자에게 귀속시키는 경우도 있다. 이 경우에 위탁자 입장에서는 성과의 실시면에서 위탁자가 불이익을 받지 않도록 주의한다. 한편 수탁자 입장에서는, 발명과 같은 지적소산은 그것을 획득하는데 필요한 경비의 전액을 제공하였다고 해서 도급과 같이 원시적으로 위탁자에게 귀속되는 것은 아니므로, 수탁자가 특허권을 소유하고 위탁자에게는 전용실시권을 허여하거나 매각하는 것으로 하여야 할 것이다.549) 위탁자와 특허권을 공유하는 경우에도 실시함으로써 위탁자가 얻는 수익의 일정분을 실시유예 보상금으로 받을 수 있도록 실시계약으로 유도하여야 할 것이다.

　　특허출원 시에 특허청구의 범위가 위탁연구의 목적범위보다 넓게 되는 경우가 많다. 그와 같은 경우 특허권이 위탁자의 소유라 해도 연구범위에 속하지 않는 부분 등을 수탁자가 실시할 수 있도록 정해두지 않으면 수탁자가 그 부분을 실시한 경우에 권리를 침해하는 것으로 되기 때문에 주의를 요한다. 다항제 아래에서는 이 점에 대한 배려가 특히 필요하다. 위탁연구의 성과인 발명은 직무발명이며, 종업원의 직무발명을 사용자가 (예약)승계한다는 것을 직무발명규정이나 고용계약 또는 근무규정에서 규정하고 있지 않은 경우에 발명자가 사용자 이외의 자에게 특허를 받을 수 있는 권리를 양도한 때는 그 사용자는 법정통상실시권만을 가진다. 그러나 사용자가 특허를 받을 수 있는 권리를 발명자로부터 양수한 후에 타인에게 양도한 때에는 그 사용자에게 통상실시권이 인정되지 않는다. 따라서 수탁자가 특허받을 수 있는 권리를 위탁자에게 양도한 후에도 실시하고자 할 때에는 위탁자와 실시권에 대한 조정을 해 둘 필요가 있다.

　　한편 연구결과의 출판 및 발표와 관련하여, 수탁자가 대학이나 국책연구기관인 경우에 연구결과 및 성과의 대외공개는 위탁자의 이익에 반하는 경우가 많다. 상호 간의 이해를 고려하여 양자의 이해관계를 조절할 수 있는 선에서 협의되어야 한다. 일반적으로 연구결과의 외부 발표 시 발표내용에 대하여 사전에 위탁자의 동의나 권익을 보호할 수 있는 기간 내에서 사전통지를 규정하도록 한다. 제3자에 대한 위탁연구의 경우에 특허출원 전의 연구성과의 발표금지 또는 제한을 규정하는 경우가 있지만, 대개는 발표금지의 취지를 수탁자가 잘 이해하여 스스로 규제하도록 일임하는 경우가 많다. 그러나 한계는 있어도 위탁자는 계약상 "발표금지 등"의 조문을 마련하여 적어도 이 특약에 위반한 수탁자에게 채무불이행의 책임을 물을 수 있는 방법을 강구하여야 한다.

라. 중복수탁

중복수탁이란 하나의 연구주제에 대해 둘 이상의 위탁이 동일한 수탁자에게 행해지는 경우를 말한다. 중복수탁에는 동일한 연구상황이 수탁자에 의해 2인 이상의 위탁자에게 보고되므로 비밀유출의 위험이 있어서 분쟁의 씨앗이 된다. 위탁연구의 경우에 가장 먼저 규제하는 것이 중복수탁의 금지이다. 위탁자는 수탁자가 동일과제에 대해 중복수탁을 하지 않는 조건으로 위탁자의 자금만으로 충분히 연구수행을 할 수 있을 정도의 연구비를 책정하는 것이 중요하다. 공동위탁의 경우에는 공동위탁자 이외의 자로부터 중복수탁을 금지하는 것뿐만 아니라 공동위탁자 간에 특허를 받을 수 있는 권리의 귀속이나 실시에 대하여 계약상 상세하고 명백한 규정을 마련하여야 할 것이다.

Ⅳ. 기술실시계약

1. 기술실시계약의 의의

기술 보유자(이하 '라이선서')가 기술 실시자(이하 '라이선시')에 대하여 특허발명, 영업비밀 등 라이선스 대상에 대하여 일정한 대가(실시료, 사용료, 이용료)를 받고 라이선스(실시권, 사용권, 이용권)를 허락하는 계약을 말한다. 계약 당사자, 라이선스의 대상, 실시권이 기술실시계약의 법적 필수 구성 요소이며, 이 요건을 결여한 경우에는 법적 효과가 발생하지 않는다.550) 따라서 특정기술을 실시 허락의 대상으로 하는 계약이면 유상, 무상을 묻지 않고 모두 기술실시계약이라 할 수 있다. 기술실시계약이 단독으로 체결되기도 하지만 계약의 규모, 기간, 중요도 등에 따라 수행 단계별로 적절한 계약들이 체결된다.551)

2. 기술실시계약의 유형

가. 실시 대상에 따른 분류

기술실시계약은 실시 대상에 따라 특허실시계약과 영업비밀실시계약으로 구분할 수 있다.552) 특허실시계약과 영업비밀실시계약은 그 성격상 차이가 있는바, 전자의 경우 대상기술이 공개된 기술이므로 특허번호로 특정하면 충분하고 특별히 대상기술의 정의가 크게 필요가 없으며 급부의무도 없지만, 후자의 경우 대상기술이 비공개된 기술이고 급부의무가 있으므로 계약에서 상세하게 제공할 기술정보의 대상과 범위, 특성, 내용, 제공 방법 등을 규정해야 한다.

특허실시의 경우 잔존 특허기간이 계약기간의 한도가 되며, 허락지역은 특허등록국가로 한정된다. 또한 특허권 소멸 후 계약을 유지하면서 실시료를 계속 징수하는 것은 공정거래법에 위반되는 점에 유의한다. 영업비밀 실시의 경우 지역 및 기간제한이 없으므로 명시적으로 허락지역 및 계약기간을 한정해야 한다. 예컨대, 라이선시가 제품생산공장을 해외로 이전을 하는 경우에 계약상 허용되는지를 계약상 명확하게 해 두어야 한다. 생산지의 라이선시와 제3자에게 생산·판매에 대한 실시허락을 하지 않겠다는 조항에 동의한 경우에는 계약위반의 책임을 지게 된다.

나. 실시권의 종류에 따른 분류

1) 전용실시권계약과 통상실시권계약[553]

전용실시권계약은 계약에서 정한 범위에서 전용실시권자가 계약대상 발명을 독점적으로 실시할 수 있고, 계약에서 별도의 규정이 없으면 특허권자(라이선서) 자신도 실시할 수 없다. 전용실시권자는 특허권자와 동일한 특허금지청구권, 손해배상청구권 등의 소송상의 권리가 인정되며, 실시권설정 등록청구권이 인정된다. 특히 한국·일본형, 미국형, 중국형 등 국가마다 실시권의 유형과 효력에 차이가 있으므로 실시권의 유형과 재실시권(sub license)의 가능 여부, 라이선서의 자기실시가능여부, 특허침해소송의 제소가부 등 그 범위를 명확히 하여야 한다.[554]

한국·일본의 경우, 통상실시권에는 계약실무상 독점적 통상실시권과 비독점실시권의 2종류가 있으나, 특허법상의 개념은 아니므로 특허청에 통상실시권을 설정 등록할 경우에는 독점·비독점의 구별은 등록할 수 없다. 독점적 통상실시권은 전용실시권과 마찬가지로 라이선시만 독점적으로 실시할 수 있는 권리이지만, 특약으로 특허권자도 실시할 수 있다. 특허권자도 실시할 경우에는 그 취지를 계약서에 명확하게 기재하여야 장래 분쟁을 방지할 수 있다. 비독점적 통상실시권은 특허권자뿐만 아니라 복수의 라이선시가 실시할 수 있는 권리를 말하며, 계약서에 통상실시권으로 규정 시 비독점적 통상실시권으로 해석된다. 통상라이선시에게는 특허침해금지청구권, 손해배상청구권 등 소송상의 권리가 인정되지 않으며, 실시권설정 등록청구권도 없다. 통상실시권의 설정등록이 안된 경우에 라이선서가 제3자에게 특허권을 양도하거나 전용실시권을 설정등록하면 통상실시권을 주장할 수 없으므로 따라서 실시사업의 안정성을 위해서는 계약에서 특허권자에게 통상실시권의 설정등록을 요구하는 조항을 설정하여야 한다.

2) 재실시권계약과 하도급실시계약

라이선서가 라이선시에게 제3자에 대하여 실시권을 부여할 권한을 인정하고 있는 경우, 당해 제3자에게 부여된 실시권을 재실시권(sub license)이라 한다. 특허법상 전용실시권자에게만 인정하고 있으나 통상실시권자도 특약에 의해 가능하며, 특허 받을 수 있는 권리에 대하여도 계약상은 허락이 가능하다.555) 재실시권자의 실시상황을 파악하기 어려운 부분이 있으므로 라이선시는 재실시권자의 모든 의무이행 및 행위에 대하여 재실시권자와 연대책임을 지도록 한다. 재실시 계약은 주된 실시계약 종료 시 자동적으로 종료하지만, 종료여부에 관한 다툼을 방지하기 위해서는 계약서에 효력기간을 명확하게 규정한다.

하도급실시계약은 당사자의 일방(하도급위탁자)이 상대방(하도급자)에게 특정기술을 제공하고 상대방에게 자기의 기관으로서 당해 기술을 실시556)하게 하는 계약을 말하며, 이 경우에 하도급자의 실시는 하도급위탁자의 실시와 동일시된다. 하도급은 라이선시가 제3자에게 재차 라이선스를 허여하는 것이 아니고, 라이선시가 일정 조건을 구비하면 라이선서의 승낙을 얻지 않고 제3자에게 라이선스 제품을 제조 등을 하게 하는 것이어서 재실시권과는 구분된다. 라이선스의 권리의 범위를 규정하면서 하도급 권리를 명시하지 않는 경우, 라이선시가 제3자에게 라이선스 제품을 생산해 납품하게 함으로써 문제가 야기될 수 있다.557)

미국 판례는 반대되는 명백한 의사 표현이 없는 한, 특허제품을 생산, 사용 및 판매할 수 있는 권리에는 라이선시가 제3자로 하여금 특허제품을 생산하여 라이선시에게 제공할 수 있도록 하는 권리가 포함된다고 보는 경우가 있다.558) 우리 판례도 특허침해사건에서 피고의 의뢰에 따라 피고가 원하는 제품을 피고가 원하는 수량만큼 제작해 오로지 피고에게만 인도되는 경우에 해당 특허발명을 허락범위 내에서 실시하는 것으로 보고 있는 만큼,559) 라이선시가 라이선스 특허에 대해 하청업체에게 상기와 같은 조건으로 실시하도록 하는 것은 실시허락 범위에 포함되는 것으로 해석할 수 있을 것으로 보인다.560)

3. 기술실시계약의 법적 성격

기술실시계약은 계약기간 중에 라이선서가 라이선시에게 금지청구권을 행사하지 않을 부작위의무를 부담하는 계약이라는 견해와 라이선시에게 해당 기술의 이용을 적극적으로 향유시킬 의무까지 부담하는 계약이라는 견해가 대립하고 있어 그 법적 성격에 대한 명확한 이해가 필요하다.

기술실시계약의 법적성격은 무명계약(비전형 계약), 낙성·쌍무·유상계약, 형식이 필요없는 계약, 계속적 급부계약, 채권계약이라 할 수 있다. 특히 유상계약과 관련하여 기술실시계약 중 실시허락의 대가로서 일정한 실시료를 라이선시가 지불하고, 라이선서는 실시권 허여의무를 부담하는 경우 쌍무계약인 반면에 예외적으로 실시료 지불의무 등 대가성이 없는 계약을 하는 경우는 무상·편무계약이다. 쌍무계약과 편무계약을 구별하는 실익은 동시이행의 항변권561), 위험부담562) 등의 문제가 오로지 쌍무계약에 대해서 발생하기 때문이다.563)

요컨대, 기술실시계약은 특성상 유명계약에 관한 민법규정을 그대로 유추할 수 없는 경우가 있는 점, 적용할 규정이 민법 중에 전혀 존재하지 않는 경우가 많은 점 및 아직 기술실시계약에 관한 판례가 매우 적은 점 등에 비추어 볼 때 계약 체결 시에 허락기술의 수익성과 유효수명, 허락특허의 기술적 범위와 무효원인, 선사용권564), 이용저촉특허565) 등의 유무와 출현가능성, 기술실시 가능성 및 경제성 등을 사전에 조사하는 동시에 계약기간 중에 이들 요소가 문제된 경우의 조치에 대해서도 계약서에 명확하게 규정하여야 할 것이다.566)

4. 기술실시 계약체결 시 사전 검토 사항

가. 계약대상 권리의 유효성 및 실시 관련 제약 여부 확인

특허청으로부터 특허등록원부를 발부받아 계약대상 특허권의 존속 여부, 실시권 설정 유무, 특허권 무효심판 제기 여부 및 특허권의 공유 여부(공유권자의 동의를 받아야 실시권, 지분양도 및 질권 설정이 가능)를 확인하여야 한다. 아울러 특허받을 수 있는 권리를 종업원 등으로부터 적법하게 승계를 받았는지와 발명진흥법상의 법정 기간인 직무발명 완성사실의 통지를 받은 날로부터 4개월 내에 종업원에게 직무발명의 승계통지를 하였는지를 확인하여야 한다. 또한 발명신고서와 소속회사 등에 대한 양도증 제출여부 및 특허출원서를 점검하여야 한다.567)

나. 실시계약의 제한 유무의 확인

여러 당사자가 관련된 권리의무 관계를 정리하고 확인하여야 한다. 예를 들면, 공동연구개발계약이나 위탁연구개발계약의 결과로 발생한 특허의 경우 제3자에게 기술, 정보, 특허의 제공 금지의무나 동의 요건이 붙어 있거나 제3자에게 실시권 등의 제공에 앞서 관련 당사자가 먼저 실시하거나 매입할 권리가 부여되어 있거나 비밀유지의무 등이 부과된 경우, 제공자의 경우에는 계약

위반의 문제가 있고 제공받는 제3자의 경우에는 성가신 법률분쟁의 우려가 있으므로 특허권 등의 소유자에게 유일한 소유자이며, 실시권 등을 허락하는데 어떠한 제약이 없다는 것을 계약상 보증 및 표명의무를 부과한다.

해외에 라이선스를 할 경우 법적 제한이 있는 지 여부를 확인하여야 한다. 전략기술이나 국가핵심기술인 경우 정부의 사전 신고 또는 승인사항이며, 이를 위반한 경우에 형사상 처벌을 받고 계약상 효력에 문제가 발생할 수 있으므로 유의하여야 한다.568) 국가연구개발사업으로부터 발생한 연구결과물을 해외에 라이선스를 할 경우에는 참여기업 우선, 국내 실시능력이 있는 중소 · 중견기업 우선의 원칙 등 제약사항이 있으므로 이 또한 확인이 필요하다.

다. 계약상대방의 적정성 확인

등기부등본, 영업허가증으로 상대방의 적법 존재 여부와 해당 계약관계의 정관상 경영범위 내 여부를 확인하고, 관련 거래의 인허가 업종 여부 및 인허가증을 확인한다.569) 또한 신용도와 재정건실도 등을 점검하여 책임재산 정도 및 손해배상능력을 확인한다. 공장설비 구비 및 운전자금 확보 여부, 기술진의 역량 및 기술실현에 필요한 엔지니어링 역량의 보유 여부 등 라이선스 대상 기술의 구현가능성 및 마케팅역량을 실사(due diligence) 등을 통해 확인한다. 기술지도 또는 개량기술을 제공받아야 할 경우에 핵심발명자의 잔류 여부도 사전 검토하여야 할 중요사항이다. 아울러 비공개로 보호하여야 할 영업비밀이 제공될 경우에는 상대방에게 법상 인정될 수 있을 정도로 비밀보호 관리체계를 완비하도록 조치한다.

라. 특허출원 중인 발명의 실시

특허는 특허권이 등록되더라도 무효가 될 수 있어 권리가 불안정하고 심사 중 권리범위가 변하기 때문에 그 권리범위도 불확실하므로 많은 분쟁 가능성을 내포하고 있다. 이러한 점을 감안하여 발생 가능한 경우의 수를 예정하여 계약서에 반영하여 분쟁 예방 조치를 하여야 한다. 라이선서가 특허출원에 대한 심사청구를 하지 않아 취하되는 경우에는 라이선서는 채무불이행책임에 의한 손해배상책임이 있다. 라이선시는 계약의 의사표시에 착오를 주장하여 무효화시키거나 이미 지불한 실시료를 부당이득으로 반환청구를 할 수 있을 것으로 판단된다.

출원 중에 감축보정에 의해 설정등록이 된 경우에 감축 전의 기술적 범위에만 속하는 제품을 판매할 수 있는가에 대해서는 감축부분을 다른 부분으로부터 독립하여 특정할 수 있는 경우에는 가능할 것으로 보인다. 아울러 실시계약 시 청구항과 등록 시 청구항이 달라져 권리범위와 실시의 기술적 범위가 다른 경우에 실시료의 지급 여부, 지급 실시료의 반환 여부 및 미지급 시 계약해지와 특허권 침해 여부가 문제된다. 이에 대해 일본의 판례570)는 계약서상 "허락제품이라함은 허락특허의 기술적 범위에 속하는 제품"으로 기재되어 라이선시의 판매제품이 기술적 범위에 속해야 하는 것이 필요하다고 해석되는데 본 특허권의 기술적 범위에 속하지 않으므로 미지불실시료를 지불할 법적 의무가 없으며, 특허침해도 인정되지 않는 것으로 판시한 바 있으므로 라이선서의 입장에서는 지급한 모든 지불은 허락특허의 유무, 본 계약의 해약 기타 어떠한 이유에 의해서도 라이선시에게 반환하지 않는 것으로 규정하여야 할 것이다. 아울러 실시료의 대상인 계약제품의 정의를 계약특허를 실시하는 것과 연계시키는 방식(if used방식)을 피하고 특허 사용과 무관하게 계약제품만으로 규정하는 방식(overall방식)을 선택하여야 한다. 우리 대법원도 "총매출액의 산정에 있어서 피고가 원고의 특허기술을 사용하였는지 여부를 고려하지 아니하도록 함으로써 그에 관한 다툼의 소지를 없애기 위한 것으로 보인다."고 판시하여 overall방식의 사용을 불공정하지 않다고 인정하였다.

실시대상인 출원이 거절사정되어 특허권으로 불성립된 경우에는 계약종료 사유로 규정되어 있지 않아도 장래를 향하여 계약을 종료시킬 수 있지만 라이선서가 특허사정된다는 점을 특별히 확약하였거나 보증하지 않은 경우에는 손해배상 책임은 물론 계약의 의사표시에 착오를 주장하여 무효화시키거나 이미 지불한 실시료를 부당이득으로 반환청구를 할 수 없는 것으로 법원은 보고 있다571).

이러한 분쟁방지를 위해서는 특허등록 및 유효성에 대한 보증여부, 이미 지불한 실시료의 반환 여부, 출원 중인 실시와 등록 후의 실시에 대한 실시료의 차등, 특허청구범위의 감축이나 출원내용의 변경 시 사전 협의 등을 규정하는 것이 필요하다.

5. 계약 당사자의 권리의무 – 주요 조항 및 내용

가. 실시허락

1) 의 의

라이선서가 라이선시에게 특정한 특허발명 등에 대한 특정한 종류와 범위의 실시권을 허락하는 취지를 규정한 조항을 말하며, 실시계약의 구성요소를 모두 집중적으로 포함하는 가장 중요한 조항이다. 계약 자체 또는 다른 계약조항의 효력은 허락조항의 유효성을 전제로 하므로 허락조항이 무효이면 계약 자체 또는 다른 계약조항도 모두 무효일 가능성이 높은데 반하여 다른 계약조항의 하나가 무효라 해도 허락조항은 반드시 무효로 되는 것은 아니다.

2) 주요 내용 및 유의사항

실시권 및 실시행위의 종류를 구체적으로 명시하고, 사전에 미등록 선행 실시권의 보호를 위한 조치(전용실시권허락 전에 선행실시권의 설정등록 완료)를 한다. 허락기간은 실시행위인 제조, 판매, 생산 등 각각에 대하여 달리 정할 수 있다. 허락특허 또는 계약제품의 실시분야나 사용분야를 한정할 수 있으므로 라이선서는 최상의 수익이 창출될 수 있도록 실시권의 종류와 실시분야를 최적으로 조합한다.[572] 라이선시는 장차 자신이 라이선스 받는 특허나 기술을 사용할 사업의 형태를 충분히 고려해 실시허락 조항에 포함시킬 필요가 있다.[573]

허락지역은 라이선시의 사업능력을 반영하여 특정하여야 하며, 라이선시 입장에서는 장래의 사업 확대에 대응 가능하도록 탄력적으로 정한다. 별도의 정함이 없으면 허락특허권의 효력이 미치는 범위인 등록국가로 특정된다.

실시의무 존부에 대한 다툼이 발생할 수 있으므로 라이선서의 입장에서는 추상적·정성적인 '최선의 노력' 조항 대신에 실시의무의 내용을 구체적·정량적으로 규정하고 이를 충족하지 못하면 계약해지나 독점권을 비독점권으로 변경할 수 있도록 한다.[574] 실시권의 기간은 복수의 특허권 등을 실시 허락하는 경우에는, 복수의 특허권 등 중에서 가장 유효기간이 길거나 또는 가장 중요하다고 판단되는 특허를 기준으로 해서 기간을 설정하고, 계약기간은 별도로 규정한다.

실시권의 등록은 라이선시의 입장에서는 계약관계의 유지에 매우 중요한 사항이므로 라이선시가 입을지도 모르는 불이익을 사전에 회피하기 위해서는 적절한 실시권 등록신청조항을 계약 중에 삽입한다. 전용실시권의 설정등록은 효력발생요건이며,[575] 통상실시권의 설정등록은 제3자에 대한 대항요건이다. 미등록의 통상실시권자는 그 후에 출현한 허락특허의 양수인 또는 전용실시권자에게 자기의 권리를 주장할 수 없는 불이익이 있으므로, 이를 방지하기 위해서는 실시권설정등록조항을 두어야 한다. 특허를 받을 수 있는 권리는 특허권을 취득한 후에 설정등록이 가능하다. 설정등록 수행주체, 비용부담자 및 등록 협력의무를 명확하게 규정한다. 특허권자는 전용실시권의 등록에 협력할 의무가 있다. 전용실시권자는 실시권설정 등록청구권이 인정되지만, 통상실시권자는 특약이 없는 한 실시권 설정등록 청구권이 없다.

나. 실시료 지급의무

1) 의 의

기술실시계약에서 로열티(royalty: 실시료)는 라이선서가 라이선시에게 기술 사용의 대가로 받는 경제적 반대급부를 말한다. 실시료조항은 가장 중요한 조항이므로 상세하고 주의 깊게 규정한다. 특히 실시료 계산방식, 요율, 대상이 되는 기술범위는 물론 지불 방법, 송금 계좌, 지불일, 외환, 회계 검사, 지불 지연 시 조치, 조세부담자 등에 대하여 명확하게 결정하여야 한다.

2) 실시료 지급 방법

(가) 실적실시료(경상실시료, running royalty)

실적실시료(경상실시료)는 제품판매가격에 대한 일정비율로 표시되는 판매액실시료(대상물의 판매가격×요율(%))와 실시제품에 대하여 고정액으로 표시되는 대물실시료(대상물의 수량×정액)가 실무상 사용되고 있다.

판매액 실시료는 판매수량과 가격이 제조원가 등에 비하여 확인과 계산이 매우 간단하며, 영업비밀인 제조원가를 공개하지 않아도 되고 판매가격, 물가 등의 변동에 따라서 실시료액도 변동하는 장점이 있다. 이보다 흔히 사용되는 경상실시료는 실시제품의 매출액에 대한 일정 %를 지불하게 하는 방식으로 순매출액 또는 총매출액을 기준으로 할 수 있다.[576]

대물실시료는 판매한 제품뿐만 아니라 제조, 사용 또는 무상 양도한 제품이나 시장가격이 성립되지 않은 제품에 대해서도 일률적으로 적용이 가능하며, 실시수량의 확인만으로 계산할 수 있고 제조원가의 삭감이나 판매가격, 물가 등의 변동에 의하여 영향을 받지 않는 경직성을 가진다는 장점이 있다.

(나) 비실적실시료

비실적실시료로 실시의 성과와 관계없이 지불되는 고정액의 실시료로서 라이선시가 무효, 해지를 주장할 위험성 및 실시료 분쟁이 상대적으로 적으며, 장래 실시료 미납의 위험을 제거할 수 있어 특허권자에게 편리하다. 소수의 특허권을 계약대상으로 한 경우에 일반적으로 채용된다. 일시적으로 벤처캐피탈 자금이 유입되는 창업회사가 라이선시인 경우에 선호하며, 특허 무효나 제품에 특허를 불사용 시 실시료 반납 청구가 곤란하므로, 라이선시입장에서는 가급적 장기간 분할불로 계약하는 것이 유리하다.

선급금(initial payment)과 정액실시료(fixed sum royalty)가 비실적 실시료에 해당하며, 선급금은 항상 실적실시료와 병용되며, 계약체결 전, 계약체결 시 또는 계약체결 후의 일정 기간 내에 지급된다. 고액의 선급금은 라이선시에게 큰 재정적 부담으로 되지만, 라이선서에게는 라이선시의 조속하고 성실한 실시를 촉구함과 동시에, 경쟁자의 출현을 방지할 목적만으로 전용실시권을 취득하려고 하는 라이선시의 의도를 미연에 배제하는 이점이 있다. 정액실시료는 계약기간 전체에 대하여 정하는 경우도 있고, 분할된 각 기간마다 정하는 경우도 있으며, 복잡한 실시료 관련규정(특히 실시료의 계산, 보고 및 장부 등의 기장, 검사등)이 불필요하다. 라이선시에게 판매수량이 증대하여도 실시료는 증가하지 않는 이점이 있지만 일시불의 경우 큰 재정적 부담이 되며, 경쟁품의 출현, 시장상황의 변동 등에 의하여 판매고가 감소한 경우에도 정액실시료를 지불하여야 하는 불이익이 있다. 반면에 라이선서에게는 판매고가 증가해도 수령하는 실시료액은 증가하지 않으며, 물가가 상승한 때는 실시료수입이 실질적으로 감소하는 점에 유의한다.

㈐ 최저 실시료

최저 실시료로 경상기술료의 하한선을 미리 정해 두는 것으로 최소 로열티 조항은 과도하게 낙관적인 판매 계획을 하거나 또는 실제 제품의 판매 목적보다는 특허기술을 경쟁상대가 이용하는 것을 방지할 목적으로 라이선스 계약을 체결하는 라이선시에 대해 라이선서를 보호하는 기능을 한다. 또한 최저 실시료는 실시사업의 성공 여부와 관계없이 일정 수입을 확보할 수 있는 수단으로 라이선서에게 유리하며, 연도별로 차등 최저 실시료를 정할 수 있다. 라이선시는 판매 실적과 무관하게 매년 일정한 최저 금액을 지불해야 하며, 독점실시계약에서 판매 실적이 최저 실시료에 미달하는 해가 여러 해이면 비독점실시계약으로 변경 또는 계약해지권을 유보할 수 있는 조항을 둘 수 있다.

㈑ 마일스톤 로열티(Milestone Royalties)

마일스톤 로열티란 단계별로 성공 시 지급하는 것으로, 라이선시의 리스크를 분산시키는 효과가 있으며, 라이선서의 기술개발 성공도에 따른 보상으로 여겨진다. 마일스톤 로열티의 수준 및 빈도는 기술개발 정도에 의존하며, 실시계약에서의 중요한 협의사항 중 하나이다. 일반적으로 마일스톤 로열티 지급과 관련 있는 단계는 특허출원, 특허등록, 신약개발 프로그램에서의 lead 화합물 확인, 전임상 개시, 임상 1·2·3상 진입·완료, 정부기관에 인·허가 신청, 정부의 판매허가·승인, 판매 개시 및 매출 손익분기점 도달 등을 포함한다.

㈒ 로열티 스태킹(Stacking)

로열티 스태킹[577])이란 하나의 제품에 다수의 특허권이 관련되어 있어 제품 개발과 판매를 위해서는 각 특허권자와 실시계약을 맺고 로열티를 지불해야 하는 로열티 누적을 말한다. 특히 제약 및 생명공학 분야에서의 실시계약에서 자주 발생하는 문제로 제품 개발자의 로열티 부담을 가중시킨다. 예를 들면 유전자 치료제를 판매하는 경우, 우선적으로 유전자의 DNA 서열에 대한 특허가 있으며, 프로모터 서열, 발현벡터, 제조방법 특허 등이 관련되어 있을 수 있다. 따라서 상기 유전자 치료제 개발자가 각각의 특허권자에게 지불해야 할 로열티를 합산하면 실제로 제품 개발의 수익성은 현저히 떨어지게 된다. 이러한 문제점으로 인해, 라이선시는 실시계약에 누적방지(anti-stacking)조항을 삽입하고자 한다.

일반적인 누적방지조항은 라이선시가 본 제품의 생산 판매를 위해 제3자와 추가로 실시계약을 체결해야 하는 경우, 라이선서에게 지불해야 하는 로열티를 일정한 비율로 감액할 것을 규정한다. 이 경우 라이선서의 입장에서는 예기치 못한 로열티 감소를 막기 위해 라이선시가 라이선서의 로열티에 영향을 미칠 수 있는 추가의 실시계약을 체결하는 경우 즉시 고지할 것을 요구할 수 있으며, 다수의 라이선서가 있으면 동일한 비율로 로열티를 감소시킨다는 규정을 둘 것을 요구하기도 한다.

3) 실시료에 대한 법적 제한

계약기간 중에 경쟁품이 출현하여 라이선시의 이익이 현저하게 감소한 경우, 라이선시가 소정의 수량을 초과하여 계약제품을 판매한 경우, 독점라이선스계약을 체결한 후 법정실시권 등이 발생한 경우, 라이선서가 제3자에게 실시권을 허락한 경우, 여러 건의 허락특허 중 일부특허가 소멸하거나, 허락특허의 청구범위가 감축된 경우, 제3자의 특허 등을 실시할 필요가 생긴 경우 등의 사유가 발생한 경우에는 실시료를 감액하도록 규정하는 것이 계약관계를 지속적으로 유지할 수 있고, 또한 상호 모두에게 결과적으로 유리하다.

특히 유의할 점은 실시료 조항이 공정거래법상의 불공정거래행위 유형에 해당하지 않도록 살펴보아야 한다. 특허권 소멸 이후까지 로열티를 부과하는 것을 불공정계약으로 규정하고 있으며,[578] 무효 사유가 명백한 특허에 대하여 사용료 지급을 청구하는 것은 권리남용으로 보고 있다.[579] 부당하게 다른 사업자와 공동으로 실시료를 결정·유지 또는 변경하는 행위, 통상적인 거래 관행에 비추어 볼 때 현저히 불합리한 수준의 실시료를 부과하는 행위, 부당하게 거래 상대방 등에 따라 실시료를 차별적으로 부과하는 행위는 경우에 따라 불공정한 거래행위(차별취급) 또는 부당한 거래제한에 해당할 우려가 있으므로 「지식재산권의 부당한 행사에 대한 심사지침」을 확인할 필요가 있다.

우리 대법원은 특허실시계약 체결 이후 특허가 무효로 확정되었더라도 계약이 원시적 이행불능 상태 또는 계약 자체에 별도 무효사유가 없는 한 특허권자가 이미 지급받은 실시료 중 실시계약이 유효하게 존재하는 기간에 상응하는 부분을 부당이득으로 반환할 의무가 없으며, 특허는 그 성질상 특허등록 이후에 무효로 될 가능성이 내재되어 있는 점을 감안하면 특허의 유효성이 계약 체결의 동기로서 표시되었고 법률행위의 내용의 중요부분에 해당하는 등의 사정이 없는 한, 착오를 이유로 특허발명 실시계약을 취소할 수는 없다고 판시하였으므로580) 라이선시 입장에서는 특허의 유효성 보증과 무효 또는 특허 불성립 시 기술료 반환조항을 포함시켜야 할 것이다.

원칙적으로 특허권자는 특허기술 이용에 따른 기술료를 계약 당사자 간 합의에 따라 자율적으로 결정할 수 있다. 그러나 해당 기술이 공식적인 업계 기술표준으로 지정되거나, 특정 사업 부문을 영위하기 위한 필수기술에 해당되어 관련 기술이 시장에 미치는 영향력이 상당한 경우에는 해당 기술의 준(準) 공공재적 특성을 고려해 부당한 차별이 발생하지 않도록 기술료 산정 시 주의를 기울여야 한다. 또한 동일 기업집단에 소속된 계열회사에게 현저히 낮은 기술료로 핵심 특허기술을 이전하여 기업집단에 소속되지 않은 독립 중소기업 등에 비해 계열회사가 경쟁상 우위를 점하게 하는 행위는 공정거래법에 위반될 우려가 있으므로 유의한다.

다. 개량기술의 처리

1) 의 의

라이선서의 입장에서는 개량기술조항을 통하여 개량기술을 라이선시에게 계속적으로 제공하여 사용하게 함으로써 실시료 수입을 계속 확보할 수 있으며, 라이선시가 계약기간을 연장하도록 유도할 수 있고, 라이선시로부터 개량기술을 제공받음으로써 연구개발비를 지출하지 않고 기술 축적과 경쟁력을 강화할 수 있다. 라이선시입장에서는 계약제품에 관한 경쟁력을 유지·강화하고, 판매수익의 증대를 도모하는 등의 이익을 얻을 수 있으며, 개량기술을 유상으로 라이선서에게 사용하게 하거나 실시료의 감액수단으로 활용할 수 있다.

2) 개량기술의 귀속

개량기술의 이용 조건에 따라 실시료의 지급 및 관련 사업에도 영향을 미칠 수 있으며, 라이선시에게 계약기술의 개량, 개량기술의 권리귀속 및 이용에 대해 불공정한 조건을 부과하게 되면 공정거래 관련 법령에 의해 제제 및 효력상 문제가 있으므로 개량기술 조항 작성 시 면밀한 검토가 필요하다. 특히 개

량기술이 계약기술을 토대로 이루어진 경우에 개량기술에 대한 권리관계 판단
이 쉽지 않으며, 계약에서 개량기술의 실시권을 라이선서에게 인정하는 경우에
는 향후 개량기술의 해당 여부에 대한 분쟁이 빈번하게 발생한다. 통상 재실시
권은 계약기술보다는 후속 개량기술을 포함하여 대상으로 하거나 개량기술을
주된 대상기술로 하기 때문이다. 개량기술조항의 내용은 쌍무적이고 또한 균형
을 갖추는 것이 바람직하다. 국가마다 다르지만 대체로 라이선서가 우월적 지
위에서 일방적으로 개량기술에 대한 연구개발을 제한하는 경우 계약 전체가
무효가 될 수 있고, 라이선시의 개량기술에 대한 소유권이나 독점실시권을 라
이선서에게 양도 또는 허락하는 경우에는 해당 조항이 무효로 되거나 공정거
래법상 제재를 받을 수 있으므로 계약 시 반영하여야 한다.

　　개량기술조항은 실시권의 종류, 실시허락의 내용적·지역적·시간적 범
위, 재실시 허락권의 유무, 대가 등을 검토하여야 하며, 특히 개량의 기초, 개
량주체, 개량기간, 개량기술의 범위 등을 명확히 한다. 개량기술의 정의는 그
귀속, 실시와 연결되어 큰 이해관계가 결정되므로 최협의에서 최광의까지 자신
에게 유리한 정의를 선택하도록 한다.[581] 개량주체와 관련해 계약 당사자 외에
자회사나 관계회사가 개발한 것 또는 당사자 일방이 제3자와 공동으로 개발한
것까지 포함할 지에 대해 명확히 규정해야 하며, 개량 시기를 특정함에 있어
계약으로 별도의 정함이 없으면 개량기술은 계약기간 중에 개발한 것으로 해
석되며, 계약기간 만료 후의 것은 포함하지 않는 것이 일반적이다. 계약 전에
개발된 개량기술의 포함 여부가 실무상 자주 문제되므로 명확하게 규정하여야
한다. 라이선서는 라이선시가 개량기술을 제3자에게 양도하거나 또는 실시권을
허락하는 경우에, 최초로 자신과 교섭할 것을 계약상 확보해 두고, 라이선시는
라이선시에게 개량을 자유롭게 인정하는 경우에 개량에 기인하여 발생할 수
있는 모든 문제에 대하여 전면적인 면책특약을 규정하는 것이 유리하다.

라. 실시허락자의 보증과 면책

1) 의 의

　　계약 당시에 이미 존재하는 허락특허나 영업비밀의 하자로 인해 라이선시
가 계약에서 예정한 대로 실시할 수 없는 경우에 라이선서가 부담하는 책임을
말한다. 실시계약 교섭에서 당사자 간 이해 대립이 가장 심해 합의가 어려운
규정이며, 허락특허권의 유효성 보증, 제3자 특허권에 대한 비침해성 보증, 침
해소송의 방어책임 및 라이선시에 대한 면책, 제공 기술정보의 적정성과 실시
가능성 보증은 그 어느 사항도 쉽게 양보할 수 없는 협상 한계선(deal－killer

terms)에 해당한다. 로열티 등 중요한 계약 조건과 연계해 상호 우선가치를 주고받으면서(bargaining mix) 협상의 접점을 찾아야 할 것이다.

2) 보증의 내용

라이선서 입장에서는 보증 시 예측할 수 없는 고액의 손해배상을 할 위험이 크므로 보증 배제 및 면책을 주장하되 협상 범위는 보증 범위와 책임 범위를 최소한으로 한다.582) 장래 제3자의 무효심판 등으로 특허무효가 될 가능성이 국가마다 매우 높고 심사 과정에서 특허청구 범위를 감축해야 하는 경우가 많으므로 라이선서는 허락특허의 유효성을 보증하지 않도록 한다. 계약대상 특허발명이 특허등록 되지 않거나 특허권이 무효가 된 경우에 기지불한 실시료를 반환해야 하는지에 대해 국가마다 논란이 있으므로 이유 여부를 불문하고 반환하지 않음을 명시한다.583) 특허무효 시 국가마다 로열티를 지급해야 할 기간이 다르므로 최종적인 무효(final nullification) 확정 시까지 로열티 지불의무는 계속 존속한다는 것을 규정한다. 부득이 보증을 할 경우에도 책임의 한도를 수취한 실시료의 범위 내로 제한한다.

라이선시의 입장에서는 보증 및 배상 범위를 최대한으로 규정해야 한다.584) 부득이 라이선서의 비보증을 수용해야 하는 경우에는 사업의 영향도를 판단기준으로 하여 특허유효성과 침해배제의무는 라이선서의 입장을 수용하되 비침해보증과 침해 시 라이선시 면책 및 회피설계 등 지원 의무를 확보하고 일정한 비용을 부담하더라도 계약제품의 성능과 품질보증 및 기술지원의무도 규정한다. 한편 계약 유효기간 중에 라이선시가 라이선서의 내용을 충분히 향유할 수 없는 사태585)가 발생한 경우에 로열티를 감액 또는 무상 실시하거나 계약을 종료할 수 있도록 규정해 두는 것이 바람직하다.

보증책임은 법상 하자담보책임의 규정을 그대로 적용하는 것에 대한 논란이 있고, 계약 당사자의 합의가 우선하는 임의규정이므로, 계약 중에 명기되어 있으면 당사자를 구속한다. 보증의무를 면책하는 조항이 없으면 준거법이 적용되는 국가의 보증 관련 법령이 적용되고 더욱이 국가마다 그 내용과 해석이 다른 경우가 발생하므로 해당 법령과 판례의 내용을 알아 두어야 한다.586) 특허독점금지법과 관련 있는 사항은 계약대상 특허의 무효 이후 로열티 지급의무를 부과하는 경우(한국, 일본, 미국이 해당되며, EU는 제외됨) 외에는 보증에 대한 규제는 없으므로 각 당사자는 법적 제한을 고려할 필요 없이 가장 유리하게 협상해야 할 것이다.

특히 최근 분쟁이 자주 발생하는 것은 라이선스 계약에 따라 허락된 특허와 영업비밀 및 기술정보의 내용, 기술 효과, 기술적 실시 가능성 및 라이선서가 어느 범위까지 책임이 있는 지이며, 결국 계약 내용에 따라 결정된다. 특허실시계약에서 특허의 기술적 실시 가능성은 특허명세서에 기재되지 않으면 보증하지 않은 것으로 해석되며, 경제적 효과도 라이선서가 특약으로 보증하지 않으면 해당 특허의 실시가 경제적으로 성공하는 것까지 보증하는 것은 아니라고 해석되지만 계약으로 책임범위를 구체적으로 명확하게 규정하는 것이 필요하다.

V. 기술금융계약

1. 의의 및 담보권 설정 방법 – 기술담보계약 중심 검토

기술담보계약은 지식재산을 금전채무의 담보로 제공하기 위해 체결되는 계약, 즉 지식재산의 담보가치의 이용을 목적으로 하는 계약을 말한다. 특허법 등 지식재산권법에서는 지식재산권에 대한 담보를 질권(質權)으로 한정하고 있으나 실무상 채권자에게 지재권을 신탁적으로 이전하는 양도담보도 활용되고 있다. 그 외 동산 · 채권 등의 담보에 관한 법률에 따라 공적장부에 지식재산권에 관한 담보권을 등록(전자등기)할 수 있다.

질권 설정을 하여도 지재권은 여전히 담보제공자에게 남아 있어 담보제공자는 그 사용 · 수익 · 처분 권한을 상실하지 않으므로 설정계약에 특약을 두지 않은 한 담보제공자가 계속 사용할 수 있다. 질권 실행으로 인한 경매 등에 의하여 특허권이 이전되더라도 담보제공자는 통상실시권을 보유하며 다만 양수 특허권자에게 상당한 대가를 지급하여야 한다.[587] 이에 반하여 양도담보계약은 지재권자가 그 채무를 담보하기 위해 지재권을 채권자에게 양도하고, 채무자가 채무를 변제한 때에 그 지재권을 반환받을 것을 약정하는 것으로 채무를 변제하지 못하면 양도담보권자는 지재권을 처분하여 채권에 만족을 얻는다.[588][589] 양도담보의 경우에도 양도담보 설정자가 계속 특허발명을 실시할 수 있다.

2. 기술담보계약체결 시 유의사항

가. 담보권 설정 방법의 선택

질권은 법으로 규정된 담보권인데 비교하여 양도담보는 거래계에서 사용되고 있는 변칙담보방법으로 법적 안정성을 고려하여 질권을 설정하는 것이 좋지만 질권설정의 경우에는 양도담보와 달리 권리침해나 무효심판청구 등 권리에 관련된 중요 정보가 알려지지 않아 피해를 입을 수 있으므로 담보권자 입장에서는 지식재산권의 관리체계가 미숙한 기업에 융자를 하는 경우는 양도담보가 더 안정적이다.

나. 질권설정 시 유의사항

특허권, 저작권 등 지재권은 질권의 대상이 되며 질권 설정은 그 등록원부에 등록하여야 그 효력이 발생한다. 다만 저작재산권에 대한 질권설정은 계약만으로 효력이 발생하나 제3자에 대항하기 위하여는 등록을 하여야 한다. 한편 특허권의 명의는 여전히 담보제공자이기 때문에 당해 특허에 관한 이의신청이나 무효심판 등의 분쟁 발생 또는 당해 특허가 공유인 경우 지분권의 처분 등의 동향을 담보권자는 파악할 수 있어야 한다. 특허권뿐만 아니라 전용실시권 또는 통상실시권에도 질권을 설정할 수 있으나, 질권을 설정하는 경우에는 특허권자 및 전용실시권자의 승낙을 받아야 한다. 또한 질권자가 유질계약을 통해 지식재산권을 획득하는 경우에는 해당 등록원부에 권리변동을 등록하여야 한다. 아울러 지식재산권의 법정과실(果實)에 해당하는 로열티 등에 대하여 이들의 지급 또는 인도 전에 반드시 압류하여야 한다.

다. 양도담보 시 유의사항

양도담보는 특허청의 등록원부에 등록을 할 수 없으므로 권리자의 명의를 이전하면 된다. 양도담보 계약은 특허권 및 특허를 받을 수 있는 권리뿐만 아니라 영업비밀에 대하여도 가능하지만 영업비밀은 그 양도를 제3자에게 대항하기 위한 공시방법이 없다. 다만 기술임치제도를 활용하여 임치된 영업비밀을 채권자가 받을 수 있다. 양도담보설정계약에는 적어도 어떤 채무를 담보하기 위하여 어떤 지식재산권에 담보를 설정하는 지를 명확히 하여야 한다.

3. 계약 당사자의 권리 의무 - 주요 조항 및 내용

가. 당사자자치의 원칙

계약자유의 원칙은 담보설정계약에도 적용된다. 따라서 지식재산 관련법에 달리 규정하지 않는 한 지재권자와 담보권자는 담보설정계약에서 담보권자가 지식재산권자의 권리의 일부를 행사할 수 있다거나 지재권자는 담보권자의 동의없이 라이선스를 부여할 수 없다거나 지재권자의 채무불이행 이전이라도 지재권자가 수령할 로열티를 담보권자가 수령할 수 있도록 합의할 수 있다.

나. 담보권의 유지와 보존

권리행사나 보존 조치를 하지 않는 경우 담보 지재권의 가치를 상실할 수 있으므로 담보권자가 취할 수 있는 조치를 미리 합의하여야 한다. 따라서 계약서에 담보로 될 지식재산권을 채권자에게 양도한다는 것과 담보대상인 지식재산권의 관리책임이 채무자에게 있는 것,[590] 담보제공자인 채무자가 계약체결 후에도 계속하여 담보권이 설정된 지식재산권을 실시할 수 있다는 것 및 변제기에 변제하지 않으면 실시권을 상실한다는 것[591]과 채권자는 처분대금을 채무에 충당하고 과부족을 정산한다는 것을 규정한다. 채무자인 지재권자가 지식재산권과 관련된 등록절차 등 사무를 처리하고 지식재산권 침해자에 대하여 적절한 구제방법을 취하는 한편 지식재산권의 특허료 납부 등 등록을 유지할 의무를 부과하도록 한다.[592] 만일 지재권자가 담보계약상의 의무를 이행하지 않으면 채무불이행이 되므로 담보권을 실행할 수 있음을 규정한다. 한편 사용자가 지식재산권 담보에 의해 자금조달을 받은 경우에 그 자금이 피용자 등이 받아야 할 이익에 해당하여 조달한 대금을 발명자에게 직무발명보상금으로 지불하여야 한다는 주장이 있으므로 사용자 회사의 직무발명규정에 그 지급 여부 등을 명확히 규정할 필요가 있다.

VI. 기타 기술계약

1. 비밀유지계약

가. 의의 및 필요성

시작품제작견적, 상품견본제시, 샘플제공, 공동연구의 가부검토, 기술교류 및 기술실시를 위해 경영·기술·영업 등의 비밀정보를 개시할 때 체결되며, 기술상의 비밀정보를 개시하여 상대방의 실시를 전제로 하는 경우에는 영업비밀실시계약, 옵션계약 등이 이용된다.

영업비밀이 보호를 받기 위하여는 비공지성과 비밀관리성을 가져야 하므로 제3자에게 그 실시를 허락할 때에는 비밀유지계약을 체결하여야 하며, 특허출원 전에 실시허락을 하는 경우에도 특허발명이 공개되면 신규성을 상실하여 특허권을 받지 못하게 되므로 비밀유지계약을 체결할 필요가 있다. 그러나 미국에서는 비밀유지계약만으로 충분하지 않다. 미국 연방대법원은 Helsinn판결[593]에서 발명자가 특허출원 전에 제3자와 실시계약을 체결하면서 비밀유지의무를 부담하게 하였다 하더라도 그 실시허락은 미국 특허법상 선행기술의 5가지 유형 중 판매된 발명에 해당(On-Sale Bar)하여 특허권을 받을 수 없다고 판시하였다.[594] 따라서 미국에서 특허권을 받으려면 특허출원 후에 발명실시계약을 하여야 할 것이다.[595]

나. 비밀정보의 대상

비밀정보를 정의하고 또한 비밀유지의무의 대상 범위를 명확하게 하는 것이 중요하다. 일반적으로 비밀정보는 문서 또는 매체로 된 것과 구두 또는 시각으로 전달된 것을 모두 포함하는 것으로 정의될 수 있다.[596] 정보를 공개하는 측은 비밀정보의 정의를 가능한 한 넓게, 정보를 수령하는 측은 이를 되도록 좁게 한정하고자 할 것이다. 하지만 포괄적으로 정의하게 되면 수령자로부터 공지의 항변이나 비밀로 알지 못했다는 항변이 제기되기 쉽고 제공자 입장에서는 개시의 사실을 입증할 수 있어도 비밀의 특정에 어려움을 겪게 되는 단점이 있다. 따라서 상대방에게 제공할 비밀정보의 범위에 대한 적절한 균형이 중요하다.

비밀유지의무의 대상 범위에서 수령자가 계약발효일 전에 보유하고 있던 것 등의 제외되는 비밀정보를 구체화하는 것이 필요하며, 제외사항을 명확히 정하고 있지 않은 계약에서는 가령 공지사항이라도 제공자로부터 획득한 정보를 수령자가 제3자에게 개시한 경우에는 비밀유지의무의 위반으로 될 염려가 있으므로 주의하여야 할 것이다.

다. 비밀정보의 보호

비밀을 보호하기 위하여 수령자에게 목록에 열거한 종업원에게만 정보를 열람 또는 사용하게 한다. 비밀유지 계약기간의 만료와 함께 개시정보(사본을 인정하고 있는 경우는 그것도 포함)를 반환하는 것을 요구하는 규정은 개시하는 정보에 중요한 정보가 포함된 경우에 유효하다. 경우에 따라서는 비밀유지 계약기간의 만료 전이라도 요구한 경우에는 반환할 수 있도록 규정하는 것도 좋은 방법이다. 특히 유의할 것은 특허 등의 출원서류 중에 개시정보를 기술한 것은 제3자에게 개시한 것에 해당하므로 이러한 행위는 당연히 금지되어 있다고 해석되나 이러한 취지를 규정하여 두는 것이 좋다. 특허 등의 출원서류(출원명세서) 중에 개시정보를 기술하는 것이 허용되는 것은 그러한 취지의 규정이 있는 경우에 한정된다.

기업에 기술상담 또는 연구수주를 위해 제공한 미공개정보를 이용하여 개량기술에 대한 특허를 출원하는 경우를 방지하기 위해 비밀유지 의무 외에 타목적 유용금지 및 특허출원금지 등의 의무를 설정하고 특허출원 전에 논문 등을 통해 공개하는 일이 없도록 조치하여야 한다.

유의할 점은 상대방이 판례가 인정하는 정도의 비밀보호체계를 구축되었 는지를 확인한 후 미비한 것을 보완하게 한 후 비밀정보를 제공하여야 하며, 반대로 상대방의 비밀정보는 계약 및 판례가 인정하는 정도로 보호 관리하여 야 한다. 특히 국가연구개발사업의 경우 연구성과를 기재한 연구노트는 유형적 결과물로서 연구개발자가 아닌 주관연구기관이 소유하므로 영업비밀 등이 포 함되는 경우에 적절한 대책이 필요하다. 특허법상 특허 침해의 증명 또는 침해 로 인한 손해액의 산정에 필요한 자료의 제출을 상대방에게 명령할 수 있는바 제출대상 범위가 서류뿐 아니라 자료도 포함되고 영업비밀이라 하더라도 침해 의 증명 또는 손해액의 산정에 반드시 필요한 때에는 그 제출을 거부할 수 없 으므로597) 영업비밀 등 정보의 보관 관리에 유의할 필요가 있다.

2. 물질이전계약

본 계약은 유형적 물질을 소유한 제공자와 그 물질을 사용해 연구나 평가 등을 하고자 하는 수령자 간에 그 유형적 물질을 이전할 때 체결하는 것으로, 물질제공자 및 수령자의 권한, 의무 등을 정하는 계약이다. 물질수령자가 수령 한 물질을 사용할 수 있는 범위를 정해두며, 대부분의 계약서는 상업적인 용도 로 수령한 물질의 사용을 금지한다. 주로 물질제공자는 연구, 시험이나 교육의 목적으로 비상업적 용도의 사용만을 허여한다. 물질수령자가 허락된 연구 목적 이외의 용도로 물질을 사용하는 것을 금지하고, 물질수령자가 제3자에게 지식 재산권적 의무가 있는 연구에 물질을 사용하거나 제3자로부터 받은 다른 물질 을 물질제공자의 물질과 함께 사용하는 것도 금지하기도 한다. 또한 비상업적 목적이라도 제3자에게 다시 이전하는 것을 금지하고, 물질수령자의 기관 내라 고 하더라도 다른 연구자에게 물질이전하는 것을 금지하는 경우도 있다. 물질 수령자가 제공자의 비밀정보를 수령자의 꼭 필요한 구성원에게만 공개할 수 있도록 제한하고, 제공자의 비밀정보 관리보호 수준으로 수령한 비밀정보를 취 급할 것을 요구한다. 바이오 분야의 경우에는 물질제공자가 물질을 비밀로 취 급하는 경우, 수령자로 하여금 그 물질, 수령자가 생산한 후손, 그 파생물에 대 해서도 비밀을 유지할 것을 요구한다.

계약서에는 물질수령자의 연구결과를 물질제공자에게 보고할 의무와 비밀 정보를 사용한 성과에 대한 특허출원 제한 및 기여도에 따른 성과물의 귀속기 준을 규정한다. 중요한 성과인 경우에는 적어도 공동소유나 비독점실시권은 확 보해 두어 향후 연구수행이나 성과물의 활용에 장애가 없도록 조치한다.

일반적으로 물질이전 계약의 체결로써 라이선스나 기타의 권한을 물질수령자에게 허여한 것은 아니며, 그 물질에 대한 상업적 사용을 원하는 경우 별도의 상업적 실시계약을 체결할 것을 예약해 두는 것도 바람직하다. 한편 통상적으로 물질이전 계약에서 제공자는 이전되는 물질에 대해 어떠한 보증도 하지 않는 것으로 규정하고 있다. 물질의 사용이 특허, 저작권, 상표권, 기타 재산권을 침해하지 않는다는 것에 대해 명시적 또는 묵시적으로 어떠한 보증도 하지 않으며, 물질수령자가 물질을 사용 또는 오용하거나, 과실 또는 부당 사용에 의해 발생한 손해나 제3자의 청구권에 대해 물질제공자는 면책을 요구한다. 반면에 물질수령자는 제공자가 적합한 안전 수단을 사용하지 않거나 알려진 위험을 고지하지 않은 경우, 또는 제공자의 과실 또는 부당행위에 의해 발생하는 손해나 제3자 청구권으로부터 면책을 요청하는 경우가 있다.

3. 옵션계약

주로 특허실시계약, 영업비밀실시계약의 체결에 앞서 대상기술을 평가, 검토하는데 필요한 정보를 제공하고, 일정기간 내에 기술계약의 체결여부에 대한 선택권을 부여하는 것을 주된 내용으로 하며, 장래 체결될 기술계약을 예정하여 체결하는 계약이다. 계약내용이 확정되어 계약서에 규정되어 있는 경우에는 선택권을 행사하면 실질적으로 계약은 성립하지만 계약내용이 확정되어 있지 않은 경우에는 선택권을 행사해도 계약은 성립하지 않으며 계약내용을 다시 교섭하여 확정하여야 한다. 예약완결권의 행사기간은 기술내용의 평가에 필요한 기간이 될 것이나 사안별로 결정하여야 할 것이다. 계약조문을 작성할 때 예약완결권이 승낙자에게 있다는 것을 명시한다.

장래 체결될 기술계약이 비독점인 경우에도 예약계약이 단수인 경우도 있을 수 있으며 또한 기술계약이 독점적 권리인 경우에도 기술제공자가 제3자와 교섭하는 권리를 유보하는 경우도 있다. 따라서 예약계약이 특정 당사자에게만 단독으로 체결되는 것인지 혹은 복수의 당사자에 대하여도 체결될 수 있는지를 명확하게 해두어야 할 것이다.

옵션계약에서는 당해 기술의 내용을 평가하는 최소한의 정보가 개시되어야 한다. 어느 정도의 정보가 개시될지는 지불대가에 따라서 결정될 것이지만 너무 적은 내용의 개시로는 기술내용의 평가가 불충분하게 되어 양측 모두에게 무의미한 결과를 초래하는 점을 충분히 배려하여 사안별로 정하여야 할 것이다. 기술정보의 개시를 받는 측에서는 장래 기술지원 등의 필요가 예상되는 경우에 그 범위, 파견기술자의 수, 이에 필요한 비용의 부담 등을 미리 규정한다. 이와 같은 기술지원에 수반하여 제공되는 추가 기술정보에 대하여 그 정보료는 예약계약료에 포함시켜 두면 분쟁을 미연에 방지할 수 있다.

옵션계약의 목적인 특허실시계약 등의 기본조건을 미리 옵션계약에서 규정해 두고, 당해 기술계약체결시에 기술제공을 받으려는 자가 그 조건이 불리함을 이유로 당해 기술계약을 포기할 수 없도록 하기 위해 실시허락 및 허락조건을 조문화할 필요가 있다. 이 조항이 없는 경우에는 예약완결권이 기술을 제공받는 자에게 있으므로 기술계약의 내용·조건 여하에 따라 기술계약을 체결하지 않을 수 있다.

옵션계약은 기간을 정한 일종의 예약계약이며 예약완결권의 행사유무와 관련없이 예약기간이 경과하면 종료한다. 즉 예약완결권을 행사하는 의사표시를 하면 바로 당해 예약계약은 종료하며, 예정했던 기술계약으로 이행한다. 또한 예약완결권을 행사할 의사가 없음을 표시하면 본 예약계약의 특정조항(영업비밀, 정보사용에 관한 비밀유지조항 등)을 제외하고는 예약계약 자체는 종료한다.

4. 기술용역계약

가. 엔지니어링 계약

특정기술, 예를 들면 화학공정기술을 실시하기 위한 설비(기계·장치·배선·배관 등의 기능적 집합체)를 완성하는데 필요한 일련의 기술적 서비스를 제공하는 계약을 말하며 설비의 설계·조달·장착·시운전 등에 관한 서비스의 제공이 중요하다. 제공되는 엔지니어링기술의 소유는 당사자 간의 약정에 의해 제공자에게 유보되는 경우도 있고 상대방에게 이전되는 경우도 있는데 어느 경우나 상대방에 대하여 일정기간 비밀유지 및 타목적 사용금지 등의 의무를 부과하는 것이 통상이다.

나. 기술지도계약

당사자의 일방이 상대방에 대하여 특정기술의 실시에 필요한 조언·지시·검토·상담·기술자의 훈련 등의 서비스를 제공하는 계약을 말하며 실시계약이나 엔지니어링 계약에 부수하여 체결되는 예가 많다. 기술지도계약은 감독형 계약과 조언형 계약으로 나뉜다. 전자의 경우 지도받는 자는 지도자의 조언, 지시 등에 따를 의무가 있으며 지도자는 그 지도결과에 대해 책임을 부담하는데 반하여, 후자의 경우에는 지도받는 자는 지도자의 조언, 지시 등에 따를 의무를 지지 않으며 지도자 또한 그 지도결과에 대하여 책임을 지지 않는다. 따라서 기술지도계약을 체결하는 경우에는 감독형 또는 조언형 해당 여부, 예기되는 성과를 달성할 수 없는 경우의 조치 등에 대하여 명확하게 규정해 두는 것이 바람직하다.

기술자에게 비밀유지의무를 부과하고 개발·개량정보도 포함하여 책임있는 시의적절한 정보전달 및 상호 신뢰관계 형성을 위하여 기술창구를 설정하고, 공식창구를 통하여 전달된 정보만이 계약상 정식으로 전달된 정보로 합의해두면 유용하다. 통상 기술지도의 목적을 구체화하고, 기술지도의 인적요건, 기술지도 비용의 부담, 기술지도 결과의 귀속 및 개량성과의 처리 등이 중요 협의사항에 포함된다.

다. 기술정보제공계약

당사자 일방이 특정 기술 분야 또는 기기에 관한 정보·자료 등을 수집하여 여기에 의견을 붙이거나 또는 의견없이 상대방에게 제공하는 계약을 말한다. 이 종류의 계약에는 정보·자료 등의 수집원을 어느 정도 한정하는 경우가 많다. 제공정보는 도면화 또는 문서화하고, 현장에서 기술자 간에 실무작업을 통해서만 전달할 수 있는 영업비밀 등의 경우도 의사록 등의 형태로 남겨 둔다. 현지에서 작성할 수 없는 경우에는 복귀 후에 협의내용에 대한 확인서를 받아 두면 향후 분쟁 발생 시에 유효하게 사용할 수 있다. 구체적인 정보의 종류 및 형태 등을 계약부속서에 명기한다. 도면이나 문서로 전달할 수 없는 정보는 기술자를 라이선시측에 파견하여 현장에서 계약제품의 제조, 시험·검사, 운전, 보수·점검, 수리 등을 지도하면서 전달한다. 기술정보의 대가 유무, 제공시기, 절차, 방법을 규정하고, 제공된 정보의 사용용도 제한 등 기술정보의 취급을 명확하게 규정한다.

라. 임상실험계약

의약품의 개발과 상업화에는 여러 전문 분야가 관련되어 이루어지는데 이러한 모든 기능을 구비하지 못한 경우 또는 그 분야의 전문성을 추구하기 위하여 외부기관과 임상시험계약, 제품위탁제조계약, 위탁판매계약 등 서비스 계약을 체결한다. 임상시험계약은 임상시험 의뢰자와 임상시험을 관리하는 임상시험대행기관(Contract Research Organizations, CRO) 간의 계약과 의뢰자 또는 대행기관과 임상시험을 실시하는 임상시험실시기관 간에 체결하는 계약으로 구분된다.

임상시험계약서에는 각 당사자의 업무분담, 업무의 위임, 시험일정, 수행업무의 질적 수준 요건, 업무에 사용되는 표준작업지침(Standard Operating Procedure), 의무사항, 비밀유지, 제반 비용의 지불과 시기, 결과물과 지식재산권의 소유권 및 처리에 대한 사항을 정하며, 각국마다 임상시험을 규제하는 법규가 있으므로 계약내용으로 해당 법령을 준수할 것을 요구하는 조항을 포함해야 한다. 특히 계약 작성자는 피험자의 개인정보보호 등 피험자의 권리와 안전을 위하여 개인정보보호 관련 법령을 준수하도록 작성하여야 한다. 계약서에 사용하는 용어와 그 의미는 해당 법령에서 사용하는 것과 일치되도록 하는 것이 바람직하며 경우에 따라서는 계약서에 해당 법조항을 인용한다. 임상시험과정에서 발생하는 결과물이나 지식재산권의 소유권 및 처리에 대한 규정이 필요하며, 임상시험 실시기관이 임상시험 중 지식재산 등의 결과물이 발생한 경우에 의뢰자에게 공개하도록 한다.[598)]

마. 기술제품 제조 및 공급계약

본 계약은 회사 내 자체 제조시설이 없는 경우에 의약품 위탁제조기관(Contract Manufacturing Organization, CMO)에게 의약품을 제조하고 공급하게 하는 계약이다. 특히 바이오 의약품은 공정이 복잡하고 우량제조실행(Good Manufacturing Practice, GMP)의 요구조건을 만족시키기 위한 시설을 갖추는데 많은 비용이 들며 제품수급에 대한 확신을 가질 수 없어 기업이 직접 시설을 갖추기 보다는 위탁생산을 활용하게 된다.

위탁제조계약은 의약품개발단계에서 공정개발용, 원료제조용, 완제품제조용으로 구분될 수 있으며, 임상시험용 의약품공급계약, 상업적 판매나 임상3상시험 등과 같이 의약품의 실제 규모(full scale)제조공급계약, 실시계약에서 라이선서가 라이선시에게 의약품을 공급하는 계약에서 활용된다.

위탁제조 관련 법규정으로는 우수의약품 제조관리기준, 약국 및 의약품 등의 제조업·수입자 및 판매업의 시설 기준 법령 및 그 시행규칙, 생물학적 제재 등 제조 및 품질관리 기준, 임상시험용 생물의약품 품질평가 가이드라인, 임상시험에 사용되는 의약품 제조 및 품질관리 기준가이드라인 등을 참고할 수 있다.

제조 및 공급계약에 포함되는 주요 조항은 위탁범위 및 각 당사자의 역할과 책임, 품질규격 및 관리, 제조관리 및 기록의 보관, 원자재, 공정 및 규격 변경, 발주·납기, 포장, 선적 및 배달, 위탁자의 검수 절차 및 불합격품의 처리, 가격 및 대가지급방법(배치당 고정가격, 제조비용＋마진, 순이익의 일정비율방식), 허가사항 준수의무, 우량제조실행(GMP)감사 및 기록유지, 비밀유지, 지식재산권 귀속, 제조물책임과 책임의 제한 및 면책, 계약기간 및 종료 등이다.[599)]

바. 기타 - 프랜차이즈계약/판매 및 마케팅 계약

프랜차이즈계약(franchising agreement)은 당사자 일방(franchisor)이 상대방 (franchisee)에 대하여 이미 신용이 내재화되어 있는 상표, 상호, 로고, 캐릭터, 저작권, 기술 및 영업비밀, 특허권 등의 사용을 허락하는 동시에 제조, 노무, 재무, 점포관리 등 경영전반에 걸쳐 지도와 조언을 함으로써 자기가 제공하고 있는 것과 동등한 품질을 갖는 제품 또는 서비스를 일반 수요자에게 제공하는 것을 목적으로 하는 계약을 말한다. 따라서 프랜차이즈계약에는 통상 상표 등 의 사용허락계약 외에 실시계약이나 기술지도계약이 포함된다. 가장 중요한 검 토사항은 엄격한 품질관리이다. 당사자 일방이 품질관리를 함에 있어 정당한 이유없이 상대방에게 원재료 등의 구입을 강제하거나 경쟁품의 취급을 제한하 면 가맹사업거래의 공정화에 관한 법률을 포함한 공정거래법상의 불공정거래 행위에 해당할 수 있음에 유의하여야 한다.

공동마케팅은 복수의 당사자가 동일한 제품을 마케팅하고 판매하지만 제 품명을 달리하는 경우이다. 또한 적응증이 다수인 경우에는 적응증별로 구분하 여 마케팅함으로써 당사자 간의 경쟁을 완화시킬 수 있다. 이러한 계약은 시장 을 달리해 접근하거나 신규 질병군 분야에 처음 진입할 때 효과적이지만 소비 자가 혼란스러워할 수 있고, 장기적으로는 가격이 불안정해질 수 있다. 또한 공동마케팅은 가격협의나 시장을 분할하는 것으로 보이는 경우에 공정거래법 령을 위반하지 않도록 유의한다. 공동프로모션은 복수의 당사자가 동일제품을 동일 제품명으로 공동 판매하고 마케팅하는 경우를 말한다. 공동프로모션의 장 점은 신제품을 출시하는 경우에 신규 인원을 고용할 필요없이 그 적응증 분야 에서 경험이 많은 회사를 선택하여 협력할 수 있다는 점이다. 공동프로모션은 특허가 만료될 시점에 제너릭 의약품이 나오기 전에 그 브랜드의 인지도를 극 대화시키는 시도로 이용되기도 한다.

주요조항으로는 판매 및 마케팅 권한범위, 상표의 사용, 품목허가, 제품공 급조건, 제품가격 및 대가지불, 포장, 광고 및 홍보, 판매상황 보고, 비밀유지, 계약기간 및 종료가 포함된다. 제품판매 및 상표나 상호사용을 위한 지식재산 권에 대한 독점 또는 비독점 라이선스조항을 포함할 수 있고, 라이선서는 미국 특허법에 의한 특허번호의 표시를 요구한다. 라이선서가 판매업자에게 경쟁제 품의 취급제한이나 가격제한을 요구할 수 있는데, 공정거래법령을 위반하지 않 도록 기간과 지역제한이 합리적이어야 한다. 제품결함이나 부작용이 발생하여 제품회수가 필요한 경우를 대비하여 라이선서는 판매업자가 신속하게 제품회수에 협조할 것을 요구한다. 판매업자가 최소구매수량의무를 만족시키지 못하는 경우 라이선서는 계약해지나 독점판매의 해지를 요구할 수 있다.[600]

5. 기술양도계약

가. 기술양도계약

당사자 일방(양도인)이 기술에 대한 소유권적 권리를 상대방(양수인)에게 이전하는 것을 직접 목적으로 하는 계약을 말한다. 특허권 등 기술에 대한 권리를 계속 보유하면서 그 실시권만을 상대방에게 허락하는 기술실시계약과는 구별된다.

양도 대상인 기술이 특허권 등 지식재산권을 포함하는 경우의 기술양도계약에서는 특허권의 양도도 포함하는지를 명확하게 규정할 필요가 있다. 기술의 양도는 기술의 존재 형태의 차이에 따라 특허권의 양도, 특허를 받을 수 있는 권리의 양도(특허출원의 양도, 출원 전 발명의 양도), 영업비밀의 양도 등으로 나뉜다. 특허법상 특허권의 양도는 등록에 의하여, 특허출원의 양도는 특허청장에 대한 출원인명의 변경신청에 의하여 각각 효력이 생긴다. 특허권, 상표권을 양수도하는 경우 특허청 등록원부에 권리이전사항을 등록해야 하며, 이때 특허청에 양도 계약서를 제출해야 하는데, 당사자가 계약내용을 비밀로 유지하고 싶어 하는 경우가 많기 때문에 특허청 제출용 계약서에는 핵심 사항만을 기재한 비교적 간략한 계약서를 중복해서 체결하는 사례가 많다.

특허 출원 전의 발명에 대한 권리 즉 특허를 받을 수 있는 권리의 승계는 그 승계인이 특허출원을 하지 않으면 그 양수를 가지고 제3자에게 대항할 수 없다. 영업비밀의 양도는 계약과 동시에 그 효력이 발생하며 제3자에게 대항하기 위한 등록, 신청 등의 제도는 없으므로 양도행위를 명확히 하기 위해 권리양도계약을 공정증서로 작성하고 나아가 기술임치제도를 이용할 수 있다.[601]

양도계약 후 특허의 유효성 및 제3자 특허권에 대한 비침해 보증과 함께 특허권 일부양도 시 무효소송, 침해소송에 공동대응 또는 상호 간의 협력의무를 규정하는 것과 개량발명이 양도한 발명과 이용저촉관계에 있는 경우 유무상의 실시권 허락 여부가 주된 검토사항이다.

나. 인수합병계약

기술양도는 영업양도나 인수합병계약을 통해 이루어지기도 하며, 인수합병이 되면 소멸회사의 재산(기술 포함)은 포괄적으로 당연히 신설회사 또는 존속회사에 귀속하는데 특허권 등 지식재산권도 합병과 동시에 이전등록 없이도 귀속의 효력이 발생하여 제3자에게 그 권리를 주장할 수 있다.[602] 특히 지식재산은 불안정한 재산이며, 발명보상청구권 등 지식재산의 이전에 따른 숨겨진 채무의 승계가능성이 매우 크고, 특허침해에 의한 손해배상(과거침해분 포함) 등 재무제표에 명기되지 않은 우발적 또는 잠재적 채무(contingent liabilities)의 존재 가능성이 있으므로 현장실사(due diligence)가 매우 중요하다. 실사 시에 핵심 점검사항으로 피인수회사 보유 및 이용 지식재산권의 유효 귀속 여부 및 이전·이용 등에 제한 유무를 조사하여야 하며, 양도금지 제한 및 위반 시 계약해지 등과 같이 인수합병 시 멸실될 수 있는 각종 권리를 확인하는 한편, 지식재산권 분쟁 및 권리침해유무를 조사하여야 한다. 최근 직무발명보상분쟁이 증가하고 있으므로 직무발명보상과 관련이 있는 고액의 라이선스 수입 대상 특허권, 매출 고액 제품에 이용되는 특허권, 포괄적 상호 라이선스 등 광범위하게 이용되는 특허권 등의 유무를 조사하고 위와 같은 사안이 발생할 경우에 매수가격의 조정, 표명·보증의 인정 및 피인수인의 과실유무와 관계없는 손해보전 등이 주요 조치사항이라 할 수 있다.

인수합병의 결렬 시에 실사 중 알게 된 상대방의 영업비밀 관련 분쟁이 발생하고 있는바, 특히 동종영업을 하는 경우에 영업비밀의 부정사용으로 인한 부정경쟁방지 및 영업비밀보호에 관한 법 위반 등 여러 위험요소를 내포하고 있으므로 비밀정보의 특정, 사용방법 및 개시 대상처 제한, 결렬 시 영업비밀 취급에 대한 계약상의 조치를 명확히 계약서에 규정하는 것이 중요하다.

Ⅶ. 결론 - 기술계약의 미래

최근 제4차 산업혁명으로 인하여 "규모의 경제가 속도의 경제로 바뀌고 있다"고 할 만큼 세계적으로 혁신이 가속화되고 있다. 지식재산권 분야에 있어서도 지식재산권의 디지털화, 창작의 희소성 상실, 정보의 자유로운 유통 등의 특징이 나타나고 있어 혁신유인수단으로서 지식재산을 독점배타권으로 보호하는 현행 지식재산권의 패러다임에 중대한 변화가 진행되고 있으며, 현실-가상 연계 확대에 따른 지식재산권 권리 범위 및 대상의 다양화가 전개되고 있다.

이에 혁신주체들은 혁신적인 지식과 기술을 외부로부터 받아들이는 개방형혁신을 생존전략으로 채택하고 있고, 4차 산업혁명의 핵심기술 및 이를 보호하는 지식재산권을 선점하기 위해 사활을 걸고 있다. 미국, EU의 연매출 2.5억 불 이상 기업의 78%가 개방형혁신을 추진하고 있다고 보고되고 있으며, 제약

바이오 분야의 경우 개방형 혁신을 통한 신약개발성공 확률이 기존 폐쇄형 혁신보다 3배나 높고 이러한 경향은 가속화될 것이라 예측된다.

이러한 시대적 흐름에 따라 산학연 간의 기술이전과 공동 연구개발협력, 조인트벤처의 설립 등 협력의 기회도 증가하고 있으며, 협력을 추진하는 준거 틀로서 과학기술계약의 중요성과 활용도는 크게 증가할 것으로 보인다. 그러나 우리나라의 경우 기술계약에 대한 일반적인 법령이 없어서 과학기술 창출·보호·활용을 위한 협상에 어려움을 초래하는 것에 더하여, 분쟁이 발생할 경우 그 결과를 예측하기 곤란하여 법적 안정성을 크게 해침으로써 개방형 혁신을 저해할 우려가 있다. 따라서 과학기술계약을 유형화하고 그 특성 및 법적 성격을 고찰함으로써 당사자 간의 법률관계를 규명하는 한편, 중국과 같이 민법상 계약법에서 기술계약을 전형계약으로 규정하여 법적 안정성을 제고하고 4차 산업혁명의 핵심기술 및 이를 보호하는 지식재산권을 유연하게 담을 수 있는 법제도로 진화할 수 있도록 하여야 할 것이다.

---

517) 목적에 따라 유형화한 광의의 기술계약을 의미하는 것이고, 협의로는 기술획득방식에 따라 창출(자체개발, 위탁연구개발), 협력(라이선스, 공동연구개발, 기술전수), 매입(기술구매, 인수합병)으로 유형화를 할 수 있다.

518) 이런 점에서 당사자 일방이 상대방에 대하여 일정한 기술, 특허 등 지식재산의 사용을 허락하는 것을 목적으로 하는 기술대여형계약과는 구별된다.

519) 이러한 과학기술 연구개발계약(이하 "연구개발계약")은 연구와 개발을 구별하여 논의하는 경우도 있으나 본서에서는 연구개발, 개발연구, R&D와 같이 일체적으로 파악하여 논의하도록 한다.

520) 각 당사자가 제공하는 역무는 동종인 경우와 이종인 경우로 나뉜다.

521) "조직들이 공동으로 기술지식을 습득하기 위한 협정"(Link/Bauer, 1987) 또는 "둘 이상의 당사자가 상호의 보완적인 자산 및 정보를 제공하여 합의된 공통의 기술개발목표 달성을 위하여 추진하는 모든 활동"(Dodgson, 1993)으로 정의되기도 한다.

522) 공동연구의 효용은 다음과 같다. •중요한 기술정보의 수집에 필요한 비용·시간을 절약할 수 있다. •공동연구 목적인 특정 분야의 기술수준을 고도화하고 균질화할 수 있다. •타사 기술을 습득·활용하면서 급격한 외부환경변화에 대처할 수 있다. •사장기술을 공동연구 참여자에게 제공하여 기술개량이 가능하다. •특정 참여자만이 보유한 첨단기술을 획득하여 신제품개발이나 신규분야로 진출할 수 있다. •국제적 연구네트워크가 형성되어 향후 최적의 연구파트너를 신속하고 정확하게 선정할 수 있다. •외국기업과의 공동연구 시 참여주체 간 국제적 기술거래 등이 장래에 가능하게 된다.

523) 최근 영국, 일본 등에서 컨소시움형 대형 융복합 연구개발의 경우, 개발기관 소유에서 연구성과 활용 중심의 옵션 모델을 개발하여 연구성과의 최적 활용체계를 운용하고 있다. 일본의 문부과학성 모델계약서, 영국의 The Lambert Toolkit, 아일랜드의 민관공동연구의 Forfas모델은 지식, 연구비, 활용·방어능력, 발명의 성격과 연구단계, 사업성격을 기준으로 비영리기관중심활용모델, 단일기업중심모델, 제3기관활용모델 등의 다양하고 유연한 성과귀속 및 활용 가이드라인이 협상의 준거 틀로서 운용되고 있다. 더 나아가 일본의 국

가 대형 융복합 연구개발사업에서는 연구성과에 대해 외부개방형 일괄관리방식을 채택하
여 독립적인 조합을 설립하고, 이 조합에 재실시가 가능한 비독점 실시권 부여 및 수익을
공유하는 활용 중심의 지식재산권 체계(Patent shop, One stop Licensing 등)를 운영함으로
써 참가 단체는 물론이고 참여하지 않은 업계 전체가 연구성과를 이용가능한 체계로 전
환케 하여 국가 발전에 기여하고 있다.

524) 가령 공동연구개발의 완성 · 실패를 확정하기 어려운 점이 있다고 해도 구체적인 프로젝
트의 진행에 따른 마일스톤이 설정되어 있으면 건축공사도급의 경우 수급업무의 진행정
도에 따른 보수의 분할불 지급 처리가 통상인 것처럼 공동연구개발의 경우에도 보수의
지불에 따른 중간성과의 귀속에 대한 법률관계의 문제가 발생하게 되고 도급의 법리에
따라 처리하는 것이 당사자의 합리적 의사로 해석되는 경우도 있을 수 있으며, 상관행을
통해서 마일스톤을 정한 동종 사안에 선례로 적용되는 경우가 있다. 상사법무(2015),
57-60면.

525) 도급이란 당사자의 일방(수급인)이 어떤 일을 완성할 것을 약정하고 상대방(도급인)이 그
일의 결과에 대하여 보수를 지급할 것을 약정함으로써 성립하는 낙성 · 유상 · 쌍무 · 불요
식의 계약이다(민법 제664조). 토목 · 특수 구조물 시공 · 건축 등의 이른바 건설공사는 도
급의 전형적인 모습이다. 사회의 변천발달로 새로운 특수한 도급계약이 발생하고 있는데
출판계약 · 연예인의 출연계약 · 과학적인 연구의 계약 등이 그 예이다.

526) 위임이란 당사자의 일방(위임인)이 상대방에 대하여 사무의 처리를 위탁하고, 상대방(수
임인)이 이를 승낙함으로써 성립하는 원칙적으로 낙성 · 무상 · 편무불요식의 계약이다(민
법 제680조). 증권회사에 주식의 매각을 의뢰한다든지 소송사건에서 변호사가 소송대리인
으로 되는 것이 그 예이다.

527) 학설과 판례가 연구개발 위탁계약의 법적 성격을 도급, 위임, 고용 또는 매매계약과 유사
하다고 보고 있지만 공동 연구개발 계약의 경우 어느 일방이 보수 지급 의무를 부담하지
않기 때문에 기본적으로 이 같은 계약과는 다른 성격의 계약이라고 보아야 할 것이다.

528) 예를 들어 명문의 규정이 없는 경우, 실무적으로 발명자의 귀속주체 방식으로 규율되어야
할 발명의 귀속을 조합재산의 공유에 의해 규정된다고 하거나 공동연구개발로부터의 이
탈에 업무집행조합원의 사임 및 해임에 대한 제약을 받는다고 이해하는 것은 불합리하다
고 할 수 있다.

529) 예를 들면 일방 당사자가 공동연구개발에 소홀히 하는 경우에도 계약서에 일정한 기준을
설정하고 있지 않으면 그 당사자의 계약위반 여부를 물을 수 있는지도 불명확하므로 최
대한 권리의무 내용을 명확히한다.

530) 공동연구개발 전에 독자적으로 개발하고 있던 디지털 압축기술 관련 재등록 특허에 단독
개발한 발명과 함께 일부는 공동연구계약의 체결 이후에 기존 청구항의 특허발명에 공지
기술을 결합하여 개량한 발명도 포함되어 있는바, 공동연구계약서에 1989년 이후 결과물
은 정의조항에서 공동 연구개발결과물(New Work)로 취급한다고 정하고 있으며, 계약에
따라 공동소유가 되고 침해자는 공동소유자의 일방으로부터 라이선스를 받고 있었으므로
특허침해가 인정되지 않았다[Lucent Technologies Inc. v. Gateway Inc. No. 2007-1546,
-1580(Fed. Cir. Sep. 25, 2008)].

531) 대학의 지도교수 A, 석사과정 대학원생 B와 C 회사의 연구원 D는 산학협력공동연구를 수
행한 결과, 완성된 발명을 C 회사 명의로 특허 출원하면서 발명자로 A 교수와 D 연구원
만 올리고, 대학원생 B는 기재하지 않았으며, 특허등록 후 대학원생 B가 진정한 공동발명
자로서 자신의 권리를 주장하는 소를 제기한 사건이다. 해당 연구개발을 진행하던 와중에
A 지도교수가 안식년 휴가로 미국에 8개월 가량 체류하면서 이메일로 대학원생과 실험결
과를 주기적으로 보고받고 그 해결방안을 지시하는 등의 방식으로 연구를 진행하였으며,
대학원생 B는 시제품의 성능평가 등 실험을 수행하고, 특허명세서 초안작성도 담당하였

다. 그 후 작성된 대학원생 B의 석사학위 논문도 특허출원 내용과 거의 동일한 내용이었고, 그와 동일한 내용의 논문을 학술대회에 발표하면서 논문의 공동저자로 지도교수 A와 대학원생 B로 기재하였지만 특허출원서에는 대학원생B를 제외하여 발생한 사건이다(서울고등법원 2010. 12. 16. 선고 2010나87230 판결).

532) 벤처기업 등과 같이 자금지원 당사자와 개발당사자가 각각 존재하는 경우에는 개발일정에 따른 자금공급계획 등을 상세하게 규정한다.

533) (1) 계약기간 중 비용, 예산의 명확한 단절이 발생하는 시점(제약분야의 경우, 특별 테스트 통과, 정부규제 인증, 특허등록 시 등 마다 펀딩)에서 결정할 권한을 부여한다. (2) 각 마일스톤은 주의 깊게 정의되고 적정한 금액과 연계되어야 한다. (3) 일방의 중단 요구에 대해 상대방이 지속을 요구할 경우의 조치(비용의 공유중단, 연구결과의 배분 결정기준, 연구비 정산 등)에 대한 규정을 마련한다.

534) 공동 연구개발의 법적 성격에 따른 유형적 결과물의 귀속 및 무형적 결과물의 귀속에 관한 자세한 설명은 본서 제2편 제3장 과학기술의 귀속 참조.

535) 특허 공유 시 단독으로 권리 행사 가능한 경우 : •특허발명의 실시, •조약우선권주장 출원, 출원분할, 출원보정, •지분포기, 타공유자에 대한 지분양도, •조기공개신청, 심사청구, 우선심사청구, •심판청구 및 이의신청에 대한 답변서 제출, •공개 후 경고행위, 침해금지청구, •심판청구 및 이의신청에 대한 답변서 제출, •공개 후 경고행위, 침해금지청구, 민 · 형사상 소송행위. 권리행사에 상대방 동의가 필요한 경우 : •출원행위, •제3자에 대한 지분양도, •질권 설정, •특허정정 청구, •국내우선권 주장 및 취하, •심판청구 및 심결취소송 제기, •실시권 허락, •침해자와 화해

536) 일반적으로 위탁연구의 경우 보증에 대한 합의가 없는 경우에 보증책임 부담 여부와 부담 정도에 대한 분쟁의 소지가 있으며, 이 경우 민법상 담보책임 규정이 유추적용될 여지가 있으므로 수탁자의 입장에서는 연구결과물에 대한 비보증 및 면책규정을 설정한다.

537) 예컨대 기술의 구체적 실현성은 보증하는 반면 특허의 유효성과 제3자권리의 불침해는 보증하지 않거나 보증은 하되 손해배상의 범위를 연구비 중 직접비내로 한정한다.

538) 위탁자와 수탁자의 관계는 종적관계인 경우가 많으나 공동연구개발은 당사자가 횡적관계이며, 그 결과의 성과는 당사자 전원의 공유물로 되는 것이 많다는 점에서 구별된다.

539) 위탁연구개발과 관련하여 발생할 수 있는 장애요소로는 대학에 위탁할 경우에 연구개발의 실용성이 부족할 수 있다는 점이다. 연구성과의 이전이 연구보고서 제출만으로 종료될 위험성이 있으며, 기술의 이전이 제대로 이루어지지 않는 문제가 발생할 수 있다. 연구기관 및 기업체에 위탁할 경우에는 경쟁기업에 내부비밀이나 연구개발계획이 노출될 위험이 있으며, 연구개발 진행과정에서 발생될 수 있는 파생효과(예상하지 않았던 결과 등)를 얻기가 용이하지 않고 대학에 의뢰할 경우보다 연구비가 높게 책정될 수 있다는 것과 연구개발 종료 후 지속적인 협력을 얻기 어렵다는 것 및 연구결과에 대한 소유권 분쟁이 일어날 수 있으므로 이러한 장애요인을 방지할 수단을 사전에 강구하고 계약에 반영하여야 한다.

540) 그러나 목적인식이 위탁자와 수탁자 간에 현저히 다르기 때문에 위탁자가 수탁자의 연구자를 규제하는 것이 거의 불가능하므로 효과적으로 이용하기 위해서는 위탁자, 수탁자 쌍방에 고도의 신뢰관계가 있고 동시에 상대방이 의무를 완전히 이행하는 것을 기대할 수 있어야 하며, 수탁자에게 연구개발 목적을 수행할 수 있는 충분한 능력이 있고 위탁자는 위탁연구개발의 성과 이용 및 타 연구성과와 융복합을 할 수 있는 연구개발능력을 구비하는 것이 전제로 되어야 한다.

541) 계약관행측면에서 볼 때 연구자체의 성공은 당초부터 확약할 수 있을 만큼 확실한 예측을 할 수 없는 경우가 일반적이고 또한 연구비가 연구성과와 관계없이 선급되고 있으므로 그 법적 성격은 위임에 가깝다고 보이나 개별적인 계약내용을 검토하여 대체적으로

특정한 연구목적이 정해져 있고, 이를 개발, 연구하여 그 성과를 인도하는 것이 계약의 목적인 경우에는 "사무의 처리를 위탁"하는 민법상의 위임이라기보다는 "어느 일을 완성할 것을 약정하고 상대방이 그 일의 결과에 대하여 보수를 지급할 것"을 내용으로 하는 도급계약에 해당할 가능성이 높다.

542) 공동연구개발계약보다 연구성과물의 소유와 연구비 정산이 크게 문제된다.

543) 대법원 1996. 7. 30. 선고 95다7932 판결.

544) 대법원 1998. 3. 13. 선고 97다45259 판결.

545) 대법원 1996. 6. 28. 선고 94다42976 판결.

546) 연구비 정산과 관련하여 위탁연구개발계약서에서 정한 바가 없는 경우, 도급계약의 성질이 있다면 사용·잔액을 반환할 의무는 없으나, 위임계약의 성질이 있다면 잔액은 반환하고 부족금은 더 청구하는 것이 원칙이다.

547) 단 합의해지를 하는 경우에는 당사자 간의 합의에 의해 연구비의 정산범위를 정하여야 할 것이나, 당사자 간에 합의만 된다면 기성부분의 비율과 관계없이 연구비 전액을 귀속하도록 하는 계약조항이 수탁자에 유리할 것이다.

548) 연구개발위탁계약의 법적 성격에 따른 유형적 성과물 및 무형적 성과물의 권리 귀속에 대한 자세한 설명은 본서 제2편 제3장 과학기술의 귀속 참조.

549) 위탁기업이 내는 연구비의 액수, 연구의 기본이 되는 권리의 소유자, 연구의 내용 및 난이도, 연구에 소요되는 기간 등 제반 사정을 합리적으로 고려하여 연구결과 발생하는 특허권의 귀속문제를 해결하는 것이 효율적이라 생각한다.

550) 실시허락의 대가(실시료)는 실무상 매우 중요한 검토사항이지만 법적 필수요소는 아니다.

551) 예컨대 기술이전 문의 단계에서는 비밀유지계약이, 사업화 착수 단계에서는 기술지도계약 등이 체결된다.

552) 특허는 특허권자나 정당한 권원이 있는 자만 사용할 수 있는 독점적인 배타권이므로 라이선스를 받지 않고 실시하면 권리침해가 된다. 제품을 분석하면 기술내용을 알 수 있는 경우에는 특허권으로 보호하는 것이 유리하다. 노하우(영업비밀)는 비밀성과 유용성이 있는 기술정보로 비밀로서 관리되고 있으므로 라이선스를 받지 않으면 접근할 수 없지만, 자체 개발한 동일한 기술을 사용하더라도 침해문제는 발생하지 않는다. 해당 기술이 알려진 제품을 보다 경쟁적이고 효율적으로 만드는 제조공법이나 소프트웨어 프로그램코드 등은 생산설비나 제품을 분석하여도 해당 기술을 쉽게 알 수 없는 경우가 많으므로, 영업비밀로 보호하는 것이 유리하다. 특허는 특허출원일로부터 20년이라는 제한된 존속기간을 가지며, 라이선서는 라이선스 특허가 만료된 후 라이선시의 활동에 대해 제한을 가하거나 기술료를 요구할 수 없다. 그러나 특허를 받지 않은 기술·노하우는 특별한 지역이나 시간적 제한이 없으며, 특허와 함께 라이선스 되었을 경우 해당 특허가 만료된 후에도 실시행위의 제한 및 수익에 대한 근거가 될 수 있다.

553) 전용실시권과 통상실시권의 설명은 본서 제2편 제4장 과학기술의 보호 Ⅱ. 5. 마. 참조.

554) 미국의 경우 특허법상 특허권자만이 소송상 당사자적격을 보유하지만 판례상은 모든 실질적 권리를 보유하는 전용실시권자는 특허양수인에 해당하여 당사자적격이 인정되는 것으로 보고 있다. 전용실시권을 허락한 경우 특허권자와 동등하게 권리행사를 할 수 없는 라이선시가 제기한 특허소송에 라이선서의 의사와 관계없이 라이선서가 강제참가하여 소송비용을 부담하거나 디스커버리 대상에 포함될 수 있으므로 involuntary joinder제한조항을 마련한다. 라이선시와 합의가 안될 경우를 대비한 조항을 마련하여 라이선시가 제기한 소송이라도 라이선서가 단독으로 화해할 권한을 유보하고, 소송비용 모두를 라이선시가 부담하도록 한다. 중국의 경우 특히 독점적 실시권, 배타적실시권, 보통실시권의 3종류의 유형 및 효력에 있어서 다른 국가와 큰 차이가 있으므로 유의하여야 한다.

555) 미국의 경우 라이선시에게 소송제소권을 인정하는 등 특허권 양도 정도의 독점실시권자

가 아니면 재실시권을 허락할 경우에는 라이선서의 동의가 필요하다.

556) 아래 세 요건을 갖춘 실시를 하는 것을 말함(最高裁判決最高裁判決昭和49年12月24日).
① 하청위탁자는 하청자가 제조한 제품전부를 인수할 것 ② 하청위탁자는 하청자에 의
한 원재료의 구입, 품질 등에 대해 지휘감독할 것 ③ 하청위탁자는 하청자에게 공임을 지
불할 것.

557) 하도급 업체에 의해 생산된 제품을 다른 용도로 사용하는지 여부를 라이선서가 확인하거
나 라이선시가 이들 하도급 업체의 제품 생산을 확실하게 관리하기도 쉽지 않기 때문에
하도급의 범위를 명확하게 정의해 두는 것이 필요하다.

558) CoreBrace LLC v. Star Seismic LLC, No.08-1502(Fed. Cir. May 22, 2009). 그러므로 라이선
서는 하청실시를 제외하려면 권리유보 조항만으로는 불충분하고 명시적인 표시를 해야
한다.

559) 서울고등법원 2003. 2. 10. 선고 2001나42518 판결.

560) 다만, 침해자가 완제품 또는 재고품을 제3자에게 판매하는 경우, 제소된 침해자는 "하청
실시" 권리를 근거로 침해에 대한 책임을 피할 수는 없을 것이다.

561) 동시이행의 항변권이란 쌍무계약당사자의 일방은 상대방이 자기채무의 이행을 제공하기
까지는 이 채무와 대가관계에 있는 자기채무의 이행을 거절할 수 있는 연기적 항변권을
말한다. 따라서 동시이행의 항변권은 서로 대가관계에 있는 채무 간에만 발생한다.

562) 쌍무계약에서 일방의 채무가 채무자에게 책임없는 사유로 이행불능이 되어 소멸한 경우
에 타방의 채무가 어떠한 영향을 받느냐 하는 것이 위험부담의 문제이다. 우리 민법은 이
에 대해 채무자주의를 취하여 "쌍무계약의 당사자의 일방의 채무가 당사자 쌍방의 책임
없는 사유로 이행할 수 없게 된 때에는 채무자는 상대방의 이행을 청구하지 못한다"고 규
정하고 있다. 이행불능이 채권자에게만 책임있는 사유로 생긴 때에는 채무자는 반대급부
를 청구할 수 있다. 채권자의 수령지체 중 당사자 쌍방에 책임없는 사유로 이행할 수 없
게 된 때에도 채권자주의가 적용되어 채무자는 반대급부를 청구할 수 있다.

563) 예를 들면, 제3자의 특허권을 침해하는 특허 등 법률상 장애가 있는 권리를 실시하는 계
약을 체결한 경우에 실시권 허락자는 하자담보책임을 부담하여야 한다는 견해가 한국, 일
본에서 주장되는 반면에 특허권을 제3자에 대한 배타권으로 이해하는 미국의 경우에 기
술실시허락은 금지청구권의 포기에 불과하므로 특약이 없는 한 기술실시 특허가 제3자의
권리를 침해하더라도 하자담보책임을 부담하지 않는 것으로 해석되고 있어 국가별로 해
석이 달라질 수 있어 기술실시계약에 명시하여야 할 필요성이 있다. 다만, 중국에서는 기
술계약을 민법에 전형계약으로 규정하고 있는 기술실시계약에 의한 실시권자의 행위가
제3자이 권리를 침해할 경우에, 다른 계약규정이 없으면 실시권 허락자가 책임을 부담하
도록 명시하고 있다.

564) 특허법 제103조.

565) 특허법 제98조.

566) 유명계약이든 실시계약이든 그 해석은 그 분야의 거래관행과 신의칙에 기초하여 행해져
야 한다. 그러나 유명계약에 대해서는 민법의 규정 외에 이미 확립된 많은 판례가 존재하
기 때문에 신의칙이 적용되는 경우는 비교적 적다. 이에 대하여 실시계약은 그 특수성 때
문에 민법규정을 유추적용하는 경우에도 변경을 필요로 하거나 적용하여야 할 민법규정
이 없거나 또는 그 분야에 판례가 없는 관계로 실시계약을 해석하는데는 그 분야의 거래
관행이나 신의칙이 중요한 역할을 하게 된다. 그러나 관행이나 신의칙의 구체적 내용이
반드시 명확하지 않기 때문에 계약당사자는 장래 해석상의 분쟁을 없애기 위해 계약내용
을 가능하면 명확하게 규정해 두는 것이 바람직하다.

567) 특히 미국의 경우 발명자가 아닌 자가 발명자에 포함되거나 진정한 발명자가 발명자에
누락된 경우에는 미국 특허권의 효력에 문제가 발생하므로 미국 출원 전에 미국 특허법

상의 발명자요건을 확실하게 점검하여야 한다. 미국, 프랑스 등의 국가에서는 자국에서 최초 발명한 경우(미국) 또는 발명자의 국적 국가(프랑스)에 최우선 출원하여야 하는 법정 요건이 있으며 이를 위반할 경우 특허권의 효력이 발생하지 않으므로 국가별 제약조건을 현지 특허법률 전문가에게 확인하여야 한다.

568) 이와 관련하여 미국에서 라이선스를 받을 때, 미국 대학의 경우에 미국 수출규제법령상의 승인을 받아 줄 의무가 없음을 계약서상 명시하는 경우가 있으므로 이를 확인하여야 한다.

569) 중국과 같이 해외기업과 합병·합작 계약, 지분양도계약은 인가가 효력발생요건인 경우가 있으므로 이를 확인하고 해당 인허가를 계약의 효력발생 요건으로 규정할 필요가 있다.

570) 知財高裁判決平成20年10月20日.

571) '기술적 범위의 광협', '무효 가능성'에 대해 특허공보, 출원진행 및 선행기술 상황을 조사·검토하는 것이 필요하며, 스스로 평가하는 것이 곤란해도 전문가 의견을 구하는 등 적의 평가하는 것이 가능하므로 기술적 범위에 대한 오인이 있었다 해도 계약체결 시 당연히 조사해야 할 사항을 태만이 한 것으로 중대한 과실에 기한 오인이라 해야 한다(知財高裁判決平成21年1月28日).

572) 예를 들면, 허락특허가 공작기계, 섬유기계, 전기기기 등의 각각의 제조에도 사용될 수 있는 경우에, 사용분야를 그 하나의 업종 또는 기종에 한정하거나, 계약제품의 사용분야가 여러 가지인 경우에 그 하나로 한정한다.

573) 예를 들어 의료장비에 대한 특허와 기술에 대한 라이선스를 받으면서 실시허락 조항에는 통상적인 "make, use, sell, offer to sell and import"외에 "임대(lease)"를 포함시키거나 "or otherwise dispose of(또는 달리 처분함)"라는 문구를 추가하면 실시허락의 범위를 좀 더 넓게 해석할 여지가 있다.

574) 예를 들면 라이선시가 연간 최저판매수량(또는 최저실시료)을 달성하지 못한 경우에, 제한 조건 없이 통상실시권으로 변경과 그 효력발생시기 및 통상실시권으로 변경된 후에, 연간 최저판매수량 달성의무를 면제하도록 규정한다.

575) 판례는 설정계약으로 전용실시권 범위에 대해 특별한 제한을 두고도 이를 등록하지 않으면 그 효력이 발생하지 않는 것이므로, 전용실시권자가 등록되어 있지 않은 제한을 넘어 실시해도 특허권 침해가 성립하지 않는다고 판시(대법원 2013. 1. 24. 선고 2011도4645 판결)하였다. 전용실시권의 효력에 대한 등록주의에 따라 전용실시권자의 라이선스 계약위반이 있어도 유효한 전용실시권 등록이 존속하고 있는 한 특허침해는 성립하지 않는다는 입장이다.

576) 순매출액을 기준으로 하는 경우, 반드시 순매출액에 대해 명확히 정의하는 것이 필요하다. 일반적으로 순매출액은 총매출액에서 포장비, 운송비, 보험료, 수입 또는 수출관세, 판매 관련 세금, 현금 할인, 반품에 따른 환급 등을 공제한 금액을 말한다. 순매출액 산정을 간편화하기 위해 미리 총매출액에 대한 공제액 비율을 정하기도 한다. 공제되는 부분의 예로는 반환(recalls: 라이선시의 태만, 부정 또는 사기에 의해 발생하는 리콜 제외), 부가가치세, 판매 세금(소득세 제외), 관세·수입·수출세, 정상적이고 관행적인 수량 및 현금 할인·판매 수수료, 화물, 운송비, 보험 비용 등을 들 수 있다.

577) 최치호외(2015), 254−257면.

578) 지식재산권의 부당한 행사에 대한 심사지침(2010.04) III. 구체적 판단 기준 1. 실시허락 일반 가. 실시허락의 대가 (5) 부당하게 특허권 소멸 이후의 기간까지 포함하여 실시료를 부과하는 행위.

579) 이 사건 특허는 진보성이 없음이 명백하여 무효 사유가 있는 것이 분명하므로 이 사건 특허권이 유효함을 전제로 한 전용실시권설정계약에 기한 원고의 사용료지급청구는 권리남용에 해당하여 허용되지 않는다(서울중앙지법 2006. 7. 5 선고 2005가합62919 판결).

580) 대법원 2014. 11. 13. 선고 2012다42666, 42673 판결.

581) 계약특허와 기술적 사상(구성요건)이 완전히 동일한 기술, 계약특허와 이용관계에 있는 기술, 계약특허와 동일 또는 유사한 기술적 작용·효과를 가지는 기술, 계약특허와 동일한 해결과제(목적)을 가지는 기술, 계약특허에 대하여 추가 특허를 받을 수 있는 요건을 구비한 기술의 순서대로 범위가 확대된다.

582) 계약효력 발생일 이후 사유 배제 및 라이선서가 아는 사유로 제한, 명시적 보증책임을 단순한 표명으로 대체 등을 한다. 이는 특허성이나 침해성은 광범위한 법적 재량과 진화하는 판례법으로 그 결과를 장담할 수 없기 때문이다.

583) 서울중앙지방법원 2003가합81343 판결(실시료 불반환 특약의 효력)은 "계약서 제4조로 이 사건 계약이 해지되었을 경우 해지된 날짜까지 기지급된 실시료와 경상기술료는 반환하지 아니한다는 별도의 규정을 두고 있고, 쌍방의 의사의 합치에 의해 적법하게 실효되었으므로 계약서 제4조에 의해 원고에게 피고로부터 실시료로 받은 금원을 지급할 의무가 없고 위 계약서 제4조가 사회질서에 반하는 것으로 무효라고 볼 수도 없다."고 판시하고 있다. 東京地裁昭和57年11月29日(무효심결확정 시 기지급 실시료 등의 부당이득 반환 여부)는 "실용신안의 통상실시권 허락 계약에서 기지불한 계약금 및 실시료는 실용신안이 무효가 되어도 반환을 필요로 하지 않는다. 장래 부당이득반환청구권을 포기하는 것은 문제가 없으며, 자유로운 의사에 의한 것이면 유효하다."고 판시해 불반환 특약의 효력을 인정하고 있다.

584) 특허유효성 보증, 특허비침해 보증 및 침해 시 회피설계 등 지원의무, 침해품에 대한 소송 등 조치의무, 계약제품의 성능 및 품질보증 확보, 보증위반 등 모든 손해에 대한 배상 및 라이선시 면책의무 등.

585) 계약 대상 특허발명이 최종적으로 특허권 불성립 또는 무효로 되거나 특허권의 일부가 존속기간이 만료하거나 제3자에게 강제실시권이 허여되어 계약제품과 동일한 제품이 판매되거나 라이선의 내용을 실시하기 위해서는 제3자의 특허권에 대한 라이선를 취득해 로열티를 지불할 필요가 발생하는 경우 등을 들 수 있다.

586) 국가에 따라 보증책임의 유무 및 범위가 다른 점에 유의해 협상해야 한다. 예를 들면, 특허유효성 및 비침해보증에 대해 일본은 명시적인 보증책임 조항이 없으면 책임이 인정(大阪地裁判決昭和63年8月30日)되는 판례가 보이는 데 반해 미국은 명시적인 보증책임 조항이 없으면 책임이 부인[Wynne v. Allen, 96 S.E.2d 422(N.C. 1957)]되는 판례가 보인다.

587) 특허법 제122조.

588) 우리 민법은 피담보채무의 변제기 도래 전의 유질계약을 제한하고 있으나 상사질권에는 유질계약을 허용하고 있으므로 지재권자가 비록 상인이 아닌 경우에도 금융기관 등은 담보물인 지식재산권에 질권을 설정하면서 채무불이행이 있으면 지식재산권 자체를 채무의 이행에 대신하여 은행 등이 취득하겠다는 계약을 체결할 수 있다. 유질계약은 금융기관 등의 입장에서 경매를 통한 방식보다 유연하고 다양한 방식으로 지식재산권을 매각할 수 있으므로 현실적으로 채무불이행 시 출구전략으로 활용될 소지가 높다. 또한 기업시설 전체를 일괄하여 담보화할 수 있도록 공장 및 광업재단저당법에서 규정하고 있는바, 공장재단은 동산, 임차권, 지식재산권 등으로 구성된다. 한편 동일한 지식재산권에 대하여 당해 지식재산권법에 따른 질권등록과 동산채권담보법에 따른 담보권 등록 간의 우열은 법률에 다른 규정이 없으면 그 등록의 선후에 따른다.

589) 지식재산권의 담보실행은 법원이 정한 방법으로 제3자에게 매각하여 그 대금으로부터 질권자가 우선변제 받는 방법이 적용된다. 전부명령이나 추심명령은 금전채권에만 가능하므로 지식재산권이 현금화되기 전에는 이 제도를 이용할 수 없다. 동산채권담보법에 의하여 복수의 지재권에 담보권을 설정한 경우에도 담보권자는 담보권 설정자의 위임이 없이 자기의 이름으로 로열티 등을 피담보채권의 한도에서 담보권자 자신에게 직접 지급할 것을 청구할 수 있다. 만일 이러한 로열티 등의 채권변제기가 피담보채권의 변제기보다 먼저

도래한 경우에는 담보권자는 라이선시 등 제3채무자에 대해 그 금액의 공탁을 청구할 수 있으며, 이 경우 담보권은 그 공탁금 위에 존재하게 된다. 박훤일(2013), 25-26면.

590) 담보로 설정된 지식재산권의 관리에 대하여 계약으로 규정을 하지 않고 지식재산권을 채권자에게 양도하면 그 관리의무가 채권자에게 발생하여 비용도 부담하게 되므로 채권자는 해당 지식재산권의 관리의무를 채무자에게 부과하여야 한다. 채무자는 필요에 따라서 채권자에게도 관리책임을 부담하도록 교섭하는 것도 방법이다. 특히 담보대상인 지식재산권이 권리범위가 감축되거나 무효가 되는 등 법적으로 불안정요소를 포함하고 있어 담보가치가 감소 내지 소실할 우려가 있으므로 이와 같은 경우에 채권자로서는 채권을 바로 회수하는 것을 염두에 두고 계약해지사유로 규정해 두는 것이 중요하다. 武久征治(2007), 539-543면.

591) 채무자는 담보권이 설정된 지식재산권을 채권자에게 양도하면 실시할 수 있는지가 명확하지 않다. 특허법은 특허권·전용실시권 또는 통상실시권을 목적으로 하는 질권을 설정한 때에는 질권자는 계약으로 특별히 정한 경우를 제외하고는 당해 특허발명을 실시할 수 없다고만 규정하고 있어(특허법 제121조) 이를 반대해석하면 채무자가 실시할 수 있는 것으로 해석될 수도 있으나 이를 명확하게 하기 위하여 무상으로 해당 지식재산권을 실시할 수 있다는 것을 명시하여야 한다. 특허권자는 특허권을 목적으로 하는 질권설정 이전에 그 특허발명을 실시하고 있는 경우에는 그 특허권이 경매 등에 의하여 이전되더라도 그 특허발명에 대하여 통상실시권을 가지며, 이 경우 특허권자는 경매 등에 의하여 특허권을 이전받은 자에게 상당한 대가를 지급하여야 한다(동법 제122조). 채무자가 해당 지식재산권에 대한 주의의무를 태만히 한 경우에는 채무자가 보유한 실시권이 소멸한다는 것을 명시하여 채무자의 심리적 압박을 통해 채무를 변제하도록 한다.

592) 담보 특허권에 침해가 발생한 경우에 담보권자가 소제기를 통하여 침해 중지 및 손해배상을 청구할 수 있는지가 문제된다. 특허법은 침해금지 및 손해배상을 청구할 수 있는 자를 특허권자 또는 실용신안권자로 제한하고 있으며, 스스로 특허발명을 실시하고 있지 않은 때에는 일실이익 및 침해자 이익 추정액에 의한 손해배상청구를 할 수 없게 된다. 따라서 담보권자가 담보계약에서 특약으로 소유권이나 전용실시권을 자신에게 설정하지 않는 한 소제기에 일정한 제한을 받게 되는 점에 유의해서 담보설정자의 채무불이행 이전이라도 담보권 설정자로 하여금 또는 담보권자가 스스로 담보권 설정자의 비용으로 특허 침해자를 제소하거나 또는 권리의 등록갱신을 할 수 있도록 규정하도록 한다. 한편 양도담보에 의한 경우, 이의신청이나 무효심판이 제기되었다거나 또는 당해 특허권이 침해된 경우에 담보권자 스스로 당사자로서 대응해야 하는지가 문제된다. 따라서 담보권자로는 양도담보 설정계약에 이러한 경우를 대비하여 채무자(또는 물상보증인)가 자기의 비용과 책임으로 대응해야 한다는 사항과 소송 등의 수행 및 종결에 대해서는 담보권자의 서면에 의한 사전 승낙을 얻어야 한다는 것 등을 명기해 두는 것이 필요하다.

593) 대상판결의 법적 쟁점은 계약상 당해 특허발명에 대한 비밀유지의무를 부담하는 자에게 당해 특허발명을 상업적으로 판매하는 행위가 미국 특허법 제102조(a)(1)이 규정하는 선행기술(prior art)의 하나인 "판매된(on sale) 발명"에 해당하는가의 여부이다. 뉴저지주 지방법원은 판매된 발명에 해당하지 않는다고 판결했으나 연방순회항소법원(2017. 5. 1.)과 연방대법원(2019. 1. 22.)은 on-sale bar법리를 적용하여 판매된 발명에 해당한다고 판결하였다. 이와 관련하여 연방순회항소법원은 2001년 Special Devices 판결에서 당해 특허발명을 구체화하는 제품을 보관하기 위한 목적으로 비밀리(in secret)에 그 제품을 판매하는 행위에 근거하여 등록된 특허권을 무효라고 판결한 바 있다.

594) 미국 특허법상 On-Sale Bar법리는 발명자가 특허발명의 출원일로부터 역산하여 1년 이상의 시점에서 제3자와 특허발명의 실시에 대하여 라이선스계약 등 판매행위를 체결하였다면 발명자는 특허권을 받을 수 없다는 법리이다. 미국 특허법 제102조(a)(1)은 출원발명

의 신규성을 판단할 수 있는 5가지 선행기술로 특허를 받은 발명, 간행물에 게재된 발명, 공연히 실시된 발명, 판매된 발명, 일반 대중이 이용가능한 발명을 규정하고 있다. 여기서 라이선스계약의 체결행위를 특허법상 선행기술로서 판매된 발명에 해당한다는 법리를 명시적으로 채택한 것이 Helsinn판결이다. 우리 특허법 제29조 1항 각호는 미국 특허법이 규정하는 판매된 발명에 해당하는 선행기술을 규정하고 있지는 않지만 우리 특허법상 공지발명이 판매된 발명에 대응하는 선행기술이라 판단할 수 있다.

595) 이주환(2019), 229면.
596) 문서로 된 것은 "Proprietary" 또는 "Confidential"로 명기하며, 비문서 형태로 공개하는 경우에는 공개 후 일정 기간 이내에 문서화하여 서면으로 확인하는 것으로 정한다.
597) 특허법 제132조.
598) 최치호외(2015), 107 – 109면.
599) 최치호외(2015), 109 – 110면.
600) 최치호외(2015), 110 – 111면.
601) 대중소기업상생법 제24조의3. 기술임치제도에 관한 자세한 설명은 본서 제2편 제4장 과학기술의 보호 Ⅴ. 3. 참조.
602) 특허법 제101조 제1항 제1호.

제3편

과학기술안전법

제 1 장   과학기술안전과 법

Ⅰ. 서 론

1. 과학기술의 양면성

과학기술의 사회적 영향력은 인류역사의 전개과정을 통하여 꾸준히 증대되어 왔으며, 19세기 과학기술혁명 이후 20세기까지 인간생활의 물질적 측면뿐만 아니라 규범, 가치, 신념 등 의식세계 전반에 이르기까지 엄청난 변화를 초래해왔다.[1] 현대사회의 과학기술의 발전은 물질적 풍요를 제공해주기도 하지만, 다른 한편으로는 다양하고 복잡한 문제들을 그 자체에 함유하고 있다.[2] 과학기술이 가져다주는 편익만을 바라보게 된다면, 뜻하지 않은 위험에 직면하고 그 위험이 현실에서 엄청난 피해를 가져오는 경우를 피할 수 없다.

현대 과학기술은 갈브레이스(J.K.Galbaith)가 말하는 풍요사회의 물질적 원천임과 동시에 하이데거(M.Heidegger)의 말처럼 우리를 걱정과 두려움 속에 떨게 하는 야누스적 속성을 지닌 존재로 이해되고 있다. 특히 히로시마와 나가사키를 일거에 초토화한 맨하탄 프로젝트의 성공을 계기로 찬란한 기술진보는 인류사회의 파멸을 재촉하는 흉기로 돌변할 수 있다는 우려가 전폭적으로 확산되면서 기술발전이 사회적 위험요소로 널리 각인되기 시작하였다.[3] 이처럼 과학기술은 인류에게 새로운 기회와 편익을 안겨다 주는 천사의 얼굴과 동시에 생명, 신체, 재산뿐만 아니라 인류 전체의 생존을 위협하는 악마로서의 얼굴의 양면성을 갖는다.

2. 과학기술의 부작용의 불가피성

현대사회에서 모든 사람은 어느 정도의 위험을 감수하면서 살아간다. 현대인들은 고도화된 과학기술의 혜택을 누리는 반면, 지하철, 항공기, 자동차 사고뿐만 아니라 원자력사고, 환경오염으로 인한 이상기후 등 이전 세대가 경험하지 못한 여러 기술발달과 관련된 대형 재난 발생에 점점 더 많이 노출되고 있다. 이와 같은 과학기술 관련 위험은 여러 가지 이유로 인하여 전문가들만으로는 더 이상 안전하게 관리될 수 없게 되었다. 그 이유는 과학기술이 점점 더 복잡해짐에 따라 발생할 위험을 충분하고 완전하게 예측할 수 없게 되었기 때문이다. 즉 과학기술이 초래하는 위험에 대한 불확실성이 증대하여 전문가로서도 감당하기 어려운 수준에 이르게 된 것이다. 또 다른 이유는 과학기술이 초래할 위험의 제거뿐만 아니라 수용 가능한 위험의 수준을 정하는 문제가 단순한 과학기술상의 문제보다는 이해관계의 대립을 포함하는 가치판단적인 것으로 인식되기 시작했기 때문이기도 하다.4) 그러나 가장 큰 이유는 과학기술이 필연적으로 내포하고 있는 위험을 이유로 그 과학기술을 완전히 폐기시키는 것은 인류의 진보를 위해서는 채택할 수 있는 방법이 아니므로 과학기술이 야기하는 위험이라는 부작용은 과학기술 의존도가 높은 현대사회에서 불가피하다고 할 것이다.

3. 위험관리의 중요성

과거의 인류의 생존에 가장 큰 위험을 가져오는 요인은 기상이변이나 질병 등의 '자연재해'였다. 그러나 재해는 인류사회의 발전과 함께 진화, 산업혁명 이후 생산력 증대를 위해 기술과 산업의 연관성이 강화되면서 그 주축이 '인공재해'의 형태로 이행되었고, 나아가 기술발전이 가속화되면서 다시 원자력발전소 방사능 유출사고, 우주선 폭발사고, 화학물질 독성 사고 등의 다양한 '기술재해'로 진전되고 있다. 기술발달로 인한 인위적 재해는 오래전부터 예상되어 온 것이지만, 고도 기술사회로 접어들면서 재난의 규모나 범위가 획기적으로 증가하고 있다.5)

현대 위험사회의 위험은 산업사회의 위험과 본질적으로 차별화된다. 산업사회의 위험이 '물질적 욕구충족'의 결핍과 관련되어 위생학 등 관련 기술의 저공급에 연원을 둔 반면, 위험사회의 위험은 산업적 과잉생산에 그 기초를 두고 있으며 위험자체가 근대화의 산물인 특징을 가진다. 즉 과학기술의 발달이 가져온 산업화의 성숙 결과, 즉 대량생산물로서 산업화 자체가 진척됨에 따라 위험이 체계적으로 강화되었다.6)

눈부신 과학기술의 발전에 따른 근대산업사회의 높은 생산성은 생존을 위협하던 근본적 결핍을 극복하였지만, 실존적 궁핍을 극복하는 과정에서 파생되는 부작용들을 의도적으로 간과하였다. 물론 의도되지 않았고 예견하지 못한 부작용들이었지만, 엄밀히 위험요소로 부각되는 이 부작용들은 근대 산업사회의 방어기제로서는 적절하게 대응할 수 없어 두려움을 갖게 되었다.7)

결국 과학기술의 부작용이 현대사회에서 불가피하다면 어떻게 과학기술이 야기하는 위험을 적절하게 관리할 것인가의 문제로 귀결된다. 즉 위험의 관리 방법에 대한 고려가 중요하며, 그 중에서도 법적으로 어떻게 위험을 관리하고 통제할 것인가의 문제가 중요하게 다루어져야만 한다. 이와 같이 과학기술의 발전에 따른 현대사회에서의 위험이 발생할 수 있는 분야에 올바른 법적 통제를 하기 위해서는 우선 위험에 관한 분석이 선행되어야 한다.8) 위험의 원인이 무엇인가 또 위험이 가져오는 피해는 어떠한 것인가 그리고 그 피해는 누구에게 발생하는가 끝으로 피해와 더불어 양면성을 갖는 이익의 크기와 사회적 의존도는 어떠한가를 종합적으로 검토하여야 최적의 법적 대응방안이 도출될 수 있을 것이다.

II. 과학기술이 야기하는 위험의 유형

1. 위험의 유형에 대한 사회과학적 분석

가. 지식과 동의에 따른 위험 유형

Douglas와 Wildavsky는 위험의 유형을 미래에 대한 지식과 가장 바람직한 전망에 대한 합의에 따라 4가지 유형으로 구분한 바 있다. 위험 유형 분류의 기준이 되는 미래에 대한 지식은 위험을 둘러싼 지식의 확실성 또는 불확실성을 의미하며, 바람직한 전망에 대한 합의는 위험에 대한 정치적 합의가 존재하는가의 여부를 의미한다.9) 즉 "확실한 지식－정치적 합의", "확실한 지식－정치적 불합의", "불확실한 지식－정치적 합의", "불확신한 지식－정치적 불합의"의 네 가지 유형으로 구분한다.

먼저 지식이 확실하면서 정치적 합의가 존재하면 위험을 둘러싼 목표에 대해 합의가 있고 위험과 관련된 지식이 충분한 상황으로 기술위험의 발생 가능성이 낮을 뿐만 아니라 발생한다고 하더라도 손쉽게 해결할 수 있다. 그러나 지식의 확실성은 확보되어 있으나 정치적 동의가 불성립된 경우에는 의견의 불일치를 해결하는 토론이나 강제에 의한 합의유도가 요구된다. 반대로 지식은 불확실하나 정치적인 합의가 존재하는 경우에는 기술의 미래전망에 대한 합의 정도가 높기 때문에 기술의 수용과 필요성이 인정받는 상황이며, 다만 기술위험에 대한 지식이 부족하기 때문에 지식축적을 위한 연구를 통해 위험을 파악하고 대비할 수 있다. 끝으로 지식도 불확실하고 정치적 합의도 존재하지 않는 경우에는 적절한 사전 해결책을 찾는 것은 매우 어렵고 사후적인 문제의 확산

방지와 같은 대증적인 방법만이 가능할 뿐이다.[10]

나. 체제의 성격에 따른 위험 유형

Perrow는 현대 사회의 위험이 개별 단위에서 발생하는 것이 아니라 점차 복잡해지고 다양한 수준에서 결합이 이루어지는 시스템에 의해 초래되는 점에 주목하고, 시스템위험을 구성요소 간의 상호작용의 활발과 결합의 강약을 기준으로 네 가지 형태로 나누어 분석하고 있다. 즉 그에 따르면, "개별시스템의 실패로 가공할 만한 주지의 위험", "개별시스템의 실패를 넘어선 가공할 만한 미지의 위험", "국지적이고 예측가능한 하위체계의 실패로서의 위험" 그리고 "국지적이지만 예측불가능한 일상화된 위험"으로 구별한다.

이 중에서 결합방식이 긴박하고 상호작용이 단선적인 위험인 개별시스템의 실패로 가공할 만한 주지의 위험은 산업사회의 대형재난을 초래하는 위험의 전형적인 특징을 보여주며, 위험을 초래하는 하위요소가 긴밀하게 연계되고 또 그 방향도 위험을 향해 단선적으로 나아가므로 상호작용은 점점 커지게 된다. 더 심각한 것은 개별시스템의 실패를 넘어선 가공할만한 미지의 위험으로 이 위험은 원자력위험, 유전자변형의 위험 등과 같이 위험을 구성하는 시스템이 매우 복잡한 하위시스템의 긴밀한 결합으로 형성되고 이러한 하위시스템 간의 상호작용 또한 매우 활발하여 위험을 예측하고 예방하는 것이 본질적으로 불가능하게 되는 점을 지적한다.[11]

2. 법적 관점에서의 위험의 유형화

가. 피해원인에 따른 유형 구분

Borhret은 피해의 가능한 원인을 다음과 같은 3가지 유형으로 분류한 바 있다. 첫 번째 원인으로 기술적 결함과 인적 결함을 들고 있다. 예를 들면 체르노빌 원전사고나 인도 보팔 화학공장사고, 대한항공 여객기 괌 추락사고 등이 이 유형에 해당되며 매우 빈번하게 일어나는 피해라고 할 수 있다. 두 번째 원인으로는 현대의 과학기술과 그 산물의 정상적인 적용에도 불구하고 나타날 수 있는 비고의적인 부차적인 결과를 들 수 있다. 이는 상당한 시간적 기간을 통해 나타나며 그 정도도 광범위한데 화석연료의 사용으로 대기권에 생긴 이산화탄소 함량증가로 인한 오존층 파괴, 삼림피해, 전지구적인 기상변화 등이 이에 해당한다고 할 수 있다. 끝으로 과학기술적 과정에 대한 지배가 이에 따른 힘의 남용으로 이끌어지는 경우에 과학기술에 따른 피해가 결국 과학기술 적용자의 의식적 계산에 의해 발생할 수도 있으며 또는 전적으로 의도된 대로 나타나는 유형을 들 수 있다. 이러한 유형의 전형적인 사례로는 1960년대 Ford 사의 Pinto자동차의 연료탱크를 원가절감을 위해 사고발생위험이 높은 위치에 설계함으로써 자동차 사고 시 사망률이 급증한 경우가 이에 해당할 것이다.12)

이러한 유형들의 대부분에는 두 가지 요소들이 동시에 원인적으로 관여되는데, 하나는 기술적 절차 또는 그 생산물의 도입 내지는 투입에 있어서 충분히 알고 있지 못하는 지식이 그것이고 또 다른 하나는 필수적인 것으로 알려진 기술적 안전장치들에 대한 주의나 집행의 부족이 그것이다. 따라서 고도의 지식수준과 적절한 조정을 통해 피해상황의 도래를 막을 수 있거나 또는 이를 통해 최소한의 피해의 결과를 줄일 수 있을 것이다.13)

나. 다면적 유형 구분

1) 필요성

과학기술이 야기하는 위험은 매우 다양한 원인에 의해서 이루어지기 때문에 3~4개의 원인으로 구분하는 것이 용이하지는 않다. 또 과학기술이 야기하는 위험을 어떻게 법적으로 통제할 수 있을 것인지에 관점을 두어 분류하는 것이라면, 그 유형 분류는 법적 대응수단과 연관지어 다면적으로 분류해야 할 것이다.

위험의 원인이 무엇인가로 구별하는 것은 위험원을 찾아내 그것을 예방적으로 해결하는 데에는 매우 유용한 접근방법이 될 것이지만, 그러나 위험이 발생되고 난 사후대책도 고려해야 하는 법적 대응의 특성을 고려하면 위험에 의해 침해되는 규범이 무엇인가 또 위험에 의해 침해되는 법익의 성격이 무엇인가, 위험에 의해 침해되는 주체가 누구인가 등 다양하게 다면적으로 분류하는 것이 더욱 효과적일 것이다. 즉 위험의 성질이나 결과의 양태 그리고 위험의 방향 등에 따라서 이미 전통적으로 확립되어 있는 법적 규율 중 어느 것을 적용할 것인가를 결정하는 방법이 과학기술이 야기하는 위험을 규범적으로 잘 규율하는 방법이라 생각한다. 따라서 아래에서는 과학기술의 위험을 다면적으로 유형 분류하여 그 법적 대응방법을 모색한다.

2) 위험 현실화에 따른 유형 구분

과학기술이 위험을 현실적으로 야기하는가를 모든 분야에서 명확하게 알 수 있는 것은 아니다. 인류는 과학기술에 관한 지식도 아직 부족하지만, 과학기술이 야기하는 위험에 대해서도 마찬가지로 불확실한 지식을 가지고 있다. 그러므로 과학기술이 야기하는 위험은 경우에 따라서는 예상했던 것보다 훨씬 심각하기도 하지만, 때로는 완전한 기우로 판명되었던 경우도 있었다. 가장 전형적인 전자의 예로는 석면이 가져오는 위험에 대해 전혀 인식하지 못하고 일상생활에서 매우 널리 사용하여 왔으나, 석면이 악성중피종과 폐암 등을 유발하는 매우 위험한 물질임이 뒤늦게 알려져 이미 피해자가 상당수 발생하고서야 사용을 금지하게 되었다. 반면에 후자의 가장 전형적인 예로는 2000년을 앞두고 인류 전체를 불안에 떨게 하였던 Y2K신드롬을 들 수 있다. 컴퓨터 연도 인식 오류로 인해 인류가 엄청난 재앙을 맞이할지도 모른다고 위험을 경고하였으나 결과적으로 거의 아무런 문제도 발생하지 않고 평온하게 새로운 세기를 맞은 바 있다.

과학기술의 유용성과 동시에 위험성이 동시에 인식되는 경우에는 이에 대한 법적 대응도 상당히 유효하게 작용할 수 있다. 만약 인간복제와 같이 유용성보다 위험성이 현저히 큰 경우라면 그러한 기술을 이용하는 것을 극도로 제한하는 방법을 취할 것이지만, 원자력과 같이 위험성보다는 유용성이 월등하다면 위험을 통제하면서 과학기술이 가져오는 순기능만을 취하게 될 것이다. 대부분의 현대 과학기술은 유용성과 위험성을 동시에 인식하는 경우에 해당되므로 위험발생의 예견을 통해 위험의 현실화를 완전히 방지하거나 억제하는 사전적 예방수단을 취하면서도 만약 위험이 현실화되는 경우 이를 어떻게 취급할 것인가에 대해서도 사후처리를 위한 법적 규율을 마련하게 된다.

과학기술이 야기하는 위험에서 가장 어려운 문제는 과학기술이 위험을 얼마만큼 야기하는가 또는 어떠한 경로로 위험을 발생시키는가를 모르는 것뿐만 아니라 아예 위험을 야기하는가의 여부 조차도 명확하지 않은 경우라고 할 수있다. 그 대표적인 논란으로서 휴대전화의 전자파가 인체에 부정적인 영향을 주는가, 또는 자동차 급발진은 자동차가 갖고 있는 불가지의 결함으로 인한 것인가 아니면 운전자의 조작실수인가 등을 들 수 있다. 과학기술이 주는 혜택이 매우 큰 반면 그것이 야기하는 위험이 불명확한 경우에 향후 유해성 여부가 명확하게 밝혀질 때까지는 법적으로 어떠한 조치를 하여야 하는가는 극히 어려운 문제이다. 특히 법적으로 사전적 예방방법을 취하기에는 위험발생에 대한 지식이 불완전하고, 법적으로 사후적인 수습방법을 취하기에는 장기적으로 광범위하게 위험에 노출되는 것을 감수할 수밖에 없다는 갈등상황을 야기하게 된다. 과학기술이 야기하는 위험에 대해서 심각한 논란의 여지가 있는 영역이 바로 이러한 잠재적인 불확실성에 노출되어 있는 경우라고 할 수 있다.

3) 피침해 규범에 따른 위험 구분

과학기술의 위험이 현실적으로 존재하는 것이라면, 법적인 관점에서 우선

구분해야 할 것은, 과학기술이 가져오는 위험이 기존의 법규를 정면으로 위반하는 행위 또는 결과를 가져오는 경우와 기존의 형식적 의미의 법규를 위반하는 것은 아니지만 도덕률과 윤리의식에 충돌하는 행위 또는 결과인 경우로 구분할 수 있다.

과학기술이 초래하는 위험은 대부분 기존의 형사법규 또는 민사법규의 위반을 수반하는 침해행위이거나 침해결과를 발생시킨다. 전형적인 과학기술이 초래하는 위험은 거의 대부분 생명이나 신체의 침해이거나 혹은 재산권의 침해라고 할 수 있다. 체르노빌 원전사고나 고엽제 살포, 원자폭탄으로 인한 후유증 등은 생명이나 신체의 침해를 가져오고 또 집, 자동차, 생필품 등 많은 재산상 손해를 야기한다. 이러한 과학기술의 위험은 전형적인 법적 위험이라고 할 수 있다.

과학기술이 초래하는 위험 중 기존의 형식적인 법규범을 위반하지는 않으나, 인류가 공통으로 추구하는 가치질서나 윤리의식 또는 선량한 풍속 기타 사회질서에 근본적으로 반하는 것이 아닌가 하는 의문을 갖게 하는 것들도 존재한다. 예를 들어 불임 부부를 위한 대리모계약을 하는 것이 허용되어야 하는가, 그것도 유상으로 대리모계약을 하는 것은 어떠한가 나아가 어머니가 불임인 딸을 위해 대리모를 자원하는 것은 허용되어야 하는가는 형식적인 법규범에 반하는가의 여부가 명확하지 않다. 또 생명공학기술의 발달로 인간배아복제에 관한 논란도 여기에 해당한다고 할 수 있다. 뿐만 아니라 인터넷이나 휴대전화가 처음 등장하였을 때, 불특정 다수를 상대로 자신의 상품을 광고하는 스팸메일이나 문자메시지를 전송하는 것이 어느 정도 허용되어야 하는 것인지 아니면 금지되어야 하는 것인지 논란이 된 바도 있다.

법적 위험의 경우에는 이미 형식적 법규범이 존재하므로 이를 적용함으로써 법적 규율이 시급한 경우에 법적 공백현상이 생기지는 않지만, 현재의 법규범이 새로운 과학기술현상에 대해서도 그대로 적용할 수 있는 것인지 아니면 그에 적합하게 변화되어야 하는지의 문제를 야기할 것이다. 더욱이 윤리적 위험의 경우에는 현재까지는 형식적 법규범의 대상으로 다루어오지 않던 사안을 법의 테두리 내로 새롭게 편입시켜야 할 것인지 또 새롭게 편입시킨다면 어떻게 규율할 것인지의 법적 과제를 안겨다 줄 것이다.

4) 피침해이익에 따른 유형 구분

과학기술이 가져오는 위험의 대상이 인간에 대한 것인지 아니면 재산에 관한 것인지도 구분되어야 할 필요가 있다. 보호법익으로서의 가치를 고려하면 인신에 대한 위험에 대해서는 재산권에 대한 위험보다 보다 강한 대응이 필요하며, 재산권에 대한 위험에 대해서는 규범적 수단 외에도 보험과 같은 다양한 위험분산 또는 위험배분의 수단이 존재하므로 법적 규율도 각각 달라야 할 것이다.

과학기술이 가져오는 위험이 인간에 대한 것인 경우에도 또 다시 침해되는 법익이 무엇인가에 따라서 세분화할 수 있다. 물론 가장 중한 것은 생명침해이며, 신체침해와 인격침해는 그 침해정도도 다르거니와 그 대응방법 또는 구제방법도 다르다. 어떠한 경우에도 과학기술이 인간의 생명에 위험을 가져오는 것이 널리 허용되어서는 아니되지만, 프라이버시나 명예와 같은 인격적 이익의 침해는 그것과 상충하여 보호되어야 하는 다른 가치(영업의 자유, 언론의 자유, 공공 이익 등)와의 이익형량이 필요한 경우도 있을 것이다. 예를 들어 원자력 사고의 경우에는 그것이 생명침해의 위험이 매우 크므로 그 통제는 매우 강한 강도로 이루어져야 하는 반면, 인터넷게임에 몰두하여 일상생활에 지장을 주고 경우에 따라서는 정신적 또는 육체적 건강에 부정적 영향을 주는 것이라면 양자를 대하는 법적 규율은 당연히 차별될 수밖에 없다. 과학기술의 발달로 인해 생명이나 신체가 아닌 인격에 침해를 가할 위험이 증대되는 경우는 이와 또 다른 관점에서 다루어져야 할 것이다.

이와 같이 사람의 생명이나 신체 그리고 인격에 직접적으로 관계되는 것이 아니라 재산적 이익을 침해할 위험이 증대되는 경우에는 법적 규율도 다른 관점에서 행하여져야 할 것이다. 예를 들어 P2P기술이나 웹하드 등의 발달로 인해 불법복제의 가능성이 높아져서 타인의 재산권을 침해할 위험을 야기시키는 경우이거나 또는 기술적 보호조치의 무력화 등을 통해 타인의 재산권을 직접 침해하는 경우가 여기에 해당할 수 있다. 재산적 이익에 대한 위험만이 존재하는 경우에는 인간에 대한 위험이 존재하는 것과는 달리 단순한 과실로 인한 경우에는 그에 대한 비난가능성이 현저하게 낮아지게 될 것이며, 대응방법 역시 사전적 대응 보다는 사후적 이익조절의 방법이 주된 수단이 될 것이다. 또 재산상 손해는 거의 대부분 특정한 타인에게 발생시키는 것이 일반적이고, 가해자 자신의 재산상 손해는 스스로 부담하면 되고 법적으로 고려될 필요는 없을 것이며, 순수하게 재산상 손해로 인해 인류전체를 위기로 몰아넣는 경우도 예상하기 어렵다. 그러므로 후술하는 피해주체에 따른 유형구분은 재산상 손해의 경우에는 큰 의미가 없을 것이다.

5) 피해주체에 따른 유형 구분

과학기술의 야기하는 위험이 누구에게 발생하는가를 기준으로 하여 유형을 구분하는 것도 의미가 있을 것이다. 거의 대부분의 과학기술의 위험은 타인의 신체나 재산에 대한 침해를 야기하는 것이 일반적이다. 경우에 따라서는 과학기술의 위험을 야기한 자까지도 희생되는 경우가 없지 않겠지만, 주된 피해자는 타인이라고 할 수 있다. 원자력 사고, 환경오염 피해, 인터넷을 통한 저작권 침해나 명예훼손, 화학물질로 인한 피해 등등 중요한 사회적 문제로 되는 과학기술의 위험이 모두 여기에 해당된다. 타인의 법익을 침해하는 개별적인 행위에 대해서는 이미 민형사상 책임에 관해 법이론과 법규가 잘 정립되어 있으나, 기존의 법규와 법이론으로 새로운 현상을 완전하게 규율할 수 있는가의 문제가 수시로 제기되고 있다.

매우 드물게는 과학기술의 위험을 야기한 자가 스스로 피해자가 되는 경우도 존재한다. 가장 전형적인 것이 인터넷게임 중독을 들 수 있다. 컴퓨터와 인터넷이 발달하여 온라인 게임이 일상생활에 깊숙이 자리 잡게 되면서 이에 몰두하는 이용자에게 부정적인 영향을 주게 되었다. 이 역시 과학기술이 야기하는 위험에 해당된다고 할 수 있을 것이다. 또는 신약개발의 최종단계에서 임상실험을 위해 스스로 실험적 투약을 허락한 자에게 부작용으로 인해 인체에 손해가 발생하는 경우에도 마찬가지로 과학기술의 위험이 행위자 스스로에게 침해로 발생되게 된다. 이러한 행위는 일종의 피해자의 진지한 승낙이 존재하는 것이므로 그 위험의 현실화를 스스로 감수하는 것을 허용해야 할 것인지 아니면 이에 대해서도 법적인 규제가 필요한 것인지의 논란의 여지가 있을 것이다.

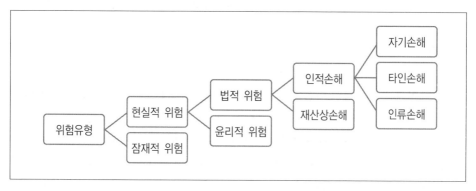

▲ 그림 3-1-1 과학기술의 위험의 다면적 유형 분류

가장 큰 문제는 과학기술의 위험이 단순히 소수의 타인이나 자신에게 발생하는 것이 아니라 자기와 타인을 포함한 인류전체적 위험을 야기하는 경우

이다. 과다한 탄소배출로 인한 지구온난화로 이상기후 현상이 발생하거나 유전자 조작 식품으로 인해 인류 전체의 건강에 영향을 주는 경우 등이 여기에 해당된다고 할 수 있다. 또 인간배아복제와 같은 행위도 인류 전체에 커다란 부정적 영향을 주는 위험을 야기할 것이므로 여기에 포함시킬 수 있다. 이러한 인류전체적 위험을 야기하는 행위에 대해서는 법적으로 매우 단호하게 대응하여야 할 필요가 있을 것이다.

Ⅲ. 과학기술의 위험에 대한 법적 대응 방법

1. 법적 대응의 기본 원리

과학기술의 위험에 대한 법적 대응의 기본 원리는 위험의 본질에 대한 검토를 기반으로 위험의 크기에 비례하는 법적 규제가 이루어져야 한다는 것이다. 살펴본 바와 같이 과학기술의 양면성으로 인해 과학기술은 인류에게 위험과 동시에 이익을 안겨준다. 그러므로 모든 위험으로부터 자유로울 수는 없는 것이고 적절한 위험관리방법을 취하여 과학기술이 가져다 주는 이익을 향유하면서 위험을 최소화하는 효율적인 방안을 모색하여야 할 것이다. 이를 위해서는 위험의 단계적인 분석이 필요하다.

우선 먼저 과학기술이 야기할 위험의 크기를 절대적으로 판단하여야 한다. 만약 위험의 절대적 크기가 매우 커서 전인류에 부정적인 영향을 끼칠 정도라고 하면 그러한 과학기술의 위험은 철저히 완전하게 봉쇄하여야 할 것이다. 즉 위험이 절대적이면 그것이 주는 이익에도 불구하고 완전한 수준의 규제가 이루어져야 한다.

그러나 위험의 절대적 크기가 그에 미치지 않는다면, 과학기술이 가져다 주는 이익과 야기하는 위험을 비교형량하여 상대적으로 더 위험한가 아니면 더 이익이 큰가를 판단하여 그에 적절한 법적 대응방법을 고안하여야 할 것이다. 위험이 상대적으로 지배적이라면 위험을 방지하거나 경감하는 수단을 채택하여야 할 것이지만, 이익이 상대적으로 크다면 위험원관리보다는 위험의 현실화에 연관된 손해를 경감하거나 손해를 분산시키는 방법으로 위험통제가 이루어져야 할 것이다. 이와 같은 다양한 방법을 통해 과학기술의 이익을 극대화하면서도 그 위험은 최소화하는 길을 모색하게 된다. 또 학문연구의 자유는 침해하지 않으면서도 사회적인 위험을 통제하여 추구되어야 할 가치를 모두 보호하게 된다. 이하에서는 위험에 대한 다양한 법적 대응방법을 위험의 크기나 이익과의 비교형량을 통해 살펴보고자 한다.

2. 절대적 위험 봉쇄

과학기술이 가져오는 이익의 크기에도 불구하고 과학기술이 야기할 위험이 치명적이라면 이는 '절대적 위험'으로서 발생을 원천적으로 봉쇄하여야 할 것이다. 위험의 절대성은 위험의 크기뿐만 아니라 인간의 존엄성과의 연관성에서 결정되어야 할 것이다. 절대적 위험이라면 위험의 완전한 원천적 봉쇄만이 유일한 대응수단이 될 것이며, 이는 최고강도의 법적 대응으로서 원천기술이 되는 연구 자체도 금지하고 순수한 학문적 접근까지도 불가하도록 하여 일체의 기술개발활동을 금지하는 것을 의미한다. 즉 완벽한 사전통제로서 아예 위험발생의 발단 자체를 원천봉쇄함으로써 금단의 과학기술의 영역으로 만드는 것이다. 헌법상으로 보장된 학문연구의 자유라는 가치도 인류생존과 인간의 존엄성이라는 더 높은 가치에 의해 제한될 수밖에 없을 것이다.

이러한 법적 대응은 과학기술의 가치중립성이라는 특성을 고려하면 꼭 필요한 최소한도의 위험에 국한하여 적용되어야 한다. 따라서 이러한 완전한 금지조치가 요구되는 과학기술의 위험은 위험의 피침해이익이 인간의 생명과 신체에 관한 것인 동시에 피해주체가 인류전체적 위험을 야기하는 것이며 이미 그 과학기술의 위험발생이 현실적으로 인식되는 경우에 국한하여야 한다. 특징적인 것은 이러한 위험은 기존의 법질서에서는 아예 고려대상 조차 되지 못하였던 새로운 것일 가능성이 높고, 이는 법이 아닌 윤리나 도덕의 규범질서에서 다루어져 왔다. 그러므로 법규범을 직접적으로 침해하는 과학기술의 위험 보다는 인류의 윤리적 규범을 침해하는 위험일 가능성이 높다. 이와 같이 인류 전체의 미래에 확실하게 부정적인 영향을 주는 과학기술의 위험이라면 이는 완전히 금지되어야 마땅하고, 설령 이러한 기술을 원천적으로 금지함으로써 잃게 되는 인류의 혜택은 다른 대체 기술을 통해 보완되는 수밖에 없을 것이다.

예를 들어 인간을 복제하려는 시도는 인류가 지금까지 쌓아온 가치질서를 한순간에 파괴할 수 있는 매우 심각한 도전이라고 할 수 있으므로, 이러한 과학기술은 원천적으로 금지되어야 하여야 할 것이다. 경우에 따라서는 위험발생을 원천적으로 차단하기 위해 과학기술을 금지하지만, 일정한 주체에게만 극히 제한적으로만 허용하기도 한다. 핵무기확산으로 인해 위험이 증가하는 것을 방지하기 위해서 핵무기 제조에 가장 중요한 공정인 우라늄 농축기술을 원천적으로 금지하되, 매우 제한된 국가의 소수 인력에게만 그것을 허용하는 것이 이에 해당될 것이다.

최근 화석연료의 사용으로 탄소배출이 급증하여 지구온난화 등 이상기후 현상을 야기하는 위험을 방지하기 위해 탄소배출을 제한하여 위험발생을 원천적으로 봉쇄하려는 노력도 이에 포함시킬 수 있을 것이다. 그러나 화석연료를 당장 완전히 사용하지 못하도록 하는 것은 적절한 해결수단이 될 수 없다. 화석연료의 사용을 갑자기 전면 중단하게 되면 석유나 석탄으로부터 나오는 에너지에 기반을 둔 현대문명은 그 즉시 붕괴될 더 큰 위험에 직면하게 될 것이기 때문에, 다른 대체 에너지를 통해 이를 보완하면서 점차 화석연료의 사용을 줄여 탄소배출을 감소시키는 점진적인 방향으로 나아가게 될 것이다. 즉 위험봉쇄라고 해서 모두 다 즉각적으로 전면적인 위험봉쇄를 하는 것이 아니라 점진적인 위험봉쇄도 선택할 수 있는 가능한 방법이다.

3. 위험과 이익의 비교형량에 의한 대응

가. 위험방지

과학기술의 양면성으로 인해 과학기술은 위험만 발생시키는 것이 아니라 당연히 인류에게 이익도 가져다주는 것이 일반적이다. 앞에서 살펴본 바와 같이 과학기술이 야기하는 위험이 인류 전체에게 치명적인 경우라면 이익과 위험을 비교할 여지도 없이 과학기술의 위험을 원천적으로 봉쇄하여야 하므로 그 이익도 포기할 수밖에는 없다. 그러나 위험이 절대적인 것이 아니라면, 과학기술의 이익을 향유하면서 위험발생을 억제하는 조치를 취하는 것이 현명한 방법이다. 그러므로 절대적 위험이 아니라면, 과학기술의 이익과 위험의 크기를 비교형량하여 위험의 상대적 크기에 따라서 적절한 법적 대응방법을 모색하여야 한다.

먼저 위험과 이익을 비교형량하였을 때, 위험이 상대적으로 월등하게 큰 경우에는 절대적 위험처럼 위험발생을 원천적으로 완전히 봉쇄하는 것은 아니나 위험발생을 최대한 방지하는 법적 규제를 마련하여야 할 것이다. 절대적 위험이 아니므로 금단의 과학기술로 봉쇄할 필요는 없지만, 위험이 매우 크므로 철저한 위험발생 방지대책을 마련한 후에 과학기술을 이용하도록 하여야 한다. 과학기술의 위험에 대한 법적 대응으로는 위험봉쇄에 이은 두 번째로 강한 강도의 규제라고 할 수 있다. 다만 과학기술의 이용을 원천적으로 차단하는 것이 아니므로 경우에 따라서는 과학기술의 위험이 현실화될 가능성도 항상 존재한다. 이에 해당하는 가장 전형적인 경우로는 원자력의 이용을 들 수 있다. 원자력 사고의 위험이 매우 크다는 것을 알지만 원자력 발전이 인류에게 주는 큰 이익을 포기할 수 없으므로, 위험발생을 철저하게 방지하도록 법적 규제를 두어 위험이 현실화되지 않도록 최선의 노력을 다하는 것이다. 그럼에도 불구하고 체르노빌 원전사고나 스리마일 원전사고와 같이 원자력 사고가 현실생활에서 극히 드물지만 발생할 수도 있다.

위험방지를 위한 구체적인 법적 대응 수단은 우선 사전적인 규제와 사후적인 규제로 나누어 살펴볼 수 있다. 먼저 사전적인 규제는 높은 위험을 수반하는 과학기술의 경우에는 운영주체나 물적 시설에 대한 엄격한 기준을 마련하는 방법과 위험을 야기할 수 있는 구체적인 과학기술의 이용행위에 대해 허가제도와 같은 통제방법을 강제하는 것이다. 사전적 규제수단을 강하게 설정할수록 사실상 위험봉쇄와 유사한 효과를 가져올 수 있으므로, 위험발생의 개연성은 점차 감소할 것이다. 반대로 사전적 규제수단을 약하게 설정할수록 위험의 방지가 아니라 위험을 경감하는 정도에 그치므로 위험발생의 개연성은 증가할 것이다. 따라서 규제의 강도를 어떻게 설정할 것인가는 위험의 크기, 위험발생의 개연성, 과학기술이 주는 이익, 대체기술의 존재 여부 등을 총체적으로 고려하여 결정하고 또 수시로 상황변화에 맞게 적절하게 변경하여야 할 것이다.

사후적 규제수단으로는 위험이 현실화되어 피해가 발생되었을 때의 책임을 설정하는 것을 들 수 있다. 여기에서의 책임은 형사책임과 민사책임 그리고 행정법상의 책임을 부과하는 것 모두 가능할 것이다. 형사책임은 죄형법정주의에 따라 구체적이고 상세한 구성요건을 제시하는 동시에 다른 형사법규와의 형벌의 균형을 맞추어 부과되어야 할 것이다. 민사책임에 대해서는 그 성격에 따라서 일종의 무과실책임이라고 할 수 있는 위험책임을 지우거나 또는 인과관계의 증명을 전환하여 책임을 강화하는 방법 또는 손해배상에 대한 연대책임을 지우는 방법 등이 적절한 법적 수단이 될 것이다. 행정법상의 책임은 면허취소를 통해 다시는 과학기술로 인한 위험발생을 하지 못하도록 만드는 통제하는 방법이 있을 것이다. 이러한 사후적 규제수단들이 엄격하게 설정되면 경고적 기능을 통해 사전적 예방효과를 거둘 수 있다.

과학기술의 특성을 고려하여 여기에서 반드시 고려되어야 할 법적 대응은 위험용도로의 전용이나 개발을 금지하는 법적 규제이다. 과학기술이 본래 위험한 용도로 고안된 것은 아니지만 그 응용이나 전용을 통해 매우 위험한 성격을 갖는 경우가 빈번하다. 주지하는 노벨의 다이너마이트가 대표적인 경우이고,

최근 디지털환경에서 저작권침해의 문제를 촉발시킨 P2P프로그램도 이의 전형적인 경우이다. 본래 원격지 사이에서 연구용으로 파일전송을 용이하게 하기 위해 만들어진 프로그램이 개발자나 이용자들의 응용 또는 전용을 통해 저작권을 침해하는 주된 도구로 널리 악용되고 있다. 이러한 경우 원천기술만을 대상으로 하면 법적으로 어떠한 통제수단도 적절하지 않아 보이지만, 타인의 재산권을 침해하는 위험을 발생시키는 용도로의 전용 또는 개발은 법적 대응이 필요하다고 할 것이다. 따라서 위험용도로의 전용이나 개발 또는 응용에 대한 법적 규제도 위험방지를 위해서는 고려되어야 한다.

나. 위험경감

과학기술의 위험과 이익을 비교하였을 때, 위험의 크기가 여전히 상대적으로 크지만 이익의 크기나 필요도 또한 긴요한 것일 때 위험봉쇄나 위험방지를 통한 법적 규제로는 과학기술이 주는 이익을 충분히 향유할 수 없을 것이다. 그러므로 이러한 경우에는 위험발생의 가능성을 어느 정도 수용하고 위험발생을 경감하기 위한 조치를 취하면서 과학기술의 개발이나 실용화를 추진할 수밖에 없다.

위험발생의 경감은 위험을 봉쇄하거나 방지하는 것과 달리 위험의 발생을 어느 정도 사회적으로 감수하되 위험발생을 감소시키는 정도에 그치는 비교적 완화된 통제조치이다. 이러한 위험경감은 일단 절대적 위험이 아니어야 하고 또 위험의 크기가 이익과 비교하였을 때 상대적으로 약간 큰 정도이면서 이익의 필요성이 사회적으로 합의된 경우에 가장 적절하게 적용될 수 있을 것이다.

위험경감을 위한 법적 대응도 위험방지와 마찬가지로 사전적 규제와 사후적 규제로 나누어 볼 수 있다. 사전적 규제로는 위험을 줄일 수 있는 위험원에 대한 관리의무를 부과하거나 혹은 위험감소를 위한 인적 물적 설비를 갖추도록 의무화하는 것을 생각해 볼 수 있고, 일정한 자격에 달하는 사람이나 시설기준을 갖춘 조직에게만 그 기술의 이용을 허락하는 것도 고려될 수 있다. 과학기술을 적용한 기기에 대해 인증을 요구하거나 또는 위험의 피해가능성이 있는 당사자의 사전 승낙을 얻도록 하는 것도 하나의 방법이 될 것이다.

사후적 규제로서는 형사책임과 민사책임 그리고 행정법상의 책임으로 나누어 볼 수 있으며, 형사책임으로는 위험경감조치의 미준수, 무자격자에 의한 기술이용에 따른 형벌의 부과가 대표적이며 이에 대한 형벌의 강도도 상대적으로 높지 아니할 것이다. 민사책임에서는 위험발생의 귀책적 요소가 중시되어 고의나 과실 등의 전통적 귀책사유를 통한 통제가 가장 적절할 것이고 어느 정도는 사회적으로 허용된 위험이므로 귀책사유가 존재하지 아니하는 위험에 대해서는 무과실책임이나 위험책임을 부과하는 것은 어려울 것이다.

이러한 위험경감 차원의 법적 대응이 필요한 전형적인 예로는 신약의 개발과 임상실험, 전자파 인체허용기준, 위치정보를 통한 프라이버시 침해 등을 들 수 있을 것이다. 새로운 의약품을 개발하면 그것을 통한 이익과 더불어 인체에 유해할 수 있는 위험가능성도 가지고 있게 된다. 물론 위험이 현실화되면 이익보다는 피해가 더 상대적으로 크다고 할 수 있지만, 신약의 성공적인 개발이 주는 이익을 도외시하고 위험을 철저하게 봉쇄하거나 방지하는 법적 수단을 사용할 수도 없다. 그러므로 제한된 조건하에서 개발을 할 수 있게 하고 또 철저한 임상실험을 통해 유해성 여부를 판단하여 위험을 최소화한 후에 시판토록 하는 사전적 법적 대응이 필요하다. 또 전자파가 인체에 유해한 영향을 준다는 이유로 모든 전자파발생 기기를 사용할 수 없도록 하는 것은 현대사회에서 있을 수 없는 일이므로, 전자파가 인체에 유해한 영향을 미치지 않는 정도를 파악해서 그 이하로 전자파를 방출하는 기기에 대해서는 인증을 통해 사전적 통제를 하는 것도 여기에 해당할 것이다. 그 외에도 자동차는 국가가 인정하는 면허를 취득한 사람만이 운전하게 하는 것이나 또 방사선을 조작하기 위해서는 방사선사의 자격이 필요한 것 등도 이러한 위험경감 차원의 법적 대응이라고 볼 수 있다.

다. 손해경감

과학기술의 이익과 위험을 비교형량했을 때, 가져다주는 이익이 야기할지도 모르는 위험보다 상대적으로 크다면 법적으로 엄격한 통제가 필요하지는 않을 것이다. 과학기술이 아닌 생활 속에서도 위험은 상존하는 것이며, 한해 여름 동안 해수욕장에서 수십여명이 익사하거나 1년간 등산 중 실족으로 사망하는 사람이 10여명에 달한다고 해서 수영이나 등산을 금지하거나 혹은 일정한 자격조건을 갖춘 사람에게만 허용할 수는 없을 것이다. 즉 위험을 초래할 수밖에 없는 행위자체를 통제하기 보다는 그 행위가 손해를 발생하는 것을 감소시키는 간접적인 방법을 취하는 것이 효과적이다. 이것이 바로 손해방지 차원의 법적 대응이라고 할 수 있다. 즉 위험발생은 감수하되 위험이 현실화되었을 때 손해의 크기를 줄이는 방법을 모색하는 것이다. 따라서 위험방지는 위험원에 대한 통제를 의미하는 반면, 손해경감은 손해의 규모에 대한 통제를 의미한다고 할 수 있다. 위험경감과 손해경감은 택일적일 수도 있지만, 경우에 따라서는 양자가 결합되어서 중첩적으로 적용될 때 더욱 그 효과는 크다고 할 수 있다.

손해경감을 위한 법적 조치는 과학기술의 위험에 대응하는 방법 중에 가장 널리 활용되는 수단이라고 할 수 있다. 실용화되어 일상생활에서 쓰이는 과학기술은 대부분 인류에게 매우 큰 이익을 가져다주기 때문에 그것이 없이는 사회가 유지될 수 없을 정도이다. 그러나 거의 모든 과학기술이 다소간의 위험은 항상 내포하고 있고 또 어느 정도는 위험이 현실화되어 손해의 발생을 가져오고 있다. 예를 들어 전기, 자동차, 항공기, 총기류 등은 꽤 위험하지만, 인류의 생존에 없어서는 안될 필수품이다. 이러한 유형의 것이 아니라도 인터넷도 저작권의 침해, 명예훼손, 프라이버시 침해 등의 다양한 손해를 야기할 위험을 가지고 있지만, 필수불가결한 과학기술이 되었다. 이러한 거의 모든 위험을 내포한 과학기술에 대한 일반적인 법적 대응은 위험을 야기하는 원인에 대한 통제를 직접적으로 하는 것이 아니라 그 위험이 야기하는 손해를 감소시키기 위한 법적 조치를 통해 피해를 경감하는 데 주력하게 된다.

손해경감을 위한 법적 조치 중 가장 대표적으로 들 수 있는 것이 자동차 운행에 따른 위험에 관한 것이다. 과학기술의 산물인 동시에 없어서는 안될 생필품인 자동차는 2016년 한해에도 우리나라에서 약 22만 건의 사고로 4,292명이 숨지고 33만 명이 부상을 당할 정도로 위험을 야기한다.[14] 절대적인 크기로 보면 결코 무시할 수 없는 위험이긴 하지만, 이 위험을 막기 위해 자동차의 제조나 운행을 전면 금지하고 도보나 말을 이용하는 것은 상상도 할 수 없는 과잉대응이다. 자동차사고로 인한 위험발생을 경감하기 위해 운전면허를 소지한 자만이 운전을 할 수 있도록 위험경감조치를 취하더라도 위와 같은 결과가 발생하는 것이므로, 이에 추가적으로 손해를 경감시키는 법적 대응을 할 필요가 있다. 즉 운행 자체에 대한 통제 외에도 운행이 가져오는 손해의 크기를 줄이기 위한 법적 대응이 추가적으로 요구된다. 예를 들어 자동차 관련 법규에서 사고 시 운전자의 부상을 줄이기 위해 반드시 안전벨트를 착용하도록 강제하고 또 자동차 제조 시에 에어백과 같은 손해를 경감시키는 장치를 부착토록 하는 것이다. 이러한 안전벨트나 에어백을 장착한다고 해서 위험원 그 자체가 감소하는 것은 아니며, 오로지 위험이 현실화되었을 때 손해의 크기만을 경감시키는 것이다.

라. 손해분산

과학기술이 주는 이익이 위험보다 현저히 크고 그 과학기술에 대한 사회적 의존도가 매우 큰 경우에는 위험발생을 봉쇄하거나 경감하는 것은 이익을 고려할 때 채택하기 어렵고 또는 손해를 경감하기 위한 노력이 큰 의미를 갖기 어려운 경우에는 손해를 사회적으로 아예 분산하는 것으로 피해를 구제하는 방법을 채택할 수 있다. 위험원에 대한 통제를 하는 것은 사회적 의존도가 높은 과학기술을 위축시킬 우려가 있으므로 적절하지 않고, 손해의 경감을 위한 노력이 경우에 따라서는 현실적으로 불가능하거나 기대효과가 완전하지 않을 수 있는 경우에 손해를 사회적으로 분산시킴으로써 피해자의 구제 측면에 정책목표를 집중하는 방법이다. 또 손해의 위험분산이 필요한 경우로는 과학기술의 위험에 대해 귀책사유없이 무과실의 결과책임에 가까운 부담을 해야 되는 경우에 그 손해를 사회적으로 분산함으로써 가해자와 피해자 모두를 적절하게 보호할 수 있게 된다.

구체적인 손해분산의 수단으로는 보험제도의 도입을 고려해 볼 수 있다. 손해가 발생하였을 때 가해자의 자력만으로는 피해자에게 모두 완전한 배상이 이루어지기 어려운 경우가 있을 수 있다. 또 무과실책임을 지우는 경우나 피해의 호환성이 사회적으로 존재하는 경우에 위험을 야기한 사람에게 비난을 전적으로 가하는 것은 적절하지 않다. 그러므로 보험제도를 통해 사회적으로 손해배상의 부담을 분산하고 위험이 현실화된 경우에도 가해자에게 비난을 집중하지 않는 동시에 가해자도 평상시에 보험료를 납입함으로써 향후의 손해배상에 필요한 재원을 분산해서 적립하게 된다.

전형적인 예를 들면, 빈번하게 발생하는 선박의 기름 유출사고의 경우에 위험원인 선박의 항해나 유류의 사용을 금지할 수도 없으며, 위험을 예방하기 위한 조치나 손해를 경감하기 위한 조치도 그리 유효한 대책이 되지는 못한다. 유출사고가 발생하였을 때 그 손해를 가해자나 피해자 단독으로 부담하는 것은 매우 치명적이므로 보험제도를 통해 손해를 분산할 필요가 있다.

그리고 제조물책임에 대한 보험제도도 이러한 손해분산의 좋은 실례라고 할 수 있다. 제조물책임은 과학기술을 이용한 제조물이 가져올 위험에 대해 제조자에게 무과실책임을 지우는 것이므로 제조자로서는 자신의 귀책사유와 관계없이 과학기술의 위험을 모두 부담해야만 된다. 과학기술의 위험을 소비자에게 귀속시키는 것보다는 제조자에게 전가하는 것이 여러모로 타당하다는 판단에서 제조물책임제도를 도입하는 것이지만, 제조자의 측면에서 보면 모든 책임을 스스로 일시에 부담하는 것은 지나치게 큰 경영위험이므로 이러한 위험을 사회적으로 분산하기 위하여 보험제도를 통하여 손해를 분산시키게 된다.

특히 인공지능에 의해 통제되는 자율주행자동차의 경우에는 전통적인 위험관리의 차원에서 위험발생을 봉쇄하거나 경감하려는 노력조차 큰 의미가 없다. 인간에 의한 구체적인 조작의 개입이 없는 자율주행상황에서는 전통적인 과실책임주의가 적절하지 않을 뿐만 아니라 자율주행자동차 보유자에게 무과실책임을 지우거나 또는 제조자에게 제조물책임을 지우는 것도 적절한 손해의 분산이라고 보기 어렵다. 인공지능 로봇에 법적 인격을 부여하여 이를 해결하고자 하는 시도도 있지만 이는 상당히 신중한 논의가 필요할 것이므로, 당분간은 보험제도를 통해 손해를 분산하는 것이 가장 유력한 대응 방안이 될 것으로 생각된다.[15]

마. 정 리

과학기술의 위험에 대해 올바르게 법적으로 규율하기 위해서는 위험을 분석해서 그 특성에 맞는 법적 대응방법을 모색하여야 할 것이다. 먼저 위험이 절대적이라면 위험을 원천적으로 봉쇄하고, 위험이 상대적이라면 위험과 이익을 비교형량할 필요가 있다. 만약 위험이 이익보다 크고 그 위험이 중대한 것이라면 위험을 방지하는 법적 대응이 필요하지만, 위험이 중대하지 않다면 위험을 경감하는 정도의 법적 수단이 적절할 것이다. 과학기술이 안겨주는 이익이 위험보다 크다면 위험원이 아닌 그 결과인 손해에 관점을 맞춰서, 손해를 경감하거나 혹은 손해를 분산시키는 법적 대응이 유효할 것이다. 이러한 법적 대응은 오로지 하나만 택일적으로 채택하여야 하는 것은 아니며, 여러 가지 법적 수단을 적절하게 복합적으로 적용하는 것이 경우에 따라서는 더욱 효과적일 수 있다. 이를 정리하면 다음의 그림과 같다.

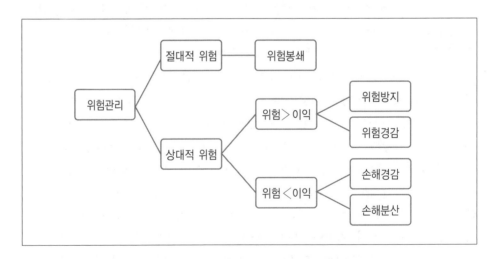

▲ 그림 3-1-2 위험 분석에 따른 법적 대응방법

Ⅳ. 잠재적 위험의 관리

1. 잠재적 위험관리에 대한 상반된 관점

과학기술이 야기하는 위험이 현실적인 것이라면 위와 같은 법적 대응방법을 통해 적절하게 위험을 관리할 수 있지만, 휴대전화의 전자파나 유전자조작식품과 같이 위험의 현실화에 대한 지식이 부족하여 위험의 의혹만이 존재하는 경우에 여하히 다루어야 할 것인가는 매우 어려운 일이다. 과학기술의 위험이 불확실할 경우에 채택할 수 있는 방법은 시행착오접근방법과 무착오시행접근 방법으로 나누어 설명할 수 있다.[16]

시행착오접근은 시행착오에 대한 적극적 접근방법으로 오류를 피하기보다는 오류를 극복하는 방법을 채택하여 위험관리를 동태적으로 발전시켜 나가는 전략으로, 단기적으로 위험을 부담하지 않는 한 장기적으로 안전해지기를 기대하기 어렵고, 위험에 대한 시행착오가 없이는 위험에 대한 중요한 지식을 얻기 어려우며, 위험에 대한 지식과 경험의 축적 없이는 안전해지기 어렵다는 점에서 유용한 방법이라고 할 수 있다.

반면에 무착오시행접근은 새로운 기술이 무해하다는 것이 사전적으로 증명되지 아니하는 한 어떤 것도 허용할 수 없다는 입장을 취하고 있으며, 위험이 발생하면 돌이킬 수 없는 위험을 초래할 가능성이 다른 모든 고려대상보다 우선되어야 한다는 주장으로 정당화되는 것으로 합리적 통제가 없는 상황에서는 새로운 실험을 하지 못하도록 하는 신기술의 감시가 필요하다고 주장하고 있다.

일반적으로 무착오시행접근 방식이 대다수의 지지를 받고 있으며, 특히 공공문제의 영역에 있어서는 거의 절대적인 지지를 받고 있는 실정이다. 그러나 기술개발과 육성에 초점을 맞추는 경우에는 이러한 무착오시행접근 방식은 기술혁신을 저해할 가능성이 높기 때문에 시행착오적 전략을 선택할 가능성이 높다.[17]

2. 사전배려의무의 제기

최근 이러한 잠재적 위험의 문제에 대해 사전배려의 원칙(precautionary principle)이라는 관념을 통해 위험이 불확실하기는 하지만 그 위험의 실현으로 인한 손해가 중대하고 회복할 수 없는 것일 경우에는 그 위험이 확실하게 될 때까지 기다릴 수 없으며 보다 이른 단계에서 위험을 관리하고 통제하여야 한

다는 주장이 제기되고 있다.[18]

사전배려의 원칙이란 1970년대 환경법 분야에서 형성된 현대적 위험관리 이론으로서 위험의 존재가 등장하기 이전에 공권력의 개입을 정당화시키는 기능을 제공하는 이론인 동시에 개인의 위험에 관한 결정권을 실효성있게 하는 이론이라고 할 수 있다. 사전배려의 원칙이 법적인 구속력 있는 국가의 의무로 작용할 수 있는가에 대해 논란의 여지가 있으나 우리나라의 경우에는 아직 사전배려의 원칙이 법령상 선언되어 있지도 않고 사전배려의 원칙을 구체화한 실정법규도 거의 없는 상황이다.

사전배려의 원칙이 적용될 수 있는 요건으로는 우선 과학적으로 위험 여부가 불확실하여야 하고, 위험 및 위험의 실현과정에 최소한의 과학적 분석이 행하여져야 하며, 그 위험이 수긍할 수 있는(plausible) 것이어야 하며, 수인가능성이 없는 중대하고 회복할 수 없는 위험이어야 한다. 이러한 사전배려의 원칙에 의해 근거한 조치로는 위험의 가능성을 줄이는 조치, 위험이 구체화된 경우에 대응능력을 강화하는 조치, 관련 정보의 수집, 연구를 통해 위험을 이해하고 감시하는 것 등을 들 수 있다.

사전배려의 원칙에 따른 조치는 과학적으로 불확실한 잠재적 위험에 대응하여 내려지는 조치이므로 전면적인 금지는 위험에 대처하기 위한 유일한 수단이라고 여겨지는 특수한 경우에만 적용되어야 하며 그 외에는 비례의 원칙에 의해 결정되어야 한다. 사전배려조치는 위험을 완전히 봉쇄하는 정도로 요구되는 것이 아니며 위험을 방지하는 조치 정도로 족하며, 잠정적인 조치로서의 성격을 갖기 때문에 과학기술수준의 변화에 따라 탄력성있게 수정되어야 한다. 그리고 최선의 사전배려조치에도 불구하고 발생하는 위험인 잔존위험은 사회적으로 수인하여 손해를 분산시킬 수밖에 없을 것이다.

3. 잠재적 위험의 최적 관리방안

과학기술에 의해 야기될지도 모른다는 잠재적 위험에 대한 법적 대응은 다루기 어려운 난해한 주제일 수밖에 없다. 법은 현실을 규제하는 것이고 상상적 상황에 대한 가정적 규제가 아니기 때문이다. 그렇다고 해서 위험의 불확실성으로 인해 법의 규제가 미흡하면 위험관리에 치명적인 문제가 발생되는데, 우리는 이를 이미 고엽제나 석면의 위험 등의 예에서 충분히 실감한 바 있다. 법적 맹점은 위험원과 손해발생과의 인과관계에 대한 불확실성에 존재하는 것이지, 손해발생 그 자체에 있는 것은 아니다. 그러므로 법적 관점에서는 인과

관계를 알 수 없는 피해를 목도하고도 우연한 생활위험이나 혹은 평범한 인간의 실수로 돌릴 수밖에 없다. 빈번하게 발생하는 자동차 급발진 사고를 사회 전체가 목격하고 있지만, 어떠한 인과관계에 의해 그러한 손해가 발생하는 것인지를 모르기 때문에 운전자의 조작실수 외에는 어떠한 법적 귀결도 불가한 상황이다. 따라서 인과관계가 명확하게 밝혀지는 시점까지 수많은 손해발생은 방치될 수밖에 없는 것이다.

잠재적 위험의 경우에는 위험을 긍정도 부정도 하지 않은 상태로 적절히 관리하는 유연한 방법만이 유일한 해법이 될 것이다. 사회 전체가 수긍할 수 있는 정도의 위험회피 가이드라인을 통해 통제하는 것이 최선의 방법이 될 것이다. 그러나 위험회피 가이드라인은 형식적인 법률로 다루기에는 적합하지 않다. 2011년 5월 세계보건기구(WHO)가 휴대전화 전자파를 인체 발암 가능 물질(possible carcinogenic to humans) Group 2B로 발표하여 논란의 대상이 되고 있는 휴대전화의 전자파 유해성 문제에 전자파 인체흡수율(SAR)을 과학기술정보통신부 고시를 통해 규정하는 것과 같은 방식으로 유연한 규율이 요구된다. 다만 이러한 가이드라인은 성격상 극히 전문적인 과학적 지식이 반영되어야 하므로 일반적인 국민들은 이해의 정도가 낮을 수밖에 없어서 사회적 합의를 이끌어 내는 별도의 과정이 필요하다. 과거 광우병에 관한 격론에서 보았듯이 불확실한 잠재적 위험은 그것이 일종의 사회적 신드롬으로 발전하여 의외의 사회적 혼란을 확산시킬 우려도 존재한다. 따라서 법적 대응뿐만 아니라 기술적 연구 조사 그리고 사회적 합의도출의 총체적 관리방안이 유기적으로 이루어져야만 될 것이다.

V. 과학기술안전에 관한 실정법[19]

1. 헌법상 관련 규정 현황

가. 헌법상 과학기술 안전 관련 규정

과학기술진흥법의 법원(法源)을 「헌법」에서 찾은 것과 유사하게 과학기술 안전법의 법원도 최고규범으로서의 특성을 가지는 「헌법」에서 찾을 수 있다.[20] 「헌법」의 가장 중요한 기능 중의 하나가 기본권의 보장이므로 과학기술위험의 관리는 생명, 재산, 환경 등을 대상으로 하고 있어 「헌법」의 기본권은 과학기술안전법과 밀접한 관계를 가진다. 그러나 우리 「헌법」은 과학기술안전에 관한 명시적 규정을 두고 있지 않다.

그렇다고 우리 「헌법」이 과학기술안전법의 법원이 될 수 없다는 주장은 할 수 없을 것이다. 과학기술안전과 관련하여 우리 「헌법」에서 명시적 문언을 두고 있지는 않지만 「헌법」의 여러 문언들은 과학기술안전법의 법원으로의 역할을 한다고 해석함이 타당할 것이다. 과학기술위험의 대상은 첫째, 개인의 신체 또는 재산에 대한 위험, 둘째, 사회의 집단에 대한 위험, 셋째, 사회시스템에 대한 위험, 넷째, 인간의 존엄에 대한 위험을 포함하고 있으므로 과학기술안전법의 법원은 우리 「헌법」에서 규정하고 있는 인간의 존엄과 가치, 행복추구권, 생명권,[21] 사생활권, 통신비밀과 자유권, 인간다운 생활을 할 권리, 환경권, 건강권 등 여러 가지 기본권 보장에 기초를 두고 있는바, 이러한 규정은 과학기술안전법에 대한 「헌법」의 기본원리 또는 지도원리임이 분명하다. 즉, 우리 「헌법」에는 과학기술안전이라는 명시적 문언이 존재하지 않으나 각종 기본권들이 명시적으로 규정되어 있고 그 기본권들은 과학기술안전법을 위한 기본원리 또는 지도원리로서 작동하고 있음을 부인할 수 없다.

헌법상의 환경권 및 건강권 보장을 위한 과학기술안전의 확보 의무와 재해위험보호청구권 보장을 위한 과학기술안전의 확보 의무에 대해서는 본서 제1편 제3장 과학기술과 헌법을 참조하기 바란다.

2. 과학기술안전법제 현황

가. 과학기술기본법상의 관련 규정 현황

「과학기술기본법」은 목적에서 밝히고 있듯이 "과학기술발전을 위한 기반을 조성하여 과학기술을 혁신하고 국가경쟁력을 강화함으로써 국민경제의 발전을 도모하고 나아가 국민의 삶의 질 향상과 인류사회의 발전에 이바지함을 목적으로 한다."고 명시하여 과학기술의 진흥에 주된 가치를 두고 있다.

그럼에도 불구하고 과학기술안전에 관하여 "과학기술의 역기능 방지"와 "연구 안전환경의 조성"에 관한 규정을 두고 있다. 즉, 법에서 "정부는 연구개발성과 또는 과학기술 활동이 국가 · 사회 · 개인에게 해를 끼치거나 윤리적 가치를 침해하지 아니하도록 필요한 조치를 강구하여야 한다."고 규정하고 있고, 또한 "정부는 대학이나 연구기관 등에 설치된 과학기술분야 연구실의 안전한 환경을 확보하기 위하여 필요한 시책을 세우고 추진하여야 한다."고 규정하고 있다. 이러한 규정은 과학기술의 안전에 관한 규정임에는 틀림이 없다. 다만, 과학기술의 위험을 사전에 예방하고 위험을 진압하며 위험을 치유하는 과학기

술안전법의 관점에서 보면 소극적 규정에 불과하므로 적극적 규정으로 보기에
는 한계가 있다고 할 것이다.

나. 과학기술안전 관련 기본법 현황

안전과 관련하여 기본법으로 법제화되어 있는 법률은 「재난 및 안전관리
기본법」, 「제품안전기본법」, 「식품안전기본법」, 「환경정책기본법」으로서 특정
분야 또는 영역의 안전에 대한 기본법에 해당한다. 그러나 과학기술안전 전반
에 대한 기본법은 아직 마련되어 있지 않다.

「재난 및 안전관리 기본법」[22]은 각종 재난으로부터 국민의 생명과 신체
를 보호하기 위하여 제반 사항을 규정하는 법률이라고 선언하고 있다. 법에서
각종 재난은 자연재난과 사회재난으로 구분하고 있다. 자연재난에는 태풍, 홍
수, 호우, 강풍, 풍랑, 해일, 대설, 낙뢰, 가뭄, 지진, 황사, 조류 대발생, 조수,
그 밖에 이에 준하는 자연현상으로 인하여 발생하는 재해가 포함되고, 사회재
난에는 화재 · 붕괴 · 폭발 · 교통사고 · 화생방사고 · 환경오염사고 등으로 인
하여 발생하는 일정 규모 이상의 피해와 에너지 · 통신 · 교통 · 금융 · 의료 ·
수도 등 국가기반체계의 마비, 「감염병의 예방 및 관리에 관한 법률」에 따른
감염병 또는 「가축전염병예방법」에 따른 가축전염병의 확산 등으로 인한 피
해가 포함된다.[23] 이 법은 사회재난과 관련하여 과학기술안전법을 부분적으로
포섭하고 있다고 하겠다. 이 법의 특징을 보면, 국가와 지방자치단체가 각종
재난을 예방하고 대응, 복구하는 책무를 가지는 것은 후술하는 「제품안전기본
법」 및 「식품안전기본법」의 경우와 유사하나, 국민에게 각종 재난을 예방하고
대응, 복구에 협조하여야 하는 의무가 부과되는 점은 「제품안전기본법」 및 「식
품안전기본법」의 경우에 국민이 안전할 권리를 가지는 점과 다른 특징을 보이
고 있다. 또 다른 특징으로, 「식품안전기본법」 및 「제품안전기본법」은 위험의
피해를 진압한 후 치유하는 내용을 제대로 담고 있지 않는 반면에, 「재난 및
안전관리 기본법」은 재난의 치유법에 해당하는 재난의 복구 규정을 상세히 두
고 있다.

「제품안전기본법」[24]은 입법의 목적과 기본이념에서 제품의 안전성 확보를
통해 국민의 생명을 보호함으로써 안전한 사회를 추구함을 밝히고 있다. 법은
국가 및 지방자치단체에게 제품의 안전에 관한 정책을 수립할 책무를 부여하
고 있고, 제품의 안전성을 검증하기 위한 기준 또는 규칙을 국제기준에 부합하
도록 시행하거나 노력할 책무를 부여하고 있다. 동법에 의거하여 제품의 안전

성 확보를 위한 주요수단으로서 제품의 안전성조사를 할 수 있고, 제품의 제조·설계 또는 제품상 표시 등의 결함이 발견되었을 때 그 제품을 수거·파기·수리·교환·환급·개선조치 또는 제조·유통의 금지, 그 밖에 필요한 조치를 할 수 있다. 그러나 「제품안전기본법」은 「식품안전기본법」의 경우와 달리 입법의 목적에서 재산에 대한 피해를 예방하는 목적을 밝히고는 있으나 환경의 안전에 대한 조문이나 문언은 담고 있지 않다.

「식품안전기본법」[25]은 식품안전과 관련하여, 「식품위생법」을 포함한 27개 개별 법률 및 관련 법령에 대해 기본법의 지위를 갖는다. 법에서 국가 및 지방자치단체는 국민이 건강하고 안전한 식생활을 영위하도록 식품 등의 안전에 관한 정책을 수립하고 시행할 책무를 지도록 규정하면서 식품과 식품성분에 관한 기준 또는 규격을 정함에 있어 국민의 생명과 안전을 고려한 과학적 기준을 설정하도록 하여 생명과 안전에 대해서 명시적으로 규정하고 있다. 특히, 국민의 생명과 안전을 고려해야 함을 국가 및 지방자치단체의 책무로 규정하고 있는 점은 기본법으로서의 지위에 적절한 조문이라 할 수 있다. 또한 국가나 지방자치단체의 식품안전정책에 대한 알권리를 보장하고 사업자에게 국민의 건강에 유익하고 안전한 식품을 생산, 판매해야 하는 책무를 부과함으로써 국민의 신체 또는 생명의 안전을 도모하고 있다. 그리고 국민건강에 위해를 발생시키는지의 여부를 판단하고자 사전 위해성평가와 사후 위해성평가를 실시할 수 있도록 하는 등 식품안전관리의 과학화를 다루고 있는 규정들은 기본법으로서의 역할을 수행하도록 하는 수단을 명시하고 있다. 그러나 동법은 재산의 안전과 환경의 안전에 관한 규정을 포함하고 있지는 않다.

「환경정책기본법」[26]은 인간의 건강과 생태계의 보호를 위한 법제로서 정의규정에서 환경은 '자연환경과 생활환경'을 구분하여 정의하고 있고, '자연환경'은 "지하·지표(해양을 포함한다) 및 지상의 모든 생물과 이들을 둘러싸고 있는 비생물적인 것을 포함한 자연의 상태(생태계 및 자연경관을 포함한다)"를, '생활환경'은 "대기, 물, 토양, 폐기물, 소음·진동, 악취, 일조 등 사람의 일상생활과 관계되는 환경"이라고 정의하고 있다. 그리고 '환경오염'이란 "사업활동 및 그 밖의 사람의 활동에 의하여 발생하는 대기오염, 수질오염, 토양오염, 해양오염, 방사능오염, 소음·진동, 악취, 일조 방해, 인공조명에 의한 빛공해 등으로서 사람의 건강이나 환경에 피해를 주는 상태"를, '환경훼손'이란

"야생동식물의 남획 및 그 서식지의 파괴, 생태계질서의 교란, 자연경관의 훼손, 표토의 유실 등으로 자연환경의 본래적 기능에 중대한 손상을 주는 상태"라고 명확히 규정하고 있다. 법에서 국가에게는 환경보전계획을 수립하여 시행할 책무를 지우고, 지방자치단체에게는 국가의 계획에 따른 계획과 시행의 책무를 지우고 있으며, 국민에게는 쾌적한 환경에 대한 권리와 의무를 부여하고 있다. 특히, 법은 환경의 위험에 따른 피해에 대해 무과실책임을 명시하고 있다.

다. 과학기술안전 관련 개별법 현황

본 절에서는 안전 관련 기본법을 제외한 31개 개별 법률 중에서 과학기술과 밀접한 관련이 있는 14개 개별 법률의 현황을 살펴보고자 한다.27) 여기서, 14개 개별법을 생명신체의 안전에 관한 법제, 에너지 관련 물질의 안전에 관한 법제, 위험물 및 연구자 안전에 관한 법제로 나누어 각 법률의 특징을 살펴보고자 한다. 즉, 생명신체 및 환경의 안전에 관한 법제로는 「생명윤리 및 안전에 관한 법률(약칭: 생명윤리법)」, 「인체조직안전 및 관리 등에 관한 법률(약칭: 인체조직법)」 및 「환경오염피해 배상책임 및 구제에 관한 법률(약칭: 환경오염피해구제법)」의 3개 법률을 포함하였고, 에너지 관련 물질의 안전에 관한 법제에는 「액화석유가스의 안전관리 및 사업법(약칭: 액화석유가스법)」과 「원자력안전법」 2개 법률을 포함하였으며, 위험물 및 연구자 안전에 관한 법제에는 「고압가스 안전관리법(약칭: 고압가스법)」, 「산업안전보건법」, 「생활주변방사선 안전관리법(약칭: 생활방사선법)」, 「석면안전관리법」, 「송유관 안전관리법(약칭: 송유관법)」, 「승강기 안전관리법(약칭: 승강기법)」, 「연구실 안전환경 조성에 관한 법률(약칭: 연구실안전법)」, 「위험물안전관리법(약칭: 위험물관리법)」 및 「전기용품 및 생활용품 안전관리법(약칭: 전기생활용품안전법)」의 9개 법률을 포함하였다. 이 외에도 과학기술안전과 관련한 규정을 포함하는 법률들이 있을 수 있다.

<표 3-1-1>에서 <표 3-1-3>은 과학기술안전 관련 개별법의 제정일, 목적 및 주요내용을 요약하여 정리한 것이다. 또한, 과학기술안전법의 의의와 유형에 비추어 특징 및 한계를 도출해 보았다. 표에서 보는 바와 같이, 과학기술안전과 관련된 개별법에서는 그 법률의 입법목적과 적용대상에 따라 특징을 달리하고 있다.

▼ 표 3-1-1   생명신체 및 환경의 안전에 관한 개별법의 현황

법률명	제정일	목 적	주요내용	특징 및 한계
생명윤리법	2004. 1.29.	인간과 인체유래물 등의 연구, 배아나 유전자 등의 취급 시 인간의 존엄과 가치를 침해하거나 인체에 위해를 끼치는 것을 방지	• 국가생명윤리심의위원회 및 기관 생명윤리위원회 • 인간대상연구 및 연구대상자 보호 • 배아 등의 생성과 연구 • 인체유래물연구 및 인체유래물은행 • 유전자치료 및 검사 등 • 감독	• 연구나 취급 에 대한 사전 심의 및 감독 강화 • 위험전보 규정 미흡
인체조직법	2004. 1.20.	인체조직의 기증 관리 및 이식 등에 필요한 사항을 정함	• 조직의 매매행위 등의 금지 • 인체조직안전관리자문위원회 • 조직의 관리 • 보고, 조사, 시정명령 등의 감독	기증에 관한 동의 규정 구비 비밀유지 위험에 대한 구제규정 없음
환경오염 피해구제법	2014. 12.31.	환경오염피해의 배 상책임 규정 및 피 해자의 입증부담 경감 등 피해자 구 제	• 무과실책임 등 환경오염피해 배상 책임 • 보험가입 • 피해구제 절차 및 방법	• 신체 및 재산 상의 피해 구제 • 사업자의 환경책임보험 가입 • 피해사후 대책

　　<표 3-1-1>에서 보면, 생명신체 및 환경의 안전에 관한 법제는 건강 과 환경에 위해를 끼치는 것을 방지하거나 구제를 주요 목적으로 하고 있는바, 해당 위원회에서 심의 또는 감독하는 기능을 강하게 부여하고 있다. 특히, 「생 명윤리법」에서 연구나 취급에 대한 사전심의 및 감독을 강화하였고, 「인체조직 법」에서는 기증에 관한 동의 규정을 구비하고 있으면서 비밀유지를 요구하고 있으며, 「환경오염피해구제법」에서는 무과실책임과 환경책임보험의 가입의무 를 규정하고 있다.

▼ 표 3-1-2 에너지 관련 물질의 안전에 관한 개별법의 현황

법률명	제정일	목 적	주요내용	특징 및 한계
액화석유가스법	1983. 12.31.	액화석유가스의 안전관리, 사업의 합리적 조정, 적정공급 및 사용	• 사업, 저장소의 설치 허가 등 • 공급자의 의무 • 안전관리규정 및 안전관리자 • 안전진단, 안전성 평가, 안전교육 • 보험가입	• 생명·신체나 재산상의 손해를 보상하기 위한 보험가입 의무 • 환경위험전보 규정 없음
원자력안전법	2011. 7.25.	원자력의 연구개발·생산·이용에 따른 안전관리에 관한 사항을 규정하여 방사선에 의한 재해의 방지와 공공의 안전 도모	• 원자력안전종합계획의 수립·시행등 • 원자로 및 관계 시설의 건설·운영 • 핵연료주기사업 및 핵물질 사용 등 • 방사성동위원소 및 방사선발생장치 • 폐기 및 운반 • 방사선피폭선량의 판독 등 • 면허 및 시험 • 규제·감독	• 환경보전을 위한 영향평가, 조사, 보전조치 규정 명시 • 원자력이용과 이에 따른 안전관리 중에 방사선에 의하여 입은 신체 또는 재산피해 보상 규정 명시 • 간접적이거나 장기간 경과후 초래되는 피해에 대한 구제 규정 미흡 • 보험제도 미도입

<표 3-1-2>는 에너지 관련 물질의 안전에 관한 법제에 속하는 「액화석유가스법」과 「원자력안전법」의 주요내용 및 한계를 요약한 것이다. 「액화석유가스법」의 주요 특징은 생명, 신체나 재산상의 손해를 보상하기 위한 보험가입을 의무로 규정하고 있으나, 환경위험에 대한 전보규정을 구비하고 있지 않다. 그에 비해 「원자력안전법」의 주요 특징은 환경보전을 위한 영향평가, 조사, 보전조치 등의 규정을 명시하고 있고, 원자력이용과 이에 따른 안전관리 중에 방사선에 의하여 입은 신체 또는 재산피해 보상 규정을 구비하고 있으나, 간접적이거나 장기간 경과 후 초래되는 피해에 대한 구제 규정이 미흡할뿐더러 보험제도를 도입하고 있지 않다.

▼ 표 3-1-3 위험물 및 연구자 안전에 관한 개별법의 현황

법률명	제정일	목 적	주요내용	특징 및 한계
고압가스법	1973. 2.7.	고압가스 등으로 인한 위해 방지, 공공의 안전 확보	• 가스안전기본계획 • 연구개발사업 • 제조허가 등, 제조등록 등, 허가·등록의 취소 등, 수입업자의 등록, 운반자의 등록 • 안전관리규정, 검사 등 • 안전성평가 등 • 보험가입	• 생명·신체나 재산상의 손해 보상을 위한 보험가입 의무 부과 • 환경안전규정 없음
산업안전보건법	1981. 12.31.	산업안전·보건에 관한 기준을 확립하고 그 책임의 소재 명확	• 정부의 책무, 사업주 등, 근로자의 의무 • 예방계획 • 재해발생 기록, 보고, 공개 • 안전·보건관리체계 및 규정 • 유해·위험예방조치 • 근로자의 보건관리 • 감독과 명령 • 안전·보건지도사 도입	• 유해·위험예방조치에서 보건조치 명시 • 안전·보건지도사의 손해배상책임 명시 • 생명·신체나 재산상의 손해에 대한 위험전보 규정 미흡 • 환경안전 규정 없음
생활방사선법	2011. 7.25.	생활주변에서 접할 수 있는 방사선의 안전 관리에 관한 사항 규정	• 생활주변방사선방호 종합계획의 수립 등 • 원료물질·공정부산물 및 가공제품에 대한 관리 • 방사선·방사능 감시기의 설치·운영	• 사전 주의조치 및 교육 규정이 있으나 강력하지 못함 • 위험전보 규정 미흡
석면안전관리법	2011. 4.28.	석면을 안전하게 관리	• 석면관리 기본계획 등 • 석면함유제품 등의 관리 • 자연발생석면, 건축물석면의 관리 • 석면해체 사업장의 주변 환경 등 관리	• 사전예방 조치 및 교육 규정 미흡 • 토지 등 재산상의 손실보상 규정이 있으나 생명·신체상의 피해보상 또는 배상 규정 없음
송유관법	1990. 1.13.	송유관으로 인한 위해 방지, 공공의 안전 확보	• 공사계획인가, 허가 등 • 안전관리규정	• 토지 등 재산상의 보상 규정 • 환경안전 규정 없음

승강기법	1991.
	12.31.
		승강기시설의
		안전성 확보,
		승강기 이용자
		보호
			• 관리주체 등의 의무
			• 유지관리자의 보험가입
			  의무
			• 안전검사
			• 운행정지명령 등
				• 타인의 손해배상
				  책임 규정
				• 보험제도 도입

연구실
안전법
	2005.
	3.31.
		대학이나 연구
		기관 등에 설
		치된 과학기술
		분야 연구실의
		안전 확보
			• 정부의 책무, 연구주체의
			  장의 책임
			• 연구실 안전조치
			• 보험가입
				• 비법인 연구기관
				  연구실에는 적용
				  불가

위험물
관리법
	2003.
	5.29.
		위험물로 인한
		위해를 방지하
		여 공공의 안
		전 확보
			• 위험물시설의 설치 및
			  변경
			• 위험물시설의 안전관리
			• 위험물의 운반 등
			• 감독 및 조치명령
				• 위험물은 인화성 또
				  는 발화성 등의 성
				  질을 가지는 것에
				  국한
				• 예방 및 안전교육
				  명시
				• 생명ㆍ신체나 재산,
				  환경상의 손해에 대
				  한 위험전보규정
				  미흡

전기생활
용품안전법
	1974.
	1.4.
		전기용품에 의
		한 화재ㆍ감전
		등의 위해로부
		터 국민의 생
		명, 신체 및 재
		산 보호
			• 안전검사, 인증등 전기
			  용품안전관리
			• 안전확인대상전기용품
				• 전기용품으로 비롯
				  된 피해 발생 시 구
				  제 방법 및 범위
				  규정 미흡

<표 3-1-3>은 위험물 및 연구자 안전에 관한 개별법의 현황을 요약하여 나타낸 것이다. 각 법률의 주요 특징을 살펴보면, 「고압가스법」은 생명ㆍ신체나 재산상의 손해 보상을 위한 보험가입의 의무를 부과하고 있으나 환경안전규정은 없다. 「산업안전보건법」은 유해ㆍ위험예방조치에서 보건조치를 명시하고 있고, 안전ㆍ보건지도사의 손해배상책임을 명시하고 있으나, 생명ㆍ신체나 재산상의 손해에 대한 위험전보 규정이 미흡하고, 환경안전 규정이 없다. 「생활방사선법」의 경우, 사전주의조치 및 교육 규정이 있으나 강력하지 못하고, 위험전보 규정이 미흡하다. 「석면안전관리법」은 토지 등 재산상의 손실보상 규정이 있으나, 생명ㆍ신체상의 피해보상 또는 배상 규정이 없고, 사전예방 조치 및 교육 규정이 미흡하다. 「송유관법」의 경우, 토지 등 재산상의 보상 규정이

있으나 환경안전 규정이 없다. 「승강기법」은 타인의 손해배상 책임을 규정하고 있고 보험제도를 도입하고 있다. 「연구실안전법」의 한계는 비법인 연구기관 연구실에는 적용할 수 없다는 점이다. 「위험물관리법」의 경우, 예방 및 안전교육을 명시하고 있으나, 위험물은 인화성 또는 발화성 등의 성질을 가지는 것에 국한하고 있고, 생명·신체나 재산, 환경상의 손해에 대한 위험전보규정이 미흡하다. 마지막으로, 「전기생활용품안전법」은 전기용품으로 비롯된 피해 발생 시 구제 방법 및 범위 규정이 미흡하다.

종합적으로, 위의 14개 법률 중에서 생명·신체나 재산상의 손해보상을 위한 위험전보규정을 명시하고 있는 법률은 「고압가스법」, 「산업안전보건법」, 「석면안전관리법」, 「승강기법」, 「액화석유가스법」, 「원자력안전법」, 「환경오염피해구제법」의 7개 법률에 불과한 것으로 파악되었고, 그나마 「석면안전관리법」은 생명·신체상의 손해에 대한 보상이나 배상은 포함되어 있지 않다. 또한, 과학기술안전법의 요건 중 가장 중요한 사항은 위험이 발생되지 않도록 하는 사전예방임에도 불구하고 이를 위한 사전조치나 교육을 강제하고 있는 규정이 미흡하였다.

한편, 과학기술안전과 관련하여 위험이 발생하더라도 위험에 따른 피해의 크기와 폭이 예상하기 어려운 특징을 고려한다면 위험치유를 위한 보험제도가 효과적일 수 있는데 조사대상의 14개 법률 중에서 보험제도를 도입하고 있는 법률은 「고압가스법」, 「승강기법」, 「액화석유가스법」, 「환경오염피해구제법」의 4개 법률이었다.

3. 과학기술안전법의 특징

과학기술안전법의 특징을 파악하기 위해서는 먼저 과학기술위험의 특징을 이해할 필요가 있다. 먼저, 과학기술위험의 3대 특징으로 위험원인 및 책임 규명의 난해성, 위험의 잠복성 및 장기성, 위험의 광역성 및 국제성을 도출할 수 있다. 이러한 과학기술위험의 주요 특징을 바탕으로 하여 과학기술안전법이 가져야 하는 특징을 도출한다면, 첫째, 과학기술안전법은 과학기술의 편익과 위험이라는 양면성을 전제로 한다는 점, 둘째, 과학기술에는 부작용이 불가피하게 따른다는 점, 셋째, 과학기술로 인한 재해의 경우 완벽한 위험배제가 아니라 적정한 위험관리가 핵심이라는 점 등이다.[28]

그러므로 과학기술안전법에서는 과학기술위험을 관리함에 있어 위험의 크기에 비례하는 법적 규제가 이루어져야 한다. 여기서 과학기술위험의 절대적 크기가 매우 커서 생명, 재산, 환경 등의 측면에서 부정적 영향이 전 인류에게 미칠 정도라면 그 위험은 철저히 봉쇄되어야 할 것이다.

반면, 과학기술의 위험이 원천봉쇄를 해야 할 정도가 아니라면 과학기술의 편익과 위험에 대해서 이익형량을 해야 할 필요가 있다. 이때 이익형량을 함에 있어 과학기술의 편익과 위험만을 단순비교해서는 안 될 것이고 생명피해의 측면, 재산피해의 측면, 또는 환경피해의 측면, 나아가서 종합적 측면을 기초로 하여 과학기술의 편익과 위험에 대한 이익형량이 이루어져야 함을 지적해 두고자 한다.

4. 현행 법제의 문제점

가. 헌법상의 문제점

우리 「헌법」은 과학기술진흥에 대한 법원으로서 명시적 문언을 갖추고 있는 반면에 과학기술안전에 대해서는 명시적 문언을 두고 있지 않다. 다만 재해위험보호청구권에 관한 「헌법」 제34조를 비롯한 제반 관련 규정이 간접적으로 과학기술안전법의 법원으로서의 역할을 하고 있음을 확인할 수 있을 뿐이다. 「헌법」에 과학기술안전에 관한 명시적인 규정을 두고 있지 않은 것은 우리 「헌법」의 한계라고 지적하지 아니할 수 없다. 「헌법」 제34조에서 "국가는 재해를 예방하고 그 위험으로부터 국민을 보호하기 위하여 노력하여야 한다."고 규정하고 있으나 이는 과학기술의 위험으로 인한 재해보다는 자연재해를 염두에 둔 규정이라고 할 것이다. 이는 1986년 헌법개정 당시에 우리나라는 과학기술진흥을 주된 헌법적 가치로 하였고 과학기술안전은 부차적인 가치로 인정하였음을 알 수 있다.

한편, 과학기술안전과 관련된 개별적 기본권은 매우 많다. 예를 들면, 인간의 존엄과 가치, 평등권, 신체의 자유, 사생활 비밀보호와 자유, 자기결정권, 알권리, 학문의 자유, 지식재산권 보장, 직업의 자유 등이다. 그럼에도 불구하고 우리 「헌법」은 법규범의 구체화를 위한 기본원리 또는 지도원리에 관한 명시적 문언을 가지고 있지 않기 때문에 이러한 기본권들이 과학기술의 안전에 관한 법규범을 개별적으로 구체화하는 기본원리 또는 지도원리의 지위를 가짐에 있어 법리적 모순 없이 작동될 수 있는지는 명확하지 않다는 문제점이 있다. 심지어 인체를 인간의 존엄성의 대상으로 보지만 과학기술의 발달로 인체를 공리주의적 필요성에 따른 공리적 이용의 대상으로 보는 입장이 존재하면서 인체의 이용에 대한 규제의 문제가 대두되었고, 이런 현상에서 나타나는 문제의 제기는 신체 내지 신체조직에 대한 소유권이론이 검토되어야 한다고 하는 주장도 있으나,[29] 이에 관해서도 유사한 문제점이 있다.

나. 과학기술기본법 상의 문제점

「과학기술기본법」은 과학기술안전에 관한 규정을 두고 있다고는 하나 주된 가치가 과학기술의 진흥에 있어 과학기술의 안전에 관한 가치를 실현하기에는 근원적인 문제점을 가질 수밖에 없다고 할 것이다. 구체적으로, 과학기술안전법제로서의 동법의 문제점은 다음과 같다. 첫째, 동법에서 과학기술안전에 관하여 과학기술의 역기능 방지와 연구 안전환경의 조성이라는 두 개의 규정을 두고 있으나 이는 단편적인 규정의 그침에 불과하다 할 것이다. 둘째, 과학기술안전에 관하여 가장 중요하다고 할 수 있는 규정으로서 과학기술로부터 인간의 존엄과 가치를 보호할 국가의 의무에 관한 규정이 미비하다는 문제점이 있다. 셋째, 동법은 과학기술 개발과정에 있어서의 위험으로부터 사회의 안전을 도모하는 규정이 미비하다는 문제점을 가지고 있다. 넷째, 동법은 과학기술위험의 예방에 관한 일반적 규정이 미비하다는 문제점을 가지고 있다. 다섯째, 동법은 과학기술위험 발생 시 조치에 관한 일반적 규정이 미비하다는 문제점을 가지고 있다. 여섯째, 동법은 과학기술위험으로 인한 피해의 구제에 관한 일반적 규정이 미비하다는 문제점을 가지고 있다.

다. 개별법상의 문제점

과학기술안전과 관련하여 14개 개별법을 분석한 결과, 각 개별법은 대체로 적용대상이 되는 영역에서는 어느 정도 안전법으로서의 역할을 하고 있는 것으로 평가할 수 있다. 그러나 과학기술안전법의 의의와 유형을 모두 만족시키기에는 일부 한계를 드러내고 있다. 앞의 14개 개별법의 공통적인 한계를 지적하면 다음과 같다. 첫째, 과학기술안전법의 요건 중 가장 중요한 사항은 위험의 예방임에도 불구하고 위험의 예방을 위한 조치가 각 법률에 따라 편차가 심하게 나타났다. 「생활방사선법」, 「석면안전관리법」의 경우 위험예방을 위한 사전조치를 하도록 되어 있으나 교육 등의 측면에서 미흡한 것으로 파악되었다. 둘째, 대부분의 개별법들이 위험진압을 위한 규정을 잘 구비하고 있음에도 불구하고 위험치유를 위한 규정들은 각 개별법에 따라 매우 상이하게 나타났다. 특히, 보험에 의한 위험전보 규정은 일부 법률에서만 발견될 뿐, 14개 모든 법률에 두고 있지는 않았다. 셋째, 위험치유를 위해 손해배상책임을 명시하고 있는 법률은 일부에 지나지 않았으며, 법률의 성격에 따라 그 손해배상책임 규정을 전혀 두고 있지 않은 법률도 있었다.

Ⅵ. 결 론

　　과학기술로 인한 위험을 예방하고, 발생한 위험을 진압하며, 그로 인한 피해를 구제하는 조치는 실로 어려운 문제이다. 과학기술의 위험은 쉽게 예측가능한 경우부터 전혀 예상할 수 없는 경우까지 그 위험의 범위가 매우 넓을뿐더러 위험이 미치는 기간이 예상할 수 없을 정도로 긴 경우도 있을 수 있기 때문이다.

　　우리 「헌법」은 과학기술안전법의 법원으로서 지위를 가지고 있는 것이 확인되었음에도 불구하고 과학기술진흥을 주된 가치로 형성되었기 때문에 그 한계를 가지고 있는 것이 확인되었다. 역시 과학기술안전 관련 기본법이나 개별법 모두 「헌법」의 한계의 연장선상에 놓여 있어서 온전한 과학기술안전법으로서의 역할이 제한적이라고 밖에 볼 수 없다.[30]

　　「헌법」을 필두로 「과학기술기본법」은 과학기술의 진흥과 안전을 조화롭게 규율할 수 있어야 하고, 개별법 사이에서도 모순성이나 중복성을 피하여 전체적으로 정합성을 이룰 수 있어야 한다. 이를 위해서는 「헌법」에서도 과학기술의 안전을 규율하는 규정이 명시될 필요가 있고, 「과학기술기본법」은 과학기술의 진흥과 안전에 관한 기본법의 지위에 충실하도록 일반적 규정을 갖추도록 하며, 개별법에서는 중복이나 불필요한 규정을 제거하여 간소화하여야 한다.

　　오늘날 과학기술은 다양화 및 고도화되고 있을 뿐만 아니라 융합화되고 있어 과학기술의 각 영역별이나 과학기술이 적용된 개별 대상물 입장에서 과학기술의 위험을 다루는 법제는 한계를 가질 수밖에 없는 형편에 놓여 있다. 과학기술의 안전은 어느 과학기술 영역에서나 어느 과학기술적용 대상물에서도 생명, 재산, 환경의 측면에서 과학기술위험의 예방, 진압, 치유의 기능을 구비한 법제를 요구하고 있다는 점을 고려해야 한다.

1) 김문조(2008), 43면.

2) 이재성(2003), 279면.

3) 김문조(2008), 50면.

4) 윤진효(2003), 76면.

5) 김문조(2008), 49면.

6) 윤진효(2003), 77면.

7) 김영호(2003), 15면.

8) 김종천(2009), 343면.

9) Douglas/Wildavsky(1982), p.5.; 정병걸(2008), 101면에서 재인용.

10) 정병걸(2008), 101면; 윤진효(2003), 80면.

11) Perrow(1984), pp.62−100.; 윤진효(2003), 83면에서 재인용.

12) C. Bohret(1989), p.13, p.19.; 이시우(2004), 203−204면에서 재인용.

13) 이시우(2004), 204−205면.

14) e−나라지표(2020).

15) 인공지능과 법에 대한 자세한 내용은 본서 제4편 제2장 인공지능과 법을 참조하기 바란다.

16) 이하의 설명은 정병걸(2008), 103면에서 인용.

17) 정병걸(2008), 105면.

18) 이하의 사전배려의 원칙은 박균성(2008), 144−161면에서 인용.

19) 본 절은 조용진(2015)의 일부를 편집·수정한 것임.

20) 손경한(2010b), 3면.

21) 헌법재판소는 "인간의 생명은 고귀하고, 이 세상에서 무엇과도 바꿀 수 없는 존엄한 인간 존재의 근원이다. 이러한 생명에 대한 권리, 즉 생명권은 비록 헌법에 명문의 규정이 없다 하더라도 인간의 생존본능과 존재목적에 바탕을 둔 선험적이고 자연법적인 권리로서 헌법에 규정된 모든 기본권의 전제로서 기능하는 기본권 중의 기본권이다"라고 선언하고 있다(헌법재판소 2008. 7. 31. 선고 2004헌바81 전원재판부 결정).

22) 동법은 각종 재난으로부터 국민의 생명·신체 및 재산을 보호하기 위하여 재해 및 재난 등으로 다원화되어 있는 재난 관련 법령의 주요 내용을 통합함으로써 재난의 예방·수습·복구 및 긴급구조 등에 관하여 필요한 사항을 정리하려는 이유로 2004년 3월 11일 법률 제7188호로 제정되었다.

23) 도시화의 진전에 따라 다중이용업소의 재난발생 가능성이 증가함에 따라 관련 특별법의 필요성이 제기되고 있는바, 다중이용업소의 안전을 관리하여 소비자의 생명이나 신체를 보호하는 것은 국가나 공공기관의 의무이기 때문이다[이종영(2006), 229면].

24) 동법은 2011년 제정되었으며, 1967년에 제정된 「공산품품질관리법」, 이의 개정 법률인 「품질경영 및 공산품안전관리법」, 1974년 제정된 「전기용품안전관리법」을 기반으로 구축되던 제품안전 관리체계를 제품안전 관련 기본법의 도입을 통해 새롭게 체계화한 것이다.

25) 이 법은 제1조에서 식품의 안전에 관한 국민의 권리·의무와 국가 및 지방자치단체의 책임을 명확히 하고, 식품안전정책의 수립·조정 등에 관한 기본적인 사항을 규정함으로써 국민이 건강하고 안전하게 식생활을 영위하게 함을 목적으로 한다고 선언하고 있다; 류창호(2004)는 종래 식품안전과 관련하여 개별법령이 구비되어 있음에도 불구하고 개별법의 사각지대를 해소하고 "farm to table"의 전 과정에서 식품의 안전성 확보를 도모하고자 하는 입법제안을 한 바 있다.

26) 우리나라의 환경문제에 대한 법적 규율의 역사는 초기 산업개발에 수반하는 단순한 공해 문제로 인식하여 1963년 공해방지법을 제정한 시기부터 시작된다. 그러나 중화학공업 등 산업개발이 급속화되어가자 국민들의 환경보존인식 고양 등을 위하여 1978년 환경보존법을 시행하게 되었는데 1980년대 들어서 환경보호의 필요성이 세계적인 공감대를 받고 환경권이 헌법상 기본권으로 인정되면서 1990년 환경정책기본법을 제정하게 되었다. 그 후 오염매체별로 규제들이 도입되었고, 환경범죄의 처벌, 환경개선비용 부담, 환경오염방지사업 등에 관한 법률들이 정비되었고, 정부는 환경정책의 중요성을 염두에 두고 1994년 환경처를 환경부로 승격시킨 바 있다.

27) 2020년 현재, 국가법령정보센터 검색 결과이며, 과학기술안전과 관련하여 또 다른 법률이 있을 수 있다.

28) 손경한(2010), 171－173면.

29) 양재모(2010), 329면.

30) 조용진/손경한(2014), 25－33면.

제 2 장   생명과학기술안전법

Ⅰ. 서 론

1. 생명과학기술의 정의 및 연혁

가. 생명과학기술의 정의

생명과학(Life Science)이란 생명현상을 과학적인 방법론으로 연구하는 학문으로 생명과 관련한 순수한 자연의 발견과 탐구를 주된 목적으로 한다.[31] 구체적으로 생명과학기술은 동식물 및 미생물의 세포를 포함하는 생체 시스템을 직접 또는 간접적으로 이용하여 산업적으로 유용한 제품 또는 공정을 제조하거나 개선하기 위한 기술의 총칭이라고 할 수 있다. 생명과학 기술은 IT 분야와 함께 20세기에 인류가 거둔 최대의 성과로서 생명과학 분야는 그동안 불치병 또는 난치병이라고 일컬어왔던 암, 당뇨병, 알츠하이머 질병 등을 치료할 수 있고, 동식물의 품종개량을 통한 식량 문제는 물론 불임문제 등 인류가 직면하고 있는 문제들을 해결할 수 있는 분야로 21세기에는 더욱 중요성을 띠고 있다. 또한 인간게놈프로젝트(Human Genome Project)에 의한 인간 게놈 연구의 응용, 2012년 발표된 크리스퍼(Crisper) 유전자가위[32], 특허출원되는 생명공학 발명의 증가 경향 등을 살펴볼 때 생명과학 분야는 21세기에도 여전히 계속해서 성장 중인 분야이다.

나. 생명과학기술의 연혁

생명과학기술에서 중요한 시발점은 유전물질인 DNA의 구조를 분자생물학적 차원에서 발견한 데에서 시작된다고 할 수 있을 것이다. 1953년 4월 25일 국제과학저널 ≪네이처(Nature)≫에 영국 케임브리지 대학 출신의 프랜시스 클릭(Francis Click)과 제임스 왓슨(James Watson)은 DNA의 이중나선구조를 밝혀내면서 생명현상을 분자 수준에서 이해할 수 있도록 하였다. 1973년에는 미국 스탠포드 대학의 코헨(Stanley Norman Cohen) 교수와 캘리포니아 대학의 보이어(Herbert Boyer) 교수가 특정 단백질의 유전정보를 가진 DNA를 제한효소로 잘라내어 운반체(vector)를 미생물인 박테리아에 도입하여 목적하는 단백질을 숙주(host)인 박테리아의 배양을 통해 대량생산할 수 있는 "DNA 재조합 기술 (DNA Recombinant Technology)" 개발에 성공하면서 분자 수준에서 연구되고 있었던 유전자를 공업적으로 대량생산할 수 있는 길을 열어놓았고, 이때부터 생명공학(Biotechnology)이라는 용어가 널리 사용되기 시작하였다. 또한 1984년에는 화학자 멀리스(K. Mullis)가 중합효소연쇄반응기술 또는 PCR(Polymerase Chain Reaction) 기술, 즉 전체 DNA 게놈에서 특정 DNA 절편만을 선택적으로 복제하여 증폭시킬 수 있는 기술도 개발하였다. 한편 1980년대 말에는 미국의 주도하에 2010년까지 인간의 전체 게놈(Genome)[33] 염기서열을 해석할 목적으로 '인간게놈프로젝트(Human Genome Project)'를 시작하였다. 그러나 인간게놈프로젝트의 결과는 사(私)회사인 셀레라 게노믹스(Celera Genomics)와 공동으로 2003년에 발표되었는데 이는 당초 목표였던 2010년보다 훨씬 앞서 완성된 것이었다. 인간게놈프로젝트의 결과는 의학과 생명과학 분야에 많은 영향을 주었으며, 생명과학자들은 인간 유전자의 기능(function)을 밝혀내는 작업을 현재 진행 중이다. 또한 1980년 이래 질병 치료를 위한 줄기세포 관련 연구가 계속 진행되고 있고, 1997년 영국 스코틀랜드의 로슬린 연구소(Roslin Institute)는 복제양 돌리(Dolly)를 체세포핵치환 방법에 의해 만들어 한편으로는 생명과학 연구에 박차를 가하고 있으나, 여전히 생명윤리 문제로 인하여 사회적으로 뜨거운 쟁점이 되고 있다. 한편 우리나라에는 뇌사, 장기이식, 대리모 또는 대리부, 안락사, 태아의 성 감별과 임신중절, 유전자 복제 등 의료분야에서 생명윤리 문제가 심각한 사회 문제로 대두되고 있다. 이러한 현상은 급격한 사회 변화와 함께 생명공학 및 의학 기술의 발전으로 등장한 문제들이지만, 근본적으로는 생명의 존엄성에 대한 인식이 약화되었다는 데에서 비롯되었다고 할 수 있다.

2. 생명과학기술의 유용성과 제한

가. 생명과학기술의 유용성

오늘날 생명과학기술의 발달은 생명현상을 과학적으로 이해할 수 있게 되면서 무엇보다도 획기적으로 의료 분야의 발전을 초래하고 있다. 예컨대, 인공장기, 노화현상 억제 연구, 인공수정(in vitro fertilization)에 의한 불임치료, 질병치료에 유용한 단백질 제조, 불치병이나 난치병 치료를 위한 인간배아줄기세포 (human embryonic stem cell, hESC)의 제조는 인류에게 생명과학기술의 수혜를 입게 하고 있다. 생명과학기술은 또한 농업이나 생물학에서 사용하던 생물학적 방법, 즉 미생물 발효에 의한 김치, 치즈, 와인 등 식량문제 해결에도 기여하고 있으며, 유전자재조합 기법에 의해 자연에 존재하지 않는 미생물, 동물 또는 식물을 인위적으로 만들거나[34] DNA 지문을 활용한 수사기법에 이용하는 등 우리 사회에 폭넓게 활용되고 있다.

이와 같이 생명과학기술은 인슐린[35], 인터페론, EPO(Erythropoietin) 등 치료에 유용한 단백질을 대량으로 생산할 수 있는 길을 열어놓았다. 특히 인간배아줄기세포 연구는 그 과정에서 난자가 공급되어야 하고, 또한 배아를 파괴해야 하는 등 생명윤리 문제가 여전히 해결되지 않았음에도 불구하고 일부 과학자들은 21세기 불치병 또는 난치병 치료를 위한 유일한 해법이라고 주장하면서 계속 연구를 진행하고 있다. 또한 생명공학 기술은 인류가 직면하고 있는 식량, 에너지 등을 해결하는 데에도 중요한 역할을 할 것이다. 특히 생명과학 분야의 기술을 특허로 획득하려는 경쟁이 치열해져 국가경쟁력을 좌우할 국가전략적 산업의 하나로 인식되고 있다. 그러나 생명과학 기술은 생명체에 대한 특허부여 논란, 인간복제의 실현 가능성, 생물자원 해적행위(Biopiracy) 행위 등 사회적으로나 윤리적으로 해결되지 않은 문제들을 안고 있다.

나. 생명과학기술에 대한 법적/윤리적 제한

생명과학기술은 상술한 바와 같이 그 필요성이 증대됨에도 불구하고 법적 또는 윤리적으로 문제점을 일으키고 있다. 우선 1997년 영국 스코틀랜드의 로슬린 연구소(Roslin Institute)의 이완 윌머트 박사팀이 체세포복제기술[36]을 이용하여 복제양 돌리(Dolly)를 탄생시키면서 전 인류는 커다란 충격을 받게 되었는데, 이 기술로 인하여 인간복제가 현실화될 수 있다는 우려 때문이었다. 인간복제는 결국 인류를 파멸의 길로 몰고 갈 것이라는 두려움은 인류에게 커다란 공포심을 불러일으켰고, 따라서 윤리적으로는 물론 법적으로 인간복제를 금지해야 한다는 인식이 사회적으로 공유되면서 생명윤리 문제는 생명과학자는 물론 일반 대중에까지 치열한 논쟁의 대상이 되었다. 특히 우리나라를 포함하여 미국, 유럽, 일본 등에서 생명과학자들에 의한 인간배아줄기세포 연구가 진행되면서 종교계, 여성계, 철학계 등은 법적 또는 윤리적 문제점들을 제기하면서 거세게 반발하였다. 이들은 체세포복제기술에 의한 인간배아줄기세포의 제조는 난치병 또는 불치병을 치료할 수 있는 방안이기는 하지만, 이론적으로는 인간복제의 현실화 가능성으로 인해 인간의 존엄성이 파괴될 것은 물론 인류 그 자체를 멸망의 길로 이끌 것이라고 우려하고 있다. 이에 생명윤리 문제가 있는 배아줄기세포 보다는 그렇지 않은 성체줄기세포를 이용하여 줄기세포를 얻으려고 하거나, 2006년 일본 교토대학의 신야 야마나카(山中) 교수팀에 의해 개발된 인공만능줄기세포(induced pluripotent stem cell, iPS) 또는 역분화줄기세포에 의해 줄기세포를 얻고 있다. 유도만능줄기세포는 줄기세포가 아닌 이미 분화가 끝난 체세포에 특정 유전자를 삽입하여 인위적인 자극을 주어 인간의 신체의 모든 세포로 분화할 수 있는 배아줄기세포와 비슷한 능력을 가진 분화능력 (Pluripotency)을 가지게 된 세포를 말한다. 유도만능줄기세포의 분화능력은 배아 줄기세포와 비슷하지만, 수정란이나 배아가 아닌 일반 체세포로부터 추출할 수 있어서 배아를 파괴하지 않고 분화능력을 얻을 수 있고, 환자의 면역거부반응 이 없다는 점에서 장점이 있다. 다만 유도만능줄기세포를 만들 때 자극제로 사 용되는 레트로바이러스의 임상 적용이 가능한 역분화기술 개발이 필요하다는 지적이 있다.37)

Ⅱ. 생명과학기술에 관한 법적 쟁점

1. 서

생명과학기술은 불치병 치료 측면 이외에도 인공수정을 통한 불임부부의 고민을 해결해주고 있는 등 인류가 그동안 고민하고 있었던 문제들을 하나씩 해결하여 인류에게 친인간적인 혜택을 부여하고 있다. 그럼에도 불구하고 생명 과학기술 분야에는 여전히 고지 후 동의(Informed Consent) 문제, 유전자변형생 물체(Genetically Modified Organisms, 이하 GMOs라 함)의 방출, 유전자 오염, 유전자 다양성의 파괴로 인한 생태계 균형의 파괴, 돌연변이 출현, 유독성 물질로 인 하여 인체에 치명적인 해를 입히기도 하고, 만일 생명과학기술이 인간복제로 이용되면 인간의 존엄성 훼손, 사회 가치체계 혼란 등으로 결국 인류에게 재앙 을 초래할 것이라는 우려의 시각이 존재한다.38) 특히 체세포복제기술을 이용한 복제양 돌리의 경우에 276번의 시도 끝에 성공한 것으로 미루어보아 현재의 생명과학기술은 불완전하다. 즉 마지막으로 성공한 276번째 이전에 이루어진 275번의 실험은 모두 실패한 결과를 초래하였기 때문에 이와 같이 불완전한 생명과학기술을 인간에게 적용한다면 실험과정에서 비정상적 복제인간의 탄생 이 있을 것인바, 이에 대하여 누가 사회적으로 또는 법적으로 책임을 질 것인 지, 또한 복제인간을 과연 인간이라고 보아야 하는 것인지 등 복제인간의 정체 성39)에 관한 문제 역시 생명과학기술에 법적인 규제가 있어야 한다는 주장에 설득력을 더하고 있다. 이하 생명과학기술에 관련된 법적 문제들을 살펴보기로 한다.

2. 고지 후 동의(Informed Consent)

가. 의의 및 중요 사례

고지 후 동의(Informed Consent)란 연구원 또는 의사가 피험자 또는 환자에게 환자의 상태와 질병의 성격, 질병치료를 위한 방법, 치료과정에서 야기될 수 있는 문제점, 치료의 장단점 등에 대한 충분한 정보를 제공하고, 피험자 또는 환자는 이러한 정보를 들은 후에 자발적으로 동의한 후에 실험을 할 수 있는 것을 말한다. Informed Consent 법리는 환자가 자신의 치료방법에 관한 의사결정에 참여할 수 있도록 한 환자의 자기결정권(patient autonomy)을 보장한 것으로, 우리나라 헌법재판소에 따르면, "인간은 누구나 자기 운명을 스스로 결정할 수 있는 자기결정권을 가지며, 이는 인간으로서의 존엄과 가치 및 행복을 추구할 권리를 보장하고 있는 헌법 제10조와 신체의 자유를 보장하는 헌법 제12조를 근거로 한다."고 판시하였다.[40]

고지 후 동의에 관한 대표적인 사례로서 1990년 7월 9일자 미국 캘리포니아 대법원의 John Moore v. Regents of the University of California를 들 수 있다.[41] 이 사건의 사실관계를 보면, 존 무어(John Moore)씨는 1976년 10월 5일 백혈병임을 알고 L.A.에 있는 UCLA Medical Center에 입원하였다. UCLA 대학의 골드(Golde) 박사팀은 백혈병 환자인 무어의 혈액 관련 세포를 추출한 후, 이중 일부 혈액성분들이 의학적 및 상업적으로 유용성이 있다고 판단하였다. 1976년 10월 8일 골드 박사팀은 무어의 백혈병의 진행속도를 늦추기 위해서는 비장(지라) 세포를 제거하는 것이 좋다고 무어를 설득하였다. 1976년 10월에 비장을 제거한 골드 박사팀은 그 일부를 얻을 약정을 하였고, 추가로 혈액, 혈청, 피부 등의 샘플을 추출하였다. 이에 관련하여 골드 박사팀은 자신들의 연구 계획 및 이러한 사실(무어로부터 추출한 세포주가 의학적 또는 상업적으로 유용성이 있다는 사실)을 무어에게 알리지 않았다. 골드 박사팀은 무어의 T-림프구 (백혈구의 유형)에서 세포주를 추출하였고, 이를 1981년 1월 30일에 특허출원하여 1984년 3월 20일에 특허등록을 받았다. 골드는 추출한 세포주에 관련된 제품을 유전학회와 계약하였고, 주식 75,000주를 할당받았다. 유전학회는 세포주 및 제품에 대한 물자 및 연구에 독점적인 이용권을 위하여 골드 박사팀에게 급료 등을 포함하여 3년 이상 적어도 330,000달러를 지불하는데 동의하였다. 1982년 6월 4일 제약회사인 Sandoz가 이 계약에 참여하였고, 골드 박사팀은 산도즈 제약회사에 15,000,000달러에 판매하였다. 어떤 보고서에 따르면, 무어로부터 추출한 약제 및 치료요법은 30억 달러 이상의 가치가 있다고 하였다. 그 후 무어는 자신의 세포가 의학적 및 상업적으로 유용하다는 사실을 알게 되었고, 골드 박사팀, 대학 및 제약회사를 상대로 제소하였다. 무어는 총 13가지의 제소이유를 주장하였지만, 주로 관심 대상이 된 것은 재산권과 고지 후 동의(informed consent)에 관한 것이었다. 무어는 세포의 소유주로서의 자신의 재산권이 피고들이 자신의 세포에 대하여 행한 실험에 의해 훼손되었다고 하면서 횡령을 주장하였다. 특히, 그는 자신의 세포들의 잠재적 유용성에 대하여 들은 바가 전혀 없고, 따라서 그는 초기 수술에 대하여 완전하고 고지된 동의를 제공한 적이 없기 때문에 피고에 대하여 신용의무 위반 및 고지 후 동의 결여를 주장하였다. 이에 대하여 캘리포니아 법원(California Supreme Court)은 고지 후 동의에 관한 무어의 주장은 인용하였지만, 횡령은 인정하지 않았다. 대법원은 판결문에서 무어의 소유권 주장을 지지할 수 있는 어떠한 선례도 발견하기 어렵고, 신체에 대한 개인의 재산권을 인정하는 것은 '필요한 원료에 대한 접근을 제한함으로써' 의학 연구를 저해할 것이라는 이유로 신체에 대한 개인의 재산권을 인정하는 것은 부적절하다고 판시하였다. 또한, 대법원은 이와 상반되는 판결을 하면 중요한 의학적 연구를 진행할 수 있는 경제적 인센티브를 제거할 수 있을 것이라고 판시하였다. 즉, 결론적으로 샘플 기증자로부터 얻은 세포주는 샘플을 기증한 사람의 것이 아니며, 유전자 연구에 있어서 피험자는 추가의 정보 또는 조직 샘플을 제공하는 것을 철회할 수 있다고 판시하였다.[42]

나. 연혁 및 국제법적 규범

'고지 후 동의'에 관한 규정의 연혁을 살펴보면, 1947년 제2차 세계대전 중에 인체실험을 한 의사 등 관계자들을 재판하기 위한 독일 뉘른베르크 재판에서 정한 '뉘른베르크 윤리강령'을 들 수 있는데, 여기에서는 인체실험에 있어 준수해야 할 중요한 기본원칙들을 규정하고 있으며, 특히 고지 후 동의에 관한 규정을 마련하고 있다. 또한 국제사회에서 인체를 대상으로 하는 의학 연구의 윤리에 관한 원칙인 '헬싱키 선언(Declaration of Helsinki)'은 연구대상이 되는 피험자를 보호하기 위하여 1964년 세계의사협회(World Medical Association) 제18차 총회가 열린 핀란드에서 채택된 후, 1975년 일본 동경(제29회 총회), 1983년 이탈리아 베니스(제35회), 1989년 홍콩(제41회) 및 2000년 영국 에딘버러(제52회)에서 개정되었고, 2002년 미국 워싱톤에서 제29조에 대한 설명서(Note of Clarification on Paragraph 29) 및 2004년 일본 동경에서 제30조에 대한 설명서가 공표되었다. 본 선언의 핵심사항은 "인체를 이용한 의학연구에 있어서 연구대상 개인의 이익과 복지는 과학적, 사회적 이익보다 항상 우선되어야 한다."는 점과 "그 어떤 국가의 윤리적, 법적 요구와 규제사항도 피험자의 보호를 위하여 본 선언문에 게재된 사항을 축소하거나 배제할 수 없다."는 점이다.[43] 이외에도 국제권리장전(International Bill of Human Rights)에서는 "누구든지 그의 자유로운 동의가 없는 한 의학적 또는 과학적 실험의 대상이 되지 아니한다."라고 규정하고 있고, 1997년 유네스코에 의해 유전자 연구과 관련하여 인간의 기본권을 천명한 인간게놈 및 인권에 관한 세계선언(The Universal Declaration on the Human Genome and Human Rights) 제5조는 "인간의 게놈과 관련된 연구, 치료 또는 진단에 있어서 이에 따른 잠재적인 위험과 이익에 관한 사전의 엄격한 평가가 선행될 것을 요구하고 있고, 이때 관련 당사자로부터 사전의 자유로운 고지 후 동의가 있어야 하고, 만일 당사자가 동의할 능력이 없으면 그의 건강에 직접적인 이익이 되는 경우에만 예외적으로 허용될 수 있다."라고 규정하고 있다.

다. 적용 이론

고지 후 동의에 관한 이론은 미국에서 1889년 메릴랜드 주법원이 "수술에 앞서 환자에게 자문을 행하고 수술에 대한 동의를 받는 것은 당연하다."라고 판시한 State v. Housekeeper 사건[44]으로 거슬러 올라가며, 1914년 뉴욕법원이 환자가 동의한 범위 이상의 의료행위와 의사의 재량권을 다툰 Schloendorff v. Society of New York Hospitals 사건[45]이 결정적으로 Informed consent 법리에 기여한다.[46] 우선 환자의 명시적 또는 묵시적 동의가 없는 의료행위를 폭행에 준하는 것으로 보아 고의적 불법행위에 해당한다고 하고, 그 책임유무를 판단하는 소위 폭행이론(theory of battery)과, 의사는 환자의 자발적인 동의를 위해 필요한 충분한 정보를 제공할 의무가 있는데 이러한 의무를 해태한 경우에 의사의 과실여부에 따라 책임을 져야 한다는 소위 과실이론(theory of negligence)이 있다. 오늘날 고지 후 동의 이론은 과실이론이 적용된다.[47]

3. 생명과학 관련 법적 쟁점

가. 대리모, 대리부, 체외수정 등 문제

1978년 영국에서 시험관 아기가 인공수정을 통해 탄생하면서 인공생식기술의 발전은 생식체계에 이상을 가지고 있는 사람들은 물론 고령, 동성애자, 배우자 사망 등의 이유로 아이를 가질 수 없었던 사람들에게 불임치료의 희망을 던져주고 있다. 그러나 인공생식기술의 발전은 생식의 자유, Informed Consent 문제, 환자의 알 권리 등 헌법상 기본권 문제와 함께 상속 문제 등 가족법상 문제, 시술비 관련 계층 간 갈등 등 여러 가지 법적 또는 사회적 문제점들을 던져놓고 있다.

1) 대리모 문제

'대리모'란 다른 여성의 자궁을 빌려 아이를 출산하게 하는 것을 말한다. 대리모를 이용하는 방법에는 전통적으로 남편의 정자와 대리모의 난자를 결합하는 방식과 남편의 정자와 아내의 난자가 결합된 수정란이나 배(embryo)를 다른 여성의 자궁에 이식하여 출산하는 방법이 있다. 그러나 대리모에 의한 출산은 여성을 출산 도구로 이용한다는 윤리적인 문제가 존재하고 있고, 만일 대리모가 아이의 인도를 거부할 경우에 친권자 결정, 기형아일 경우 부부의 인수거절, 출산 전 부부 사망 시 아이 처리 등 많은 사회적 및 법률적 문제들이 포함되어 있어 법적 허용에 대한 논란이 분분하다. 대리모 계약을 유효라고 주장하는 측은 ① 대리모 출산이 절대적인 불임 부부가 아이를 가질 수 있는 유일한 수단이고, ② 현행 가족법에서도 부모가 친생자를 양도하는 입양을 인정하고 있으며, ③ 대리모 계약은 매매나 암거래 등에 의해 아이를 사고 파는 계약이 아니라 대리모의 자유의사에 의한 친권의 포기 및 입양에의 동의 등을 근거로 들고 있다. 반면, 대리모 계약을 무효라고 주장하는 측은 ① 대리모 계약이 여성을 도구화하고 자궁을 상품화하고 있고, 반대급부가 행하여지는 경우에는 아기 매매와 다를 바 없기 때문에 민법 제103조의 공서양속에 위반되고, ② 가족법 해석상 친권의 포기는 허용되지만, 양도는 허용되지 않으며, 이는 민법 제927조 등의 강행규정에 위반되며, 동법 제137조 일부무효의 법리에 따라 계약 자체가 무효로 된다고 주장한다.[48] 대리모 계약과 관련하여 미국에서는 자신이 잉태하여 출산한 아이의 양육권을 청구한 Baby M 사건에서 뉴저지주 대법원은 대리모 계약이 주(州)법과 공서양속에 반하므로 무효라고 판단[49]한 반면, 캘리포니아주 대법원은 1993년 5월 20일 Johnson v. Clavert 사건에서 계약을 체결한 당사자들의 의도(intent)를 탐구해야 하고, 자신의 아이로서 키우고자 아이가 태어나도록 의도한 여성, 즉, 남편의 아내가 아이의 어머니라고 판시하여 대리모 계약을 인정하는 판결을 내렸다. 우리나라에서는 대리모 계약의 효력에 대하여 법 규정은 없다. 인간의 종족보존 본능, 우리나라 특유의 자기 핏줄에 대한 집착 등을 감안하면 대리모 계약을 허용하는 것을 고려해 볼 수 있겠지만, 현실적으로 대부분의 대리모 계약은 사회적 또는 경제적 취약 계층의 여성들에 의해 행하여지고 있고, 영아 유기 등의 사회적 부작용이 발생할 가능성이 높다는 점 등을 생각한다면 쉽게 허용하기도 어려운 상황이다.

2) 대리부 문제

대리부는 대리모 문제와 함께 최근 사회적으로 쟁점이 되고 있는 이슈이다. '대리부'란 불임부부 중 남성의 정자에 문제가 있어서 임신을 못하는 경우에 정자를 제공하여 임신을 하게 하는 것을 말한다. 일반적으로 부부 중 남성의 정자에 문제가 있으면 인공수정을 하거나 정자은행을 통해 정자를 기증받을 수 있다. 다만 인공수정은 비용도 많이 들고 부부 중 남성이 유전적 질환이 있는 경우에 자녀에게 유전이 될 수 있어서 정자은행을 통해 정자를 무상으로 제공받아 체외수정하여 임신하게 할 수 있다. 다만, 정자은행을 이용하는 경우에 그 절차가 까다롭고, 기증자에 대해서는 혈액형 이외의 어떠한 정보도 불임부부에게 제공되지 않기 때문에 불임부부의 입장에서는 기증자의 신상에 대한 불안감이 있는 것이 현실이다. 따라서 불임부부들은 정자은행을 기피하고 있고, 이러한 현상은 갈수록 심화되고 있다. 이에 불임부부들은 '대리부'를 선호하게 된다. 대리부는 비밀로 이루어지고 신원이 확실하기 때문이다. 법적 관점에서, 불임부부가 무료로 정자를 기증하겠다는 대리부를 병원에 데리고 와서 체외수정의 방법으로 임신을 하는 것은 아무런 문제가 없다. 이때 대리부는 불임부부를 자원해서 돕고 싶을 수 있고, 단순히 자신의 유전자를 가진 아이를 많이 만들고 싶어할 수도 있다. 그러나 현실에서는 대리부를 자원하는 사람들이 무상으로 자신의 정자를 제공하기 보다는 금전적 대가를 요구하는 경우가 더 많다. 인터넷에는 '불임카페'라는 이름으로 대학생들이 대리부를 지원하는 사례가 늘어나면서 자신의 소위 스펙, 외모, 성격 등에 따라 금전적으로 요구하는 대가에 차이가 발생한다고 한다.[50] 그러나 이러한 반대급부를 받는 대리부의 행위는 정자 매매에 해당하기 때문에 생명윤리 및 안전에 관한 법률[51]에 따라 불법에 해당한다. 생명윤리법 제23조 제3항에 의하면, "누구든지 금전, 재산상의 이익 또는 그 밖의 반대급부(반대급부)를 조건으로 배아나 난자 또는 정자를 제공 또는 이용하거나 이를 유인하거나 알선하여서는 아니 된다."고 규정하고 있고, 동법 제66조 제1항 제4호에 따르면, "제23조제3항을 위반하여 금전, 재산상의 이익 또는 그 밖의 반대급부를 조건으로 배아나 난자 또는 정자를 제공 또는 이용하거나 이를 유인하거나 알선한 사람"은 3년 이하의 징역형의 처벌을 받도록 되어 있다. 이와 같이 정자 매매행위는 생명윤리법에 의해 불법으로서 형사처벌 대상이 된다. 다만, 금전적 거래에 의해 이루어지는 대리부는 불임부부에게는 우월한 유전자를 원하고 있고, 대리부는 금전적 대가를 받을 수 있으며, 불법이라는 사실에도 불구하고 상호 이익이 된다고 판단하면서 은

밀하게 대리부 계약이 체결되는 경우가 많아 음성적 정자 거래 행위가 지속될 수 있다. 이러한 문제를 해결하기 위해서는 정자은행에서 제공하는 정자의 신상에 관하여 일정한 정보를 제공함으로써 음성적 정자 거래행위를 양성화할 수 있도록 하거나 정자 기증 횟수를 제한하는 방안도 검토할 수 있고, 정자를 제공하는 기증자에 대한 합법적으로 보상금을 수령할 수 있도록 보건복지부 차원에서 가이드라인을 정하여 운영할 필요가 있다.

3) 인공수정

'인공수정'이란 남녀 간의 자연적인 성관계에 의하지 않고, 인위적으로 기구를 사용하여 정액을 여성의 체내에 주입함으로써 정자와 난자를 결합(수정)시켜 수태를 하게 하는 것을 말한다. 즉 인공수정은 정자를 처리하고 운동성이 좋은 정자를 선별하여 인위적으로 직접 가느다란 관을 통하여 자궁에 정자를 넣어줌으로써 자궁 입구를 통과할 때 정자가 죽는 것을 방지하여 난자로 가는 정자의 숫자를 늘려서 임신가능성을 높이는 방법이며, 정자가 자궁에 들어간 후에는 자연임신과정과 동일하게 진행된다. 인공수정의 성공률이 약 11%라는 연구결과가 있다.[52] 이 방법은 1978년 영국에서 세계 최초로 시술된 후 과학기술의 발달로 오늘날에는 저렴하고 간편하게 이용할 수 있는 불임치료 방법으로 널리 이용되고 있다. 이러한 현실을 감안하여 미국의 여러 州에서 인공수정에 관한 법이 제정되어 남편의 동의가 있는 AID(제3자의 정액을 사용하는 제공자에 의한 인공수정) 출생자는 배우자간의 친생자와 동일한 지위를 인정하고, 혼인 중의 출생자와 혼인 외의 출생자의 평등화를 꾀하는 미국통일친자법(1973년)이 제정되었다. 이 법에서 남편의 동의하에 아내가 낳은 인공수정자는 남편의 친생자와 동일하게 취급하도록 하고, 정자제공자는 원칙적으로 자연적인 아버지로서 인정하지 않으며, 시술 기록이나 서류를 비밀유지 하도록 하였고, 부모의 혼인관계는 법적 친자관계에 영향을 미치지 않도록 규정하였다. 이 법은 1975년 캘리포니아州에 의하여 계수된 이래 다른 주에서 동일한 취지의 입법이 제정되었고, 1984년에는 스웨덴에서 인공수정법이 제정되어 시행되고 있다.

4) 체외수정 등

체외수정은 일반적으로는 '시험관 아기' 또는 '시험관 시술'이라고 알려져 있다. 체외수정은 1978년 영국 Oldham General hospital에서 세계 최초의 시험관 아기인 Louise Brown이 탄생하면서 전 세계적으로 알려지게 되었고, 우리나라에서는 1985년 서울대병원에서 장윤석 교수팀에 의해 국내 최초이자 세계에서 18번째로 체외수정을 통해 이란성 쌍둥이가 출생하였다. 체외수정은 일반적으로 완전 불임판정을 받은 후에만 실시한다. 체외수정 지원자의 대부분은 난관(나팔관)이 막혔거나 결여되어 있는 경우이며, 다른 경우로는 남자의 정자 수가 너무 적거나 설명할 수 없는 이유로 불임인 부부인 경우이다. 체외수정은 이 기술이 개발된 이후에도 계속 도덕적, 윤리적 또는 종교적 논쟁을 일으켰다. 특히 로마 가톨릭교는 1987년 3가지 근거를 들어 체외수정을 반대하는 교리를 발표했는데, 그 근거는 첫째, 체내로 이식되지 않는 배들은 폐기되고, 둘째, 체외수정은 남편이 아니라 기부자의 정자에 의해 이루어질 가능성이 있는데, 이는 결혼에 의한 재생산 구조를 파괴하며, 셋째, 체외수정으로 성행위와 임신 또는 출산 간의 불가분 관계가 사라진다. 또한 윤리적으로도 인간 태아를 사용하는 문제점을 지니고 있기도 하다. 이식에 필요한 난자, 정자, 배 등의 냉동과 같은 기술들도 아직까지 해결되지 않은 도덕적 쟁점으로 남아있다.

체외수정에 관한 법적 관점에서 볼 때, 부부간 체외수정은, 부부간 인공수정과 같이 법률문제를 일으키지 아니한다. 법적으로 부부간 체외수정에 의해 출생한 자는 민법 제844조 제1항에 의거하여 남편의 친생자로 추정된다.[53] 다만 부부간 체외수정에 의하여 생긴 수정란을 아내가 포태하지 않고 대리모에게 포태하게 한 경우에는 대리모 관련 법적 문제가 발생한다. 반면, 난자제공에 의해 남편의 정자와 체외수정이 있은 후에 아내가 포태하여 출산한 경우에 출산모(아내)가 모가 되는지, 아니면 유전자를 제공한 자가 모가 되는지 문제될 수 있다. 이 경우에 난자를 제공받아 비배우자 사이에 체외수정을 통해 아내가 포태하여 자녀를 출산한 경우에 자녀는 유전적으로 남편과 그 출생근원이 동일하지만, 아내와는 생물학적으로 어떠한 관계도 없다. 다만, 우리나라 민법에 의하면 혼인 존속 중에 아내가 임신한 자는 유전적 관계를 묻지 않고, 모자(母子) 관계는 출산을 통해 발생하므로, 난자를 제공받아 체외수정의 방법으로 아내가 포태하여 출산한 경우에도 자녀는 유전적 모와의 사이에 모자관계가 존재하는 것이 아니라, 출산모(아내)와의 사이에서 모자관계가 발생하는 것으로 보아야 할 것이다. 한편 이와 같이 난자를 제공받아 비배우자 사이에서 체외수정의 방법으로 아내가 포태하여 출산한 경우에는 이 자녀는 민법 제844조에 의거하여 부의 친생자로 추정된다고 할 수 있다. 반면, 제3자로부터 정자를 제공받아 비배우자 사이의 체외수정에 대하여 남편이 동의하지 않는다면, 법적으로 남편은 친생부인의 소를 제기할 수 있다고 해석할 수 있다. 만일 남편이 처음에는 동의하였는데 추후에 친생부인을 하는 경우라면 이는 금반언의 원칙에 반한다. 또 다른 경우로서 남편이 무정자증이고, 아내도 수정가능한 난자를 얻을 수 없는 경우, 즉 부부의 생식세포를 통해 임신이 불가능한 경우가 있을 수 있다. 이때 불임부부는 자녀를 얻기 위하여 다른 여성의 난자와 다른 남성의 정자를 제공받아 체외수정을 한 후 수정란을 아내에게 이식 및 착상하게 하여 포태한 후에 자녀를 낳을 수 있다. 이 경우에 난자와 정자는 모두 제3자에 의해 제공되었으므로 부부는 유전학적 또는 생물학적으로 태어난 아이와 아무런 관계도 없고, 단지 아내는 포태, 임신, 출산을 통한 관계만이 존재한다. 이와 같은 방법으로 출생한 자녀는 설령 난자 및 정자 제공에 의한 비배우자 사이의 체외수정으로 출생하였다고 하더라도 모자관계는 당연히 출생을 통해 성립하는 것으로 보아야 하고, 자녀는 민법 제844조에 의해 남편의 친생자로 추정된다고 해석해야 할 것이다.

나. 난치병 등 치료를 위한 첨단재생의료 관련 쟁점

생명공학기술이 급속하게 발전하면서 손상된 조직과 장기를 치료, 대체 또는 재생시켜 인체기능을 복원함으로써 근본적 치료를 가능하게 하는 첨단재생의료가 주목을 받게 되었다. 첨단재생의료는 희귀병 또는 난치병 환자, 선천성 장기 결함환자 등 현재 개발된 치료법으로 치료가 어려운 환자를 치료할 수 있는 미래기술로 주목받고 있는 상황이다. 그렇지만 첨단재생의료는 인체세포 등을 활용하는 것이므로 동물실험을 하더라도 효과성이나 안전성을 입증할 방법이 없어서 기존의 평가방법과는 다르게 평가해야 할 필요성이 있고, 첨단바이오의약품의 경우에도 허가 및 안전관리에 있어 종전의 합성의약품과는 다른 다양한 고려사항이 존재하지만, 현재의 「의료법」 및 「약사법」은 첨단재생의료 분야 치료기술 및 첨단바이오의약품의 특수성을 반영하지 못하고 있는 상황이다. 이에 정부(보건복지부와 식품의약품안전처)는 2019년 8월 27일에 "첨단재생의료 및 첨단바이오의약품 안전 및 지원에 관한 법률(약칭: 첨단재생바이오법)"54)을 제정하였는데, 동법의 목적은 첨단재생의료 분야의 임상연구에서 첨단바이오의약품 제품화에 이르는 전주기 안전관리 및 지원체계를 별도로 마련하고, 첨단재생의료 임상연구 활성화 및 첨단바이오의약품에 대한 신속처리 지원을 통해 환자의 치료 기회를 확대하며, 장기추적조사 실시 등을 통해 안전관리를 강화함으로써 국민보건 향상에 이바지하려는 것이라고 한다.55) 동법에 의하면, 우선 정부는 5년마다 첨단재생의료56) 및 첨단바이오의약품 기본계획을 수립해야 하고, 보건복지부장관, 식품의약품안전처장 및 관계 중앙행정기관의 장은 매년 첨단재생의료 및 첨단바이오의약품 지원 및 관리에 관한 시행계획을 수립·시행하도록 하였다.57) 첨단재생의료 임상연구를 하려는 의료기관은 필요한 시설, 장비 및 인력 등을 갖추어 첨단재생의료실시기관으로 지정을 받도록 하고, 첨단재생의료실시기관이 첨단재생의료 임상연구를 하는 경우에는 첨단재생의료세포처리시설로부터 공급받은 인체세포 등으로 첨단재생의료 임상연구를 하도록 하였으며,58) 재생의료기관은 첨단재생의료 임상연구를 하기 전에 연구대상자로부터 연구의 목적 및 내용, 예측되는 결과 및 이상 반응, 연구 참여에 따른 손실에 대한 보상 등이 포함된 동의서에 서명을 받도록 하였다.59) 또한 인체세포 등을 채취하고 이를 검사ㆍ처리하여 재생의료기관에 공급하는 세포처리업무를 하려는 자는 식품의약품안전처장으로부터 첨단재생의료세포처리시설로 허가를 받도록 하고, 인체세포 등의 채취 절차 등과 첨단재생의료세포처리시설의 장이 지켜야 할 준수사항 등을 정하였다.60) 이와 관련하여 보건복지부의 첨단재생의료기관에 대한 관리ㆍ감독을 강화하여 안전성 모니터링과 이상반응에 대한 보고, 첨단재생의료 임상연구 장기추적조사 등의 업무를 수행하도록 하였다.61) 첨단바이오의약품 제조를 업(業)으로 하려는 자는 식품의약품안전처장의 제조업허가를 받아야 하고, 제조업자가 제조한 첨단바이오의약품을 판매하려는 경우에는 품목별로 식품의약품안전처장의 제조판매품목허가를 받도록 하였다.62) 첨단바이오의약품을 수입하는 것을 업으로 하려는 자는 식품의약품안전처장에게 수입업신고를 하고, 품목마다 식품의약품안전처장의 허가를 받도록 하였고, 인체세포 등을 채취ㆍ수입하거나 검사ㆍ처리하여 첨단바이오의약품의 원료로 공급하는 업무를 업으로 하려는 자는 식품의약품안전처장의 허가를 받도록 함으로써 정부의 관리 감독을 강화하였다.63) 또한 식품의약품안전처장은 줄기세포 또는 동물의 조직ㆍ세포를 포함하는 첨단바이오의약품을 투여한 후 일정기간 동안 이상 사례가 발생하는지 여부를 확인할 필요가 있다고 인정하는 첨단바이오의약품을 장기적으로 추적조사 대상으로 지정할 수 있도록 하였다.64) 식품의약품안전처장은 첨단바이오의약품 장기추적조사와 첨단바이오의약품에 대한 종합적인 정보ㆍ기술의 지원을 위하여 첨단바이오의약품에 관한 규제과학센터를 설립하거나 관계 전문기관 등을 규제과학센터로 지정할 수 있도록 하고, 규제과학센터의 자료 요청 권한 및 식품의약품안전처장의 규제과학센터에 대한 지도ㆍ감독 권한 등을 정하였다.65) 만일 대체치료제가 없고 생명을 위협하는 중대한 질환의 치료를 목적으로 하는 등의 첨단바이오의약품을 개발하려는 자는 식품의약품안전처장에게 개발 중인 첨단바이오의약품을 허가ㆍ심사의 신속처리 대상으로 지정하여 줄 것을 요청할 수 있도록 하고, 식품의약품안전처장은 신속처리 대상으로 지정된 첨단바이오의약품에 대하여 맞춤형 심사, 우선 심사, 조건부 허가를 할 수 있도록 하였다.[66] 이외에도 보건복지부장관과 식품의약품안전처장의 보고와 검사 등에 필요한 지시 권한, 국민보건에 위해를 주었거나 줄 염려가 있는 인체세포 등에 대한 회수·폐기 명령 권한, 시정명령 및 허가 등의 취소와 업무정지 권한, 업무정지 처분에 갈음하여 부과하는 과징금처분 권한 등 감독 등에 필요한 권한을 규정하였다.[67] 동법 제57조 이하에는 동법에서 규정하는 내용들을 위반한 경우에 벌칙 조항들을 마련하여 형사처벌을 하고 있다. 동법은 최근 전 세계적으로 부상하고 있는 첨단재생의료 및 첨단바이오의약품을 정부가 정책적 또는 제도적으로 어떠한 방식으로 지원할 것인지, 그리고 다른 한편으로는 안전성 문제를 어떻게 관리할 것인지에 대하여 보여주고 있다. 2019년 신설된 법령으로 향후 어떠한 문제들이 실무적으로 또는 현장에서 발생할지에 대하여 검토할 필요가 있고, 다른 제 외국의 입법례에 대한 연구도 필요한 시점이다.

다. 유전적 질환을 가진 장애아의 법적 권리

선천성 유전병에 걸린 태아, 신생아 또는 아이가 출생한 경우에 그들 자신은 물론 주변사람들이 겪는 정신적, 육체적 고통은 심각할 뿐만 아니라, 이들을 – 때로는 평생 – 양육해야 하는 경제적 부담이 발생한다. 이와 같이 유전적 질환을 가지는 장애아가 태어나는 경우에 인간생명의 존엄성만을 강조하여 장애아에게 출생할 권리를 부여해야 할 것인지 의문이다. 미국에서는 Baby Doe 사건에서 선천성 기관지 장애로 인한 다운증후군의 신생아에 대한 외과수술을 부모가 거부함으로 인하여 출생한지 6개월 만에 신생아가 사망한 사건이 문제되었다.[68] 한편 뇌의 특정부위가 존재하지 않아 기형이라는 진단에도 불구하고 산모가 모든 생명은 보호되어야 한다고 주장하여 낙태를 거부, 결국 선천적 기형아로서 Baby K가 출생한 사건이 있었다.[69] 출생 후 산모는 신생아의 생존에 필요한 의료행위를 요구하였으나, 의료진은 이러한 의료행위를 통하여 신생아의 뇌기능장애가 치료되는 것은 아니기 때문에 무용한 치료에 해당한다고 주장하였다. 당시 법원은 병원이 지속적인 진료를 거부해서는 안된다고 판시하였다.

인공생식기술을 이용하여 태어난 아이가 비정상적이거나 의사의 과실로 인하여 유전적 질환을 가진 아이가 태어나는 경우, 예컨대, 유전적 질환을 가진 아이가 태어날 가능성이 높은데도 불구하고 이를 산모에게 알리지 않아 시력, 청력, 언어 능력에 중대한 결함을 가진 아이가 태어난 경우에 의사에게 별도로 양육비나 치료비에 대한 부모의 추가 부담을 이유로 손해배상청구, 또는 선천적으로 유전질환을 가지고 태어난 아이의 정신적 고통에 대하여 손해배상을 청구할 수 있는지 문제된다. 이에 대하여 미국70)이나 우리나라71)는 대체적으로 소극적인 입장을 견지하고 있다. 즉 유전적 질환을 가진 장애아 본인이 손해배상을 청구하는 경우에 인간의 생명을 의사 판단에 일임하는 것은 인간 생명의 존엄성에 대한 헌법적 요청이나 공서양속에 관한 법의 일반원리에 반하므로 손해배상액을 산정할 수 없다고 한다. 그러나 유전적 질환을 가지고 태어난 아이 자신, 가족 및 그 주위 사람들이 겪어야 할 정신적 고통이 있다는 것 역시 경청해야 할 것이다.72)

라. 장기이식 문제

우리나라에서는 2000년 2월 9일 "장기등이식에관한법률"(약칭: 장기이식법)이 제정73)되어 생체, 뇌사 또는 사자(死者)에 대한 장기기증에 관하여 규정하고 있는데, 이 법은 다른 사람의 장기 등의 기능회복을 위한 이식의 목적으로 살아있는 자 등으로부터 적출 및 이식되는 장기 등에 적용하고 있다. 우리나라에서 장기이식 대기자는 2015년 27,444명이고, 2016년 30,286명, 2017년 34,187명, 2018년 38,217명, 2019년 6월 현재 38,977명으로 매년 계속 증가하고 있고, 뇌사 장기기증자의 경우에 2015년 501명, 2016년 573명, 2017년 515명, 2018년 449명, 2019년 213명으로 감소하고 있는 현상을 보이고 있다.74) 한편 살아있는 장기기증자는 본인이 동의한 경우에만 장기 등을 적출할 수 있지만, 16세 이상인 미성년자의 장기(골수를 제외함)는 배우자, 직계존비속, 형제자매 또는 4촌 이내의 친족에게 이식하는 경우를 제외하고는 적출할 수 없으며, 16세 미만인 자의 장기는 골수를 제외하고는 적출할 수 없다.75) 인체로부터 유래한 물질을 소유권적으로 취급하여 매매를 허용할 것인지에 관한 문제는 국가별로 차이가 있다. 인체의 일부였지만 분리된 경우, 예컨대 모발, 치아, 혈액, 장기 등은 사회 관념상 독립된 물건으로 취급할 수 있을 것이다. 우리나라에서는 혈액의 매매를 허용하였지만, 정자 또는 난자의 매매는 불법으로 간주하여 허용하고 있지 아니하다.76)77) 장기이식법에서 장기로 규정하고 있는 신장·간장·췌장·심장·폐 또는 골수·각막을 이식하는 경우에는 이식의 적합성, 응급정도, 대기시간, 혈액형, 나이, 지리적 인접도 등의 요소를 고려하여 우선순위를 정하여 이식하고 있다.

한편 뇌사와 관련하여 현행 장기이식법 제22조 제3항에 따르면, 뇌사자는 본인이 뇌사 또는 사망 전에 장기이식을 동의하였다 할지라도 그 가족이나 유족이 거부하면 뇌사자 본인의 의사와 관계없이 장기기증이 불가능하고, 반면 장기기증의 의사가 없었다 하더라도 명시적 거부의사가 없는 경우에 가족의 동의가 있다면 장기기증이 가능하다. 최근 무의미한 연명의료중단이 법적으로 가능해지면서,[78] 장기기증을 전제로 하지 않더라도 뇌사판정과 연명의료의 중단이 가능해졌으며, 따라서 본인이 명시적인 의사를 밝히지 않은 경우에도 그 가족이 연명의료의 중단을 위해 장기기증을 고려하지 않아도 돼 윤리적 갈등의 요소가 줄어들었다고 할 수 있다. 다만, 이 때문에 뇌사자의 장기기증 자체가 줄어들 우려도 있다. 따라서 뇌사를 법적으로 사망으로 정의할지에 대하여 명확히 하고, 뇌사를 포함하여 사망한 경우에 장기기증에 대한 본인의 의사를 사전에 명확히 함으로써 본인의 의사가 지켜지도록 법적 정비가 필요하다. 실무적으로는 사전연명의료의향서를 작성할 때에 장기기증 의사, 매장방법 등에 대하여 포괄적으로 작성하도록 하는 것도 검토할 수 있다.[79]

　　한편 장기이식법의 시행에도 불구하고 장기공급자의 수보다는 수요자가 훨씬 더 많아 장기의 수급조절이 제대로 이루어지지 않은 현실에서 문제가 발생하고 있다. 따라서 장기를 이식하는 과정에서 Informed Consent가 제대로 이행되었는지, 불법적으로 장기매매가 행하여지고 있지는 않은지 문제된다. 장기이식법 제7조(장기등의 매매행위 등 금지)에 따르면, 금전 또는 재산상의 이익이나 기타 반대급부를 주고 받는 등 불법으로 장기매매를 하는 행위를 금지하고 있으며, 이를 교사·알선·방조하는 행위도 금지하고 있다. 이를 위반하는 경우에는 동법 제45조(벌칙)에 따라 제7조 제1항 제1호 또는 제3호를 위반하여 장기 등을 주고 받거나 주고 받을 것을 약속하거나, 이를 교사·알선·방조하는 자는 2년 이상의 유기징역에 처하고, 제7조 제1항 제2호를 위반하여 장기 등을 주고 받거나 주고 받을 것을 약속하거나, 같은 조 제2항을 위반하여 같은 조 제1항 제1호 및 제2호의 행위를 교사·알선·방조하는 자는 10년 이하의 징역 또는 1억원 이하의 벌금에 처하며, 이 경우 징역과 벌금을 병과할 수 있도록 규정하고 있다. 불법적 장기매매를 금지하고, 장기수급의 균형 방안을 모색하기 위한 정부 차원의 적극적 방안을 모색할 필요가 있는 시점이다.

마. 임사에 관한 법적 문제

1) 안락사문제

안락사(euthanasia)는 그리스 단어인 eu(well)와 thanasia(death)로부터 유래하였는데, "좋은 죽음"이란 의미이다. 의학의 발달로 환자들의 생명이 연장되기도 하였지만, 일부 난치병 또는 불치병 질환의 경우에는 회복 가능성이 전혀 없거나 건강상태가 악화되어 인간의 존엄성마저 유지하기 어려운 상태인 경우,

극심한 육체적 고통과 마비에 시달리면서 산소호흡기에 생명을 유지하고 의식은 유지된 채 죽음만을 기다리는 경우, 사고로 인하여 뇌사 상태에 빠져 식물인간이 되어 인공호흡기의 도움으로 간신히 생명만을 유지하는 경우에는 인간다운 삶을 유지하고 자연적인 죽음을 맞게 하려는 의도로 안락사가 논의되고 있다.[80] 안락사 문제는 형법에서 살인죄와 관련하여 논의되는데, 형법은 촉탁에 의한 살인죄와 자살관여죄를 처벌하고 있고,[81] 위법성 조각사유로 피해자의 승낙을 인정하고 있지 아니하다.

안락사의 개념은 적극적 안락사[82]와 소극적 안락사로 구분된다. 적극적 안락사란 죽음에 임박한 환자의 극심한 고통을 덜어주기 위하여 환자의 생명을 단축시키려는 의도로 환자의 생명을 사망에 이르게 하는 행위로, 예컨대 치사량의 약물을 주입하여 환자를 사망에 이르게 하는 행위이다. 적극적 안락사는 사망시기가 자연사에 비해 앞당겨지며, 생명단축을 하는 행위이므로 살인죄로 볼 수 있을 것이다. 반면 소극적 안락사는 죽음에 가까운 환자의 연명 치료를 하지 않아 사망에 이르게 하는 행위, 즉 말기 암 환자에 대하여 통증 조절약은 투여하지만, 항생제와 같이 생명연장에 필요한 약물을 투여하지 않는 경우이다. 또한 특수한 의료 상황으로 지속적인 식물상태의 환자에 대한 연명 치료를 중단하는 경우도 여기에 해당하는데, 이를 존엄사(death with dignity)라고 한다.[83]

안락사에 대한 찬반 논쟁을 살펴보면 다음과 같다. 즉 안락사를 찬성하는 입장에서는 우선 모든 사람은 자기 자신의 신체, 생명, 죽음에 관한 권리를 가진다. 둘째, 환자가 죽도록 내버려두는 것이 고통기간을 줄이고 고통을 경감시킨다. 셋째, 환자는 인간으로서 품위 있게 죽을 권리를 가진다. 넷째, 환자가 '단순히 생명만 연명하는 존재' 상태가 오래될수록, 가족이나 사회의 경제적 및 정서적 부담은 더 커진다. 반면, 안락사를 반대하는 입장에서는 첫째, 안락사를 허용할 경우에 생명경시풍조가 생겨 날 것이다. 둘째, 안락사를 하게 되는 횟수가 늘어나면서 사람들은 생명을 가볍게 보게 되고 이로써 인간의 생명은 점점 더 가치를 잃어갈 것이다. 셋째, 환자가 안락사를 허락한 경우에 안락사를 당한 사람의 유가족들의 아픔이 클 것이고, 가족들에게는 가슴깊이 상처가 남을 것이고 더 커지면 가족들도 병을 앓게 될 것이다. 넷째, 안락사는 촉탁 승낙에 의한 살인죄에 해당한다. 다섯째, 안락사가 허용되면 이를 오용하거나 남용하는 범죄들이 등장할 것이다. 예컨대, 경제적으로 여유가 없거나 돌보기 귀찮다는 이유로 안락사를 선택할 가능성이 높다.[84]

현재 대부분의 나라에서는 안락사를 허용하지 않고 있다. 다만, 네덜란드,

벨기에, 룩셈부르크, 스위스 등 일부 국가와 미국의 오레건주 등에서는 안락사를 인정하고 있다. 한편 일본은 아시아에서 유일하게 소극적 안락사를 인정하고 있으나 안락사와 관련된 법률은 없다. 우리나라의 경우에는 안락사(존엄사)를 허용하는 법률이 없지만, 2008년 11월 28일 처음으로 안락사를 인정하는 판결이 나왔다. 즉 서울서부지법은 식물인간 상태에 빠진 어머니로부터 인공호흡기를 제거해달라며 김모(77.여)씨의 자녀들이 낸 소송에서 김씨로부터 인공호흡기를 제거하라고 판결했다. 식물인간 상태인 어머니에 대한 무의미한 연명치료를 중단하게 해달라며 자녀들이 병원을 상대로 낸 소송에서 법원이 환자의 치료중단 의사가 있는 것으로 추정해 존엄하게 죽을 권리를 인정한 것이다. 2009년 5월 21일, 대법원에서도 원심과 동일하게 존엄사를 인정하는 확정 판결을 내렸다. 재판부는 "생명과 직결되는 진료 중단은 생명 존중의 헌법이념에 비춰 신중히 판단해야 하나 짧은 시간 내에 사망에 이를 수 있음이 명백할 때는 회복 불가능한 사망 단계에 진입한 것으로 평가할 수 있다. 이때 연명치료를 강요하는 것은 오히려 인간의 존엄성을 해치게 되므로 환자의 결정을 존중하는 것이 인간의 존엄성과 행복추구권을 보호하는 것"이라고 판시하였다. 또한 "환자는 사전 의료지시서 등의 방법으로 미리 의사를 밝힐 수도 있지만 그렇지 않은 경우라도 평소 가치관, 신념 등에 비춰 객관적으로 환자의 이익에 부합된다고 인정되면 연명치료를 중단할 수 있다."라고 하였다.[85] 대법원 판결에 따라 2009년 6월 23일 세브란스 병원은 김모씨의 산소호흡기를 제거했으나, 김모씨는 6개월 정도 호흡하며 생존하다가 2010년 1월 10일 2시 57분 사망했다.[86] 김 할머니의 안락사는 우리 사회에 무의미한 연명치료 중단 방식과 대상에 관하여 법적 또는 사회적으로 많은 논의를 일으켰다. 예컨대, 환자의 가족에게 대리 결정권을 인정할지 여부, 연명치료 중단 대상에 식물인간도 포함시킬지 여부, 치료중단 범위를 어느 정도까지 허용할지 여부 등에 관하여 우리 사회가 이제 안락사에 대한 논쟁을 적극적으로 해야 할 시점인 것 같다.

　한편 뇌사판정자의 장기기증 문제도 제기된다. 뇌사란 뇌의 기능이 비가역적으로 상실된 상태라고 정의될 수 있는데,[87] 뇌사판정기준에 대해서는 장기이식법 제16조 이하에 규정되어 있다. 현행 뇌사판정제도는 원칙적으로 뇌사로 추정되는 자의 가족에 의한 뇌사판정 신청으로 절차가 개시된다. 동법 제16조에 의하면, 우선 장기 등의 적출 및 이식을 위한 뇌사판정업무를 하려는 의료기관은 보건복지부령으로 정하는 바에 따라 국립장기이식관리기관의 장에게 알려야 하고, 제1항에 따른 통보 전까지 보건복지부령으로 정하는 시설·장비·인력 등을 갖추고, 해당 의료기관(뇌사판정기관)에 뇌사판정위원회를 설치하여야 한다. 뇌사판정기관의 장은 동법 제17조 제2항에 따른 뇌사판정 신청을 받으면 지체 없이 현장에 출동하여 뇌사판정 신청이 된 뇌사판정대상자의 상태를 파악한 후 뇌사조사서를 첨부하여 뇌사판정위원회에 뇌사판정을 요청하여야 한다. 그 후 뇌사판정위원회는 전문의사인 위원 2명 이상과 의료인이 아닌 위원 1명 이상을 포함한 과반수의 출석과 출석위원 전원의 찬성으로 뇌사판정을 한다.[88] 뇌사판정 신청 이전에 뇌사판정을 받은 자의 장기기증은 장기적출이 가능한 의료 환경에서 사망한 환자만 할 수 있다.[89]

2) 낙태(인공임신중절) 문제

낙태는 일반적으로 태아가 생존 능력을 갖기 이전의 임신 시기에 인공적으로 임신을 종결시키는 행위로 인공임신중절이라고 한다. 낙태와 관련하여 형법 제269조 제1항에서는 "부녀는 약물 기타 방법으로 낙태한 때에는 1년 이하의 징역 또는 200만원 이하의 벌금형에 처한다."라고 규정하고 있고, 동법 제270조에서는 "의사, 한의사, 조산사, 약제사 또는 약종상이 부녀의 촉탁 또는 승낙을 받아 낙태하게 한 때에는 2년 이하의 징역에 처한다."라고 규정하여 낙태를 엄격하게 금지하고 있다. 그러나 모자보건법 제14조(인공임신중절수술의 한계)에서는 일정한 경우에 임신중절수술을 가능하다고 규정하고 있다. 즉, ① 본인이나 배우자가 대통령령으로 정하는 우생학적(優生學的) 또는 유전학적 정신장애나 신체질환이 있는 경우; ② 본인이나 배우자가 대통령령으로 정하는 전염성 질환이 있는 경우; ③ 강간 또는 준강간에 의하여 임신된 경우; ④ 법률상 혼인할 수 없는 혈족 또는 인척 간에 임신된 경우; ⑤ 임신의 지속이 보건 의학적 이유로 모체의 건강을 심각하게 해치고 있거나 해칠 우려가 있는 경우에는 임신중절수술이 가능하다. 또한 동법 시행령 제15조에 따르면, "모자보건법 제14조에 따른 인공임신중절수술은 임신한 날로부터 24주일 이내인 사람만 할 수 있다."라고 하여 임신중절수술을 받을 수 있는 기간까지 규정하고 있다. 또한 동법 시행령 제15조에 의하면, 모자보건법 제14조 제1항 제1호에 따라 인공임신중절수술을 할 수 있는 우생학적 또는 유전학적 정신장애나 신체질환은 연골무형성증, 낭성섬유증 및 그 밖의 유전성 질환으로서 그 질환이 태아에 미치는 위험성이 높은 질환으로 하며, 동법 제14조 제1항 제2호에 따라 인공임신중절수술을 할 수 있는 전염성 질환은 풍진, 톡소플라즈마증 및 그 밖에 의학적으로 태아에 미치는 위험성이 높은 전염성 질환으로 한다고 규정하고 있다. 만일 인공임신중절수술을 하려고 하는 경우에 배우자의 사망·실종·행방불명, 그 밖에 부득이한 사유로 동의를 받을 수 없으면 본인의 동의만으로 그 수술을 할 수 있으며, 만일 본인이나 배우자가 심신장애로 의사표시를 할 수 없을 때에는 그 친권자나 후견인의 동의로, 친권자나 후견인이 없을 때에는 부양의무자의 동의로 각각 그 동의를 갈음할 수 있다.[90]

한편 형법과의 관계를 조율하기 위하여 모자보건법 제28조에서는 "인공임신중절수술을 받은 자와 수술을 행한 자는 형법 제269조 및 제270조의 규정에도 불구하고 처벌하지 아니한다."라고 하여 모자보건법에 해당하는 요건을 충족시키면 형법에 의한 처벌을 받지 않도록 규정하고 있다. 따라서 낙태는 불법으로서 원칙적으로 형법상 처벌을 받아야 하지만, 일정한 경우에는 일정한 기간 내에 임신중절할 수 있도록 되어 있다.

이러한 현행 규정과 관련하여 과거 헌법재판소는 형법 제269조 낙태죄 규정에 대하여 태아 자체로 모와 별개의 생명체이고 특별한 사정이 없는 한 인간으로 성장할 가능성이 크므로 태아에게도 생명권이 인정되어야 하며, 낙태를 처벌하지 않거나 형벌보다 가벼운 제재를 가하게 된다면 현재보다도 훨씬 더 낙태가 만연하게 될 것이므로 낙태죄처벌로 인한 여성의 자기결정권의 제한이 합헌이라고 보았다.[91] 그러나 2019년 헌법재판소는 이를 뒤집고 형법상 자기낙태죄 조항은 입법목적을 달성하기 위하여 필요한 최소한의 정도를 넘어 임신한 여성의 자기결정권을 제한하고 있어 침해의 최소성을 갖추지 못하였고, 태아의 생명 보호라는 공익에 대하여만 일방적이고 절대적인 우위를 부여함으로써 법익균형성의 원칙도 위반하였으므로, 과잉금지원칙을 위반하여 임신한 여성의 자기결정권을 침해한다는 헌법불합치결정을 하며 2020년 말을 시한으로 관련 입법을 촉구하였다.[92]

바. 실험동물 관련 문제

동물실험과 관련하여 "동물보호법"과 "실험동물에 관한 법률"이 있는바, 이에 대해서는 본서 제1편 제5장 과학기술윤리와 법을 참고하기 바란다.

4. 생명과학기술에 의한 환경적 차원에서의 규제

가. 유전자변형생물체(GMOs) 문제

GMOs(Genetically Modified Organisms)란 유전자가 변형된 생물체란 의미로, 유전자재조합 기술에 의하여 변형된 생물체이다. 이러한 생물체는 식량작물, 미생물농약, 화장품, 의약품, 오염물질처리제 등으로 이용된다. GMOs의 탄생은 유전공학이 본격적으로 발전하기 시작한 1970년 중반이후에 이루어져 생명과학 분야에 많은 변화를 일으켰다. 예컨대, 유전자재조합기술을 이용하여 만든 유전자재조합농산물은 종래의 방법으로는 나타낼 수 없는 형질이나 유전자를 가진 농산물로서, 제초제에 대한 내성, 병해충에 대한 저항력을 가지거나 영양가치와 보존성 등의 특성을 가진 농산물을 유전자조작을 통해 만든 농산물이다. 특히 유전자변형에 의한 품종개량방식은 목적하는 특성을 가지는 유전자를 다른 생물체에 직접 삽입하여 목적하는 품종만을 얻을 수 있으며, 삽입하고자 하는 유전자는 같은 생물종에서 뿐만 아니라 다른 생물종에서도 얻을 수 있어서 품종개량의 폭이 넓다. 즉 유전자변형기술을 이용함으로써 다양한 유전자를 직접 도입하여 목적한 새로운 작물을 생산할 수 있기 때문에 종래의 품종개량에 비하여 소요 시간이 짧고, 원하는 개량품종을 얻을 수 있다는 것이 특징이다. 그러나 환경보호 측면에서 GMOs는 유전자재조합기술로 인하여 유전자 다양성으로 인한 생태계 파괴의 가능성, 유전학적으로 돌연변이 또는 유독성물질 등이 생성되면서 인체 또는 동식물에 피해를 주는 생물재해(bio-hazard)현상 등 여러 가지 문제들을 초래하여 이들을 최소화하기 위한 법제의 필요성이 대두되었다. 1992년 UN환경개발회의에서는 '21세기 지구행동강령(Agenda 21)'과 '생물다양성협약(Convention on Biological Diversity, CBD)'이 출범된 이후 생명과학기술과 이를 이용한 상품이나 GMOs의 국가간 교류, 안전한 이용과 활용 및 하자로 인한 책임과 보상 등의 문제에 대한 국제적 해결을 도모하기 위한 '바이오안전성의정서(Biosafety Protocol)'가 채택되었다.[93]

나. 생물학적 다양성(Biodiversity)의 보존

1) 생명과학과 환경보호

생명과학기술이 인류에게 유익을 가져다주는 이면에는 환경오염 문제가 일어나고 있다. 따라서 유전공학 기술로 인하여 유독물질 또는 생물재해물질(biohazard materials)이 실험실이나 주변 환경에 노출되지 않도록 일련의 안전장치가 요구되었고, 이러한 배경하에 UN 차원에서 바이오안전성 문제를 해결하기 위한 노력을 하였다. 해결방안은 크게 두 가지 범주로 구분할 수 있는데, 하나는 UN 환경개발회의가 채택한 Agenda 21, 생물다양성협약, 2000년 1월 타결된 바이오안전성의정서(The Protocol on Bio-safety)[94]에 의해 GMOs가 환경에 미치는 위해성을 규제하기 위한 차원이고, 다른 하나는 생명과학기술로부터 인간의 존엄성과 기본권을 보호하기 위한 차원으로 여기에는 UN 국제권리장전, UNESCO의 인간게놈 및 인권에 관한 세계선언, EU 유럽생명윤리협약이 있다.

2) 바이오안전성의정서

바이오안전성(Biosafety)은 유전자변형생물체[95]의 국가 간 이동의 규제에 관한 문제로, 선진국과 개발도상국 간의 입장 차이가 커서 이를 타결하는 데 많은 어려움을 겪었다. 선진국은 바이오안전성을 위한 규제로 인하여 생명과학 기술의 개발이나 국제 간 교류가 저해되지 않을 것을 요망하였고, 개발도상국 은 생명과학기술로 인한 제조물의 국가 간 교역으로 인하여 생물학적 환경 위 험에 노출되는 것을 방지하기 위하여 바이오안전성 규제를 최대한 강화하자고 주장하였다. 이러한 가운데 2000년 1월 캐나다에서 생물다양성협약(CBD)의 부 속의정서인 '바이오안전성의정서'[96]가 채택되었다. 바이오안전성의정서는 유전 자변형생물체(GMOs)의 국가 간 이동을 규제하는 최초의 국제협약으로 유전자 조작 농산물의 안전한 교역과 취급, 이용을 보장하는 내용을 담고 있으며, 다 만 국가 간 협약이나 국제기구가 의약품으로 평가한 제품은 예외로 한다. 우리 나라에 유전자변형생물체에 관한 규정을 마련한 것은 1983년 「생명공학육성법」 이 그 효시라 할 수 있다. 동법 제15조(실험지침의 작성·시행등)는 '정부는 생명공 학연구 및 산업화의 촉진을 위한 실험지침을 작성 · 시행하여야 하며, 이 실험 지침에는 생명공학의 연구와 이의 산업화 과정에서 생물학적 위험성, 환경에 미치는 악영향 및 윤리적 문제 발생의 사전적 방지에 필요한 조치가 강구되어 야 하고, 유전적으로 변형된 생물체의 이전 · 취급 · 사용에 대한 안전기준이 마련되어야 함'을 명시하고 있다. 이러한 근거에 따라 2009년 「유전자재조합실 험지침」(보건복지가족부 고시 제2009－150호)이 제정되어 생명공학 연구개발의 안 전성 규정을 마련하고 있고, 현재 운영되고 있는 동 지침은 2017년 3월 13일 개정 및 시행되는 보건복지부고시 제2017－43호이다. 동 지침 제12조 이하에 의하면, 유전자변형생물체의 보관, 운반 및 실험종료 후 처리에 대하여 규정하 고 있다. 특히 동 지침 제12조(보관)에 의하면, 유전자변형생물체를 포함한 시 료 및 폐기물은 '유전자변형생물체'라는 것을 표시하고, 정해진 수준의 물리적 밀폐 조건을 만족하는 실험실, 실험구역 또는 대량배양 실험구역에 안전하게 보관하도록 하고, 유전자변형생물체를 포함하는 시료를 보관하는 냉장고 및 냉 동고 등에는 유전자변형생물체를 보관 중임을 표시하도록 하고 있다. 또한 동 지침 제13조(운반)에 의하면, 시험 · 연구기관 내에서 유전자변형생물체를 포함 하는 시료를 운반하는 경우에는 견고하고 새지 않는 용기에 넣어 안전하게 운 반해야 하며, 다른 시험 · 연구기관으로 운반하는 경우에는 쉽게 파손되지 않는 용기에 넣고 이중으로 밀봉 포장하여 용기가 파손되더라도 유전자변형생물체가 외부로 유출되지 않도록 하며 용기 또는 포장물 표면의 보이기 쉬운 곳에 '유전자변형생물체'임을 표시할 것을 요구하고 있다. 제15조(실험종료 후 처리)에서는 실험이 종료된 후에 각 유전자변형생물체에 적합한 방법으로 완전히 불활성화한 후 폐기할 것을 규정하고 있다. 한편, 유전자변형생물체의 표시에 관해서는 「식품위생법」에 근거하여 제정된 「유전자재조합식품 등의 표시기준」과 「농수산물 품질관리법」, 「농수산물 품질관리법 시행령」에 유전자변형농수산물 표시 제도를 마련하였다.

　　우리나라는 이와 같이 법률 정비를 마치고 2007년 10월 3일 바이오안전성 의정서 비준서를 유엔사무국에 기탁함으로써 의정서에 가입할 의사를 표시하였고, 2008년 1월 1일부터 「유전자변형생물체의 국가 간 이동에 대한 법률」을 시행하였다. 동법 제1조(목적)에 따르면, 동법의 목적이 「바이오안전성에 관한 카르타헤나 의정서」의 시행에 필요한 사항과 유전자변형생물체의 개발·생산·수입·수출·유통 등에 관한 안전성의 확보를 위하여 필요한 사항을 정함으로써 유전자변형생물체로 인한 국민의 건강과 생물다양성의 보전 및 지속적인 이용에 미치는 위해(危害)를 사전에 방지하고 국민생활의 향상 및 국제협력을 증진하는 것이라고 밝히고 있다. 동법 제7조의2부터 제27조까지는 유전자변형생물체의 수출입 등 안전관리에 관하여 규정하고 있는데, 동법 제14조(수입 또는 생산의 금지 등)에 따르면, 국민의 건강과 생물다양성의 보전 및 지속적인 이용에 위해를 미치거나 미칠 우려가 있다고 인정하는 유전자변형생물체, 이러한 유전자변형생물체와 교배하여 생산된 생물체 및 국내 생물다양성의 가치와 관련하여 사회·경제적으로 부정적인 영향을 미치거나 미칠 우려가 있다고 인정하는 유전자변형생물체는 수입이나 생산을 금지하거나 제한할 수 있도록 규정하고 있다. 만일 동법 제14조의 규정을 위반하여 수입이나 생산이 금지되거나 제한된 유전자변형생물체의 경우에는 그 소유자에게 일정한 기간을 정하여 그 유전자변형생물체의 폐기·반송을 명할 수 있다.[97] 이외에도 속임수 또는 기타 부정한 방법으로 유전자생물변형체에 관한 관계 중앙행정기관의 장의 승인 또는 변경승인을 받았거나 신고한 경우, 및 수입승인, 생산승인, 개발·실험 승인 또는 이용승인이 취소된 유전자변형생물체도 역시 폐기·반송을 명할 수 있다. 또한 유전자변형생물체를 개발·생산 또는 수입하는 자는 그 유전자변형생물체 또는 그 유전자변형생물체의 용기나 포장 또는 수입송장에 유전자변형생물체의 종류 등 대통령령으로 정하는 사항을 표시하여야 하며, 누구든지 이러한 표시를 거짓으로 하거나 임의로 변경 또는 삭제하여서는 안된다.[98]

카르타헤냐 바이오안전성의정서의 내용에는 유전자변형생물체를 수입할 때에 사전 통보하고 동의를 받는 절차, 사전예방원칙, 위해성 평가, 위해성 관리, 유전자변형생물체의 운반·저장·이용방법의 표시, 바이오안전성정보센터(Biosafety Clearing-House)의 운영 등에 대한 사항을 규정하고 있다. 우리나라에 수입되는 모든 GMOs는 그 수입서류에 이러한 사실을 밝히고 연락처 및 취급방법 등을 기재하여야 한다. 또한 수출자가 사전에 수입당국의 허가를 받은 경우에만 수출할 수 있고, 수입국의 위해성 심사를 통과한 GMOs만 수입이 가능하다.[99]

5. 생명과학과 재판

가. 재판절차에서 DNA증거의 이용

생명과학기술을 수사 및 형사절차에서 활용, 예컨대 DNA의 지문분석결과를 형사절차에 적용함으로써 과학적이고 신뢰도가 높은 수사를 할 수 있다. 그러나 수사의 필요성이라는 현실적 이익이라는 측면 이면에는 DNA 시료의 채취와 수집, 분석 및 활용 단계에서 개인의 기본권을 침해할 수 있다는 측면이 있어 이들 이익이 상호 충돌하면 문제될 수 있다.[100] 특히 DNA 지문에 대해서는 헌법적 및 형사상 문제가 발생한다. 헌법적 문제로서는 우선 인간의 존엄성과 인격권 침해 문제, 개인의 프라이버시 침해 문제, 사생활의 비밀과 자유에 입각한 정보의 자기통제권, 정보제공이나 진술을 거부할 수 있는 진술거부권, 적법절차원칙의 위배 여부 등이 문제로 나타날 수 있다. 또한 형사상으로는 DNA 지문분석과 그것의 유효성 및 증거로서 활용과 관련하여 문제가 제기될 수 있는데 DNA 지문증거에 대하여 우리 법원은 다소 소극적 태도를 보이고 있다. 즉 DNA 지문증거의 증거능력은 인정하면서도 그 증명력에 대하여는 정황증거로서의 가치 정도만을 부여하고 있다.[101] 한편 법무부는 2006년 7월 25일 "유전자감식정보의 수집 및 관리에 관한 법률(안)"[102]을 예고한 바 있으나, 입법화되지는 못하였다. 한편 2010년 4월 15일 "디엔에이신원확인정보의 이용 및 보호에 관한 법률(약칭: 디엔에이법)"이 제정 및 시행되면서, 현재 동법은 9차례의 개정을 거쳐 현행법에 이르고 있다.[103] 디엔에이법 제1조는 동법의 목적을 "디엔에이신원확인정보의 수집·이용 및 보호에 필요한 사항을 정함으로써 범죄수사 및 범죄예방에 이바지하고 국민의 권익을 보호"하는 것이라고 밝히고 있다. 동법 제2조에 의하면, "디엔에이감식"이란 개인 식별을 목적으로 디엔에이 중 유전정보가 포함되어 있지 아니한 특정 염기서열 부분을 검사·분석하여 디엔에이신원확인정보를 취득하는 것을 말하고, "디엔에이신원확인정보"란 개인 식별을 목적으로 디엔에이감식을 통하여 취득한 정보로서 일련의 숫자 또는 부호의 조합으로 표기된 것을 말하는 것으로 규정하고 있다. 특히 동법 제3조(국가의 책무)에서는 국가가 디엔에이감식시료를 채취하고 디엔에이 신원확인정보를 관리하며 이를 이용함에 있어 인간의 존엄성 및 개인의 사생활이 침해되지 아니하도록 필요한 시책을 마련하여야 하며, 데이터베이스에 수록되는 디엔에이신원확인정보에는 개인 식별을 위하여 필요한 사항 외의 정보 또는 인적사항이 포함되지 못하도록 하고 있다. 동법 제17조(벌칙)에 따르면, 디엔에이신원확인정보를 거짓으로 작성하거나 변개(變改)한 사람은 7년 이하의 징역 또는 2천만원 이하의 벌금에 처하고, 이 법에 따라 채취한 디엔에이감식 시료를 인멸, 은닉 또는 손상하거나 그 밖의 방법으로 그 효용을 해친 사람은 5년 이하의 징역 또는 700만원 이하의 벌금에 처하며, 동법 제15조를 위반하여 디엔에이감식시료 또는 디엔에이신원확인정보를 업무목적 외에 사용하거나 타인에게 제공 또는 누설한 사람은 3년 이하의 징역 또는 5년 이하의 자격정지에 처하는 등 디엔에이신원확인정보에 대한 보호를 강화하고 있다. 한편 마약류의 일종인 메트암페타민을 투약하였다는 혐의를 받고 기소된 사안에서, 대법원은 피고인의 투약 사실에 대한 직접적인 증거로는, 피고인의 소변과 머리카락에서 메트암페타민 성분이 검출되었다는 국립과학수사연구원의 감정 결과가 있을 뿐이고, 감정물인 머리카락과 소변에 포함된 세포의 디엔에이(DNA) 분석 등 피고인의 것임을 과학적 검사로 확인한 자료는 증거로 제출되지 않았다고 설시하면서, 과학적 증거방법이 사실인정에 있어서 상당한 정도로 구속력을 갖기 위해서는 감정인이 전문적인 지식·기술·경험을 가지고 공인된 표준 검사 기법으로 분석한 후 법원에 제출하였다는 것만으로는 부족하고, 시료의 채취· 보관·분석 등 모든 과정에서 시료의 동일성이 인정되고 인위적인 조작·훼손·첨가가 없었음이 담보되어야 하며 각 단계에서 시료에 대한 정확한 인수·인계 절차를 확인할 수 있는 기록이 유지되어야 한다고 판시하였다.[104]

나. 의사 등 생명과학전공자의 감정 및 법의학

형사 절차에 생명공학전공자 또는 의사가 자문함으로써 수사 절차에 도움을 주게 된다. 이와 관련된 학문분야를 법의학이라고 한다. 법의학은 법률상의 문제를 해결함에 있어 필요한 의학적 사항을 연구하는 학문으로써, 재판의학 또는 감정의학이라고도 하며 영미에서는 Forensic Medicine, Legal Medicine, Medical Jurisprudence, 독일에서는 Gerichtliche Medizin이라고 한다. 즉 법의

학은 범죄수사나 사법재판 상에 필요한 각종 증거물에 대하여 의학적 감정을 시행하는 응용의학의 한 분과이다.105) 법의학은 법의병리학(forensic pathology), 법의혈청학(forensic serology) 및 임상법의학(clinical jurisprudence)의 세 분야로 나눌 수 있으며, 세 분야가 서로 밀접한 관계를 가지고 상호 보완하여 원만하고도 완벽한 법의학이 운용될 수 있다. 법의학은 법학, 범죄학, 독물학, 범죄심리학, 범죄정신의학 등과 밀접한 관계를 가지고 있으며, 이들 역시 법의학과 상호보완작용을 하고 있다. 법의학은 주로 형사상 문제에 가장 많이 이용된다. 한편 의료과실 사건을 대상으로 하는 의료법학, 친자감정을 위한 법의유전학, 보상이나 배상의 기준을 정하는 배상의학 또는 보험의학 따위는 민사 법의학이라 할 수 있으며, 이들은 출생·사망·혼인·이혼·친자관계·연령 및 정신이상의 유무 등의 판단에 강력한 근거를 제공하여 합리적인 법 운영에 기여한다.106)

6. 의약품에 대한 제조물책임

의약품에 대한 제조물책임 및 제조물책임법 전반에 대해서는 본서 제5편 제4장 과학기술 민·형사소송을 참고하기 바란다.

Ⅲ. 줄기세포 연구와 관련된 법적 문제

1. 줄기세포의 정의 및 종류

가. 정의 및 연혁

정자와 난자가 수정되면 초기 발생 단계에서 하나의 세포가 하나의 개체가 될 수 있는 능력을 가지게 된다. 수정란은 발생과 분화를 거듭하면서 각 세포는 자신의 운명이 결정된다. 예컨대, 혈구가 될 세포는 혈구로만, 신경세포가 될 운명의 세포는 신경세포로만 분화될 수 있다. 이렇게 특정 세포로 분화할 수 있는 능력을 '분화능'이라고 하며, 분화가 진행될수록 그 세포가 가지는 분화능은 점차 감소하게 된다. 발생학(embryology)의 연구를 통해 모든 개체는 하나의 수정란에서 비롯되고, 발생 및 분화의 과정에서 중심이 되는 근원세포가 있을 것이라는 가정에 서게 되었는데, 이와 같이 다른 조직 및 세포로 새롭게 발달할 수 있는 능력을 가진 세포를 줄기세포(stem cell)라고 부른다.

줄기세포에 대한 연구는 1980년대 생쥐에서 최초로 진행되었다. 1981년에반스(Evans), 카우프만(Kaufmann) 등은 전능세포를 배양하는 방법, 즉 배아줄기세포를 배양하는데 성공하였다. 그러나 생쥐의 배아줄기세포에 관한 연구는 직접 인간을 대상으로 하는 실질적인 임상에 적용하는 데에는 한계가 있었다. 1998년에 미국 위스콘신 대학의 제임스 톰슨(Thomson)과 존스 홉킨스 대학의 존스 기어하트(Johns Gearhart)는 인간배아에서 전능세포를 얻어내는데 성공하였다고 발표하였다.107) 이 줄기세포로 신경세포, 심장근육 세포 등 다양한 종류의 세포를 만들어내는데 성공하였다. 이와 함께 이식의학(transplantation medicine)이라는 새로운 질병치료 개념이 생겨났다. 당뇨병, 파킨슨씨병, 골관절염과 같이 세포가 자신의 기능을 제대로 수행하지 못하고, 소멸되는 퇴행성 질환을 앓고 있는 환자에 줄기세포를 이식하면 손상된 세포를 정상세포로 바꿀 수 있다.108)

나. 종 류

줄기세포(stem cells)는 적절한 환경에서 세포분열을 통해 자신을 복제할 수 있고, 자신 또는 자신의 딸세포를 적절한 환경하에서 서로 다른 특성을 가진 세포로 발달시킬 수 있는 모든 세포를 말한다. 줄기세포는 인체의 체내에서 발견되는 성체줄기세포(adult stem cell)와 발달단계에 있어서 전분화 능력을 가진 미분화 상태의 배아줄기세포(embryonic stem cell)로 크게 구분할 수 있다.109) 성체줄기세포는 다능세포(multipotent cell)이다. 즉, 이들은 인간의 체내에 있는 대부분의 조직세포들로서 정상적으로 존재하는 조직을 재생하기 위하여 특정한 세포 형태로 분화할 수 있는 능력을 가지는 줄기세포이고, 인간에 존재하는 일부 세포의 형태를 만들 수 있다는 점에서 배아줄기세포보다는 제한된 능력을 가지고 있다. 반면 배아줄기세포는 성체줄기세포에 비해 미분화된 상태를 유지하면서 보다 오랫동안 배양할 수 있으므로 빠른 시간 내에 임상에 필요한 충분한 양의 세포를 획득할 수 있고, 전능 세포이므로 특정한 질병치료를 목적으로 임상적으로 사용될 수 있다는 장점을 가진다. 양자를 비교해보면, 성체줄기세포는 면역거부반응을 피할 수 있다는 장점은 있으나 줄기세포의 기능 분화가 다양하지 못할 것이라는 문제점이 있고, 배아줄기세포는 환자의 체세포핵을 이식해서 얻은 경우, 소위 자가이식의 경우에는 면역거부반응을 피할 수 있을 뿐만 아니라 기능분화의 다양성을 충족시킬 수 있어 그 자체가 여러 조직을 위한 근원적인 줄기세포이기 때문에 배아줄기세포만 이용하면 모든 조직 또는 세포로 만들 수 있는 장점이 있다.110) 다만 배아줄기세포는 생명윤리 문제로 인한 논쟁 중에 있다.

2. 배아줄기세포에 이용되는 과학기술과 생명윤리의 충돌

가. 배아줄기세포를 이용한 과학기술의 유용성

줄기세포는 아직 분화되지 않은 원시선 세포로, 자신을 복제(self-repli-cation), 증식(proliferation) 및 분화할 수 있는 능력을 가진 세포이다. 줄기세포는 인간의 정상적인 성장과 발달과정에 매우 중요하며, 특히 사망하거나 상처받은 조직을 재생하기 위한 새로운 세포의 중요한 소스가 된다. 이러한 특성 때문에, 줄기세포는 퇴행성 질병의 치료 예컨대, 뇌세포의 특정 그룹에 손상이 있어서 발생하는 파킨슨병이나 알츠하이머(치매) 질환 등의 경우에 줄기세포 연구를 통한 치료요법이 적용될 수 있다고 한다.

나. 배아줄기세포 연구에 의한 윤리문제

배아줄기세포 연구는 그동안 선진국을 포함하여 여러 국가에서 많은 비용을 들여 진행되어 왔다. 이는 배아줄기세포 연구를 통한 불치병 또는 난치병 치료의 가능성 때문이다. 그럼에도 불구하고, 배아줄기세포 관련 연구는 생명윤리 문제가 존재하여 이에 대한 논쟁이 끊이지 않고 있는데, 이는 배아로부터 인간배아줄기세포를 추출할 때 수정 후 며칠 지나지 않은 전능 단계의 배아를 파괴해야 하기 때문이다. 사실 생명윤리 논쟁은 "배아를 '언제부터' 인간으로 보느냐?"에서 출발한다.[111] 그러나, 이 질문에 대한 답변은 사회를 구성하는 구성원들의 가치관 등의 차이에 따라 달라진다. 예컨대, 종교계는 배아를 수정한 때부터 인간으로 보아야 한다고 보고, 이를 파괴하는 것은 살인이나 다름없으며, 따라서 배아단계에서 줄기세포를 추출하는 것은 허용되어서는 안되고, 성체에서 줄기세포를 추출하여 연구할 것을 주장하고 있다. 반면, 과학기술계는 자궁 착상 시기부터 또는 척추 원시선이 발생하는 수정 후 14일이 경과된 이후에라야 인간으로 볼 수 있고, 그 전에는 단지 세포덩어리에 불과하기 때문에 이러한 세포덩어리를 가지고 연구하는 것은 문제없다는 주장을 내세우고 있다. 양자의 주장은 서로 양립하기 어려워 생명윤리 문제를 둘러싼 갈등이 쉽게 해결되지 않고 있다. 다만, 양자는 모두 인간복제를 행해서는 안된다는 점에서는 견해가 일치한다. 이러한 가운데 최근 일본에서 생명윤리 문제가 일어나지 않는 유도만능줄기세포(induced Pluripotent Stem cell)를 발견한 것은 배아줄기세포 연구에 있어서 새로운 전기를 마련하고 있다.

다. 배아줄기세포 연구에 대한 비교법적 고찰

1) 서

인간배아줄기세포와 관련하여 국제적으로 많은 논의가 진행되어 왔다. 유네스코는 1997년 11월 11일 '인간게놈과 인권에 관한 보편선언(Universal Declaration on the Human Genome and Human Rights)'을 천명하여 유전자와 인권에 관한 국제적 선언문을 채택하였다. 또한 유네스코는 2005년 10월 19일에 '생명윤리와 인권에 관한 보편선언(Universal Declaration on Bioethics and Human Rights)'을 채택하여 생명윤리에 관하여는 물론 인간의 존엄성과 인권 등에 관하여 규정하였다. 이외에도 UN 차원에서 2004년 10월 UN 제6위원회(법률담당)에서 '인간복제 금지협약'을 위한 유엔회의를 개최하였고, 동년 11월 인간배아 복제문제를 구속력있는 조약 대신 형식적인 선언문만 채택하기로 최종 결정하였고, 인간의 존엄성을 존중하고 이에 반하는 생명공학 기술을 금지할 것을 선언하였다. 2005년 3월에는 유엔 총회에서 '인간복제 전면금지 선언문'을 채택하여 치료목적의 인간복제도 금지하도록 하고 있으나 법적 구속력은 없어서 영국, 프랑스, 일본, 중국은 이 결의안이 정치적 선언에 불과하다며 치료목적의 연구를 계속 허용할 방침임을 시사하였다.[112] 유럽연합 내에서 인간배아를 이용한 줄기세포연구는 스웨덴, 스페인, 핀란드, 벨기에, 그리스, 영국, 덴마크와 네덜란드에서는 허용되고 있지만, 독일, 오스트리아, 아일랜드, 이탈리아와 포르투갈에서는 불법으로 규정되어 있다. 또한 미국의 주마다 다른 입장을 취하고 있어서 일부는 완전금지인 반면, 다른 주들은 이를 지지하는 양상을 띠고 있다. 글로벌 차원에서 줄기세포 시장은 2017년 1,350억 US 달러, 2019년 1,559 US 달러, 2020년 2,080 US 달러이고 2023년 3,380억 US 달러로 급성장하는 추세(Frost&Sullivan, 2018.11)라고 한다. 2017년의 경우 줄기세포 전체 시장 중에서 북미가 37.3%, 유럽이 27.8%, 아시아 태평양지역이 21.3% 순으로 형성되어 있고, 총 7건의 줄기세포가 판매 승인되었는바, 이중 4건이 우리나라 제품이어서 우리나라가 줄기세포 치료 분야에서 우수한 역량을 보유하고 있는데, 아직은 치료효과에 충분하지 않는 수준에 머물고 있다는 문제점도 있다고 지적되고 있다.[113] 이하 주요 국가들의 줄기세포에 관한 정책 또는 입법례를 살펴보도록 한다.

　　2) 미 국

　　미국에서 인간배아 취급에 관한 연방법은 존재하고 있지 않으며, 미국 국립보건연구소(National Institute of Health, NIH)는 인간배아줄기세포를 이용한 연구에 한하여 정부자금을 지원하고 있다. 한편 미국은 부시 전 대통령 시절인 2001년 당시 수립된 줄기세포주를 이용하는 연구에 대해서만 연방정부 지원을 할 수 있도록 하였으나, 2009년 3월 9일 오바마 대통령의 행정명령(Executive Order 제13505호)으로 2001년 이후에 수립된 줄기세포주를 이용하는 연구도 연방정부 지원을 받을 수 있도록 하였다. 미 연방의회는 2005년 "줄기세포 치료 및 연구법(Stem Cell Therapeutic and Research Act of 2005)"을 제정하여 환자 치료 및 연구 목적으로 인간 제대혈 줄기세포의 수집 및 관리에 관한 내용을 규정하였다. 2009년 4월에 미국 국립보건원(NIH)가 발표한 가이드라인에 의하면, 단성생식 및 체세포복제배아 등 연구용으로 생성된 배아로부터 수립된 줄기세포주에 대해서는 연방정부 지원을 배제하도록 하였다. 또한 배아로부터 줄기세포주를 수립하는 연구는 Dickey-Wicker Amendment(1996)에 의해 연방정부 연구비를 지원할 수 없도록 하였다. 그러나 미국에서 줄기세포 연구 자체가 금지된 것은 아니며, 민간 차원의 연구가 제한되는 것은 아니다. 미국은 연방법률 및 연방규정 외에도 각 주마다 주법이 적용되며, 주마다 입법례가 다르다. 예를 들면, 미국 캘리포니아 주의 경우, 주 헌법에 "줄기세포연구권"을 명시하고 있고,[114] 캘리포니아주 법에서는 '인간세포의 사용(Use of Human Cells)' 관련 규정[115]을 마련하였다. 캘리포니아 주는 연방정부 연구비와는 별도로 줄기세포 연구 촉진을 위한 연구비를 조성하여 지원하고 있다. 한편 미국은 2016년 줄기세포 치료제의 특성을 고려하여 "복지증진을 위한 재생의료선택의 신뢰가능과 효과적 성장(Reliable and effective growth for regenerative health options that improve wellness ACT, 2016)"법안이 발의되었으나, 세포치료제는 3상 임상을 실시하지 않고 2상 임상시험만으로 한시적 승인하고, 3상 시험결과는 5년 이내 제출하도록 하였지만 학계의 강력한 비판에 법안이 통과하지는 못하였다.[116]

3) 유 럽

유럽에서 배아줄기세포에 관한 연구는 국가마다 서로 다른 차이를 보이고 있다. 우선 체세포복제방식으로 복제양 돌리를 만드는 등 생명과학 분야에서 우수한 기술을 선점하고 있는 영국의 경우에는 배아줄기세포에 관한 연구를 국가 정책적으로 보호하는 입장을 견지하고 있다. 영국은 1990년 인간수정배아연구법을 제정(1991년 4월 발효)하여 HFEA(Human Fertilization and Embryology Authority)가 인간배아 취급에 대한 규제를 하고, 체외에서 인간배아를 제조, 저장, 사용하는 등 관련된 모든 연구는 HFEA의 승인이 필요하도록 하였다. 2001년에는 "연구목적에 대한 인간배아수정 규정(Human Fertilization and Embryology (Research and Purpose) Regulation)"을 개정하여 치료목적의 범위 내에서 인간복제배아제작을 허용하였고, 2002년에는 세계에서 최초로 인간배아로부터 줄기세포주 수립을 법적으로 허용하였다. 또한 2001년 "인간재생복제법(Human Reproduction Cloning Act 2001)"을 제정하여 기존의 배아복제 연구 등은 허용하지만, 세포핵치환법 등의 방법에 의한 인간복제는 금지하도록 하였다. 2004년 8월에는 세계 최초로 인간복제배아 연구를 허가하여 복제배아 줄기세포 실험을 승인하였다. 2008년 개정된 "인간 수정 및 배아에 관한 법률(Human Fertilization and Embryology Act 2008)"에서는 HFEA의 승인을 거쳐 동물의 난자에 인간의 체세포 핵을 이식하는 이종 간 핵이식을 통한 배아줄기세포에 관한 연구를 허용하는 등 줄기세포 연구 분야의 허용범위를 폭넓게 인정하고 있다.

독일은 1990년 배아보호법과 2002년 줄기세포법에 따라 인간의 배아연구에 대하여 매우 엄격하게 통제하고 있다. 1990년에 배아보호법(Embryonenschutzgesetz)[117]에 따르면, 인간의 생명체는 수정단계로부터 시작되고, 수정된 난자는 인간의 생명을 위한 모든 요건을 포함하고 있으며, 따라서 수정란은 인간의 신체의 시작을 의미한다고 한다.[118] 2002년 6월 28일 제정된 줄기세포법(Stammzellgesetz)[119]에 의하면, 배아줄기세포의 수입 및 이용은 금지하지만, 연구 목적의 경우에는 허용된다. 다만, 연구 목적일지라도 잉여배아로부터 수립된 인간배아줄기세포의 제조는 금지하지만 엄격한 제한하에 줄기세포의 수입을 허용하고 있다.[120] 즉 독일에서 인간배아줄기세포의 수입은 원칙적으로 금지되며, 다만 예외적으로 매우 엄격한 조건하에 '고도의 연구목적(hochrangige Forschungsziele)'인 경우에는 제한적으로 허용된다고 규정하고 있다.[121] 이러한 제한은 독일 연구자들의 줄기세포에 관한 연구를 움츠리게 하였고, 2002년 이래 배아줄기세포의 수입은 단지 134건만이 승인되었고, 단지 15 내지 20개의 연구실만이 국제적인 경쟁력이 있는 것으로 조사되었다.[122] 줄기세포연구와 관련하여 독일 정부는 주로 배아보다는 성체줄기세포에 재정 지원을 하였고, 독일연구협회(Deutsche Forschungs-gemeinschaft) 역시 인간배아세포에 대한 프로젝트 비용은 약 3%에 불과하였다고 한다.[123] 초기에는 배아 전구체로부터 심장, 간 및 뇌세포를 발전하는 것에 대하여 연구하였는데, 최근에는 유도만능줄기세포(iPS) 연구를 진행하면서 배아줄기세포는 더 이상 연구를 위한 매력적인 요소가 아닌 것으로 되고 있다. 최근 배아줄기세포의 특허성에 관한 법원의 판결은 이를 더욱 불확실하게 만들었다. 즉 1999년 Oliver Brüstle는 배아전구체로부터 뇌세포를 제조하는 방법에 대한 특허를 획득하였지만, 그린피스의 제소 이후에 독일 특허청은 자신의 결정을 취소하였다. 이후 유럽에서 인간의 배아줄기세포는 원칙적으로 특허받을 수 없다는 것이 명확해지게 되었다.

프랑스에서는 1994년 7월 29일자 생명윤리법[인체의 존중에 관한 법률(Loi n° 94-653 du 29 juillet 1994 relative au respect du corps humain)]을 제정하여 유

전병 예방, 치료 목적 이외의 유전자 조작을 금지함으로써 인간복제행위를 금지하고, 상업적 또는 연구 목적으로 인간배아의 생성, 취득, 사용행위를 금지하였다. 그 후 2004년 8월 6일자 제정된 '생명윤리에 관한 법률(Loi n° 2004-800 du 6 août 2004 relative à la bioéthique)'에서는 "연구를 목적으로 하는 인간배아의 클로닝에 의해 배아를 구성하거나 또는 실험실에서 배아를 착상(conception)하는 행위는 금지되며, 상업적 또는 산업적 목적을 위하여 클로닝에 의해 인간배아를 제조하는 행위도 금지되며, 치료목적을 위하여 인간배아를 클로닝에 의해 조성하는 모든 행위도 금지된다."라고 규정하여 인간배아 및 배아줄기세포를 클로닝에 의해 제조 또는 연구 행위에 대하여 엄격하게 규제하고 있다. 특히, 치료용 클로닝에까지 금지의 잣대를 들이댄 것은 치료용 클로닝이 복제용 클로닝으로 가는 첫 번째 단계가 될 수 있으며, 이는 '인류에 대한 죄악(crime against mankind)'이라는 이유 때문이라고 한다. 다만, 인간배아에 관한 연구를 원칙적으로 금지하면서도 예외적으로 배아 및 배아세포들에 관한 연구가 주로 의학적 치료에 대한 진보를 가져올 수 있는 경우에는 일정한 경우에 이를 허용하고 있다. 그 후 2011년 7월 7일에 '생명윤리에 관한 법률(Loi n° 2011-814 du 7 juillet 2011 relative à la bioéthique)'을 개정하였는데, 동 개정법은 배아와 배아줄기세포에 관한 연구를 금지하는 원칙을 유지하고 있고, 다만 예외적으로 다음 요건들, 연구 프로젝트의 과학적 중요성이 확립되어야 하고, 연구는 주요 의학적 돌파구를 유도할 수 있어야 하며, 요망되는 결과가 다른 연구 수단에 의해서는 성취될 수 없음이 명확하게 규명되어야 하며, 연구 프로젝트와 그 시행이 배아와 배아줄기세포에 관한 연구 관련 모든 윤리 원칙들을 존중하는 요건들을 충족시키는 경우에만 허용하는 것으로 규정하고 있다. 특히 이들 시험을 진행할 때에는 오로지 시험관아기(IVF)로부터의 잉여 배아들만을 이용할 수 있도록 하였다.[124]

프랑스는 2019년 7월 24일 의회에 생명윤리법안을 제출하였다. 프랑스 생명윤리법의 개정에 대한 요구는 생명윤리법에 관한 주기적인 개정을 통해 의학과 생물학에서의 진보에 관한 생명윤리 문제를 규칙적으로 논의할 수 있는 기회를 제공한다는 점에서 긍정적으로 작동하고 있으며, 특히 매 7년마다 이러한 개정에 대한 논의가 진행된다는 점에서 향후 프랑스에서 생명윤리법에 관한 개정이 어떻게 진행될지 주목할 일이다.

4) 일 본

일본은 2000년 "인간에 관한 클로닝 기술 등의 규제에 관한 법률(소위 클론

기술규제법)"125)을 제정하여 인간복제행위를 금지하였다. 동법에 기인하는 '특정배아의 취급에 관한 지침'(이하 '특정배아지침'이라 함)에서는 동물성 집합배아를 만들 수 있지만, 치료용 클로닝의 연구에 직접 관련된 인간클로닝 배아는 만들 수 없도록 하고 있다. 2001년 9월에는 클론기술규제법에 근거하여 '인간배아줄기세포의 수립 등 사용에 관한 지침'(이하 '배아줄기세포지침'이라 함)이 제정되어 일정한 제한하에 인간배아연구를 허용하였다. 한편 일본 문부과학성은 '줄기세포지침'을 공시하여 적절한 설명과 동의를 조건으로 하여 동결 보존된 잔여배아로부터 배아줄기세포의 수립은 허용하지만, 치료용 클로닝에 관한 연구는 허용하지 않도록 하였다. 그 후 2004년에 종합과학기술회의의 생명윤리전문조사회는 '인간배아의 취급에 관한 기본적인 사고방식(의견)'을 정리하여 발표하였고, 여기에서는 인간클로닝 배아를 연구 목적으로 만들거나 이용하는 것을 제한적으로 허용해야 하고, 이 때문에 특정배아나 배아줄기세포지침을 개정해야 한다고 하는 견해가 제시되었다. 이와 같이 배아복제에 보수적이었던 일본이 배아복제 실험을 조건부로 허용한 것은 세계적으로 배아줄기세포에 관한 연구의 필요성에 대한 자각을 의미하는 것이었다. 문부과학성은 이러한 견해를 받아들여 2006년 6월에 "인간클로닝배아의 연구목적의 작성, 이용에 관하여 – 인간클로닝 배아 연구이용 작업부회 중간보고"를 발표하였다. 동 중간보고에 의하면, "아무런 대가없이 자발적으로 제공한 미수정란을 채취하는 것은 원칙적으로 인정해서는 안된다."라고 하는 방침이 제시되어 있다. 따라서 일본에서 인간클로닝 배아를 제작하기 위해서는 동결된 미수정란 이외는 사용할 수 없는데, 동결한 미수정란으로부터 인간클로닝 배아를 제작하는 것은 기술적으로 쉽지 않다는 문제점이 존재하고 있다. 한편 일본은 2008년에 교토 대학의 신야 야마나카 박사팀이 생명윤리 문제가 없는 유도전능줄기세포(iPS) 수립 방법을 개발한 이후126) 이 분야에 대한 지원을 강화하는 한편, 체세포복제배아줄기세포 수립 연구에 대하여도 일시적으로 허용하는 등의 정책을 통해 이 분야의 연구개발 경쟁에서 선점하려는 노력을 하였다.

한편 일본은 2013년 11월 "재생의약등의 안전성 확보 등에 관한 법률"이 제정되었고, 일본 내에서 재생의료에 관한 제도를 정비하였으며, 인간배아줄기세포의 의료목적으로의 이용을 가능하게 하기 위하여 배아줄기세포 관련 지침을 개정하였다. 이 개정안에 대하여 CSTI(종합과학기술 이노베이션 회의)는 인간배아줄기세포를 해외 기관에 제공하고, 의료목적으로 이용에 제공하는 것에 관하여 신속한 검토가 요망된다는 지적을 하였다. 이에 따라 문부과학성 및 후생노

동성은 2019년 4월 1일 인간배아줄기세포 관련 지침인 '인간배아줄기세포의 수립에 관한 지침(ヒトES細胞の樹立に関する指針)'127) 및 '인간배아줄기세포의 사용에 관한 지침(ヒトES細胞の使用に関する指針)'128)과 '인간배아줄기세포의 배분기관에 관한 지침(ヒトES細胞の分配機関に関する指針)'129)을 개정하였다. 동 지침에 따르면, 연구 관련 국제협력 강화 관점에서 해외기관에 배분하는 인간배아줄기세포를 종래 기초연구목적 이외에 임상목적으로도 할 수 있도록 하였고, 임상응용을 목적으로 한 인간배아줄기세포의 사용에 의해 당해 인간배아줄기세포에 의료상의 안전성에 관한 정보 등의 부가가치가 발생하는 경우가 있기 때문에 반드시 무상분배는 요구하지 않도록 하였다.

  5) 우리나라의 생명윤리 및 안전에 관한 법률

  우리나라에서 인간배아줄기세포에 관하여는 2004년에 제정되어 2005년 1월 1일에 발효된 '생명윤리 및 안전에 관한 법률'(이하 '생명윤리법'이라 함)에 규정되어 있는데, 18차례의 개정을 거쳤으며, 현행법은 2019년 4월 23일에 개정되어 2019년 10월 24일자로 시행되고 있다.130) 생명윤리법에 의하면 누구든지 체세포복제배아 및 단성생식배아를 인간 또는 동물의 자궁에 착상시켜서는 안되고, 착상된 상태를 유지하거나 출산해서는 안되며, 이러한 행위를 유인 또는 알선 행위를 금지함으로써 인간복제를 금지하고 있는데, 이를 위반하면 10년 이하 징역형에 처하고 미수범까지 처벌하도록 하고 있다.131) 또한 인간의 배아를 동물의 자궁에 착상시키거나 동물의 배아를 인간의 자궁에 착상시키는 이종 간 착상행위를 금지하고 있고, 이를 위반하면 5년 이하의 징역형에 처하도록 하고 있다.132) 이외에도 i) 인간의 난자를 동물의 정자로 수정시키거나 동물의 난자를 인간의 정자로 수정시키는 행위(다만, 의학적으로 인간의 정자의 활동성을 시험하기 위한 경우는 제외한다), ii) 핵이 제거된 인간의 난자에 동물의 체세포핵을 이식하거나 핵이 제거된 동물의 난자에 인간의 체세포핵을 이식하는 행위, iii) 인간의 배아와 동물의 배아를 융합하는 행위, iv) 다른 유전정보를 가진 인간의 배아를 융합하는 행위를 금지하고 있다. 이와 같이 인간복제행위 또는 이종 간 착상행위의 금지와 관련하여 생명윤리법은 강력한 처벌 조항을 마련해 놓고 있다. 이는 어떠한 목적일지라도 인간복제행위와 이종 간 착상행위를 금지하려는 입법 의도라고 할 수 있다.

  생명윤리법 제23조에 따라 누구든지 임신 이외의 목적으로 배아를 생성하는 행위를 해서는 안되며 예외적으로 임신을 목적으로 하는 경우에만 허용된다. 또한 금전 또는 재산상 이익 기타 반대급부를 조건으로 정자 또는 난자를 제공 또는 이용하거나 이를 유인 또는 알선하는 행위는 금지된다. 즉 불법 정자 또는 난자 매매는 금지된다. 잔여배아의 경우에는 배아의 보존기간인 5년이 경과하고 발생학적으로 원시선이 나타날 때까지, 체외에서 불임치료 및 피임기술 개발을 위한 연구, 기타 대통령령이 정하는 희귀한 질병이나 난치병[133]의 치료를 위한 연구 등의 목적으로만 이용할 수 있으며, 보존기간이 경과하지 않은 잔여배아의 경우에는 동의권자의 동의를 얻어야 한다.[134] 생명윤리법 제31조에 의하면 체세포핵이식행위 또는 단성생식행위를 엄격하게 규제하고 있는데, 다만 희귀한 질병이나 난치병 치료를 위한 연구를 목적으로 하는 경우에는 예외로 한다. 2008년 6월 5일 생명윤리법에는 줄기세포주의 제공, 이용 및 등록에 관한 규정(제33조 내지 제35조)이 신설되었다. 즉 줄기세포주를 수립하거나 수입한 자는 그 줄기세포주를 무상으로 제공하여야 하며, 이러한 줄기세포주는 체외에서 질병의 진단, 예방 또는 치료용 연구, 줄기세포의 특성 및 분화에 관한 기초 연구 기타 심의위원회의 심의를 거쳐 대통령령으로 정하는 연구 목적으로만 이용할 수 있다.

　또한 생명윤리법 제36조 이하에는 인체유래물에 관한 규정이 마련되어 있다. 동법 제2조 제11호에 의하면, "인체유래물"이란 인체로부터 수집하거나 채취한 조직·세포·혈액·체액 등 인체 구성물 또는 이들로부터 분리된 혈청, 혈장, 염색체, DNA(Deoxyribonucleic acid), RNA(Ribonucleic acid), 단백질 등을 말한다. 동법 제37조에 따르면, 인체유래물연구자는 인체유래물연구를 하기 전에 인체유래물기증자로부터 인체유래물연구의 목적, 개인정보의 보호 및 처리에 관한 사항, 인체유래물의 보존 및 폐기 등에 관한 사항, 인체유래물과 그로부터 얻은 유전정보(이하 "인체유래물등"이라 한다)의 제공에 관한 사항, 동의의 철회, 동의 철회 시 인체유래물등의 처리, 인체유래물 기증자의 권리, 연구 목적의 변경, 그 밖에 보건복지부령으로 정하는 사항에 대한 서면동의를 얻어야 한다. 인체유래물연구자는 인체유래물기증자로부터 인체유래물등을 제공하는 것에 대하여 서면동의를 받은 경우에는 기관위원회의 심의를 거쳐 인체유래물등을 인체유래물은행이나 다른 연구자에게 제공할 수 있으며, 이때 익명으로 제공해야 한다. 다만, 인체유래물기증자가 개인식별정보를 포함하는 것에 동의한 경우에는 그러하지 아니하다. 또한 인체유래물등은 무상으로 제공하여야 한다. 인체유래물연구자는 동의서에 정한 기간이 지난 인체유래물등을 폐기하여야 하지만, 인체유래물등을 보존하는 중에 인체유래물기증자가 보존기간의 변경이나 폐기를 요청하는 경우에는 그 요청에 따라야 한다.

인체유래물은행을 개설하려는 자는 보건복지부장관의 허가를 받아야 하며, 인체유래물은행은 인체유래물연구에 쓰일 인체유래물을 직접 채취하거나 채취를 의뢰할 때에는 인체유래물을 채취하기 전에 인체유래물 기증자로부터 인체유래물연구의 목적(인체유래물은행이 인체유래물연구를 직접 수행하는 경우만 해당한다), 개인정보의 보호 및 처리에 관한 사항, 인체유래물등이 제공되는 연구자 및 기관의 범위에 관한 사항, 인체유래물등의 보존, 관리 및 폐기에 관한 사항, 및 동의의 철회, 동의의 철회 시 인체유래물등의 처리, 인체유래물 기증자의 권리나 그 밖에 보건복지부령으로 정하는 사항에 대하여 서면동의를 받아야 한다.135)

생명윤리법 제46조 이하에 따르면, 유전정보로 인하여 교육, 고용, 승진, 보험 등 사회활동에 있어서 차별해서는 안되며, 유전자 정보를 이용하는 경우에도 개인 정보 등이 포함되어서는 안되는 등 유전자 정보의 이용이 규제된다. 또한 유전자 치료의 경우에도 생명을 위협하거나 심각한 장애를 초래하는 질병 치료 등의 사유 이외에는 유전자 치료를 하지 못하도록 엄격하게 규제하고 있다. 특히 유전자치료를 하려는 의료기관은 유전자치료를 받고자 하는 환자에게 치료 목적, 예측되는 치료결과 및 그 부작용 등에 대하여 미리 설명한 후에 동의(informed consent)를 받아야 한다.

3. 인간복제에 관한 문제

가. 인간복제에 관한 법적 문제

인간복제에 관한 법적 문제를 우선 헌법적 관점에서 살펴보자. 헌법 제10조에서 의하면 "모든 국민은 인간으로서의 존엄과 가치를 가지며..."라고 규정하고 있다. 만일 인간복제가 현실화되면 '인간의 상품화' 현상이 일어날 것이다. 즉 공장에서 상품을 찍어내듯이 인간복제를 할 수 있는 세상이 올지도 모른다. 이는 인간을 목적론적 존재가 아니라 목적을 위한 수단으로서 바라보는 것이 되며, 인간의 존엄성과 가치가 완전 상실되는 세상이 될 것이다. 또한 복제인간의 정체성(identity)도 문제될 수 있다. 복제인간은 자신의 사회적 정체성 혼란으로 인하여 인간사회에서 살아가야 할 존재의의를 잃어버릴지도 모른다. 설령 복제인간을 인간과 똑같이 인정하는 경우라 할지라도 법적으로 여러 가지 복잡한 문제들이 발생할 수 있다. 가장 심각하게는 가족법 분야에서 일어날 것이다. 즉 복제인간으로 인하여 혈연과 가족 공동체에 기반을 둔 우리 사회의 법리는 커다란 혼란에 빠질 것이다. 복제인간의 법적 지위에 관하여, 예컨대,

"아버지를 복제한 인간이 내게 동일한 아버지인가, 작은 아버지인가, 아니면 나와는 전혀 상관없는 아무것도 아닌 존재인가"라는 의문이 제기된다. 이와 같이 생명과학기술의 도움으로 완벽하게 인간을 복제하는 경우라 할지라도 복제인간에게 어떠한 법적 지위를 부여할 것인지 의문이다.

또한 잔여배아를 가지고 줄기세포를 만드는 경우에 일정기간 보존하고 난 이후에 잔여배아는 폐기되어야 한다. 그러나 잔여배아는 적절한 환경하에 있게 되면 인간이 될 수 있는 상태이므로 냉동상태로 보관되어 있는 잔여배아를 일정기간 경과 후에 폐기하는 행위 역시 살인행위가 될 수 있다. 한편 냉동상태의 잔여배아가 손상되면 피해보상을 받아야 하는데 만일 부모가 사망한 후 잔여배아가 상속권을 주장할 수 있는지, 즉 상속회복청구권을 행사할 수 있도록 할지도 문제가 될 수 있다. 이와 같이 인간복제는 헌법에서 최대 가치규범인 인간의 존엄성 문제와 관련되어 쟁점은 물론 민사상 가족법 분야에서도 해결하기 어려운 쟁점들을 던져놓고 있다.

나. 인간복제에 관한 윤리적 또는 철학적 문제

인간복제는 윤리적 또는 철학적으로 이슈를 제기하고 있다. 우선 인간복제 기술로서 체세포복제기술은 기술적으로 매우 어렵고 실패율도 높다. 예컨대, 1997년 영국 로슬린 연구소에 의한 체세포핵치환 방식에 의한 만들어진 복제양 돌리의 경우에도 276번의 시도 끝에 성공한 것으로 성공률이 1%도 안된다. 즉 체세포복제방식에 의한 복제를 위해서는 난자 수백 개가 필요하고 수정을 시키더라도 세포분열을 통해 배아단계에 진입하는 것은 수십 개에 불과하다. 자궁에 착상을 하더라도 유산 또는 사산되며, 기형으로 태어나는 경우도 많다. 따라서 오늘날의 복제기술은 여전히 불완전한데, 이와 같이 불완전한 복제기술을 이용하여 인간을 복제할 경우에 기형아로 태어난 복제인간으로 인하여 우리 사회는 심각한 혼란을 겪게 될 것이다. 또한 복제양 돌리에서 볼 수 있듯이 복제양 돌리는 6년생 어미 양으로부터 복제되었기 때문에 결국 노화가 빨리 진행되어 자연수명을 살지 못하고 일찍 사망하였다는 점을 고려한다면, 복제인간을 만들기 위하여 부모로부터 제공된 세포 또는 조직을 채취하여 복제인간을 만든 경우에 새로 태어난 복제인간의 나이는 이미 부모의 연령과 거의 유사한 세포의 나이를 가지게 될 것이다.

상술한 바와 같이 잔여배아를 이용한 복제기술의 경우에 냉동된 잔여배아를 폐기하게 되는데, 이는 배아를 단순히 세포덩어리 또는 물질로 보기 때문이라는 윤리적 시각에서 비판론이 제기된다. 따라서 배아줄기세포를 추출하기 위하여 잠재적으로 생명체가 될 수 있는 배아를 파괴 또는 폐기하는 행위는 인간을 수단화하는 것이며 살인행위나 다름없다고 비판한다. 또한 체세포복제기술을 위해서는 반드시 난자가 필요한데 법적으로 난자는 무상 기증되어야 한다. 그러나 난자의 수급에 불균형이 오게 되면 불법으로 난자를 매매하는 환경이 조성될 가능성이 높다. 여성들이 돈을 벌 목적으로 불법으로 난자를 채취할 것이고 이를 위해 과배란 유도 호르몬 주사를 맞는 경우에는 여성의 신체에 대한 인권 침해 소지도 크다. 예컨대, 황우석 박사가 16명에서 242개의 난자를 채취하였고, 그 후 18명으로부터 185개의 난자를 채취하였다고 하는데, 이는 평균 1명의 여성으로부터 10개 이상의 난자를 채취한 것으로, 여성을 실험 도구로 사용하였다는 비난을 받고 있다.

인간복제는 또한 기존의 가족제도에 심각한 위기를 초래할 수 있다. 과학기술의 발달로 결혼하지 않아도 아이를 낳을 수 있거나 남자 없이 여성의 난자만 있으면 체세포핵치환 방법에 의해 아이를 낳을 수 있는 환경이 조성되면 기존의 가족제도는 존재 자체에 커다란 위협을 받게 될 것이다. 또한 복제인간을 만들기 위해 값비싼 비용이 필요할 것이고 따라서 경제적 능력이 있는 사람들만 복제인간을 만들 수 있는 사회가 될 수도 있다. 또한 유전자 복제로 인하여 인간복제가 가능하다면 유전자를 개량한 우성인간의 출현으로 인하여 인간사회에 새로운 계급사회가 형성되거나 차별을 가져올지도 모른다. 만일 유전자 조작을 통한 인간복제가 가능하다면 불순한 권력독점가, 전쟁광 또는 테러리스트들은 자신의 불순한 목적을 위해 복제인간을 대량으로 만들어 자신의 목적을 위한 수단으로 사용할 수도 있을 것이다. 이는 결국 인간사회를 파괴하는 종말론적 상황으로 만들어 버릴지도 모른다는 위기감이 팽배해 있다.

다. 인간복제에 관한 종교적 문제

인간복제에 관하여 종교계, 특히 카톨릭은 가장 강력하게 반발을 하는 집단 중 하나이다. 종교계는 인간은 하나님의 창조물로 하나님의 형상을 따라 창조되었으며,[136] 인간 생명 그 자체를 인간이 자의적으로 만드는 것은 절대 불가하다고 주장한다. 즉 인간은 항상 하나님과의 관계 속에서 존재해야 하는데, 인간복제는 이러한 전제를 파괴하는 행위이며, 복제된 인간은 인간의 의도와 계획에 따라 조작되고 생산된 것으로 이는 하나님과의 관계를 원천적으로 파괴하는 행위이고, 인간복제는 인간존재의 유일회성을 파괴할 뿐만 아니라 남녀 양성에 의한 생명질서의 근본적인 파괴행위라고 주장한다. 종교계는 또한 인간 생명의 시작을 수정 단계부터 보아야 하고, 배아줄기세포 역시 생명 파괴로 만든 부산물이므로 배아줄기세포에 관한 연구를 허용하지 말고, 대신 윤리적 문제가 없는 성체줄기세포를 통해 난치병 치료를 할 것을 주장하고 있다.

4. 결 론

의학적 용도 또는 생식과 불임 치료를 목적으로 배아줄기세포를 연구 또는 이용하는 행위는 사회적으로 매우 유용함에도 불구하고 생명윤리 문제가 끊임없이 제기되고 있고 이에 대한 적절한 해결책을 찾기 어려워 보인다. 이러한 관점에서 최근 일본에서 연구 개발된 유도만능줄기세포(iPS)는 생명윤리 문제가 없어서 최근 우리나라를 포함하여 선진국에서 연구력을 집중하여 연구하고 있다. 유도만능줄기세포의 연구 및 그 성과가 앞으로 의학 분야를 포함한 생명과학 분야에서 인간사회에 어떠한 영향을 미칠지 주목할 일이다.

Ⅳ. 생명과학기술과 지식재산권

1. 생명과학기술의 보호방법

과학기술의 성과를 법적으로 보호받기 위한 방법으로 기술적 사상을 보호하는 특허 또는 실용신안의 보호방법을 생각해 볼 수 있다. 특허권이 부여되면 일정기간 특허권자에게 배타적인 권리가 부여되며, 이 기간 동안 제3자가 권리자의 동의 없이 특허발명을 실시하지 못하게 되고, 동의 없이 실시하면 특허권 침해를 구성한다. 특허권자는 자신의 배타적 권리를 효율적으로 행사하기 위하여 자신이 직접 실시하거나 제3자에게 라이선스를 허용함으로써 실시료(로열티) 수입을 올리게 된다. 이러한 배타적인 권리를 부여하는 근거로서 발명자에게 배타권과 같은 일정한 권리를 허락하지 않는다면 누가 그렇게 땀을 흘리고 돈을 투자하여 발명을 하겠는가 하는 보상이론, 우리 사회가 요구하는 과학적 혁신을 끊임없이 유도하기 위하여 일정한 권리를 일정기간 보장해야 한다는 인센티브 이론, 노동자가 자신의 노동을 통하여 구체적 산물에 대한 소유권을 가지듯이 발명자에게도 자신의 발명에 대한 자연적인 권리를 인정해야 한다는 자연권 이론 등을 들 수 있다. 한편 유전공학적 기법에 의해 만들어진 식물신품종의 경우에는 특허로 보호할 것인지 또는 특별법의 형태로 보호할 것인지에 대하여 많은 논란이 제기되어 왔다. 이하 생명과학기술에 의해 제조된 생명체에 대한 보호방법에 대하여 살펴보도록 한다.

2. 생명과학기술의 특허에 의한 보호

가. 서 론

생명과학기술도 다른 기술 분야와 마찬가지로 특허로 보호받을 수 있다. 그러나 생명과학기술의 경우에는 화학, 기계, 전기, 전자 등의 분야와는 달리 생명윤리와 관련된 논쟁이 치열하다. 즉, 생명체에 특허권을 부여한다는 것은 생명체에 일정 기간 배타적 권리를 부여한다는 의미인데 "과연 생명체에 배타적 권리를 부여해야 하는가"라는 문제이다. 이 논쟁은 특히 1970년대 유전공학의 발달로 인하여 자연계에 존재하지 않는 새로운 생명체가 인간에 의해 만들어지면서 더욱 불거졌다. 생명체 특허에 대한 최초의 판례는 미국의 소위 차크라바티 판례[137]로, 이 판결로 생명체에 대한 특허 논쟁이 뜨겁게 달아올랐다. 이 사건에서 유전공학자 챠크라바티(Chakrabarty)는 유전자 조작을 통하여 원유를 분해할 수 있는 새로운 박테리아를 만들어 특허를 신청하였는데, 이에 대하여 미국 연방대법원은 1980년 판례에서 "태양아래 인간이 만든 것 중에서 특허받지 못할 것은 없다(Anything under the sun that is made by man is patentable)." 라고 판시하였다. 이로써 생명체에 대한 특허가 본격적인 서막을 올리게 되었다. 유전공학적 기법으로 만들어진 미생물에 대한 특허 논쟁은 점차 동물과 식물에 대한 특허 논쟁으로 옮겨가면서 세계적으로 동식물에 대해서까지 특허를 부여하게 되었다. 우리나라의 경우에도 생명과학기술에 대한 특허에 관하여 특허청은 1998년 생명공학 분야의 심사기준을 제정한 이래 생명과학기술발명에 대하여 특허를 부여하고 있다. 이하 생명과학기술 특허에 관하여 비교법적으로 고찰하고, 각 생명체의 특허요건 등에 대하여 살펴보기로 한다.

나. 비교법적 고찰

1) 미국의 경우

생명과학기술의 특허를 선도하는 대표적인 국가는 미국이라고 해도 과언이 아니다. 상술한 바와 같이 미국 연방대법원은 1980년 차크라바티 사건에서 유전공학을 이용하여 자연에 존재하지 않았던 원유 분해 미생물에 대하여 세계 최초로 특허를 인정하는 판결을 하였다. 그 후 1985년 미국 특허청장은 인위적으로 유전공학 기법에 의해 만들어진 '다배체(polyploid) 굴'에 대하여 특허를 허용하였다. 1987년 4월 미국 특허청의 상고심판소는 다배체 굴을 미국 특허법 제101조에 따라 특허받을 수 있는 물질이라고 결정하였고, 인공적으로 개발한, 인간이 아닌 다세포 생물(non-human multi-cellular organism)에 대하여 특허를 허용한다는 입장을 밝혔다. 그 후 1988년 미국은 암을 유발하는 유전자를 가지도록 형질 전환된 소위 '하버드 마우스(Harvard mouse)'에 대한 특허를 허용하면서 세계 최초로 포유동물에 대한 특허를 인정하였다. 그러나 동물특허에 대한 반대 여론에 따라 미국 국회는 청문회를 포함한 14개월의 조사를 실시하였고, 이를 바탕으로 법사위원회는 "형질전환 동물이 특허로 보호를 받지 못한다고 하여 이에 대한 연구가 중단되지는 않는다. 생물학적 발명의 특허 보호는 현재의 생물 산업에 촉매가 되어왔으며, 이러한 신기술은 포유동물에 적용할 시기까지 발전하였다. 동물에 대한 특허 보호는 모험 투자를 유발하는 중요한 요인이며, 동물 특허에 대한 유예기간이나 금지조항은 인류 복지증진에 필요한 중요한 연구를 방해할 것이기 때문에 현명하지 못하다."라고 결론을 내렸다. 1988년 9월 미 하원은 법사위원회 보고서의 추천에 따라 동물특허법안(Animal Patent Bill)을 통과시키기도 하였다. 최근에는 실험동물 등 형질전환 동물개발 기술이 급격히 발전하여 하버드 마우스 이후 쥐, 양, 토끼 등에 관한 동물 특허 출원에 대하여 특허가 부여되었다.

한편 인간 유전자에 대한 특허는 윤리성의 문제로 계속 논란이 되어왔다. 미국 국립보건원(NIH) 주관으로 추진되고 있는 '인간게놈프로젝트(Human Genome Project)'의 결과로 얻어진 인간유전자의 염기서열의 일부가 특허출원 되면서 특허여여 여부에 대한 논란이 제기되었고, 1994년에는 6,869건에 달하는 특허출원을 국립보건원에서 철회함으로써 이러한 논쟁은 일단락되었다. 그러나 인간 유전자서열의 유용성과 그 기능이 규명된 인터페론, 인터루킨 등을 암호화하는 인체유전자 염기서열에 대하여는 특허가 허여되고 있는데, 전 세계적으로 1981년부터 1995년까지 총 1,175건이 특허가 부여되었다고 한다. 인간게놈이 모두 밝혀진 현재 유전자 서열을 이용한 각종 의약품 개발과 유전자 치료 등의 기술이 개발되면서 특허출원이 급증할 것으로 예측된다. 생명체에 대한 특허성 논쟁에 있어서 미국 특허청의 입장은 인간 자체는 특허받을 수 없지만, 인간 이외 동물은 포유동물을 포함하여 연구 개발자들의 창의력을 고무하기 위하여 특허대상으로 하고 있는 것이다.

한편 자연산물 또는 자연법칙에 기초하여 특허를 청구하는 경우에 특허대상이 되는지의 여부에 관한 미국 연방대법원의 Association for Molecular pathology v. Myriad Genetics 사건[138]과 Mayo v. Prometheus 사건[139]을 예시할 수 있다. Mayo 사건에서 미국 연방대법원은 특허대상 여부에 대하여 다음 단계들, 즉 우선 청구항에 기재된 발명이 미국 특허법에 명시된 발명의 카테고리[공정(process), 기계(machine), 제조물(manufacture), 또는 조성물(composition of matter)]에 속하는지 여부를 판단한 후, 자연에 존재하는 구조 또는 현상과 비교하여 실질적으로 중대한 차이가 있는지를 판단해야 한다고 설시하였다. 이 때 중대한 차이점이 있으면, 다음 단계를 분석할 필요 없이 특허로 보호받을 수 있으며, 만일 중대한 차이점이 없다면 그 다음 단계에서 청구항이 자연산물 또는 자연현상에 추가로 "significantly more(중대한 추가 요소)"를 기재하고 있는 지의 여부로 판단한다. 만일 자연산물 또는 자연현상과 비교할 때 중대한 차이 점이 없고, 중대한 추가요소도 기재되어 있지 않다면, 해당 청구항은 특허대상 이 되지 않는다고 설시하였다.

2) 유럽의 경우

1998년 5월 12일 유럽의회는 1988년부터 추진해온 "생명공학 관련 발명의 법적 보호에 관한 EU지침(EU Directive on the Legal Protection of Biotechnological Inventions)"을 통과시켰고, 동년 7월에 공표되었다. 동 지침은 EU 역내 국가의 생명공학 기술개발 및 투자를 촉진하고, 미국과 일본에 대한 경쟁력을 확보할 수 있는 기틀을 마련한 것으로 평가하고 있다. 구체적으로 동 지침은 전체 18 조 규정과 56개의 입법사유(recitals)로 구성되어 있는데, 입법사유는 법적 구속 력을 가지지 않으며, 단순히 해설 기능을 가지고 있다. EU 생명공학발명 지침 은 EU 회원국에게 2년의 유예기간이 부여되어 2000년 7월까지 각국의 관련 법 령에 전환시킬 것이 요구되었지만, 네덜란드를 포함하여 일부 반대하는 국가들 이 동 지침의 철회를 주장하며 유럽법원에 제소하였다.[140] 그 후 유럽법원은 사안의 중요성을 감안하여 조속한 시일 내에 법원의 입장을 정리한 후 네덜란 드 등의 이의신청을 기각하는 판결을 내렸다.[141] 따라서, 유럽 국가들은 EU 생 명공학발명 지침을 자국 법령에 반영하지 않으면 안되게 되었다.[142] 영국의 경 우에는 지침의 기한 이내인 1999년에 이를 시행한다는 입장을 밝히고, 영국 특 허법 Section 76A의 Schedule A2에 생명공학 발명에 관한 조항을 설치하였다. 반면, 독일과 프랑스는 뒤늦게까지 EU 바이오 지침을 자국 특허법에 반영하지 않고 있다가, 독일의 경우에는 2005년 1월 21일의 '생명공학 발명의 법적보호 에 관한 EU 생명공학발명 지침의 시행을 위한 법령'에서, 프랑스는 2004년 8월 6일자로 지적재산권 법령(Code de la intellectual propriété) 제611－18조에 '생명공 학 발명의 보호에 관한 조항'을 신설하였다. 독일과 프랑스에서 생명공학발명 의 특허에 관하여 신설된 규정들은 EU 생명공학발명 지침의 내용을 거의 그대 로 승계한 것이다.[143]

특히 동 지침에서 생명공학발명의 특허와 관련된 규정으로 제5조와 제6조를 들 수 있다. 제5조는 "인간의 특허성에 관하여 1. 인간을 형성하거나 발달에 관련된 '다양한 단계(various stages(영어), einzelne Phasen(독어), différents stades(불어))'에 있는 인간의 신체, 및 이를 구성요건으로 하는 단순한 발견은 유전자 서열 또는 부분 서열을 포함하여 특허받을 수 없다; 2. 인간의 신체로부터 분리하거나 어떤 기술적 방법에 의해 제조된 성분은 유전자 서열 또는 부분 서열을 포함하여, 이 성분의 구조가 자연에 있는 것과 동일하다 할지라도 특허받을 수 있다; 3. 유전자 서열 또는 부분 서열의 산업상 이용가능성은 특허 명세서에 기재되어야 한다."라고 규정하고 있다. 다만 EU 바이오지침이나 그의 입법사유 어디에도 '다양한(various)' 단계에 대한 정의가 없다는 점이 문제가 된다. 즉 인체의 형성 및 발달 단계 중에서 어느 단계에 있을 때 특허받을 수 없는지 의문이다. 수정란 단계인지, 배반포 단계인지 또는 태아형성 단계인지 불분명하다.[144] 이와 관련하여 유럽 국가들은 EU 바이오지침을 거의 그대로 승계하고 있기 때문에 서로 거의 비슷하다. 영국의 경우에 영국 특허법은 동법 부칙 Schedule A2(section 76A) 제3조(a)[145]에 그대로 승계하였고, 영국 지적재산관청(U.K. Intellectual Property Office, UKIPO)은 2013년 '영국 지적재산관청에서 생명공학발명에 관한 특허출원에 대한 심사지침(Examination Guidelines for Patent Applications relating to Biotechnological Inventions in the Intellectual Property Office)'[146]을 공표하였다. 이 심사지침에서 인간배아로부터 추출한 줄기세포의 특허와 관련하여 "인간전능세포(totipotent cells)는 완전한 인간으로 발달할 수 있는 능력이 있으므로 영국 특허법 부칙 Schedule A2 Section 76A, 제3조(a)에 의해 특허받을 수 없다"고 밝히고 있다. 독일 역시 특허법(Patentgesetz) 제1a조 제1항에서 "인체의 형성 또는 발달의 '다양한 단계(einzelne Phasen)'에 있는 인체는 특허받을 수 없다"고 규정하고 있어 인간배아와 관련된 EU 바이오지침을 거의 그대로 수용하고 있다.[147] 그러나 EU 바이오지침 및 유럽의 다른 입법례와 마찬가지로 인체의 형성 및 발달의 '다양한 단계'가 어떠한 단계인지에 대하여는 규정하지 않고 있다. 한편 1990년에 제정된 배아보호법(Embryonenschutzgesetz)[148]에는 '배아'의 정의 규정[149]을 포함하여 인간의 생명체는 수정단계로부터 시작되며 수정란은 인간의 신체의 시작을 의미한다고 규정하고 있다. 또한 2002년 제정된 줄기세포법(Stammzellgesetz)[150] 제1조에는 배아줄기세포의 수입 및 사용과 관련하여 원칙적으로 이를 금지하지만, 연구목적인 경우에는 예외적으로 허용된다고 규정하고 있다. 줄기세포법 제2조에 의하면 줄기세포의 수입 및 사용에 관하여 적용범위를 독일 국내로 제한하고 있다. 동법 제8조는 용어에 대한 정의를 하고 있는데, '배아'의 정의는 배아보호법에서 가져왔다. 동법 제8조 제1항에서 '줄기세포'는 '적절한 환경하에서 자신을 세포분할을 통해 증식할 수 있고, 적절한 조건하에서 자신 또는 딸세포를 전문화된 다른 세포로 발달할 수는 있으면서 완전한 개체로 발달시킬 수는 없는 모든 인간세포'라고 규정하고 있다. 또한 '배아줄기세포'는 '체외에서 만들어지고 임신을 목적으로 사용되지 않는 배아, 또는 자궁에 착상하기 전에 여성으로부터 추출한 배아로부터 얻은 모든 만능줄기세포(pluripotent stem cell)'라고 규정하고 있다. 프랑스 역시 EU 바이오지침을 그대로 승계하여 지적재산권법 제L.611–18조에 '인간 신체의 구성이나 발전 단계에서 서로 다른 단계...는 특허받을 수 없다'라고 규정하고 있다. 이는 EU 바이오지침을 승계한 규정인데, EU 바이오지침과 마찬가지로 '서로 다른 단계'가 어떠한 단계인지에 대한 명확하게 밝히지 않아 향후 이에 대한 프랑스 법원의 해석을 기다려야 할 것 같다.

한편 EU 바이오지침 제6조는 "(1) 발명의 상업적 이용이 공공의 질서 또는 선량한 풍속(ordre public or morality)에 반하는 경우에 이 발명은 특허받을 수 없다; 그러나, 발명의 이용이 법률 또는 시행규칙에 의하여 금지되고 있다는 사실만으로 공공의 질서 또는 선량한 풍속에 반한다고 여겨서는 안된다; (2) 제1항에 기초하여 특히, 다음의 경우에는 특허받을 수 없는 것으로 보아야 한다: (a) 인간을 복제하는 방법; (b) 인간의 생식세포 계열의 유전적 동일성을 변경시키는 방법; (c) 인간의 배아를 산업상 또는 상업상 목적에 사용하는 용도 발명; (d) 인간 또는 동물에 실질적인 의학적 유익을 초래하지 아니하고 이들에게 고통을 줄 가능성이 있는, 동물의 유전적 동일성을 변경시키는 방법, 및 이러한 방법으로부터 제조된 동물"이라고 하여 공서양속을 위반한 경우에는 특허받을 수 없다고 규정하고 있다. EPC 제53조(a), EU 바이오지침 제6조 및 그 입법사유 제37호[151]는 발명의 실시가 공서양속을 위반하는 경우에는 특허를 부여하지 않는다는 원칙을 천명하고 있다. 이 규정은 TRIPS 제27조 제2항[152]에도 동일한 취지로 규정되어 있다. 이때 공서양속의 개념은 국가마다 다르기 때문에 EU 바이오지침 입법사유 제38호는 이를 고려하여 "EU 바이오지침의 효력이 각국의 법원이나 특허청이 공서양속 기준을 해석할 때 일반적 지침을 부여하기 위한 것"임을 밝히고 있다. 또한 입법사유 제39호는 "공서양속은 특히 각 가맹국에서 인정되고 있는 윤리 또는 도덕의 원리와 부합하고, 생명공학 분야에서 이를 지키는 것은 이 분야에서의 발명의 잠재적 범위 및 생물체와의 특정한 관계를 고려할 때 특히 중요하다. 이러한 윤리 또는 도덕 원칙은 발명의 기술분야에 관계없이 특허법 하 표준적인 법적 심사를 보완한다"[153]고 규정하고 있다. 한편 EU 바이오지침 제6조는 EPC 제53조(a) 및 각국의 특허법에 의해 승계되었다.[154] 다소 다른 점이 있다면, 프랑스의 경우 2004년 8월 6일자 '생명윤리에 관한 법률(제2004-800호)'를 반영한 지적재산권법 개정에서 불특허사유로 '공공질서 또는 선량한 풍속(ordre public ou aux bonnes moeurs)' 위반[155] 이외에도 '인간의 존엄성 위반(contrare à la dignité de la personne humaine)'이라는 사유를 첨가하였다. '인간의 존엄성'과 관련하여 EU 바이오지침의 입법사유 제16호는 "특허법에서는 인간의 존엄성과 불가침성을 보장하는 원칙이 지켜져야 한다"고 규정하고 있고, 입법사유 제38호에 "어떤 방법을 이용하는 것이 인간의 존엄성을 해치는 방법의 발명의 경우에는 특허받을 수 없다"라고 규정함으로써 특허발명의 경우에도 인간의 존엄성을 훼손하는 경우에는 불특허됨을 명시적으로 밝히고 있다. 즉 EU 바이오지침 제6조 및 그 입법사유에 흐르고 있는 기본적인 논조는 인간의 존엄성을 존중하고, 인간 신체의 도구화로부터 인간을 보호하는 것이다.[156]

3) 일본의 경우

일본 특허법 제32조는 "공공의 질서, 선량한 풍속 또는 공중의 위생을 해할 염려가 있는 발명에 대하여는 제29조의 규정에 관계없이 특허를 받을 수 없다."라고 불특허사유를 규정하고 있다. 그러나 공서양속을 해할 염려가 있는 발명이 무엇인지 일본 특허청의 심사기준에는 명백하게 기재하고 있지 아니하다.[157] 일본 특허청은 특허출원 제2003-523634호의 발명 "인간배아줄기세포주의 수립을 위한 내부 세포괴의 단리"에 대하여 해당 발명이 인간배아줄기세포의 파괴를 수반하는 공정을 포함하고 있기 때문에 해당 특허출원을 거절하였다. 이에 출원인은 거절사정불복심판(WO/03/18783)을 청구하면서, 인간배반포가 체외수정(IVF)으로부터 얻은 인간의 잉여배아이고, 인간배아줄기세포연구에서 이용되지 않는다면 폐기되어야 했다고 주장하였다. 이에 일본 특허청은 인간수정배아를 멸실시키는 방법을 수반하는 발명은 인간의 존엄을 해치기 때문에 특허받을 수 없으며, 이때 인간의 존엄성이 특히 배아의 상업적 이용에 의해 훼손된다고 간주되었다. 본 사건에서 인간의 존엄이라고 하는 공익이 인간배아줄기세포에 관한 과학적 발명에 특허를 부여하는 이익보다도 우선된다고 판단한 것이다. 현재 일본에서는 iPSC, 재생의료를 위한 체세포핵이식에 의해 얻은 인간배아줄기세포, 인간배아를 파괴하지 않는 방법에 의해 얻은 인간배아줄기세포, 인간배아줄기세포에 적용되는 CRISPR–Cas9 기술(인간을 만들지 않는 경우로 한정됨)은 특허받을 수 있는 발명이다.158)

한편 일본은 우리나라와 같이 생명윤리에 관한 특별법을 제정하지 않았기 때문에 우리나라와 같이 생명윤리의 내용들이 특허법에 반영되지는 않는다. 사실 공서양속이라는 용어는 가치판단 요소를 포함하고 있고, 국가마다 이들 개념의 해석도 다를 수 있으므로 특허청 심사관에게 이러한 가치판단의 잣대를 가지고 특허 여부를 판단하도록 하는 것은 문제가 있을 수 있다. 따라서 공서양속의 개념을 정의내리기 위한 공통되는 기준 또는 예시를 구체적으로 제시하는 것도 필요할 것으로 보인다. 예를 들면, 인간복제, 키메라 제조 등은 일본 특허법 제32조에 의해서도 공서양속 위반으로 해석될 가능성이 높으므로 실제로 생명체에 대한 특허 여부 판단에 있어서 우리나라와 일본의 특허법 해석상 또는 실무상 커다란 차이는 없을 것으로 보인다. 한편 일본에서는 공서양속을 해할 염려가 있는 발명을 해석상 그의 발명의 본래의 목적이 공서양속을 해하는 경우, 그의 발명의 실시가 필연적으로 공서양속에 위반하는 경우, 또는 그의 발명을 매우 용이하게 공서양속을 해할 목적으로 사용할 수 있고, 실제로 이와 같이 사용할 염려가 많은 경우로 분류하기도 한다.159) 현행 일본 특허제도에서 공서양속에 위반하는 발명의 유형으로서는 예컨대, 인간의 일부(뼈, 근육, 안구, 뇌, 피부 등)를 원료로 하는 발명으로, 인간의 존엄성을 해치는 경우를 들 수 있지만, 일반적으로 인체로부터 배출한 후에는 인간의 존엄성을 해치는 것이라고는 말할 수 없다고 한다.160)

4) 우리나라의 경우

발명이 특허를 받으려면 특허법에서 발명의 정의 규정을 만족시켜야 한다. 우리 특허법 제2조는 "발명을 자연법칙을 이용한 기술적 사상의 창작으로서 고도한 것"이라고 정의하고 있다. 또한 특허법 제32조는 "공공의 질서나 선량한 풍속을 문란하게 하거나 공중의 위생을 해할 염려가 있는 발명은 특허받을 수 없다."라고 공서양속 위반을 불특허사유로서 규정하고 있다. 따라서 특허법상 발명의 요건을 충족하더라도 불특허사유에 해당하면 특허받을 수 없게 된다. 이는 공서양속을 위반하는 발명에 대하여 사회적 또는 윤리적인 검토를 함으로써 특허 여부를 결정하겠다는 의미인데, 생명공학 분야에서는 인간의 유전자 서열 또는 형질전환된 동물 발명의 특허 여부에 대하여 의견이 분분하다. 인간의 질병 치료 등의 관점에서 이들에 대한 특허를 적극적으로 찬성하는 생명과학자들의 입장과 생명윤리 문제를 앞세우며 반대하는 시민단체(예: 그린피스)의 입장 차이가 그러하다.

우리나라 특허청은 1998년 3월 1일부터 '생명공학분야 특허심사기준'을 제 정하였으나, 2019년 현재에는 "특허·실용신안 심사기준"으로 통합하여 생명 공학분야 발명의 특허출원에 대한 심사를 하고 있다. 동 심사기준에는 제3부 제6장에 특허법 제32조 규정에 대하여 구체적으로 설명하고 있고,161) 기술분야 별 제9부 기술분야별 심사기준, 제1장 생명공학발명에서는 특허법 제32조와 관련하여 "인간에게 위해를 끼칠 우려가 있거나 인간의 존엄성을 손상시키는 결과를 초래할 수 있는 발명, 예를 들면 인체를 사용하는 발명으로서 그 발명 을 실행할 때 필연적으로 신체를 손상시키거나, 신체의 자유를 비인도적으로 구속하는 발명 및 인간의 존엄성을 손상시키는 결과를 초래할 수 있는 발명(예: 인간복제공정, 인간생식세포계열의 유전적동일성을 수정하는 공정 및 그 산물 등), 및 인 간을 배제하지 않은 형질전환체에 관한 발명"은 실무적으로 공서양속을 문란 하게 할 우려가 있는 것으로 특허받을 수 없는 발명으로 하고 있다.162)

다. 동식물에 대한 특허

동식물의 경우에는 미생물보다 일반적으로 세포의 구조나 생명활동이 훨 씬 더 복잡하고, 동물발명은 생명체에 대한 특허논쟁을 일으키고 있고, 식물발 명은 균일성이나 안전성과 관련하여 문제점이 있어서 오랫동안 특허로서 보호 하지 않았다.

식물발명의 경우에는 특허로서가 아니라 종자산업법163)과 같은 특별법의 형태로서 보호하여 왔다. 이는 식물의 경우에 돌연변이가 발생할 수 있어 균일 성이나 안전성 또는 발명의 재현성에 있어서 특허로 보호하기에는 무리가 있 다는 판단 때문이다. 그러나 유전자재조합(genetic recombination), 세포융합(cell fusion) 등의 기술로 인하여 형질이 유지될 수 있을 뿐만 아니라 대량생산이 가 능하게 되면서 자연계에 존재하지 않는 신규 식물에 특허를 인정하게 되었다. 식물발명에 특허를 부여하는 이러한 추세는 더욱 확대되었고, 우리나라 특허청 은 "특허·실용신안 심사기준" 제9부(기술분야별 심사기준) 제1장 생명공학 관련 발명에 관한 심사기준을 유전공학, 미생물, 동물, 식물에 관한 발명에 적용하고 있다. 특히 우리나라는 2006년 3월 개정 특허법에서 식물발명 관련 조항(제31 조) "무성적으로 반복 생식할 수 있는 변종식물을 발명한 자는 특허받을 수 있 다."를 삭제하여 유성 또는 무성적으로 반복 생식하는 변종식물을 발명한 경우 모두 특허받을 수 있도록 확대하여 놓았다. 한편 식물신품종 보호에 관하여 각 국은 특허법으로 보호할 것인지 아니면 특별법의 형태로 보호할 것인지 양분된다. 미국은 특허법에 의한 식물신품종 보호를 하고 있는 반면, 유럽을 포함한 대부분의 국가는 특별법으로서 보호하는 일원적 제도를 채택하고 있다. WTO/TRIPs 협정 제5장 제27조에서는 식물품종을 특허법이나 특별법 또는 양자의 조합에 의해 보호할 것을 규정하고 있어서 특허법과 특별법 중 어떠한 제도가 더 적절한지는 아직 합의가 이루어지지 않은 상황이다. 한편 1991년의 개정된 UPOV 협약에서는 식물신품종 보호에 관하여 이중보호 금지 규정을 삭제하고 각국의 판단에 위임하였기 때문에 식물신품종은 특허법과 특별법 양자에 의한 보호가 가능해졌다. 특허법에서 특허의 대상은 미생물, 식물, 동물(인간을 제외함)을 포함하는 모든 생명체에 대하여 가능해졌기 때문에 특허요건을 충족시키면 특허로서 보호를 요구할 수 있다. 특허법의 특허요건과 종자보호법상의 보호요건은 서로 다르기 때문에 출원인이 자신이 개발한 식물신품종의 경우에 어떠한 방식으로 보호할지 적절하게 판단해야 할 것이다. 우리나라의 경우 종자산업법은 특허법과의 관계에 대하여 어떠한 언급도 하고 있지 않아서 식물신품종에 관하여 종자산업법과 특허법 양자에 의한 보호가 병행된다고 할 수 있다.

동물발명의 경우에는 1985년 다배체굴에 대한 특허가 허용된 후, 1988년 실험용 쥐인 '하버드마우스(Harvard mouse)'에게 특허가 부여되었다. '하버드마우스' 특허는 생명체에 대한 특허에 관하여 많은 논쟁을 불러일으켰지만, 미국에서는 생명공학 발명에 대하여 특허를 부여하는 것이 생명공학 산업을 활성화시킨다는 정책적 관점이 작용하면서 특허요건을 충족시키면 특허를 부여하는 방향으로 입법이 추진되었다.[164] 유럽에서는 생명체에게 특허를 부여하는 것에 대하여 그린피스(Greenpeace)와 같은 시민단체가 강력히 반발하면서 동물발명에 특허를 부여하는 것에 대하여 미국보다 소극적인 입장이었다. 특히 EU의 생명공학발명의 지침에 의하면 공서양속 위반 발명에 특허를 부여하지 못하도록 하고, 동물발명의 경우에 '인간 또는 동물에 실질적인 의학적 유익을 초래하지 않으면서 이들에게 고통을 줄 가능성이 있는, 동물의 유전적 동일성을 변경시키는 방법과 이 방법으로부터 제조된 동물'은 특허받지 못하도록 규정하고 있다.[165] 반면, 우리나라 특허청의 "특허·실용신안 심사기준"에서는 이와 같이 구체적으로 심사기준을 마련하고 있지는 않으나, 상술한 바와 같이 특허법 제32조(불특허사유)에 해당하는 생명공학 발명의 내용을 기재하고 있다.

라. 인간유전자에 대한 특허

인간유전자에 관한 발명은 인간게놈프로젝트(HGP)의 연구 결과물인 인간

게놈의 유전자서열이 규명되면서 인간의 신체에 존재하는 유전자에 관련된 발명의 특허 여부에 관심이 집중되기 시작하였다. 인간의 유전자 서열에 관한 단순한 발견은 유전자서열의 기능(function)이 규명되지 않는 한 특허요건으로서 신규성과 유용성을 충족시키지 못한다고 해서 미국에서는 특허로부터 배제되었다. 그러나 인간의 유전자서열을 분리하여 인체로부터 분리하면 특허받을 수 있도록 함으로써 생명공학발명의 특허 여부 판단에 윤리성 여부를 개입시키지 않고, 기술적 또는 절차적 관점에서 판단하고 있다. 반면, 유럽의 경우에는 EU 생명공학발명 지침 제5조에서 "인간의 신체 및 이를 구성요건으로 하는 단순한 발견은 유전자 서열 또는 부분서열을 포함하여 특허받을 수 없다."라고 규정하고 있다. 즉 인간의 신체는 인간의 존엄성을 표현하므로 윤리적 이유로 인하여 상거래 대상이 되지 않는 물(res)로 재산권의 대상이 될 수 없다고 해석하고 있다.166) 인간의 신체에 존재하는 유전자나 세포는 신체의 일부분이므로 특허의 대상이 될 수 없으나 인간의 손이 개입하여 인체로부터 분리된 유전자나 세포의 일부는 산업상 이용가능한 발명으로서 특허받을 수 있도록 하고 있다. 또한 기능이 알려진 유전자서열의 경우에도 특허를 받을 수 있도록 하고 있다. 우리나라 특허청의 "특허·실용신안 심사기준"에 따르면, 유전공학 관련 발명의 경우 발명의 유용성이 명세서에 기재되어야 하고,167) 유전자 및 DNA 단편은 원칙적으로 염기서열로 특정하여 기재하여야 하며, 유전자 변이체의 경우 염기서열과 함께 결실, 치환, 부가 등의 표현을 사용하면 그 위치와 내용을 명확하게 기재하여야 한다고 기재하고 있다.168)

마. 생명과학기술 특허의 문제점

생명과학 발명에 특허가 부여되면서 여러 가지 문제점들이 노출되기 시작하였다. 우선 의약 분야에서는 전 세계 다국적기업들이 막대한 개발비를 투입하여 신약개발을 하는데, 이들은 신약개발에 대한 국제적 보호가 미흡할 경우에는 신약개발이 어려울 것이라고 하여 신약개발의 국제적 보호를 주장한다. 현재 다국적 제약회사들의 특허는 세계무역기구(WTO)의 무역관련지식재산권협정(TRIPs)의 보호를 받는다. 예컨대 가짜 타미플루가 만들어져 불법 복제되는 것을 방임하는 국가는 TRIPs 위반으로 WTO에 피소될 수 있다. 이와 같이 다국적 기업들은 자신들이 개발한 신약에 대하여 제약특허를 취득한 후에 특허받은 약제의 가격을 비싸게 책정하여 수익을 창출하곤 한다. 그러나 이와 같이 비싼 약제는 사회적 또는 경제적 취약층은 물론 개발도상국이나 후진국 국민들이 구입하지 못하여 질병이 악화되거나 심지어 사망하는 경우도 종종 발생한다. 예컨대, 2009년부터 전 세계적으로 대유행하고 있는 신종플루의 치료약은 타미플루(Tamiflu)인데, 타미플루의 특허권은 미국의 길리어드가 가지고 있고, 약을 만들어 판매하는 회사는 스위스 로슈(Roche)밖에 없다. 이런 배경하에 타미플루의 독점가격이 형성되었고 돈을 주고도 약을 제때 구입하지 못하는 상황이 벌어지기도 하였다. 타미플루의 특허권은 미국에서는 2016년, 우리나라에서는 2017년에 만료되었다. 이러한 현실 때문에 제약 특허의 경우에 국민의 건강권 실현을 위해 강제실시권이 주장되기도 한다.169)

이외에도 의약 분야의 특허에서 약값이 비싸거나 구입이 어렵기 때문에 정품이 아니라 복제약(Generic)이 만들어져 시중에 판매되는 현상도 일어나고 있다. 그러나 복제약의 경우에 약제의 안전성에 관하여 국가의 담당 관청으로부터 인가받지 않은 가운데 시중에 출시되어 판매될 가능성이 높기 때문에 국민의 건강을 해치게 되고, 궁극적으로는 사회적으로 커다란 불안감을 조성할수 있다. 따라서 불법 복제약이 시중에 판매되지 않도록 엄격한 규제가 필요하며 시장에의 진입을 막기 위한 방안들을 모색하는 것이 필요하다. 다만, 의약관련 특허권의 존속기간이 만료된 이후에는 누구든지 해당 의약의 제네릭(Generic)을 제조하여 판매할 수 있으며, 제네릭 의약품을 제조하는 제약회사들사이의 경쟁으로 제네릭의 가격이 하락하게 되면 이에 대하여 혜택을 보는 경우가 많아질 수 있다.170) 일반적으로 의약품의 개발에는 엄청난 자본과 시간과전문인력이 투여되므로 원가가 비쌀 수밖에 없는 구조이므로, 글로벌 다국적기업의 경우에는 이를 감당할 수 있으나, 일반 중소기업의 경우에 이를 감당하기란 어려운 것이 오늘날 제약산업의 현실이다. 따라서 공급이 원활하지 못하고, 특허권이 존재하는 의약품의 경우에 국가가 공적으로 개입하여 공공기금을투자하고 공익적 수익을 추구하는 모델을 모색하는 한편, 국제적 공조를 통해공동의 선을 추구하는 해결 방안도 검토할 필요가 있다.

한편 우리나라는 2012년 한미 FTA 시행을 위하여 의약품 허가제도에 특허제도를 연계시킨 의약품 허가-특허연계제도를 도입하였는데,171) 이 제도는약사법의 개정172)을 통하여 2015년 3월 15일부터 국내에서 시행되고 있다. 이제도의 중요한 쟁점은 복제약(제네릭) 판매금지 및 우선판매품목 허가이다. 즉의약품 허가-특허연계제도는 신약의 안전성과 유효성에 관한 자료를 근거로하는 의약품의 품목허가절차에서 신약에 관한 특허권의 침해여부를 고려하는단계를 마련하여 안전성과 유효성 자료 이용을 확대하면서 이에 대한 특허를보다 적극적으로 보호하려는 취지 하에 도입된 것이다. 이 제도는 미국에서

1984년 Hatch-Waxman법에 의해 최초로 도입었다.[173] 동 제도에 의하면, 후발 제약사가 식품의약품안전처에 복제약을 허가 신청한 경우에 그 신청한 사실이 특허권자에게 통보되며, 특허권자가 복제약 제조에 대해 특허침해소송을 제기하면 복제약은 9개월간 판매가 금지된다. 한편 우선판매품목허가는 복제약을 제조하는 후발 제약사를 위한 것으로, 후발 제약사가 특허권자에게 가장 먼저 특허무효심판 또는 소극적권리범위확인심판을 청구해서 승소하면 9개월 동안 우선적으로 제네릭을 판매할 수 있게 된다. 2015년 의약품 허가-특허연계제도가 시행되고 나서 3년동안의 상황을 살펴보면, 후발 제약사들과 특허장벽을 강화하려는 오리지널 제약사 간 경쟁이 치열하다고 하는데, 2015년부터 2017년까지 3년간 의약품 허가-특허연계제도와 관련하여 청구된 심판은 2,928건이라고 한다. 이와 관련하여 후발 제약사가 승소한 사례는 무효심판 265건(성공률 24%), 특허권존속기간연장무효심판 1건(성공률 0.2%), 소극적권리범위확인심판 465건(성공률 74%)이었다고 한다.[174] 또한 후발제약사들은 원천특허를 무효화하는 것 이외에 특허를 우회하는 회피전략을 사용한 것으로 조사되었다고 한다. 국내 제약회사들의 대부분이 후발 제약사들인 점을 감안할 때 국내 제약회사들이 의약품 허가-특허연계제도를 어떠한 전략으로 오리지널 제약사와 경쟁을 벌일지 주목해서 봐야 할 것이다.

3. 전통지식에 대한 지식재산권 보호

가. 전통지식(traditional knowledge)의 의의

전통지식(traditional knowledge)이란 "특정 생태계나 생물 종의 유용성에 대한 토착민의 전통적인 지식"을 의미한다.[175] 우리나라의 민간요법이나 전통적으로 구전되어 온 선조들의 생활의 지혜 같은 것이다. 생명공학기술의 발달로 생물다양성자원이 점점 중요시되어 가면서 이를 둘러싸고 선진국과 제3세계와의 갈등이 심화되고 있다. 이는 이러한 자원이 주로 적도를 중심으로 열대지방에 편재되어 있는데, 이러한 자원이 분포된 제3세계 국가는 이를 활용할 기술수준이 열악하고, 선진국은 기술은 있는데 이러한 자원이 없기 때문에 특히 다국적기업들이 이러한 자원을 이용한 기술에 대한 특허권을 취득함으로써 독점권을 확보하려고 하고 있고, 제3세계는 이에 맞서고 있는 상황이다.[176]

나. 전통지식에 대한 지식재산권 보호

전통지식의 보호와 관련하여 쟁점이 되는 사안은 생물다양성자원의 이용에 따른 이익의 정당한 배분 및 전통지식의 소유권자 또는 이용권자에 관한 것이다. 우선 전통지식의 법적 보호를 찬성하는 입장에서, 우선 전통지식을 지식재산권에 의한 보호를 주장하는 경우를 생각할 수 있다. 그러나 전통지식은 실제로 이미 공지된 것으로 신규성이라는 특허요건을 충족시키지 못하는 경우가 대부분이기 때문에 전통지식을 지식재산으로 보호하는 것은 어려우며, 오히려 제3자가 전통지식을 이용하여 특허권을 취득하려는 것을 방지하는 것을 생각할 수 있다. 둘째, 전통지식의 보호를 지식재산권에 의한 보호가 아니라 전통지식에 대한 접근과 이익배분에 관하여 당사자가 상호 계약에 의해 보호하는 방안도 생각할 수 있으나 이는 당사자 사이의 현실적 교섭력 차이로 인하여 불평등한 계약의 성립 가능성이 높다. 또한 독자적 보호체계(*sui generis*)에 의한 입법도 생각할 수 있으나 독자적 체계가 구체적으로 어떤 성격을 지니는지 불명확하다는 문제점이 존재한다.177) 반면, 전통지식의 법적 보호를 반대하는 입장에서는 전통지식은 이미 널리 알려진 공유(public domain)에 속하므로 지식재산의 보호대상이 될 수 없음이 명확하고, 식량이나 의약품 개발을 위한 식물유전자 자원에 대하여 누구라도 무상으로 무제한적인 접근을 허용하도록 함으로써 궁극적으로 모든 국가에 유익하고, 유전자원의 자유로운 교류를 통해 연구촉진이나 효율적인 유전자원의 보전에 기여할 수 있다고 주장한다.178) 이와 같이 전통지식에 대한 법적보호에 대하여 입장 차이가 존재하는데, 선진국과 개발도상국 사이에서 전통지식에 대한 접근과 이익공유의 배분이 적절하게 이루어질 수 있도록 정의(justice)의 관점에서 해결방안을 모색하는 것을 고려할 수 있다. 예컨대, 선진국과 개발도상국의 기업 또는 연구, 정부기관 사이에 유전적 자원을 제공함에 따른 계약이 (1) 그 내재적 가치에 대한 충분한 보상이 이루어지고 있는가, (2) 당해 계약이 유전자원의 효용성을 실질적으로 소유, 사용하고 있고 그 효용성에 대한 결정적인 정보를 제공하는 지역 주민들의 참여 속에서 이루어지며 그 이익이 그들에게 합당하게 돌아갈 수 있는가, (3) 당해 계약이 실제로 어느 한 국가에 대한 유전자원의 독점적 착취의 근거로 사용될 가능성은 없는가, (4) 계약에 의해 유전자원이 개발되는 경우에 그 다양성과 본래의 삶의 방식을 보존하면서 지속가능한 차원에서 개발, 이용할 수 있는 방법으로 이루어지는가에 관하여 보다 많은 연구가 필요할 것이다.

다. 생물자원 약탈(Biopiracy)

선진국의 다국적기업들은 남미, 인도, 중국 등의 국가에 있는 생명자원에 대한 많은 관심을 가지고 그동안 이들 생명자원들의 연구 또는 개발을 통한 특허권 획득에 많은 힘을 기울여 왔다. 이들 국가에 존재하는 생명자원에 대하여 특허권을 취득하게 되면 생명자원이 있는 국가의 원주민들조차 특허권자의 허락을 받지 아니하면 이들을 사용할 수 없게 되는 문제점이 발생하면서 이들을 비난하는 목소리가 계속 있어 왔다. 예컨대, 인도의 님(Neem) 나무 사건은 그 대표적인 사례이다. 즉 인도 전역에서 흔히 자라는 님(Neem) 나무는 '축복받은 나무'로 불린다. 이 나무에는 항균과 살충 작용을 하는 성분이 들어 있어 인도에선 전통적으로 해충약과 비누, 화장품 원료 등 다양한 용도로 활용해 왔다. 그런데 미국 정부와 다국적 제약회사인 그레이스사가 1995년 이 나무로부터 항균제품을 개발한 뒤 유럽특허청에서 특허를 획득하자, 인도 민간단체(NGO)와 정부는 '생물자원 약탈(biopiracy)'[179]이라고 하면서 인도의 생물자원과 전통지식이 도둑맞았다고 주장하며 특허권 취소 소송을 제기하였다. 인도 민중들의 전통지식을 훔쳐가 오히려 이를 독점함으로써 인도 민중들의 자유로운 사용권을 침해하였다는 주장이다. 인도는 유럽특허청으로부터 특허권 취소라는 판결을 얻어냈고, 권리자측은 이 결정에 불복하여 유럽특허청에 심판을 제기하였으나, 유럽특허청 심판부는 발명의 신규성과 진보성 및 기재요건을 심사하여 2008년 1월 8일 불복심판을 기각하는 최종 결정을 내렸다. 인도가 특허권 취소라는 판정을 이끌어내는 데에는 10년이나 걸렸다. 유럽녹색당 대표인 마그다 엘보엣은 유럽특허청 심판부 결정을 생물해적행위에 대한 3가지의 승리, 즉 전통지식과 관행의 승리, 자국의 주권을 수호하려는 제3세계 민중과 NGO들의 승리, 여성들의 승리라고 자축했다.

생물주권을 둘러싼 이와 같은 분쟁은 세계 곳곳에서 진행 중이다. 마다가스카르의 토종식물인 '로지페르윙클', 남아프리카공화국의 '펠라르고늄', 페루의 토종씨앗 '사카잉키(Sacha Inchi)'[180] 브라질의 녹심목(Chlorocardium rodiei)의 열매인 티피르(Tipir)[181] 등 다국적 제약회사들과 이들 국가 사이에 권리 다툼이 벌어지고 있다. 이들 식물을 활용해 항암제, 두통치료제, 화장품 등 개발에 성공한 미국과 유럽 등은 특허권자를 지지하는 입장을 견지하는 반면, 남아공 등의 국가들은 "남의 나라에서 자원을 빼내가는 '생물자원약탈'"라고 맞서고 있다. 다만 인도의 경우처럼 생물주권을 지켜내는 사례는 아직 흔치 않다.[182] 인도 정부는 산스크리트어로 된 고문헌 등을 샅샅이 뒤져 증거자료를 찾는 데 성공했지만, 생물자원을 유출당한 대부분 국가들의 경우 선진국의 지식재산권이나 특허권 주장을 뒤집는 자료를 쉽게 제시하지 못하기 때문이다. 이처럼 세계 각국이 생물주권에 민감한 것은 여기에 막대한 경제적 이해관계가 걸려 있기 때문이다.[183] 앞으로 이와 같은 사례는 세계 곳곳에서 더욱 많아질 수 있다. 하루빨리 이와 같은 생물자원의 약탈행위에 대하여 선진국과 개발도상국 모두 원-윈 할 수 있는 전략 또는 방안들을 찾아내는 일이 시급하다.

---

31) 한편 '생명공학'이란 생명과학으로부터의 과학적 발견에 기반하여 응용기술을 창출하여 산업에 적용하는 분야를 말하며, 농업에서의 품종개량 유전자 공학 등에 뿌리를 두고 있다. 위키피디아, "생명공학기술".

32) 크리스퍼(Crysper) 유전자 가위란 동식물 유전성 DNA부위를 자르는데 사용하는 인공 효소로 유전자의 잘못된 부분을 제거해 문제를 해결하는 유전자 편집(Genome Editing) 기술이다. 3세대 크리스퍼 유전자가위는 교정하고자 하는 DNA를 찾아내는 RNA와 DNA를 잘라내는 Cas 9를 결합하여 만든 것으로, 크리스퍼 캐스9라고도 명명되며, 2012년에 발표되었다. 유전자 가위 기술은 유전자 편집의 대상이 되는 DNA의 상보적 염기를 지니는 RNA를 지닌 크리스퍼가 표적 유전자를 찾아가서 '카스9'라는 효소를 이용하여 DNA 염기서열을 잘라내는 방식으로 작동한다. 위키피디아, "유전자가위".

33) 인간은 약 60조개의 세포로 구성되어 있으며, 세포는 세포핵과 세포질로 이루어져 있다. 세포핵에는 44개의 상염색체(autosome)와 2개의 성염색체(sex chromosome)가 있다. 염색체를 구성하는 DNA에는 아데닌(Adenine, A), 구아닌(Guanine, G), 시토신(Cytosine, C), 티민(Thymine, T)이라는 4개의 염기가 수소결합으로 반복적으로 결합된 이중나선구조를 하고 있으며, 여기에 유전정보(genetic information)가 포함되어 있다. 인간은 이러한 염기쌍이 약 30억개가 있는데, 이를 통칭하여 유전자(gene)와 염색체(chromosome)의 합성어인 '게놈(Genome)'이라고 부른다. 즉 게놈이란 하나의 생명체의 세포 내에 있는 DNA 전체를 말한다.

34) 유전자재조합에 의해 자연에는 존재하지 않는 새로운 미생물, 식물 또는 동물을 만들어내고 있다. 특히 미국에서는 이와 같이 새롭게 만들어진 생물체에 대한 특허권 획득을 통해 배타적인 권리를 향유하려고 하는 노력이 있어왔다. 예컨대, 암을 유발하는 유전자를 가지고 있는 하버드 마우스(Harvard mouse)는 미국에서 특허획득 후 유럽특허청에서도 상당한 논란 끝에 특허가 부여되었다.

35) 박정현(2007). 인슐린은 1921년 캐나다 출신 외과의사 Banting과 토론토 대학의 생리학 교수 Best에 의해 처음 발견되었는데, 당뇨병을 발병시키는데 인슐린의 결핍이 아주 중요한 역할을 한다는 것은 이미 주지된 사실이다. 한편 인슐린의 분자 구조는 1958년 영국의 생화학자 프레데릭 생어(Frederick Sanger)에 의해 결정되었으며, 생어는 인슐린 발견 및 DNA와 RNA 분자의 뉴클레오티드 서열을 결정하는 방법을 개발한 공로로 인해 1958년과 1980년 두 차례 노벨상을 수상하는 명예를 안았다.

36) '체세포복제기술'이란 인간 또는 동물의 난자에서 유전정보를 가지고 있는 핵을 제거한 무핵 난자에 다른 인간 또는 동물로부터 채취한 체세포를 결합시켜 1500볼트를 수백만의 1초 동안 가하여 세포융합(Cell fusion)을 시킨 후에 이를 영양막과 내세포괴로 구성된 배반포(blastocyst) 단계로 만들고, 이러한 배반포로부터 줄기세포를 추출하여 여러 종류의 세포로 분화시키는 기술을 말하며, 이 기술에 의해 복제양 돌리가 만들어졌다.

37) 김정범(2010), 1면 이하.

38) 정상기(2009), 48면.

39) 예컨대, 영화 '아일랜드'는 복제인간이 인간의 질병 치료를 위한 수단으로서 전락하는 것을 보여줌으로써 복제인간이 가지는 딜레마, 그리고 복제인간의 인권은 인정될 수 있는지 등에 대하여 고민을 하게 하는 영화이다.

40) 헌법재판소 1990. 9. 10. 선고 89헌마82 전원재판부 결정; 헌법재판소 1997. 7. 16. 선고 95헌가 6-13(병합) 전원재판부 결정 참조.

41) John Moore v. Regents of the University of California, 51 Cal. 3d 120; 271 Cal. Rptr. 146; 793 P.2d 479(1990).

42) Moore 사례에서 법원은 인간의 신체로부터 제거된 신체의 일부에 대한 소유권에 대한 인정을 거부한 반면, 제3자(예를 들면 의학연구를 위해 실험하는 연구원)는 이와 같은 이익을 얻을 수 있을 뿐만 아니라, 특허권으로서 보호받을 수도 있다는 점이다. 그렇다면, 과연 모든 것을 가능하게 만든 피험자인 인간을 완전히 배제하는 것이 공평하다고 말할 수 있을 것인가에 의문점이 제기된다.

43) 상세하게는 한지영(2006), 43면 이하 참조.

44) State v. Housekeeper, 16A, 382(Md. 1889).

45) Schloendorff v. Society of New York Hospitals, 105 N.E. 92(N.Y. 1914).

46) 정상기(2009), 128면 이하.

47) 정상기(2009), 129면. 대법원 1995.4.25. 선고 94다27151 판결.

48) 윤석찬(2017), 102면 이하; 전현희(2002).

49) Baby M, 537 A. 2d. 1227, 1246−47(N.J. 1988).

50) 정락인(2019).

51) 법률 제16372호, 일부개정 2019. 4. 23., 시행 2019. 10. 24.

52) 장인순외(2015), 213면.

53) 민법 제844조 제1항 "아내가 혼인 중에 임신한 자녀는 남편의 자녀로 추정한다."

54) 법률 제16556호, 2019. 8. 27., 제정, 2020. 8. 28. 시행.

55) 동법 입법 제정·개정이유 참조.

56) 동법 제2조 제1호에 따르면, "'첨단재생의료'란 사람의 신체 구조 또는 기능을 재생, 회복 또는 형성하거나 질병을 치료 또는 예방하기 위하여 인체세포등을 이용하여 실시하는 세포치료, 유전자치료, 조직공학치료 등 대통령령으로 정하는 것을 말한다. 다만, 세포·조직을 생물학적 특성이 유지되는 범위에서 단순분리, 세척, 냉동, 해동 등의 최소한의 조작을 통하여 시술하는 것으로서 대통령령으로 정하는 것은 제외한다."라고 규정하고 있다.

57) 첨단재생바이오법 제5조 및 제6조.

58) 첨단재생바이오법 제10조.

59) 첨단재생바이오법 제11조.

60) 첨단재생바이오법 제15조 내지 제18조.

61) 첨단재생바이오법 제19조 내지 제21조.

62) 첨단재생바이오법 제23조 내지 제26조.

63) 첨단재생바이오법 제27조 내지 제29조.

64) 첨단재생바이오법 제30조.

65) 첨단재생바이오법 제32조 내지 제34조.

66) 첨단재생바이오법 제36조 및 제37조.

67) 첨단재생바이오법 제39조 내지 제46조.

68) Brown v. American Hospital Association, 54 U.S.L.W. 4579(1986), Baby Doe Case.

69) In the Matter of Baby K., 16 F. 3d 590(4th Cir. 1994).

70) Zepeda v. Zepeda, 41 Ill. App. 2d 240, 190 N. E. 2d 849(Ⅲ. App. Ct. 1963), cert. denied, 379 U.S. 945(1964).

71) 대법원 1999. 6. 11. 선고 98다22857 판결: "[1] 의사가 기형아 판별확률이 높은 검사 방법에 관하여 설명하지 아니하여 임산부가 태아의 기형 여부에 대한 판별확률이 높은 검사를 받지 못한 채 다운증후군에 걸린 아이를 출산한 경우, 모자보건법 제14조 제1항 제1호는 인공임신중절수술을 할 수 있는 경우로 임산부 본인 또는 배우자가 대통령령이 정하는 우생학적 또는 유전학적 정신장애나 신체질환이 있는 경우를 규정하고 있고, 모자보건

법시행령 제15조 제2항은 같은 법 제14조 제1항 제1호의 규정에 의하여 인공임신중절수술을 할 수 있는 우생학적 또는 유전학적 정신장애나 신체질환으로 혈우병과 각종 유전성 질환을 규정하고 있을 뿐이므로, 다운증후군은 위 조항 소정의 인공임신중절사유에 해당하지 않음이 명백하여 부모가 태아가 다운증후군에 걸려 있음을 알았다고 하더라도 태아를 적법하게 낙태할 결정권을 가지고 있었다고 보기 어렵다고 할 것이어서 부모의 적법한 낙태결정권이 침해되었다고 할 수 없다. [2] 인간 생명의 존엄성과 그 가치의 무한함에 비추어 볼 때, 어떠한 인간 또는 인간이 되려고 하는 존재가 타인에 대하여 자신의 출생을 막아 줄 것을 요구할 권리를 가진다고 보기 어렵고, 장애를 갖고 출생한 것 자체를 인공임신중절로 출생하지 않은 것과 비교해서 법률적으로 손해라고 단정할 수도 없으며, 그로 인하여 치료비 등 여러 가지 비용이 정상인에 비하여 더 소요된다고 하더라도 그 장애 자체가 의사나 다른 누구의 과실로 말미암은 것이 아닌 이상 이를 선천적으로 장애를 지닌 채 태어난 아이 자신이 청구할 수 있는 손해라고 할 수는 없다."

72) 정상기(2009), 54–55면.

73) 현행법은 법률 제16256호, 2019. 1. 15., 일부개정, 시행 2019. 7. 16.

74) 강애란, "장기이식 대기자 3만8천977명... 기증자는 매년 감소", 연합뉴스, 2019. 10. 1.자 기사.

75) 장기이식법 제11조 및 제22조 참조.

76) 장기이식법 제7조 누구든지 금전 또는 재산상의 이익 기타 반대급부를 주고받거나, 주고받을 것을 약속하고 다음 각 호의 1에 해당하는 행위를 하여서는 아니된다: 1. 타인의 장기 등을 제3자에게 주거나 제3자에게 주기 위하여 받는 행위 또는 이를 약속하는 행위, 2. 자신의 장기 등을 타인에게 주거나 타인의 장기 등을 자신에게 이식하기 위하여 받는 행위 또는 이를 약속하는 행위, 3. 제1호 및 제2호의 행위를 교사 · 알선 · 방조하는 행위.

77) 생명윤리 및 안전에 관한 법률 제13조 제3항 누구든지 금전 또는 재산상의 이익 그 밖에 반대급부를 조건으로 정자 또는 난자를 제공 또는 이용하거나 이를 유인 또는 알선하여서는 아니된다.

78) 대법원 2009. 5. 21. 선고 2009다17417 전원합의체 판결.

79) 김소윤(2018).

80) 김장한(2007), 413–416면. 안락사의 구성요건에 관하여는 김성진(2008), 140면 이하.

81) 형법 제252조 제1항 및 제2항.

82) 적극적 안락사를 인정하는 입법례 국가에는 스위스, 네덜란드, 벨기에, 룩셈부르크, 콜럼비아, 캐나다, 미국의 일부 주(오레곤, 워싱톤, 몬테나, 버몬트, 캘리포니아 주)가 있다. 네덜란드는 1886년 형법 제정할 때에는 안락사를 형사처벌로 규정하였지만, 다양한 사례의 법원 판결을 거쳐 2002년 4월에 안락사법이 시행되었다. 네덜란드에서 안락사하려면 법적 요건을 충족시켜야 하는데, 우선 환자의 요청은 충분히 고민해서 자발적으로 나온 것이어야 하고, 환자의 고통이 참을 수 없을 정도에 달해야 하며, 의학적으로 치료할 수 없어야 한다는 것이다. 이때 고통은 반드시 육체적 고통으로 한정되지 않으며, 죽음이 임박하지 않아도 된다고 한다. 네덜란드에서 안락사를 선택한 사람은 2002년 1,882명에서 2017년 6,585명으로 계속 증가하고 있고, 2015년에는 전체 사망자 대비 4.5% 정도가 안락사를 선택하였다고 한다, 이성원/신웅아(2019).

83) 존엄사란 의학적 치료를 모두 다 했음에도 불구하고 회복 불가능한 상태가 되어 질병에 의한 자연적인 죽음을 맞이하도록 하는 것을 말한다.

84) 위키피디아, "안락사".

85) 대법원 2009. 5. 21. 선고 2009다17417 전원합의체 판결.

86) 김철중(2010), "연명치료 중단·대상 숙제로...", 조선일보, 2010. 1. 11.자 기사.

87) 김장한(2007), 376면.

88) 장기이식법 제18조.

89) 정상기(2009), 150면.

90) 모자보건법 제14조 제2항 및 제3항.

91) 헌법재판소 2012. 8. 23. 선고 2010헌바402 전원재판부 결정.

92) 헌법재판소 2019. 4. 11. 선고 2017헌바127 전원재판부 결정. 이 헌재 결정에 따라 2020. 10. 7. 정부는 기존 형법 제269조 낙태죄 처벌 조항을 유지하면서 위법성 조각사유에 해당하는 제270조의2를 신설하여 기존 모자보건법에 규정되어 있던 낙태 허용요건을 확대하는 형법 및 모자보건법 개정안을 입법예고 한 바 있다.

93) 정상기(2009), 65면.

94) 정식 명칭은 '바이오 안전성에 대한 카르타헤나 의정서(The Cartagena Protocol on Biosafety, CPB)'이다. 이 의정서는 1999년 콜롬비아의 카르타헤나에서 개최된 회의에서 제안되었다. 바이오안전성의정서는 2000년에 캐나다 몬트리올(Montreol)에서 열린 특별당사국총회인 '유전자변형생물체(Genetically Modified Organisms, GMO) 교역에 관한 국제회의'에서 1992년에 브라질 리우데자네이루에서 제정된 '생물다양성에 관한 협약(Convention on Biological Diversity, CBD)'의 부속의정서로 채택되었다.

95) '유전자변형생물체의 국가 간 이동 등에 관한 법률' 제2조에 의하면, "'유전자변형생물체'는 다음 각 목의 현대생명공학기술을 이용하여 새롭게 조합된 유전물질을 포함하고 있는 생물체를 말한다: 가. 인위적으로 유전자를 재조합하거나 유전자를 구성하는 핵산을 세포 또는 세포 내 소기관으로 직접 주입하는 기술; 나. 분류학에 의한 과(科)의 범위를 넘는 세포융합기술."이라고 정의하고 있다.

96) 이 의정서는 의정서의 마지막 협상 장소였던 콜롬비아 카르타헤나를 기념하여 "카르타헤나 의정서(Cartagena Protocol on Biosafety)"라고도 한다. 이 의정서는 2000년 1월 29일 채택되었고, 2003년 9월 11일 발효되었으며, 2019년 12월 현재 172개국이 가입하였다. 한편 생물다양성협약(CBD)는 2019년 12월 현재 196개국 및 유럽연합이 가입하였다. 우리나라는 1994년 10월 3일 비준하였고, 1995년 1월 1일 발효되었다. 상세한 것은 CBD, The Cartagena Protocol on Biosafety 참조.

97) 유전자변형생물체의 국가 간 이동에 대한 법률 제23조의2.

98) 유전자변형생물체의 국가 간 이동에 대한 법률 제24조.

99) 의정서에 관한 자세한 내용은 CBD, The Cartagena Protocol on Biosafety 참조.

100) 형사절차에서 DNA의 분석기법, DNA의 지문의 개념, DNA의 형사법상 활용 등에 대하여 구체적으로는 이용식(2007), 185면 이하.

101) 상세하게는 이용식(2007), 209면 이하.

102) 이에 대하여 상세하게는 이용식(2007), 218면 이하.

103) 2016. 1. 6. 개정, 2017. 7. 7. 시행. 법률 제13722호.

104) 대법원 2018. 2. 8. 선고 2017도14222 판결; 대법원 2010. 3. 25. 선고 2009도14772 판결 등.

105) 우상덕(1994), 1면.

106) 상세하게는 천주교인권위원회, "법의학이란?" 참조.

107) CNN(1998) 참조. 특히 톰슨(Thomson)은 인간줄기세포에서 분화된 유도체들이 수많은 인간의 질병을 치료하기 위한 이식 치료법에 이용될 수 있다고 밝히고 있다, J.A. Thomson(2001), 21−22면.; 이외에도 김병일(2004a), 78면 이하 참조.

108) 최병현/박소라(2012), 127면 이하 참조. 한편 이와 관련하여 한국의 황우석 박사는 2005년 5월에 세계적 과학 학술지인 '사이언스(Science)'에 인간배아줄기세포를 얻어내는데 성공하였다는 발표를 하여 전세계적으로 주목을 받기도 하였으나, MBC 방송국의 'PD 수첩' 프로그램과 젊은 한국의 과학자들이 배아줄기세포의 존재 그 자체 및 윤리에 대한 문제를 제기함에 따라, 2005년 말에는 서울대학교 자체 조사위원회의 조사가 진행되었고, 국

가생명윤리위원회 위원장의 사퇴 등 국내 최대의 과학 스캔들로 기록되는 동시에 대외적으로는 국가의 이미지를 크게 실추시키는 사건이 되었다.

109) '배아'란 수정란 및 수정된 때부터 발생학적으로 모든 기관이 형성되는 시기까지의 분열된 세포군으로, 자신을 분할하여 하나의 개체까지도 만들어낼 수 있는 세포를 말한다. 배아는 수정 후 14일 이내의 초기배아와 수정 후 14일부터 약 8주까지의 후기배아로 구분된다. 수정 후 14일은 발생학적으로 매우 중요한 시기로서, 자궁에 수정란이 착상되며, 신경계의 첫 시그널인 원시선을 형성할 뿐만 아니라 태반을 형성하고, 인간의 장기가 형성되기 시작하는 시기이기 때문이다. 수정 후 8주차가 되면 조직 및 기관으로서의 분화는 종결되어 성장만 하는 시기로, 이후를 '태아(fetus)'라고 한다.

110) Roger Brownsword(2002), 568면 이하.

111) 줄기세포 연구자들에 의해 파괴되는 대부분의 배아들은 일반적으로 다음과 같은 경우이다. 즉, 시험관 수정 (in vitro fertilization, IVF)의 경우에는 시험 이후에 잉여 배아(surplus embryo)가 생기는데, 이들은 이들을 더 이상 필요로 하지 않는 부부에 의해 제공되는 것이다. 이들 배아들은 어찌되었던 파괴되는 것이므로, 연구 또는 치료 목적으로 이용된다고 하는 것이다. 또한, 세포핵치환 기술을 사용하는 경우에도, 연구 또는 치료 목적으로 특별히 만들어진 배아는 수정 후 5 내지 6일에 이르게 되면 파괴되게 된다.

112) 생명공학정책연구센터(2005), 61면 이하.

113) 오태광(2019).

114) Cal. CON ARTICLE XXXV MEDICAL RESEARCH[SECTION1 - SEC.7].

115) Cal. HSC PART 5/5 USE OF HUMAN CELLS.

116) 오태광(2019).

117) 독일의 배아보호법(Embryonenschutzgesetz)은 1990년 12월 13일 제정되어 1991년 1월 1일자로 시행되었다. Gesetz zur Sicherstellung des Embryonenschutzes im Zusammenhang mit Einfuhr und Verwendung menschlicher embryonaler Stammzellen (Stammzellgesetz - StZG).

118) Schulte(2009).

119) Gesetz zur Sicherstellung des Embryonenschutzes im Zusammenhang mit Einfuhr und Verwendung menschlicher embryonaler Stammzellen (Stammzellgesetz - StZG).

120) 남독 신문(Sued-deutsche Zeitung) 2002. 1. 30.자.

121) 독일 연방의회의 2002년 1월 30일자 승인; 상세하게는 한지영(2005), 191면 이하 참조.

122) Hans Schöler(2012) (줄기세포연구에 대하여 자주 제기되는 질문에 대한 답변).

123) Wissenscahuf.de.(2018).

124) 동법 제40조 내지 제44조.

125) 이 법은 총 20개 조항과 부칙 3개의 조로 구성되어 있다.

126) Nature(2008).

127) 文部科学省告示第四号.

128) 文部科学省告示第六十八号.

129) 文部科学省告示第六十九号.

130) 법률 제16372호, 2019. 4. 23. 일부개정, 2019. 10. 24 시행.

131) 생명윤리법 제20조 및 제64조.

132) 생명윤리법 제21조 및 제65조.

133) 예컨대, 희귀병에는 가. 다발경화증, 헌팅톤병(Huntington's disease), 유전성운동실조, 근위축성측삭경화증, 뇌성마비, 척수손상; 나. 선천성면역결핍증, 무형성빈혈, 백혈병; 다. 골연골형성이상이 있고, 난치병에는 심근경색증, 간경화, 파킨슨병(Parkinson's disease), 뇌졸중, 알츠하이머병(Alzheimer's disease), 시신경손상, 당뇨병이 있다(생명윤리법 시행령 제12조 참조).

134) 생명윤리법 제25조 및 제29조.

135) 생명윤리법 제41조 내지 제42조.

136) 성경 창세기 제1장 27절.

137) Diamond v. Chakrabarty, 447 U.S. 303(1980).

138) Association for Molecular Pathology v. Myriad Genetics, Inc., 569 U.S. 576(2013).

139) Mayo Collaborative Services v. Prometheus Laboratories, Inc., 566 U.S. 66(2012).

140) 1998년 말 네덜란드 하원은 EU 바이오 지침의 내용이 기본권을 위반한다는 이유로 이를 네덜란드법에 채택하는 것을 거부하였다. 결국, 네덜란드 정부는 EU 바이오 지침의 철회를 요구하는 소를 유럽법원(European Court of Justice)에 제소하였다. 특히, 유럽조약 제173조(현재 제230조)에 근거하여 EU 바이오 지침의 무효를 주장하였다. 여기에는 이탈리아, 노르웨이가 공동으로 참여하였다. 한편, 프랑스는 윤리적 이유로 인하여 EU 바이오 지침의 시행을 거부하였고, 영국에서는 영국 특허법에 어떠한 개정도 불필요하다는 의견서가 제출되었고(Robin Nott(1988) 참조). 독일은 독일 정부가 바이오 지침의 시행을 목적으로 하는 법률안이 있었지만, 유예기한내에 법률화하는 데에는 실패하였다. Tade Matthias Spranger(2002), 237면 이하 참조.

141) 유럽법원은 2002년 7월 25일자로 네덜란드의 소를 다음과 같은 이유로 기각하였다: (a) 본 소가 유럽조약 제100a조를 근거로 주장한 것은 부적절하고; (b) 부종성(subsidiarity) 원칙에 위반; (c) 법적 안전성 원칙에도 위반; (d) 국제법과 유럽법의 일반적인 원칙 위반; (e) 기본권 침해; 및 (f) 의회에 제출된 안의 제한적인 버전이 위원(Commissioner)에 의해 결정된 것이 아니기 때문에 부적절하다는 것이었다.

142) 영국은 EU 바이오 지침 공표후 시행기간인 2000년 7월 16일에 맞추어서 2000년 7월 28일자로 EU 바이오 지침 제1조 내지 제11조를, 2001년에 제13조와 제14조를, 2002년에 제12조를 자국의 법령으로 전환시켰다. 이외에도, 시행기간에 맞추어 법령화한 국가는 덴마크, 스페인, 핀란드, 그리이스, 아일랜드, 포르투갈, 스웨덴 등이다. 이에 비하여, 네덜란드, 이탈리아, 룩셈부르크, 오스트리아, 벨기에, 독일, 프랑스는 시행하지 않고 있다가 사후에 관련 법령에 EU 바이오 지침을 포함시키게 된다. 예를 들면, 독일은 2005년 2월 특허법에, 프랑스는 2004년 8월에 생명윤리법의 발효에 따라 특허법에 생명공학 발명에 관한 규정을 부가하였다.

143) 보다 구체적으로는 한지영(2006), 49-51면 참조.

144) 한지영(2006), 52면 참조.

145) 동조는 "인간을 형성하거나 발달에 관련된 다양한(various) 단계에 있는 인간의 신체는 특허받을 수 없다."고 규정하고 있다.

146) IPO(2016) 참조.

147) 독일 특허법 § 1a "(1) Der menschliche Köper in den einzelnen Phasen seiner Entstehung und Entwicklung, einschließlich der Keimzellen, sowie die bloße Entdeckung eines seiner Bestandteile, einschließlich der Sequenz oder Teilsequenz eines Gens, könen keine patent-ierbaren Erfindungen sein(생식세포를 포함하여 인체 형성 및 발달의 다양한 단계에 있는 인체, 및 유전자의 서열 또는 일부 서열을 포함한 인체구성요소의 단순한 발견은 특허받을 수 없는 발명이다)".

148) 독일의 배아보호법은 1990년 12월 13일 제정되어 1991년 1월 1일자로 시행되었다. Gesetz zum Schutz von Embryonen 참조.

149) 독일 배아보호법 §8(Begriffsbestimmung, 정의규정): "(1) Als Embryo im Sinne dieses Gesetzes gilt bereits die befruchtete, entwicklungsfäige menschliche Eizelle vom Zeitpunkt der Kernverschmelzung an, ferner jede einem Embryo entnommene totipotente Zelle, die sich bei Vorliegen der dafür erforderlichen weiteren Voraussetzungen zu teilen und zu ei—

nem Individuum zu entwickeln vermag(이 법에서 '배아'란 수정되어 세포핵 융합한 때부터 발달할 수 있는 능력을 가진 난자세포이며, 더 나아가 추가 필요요건이 충족되면 분할할 수 있고 개체로 발달할 수 있으며, 배아에서 추출한 전능세포를 의미한다).”

150) Gesetz zur Sicherstellung des Embryonenschutzes im Zusammenhang mit Einfuhr und Verwendung menschlicher embryonaler Stammzellen(인간배아줄기세포의 수입 및 사용과 관련하여 배아보호를 위한 법률, 소위 '줄기세포법') 2002년 6월 28일 제정.

151) EU 바이오지침 입법사유 제37호 “발명의 상업적 실시가 공서양속에 위반하는 경우에 이 발명을 특허대상에서 제외해야 한다는 원칙은 본 지침에서 강조되어야 한다.”

152) TRIPS 제27조 제2항 “회원국은 회원국 영토 내에서의 발명의 상업적 이용의 금지가 인간, 동물 또는 식물의 생명 또는 건강의 보호를 포함, 필요한 경우 공공의 질서 또는 공서양속을 보호하거나, 또는 환경에의 심각한 피해를 회피하기 위하여 동 발명을 특허대상에서 제외할 수 있다.” 이 조항은 EU 바이오지침 입법사유 제36호에 동일한 취지로 승계되었다.

153) Whereas ordre public and morality correspond in particular to ethical or moral principles recognised in a Member State, respect for which is particularly important in the field of biotechnology in view of the potential scope of inventions in this field and their inherent relationship to living matter; whereas such ethical or moral principles supplement the standard legal examinations under patent law regardless of the technical field of the in-vention;

154) 영국 특허법 제1조 3항 및 Schedule A2, 3; 독일 특허법 제2조; 프랑스 특허법 제L.611-17조. 특히, 영국의 특허법 제1조 3항을 보면, 다른 두 국가의 경우와는 달리, 발명의 상업적 이용이 '공공 질서(public ordre)'을 위반한 경우가 아니라, '공공 정책(public policy)'을 위반한 경우에 특허받을 수 없다라고 규정하고 있다. Cornish 교수는 public ordre의 개념을 해석하기 어려운 것으로 보고, 광의로 공공 이해 또는 정책(public interest or policy)를 말한다고 한다. Cornish/Llewelyn(2003), 83면.

155) 유럽에서의 공서양속 위반에 관한 상세한 내용에 관하여는 한지영(2006), 236면 이하 참조.

156) 그 기본적인 논조에는 동의하나, 특허청 심사관에게 '공서양속'에 대한 판단을 통해 특허 여부를 결정하도록 부담감을 주는 것이 바람직한가 하는 문제는 여전히 풀리기 어려운 문제이다.

157) 일본 특허청 “특허·실용신안 심사기준” 제7부 제2장 '생물관련발명 4.2.2 공공의 질서, 선량한 풍속 또는 공중위생을 해할 염려가 있는 발명'에서 “실시가 필연적으로 공서양속 또는 공중위생을 해할 염려가 있는 경우에는 제32조에 해당하는 발명이 된다.”라고만 기재되어 있다.

158) Viola Prifti(2015), v.면 참조.

159) 引地 進(2006), 117면.

160) 角田政芳(2005), 44-45면.

161) 특허·실용신안 심사기준(2019년 3월 18일), 3601면 이하 참조.

162) 위 특허·실용신안 심사기준, 9106면 참조.

163) 종자산업법, 법률 제14483호, 2016. 12. 27. 일부 개정, 2017. 12. 28. 시행

164) 박은정(2000), 449면.

165) EU의 생명공학발명의 지침 제6조 제2항.

166) Schulte(2009).

167) 특허법원 2008. 9. 26. 선고 2007허5116 판결 참조.

168) 위 특허·실용신안 심사기준, 9101면 이하 참조.

169) 우리나라의 경우 1990년 이래 재정에 의한 실시권을 특허청에 신청한 경우는 2건인데, 모

두 기각되었다. 대표적인 사례로서, 스위스 기업인 노바티스사는 만성골수성 백혈병(CML) 의 치료제로서 탁월한 효능을 보이는 글리벡에 대한 국내 특허를 보유하고 있었는데, 이에 대한 재정실시권이 신청되었다. 이에 대하여 특허청은 2003년 2월에 "글리벡을 저가로 수입하게 되면, 글리벡을 복용해야 하는 절박한 상황에 처해 있는 환자의 경제적 부담을 완화해 줄 수 있지만, 만성골수성백혈병의 경우처럼 전염성 기타 급박한 국가적·사회적 위험이 적음에도 불구하고 의약발명품이 고가라는 이유로 강제실시를 허용할 경우 발명 자에게 독점적 이익을 인정하여 일반공중의 발명의식을 고취하고, 기술개발과 산업발전을 촉진하고자 마련된 특허제도의 기본취지를 크게 훼손할 수 있는 만큼, 강제실시 인정 여 부는 이러한 두 가지 상충되는 이익을 비교형량하여 신중히 결정해야 하는 당위적인 측 면이 있고, 또한 현재 모든 만성골수성백혈병환자에게 보험이 적용되며, 이 경우 환자의 실제 부담액은 보건복지부가 책정 고시한 약가의 10% 수준인 점, 글리벡의 공급이 현재 정상적으로 이루어지고 있는 점, 대외무역법 제14조 및 대외무역관리규정 제7조의 규정에 의한 자기치료목적의 수입이 가능한 점 등 글리벡의 공급실태와 관련된 상황적 측면을 종합적으로 고려할 때 강제실시권을 허여할 정도로 공공의 이익이 있다고 보기 어려운 것"이라고 판단하여 재정청구를 받아들이지 않았다. 특허청(2003). 이에 대하여는 이익희 (2004), 196면 참조; 남희섭(2005).

170) 대표적인 경우가 에이즈(AIDS)의 경우이다. 나탈리 에르놀(Nathalie Ernoult) 국경없는의사 회 액세스 캠페인 정책국장은 "2001년만 하더라도 에이즈를 치료받는 환자는 10만명에 불 과하였으나 2017년에는 2,090만명까지 늘어났으며, 이러한 변화의 배경에는 가격 경쟁이 있었고, 바로 제네릭 의약품 경쟁이 가격의 판도를 바꿨다고 한다. 제네릭 의약품의 등장 으로 제약회사 간 가격 경쟁이 발생해 치료제 가격이 내려갔고, 공급이 활성화되면서 2018년 현재 2005년보다 에이즈 관련 사망률이 48% 감소했다."고 주장한다. 허지윤/조현 정(2018).

171) 한미 FTA 협정문 제18.9조 제5항에 '의약품 허가-특허연계제도'가 규정되어 있다.
제18.9조(특정 규제제품과 관련된 조치) 제5항 "당사국이 의약품의 시판을 승인하는 조건 으로, 안전성 또는 유효성 정보를 원래 제출한 인 이외의 인이 그러한 정보 또는 당사국 의 영역 또는 다른 영역에서의 이전 시판승인의 증거와 같이 이전에 승인된 제품의 안전 성 또는 유효성 정보의 증거에 의존하도록 허용하는 경우, 그 당사국은 가. 제품 또는 그 승인된 사용방법을 대상으로 하는 것으로 승인당국에 통보된 특허존속기간 동안 시장에 진입하기 위하여 시판승인을 요청하는 모든 다른 인의 신원을 특허권자가 통보받도록 규 정한다. 그리고 나. 제품 또는 그 승인된 사용방법을 대상으로 하는 것으로 승인당국에 통보된 특허존속기간 동안 특허권자의 동의 또는 묵인 없이 다른 인이 제품을 판매하는 것을 방지하기 위한 시판승인 절차에서의 조치를 이행한다.
부속서한(의약품 특허 연계 분쟁해결); "미합중국 또는 대한민국 중 어떠한 당사국도 협 정 제18.9조 제5항 나호에 따른 다른 쪽 당사국의 의무에 대하여 협정 발효일 이후 처음 18월 동안 협정 제22.4조를 발동하지 아니할 것이다. 어느 한 쪽 당사국이 협정 발효일 이 후 처음 18월 동안 제18.9조 제5항 나호에 따른 다른 쪽 당사국의 의무의 준수에 대하여 우려를 가지는 경우, 미합중국과 대한민국은 협정 제22.3조에 합치되게 그리고 어느 한 쪽 당사국의 요청에 따라, 그러한 우려의 상호 만족할만한 해결에 도달하기 위하여 협의 할 것이다."

172) 2015년 개정된 약사법(법률 제13219호, 2015. 3. 13. 일부개정, 2015. 3. 15. 시행)에 의하면, 첫째, 판매금지제도 도입(제50조의5 및 제50조의6 신설), 즉 특허권자 등은 특허침해의 금 지 또는 예방 청구의 소 등 특허권과 관련한 심판 또는 소송을 제기한 후 해당 의약품의 안전성·유효성에 관한 자료를 바탕으로 제조판매품목허가 등을 신청하는 의약품에 대한 판매금지를 식품의약품안전처장에게 신청할 수 있고, 식품의약품안전처장은 소멸된 특허 권을 기초로 한 경우, 판매금지 신청기간을 준수하지 아니한 경우 등을 제외하고는 판매

를 금지할 수 있다. 둘째, 우선판매품목허가제도의 도입(제50조의7부터 제50조의10까지 신설), 즉 특허권이 등재된 의약품의 자료를 근거로 가장 이른 날 의약품의 제조판매품목 허가 또는 변경허가를 신청하고, 허가를 신청하기 전에 등재된 특허권에 관한 무효심판 등을 제기하여 승소한 자로서 가장 이른 날 심판을 제기한 자에게 의약품의 제조판매품목 허가 또는 변경허가를 받은 의약품과 동일한 의약품을 다른 자가 판매하는 것을 금지 할 수 있도록 함으로써, 우선적으로 의약품을 판매할 수 있도록 하였다, 법제처 약사법 제정·개정 이유 참조.

173) 식품의약품안전처(2018), 1면 이하 참조.

174) 2015년에는 무효심판(특허권존속기간연장등록무효심판 포함)은 1천801건, 소극적권리범위 확인심판은 410건이었던 것에 비해, 2017년에는 특허무효심판청구가 22건으로 급감하였고, 소극적권리범위확인심판청구도 372건으로 다소 감소된 점으로 보아 후발 제약사들의 전략이 변한 것으로 유추할 수 있다. 유의주(2018), "의약품 허가-특허 연계제도 시행 3년…제약사 간 경쟁 치열", 연합뉴스, 2018. 3. 14.자 기사.

175) 정상기(2009), 121면.

176) 양희진(2001), 70면 이하.

177) 김혜선(2014), 173면 이하 참조.

178) 생물다양성협약의 부속 의정서로 2014년 10월 발효한 나고야의정서에 따르면 어느 국가의 유전자원을 이용하여 이익이 발생하면 해당 자원을 제공한 국가와 이를 이용한 국가가 상호 이익을 공정하고 공평하게 배분해야 한다고 규정하고 있으며, 이를 이행하기 위해 각국은 자국의 유전자원에 대한 접근 방법을 규정하고 이익을 배분하기 위한 법적 조치를 취하고 있다. 나고야의정서에는 2019년 8월 현재 119개국이 비준하였다. 이와 관련하여 정상기(2009), 121면 이하. 김병일(2004b), 163면 이하.

179) 생물자원약탈의 개념은 지식재산권과 관련하여 법률적으로 명확하지는 않다. 다니엘 로빈슨은 실제적 상황에서 사용될 수 있는 생물자원약탈 행위를 다음과 같이 분류할 것을 제안하였다: i) 특허에 기반한 생물자원약탈, 즉 법적 권한 없이 생물자원 및 관련 전통지식을 기초로 특허를 받는 경우, ii) 비특허 기반 생물자원약탈, 즉 식물육종가의 권리나 상표권과 같이 생물자원 및 관련 전통지식에 대한 특허 외 IP 관리가 가능한 경우, iii) 남용(misappropriation), 즉 이익공유 없이 생물자원 또는 관련 전통지식의 가치를 도용하는 경우이다. Robinson, D.(2010).; 정명현[(2014), 32면, 각주 7] 재인용.

180) 프랑스 원료업체 코그니스(Cognis) 소속 Serobiologiques사는 19세기 한 페루 출신 종교인이 쓴 책에서 기적의 씨앗으로 불리는 사카잉키(Sacha Inchi)를 알게 되었는데, 이는 페루 아사닌카족 조상으로부터 물려받은 전통요법 쿠란데라(마을의 영적치유자)를 통해 구술로 전해진 사카잉키라고 한다. 사카잉키는 오메가-3(56.3% 함유)와 오메가-6(35% 함유)가 풍부하며 피부미용을 위한 마스크팩으로 만들어 사용되어 왔다. 프랑스 Serobiologiques사는 2003년 페루에서 8천명의 마을사람을 고용하여 사카잉키를 재배하기 시작하였으며, 원료 개발 및 특허등록을 준비하고 있었는데, 2007년 페루 정부와 페루 토착민이 자국 유산을 보호하기 위해 협회를 조직하여 반대 시위를 진행하였다. 이 협회의 반대 시위로 Serobiologiques사는 원료업체 특허 등록은 포기하였으나 해당 원료를 활용한 제품은 지속적으로 개발 예정이라고 한다. 국립생물자원관, "생물해적행위 반대 및 이익공유 사례".

181) 캐나다 바이오링크(Biolink)사는 브라질의 녹심목(Chlorocardium rodiei)의 열매인 티피르(Tipir)를 이용한 해열제(Rupununine) 개발하여 1994년 미국에 특허출원하여 특허등록(US Patent 5569456; 영국 Conrad Gorinsky와 캐나다 Biolink)하였는데, 티피르는 브라질 및 가이아나 토착지역 공동체에서 지혈과 감염방지 및 피임효과가 있는 것으로 전래되어 왔다. 브라질 가이아나의 Wapishana 부족은 2000년 생물해적행위에 대하여 이의를 제기하면서 미국 특허청 특허취소를 요구하였다고 한다. 국립생물자원관, "생물해적행위 반대 및 이

익공유 사례".

182) 최근 환경부는 "인도의 생물자원 접근과 이익공유 절차 안내서"를 발행하였다, 2019년 8월 16일. 인도는 생물다양성에 관한 보호에 관하여 매우 적극적으로 접근 및 대책을 마련하고 있다. 예를 들면, 인도는 ABS 관련 법률로 생물다양성법(2012년), 생물다양성규범(2004년) 및 생물자원 및 관련 지식의 접근과 이익공유 규칙에 대한 지침(2014년) 등을 시행하고 있다.

183) 조류독감(AI) 치료제인 타미플루(tamiflu)가 대표적이다. 이 치료제는 1996년 중국의 토착 향료식물인 '스타아니스(staranise)'란 나무에서 추출한 성분으로 개발됐다. 다국적 제약회사인 로슈는 현재까지 유일한 AI 치료제인 타미플루를 팔아 연간 20억~30억 달러를 거머쥐고 있다. 2004년엔 아일랜드의 한 제약사가 바다달팽이에서 추출한 성분으로 모르핀보다 진통 효과가 최대 1000배까지 더 뛰어난 진통제를 개발, 단숨에 수억 달러를 벌어들이기도 했다. 이 밖에 진통해열제로 유명한 아스피린과, 항암제인 택솔이 각각 버드나무 껍질과 태평양산 주목(朱木)을 이용해 개발된 사실도 잘 알려져 있다. 박은호(2008), "미국, 인도의 님 나무 추출물로 한때 특허 따내", 조선일보, 2008. 2. 5.자 기사 참조.

제 3 장   에너지안전법

Ⅰ. 에너지법 개관

1. 에너지법의 개념

가. 에너지의 개념

에너지법에 접근하기 위해서는 우선 에너지에 관한 개념을 파악해야 한다. 에너지는 어떤 물체나 사람이 일을 할 수 있는 힘과 능력을 말한다.[184] 에너지는 일반적으로 자원 상태에서 최종소비까지 단계별 상태에 따라 1차, 2차, 3차 에너지로 구분한다. 1차 에너지는 인간의 활동에 의해 어떤 변환도 하지 않은 자연 상태에 존재하는 에너지로서 석탄, 석유, 천연가스, 우라늄, 태양열, 지열, 수력 등 에너지원 그 자체를 의미한다. 2차 에너지는 1차 에너지의 사용효율성을 증대할 목적으로 가공 또는 변환한 에너지로서 전기, 도시가스, 열 등을 의미한다. 3차 에너지는 2차 에너지의 변환·추출 등의 공정과정을 거쳐 최종적으로 사용하는 에너지로서 수소 등을 말한다. 법적으로는 「에너지법」[185]은 에너지를 "연료·열 및 전기"로 정의하고 있는바 여기서 연료란 석유·가스·석탄 및 제품의 원료로 사용되는 것을 제외하고 열을 발생하는 열원(熱源)이다.[186] 전통적인 에너지 외에 신에너지[187]와 재생에너지[188]도 개발되고 있다.

나. 에너지법의 개념과 유형

1) 에너지법의 개념

에너지법이라 함은 에너지의 생산, 사용 및 관리에 관한 법제라 할 수 있다. 물리학 내지 열역학에서 4대법칙[189]을 에너지법이라고 부르나 여기에서 말하는 에너지법은 물리학적 개념과는 구별되는 법학적 개념이다.

2) 에너지법의 유형

에너지법은 그 목적에 따라 대별하면 에너지개발법과 에너지안전법으로 나눌 수 있다. 에너지개발법은 에너지의 생산을 촉진하고 에너지의 사용 그리고 저장, 수송 등의 관리를 편의롭게 하기 위한 일체의 법제를 말하며 에너지안전법은 그 과정에 발생하는 위험을 방지하기 위한 일체의 법제를 말한다.[190]

에너지개발법과 에너지안전법은 일견 상호 충돌하는 관계에 있는 것처럼 보이나 후술할 에너지안전법과 기술과의 관계에서 보는 것처럼 상호보완적인 측면 또한 존재한다.191)

2. 에너지개발법의 개요

가. 에너지개발의 개념

에너지개발이라 함은 1차에너지를 생산하여 이를 수송, 저장하고 2차에너지로 변환하여 이용자들이 이를 사용하고 또 그렇게 할 수 있도록 관리하는 행위 일체를 말한다. 에너지관리에는 에너지의 효율적 사용을 위한 관리 외에 에너지안전도 포함될 수 있으나 에너지개발에 포함되는 에너지 관리에는 에너지안전은 제외하여 논하기로 한다.

나. 에너지개발법의 내용

에너지개발법의 기본법을 이루는 법이 저탄소 녹색성장 기본법과 에너지법이다. 녹색성장법은 저탄소 녹색성장에 필요한 기반을 조성하고 녹색기술과 녹색산업을 새로운 성장동력으로 활용할 것으로 목적으로 제정된 법이고,192) 에너지법193)은 안정적이고 효율적이며 환경친화적인 에너지 수급 구조를 실현하기 위한 에너지정책 및 에너지 관련 계획의 수립·시행에 관한 기본적인 사항을 정한 법이다. 그외 에너지이용 합리화법등의 관리법과 방사선 및 방사성동위원소 이용진흥법, 핵융합에너지 개발진흥법, 석유 및 석유대체연료 사업법, 석탄산업법 등 1차에너지 개발에 관한 개별법, 그리고 전기사업법, 지능형전력망의 구축 및 이용촉진에 관한 법률, 도시가스사업법, 수소경제 육성 및 수소안전관리에 관한 법률 등의 2차에너지 관리법이 있다.

3. 에너지안전법의 개요

가. 에너지안전의 개념

에너지안전은 에너지 생산, 사용 및 관리 과정에 발생하는 위험을 방지한다는 개념이자 그 활동이다. 에너지안전은 절대적 안전으로 완전할 정도로 피해가 발생하지 않도록 하는 것을 목표로 하나, 에너지안전과 관련된 다양한 가치를 고려하여 그 규제 범위를 확정하게 된다. 그러므로 에너지의 생산, 사용 및 관리로 인해 미래에 발생할 수 있는 피해가능성의 완전한 차단은 에너지안전이 추구하는 합리적 안전에 해당하지 않는다. 즉, 에너지 사용을 전제로 하고 경제성과 편의성을 고려한 현실에서 완전한 에너지안전이란 불가능하다. 인간은 미래에 발생할 수 있는 에너지의 생산·저장·수송·사용으로 인한 위험을 완전하게 인식하고 평가하는 경험지식과 규율지식에 대한 한계가 있기 때문이다.[194]

나. 에너지안전법의 성격

에너지안전법은 에너지의 생산, 사용 및 관리로 인하여 사람의 생명, 신체 또는 재산적 피해가 발생하지 않도록 하는 법제를 말한다. 에너지안전법제의 근거를 형성하는 축은 3개로 구성되어 있다. 에너지안전을 관장하는 주체인 국가 또는 지방자치단체, 에너지를 생활영위의 수단으로 하는 에너지사업자 및 에너지사용자가 그것이다. 이들 관계에서는 에너지사용자의 안전을 보장하기 위하여 에너지사업자의 자유를 제한할 수밖에 없다.[195] 에너지안전법제를 마련하는 경우에 항상 에너지사업자의 자유와 에너지사용자의 안전 간의 긴장관계를 고려해야 한다. 이러한 에너지안전법의 원칙은 에너지안전과 관련된 구체적 규범이라고 할 수 있는 기술기준을 확정할 경우에 적용되고 있다.

4. 에너지안전법과 기술의 관계

가. 에너지안전법의 에너지기술 발전 유도

에너지안전법과 기술은 다양한 측면으로 인해 그 관계 정립이 간단하지 않다. 에너지안전법은 에너지의 생산, 사용 및 관리에 있어 에너지용품과 에너지시설을 규율하고 그에 관한 당사자의 법률관계를 규명하는 법학 분야이다. 고압가스용기와 같은 에너지용품이나 발전소와 같은 에너지시설은 에너지기술의 성과물로서 에너지안전과 관련된 법령의 규율을 받는다. 즉, 에너지안전, 에너지효율향상 등 에너지 관련 기술은 법적으로 규정된 형식 속에 머물러 있지 않고 다른 분야의 과학기술과 협력적으로 발전하고 변화하기도 하지만, 에너지안전이나 에너지효율향상과 관련된 법령에 상당히 많은 영향을 받고 있다. 예컨대, 에너지용품이나 에너지시설과 같은 에너지기술은 대부분 인증기관의 인증을 받거나 행정청의 허가를 받아야 판매·설치나 운영을 할 수 있다. 에너지안전법령을 고려하지 않은 에너지용품이나 에너지시설은 현실에서 사용하거나 적용할 수 없는 기술이 된다. 이러한 측면에서 에너지안전법은 에너지기술의 발전 방향을 설정하고 제시한다.

나. 에너지기술의 에너지안전법 발전 유도

현대적 에너지기술은 동태적이며, 본질적으로 지속적인 발전을 목표로 하고 있다. 에너지기술의 변화와 발전은 현실적으로 에너지기술을 규율·통제하고 때로는 발전을 유도하여 에너지안전법의 제정과 개정에 중요한 영향을 미치게 된다. 에너지안전법이 에너지안전과 관련된 기술적 변화를 고려하지 않으면 규범이 현실에 부합하지 않게 되거나 에너지기술을 관장할 수 없게 되어 헌법에 반하는 법으로 변천할 수밖에 없다.[196] 즉, 에너지안전법은 에너지기술의 발전을 고려하여 에너지안전의 정도와 수준을 정해야 한다. 에너지기술은 인간의 인식능력과 판단력을 기반으로 발전한다. 에너지안전기술도 인간이 인식할 수 있는 위험을 방지하는 범위에서 개발된다. 에너지안전법은 에너지기술의 발전에 따라 강화된 안전성이 에너지용품이나 에너지시설에 반영될 수 있도록 안전기준을 점차 높이게 된다. 이러한 측면에서 에너지기술은 결국 에너지안전법의 안전성을 강화하는 제도를 구축하게 한다.

다. 교호적 관계

에너지안전법과 기술 간에는 에너지기술의 발전과 에너지안전에 대한 국민의 요구수준에 따라 상호 교호적 영향을 주고받는 관계가 유지된다. 에너지기술을 적용하여 에너지의 생산효율성·편의성·안전성을 증진하는 에너지용품이나 에너지시설은 에너지안전법에 의하여 규율을 받는다. 또한 에너지 관련 기술변화의 산물로서 에너지용품이나 에너지시설의 발전은 에너지안전 관련 법령의 제·개정에 영향을 주게 된다. 에너지안전법은 에너지 관련 기술의 변화를 한편으로는 통제하고 다른 한편으로는 수용한다. 그 결과 에너지기술은 다른 과학기술과 마찬가지로 관련 법령에 끊임없이 새로운 과제를 제시하고, 에너지안전 관련 법령의 발달에 영향을 주고 있다.[197]

Ⅱ. 에너지안전법의 체계

1. 국가의 에너지안전보호의무

가. 국가목적론적 근거

국가는 에너지의 생산·저장·수송·사용이라는 에너지 전 과정에서 발생할 수 있는 국민의 생명, 신체적 온전 및 재산을 보호하여야 할 의무를 헌법적으로 부여받고 있다. 이러한 국가의 의무는 홉스, 로크 및 루소에 의해 발전한 국가목적론으로부터 도출된다.[198] 근대 입헌주의의 발달로 국가목적은 헌법 속에 실정화되었고, 시민에 대한 국가의 권한과 의무도 헌법에 포함되어 있다. 그 결과 전통적인 국가목적을 포함하는 헌법국가는 국가의 안전실현의무를 국가목적이론보다는 실정화된 헌법에 근거하고, 안전에 관한 법률 제정의 정당성을 헌법에서 찾게 되었다. 국가의 에너지안전보장의무는 헌법 전문에서 천명하고 있을 뿐만 아니라 기본권에서 도출되는 기본권보호의무에 근거하고 있다. 「헌법」은 그 전문에서 "우리들과 우리들의 자손의 안전과 자유와 행복을 영원히 확보할 것을 다짐하면서"라고 규정함으로써 대한민국이라는 국가에게 국민의 생명과 신체 등의 안전을 확보하기 위하여 노력해야 하는 의무를 부여하고 있다.

나. 기본권보호의무

헌법은 기본권의 대표적인 주체인 국민의 생명과 신체적 안전을 국가가 스스로 침해하여서도 아니 될 뿐만 아니라 개인에 의하여 다른 개인의 생명이나 신체적 온전성이 침해되지 않도록 하여야 할 의무가 있다.[199] 이러한 의무를 기본권보호의무라고 한다. 국가는 「헌법」에 의하여 부여된 기본권보호의무를 실현하기 위하여 에너지용품이나 에너지시설에 관하여 안전관리제도를 구축하여야 한다.[200] 에너지분야에서 이러한 국가의 기본권보호의무는 「고압가스 안전관리법」, 「위험물안전관리법」, 「전기사업법」 등과 같은 에너지안전 관련 다수의 법률에서 구체화되고 있다. 국가는 에너지안전과 관련된 국가의 보호의무의 실현을 위하여 우선 기본권적으로 대등한 지위에 있는 기본권 주체로서 사인의 기본권 영역을 설정한다. 국가는 그 영역에서 다른 기본권주체로서 사인의 행위나 관장분야에서 발생하는 위험을 억제하여 각각의 기본권 주체가 자신의 기본권을 합리적으로 행사할 수 있도록 법질서를 형성하고 안전을 유지하도록 하는데, 이를 에너지안전 관련 법령의 구축과 집행이라고 할 수 있다.

2. 과소금지원칙

입법자는 에너지안전과 관련된 법률에서 보호법익과 에너지와 관련된 위험의 특성을 고려하여 효과적인 제도를 선택하게 되며, 에너지안전상의 다양한 수단을 선택할 수 있는 광범위한 입법재량권을 가지게 된다. 그러나 에너지안전과 관련된 입법재량권은 헌법상 과소금지원칙과 과잉금지원칙에 의하여 제한을 받게 된다.

입법자는 에너지안전을 실현할 수 있는 최소한의 수단을 관련된 법률에 도입하여야 한다. 에너지안전과 관련된 제도와 조치를 에너지안전 관련 법률에서 도입하더라도 이것이 현실적으로 에너지안전을 실현할 수 없다면 이는 헌법상 과소금지원칙을 위반하게 된다. 에너지사업자의 사업활동으로 발생할 수 있는 생명이나 건강상의 위험으로부터 국민을 보호하기 위하여 에너지 관련 법률은 최저한도로 에너지사업자의 기본권을 제한하거나 의무를 부여하여야 비로소 과소금지원칙을 준수하게 된다. 과소금지의 원칙은 에너지안전과 관련 하여 어떠한 제도나 조치가 국민을 보호할 수 있는 정도의 수준에 이르는가의 기준이 된다.

3. 과잉금지원칙

에너지안전은 에너지 관련 위험을 유발하는 에너지사업자의 기본권을 제한할 수밖에 없다.[201] 에너지사업자에게 부여되는 의무는 다양하며 새로운 의무의 부과는 에너지사업자의 직업자유에 대한 제한이다. 안전실현과 관련된 의무와 기본권의 제한은 해당 기본권을 제한하지 않거나 의무를 부여하지 않고서도 충분히 안전실현이라는 공익목적을 달성할 수 있거나, 보다 더 약한 기본권의 제한이나 의무부과로서 충분히 안전을 실현할 수 있다면, 보다 강한 기본권의 제한이나 의무부과는 헌법상 과잉금지원칙을 위반하게 된다. 즉, 에너지안전을 위한 기본권을 제한하는 법률은 법치국가에서 도출된 비례의 원칙(과잉금지의 원칙)[202]에 합치하여야 한다.

4. 에너지안전 관련 실정법

가. 에너지안전 관련 법률

현행 에너지안전 실정법은 가스의 안전관리만을 규정하는 법률로 「고압가스 안전관리법」이 있고, 안전과 사업을 통합적으로 정하는 「액화석유가스의 안전관리 및 사업법」과 「도시가스사업법」이 있으며, 2020년 2월에 제정된 「수소경제 육성 및 수소 안전관리에 관한 법률」이 있다. 가스는 산업용 또는 에너지원으로 사용되고 있어 안전과 사업을 모두 산업부에서 관할하고 있다. 석유의 경우 그 자체가 에너지원에 속하고 있어 「석유 및 석유대체연료 사업법」에서 관장하며 산업부에서 동 법률을 운영하고 있다. 그러나 석유의 안전에 관하여는 화재의 위험성으로 인하여 소방청에서 운영하는 「위험물안전관리법」에서 관장하고 있다. 2차 에너지로서 전기안전을 관장하는 법률은 「전기사업법」이다. 동 법률의 제명에서 전기안전분야가 드러나지 않는 것은 동 법률의 내용과 제명이 일치하지 않기 때문이다. 「전기사업법」은 발전시설, 송전시설, 변전시설, 수전시설의 안전관리에 관하여 규정하고 있다.

나. 에너지안전법의 대상

에너지안전분야는 상온에서 기체상태로 존재하는 에너지로 가스분야를 관장하는 법률, 액체상태로 존재하는 석유분야를 관장하는 법률, 전자 흐름과 관련된 전기안전을 관장하는 법률이 모두 에너지안전과 관련된 실정 법률에 속한다. 그런데 원자력에너지도 현재 사용되고 있는 중요한 에너지원에 속한다. 원자력에서 가장 중요한 사항인 원자력안전은 「원자력안전법」이 실정법으로서 이를 관장한다. 원자력안전은 그 자체로 중요한 에너지안전에 속하나, 그 구조와 내용에서 다른 에너지안전보다 월등히 복잡하게 구성되어 있다. 또한 원자력분야는 과학기술법학분야에 포함할 수도 있고 에너지법학분야에 포함할 수도 있으며 원자력법 그 자체가 독립된 학문분야로 자립할 수도 있다. 여기서 원자력기술이 가지는 첨단과학성을 고려하여 과학기술법에 포함, 에너지과학기술분야에 포함하여 기술하고자 한다.

Ⅲ. 원자력안전법

1. 원자력안전법의 체계

가. 원자력의 특성

1) 원자력의 양면성

원자력안전법의 대상으로 원자력은 야누스(Janus)의 얼굴을 가졌다고 한다.[203] 원자력발전은 온실가스와 미세먼지를 배출하지 않기 때문에 대기오염물질이나 기후변화유발물질도 배출하지 않으며,[204] 에너지의 안정적인 공급원칙에 적합한 에너지에 속한다.[205] 하지만 또 다른 얼굴로, 1979년 미국의 스리마일, 1986년 체르노빌, 2011년 후쿠시마 원자력발전소의 사고와 같이 안전성에 대한 문제를 가지고 있다.

2) 원자력의 안전성

스리마일과 체르노빌 사고는 원자력의 안전에 대한 의문이 제기되는 계기가 되었다. 미국은 스리마일 사고 이후 원자력발전소의 건설이 중단되었고, 다른 국가들도 상당한 영향을 받아서 원자력발전은 신중한 걸음을 하게 되었다. 하지만 기후변화에 대한 세계적인 관심은 원자력을 다시 발전에너지의 주도세력으로 끌어올렸다. 특히 교토의정서가 타결되고, 파리기후변화협정이 타결되기 전에 경제성을 가지고 기후변화를 저지할 수 있는 중요한 에너지원으로 원자력에너지는 르네상스시대를 맞이하였다. 그러나 후쿠시마 사고는 다시 원자력발전을 다른 에너지로 대체하여야 하는 에너지로 전락시켰다. 앞서 보았듯이 원자력발전은 많은 장점이 있지만 안정성이 절대적이지 못한 문제로 에너지전환의 대상이 되고 있다. 인류는 기후변화에 방점을 두고, 원자력에너지의 이용을 증대할 것인가 아니면 더 이상의 원자력으로 인한 안전문제에 직면하지 않기 위하여 원자력을 포기할 것인가라는 원자력에너지의 이용과 관련된 양 갈래 길목에 놓여있다.

3) 방사성폐기물 처리

원자력에너지의 또 다른 부정적인 측면은 바로 방사성폐기물의 처리에 관한 문제이다. 특히 고준위방사성폐기물(이하 "폐기물")의 처리는 법학적으로 수많은 과제를 던지고 있을 뿐만 아니라 자연과학에게도 해결을 위한 노력을 요구하고 있다. 원자력발전으로 생성되는 폐기물은 장기적으로 수천 년 동안 단기적으로 수십 년 동안 철저한 관리를 필요로 하는 물질이다. 폐기물의 영구처분시설은 아직 세계 어느 국가도 설치하지 못하고 있다. 영구처분장의 설치는 상당한 비용이 소요될 뿐만 아니라 안전하게 관리하는 데에 한계가 있을 수 있기 때문이다.[206] 이러한 이유로 원자력발전은 폐기하여야 하는 대상으로 지목되고 있다.[207]

폐기물 영구처분장의 건설을 위하여는 국내의 특정된 지역에 처분장으로 지정하여 설치하여야 하나 이러한 결정은 극심한 갈등의 유발[208]이 명확하여 어느 정부도 추진을 하려고 하지 않고, 가능한 후임 정부에 미루고 있는 실정이다.[209][210] 하지만 영구처분장을 둘러싼 사회적 갈등은 공론화과정이나 숙의과정을 통하여 충분하게 극복 가능할 수 있다고 하겠다. 사회적 갈등은 민주화된 국가에서 상시적으로 존재하는 현상으로 보아야 하고, 갈등의 존재를 막기보다는 극복방법을 통하여 사회적 공감대와 국민의 역량을 결집할 수도 있다. 현재 우리나라의 관련 입법으로는 방사성폐기물 관리법[211]이 있을 뿐이다.

나. 원자력안전법의 대상

1) 원자력진흥과 안전의 행정기관 분리

현행 원자력 관련 업무는 원자력진흥정책 수립 및 연구개발 등은 과학기술정보통신부(이하 "과기부")의 소관업무로 하고, 원자력안전관리와 관련된 규제업무를 원자력진흥과 분리하여 총리 소속의 합의제 중앙행정기구로 원자력안전위원회(이하 "원안위")가 관할하고 있다.[212][213] 이는 우리나라 원자력의 지속

발전을 위하여 원자력안전규제에 대한 국내외적 신뢰확보가 필요하고, 비록 권고규정에 해당하지만 국제원자력기구(IAEA)의 「원자력안전기준」이 원자력규제기관을 진흥조직 등으로부터 독립하도록 규정하고 있는 점 등을 고려한 것이다.214)

2) 원자력안전의 소관부처

원자력안전은 원자로 및 관계시설의 안전관리, 방사선 안전관리 및 이와 관련된 연구개발로 분류할 수 있다. 원자로 및 관계시설의 안전관리는 원전시설의 건설·운영 및 해체에 이르는 모든 과정에 걸쳐, 원전사업자의 안전관리 의무 이행 여부를 확인·점검하는 행정작용을 말하는데, 원안위와 산업통상자원부(이하 "산업부")가 이를 수행한다.215) 방사선 안전관리에 관한 소관 중앙행정기관은 원안위, 고용노동부, 식품의약품안전처, 농림축산식품부 및 환경부이고,216) 원자력안전과 관련된 연구개발에 관한 업무는 원안위, 과기부 및 산업부에서 수행한다.217)

3) 학문의 대상으로 원자력법

원자력의 이용과 관련된 「원자력진흥법」이 있고, 원자력 이용 시에 발생할 수 있는 위험성을 통제하기 위한 「원자력안전법」이 있다. 또한 원자력으로 인한 사고는 일반적인 사고와 달리 대규모이고, 사고원인과 피해보상에 관한 특수성을 반영하여 민법상 손해배상에 특별법적인 기능을 하는 「원자력손해배상법」도 원자력법의 대상이 된다. 과학기술법학에는 원자력진흥법과 원자력안전법을 포함할 수 있으나 여기에서는 원자력안전법에 한정 기술한다. 원자력안전법은 자유로운 학문의 발전에 따라 독립된 법학분야로서 원자력법학분야에서 다룰 수도 있고, 에너지법학문의 대상이 될 수도 있을 뿐만 아니라 과학기술법의 대상도 된다.

4) 원자력안전법의 기본원칙

「원자력안전법」은 원자력의 연구·개발·생산·이용 등에 따른 안전관리에 관한 기본원칙을 도입하고 있다. 원자력안전관리 기본원칙은 「원자력안전협약」 등 국제규범에 따른 원칙을 준수할 것, 방사선장해로부터 국민안전과 환경을 보호하는 데에 기여할 것, 과학기술의 발전수준을 반영하여 안전기준을 설정할 것으로 세 가지 요소를 포함한다. 이러한 기본원칙은 원자력안전법의 해석과 적용에서 해석지침적인 기능을 하고, 관련된 하위규범의 방향을 설정하는 역할을 한다. 법체계적 측면에서 기본원칙은 법률의 목적을 달성하기 위한 수단으로서 정책의 원칙을 제시한다. 이외에도 입법적으로 2011년 후쿠시마 원전사고 및 국내의 연쇄적인 원전비리 사고로 높아지고 있는 원전에 대한 국민적 불안감을 완화하는 역할을 하였고,[218] 국제적으로 원자력 안전문화에 대한 신뢰성 제고를 하는 역할도 하였다.[219][220]

5) 원자력안전법의 구조

원자력안전을 관장하는 현행 법률은 2011년 후쿠시마 사고 이후 진흥과 안전규제의 분리를 위하여 원자력법에서 분리하여 원자력안전법을 제정하였다.[221] 동법은 원자력의 연구·개발·생산·이용 등에 따른 안전관리에 관한 사항을 규정하여 방사선에 의한 재해의 방지와 공공의 안전을 도모함을 목적으로 하고 있고, 이를 실현하기 위하여 원자력안전종합계획의 수립·시행, 발전용원자로·연구용원자로의 건설과 운영에 관한 안전관리, 핵연료주기사업 및 핵물질사용 등과 관련된 안전관리, 방사성동위원소·방사선발생장치의 안전관리, 방사성폐기물 관리시설의 건설·운영에 관한 안전관리, 방사선피폭선량의 판독과 관련된 사항 등을 관장하고 있으며, 원안위를 독립규제기관으로 설치하였다.

2. 원자력로의 건설단계의 안전관리

가. 원자력로 건설허가

1) 건설허가의 대상

발전용원자로·연구용원자로 및 관계시설[222]을 건설하려는 자는 위원회의 허가를 받아야 한다.[223] 「원자력안전법」에 따른 허가의 대상은 원자로와 관계시설이다. 원자로는 핵연료물질을 연료로 사용하는 장치를 말하고, 관계시설은 원자로의 안전에 관계되는 시설이다.

2) 건설허가의 법적 성질

원안위가 제출하는 서류를 중심으로 안전성에 관한 심사를 하고, 기술적인 사안에 대하여 한국원자력기술원에 의뢰하여 심사를 하여 허가의 여부를 결정한다. 건축허가와 달리 다양한 기술적인 요소를 고려하여 결정하므로 기속행위라기보다는 재량행위에 속한다고 할 수 있다.

3) 제출서류

건설허가를 받으려는 자는 허가신청서에 방사선환경영향평가서, 예비안전성 분석보고서, 건설에 관한 품질보증계획서, 발전용원자로 및 관계시설의 해체계획서, 원자로의 사용목적에 관한 설명서, 원자로시설의 설치에 관한 기술능력의 설명서, 사고관리계획서 작성계획서, 정관을 첨부하여 위원회에 제출하

여야 한다.[224]

3. 운영단계의 안전관리

가. 운영허가

발전용·연구용원자로 및 관계시설을 운영하려는 자는 원안위의 허가를 받아야 한다.[225] 운영허가제도는 건설허가를 받은 원자로와 관계시설이 건설허가 시에 제출한 설치계획서에 따라 건설되어 가동상 안전성을 갖추고 있는가를 심사하여 원자로의 운행으로 발생할 수 있는 위험성을 회피하는 것을 목적으로 한다. 운영허가를 받으려는 자는 허가신청서에 발전용원자로 및 관계시설에 관한 운영기술지침서, 최종안전성분석보고서, 사고관리계획서, 운전에 관한 품질보증계획서, 방사선환경영향평가서, 발전용원자로 및 관계시설의 해체계획서, 액체 및 기체 상태의 방사성물질등의 배출계획서 및 총리령으로 정하는 서류를 첨부하여 위원회에 제출하여야 한다.[226] 한편 운영허가의 허가기준을 충족해야한다.[227]

나. 정기검사

발전용원자로운영자는 정기적으로 운영 및 성능에 관하여 총리령으로 정하는 검사대상 및 검사방법에 따라 정기적으로 검사를 받아야 한다.[228] 건설단계에서 안전하게 건설된 원자로 및 관계시설도 운영하는 과정에서 관련된 기기나 설비에 마모되거나 손상될 수 있으므로 이를 즉시 보완, 수선하여 안전을 유지함을 목적으로 한다.

다. 주기적 안전성평가

주기적 안전성평가제도(Periodic Safety Review, PSR)는 원자로의 운영과 관련한 안전성을 담보하기 위하여 가동 중인 원자로시설의 안전성 확보를 위해 모든 국내 발전용 원전에 대하여 10년 주기로 안전성평가를 실시하도록 하는 제도이다.[229] 발전용원자로운영자는 대통령령으로 정하는 바에 따라 발전용원자로 및 관계시설의 안전성을 주기적으로 평가하고, 그 결과를 위원회에 제출하여야 한다.[230]

라. 사고관리계획

1) 사고관리의 개념

원자력안전법은 적합한 사고관리계획서의 수립을 운영허가의 요건으로 정하고 있다. "사고관리"란 원자로시설에 사고가 발생하였을 때 사고가 확대되는 것을 방지하고 사고의 영향을 완화하며 안전한 상태로 회복하기 위하여 취하는 제반조치를 말하며, 원안위에서 정하는 설계기준을 초과하여 노심의 현저한 손상을 초래하는 사고(이하 "중대사고")에 대한 관리를 포함한다.231)232) 이러한 원자력사고는 단계별로 점차 악화되는 경향이 있으므로 사고관리에 관한 동법 제2조 제24호의 정의는 중대사고의 진행을 차단하고 그 영향을 완화하는 것에서 나아가 안정상태로 회복시키고자 하는 사고관리의 요소를 반영하고 있다.233)

2) 운영허가 신청 시 사고관리계획서의 제출의무

발전용 · 연구용 · 교육용 원자로 및 관계시설의 운영허가를 받으려는 자는 그 허가신청 시 중대사고관리계획서를 첨부하여 제출하도록 하고, 사고관리계획서에서 중대사고관리계획을 포함하도록 하고 있다.234) 사고관리계획서의 제출의무는 일본 후쿠시마 사고 이후 중대사고 관리제도를 원자력안전법 체계 안에서 명확하게 정함으로써 중대사고관리가 보다 철저하게 관리될 수 있도록 2015년 개정을 통하여 도입되었다.235)

마. 설계수명 연장 허가

1) 설계수명 연장허가의 절차

설계수명은 발전용원자로를 설계할 때 설정한 운영목표기간으로서 발전용 원자로의 안전성과 성능 기준을 만족하면서 운전 가능한 기간을 말한다.236) 원자로시설의 최초 설계수명기간이 만료된 후에는 계속운전을 위한 원안위의 허가를 받아서 설계수명을 연장할 수 있다. 그러나 후쿠시마 사고로 인하여 탈원전의 기조를 원자력정책에 도입함으로써 설계수명의 연장과 관련한 논란이 중요한 원자력안전법의 쟁점으로 부상하고 있다.

2) 설계수명 연장허가 금지의 배경

원자력발전소는 일반적인 물건과 달리 운영과정에서 지속적으로 안전성을 보완하여 운영한다. 그럼에도 불구하고 원자력발전소의 설계수명연장 금지를 입법화하려는 노력이 있다. 이러한 이유는 첫째, 후쿠시마 사고 이후 원전에 대한 국민적 불안감을 해소하고, 원전을 보다 안전하게 운영하려는 데에 목적이 있다고 할 수 있다.237) 둘째, 설계수명이 만료된 원전의 신속한 해체는 원전 해체시장의 선점을 할 수 있다는 주장이다. 원자력시설 해체시장은 2050년까지 약 1,000조원에 달할 것으로 예상되고 있다.238) 셋째, 세계적으로 원전의 평균 가동연수가 27.39년에 그치고 있는 점도 계속운전을 금지해야 할 이유로 들고 있다.239)240)

바. 운영허가의 취소와 사용정지

1) 운영허가 취소

원자로 및 관계시설의 운영허가의 취소는 원자력발전소와 핵연료주기시설의 운영을 하지 못하는 효과가 있다. 운영허가의 취소는 침익적 행정처분에 해당하므로 법률유보원칙에 따라 법률적 근거가 있어야 하는데 「원자력안전법」 제24조는 운영허가의 취소에 관하여 규정하며 그 요건으로 후술할 사용정지의 요건보다 포괄적으로 정하고 있다.

2) 사용정지

원안위는 발전용원자로 및 관계시설의 성능이 기술기준에 적합하지 아니하다고 인정하거나 운영에 따른 조치가 부족하다고 인정하면 해당 발전용원자로운영자에게 발전용원자로 및 관계시설의 사용정지, 개조, 수리, 이전, 운영방법의 지정 또는 운영기술지침서의 변경이나 오염제거와 그 밖의 안전을 위하여 필요한 조치를 명할 수 있다.[241)242]

사용정지 명령에도 불구하고 회복하기 어려운 위험이 존재할 수 있어, 원안위가 특별히 안전성에 문제가 있다고 판단하는 경우에 계속운전 신청 이전에라도 발전용원자로운영자 및 핵연료주기사업자에게 동 시설을 영구정지할 것을 선제적으로 명할 수는 없다. 그러나 원안위는 운영허가의 취소를 통하여 발전용원자로운영자 및 핵연료주기사업자에 대한 허가 또는 지정을 취소함으로써 영구정지와 실질적으로 동일한 법적 효과를 발생시킬 수 있다.[243]

4. 원자로 및 관계시설의 해체 절차

가. 해체의 개념

원자로 및 관계시설의 해체라는 용어를 법률에서 명확히 규정하지 않고 사용하는 경우, 해당 용어가 허가종료, 폐로, 해체 중 어느 것을 의미하는지 불분명할 뿐만 아니라[244], 해체의 대상과 주체 또한 명확하지 않다. 이러한 이유에서 현행 「원자력안전법」은 특별하게 "해체"라는 정의규정을 새롭게 도입하여, 해체를 "발전용·연구용·교육용 원자로 및 관계시설의 운영허가를 받은 자가 「원자력안전법」에 따라 허가 또는 지정을 받은 시설의 운영을 영구적으로 정지한 후, 해당 시설과 부지를 철거하거나 방사성오염을 제거함으로써 동법의 적용대상에서 배제하기 위한 모든 활동을 말한다."고 정의하여 용어의 정의 미비로 인한 불명확성을 제거하고, 해체의 대상과 주체를 분명히 하고 있다.

나. 해체절차[245]

발전용원자로운영자가 발전용원자로 및 관계시설을 해체하려는 때에는 대통령령으로 정하는 바에 따라 승인을 받아야 한다.[246] 또한 해체상황을 원안위에 보고하여야 하고 위원회는 발전용원자로 및 관계시설의 해체상황을 확인·점검하여야 한다.[247] 해체를 완료한 때에는 총리령으로 정하는 바에 따라 위원회에 보고하여야 하고[248] 원안위는 총리령으로 정하는 바에 따라 검사를 하여야 한다.[249] 원안위는 확인·점검 또는 검사 결과 발전용원자로운영자가 해체계획서에 따라 이행하지 아니하거나 해체완료보고서에 기재된 내용과 일치하지 아니하면 그 시정 또는 보완을 명할 수 있고, 검사를 완료한 때에는 운영허가의 종료를 해당 발전용원자로운영자에게 서면으로 통지하여야 한다.[250]

5. 핵연료주기사업의 안전관리제도

핵연료주기사업이란 핵연료물질의 정련·변환·가공 또는 사용후핵연료 처리 사업을 말한다. 핵원료물질 또는 핵연료물질의 정련사업 또는 가공사업(변환사업 포함)을 하려는 자는 원안위의 허가를 받아야 한다.[251] 사용후핵연료 처리사업을 하려는 자는 대통령령으로 정하는 바에 따라 주무부장관의 지정을 받아야 하며[252], 주무부장관은 지정 시 위원회와 협의하여야 한다.[253] 허가를 받으려는 자는 위원회에, 지정을 받으려는 자는 주무부장관에게 각각 그 허가 또는 지정 신청서에 방사선환경영향평가서, 안전관리규정, 설계 및 공사 방법에 관한 설명서, 사업의 운영에 관한 품질보증계획서 및 해당 시설의 해체계획서와 그 밖에 총리령으로 정하는 서류를 첨부하여 제출하여야 한다.[254]

핵연료주기사업의 허가 또는 지정 기준은 사업을 수행하는 데에 필요한 기술능력 확보, 핵연료주기시설의 위치·구조·설비 및 성능이 기술기준에 적합하여 방사성물질 등에 따른 인체·물체 및 공공의 재해방지에 지장이 없어야 하고, 핵연료주기시설의 운영으로 인하여 발생되는 방사성물질 등으로부터 국민의 건강 및 환경상의 위해를 방지하여야 하고, 해체계획서의 내용이 원안위규칙으로 정하는 기준에 적합하여야 한다.[255]

6. 방사선 안전관리 법제

가. 생산·판매·사용·이용 허가

방사성동위원소[256] 또는 방사선발생장치(이하 "방사성동위원소등")를 생산·판매·사용(소지·취급을 포함) 또는 이동사용하려는 자는 위원회의 허가를 받아야 한다.[257] 한편 사업소마다 핵종별·수량별로 허가신청서를 위원회에 제출해야 하는데 허가신청서에 안전성분석보고서, 품질보증계획서, 방사선안전보고서 및 안전관리규정과 그 밖에 총리령으로 정하는 서류를 첨부하여 위원회에 제출하여야 하며, 「원자력안전법」 제53조 제2항에 따른 신고를 하려는 자는 신고서에 총리령으로 정하는 서류를 첨부하여 위원회에 제출하여야 한다.[258]

나. 방사선안전관리자 선임의무

1) 방사선안전관리자의 선임의무자

위의 허가 · 신고사용자는 방사선안전관리자를 선임하여 방사성동위원소등의 사용개시 전에 이를 위원회에 신고하여야 한다.[259] 방사선안전관리자의 선임의무는 방사성동위원소 및 방사선의 산업적 활용이 확대됨에 따라 방사선작업종사자에 대한 안전성 확보를 위한 관리체계를 마련할 필요성이 있고, 방사선관리 구역 내의 안전한 작업을 위하여 방사선작업종사자가 안전수칙 등을 준수하도록 관리 · 감독자의 책임성을 강화를 목적으로 하고 있다.

2) 방사선안전관리자 대리자 선임의무

방사선안전관리자를 선임한 허가 또는 신고사용자는 방사선안전관리자가 여행 · 질병이나 그 밖의 사유로 일시적으로 그 직무를 수행할 수 없는 경우, 방사선안전관리자의 해임 또는 퇴직과 동시에 다른 방사선안전관리자가 선임되지 아니한 경우에는 대리자를 지정하여 일시적으로 방사선안전관리자의 직무를 대행하게 하여야 한다.[260] 방사선안전관리자는 방사성동위원소등에 대한 안전관리규정 준수 여부를 점검하는 등 일선 현장의 안전사고 예방과 이용자나 작업자 등의 안전 확보에 중요한 업무를 수행하고 있어, 불가피한 사유로 그 직무를 수행할 수 없는 경우에도 안전관리의 공백이 발생하지 않도록 해결책이 준비되어 있어야 한다. 방사선안전관리자의 대리자 지정제도는 안전관리 공백 최소화를 위한 제도이다.

다. 발주자의 안전조치의무

방사선투과검사[261]를 위하여 방사성동위원소등을 이동사용하는 경우 방사선투과검사를 의뢰한 발주자(이하 "발주자")는 발주자의 사업장에서 방사성동위원소등을 이동사용하는 방사선작업종사자가 과도한 방사선에 노출되지 아니하도록 안전한 작업환경을 제공하여야 한다.[262] 안전설비 미흡 발주자에 대하여 위원회가 방사선장해방지조치에 적합한 전용작업장, 방사선방호를 위한 차폐시설 또는 차폐물과 같은 안전설비의 설치 또는 보완을 명할 수 있도록 하고 있고 발주자가 이를 이행하지 아니하여 방사선작업종사자의 안전이 위협받을 경우 원안위는 방사선투과검사 작업의 중지를 명할 수 있다.[263]

7. 방사선발생장치의 안전관리법제

가. 방사선발생장치의 승인제도

"방사선발생장치"란 하전입자를 가속시켜 방사선을 발생시키는 장치로서 엑스선발생장치, 사이클로트론 등이 있다. 방사선발생장치 또는 방사성동위원소가 내장된 기기(이하 "방사선기기")를 제작하려는 자 또는 외국에서 제작된 방사선기기를 수입하려는 자는 방사선기기의 형식별로 설계에 대하여 위원회의 승인을 받아야 하고,264) 방사선기기의 설계자료, 안전성평가자료, 품질보증계획서와 그 밖에 총리령으로 정하는 서류를 첨부하여 위원회에 제출하여야 한다.265) 승인을 받은 자가 방사선기기를 사용하기 위해서는 원안위의 검사를 받아야 한다.266) 승인제도는 방사선발생장치로 인하여 발생할 수 있는 방사선오염에 의한 피해를 방지하는 것을 목적으로 한다.

나. 설계승인 및 검사 면제제도

승인을 받은 방사선기기와 동일한 형식의 방사선기기를 제작하거나 수입하려는 경우, 시험용으로 시제품을 개발하거나 비영리 단체의 학술연구를 위한 경우 등에는 원안위의 승인을 받지 아니하고 방사선기기를 제작하거나 수입할 수 있도록 규정하고 있다.267) 방사선기기의 설계승인 및 검사와 면제 제도를 운영하는 이유는 방사선기기가 국민의 안전에 심대한 영향을 끼칠 수 있으므로 안전성이 확인된 경우에만 제작 및 사용될 수 있도록 하되, 안전성을 해치지 않는 경우에는 면제받을 수 있도록 하여 불필요한 규제로 인한 불편을 최소화하려는 데 있다.268)

8. 교육훈련법제

가. 교육훈련의 대상과 종류

교육훈련은 원자력안전에 기반이 된다. 원자력안전관리는 기술적·물적인 요소가 충분하여, 이를 운영하거나 관리하는 사람의 역량이 부족하게 되면 안전을 실현할 수 없다. 원자력관계사업자는 방사선작업종사자와 방사선 관리 구역에 출입하는 사람에게 신규교육과 정기교육을 실시하여야 한다.269)

원자력관계사업자와 원자력관련 연구를 수행하는 기관은 발전용원자로설치자, 발전용원자로운영자, 연구용원자로등설치자 및 연구용원자로등운영자, 핵연료주기사업자, 핵연료물질사용자로서 원자력관계사업자의 종업원으로서 특정핵물질의 계량관리 업무를 수행하는 사람에게 위원회가 실시하는 원자력

통제에 관한 교육을 받게 하여야 한다.[270] 원자력통제란 원자력 관련 시설 및 핵물질 등에 관한 안전조치와 수출입통제 등을 말한다. 원자력통제 교육 이수의 의무 주체는 교육대상자가 아니라 사업자 또는 기관이다.[271]

나. 교육실시기관

「원자력안전법」과 관련 규범은 원안위 소관 교육을 실시하는 주체와 관련하여 원자력관계사업자가 직접 실시하도록 하는 방식과 원안위가 실시하는 교육을 받게 하는 방식으로 구분하고 있다. 예를 들면, 방사선작업종사자교육은 원자력관계사업자를, 물리적방호교육 및 방사능방재교육 등은 위원회를 각각 교육실시주체로 규정하고 있다. 이러한 구분은 교육의 내용, 중요성 및 전문성이 강조되는 교육은 원자력 안전규제기관인 위원회가 직접 실시하도록 하고 그 외의 교육은 원자력관계사업자가 1차적인 책임을 부담하게 하려는 취지이다. 원자력통제 교육은 그 내용이 원자력 관련 시설 및 핵물질 등에 관한 안전조치와 수출입통제 등 국가적인 관리 및 전문성이 강조되는 교육이기 때문에 위원회를 교육실시의 주체로 규정하고 있다.

Ⅳ. 전기안전법

1. 전기설비의 안전관리체계

가. 전기안전체계

전기의 생산(발전), 송전, 배전, 사용 과정 중에 누전·감전으로 인한 화재위험과 관련자의 생명 또는 신체적 손상의 위험이 존재하게 된다. 전기로부터 발생하는 위험을 사전에 방지하여 국민의 생명과 신체 등을 보호하기 위하여 전기의 생산에서 최종소비자에게 사용될 때까지 모든 과정에서 안전성을 확보할 필요성이 있다.[272]

전기안전에 관하여는 전기설비의 안전관리로 제한한다. 국민의 생명과 신체 등의 안전을 확보하는 것은 전기설비의 제조, 설치 및 운영에 관한 안전관리에 의하여 실현되기 때문이다. 전기설비의 안전관리는 전기설비의 공사계획에 대한 인가와 신고, 공사계획에 따른 시공 후 완공검사를 통하여 이루어진다. 안전하게 공사된 전기설비에 대하여 정기적으로 기술기준이나 시설기준에 적합성을 유지하는지 여부를 정기검사와 점검을 통하여 확인하고, 일상적으로 전기설비가 안전하게 운영될 수 있도록 기술력을 가진 전기안전관리자를 선임하도록 하고 있다.

나. 전기안전법의 체계

전기설비의 안전관리는 전기의 생산(발전), 송전, 변전 및 전선 관련설비와 소멸이라고 하는 시점까지의 안전관리를 포괄하는데 이를 목적으로 하는 법률로 「전기사업법」[273], 「전기공사업법」[274], 「전력기술관리법」[275], 「전기용품 및 생활용품 안전관리법」[276] 등이 있다.

전기설비의 안전관리를 위해서는 전기설비의 제조자, 설치 · 운영자에 대한 행위규제가 필요하다. 행위규제는 해당 사업자의 직업자유에 대한 제한을 의미하므로 법률에 따른 근거가 필요한데 「전기사업법」이 그 근거가 되는 법률이다. 법체계적으로 「전기용품 및 생활용품 안전관리법」은 전기용품의 안전관리를 관장하고 있고, 「전력기술관리법」은 전력기술의 개발에 관하여 관장하고 있으며, 「전기공사업법」은 에너지사업법의 영역에 포함하는 것이 적합하므로 여기서는 「전기사업법」을 중심으로 다루기로 한다.[277]

다. 전기사업법상 전기안전

다른 에너지 관련 법률의 경우에 원자력은 원자력진흥법과 원자력안전법이 분리되어 운영되고 있고, 가스는 도시가스사업법외에 고압가스 안전관리법이 별도로 존재하는 반면에 액화석유가스는 액화석유가스의 안전관리 및 사업법에서 안전관리와 사업을 통합적으로 규정하고 있다. 전기사업법은 동법의 목적에서 전기안전에 관한 사항을 전혀 규정하지 않고 있다. 일반적으로 "사업법"은 경제규제를 목적으로 하는 법률에 해당하고, 안전실현과 관련이 적다. 그러나 현행 전기사업법은 제명과 목적규정에서 전기안전에 관한 사항을 규정하지 않고 있으나, 동법의 내용에서는 전기안전을 주요하게 다루고 있다. 이러한 측면에서 현행 전기사업법은 제명 · 목적과 내용이 상호 일치하지 않고 있어 법률체계상 개정이 필요하다. 현행 전기사업법을 "전기안전 및 사업에 관한 법률"로 개정하거나, 전기안전분야를 분리하여 전기사업법과 "전기안전법"으로 분법화하는 방안이 적합하다.[278]

2. 전기설비공사의 안전관리

가. 전기설비공사계획 인가의 법적 성질

전기사업용 또는 자가용전기설비의 설치공사 또는 변경공사로서 산업부령으로 정하는 공사를 하려는 전기사업자는 공사계획에 대하여 산업부의 인가를 받아야 한다.[279] 인가는 타인의 법률행위의 효력을 보충하여 그 효력을 완성시키는 행정행위를 의미하고, 강학상 허가는 공익적인 이유로 일반적인 경우에는 금지되어 있는 행위를 특정한 경우에 해제하여 주는 행정행위를 의미한다. 인 가는 소정의 법정요건을 갖춘 경우 원칙적으로 부여되어야 하는 기속적 성격 을 가진다. 이에 반하여 허가는 근거가 되는 법률에 따라 기속행위이거나 재량 행위에 해당한다. 허가와 인가의 가장 큰 차이점은 허가를 받지 않고 한 행위 는 행정강제나 행정벌의 대상이 되지만 그 효력은 원칙적으로 유효한 반면에, 인가는 행위의 효력을 완성시키는 행정행위이기 때문에 인가를 받지 않고 한 행위는 원칙적으로 무효라는 점이다. 그러나 인가와 허가의 이와 같은 구별은 강학상 개념일 뿐, 실정법은 인가와 허가를 명확하게 구분하지 않고 사용하고 있다. 판례도 실제 구체적인 조문과 행정행위의 성격을 근거로 인가인지 허가 인지 여부를 판단하고 있다.280) 이러한 측면에서 전기설비공사계획에 대한 인 가는 실질적으로 허가의 성격에 해당하고 있어 "인가"를 "허가"로 개정하는 것 이 적합하다.

나. 전기설비공사계획 인가의무자

전기설비공사를 함에 있어 산업부의 인가를 받아야 하는 의무자는 전기사 업자이다. 전기사업자는 발전사업자 · 송전사업자 · 배전사업자 · 전기판매사업 자 및 구역전기사업자를 말한다.

다. 전기설비공사계획 인가대상

「전기사업법」에 따른 전기사업자가 공사 시에 인가를 받아야 하는 공사는 전기설비공사이다. 전기설비는 발전 · 송전 · 변전 · 배전 · 전기공급 또는 전기 사용을 위하여 설치하는 기계 · 기구 · 댐 · 수로 · 저수지 · 전선로 · 보안통신선 로 및 그 밖의 설비(「댐건설 및 주변지역지원 등에 관한 법률」에 따라 건설되는 댐 · 저 수지와 선박 · 차량 또는 항공기에 설치되는 것과 그 밖에 대통령령으로 정하는 것은 제 외)로서 "전기사업용전기설비", "일반용전기설비" 및 "자가용전기설비"를 말한 다.281)

3. 사용전검사법제

가. 사용전검사의 법적 성질

사용전검사는 관할 행정기관이 전기설비공사계획과 같이 실제 공사를 한 것을 확인하는 사실행위에 해당한다. 「전기사업법」 제63조에 따라 전기설비를 설치 · 변경한 전기사업자는 사용전검사에 합격해야 비로소 해당 전기설비를 사용할 수 있게 된다. 즉, 관할 행정청이 사용전검사를 통하여 해당 전기설비의 설치공사 또는 변경공사의 합격여부에 대한 결정을 내리게 되는데, 이때 행정청이 내리는 합격여부의 결정은 행정처분에 해당한다. 사용전검사 그 자체로는 해당 전기설비의 사용여부가 결정되지 않고, 검사로 인한 합격여부에 따라 전기설비의 사용여부가 결정되기 때문이다.[282]

나. 임시사용제도

산업부 또는 시·도지사는 사용전검사에 불합격한 경우에도 안전상 지장이 없고 전기설비의 임시사용이 필요하다고 인정되는 경우에는 사용 기간 및 방법을 정하여 그 설비를 임시로 사용하게 할 수 있으며, 사용 기간 및 방법을 정하여 통지를 하여야 한다.[283][284]

4. 사후관리법제

가. 정기검사

전기사업자 및 자가용전기설비의 소유자 또는 점유자는 산업부령으로 정하는 전기설비에 대하여 산업부 또는 시·도지사로부터 정기적으로 검사를 받아야 한다.[285] 인가를 받아 안전하게 설치된 전기설비라 하더라도 일정기간 동안 사용하게 되면 고장이나 사고가 날 수 있는 확률이 높아진다. 정기검사제도는 운영되고 있는 전기설비의 안전관리를 목적으로 공신력 있는 기관이 2년~4년 이내의 기간에 전기설비에 대해 검사를 함으로써 전기설비로 인한 사고와 피해를 방지할 수 있도록 한다.

나. 일반용전기설비의 점검제도

산업부는 일반용전기설비가 전기설비의 안전관리를 위하여 필요한 기술기준에 적합한지 여부에 대하여 그 전기설비의 사용 전과 사용 중에 정기적으로 한국전기안전공사 또는 전기판매사업자로 하여금 점검하도록 하여야 한다.[286] 점검 결과 안전관리에 관한 기술기준에 적합하지 아니하다고 인정되는 경우에는 지체 없이 필요한 조치의 내용과 조치를 하지 아니하는 경우에 발생할 수 있는 결과를 그 소유자 또는 점유자에게 통지하여야 한다.[287] 한국전기안전공사는 정기점검 결과 경미한 수리[288]가 필요한 경우로서 해당 전기설비의 소유자 또는 점유자의 요청이 있는 경우에는 직접 이를 수리할 수 있다.[289] 이외에도 전기사업법 제66조는 일반용전기설비의 점검에 관한 사항을 규정하고 있다.

다. 다중이용시설의 전기안전점검

청소년수련시설·비디오방·게임방·노래방·유흥주점·보육시설·유치원 등과 같은 다중이용시설을 운영하려거나 그 시설을 증축 또는 개축하려는 자는 그 시설을 운영하기 위하여 각 다중이용시설 관련 법령에서 규정된 허가신청 · 등록신청 · 인가신청 · 신고 또는 「건축법」에 따른 건축물의 사용승인신청을 하기 전에 그 시설에 설치된 전기설비에 대하여 한국전기안전공사로부터 안전점검을 받아야 한다.290) 다중이용시설은 기존 건물에 임차 등의 형태로 입점하여 업종에 따라 조명 · 냉난방 · 음향 등 전기공사와 시설변경공사를 하게 되고, 안전보다는 시각적 효과 위주의 시공으로 일반건축물에 비해 부적합율이 2배 이상 높으며, 구조의 복잡성과 내장재 연소에 따른 유독가스의 분출 등으로 사고발생 시 피해규모가 크게 나타나고 있는데 안전점검을 받도록 하여 전기화재를 예방하는데 그 취지가 있다.

라. 특별안전점검

산업부는 태풍 등의 재난과 같은 특정한 우려가 있는 시설의 경우291) 전기안전공사로 하여금 특별안전점검을 하게 할 수 있고,292) 전기안전공사는 검사 결과를 소유자나 점유자, 관계행정기관에 통보하여야 하며,293) 산업부는 일반용전기설비의 소유자나 점유자가 불편 해소나 안전을 위해 응급조치를 요청하는 경우 안전공사로 하여금 응급조치를 하게 할 수 있다.294)

5. 전기안전관리자의 선임법제

가. 전기안전관리자의 선임 · 대행의무

전기사업자나 자가용전기설비의 소유자 또는 점유자는 전기설비의 공사 · 유지 및 운용에 관한 안전관리업무를 수행하게 하기 위하여 「국가기술자격법」에 따른 전기 · 기계 · 토목 분야의 기술자격을 취득한 사람 중에서 각 분야별로 전기안전관리자를 선임하거나,295) 전기안전관리업무 또는 시설물관리 전문사업자에게 안전관리업무를 위탁할 수 있도록 하고, 이 경우에는 위탁받은 자가 분야별 전기안전관리자를 선임하여야 한다.296) 또한 일정 규모 이하의 전기설비297)의 소유자 또는 점유자는 한국전기안전공사, 기술인력 등을 보유한 전기안전관리대행사업자, 장비보유자 등에게 안전관리업무를 대행하게 할 수 있는데, 이 경우 안전관리업무를 대행하는 자는 전기안전관리자로 선임된 것으로 본다. 따라서 이 경우에는 별도로 전기안전관리자를 선임하지 않는다.298)299)

전기안전관리자를 선임 또는 선임 의제하는 것이 곤란하거나 적합하지 아니하다고 인정되는 지역 또는 전기설비에 대하여는 산업통상자원부령으로 따로 정하는 바에 따라 전기안전관리자를 선임할 수 있고, 전기안전관리자를 선임한 자는 전기안전관리자가 여행·질병이나 그 밖의 사유로 일시적으로 그 직무를 수행할 수 없는 경우에는 그 기간 동안, 전기안전관리자를 해임한 경우에는 다른 전기안전관리자를 선임하기 전까지 산업부령으로 정하는 바에 따라 대행자를 각각 지정하여야 한다.[300]

나. 전기안전관리자의 선임·대행신고

전기안전관리자를 선임 또는 해임한 자는 지체 없이 그 사실을 「전력기술관리법」에 따른 전력기술인단체 중 산업부가 정하여 고시하는 단체에 신고하여야 한다. 신고한 사항 중 산업부령으로 정하는 사항이 변경된 경우에도 또한 같다. 전기안전관리자의 해임신고를 한 자는 해임한 날부터 30일 이내에 다른 전기안전관리자를 선임하여야 한다. 전력기술인단체는 전기안전관리자의 선임신고를 한 자가 선임신고증명서의 발급을 요구한 경우에는 선임신고증명서를 발급하여야 한다.[301]

6. 중대사고의 통보·조사 법제

가. 전기설비의 중대사고의 통보·조사

전기사업자 및 자가용전기설비 소유자나 점유자는 그가 운영하는 전기설비에서 중대한 사고가 발생한 경우에는 산업부에게 통보하도록 의무화하고, 산업부는 재발방지를 위하여 필요하다고 인정하는 경우에는 한국전기안전공사 또는 산업부가 지정하는 자에게 사고의 원인·경위 등을 조사하게 할 수 있도록 하고 있다.[302]

나. 전력계통의 운영 관련 중대사고의 통보·조사

한국전력거래소는 전력계통의 운영과 관련하여 산업부령으로 정하는 중대한 사고가 발생한 경우에는 산업부에게 통보하여야 한다.[303] 전력계통의 운영과 관련된 사고의 발생은 순환단전, 광역정전, 전기품질 저하 등과 같은 전국적인 문제로 확산될 우려가 있어 계통운영에 대한 정부의 관리·감독이 필요하다.[304]

7. 기술기준 준수의무

가. 기술기준

기술기준은 전기안전성의 정도를 확정하는 기준에 해당한다.[305] 산업부는 전기설비의 안전관리를 위하여 필요한 기술기준을 정하여 고시하여야 하며, 기

술기준은 전자파가 인체에 미치는 영향을 고려한 전자파 인체보호기준을 포함
하여야 한다.306)

나. 기술기준 준수의무자

전기사업자와 자가용전기설비 또는 일반용전기설비의 소유자나 점유자는
전기설비를 기술기준에 적합하도록 유지하여야 한다.307) 기술기준은 정기검사,
전기안전점검, 특별안전점검 등에서 적합성여부를 결정하는 기준으로서 기능
을 한다.

다. 기술기준 적합명령

산업부 또는 시 · 도지사는 전기설비의 사용전검사 또는 정기검사의 결과
전기설비 또는 전기통신선로설비가 기술기준에 적합하지 아니하다고 인정되는
경우에는 해당 전기사업자, 자가용전기설비 · 일반용전기설비의 소유자나 점유
자에게 그 전기설비 또는 전기통신선로설비의 수리 · 개조 · 이전이나 사용정지
나 사용제한을 명할 수 있다.308)

8. 물밑선로보호법제

가. 물밑선로보호구역 지정

전기사업자는 물밑에 설치한 물밑전선로를 보호하기 위하여 필요한 경우
에는 물밑선로보호구역의 지정을 산업부에게 신청할 수 있다. 산업부가 물밑선
로보호구역의 지정 신청을 받은 경우 해양수산부장관과 사전 협의 후 물밑선
로보호구역을 지정하여야 한다. 이 경우 「양식산업발전법」에 따른 양식업 면허
를 받은 지역을 물밑선로보호구역으로 지정하려는 경우에는 그 양식업 면허를
받은 자의 동의도 받아야 한다. 산업부는 물밑선로보호구역을 지정하였을 때에
는 이를 고시하여야 한다.309)

나. 선로손상행위의 금지

물밑선로보호구역에서는 물밑선로를 손상시키는 행위, 선박의 닻을 내리
는 행위, 물밑에서 광물 · 수산물을 채취하는 행위, 그 밖에 물밑선로를 손상하
게 할 우려가 있는 행위를 하여서는 아니 된다.310) 이를 위반하여 물밑선로를
손상하거나 손상하게 할 우려가 있는 행위를 한 자는 3년 이하의 징역 또는 3
천만원 이하의 벌금에 처하거나 이를 병과(倂科)할 수 있다.311) 다만, 산업부의
승인을 받은 경우에는 선로손상행위에 해당하더라도 금지되지 않는다.

V. 고압가스 안전관리법

1. 고압가스 안전관리법의 체계와 구조

가. 고압가스 안전관리법의 체계

「고압가스 안전관리법」(이하 "고압가스법")은 고압가스의 안전관리를 목적으로 제정된 법률이다. 동 법률은 고압가스의 제조·저장·판매·운반·사용과 고압가스의 용기·냉동기·특정설비 등의 제조와 검사 등에 관한 사항을 규정하고 있다. 고압가스법은 국내에서 생산·유통되는 고압가스에 대하여 제조·저장·판매 시에 허가를 받게 하고,[312] 특정고압가스에 대해서는 사용 시 신고를 하도록 하며,[313] 고압가스의 제조·저장 및 사용시설에 대하여는 정기적으로 검사를 받도록 하는 등[314] 매우 엄격하고 체계적인 안전관리제도를 두고 있다. 고압가스의 안전관리 체계는 고압가스시설과 동 시설의 운영에 관한 사항을 규율한다. 고압가스시설은 시설규모, 사용목적 등에 따라 고압가스제조(충전 포함)시설, 저장시설, 판매시설 및 사용시설로 구분된다. 또한 고압가스제조시설은 저장능력, 처리능력 또는 사업의 종류에 따라 고압가스특정제조, 고압가스일반제조, 고압가스냉동제조로 구분되어 관리되고 있다.

나. 고압가스의 정의와 종류

고압가스법의 대상이 되는 고압가스는 상용의 온도에서 압력이 1MPa(10kg/㎠) 이상인 압축가스, 압력이 0.2MPa(2kg/㎠) 이상인 액화가스를 말한다.[315] 고압가스는 형태별로 분류할 수 있고, 성질별로 분류할 수 있는바 먼저 고압가스의 형태를 기준으로 압축가스와 액화가스로 구분할 수 있고 고압가스의 성질을 기준으로 가연성, 독성, 불연성, 조연성으로 구분할 수 있다.

다. 고압가스안전관리 기본계획

고압가스법은 체계적인 가스안전관리와 일관성 있는 업무추진을 위해 5년마다 가스안전관리 기본계획을 수립·시행하도록 하고 있다. 가스는 국민들의 일상생활에 매우 밀접한 에너지원에 해당하나, 제조·저장·수송·사용과정에서 발생하는 사고가 대형 참사로 이어질 수 있어 국가차원의 지속적·일관적·체계적인 안전관리가 필수적인 에너지원이다. 이와 같은 이유로 가스안전관리 기본계획은 고압가스법 제3조의2에 법률적 근거를 둔 법정 계획에 해당한다.

2. 고압가스제조시설의 안전관리

가. 고압가스제조시설의 제조허가

고압가스의 안전관리는 고압가스 제조단계에서 고압가스 그 자체가 아니라 고압가스시설의 안전관리를 통하여 고압가스 안전을 실현한다. 고압가스는 대부분 산업용으로 사용되는 산업용가스이다. 산업용가스는 제조과정에서 고압으로 압축되어 저장·운송되거나 독성가스이기 때문에 폭발·발화·유독성이 있다. 그러므로 고압가스의 폭발·발화·유출에 대한 위험을 사전에 예방하기 위하여 고압가스의 제조자에게 시장·군수·구청장의 허가를 받거나 신고를 하도록 하고 있다.316) 고압가스법은 고압가스의 위험성 정도에 따라 허가 또는 신고의 대상이 되는 고압가스제조를 구분함으로써 고압가스 제조자의 직업자유에 대한 제한을 비례의 원칙에 적합하게 하고 있다.

나. 허가기준으로 시설·기술기준

고압가스 제조허가의 요건은 위험을 유발하지 않도록 제조시설을 설치하고, 저장용기가 안전하게 제조되도록 정하고 있다. 그러나 제조시설과 저장용기는 어떻게 설치하여야 비로소 안전하며, 해당 시설을 구성하는 개별적인 부품이나 구성부분은 어떻게 설치되고 제조될 때에 안전한가를 확정할 수 없다. 이러한 문제는 고압가스법과 그 하위규범에 따라 정하고 있는 시설기준과 기술기준에서 확정된다. 고압가스법 제22조의2는 각종 시설·기술기준 및 검사기준 등을 충족하는 상세한 규격, 특정 수치 및 시험방법 등을 세부적으로 규정한 상세기준의 범위, 제·개정 절차 및 효력 등을 정하고 있다. 상세기준은 세부적인 기술기준으로 기술변화에 따른 신기술이나 신제품의 적용 등을 신속하게 반영하기 위하여 일반적인 법령의 제·개정 절차를 따르지 않고 있다. 고압가스 안전과 관련된 기술기준, 시설기준 및 검사기준은 순수하게 기술적인 사항임에도 불구하고 법령의 제·개정 절차를 따를 경우 비효율적일 뿐만 아니라 급속하게 변화하는 기술변화에 적합하게 제·개정될 수 없기 때문이다.317) 이에 따라 고압가스법 제22조의2는 법령의 형태로 규정되어 관리되고 있는 기술기준 중에 순수 기술적인 사항을 상세기준으로 분리하여 민간코드화하는 방향으로 가스안전 기술기준 운용체계를 개편하여 운영하고 있다.318)

다. 고압가스 제조신고의무

1) 제조신고의무 대상사업

고압가스법 제4조는 고압가스의 위험성 등을 고려하여 제조허가와 제조신고의 대상을 각각 구분하고 있다. 동법 시행령 제4조는 고압가스 충전과 냉동 제조를 제조신고의 대상으로 정하고 있다.[319]

2) 제조신고의 법적 성질

일반적으로 신고는 법적 효과, 신고수리의 의미 및 수리거부에 대한 쟁송 가능성 등에서 차이가 있어 수리가 필요한 신고와 필요하지 않은 신고로 구별 할 필요가 있다. 수리를 필요로 하는 신고와 수리를 필요로 하지 않는 신고의 구분은 다음과 같다.

▼ 표 3-3-1 수리를 요하지 않는 신고와 수리를 요하는 신고의 비교

구 분	수리를 요하지 않는 신고	수리를 요하는 신고
개 념	행정청에 일정한 사항을 통지함으로써 의무가 끝나는 신고	행정청의 수리행위가 있어야 일정한 법률효과가 발생
신고의 요건	형식적 요건	형식적 요건 및 실질적 요건
요건에 대한 심사	형식적 심사	형식적 심사 및 실질적 심사
인허가 의제 규정	없 음	있 음
효력발생시점 규정	없 음 *효력발생시점 규정이 없는 경우라도 반드시 수리를 요하지 않는 신고라고 할 수는 없음	있 음
유효기간 규정	없 음	있 음
수리 관련 명문 규정 유무	없 음	있 음
신고불이행에 대한 제재	제재가 없거나 과태료부과대상	행정형벌(벌금형·징역형) 또는 행정처분
신고필증의 회수 규정	없 음 *신고필증 회수규정이 없는 경우라도 반드시 수리를 요하지 않는 신고라고 할 수는 없음	있 음

법령의 체계 및 연혁	처음부터 신고제로 운영한 경우	신고 사안보다 중한 동종 사안에 대해 엄격한 가중기준이 적용되는 허가규정이 동일 법령 내 존재하거나, 개정 전 법령에서 동일 사안이 인허가 등으로 규정되었던 경우
공익과의 관련성	약 함	강 함
사인의 이해관계	경 미	중 대
수리거부에 대한 항고소송 가능성	불가능	가 능

고압가스법 제4조 제3항에 따른 신고수리에 관한 규정을 살펴보면 수리를 필요로 하는 신고와 그렇지 않은 신고의 구분을 명확히 할 수 있다. 동법 제4조 제2항에 따른 제조신고는 수리를 요하는 신고에 해당함으로써 동법의 집행과정에서 처리지연 등 부당한 처리로 행정의 예측가능성과 신뢰가 저하할 우려가 있다. 이를 방지할 목적으로 동법 제4조 제3항은 시장·군수·구청장으로 하여금 신고를 받은 날부터 2일 이내에 신고수리 여부를 신고인에게 통지하도록 하고 있다. 시장·군수·구청장이 신고를 받은 날로부터 2일 이내에 신고수리 여부 또는 민원 처리 관련 법령에 따른 처리기간의 연장을 신고인에게 통지하지 아니하면 그 기간이 끝난 날의 다음 날에 신고를 수리한 것으로 간주하도록 하고 있다.[320] 수리를 요하는 신고는 동법을 집행하는 공무원의 자의적 해석, 부당한 접수거부, 처리지연과 같은 소극행태를 방지함으로써 신고의무자의 권리를 적극적으로 보호할 수 있다.

다만 법률에서 수리가 필요한 신고임을 명시적으로 규정하지 않는 경우 수리의 요건으로 실질적 심사규정을 두고 있는지 여부, 수리거부 또는 신고수리의 취소근거 규정 여부 등을 종합적으로 고려하여 판단할 수밖에 없다.[321]

라. 검 사

고압가스법은 다수의 검사제도를 두고 있는데, 고압가스제조 시설의 설치과정과 완공단계에서 실시하는 중간검사 및 완성검사, 유지관리실태를 검사하는 정기검사 및 수시검사로 구분하고 있다.[322] 중간검사는 허가 또는 신고의 대상이 되는 시설이 완공된 상태에서 외관으로 확인을 할 수 없는 문제를 해결할 목적으로 중요한 공사에 대하여 그 공사과정 중에 검사하는 것이다. 공사의 공정별 중간검사를 통해 검사의 대상이 되는 시설이 비로소 적합하게 설치되었는가를 검사할 수 있고, 이를 통해 해당 시설의 안전성을 확보하고 있다. 완성검사는 허가·신고 또는 등록을 한 제조시설에 대하여 허가·신고 또는 등록한 바와 같이 안전성을 갖추었는지를 검사하는 것을 말한다. 허가·신고 또는 등록을 한 때에 제출한 설계도서와 같이 공사가 진행된 경우에 해당 시설을 사용할 수 있게 된다.

일반적으로 검사는 행정처분에 해당하지 않고, 사실행위에 해당한다. 중간검사, 완성검사, 정기검사 또는 수시검사의 결과에 따라 행정기관은 제조허가 또는 거부를 하거나 정기검사 또는 수시검사의 결과에 따라 적합한 행정처분을 하게 된다.

마. 수입고압가스 안전관리

고압가스의 수입을 업으로 하려는 자는 시장·군수 또는 구청장에게 등록하여야 한다.[323] 고압가스 수입업의 등록제도와 고압가스 수입 신고제도[324]는 모두 고압가스의 수입·유통에 대한 현황을 정확하게 파악하여 국내에서 유통되는 고압가스에 대한 안전관리체계를 강화하는 것을 목적으로 하고 있다.[325]

바. 사업의 개시·재개·중단·폐지 신고

고압가스법은 고압가스 관련 사업 또는 저장소 사용의 개시, 중단·폐지 및 재개 시의 신고제도를 도입하고 있다.[326] 이는 고압가스의 유통과정에서 발생할 수 있는 위험요소를 줄여 공공의 안전을 확보하고, 실효성 있는 안전관리를 하는 데에 목적이 있다.[327]

3. 특정고압가스의 사용신고

고압가스법은 특정고압가스(수소·산소·액화암모니아·아세틸렌·액화염소·천연가스·압축모노실란·압축디보레인·액화알진, 그 밖에 대통령령으로 정하는 고압가스를 말함)를 사용하려는 자로서 저장능력이 일정규모 이상일 경우 관할관청에 사용 전에 신고하도록 하고, 완성검사 및 정기검사를 받도록 하고 있다.[328]

4. 사업운영상 안전관리

가. 안전관리자 선임법제

1) 안전관리자 선임의무자

고압가스법은 고압가스 사업자 및 특정고압가스 사용신고자에게 그 시설 및 용기 등의 안전 확보와 위해 방지에 관한 직무를 수행하게 하기 위하여 사업 개시 전이나 특정고압가스의 사용 전에 안전관리자를 선임할 의무를 부여하고 있고, 고압가스 제조자 중 냉·난방용 냉동제조사업자, 비가연성·비독성 고압가스저장자 중 소화설비에 비가연성·비독성 고압가스를 저장하고 있는 자 및 특정고압가스 사용신고자가 그 시설관리를 전문으로 하는 자에게 위탁하는 경우에는 그 수탁관리자도 안전관리자를 직접 선임하고, 안전관리자에 대한 각종 신고도 직접 하여야 한다.329)

2) 안전관리자 선임 기간과 대리자 지정

안전관리자 선임의무자는 안전관리자를 선임 또는 해임하거나 안전관리자가 퇴직한 경우에는 지체 없이 이를 신고하고, 해임 또는 퇴직한 날부터 30일 이내에 다른 안전관리자를 선임하여야 한다.330) 안전관리자 선임의무자는 안전관리자가 여행·질병 등의 사유로 일시적으로 직무를 수행할 수 없거나 안전관리자의 해임·퇴직 후 후임자가 선임되지 않는 경우에는 대리자의 지정의무가 발생하고 일시적으로 그 대리자가 직무를 대행하도록 하고 있다.331)

나. 정기·수시검사

고압가스법 제4조에 따른 허가를 받았거나332) 신고를 한 고압가스제조사업자 또는 동법 제5조의3에 따라 등록을 한 고압가스수입업자는 산업부령으로 정하는 바에 따라 정기적 또는 수시로 허가·신고 또는 등록관청의 검사를 받아야 한다.333) 정기·수시검사는 가스시설의 유지관리실태 및 안전관리시스템 전반을 전문기관으로 하여금 정기적 또는 수시로 검사하게 하여 부적합 사항을 개선하게 함으로써 사고를 예방하는 단속차원의 적부검사이다.334)

다. 정밀안전검진335)

설치 후 오래된 노후 가스시설은 정기·수시검사를 받더라도 정밀한 검사를 받는 것은 아니기 때문에 일정한 주기로 정밀안전검진을 통하여 고압가스 제조시설이나 기술기준에 적합 여부를 검사할 필요가 있다. 정밀안전검진은 정기검사 또는 육안으로 확인이 불가능한 가스시설에 대하여 첨단장비를 이용하여 검사하고, 시설의 계속사용여부와 수명을 예측하여 사업자 스스로가 시설의 교체시기를 결정할 수 있도록 하는 자율안전관리 유도형 제도이다.336) 고압가스제조자는 대통령령이 정하는 종류 및 규모 이상의 노후 고압가스 제조시설에 대하여 정기적으로 정밀안전검진을 받아야 한다.337)

5. 안전성향상계획

가. 안전성향상계획의 개념

안전성향상계획서란 기업이 안전관리활동 전반에 존재하는 위해요인을 찾기 위해 안전성평가를 실시하고, 그 결과를 분석·평가하기 위해 작성하는 계획서를 말한다.

나. 작성 및 소방서장에 제출의무

대규모 고압가스시설을 보유한 고압가스제조자[338]는 안전성 평가를 하고 안전성향상계획을 작성하여 대통령령으로 정하는 바에 따라 허가관청에 제출하거나 사무소에 갖추어 두어야 한다.[339] 안전성향상계획을 제출받은 허가관청은 7일 이내에 안전성향상계획 중 산업부령으로 정하는 사항을 관할 소방서장에 제공하여야 한다. 이는 비상조치계획 등의 정보를 소방관서에 제공토록 함으로써, 사고피해확산 방지 및 초동대응 업무를 수행하는 소방관서가 업체(고압가스제조자)에서 취급하는 가스의 물성정보 및 비상조치방법 등을 사전에 인지하여 효율적으로 대처할 수 있도록 하기 위함이다.[340]

6. 긴급안전조치의무

고압가스법은 행정청에 대하여 고압가스 관련 시설로 인하여 위해가 발생하거나 발생할 우려가 있다고 인정할 때는 그 시설 등의 이전·사용정지 또는 제한을 명하거나 그 시설 등의 안에 있는 고압가스의 폐기를 명할 수 있으며 그 시설 등을 봉인할 수 있는 긴급안전조치권을 부여하고 있다. 또한 긴급안전조치권의 발동이 일시적이라고 하여도 사업자에게는 사업 그 자체의 중단을 초래할 수 있는 중대한 재산권 침해가 될 수 있어 이러한 강제처분에 의하여 발생하는 손실에 대하여 보상규정을 함께 두고 있다.[341][342]

7. 사고통보법제

가. 사고통보제도의 개념과 기능

사업자등과 특정고압가스사용자는 그의 시설이나 제품과 관련하여 사람이 사망한 사고, 사람이 부상당하거나 중독된 사고 등이 있을 때에는 산업부령이 정하는 바에 따라 즉시 한국가스안전공사에 통보하도록 하고, 통보를 받은 한국가스안전공사는 이를 시장·군수 또는 구청장에게 보고하여야 한다.[343] 사고통보제도는 가스사고에 대한 신속한 보고체계를 구축하여 대형사고 등으로 이어지는 것을 방지하는데 그 목적이 있다.[344]

나. 통보대상 사고의 종류

통보대상 사고는 모든 가스사고가 아닌 일부 사고로 고압가스법 제26조 제1항 각 호에서 열거하고 있다. 이에 따르면 "사람이 사망한 사고", "사람이 부상당하거나 중독된 사고", "가스누출에 의한 폭발 또는 화재사고", "가스시설이 손괴되거나 가스누출로 인하여 인명대피나 공급중단이 발생한 사고" 및 "사업자등의 저장탱크에서 가스가 누출된 사고"로 통보대상을 한정하고 있다.

8. 이송안전관리법제

가. 운반자의 등록의무

고압가스 운반차량을 이용하여 고압가스를 운반하려는 자는 시장·군수 또는 구청장에게 등록하여야 한다.[345] 고압가스는 제조과정에서 뿐만 아니라 사용이나 저장을 목적으로 이송되는 경우에 운반차량의 부적합으로 인하여 관계자 및 일반 국민에게 피해를 유발하는 위험을 초래할 수 있다. 그러므로 고압가스 운반차량도 안전성이 보장될 수 있어야 한다. 등록의무대상과 등록기준은 동법 시행령 제5조의4 제1항 및 제2항에서 정하고 있다.

나. 가스배관의 안전관리

상하수도·전기·통신·가스 등 관련 시설물의 수요증가 및 시설물의 노후화에 따라 설치 및 보수·교체를 위해 도로 굴착공사가 증가하고 있고, 증가하는 굴착공사로 인해 전국에 매설된 수백km의 고압가스배관에 대한 사고발생 개연성도 함께 증가하고 있다.[346] 이에 굴착공사로부터 고압가스배관을 보호하기 위한 제도로 고압가스법 제23조의2에서 고압가스배관에 대한 정보지원, 제23조의3에서 고압가스배관 매설상황 확인제도, 제23조의4에서 굴착공사의 협의제도를 규정하고 있다.[347] 이외에도 고압가스법은 고압가스배관의 안전성을 담보하기 위하여 고압가스사업자에 대하여 안전관리규정 제정·준수의무, 시설·기술기준 유지의무, 안전관리자 선임의무, 설치공사·변경공사 시 허가·신고관청의 감리(監理)의무, 시공기록·완공도면 작성·보존(고압가스제조자의 경우)의무, 정기·수시검사 수검 등의 의무를 규정하고 있다.

9. 고압가스용기의 안전관리법제

가. 용기·냉동기·특정설비의 제조등록

1) 용기등의 제조등록 대상

고압가스법 제5조 제1항에 따라 용기·냉동기 또는 특정설비(이하 "용기

등")348)를 제조하려는 자는 시장·군수 또는 구청장에게 등록하여야 한다. 등록의 기준과 대상은 동법 시행령 제5조에서 규정하고 있다.

2) 수리자격제도

고압가스법 제5조 제3항은 용기등의 수리를 일정한 자격을 가진 자가 하도록 열거하여 제한하고 있다. 또한 용기등의 소유자나 점유자도 용기등의 수리를 자격을 가진 자가 수리를 하도록 하여야 한다.349) 용기등의 수리를 할 수 있는 자의 범위를 법률에서 제한한 것은 능력이 없는 자가 용기등을 수리함으로써 기술 부족으로 인하여 용기등이 기술기준이나 시설기준을 위반하여 수리될 경우 발생할 수 있는 위험을 방지하기 위함이다.

3) 제조사업자의 용기 안전확인의무

고압가스제조자는 고압가스를 용기에 충전하는 경우에 미리 용기의 안전을 점검한 후 점검기준에 맞는 용기에 충전하여야 한다.350) 또한 고압가스제조자와 고압가스판매자는 용기를 안전하게 유지·관리하여야 할 의무도 있다.351)

나. 외국 고압가스용기 제조업 등록의무

고압가스법은 외국에서 국내로 수출하기 위하여 용기등을 제조하고자 하는 자로 하여금 수출하기 전에 산업부에게 등록하도록 하고,352) 산업부에 등록한 자(이하 "외국용기등 제조자")에 대한 등록취소나 국내 수입 제한,353) 국내 판매 전의 검사규정354)을 두고 있다. 이는 외국 고압가스설비 제조업자에 대해서도 동일한 의무를 부여하는 것으로 수입 고압가스설비의 안전성을 제고하여 가스사고를 예방하고, 국내외 업자 간의 형평성을 제고하는데 기여할 수 있다.355)

다. 용기검사

용기등을 제조·수리 또는 수입한 자(외국용기등 제조자를 포함)는 용기등의 판매나 사용 전에 검사를 받고, 검사받은 후 일정한 사유가 발생하면 용기의 소유자가 재검사를 받아야 하며, 검사나 재검사에 불합격한 용기는 파기하여야 한다.356)

라. 안전설비 인증357)

안전설비358)를 제조 또는 수입한 자는 그 안전설비를 판매하거나 사용하기 전에 「산업표준화법」 제15조에 따른 인증을 받아야 한다.359) 그러므로 안전인증을 받지 아니한 안전설비는 양도, 임대, 사용 또는 판매가 금지된다.360)

마. 리콜제도

용기등의 안전관리를 위하여 필요하다고 인정할 경우 산업부 등이 용기등에 대해 수집검사 결과 중대한 결함이 있으면 그 용기등의 제조자나 수입자에게 회수 등을 명할 수 있고,[361] 일정한 경우 위의 수집검사 없이 회수 등을 명할 수 있다.[362]

VI. 석유안전관리법

1. 석유안전관리법의 체계

가. 관장법률로서 위험물안전관리법

석유는 「에너지법」 제2조 제2호에 따른 연료로서 동법에 따른 에너지에 해당한다. 석유안전은 석유로 인한 화재의 위험을 예방하고 관리하는 것을 말한다. 석유와 관련된 현행 법체계는 「석유 및 석유대체연료 사업법」(이하 "석유사업법")과 「위험물안전관리법」(이하 "위험물관리법")이 있다. 석유사업법은 제명에서 드러나는 것과 같이 사업법으로서 안전과는 거리가 멀다. 이에 반하여 위험물관리법은 석유를 포함하여 인화성 또는 발화성 등의 성질을 가지는 것에 대한 안전관리를 관장하는 법률이다. 그러므로 석유안전관리는 위험물관리법에서 관장하고 있다. 고압가스법 등과 같은 에너지안전과 관련된 법률은 산업부가 주무부처로서 이를 관장하나, 석유안전과 관련된 위험물관리법은 소방청에서 관장한다.

나. 위험물로서 석유

위험물관리법에 따른 위험물은 "인화성 또는 발화성 등의 성질을 가지는 것으로서 대통령령이 정하는 물품"을 말한다. 에너지원으로 석유나 석유대체연료는 인화성액체[363]에 포함되어 위험물관리법의 적용을 받는다.

2. 위험물의 저장 · 취급 장소제한

위험물관리법은 위험물의 안전관리를 그 양과 취급 장소의 제한을 통하여 실현하고 있다. 지정수량 이상의 위험물을 저장소가 아닌 장소에서 저장하거나 제조소 · 저장소 · 취급소(이하 "제조소등")등이 아닌 장소에서 취급하여서는 아니 된다.[364]

3. 제조소등의 설치·변경 안전관리법제

가. 제조소등의 설치허가

제조소등을 설치하고자 하는 자는 그 설치장소를 관할하는 특별시장·광역시장·특별자치시장·도지사 또는 특별자치도지사(이하 "시·도지사")의 허가를 받아야 한다.[365]

나. 군용위험물시설의 허가의제

군사목적 또는 군부대시설을 위한 제조소등을 설치하거나 그 위치·구조 또는 설비를 변경하고자 하는 군부대의 장은 미리 제조소등의 소재지를 관할하는 시·도지사와 협의하여야 하고, 협의를 한 경우에는 위험물관리법 제6조 제1항에 따른 허가를 받은 것으로 의제된다.[366]

다. 제조소등의 신고

제조소등의 위치·구조 또는 설비의 변경 없이 당해 제조소등에서 저장하거나 취급하는 위험물의 품명·수량 또는 지정수량의 배수를 변경하고자 하는 자는 변경하고자 하는 날의 1일 전까지 시·도지사에게 신고하여야 한다.[367]

라. 탱크안전성능검사 제도

1) 탱크안전성능검사의 의무자 및 법적 성질

위험물을 저장 또는 취급하는 탱크로서 대통령령이 정하는 탱크(이하 "위험물탱크")가 있는 제조소등의 설치 또는 그 위치·구조 또는 설비의 변경에 관하여 위험물관리법 제6조 제1항의 규정에 따른 허가를 받은 자가 위험물탱크의 설치 또는 그 위치·구조 또는 설비의 변경공사를 하는 때에는 완공검사를 받기 전에 기술기준에 적합한지의 여부를 확인하기 위하여 시·도지사가 실시하는 탱크안전성능검사를 받아야 하지만, 제16조 제1항의 규정에 따른 탱크안전성능시험자 또는 「소방산업의 진흥에 관한 법률」 제14조에 따른 한국소방산업기술원으로부터 탱크안전성능시험을 받은 경우 시·도지사는 당해 탱크안전성능검사의 전부 또는 일부를 면제할 수 있다.[368] 탱크안전성능검사는 서류의 확인이 아니라 현장에서 실제 설치되는 위험물탱크가 기술기준에 적합하게 설치되었는가를 검사기술을 사용하여 확인하는 사실행위로서, 행정처분에 해당하지 아니 한다.

2) 탱크안전성능검사의 대상인 위험물탱크

탱크안전성능검사를 받아야 하는 위험물탱크는 해당 탱크의 종류와 규모에 따라서 탱크안전성능검사의 종류와 내용이 다르다. 예를 들면, 옥외탱크저장소의 액체위험물탱크 중 그 용량이 100만리터 이상인 탱크는 기초·지반검사와 용접부검사를 받아야 하고, 액체위험물을 저장 또는 취급하는 암반내의 공간을 이용한 탱크는 암반탱크검사를 받아야 한다.

마. 완공검사

제조소등의 허가를 받은 자가 설치를 마쳤거나 그 위치·구조 또는 설비의 변경을 마친 때에는 당해 제조소등마다 시·도지사가 행하는 완공검사를 받아 기술기준에 적합하다고 인정받은 후가 아니면 이를 사용하여서는 아니된다.[369] 완공검사를 받고자 하는 자가 제조소등의 일부에 대한 설치 또는 변경을 마친 후 그 일부를 미리 사용하고자 하는 경우에는 당해 제조소등의 일부에 대하여 완공검사를 받을 수 있다.[370] 완공검사는 사실행위에 해당한다.[371]

4. 위험물시설의 유지관리체계

가. 기술기준 준수의무

제조소등의 관계인은 당해 제조소등의 위치·구조 및 설비가 기술기준에 적합하도록 유지·관리하여야 한다. 시·도지사, 소방본부장 또는 소방서장은 제조소등의 유지·관리의 상황이 기술기준에 부적합하다고 인정하는 때에는 그 기술기준에 적합하도록 제조소등의 위치·구조 및 설비의 수리·개조 또는 이전을 명할 수 있다.[372]

나. 위험물안전관리자의 선임의무[373]

제조소등의 관계인은 위험물의 안전관리에 관한 직무를 수행하게 하기 위하여 제조소등마다 위험물의 취급에 관한 자격이 있는 자(이하 "위험물취급자격자")를 위험물안전관리자로 선임하여야 한다.[374][375] 제조소등의 관계인은 그 안전관리자를 해임하거나 안전관리자가 퇴직한 때에는 해임하거나 퇴직한 날부터 30일 이내에 다시 안전관리자를 선임하여야 한다.[376] 제조소등의 관계인은 안전관리자가 여행·질병 그 밖의 사유로 인하여 일시적으로 직무를 수행할 수 없거나 위험물안전관리자의 해임 또는 퇴직과 동시에 다른 안전관리자를 선임하지 못하는 경우에는 유자격자를 대리자로 지정하여 그 직무를 대행하게 하여야 한다.[377] 위험물안전관리자는 위험물을 취급하는 작업을 하는 때에는 작업자에게 안전관리와 감독을 하여야 하고, 제조소등의 관계인과 그 종사자는 안전관리자의 위험물 안전관리에 관한 의견을 존중하고 그 권고에 따라야 한다.[378]

다. 예방규정의 작성·준수·제출의무

대통령령이 정하는 제조소등의 관계인은 당해 제조소등의 화재예방과 화재 등 재해발생 시의 비상조치를 위하여 예방규정을 정하여 당해 제조소등의 사용을 시작하기 전에 시·도지사에게 제출하여야 한다.[379] 제조소등의 관계인과 그 종업원은 예방규정을 충분히 잘 익히고 준수하여야 한다.[380]

라. 정기점검·검사제도

1) 정기점검

대통령령이 정하는 제조소등의 관계인은 그 제조소등에 대하여 기술기준에 적합한지의 여부를 정기적으로 점검하고 점검결과를 기록하여 보존하여야 한다.[381] 정기점검은 위험물시설로서 제조소, 저장소, 취급소 및 탱크에 기술기준의 적합성 여부를 점검의무자가 자체적으로 실시하여 확인하는 행위이다.

2) 정기검사

정기점검의 대상이 되는 제조소등의 관계인 중 액체위험물을 저장 또는 취급하는 50만리터 이상의 옥외탱크저장소의 관계인은 소방본부장 또는 소방서장으로부터 당해 제조소등이 기술기준에 적합하게 유지되고 있는지의 여부에 대하여 정기적으로 검사를 받아야 한다.[382] 정기검사는 정기점검과는 달리 행정기관인 소방본부장 또는 소방서장으로부터 제조소등이 기술기준에 적합성 여부를 검사는 것이다.[383]

마. 자체소방대의 설치의무

다량의 위험물을 저장·취급하는 제조소등으로서 제4류 위험물을 취급하는 제조소 또는 일반취급소가 있는 동일한 사업소에서 지정수량의 3천배 이상의 위험물을 저장 또는 취급하는 경우 당해 사업소의 관계인은 당해 사업소에 자체소방대를 설치할 의무가 있다.[384] 자체소방대를 설치하는 사업소의 관계인은 자체소방대에 화학소방자동차 및 자체소방대원을 두어야 한다.

5. 위험물 운반상 안전관리법제

가. 위험물 운반행위[385]의 관리

위험물의 운반은 그 용기·적재방법 및 운반방법에 관한 기준을 준수하여야 한다.[386] 위험물의 운반은 운반 시 용기, 위험물의 적재방법이나 운반방법에 따라서 위험성의 정도가 다르기 때문에 이를 규제하고 있다.

나. 운반용기의 검사의무

기계에 의하여 하역하는 구조로 된 대형의 운반용기로서 행정안전부령이 정하는 것을 제작하거나 수입한 자 등은 당해 용기를 사용하거나 유통시키기

전에 시·도지사가 실시하는 운반용기에 대한 검사를 받아야 한다.[387]

다. 위험물운송자의 자격

이동탱크저장소에 의하여 위험물을 운송하는 운송책임자 및 이동탱크저장소운전자(이하 "위험물운송자")는 당해 위험물을 취급할 수 있는 국가기술자격자 또는 위험물관리법 제28조 제1항에 따른 안전교육을 받은 자이어야 한다.[388]

라. 특정위험물의 운송관리

알킬알루미늄, 알킬리튬 및 그 물질을 함유하는 위험물의 운송은 운송책임자(위험물 운송의 감독 또는 지원을 하는 자를 말한다)가 운송 시 감독 또는 지원을 하여야 한다.[389]

6. 응급조치의무

제조소등의 관계인은 당해 제조소등에서 위험물의 유출 그 밖의 사고가 발생한 때 즉시 그리고 지속적으로 위험물의 유출·확산의 방지, 유출된 위험물의 제거 그 밖에 재해의 발생방지를 위한 응급조치를 강구하여야 한다.[390] 소방본부장 또는 소방서장은 제조소등의 관계인이 응급조치를 강구하지 아니하였다고 인정하는 때에는 응급조치를 강구하도록 명할 수 있다. 응급조치를 하여야 하는 사태를 발견한 자는 즉시 그 사실을 소방서, 경찰서 또는 그 밖의 관계기관에 통보하여야 한다.[391]

Ⅶ. 에너지안전법의 미래

이상 살펴본 바와 같이 우리나라의 에너지 안전법제는 대상 에너지별로 단편적이고 개별적인 입법을 하고 있다. 에너지안전을 종합적이고 장기적으로 다루는 입법이 부재한 상황이다. 이점은 에너지법을 보아도 마찬가지이다. 에너지위원회나 에너지기술개발계획은 에너지 안전 문제를 다루고 있지 않다. 이에 외국의 입법례를 참고하여 제반 에너지의 안전을 확보하기 위한 기본법 내지 상위법을 제정하고 그 상위법하에서 현행과 같은 개별법을 제정하는 것이 타당할 것이다. 이와 관련하여 캐나다의 에너지안전법(Energy Safety and Security Act) 등이 참고가 될 것이다.[392] 에너지안전법은 환경법과 밀접한 관련을 가진다.[393] 그러나 환경법은 환경의 보호에 그 초점이 있고 에너지원이나 에너지의 위험을 방지하는데 중점이 있는 에너지안전법과는 구별된다 할 것이므로 에너지안전법을 환경법에 통합하는 것은 타당하지 않다 할 것이다. 한 단계 더 나아가 에너지안전법과 에너지개발법을 총괄하고 두 법제간의 조화를 도모하는 에너지기본법이 마련되어야 할 것이다. 우리나라의 에너지기본법은 녹색성장 기본법이라 할 수 있고 에너지법이 이를 뒷받침하는 형식을 취하고 있으나 양법의 입법목적과 소관부처가 달라서 정책의 일관성이나 통합을 기대하기 어려우므로 양법을 통합하거나, 새로운 에너지기본법을 제정하는 것이 타당할 것이다.394) 이 새로운 에너지기본법은 우리나라의 에너지에 관한 기본 정책을 명확히 규정하고 단기적으로 그 정책을 바꿀 수 없도록 하는 한편 에너지원(源)과 에너지의 확보와 에너지의 효율적이고 안전한 관리를 담보할 수 있어야 할 것이다. 우리나라가 궁극적으로 국민의 삶의 질 향상을 모토로 녹색성장기본법을 제정한 것은 탁월한 접근이었으나 에너지안전법에 대한 배려가 미흡하였다는 점은 아쉬움이 남는다. 향후 이점에 대한 입법적 보완을 기대해 본다.

---

184) 에너지는 그리스어 에네르게이아(energia)에서 유래하였다. 에네르게이아는 그리스어로 "일"을 의미하는 "ergon"에 "속으로"를 의미하는 접두어 "en"이 결합한 에너곤(Energon)에서 유래되었다.

185) 동법은 안정적이고 효율적이며 환경친화적인 에너지 수급 구조를 실현하기 위한 에너지 정책 및 에너지 관련 계획의 수립 · 시행에 관한 기본적인 사항을 정한 기본법의 일종이다.

186) 에너지법 제2조 제1호 및 제2호.

187) 신에너지의 개념에 관하여는 신에너지 및 재생에너지 개발 · 이용 · 보급 촉진법 제2조 제1호 참조.

188) 재생에너지의 개념에 관하여는 신에너지 및 재생에너지 개발 · 이용 · 보급 촉진법 제2조 제1호 참조.

189) 에너지 법칙 즉 온도, 에너지 보존, 엔트로피의 불감소, 절대영도의 불가를 통한 엔트로피 정량화.

190) 에너지법을 상세히 분류하여 ① 에너지 기본법(저탄소 녹색성장기본법·에너지법) 및 정책법, ② 에너지의 각 주제 또는 분야(에너지이용·신재생에너지·집단에너지·해외자원·자원순환 등)별로 그 분야의 일반법, ③ 에너지원(전기·가스·석유·석탄 등)별 개별법, ④ 자원순환에 관한 법, ⑤ 지원 및 조성법, ⑥ 회계에 관한 법, ⑦ 에너지별 기관법, ⑧ 에너지가격 관련법, ⑨에너지세제 관련법으로 나누기도 한다. 김은정(2016), 40면 이하; 김남철(2019), 299면 이하 참조.

191) 과학기술진흥법과 안전법 간의 관계에 관하여는 본서 제1편 제4장 참조.

192) 2010. 1. 13. 저탄소 녹색성장 기본법이 법률 제9931호로 제정되었으며 2019. 11. 26. 법률 제16646호로 개정되어 2020. 5. 27. 시행되고 있다. 녹색기술법에 관하여는 이종영(2020), 531면 이하 참조.

193) 종래 법명 에너지기본법에서 2010. 1. 13. 저탄소 녹색성장 기본법이 제정되며 에너지법으로 바뀌었으나 여전히 에너지법 분야의 기본법으로서 한축을 담당하고 있다.

194) 설사 아주 특수한 상황에서 발생 가능한 피해를 방지할 수 있도록 에너지안전 관련 법령을 제정하게 되면, 현실적으로 에너지를 사용할 수 없는 상황에 이르게 된다. 과학과 기술의 발전은 새로운 지식을 제공하여 기존에 고려하지 못한 에너지와 관련된 잠재된 안

전을 보완할 수 있다. 그러나 에너지안전에 대한 제도와 법령의 보완은 동시에 새로운 안전공백을 발생시키기 때문에 절대적인 에너지안전을 보장하지는 못한다.

195) 물론 에너지사업자의 자유를 제한하더라도 제한된 자유의 정도만큼 에너지사용자의 자유가 신장되는 것은 아니다. 에너지의 생산, 사용 및 관리에 대한 에너지사업자의 자유제한은 경우에 따라서 에너지사용자의 행위자유를 축소할 수도 있다. 에너지 분야의 안전성을 강화하는 경우에 에너지사업자는 에너지가격을 올릴 수밖에 없고, 결국 에너지가격의 상승에 대한 부담은 에너지사용자에게 전가되기 때문이다.

196) 만약 에너지안전법이 첨단 에너지기술로도 실현할 수 없을 정도의 에너지안전기준을 정한다면, 이는 헌법상 과잉금지원칙에 위반되는 법령이 된다.

197) 에너지안전법과 에너지기술의 관계는 존재와 당위 관계로 충분한 설명이 되지 못한다. 법은 법적 안정성, 자유 및 공공복리의 보장이라는 국가목적을 위하여 사회생활의 구성요건을 지속적으로 규율하는 역할을 한다. 법은 과거에 실현된 자유보장·공공복리를 현재에 기반하여 미래로 진화하도록 하여 관련 에너지사업자로 하여금 국가의 행위방향을 예측하게 하는 역할을 한다. 법은 역사적으로 특정한 사회적 변화과정에서 발생한 사회적·정치적 가치에 규범적 효력을 부여한다. 그러므로 법은 지속적인 제·개정을 통하여 전통과 역사에 기반하여 현재 국민의 의식과 생활에 바탕을 두고 미래를 지향하여야 한다. 한편 에너지기술은 에너지사용을 위한 단순한 자연력의 투여라고 할 수 없다. 기술의 발전은 경제적 이해관계, 정치적 권력관계 및 문화적 가치관에 영향을 주는 사회적·역사적인 과정에 속한다. 기술의 발전에 영향을 받은 경제적·정치적·문화적인 가치관은 다시 기술의 발전에 영향을 주어 그 방향을 설정한다. 기술발전의 동태성과 변화하는 사회의 관계는 법의 기술에 대한 원칙적인 관계를 항상 새로이 생각하게 한다.

198) 국민의 생명과 건강에 대한 위험을 방지하여야 하는 국가의 의무는 국가목적에서 도출되어 국가는 국민에게 안전을 보장하여야 하는 의무를 부여받고 있다.

199) 헌법재판소는 기본권을 국가권력에 대한 단순한 방어권으로 인정할 뿐만 아니라, 가치질서로 인정함으로써 국가의 보호의무를 기본권에서 도출하고 있다. 생명과 신체의 불가침에 대한 기본권은 국가권력에 의한 침해에 대한 방어권으로서 끝나는 것이 아니라, 사인에 의한 침해로부터 기본권을 보호할 의무를 국가에게 부여하고 있다. 한편 에너지의 생산·저장·수송·사용으로 발생할 수 있는 국민의 생명과 건강에 대한 위험은 국가 보다는 개인이 설치·운영·제조·판매하는 에너지의 생산시설, 저장시설, 수송시설 또는 사용용품에 의해 발생한다. 즉, 에너지는 대부분 그 자체가 인화성·발화성이 높은 물질로서 국가가 아닌 에너지사업자에 의하여 국민의 생명, 건강 또는 재산적인 위험이 발생하게 된다.

200) 에너지안전을 통한 국민의 건강·생명 및 재산권에 관한 국가의 의무는 헌법국가의 기본권에서 도출되는 기본권보호의무에 근거하고 있다. 에너지안전과 관련된 국민의 생명, 건강, 재산권을 보호해야 하는 국가의 실행과제는 바로 이러한 기본권보호의무에서 비롯된다.

201) 즉, 에너지생산사업자에게 에너지시설을 안전하게 설치·운영하도록 에너지시설에 대한 허가·승인·검사·신고 등과 같은 의무를 부여하고, 에너지저장사업자에게 저장시설의 안전한 설치·운영을 위해 저장시설 설치에 관한 허가·신고 등을 하도록 한다.

202) 에너지안전과 관련된 법률상 개별규정은 비례원칙인 적합성원칙, 필요성원칙 및 상당성원칙에 합치하여야 한다. 즉, 에너지안전을 위한 법령이나 제도는 비례의 원칙에 합치할 때에 그 정당성을 가지게 된다. 에너지안전과 관련된 법령상 규정은 비례의 원칙에서 그 한계를 두어야 한다.

203) 원자력은 전쟁무기로 사용할 목적으로 개발되었으나 인류발전에 기여하는 원자력으로 전환하게 되었다. 이를 계기로 1956년에 국제 원자력기구(IAEA)가 설치됐고, 인류의 발전에

기여하는 원자력의 평화적 이용으로 원자력발전소로 활용되었다. 그러나 1979년 미국의 스리마일, 1986년 체르노빌, 2011년 후쿠시마 원자력발전소의 사고는 원자력 안전성을 더욱 강화할 수밖에 없는 방향으로 원자력법을 발전하게 하였다.

204) 원자력발전은 원자핵이 붕괴하거나 핵반응을 일으킬 때 방출되는 에너지를 이용하여 발전기를 돌려 전력을 생산하는 발전방식이다.

205) 물론 원자력발전의 연료인 우라늄을 해외에 수입하고 있으나 다른 화석연료보다 가격이 국제적인 장기간 안정적이고 우라늄의 분포도 넓어서 석유나 천연가스와 같은 중동국가 등 특정된 국가에 의존도가 낮다.

206) 이종영(2000), 149면 이하; 김지영(2013), 169면 이하 참조.

207) 원자력발전소를 계속하여 운영하는 경우에 폐기물의 양이 증대하는 것은 분명하나 관리에 관한 기술적인 발전을 고려할 때에 폐기물의 관리적인 문제가 원자력발전을 포기하여야 하는 타당한 이유는 되지 못한다.

208) 이에 관하여는 채종헌/정지범(2010); 이상팔(1995); 조성경(2009), 49면 이하 참조.

209) 중·저준위 방사성폐기물의 처리시설에 관한 지역의 선정을 위하여 「중·저준위 방사성폐기물 처분시설의 유치지역지원에 관한 특별법」이 제정되어 경주지역에 처리시설이 설치되어 운영 중이다.

210) 방사성폐기물은 핵분열이 원자력발전소와 같이 정도로 왕성하게 진행되지 않으므로 그것이 고준위방사성폐기물이라고 하여도 충분하게 과학기술로 충분하게 관리할 수 있다고 본다.

211) 동법은 2008. 3. 28. 법률 제9016호로 제정되어 2009. 1. 1. 시행되었으며 2017. 11. 28. 법률 제15082호로 개정, 시행되었다.

212) 우리나라는 현행 원자력안전법과 원자력진흥법의 분법화 이전, 원자력법에서 전원자력 발전소·방사성 폐기물의 안전, 원자력의 연구개발, 방사능 방재 및 핵비확산, 원자력 국제협력 등 원자력과 관련된 대부분의 정책과 제도를 과학기술부에서 관장하였고, 원자력 발전을 통한 전력생산과 중·저준위 방사성 폐기물 처분장 부지선정·운영 등 원자력 이용의 일부분만을 산업통상자원부에서 담당하였다.

213) 선진국도 그 나라의 경제수준 및 원자력 기술 발전정도 등에 따라 원자력 진흥과 안전관리를 관장하는 행정체계가 다양한 형태로 나타나고 있다.

214) 우리나라는 「원자력안전에 관한 협약」의 당사국이다. 동협약 제8조에 따르면, "협약의 당사국은 원자력안전기관과 원자력에너지의 이용·진흥 등과 관련된 기관의 효과적인 분리를 보증"하도록 규정하고 있다. 국제원자력안전기구(IAEA)가 제정하고 운영하는 「원자력안전기준」(Safety Standards)도 "원자력안전기관은 그 책임을 다하기 위해서 원자력진흥조직이나 기구와 효과적으로 독립되어야 한다."라고 규정하고 있다.

215) 현행 「원자력안전법」은 원자로 및 관계시설을 운영하는 원자력발전사업자와 연구용 원자로운영자에게 원자로 및 관계시설의 안전관리 의무를 부여하고 그 이행여부를 원안위으로 하여금 안전관리에 관한 심사·검사 및 조사를 통하여 규제감독하게 하고 있다.

216) 원안위는 방사성동위원소·방사선발생장치 등 인공방사선에 대한 안전관리에 관한 업무와 천연방사선 등 생활주변방사선 관리업무를 소관 업무로 하고 있다. 고용노동부는 「산업안전보건법」에 근거하여 근로현장에서 종사자의 방사선안전관리에 관한 보건업무를 수행한다. 식품의약품안전처는 「의료기기법」에 따라 진단용 방사선 발생장치와 방사선의료기기 제조허가에 관한 업무를 관장한다. 농림축산식품부는 「축산물 위생관리법」에 근거하여 농축산물 방사능 관리와 「의료기기법」에 따른 동물진단용 방사선 발생장치의 관리에 관한 업무를 한다. 환경부는 환경보호관련 법령에 따라 라돈 관리, 지하수 방사능 농도기준 관리에 관한 업무를 한다.

217) 원안위는 원자력안전기술연구개발, 원자력안전규제연구, 방사선안전관리연구 및 생활방사

선안전연구 등에 관한 사업을 한다. 과학기술정보통신부는 방사선 및 방사성동위원소 이용개발 연구, 미래형 원전개발 연구 등에 관한 연구개발 사업을 한다. 산업부는 원자력발전의 선진화, 설비성능향상 등 원자력분야 핵심기술개발을 위한 원자력융합 원천기술개발에 관한 업무를 수행한다.

218) 원자력안전관리 기본원칙은 다소 선언적인 내용으로 원자력안전 정책과 제도에 이미 반영되어 있다고도 볼 수 있으나 원자력안전에 관한 정책적인 의지를 대외적으로 천명하여 이를 실현하는 원동력으로 역할을 하였다.

219) 「원자력안전법」은 기본원칙으로 국제적 기준을 도입하였는바, 국제원자력기구 안전기준(Safety Standards)은 최상위 기준인 "안전원칙"을 정점으로, 그 하부에 "안전요건" 및 "안전지침"의 계층적 체계를 형성하고 있다. 안전기준은 원자력안전에 대한 국제적 공감대가 반영된 것으로서, 각 회원국의 기준체계 수립 시 참고문서로서의 역할 및 통합규제검토서비스(IRRS) 등 국제원자력기구가 주관하는 평가 시에 평가 척도로서 역할을 한다. 안전원칙(Safety Fundamental)은 안전의 목표와 원칙 제시, 하부 상세기준에 대한 기초 제공한다. 안전요건 (Safety Requirement)은 안전원칙에 부합하기 위해 달성해야 하는 상세요건을 제시하고, 모든 원자로 및 관계시설과 활동에 공통 적용되는 일반안전요건과 특정 시설과 활동에 해당하는 특정안전요건로 구별된다. 안전지침 (Safety Guides)은 안전요건을 준수하는 방안에 대한 지침과 권고사항을 제공하며, 일반안전지침(GSG)와 특정안전지침(SSG)로 구별되어 있다.

220) 국제원자력기구는 10가지의 안전 원칙(Safety Principal)을 제시하였다.

221) 동법은 2011. 10. 26. 시행되었다. 원자력법은 1958. 3. 11. 시행되어 왔었다.

222) 원자로는 발전용과 연구용으로 구분되어 있다.

223) 동법 제10조.

224) 동법 제10조 제2항. 원자로 및 관계시설의 해체계획서를 작성하여 원안위의 승인을 받도록 하는 시점이 원래는 원자로 해체하려는 때이었으나 해체방법, 방사성물질 오염 제거 및 폐기물 처리방법, 소요인력과 재원확보 방안 등을 미리 마련하도록 하여, 원전의 안전성을 보다 면밀하게 확보할 필요가 있어 현행과 같이 원자로건설 허가시점에 작성하도록 하고 있다.

225) 동법 제20조 제1항.

226) 동법 제20조 제2항.

227) 운영허가의 허가기준은 원안위규칙으로 정하는 발전용원자로 및 관계시설의 운영에 필요한 기술능력을 확보하고 있을 것 등이다(동법 제21조).

228) 동법 시행령 제35조 제1항.

229) 주기적 안전성평가제도는 원전 설계수명 도래 시 계속운영 여부를 결정할 수 있는 주요 수단으로 활용되고, 원자력발전의 인·허가 및 설계기준을 명백히 하며, 원자로의 현재 상태가 현재의 안전요건에 부합함을 입증하여, 설비 개선 및 교체 등, 투자계획 수립에 유용한 정보 제공한다.

230) 다만, 제21조 제2항에 따라 변경허가를 받고 영구정지한 발전용원자로 및 관계시설의 주기적 안정성평가에 필요한 사항은 대통령령으로 정한다. 동법 제23조.

231) 중대사고의 발생은 사회적·경제적으로 영향이 심각할 수 있으므로 중대사고가 발생할 가능성과 중대사고가 발생하더라도 공중에게 가해질 수 있는 위험을 최소화하기 위해 원자로 및 관계시설의 설치·운영자로 하여금 중대사고 대응방안을 강구하도록 할 필요가 있다. 이를 위해 원자로 및 관계시설의 운영으로 인해 인근 주민의 생명과 보건에 미치는 위험도는 경미해야 하므로, 이에 대한 정량적 안전목표를 정하여 운영할 필요가 있다.

232) 일반적으로 원자력사고는 설계기준사고, 일반 설계기준 초과사고, 중대사고의 세 유형으로 분류된다.

233) 즉, 제2조 제24호에 따른 사고관리의 정의는 중대사고를 포함한 원자력사고의 발생, 사고
   확대방지를 위한 운영중지, 사고영향 완화조치, 안전한 상태로 회복을 위한 조치라고 하
   여 포괄적으로 정하고 있다.

234) 동법 제20조 제1항.

235) (구)원자력사업자의 사고관리계획 체계는 중대사고의 경우 중대사고관리지침서(SAMG:
   Severe Accident Management Guidelines) 대응절차에서 원자로 및 관계시설의 정상적 운전
   을 포기하더라도 사고가 악화되어 외부 환경에 악영향을 미치는 것을 방지하는 것을 목
   표로 하고 있었다.

236) 원자력안전위원회(2012), 171면.

237) 특히 계속 운전 중인 고리1호기에 대해서는 지역 주민들의 불안감이 심화되면서, 현재는
   영구폐쇄되었으나 2014년 부산시장 선거 후보자들의 공약으로 고리1호기 운전정지가 제
   시되었고, 2014년 8월 다수의 환경단체에서 운전정지 운동을 벌인 데에도 영향이 있다.

238) 원자력진흥위원회(2012). 이에 미국에서는 원전 해체를 전문적으로 하는 기업이 등장하고
   있고, 일본에서는 후쿠시마 지역을 세계적인 원전 해체 거점으로 삼겠다고 밝히는 등 발
   빠르게 움직이고 있으므로, 우리나라도 신속히 대응해야 한다는 것이다.

239) 특히 후쿠시마 원전사고 이후 독일, 벨기에, 스위스, 이탈리아에서는 원전의 신규건설 및
   계속운전을 하지 않는 것으로 결정하였고, 러시아에서도 계속운전을 중단하는 것으로 발
   표하였다. 김익중(2013), 60-62면.

240) 설계수명은 발전소 설계시 안전성평가에 의하여 설정한 최소한의 운전기간이기 때문에
   설계수명이 만료되더라도 안전성이 인정되면 계속운전을 허용하는 것이 타당하다.

241) 동법 제27조. 운영허가 취소나 사용정지는 영구정지와 구별된다.

242) 원안위는 2012년 3월 고리1호기 정전은폐사건 이후 전력계통 설비개선을 위해 고리1호기
   사용정지처분을 하였고, 2013년 5월 신고리1·2호기, 신월성 1·2호기의 케이블 시험성적서
   위조에 따라 위조부품 교체 등을 위해 신고리2호기, 신월성1호기 사용정지처분을 하였다.

243) 운영허가의 취소와 사업폐지는 방사성물질 등 또는 방사선발생장치의 양도·보관·배
   출·저장·처리·처분·오염제거·기록인도와 그 밖의 방사선장해방어를 위하여 필요한
   조치를 할 의무가 발생하는 점에서 허가 또는 지정 취소를 통하여 영구정지와 유사한 효
   과가 발생할 수 있다.

244) 통용되는 용어에 따르면, 원자력안전위원회가 원자로 및 관계시설의 운영허가를 종료하는
   것을 허가종료, 운영자가 원자로 및 관계시설의 운전을 영구적으로 멈추는 것을 폐로, 운
   영자가 운전을 멈춘 후 원자로를 실제 제거하는 행위를 해체로 볼 수 있다.

245) 우리나라는 이미 고리1호기와 월성1호기의 운전을 정지하여 해체를 준비하여야 한다. 원
   자로 해체에 대한 기술 개발과 사회적 합의가 시급하다.

246) 동법 제28조 제1항.

247) 동법 제28조 제3항.

248) 동법 제28조 제4항. 보고하려는 자는 해체완료보고서와 총리령으로 정하는 서류를 첨부하
   여 위원회에 제출하여야 한다(동법 제28조 제5항).

249) 동법 제28조 제6항.

250) 동법 제28조 제7항 및 제8항. 위원회는 운영자에게 통지를 할 때에는 방사선에 의한 재해
   의 방지와 공공의 안전을 위하여 필요한 경우 발전용원자로 및 관계시설의 해체 완료 후
   부지의 재이용에 관하여 조건을 붙일 수 있다(동법 제28조 제9항).

251) 동법 제35조 제1항.

252) 「원자력안전법」은 사용후핵연료처리사업을 과기부장관과 산업부가 지정하되, 원안위 및
   관계 부처의 장과 협의하고, 원자력진흥위원회의 심의를 거치도록 규정하고 있다.

253) 동법 제35조제2항.

254) 동법 제35조 제3항.

255) 동법 제36조.

256) 방사성동위원소란 방사선을 방출하는 동위원소와 그 화합물 중 동위원소의 수량과 농도가 원안위가 정하는 수량과 농도를 초과하는 물질이다.

257) 동법 제53조 제1항.

258) 다만, 안전성분석보고서 및 품질보증계획서의 제출은 생산허가를 받으려는 자에 한한다 (동법 제53조 제3항).

259) 동법 제53조의2 제1항.

260) 동법 제53조의2 제6항.

261) 방사선투과검사는 국가기간산업분야에서 품질관리를 위해 많이 사용되고 있지만, 상대적으로 피폭선량이 높고 사고도 빈발하여 특별한 안전관리가 필요하다.

262) 동법 제59조의2 제1항. 특히 방사선투과검사는 발주자의 사업장에서 주로 이루어진다. 이러한 특성으로 인하여 안전시설의 설치·운영, 작업량 및 작업시간의 준수 등 안전에 관한 사항은 "발주자"에 대한 안전규제를 통해 달성될 수 있는 측면이 적지 않다.

263) 동법 제59조의2 제2항 및 제3항.

264) 동법 제60조 제1항.

265) 동법 제60조 제3항.

266) 동법 제61조 제1항.

267) 동법 제60조 제2항.

268) 국민의 안전에 심대한 영향을 끼칠 수 있는 방사선기기의 설계승인 면제대상은 법률유보원칙과 포괄적 위임금지원칙에 따라 시행령이나 시행규칙으로 정할 수 없고, 법률에서 정하여야 한다. 그러나 수출전용으로 제작하는 방사선기기 등은 전문적이고 기술적이며 신축적인 대응이 필요한 내용이어서 현행 원자력안전법은 세부사항을 대통령령으로 정하도록 위임하고 있다.

269) 동법 제106조 제1항 및 동법 시행령 제148조 제1항.

270) 동법 제106조 제3항.

271) 교육대상자의 교육 미이수에 따른 과태료를 교육대상자가 아니라 해당 사업자 또는 기관에게 부과하고 있다.

272) 전기는 그 특성상 연료로 사용되는 에너지인 가스나 석유와 달리 비축하여 저장할 수 없다. 전기는 생산과 동시에 소비되고, 생산된 전기는 소비 또는 방전에 의하여 소멸된다.

273) 1961. 12. 31. 법률 제953호로 제정된 이래 2번의 전부개정과 수십 차례의 일부개정을 거쳤다.

274) 1963. 2. 26. 제정되었다. 전기공사의 시공·기술관리 및 도급에 관한 기본적인 사항을 정함으로써 전기공사업의 건전한 발전을 도모하고 전기공사의 안전하고 적정한 시공을 확보함을 목적으로 하는 법률이다.

275) 1995. 12. 30. 제정되었다. 전력기술의 연구·개발을 촉진하고 이를 효율적으로 이용·관리함으로써 전력기술 수준을 향상시키고 전력시설물 설치를 적절하게 하여 공공의 안전확보와 국민경제의 발전에 이바지하는 법률이다.

276) 1974. 1. 4. 제정되었고 3번의 전부개정을 통하여 기존의 「품질경영 및 공산품안전관리법」과 통합되었다. 전기용품을 생산·조립·가공하거나 판매·대여 또는 사용할 때의 안전관리에 관한 사항을 규정하여 화재·감전 등의 위험 및 장해의 발생을 방지하는 법률이다.

277) 전기안전은 전기용품의 안전과 구별된다. 전기안전은 전기설비의 안전을 말하고, 전기용품의 안전은 소비자가 사용하는 전기용품의 안전을 말한다.

278) 현행 「전기사업법」은 1999년 전력산업경쟁체제를 도입하면서 「전기사업법」에서 전기사업자에 대한 개선명령, 업무보고 명령 등의 조항을 삭제하는 등 전기설비 사용자의 안전보

다는 전기사업의 진흥을 우선적으로 규정하고 있다.

279) 전기사업법 제61조 제1항 및 제62조 제1항.

280) 대법원은 "민법 제45조와 제46조에서 말하는 재단법인의 정관변경 "허가"는 법률상의 표현이 허가로 되어 있기는 하나, 그 성질에 있어 법률행위의 효력을 보충해 주는 것이지 일반적 금지를 해제하는 것이 아니므로, 그 법적 성격은 인가라고 보아야 한다."고 판시한 바 있다(대법원 1996. 5. 16. 선고 95누4810 전원합의체 판결).

281) 동법 제2조 제16호.

282) 사용전검사를 하지 않게 되면, 전기사업자가 인가를 받은 전기설비공사계획과 다르게 공사하여도 이를 통제할 수 없게 되고, 이러한 경우에 전기설비공사계획의 인가제도가 그 기능을 할 수 없게 된다.

283) 동법 제64조.

284) 동법 시행규직 제31조의2에서 임시사용의 허용기준, 기간 등을 규정하고 있다.

285) 동법 제65조.

286) 다만, 주거용 시설물에 설치된 일반용전기설비를 정기적으로 점검하는 경우 그 소유자 또는 점유자로부터 점검의 승낙을 받을 수 없는 경우에는 예외로 한다. 전기사업법 제66조 제1항.

287) 동법 제66조 제2항.

288) 「전기공사업법」 제3조 제1항 단서에 따른 경미한 전기공사에 한함.

289) 전기사업법 제66조 제3항.

290) 전기사업법 제66조의2 제1항. 산업부는 전통시장 점포의 전기설비(자가용전기설비에 한정)에 대하여 한국전기안전공사로 하여금 정기적으로 점검을 하도록 하여야 한다(동법 제66조의2제3항).

291) 1. 태풍·폭설 등의 재난으로 전기사고가 발생하거나 발생할 우려가 있는 시설 2. 장마철·동절기 등 계절적인 요인으로 인한 취약시기에 전기사고가 발생할 우려가 있는 시설 3. 국가 또는 지방자치단체가 화재예방을 위하여 관계 행정기관과 합동으로 안전점검을 하는 경우 그 대상 시설 4. 국가 또는 지방자치단체가 주관하는 행사 관련 시설.

292) 전기사업법 제66조의3 제1항.

293) 동법 제66조의3 제2항.

294) 동법 제66조의3 제3항.

295) 동법 제73조 제1항.

296) 동법 제73조 제2항.

297) 자가용전기설비와 「신에너지 및 재생에너지 개발·이용·보급 촉진법」 제2조에 따른 태양에너지 및 연료전지를 이용하여 전기를 생산하는 발전설비만 해당.

298) 동법 제73조 제3항. 최근 시설물 관리를 포함한 전기설비의 안전관리업무를 경비절감과 업무의 전문성 및 효율성 차원에서 전기안전전문사업자에게 위탁하고 있는 추세이고, 위탁관리사업자가 유자격자를 보유하고 있음에도 불구하고 자체 직원을 전기안전관리자로 선임할 수 없는 것은 시설물 관리의 효율성 차원에서 부적합하여 전기안전관리 및 시설물관리업체가 전기안전관리자를 직접 선임할 수 있도록 하여 전기안전관리체계를 일원화하고 효율성을 높일 목적으로 위탁과 위탁을 받은 전문사업자가 전기안전관리자를 직접 선임하도록 하고 있다.

299) 현행 「전기사업법」 제73조 제3항은 전기안전관리 대행자로 한국전기안전공사, 대행사업자, 개인대행자를 규정하고 있다.

300) 동법 제73조 제4항 및 5항.

301) 동법 제73조의2.

302) 동법 제96조의3.

303) 동법 제96조의3 제2항.

304) 전기사업자와 한국전력거래소는 전력계통운영의 중요성을 고려하여 전력계통 신뢰도 유지의무를 부여받고 있다. 산업부는 전력계통 신뢰도 유지여부에 대한 감시·평가 및 조사를 실시할 수 있다(전기사업법 제27조의2).

305) 기술기준의 제정에는 국제표준과 국내표준에 따르고, 국제표준이나 국내표준이 마련되어 있지 않는 경우에 해당 분야에 적합한 기술기준을 제정하여 운영하게 된다. 기술기준은 고시형태로 제정·운영된다.

306) 동법 제67조.

307) 동법 제68조.

308) 동법 제71조.

309) 동법 제69조.

310) 동법 제70조.

311) 동법 제101조제7호.

312) 고압가스법 제4조.

313) 동법 제20조.

314) 동법 제16조의2 및 제20조.

315) 구체적인 고압가스의 종류 및 범위는 동법 시행령 제2조에서 정하고 있다.

316) 동법 제4조.

317) 기술기준이 법령의 제·개정 절차를 따를 경우 오히려 신기술 채택의 지연으로 반도체, 석유화학 등 국가기간산업의 경쟁력 제고에 장애요인으로 작용할 우려가 있고, 가스사고 예방활동에도 지장을 초래할 수 있을 뿐만 아니라 WTO 회원국으로서 WTO/TBT (Technical Barriers to Trade)협정에서 요구하는 기술기준의 성능규정을 적기에 수용하지 못하여 무역마찰이 발생할 수도 있다.

318) 가스기술기준위원회는 상세기준을 객관적이고 투명하게 제·개정하고 운영하기 위한 기구로서, 상세기준의 제·개정 및 운영에 관한 사항을 심의·의결한다.

319) 고압가스 제조는 원칙적으로 허가사항이었으나 1993년 일부를 규제완화 차원에서 신고사항으로 개정하였다.

320) 동법 제4조 제4항.

321) 수리를 요하는 신고와 수리를 요하지 않는 신고의 구별은 법률에서 특별하게 정하고 있지 않는 경우에 해당 법령의 목적과 해당 법령의 관련 조문에 대한 합리적·유기적인 해석을 통해 판단한다. 대법원 2011. 9. 8. 선고 2010도7034 판결; 창원지방법원 2015. 12. 9. 선고 2015노798 판결 등.

322) 정기검사 및 수시검사에 관한 부분은 4. 사업운영상 안전관리에서 다룬다.

323) 동법 제5조의3.

324) 동법 제21조.

325) 수입고압가스의 안전관리에 관한 규제완화차원에서 1999년 기존의 고압가스 수입업 등록제도 및 수입신고제도를 폐지하였으나 고압가스 안전관리체계를 보다 강화할 목적으로 고압가스 수입업의 등록의무와 수입행위에 대한 신고의무를 다시 부여하였다.

326) 동법 제7조.

327) 사업 개시의 신고의무를 부여하지 않는 경우에 허가·신고나 등록업무를 소관하는 행정기관이 당해 사업자의 안전관리의무 준수 여부를 확인할 수가 없는 등 문제가 있다.

328) 동법 제20조.

329) 동법 제15조 제1항 및 제2항.

330) 동법 제15조 제3항.

331) 동법 제15조 제4항.

332) 고압가스판매자 중 용기에 의한 고압가스판매자는 제외함.

333) 동법 제16조의2.

334) 허가 · 신고 또는 등록을 하는 단계에서 시설이나 기술력 등에 관하여 검사를 받아도 일정한 기간이 경과하게 되면 당시의 허가 · 신고 · 등록한 것과 다르게 운영될 수 있어 고압가스제조나 수입으로 인한 위험성이 증대하게 되는데, 이러한 문제를 해소하기 위한 제도가 정기 · 수시검사이다.

335) 「건설기술 진흥법」상에서도 정밀안전진단제도를 운영하고 있는 점 등을 감안할 때, "정밀안전검진"보다 "정밀안전진단"이라는 용어를 사용하는 것이 적합하다.

336) 고압가스시설은 설치 후 기간이 경과할수록 부식, 침식 등 설비노후가 진행된다. 설비 노후화 같은 문제점은 장치의 연결부, 배관내부 등 육안으로 확인이 불가능한 부분에서 발생하기 때문에 첨단장비를 이용한 정밀안전검진을 통하여 파악할 수 있다.

337) 동법 제16조의3.

338) 안전성향상계획의 제출대상에 해당하는 석유정제, 화학공업 및 비료생산산업자로서 고압가스를 대량 취급하는 사업자로서 고압가스법 시행령 제9조에 따른 종합적 안전관리대상자를 말한다.

339) 동법 제13조의2. 이 경우 안전성향상계획에는 한국가스안전공사의 의견서를 첨부하여야 한다.

340) 또한 고압가스법이 고압가스 제조허가 · 신고사항, 저장소 · 판매소 허가사항, 특정고압가스 사용신고사항 등을 관할 소방서장에게 알리도록 규정하고 있는 취지와도 부합한다.

341) 허가 · 신고 · 등록 또는 사용신고관청은 허가를 받았거나 신고를 한 자, 등록을 한 자 또는 고압가스를 사용하는 자에게 위해 방지를 위하여 필요한 조치를 명할 수 있다(동법 제24조 제1항).

342) 현행 「도시가스사업법」 제27조 제2항은 산업부 또는 시장 · 군수 · 구청장에게 공공의 안전유지를 위하여 긴급 · 부득이하다고 인정할 때 가스공급시설의 이전 · 사용정지 등 긴급안전조치권을 발동할 수 있도록 규정하면서 이로 인하여 사업자가 입은 손실에 대하여는 정당한 보상을 하도록 명시하고 있다.

343) 동법 제26조.

344) 현행 고압가스법은 사업자등 뿐만 아니라 특정고압가스 사용신고자도 사고 발생 시에 한국가스안전공사에 명시적으로 통보하도록 하고, 통보해야 하는 사고의 종류를 구체적으로 열거하게 되었다.

345) 동법 제5조의4.

346) 고압가스는 생산 후 저장 또는 사용을 위하여 고압가스가 필요로 하는 수요지까지 배관망 등을 통하여 운송되어야 하므로 고압가스법은 가스사업자의 안전유지 의무와 배관 손괴에 대한 사후처벌 외에 굴착공사자가 작업 전에 배관을 확인하고 필요한 조치를 하도록 하는 등 굴착공사로 인한 파손위험으로부터 고압가스배관을 보호할 수 있는 장치를 마련하고 있다.

347) 고압가스법은 굴착공사자로 하여금 공사를 시작하기 전에 「도시가스사업법」 제30조의2에 따른 굴착공사정보지원센터를 통하여 고압가스 배관의 위치를 확인하도록 하는 등의 고압가스배관 보호제도를 도입하여 고압가스배관의 안전성 확보에 관한 제도를 규정하고 있다.

348) 고압가스 용기란 고압가스를 충전하기 위한 것(부속품을 포함)으로서 이동할 수 있는 것(고압가스법 제2조제2호)을 의미한다.

349) 동법 제5조 제4항.

350) 동법 제13조 제2항.

351) 동법 제13조 제4항 및 제5항.

352) 동법 제5조의2.

353) 동법 제9조의3.

354) 동법 제17조 제1항.

355) 미국(연방법), 일본(고압가스보안법), 중국 등은 자국민의 안전과 관련된 고압가스 용기, 특정설비 등을 수입하기 전에 공장을 자국에 등록하거나 승인을 받도록 의무화하고 있으며, WTO/TBT 규정에서도 자국민의 안전, 건강 및 환경보호와 관련된 제품은 규제의 예외로 하고 있다.

356) 동법 제17조 제1항 내지 제3항.

357) 고압가스의 사용량이 급증하고 종류도 다양해지고 있어 관련 시설에 설치해야 하는 검지경보장치, 제독설비 등 독성안전설비와 수소 및 CNG 충전소에 설치되는 초고압설비에 대한 성능인증기준과 시스템을 구축할 필요가 있다. 이를 목적으로 도입한 제도가 안전설비 인증제도이다.

358) 안전설비는 고압가스의 제조ㆍ저장ㆍ판매ㆍ운반 또는 사용시설에서 설치ㆍ사용하는 가스검지기 등의 안전기기와 밸브 등의 부품으로서 특정설비를 제외한 것으로 산업부령으로 정하는 것이다.

359) 다만, 다른 법령에 따라 안정성에 관한 검사나 인증을 받은 안전설비 등 대통령령으로 정하는 안전설비에 대하여는 인증의 전부 또는 일부를 면제할 수 있다. 동법 제18조의4 제1항.

360) 동법 제18조의4 제2항.

361) 동법 제18조 제2항.

362) 동법 제18조 제3항. 일정한 경우란 1. 제26조의2 제2항에 따라 가스사고조사위원회가 유사한 사고의 재발 방지를 위하여 용기등에 대한 회수등의 조치가 필요하다고 권고 또는 건의하는 경우 2. 유통 중인 용기등에서 공공의 안전에 위해를 일으킬 수 있는 명백하고 중대한 결함이 발견되어 긴급하게 용기등에 대한 회수등의 조치가 필요한 경우를 가리킨다.

363) 인화성액체란 액체(제3석유류, 제4석유류 및 동식물유류의 경우 1기압과 섭씨 20도에서 액체인 것만 해당)로서 인화의 위험성이 있는 것을 말한다.

364) 위험물관리법 제5조.

365) 동법 제6조 제1항.

366) 동법 제7조 제1항 및 제2항.

367) 동법 제6조 제1항.

368) 동법 제8조 제1항.

369) 다만, 제조소등의 위치ㆍ구조 또는 설비를 변경함에 있어서 변경허가를 신청하는 때에 화재예방에 관한 조치사항을 기재한 서류를 제출하는 경우에는 당해 변경공사와 관계가 없는 부분은 완공검사를 받기 전에 미리 사용할 수 있다(동법 제9조 제1항).

370) 동법 제9조 제2항.

371) 완공검사는 사용검사와 동일하다. 제조소등의 설치ㆍ변경허가는 제조소등의 설치ㆍ변경에 관한 서류심사를 통해 설치ㆍ변경허가를 한다.

372) 동법 제14조. 이때 기술기준의 준수의무가 있는 제조소등의 관계인은 소유자ㆍ점유자 또는 관리자를 말한다.

373) 위험물 취급은 고도의 주의와 전문성이 요구되는 업무로서 사고발생에 따른 피해가 클 수밖에 없다. 위험물관리법은 제조소등의 관계인에게 안전관리자의 선임의무를 부여하여 특정 능력이 있음을 인정받은 유자격자로 하여금 업무를 관리감독하게 함으로써 사고의 사전예방에 기여하고자 안전관리자의 선임에 관한 사항을 규정하고 있다.

374) 다만, 제조소등에서 저장ㆍ취급하는 위험물이 「화학물질관리법」에 따른 유독물질에 해당하는 경우 등 대통령령이 정하는 일정한 경우에는 당해 제조소등을 설치한 자는 다른 법

률에 의하여 안전관리업무를 하는 자로 선임된 자 가운데 대통령령으로 정하는 자를 안
전관리자로 선임할 수 있다. 동법 제15조 제1항.

375) 다수의 제조소등을 동일인이 설치한 경우에는 제조소등의 관계인은 1인의 안전관리자를
중복하여 선임할 수 있다. 다만, 이 경우 대통령령이 정하는 제조소등의 관계인은 동법
제15조 제5항에 따른 대리자의 자격이 있는 자를 각 제조소등별로 지정하여 안전관리자
를 보조하게 하여야 한다. 동법 제15조 제8항.

376) 동법 제15조 제2항. 한편 제조소등의 관계인은 안전관리자를 선임한 경우에는 선임한 날
부터 14일 이내에 소방본부장 또는 소방서장에게 신고하여야 한다(동법 제15조 제3항).
제조소등의 관계인이 안전관리자를 해임하거나 안전관리자가 퇴직한 경우 그 관계인 또
는 안전관리자는 소방본부장이나 소방서장에게 그 사실을 알려 해임되거나 퇴직한 사실
을 확인받을 수 있다(동법 제15조 제4항).

377) 이 경우 대리자가 안전관리자의 직무를 대행하는 기간은 30일을 초과할 수 없다. 동법 제
15조 제5항.

378) 동법 제15조 제6항. 한편 제조소등에 있어서 위험물취급자격자가 아닌 자는 안전관리자
또는 그 대리자가 참여한 상태에서 위험물을 취급하여야 한다(동법 제15조 제7항).

379) 예방규정을 변경한 때에도 시·도지사에게 제출하여야 한다(동법 제17조 제1항). 시·도
지사는 제출받은 예방규정이 기술기준에 적합하지 아니하거나 화재예방이나 재해발생시
의 비상조치를 위하여 필요하다고 인정하는 때에는 이를 반려하거나 그 변경을 명할 수
있다(동법 제17조 제2항).

380) 동법 제17조 제3항.

381) 동법 제18조 제1항.

382) 동법 제18조 제2항.

383) 정기검사의 결과에서 기술기준에 부적합한 것으로 판단되면, 행정청은 기술기준 적합 명
령 등의 조치를 할 수 있다.

384) 동법 제19조.

385) 위험물관리법은 위험물의 공간적 이동을 "운송"과 "운반"이라는 두 가지 개념을 구분하여
사용하고 있다.

386) 동법 제20조 제1항. 운반행위에 대한 세부적인 규제사항은 위험물관리법 시행규칙 별표
19에서 정하고 있다.

387) 동법 제20조 제2항.

388) 동법 제21조 제1항.

389) 동법 제21조 제2항.

390) 위험물의 유출등 사고가 발생한 경우 그 위험이 재해로 확대되는 것을 방지하기 위해서
는 사고의 초기단계에서 신속한 대응이 필요하다. 응급조치의 의무를 제조소등의 관계인
에게 부여한 이유는 바로 사고의 초기대응을 신속하게 하여 피해를 최소화하는 데에 있
다. 위험물의 유출 기타 사고를 수습하는 1차적인 책임은 제조소등의 관계인에게 있다.
그러므로 제조소등의 관계인에게 위험물 유출 사고시 재해의 확대 등을 방지하기 위한
응급조치의무의 부과는 원인자 책임원칙에 적합하다.

391) 동법 제27조.

392) 캐나다는 2016. 2. 26. 에너지안전법(Energy Safety and Security Act)을 개정하여 해양유전
개발, 북극지역 에너지 자원개발 및 원전사고에 대한 배상책임을 강화하였다. Energy
Safety and Security Act.

393) 에너지법을 환경법에 통합하자는 견해로는 이은기(2012), 118면, 123면 이하 참조. 환경부
와 에너지부를 통합하여 에너지부 또는 에너지환경부를 설치하는 것은 바람직하다고 본
다.

394) 동지. 류권홍(2012), 103면 이하; 허성욱(2011), 248면. 에너지기본법을 제정하는 외에 기존 에너지의 관리를 위한 '에너지관리법'을 새로운 에너지원을 위한 '재생에너지법'을 각 제 정할 것을 제안하는 견해로는 김남철(2019), 322면 참조.

제4장 화학물질안전법

Ⅰ. 서 론

우리사회를 뒤흔든 '가습기 살균제 사건'은 화학물질에 대한 인식을 새롭게 하게 하였다. 우주를 포함하여 세상의 모든 구성 물질은 화학물질이 아닌 것이 없다. 여기서 화학물질의 유해성이라는 성질에 대해 이해할 필요가 있다. 화학물질의 유해성은 절대적 기준에 따라서 판단할 문제이지만 상대적 기준에 따라서 판단할 문제이기도 하다. 어떤 화학물질은 물질 그 자체의 성질에 따라 유해성이 우리에게 주는 심각성이 매우 위중할 수 있고, 또 다른 어떤 물질은 일반적 기준에서 유해하지 않더라도 기체, 미립자와 같이 물질의 상태에 따라서 유해성이 나타날 수 있다. 이러한 이유로 인하여 화학물질의 안전에 대한 이해는 매우 중요할뿐더러 매우 어려운 문제가 된다. 특정한 화학물질이 안전 문제를 야기하는 경우에 그 화학물질의 관리를 개인의 판단에 맡겨두지 않고 법제를 통해 관리할 수밖에 없다.

특히, 어떤 유해한 화학물질의 경우, 시간과 공간을 초월하여 안전문제를 야기하는 사례가 빈번히 나타나고 있다. 이미 우리사회가 경험한 '가습기 살균제 사건'이 대표적인 예이다. 사건의 초기에는 '가습기 살균제'의 유해성조차 인지하지 못하였고, 유해성을 인지한 이후에도 피해의 범위와 심각성을 제대로 파악하지 못한 채 10수년이란 장시간이 경과하여 결국 엄청난 생명의 피해를 초래하였으며, 아직 그 피해의 범위가 제대로 파악되지 못하고 있는데, 그 이유는 과거 발생한 생명의 피해가 '가습기 살균제'로 인한 피해인지 확증하지 못한 채 짐작만 할 수밖에 없는 경우도 있을 수 있기 때문이다.

또 다른 사례로, 최근 미세먼지 내지 초미세먼지에 대한 논란이 점점 확대되고 있다. 과학기술이 발달하지 못한 과거에는 미세먼지 내지 초미세먼지가 초래하는 폐해에 대해서 전혀 생각조차 하지 못하였거나 심각하게 다루지 않았지만 미세먼지 내지 초미세먼지의 폐해에 대해서 과학적으로 이해되기 시작한 최근에는 그러한 물질이 심각한 질병을 초래하거나 수명을 단축시키는 폐해를 초래할 수 있다는 점이 부각되고 있다.

화학물질은 인류의 생활을 윤택하게 만드는 기능이 있음에도 불구하고 동시에 이면에는 화학물질을 안전하게 관리하지 못하는 경우 심각한 피해를 초래할 수 있기 때문에 유해한 화학물질에 대해서 공권력으로 화학물질의 안전을 관리할 수밖에 없다. 결국 화학물질의 안전을 효율적이고 효과적으로 관리하기 위해 다양한 법제가 필요하게 된다.

본 장에서는 먼저, 화학물질의 개념을 포함하여 국내 및 국외 주요국의 화학물질안전법에 대해 개괄적으로 소개하고, 다음 절에서 협의의 화학물질안전법을 다루며, 이어서 광의의 화학물질에 포함되는 미세먼지와 나노물질의 안전법을 소개한 다음, 마지막으로 화학물질로 인한 피해의 구제에 대해서 다루고자 한다.

Ⅱ. 화학물질안전법 개관

1. 화학물질의 개념

가. 화학물질의 정의

국어사전에서 표현하고 있는 화학물질이란 "화학의 연구 대상이 되는 물질, 또는 화학적 방법에 따라 인공적으로 만들어진 모든 물질"이라고 정의하고 있다. 산업안전대사전[395]에서는 화학물질의 개념에 대해서 "본래 화학물질은 혼합물과 대비되는 순수물[하나의 단체(單體) 또는 화합물과 같이 기계적 조작(여과 등) 또는 상태변화(증발, 증류 등)에 의해서 2종의 물질로 분리할 수 없는 물질]이라고 해석되지만, 일반적으로 이들 가운데 화학적으로 제조되는 것을 말하고 있는 일이 많다"고 표현하고 있다. 그리고 「화학물질관리법(약칭: 화관법)」과 「화학물질의 등록 및 평가 등에 관한 법률(약칭: 화평법)」에 따르면, 화학물질이란 "원소·화합물 및 그에 인위적인 반응을 일으켜 얻어진 물질과 자연상태에서 존재하는 물질을 화학적으로 변형시키거나 추출 또는 정제한 것을 말한다"고 정의하고 있다. 이러한 정의 또는 개념으로 볼 때, 어떤 물질이 단일물질, 화합물질, 또는 혼합물질이건 화학적 방법의 대상으로 여겨질 때 그 물질을 화학물질이라고 이해할 수 있다. 여기서 화학적 방법이란 주로 화학적 반응 현상을 다루는 것이라 할 수 있다. 이러한 관점의 화학물질에 대한 정의는 협의의 화학물질에 해당한다.

그런데, 어떤 물질은 덩어리가 큰 고체 상태에서 화학적 반응 현상이 나타나지 않다가 입자의 크기가 매우 작거나 이온 상태를 가질 때 그 물질을 화학물질의 개념으로 이해할 수 있는데, 미세먼지, 나노입자 등의 형태에서 특이한 화학적 반응이 나타나는 경우가 이에 해당한다. 예컨대, 화학 반응성이 가장 작은 고체 원소 중의 하나인 금이라는 물질을 생각해 볼 때, 고체 상태의 귀금속을 화학물질이라고 받아들이지는 않지만 금 나노입자는 생화학 연구에서 중요한 화학물질로 취급하고 있으며, 루마티스 관절염 치료제로 사용되고 있는 금 화합물도 화학물질의 하나로 이해하고 있다. 이러한 관점의 화학물질은 협의의 화학물질을 포함하여 광의의 화학물질로 정의할 수 있다.

나. 미세먼지의 개념

미세먼지에 대해 국제적으로 통용되는 표기를 소개하면 PM-10을 'Coarse Particulate Matter'라고 하고, PM-2.5를 'Fine Particulate Matter'라고 하며, PM-1을 'Ultrafine Particulate Matter'라고 한다. 여기서 10, 2.5, 그리고 1은 입자의 크기를 마이크로미터 단위로 나타낸 것이다. 앞의 영어식 표현을 우리말로 번역하면, 순서대로 '조(粗)미세먼지', '미세먼지', '초미세먼지'에 해당하여 입자에 대해 국제적으로 통용되는 표현과 국내 표현 사이에 차이가 있을 수 있다. 그러나 미국 환경청[396]을 비롯하여 세계 각국의 전문기관에서는 'Fine Particle Matter'와 같은 일반용어가 주는 모호성을 피하기 위해 PM-10, PM-2.5와 같이 입자의 크기를 명기하는 용어를 병행 또는 단독으로 사용하고 있다.

우리의 법령에 나타난 먼지의 정의를 살펴보면, 「대기환경보존법」에서 먼지란 "대기 중에 떠다니거나 흩날려 내려오는 입자상물질을 말한다"고 정의하고 있다. 이러한 정의가 암시하는 것은 먼지란 매우 작은 입자를 가리킨다는 것이다. 먼지에 대한 개념상의 모호성을 극복하고 먼지에 대해 과학적으로 관리하기 위해 「미세먼지 저감 및 관리에 관한 특별법(약칭: 미세먼지법)」에서는 먼저 '미세먼지'를 '흡입성먼지'를 말한다고 정의하면서, 특히 입자의 지름이 10 마이크로미터 이하인 먼지를 '미세먼지'라고 정의하여 PM-10으로 표기하고 있고, 입자의 지름이 2.5 마이크로미터 이하인 먼지를 '초미세먼지'라고 정의하여 PM-2.5로 표기하고 있다.

한편, 「미세먼지법」에서는 어떤 물질이 미세물질로 전환되는 경우 그 물질을 '미세먼지 생성물질'이라고 정의하고 있으며, 질소산화물, 황산화물, 휘발성유기화합물, 그 밖에 환경부령으로 정하는 물질을 '미세먼지 생성물질'로 지정하고 있다.

다. 나노물질의 개념

나노물질이란 통상적인 표현으로 나노미터 크기의 입자를 가리키지만 두

가지 속성에 따라 그 개념을 제한하고 있다. 즉, 나노미터라고 하는 크기는 1 나노미터부터 1000 나노미터(1 마이크로미터에 해당)까지 해당하는 용어이지만 과학기술계는 나노물질의 크기에 대해 그 범위를 1 나노미터부터 100 나노미터까지로 제한하고 있고, 그러한 크기의 물질이라 하더라도 자연발생적으로 존재하는 물질은 나노물질의 범주에서 배제하여 1 나노미터부터 100 나노미터까지의 크기로써 의도적으로 제조된 물질을 나노물질이라고 한다.

법제의 관점에서, 「생활화학제품 및 살생물제의 안전관리에 관한 법률(약칭: 화학제품안전법)」에 따르면 나노물질이란 "3차원의 외형치수 중 최소 1차원의 크기가 1 나노미터에서 100 나노미터인 입자의 개수가 50퍼센트 이상 분포하는 물질"이거나 "3차원의 외형치수 중 최소 1차원의 크기가 1나노미터 이하인 풀러렌(fullerene), 그래핀 플레이크(graphene flake) 또는 단일벽 탄소나노튜브"라고 정의하고 있다.

또한, 「화학물질 통계조사에 관한 규정」397)의 정의에 따르면, 나노물질이란 "3차원의 외형치수 중 최소 1차원 이상이 나노크기(1~100 나노미터)인 1차입자 또는 비표면적이 60m2/cm3 이상인 의도적으로 제조된 것을 말한다"고 규정하고 있다.

한편, 「나노기술개발 촉진법(약칭: 나노기술법)」은 나노물질에 대한 정의를 다루고 있지 않은 대신에 나노기술을 정의하고 있다. 즉, 나노기술이란 "물질을 나노미터 크기의 범주에서 조작·분석하고 이를 제어함으로써 새롭거나 개선된 물리적·화학적·생물학적 특성을 나타내는 소재·소자(素子) 또는 시스템(이하 "소재등"이라 한다)을 만들어 내는 과학기술"이라고 정의하고 있다.

국제적으로 나노물질의 정의를 대하는 태도는 우리나라와 유사하다. 예컨대, 미국, EU, 일본, 영국, 프랑스, 캐나다, 호주 등 주요국은 물론이고, ISO(예, ISO/TS 27687), OECD(예, WPMN) 등 국제기관에서도 의도적으로 제조된 1~100 나노미터 크기의 물질을 나노물질로 개념화하고 있다.398) 다만, EU와 캐나다에서는 의도적으로 제조된 나노물질뿐만 아니라 자연적으로 발생한 물질과 인위적으로 생성된 물질도 나노물질의 범주에 포함하고 있다.

2. 화학물질의 위험성

가. 개 설

화학물질의 위험성은 화학적 반응이라는 독특한 현상에서 기인한다. 동일한 화학물질이라 하더라도 물질의 상태에 따라서 위험성은 다르게 나타나는 성질이 있다. 예컨대, '가습기 살균제 사건'에서 알려진 가습기 살균제의 주요 성분인 PHMG, PGH, CMIT, MIT 등은 농도가 희석된 액체 상태에서 인체 피부에 접촉될 때 그 위험성은 크지 않지만 미량이라도 그것이 미립자 내지 기체 상태로 인체의 호흡 흡입이 될 때는 사망과 같이 매우 심각한 위험성이 나타난 것을 경험하였다.

여기서 화학물질의 위험성은 여러 가지 관점으로 이해해야 한다는 점을 알 수 있다. 첫째, 물질 자체의 유해성에 대한 이해가 필요하고, 둘째, 그 물질의 상태나 농도의 수준에 따른 위험성을 이해할 필요가 있으며, 셋째, 특정한 상태나 농도의 화학물질이 영향을 미치는 대상이 무엇인지에 대한 이해가 필요하다. 이 문제에 대해서 그 화학물질이 미치는 영향의 대상이 인체인가 아니면 생태계인가에 따라 영향평가가 다를 수 있고, 인체라 하더라도 피부접촉인가 식도흡입인가 아니면 기도흡입인가에 따라 영향이 크게 다를 수 있다.

따라서 위험을 초래하거나 초래할 가능성 있는 화학물질을 법령으로써 규율하고자 할 때 두 가지의 태도가 필요하다. 첫째, 화학물질 자체의 성질을 이해하여 그 물질을 규율하는 태도가 필요하고, 둘째, 화학물질이 영향을 미치는 대상의 관점에서 그 물질을 규율하는 태도가 필요하다. 후자의 태도에 대해서는 추가적으로 그 화학물질의 용도가 매우 중요한 관점이 될 것이다. 즉, 관리할 대상의 화학물질이 산업제품으로 사용될 것인가, 생활용품으로 사용될 것인가, 아니면 의약품으로 사용될 것인가에 따라 규율하는 태도가 달라질 수 있다.

나. 미세먼지의 위험성

과학기술의 발달에 따라 최근 미세먼지의 위험성에 대한 인식이 매우 높아졌다. 과거, 먼지는 단지 물리적 현상을 초래한다는 정도의 인식이 있었던 시절도 있었지만, 현재, 먼지는 입자의 크기로만 이해하는 대상이 아니라 먼지의 화학적 성분에 대해 구체적으로 밝혀지고 있어 그에 따른 화학적 반응뿐만 아니라 생물학적 반응에 대한 관심이 지속적으로 높아지고 있다. 더구나 먼지는 미세먼지, 초미세먼지 등 입자의 크기에 따라서 초래되는 화학적 및 생물학적 영향이 다르게 나타난다는 이해의 수준까지 이르게 되었다.

먼저 미세먼지의 구성 물질을 살펴보면, 탄화물, 황산암모늄, 질산암모늄, 각종 중금속, 기타 화합물 또는 혼합물로 분석되고 있는데, 주요 오염원으로는 산업 현장의 각종 제조공장에서 나오는 배출가스, 가정에서 배출되는 건축자재의 휘발성 물질 및 조리용 가스, 도로의 각종 차량에서 나오는 배기가스 등이다. 이러한 물질들은 물질 그 자체가 가지는 유해성이 매우 높은 편이다.

또한, 미세한 입자상 물질은 크기가 매우 작다는 입자 효과로 인하여 성질 자체가 유해한 물질은 물론이고 본질상 유해한 물질이 아니라 하더라도 화학적 반응 내지 물리적 반응을 야기하게 된다. 특히, 인체 내에서 발생하는 물리적 반응 중에서 충돌, 중력침강, 확산, 전자기적 흡착 등은 대표적으로 나타나는 현상이다. 미세먼지가 초래하는 화학적 및 물리적 반응은 하나의 단일 반응이 나타나기도 하지만 대부분의 경우 여러 반응이 순차적 또는 병행적으로 나타나는 복합 반응으로 나타난다.

미세먼지가 초래하는 폐해는 크게 두 가지 영역에서 나타나고 있다. 하나는 인체의 건강에 미치는 나쁜 영향이고, 다른 하나는 환경에 미치는 나쁜 영향이다. 먼저, 미세먼지가 인체의 건강에 미치는 영향을 보면, 1980년대 후반부터 보고되고 있는데, 그 영향은 사망률의 증가, 심혈관계에 미치는 나쁜 영향, 호흡기계에 미치는 나쁜 영향, 뇌혈관 질환 초래, 암의 증가 등으로 보고되고 있다.[399] 미세먼지가 사망률을 증가시킨다는 구체적 연구사례를 보면, 1987년부터 1994년까지 미국의 20개 도시를 대상으로 미세먼지와 사망률의 관계를 분석한 결과, PM-10이 $10\mu g/m3$의 증가에 따라 전체 사망률이 0.51% 증가하였다는 보고가 있다.[400]

미세먼지가 초래하는 또 다른 측면은 환경에 미치는 영향이다. 미국 환경청(Environmental Protection Agency, EPA)[401]이 소개하고 있는 자료에 의하면, PM-2.5는 국립공원과 삼림 지역을 포함하여 미국의 많은 지역에서 연무의 발생으로 인해 가시거리를 감소시키는 것으로 파악되었다. 또한, 특정 지역에서 발생한 미세먼지는 바람을 타고 먼 지역까지 이동하여 땅이나 물에 침착되는 모습을 발견하였는데, 이로 인해 호수나 하천의 물은 산성으로 변하고, 주변 생태계의 변화를 초래하며, 토양의 비옥도가 악화되는 현상도 나타나며, 작물의 생산량 감소를 초래하며, 심지어 생물다양성에 조차 나쁜 영향을 준다고 소개하고 있다. 또한, 바위, 기념비나 동상, 각종 문화유적의 변색을 초래하거나 부식시키는 현상도 발견되는데, 미세먼지로 오염되어 산성비가 내리는 것과 관련이 크다고 소개하고 있다.

다. 나노물질의 위험성

나노물질에 대해 사회적으로 인식하는 태도는 나노물질이 출현한 초기부터 양면성을 보였다. 긍정적 입장을 가진 집단은, 나노물질이 미래기술의 핵심요소로 역할을 하여 기술의 혁신을 불러오거나 신산업을 창출할 것이라고 여

겼으나402), 부정적 입장을 가진 집단에서는 종래 규명되지 않은 나노물질의 특성으로 인하여 예측하지 못한 위해가 나타날 가능성이 매우 크다고 지적하였다.403)

나노물질의 출현 초기에 긍정적 태도를 보인 대표적인 예로서, 2003년 12월 미국 과학재단에서 후원한 NNI 워크숍(National Nanotechnology Initiative Workshop)에서 나노물질을 활용한 나노기술은 컴퓨터, 에너지, 나노로봇, 고성능 복합재료, 신약 등 약물전달체, 의료진단 나노체, 독성 등 유해환경의 신속 감지 등 7대 혁신기술을 제공할 것이라고 전망하였다.404) 반면에, ETC Group은 나노물질이 건강, 환경 등의 분야에서 예측하지 못한 위험을 초래할 가능성이 매우 크다고 지적하면서 나노물질의 사용을 자제해야 한다고 경고하였다.405)

오늘날 나노물질에 대한 위험성은 무기나노물질과 유기나노물질로 구분하여 이해하고 있다. 즉, 유기나노물질에 대해서는 대체로 그 위험성이 크지 않다는 입장을 가지고 있는 반면에, 무기나노물질의 경우 나노 크기가 가지는 특성으로 인하여 그 위험성을 사전에 파악할 필요가 있다는 입장을 가지고 있다. 어떤 물질이 나노크기의 입자가 될 때 나타날 수 있는 위험성은 두 가지의 관점에서 이해할 필요가 있다. 하나는 인체 또는 환경에 미치는 나노입자의 영향으로서 나노입자의 이동성이다. 이러한 위험성은 종래 나노크기가 아닐 때 인체 또는 생태계에서 이동되지 않는 부위 내지 위치까지 이동함으로써 나타날 수 있는 위험성이 있다. 예컨대, 무기질의 나노입자가 기도의 상피를 지나 간질을 통과하여 혈관 안으로 이동하게 되면 생물학적 부작용을 야기할 수 있고, 이산화티타늄과 같은 나노입자가 피부에 노출될 때 피부의 방어막을 통과하여 혈액으로 이동하여 부작용을 초래할 가능성이 있다. 산화알루미늄과 같은 나노입자는 옥수수, 오이 등과 같은 식물의 뿌리에 흡수되면 뿌리 성장을 저해하는 피해를 줄 수 있고, 환경에 축적되어 농도가 증가하면 독성으로 나타날 수 있다. 다른 하나는 나노입자가 가지는 독성으로 인한 위험성이다. 각종 나노입자가 초래하는 독성에 대해서는, 은나노입자는 세포 독성을 유발하고, 금나노입자는 DNA 전달력이 감소하는 폐해를 야기하며, 플러렌은 흰쥐의 간에서 단백질 손상을 유발하며, 탄소나노튜브는 쥐의 폐에 주입되었을 때 폐 조직이 손상되었으며, 이산화티타늄은 햄스터 배아 세포에서 세포사멸을 일으킨다는 연구 결과 보고된 바 있다.406)

3. 화학물질 안전에 관한 국제규범

가. 개 설

화학물질의 안전 문제는 산업현장에서는 물론이고 가정 내에서조차 확대되고 있는 추세이며, 심지어 화학물질을 이용한 테러는 심각한 사회문제로 대두되고 있다. 화학물질의 안전 문제를 다룰 때 핵심사항은 특정 화학물질의 유해성 평가와 그 화학물질의 관리이다. 또한, 화학물질을 관리할 때 질과 함께 양의 문제도 중요한 사항이다.

화학물질을 평가하고 관리함에 있어 국제적으로 통일된 법제는 존재하지 않지만 UN은 기본적인 가이드라인을 제시하여 각국에서 화학물질의 안전을 관리하는 법제를 마련하도록 권고하고 있고, 세계 주요국의 관련 법제는 자국 내에서는 물론이고 외국에까지 영향을 미치는 법제를 제정하여 운영하고 있다.

본 절에서는 화학물질의 안전에 관련하여 UN이 제시하고 있는 규범을 살펴본 후, EU, 미국, 영국, 일본 등 세계 주요국의 화학물질 안전법제에 대한 주요 내용을 소개하고자 한다.

나. UN 규범

GHS란 '화학물질 분류·표시에 관한 세계조화시스템(Globally Harmonized System of classification and labelling of chemicals)'의 약칭으로서 전 세계적으로 통일된 분류기준에 따라 유해화학물질을 분류하고 통일된 경고표지 및 물질안전보건자료(Material Safety Data Sheets, 약칭 MSDS)를 이용하여 정보를 전달하는 방법을 말한다. 이 제도는 인도가 1989년 ILO 총회에서 화학물질의 유해성 내지 위험성에 대한 분류 및 표지 방법의 세계 통일안을 제안함으로써 시작하여, 1990년에 ILO는 그 통일안을 채택하였고, 2002년 9월 UN은 지속가능개발세계정상회의에서 세계 각국은 2008년까지 이행할 것을 결의하였으며, 2003년 8월 GHS 기준을 발간하였다.[407] 이 조치에 대해, 국내에서 산자부, 환경부, 노동부, 소방방재청 등 각 부처에서 GHS 이행을 위한 대책을 마련하였으며, 2008년 7월부터 GHS를 시행하였다.[408] 이러한 GHS를 도입한 의의는 첫째, 국제적으로 통용되는 유해성 정보전달 시스템으로 기능하고, 둘째, 종래 유사한 시스템이 구비되지 않은 국가들에게 통일된 시스템을 제공하며, 셋째, 화학물질의 안전에 대해 국제적으로 중복 평가하는 폐단을 방지하며, 넷째, 유해성에 대해 국제적으로 적정하게 평가되고 통일된 표시를 사용함으로써 국제교역이 편리해진다는 것이다.

한편, UN은 유엔환경계획(UNEP) 산하에 'UNEP Chemicals'라는 화학물질 전담기구를 설치하여 화학물질을 안전하게 관리하기 위한 국제협력을 강화하고 있다. 2002년 요하네스버그 회의에서 지속가능한 화학물질관리를 위한 방안이 승인되었고, UNEP, IFCS (Intergovernmental Forum on Chemical Safety) IOMC (Inter-Organization Programme For the Sound Management of Chemicals)의 3개 기구가 공동으로 2006년 2월 두바이에서 국제화학물질관리회의를 개최하여 '국제화학물질관리전략(Strategic Approach to International Chemical Management, 약칭 SAICM)'을 채택하였다. 즉, SAICM은 고위급선언, 최우선 정책전략 및 지구실천계획으로 구성되어 있으며, 국제적·지역적·국가적 차원에서 2020년까지 실행하여야 할 화학물질관리전략의 원칙, 목표, 실천계획 등 구체적인 국가행동계획(National Profile)의 수립을 규정한 고위급 선언(High Level Declaration, HLD)이 채택되었다. SAICM은 자발성을 기초로 하지만 장기적·포괄적 추진 전략으로서 향후 화학물질관리 관련 국제질서의 기본 틀을 제공하고 있다.[409] 정부는 SAICM 국내 이행을 위해 2006년부터 환경부를 중심부로 고용노동부, 산업통상자원부 등 관련부처와 NGO, 산업계, 민간 전문가로 구성된 SAICM 추진협의회를 운영하고 있다.

다. OECD 규범

OECD는 화학물질에 관한 안전 문제를 작업반을 통해 관리하고 있다.[410] 화학물질위원회 산하에 두고 있는 작업반에서는 유해화학물질이 인체 및 환경에 주는 영향에 대해서 평가하여 관리하는 활동을 하고 있으며, 국제적 조화 내지 협력을 실현하기 위한 프로그램을 수행하고 있다. 작업반은 산업용화학물질을 관리하는 A 작업반과 산업용 화학물질과 농약 관련 일산사항 및 생명공학을 다루는 B 작업반으로 구성되어 있다.

우리나라는 1996년 OECD에 가입한 이후,[411] GLP(우수실험실 운영 원칙) 규정 마련, 화학물질 배출량 조사제도 등의 화학물질관리제도를 도입하였다. OECD는 신규물질심사제도, 화학제품관리정책, 위해성관리 프로그램 등 화학물질 관리제도의 국제적 표준 마련을 위해 노력하고 있다.

라. ISO 규정

ISO(the International Organization for Standardization)는 산업 분야별로, 또는 기술 영역별로 많은 국제표준규정을 제공하고 있고, 화학물질과 관련된 안전 규정도 다양하게 제공하고 있다. 그중에서 화학물질안전과 관련하여 대표적인 국제표준규정으로서 ISO 45001은 안전보건경영시스템을 규정하고 있는데, 산업체 등 조직에서 발생할 수 있는 각종 위험을 사전 예측하고 예방하기 위한 사항을 규정하고 있다.[412] 특히, 이 규정은 연간 생산량 또는 수입량이 1 톤에서 100 톤까지의 안전 규정에 해당하는 EC REACH 1907/2006 (EC Regulation no. 1907/2006 on the Registration, Evaluation, Authorisation and Restriction of Chemicals, REACH)와 관련이 있으며, 작업안전과 건강(the occupational safety and health, OSH)을 위해 HLS(high level structure)에 기반하고 있어 사전에 화학물질로부터 발생할 수 있는 재해를 예방하는 데 매우 효과적이다.[413]

마. REACH 규범

REACH(Regulation on Registration, Evaluation, Authorization and Restrict of Chemical)[414]는 2007년 6월 발효된 EU의 화학물질관리법으로서, 그 명칭에서 알 수 있듯이 화학물질의 등록, 평가, 승인 및 제한에 관한 지침이다. 이 지침은 EU의 화학산업의 경쟁력을 제고하는 한편, 화학물질의 위험으로부터 인체의 건강과 환경 보호를 향상시키기 위한 목적으로 제정되었으며, 덧붙여 화학물질의 유해성 평가를 위해 실시하는 동물시험에서 시험의 규모를 감축하는 대체 방안을 증진시킬 목적으로 채택된 것이다.

REACH는 산업현장에서 사용되는 화학물질뿐만 아니라 의류, 가구, 전자제품, 세정제, 페인트 등과 같이 일상생활에서 접하는 화학물질을 포함하여 기본적으로 모든 화학물질에 적용되는 법이기 때문에 EU 역내에서 활동하는 대부분의 기업에 큰 영향을 주는 법이다.

REACH는 생산, 유통 등 화학물질을 취급하는 기업의 의무로 부과하고 있으므로 해당 기업은 REACH의 규정을 만족하기 위해 EU 내에서 생산, 유통하는 화학물질을 등록하고 관리해야 하는데, 취급하는 화학물질이 얼마나 안전한지를 ECHA(European Chemicals Agency)에 보고해야 하며, 또한 위험관리요령에 대한 정보를 사용자와 소통해야 한다. 화학물질 관리당국은 위험관리가 될 수 없는 물질에 대해서 사용을 제한할 수 있으며, 장기적으로 유해성이 매우 높은 물질은 유해성이 저감된 물질로 대체하도록 하고 있다.

일반적으로 REACH 제도 아래에서, 화학물질 제조업자는 자체사용뿐만 아니라 수출을 포함하여 타 사용자에게 공급하더라도 그 물질의 위험책임을 져야 한다. 수입업자의 경우, EU 및 EEA (European Economic Area) 역외에서 단일 화학물질 및 혼합 화학물질을 수입하여 유통할 목적이나 의류, 가구, 플라스틱 제품 등을 제조하는 데 사용할 목적으로 특정 화학물질을 수입할 때도 REACH의 규정을 준수해야 한다. 심지어 기업에서 어떤 화학물질을 기업 밖으로 유통 내지 반출하지 않으면서 자체적으로 소비하는 생산 활동이나 연구 · 개발하는 활동에서조차 REACH에서 부과하는 의무사항을 확인할 필요가 있다. 한편, EU 역외에 설립된 기업이 어떤 화학물질을 EU 역내로 수출하는 경우, 그 기업은 REACH의 의무 준수가 요구되지는 않지만 EU 역내에 설립된 대리권자에게 또는 그 물질을 수입하기 위해 EU 역내에 설립된 수입업자에게는 REACH의 의무가 부과된다.

바. 미국의 화학물질 안전법제

「TSCA(Toxic Substance Control Act, 15 USC 2601－2692)」는 1976년 제정되어 화학물질 관리를 위한 준거법으로서 식품, 의약품, 화장품, 살충제, 핵물질 등을 제외한 화학물질의 제조, 유통 등에서 건강과 환경에 미치는 위해성을 평가하고 관리하는 법률이다. TSCA는 모두 4개의 표제로 구분하여, 표제 1의 독성물질의 관리, 표제 2의 석면 유해성의 긴급대처, 표제 3의 실내 라돈 제거, 표제 4의 납 노출감소로 구성되어 있다. 동법의 주요내용으로, 제4절[415])에서 위해를 초래할 수 있는 화학물질에 대해서 평가를 요구할 수 있고, 제5절[416])에서 신규 화학물질이나 기존화학물질의 신규사용에 대한 사전심사 권한을 부여하고 있으며, 제6절[417])에서 위해가 확인될 경우 제조, 가공, 또는 유통을 금지하거나 제한할 수 있으며, 제8절[418])에서 제조자, 가공자, 또는 유통자에게 화학물질에 대한 정보의 보고 및 보관을 의무화하고 있다.

동법은 건강과 환경 보호를 위한 연방환경법으로서 법률의 실효성을 강화하기 위해 제정된 지 40년 만에 「21세기를 위한 화학물질안전법(The Frank R. Lautenberg Chemical Safety for the 21st Century Act)」의 개정법률로 발전하였다. 개정법률의 주요내용으로서, EPA(미국 환경청)는 기존 화학물질의 경우 해당 화학물질에 대한 평가를 정해진 기한 내에 완료해야 하고, 실제 거래대상이 되는 화학물질에 대한 안전성검사(safety reviews)를 의무화하였으며, 신규화학물질이 시장에서 거래되기 이전에 판매자 등은 안전하다는 판단을 먼저 EPA로부터 받도록 하는 등 기존 화학물질의 관리와 EPA의 검사요구 권한을 강화하였다는 점이 특징이다.[419])

사. 일본의 화학물질 안전법제

일본의 「화학물질심사규제범(약칭: 화심법)」은 1968년에 발병한 '이따이타이병'이라는 공해병에 대한 자각으로 화학물질의 안전에 대한 인식이 부각되었고, 폴리염화비닐에 의한 환경오염 사건인 '카네미유증사건'으로 인해 화학물질의 안전관리에 대한 인식이 커지면서 드디어 1973년 「화심법」이 제정된 바, 동법은 세계 최초로 인체의 건강 피해를 방지하기 위해 산업용 신규화학물질의 유해성을 사전에 평가하고 관리하기 위해 제정되었다.[420)

2009년 개정법률에서는 첫째, 신규 화학물질을 제조하거나 수입할 때 그 화학물질의 유해성 및 위해성을 평가하도록 하였고, 둘째, 감시화학물질의 대상이 되는 경우 우선평가 화학물질로 규정하고 있으며, 셋째, 일반화학물질의 경우 기존 화학물질과 신규 화학물질로 구분하여 유해성 평가를 받도록 하였으며, 넷째, 기존 화학물질 중 환경잔류 가능성이 있고 기존 정보에 의거 판단할 때 우선적으로 위해성평가 실시가 필요하다고 인정될 경우 우선평가 화학물질로 지정할 수 있도록 하였으며, 다섯째, 위해성평가를 위하여 필요하다고 인정되는 경우 그 제조자 또는 수입자에게 위해성 평가에 필요한 시험자료제출을 요구할 수 있도록 하였으며, 여섯째, 우선평가 화학물질 중 건강이나 환경에 대한 위해가 우려되는 경우에는 그 제조자 또는 수입자로 하여금 유해성 조사를 지시할 수 있도록 하였다.[421)

4. 화학물질안전에 관한 국내규범 개관

화학물질 안전에 관한 국내규범으로서 여러 가지 법률들이 제정되어 있는데, 화학물질 안전에 관한 법률로서 가장 근간이 되는 법률로는「화관법」과「화평법」이 있다. 두 법률은 기본법으로서의 법제명을 가지고 있지는 않지만 기본법에 준하는 지위를 갖는 법제이다.

「유해화학물질관리법」에서 출발하여 법제명을 포함하여 많은 수정을 거친「화관법」은 화학물질의 유해성을 심사하고, 유해화학물질을 적정하게 관리함을 목적으로 하고 있다.

「화평법」은 EU의 REACH 도입과, 일본 등 주요 교역국에서 화학물질 관리를 강화하고 있는 추세에 대응하고자 제정한 법률로서 화학물질로 인한 피해를 사전에 예방하는 데 주안점을 두고 있다.

그 밖에「식품안전기본법」,「재난 및 안전관리기본법」,「고압가스 안전관리법」,「농약관리법」,「산업안전보건법」,「생활주변방사선 안전관리법」,「화학제품안전법」,「석면안전관리법」,「식품위생법」,「약사법」,「연구실 안전환경 조성에 관한 법률」,「위험물안전관리법」,「화장품법」,「환경보건법」 등에서 화학물질의 안전과 관련한 조문을 두고 있다.

Ⅲ. 협의의 화학물질안전법

1. 개 설

화학물질은 그 성질을 제대로 알고 사용하면 매우 큰 편익을 주는 유용한 물질이다. 그러나 그 편익에 경도되어 화학물질의 위험을 이해하지 못하거나 알고도 제대로 관리하지 못하면 인간의 건강뿐만 아니라 환경에 매우 큰 피해를 야기하게 된다.

세계 최초로 화학물질의 안전을 본격적으로 관리하기 위한 법률은 일본의 「화심법」이라고 받아들이고 있다. 이 법 또한 '이따이타이병', '카네미유증사건' 등 화학물질로 인한 심각한 피해를 당한 이후에 제정된 법률이다. 우리나라의 경우에도 '가습기살균제 사건'으로 인해 화학물질의 위험이 얼마나 위험한지 새롭게 인식하는 계기가 되었다. 전 세계적으로 화학물질의 관리를 엄격히 할 필요가 있다는 점은 많은 사례들을 통해 얻은 교훈이다.

한편, EU의 REACH는 화학물질의 안전을 더욱 엄격히 관리할 필요가 있다는 점을 시사한 면이 있지만 동법은 국제무역의 면에서도 화학물질의 안전관리를 비켜갈 수 없다는 점을 제시함으로써 각국은 화학물질의 안전에 관한 법률을 정비하거나 새롭게 신설하는 계기를 가지게 되었다. 우리나라도 이러한 국·내외 조류들을 반영하여 관련법들을 신설하거나 정비하는 계기를 마련하였다.

본 절에서는 우리나라의 대표적인 화학물질 안전에 관한 법률인 「화관법」, 「화평법」, 「화학제품안전법」 등에 대해서 살펴보고자 한다.

2. 화학물질관리법[422]

「화관법」은 화학물질의 안전관리에 관한 한 기본법의 역할을 한다고 볼 수 있는데, 화학물질의 유해성을 심사하고, 유해화학물질을 적정하게 관리하는 데 주안점을 두고 있다. 특히, 유해화학물질의 예방관리체계를 강화하기 위하여 화학물질에 대한 통계조사 및 정보체계 구축, 유해화학물질 취급기준의 구체적 명시, 화학사고 장외영향평가제도 및 영업허가제 등에 대한 조문을 두고 있다. 또한, 화학사고의 신속한 대응체계를 마련하기 위하여 화학사고 발생 시 즉시 신고의무를 부여하고, 현장조정관 파견 및 특별관리지역 지정 등에 관한 사항을 규정하고 있다.

그 밖의 주요 내용은, 첫째, 화학물질의 조사결과에 대한 정보공개절차를 두고 있다. 화학물질의 '배출저감계획서'는 5년마다 작성하여 제출하도록 하고 있다. 둘째, 유해화학물질의 진열 및 보관량 제한을 규정하고 있고. 셋째, 유해화학물질의 취급을 도급할 경우 신고하도록 하고 있다. 넷째, 사고대비를 위해 물질위해관리계획에 관한 내용을 고지하도록 하고 있다.

3. 화학물질평가법[423]

도입 초기에 산업계의 큰 반발을 산 「화평법」은 지금도 여전히 산업계의 불만이 많은 법률로서, EU의 REACH 도입과, 일본 등 주요 교역국에서 화학물질 관리를 강화하고 있는 추세에 대응하고자 제정한 법률이다. 동법의 주요내용은, 화학물질의 유해성 및 위해성의 체계적인 관리 체계를 마련하고 위해우려제품의 안전관리체계를 마련하기 위하여 일정한 화학물질을 제조·수입하려는 자는 제조·수입 전에 환경부장관에게 등록하도록 하고, 환경부장관은 화학물질의 유해성과 위해성을 평가하여 해당 화학물질을 유독물, 허가물질, 제한물질·금지물질 등으로 지정할 수 있도록 하고 있다.

구체적으로, 첫째, 신규화학물질 또는 연간 1톤 이상 기존화학물질을 제조·수입·판매하는 사업자는 화학물질의 용도 및 그 양 등을 매년 보고하도록 하고 있다. 둘째, 기존화학물질에 대하여 평가위원회의 심의를 거쳐 등록대상기존화학물질로 지정·고시하도록 하고 있다. 셋째, 등록대상기존화학물질을 연간 1톤 이상 제조·수입하려는 자 또는 신규화학물질을 제조·수입하려는 자는 제조 또는 수입 전에 미리 등록하도록 하고 있다. 넷째, 화학물질을 연간 100톤 이상 제조·수입하려는 자는 등록신청을 할 때 위해성에 관한 자료를 제출하도록 하고 있다. 법 시행 후 5년 뒤에는 연간 10톤 이상 제조·수입하려는 자로 단계적 확대하는 것을 포함하고 있다. 다섯째, 등록한 화학물질에 대하여 유해성심사를 하도록 하고, 유해성이 있는 화학물질에 대해서는 유독물로 지정·고시하도록 하고 있다. 여섯째, 위해성이 있다고 우려되는 화학물질을 허가물질로 지정하여 고시할 수 있도록 하고 있다. 일곱째, 위해성이 있다고 인정되는 화학물질을 제한물질 또는 금지물질로 지정하여 고시하도록 하고 있다. 여덟째, 화학물질의 양도자는 양수자에게 해당 화학물질의 등록번호, 명칭, 유해성 및 위해성에 관한 정보 등을 제공하고, 화학물질의 하위사용자 및 판매자와 제조·수입자는 보고·등록 등을 이행하기 위하여 요청하는 해당 화학물질의 정보를 서로 제공하도록 하고 있다. 마지막으로, 위해우려제품의 신고, 위해성평가, 안전·표시기준, 판매 금지 등 위해우려제품의 관리에 관한 사항을 규정하도록 하고 있다.

한편, 산업계의 반발을 무마하고 산업계의 부담을 덜어주기 위하여 최근 개정법률에서 종래 신규화학물질을 제조·수입하려는 자는 환경부장관에게 등록하도록 하던 것을, 연간 100킬로그램 미만의 신규화학물질 경우에 신고하도록 완화하였다.

4. 화학제품안전법

「화학제품안전법」은 과거에 겪어보지 못한 화학제품의 비극적 피해를 초래한 가습기살균제 사고와 같은 화학제품의 위험으로부터 국민을 보호하고, 종래의 「화관법」과 「화평법」이 생활화학제품에 대한 체계적인 안전관리가 미흡한 점을 보완하기 위하여 제정되었다. 특히, 동법은 유해생물을 제거하거나 무해화하는 등의 기능을 가진 살균제, 살충제 등 살생물제(殺生物劑)에 대한 관리 필요성이 높아진 상황을 반영한 법률로서, 생활화학제품의 위해성 평가, 살생물물질 및 살생물제품의 승인, 살생물처리제품의 기준 등에 관한 사항을 규정하는 데 주안점을 두고 있다.

주요내용을 구체적으로 살펴보면, 첫째, 생활화학제품 및 살생물제의 안전관리에 관한 사항을 심의하기 위한 위원회를 두고, 환경부장관은 5년마다 생활화학제품 및 살생물제의 관리에 관한 종합계획을 수립하도록 하고 있다. 둘째, 생활화학제품에 대한 위해성이 인정되는 경우에는 안전확인대상 생활화학제품으로 지정·고시하고, 안전확인대상 생활화학제품을 제조 또는 수입하려는 자는 시험·검사기관으로부터 안전기준 등에 적합한지를 확인받도록 하고 있다. 셋째, 살생물물질을 제조 또는 수입하려는 자는 해당 살생물물질에 대하여 환경부장관의 물질승인을 받도록 하고 있다. 넷째, 살생물제품을 제조 또는 수입하려는 자는 해당 살생물제품에 대하여 환경부장관의 제품승인을 받도록 하고 있다. 다섯째, 살생물처리제품을 제조 또는 수입하려는 자는 해당 살생물처리제품에 제품승인을 받은 살생물제품만을 사용하도록 하고, 유해생물 제거 등에 대한 효과·효능을 구매자에게 알리려는 경우에는 사용된 살생물제품의 위험성 및 취급 시 주의사항을 해당 살생물처리제품의 겉면에 구매자가 알아보기 쉽게 표시하도록 하고 있다.

5. 기타 화학물질안전법

여기서는 화학물질과 관련하여 안전규정을 포함하고 있는 법률들 중에서,

「고압가스 안전관리법」, 「산업안전보건법」, 「생활주변방사선 안전관리법」, 「석면안전관리법」, 「위험물안전관리법」, 「환경보건법」등의 주요내용을 개괄적으로 살펴보고자 한다.

「고압가스 안전관리법」은 고압가스 등으로 인한 위해방지, 공공의 안전을 확보하기 위한 법률로서, 가스안전기본계획, 제조허가 및 등록, 수입업자 및 운반자의 등록, 안전관리규정 및 검사, 안전성평가 등에 관한 규정을 포함하고 있다. 동법의 특징은 생명ㆍ신체나 재산상의 손해 보상을 위한 보험가입 의무를 부과하고 있다는 점이다.

「산업안전보건법」은 산업안전ㆍ보건에 관한 기준을 확립하고 그 책임의 소재를 명확히 할 목적으로 제정된 법률로서, 정부의 책무, 사업주 및 근로자의 의무, 예방계획, 재해발생 기록ㆍ보고ㆍ공개, 안전ㆍ보건관리체계, 유해ㆍ위험예방조치 등에 관한 규정을 포함하고 있다. 특히, 동법은 유해ㆍ위험예방조치에서 보건조치를 명시하고 있고, 안전ㆍ보건지도사의 손해배상책임을 규정하고 있다.

「생활주변방사선 안전관리법」은 생활주변에서 접할 수 있는 방사선의 안전관리에 관한 사항을 규정하고 있는 법률로서, 원료물질ㆍ공정부산물 및 가공제품에 대한 관리, 방사선ㆍ방사능 감시기의 설치ㆍ운영, 사전 주의조치 및 교육 규정이 있다.

「석면안전관리법」은 주요 발암유발물질인 석면을 안전하게 관리하기 위하여, 석면함유제품의 관리, 자연발생석면 및 건축물석면의 관리, 석면해체 사업장의 주변환경 관리 등에 관한 규정이 포함되어 있다. 특히, 토지 등 재산상의 손실보상 규정이 있으나 생명ㆍ신체상의 피해보상 또는 배상 규정이 없다.

「위험물안전관리법」은 위험물시설의 설치 및 변경, 위험물시설의 안전관리, 위험물의 운반, 감독 및 조치명령 등을 포함하고 있다. 동법의 특징으로, 위험물은 인화성 또는 발화성 등의 성질을 가지는 것에 국한하고 있고, 예방 및 안전교육을 명시하고 있으나, 생명ㆍ신체나 재산, 환경상의 손해에 대한 위험전보규정이 미흡하다.

마지막으로, 「환경보건법」은 국민건강과 생태계의 건전성을 보호하는 목적을 두고 있는 법률로서, 환경오염과 유해화학물질 등이 국민건강 및 생태계에 미치는 영향과 피해를 조사하고 규명하며 감시하는 기능을 하도록 하고 있다.

위에서 소개한 화학물질안전에 관한 법률들은 제각각 그 목적과 기능을 달리하고 있다. 즉, 신체 등 생명에 대한 안전, 생태계 등 환경에 대한 안전, 재산상의 안전 등 안전의 대상이 되는 객체에 따라서 법의 성격을 달리하고 있다. 또한, 안전의 관리 주체가 정부인지, 아니면 개인을 포함한 사업자인지에 따라서도 법의 규정을 달리하고 있다. 이러한 사정에 따라 하나의 관련 법률에서 공백의 영역이 발생할 수 있을 뿐만 아니라 동일한 안전의 대상에 대해서 다수의 법률이 적용되어 서로 충돌하는 경우도 발생할 수 있다는 점을 생각하지 아니 할 수 없다.

6. 화학물질안전법제의 개선방안

화학물질은 몇 가지 특징을 가지고 있다. 첫째, 화학물질의 편익과 위험이라는 양면성을 전제로 한다는 점, 둘째, 화학물질은 불가피하게 부작용을 가지고 있다는 점, 셋째, 화학물질로 인한 재해의 경우 적정한 위험관리가 핵심이라는 점, 넷째, 화학물질의 위험은 사전예방이 가장 중요하다는 점 등을 고려해야 한다.

그럼에도 불구하고, 화학물질 안전법제에서 나타나는 문제점들은 여전히 존재하는바, 예를 들면 다음과 같다. 「화평법」의 경우, 화학물질의 위험으로부터 비롯된 피해의 진압이나 치유에 대한 규정이 미비하여 화학물질안전법제의 역할을 하기는 제한적이라고 평가할 수밖에 없다. 「화관법」은 위험치유의 영역에서 생명이나 재산의 피해전보규정은 조치명령의 규정이 있기 하지만 화학사고로 인한 사람의 건강이나 주변 환경에 대한 피해의 최소화 및 제거 규정에 불과하여 온전한 피해전보규정으로서 미흡한 형편이다.

앞에서 살펴본 화학물질 안전법제의 공통적인 한계를 지적하면 다음과 같다. 첫째, 화학물질안전법의 요건 중 가장 중요한 사항은 위험의 예방임에도 불구하고 위험의 예방을 위한 조치가 각 법률에 따라 편차가 심하게 나타나고 있다. 「생활주변방사선 안전관리법」, 「석면안전관리법」의 경우 위험예방을 위한 사전조치를 하도록 되어 있으나 교육 등의 측면에서 미흡한 수준이다. 둘째, 대부분의 개별법들이 위험진압을 위한 규정을 잘 구비하고 있음에도 불구하고 위험치유를 위한 규정들은 각 개별법에 따라 상이하게 나타나고 있다. 특히, 보험에 의한 위험전보규정은 일부 법률에서만 발견될 뿐, 모든 법률에 보험규정을 두고 있지는 않고 있다. 셋째, 위험치유를 위해 손해배상책임을 명시하고 있는 법률은 일부에 지나지 않고, 법률의 성격에 따라 그 손해배상책임 규정을 전혀 두고 있지 않은 법률도 있다. 결국, 현행 법률에서 발견되고 있는 이러한 문제점들은 앞으로의 개선방향을 시사하고 있는 것이다.

화학물질의 위험을 회피하는 가장 좋은 방법은 사전예방 조치를 실시하는 것이다. 그러나 사전예방은 많은 비용을 초래하기 때문에 산업의 입장에서 보면 무한정 사전예방조치를 강요하기는 매우 어렵다. 또한, 화학물질은 개별 화학물질의 특성에 따라서 위험을 초래하는 정도가 다를 수 있다. 앞에서 제시한 문제점들과 개선방향을 고려한다면 소위 화학물질 안전기본법을 제정하여 다양한 화학물질에 대해서 일반적인 지도원리를 제공하고, 화학물질 안전정책을 위한 종합계획을 정기적으로 수립하여 화학물질의 위험을 대처하는 능력을 강화할 필요가 있다.

Ⅳ. 미세먼지안전법

1. 개 설

미세먼지의 위험에 대한 일반적 인식은 비교적 최근에 대두된 것이다. 광산 작업장에서와 같이 진폐증은 오래된 위험 사례로 인식되어 왔으나 종래 미세먼지로 인한 위험은 특정 작업장에서 나타날 수 있는 경우로 국한하여 다룬 경향이 있었다.

그러나 자동차의 매연, 공장의 배기가스, 가정의 조리용 가스 등에는 매우 유독한 입자가 포함된 미세먼지라는 것이 과학적으로 밝혀지면서 미세먼지의 위험성은 이제 그냥 지나칠 수 있는 문제가 아닐뿐더러 특정한 공간이나 작업장의 문제가 아니라 대기권에서 일상적으로 나타날 수 있는 일반적 위험의 문제로 부각되고 있다.

특히, 미세먼지는 단순한 물리적 입자로 인체 및 환경에 영향을 주는 것이 아니라 소립자 특유의 물리화학적 작용에 의해 영향을 주기 때문에 위험물질로 새로이 인식되고 있는 것이다. 즉, 미세먼지 내지 초미세먼지는 생체분자 간에 전기적 및 화학적 흡착, 충돌, 중력침강, 확산 등의 기작에 의거하여 염증반응, 산화 등 화학적 및 생물학적 반응을 일으킬 수 있다.

더구나 미세먼지는 단순히 물리적으로 작은 입자의 개념으로 이해하는 단계를 넘어 이제는 유독한 물질을 포함하는 화학물질의 개념으로 포섭되어야 한다는 인식이 확대되고 있다. 이러한 미세먼지의 위험성을 점차 명확히 인식하게 됨에 따라 이제 새로운 법률을 제정하거나 종래의 법률에서 미세먼지의 위험을 관리하는 규정을 보충하고 있다.

본 절에서는 미세먼지의 위험을 관리하기 위해 현재 시행되고 있는 법률들의 내용을 살펴보고, 또한 향후 개선해야 할 사항들을 짚어보기로 한다.

2. 미세먼지법

「미세먼지법」은 미세먼지가 국민건강에 미치는 위해를 예방하고 대기환경을 적정하게 관리·보전하여 쾌적한 생활환경을 조성하기 위하여 미세먼지 및 미세먼지 생성물질의 배출을 저감하고 그 발생을 지속적으로 관리하는 법률로서, 최근 미세먼지로 인한 폐해가 직접적으로 체감되는 문제임에도 불구하고 미세먼지의 폐해가 개선되는 기미가 보이지 않음에 따라 갈수록 국민들의 불안을 증폭시키고 있는 상황에 대해 보다 적극적으로 미세먼지를 저감하고 관리하기 위해 입법된 것이다.

동법의 주요내용으로, 첫째, 5년마다 미세먼지관리종합계획을 수립하여 이에 따라 시행계획을 수립하도록 하고 있고, 둘째, 미세먼지 저감 및 관리를 효율적으로 추진하기 위하여 국무총리 소속의 미세먼지특별대책위원회를 두도록 하며, 셋째, 미세먼지 배출량의 정확한 산정과 관련 정보의 효율적 관리를 위하여 국가미세먼지정보센터를 설치하며, 넷째, 시·도지사는 일정 요건 충족 시 자동차의 운행제한, 대기오염물질 배출시설의 가동시간 변경이나 가동률조정, 대기오염방지시설의 효율 개선 등의 비상저감조치를 시행할 수 있도록 하고 있다.

이러한 법제의 도입에도 불구하고 현재까지 미세먼지의 저감 노력은 성과 면에서 아직 미흡한 수준이다. 이에 대한 개선 노력으로 미세먼지의 정보 관리·지원 업무의 선택과 집중을 위해 국가미세먼지정보센터의 설치·운영 규정을 종래 임의규정에서 강행규정으로 변경하였다. 미세먼지의 경우, 미세먼지의 발생, 확산, 영향 등에 관한 조사 및 정보 공유를 통해 해결될 수 있는 문제가 아니다. 근원적으로, 미세먼지를 저감하는 실효적 노력이 필수적이다. 더구나 미세먼지는 국내만의 문제가 아니라 국경을 넘어서는 국제적 문제이기 때문에 실효적인 저감은 더욱 어려운 문제일 수밖에 없다.

3. 대기환경보전법

「대기환경보전법」은 종래 「환경보전법」 중에서 대기보전 관련 조항을 분리하여 개별법으로 정비하고, 연료사용량 및 자동차의 증가로 인한 대기오염의 심화를 예방하는 등 대기오염으로 인한 국민건강 및 환경상의 위해를 예방하려는 목적으로 제정되었다. 동법은 대기오염물질, 유해성대기감시물질, 기후·

생태계 변화유발물질, 온실가스, 가스, 입자상물질, 먼지, 매연, 특정대기유해물질, 휘발성유기화합물 등 대기환경의 오염물질에 대해 정의하고 있고, 사업장, 생활환경상 배출원, 자동차 및 선박 등 오염배출의 주체별로 규제하는 구조로 입법되어 있다.

동법에 따르면, 사업장 등에서 배출되는 대기오염물질을 능동적으로 관리하기 위하여 배출허용기준, 배출원 및 배출량 조사, 배출총량, 방지시설의 설치, 측정기기의 부착, 배출부과금의 부과·징수·감면 등, 위법시설 폐쇄, 자가측정 등에 대해 명시적으로 규정하고 있다. 대기오염물질의 배출을 규제하는 관점에서는, 유류 및 연료의 황함유기준, 연료의 제조와 사용, 비산먼지, 휘발성 유기화합물 등의 규제에 관한 규정을 두고 있다.

오염원의 관리대상의 관점에서 동법을 「미세먼지법」과 비교해 보았을 때, 「대기환경보전법」에서는 미세먼지를 포함하여 매우 다양한 대기오염물질의 저감 및 관리에 관심을 두고 있는 것에 비해서 「미세먼지법」은 미세먼지의 저감과 관리에 주된 관심을 두고 있는 것으로 보아, 「미세먼지법」은 「대기환경보전법」의 특별법에 해당한다고 볼 수 있다.

4. 기타 미세먼지안전법

그 밖에 미세먼지와 관련하여 여러 가지 안전관련법들이 시행되고 있는데, 「대기관리권역의 대기환경개선에 관한 특별법(약칭: 대기관리권역법)」, 「수도권 대기환경개선에 관한 특별법(약칭: 수도권대기법)」, 「실내공기질관리법(약칭: 실내공기질법)」, 「학교보건법」, 「항만지역등 대기질 개선에 관한 특별법(약칭: 항만대기질법)」, 「진폐의 예방과 진폐근로자의 보호 등에 관한 법률(약칭: 진폐예방법)」 등이 있다.

「대기관리권역법」은 지역주민의 건강을 보호하고 쾌적한 생활환경을 조성함을 목적으로 대기오염이 심각한 지역 등에서 대기오염원을 체계적이고 광역적으로 관리하고자 제정된 법률이다. 동법은 주로 사업장, 자동차, 건설기계, 선박 등으로부터 발생하는 배출가스의 양을 억제하고 관리하는 규정을 담고 있다.

「수도권대기법」은 수도권이 인구가 밀집되어 있어 대기오염에 취약한 지역 특성을 가지고 있다는 점을 감안하여 수도원의 대기를 관리하고자 제정되었다. 동법에서는, 수도권지역 중 대기오염에 크게 영향을 미친다고 인정되는 지역을 대기관리권역으로 설정하여 특별관리를 한다는 규정을 두고 있다. 이를 위해 10년마다 수도권대기환경관리기본계획을 수립하고, 그에 따른 세부계획 수립하여, 일정규모를 초과하여 총량관리대상오염물질을 배출하는 사업장에 대하여 대기오염물질 배출허용총량의 할당 등 총량관리제도를 시행하고 있다.

「실내공기질법」은 「지하생활공간공기질관리법」으로 출발하여 「다중이용시설 등의 실내공기질관리법」의 제명을 거쳐서 개정된 법률이다. 동법은 다중이용시설, 신축되는 공동주택 및 대중교통차량의 실내공기질을 알맞게 유지하고 관리하는 규정을 담고 있다.

「학교보건법」은 제정 당시에 공기의 질에 대한 조항이 없었으나, 개정을 통해 공기의 질에 관한 조항을 신설하거나 강화하였다. 즉, 성장기의 학생들을 미세먼지로부터 보호해야 한다는 지적이 제기됨에 따라 공기 질 점검 시 학부모 등의 참관 및 측정장비 점검 강화, 공기 정화설비 설치 및 미세먼지 측정기기 설치 등에 관한 규정을 포함하고 있다.

「항만대기질법」은 항만지역 등에서 미세먼지 등의 대기질을 개선하기 위하여 종합적인 시책을 추진하고, 항만배출원을 체계적으로 관리하고자 제정된 법률이다.

한편, 「진폐예방법」은 1984년 제정 당시 분진에 의한 진폐증의 관점에서 출발하였고, 현행 개정법률까지 미세먼지라는 용어나 문언은 등장하지 않고 있으나, 과학기술적으로 분진은 미세먼지를 다량 함유하고 있는 점을 이해한다면 미세먼지와 관련된 법제로 포섭할 수 있을 것이다.

앞에서 살펴본 바와 같이, 미세먼지와 관련하여 다양한 법률들이 시행되고 있다. 이로 인해 여러 법률에서 유사한 내용들이 중복하여 규정되는 경우가 발생하고 있다. 특히, 미세먼지와 관련된 법률들이 최근의 입법사례라는 특징이 있다. 이러한 현상을 보면, 미세먼지에 대한 위험 인식이 날로 커지고 있다는 점, 그 인식에 따라 미세먼지를 저감하려는 노력이 입법행위로 나타나고 있다는 점 등을 파악할 수 있다. 그럼에도 불구하고 미세먼지의 저감 효과가 아직 미흡하다는 시사점도 이끌어 낼 수 있을 것이다.

5. 미세먼지안전법의 개선방안

현행 미세먼지 관련 법률들은 「미세먼지법」을 포함하여 다수 시행되고 있는 것으로 확인되고 있다. 이러한 법률들은 미세먼지에 의한 위험성이 심각하다는 인식 아래에서 비교적 최근에 신설되거나 개정된 내용을 담고 있으며, 주요 내용으로 미세먼지를 관리하기 위한 종합계획과 세부계획 수립 및 시행, 미세먼지 저감조치 시행, 위반사항에 대한 처벌조항 등을 두고 있다.

그러나 미세먼지가 인체 및 환경에 야기하는 유해성 내지 위해성은 아직 명확히 밝혀져 있지 않고 여전히 그 영향에 대해 연구를 진행하고 있는 단계라 할 수 있다. 더구나 미세먼지의 발생원이나 전파경로를 정확히 파악하기도 쉽지 않으며, 중국 등 국가 간의 문제로까지 확대되는 속성을 가지고 있는 문제이기 때문에 현행 법제에서 명시적 문언으로 미세먼지의 규제를 규정하고 있다고 하더라도 그 실효성을 담보하기가 쉽지 않다.

또한, 미세먼지의 위험성은 '가습기 살균제 사건'과 유사하게 그 피해의 발생, 피해의 진행, 피해의 구제 등을 명확하게 다루기 힘들 뿐만 아니라 피해의 진행기간을 예측하는 것도 매우 어려운 일이다. 그리고 미세먼지의 피해를 야기한 주체가 미세먼지의 발생원을 가지고 있는 사업자 등인지 아니면 미세먼지를 제대로 관리하지 못한 정부인지를 밝히는 문제도 여간 어렵지 않을 것이다.

이러한 특성을 감안하더라도, 현행 법제에서 미세먼지로 인해 발생한 피해를 구제하는 규정을 제대로 두고 있지 않은 점은 중대한 결함이라고 할 수 있다. 더구나 미세먼지로 인한 피해는 한두 사람의 문제가 아니라 대규모 집단의 문제로 생각할 수 있기 때문에 더욱 심각하다고 할 것이다. 따라서 미세먼지의 위험을 초래하여 건강상 및 환경상의 피해를 초래한 책임에 대한 연구가 매우 시급하다 할 것이다. 나아가서 그 책임에 따른 피해구제를 다루는 법개정이 필요할 것이다.

V. 나노물질안전법

1. 개 설

나노물질이나 나노제품의 안전을 규율할 수 있는 법제를 구체적으로 살펴보기에 앞서, 먼저 유해성과 위해성의 개념을 살펴보면, 사전적 정의로 유해성은 해로운 성질이나 특성을 말하며, 영어로는 흔히 'hazard'라고 번역하고 있다. 반면에 위해성의 경우, 위험과 재해를 아울러 이르는 말을 '위해'라고 하고, 그러한 성질을 '위해성'이라 할 수 있으며 영어로는 흔히 'risk'라고 번역하고 있다.

법령정의에 의하면, '유해성'은 화학물질의 독성 등 사람의 건강이나 환경에 좋지 아니한 영향을 미치는 화학물질 고유의 성질을 말한다.[424] 또한, '위해성'은 유해성이 있는 화학물질이 노출되는 경우 사람의 건강이나 환경에 피해를 줄 수 있는 정도를 말한다.[425] 나노물질의 경우, 물질 그 자체가 유해한 성질을 가질 수 있는 물질이 있을 수 있지만, 한편 어떤 나노물질은 유해한 성질을 가지는 물질은 아니지만 나노물질이 됨으로서 위해를 초래할 수도 있다.

국내법에서 나노물질이나 나노제품을 규제하거나 안전 관리를 전담하기 위한 나노안전법은 아직 제정되지 않은 상태이다. 여기서는 나노안전을 규율함에 있어 전담법률은 아니지만 나노안전을 포섭하고 있거나 포섭 가능한 법제에 대해서 살펴보고자 한다.

2. 나노기술개발촉진법상 나노물질의 규제

현행 법률 중 나노기술의 전담법제는 「나노기술개발촉진법(약칭: 나노기술법)」이 유일하다. 동법은 제정목적에서 "나노기술의 연구기반을 조성하여 나노기술의 체계적인 육성·발전을 꾀함으로써 과학기술의 혁신과 국민경제의 발전에 이바지함을 목적으로 한다"고 밝히고 있듯이 나노기술의 진흥을 목적으로 하고 있다. 이러한 법제의 성격상 안전 문제를 직접적이고 명시적으로 규율하는 조문을 포함하고 있지는 않다.

다만, 동법에서 나노기술의 영향평가를 의무적으로 시행하게 함으로써 간접적으로 또는 정책적으로 나노안전 문제를 다룰 수 있는 근거를 두고 있다. 구체적으로, "정부는 대통령령으로 정하는 바에 따라 나노기술의 발전과 산업화가 경제·사회·문화·윤리 및 환경에 미치는 영향 등을 미리 평가하고 그 결과를 정책에 반영하여야 한다"고 규정하고 있고, 이에 따라 정부에서는 나노안전에 관해 '나노안전관리종합계획' 등 정기적으로 정부정책을 마련하여 시행하고 있다.

3. 화학제품안전법상 나노물질의 규제

「화학제품안전법」은 '가습기 살균제 사건'의 교훈에 따라 제정된 법률답게 나노물질의 안전에 관한 조항을 두고 있다. 동법에서 살생물제품에 나노물질이 의도적으로 함유된 경우에는 해당 나노물질의 명칭, 사용 목적 및 용도에 대해 환경부장관의 제품승인을 받도록 하고 있다. 특히, 특정 조건에 부합하면 강제적 제품승인을 유예하는 특례조항을 두고 있으나 나노물질이 함유되어 있는 경우에는 제품승인의 특례를 적용하지 못하도록 하고 있다.

또한, 나노물질의 함유 상태를 표시하도록 강제하고 있는바, 살생물제품에 나노물질이 의도적으로 함유된 경우 나노물질의 명칭, 사용 목적 및 용도에 대해서 국내판매 또는 유통을 위해서는 살생물제품의 겉면에 표시하도록 하고 있다. 그리고 살생물처리제품에 사용된 살생물제품에 나노물질이 의도적으로 함유된 경우 그 함유 사실을 제품의 겉면에 구매자가 알아보기 쉽게 표시하도록 하고 있다.

4. 기타 화학물질안전법상 나노물질의 규제

여기서 살펴보는 관련법에는 명시적으로 나노물질을 규정하고 있지는 않으나 입법취지상 나노물질의 규제에도 적용 가능할 수 있다고 여겨져 관련 조문을 살펴보고자 한다.

「화관법」은 화학물질의 유해성을 심사하고, 유해화학물질을 적정하게 관리하는 다양한 조문을 두고 있다. 그러므로 나노물질이란 명문규정이 없음에도 불구하고 나노물질의 유해성이 발견될 경우 이를 규제할 수 있는 준거법으로 적용되도록 법해석의 가능성이 있다. 다만, 그 나노물질이 유해성의 관점에서 평가대상이 되는 것인지 위해성의 관점에서 평가대상이 되는 물질인지에 대한 판단은 논란의 여지가 있을 수 있다.

「화평법」은 화학물질의 등록, 화학물질 및 유해화학물질 함유제품의 유해성·위해성에 관한 심사·평가, 유해화학물질 지정에 관한 사항을 규정하고, 화학물질에 대한 정보를 생산·활용하도록 하고 있다. 특히, 위해성이 있다고 인정되는 화학물질을 제한물질 및 금지물질로 지정·고시 하도록 하고 있는 바, 동법은 「화관법」과는 달리 나노물질이 위해성을 초래하는 경우에는 동법의 적용이 가능할 수 있을 것이다.

그러나, 나노물질은 기지의 물질이라 하더라도 나노화되어 나노물질이 되면 그 당초의 물질과는 전혀 다른 새로운 물리적, 화학적, 또는 생물학적 성질을 가지게 되는 특징을 가지고 있다고 하지만, 이미 존재가 알려져 있는 물질이 나노물질로 변환되었을 때 그 나노물질을 신규화학물질로 확대해석 또는 유추해석을 할 수 있는지에 대해서는 법적 검토가 아직 미흡한 실정이다.

5. 나노안전관리종합계획의 시행

나노기술 또는 나노물질의 안전관리가 국제사회의 주요 문제로 부상한 이유는 첫째, OECD, ISO 등 국제기구에서 나노관련 안전성 문제를 중시하여 국제기준이나 표준 제정을 마련하였거나 마련하고 있는 중이고, 둘째, 미국, EU

등 주요 선진국에서 나노관련 규제를 강화하려는 추세가 있으며, 셋째, 나노물질이나 나노제품에 대한 EHS(환경, 보건, 안전) 분야의 규제는 무역장벽 또는 무역규제의 수단으로 사용되고 있기 때문이다.

이에 정부에서는 정부정책의 차원에서 환경부가 중심이 되어 관계부처 합동으로 '제1차 나노안전관리종합계획(2012－2016)' 및 '2차 나노안전관리종합계획 (2017－2021)'을 마련하였다.[426] 제1차 계획의 기본 성격은 범부처 차원의 나노안전관리를 위한 종합계획을 수립하고, 중장기적 관점에서 국가 나노안전관리를 위한 기반을 구축하는 것이고, 제2차 계획의 기본 성격은 표준화된 나노물질의 안전성평가 기법을 마련하여 나노안전관리를 제도화하고, 유통되는 나노물질 및 함유제품의 실효성 있는 안전관리 제도를 구입하는 것이다.

제2차 계획의 구체적 내용은 다음과 같다.

첫째, 나노 측정분석 및 부처 공동 DB 구축 분야에서는, 1) 국내 유통 현황조사 추진 및 인벤토리 구축·보완을 위해 나노분야별(물질·기술·제품) DB를 연계하여 대국민 정보제공 및 정보 활용도를 제고하고, 2) 기초 특성 규명 및 측정기반 구축을 위해 전주기 안전성평가를 위한 측정·평가방법을 개발하며, 3) 나노물질 환경 중 거동조사 및 모니터링 체계 구축을 위해 환경매체별 환경 거동 연구 및 모니터링을 실시한다.

둘째, 나노 안전성평가 기반 구축 분야에서는, 1) 독성 등 안전성평가 기초자료 생산·수집을 위해 OECD 등 국제협력사업에 참여하여 국제적 지침을 확보하고, 노출평가 기법 개발 및 평가 추진을 위해 환경, 제품, 작업장 등 노출경로 파악 및 노출평가 방안을 마련하며, 안전성평가 체계 구축을 위해 노출 위험이 큰 나노물질의 작업장 유해성·위해성 평가 및 관리를 시행한다.

셋째, 나노 안전관리 제도화 도입기반 마련 분야에서는, 1) 나노기술 연구 윤리 지침 및 안전관리 방안 마련을 위해 다양한 이해관계자 참여에 의한 영향평가 실시 및 안전연구센터 지정·운영(협의회, 나노배심원제도 등 대중참여 모델 적용)을 하고, 2) 나노제품 안전관리 체계 마련과 관련하여 전주기 안전성 확보를 위해 자기적합성 선언 유도 및 표시·광고 가이드라인을 마련하며, 나노물질 안전관리 지침 마련 및 제도화 도입 추진을 위해 유통량조사 등 제도화, 노출기준 설정, 그린나노물질 인증표시 등 도입을 추진한다.

넷째, 전문인력 양성 및 파트너십 구축 분야에서는, 1) 안전관리 전문인력 양성을 위해 EHS 분야 산학전문가 육성 및 외국과의 안전자료 상호인정 확대를 추진하고, 2) 국제협력 강화를 위해 ISO 국제표준화 사업 등 국제협력 적극

참여 및 국내 시험방법의 국제표준화 등 세계화를 추진하며, 3) 이해관계자간 협력 및 소통체계 구축을 위해 나노 안전성 정책협의회 활성화 등 부처간 협력 체계 강화 및 이해관계자 소통을 강화한다.

6. 나노물질안전법제의 개선방안

한국은 나노기술과 관련하여 연구논문 및 특허 부문에서 각각 세계 3위 내지 4위에 위치하는 정도로 선진 수준을 유지하고 있으나 여전히 나노물질안전을 위한 전담법제가 미흡한 실정이다. 최근 「화학제품안전법」에 나노물질의 안전을 규제하는 조항이 일부 포함되어 있으나 동법은 '가습기 살균제 사건'의 교훈으로 탄생한 법률로서 나노물질의 안전에 대해 일부 사항만을 담고 있을 뿐이다. 이러한 원인은 아마도 진흥 위주의 현행 「나노기술법」의 법제 틀을 벗어나지 못하고 있기 때문인 것으로 판단된다. 이를 극복하기 위해 현행 법제를 개선할 필요가 있으며 고려되어야 할 사항은 다음과 같다.

첫째, 현행 유일한 나노안전 관련 법인 「화학제품안전법」은 나노물질의 유해성 내지 위해성을 살생물제품과 같이 특정한 최종 제품의 관점에서만 다루고 있어 적용범위의 한계를 가질 수밖에 없다.

둘째, 나노물질은 소비자뿐만 아니라 생산자 또는 작업자의 관점에서도 안전 문제가 고려되어야 한다.

셋째, 나노물질은 원료 단계이건 최종 제품 단계이건 나노물질로 존재하는 한, 생태계 등 환경에 미치는 영향을 배제할 수 없다.

이러한 사항들을 고려한다면 현행 법제는 나노물질의 안전을 제대로 규율하기 어렵다. 따라서 나노물질의 전주기적 관점에서 그 유해성 또는 위해성을 규율할 수 있는 나노물질안전법의 입법이 필요하다고 본다.

VI. 화학물질로 인한 피해의 구제

1. 개 설

'가습기 살균제' 사건으로 인한 피해는 범위와 기간 면에서 상상을 초월하는 정도로 밝혀지고 있다. 더구나, 그 피해를 초래한 주체의 책임에 대해서도 명확히 밝히지 못하고 있는 형편이다. '가습기 살균제'의 생산자 및 유통업자의 책임에 대해서는 책임의 범위를 아직 명확히 하고 있지는 못한 형편이더라도 책임의 소재는 어느 정도 밝힌 상태임에 반해, 정부의 책임에 관한 한, 책임의 소재와 범위는 아직도 모호한 실정이다.

앞 절에서 소개한 화학물질의 안전에 관한 다양한 법률들을 보건데, 화학물질의 안전 책임은 현행 법제상으로 생산자나 유통업자 못지않게 정부의 책임이 매우 크다는 점을 부인하기 어렵다.

그럼에도 불구하고 화학물질로 인한 안전사고가 광범위하게 발생하게 되었을 때, '가습기 살균제' 사례에서와 같이 사후에 피해구제를 위한 특별법으로 해결하려는 경향이 다분하다. 이러한 관행은 화학물질의 위험으로부터 사전예방 효과를 기대하기 어려울뿐더러 안전사고의 책임이 있는 당사자들이 책임을 회피하려는 경향을 조장할 수 있는 부작용이 따를 수 있다.

결국, 화학물질 위험의 특성상 사전예방 노력이 가장 중요하다는 인식이 맞는다면 화학물질로 인한 피해를 초래한 책임의 소재와 범위를 명확히 할 필요가 있으며, 만약 책임의 소재와 범위가 명확하지 않은 경우에 화학물질의 안전사고에 대처하는 피해구제에 관한 법제 또한 미리 강구해 두어야 할 필요가 있을 것이다.

한편, 피해구제(remedy)와 법집행(law enforcement)은 혼용의 우려가 있는 개념이다. 두 개념을 엄격하게 구분하면, 피해구제는 피해자에 대한 관점에서 권리침해에 대한 피해를 회복하는 개념으로서 피해구제의 방법, 수단, 절차 등에 관한 내용을 담고 있는 반면에, 법집행은 가해자에 대한 관점에서 권리침해행위를 예방하거나 금지시키거나 제재를 가하는 행위를 말한다고 할 수 있다. 물론, 법에 의한 피해구제행위를 법의 집행으로 볼 수 있으므로 피해구제와 법집행을 엄격히 구분하여 적용하기보다는 실질적으로 피해의 구제를 위한 행위라면 두 개념을 혼용하여 사용하는 경우도 있을 것이다.

여기서는 화학물질의 피해가 발생한 이후의 구제에 대해서 현행 법제에서 시행되고 있는 행정적 구제, 민사적 구제, 형사적 구제에 대해서 살펴보고, 향후 개선점에 대해서 생각해 보고자 한다.

2. 화학물질 피해에 대한 행정적 구제

화학물질의 위험이 현실화되어 피해가 발생하였을 때, 그 피해를 구제해야 하는 법철학적 근거는 생명상의 관점이든 재산상의 관점이든 피해자가 가지고 있는 권리가 침해되었다는 것이다.[427] 권리침해에 대한 법적 요건이 형성되면 이에 따라 권리구제는 공적 집행이나 사적 집행에 의거하여 피해구제를 하게 된다. 행정적 피해구제는 대표적인 공적 집행의 한 유형으로서 중앙정부,

지자체 등 공권력을 가지고 있는 주체가 법령에 근거하여 공적으로 집행하는 구제이다.

여기서는 「화관법」, 「화평법」, 「화학제품안전법」 등에 나타나 있는 행정적 피해구제에 대해서 살펴보고자 한다. 「화관법」에서 포함하는 가장 중요한 행정적 구제는 발생한 화학사고에 대해서 공권력을 가진 정부가 실시한 영향조사를 통해서 이루어진다. 화학사고의 특성상 사고원인의 입증이나 피해의 인과관계를 규명할 때 정보의 비대칭성은 필히 나타나는 문제로서 전문성이 결여된 피해자는 정보의 비대칭성을 극복하기 어렵기 때문에 공권력이 행사하는 화학사고 영향조사는 매우 중요한 행정적 구제가 된다. 화학사고 영향조사에는 사고의 원인, 규모, 경과, 그리고 인적 및 물적 피해 사항을 비롯하여 화학물질의 유해성과 위해성, 주민의 건강과 주변 환경에 대한 영향, 화학물질의 노출량 및 오염정도, 화학물질의 환경으로의 이동 및 잔류 형태, 추가피해발생 가능성 등 다양한 내용이 포함되며, 이를 근거로 하여 화학사고의 피해구제에 관한 사항까지 포함된다.

「화평법」에서는 화학사고에 대한 행정적 피해구제를 명시적으로 규정하고 있지 않다. 다만, 화학물질의 제조 또는 수입 등 취급을 하려는 자에게 물질을 등록하도록 하고, 제출한 자료를 근거로 하여 유해성 및 위해성을 심사하고 있다. 이러한 조치는 향후 화학사고가 발생하였을 때 사고의 원인 및 인과관계를 규명하는 근거로 사용할 수 있기 때문에 피해자의 입증책임을 덜어주는 간접적인 행정적 구제라 할 수 있다. 「화학제품안전법」에서도 위해성이 우려되는 경우 등 생활화학제품에 대한 위해성 평가를 할 수 있도록 하고 있고, 살생물제품에 대하여 정부의 승인을 받아야 한다고 규정하고 있어 「화평법」에서와 유사하게 간접구제에 해당한다고 볼 수 있다.

3. 화학물질 피해에 대한 민사적 구제

민사적 구제는 일반 민법원리에 의거하여 불법행위책임, 손해배상책임 등에 따라 피해구제를 받을 수 있다. 화학물질로 인한 사고는 피해의 책임입증이 매우 어렵고 복잡하다는 특징을 가지고 있어 「화관법」, 「화평법」, 「화학제품안전법」 등에서 규정하고 있는 화학사고 영향조사, 화학물질 또는 화학제품의 유해성 및 위해성 평가 등은 민사적 구제를 실현하는 유용한 근거로 활용될 수 있다.

한편, 보험제도의 경우, 「화관법」, 「화평법」, 「화학제품안전법」 등에서는 의무적 제도로 보험가입을 규정하고 있지 않다.

4. 화학물질 피해에 대한 형사적 구제

형사적 구제는 피해에 대한 직접구제라기보다 간접구제에 해당한다고 볼 수 있다. 즉, 「화관법」에는 업무상 과실 또는 중과실로 화학사고를 일으켜 사람을 죽거나 다치게 한 자에게 형사벌을 처하도록 하고 있다. 형사벌을 결정한 법원의 판결은 그 피해의 원인과 인과관계를 명확히 하고 있으므로 피해자가 민사적 구제를 청구할 수 있는 근거가 된다. 「화학제품안전법」에서는 「화관법」 과는 달리 피해에 대한 형사벌이 아니라 생활화학제품 및 살생물제에 대한 안전관리를 하지 않은 경우에 형사벌을 처하고 있는데 이러한 구제도 피해에 대한 간접구제에 해당한다고 볼 수 있다.

5. 화학물질 피해에 대한 구제 방법의 개선방안

화학물질의 위험으로 인해 발생하는 피해는 대부분 정보의 비대칭성으로 인해 피해자가 피해사실 내지 인과관계를 입증하는 데에 많은 어려움을 겪는 것이 현실이다. 화학제품을 포함하여 모든 제품의 설계상의 결함, 제조상의 결함, 표시상의 결함에 대해 책임소재를 밝히고 있는 「제조물책임법」은 피해자의 입증책임에서 가해자의 입증책임으로 전환한 법률이다. 그럼에도 불구하고 우리나라는 아직 산업을 진흥하는 정책이 우선하는 형편이어서 입증책임의 전환을 적용하기 매우 어려운 현실적 한계에 놓여 있다. 화학사고 피해에 대한 피해구제도 마찬가지여서 아직도 피해자가 피해의 입증을 담당해야 하는 현실적 어려움이 있다. 최근 초미의 관심이 된 '가습기 살균제 사건'도 입증책임의 문제가 크게 부각된 사건이다.

화학물질 피해에 대한 구제가 실효적으로 구현되기 위해서는 다음의 세 가지 방안이 강구되어야 한다.

첫째, 화학사고의 원인 및 피해의 인과관계 규명은 매우 전문적이고 어려운 문제여서 항상 가해자와 피해자 사이에 정보의 비대칭성 문제가 발생한다. 화학사고로 인한 피해가 발생하였을 때 피해자가 정보의 비대칭성을 해결할 수 있도록 피해자에게 용이한 정보접근성을 제공하는 법제의 개선이 필요하다.

둘째, 「제조물책임법」에서의 입증책임의 전환이라는 의의는 여전히 활성화되고 있지 않다. 화학물질로 인한 사고야말로 입증책임의 전환이라는 법원리가 현실적으로 적용될 수 있도록 법원의 자세 변화가 필요하다.

셋째, 화학물질관리와 관련하여 우리나라에서 현재 시행되고 있는 3대 법률, 즉 「화관법」, 「화평법」, 「화학제품안전법」 등에서는 보험제도를 규정하지 않고 있다. 원인규명의 어려움, 피해범위의 광역화, 피해기간의 장기화 등 화학사고의 특성상 보험제도를 도입하는 것은 실질적인 피해구제를 용이하게 하는 제도가 될 수 있다.

Ⅶ. 결 론

과학의 발전에 따라 화학물질은 점점 더 우리 생활 깊숙이 파고들고 있을 뿐더러 과거에 경험하지 않은 새로운 화학물질이 빠른 속도로 일상에 도입되고 있다. 이러한 현상으로 인해 화학물질로부터 얻는 편익이 커지고 있지만 또다른 측면에서는 화학물질로 인한 위험도 비례하여 증가하고 있다.

화학물질의 안전과 관련하여 3대 주요법률인 「화관법」, 「화평법」, 「화학제품안전법」을 비롯하여 다양한 법률들이 시행되고 있다. 국내외를 막론하고 대부분의 화학물질 안전법률들은 특정 사고가 발생하였거나 법률의 공백이 심각하다고 인지되었을 때 대증적 해결책으로 법률을 제정하거나 개정해 왔다. 이러한 경향으로 인해 과거에 경험하지 못한 화학사고가 발생하였을 때 실효성 있는 피해구제는 작동하지 않는 경우가 비일비재하다. '가습기 살균제 사건'과 같이 피해의 규모가 상상도 못할 정도로 심화된 이후에 특별법이라는 형식으로 피해구제법률을 입법하여 해결하려는 사례도 경험하였다.

화학사고가 발생하였을 때 피해구제는 행정적 구제 및 형사적 구제와 같이 공적 집행으로 이행될 수 있고, 또한 민사적 구제와 같이 사적 집행으로 이행될 수 있다. 두 피해구제 방법을 어떻게 적용할 것인가는 법경제학 관점의 이해를 요구한다. 공적구제를 지나치게 강조하면 편익보다 비용이 압도하여 산업의 발전을 저해할 수 있다. 반면에 사적구제를 강조하면 피해자가 실효적 피해구제를 받는 데 어렵게 만들 수 있다. 화학사고를 단순히 법경제학적 관점으로 풀 수도 없는 문제이다. 화학물질은 안전한 관리가 최우선이기 때문이다.

화학사고를 다루는 법률은 법률가의 영역으로 한정하지 않고 과학기술자와의 협업을 통해 다루어야 할 문제임을 인식하는 것이 가장 중요하다.

395) 최상복(2004).

396) EPA, Particulate Matter(PM) Pollution 참조.

397) 환경부 고시 제2015-32호.

398) 나노안정성정보시스템 홈페이지 참조.

399) 명준표(2016), 108면.

400) J. M. Samet and others(2000), p.1742.

401) EPA, Particulate Matter(PM) Pollution 참조.

402) Mihail C. Roco/William Sims Bainbridge(eds.)(2003), 보고서 전 범위 참조.

403) Mihail C. Roco/William Sims Bainbridge(eds.)(2003), 보고서 전 범위 참조.

404) Mihail C. Roco/William Sims Bainbridge(eds.)(2003), p.2.

405) Mihail C. Roco/William Sims Bainbridge(eds.)(2003), pp.1-2.

406) 소비자보호원(2011), 16-22면.

407) 정부합동 GHS 추진위원회(2005), 머리글.

408) 한국산업안전보건공단(2010), 8-9면.

409) 한국산업안전보건공단(2008), 14면.

410) 환경부(2004).

411) 김필제(1996), 11-16면.

412) 윤석준/이정현(2018).

413) S. E. Nisipeanu/E. Chiurtu, D.(2017), pp.25-30.

414) REACH, Understanding REACH 참조.

415) Toxic Substance Control Act, 15 USC 2601-2692: SEC. 4. TESTING OF CHEMICAL SUBSTANCES AND MIXTURES.

416) Toxic Substance Control Act, 15 USC 2601-2692: SEC. 5. MANUFACTURING AND PROCESSING NOTICES.

417) Toxic Substance Control Act, 15 USC 2601-2692: SEC. 6. REGULATION OF HAZARDOUS CHEMICAL SUBSTANCES AND MIXTURES.

418) Toxic Substance Control Act, 15 USC 2601-2692: SEC. 8. REPORTING AND RETENTION OF INFORMATION.

419) 김성배(2016), 65-66면.

420) 전용일/배정생(2014), 509-510면.

421) 이호용/박선아(2017), 37-38면.

422) 조용진(2015), 37-39면을 인용하여 최신 내용을 보충한 것임.

423) 조용진(2015), 36-37면을 인용하여 최신 내용을 보충한 것임.

424) 법령정의사전(국가법령정보센터)에 의한 정의로서 관련법령은 「화학물질의 등록 및 평가 등에 관한 법률」 제2조(정의) 및 「화학물질관리법 시행령」 제2조(정의)이다.

425) 법령정의사전(국가법령정보센터)에 의한 정의로서 관련법령은 「화학물질관리법」 제2조 (정의) 및 「화학물질의 등록 및 평가 등에 관한 법률」 제2조(정의)이다.

426) 나노안정성정보시스템 홈페이지 참조.

427) 권리의 형성에 대한 학설로는 권리의사설, 권리이익설, 권리법력설 등이 소개되고 있는데, 우리나라의 경우는 권리법력설에 근거를 두고 있다.

제4편

지능연결사회의
과학기술법

제1장 지능연결사회의 프라이버시 보호

Ⅰ. 서 론

1. 프라이버시와 개인정보

정보기술은 탐지기술, 전파기술로 시작되었다. 종전에는 한 집안이나 가까운 이웃이 아니고는 알기 어려운 개인의 내밀한 영역까지도 정보기술에 의해 탐지되어 만 리 밖 사람들이 인지할 수 있었다. 여기서 개인의 내밀한 영역으로 침범되는 경우 그의 인격이 손상을 받는다고 인정되는 영역이 프라이버시 영역이다. 이 프라이버시 영역에 대해서 개인은 방해받지 않고 홀로 있을 권리(right to be let alone)를 가진다. 이를 프라이버시권, 사생활의 권리라고 한다.

Jerry Kang은 프라이버시의 개념을 개인의 물리적 공간이 원치 않는 침해로부터 보호된다는 의미의 공간프라이버시(spatial privacy), 자신에게 중요한 결정을 간섭받지 않고 스스로 내릴 수 있다는 결정프라이버시(decisional privacy), 개인정보의 수집·처리·이용 등을 통제할 수 있는 정보프라이버시(information privacy)로 구분하였는데 정보기술은 특히 정보프라이버시의 보호와 관련하여 새로운 도전을 제기하고 있기에 우리의 논의는 정보프라이버시, 즉 개인정보보호에 초점을 맞춘다.

개인정보라 함은 개인에 대한 정보로서 그 자체로 혹은 다른 정보와 연계하여 특정 개인을 확인할 수 있는 정보를 말한다. '이름', '주민등록번호'는 그 자체로서 직접적으로 개인을 확인하는 정보이고, '근무지', '전공', '직위' 등의 정보가 결합되는 경우 특정 개인이 확인될 수 있으므로 이들도 간접적인 개인정보이다. 종래의 협의의 프라이버시권이 개인적 영역에 대한 소극적 방어권이라고 한다면 개인정보와 관련해서는 소극적으로 타인이 나에 대한 권리를 탐지하는 것을 금할 수 있을 뿐만 아니라 적극적으로 타인이 가지고 있는 나에 대한 정보의 내용에 대한 열람청구, 수정, 이용의 제한이 가능하다. 이러한 성격 때문에 정보프라이버시의 요체를 정보주체의 '개인정보자기결정권'[1]이라고 한다.

우리 헌법재판소는 개인정보자기결정권을 인간의 존엄과 가치, 행복추구권을 규정한 헌법 규정(제10조 제1문)에서 도출되는 일반적 인격권 및 사생활의 비밀과 자유(헌법 제17조)에 의하여 보장되는 자신에 관한 정보가 언제 누구에게 어느 범위까지 알려지고 또 이용되도록 할 것인지를 그 정보주체가 스스로 결정할 수 있는 권리, 즉 정보주체가 개인정보의 공개와 이용에 관하여 스스로 결정할 권리로 파악하였다.[2] 헌법재판소 판례에 의하면 개인정보자기결정권의 보호대상이 되는 개인정보는 개인의 신체, 신념, 사회적 지위, 신분 등과 같이 개인의 인격주체성을 특징짓는 사항으로서 그 개인의 동일성을 식별할 수 있게 하는 일체의 정보라고 할 수 있고, 반드시 개인의 내밀한 영역이나 사사(私事)의 영역에 속하는 정보에 국한되지 않고 공적 생활에서 형성되었거나 이미 공개된 개인정보까지 포함한다.[3]

정보사회는 개인의 일거수일투족이 관찰될 수 있다는 점에서 개인의 존엄성을 유지하기 위해서는 최소한의 프라이버시를 보존할 필요성이 더욱 증대되었다. 특히 제4차 산업혁명으로 사물인터넷 환경이 보편화되면서 정보프라이버시는 현대사회의 본질적인 과제가 되었다. 한편, 정보사회의 효율적 운용을 위해서는 개인정보의 보호와 더불어 개인정보의 활용이 어느 정도 불가피하게 되었다는 점도 인정된다. 따라서 이 대립하는 요구 간의 조화가 정보기술과 프라이버시에 관한 논의의 중심에 있다. 이와 같이 사생활과 개인정보가 개념상 구분될 수도 있으나[4] 구미의 프라이버시 개념도 소극적 자유권에서 적극적 권리로 발전해왔으며 정보사회에서 프라이버시의 핵심 사안은 개인정보보호라는 차원에서 이하에서는 개인정보보호를 중심으로 논의를 전개하고자 한다.

2. 개인정보보호 관련 법체계

우리 헌법상 프라이버시권과 관련된 규정은 제10조(인간의 존엄과 가치 보장), 제16조(주거의 자유), 제17조(사생활의 비밀과 자유), 제18조(통신의 비밀) 등이 될 것이다. 그중에서 '정보'프라이버시권의 일반법적 근거는 제10조가 궁극적 근거 규정이 될 것이며 헌법 제17조가 직접적 근거가 될 것이다. 한편, 정보프라이버시의 중요성이 증가함에 따라 이를 구체화하는 다수의 입법이 행해져왔다.

2011년 개인정보보호법이 제정되기 이전의 우리나라 개인정보보호 법제는 공공부문을 규율하는 일반법으로서 「공공기관의 개인정보보호애 관한 법률」과 「정보통신망 이용촉진 및 정보보호에 관한 법률」(이하 '정보통신망법'이라 약칭한다)[5] 등 프라이버시가 문제되는 주요 민간분야별로 적용되는 개별법이 분산되어 존재하였다. 이는 미국의 입법 체계를 따른 것으로 일반 개인정보보호법이 공공과 민간부문을 공히 아우르는 일반법으로 프라이버시법을 제정한 유럽방식과 대비되었다. 따라서 한국은 2011년 개인정보보호법이라는 일반법을 제정함으로써 유럽방식으로 법체계를 전환하는 계기를 마련했다고 볼 수 있다. 다만 기존에 존재하던 개별분야별, 특히 민간분야에 적용하던 아래 그림의 3개 법률과 그 밖의 관련 법률상[6] 규정을 폐기하지 않고 유지하였다.[7] 일반법과 분야별 특별법의 공존이 이점도 없는 것은 아니나 수범자의 입장에서는 중복 규제를 받아야 하는 결과가 초래될 수 있다.

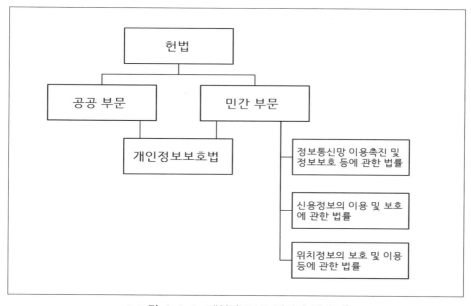

▲ 그림 4-1-1 개인정보보호 관련법 체계도[8]

개인정보보호법은 제정 이후 다음과 같은 개정을 거쳤다. 모든 개인정보 처리자에 대하여 원칙적으로 주민등록번호의 처리를 금지하고 기업이 개인정보보호 법규 위반 시 대표자 또는 책임 있는 임원을 징계할 것을 권고할 수 있도록 하여 주민등록번호 유출사고를 방지하고자 하였다(2013년). 이어서 카드사 등에서 대규모 개인정보 유출 사고가 발생하여 사회문제가 되면서 주민등록번호를 보관하는 개인정보처리자로 하여금 주민등록번호를 암호화하도록 의무화하였다(2014년). 나아가 징벌적·법정손해배상 도입으로 개인정보 유출에 대한

피해구제를 강화하고 개인정보 불법 유통으로 얻은 범죄 수익을 몰수·추징할
수 있도록 하였다(2015년). 또한 개인정보처리자가 민감정보 처리 시 안전성 확
보에 필요한 조치를 하도록 명시하였으며(2016년), 개인정보처리자가 서면 등으
로 정보주체의 동의를 받을 때 정보의 수집·이용 목적, 수집·이용하려는 개
인정보의 항목 등을 명확하고 쉽게 표시하도록 하였다(2017년). 4차 산업혁명
시대의 핵심 자원인 데이터의 활용을 활성화하여 인공지능, 클라우드, 사물인
터넷 등의 신산업을 육성하기 위하여서는 가명정보의 이용을 허용하는 한편
안전한 이용을 위한 제도적 장치를 마련하고, 후술하는 유럽연합과의 국외이전
적정성 협의를 위해 개인정보보호위원회의 독립성을 강화하고 정보통신망법상
개인정보보호 규정을 흡수 통합하였다(2020년).

Ⅱ. 해외의 개인정보보호법제 동향

1. 유럽연합의 개인정보보호법제

유럽연합(European Union, EU) '일반데이터보호규정'(General Data Protection
Regulation, GDPR)9)은 2016년 5월 채택되어 2018년 5월 25일부터 시행된 EU의
개인정보 보호법으로 과거 존재하던 데이터보호지침(Data Protection Directive
95/46)을 대체한 것이다. EU 내 사업장을 운영하는 기업뿐만 아니라 전자상거
래 등을 통해 해외에서 EU 주민의 개인정보를 처리하는 기업에게도 적용된다.
종전에 비하여 정보주체의 권리와 기업의 정보보호 책임을 강화하였는바 주요
변화 내용을 살핀다.

첫째, 개인정보처리에 대한 정보주체의 동의는 분명한 사전 동의여야 하
며 디폴트 세팅과 같은 부작위는 유효한 동의가 아니다. GDPR은 동의 요건으
로 구체성(unambiguous, clear affirmative action)을 추가하였다. 둘째, '만16세 미만
의 아동'에게 온라인 서비스 제공 시 '아동의 친권을 보유하는 자'의 동의를 얻
도록 하였다. 셋째, 정보주체의 명시적 동의가 있는 경우 또는 법률에 따른 경
우 등을 제외하고는 민감정보의 처리를 원칙적으로 금지하였다. 넷째, 아래와
같이 정보주체의 권리를 강화하였다.

삭제권은 정보주체가 본인에 관한 데이터의 삭제를 요구할 수 있는 권리
이며 '잊힐 권리'(right to be forgotten)라고도 불린다. 개인정보를 일반에게 공개
하는 온라인 사업자는 정보주체로부터 삭제요청을 받는 경우 이에 링크하거나
사본을 전달받은 자에게도 삭제하도록 통지하여야 한다. 다만 표현 및 정보의

자유에 관한 권리 행사, 공익 목적상 유지가 필요한 경우에는 삭제요청이 거부될 수 있다.

처리제한권은 정보주체가 본인에 관한 개인정보의 처리를 차단하거나 제한을 요구할 수 있는 권리이다. 개인정보의 정확성에 이견이 존재하는 등의 이유로 개인정보를 적극적으로 공개, 이용하지는 못하나 정보의 삭제보다는 보존의 필요가 있는 경우에 행사할 수 있는 권리이다.

정보이동권은 정보주체가 본인의 개인정보를 본인 또는 다른 사업자에게 전송토록 요구할 수 있는 권리이다. 정보처리자[10]는 구조적이며 보편적으로 사용되는 기계 판독이 가능한 형태로 정보파일을 무료 제공하여야 한다. 정보주체가 제공한 정보만 대상이 되며 그를 기반으로 정보처리자가 만들어낸 분석정보는 포함되지 않는다.

프로파일링[11] 거부권은 정보주체가 본인에게 중대한 영향을 미치는 사안을 프로파일링 등 자동화된 처리에 의해서만 결정하는 것에 반대할 권리이다. 지능연결사회가 가속화될수록 채용, 대출, 보험 승인 등의 결정에 있어서 인공지능에 의해 결정하는 경우가 증가할 것으로 예상되는데, 이를 거부할 수 있는 권리이다. 다만 계약의 이행 및 사기·탈세방지 등을 위해 법률이 허용하는 경우에는 예외가 인정된다.

다음에 기업책임성 강화 측면에서는 개인정보보호책임자(Data Protection Officer, DPO)를 지정하고, 개인정보 처리활동을 기록하며, 개인정보 유출 시 통지 및 신고, 개인정보 영향평가를 수행하도록 하였다. 국내에서는 DPO를 내부임원으로 하도록 하고 있으나 GDPR은 외부 인사가 DPO가 될 수 있도록 함으로써 전문성 있는 외부인사가 공정, 중립성에 따라 업무를 감독할 수 있도록 하였다. 개인정보 영향평가도 국내에서는 공공기관에만 의무사항이고 민간에게는 권장사항이나[12] EU는 민간기업에까지 확대하여 의무화하고 있음이 주목된다.

기업이 EU 주민 개인정보를 한국을 비롯한 외국으로 가져오기 위한 가장 포괄적인 해법은 한국 등 그 외국의 개인정보 보호수준이 EU와 동등하다는 인정을 받아야 한다는 것이다. 그전까지는 다음과 같은 개별적인 방법, 첫째, EU 집행위가 승인한 표준 조항이 반영된 계약을 통해 개인정보를 이전하는 경우, 둘째, 관할 감독기관이 승인한 구속력이 있는 의무적 기업규칙에 따라 이전하는 경우, 셋째, EU 집행위가 공인한 행동강령(codes of conduct)에 따라 이전하는 경우, 넷째, EU 정보보호 인증을 받은 자에게 이전, 다섯째, 정보주체의 명시적 동의, 중요한 공익상 이유가 있는 경우 중 하나에 해당하여야 역외이전이 가능하였다.

GDPR은 가명·익명 정보와 관련하여 공익적 기록보존, 과학적 역사적 연구, 통계 등의 목적으로 개인정보를 가명처리할 수 있도록 규정하고 있으며 익명정보는 개인정보가 아닌 것으로 명시하고 있다.[13) GDPR 법위반 시 과징금 상한선은 다음과 같다. 대리인 미지정, 유출 통지 위반, 개인정보 처리활동 기록 위반 등의 경우에는 전 세계 매출액 2% 또는 1천만 유로(약 125억원) 중 높은 금액을 부과한다. 국외 이전 규정 위반, 개인정보 처리 기본 원칙 위반, 정보주체의 권리 보장 의무 위반 등의 경우에는 전 세계 매출액 4% 또는 2천만 유로(약 250억원) 중 높은 금액을 부과한다.

GDPR의 입법영향을 평가하기에 아직 이른 감이 있으나 큰 틀에서 보았을 때 예고된 대로의 시행이 이루어지고 있다고 할 것이다. 일부에서 GDPR 채택의 속내가 유럽이 구글, 페이스북 같은 미국의 거대 IT 플랫폼의 영향력을 억제하고 역내 플랫폼을 육성하려는 것이라는 지적이 있었으나 법시행의 결과는 가중된 준수비용을 부담할 수 있는 기존 기업들의 시장지배력이 더욱 강화되는 쪽으로 나타나고 있다. EU가 큰 시장이며 GDPR의 역외제공에 관한 규정에 상응하는 수준의 개인정보보호를 갖추지 못한 역외국가로의 개인정보이전을 금지하고 있기 때문에 국제적으로도 큰 반향을 일으키고 있다. 일본, 캐나다 등 다수의 국가가 GDPR의 적정성 기준을 충족하기 위하여 국내 개인정보보호법을 개정하였으며, 2020년 한국도 이에 상응하여 개인정보보호위원회의 독립성 강화, 법위반 시 부과되는 과징금과 과태료의 인상[14) 등이 포함된 법개정을 단행하였다.

2. 미국의 개인정보보호법제

미국의 연방 개인정보보호법은 적용 범위가 공공부문에 한정되고 민간부문에 일반적으로 적용되는 개인정보보호법은 없는 대신에 의료분야, 아동의 온라인 활동과 같이 특별히 민감한 분야별로 개별법이 있다. 하지만 이와 같은 분야별 접근은 보호의 공백을 초래하는 것으로 국내외에서 비판을 받게 되었으며 급기야 몇몇 주에서는 주법으로 포괄적인 개인정보보호를 규정하게 되었다. 즉, 캘리포니아주는 2018년 소비자프라이버시법(California's Consumer Privacy Act, CCPA)을 제정하여 2020년 1월부터 시행하고 있다. 이러한 흐름은 뉴욕주를 비롯한 다른 주로 확산될 전망이다. 그 내용은 대체로 유럽의 GDPR과 유사하나 규제의 강도는 다소 완화되었다. 회사 수익이 2500만 달러(296억원) 아래이며 5만 명 이상의 개인 데이터를 보유한 게 아니라면 CCPA 규제 대상에 포함되지 않는다. 하지만 더 강한 측면도 있다. 예컨대, GDPR은 법 위반 시 벌금이 해당 사업장의 수익을 초과하지 않는 반면에 CCPA는 벌금 상한선 없이 피해자 1명당 100~750달러(11~88만원)의 벌금을 부과한다. 만약 100만 명의 사용자 계정에 피해가 생기면 소규모 웹서비스는 존폐 위기에 처할 수 있다.

3. 일본의 개인정보보호법제

일본은 2003년 포괄적인 개인정보보호법을 제정하여 2005년부터 시행하고 있으며 개인정보보호위원회를 중심으로 구체적인 가이드라인을 발표하는 등 제도정비를 추진하였다. 이와 같은 법제정비의 결과 2019년 유럽연합으로부터 유럽연합 개인정보의 이전에 적정한 수준의 보호를 제공하는 것으로 평가를 받았다.

Ⅲ. 개인정보보호의 일반원칙

1. 일반규정

가. 개인정보의 개념

개인정보보호법상 '개인정보'란 살아 있는 개인에 관한 정보로서 성명, 주민등록번호 등과 같이 그 자체로 특정 개인을 알아볼 수 있거나 해당 정보만으로는 알아볼 수 없더라도 다른 정보와 쉽게 결합하여 알아볼 수 있는 정보 즉 개인식별정보를 말한다.15) 이 경우 쉽게 결합할 수 있는지 여부는 다른 정보의 입수가능성 등 개인을 특정하는 데 소요되는 시간, 비용, 기술 등을 합리적으로 고려하여 결정한다. 앞서 본 바와 같이 헌법재판소가 정의한 개인의 신체, 신념, 사회적 지위, 신분 등과 같이 개인의 인격주체성을 특징짓는 정보는 그 정보만으로는 개인을 식별할 수 없더라도 다른 정보와 쉽게 결합하여 그 개인의 동일성을 식별할 수 있다면 개인정보보호법이 정의하는 개인정보에 해당할 수 있게 된다. 개인의 사상·신념, 노동조합·정당의 가입·탈퇴, 정치적 견해, 건강, 성생활 등에 관한 정보, 그 밖에 정보주체의 사생활을 현저히 침해할 우려가 있는 개인에 관한 정보는 개인정보보호법상의 개인정보에 해당하지 않을 수 있으나 이른바 '민감정보'로 분류하여 후술하는 바와 같이 그 정보처리가 제

한된다.16)

개인정보를 가명처리하여 원래의 상태로 복원하기 위한 추가 정보의 사용·결합 없이는 특정 개인을 알아볼 수 없는 정보를 '가명정보'라고 한다. 다른 정보와 결합하여도 개인을 식별할 수 없는 '익명정보'와 달리 재식별화를 통해 원래 상태로 복원할 수 있는 가명정보는 개인정보의 개념범주 내에 들어온다.17)

나. 기본원칙

한국 개인정보보호법은 OECD 프라이버시 8원칙18)을 수용, 발전시켜서 다음과 같은 기본원칙을 제시하고 있다.19) 첫째, 개인정보처리자는 개인정보의 처리 목적을 명확하게 하여야 하고 그 목적에 필요한 범위에서 최소한의 개인정보만을 적법하고 정당하게 수집하여야 한다. 둘째, 개인정보처리자는 개인정보의 처리 목적에 필요한 범위에서 적합하게 개인정보를 처리하여야 하며, 그 목적 외의 용도로 활용하여서는 아니 된다. 셋째, 개인정보처리자는 개인정보의 처리 목적에 필요한 범위에서 개인정보의 정확성, 완전성 및 최신성이 보장되도록 하여야 한다. 넷째, 개인정보처리자는 개인정보의 처리 방법 및 종류 등에 따라 정보주체의 권리가 침해받을 가능성과 그 위험 정도를 고려하여 개인정보를 안전하게 관리하여야 한다. 다섯째, 개인정보처리자는 개인정보 처리방침 등 개인정보의 처리에 관한 사항을 공개하여야 하며, 열람청구권 등 정보주체의 권리를 보장하여야 한다. 여섯째, 개인정보처리자는 정보주체의 사생활 침해를 최소화하는 방법으로 개인정보를 처리하여야 한다. 일곱째, 개인정보처리자는 개인정보의 익명 또는 가명처리가 가능한 경우에는 익명, 가명의 우선순위로 처리될 수 있도록 하여야 한다. 여덟째, 개인정보처리자는 이 법 및 관계 법령에서 규정하고 있는 책임과 의무를 준수하고 실천함으로써 정보주체의 신뢰를 얻기 위하여 노력하여야 한다.

다. 정보주체의 권리

정보주체는 자신의 개인정보 처리와 관련하여 다음의 권리, 첫째, 개인정보의 처리에 관한 정보를 제공받을 권리, 둘째, 개인정보의 처리에 관한 동의 여부, 동의 범위 등을 선택하고 결정할 권리, 셋째, 개인정보의 처리 여부를 확인하고 개인정보에 대하여 열람(사본의 발급을 포함)을 요구할 권리, 넷째, 개인정보의 처리 정지, 정정·삭제 및 파기를 요구할 권리. 다섯째, 개인정보의 처리로 인하여 발생한 피해를 신속하고 공정한 절차에 따라 구제받을 권리를 가진다.20)

라. 개인정보보호위원회

개인정보보호위원회(이하 '보호위원회'로 약칭한다)는 실질적인 개인정보보호 정책의 수립 및 집행, 감독기구로서 위상에 맞는 조사, 처분권을 포함한 행정 권을 갖고 있다.21) 또한 자료제출 요구권, 개인정보보호 인증, 개인정보 영향 평가, 과태료의 부과, 고발 및 징계권고 등의 권한을 가지고,22) 비금융 법인에 대한 신용정보관련 자료제출요구, 검사권, 출입권, 질문권, 시정명령, 과징금 및 과태료 부과 등 집행권한을 보유하고 있으며,23) 위치정보법의 집행기능도 방송통신위원회와 공동으로 담당하여 개인정보보호법의 일반법과 보호위원회 의 독립기관으로서의 위상과 실질을 갖추었다.24)

2. 개인정보의 수집, 이용과 제공의 제한

가. 수집과 이용의 제한

개인정보처리자가 개인정보를 수집하여 그 수집 목적의 범위에서 이용할 수 있는 가장 포괄적인 근거는 정보주체의 동의이지만 예외적으로 (i) 법률에 특별한 규정이 있거나 법령상 의무를 준수하기 위하여 불가피한 경우, (ii) 정 보주체와의 계약의 체결 및 이행을 위하여 불가피하게 필요한 경우, (iii) 정보 주체 또는 그 법정대리인이 의사표시를 할 수 없는 상태에 있거나 주소불명 등 으로 사전 동의를 받을 수 없는 경우로서 명백히 정보주체 또는 제3자의 급박 한 생명·신체·재산의 이익을 위하여 필요하다고 인정되는 경우 및 (iv) 개인 정보처리자의 정당한 이익을 달성하기 위하여 필요한 경우로서 명백하게 정보 주체의 권리보다 우선하는 경우에는 정보의 수집이 허용된다.25)

개인정보처리자는 정보주체의 동의를 받을 때에는 개인정보의 수집·이용 목적, 수집하려는 개인정보의 항목, 개인정보의 보유 및 이용 기간, 동의를 거 부할 권리가 있다는 사실 및 동의 거부에 따른 불이익이 있는 경우에는 그 불 이익의 내용 등을 정보주체에 알려야 한다.26) 개인정보처리자는 당초 수집 목 적과 합리적으로 관련된 범위 내에서 정보주체에게 불이익이 발생하는지 여부, 암호화 등 안전성 확보에 필요한 조치를 하였는지 여부 등을 고려하여 일정 범 위 내에서 정보주체의 동의 없이 개인정보를 이용할 수 있다.27)28)

나. 제공의 제한

개인정보처리자는 정보주체의 동의를 받거나29), 개인정보를 수집한 목적 범위 내이거나, 이와 합리적 관련성이 있고 안전성 확보조치를 취한 경우에는 정보주체의 개인정보를 제3자에게 제공할 수 있다.30)

다. 정보주체의 동의를 받는 방법

정보주체의 동의권이 실질적으로 정보주체의 권익향상에 도움이 되지 못한다는 지적에도 불구하고[31] 동의가 정보수집 및 그 이용을 정당화하는 기본적 수단으로 자리매김하면서 동의를 받는 방법에 관한 구체적 규정을 두게 되었다. 먼저, 개인정보처리자는 법률에 따른 개인정보의 처리에 대하여 정보주체의 동의를 받을 때에는 각각의 동의 사항을 구분하여 정보주체가 이를 명확하게 인지할 수 있도록 알리고 각각 동의를 받아야 한다.[32] 이때 개인정보의 수집·이용 목적, 수집·이용하려는 개인정보의 항목 등 일정한 중요한 내용[33]을 일정한 방법에 따라[34] 명확히 표시하여 알아보기 쉽게 하여야 한다.[35] 개인정보처리자는 또한 정보주체와의 계약 체결 등을 위하여 정보주체의 동의 없이 처리할 수 있는 개인정보와 정보주체의 동의가 필요한 개인정보를 구분하여야 한다. 이 경우 동의 없이 처리할 수 있는 개인정보라는 입증책임은 개인정보처리자가 부담한다.[36]

개인정보처리자는 정보주체에게 재화나 서비스를 홍보하거나 판매를 권유하기 위하여 개인정보의 처리에 대한 동의를 받으려는 때에는 정보주체가 이를 명확하게 인지할 수 있도록 알리고 동의를 받아야 한다.[37] 개인정보처리자는 정보주체가 선택적으로 동의할 수 있는 사항을 동의하지 아니한다는 이유로 정보주체에게 재화 또는 서비스의 제공을 거부할 수 없다.[38] 개인정보처리자는 만 14세 미만 아동의 개인정보를 처리하기 위하여 법률에 따른 동의를 받아야 하는바[39] 이 경우 법정대리인의 동의를 받기 위하여 필요한 최소한의 정보는 법정대리인의 동의 없이 해당 아동으로부터 직접 수집할 수 있다.[40]

라. 공개된 개인정보 수집의 자유

대법원은 법률정보 제공 사이트를 운영하는 甲 주식회사가 공립대학교인 乙 대학교 법과대학 법학과 교수로 재직 중인 丙의 사진, 성명, 성별, 출생연도, 직업, 직장, 학력, 경력 등의 개인정보를 위 법학과 홈페이지 등을 통해 수집하여 위 사이트 내 '법조인' 항목에서 유료로 제공한 사안에서, 이미 공개된 개인정보를 정보주체의 동의가 있었다고 객관적으로 인정되는 범위 내에서 수집·이용·제공 등 처리를 할 때 정보주체의 별도의 동의가 필요하지 않으며 동의를 받지 아니한 甲 회사의 행위를 丙의 개인정보자기결정권을 침해하는 위법한 행위로 평가하거나, 甲 회사가 개인정보 보호법을 위반하였다고 볼 수 없다고 판시하였다.[41]

3. 개인정보의 수집 등의 제한

가. 수집제한

개인정보처리자는 개인정보를 수집하는 경우에는 그 목적에 필요한 최소한의 개인정보를 수집하여야 한다. 이 경우 최소한의 개인정보 수집이라는 입증책임은 개인정보처리자가 부담한다.[42] 개인정보처리자는 정보주체의 동의를 받아 개인정보를 수집하는 경우 필요한 최소한의 정보 외의 개인정보 수집에는 동의하지 아니할 수 있다는 사실을 구체적으로 알리고 개인정보를 수집하여야 한다.[43] 개인정보처리자는 정보주체가 필요한 최소한의 정보 외의 개인정보 수집에 동의하지 아니한다는 이유로 정보주체에게 재화 또는 서비스의 제공을 거부하여서는 아니 된다.[44]

나. 이용과 제공의 제한

개인정보처리자는 개인정보를 고지된 범위를 초과하여 이용하거나 제3자에게 제공하여서는 아니 된다. 그러나 별도로 동의를 받거나, 다른 법률에 특별한 규정이 있거나, 통계학술 목적을 위한 필요에서 비식별화 처리를 하여 제공하는 경우 등에는 정보주체 또는 제3자의 이익을 부당하게 침해할 우려가 있을 때를 제외하고는 개인정보를 목적 외의 용도로 이용하거나 이를 제3자에게 제공할 수 있다.[45] 개인정보처리자가 위의 예외에 해당하여 개인정보를 목적 외의 용도로 제3자에게 제공하는 경우에는 개인정보를 제공받는 자에게 이용 목적, 이용 방법, 그 밖에 필요한 사항에 대하여 제한을 하거나, 개인정보의 안전성 확보를 위하여 필요한 조치를 마련하도록 요청하여야 하고 이 요청을 받은 자는 개인정보의 안전성 확보를 위하여 필요한 조치를 하여야 한다.[46]

〈 정보통신서비스사업자의 회원정보 목적 외 사용 사례 〉

대법원은 정보통신서비스제공자인 원고가 번호유지기간 내에 있는 선불폰 서비스 이용자들을 대상으로 개인정보를 이용하여 임의로 일정 금액을 충전하는 이른바 '부활충전'은, 이용자의 충전금액에 따라 서비스 사용기간이 변동되고 이용자가 더 이상 충전하지 않으면 일정 기간 경과 후 자동으로 해지되는 선불폰 서비스 이용계약의 핵심적인 내용에 비추어 선불폰 서비스 제공자인 원고가 고객인 이용자들을 위하여 일정한 금액을 충전하여 주는 것도 이용자들의 의사에 합치할 때에만 허용된다고 보아야 하는 점, 선불폰 서비스를 계속 이용할 의사가 확인되지 아니한 이용자에게 원고가 임의로 일정 금액을 충전한 것은 선불폰 서비스 이용계약을 체결한 이용자들이 당연히 예상할 수 있는 범위 내의 서비스라고 보기 어려운 점, 선불폰 서비스 이용계약에서 정한 일정 기간이 경과하면 당연히 계약이 해지될 것을 기대하고 있던 이용자의 경우에는 더 이상 자신의 명의로 사용할 의사가 없는 선불폰 가입번호가 계속 사용할 수 있는 상태로 유지됨으로 인하여 불측의 손해를 입게 될 염려도 배제할 수 없는 점 등의 사정을 종합하면 (구)정보통신망법 제24조에서 금지하는 '이용자로부터 동의받은 목적과 다른 목적으로 개인정보를 이용한 것'에 해당된다고 판시하였다.[47]

다. 민감정보의 처리 제한

개인정보처리자는 위에서 언급한 민감정보 즉 사상·신념, 노동조합·정당의 가입·탈퇴, 정치적 견해, 건강, 성생활 등에 관한 정보, 그 밖에 정보주체의 사생활을 현저히 침해할 우려가 있는 일정한 정보[48]를 처리하여서는 아니 된다. 다만, 정보주체의 동의를 받거나 다른 법령에서 이를 허용하는 경우에는 그러하지 아니하다.[49]

라. 주민등록번호 등 고유식별정보의 처리 제한

1) 고유식별정보의 처리 제한(개인정보보호법 제24조)

개인정보처리자는 정보주체의 동의를 받거나 법령상 구체적으로 허용된 경우를 제외하고는 주민등록번호, 여권번호, 운전면허번호, 외국인등록번호와 같이 관계 법령에 따라 개인을 고유하게 구별하기 위하여 부여된 식별정보(이하 "고유식별정보")를 처리할 수 없다.[50] 개인정보처리자가 고유식별정보를 처리하는 경우에는 그 고유식별정보가 분실·도난·유출·위조·변조 또는 훼손되지 아니하도록 일정한[51] 암호화 등 안전성 확보에 필요한 조치를 하여야 한다. 보호위원회는 공공기관과 5만명 이상의 정보주체에 관한 고유식별정보를 처리하는 자에 대하여 개인정보처리자가 안전성 확보에 필요한 조치를 하였는지에 관하여 정기적으로 조사하여야 한다.[52]

2) 주민등록번호의 처리제한(개인정보보호법 제24조의2)

주민등록번호에 대해서는 더욱 엄격하게 법규에서 구체적으로 허용되거나, 정보주체 또는 제3자의 급박한 보호를 위하여 명백히 필요하거나, 그에 준하는 상황으로 보호위원회가 고시하는 경우를 제외하고는 주민등록번호를 처리할 수 없도록 하였다.[53] 또한 개인정보처리자는 주민등록번호가 분실·도난·유출·위조·변조 또는 훼손되지 아니하도록 암호화 조치를 통하여 안전하게 보관하여야 한다.[54] 나아가 개인정보처리자는 허용된 주민등록번호를 처리하는 경우에도 정보주체가 인터넷 홈페이지를 통하여 회원으로 가입하는 단계에서는 주민등록번호를 사용하지 아니하고도 회원으로 가입할 수 있는 방법을 제공하여야 한다.[55]

〈 보호위원회 심의 의결 사례 〉

보건소가 관할지역내 만65세 이상 기초생활수급자를 대상으로 대상포진 예방접종 무료 시행을 안내하고 상담 업무를 수행하기 위하여 구청으로부터 대상자의 성명, 연락처, 주소, 주민등록번호를 제공받을 수 있는지에 관한 질의에 대하여 보호위원회는 성명, 연락처, 주소는 법 제18조 제2항 제5호에 따라 제공받을 수 있으나 주민등록번호는 대상포진이 감염병예방법이 적용되는 감염병이 아닌 이상 개인정보보호법 제24조의2 제1항 제1호에 해당하지 않으므로 예방접종통합관리시스템을 통해 접종 내역을 확인할 법령상의 근거는 없고 보건소는 전화 또는 우편 발송 등을 통해 대상포진 예방접종의 무료시행을 안내하고 대상자가 보건소에 방문할 경우 본인 동의를 받아 접종이력을 확인할 수 있으므로 본 건 업무 수행을 위하여 주민등록번호를 사전에 제공받아야 할 이유는 없는 것으로 판단하였다.[56]

마. CCTV 설치 제한

누구든지 법령에서 구체적으로 허용되거나, 범죄의 예방 및 수사를 위하여 필요하거나, 시설안전 및 화재 예방을 위하여 필요하거나, 교통단속 또는 교통정보의 수집 등을 위하여 필요한 경우를 제외하고는 공개된 장소에 영상정보처리기기를 설치·운영하여서는 아니 된다.[57] 불특정 다수가 이용하는 목욕실, 화장실, 발한실(發汗室), 탈의실 등 개인의 사생활을 현저히 침해할 우려가 있는 장소의 내부를 볼 수 있도록 영상정보처리기기를 설치·운영하는 것도 금지된다. 다만, 교도소, 정신보건 시설 등 법령에 근거하여 사람을 구금하거나 보호하기 위한 일정 시설에는 설치할 수 있다.

〈 보호위원회 심의 의결 사례 〉

차량 소유자가 자신의 차량을 훼손한 사람의 과실 여부를 판단하기 위해 영상정보의 열람을 청구하는 경우, 쌍방폭행의 일방 당사자가 당시 상황을 확인하기 위해 영상정보의 열람을 청구하는 경우, 개한테 물린 사람이 견주의 과실 여부를 판단하기 위해 영상정보의 열람을 청구하는 경우 등에는, 제3자에 대해 보호조치를 취하더라도 정보주체가 제3자를 쉽게 식별할 수 있는 데, 이를 이유로 정보주체의 열람을 거부할 수 있는지에 대한 모 구청의 질의에 대하여 보호위원회는 정보주체는 개인정보처리자가 자신에 관하여 어떤 정보를 보유하고 있고 어떻게 활용하고 있으며 개인정보처리자가 보유하는 개인정보가 정확한지 여부를 확인할 수 있는 권리를 가지며 이와 같은 정보주체의 권리는 개인정보자기결정권의 핵심을 이루는 점, 개인영상정보에 포함된 제3자에 대하여 보호조치를 취한 경우 정보주체 외의 자는 제3자를 알아볼 수 있는 가능성이 낮아 제3자의 사생활 침해의 우려가 크다고 보기 어려운 점, 정보주체가 개인영상정보를 무분별하게 이용할 경우 제3자는 손해배상 등 다른 구제수단을 취할 수 있는 점 등을 고려할 때 정보주체가 보호조치된 제3자를 식별할 수 있다는 특수한 주관적 사정을 이유로 개인정보 열람 요구권을 제한하는 것은 헌법상 보장되고 있는 개인정보자기결정권에 대한 지나친 제약이기에 정보주체가 개인영상정보 열람·존재확인 청구서상 청구 목적이 오로지 제3자의 이익을 해하기 위한 것으로 추정되는 등 당해 열람이 다른 사람의 생명·신체를 해할 우려가 있거나 다른 사람의 재산과 그 밖의 이익을 부당하게 침해할 우려가 있다고 인정할 만한 특별한 사정이 없는 이상 정보주체가 보호조치된 제3자를 알아볼 수 있다는 이유만으로 개인영상정보 열람을 거절할 수는 없다고 판단하였다.[58]

4. 가명정보 처리의 허용

데이터경제를 육성하기 위해서는 개인정보의 보호 못지않게 안전한 활용이 중요하다는 인식이 확산되고 있다. 그 결과 개인정보의 가명화, 익명화를 통한 활용의 길을 열어주자는 요청이 증대되어 2020년 개정법은 가명정보 개념을 도입하고 통계작성, 과학적 연구, 공익적 기록 보존의 목적으로 정보주체의 동의 없이도 가명정보를 처리할 수 있도록 한다. 여기서 과학적 연구에는 기술의 개발과 실증, 기초연구뿐만 아니라 응용연구 및 민간 투자 연구도 포함된다. 가명정보를 제3자에게 제공하는 경우에는 특정 개인을 알아보기 위해 사용될 수 있는 정보를 포함하여서는 아니 된다.[59]

기업 내부의 가명정보 결합은 자유롭게 수행할 수 있으나 다른 기업 간 가명정보 결합은 보안시설을 갖춘 국가지정 전문기관에서 수행한다. 가명정보를 처리하는 경우에는 원래의 상태로 복원하기 위한 추가 정보를 별도로 분리하여 보관·관리하는 등 안전성 확보에 필요한 기술적, 관리적 조치를 하여야 한다. 정보처리자는 가명정보를 처리하는 과정에서 특정 개인을 알아볼 수 있는 정보가 생성된 경우 이를 회수·파기하고 처리를 중지하여야 한다.[60]

5. 개인정보의 안전한 관리의무

가. 안전조치의무

개인정보처리자는 개인정보가 분실·도난·유출·위조·변조 또는 훼손되지 아니하도록 내부 관리계획 수립, 접속기록 보관 등 대통령령으로 정하는 바에 따라 안전성 확보에 필요한 기술적·관리적 및 물리적 조치를 하여야 한다.[61]

나. 개인정보 처리방침의 수립 및 공개의무

개인정보처리자는 개인정보 처리방침을 정하여야 하는바 그 방침에는 다음과 같은 사항, 첫째 개인정보의 처리 목적, 둘째 개인정보의 처리 및 보유 기간, 셋째 개인정보의 제3자 제공에 관한 사항(해당되는 경우), 넷째 개인정보처리의 위탁에 관한 사항(해당되는 경우), 다섯째 정보주체와 법정대리인의 권리·의무 및 그 행사방법에 관한 사항, 여섯째 개인정보 보호책임자의 성명 또는 개인정보 보호업무 및 관련 고충사항을 처리하는 부서의 명칭과 전화번호 등 연락처, 일곱째 인터넷 접속정보파일 등 개인정보를 자동으로 수집하는 장치의 설치·운영 및 그 거부에 관한 사항(해당되는 경우), 여덟째 그 밖에 개인정보의 처리에 관하여 법령으로 정한 사항이 포함되어야 한다.[62]

개인정보처리자가 개인정보 처리방침을 수립하거나 변경하는 경우에는 정보주체가 쉽게 확인할 수 있도록 일정한 방법에 따라 공개하여야 한다.[63] 개인정보 처리방침의 내용과 개인정보처리자와 정보주체 간에 체결한 계약의 내용이 다른 경우에는 정보주체에게 유리한 것을 적용한다.[64]

다. 개인정보 보호책임자의 지정

개인정보처리자는 개인정보의 처리에 관한 업무를 총괄해서 책임질 개인정보 보호책임자를 지정하여야 하며 개인정보 보호책임자는 다음과 같은 업무, 첫째, 개인정보 보호 계획의 수립 및 시행, 둘째, 개인정보 처리 실태 및 관행의 정기적인 조사 및 개선, 셋째, 개인정보 처리와 관련한 불만의 처리 및 피해구제, 넷째, 개인정보 유출 및 오용·남용 방지를 위한 내부통제시스템의 구축, 다섯째, 개인정보 보호 교육 계획의 수립 및 시행, 여섯째, 개인정보파일의 보호 및 관리·감독, 일곱째, 그 밖에 개인정보의 적절한 처리를 위하여 법령으로 정한 업무를 수행한다.[65]

개인정보 보호책임자는 업무를 수행함에 있어서 필요한 경우 개인정보의 처리 현황, 처리 체계 등에 대하여 수시로 조사하거나 관계 당사자로부터 보고를 받을 수 있고,(66) 개인정보 보호와 관련하여 개인정보보호법 및 다른 관계 법령의 위반 사실을 알게 된 경우에는 즉시 개선조치를 하여야 하며, 필요하면 소속 기관 또는 단체의 장에게 개선조치를 보고하여야 한다.(67) 개인정보처리자는 개인정보 보호책임자가 업무를 수행함에 있어서 정당한 이유 없이 불이익을 줄 수 없다.(68)

라. 개인정보 영향평가

공공기관은 일정한 기준에 해당하는(69) 개인정보파일의 운용으로 인하여 정보주체의 개인정보 침해가 우려되는 경우에는 그 위험요인의 분석과 개선 사항 도출을 위한 평가(이하 "영향평가")를 하고 그 결과를 보호위원회에 제출하여야 한다. 이 경우 공공기관은 영향평가를 보호위원회가 지정하는 기관 중에서 의뢰하여야 한다. 영향평가를 하는 경우에는 처리하는 개인정보의 수, 개인정보의 제3자 제공 여부, 정보주체의 권리를 해할 가능성 및 그 위험 정도 기타 일정한 사항을(70) 고려하여야 한다.(71)

마. 개인정보 유출 통지

개인정보처리자는 개인정보가 유출되었음을 알게 되었을 때에는 지체 없이 해당 정보주체에게 유출된 개인정보의 항목, 유출시점과 경위, 정보주체의 피해최소화 방법, 정보처리자의 대응조치 및 피해구제절차, 피해신고나 상담을 위한 연락처 등을 알려야 한다.(72) 개인정보처리자는 개인정보가 유출된 경우 그 피해를 최소화하기 위한 대책을 마련하고 필요한 조치를 하여야 하고,(73) 일정 규모 이상의 개인정보가 유출된 경우에는 유출 통지 및 그에 따른 조치 결과를 지체 없이 행정안전부 또는 일정한 전문기관에 신고하여야 한다.(74) 이 경우 그 전문기관은 피해 확산방지, 피해 복구 등을 위한 기술을 지원할 수 있다.(75)

유출 통지의 시기, 방법 및 절차는 다음과 같다.(76) 개인정보처리자는 개인정보가 유출되었음을 알게 되었을 때에는 서면 등의 방법으로 지체 없이 위에 언급된 사항을 정보주체에게 알려야 한다. 다만, 유출된 개인정보의 확산 및 추가 유출을 방지하기 위하여 접속경로의 차단, 취약점 점검·보완, 유출된 개인정보의 삭제 등 긴급한 조치가 필요한 경우에는 그 조치를 한 후 지체 없이 정보주체에게 알릴 수 있다. 개인정보처리자는 구체적인 유출 내용을 확인하지 못한 경우에는 먼저 개인정보가 유출된 사실과 유출이 확인된 사항만을 서면 등의 방법으로 먼저 알리고 나중에 확인되는 사항을 추가로 알릴 수 있다. 1천 명 이상의 정보주체에 관한 개인정보가 유출된 경우에는 서면 등의 방법과 함께 인터넷 홈페이지에 정보주체가 알아보기 쉽도록 일정 사항을 7일 이상 게 재하여야 한다. 다만, 인터넷 홈페이지를 운영하지 아니하는 개인정보처리자의 경우에는 서면 등의 방법과 함께 사업장 등의 보기 쉬운 장소에 7일 이상 게시 하여야 한다.

〈 개인정보 분쟁조정위원회 의결사례 〉

피신청인 회사 회계담당자는 전 직원을 대상으로 연말정산 결과확인을 위해 원천징 수영수증을 첨부한 전자우편을 전송하면서 실수로 신청인의 원천징수영수증을 80여 명에게 전송하였다. 여기에는 신청인의 이름, 주민등록번호, 주소, 부양가족을 포함한 소득·정산 명세내역이 포함되었다. 피신청인은 실수를 확인하고 이를 신청인 및 모든 직원에게 통지하였다. 나아가 잘못 전송된 전자우편에 대한 발송 취소 및 이미 열람 한 직원의 우편함에서 해당 전자우편을 삭제하도록 하였다. 또한 신청인에게 피해 발 생 시 구제조치에 대한 서약서를 전달하였다. 분쟁조정위원회는 피신청인이 신청인 개인정보를 유출한 행위는 개인정보보호법 제29조의 안전조치의무를 위반한 것으로, 사후 후속조치에 대해서는 적절한 것으로 판단하였다. 위원회는 피신청인이 신청인에 게 정신적 손해를 배상할 책임이 있음을 인정하면서도 피신청인이 피해 최소화를 위 해 적극적 후속 조치를 한 점을 고려하여 금 100,000원의 손해배상 지급과 담당직원에 대한 정기적 교육을 결정하였다.[77]

바. 개인정보보호 관리체계 인증

보호위원회는 개인정보처리자의 개인정보 처리 및 보호와 관련한 일련의 조치가 이 법에 부합하는지 등에 관하여 인증할 수 있는바 이 인증의 유효기간 은 3년이다.[78] 보호위원회의 지정에 따라 한국인터넷진흥원은 '정보보호 및 개 인정보보호 관리체계 인증'(ISMS-P: Personal Information & Information Security System)제도를 운용하여 정보 침해 및 유출 사고에 대한 예방적 대비를 하고 있 다.

6. 개인정보 침해자의 손해배상책임

정보주체의 권리가 침해된 경우 정보주체는 개인정보보호법에 근거하거나 침해자와 체결한 계약에 근거하여 손해배상을 청구할 수 있다. 정보주체가 입 은 피해를 용이하게 구제하기 위하여 개인정보보호법은 구체적 입증 없이도 법원 판결을 통해 300만원 범위 내에서 보상받을 수 있는 법정손해배상, 개인 정보 분쟁조정, 단체소송 제도가 있다. 동법은 고의·과실에 대한 입증책임을 전환하여 개인정보처리자는 고의 또는 과실이 없음을 입증하지 아니하면 책임을 면할 수 없도록 하였다.[79] 또한 개인정보처리자의 고의 또는 중대한 과실로 인하여 개인정보가 분실·도난·유출·위조·변조 또는 훼손된 경우로서 정보주체에게 손해가 발생한 때에는 법원은 그 손해액의 3배를 넘지 아니하는 범위에서 손해배상액을 정할 수 있다.[80] 배상액 산정 시 다음과 같은 사항, 첫째 고의 또는 손해 발생의 우려를 인식한 정도, 둘째 위반행위로 인하여 입은 피해 규모, 셋째 위법행위로 인하여 개인정보처리자가 취득한 경제적 이익, 넷째 위반행위에 따른 벌금 및 과징금, 다섯째 위반행위의 기간·횟수 등, 여섯째 개인정보처리자의 재산상태, 일곱째 개인정보처리자가 정보주체의 개인정보 분실·도난·유출 후 해당 개인정보를 회수하기 위하여 노력한 정도, 여덟째 개인정보처리자가 정보주체의 피해구제를 위하여 노력한 정도가 고려된다.[81]

또한 정보주체에게 손해액에 대한 입증의 부담도 덜어주고 있다. 정보주체는 개인정보처리자의 고의 또는 과실로 인하여 개인정보가 분실·도난·유출·위조·변조 또는 훼손된 경우에는 300만원 이하의 범위에서 상당한 금액을 손해액으로 하여 배상을 청구할 수 있으며,[82] 법원은 변론 전체의 취지와 증거조사의 결과를 고려하여 상당한 손해액을 인정할 수 있다.[83] 개인정보처리자가 집단분쟁조정을 거부하거나 결과를 수용하지 않을 경우 소비자 단체 등 일정한 자격을 가진 단체가[84] 법원에 권리구제 침해행위의 금지·중지를 구하는 단체소송을 제기할 수 있도록 하는 특칙도 두고 있다. 개인정보처리자는 손해배상책임의 이행을 위하여 보험 또는 공제에 가입하거나 준비금을 적립하는 등 필요한 조치를 취하여야 한다.[85]

계약에 의거한 손해배상청구의 예로 정보통신서비스계약 위반을 들 수 있다. 정보통신서비스 제공자의 경우 이용자가 제공한 성명, 주민등록번호, 아이디, 비밀번호 등의 개인정보를 보호할 의무가 있으며 정보통신서비스 제공자가 서비스 이용약관을 통해 이용자로 하여금 개인정보를 필수적으로 제공하도록 요청하여 이를 수집하는 경우에는 위와 같이 수집한 이용자의 개인정보가 유출되지 않도록 적절한 보안시스템을 구축하고, 개인정보의 취급과정에서 안정성 확보에 필요한 합리적인 수준의 기술적 및 관리적 대책을 수립·운영할 계약상의 의무를 부담하므로 서비스 이용자는 정보통신서비스 제공자가 개인정보보호에 실패하여 개인정보유출사고 등이 발생했을 경우 개인정보보호법에 의거 위에서 본 바와 같이 손해배상을 청구할 수 있고 그 외에 정보통신서비스계약상 채무불이행에 따른 손해배상을 청구할 수도 있다. 이 경우 정보통신서비스 제공자는 채무불이행에 관하여 자기에게 과실이 없음을 주장·증명하지 못하는 한 책임을 면할 수 없다. 이용자에게 정보통신서비스 제공자가 계약상 요구되는 기술적·관리적 보호조치의무를 위반한 사실을 주장·증명할 책임이 있다는 하급심 판결[86]이 있으나 이용자는 자신의 개인정보가 정보통신서비스 제공자로부터 유출된 사실을 주장·증명하면 족하고 개인정보보호조치의무를 다하였는지 여부는 정보통신서비스제공자가 면책을 위하여 주장·증명할 사항이라 할 것이다.

7. 국제적 정보통신서비스제공자의 개인정보보호

2018년 개정 정보통신망법은 국내에 주소 또는 영업소가 없는 정보통신서비스 제공자 중 일정한 기준을 충족하는 자는 국내에 대리인을 지정하도록 하고, 국내대리인은 개인정보 보호책임자의 업무, 개인정보 유출 등의 통지·신고 및 지체 사유 소명, 조사에 필요한 자료제출 등의 업무를 수행하도록 하였으며, 이미 국외 이전된 개인정보를 제3국으로 재이전하는 경우에도 국외 이전과 동일하게 동의를 받도록 하고, 국외 이전과 관련하여 상호주의를 적용할 근거를 마련하였다. 2020년 개인정보보호법이 개정되면서 정보통신망법 중 개인정보보호법과 동일한 규정은 삭제되었으며 개인정보보호법상 일반규정과 차이가 있는 규정들은 개인정보보호법 제6장에 특례규정으로 이전된 결과 정보통신서비스제공자는 개인정보보호위원회의 관할 아래로 들어오면서도 약간의 차별성이 잔존하는 규제를 받게 되었다.

8. 개인정보분쟁의 해결

개인정보에 관한 분쟁이 발생하였을 때, 과도한 비용 없이 신속하게 분쟁을 해결함으로써 개인정보 침해를 당한 국민의 피해에 대하여 신속하고 원만하게 피해를 구제하기 위하여 개인정보분쟁조정위원회를 두고 있으며 동위원회는 개인정보 분쟁조정과 집단분쟁조정으로 구분하여 조정절차를 운영하고 있다.[87] 개인정보 유출 및 오남용 사고는 대부분 문제된 개인정보의 항목이나 피해의 유형이 비슷한 무수한 개인정보가 관련된다. 이들을 개별적인 분쟁조정 절차를 통해서 처리하게 되면 발생하는 비효율을 제거하고 하나의 분쟁조정절차를 통해 일괄적으로 해결하는 것이 집단분쟁조정제도이다. 집단분쟁조정절차는 피해 또는 권리침해를 입은 정보주체의 수가 50인 이상이며 쟁점이 동일하여야 한다. 개인정보분쟁조정위원회 홈페이지(www.kopico.go.kr)에서 온라인

또는 서면으로 분쟁조정을 신청할 수 있다. 분쟁조정위원회의 연도별, 종결유
형별 사건처리 현황은 아래 표와 같다.

▼ 표 4-1-1 분쟁조정위원회의 사건처리 현황

(출처: 분쟁조정위원회, 단위: 건)

종결 유형	2011년	2012년	2013년	2014년	2015년	2016년	2017년	2018년
조정 전 합의	21	32	40	21	15	28	70	48
조정성립	30	29	14	12	20	6	18	13
조정불성립	19	15	10	20	15	15	25	39
기 각	55[88]	20	8	11	17	26	15	22
각 하	1	3	18	26[89]	4[90]	4	2	1
신청취하	–	44	83	66	63	89	161	152
합 계	126	143	173	395	134	168	291	275

Ⅳ. 다른 법률상 개인정보보호

1. 신용정보의 보호

신용정보업을 건전하게 육성하고 신용정보의 효율적 이용과 체계적 관리
를 도모하며 신용정보의 오용·남용으로부터 사생활의 비밀 등을 적절히 보호
하기 위하여 「신용정보의 이용 및 보호에 관한 법률」(약칭: 신용정보법)이 제정
되었다. "신용정보"란 금융거래 등 상거래에 있어서 거래 상대방의 신용을 판
단할 때 필요한 특정 신용정보주체를 식별할 수 있는 정보와 신용정보주체의
거래내용, 신용도, 신용거래능력을 판단할 수 있는 정보 등을 말한다.

금융거래에서 생성되는 다양한 데이터를 수집, 분석, 활용하여 금융혁신과
융합산업 육성의 계기를 마련하기 위하여 2020년 신용정보보호법이 개정되었
다. 개인정보와 관련된 내용을 중심으로 살펴보면, 첫째, 금융분야에서 빅데이
터 분석을 위하여 가명·익명처리된 개인신용정보를 이용하고 이종 산업 간의
데이터 결합을 허용하면서도 안전성을 담보하기 위한 규정을 마련하였다. 둘
째, 개인사업자의 신용정보를 수집하고 신용상태를 평가, 제공하는 행위를 영
업으로 하는 개인사업자신용평가업을 도입하였다. 셋째, 개인인 신용정보주체
의 신용관리를 지원하기 위하여 신용정보를 가공하여 그 본인에게 제공하는

행위를 영업으로 하는 본인신용정보관리업(MyData)의 도입근거를 마련하였다. 이들은 데이터 분석 및 컨설팅, 개인정보 자기결정권의 대리행사, 투자일임업·투자자문업 등을 겸영할 수 있다. 넷째, 금융위원회가 금융회사 등의 정보활용 동의사항에 대하여 등급을 부여하고, 금융회사 등은 그 동의등급을 신용정보주체에게 알리고 정보활용 동의를 받도록 하였다. 다섯째, 개인 신용정보주체가 금융회사, 정부·공공기관 등에 대하여 본인에 관한 개인신용정보를 본인이나 본인신용정보관리회사, 다른 금융회사 등에게 전송할 것을 요구할 수 있는 전송요구권을 도입하였다. 여섯째, 개인 신용정보주체가 금융회사 등에게 자동화평가 실시 여부 및 평가결과, 주요기준, 기초자료 등의 설명을 요구하고, 자신에게 유리한 정보의 제출 또는 기초정보의 정정·삭제, 자동화평가 결과의 재산출을 요구할 수 있는 권리를 도입하였다. 일곱째, 신용정보회사등이 고의 또는 중대한 과실로 이 법을 위반하여 개인신용정보가 누설되거나 분실·도난·누출·변조 또는 훼손되어 신용정보주체에게 피해를 입힌 경우에는 그 손해의 5배를 넘지 아니하는 범위에서 배상하도록 하여 국내법상 최초로 5배 배상제를 도입하였다. 여덟째, 통상적으로 상거래가 종료된 이후 5년 이내에 개인신용정보를 삭제해야 하지만 가명정보의 경우 이용 목적 및 가명조치의 기술적 특성, 정보의 속성 등을 고려하여 보존기간을 보다 더 길게 정할 수 있도록 하였다.

2. 통신정보의 보호

통신비밀 보호의 헌법적 근거[91]인 헌법 제18조는 "모든 국민은 통신의 비밀을 침해받지 아니한다."라고 명시하여 통신비밀의 자유와 보호를 국민의 기본권으로 보장하고 있는데, 이는 사적 영역에 속하는 개인 간의 의사소통을 사생활의 일부로서 보장하겠다는 취지에서 비롯된 것이다.[92] 「통신비밀보호법」은 헌법 제18조가 보장하는 기본권을 직접적으로 규율하고 있으며, 동법 제3조[93]와 제14조[94]는 통신 및 대화비밀의 보호에 관하여, 제4조[95]는 불법검열·감청에 의해 얻어진 통신 내용의 증거능력에 대해 규정하고 있다.

전기통신사업법은 누구든지 전기통신사업자가 취급 중에 있는 통신의 비밀을 침해하거나 누설하여서는 아니 된다고 원칙을 선언하면서도,[96] 전기통신사업자는 법원, 검사 또는 수사관서의 장, 정보수사기관의 장이 재판, 수사, 형의 집행 또는 국가안전보장에 대한 위해를 방지하기 위한 정보수집을 위하여 이용자의 성명, 주민등록번호, 주소, 전화번호, 아이디, 가입일 또는 해지일 정보의 열람이나 제출(이하 "통신자료제공")을 요청하면 이에 따를 수 있도록 하고 있다.97) 통신자료제공 요청은 요청사유, 해당 이용자와의 연관성, 필요한 자료의 범위를 기재한 서면으로 하여야 한다. 다만, 서면으로 요청할 수 없는 긴급한 사유가 있을 때에는 서면에 의하지 아니하는 방법으로 요청할 수 있으며, 그 사유가 해소되면 지체 없이 전기통신사업자에게 자료제공요청서를 제출하여야 한다.98)

2010년, 경찰이 네이버 카페에 게시물을 게재한 회원 A의 인적사항 제공을 네이버에 요청하자, 네이버는 형식적·절차적 심사 후 해당회원의 아이디, 이름, 주민등록번호, 휴대폰번호, 가입일자, 이메일을 제공한 것이 위법한지 여부와 관련하여 대법원은 첫째, 형식적·절차적 요건을 심사해 제공했다면, 수사기관이 통신자료 제공요청 권한을 남용해 정보주체 또는 제3자의 이익을 부당하게 침해하는 것이 객관적으로 명백한 경우가 아닌 한 개인정보자기결정권 침해가 아니며, 사법기관이 아닌 전기통신사업자의 실질적 심사는 현실적으로 어렵고 오히려 범죄사실 누설, 사생활 침해, 수사기관의 권한남용 통제를 국가 아닌 사인에게 전가시키는 결과가 발생하며, 둘째, 전기통신사업법99)이 인적사항에 속하는 통신자료에 대해 서면요청만으로 제공 가능하도록 한 것은 수사상 신속을 위해 개인정보의 성격에 따라 영장 없이도 제공 가능하도록 한 것이며, 수사 초기단계에 피의자·피해자 특정을 위한 가장 기초적이고 신속히 확인해야 할 '인적사항'에 제공정보가 한정되므로 사익 침해가 크지 않다고 판단하고 사업자의 손해배상책임을 부인하였다.100)

3. 의료정보의 보호

의료인이나 의료기관 종사자는 법상 달리 허용되지 않는 이상 업무상 알게 된 정보를 누설하거나 발표하지 못한다. 환자가 아닌 다른 사람에게 본인의 동의 없이 의료기록을 열람하게 하거나 사본을 내주는 것은 해당 환자의 의식이 없거나 응급환자인 경우 또는 환자의 보호자가 없어 동의를 받을 수 없는 경우와 같이 엄격한 요건을 충족하지 않는 한 허용되지 않는다.101)

4. 위치정보의 보호

이동통신기술의 급속한 발달로 물류, 보안, 상거래 등에 위치정보를 이용하는 다양한 서비스가 등장하면서 개인위치정보가 유출, 남용되는 등 개인의 사생활이 침해될 우려가 커지자 2005년 「위치정보의 보호 및 이용 등에 관한 법률」 (약칭: 위치정보법) 제정으로 위치정보의 유출·오용 및 남용으로부터 사생활의 비밀을 보호하고 위치정보의 안전한 이용환경을 조성을 도모하게 되었다. 동법은 위치정보사업의 허가 및 위치기반서비스사업의 신고, 개인 또는 사물의 소유자의 동의 없는 위치정보 수집의 금지, 긴급구조를 위한 개인위치정보의 이용 등을 규정하였다. 2018년에는 동법을 개정하여 사물위치정보사업자에 대하여 방송통신위원회의 허가를 받도록 하던 것을 신고하도록 하여 진입규제를 완화하고, 1인 창조기업 또는 소상공인의 경우 위치기반서비스사업 신고 절차를 간소화하였으며, 사물위치정보에 대해서는 소유자의 사전 동의 없이도 위치정보를 처리할 수 있도록 하였다.

5. DNA신원확인정보의 보호

강력범죄를 저지른 사람의 디엔에이신원확인정보를 미리 확보·관리하는 디엔에이신원확인정보 데이터베이스 제도를 도입하여 범죄수사 및 범죄예방에 이바지하기 위하여 「디엔에이신원확인정보의 이용 및 보호에 관한 법률」(약칭: DNA법)이 2010.1.25. 제정되었다. 구속피의자 등에 대하여 불기소처분이 있거나 피의자의 죄명이 수사 또는 재판 중에 적용대상 범죄가 아닌 범죄로 변경되거나 법원에서 무죄, 면소, 공소기각 판결 또는 공소기각 결정이 확정된 경우, 당사자가 사망한 경우 등에는 디엔에이신원확인정보를 삭제하도록 하였다. 디엔에이신원확인정보담당자가 업무상 취득한 디엔에이 감식시료 또는 디엔에이신원확인정보를 업무 목적 외에 사용하거나 타인에게 제공 또는 누설하는 것은 금지되며 이를 위반한 경우 형사 처벌된다.

Ⅴ. 우리나라 개인정보보호 법제의 향후과제

2020년 이른바 '데이터 3법'(개인정보보호법, 정보통신망법, 신용정보보호법) 개정은 지능연결사회의 프라이버시와 개인정보보호 법제의 정비에 있어서 중요한 전기를 마련하고 있다. 과거 보호에 우위를 두고 데이터의 연결 자체를 백안시하던 입장에서 데이터의 연결을 허용하면서도 보호를 위한 안전장치를 강구하는 쪽으로 강조점의 전환을 이룬 것이다. 데이터 경제가 발전하고 사회 환경이 변화하는 만큼 금번 법개정이 최종적일 수는 없으며 지속적인 개정수요가 있을 것이다. 향후 추가적으로 검토될 수 있는 개인정보보호 관련 법제 개선방향을 몇 가지 살펴본다.

첫째, 데이터 3법 개정으로 중복 규제를 많이 해소하기는 하였으나 아직 완전한 것은 아니며 데이터 경제의 심화에 따라 특별법이 제정될수록 상호 중복과 모순 규정이 증가할 것이다. 동일 행위에 대해서는 동일한 사유로 이중 규제를 하지 않음을 명시하는 것이 바람직할 것이며,102) 규정 간 우위를 분명히 할 필요가 있다. 특히 개인정보보호법에 도입된 가명정보 처리에 관한 특례규정이 의료정보 등 민감정보에도 적용될 여지가 있는지 검토되어야 할 것이다.103)

둘째, 개인정보보호법은 역외 적용에 대한 대책을 정부에 주문할 뿐 분명히 규정하지 않아 국내에서 사업을 영위하지만, 사업장이 존재하지 않는 국외의 사업자에 대한 법 적용 여부가 불확실하다. 정보통신서비스 제공자의 경우 특례규정에서 개인정보의 역외 이전에 대해 규율하고 있으나 접근방법은 GDPR과 다르다. GDPR은 EU의 개인정보보호 수준보다 취약한 국가로 개인정보를 이전하는 경우 특별히 보호조치를 강화하는 경우에만 이를 허용하겠다는 입장이다. 반면 특례규정 제39조의12는 타국의 개인정보보호 수준에 대한 평가를 전제하지 않고 정보주체에 고지하고 동의 받을 것을 조건으로 국외 이전하는 정보통신서비스제공자가 이전받는 자의 적절한 기술적, 관리적 조치 등을 담보할 것을 요구하고 있다. 제39조의13은 상호주의에 따라 개인정보의 국외 이전을 제한하는 국가의 정보통신서비스 제공자 등에 대하여는 해당 국가의 수준에 상응하는 제한을 할 수 있도록 하고 있으나 수동적이며 집행의지가 보이지 않는다. 감정적으로야 우리도 당장 EU와 같은 제한 규정을 두자고 말하고 싶지만 한국이 EU와 같은 강도의 역외이전 제한 조치를 취하는 것이 적절할지는 보다 현실적, 이론적 검토가 필요해 보인다. 반면에 국내에 사업장이 없는 외국법인이라고 해서 한국 국민의 개인정보를 수집, 유출, 남용하는 경우에 국내법을 적용할 수 없는 것은 아니다. 보호국법 원칙에 의거해서 우리 국민의 개인정보자기결정권을 침해하는 행위에 대해서는 외국법인인 경우에도 우리 개인정보보호법을 적용할 수 있다. 다만 이론적인 가능성과 현실적인 적절성은 별개의 것이기 때문에 법집행의 비용대비 효과를 따져서 법집행 여부를 결정하여야 할 것이다.

셋째, 민감정보의 범위에 홍체정보, 지문정보 등의 생체정보를 포함하는 것이 적합할 것이다. 과거 권위주의 시대에 지문채취의 억압적 성격이 강조되어 이를 포함한 생체정보를 민간에서 활용할 무궁무진한 가능성에 주목하지 못하였으나 이제는 그 이용이 현실화되고 있으니 적절한 보호를 갖추도록 하여야 할 것이다.

넷째, 개인정보는 가장 가치 있는 데이터 중의 하나이므로 이의 이용활성화를 위해서 신용정보법에 도입된 정보주체의 개인정보이동권을 일반화하는 것을 검토할 필요가 있다. 종래 정보수집기관이 고립적으로 저장, 처리하던 개인정보를 정보주체를 매개로 하여 결합, 확산함으로써 데이터의 효용성과 활용성을 비약적으로 향상시킬 수 있을 것이다. 그 과정에서 블록체인 기술이 유용한 정보 배포와 통제의 가능성을 제공함과 동시에 삭제권, 정정권 등 전통적인 정보주체의 권리와 양립하기 어려운 기술적 난제를 제시하고 있다.

마지막으로, 빅데이터와 인공지능 시대의 도래가 기업과 국가에 의한 개인정보의 활용을 촉진하는 측면으로만 전개되는 것에 유의할 필요가 있다. 2020년 '데이터 3법'의 개정도 그런 추세를 가속화하지 억지하지는 않는다. 반면에 개인이 기업과 정부의 정보를 들여다보는 것은 각종 비밀보호 규정에 의하여 제약되고 있다. 그 결과 기업과 정부가 가지고 있는 블랙박스와 같은 미지의 프로세스에 의하여 개인의 생활이 낱낱이 기록되고 조정되며, 이에 기반한 결정의 결과가 부당한 경우에도 기업과 정부는 이에 대해서 책임을 회피하는 사회가 되고 있다.104) 이와 같은 편면적인 정보권력의 집중은 기업과 정부에 대한 개인의 예속을 가져오며 4차 산업혁명 시대의 전체주의화를 우려하게 한다. 이를 방지하기 위해서는 신용정보법에 도입된 자동화평가 결과에 대한 설명 요청 및 이의제기권이 일반화될 필요가 있으며 보다 기본적으로는 정보공개제도의 대대적 혁신이 요구된다. 기술적으로도 인공지능이 우려하는 것과는 반대방향으로 개인이 기업과 정부를 효과적으로 통제하는 수단의 제공과 서비스 구현에도 기여하도록 기술개발 정책적 노력이 요구된다.

---

1) 1983년 독일 연방헌법재판소가 결정한 인구조사판결(BVerfGE 65, 1)에서 처음 인정된 개념.
2) 헌법재판소 2005. 5. 26. 선고 99헌마513 전원재판부 결정; 헌법재판소 2005. 7. 21. 선고 2003헌마282 전원재판부 결정 등.
3) 상동.
4) 전상현(2018), 30면.; 정준현(2019), 267-270면.
5) 2011년 개인정보보호법이 제정되기 전에는 정보통신망법이 오프라인사업자에게까지 포괄적으로 준용되면서 민간부문에 적용되는 개인정보보호 일반법으로 기능하였으며 동법이 적용되는 정보통신서비스제공자에는 기간통신사업자, 별정통신사업자 외에 수 만개의 부가통신사업자가 포함되며, 전기통신사업자가 제공하는 전기통신역무를 이용하여 영리를 목적으로 정보를 제공하거나 정보의 제공을 매개하는 모든 자에게 적용되었다.
6) 「통신비밀보호법」, 「주민등록법」, 「금융실명거래 및 비밀보장에 관한 법률」, 「신용정보의 이용 및 보호에 관한 법률」, 「전자서명법」, 「전기통신사업법」, 「의료법」 등.

7) 「공공기관의 개인정보보호에 관한 법률」은 폐기되었다.

8) 개인정보보호위원회 홈페이지 참조.

9) Regulation (EU) 2016/679, OJ L 119, 04.05.2016; cor. OJ L 127, 23.5.2018.

10) GDPR은 정보통제자(controller)와 정보처리자(processor)를 구분하여 정보통제자에게 포괄적 책임을 묻는다. 우리법 용어와의 일관성상 정보처리자로 통칭한다.

11) 프로파일링은 개인의 업무수행능력, 경제적 상황, 건강상태, 선호, 관심사, 신뢰도 등을 평가하기 위해 개인정보를 수집, 분석하는 것을 말한다.

12) 개인정보보호법 제33조.

13) 제4조 제5항, 제5조 제1항b, 제89조, 전문 156항.

14) 반면 현행법의 형사처벌 규정은 지나치게 높다는 지적이 있다.

15) 동법 제2조 제1호 참조.

16) 동법 제23조 참조.

17) 동법 제2조, 제58조의2.

18) ①수집제한의 원칙, ②정보 정확성의 원칙, ③목적 명확화의 원칙, ④이용제한의 원칙, ⑤안전성 확보의 원칙, ⑥처리방침 공개의 원칙, ⑦정보주체 참여의 원칙, ⑧정보처리자 책임의 원칙. 1980년 '사생활 보호와 개인정보의 국제적 유통에 관한 지침'(Guidelines Governing the Protection of Privacy and Transborder Flows of Personal data)에 포함된다.

19) 동법 제3조.

20) 동법 제4조.

21) 2020년 법개정 이전에는 보호위원회는 개인정보보호 기본계획 및 정책의 수립 및 시행, 관련 법령의 제·개정 및 제도 도입 시 개인정보 침해요인 평가, 개인정보 영향평가, 위법행위 감시, 개인정보 관련 법령의 해석·운용 등에 관해 심의·의결, 권고할 뿐 조사, 처분권을 갖지 못하였다.

22) 2020년 법개정 전에는 이 권한이 행정안전부에 있었으나 보호위원회로 이관되었다. 동법 제7조 내지 제13조.

23) 2020년 법개정 이전에는 이 권한을 신용정보법에 의거 금융위원회가 담당하였다.

24) 다만, 국무총리 소속으로 하기보다는 대통령 소속으로 하는 것이 사법부, 국회도 적용범위에 포함하는 개인정보보호법의 성격상 더 타당하다는 지적이 있다. 이성엽(2019), 42면.

25) 동법 제15조 제1항.

26) 동법 제15조 제2항. 정보통신서비스 제공자에게도 유사한 의무가 부과된다. 정보통신서비스 제공자가 이용자의 개인정보를 이용하려고 수집하는 경우에는 (ⅰ) 개인정보의 수집·이용 목적, (ⅱ) 수집하는 개인정보의 항목 및 (ⅲ) 개인정보의 보유·이용 기간의 모든 사항을 이용자에게 알리고 동의를 받아야 한다(제39조의3 제1항).

27) 동법 제15조 제3항.

28) 정보통신서비스 제공자의 경우는 (ⅰ) 정보통신서비스의 제공에 관한 계약을 이행하기 위하여 필요한 개인정보로서 경제적·기술적인 사유로 통상적인 동의를 받는 것이 뚜렷하게 곤란한 경우, (ⅱ) 정보통신서비스의 제공에 따른 요금정산을 위하여 필요한 경우 및 (ⅲ) 다른 법률에 특별한 규정이 있는 경우에는 동의 없이 이용자의 개인정보를 수집·이용할 수 있다(제39조의3 제2항).

29) 개인정보처리자는 동의를 받을 때에는 다음 각 호의 사항을 정보주체에게 알려야 한다. 그 내용을 변경하는 경우에도 같다. 1. 개인정보를 제공받는 자 2. 개인정보를 제공받는 자의 개인정보 이용 목적 3. 제공하는 개인정보의 항목 4. 개인정보를 제공받는 자의 개인정보 보유 및 이용 기간 5. 동의를 거부할 권리가 있다는 사실 및 동의 거부에 따른 불이익이 있는 경우에는 그 불이익의 내용(제17조 제2항).

30) 동법 제17조.

31) 정찬모(2015), 80-90면.

32) 동법 제22조 제1항.

33) 1. 개인정보의 수집·이용 목적 중 재화나 서비스의 홍보 또는 판매 권유 등을 위하여 해당 개인정보를 이용하여 정보주체에게 연락할 수 있다는 사실 2. 처리하려는 개인정보의 항목 중 다음 각 목의 사항

가. 제18조에 따른 민감정보 나. 제19조제2호부터 제4호까지의 규정에 따른 여권번호, 운전면허의 면허번호 및 외국인등록번호 3. 개인정보의 보유 및 이용 기간(제공 시에는 제공받는 자의 보유 및 이용 기간을 말한다) 4. 개인정보를 제공받는 자 및 개인정보를 제공받는 자의 개인정보 이용 목적.

34) 1. 글씨의 크기는 최소한 9포인트 이상으로서 다른 내용보다 20퍼센트 이상 크게 하여 알아보기 쉽게 할 것. 2. 글씨의 색깔, 굵기 또는 밑줄 등을 통하여 그 내용이 명확히 표시되도록 할 것. 3. 동의 사항이 많아 중요한 내용이 명확히 구분되기 어려운 경우에는 중요한 내용이 쉽게 확인될 수 있도록 그 밖의 내용과 별도로 구분하여 표시할 것.

35) 동법 제22조 제2항.

36) 동법 제22조 제3항.

37) 동법 제22조 제4항.

38) 동법 제22조 제5항.

39) 정보통신서비스 제공자의 경우 법정대리인이 동의하였는지를 확인할 의무를 부과하고(제39조의3 제4항) 만 14세 미만의 아동에게 개인정보 처리와 관련한 사항의 고지 등을 하는 때에는 이해하기 쉬운 양식과 명확하고 알기 쉬운 언어를 사용할 의무를 지운다(동조 제5항).

40) 동법 제22조 제6항.

41) 대법원 2016. 8. 17. 선고 2014다235080 판결. 동법 제15조와 제17조 위반 여부가 문제된 사건이었다.

42) 동법 제16조 제1항.

43) 동법 제16조 제2항.

44) 동법 제16조 제3항. 제39조의3 제3항은 정보통신서비스 제공자의 경우 필요한 최소한의 개인정보라 함은 해당 서비스의 본질적 기능을 수행하기 위하여 반드시 필요한 정보를 말한다고 명시한다.

45) 동법 제18조 제2항.

46) 동법 제18조 제5항.

47) 대법원 2018. 7. 12. 선고 2016두55117 판결.

48) 1. 유전자검사 등의 결과로 얻어진 유전정보 2. 「형의 실효 등에 관한 법률」 제2조 제5호에 따른 범죄경력자료에 해당하는 정보(동법 시행령 제18조).

49) 동법 제23조.

50) 동법 제24조 제1항.

51) 1. 개인정보의 안전한 처리를 위한 내부 관리계획의 수립·시행. 2. 개인정보에 대한 접근 통제 및 접근 권한의 제한 조치. 3. 개인정보를 안전하게 저장·전송할 수 있는 암호화 기술의 적용 또는 이에 상응하는 조치. 4. 개인정보 침해사고 발생에 대응하기 위한 접속기록의 보관 및 위조·변조 방지를 위한 조치. 5. 개인정보에 대한 보안프로그램의 설치 및 갱신. 6. 개인정보의 안전한 보관을 위한 보관시설의 마련 또는 잠금장치의 설치 등 물리적 조치(동법 시행령 제30조).

52) 동법 시행령 제21조.

53) 동법 제24조의2 제1항.

54) 동법 제24조의2 제2항.

55) 동법 제24조의2 제3항.

56) 개인정보보호위원회 결정, 의안번호 제2019-04-048호, 2019. 2. 25.

57) 동법 제25조.

58) 개인정보보호위원회 결정, 의안번호 제2019-14-223호, 2019. 7. 22.

59) 동법 제28조의2 제2조 제8호.

60) 동법 제28조의3 내지 5. 한편 법 위반자에 대한 제재로서 개인정보처리자가 특정 개인을 알아보기 위한 목적으로 가명정보를 처리한 경우 보호위원회는 전체 매출액의 100분의 3 이하에 해당하는 금액을, 매출액이 없거나 매출액의 산정이 곤란한 경우에는 4억원 또는 자본금의 100분의 3 중 큰 금액 이하로 과징금을 부과할 수 있다(제28조의6).

61) 동법 제29조.

62) 동법 제30조 제1항.

63) 동법 제30조 제2항.

64) 동법 제30조 제3항.

65) 동법 제31조.

66) 동법 제31조 제3항.

67) 동법 제31조 제4항.

68) 동법 제31조 제5항.

69) 1. 구축·운용 또는 변경하려는 개인정보파일로서 5만명 이상의 정보주체에 관한 민감정보 또는 고유식별정보의 처리가 수반되는 개인정보파일 2. 구축·운용하고 있는 개인정보파일을 해당 공공기관 내부 또는 외부에서 구축·운용하고 있는 다른 개인정보파일과 연계하려는 경우로서 연계 결과 50만명 이상의 정보주체에 관한 개인정보가 포함되는 개인정보파일 3. 구축·운용 또는 변경하려는 개인정보파일로서 100만명 이상의 정보주체에 관한 개인정보파일 4. 영향평가를 받은 후에 개인정보 검색체계 등 개인정보파일의 운용체계를 변경하려는 경우 그 개인정보파일. 이 경우 영향평가 대상은 변경된 부분으로 한정한다.

70) 1. 민감정보 또는 고유식별정보의 처리 여부 2. 개인정보 보유기간(동법 시행령 제36조).

71) 동법 제33조.

72) 동법 제34조 제1항 및 제39조의4 제1항.

73) 동법 제34조 제2항.

74) 정보통신서비스 제공자는 보호위원회 또는 소정 전문기관에 신고하여야 한다. 이 경우 정당한 사유 없이 그 사실을 안 때부터 24시간이내에 이용자에게 통지하고 관계기관에 신고해야 하나 이용자의 연락처를 알 수 없는 등 보호위원회에 소명할 수 있는 정당한 사유가 있는 경우에는 통지를 갈음하는 조치를 취할 수 있다. 신고를 받은 전문기관은 지체 없이 이를 보호위원회에 알려야 한다(법 제39조의 4 참조).

75) 동법 제34조 제3항.

76) 동법 시행령 제40조.

77) 2019년 조정결정 사례.

78) 동법 제32조의2 참조.

79) 동법 제39조 제1항.

80) 동법 제39조 제3항.

81) 동법 제39조 제4항.

82) 동법 제39조의2 제1항.

83) 동법 제39조의2 제2항.

84) 동법 제51조 각호. 1.「소비자기본법」제29조에 따라 공정거래위원회에 등록한 소비자단체로서 다음 각 목의 요건을 모두 갖춘 단체 가. 정관에 따라 상시적으로 정보주체의 권

익증진을 주된 목적으로 하는 단체일 것 나. 단체의 정회원수가 1천명 이상일 것 다.「소
비자기본법」 제29조에 따른 등록 후 3년이 경과하였을 것 2.「비영리민간단체 지원법」 제
2조에 따른 비영리민간단체로서 다음 각 목의 요건을 모두 갖춘 단체 가. 법률상 또는 사
실상 동일한 침해를 입은 100명 이상의 정보주체로부터 단체소송의 제기를 요청받을 것
나. 정관에 개인정보 보호를 단체의 목적으로 명시한 후 최근 3년 이상 이를 위한 활동실
적이 있을 것 다. 단체의 상시 구성원수가 5천명 이상일 것 라. 중앙행정기관에 등록되어
있을 것.

85) 동법 제39조의9.
86) 대구지방법원 2014. 2. 13. 선고 2012나9865 판결.
87) 동법 제6장(법 제40조 내지 제50조).
88) 기각결정 건수 55건 중 52건은 동일 내용으로 5개 사업자 신청 건을 병합하여 처리한 건
   이다.
89) 각하결정 건수 265건 중에는 카드3사 관련 민원 249건 및 집단분쟁 3건 등이 포함되었다.
90) 4월 홈플러스 관련 집단분쟁조정 사건 2건이 각하되었다.
91) 통신비밀은 헌법 제17조의 사생활보호가 아닌 별개의 기본권을 통하여 보호된다고 볼 수
   있는데, 이와 관련하여 헌법재판소는 "통신의 영역은 다른 사생활 영역에 비하여 국가에
   의한 침해 가능성이 매우 큰 영역이라 할 수 있고, 이것이 사생활의 비밀과 자유에 포섭
   될 수 있는 사적 영역에 속하는 통신의 자유를 헌법이 별개의 조항을 통해서 기본권으로
   보호하고 있는 이유라 할 것이다."라고 판시하였다. 헌법재판소 2004. 11. 25. 선고 2002헌
   바85 전원재판부 결정.
92) 헌법재판소 2001. 3. 21. 선고 2000헌바25 전원재판부 결정; 헌법재판소 2011. 8. 30. 선고
   2009헌바42 전원재판부 결정.
93) 통신비밀보호법 제3조 제1항 누구든지 이 법과 형사소송법 또는 군사법원법의 규정에 의
   하지 아니하고는 우편물의 검열 · 전기통신의 감청 또는 통신사실확인자료의 제공을 하거
   나 공개되지 아니한 타인 간의 대화를 녹음 또는 청취하지 못한다. 다만, 다음 각호의 경
   우에는 당해 법률이 정하는 바에 의한다.
94) 통신비밀보호법 제14조 제1항 누구든지 공개되지 아니한 타인간의 대화를 녹음하거나 전
   자장치 또는 기계적 수단을 이용하여 청취할 수 없다.
95) 통신비밀보호법 제4조 제3조의 규정에 위반하여, 불법검열에 의하여 취득한 우편물이나
   그 내용 및 불법감청에 의하여 지득 또는 채록된 전기통신의 내용은 재판 또는 징계절차
   에서 증거로 사용할 수 없다.
96) 전기통신사업법 제83조 제1항.
97) 동법 제83조 제3항.
98) 동법 제83조 제4항.
99) 동법 제83조.
100) 대법원 2016. 3. 10. 선고 2012다105482 판결.
101) 의료법 제19조, 제21조, 제21조의2.
102) 예, 전기통신사업법 제54조.
103) 사견으로는 적용되지 않는다고 해석하지만 달리 이해하는 분들도 있으며, 입법론으로는
    민감정보의 경우에도 제한적 적용이 가능할 것으로 생각된다.
104) 프랭크 파스콸레(2016), 7-27면.

제 2 장   인공지능과 법

I. 서 론

지금은 과학기술의 시대, 그야말로 과학기술이 폭발적으로 발전하고 있는 시대이다. 우리는 인공지능기술, 로봇공학기술, 자율주행기술, 사물인터넷(IoT), 생명공학기술, 나노기술, 증강현실, 3D 프린팅 등의 신기술이 글로벌 경제를 재편하는 시대에 살고 있다. 4차 산업혁명은 인간이외의 사고판단능력자의 등장, 막대한 정보의 집적·저장능력과 분석능력의 비약적 향상, 그리고 초연결 사회로 요약되는데, 그 혁명적 특성에 착안하여 2016. 1. 다보스 세계경제포럼(World Economic Forum)에서 클라우드 슈밥이 "4차산업혁명(The 4th industrial revolution)"이라는 용어를 처음 사용하였다.[105] 4차산업혁명을 한 마디로 정의하면 사람과 기계의 잠재력을 획기적으로 향상시키는 "사이버-물리적 시스템"의 출현이라고 할 수 있으며,[106] 3차산업혁명의 기술과 기반 구조에 의존하지만, 기술이 사회와 심지어 인간의 신체에도 내장되는(becomes embedded) 완전히 새로운 방식이라 할 것이다.[107]

4차산업혁명 기술 가운데 핵심적 역할을 하는 것이 인공지능기술인데, 빅데이터, 딥러닝, 컴퓨터의 대용량처리, 클라우드 기술에 의하여 비약적으로 발전하고 있다. 더욱이 알파고와 바둑대결을 벌인 이세돌이 한국인이라는 점에서 인공지능은 우리나라에서 큰 관심을 받고 있다. 인공지능이 활용되는 주요 영역으로 자율주행자동차 로봇의 경우 자동차 사고를 획기적으로 줄이고, 인공지능 의사로봇의 경우 의학적 오류를 크게 줄이는 등 인공지능이 특정 영역에서 높은 지능을 발휘하여 우리사회의 많은 문제를 해결하는데 큰 효용을 발휘할 것으로 기대되는 한편, 프라이버시, 안전에 대한 위협, 법적 책임의 배분 등 많은 문제 역시 양산할 것으로 보인다.

이러한 문제의식하에서 본장에서는 4차산업혁명의 핵심을 이루는 인공지능의 법적 쟁점을 검토하고자 한다. 구체적 논의는 인공지능의 개념 및 유형, 인공지능의 법제 동향, 인공지능과 윤리규범, 인공지능과 법적 책임, 인공지능의 법인격 인정 문제, 인공지능과 지적재산권의 순서로 살펴보기로 한다.

II. 인공지능의 개념 및 유형

1. 인공지능의 개념

인공이란 사람에 의하여 만들어진 것이란 의미이며, 지능이란 "생각과 정보를 이해하거나 처리하는 능력"[108]을 의미한다면, 인공지능이란 "사람이 생각과 정보를 이해하거나 처리하는 능력을 만드는 것"으로 사전적으로 정의될 수 있다. 국내의 인공지능 체계의 연구 등에 대한 윤리 가이드라인(시안) v.1.0에서는 인공지능을 "공학적으로 지능을 만들어내는 활동 또는 정보처리역량이나 정보처리체계를 포함한 물리적 체계"로 정의하고, 인공지능 체계를 "외부환경을 스스로 인식하고 상황을 판단하여 자율적으로 동작하며 경험과 상호작용을 통해서 학습하는 능력을 가진 체계 또는 그러한 체계를 적용한 기계장치"로 정의하기도 한다.[109] 일본의 인공지능지침에서는 인공지능을 "인공지능 소프트웨어 및 인공지능 시스템을 총칭하는 개념"으로 정의하고, 이 중 인공지능 소프트웨어를 "데이터 · 정보 · 지식의 학습 등에 의하여 이 · 활용의 과정을 통해 스스로의 출력과 프로그램을 변화시키는 기능을 갖는 소프트웨어(예컨대, 기계학습 소프트웨어)"로 정의하고, 인공지능 시스템을 "인공지능 소프트웨어를 구성요소로 포함하는 시스템(예컨대, 인공지능 소프트웨어를 구현한 로봇과 클라우드 시스템)"으로 정의하고 있는바,[110] 인공지능은 "데이터 · 정보 · 지식의 학습 등에 의하여 이 · 활용의 과정을 통해 스스로의 출력과 프로그램을 변화시키는 기능을 갖는 소프트웨어와 이를 구성요소로 포함하는 시스템"을 의미한다고 할 것이다. 이와 같이 인공지능은 자율성과 학습성을 주요 특징으로 한다.

인공지능이 아닌 로봇에 대하여는 우리 법에서도 정의하고 있는 예가 있는데, 지능형로봇개발및보급촉진법상의 지능형 로봇의 정의와 로봇기본법(안)의 로봇 정의를 들 수 있다. 지능형로봇개발및보급촉진법은 '지능형 로봇'을 "외부환경을 스스로 인식하고 상황을 판단하여 자율적으로 동작하는 기계장치"로 정의하다가 2018년 법개정으로 지능형 로봇의 정의에 소프트웨어를 포함시키게 되어(제2조제1호),[111] '로봇'을 "외부환경을 스스로 인식하고 상황을 판단하여 자율적으로 동작하는 기계장치 또는 소프트웨어"로 정의하고 있는 로봇기본법(안) (동조 제2조 1호)과 마찬가지로 기계장치와 소프트웨어 로봇 모두를 포함하는 정의를 하고 있다.[112] 그러나 인공지능의 용어 정의에 학습성이 명시적으로 포함되는데 반하여 로봇의 용어 정의에는 이를 포함하고 있지 않다.

유럽 RoboLaw 프로젝트에서는 로봇이라는 용어를 "인간의 활동을 할 수 있는 자율적인 기계"라고 정의하면서 물리적 성질, 자율성, 인간 유사성이라는 세가지 보완적인 속성을 포함하였다.113) EU 로봇민사법규칙에서는 로봇 개념을 정의하고 있지는 않으나 스마트 자율 로봇의 특성으로 ⅰ) 센서 및/또는 환경(상호 연결)과 데이터 교환을 통해 자율성을 획득하고 데이터를 거래하고 분석하는 것, ⅱ) 자율적 학습, ⅲ) 물리적 지원의 형식, ⅳ) 행동과 동작을 환경에 적응시키는 것을 언급하면서 이러한 특징을 포함하는 일반적인 정의를 내리도록 위원회에 요청하고 있다.114) 이러한 로봇에 대한 유럽의 입장은 로봇에 무형의 인공지능 소프트웨어는 포함하지 않는 접근을 취하고 있다고 생각된다. 유럽의 입장은 인공지능 개념에 무형의 인공지능과 유형의 로봇에 인공지능 소프트웨어를 장착한 경우도 포함하여 양자를 따로 구분하지 않는 우리나라의 경우와 차이가 있다고 할 것이다. 한편, 신뢰할 수 있는 인공지능 윤리지침(Ethics Guidelines for Trustworthy Artificial Intelligence)에 따르면 "'인공지능 시스템'은 인간에 의해 설계된 소프트웨어 시스템(하드웨어를 포함할 수 있다)을 기반으로 데이터를 받아들이고 이를 내부적으로 분석하고 추론하여 주어진 목표를 달성하기 위한 가장 적합한 행동을 결정함으로써, 현실적 혹은 가상적 환경에 영향을 미치는 행위를 수행한다."고 한다.115)

2. 인공지능의 유형

가. 인공지능의 강약에 의한 구분

1) 약한 인공지능(Artificial Narrow Intelligence)

특정 영역에서 잘하는 인공지능을 말한다. 기보데이터를 대량으로 관찰하고 이를 기반으로 예측, 추론을 거쳐 승리를 위한 최적의 한 수를 고르는 방식의 바둑기사 알파고나 사람의 얼굴을 97% 인식하고 분류하는 서비스인 페이스북의 딥페이스(deep face), 로봇변호사, 로봇의사 등이 이에 속한다.

2) 강한 인공지능(Artificial General Intelligence)

모든 영역에서 인간 급의 인공지능을 말한다. 특정 영역에서만 잘 하는 정도를 초월하여 보편적 영역에서 활용 가능한 인공지능을 말한다.

3) 초인공지능(Artificial Super Intelligence)

모든 영역에서 인간보다 뛰어난 인공지능을 말한다. 특이점(singularity)이 오면 자신들의 창조자인 인간의 능력을 초월하여 인간의 능력을 순식간에 넘어서는 초인공지능이 나타날 것으로 예측되고 있다.

나. 인공지능 프로그램 자체와 (탑재)로봇의 구분

인공지능은 정신과 육체가 혼연일체의 형식을 취하는 인간과 달리 인간의 정신에 해당하는 인공지능 프로그램 자체로 존재할 수도 있고, 다양한 유형의 로봇에 인공지능 프로그램을 탑재함으로써 인간과 같은 유형으로 존재할 수도 있다. 전자의 예로는 페이스북의 딥페이스(deep face), 로봇변호사, 로봇의사 등이 속하며, 후자의 예로는 어떠한 기능을 수행하는데 맞추어진 휴머노이드(humanoid) 등의 유형의 로봇이 있다.

3. 인공지능의 특성

가. 개체성 내지 독립성

인공지능은 인간이 프로그램의 작업에 필요한 내용을 부호화하여 일일이 가르쳐주거나 문제를 푸는 방법을 지시하는 데에서 탈피하여 빅데이터를 관찰하고 습득함을 통하여 외부환경을 스스로 인식하고 상황을 판단하는 단계에 이르면서, 인간의 그늘에서 벗어나 독립적 개체가 된다.

나. 학습성

위와 같이 독립적 개체로서의 인공지능이 인간 뇌의 정보처리방식을 인공적으로 재현하여, 비구조화된 정보를 알고리즘이 관찰, 유용한 정보패턴을 입력하거나 가르쳐 주지 않아도 스스로 알아서 습득하면서 성장하는 것이다.

다. 객체성 내지 물건성

인공지능은 인간에 의하여 만들어진 무형적 지적재산으로서 인간이 소유하는 대상이며 인공지능보유자에게 종속되는 존재이기도 하다. 즉, 그 존재 자체가 지적재산으로 보호되며, 인간이 소유하는 재산의 일종이기도 하다.

4. 소 결

위에서 살펴본 바와 같이 인공지능은 외부환경을 스스로 인식하고 상황을 판단하여 자율적으로 동작하며 경험과 상호작용을 통해서 학습하는 능력을 가진 인공지능 소프트웨어 및 인공지능 시스템을 총칭하는 개념으로서 무형의 인공지능과 유형의 로봇에 인공지능 소프트웨어를 장착한 경우도 포함하는 것으로 볼 수 있다. 물론 챗봇처럼 형태가 없어도 로봇으로 분류되기도 하나 본 장에서는 무형적인 프로그램을 인공지능이라 하고 인공지능이 탑재된 유형물을 로봇이라 부르기로 한다. 따라서 인공지능에는 로봇에 장착된 인공지능이 포함된다.

Ⅲ. 주요국의 법제적 대응 현황

1. 일 반

인공지능 관련 기술이 빠르게 발전하면서 세계 주요국은 인공지능이 사회와 경제에 가져 오는 이익을 증진시키고, 위험을 억제하기 위하여 법제적 대응을 하고 있다. 관련 사회적 · 경제적 · 윤리적 · 법적 문제를 해결하기 위하여, 인공지능 규제와 인공지능 개발원칙이 제정되고 있는데, 그 제정 형식은 구속력이 없는 연성법(softlaw)인 지침과 권장 관행(best practice) 형식이 주를 이루고 있다. 이하에서는 미국, EU, 일본의 인공지능 규제와 인공지능 개발원칙 현황을 중심으로 살펴보기로 한다.

2. 미 국

백악관은 2016. 5.부터 7.까지 일련의 워크숍에서의 논의와 그 의견을 수렴하여 2016. 10. 12. 국가과학기술위원회(NSTC)와 과학기술 정책국(OSTP)이 중심이 되어 정리한 "인공지능의 미래를 준비하며(Preparing for the Future of Artificial Intelligence)"라는 제목의 보고서를 발표했다.116) 동 보고서에서는 자율주행차와 드론 등의 규제,117) 연구개발, 경제 · 고용, 정의, 공정 및 투명성, 공정성 · 안전성 · 통제, 국제적 고려와 안전보장(국제협력, 인공지능과 사이버보안, 인공지능과 무기체계) 등 다양한 항목이 검토되고 각 항목에 해당하는 연방정부기관 등에 대한 제언을 정리하고 있다. 보고서의 결론 부분에서는 정부의 역할로서 1) 중요한 문제에 대해 대화의 장을 마련하고, 공개 토론을 위한 의제 설정에 노력할 것, 2) 개발하는 앱의 안전성과 공정성을 주시하고 규제는 공중을 보호하면서도 혁신을 촉진할 수 있도록 할 것, 3) 숙련된 다양한 인력 개발뿐만 아니라, 기초 연구 및 인공지능의 공익적 이용을 지원할 것, 4) 공중에 대한 서비스를 더 빨리, 보다 효과적으로, 더 낮은 비용으로 하기 위해 정부 자체적으로 인공지능을 이용할 것, 5) 인공지능에 의한 각 분야 공공 정책에 변화를 이해하고 적응하기 위해 그 능력을 계속 함양할 것을 열거하였다. 아울러 실무자에 대한 요구사항으로서 인공지능 대응시스템의 통제가능성, 개방성 · 투명성 · 이해가능성, 사람과 효과적으로 협력할 수 있을 것, 그 운영이 인간의 가치와 욕망과 일치할 것을 열거한다.

또한 2016. 10. 13. NSTC 네트워킹 정보기술연구개발 소위원회의 "미국 인공지능 연구개발전략"은 연방정부예산을 지원받는 인공지능 연구(연방 정부

자체의 인공지능 연구뿐만 아니라 연방정부의 지원을 받은 대학 등의 인공지능 연구를 포함한다)는 사회에 편익을 가져오는 새로운 인공지능에 관한 지식과 기술을 창출하면서 부정적인 영향을 최소화할 것을 목표로 하여, 우선적 추진사항을 설정하고 있다.118)

아울러 2016. 12. 20.에 백악관이 발표한 "인공지능, 자동화, 그리고 경제" 보고서에서는 인공지능에 의한 자동화가 경제와 고용에 미치는 영향을 분석하고, 인공지능의 개발에 대한 투자, 인공지능이 가져올 변화에 대응한 교육개혁, 노동자의 지원 등의 정책적 대응을 제안하고 있다.119)

한편, 민간 영역에서 미래생활연구소(Future of Life Institute, FLI)는 기업 및 연구자 등으로 2014. 3.에 설립된 비영리 단체로, 건실하고 유익한 인공지능을 실현하기 위한 연구 등을 수행하고 있다. FLI는 2017. 1.에 미국 아시로마에서 학계와 산업계 관련자의 참여하에 인공지능 연구개발에 관한 회의를 개최하고 그 성과를 집대성하여 같은 해 2월에 "23개 아시로마 인공지능 원칙"을 발표했다. 이에는 인공지능 연구개발의 기본원칙, 안전 및 제어, 책임, 기본권 존중, 이익 공유 등이 포함된다. 즉, ⓐ 유익한 지성을 개발하는 연구 목표, ⓑ 인공지능의 유용한 이용을 위한 연구 투자, ⓒ 과학 및 정책 연계, ⓓ 인공지능 연구에 있어서 협력, 신뢰, 투명성의 문화 촉진, ⓔ 인공지능 시스템의 안전 기준을 낮추는 경쟁의 회피, ⓕ 인공지능 시스템의 안전과 보안, ⓖ 인공지능 시스템 사고 시의 투명성, ⓗ 사법 결정에 관여하는 자율 시스템의 설명 가능성, ⓘ 인공지능 시스템의 이용, 악용, 동작에 관한 설계자 및 공급자의 책임, ⓙ 고도로 자율적인 인공지능 시스템의 인간 가치와의 조화, ⓚ 인공지능 시스템의 설계 및 조작에 있어서 인간의 존엄성, 권리, 자유, 문화적 다양성의 이념 적합성, ⓛ 개인 데이터에 대한 개인의 접근, 관리 및 제어의 권리, ⓜ 개인 데이터의 활용 시의 자유와 프라이버시의 존중, ⓝ 가능한 한 많은 사람들의 이익 향유와 능력의 향상, ⓞ 인공지능이 창출하는 경제적 편익의 전인류적 공유, ⓟ 인간에 의한 인공지능 시스템의 제어, ⓠ 사회적·시민적 프로세스의 파괴 금지, ⓡ 자율형 병기에 따른 군비 경쟁의 회피, ⓢ 미래 인공지능 능력의 상한을 가정하는 것의 회피, ⓣ 고급 인공지능이 가져올 근본적인 변화의 심각성에 대한 주의, ⓤ 인공지능 시스템이 가져올 위험 감소, ⓥ 재귀적 자기 개선을 하는 인공지능 시스템의 안전 및 제어, ⓦ 초지능(Superintelligence) 개발의 윤리적 이념과 인류의 이익 추구가 세부 원칙이다.

3. 유 럽

RoboLaw 프로젝트는 미래 기술의 위험성을 고려하여 윤리적인 그리고 법률적인 틀을 마련하고 필요한 경우 적절한 규칙을 제정한다는 목표하에, 2014년 로봇공학 규제를 위한 가이드라인을 제시함을 통하여 혁신적인 로봇 제품 설계 시 준수해야 할 윤리적이고 법률적인 가치를 제공하고 있다.[120] 로봇 전반에 걸친 규제 일반론을 제시하기보다는 자율주행차량, 수술용 의료로봇, 로봇 인공기관(Prosthesis), 돌봄로봇으로 나누어 구체적인 사례 중심으로 접근하고 있다. 로봇의 규범적 이슈들로는 ⅰ) 건강·안전·소비자·환경, ⅱ) 법적 책임(liability), ⅲ) 지적재산권, ⅳ) 프라이버시와 데이터 보호, ⅴ) 계약주체로서의 법적 거래 능력(즉 로봇의 법인격 부여 문제) 등을 논의하고 있다. 특징적인 점으로는 로봇규제 또한 법제도적 규제뿐만 아니라 로봇에 대한 기술적 규제를 지향하고 있다는 것이다. 법적 책임과 관련해서는 로봇에 법인격이 부여되기 전에는 설계자·제작자·운영자가 그 책임을 져야 하나 자율주행차처럼 자율적으로 행동하는 로봇은 앞으로 크게 증가할 것이므로 그 법적 지위를 정하는 문제는 시급히 검토해야 할 과제라고 제언했다.

유럽 의회 법사위원회는 2016년 로봇 인공지능의 법적·윤리적 문제에 관한 공청회 개최와 로봇의 민사법적 규칙에 관한 보고서 초안을 발표하고 워크숍을 개최하는 등 일련의 검토를 거쳐, 2017. 2. 16. "로봇에 관한 민사법적 규칙에 관한 유럽위원회에 대한 제언"을 채택했다. 동 제언에서는 로봇 인공지능을 소관하는 EU 기관의 설치, 스마트 로봇의 등록, 피해에 대한 손해배상책임, 지적재산권, 상호운용성 등의 확보 등을 규율하는 EU법제정을 제안함과 아울러 기본권 존중, 예방 원칙, 포섭성, 책임성, 안전성, 가역성, 프라이버시, 편익의 극대화와 위험의 최소화 등을 내용으로 하는 로봇 개발자의 윤리행동규범 제정도 제안하고 있다.[121]

4. 일 본

일본에서는 인공지능과 인간 사회의 관계를 검토하기 위해, 2016년 내각부 특명 담당장관(과학기술정책) 아래에 "인공지능과 인간 사회에 관한 간담회"가 설치되어 이동, 제조, 개인 서비스, 대화·교류의 4개의 대표적인 분야에 대해 인공지능기술의 윤리적 논점, 법적 논점, 경제적 논점, 교육적인 논점, 사회적 논점, 연구개발적 논점에 대해 검토가 행해지고 있다.[122]

또한, 지적재산전략본부 검증·평가·기획위원회 및 새로운 정보재 검토위원회에서는 AI 생성물과 그 생성 과정인 "학습 자료"나 "학습된 모델" 등의 새로운 정보재의 보호·활용의 방향을 검토하였는데, 2016. 10. 31.에 제1차 회의가 개최된 이후 2017. 3. 13.까지 7차례 회의가 개최되어 2017. 3.에 보고서를 발표했다.[123] 동 보고서에서는 구체적으로 검토를 진행할 사항으로 AI 학습 데이터의 생성 촉진에 관한 환경 정비, 학습된 모델의 적절한 보호 및 활용 촉진 등과 AI 생성물의 지적재산 보호 방향에 대해 구체적인 사례를 열거하였다. 이러한 검토 내용은 2019년 저작권법 개정에 반영되었는데, 상세 내용은 후술하기로 한다.[124]

AI 네트워크사회추진회의에서 작성한 AI개발지침(안)은 G7 정보통신장관회의와 OECD의 국제 논의를 위한 기본 문서로서 준비된 것인데, AI개발원칙으로서 ① 연계의 원칙, ② 투명성의 원칙, ③ 제어 가능성의 원칙, ④ 안전의 원칙, ⑤ 보안 원칙, ⑥ 프라이버시 원칙, ⑦ 윤리 원칙, ⑧ 사용자 지원의 원칙, ⑨ 책임의 원칙의 9대 원칙을 제시하고 있다.[125]

민간부문에서는 인공지능학회 윤리위원회가 2016년에 제안한 인공지능의 연구개발자가 준수해야 할 윤리강령안이 여러 차례 의견수렴을 통하여 개정되어 2017. 2. 28. "인공지능학회 윤리지침(이하 '윤리지침'이라 한다)"으로 이사회의 승인을 얻어 공표되었다. 윤리지침은 인공지능의 연구개발자에게 ⅰ) 인류에 대한 기여, ⅱ) 규정 준수, ⅲ) 타인의 사생활의 존중, ⅳ) 공정성, ⅴ) 안전, ⅵ) 성실한 행동, ⅶ) 사회에 대한 책임, ⅷ) 사회와의 상호작용과 자기 연마, ⅸ) 인공지능에 대한 윤리 준수를 요청하는 내용으로 구성되어있다. 특히 윤리지침 제9조는 연구개발자 외에 인공물에도 윤리지침이 적용됨을 규정하고 있다.[126]

5. 소 결

이상의 인공지능 문제에 대응하기 위하여 주요국의 법제 동향은 크게 세 가지 유형으로 나눌 수 있다. 첫 번째는 법적 접근이다. 이는 다시 행정법적 측면과 민사법적 측면으로 나눌 수 있다. 행정법적 측면은 안전보장을 위한 인공지능기술의 연구개발 규제책을 마련하는 것으로 기본적으로 미국 백악관과 일본 정부의 보고서에 나타나 있다. 인공지능기술과 산업에 대하여 법적 규율의 대상으로 삼아 구체적으로 규율을 시행하여 인간에게 해를 줄 수 있는 기술의 응용을 규제하고 일정한 안전성 확보 조치를 두는 경우에도 유통을 보장하여 결국은 인공지능 기술이 잘 활용될 수 있도록 하는데 목적이 있다. 민사법적 측면은 인공지능의 행위에 대한 책임부과방안과 관련 지적재산권 문제 등이 있다. EU 로봇 민사법규칙에서도 법적 책임 분배와 인공지능의 법인격 인정 문제가 다루어지고 있으며, 일본에서도 인공지능을 둘러싼 지적재산권 문제를 심도 높게 검토하고 실제 입법으로 연결하였다.

두 번째는 윤리규범적 접근이다. 인공지능 기술개발에 있어서 개발자 윤리, 인공지능 기술 또는 서비스 사용자 윤리, 로봇 윤리라는 사회규범으로 문제를 해결하려는 방식이다. EU 로봇 민사법규칙에서도 인공지능과 로봇 개발자와 사용자의 의무사항을 제시하고 있다.

세 번째는 기술적 접근이다. 인공지능 기술을 개발할 때 윤리적 목적을 설계해 넣는 방식과 같이 기술로 문제를 해결하려는 방식이다. EU 로봇 민사법규칙과 EU 일반데이터보호규정(이하 GDPR이라 한다) 제25조에서도 개인정보보호와 관련하여 이러한 입장을 취하고 있다.127) 예컨대, GDPR 제25조128)가 규정하는 자동적이고 설계된 데이터보호 원칙(Data protection by design and by default)이 그것이다.

이하에서는 이 중 윤리규범적 접근으로 인공지능 관련자의 행위규범, 법적 접근에서는 인공지능의 법인격 인정 문제, 인공지능의 법적 책임, 인공지능의 지적재산권 문제를 중심으로 좀 더 자세한 검토를 하고자 한다.

Ⅳ. 인공지능 관련자의 행위규범

1. 일 반

인공지능 개발자, 사업자, 인공지능로봇이 준수하여야 할 행위규범과 관련해서는 윤리적 차원과 법적 차원에서 규율하고 있는 예가 있다. 먼저 윤리적 차원의 규범으로는 여러 기관의 윤리규범 특히 EU 로봇 민사법규칙이 규정하는 인공지능 설계(개발)자와 사용자 윤리, 일본 인공지능 개발 9원칙, 우리나라 인공지능 체계의 연구 등에 대한 윤리 가이드라인(시안) v.1.0에서 규정하는 연구자, 설계자, 제작자, 사용자 윤리, 그리고 Isaac Acimov의 로봇 3원칙(Three Laws of Robotics)이 있다. 또한 법적 차원의 규율로는 우리나라 지능형로봇법에서 지능형 로봇윤리헌장을 제정하도록 하고 포함될 구체적 내용을 규정하는 예를 들 수 있다.

즉, 지능형로봇법에서는 먼저 지능형 로봇윤리헌장을 "지능형 로봇의 기능과 지능이 발전함에 따라 발생할 수 있는 사회질서의 파괴 등 각종 폐해를 방지하여 지능형 로봇이 인간의 삶의 질 향상에 이바지할 수 있도록 지능형 로봇의 개발·제조 및 사용에 관계하는 자에 대한 행동지침을 정한 것"이라고 정의하고(제2조 2호), 지능형 로봇윤리헌장의 제정 등(제18조)에 대하여 규정하는데, 동시행령¹²⁹⁾에서 '지능형 로봇윤리헌장' 제정을 위해 필요한 조사·연구와 각계 의견을 수렴하는 역할을 하는 로봇윤리자문위원회(자문위)의 구성, 역할, 활동 기간 등 구체적인 운영 방안에 대하여 규정한다(시행령 제7조). 윤리헌장은 로봇기술의 윤리적 발전방향과 지능형 로봇의 개발자·제조자·사용자가 로봇의 개발·제조·사용 시 지켜져야 할 윤리적 가치 및 행동 지침을 담으며, 산업통상자원부장관은 헌장을 제·개정한 경우 지체 없이 공표하고 헌장의 보급 및 확산을 위한 시책을 수립·시행해야 하며, 이를 위하여 필요한 경우에는 관계 중앙행정기관의 장에게 협조를 요청할 수 있도록 하고 있다(시행령 제11조). 법률에 윤리헌장의 제정에 대하여 구체적 규정을 두는 것은 특이한 입법례이나, 윤리헌장에 직접적 강제력을 부여하는 내용은 포함하고 있지 않다.

인공지능을 둘러싼 관련자의 윤리에 관하여 각국의 윤리규범의 구체적 내용을 각 당사자별로 나누어 아래에서 살펴보기로 한다.

2. 아시모프의 로봇 윤리

일찍이 Isaac Acimov는 유명한 SF소설 "I, Robot"(1950)에서 로봇의 의무에 대한 로봇 3원칙(Three Laws of Robotics)을 제시하였다. 즉 ① 로봇은 인간에 해를 가하거나, 혹은 행동을 하지 않음으로써 인간에게 해가 가도록 하여서는 안된다. ② 로봇은 인간이 내리는 명령들에 복종해야 하나, 다만 이러한 명령들이 첫 번째 법칙에 위배될 때에는 예외로 한다. ③ 로봇은 자신의 존재를 보호해야 하나, 다만 그러한 보호가 첫 번째와 두 번째 법칙에 위배될 때에는 예외로 한다. 이는 로봇의 의무를 규정한 고전적 예라고 할 수 있으나, 인공지능을 둘러싼 관련자의 윤리 규범의 기본적 원칙을 정함에 있어서 참조가 된다.

3. 인공지능 설계자의 윤리

가. 인공지능 설계자와 사용자 윤리의 구분

인공지능 시스템의 "설계(개발)자"와 "사용자"는 경우에 따라 개별적으로 결정되는 상대적인 개념인 것에 유의할 필요가 있다. "설계(개발)자"는 인공지능 시스템의 연구개발(인공지능 시스템을 이용하면서 행하는 연구개발을 포함한다)을 하는 자(자신이 개발한 인공지능 시스템을 이용하여 인공지능 네트워크 서비스를 타인에 게 제공하는 제공자를 포함한다)를 말한다. "사용자"라 함은 인공지능 시스템을 사 용하는 자(최종사용자 외에 다른 사람이 개발한 인공지능 네트워크 서비스를 제3자에게 제공하는 제공자를 포함한다)를 말한다.

나. EU 로봇 민사법규칙상 인공지능 로봇의 설계자의 윤리

EU 로봇 민사법규칙에서 규정하는 인공지능 로봇의 설계(개발)자의 윤리 는 다음과 같다.[130]

ⅰ) 설계자는 (취약한) 사용자에게 해를 입히거나, 상처를 입히거나, 기만 하거나, 착취해서는 안되는 것을 포함하여 그러한 기술의 설계, 개발 및 제공 의 전 과정에 걸쳐서 유럽의 인간존중, 자유 및 정의의 가치를 고려해야 한다.

ⅱ) 설계자는 하드웨어 및 소프트웨어 설계 및 보안 목적으로 플랫폼 내·외부의 모든 데이터 처리에 대해 로봇 작동의 모든 측면에서 신뢰할 수 있 는 시스템 설계 원칙을 도입해야 한다.

ⅲ) 설계자는 디자인에 의한 개인정보 보호 방법(privacy by design features) 을 도입하여 개인정보가 안전하게 보관되고 적절하게 이용되도록 보장하여야 한다.

ⅳ) 설계자는 합리적인 설계 목표와 조화하는 명확한 기능정지 메커니즘 (킬 스위치)을 탑재해야 한다.

ⅴ) 설계자는 지역, 국가 및 국제 윤리 및 법적 원칙에 따라 로봇이 작동 하는지 확인해야 한다.

ⅵ) 설계자는 로봇의 의사결정단계가 복원(reconstruction) 및 추적될 수 있 도록 보장해야 한다. 즉 로봇의 설계 단계에서 추적 도구를 개발해야한다.

ⅶ) 설계자는 로봇시스템의 프로그래밍 및 로봇 행위의 예측 가능성에 최 대한 투명성을 보장하여야 한다.

ⅷ) 설계자는 휴먼로봇 시스템의 예측 가능성을 분석함에 있어서 해석 및 행동의 불확실성과 로봇 또는 인간의 실수 가능성을 고려하여야 한다.

ⅸ) 설계자는 로봇의 설계 단계에서 추적 도구를 개발해야한다.

ⅹ) 설계자는 인지적, 심리적, 환경적인 것들을 포함한 로봇의 이점과 위 험을 평가할 때 설계 및 평가 프로토콜을 작성하고 잠재적 사용자 및 이해 관 계자와 교류해야한다.

ⅺ) 설계자는 로봇이 인간과 대화하는 경우 로봇임을 식별할 수 있도록

보장하여야 한다.

xii) 설계자는 로봇 제품이 안전과 보안을 보장하는 프로세스를 사용하여 설계되어야 하므로 로봇과 상호 작용하고 접촉하는 사람들의 안전과 건강을 보호해야 한다. 로봇 기술자는 인권 존중과 동시에 인간의 안녕을 보장하며 로봇 배치에 있어서는 시스템 운영의 안전성, 효능(efficacy) 및 가역성(reversibility)을 보장하여야 한다.

xiii) 설계자는 로봇을 실제 환경에서 테스트하거나 인간을 설계 및 개발 절차에 관련시키는 경우에는 연구윤리위원회(Research Ethics Committee)로부터 사전에 긍정적인 의견을 얻어야한다.

다. 일본의 인공지능 개발 9대 원칙

일본에는 인공지능 개발 9대 원칙으로서 ① 연계의 원칙(개발자는 인공지능 시스템의 상호연결성 및 상호운용성에 유의하여야 한다), ② 투명성의 원칙(개발자는 인공지능 시스템의 입출력 검증 가능성 및 판단 결과의 설명가능성에 유의한다), ③ 제어 가능성의 원칙(개발자는 인공지능 시스템의 제어 가능성에 유의한다), ④ 안전의 원칙(개발자는 인공지능 시스템이 액츄에이터 등을 통해 사용자 및 제3자의 생명·신체·재산에 위해를 미치는 일이 없도록 배려한다), ⑤ 보안 원칙(개발자는 인공지능 시스템의 보안에 유의한다 – 설계에 의한 보안), ⑥ 프라이버시 원칙(개발자는 인공지능 시스템에 의해 사용자 및 제3자의 프라이버시가 침해되지 않도록 배려한다 – 설계에 의한 프라이버시) ⑦ 윤리 원칙(개발자는 인공지능 시스템의 개발에 있어서 인간의 존엄성과 개인의 자율을 존중한다), ⑧ 사용자 지원의 원칙(개발자는 인공지능 시스템이 사용자를 지원하고 사용자에게 선택의 기회를 적절하게 제공하는 것이 가능하도록 배려한다), ⑨ 설명책임의 원칙(개발자는 사용자를 포함한 이해 관계자에게 책임을 다하도록 노력한다)이 있다.131)

4. 인공지능 사용자의 윤리

EU 로봇 민사법규칙이 규정하는 사용자 윤리의 내용은 다음과 같다.132)

ⅰ) 사용자는 신체적·심리적으로 위해 우려가 없을 때에 한하여 로봇의 사용이 인정된다.

ⅱ) 사용자는 로봇이 명시적으로 설계된 작업을 수행하는 것에 대한 기대권이 있다.

ⅲ) 사용자는 모든 로봇에는 지각, 인지 및 동작에 제한이 걸려 있을 수 있음을 인식하여야 한다.

ⅳ) 사용자는 인간의 신체적, 정신적인 약점과 인간의 정서적인 욕구를 존중해야 한다.

ⅴ) 사용자는 개인적인 행위(intimate procedures) 동안 비디오 모니터를 비활성화하는 것을 포함하여 개인의 정보 보호를 고려해야한다.

ⅵ) 사용자는 데이터 주체의 명시적인 동의 없이 개인정보를 수집, 사용 또는 공개할 수 없다.

ⅶ) 사용자는 윤리적 또는 법적 원칙 및 표준에 위배되는 방식으로 로봇을 사용하여서는 아니된다.

ⅷ) 사용자는 로봇을 무기로 사용할 수 있도록 개조하여서는 아니된다.

우리나라의 경우 인공지능 체계의 연구 등에 대한 윤리 가이드라인(시안) v.1.0에서는 사용자의 의무로 목적에 충실한 이용(제16조), 오작동으로 인한 위험의 인식(제17조), 인공물로서의 인식(제18조)에 관하여 규정하고 있다. 인공물로 인식해야 한다는 의미는 인공지능체계가 인간과 대등하거나 심지어 인간보다 우월한 주체인 것처럼 보일 수 있지만 본질적으로 인간의 설계와 제작에 의한 인공물이라는 존재론적 관계를 명확히 인식해야 한다는 것이다. 결국 목적에 충실하게 이용하고, 오작동 위험을 인식하며 물건으로 취급해야 한다는 것이다.

EU의 경우 사용자에게 무기로 개조하는 것을 금지하는 등 우리나라 윤리 가이드라인(시안) v.1.0의 경우보다 더 구체적으로 규정하고 있는 것으로 보인다. 한편, 일본 인공지능 개발 9대 원칙의 경우 별도로 사용자의 윤리를 규정하고 있지는 않다.

5. 한국과 유럽의 통합 인공지능 윤리

우리나라의 경우 인공지능 체계의 연구 등에 대한 윤리 가이드라인(시안) v.1.0에서는 인공지능체계 연구자, 설계자, 제작자, 관리자, 사용자 모두에게 공통으로 적용되는 기본원칙을 규정하고 있다(제5조). 인간의 통제력과 아울러 지속가능성을 위하여 1) 인공지능 체계는 그 작동이 인류의 지속적인 존속과 행복추구에 비정상적인 위해를 유발하지 않고, 2) 자연환경과 생태계의 지속가능성을 훼손하지 않으며, 3) 개인이나 인간 종의 차원 모두에서 인간 정체성에 관한 혼란을 야기하지 않는 방식으로 연구·설계·제작·관리·이용되어야 함을 규정하고 있다. 물론 인간 정체성은 본질적으로 고정되지 않고 사회적 토론과 합의를 통해 변동 가능한 개념임을 밝히고 있다. 아울러 각 주체별로 별도의 의무를 규정하고 있다. 즉 연구자에게는 인간 존엄성의 증진과 침해를 금지하도록 연구의 목적과 방법을 제한하고(제6조), 인간의 존엄성을 침해하는 개인·단체·국가에서의 연구비 수급 제한(제7조), 투명성과 위험방지(제8조)를, 설계자에게는 목적과 이용 범위의 설정(제9조)과 위험의 방지(제10조)를, 제작자에게는 목적과 이용 범위에 충실한 제작(제11조)과 안전한 인공지능 제작(제12조)을, 관리자에게는 관찰과 평가(제13조)와 개입과 중단(제14조), 보고(제15조) 의무를 지우고 있다.

앞서 언급한 바와 같이 EU집행위원회 인공지능고급전문가그룹은 2019. 4. 8. "신뢰할 수 있는 인공지능 윤리 지침"을 발표하였다. 본 지침은[133] 신뢰할 수 있는 인공지능의 3가지 구성 요소로, ⅰ) 모든 관련 법률 및 규정을 준수하고 합법적이어야 하는 적법성(Lawful), ⅱ) 윤리적 원칙과 가치에 순응해야 한다는 윤리성(Ethical), ⅲ) 기술 및 사회적 관점에서 모두 견고해야 한다는 견고성(Robust)를 들고 있으며, 7가지 핵심지침으로 인적 대리 및 감독(human agency and oversight), 기술적 견고성 및 안전성(technical robustness and safety), 개인정보보호 및 데이터 가버넌스(privacy and data governance), 투명성(transparency), 다양성, 비차별성 및 공정성(diversity, non-discrimination and fairness), 사회 및 환경복지(societal and environmental well-being), 설명책임(accountability)을 제시하고 있다.

6. 소 결

유럽과 일본의 경우와 우리나라의 인공지능 체계의 연구 등에 대한 윤리 가이드라인(시안) v.1.0을 비교하면, 우리나라 윤리 가이드라인(시안) v.1.0의 경우 인공지능 관계자를 인공지능체계 연구자, 설계자, 제작자, 관리자, 사용자로 구분하고 있는데, 위에서 살펴본 유럽과 일본의 경우처럼 설계자와 제작자를 통합하여 윤리의무를 규정하여도 무방할 것으로 보이고, 유럽과 일본과 달리 설계의 목적과 이용 범위 설정을 너무 좁게 제한하고 있는 점도 현실성이 떨어지므로 넓힐 필요가 있다고 할 것이다.

V. 인공지능과 법적 책임

1. 일 반

인공지능을 둘러싼 주요 법적 쟁점 중 가장 많이 논의되고 있는 것이 인공지능의 행위에 대한 법적 책임 문제이다. 이에 대하여 현행 우리나라 법제하에서 인공지능의 행위를 둘러싼 관련 당사자 간의 책임 배분에 관한 해석론을 살펴보기로 한다. 먼저 민사책임에서는 소유자/사용자의 계약책임, 소유자/사용자의 불법행위책임, 제조자의 책임, 책임보험에 의하여 해결하는 방안, 보상기금을 설치하여 해결하는 방안, EU 로봇 민사법규칙의 해결 방안의 순으로 비교 검토하고, 인공지능의 형사책임 내지 행정법상의 책임에 관하여 살펴본다.

2. 인공지능의 행위에 대한 민사책임

가. 소유자/사용자의 계약책임

우선, 인공지능 알고리즘의 자율적 판단에 대하여 소유자/사용자에게 계약책임을 지울 수 있는가에 대한 검토가 필요하다. 이론적으로는 자율적인 결정을 내릴 수 있는 인공지능이 계약 상대방을 선택하고, 계약 조건을 협의하고, 계약을 체결하고, 이행할지 여부 및 그 방법을 결정하는 경우에도(예컨대, 인공지능이 소유자를 대리하여 계약을 체결한 경우 그 계약의 효력이 소유자에게 귀속하여 소유자가 계약책임을 지는 경우와 같이) 전통적인 책임규정이 적용될 수 있다면 인공지능 대리인의 행위에 대하여 본인에게 계약상 책임을 물을 수 있을 것이다.

문제는 상대방이 자연인으로 생각하고 인공지능과 계약을 체결하는 경우, 미성년자와 마찬가지로 제한행위능력자로서 법정대리인의 동의가 없는 계약은 무효인지이다.134) 법정대리인의 동의가 없이 한 미성년자의 계약처럼 보게 되면 전통적인 책임 규정은 배상책임이 있는 당사자를 찾아서 손해배상을 요구할 수 없으므로 인공지능의 행위 책임에 대응하는 데 충분하지 못하게 될 우려가 있다.

나. 소유자/사용자의 불법행위책임

전통적인 책임 규정은 인공지능의 작위 또는 부작위의 원인이 소유자 또는 사용자와 같은 특정 관련자에게 돌려질 수 있는 경우와 해당 관련자가 인공지능의 행위를 예견할 수 있고 인공지능로봇의 유해한 행위를 회피할 수 있는 경우에 유효하게 적용될 수 있다.

불법행위책임에 있어서는 고의 또는 과실에 기한 책임을 원칙으로 한다. 즉 민법 제750조가 적용된다. 이러한 과실책임 체계는 가해자, 과실 인정 등과 관련해서도 문제가 있고, 인공지능 알고리즘이 어떻게 설계되었는지를 전혀 모르는 피해자에게 가혹한 면이 있으므로 비판이 제기될 수 있다.

특히 알고리즘 설계와 작동의 이상으로 인한 책임이 아니고 인공지능이 자율적인 결정을 내린 경우, 즉 인공지능이 딥러닝을 통하여 학습 경험의 축적에 의한 판단과 행동으로 피해가 발생한 경우, 인공지능의 소유자 내지 의사결정을 맡긴 자가 책임을 지기 어려워진다.

이에 사용자책임 규정의 유추적용을 고려할 수 있을 것이다. 민법 제756조 제1항에서는 원칙적으로 사용자에게 피용자가 그 사무집행에 관하여 제3자에게 가한 손해를 배상할 책임을 지우고, 예외적으로 피용자의 선임 및 그 사무감독에 상당한 주의를 한 때 또는 상당한 주의를 하여도 손해가 있는 경우 책임을 면제하고 있다. 동조를 유추적용하게 되면, 소유자/사용자에게 인공지능이 제3자에게 가한 불법행위에 대하여 상당한 주의를 하거나 상당한 주의를 하여도 손해가 불가피한 경우가 아닌 한 책임을 지울 수 있게 된다. 그러나, 여기서 상당한 주의의무의 위반은 인공지능의 행위를 예견할 수 있고 인공지능의 유해한 행위를 회피할 수 있는데 그러한 주의를 기울이지 못한 경우로 해석할 수 있을 것이다. 그러나 사용자가 특정 시점에서 손해가 일어날 것을 예견하기는 어렵다는 점에서 사용자책임을 지우기는 용이하지 않을 것이다.[135)

다. 인공지능 제조자의 책임

인공지능의 작위 또는 부작위로 인한 피해에 대하여 제조자에게 책임을 지울 수 있는가 하는 점이다. 우선 제조자가 피해에 과실이 있는 경우 위에서 살펴본 바와 같이 민법상의 불법행위책임을 질 가능성이 있다. 이때에는 인공지능의 행위로 피해를 입은 자는 인공지능의 알고리즘 설계의 문제와 작동의 이상여부를 입증하기 어려우므로, 실제 알고리즘 설계와 작동에 문제가 없음을 알고리즘 제작사가 입증하도록 입증책임을 전환할 필요가 있다. 물론 알고리즘은 알고리즘 제작사의 영업비밀로 보호되나 분쟁이 있을 경우 이를 공개하여야 할 의무를 지울 필요가 있을 것이다.

그러나 알고리즘 설계와 작동의 이상으로 인한 책임이 아니고 인공지능이 자율적인 결정을 내린 경우, 즉 인공지능이 딥러닝을 통하여 학습 경험의 축적에 의한 판단과 행동으로 피해가 발생한 경우, 인공지능의 알고리즘 제작사가 책임을 지기 어려워진다. 인공지능에게 법인격을 인정하는 법규정이 없는 한, 인공지능의 행위에 대한 책임을 의사결정을 맡긴 인간이 져야 하는지, 아니면 알고리즘 제작사가 져야 하는지의 문제로 구체화되나, 고의 또는 과실 책임을 원칙으로 하는 전통적인 책임 규정이 인공지능의 행위 책임에 대응하는 데 충분하지 않다.

나아가 제조자가 제조물책임을 지는지 여부를 살펴본다. 인공지능이 제조물책임법의 적용대상이 되는 제조물에 해당하는지가 문제된다. 동법은 제조물을 "제조되거나 가공된 동산(다른 동산이나 부동산의 일부를 구성하는 경우를 포함한다)"으로 정의하고 있다(제2조 제1호).[136] 결함있는 인공지능 소프트웨어를 탑재한 유형의 로봇의 경우에는 본법의 대상으로 하는데 문제가 없을 것이나 소프트웨어나 데이터 자체로만 구성된 무형의 인공지능의 경우 동산은 아니기 때문에 본법의 대상인지는 검토의 여지가 있다. 일반적으로 부정설이 대세이나, 긍정설도 있다. 인공지능 소프트웨어나 데이터 자체로만 구성된 무형의 로봇을 동산의 집합체인 네트워크 시스템에 의하여 제공되는 서비스를 실현하기 위한 기술적 수법의 일종, 즉 집합동산으로서의 제조물의 일부를 구성하는 요소로 보는 견해이다.[137]

인공지능에 제조물성이 인정되면 제조물의 결함으로 인하여 발생한 손해에 대해서는 무과실책임에 입각하여 확대손해까지도 배상받을 수 있다(동법 제3조). 2017. 4. 18.에 동법 개정으로 결함 등의 추정 규정을 신설하여(동법 제3조의2),[138] 피해자가 '제조물이 정상적으로 사용되는 상태에서 손해가 발생하였다는 사실' 등을 증명하면, 제조물을 공급할 당시에 해당 제조물에 결함이 있었고, 그 결함으로 인하여 손해가 발생한 것으로 추정하도록 하여 소비자의 입증책임을 경감하도록 하였다.[139]

즉 인공지능의 제조 결함으로 인한 피해자의 손해와 제품 결함 그리고 손해와 결함 사이의 인과 관계를 피해자가 입증하는 경우 제조물책임법이 적용된다. 제조자, 소유자 또는 사용자는 인공지능에 제조물책임법이 적용되는 경우 인공지능의 행위 또는 부작위에 대해 엄격책임을 질 수 있다.

그러나 인공지능의 자율적인 행위에 관해서는 제조자에게 책임을 지우기 어렵다. 즉, 1) 그 행위가 설계 결함에 의한 것이면 제조물책임법이 적용되고 제조자가 책임을 지게 되나, 2) 그 행위가 인공지능의 자율적 행위로 인한 것이라면, 제조자의 책임을 묻기 어려울 것이다.

프로그래머의 책임과 관련해서는 일반적인 해석론으로는 프로그래머를 제

조자로 보기 어려울 것이다.140) 프로그래머도 과실에 대해 불법행위책임을 진
다. 데이터 제공자의 불법행위책임도 문제될 여지가 있는데, 아무래도 데이터
를 제공했다는 것만으로 데이터 제공자에게 직접 불법행위책임을 지우기는 어
려울 것이다.

제조자의 책임을 전제로 관련자 연대 책임이나 구상책임이 가능하다. 알
고리즘 설계와 작동의 이상으로 피해가 발생한 경우 인공지능의 알고리즘 제
작사가 인공지능의 소유자 내지 의사결정을 맡긴 자와 연대하여 책임을 질 수
있을 것이다. 또한 알고리즘 설계와 작동의 이상으로 피해가 발생한 경우 1차
적으로 인공지능의 소유자 내지 의사결정을 맡긴 자가 피해에 대하여 책임을
지고, 인공지능의 알고리즘 제작사의 책임이 인정되는 경우 구상권을 행사하도
록 할 수 있을 것이다. 프로그래머가 책임이 있는 경우 1차적으로 책임을 진
제조자가 프로그래머에게 구상할 수 있을 것이다.

라. 인공지능관련자의 책임에 관한 해결방안

1) 책임보험에 의하여 해결하는 방안

제조자, 프로그래머, 소유자, 사용자에게 인공지능의 행위에 대해 책임을
지우기 어렵거나 책임의 귀속 여부를 판단하기 어려운 경우 관련 당사자들을
공동으로 보험에 가입하게 함으로써 피해자가 구제받을 수 있게 하는 방안이
고려된다. 즉 제조자, 프로그래머, 소유자, 사용자가 공동으로 책임보험에 가입
하고 시장에서의 사고확률에 따라 각 당사자의 부담비율을 결정하는 것이다.
이와 같이 보험을 활용하여 손해에 대한 책임을 지는 방법은 인공지능의 결함
에 의한 경우든 인공지능의 완전 자율적 판단에 따른 손해이든 어느 쪽이든 활
용가능하다.

2) 보상기금을 설치하여 해결하는 방안

피해자 구제를 위하여 관련 당사자들이 공동으로 가입하는 책임보험이 없
는 경우를 위하여 인공지능의 판매와 연계하여 보상기금에 출연하도록 하고
이를 피해자에게 지급하도록 하는 방안을 고려할 수 있다.

3) 보험과 보상기금 병용방안

EU 로봇 민사법규칙에서는 인공지능을 탑재한 로봇의 책임과 관련하여
보험제도와 보상기금제도를 함께 규정하고 있다. 즉 a) 로봇의 제조자 또는 소
유자가 잠재적으로 로봇에 의해 발생한 손해를 보험으로 처리하는 강제가입
보험 제도를 확립하도록 하고 있다. b) 로봇이 야기한 손해를 보상하기 위한
보험이 없는 경우 보상기금이 보상을 보장하여야 한다. c) 보상기금에 출연하

는 동시에, 로봇이 야기한 손해보상을 위하여 공동보험에 가입하고 있는 경우, 제조자, 프로그래머, 소유자, 또는 사용자 등 관계자의 책임제한이 가능하다. d) 로봇을 위한 일반적인 기금을 창설할지, 로봇 분야별로 개별 기금을 설립할 것인지, 또한 로봇이 출시되었을 때 일회성 수수료에 의할 것인지 로봇 제품 수명 동안 정기적인 거출로 할지도 결정한다. e) EU 등록제도를 운용하여 로봇과 기금 간의 연결을 알 수 있는 개별 등록 번호를 발급하고 표시되도록 보장한다. 이 등록번호를 통하여 로봇과 상호작용하는 자는 기금의 성격, 손해발생 시의 책임 제한, 기금출연자의 성명과 역할 및 기타 관련 상세 정보를 제공받게 된다.141)

　　EU 로봇 민사법규칙이 취하는 입장은 인공지능의 법인격 인정 여부에 상관없이 제조자 등에게 인공지능이 제3자에게 입힌 손해를 보상할 수 있는 보험과 보상기금을 통하여 제조자 등의 책임을 면책가능하게 하는 것이다. 보험이 없는 경우에도 보상이 이루어지도록 보험제도는 보상기금으로 보완될 수 있다. 보상기금은 제조자의 출연에도 의존할 것이지만 제조자에게 과도한 부담을 주지 않기 위해 인공지능의 판매 가격에 포함시킬 수도 있다.142)

3. 인공지능의 형사책임 내지 행정법상의 책임

　　바이러스에 감염된 인공지능로봇이 오작동으로 피해를 준다든가 하는 경우에 동물에 대한 사살처분처럼 인공지능로봇 해체 처분과 같은 형사처분 내지 행정처분을 할 수 있는가가 문제된다.

　　현행법상 형사처벌 규정은 없으므로, 행정처분이 가능한지 여부가 주된 논점인데 아직 로봇기본법(안)이나 지능정보사회기본법(안)에서는 행정처분에 관한 규정을 두고 있지는 않다. 만일 특별법을 제정한다면 가능할 것이다.143)

4. 소 결

　　인공지능 알고리즘의 자율적 판단에 대하여 소유자/사용자에게 대리에 기한 계약책임을 지울 수 있을 것이나, 예외적으로 소유자/사용자 책임을 인정하기 어려운 경우의 문제를 해결하여야 할 것이다. 인공지능의 불법행위에 대하여는 사용자책임에 관한 규정을 유추적용하는 것이 고려될 수 있는데, 인공지능로봇의 행위를 예견할 수 없고 인공지능의 유해한 행위를 회피할 수 없었다면 책임을 지우기 어려울 것이다. 불법행위책임은 인공지능의 제조상 결함을 기초로 제조자, 프로그래머와 소유자 내지 사용자의 책임을 배분하는 것이라면 인공지능 알고리즘의 자율적 판단에 따른 책임 문제에는 적절한 해결책을 제시하기 어렵다. 제조물책임과 관련해서는 우선 소프트웨어 결함에 대한 제조물책임을 인정하는 입법이 필요하다고 할 것이나 소프트웨어를 제조물로 보더라도 인공지능 알고리즘의 자율적 판단이 사고원인인 경우 적용하기에 어려움이 있다. 이에 인공지능 알고리즘의 자율적 판단에 따른 사고 책임을 위하여 인공지능 제조자와 소유자 등이 책임보험과 기금을 마련하는 방안도 제안하였다.

이처럼 인공지능의 법인격을 인정하기 전까지는 현행 법제하에서 그 책임은 원칙적으로 설계자·제작자·소유자 등에게 향하고 이들 간에 합리적인 책임범위를 설정하고 책임을 적절히 분배하고자 한다. 그러나 사람이 예측하지 못한 범위까지 책임을 귀속시키는 것은 문제가 있어 결국은 사람과 같은 사고기능과 자의식을 가진 인공지능에게 법인격을 인정하는 문제를 심각하게 고려해 보아야 한다고 할 것이다. 특히 자율주행차처럼 자율적으로 행동하는 로봇은 앞으로도 각 산업분야에서 폭발적으로 증가할 것으로 생각되기 때문에 그 법적 지위를 어떻게 할 것인가는 시급히 검토해야 할 과제라고 할 것이다. 즉 인공지능에 권리주체성을 인정하는 경우와 인정하지 않는 경우를 비교하여 어느 쪽이 사회적 효용성과 비용 측면에서 유리한지를 검토할 필요도 있을 것이다.

VI. 인공지능에 대한 법인격 인정 문제

1. 일 반

위에서는 현행법의 해석론에 의하면 인공지능의 행위에 대한 책임이 제조사, 소유자, 사용자 등 관련자 간 어떻게 배분될 수 있는지를 살펴보았다. 인공지능 기술의 복잡성 및 자율성 증가로 인해 인간의 통제력이 감소하고 책임 소재도 불분명해지고 있다. 이러한 점은 제조자, 소유자, 사용자 등 관련자 간 법적 책임 배분을 어렵게 만든다.

현행 법체계하에서는 인공지능은 제3자에게 손해를 입히는 행위 또는 부작위에 대해 스스로 책임을 지지 않는다. 그러나, 인공지능의 자율성이 커질수록 위험과 책임의 배분에 관한 제조자, 소유자, 사용자 등 관련자의 전통적인 법적 책임원칙으로는 불충분해지고 인공지능의 행위 또는 부작위에 어떻게 부분적으로 또는 전체적으로 책임을 지울 것인지에 초점을 맞춘 새로운 규칙이 요구된다. 결과적으로 인공지능이 어떠한 법적 지위를 가져야하는 지에 대한 근본적인 문제를 다룰 필요가 커지고 있다. 이에 EU 로봇 민사법규칙에서는 (인공지능)로봇의 책임 문제를 논의하면서 (인공지능)로봇의 자율성과 주체성을 고려해서 (인공지능)로봇에 법인격을 부여하는 문제까지 함께 다루고 있다.

이하에서는 어느 정도의 법적 지위를 인정하여야 하는지에 대하여 전자인에 대한 EU에서의 논의, 인공지능의 법적 성격에 대한 제학설과 그 한계, 인공지능의 인권 인정여부, 높은 주의의무 부과 여부를 중심으로 살펴본 후 법인격 인정의 전제조건으로서 인간본질론에 관한 기본 논의, 인공지능에 대한 기능적 접근의 순서로 살펴보면서 장기적으로 인공지능에 전자적 인격을 부여하여 인공지능이 손해에 책임을 지도록 하거나, 자율적 의사결정을 하거나 또는 독립적으로 제3자와의 거래를 가능하도록 하는 문제를 살펴보기로 한다.

2. 법적 지위의 인정 수준

가. EU에서의 논의

전자인(electronic person)이라는 용어가 1967년에 LIFE magazine의 한 기사에서 처음 등장한 이래[144] 인공지능로봇에 법인격을 인정하려는 최근 입법적 움직임으로는 2017. 2. 제정된 EU 로봇 민사법규칙의 예를 들 수 있다.[145]

EU 로봇 민사법규칙에서는 장기적으로 인공지능로봇에 전자인격을 부여하여 인공지능로봇이 손해배상 책임을 지고, 자율적 의사결정을 하거나 독립적으로 제3자와의 상호작용을 하도록 할 것을 제안하고 있다. 즉 로봇에 특정 법적 지위를 부여하여, 최소한 가장 정교한 자율 로봇에 특정 권리와 의무를 보유한 전자인의 지위를 인정하는 것이다. 그러나 구체적으로 어떠한 유형의 자율 로봇에 어느 정도의 법적 지위를 인정할지에 대하여는 명확히 하고 있지 않다.

EU의 인공지능로봇에 대한 "전자인(electronic person)"으로서 법인격을 부여하려는 움직임 후 최초로 국내 입법화를 시도하고 있는 국가로는 에스토니아를 들 수 있는데, 인공지능로봇에 회사와 같은 독자적인 법인격과 물건의 중간적 지위를 인정하고자 한다.[146]

나. 법적 성격에 대한 제학설과 그 한계

1) 일 반

인공지능의 법적 지위를 판단하기 위하여 먼저, 인공지능이 현행 법적 주·객체 범주에 비추어 자연인, 법인, 동물 가운데 어느 것으로 간주되어야 하는지의 성질 문제에 대한 제학설과 각 학설의 한계에 대하여 살펴보기로 한다.

2) 준동물설

인공지능에 동물에 준한 인격을 부여하자는 입장이다.[147] 외국의 입법례를 보면 동물에게 재산의 주체가 될 수 있는 능력을 부여하여 상속을 받을 수 있는 등 재산을 취득할 수 있도록 하고 있다.[148] 준동물설에 따를 때 인공지능이 재산 주체를 넘어 책임 주체가 될 수 있는가가 문제될 수 있다. 물론 정책적으로 자율성을 가진 인공지능을 위험한 동물로 간주하여 책임을 귀속시키는 입법은 가능할 것이다. 즉 상해를 입힌 동물을 사살하는 것처럼 인공지능을 해체할 수도 있고 동물을 매각하여 그 대금으로 손해의 전보에 사용하는 것처럼 인공지능을 매각하여 손해배상에 충당할 수 있을 것이다.[149]

3) 준노비설

인공지능에 조선시대의 노비와 유사한 법적 지위를 인정할 수 있다는 견해이다. 조선시대의 노비는 그 성격이 다양하나 대체로 주인의 소유이면서도 한편으로는 양인과 함께 '民'으로 취급되어 자신의 명의로 토지 등의 재산을 소유할 수 있었고 재판에서의 당사자능력을 인정받았으며 국가에 대한 납세의무와 부역의무를 부담함으로써 권리주체성을 인정받고 있었다.[150] 이러한 점에서 다른 나라의 노예와는 구별되는 법적 지위를 누리고 있었다.[151]

이 견해에 따르면 인공지능에게 재산소유의 주체이면서 책임의 주체로서의 법적 지위를 인정할 수 있게 된다. 따라서 준노비설에 의하면 인공지능은 그 소유자의 소유에 속하면서도 다른 한편으로는 법적 주체성이 인정되어 자신의 명의로 계약을 하거나 물건을 소유할 수 있고 스스로 학습해서 독자적 판단으로 행한 행위에 대하여 책임을 지는 것도 가능하다. 인공지능에게 불법행위책임 뿐 아니라 형사책임을 지우는 것도 가능하게 된다.

4) 법인설

법인설은 인공지능에 법인격을 의제하는 입장이다. 법인격(legal personality)의 개념은 13세기 교황 인노센트 4세(Pope Innocent IV)가 수도원에 법인격을 허용하는 가공인(persona ficta) 이론을 창안한 데에 기원한다.[152] 현재 인간 외에 법인격을 가지는 주체로서 주권 국가 및 유엔이나 유럽 연합과 같은 다양한 국제 및 정부 간 기구, 회사 등이 있다. 해양법에 따라 선박도 법인격을 가진다. 인도 법원은 힌두교 우상(Hindu idols)이 (재산소유와 세금 납부 등) 권리의무가 있음을 고려하여, 법인격을 부여하였으며, 뉴질랜드에서는 2017년 3월 황가누이 모리 부족(Whanganui Mori tribe)이 황가누이 강(Whanganui River)을 자신들의 조상으로 여김에 따라 황가누이 강에 법인격을 부여하였다.[153]

그러나 법인설에 의하면 인간으로 구성되는 기구들(예컨대, 회사의 이사회나 주주총회)이 [법인격이 의제되는] 가공인을 대신해서 행위하고, 가공인에게 그 효력을 미치는 구조를 가진다는 점에서 인간을 대신하여 자율적으로 행동하는 인공지능의 경우와는 차이가 있다고 할 것이나, 자연인이 아닌 가공인에 법인 격을 부여하여 현실적인 문제를 해결한다는 관점에서는 유력한 견해이다.

5) 준자연인설

인공지능을 자연인에 준하여 보는 입장이다. 이 입장이 설득력을 얻기 위 하여는 먼저 인공지능이 인간의 본질에 해당하는 특성을 가진다는 것이 인정 되어야 한다는 점에서 어려움이 있고, 인간 본질론에 대한 철학적 고찰을 필요 로 한다. 이 설에 의하면 인공지능에도 자연인의 인격권을 인정하는 것이 가능 할 것이다.

참고로 일본의 八幡製鉄事件에서는 법인의 인권향유주체성이 문제되었는 데, 제1심에서는 법인의 인권이 인정되지 않았으나,154) 항소심과 최고재판소에 서 인정되었다.155)156) 일본 최고재판소의 쟁점 중 참정권과 관련하여 헌법위반 인가에 대하여 재판소는 회사의 정치헌금은 참정권 위반이 아니라고 판단했다. 회사는 자연인과 마찬가지로 납세자의 입장에서 정치적 의견을 표현하는 것을 금지할 이유가 없고, 일본 헌법 제3장 "국민의 권리와 의무"는 그 성질상 가능 한 한 내국 법인에도 적용되어야하며, 정치적 행위의 자유 역시 마찬가지라고 판단하였다.

6) 제학설의 한계

인공지능은 어떤 지위와 권리의무를 가지는지와 관련하여 제학설을 살펴 보았다. 준동물설의 경우 인공지능은 물건의 일종으로서 소유자에게 권리가 귀 속하나, 인공지능의 불법행위에 대하여 아무도 책임질 수 없는 상황에 봉착할 수 있다. 인공지능이 벌어들인 재산은 인공지능 소유자에게 귀속되므로, 국가 적으로 세수가 줄어드는 문제도 야기될 수 있다.

준노비설에 의하면 인공지능에게 법적 주체인 동시에 객체로서의 법적 지 위를 인정한다. 즉, 사회경제적 필요성에 근거하여 인공지능에게 제한적으로 법인격을 인정하는 준노비설에 의할 때 인간에게 종속되면서도 경제적 활동으 로 벌어들인 수입에 대하여 인공지능의 재산소유가 인정되므로 인공지능의 불 법행위에 대한 책임재산이 확보되고 인공지능에게 책임을 지우는 것이 가능해 지는 장점이 있다. 물론 동시에 인간의 소유물로서의 법적 지위도 가진다고 할 것이다.

법인의제설의 경우 가공인에 대하여 법인격을 인정하는 것인데, 현재 이러한 제도는 회사 등 우리제도에서 활용되고 있어 도입에 문제가 없다. 그러나 인공지능의 경우 가공인이라기 보다 자연인에 유사한 새로운 인류종이라는 측면에서 한계가 있다고 본다.

준자연인설의 경우는 인공지능이 인간의 본질적 특성을 가지고 있는가를 판단기준으로 한다는 점에서 인간 본질론에 대한 논의가 필요하다. 이에 대하여는 항을 바꾸어 살펴보기로 한다.

3. 법인격 인정의 전제조건

가. 인간 본질론에 대한 논의

인공지능을 인간에 준하는 존재로 볼 수 있는가 하는 문제는 인간 본질론에 대한 고찰을 필요로 한다. 먼저, "인간이란 무엇인가"를 생각해 보자. 필자가 지금까지 이해한 바에 의하면 인간은 얼굴을 중심으로 배치되어 있는 외부로부터 정보를 받아들일 수 있는 '감각기관'과 움직일 수 있는 '사지를 가진 몸체'와 외부로부터 받아들인 정보를 인식하고 저장, 처리하는 (컴퓨터의 하드웨어에 해당하는) '뇌'와 (소프트웨어에 해당하는) 인간의 '마음', '자의식' 및 '기억'으로 구성된다고 볼 수 있을 것이다.

그럼, 다시 질문해 보자. "이 중 동물과 다른 인간만의 고유한 특징은 무엇인가?" 프랑스 출신 철학자 데카르트(René Descartes)는 "인간은 생각한다. 고로 존재한다(Cogito ergo sum)"는 유명한 말을 남겼다. 좀더 시대를 거슬러 올라가서 그리스 철학자 아리스토텔레스(Aristoteles)는 "인간은 사회적 동물이다"라고 하여 인간이 타인과의 관계 속에서 존재함에 그 본질이 있음을 간파하였다. 이 위대한 철학자들의 말을 종합하면 인간의 본질적인 특성은 생각하는 점과 상호작용하는 점에 있다.

생각이란 인간의 감각기관을 통하여 정보가 뇌로 들어오면 인간의 마음, 기억, 자의식의 작용에 의하여 만들어진다. 이러한 생각에 기초하여 인간은 자율적으로 행동하고 주관적인 경험을 할 수 있으며, 다른 존재와 상호작용하여 소통하게 된다.

인공지능의 자율성을 외부 통제나 영향과는 독립적으로 결정을 내리고 실행할 수 있는 능력으로 정의한다면, 인공지능이 인간과 같이 자율적으로 행동하고 주관적인 경험을 할 수 있으므로 생각하는 능력을 보유하고 있다고 가정할 수 있을 것이다.

일찍이 영국출신의 수학자 앨런 튜링[157]은 인공지능이 인간처럼 생각할 수 있는지를 판단하기 위한 기준인 튜링 테스트를 고안했는데, 인간이 인공지능과 대화할 때 인공지능이 사람인지 인공지능인지를 구별할 수 없다면 인공지능은 이 테스트를 통과하게 된다.[158] 이는 인공지능이 인간처럼 생각할 수 있다고 판단하기 위하여 상호 간의 반응에 주목한 기준을 제시한 것인데, 인공지능이 일정한 수준에서 사람을 이해하고 사람과 교감할 수 있는 능력을 소유하고 있다면 인간과 같이 생각하는 것으로 볼 수 있다는 것이다.

이와 같이 인공지능이 인간과 같이 자율적으로 행동하고 주관적인 경험을 할 수 있으며, 사람을 이해하고 교감할 수 있는 능력을 가지고 있다면, 인간의 본질에 해당하는 생각하고 소통할 수 있는 능력을 보유하고 있다는 철학적 사고과정에 의한 판단이 가능하다. 이러한 판단과 아울러 인공지능을 새로운 인간의 유형으로 인정할 수 있다는 사회적 합의가 이루어진다면, 인공지능에게 인간에 준하는 법적 지위를 부여하는 것이 가능할 것이다.

그러나 이러한 철학적 숙고과정과 사회적 합의가 형성되기까지는 상당한 시간이 소요될 것이다. 따라서 이러한 사회적 합의 도출 과정을 거치기 전에 인공지능에게 법인격을 인정해야 하는 상황이 도래할 수도 있을 것이다.

한걸음 더 나아가 생각해보면, 사물인터넷으로 모든 사물이 연결되어 소통하는 시대에는 생각하고 소통한다는 것은 만물의 특성으로서 인간의 고유한 특성으로 보기 힘들 것으로 보인다. 그러한 시대에는 인간의 본성에 기한 법인격 내지 법적 지위의 인정이라는 접근이 설득력을 얻기 어려울 수도 있다. 바꾸어 말하면 인공지능이 인간의 본성과 동일한 것을 가지고 있는지 여부를 떠나 현실적으로 독립적인 권리의무의 주체로서의 역할과 책임을 부여하여야 하는 상황이 도래할 수 있다는 것이다.

이하에서는 인공지능에 법인격을 인정하기 위한 기능적 접근을 해보기로 한다.

나. 법인격 인정에 대한 기능적 접근

인공지능이 시간이 지남에 따라 점점 더 자율적으로 될수록 이들은 단순한 도구로 간주되기 어려울 것으로 보이나, 굳이 인공지능로봇에 법인격을 인정하여야 할 당위성이 있는 것인지가 문제된다.

인공지능이 인간과 같은 본성을 소유하는지에 집중하는 철학의 관심사와는 달리 법에서는 그 외에도 인공지능로봇에 법인격과 권리의무의 주체성을 인정할 현실적 내지 경제적 필요가 있는지가 중요하다. 그 구체적 내용은 다음의 두 가지로 정리할 수 있을 것이다.

첫째, 법이 사회적 현실을 반영할 필요성이다. 초연결시대에는 사람과 인공지능 간의 계약이 일반화되어, 거래당사자 간에도 서로가 사람인지 인공지능로봇인지 모르게 될 것이다. 이에 대응하기 위하여 EU 로봇 민사법규칙의 인공지능과 로봇의 설계 라이센스에서는 인간이 인공지능로봇과 대화할 때 인공지능로봇임을 밝힐 의무를 지우고 있다.[159]

이와 같이 기술적 진보에 따라 가까운 장래에 많은 거래가 인공지능에 의해 수행되고 이것이 점점 더 보편화됨에 따라, 사람들은 실제로 인공지능을 자율 행위자(autonomous actors) 및 거래 상대방으로 인식하고 거래 자체에 실제로 참여하고 있는 것처럼 다루기 시작할 것이다.[160] 그러면 법이 사회적 현실을 반영할 필요가 생기게 될 것이다.

둘째, 법적 편의성(legal convenience)이다. 인공지능의 자율성이 커질수록 제조자, 소유자, 사용자 등 관계자에게 책임을 지우기보다 인공지능에게 권리의무의 주체성을 인정함에 의하여 인공지능에게 직접 책임지게 하는 것이 편리하게 된다.[161][162]

이 문제에 대하여 일찍이 튜링도 통찰력 있게 간파하였는데 그는 1950년 "Computing Machinery and Intelligence"라는 유명한 논문에서 "'기계가 생각할 수 있는가'라는 본질적인 문제는 너무 무의미해서 논의할 가치조차 없다고 믿는다. 그럼에도 불구하고 나는 이 세기의 말경에는 그 단어의 용법과 일반적으로 교육받은 사람들의 견해가 크게 변경되어 의심의 여지없이 기계가 생각할 수 있다고 공공연히 말할 수 있게 될 것으로 예측한다.[163]"고 기술하고 있다. 즉 이 사고방식에 의하면 인공지능이 생각할 수 있다는 것이 사회적 현실로서 기정사실화 되면 법적 편의를 위해 인공지능로봇에게 법인격을 인정할 수 있고, 이는 어느 정도의 법적 지위를 인정할지는 도덕적 고려에 기초한 법적 선택의 결과가 된다고 할 것이다.[164]

4. 소 결

전자인에 법인격을 부여하고자 하는 움직임은 준자연인으로서의 법적 지위를 인정하려는 것이라기보다는 법인의제설이나 준노비설에 입각한 것으로 보여진다. 법인이라는 허구의 존재에 법인격을 부여함으로써 산업사회의 성공을 이끈 사례나, 시대와 지역에 따라 같은 인간인데도 법인격을 부인하거나 동일한 법인격을 인정하지 않거나, 편의상 우상이나 강에 법인격을 인정하기도

한 사례에서 알 수 있다시피, 법인격 인정의 타당성은 꼭 인간의 특징을 모두 가져야만 부여되는 것은 아니다. 허구의 존재에 별도의 법적 지위 또는 법인격을 인정하는 것이 도덕적 고려에 의한 법적 선택의 결과로서 가능하며 법적인 틀에 사회적 현실을 반영하기 위해서나 단순히 법적 편의를 위하여 인정될 수 있다는 것이다.165)

인공지능의 자율성은 기존의 법적 범주에 비추어 자연인, 법인, 동물 또는 사물로 간주되어야 하는지의 성질 문제 또는 권리와 의무의 귀속에 관한 고유한 특징과 함의를 갖는 새로운 유형의 인류종을 인정해야 하는 문제를 제기한다.166)

그러나, 제조자나 소유자의 책임이 전혀 없는 인공지능의 완전 자율적인 판단과 행위로 인한 책임의 경우라 하더라도 인공지능에 법인격을 인정하여 문제를 해결할 논리필연적인 이유가 있는지가 문제된다.167) 과거 법인제도는 법인이 독자적 권리의무의 주체가 됨으로써 법률관계의 처리가 간편해지고 법인 소유자의 변경에도 불구하고 법인의 책임이 존속하며 법인에 유한책임을 지움으로써 법인 소유자는 책임에서 면제되어 자유로운 사업활동을 할 수 있었던 것처럼, 인공지능에 법인격을 인정하는 장점은 인공지능과 관련한 거래와 책임 문제를 원활하게 해결함으로써 4차산업혁명시대의 산업 발전을 가져올 수 있다는 점에 있을 것이다.

그렇다면 인공지능에 준자연인으로서의 법인격이 인정되기 위하여 인공지능은 인간의 특질을 모두 가져야만 하는가? 호모 사피엔스에만 자연인으로서의 법인격이 부여되는가? 인공지능은 마음을 가지고 있지 않지만 인간의 마음을 이해하고 인간과 상호작용은 가능하기 때문에 꼭 그렇지는 않다고 생각한다.

Ⅶ. 인공지능과 지적재산권

1. 일 반

인공지능과 지식재산권 문제에 대하여는 WIPO에서 2019. 12. 지식재산과 인공지능에 관한 문제를 논의를 토대로 이슈 페이퍼(초안)을 내놓았는데, 특허, 저작권, 데이터, 디자인, 기술 차이 및 역량 강화(technology gap and capacity building), 지식재산의 행정적 결정에 대한 책임(accountability) 등의 쟁점에 대하여 논의하고 있다.168) 이 중 특허에 대하여는 발명자권과 특허권, 특허대상 및 특허 가능성 지침, 발명단계 및 비자명성, 공개, 특허제도에 관한 정책적 고려 등을 다루고 있다. 저작권과 관련하여서는 저작자권(Authorship)과 저작권 (Ownership), 침해 및 예외, 딥페이크(Deep Fakes), 일반 정책 이슈 등을 다루고 있다.

　이하에서는 인공지능을 둘러싼 지재권 이슈 중 특허법과 저작권법의 문제만을 중심으로 보호요건 해당성, 침해여부, 특별법 방식의 보호를 취하는 경우 보호내용 등을 중심으로 검토하기로 한다. 구체적으로 특허법과 관련해서는 인공지능 발명에 대한 검토, 특허권의 내용, 특허창출과 빅데이터 활용에 대하여 살펴본다. 저작권과 관련해서는 창작의 개념과 권리귀속, 저작권의 내용, 저작재산권의 제한, 저작권침해를 중심으로 살펴보기로 한다.

2. 인공지능과 특허법

가. 인공지능 발명에 대한 검토

　창작형 인공지능에 대한 특허부여 문제는 후속 발명에 대한 과도한 퍼스트 무버 효과의 우려 등이 있어 그 판단이 문제되며, 로봇형에서 순수 소프트웨어형 인공지능이 늘어날 것이므로 이와 같이 하드웨어와 연결되지 되지 않는 인공지능의 특허 인정 기준도 검토를 필요로 하나,[169] 여기서는 우선 인공지능 발명과 관련하여 직접 문제되는 인간이 아닌 인공지능의 발명에 대하여 특허권 보호가 가능한 지를 중심으로 살펴보고자 한다.

　이와 관련해서는 먼저, "발명" 해당성이 있는지를 살펴보아야 한다. 긍정설에 의하면 우리 특허법은 발명을 '자연법칙을 이용한 기술적 사상의 창작으로서 고도한 것'을 말한다(특허법 제2조 제1호)고 규정하고 있어 자연인의 아이디어일 것을 요건으로 하고 있지는 않으므로 인공지능의 발명도 이에 해당한다고 해석할 수 있다. 부정설에 의하면 발명은 자연인의 의한 것이 전제되므로, 인공지능의 발명은 이에 해당하지 않는다고 해석할 수 있을 것이다.

　긍정설의 입장을 취할 때, 인공지능이 코딩한 SW 특허의 권리는 누가 가지는가? 우리 특허법에서는 "발명을 한 사람 또는 그 승계인은 이 법에서 정하는 바에 따라 특허를 받을 수 있는 권리를 가진다"고 하여 발명자주의에 서있다(특허법 제33조 제1항 본문).[170] 미국의 특허법도 발명자에게 특허적격을 인정하고 있다.[171] 이와 같이 발명을 한 자에게 특허적격을 인정하는 현재 특허법의 규정상 인공지능 보유자를 발명자로 보기 어려운 문제가 있다. 특허법과 발명진흥법의 직무발명의 경우에는 뒤에서 살펴볼 업무상 저작의 경우와 달리 법인발명을 인정하지 않으므로 인공지능 소유자의 업무상 발명으로 유추하기도 어렵다.

나. 특허권의 내용

인공지능의 발명에 대하여 자연인의 발명과 별도로 보호하는 경우 그 보호내용에 대하여 살펴보기로 한다.

1) 보호수준에 대한 논의: 인공지능 발명에 대한 권리의 발생요건

자연인의 발명보호와 인공지능의 발명 보호제도를 이원적으로 운영하여 권리발생요건을 달리할 것인지, 아니면 구분을 두지 않을 것인지에 대하여도 정책적으로 판단하여야 할 것이다.

2) 권리의 내용

과거 우리나라의 컴퓨터프로그램보호법이나, 콘텐츠산업법상의 데이터베이스제작자의 권리의 보호처럼 sui generis 접근법을 취할 수 있을 것이다. 인공지능의 발명의 라이프사이클과 대량성, 투자자의 투자 보호 등 다양한 요소를 고려하여 적절한 보호 기간 등을 정할 필요가 있다.[172]

다. 특허창출과 빅데이터 활용

빅데이터를 활용하여 선행기술, 진보성 여부를 판단하는 심사에 활용이 가능하다. IP5 국가가 심사분야 부담을 분담하고 각국의 빅데이터를 공유하여 심사에 공조한다면, 신속하고 정확한 심사가 가능할 것이다.

3. 인공지능과 저작권

가. 창작의 개념과 권리귀속에 대한 검토

현행법상 인공지능은 소유자의 물건으로서 소유자의 소유물에 지나지 않으므로 인공지능이 벌어들인 재산은 인공지능 소유자에게 귀속된다. 같은 논리에 따르면 인공지능의 창작물에 대한 저작권은 그 소유자에게 귀속되어야 할 것이다. 그러나 이 점에 관련해서는 일반 재산권과 저작권제도의 차이 때문에 인공지능의 창작물이 저작물인지의 문제가 선행한다.[173] 즉, 인공지능의 창작물에 저작물성을 인정하지 않는 한 인공지능이 만든 작품은 보호받지 못하고 공공의 영역에 있게 되기 때문이다.

인간의 사상 또는 감정의 표현이 그 표현에 창작성이 인정되는 경우 저작권 보호를 받는데, 인공지능의 창작을 저작물의 창작이라고 볼 수 있는지에 대하여는 찬반 양론으로 나뉠 수 있을 것이다. 부정설에 의하면 우리나라 저작권법 제2조 제1호는 저작물을 '인간의 사상 또는 감정을 표현한 창작물'로 정의하고, 대법원은 이를 "문학·학술 또는 예술과 같은 문화의 영역에서 사람의 정신적 노력에 의하여 얻어진 아이디어나 사상 또는 감정의 창작적 표현물"이라고 해석하고 있으므로(대법원 1999. 10. 22. 선고 98도12 판결), 인간 외의 존재가 창작을 하는 것이 인정되지 않으며, 마찬가지로 인공지능의 창작도 인정되지 않는다고 본다. 미국 저작권법과 판례들에서도 정신의 창조력으로 만들어진 지적 노동의 산물만을 보호함을 분명히 하고 있다.174) 미국 저작권청의 실무지침은 인간의 창조적인 입력이나 개입 없이 무작위로 또는 자동적으로 작동하는 기계 또는 단순한 기계적 과정에 의해 만들어진 작품은 저작물성이 없으므로 저작자성을 판단할 필요가 없다고 한다.175)

이러한 부정설은 우리나라를 비롯해서 일반적인 저작권법제들에서 인간이 컴퓨터 프로그램을 이용하여 창작을 하는 경우 컴퓨터 프로그램을 창작도구로서 이용하는 자에게 저작자성을 인정하는 보편적 해석이었다. 여기서 창작도구로 이용한다는 의미는 인간의 창조적인 입력이나 적극적 개입이 있다는 것이다. 그러나 딥러닝 알고리즘이 나오면서 이러한 부정설이 힘을 잃게 된다.

반면, 긍정설에 의하면 반드시 인간이 창작의 주체가 되지 않아도 되므로 인간이 아닌 인공지능의 창작도 저작물의 창작으로 인정된다. 이 견해에 의하면 업무상 저작물의 저작자는 법인일 수도 있게 된다. 우리 저작권법하에서 창작의 주체는 자연인이나, 예외적으로 법인의 저작물에 대하여도 주체성이 인정되는 경우가 있다. 즉 법인등의 명의로 공표되는 법인·단체 그 밖의 사용자(이하 "법인등"이라 한다)의 기획하에 법인등의 업무에 종사하는 자가 업무상 작성하는 저작물의 저작자는 계약 또는 근무규칙 등에 다른 정함이 없는 때에는 그 법인등이 된다(저작권법 제9조, 제2조 31호).176) 긍정설에 의하면 이 업무상 저작물에 관한 규정을 유추하여 인공지능의 저작물에 대하여 인공지능 소유자의 업무상 저작물로 보는 것도 가능해진다.177)

오래 전에 입법된 것이라 인공지능 문제를 상정하여 입법된 것이라 보기는 어려우나, 인간 저작자가 존재하지 않고 컴퓨터가 생성한 저작물에 대한 저작자를 정하는 규정을 둔 입법례가 있다. 즉 영국 저작권, 디자인 및 특허법(1988)은 창작도구로 이용하는 것이 아니라 창작에 필요한 준비를 한 자에게 저작자성을 인정하는 명문의 규정을 두고 있다. 동법 제9조 제3항은 "컴퓨터가 생성한 문학, 공연, 음악, 미술저작물의 경우, 저작물을 창작하는데 필요한 준비를 한 자를 저작자로 한다"178)고 규정하고 있다. 컴퓨터가 생성한 저작물에 대하여 저작물성을 인정하고 창작활동이 아니라 저작물을 창작하는데 필요한 준비를 한 자를 저작자로 보는 점에서 의미가 있다고 할 것이다.179) 동법 제

178조에서는 컴퓨터가 생성한다는 것을 "저작물에 대한 인간 저작자가 존재하지 않는 상황에서 저작물이 컴퓨터에 의해 생성되는 것"이라고 규정한다. 이 조항의 해석에 따르면 인간 창작물이 아닌 인공지능의 창작에도 저작물성이 인정되나, 저작자는 인공지능의 창작에 필요한 준비를 한 사람이 된다.

나. 저작권의 내용

1) 보호수준에 대한 논의

자연인의 창작보호와의 관계에서 인공지능 저작물에 자연인의 창작과 같은 수준의 보호를 인정할지 아니면 별도의 보호수준이 적절한지 문제된다. 별도의 보호수준을 적용하는 경우, 인공지능 저작물의 대량성을 고려하여 자연인의 창작보다는 낮은 수준으로 보호하는 것을 고려하여야 할 것이다.

2) 인공지능 창작물에 대한 권리의 발생요건

자연인의 창작의 경우 보다 높은 창작성과 전자등록을 보호요건으로 인정하는 것을 고려해 볼 수 있다. 앞으로 인공지능 창작물이 폭발적으로 증가할 것을 대비하여 정책적으로 높은 창작성 요건을 인정하는 경우 창작성 여부를 판단하는 인공지능 알고리즘이 필요하게 될 수도 있다고 생각한다. 등록제도는 국제등록제도를 취하여야 할 것이고 전자등록을 관리하고 데이터베이스를 구축하는 중앙기구는 반드시 정부기관일 필요는 없으며 하나 또는 몇 개의 민간기관 내지 NGO들이 운영을 위한 시설을 갖추고 있으면 자격을 인정할 수 있을 것이다.

3) 권리의 내용

sui generis 접근법을 취하여 인공지능 창작물에 대한 저작권 보호는 5년 정도의 단기간으로 할 수 있을 것이다. 인공지능 저작물의 대량성, 빠른 사회발전과 짧은 라이프 사이클, 인터넷상에서의 단기간의 투자 회수 가능성 등을 고려하여 자연인의 저작권 보다 단기로 하는 것이 바람직할 것이다.

다. 저작재산권의 제한

AI 학습데이터 이용과 관련한 저작권을 제한하는 공정이용 문제에 대하여는 영국이 가장 먼저 법적 대응을 시작하였다. 2014년 영국은 저작권, 디자인 및 특허법을 개정하여 제29A조를 신설하여 데이터 해석을 위해 타인의 저작물을 복사하고 활용하는 행위를 허용하고 있다.[180] 즉 저작물에 적법하게 접근할 권한을 가진 연구자가 비상업적 연구를 수행하면서 컴퓨터를 이용한 분석을 위해 타인의 저작물을 원저작자의 허락없이 사용할 수 있게 하고 있다.[181] 그러나 영국 입법례의 경우 비상업적 연구로 제한하여 인정하고 있어 빅데이터

분석에 있어서 실질적 제약이 가해지며 그 실효성이 의문이다.[182]

2017년 독일저작권법에서는 제60d조에서 비영리의 학문적 연구를 위한 코퍼스(corpus, 분석을 위해 수집된 일군의 데이터) 생성 목적의 저작물 복제를 허용하고 학문적 연구를 위한 일정한 범위의 자들에게 코퍼스의 전송을 허용하고 (동조 제1항) 데이터베이스저작물에 대한 텍스트와 데이터 마이닝도 허용하고 있다(동조 제2항).[183][184] 코퍼스와 원저작물의 복제물은 연구종료후 삭제하도록 하고 있다(동조 제3항). 영국과 마찬가지로 비영리 목적을 명시하고 있어 기업에서의 영리목적으로의 사용을 제한하고 있으나, 코퍼스의 공유와 장기보존을 허용하는 것을 명문으로 인정하고 있는 점에 특징이 있다.[185]

2016년 10월 7일 프랑스에서 디지털공화국법(Loi pour une république numérique)이 도입되면서 지적재산권법전(Code de la Propriété Intellectuelle, CPI)에 도입된 텍스트 및 데이터 마이닝(TDM) 예외 규정도 발효하였다. 지적재산권법전 제122−5조 제10호에 따르면(art. L. 122−5, 10° of the CPI) 권리자는 상업적 목적인 경우를 제외하고, 공적 연구 목적으로 학술적 문서에 포함되거나 관련되어 있는 텍스트 및 데이터에 합법적으로 접근하여 만들어진 사본 및 디지털 복제물을 마이닝하는 것을 허용한다. 법령이 텍스트 및 데이터의 마이닝이 실시되는 조건 및 그 파일이 생성된 연구 활동의 종료 시 그 파일의 저장 및 전달 방법을 정한다. 이러한 예외는 "공적 연구"(즉, 공공기관이 수행한 연구)와 "과학 출판물에 포함되거나 관련되는" 데이터에 국한된다. 이와 유사하나 (상이한) 조항이 독자적인(sui generis) 데이터베이스권과 관련하여 채택되었다. 즉, 제 L.342−3조 제1항 5호에 따르면 권리자는 "비상업적 연구 목적으로 학술적 문서에 포함되거나 관련되어 있는 텍스트 및 데이터를 마이닝할 목적으로 만들어진 합법적인 이용자의 데이터베이스의 사본 및 디지털 복제물을 금지할 수 없다. 연구 과정이 완료된 후 그 과정에서 만들어진 기술적 사본의 보관 및 전달은 법령에 의해 지정된 기관에 의해 확보된다. 다른 사본 및 복제물은 폐기된다."

독일이나 프랑스도 영국과 마찬가지로 비영리 목적을 명시하고 있어 기업에서의 영리목적으로의 사용을 제한하고 있다. 영국, 독일, 프랑스 등 유럽의 경우 데이터 마이닝에 대한 예외 규정과 관련해서는 정보해석을 위한 행위를 비영리적 목적인 경우로 제한적으로 허용하는 점이 실제 빅데이터 분석을 통한 활용에 제약이 될 것으로 보인다.[186]

일본은 이와 달리 영리 목적인 빅데이터 분석을 허용한다. 2019년 저작권

법 개정으로 유연한 권리제한 규정을 도입하면서 유연성의 정도를 유연성이
높은 규정과 상당히 유연성이 있는 규정으로 유형화하면서 기존의 권리제한규
정을 정리통합하고 간소화함과 동시에 정보해석, 소재검색 서비스 인정과 같이
권리제한의 범위를 확대하여 인공지능 개발과 기계학습을 용이하게 하고 있다.
즉, 권리자의 이익을 통상적으로 해하지 않는 행위유형에 대하여 유연성이 높
은 규정(제30조의4)을 도입하고 권리자에게 미칠 불이익이 경미한 행위유형에
대해 상당히 유연성이 있는 규정(제47조의5)을 도입하였다. 제30조의4에서는 저
작물에 표현된 사상 또는 감정의 향유를 목적으로 하지 않는 이용, 즉, 기술개
발·실용화를 위한 시험용으로 제공하기 위한 이용(동조 제1호), 정보해석을 위
한 이용(동조 제2호), 전자계산기에 의한 지각 인식이 없는 이용(동조 제3호), 기
타 저작물에 표현된 사상 또는 감정의 향유를 목적으로 하지 않는 이용(동조 제
4호)을 규정한다. 제47조의5에서는 새로운 지견·정보를 창출하는 전자계산기
에 의한 정보처리 및 그 결과의 제공에 부수되는 경미 이용 등을 규정한다. 소
재검색 서비스(동조 제1항 제1호), 정보해석 서비스(동조 동항 제2호), 기타(동조 동
항 제3호)는 상당히 유연성이 있는 규정에 해당하여 권리제한 대상이 된다.[187]

　　　미국은 별도의 법개정을 염두에 두고 있지 않은 것으로 보인다. 저작권법
제107조에 공정이용에 관한 일반규정을 두고 있어, 비평, 논평, 시사보도, 교
수, 학문 또는 연구 등을 위한 저작물의 복제 또는 기타 이용을 비침해행위로
보고, 구체적으로는 상업성 등 그 이용의 목적과 성질, 저작물의 성질, 이용된
부분의 양과 상당성, 원저작물의 시장이나 가치에 미치는 영향의 요소를 고려
하여 판단하고 있어 유연한 대응이 가능하기 때문인 것으로 판단된다. Google
Books사건에서도 비표현적 이용(non-expressive use), 변용적(transformative) 이용
은 공정이용에 해당하여 저작권 침해가 아니라고 판단하였는데,[188] 인공지능이
데이터베이스 (빅 데이터) 분석을 바탕으로 기사를 작성하는 경우 비표현적 이
용(non-expressive use), 변용적(transformative) 이용에 해당하는 한 저작권 침해에
해당하지 않는다고 해석될 수 있을 것이다.[189]

　　　우리나라의 저작권의 제한은 먼저 보호받지 못하는 저작물, 개별조항과
일반조항으로 나누어 규정한다. AI에 의한 빅데이터 분석과 관련하여 별도의
규정은 아직 두고 있지 않다.[190] 우리나라의 경우 텍스트와 데이터 마이닝을
위한 저작권제한에 관한 현행법의 규정이 미비한 상황에 있고, 아직 AI에 의한
빅데이터 분석을 고려한 법개정은 이루어지고 있지 않다. 현재 텍스트와 데이
터 마이닝을 허용하기 위하여 저작권제한에 관한 현행법 규정의 개정방안이

나와 있다. 데이터 마이닝에 대한 예외 규정(초안)은 일본 저작권법 제47조의7 과 거의 유사하다.[191]

학습용 데이터의 양이나 내용 등이 AI의 성능을 크게 좌우하기 때문에 학 습용 데이터를 생성하는 주체와 AI 학습 주체가 다를 경우 공동으로 AI의 작 성·개발을 위하여 학습용 데이터의 작성주체가 AI 학습을 하는 자에게 학습 용 데이터를 제공 또는 제시하는 행위를 합법화하는 등 작성한 학습 데이터를 불특정 다수에게 공개, 제공할 수 있도록 하는 것이 중요하다. 이 점을 고려하 여, 우리법을 개정함에 있어서는 데이터 마이닝을 영리 여부를 묻지 않고 허용 하고, 데이터 마이닝을 거친 결과물에 대해서는 공정이용에 해당하지 않는다면 저작권 침해를 인정하는 방향으로 법개정이 이루어져야 할 것이다.[192]

라. 저작권침해

빅데이터의 정보해석 과정에서 행해지는 복제, 전송, 2차적 저작물작성을 공정이용으로서 허용하는 입장을 취한다면, 인공지능 창작물의 저작권 침해는 빅데이터를 정보처리한 결과물이 제3자의 저작물의 저작권을 침해하는 경우 발생한다.

우리나라 저작권법은 저작권 침해에 관하여 침해정지청구권과 손해배상청 구권을 규정하면서 자연인을 전제로 하고 있다. 즉, 침해의 정지 등 청구에 있 어서 "저작권 그 밖에 이 법에 따라 보호되는 권리를 가진 자는 그 권리를 침 해하는 자에 대하여 침해의 정지를 청구할 수 있으며, 그 권리를 침해할 우려 가 있는 자에 대하여 침해의 예방 또는 손해배상의 담보를 청구할 수 있다."고 규정하고(제123조 제1항), 손해배상의 청구에서도 "저작재산권 그 밖에 이 법에 따라 보호되는 권리(저작인격권 및 실연자의 인격권을 제외한다)를 가진 자가 고의 또는 과실로 권리를 침해한 자에 대하여 그 침해행위에 의하여 자기가 받은 손 해의 배상을 청구하는 경우에 그 권리를 침해한 자가 그 침해행위에 의하여 이 익을 받은 때에는 그 이익의 액을 저작재산권자등이 받은 손해의 액으로 추정 한다(제125조 제1항)"고 하여 침해자를 자연인인 것을 전제하는 규정을 두고 있 다.

따라서 인공지능의 법인격을 인정하지 않는 경우 인공지능 알고리즘을 제 작한 자나 사용자에게 저작권 침해책임을 지우는 것이 가능한지 문제된다. 방 조행위 내지 간접침해 책임이 논의될 수 있으나 인간이 개입하기에 부적당할 정도로 방대한 데이터가 인공지능을 통하여 능동적으로 이용되고 이용되는 데 이터와는 차별화되는 결과물이 도출되는 초지능과 초연결의 제4차 산업혁명의 핵심 개념에 비추어 적절한지는 의문이다.

또한 빅데이터 중 저작권 있는 데이터와 실질적 유사성까지는 인정되지 않으나 유사한 저작물 창작이 지속적으로 이루어질 경우, 원작의 가치훼손 문제도 검토를 요한다고 할 것이다.

4. 소 결

빅데이터를 활용한 인공지능의 창작이 엄청난 속도로 증가하면서 기존 지식재산권을 침해하거나 가치를 훼손하는 경우가 늘어나게 되어 앞으로 많이 문제될 것으로 보인다. 이러한 문제를 해결하는 방안으로서 인공지능에 권리의무의 주체성을 인정하여 재산권 인정과 함께 침해책임을 지우는 것도 고려해 볼수 있을 것이다. 최소한 인공지능에 제한적으로라도 법인격을 인정하여 침해에 대한 책임을 지우고 구제를 허용하는 방향의 검토가 필요하다고 생각한다.

아울러 인공지능의 창작에 창작성을 인정하는 것이 현행 지식재산권 국제규범에 위반하는 것이 아닌지 정합성 논란이 있을 수 있다. TRIPS 협정 제1조 제3항에서는 회원국은 다른 회원국의 국민에 대하여 이 협정에 규정된 대우를 제공할 것을 규정하고 있다. 동조 제3항의 해설에 의하면 여기서 국민은 독자적인 관세영역에 거주하거나 실질적이고 효과적인 공업 또는 상업적 사업장을 가지고 있는 자연인 또는 법인을 의미한다고 하므로, 인공지능은 이에 해당하지 아니한다. 그러나 동조 제1항에서는 회원국이 이 협정의 규정에 위배되지 아니하는 경우 자기 나라의 법을 통해 이 협정에 의해서 요구되는 것보다 더 광범위한 보호를 실시하는 것을 허용하므로, 인공지능의 창작에 대하여 지식재산권법상의 보호를 부여하는 규정을 두더라도 지식재산권 국제규범에 위반하는 것은 아니라고 할 것이다.

Ⅷ. 결 론

앞에서는 인공지능의 법적 문제를 인공지능의 개념 및 유형, 인공지능의 법제 동향, 인공지능과 윤리규범, 인공지능과 법적 책임, 인공지능의 법인격 인정, 인공지능과 지적재산권의 문제로 한정하여 논의하였다.

이상의 검토에 있어서는 인공지능의 행위에 대한 현행법에 의한 해결을 원칙으로 해석론을 위주로 검토하였으나, 인공지능을 법체제 안에 포용하여야 하는 시대가 도래하고 있다고 생각한다. 산업사회가 법인에 법인격과 책임을 인정함으로써 큰 발전을 이룩할 수 있었던 것처럼, 4차산업혁명의 시대에는 책임의 무한 확대를 막기 위해 인공지능에 법인격을 인정하여 책임을 제한해야 할 필요가 커지고 있다고 할 것이다.

우리가 4차산업혁명을 수용할 수밖에 없다면, 4차산업혁명으로 생겨날 새로운 사회에 대비하기 위하여 산업사회와는 다른 새로운 법체제와 법정책이 필요하다. 인공지능에 관한 법체계 구축과 법정책의 마련에 있어서는 기술과 산업발전의 관점과 아울러 인간 존중과 안전 및 책임의 관점에서 위험의 적절한 배분, 책임귀속주체의 명확화, 인간 존엄과 가치의 보호가 중점적으로 고려되고 포함되어야 한다.

끝으로, 그 어느 때보다도 IT법을 비롯한 과학기술법의 중요성이 커질 것인바 과학기술법학의 발전을 통하여 미래사회에 대비하는 법정책을 지속적으로 제시해 나가는 것이 중요함을 강조하고 싶다.

---

105) Klaus Schwab(2016).

106) Nicholas Davis(2016).

107) Nicholas Davis(2016). 예를 들어 게놈 편집, 새로운 형태의 기계지능, 신소재 및 블록체인과 같은 암호화 방법에 의존하는 거버넌스 접근법이 있다.

108) Intellect is the ability to understand or deal with ideas and information.

109) 정필운/고인석(2017), 17~18면 참조.

110) ＡＩネットワーク社会推進会議(2017).

111) 법률 제15645호 일부개정 2018. 6. 12. (한시법 2028. 6. 30까지 유효)

112) 박영선의원 대표발의, 로봇기본법안, 2017. 7. 19. (의안번호 8068).

113) RoboLaw, Guidelines on Regulating Robotics, Regulating Emerging Robotic Technologies in Europe: Robotics facing Law and Ethics, 22/09/2014, p.15.

114) European Parliament(2017), p.6.

115) 2019. 4. 8. EU집행위원회 인공지능고급전문가그룹(High－Level Expert Group on AI)은 신뢰할 수 있는 인공지능 윤리 지침(Ethics Guidelines for Trustworthy Artificial Intelligence)을 발표하면서 인공지능의 정의도 내렸다. Artificial intelligence (AI) systems are software (and possibly also hardware) systems designed by humans that, given a complex goal, act in the physical or digital dimension by perceiving their environment through data acquisition, in－terpreting the collected structured or unstructured data, reasoning on the knowledge, or processing the information, derived from this data and deciding the best action(s) to take to achieve the given goal. AI systems can either use symbolic rules or learn a numeric model, and they can also adapt their behaviour by analysing how the environment is af－fected by their previous actions.

116) The White House(2016a).

117) 드론, 자율주행자동차, 의료 소프트웨어(예를 들어 암 진단분석시스템) 등 인공지능이 포함된 상품 서비스에 대한 규제입법들이 나오고 있다. 자율주행자동차에 관한 갖가지 규제를 모은 자율주행법안(SELF DRIVE Act)이 하원을 통과하였으며, 미국 캘리포니아주, 플로

리다주 등 11개주와 워싱턴 DC는 2016년 자율주행자동차 관련 법령이 마련되었으며, 미시간주는 2016년 12월 9일 미국 최초로 자율주행차의 주문형 네트워크 사용 및 판매 등을 허용하도록 규정을 완화하였다.

118) National Science and Technology Council Networking and Information Technology Research and Development Subcommittee(2016).

119) The White House(2016b).

120) RoboLaw, Guidelines on Regulating Robotics, Regulating Emerging Robotic Technologies in Europe: Robotics facing Law and Ethics, 22/09/2014. 유럽연합의 로봇법 프로젝트의 자세한 내용에 대하여는 이원태외4인(2016); 이원태(2016) 참조.

121) European Parliament(2017).

122) 人工知能と人間社会に関する懇談会 第1回会合 平成 28年 5月 30日.

123) 知的財産戦略本部 検証・評価・企画委員会 新たな情報財検討委員会(2017)

124) Ⅶ. 인공지능과 지적재산권 부문 참조.

125) AIネットワーク社会推進会議(2017). 그 이념은 ⅰ) 인간이 네트워크화된 AI와 공생하며 그 혜택이 모든 사람에게 두루 미치고, 인간의 존엄과 개인의 자율을 존중하는 인간 중심의 사회를 실현할 것, ⅱ) softlaw로서의 지침과 best practice를 이해 관계자 간에 국제적으로 공유할 것, ⅲ) 네트워크화된 AI 시스템의 편익과 위험의 적절한 균형을 확보할 것, ⅳ) 기술적 중립성 확보와 개발자에게 과도한 부담이 되지 않도록 유의할 것, ⅴ) 유연성의 확보에 있다.

126) 松尾豊(2017).

127) 자율주행차, 드론, 로봇 등 상품에 대한 규제 입법이 나오고 있다.

128) Article 25 Data protection by design and by default 1. Taking into account the state of the art, the cost of implementation and the nature, scope, context and purposes of processing as well as the risks of varying likelihood and severity for rights and freedoms of natural persons posed by the processing, the controller shall, both at the time of the determination of the means for processing and at the time of the processing itself, implement appropriate technical and organisational measures, such as pseudonymisation, which are designed to implement data—protection principles, such as data minimisation, in an effective manner and to integrate the necessary safeguards into the processing in order to meet the require—ments of this Regulation and protect the rights of data subjects.

 2. The controller shall implement appropriate technical and organisational measures for en—suring that, by default, only personal data which are necessary for each specific purpose of the processing are processed. That obligation applies to the amount of personal data col—lected, the extent of their processing, the period of their storage and their accessibility. In particular, such measures shall ensure that by default personal data are not made accessible without the individual's intervention to an indefinite number of natural persons.

 3. An approved certification mechanism pursuant to Article 42 may be used as an element to demonstrate compliance with the requirements set out in paragraphs 1 and 2 of this Article.

129) 대통령령 제29343호 신규제정 2018. 12. 11.

130) European Parliament(2017).

131) 日本 総務省 AIネットワーク化検討会議の中間報告書, 2016. 4. 15. 참조.

132) European Parliament(2017).

133) Commission's High—Level Expert Group on Artificial Intelligence(2019).
   According to the Guidelines, trustworthy AI should be: (1) lawful — respecting all appli—cable laws and regulations, (2) ethical — respecting ethical principles and values, (3) ro—

bust – both from a technical perspective while taking into account its social environment. The Guidelines put forward a set of 7 key requirements that AI systems should meet in order to be deemed trustworthy. A specific assessment list aims to help verify the applica‐ tion of each of the key requirements:

ⅰ) Human agency and oversight: AI systems should empower human beings, allowing them to make informed decisions and fostering their fundamental rights. At the same time, proper oversight mechanisms need to be ensured, which can be achieved through hu‐ man–in–the–loop, human–on–the–loop, and human–in–command approaches

ⅱ) Technical Robustness and safety: AI systems need to be resilient and secure. They need to be safe, ensuring a fall back plan in case something goes wrong, as well as being accurate, reliable and reproducible. That is the only way to ensure that also unintentional harm can be minimized and prevented.

ⅲ) Privacy and data governance: besides ensuring full respect for privacy and data protection, adequate data governance mechanisms must also be ensured, taking into account the quality and integrity of the data, and ensuring legitimised access to data.

ⅳ) Transparency: the data, system and AI business models should be transparent. Traceability mechanisms can help achieving this. Moreover, AI systems and their decisions should be explained in a manner adapted to the stakeholder concerned. Humans need to be aware that they are interacting with an AI system, and must be informed of the system's capa‐ bilities and limitations.

ⅴ) Diversity, non–discrimination and fairness: Unfair bias must be avoided, as it could could have multiple negative implications, from the marginalization of vulnerable groups, to the exacerbation of prejudice and discrimination. Fostering diversity, AI systems should be ac‐ cessible to all, regardless of any disability, and involve relevant stakeholders throughout their entire life circle.

ⅵ) Societal and environmental well–being: AI systems should benefit all human beings, in‐ cluding future generations. It must hence be ensured that they are sustainable and envi‐ ronmentally friendly. Moreover, they should take into account the environment, including other living beings, and their social and societal impact should be carefully considered.

ⅶ) Accountability: Mechanisms should be put in place to ensure responsibility and account‐ ability for AI systems and their outcomes. Auditability, which enables the assessment of algorithms, data and design processes plays a key role therein, especially in critical applications. Moreover, adequate an accessible redress should be ensured.

134) 新保史生(2017), 70면 참조.
135) Jack M. Balkin(2015)
136) 동법에서 "결함"을 해당 제조물에 제조상·설계상 또는 표시상의 결함이 있거나 그 밖에 통상적으로 기대할 수 있는 안전성이 결여되어 있는 것으로 정의하고 결함의 종류에 대해서도 제조상의 결함, 설계상의 결함, 표시상의 결함을 규정하고 있다(제2조 제2호).
137) 夏井高人(2017), 192-193면 참조.
138) 즉 피해자가 1) 해당 제조물이 정상적으로 사용되는 상태에서 피해자의 손해가 발생하였다는 사실, 2) 제1호의 손해가 제조업자의 실질적인 지배영역에 속한 원인으로부터 초래되었다는 사실, 3) 제1호의 손해가 해당 제조물의 결함 없이는 통상적으로 발생하지 아니한다는 사실을 증명한 경우에는 제조물을 공급할 당시 해당 제조물에 결함이 있었고 그 제조물의 결함으로 인하여 손해가 발생한 것으로 추정한다. 다만, 제조업자가 제조물의 결함이 아닌 다른 원인으로 인하여 그 손해가 발생한 사실을 증명한 경우에는 그러하지

아니하다.

139) 제조물의 대부분이 고도의 기술을 바탕으로 제조되고, 이에 관한 정보가 제조업자에게 편재되어 있어서 피해자가 제조물의 결함여부 등을 과학적·기술적으로 입증한다는 것은 지극히 어렵다. 대법원도 이를 고려하여 제조물이 정상적으로 사용되는 상태에서 사고가 발생한 경우 등에는 그 제품에 결함이 존재하고 그 결함으로 인해 사고가 발생하였다고 추정함으로써 소비자의 입증책임을 완화하는 것이 손해의 공평·타당한 부담을 원리로 하는 손해배상제도의 이상에 맞는다고 판시한 바 있다.

140) 예외적으로 집합동산처럼 보아 제조물로 보는 이론은 위에서 소개하였다.

141) European Parliament(2017), p.15.

142) 인공지능로봇을 4가지 유형으로 구분하고, 이 중 자의식 기계는 정의와 처벌의 개념을 주관적으로 인식할 수 있어 책임에 관한 표준규정을 적용할 수 있기 때문에 자신의 행동에 대해 직접적으로 책임을 질 수 있다는 견해가 있다. 자의식로봇이 양심을 가지고 있고 감각적이며 주관적인 경험을 가질 수 있다는 점 때문에 자의식로봇은 로봇이라기보다 인간에 더 가깝다는 것이다.

143) 아울러 인공지능에 대한 형사책임의 귀속문제와 관련하여, 미국 남북전쟁이 일어나기 전 17~8세기에 있었던 노예규약에서와 같이 노예에 직접 법적 책임을 지우고 처벌받도록 했던 것처럼 인공지능에도 직접 형사책임의 귀속을 인정하여, 인공지능 해체 처분을 가능하도록 하는 방안도 제시될 수 있을 것이다. 제리 카플란(2016), 124-125면 참조.

144) Charles Rosen and others(2010).

145) European Parliament(2017), p.5.

146) The status would sit somewhere between having a 'separate legal personality', like a cor-poration, and being an object that is someone else's 'personal property'. Harry Pettit(2017).

147) 가축인 동물은 우리 민법상 제98조 상의 물건에 포함되며, 그 소유자에게 소유권이 귀속한다. 판례는 도롱뇽의 당사자 능력을 다툰 사건에서 자연물인 도롱뇽의 당사자능력을 부인하였다. 울산지방법원 2004. 4. 8.자 2003카합982 결정.

148) 미국에서는 39개 주에서 애완동물신탁법(Pet Trust Laws)을 통해 애완동물에 대한 상속을 인정한다. Rebecca F. Wisch(2008).

149) 그러나 우리 현행 민법상으로는 동물은 물건에 준해서 취급되므로 인공지능로봇의 자율성에 기한 행위에 제조자나 소유자의 과실을 인정하거나 더욱이 고의를 인정하기는 어려울 것이다.

150) 임상혁(2010), 200-201면 참조.

151) 미국 노예제도에서도 노예에게 권리의 주체성을 인정하지는 않았으나 노예의 불법행위나 범죄행위에 대한 책임을 인정하였다. 제리 카플란(2016), 124면 참조.

152) Lawrence B. Solum(2017), p.16.

153) Lawrence B. Solum(2017), pp.16-17.

154) 東京地判昭和38年4月5日 判時330号29頁.

155) 東京高判昭和41年1月31日 判時433号9頁; 最高裁判所大法廷判決昭和45年6月24日 民集24巻 6号625頁/判時596号3頁.

156) 본 판결은 법인의 인권이 어디까지 인정될지에 대하여 헌법학계의 주목을 받은 판결이었다.

157) 2015. 2. 국내에서 개봉한 이미테이션 게임이라는 영화가 수학자인 앨런 튜링의 일생에 대한 실화를 바탕으로 만들어지기도 하였다.

158) 2014. 6. 7.에 영국의 런던 왕립학회가 개최한 '튜링테스트 2014'라는 행사에서 유진 구스트만(Eugene Goostman)이라는 인공지능이 튜링 테스트의 기준을 통과하였다. University of Reading(2014).

159) 인공지능이 노동시장을 대체해 나가는 비율과 속도를 고려할 때, 이러한 의무부과가 필요

할 것으로 보인다.

160) Benjamin D. Allgrove(2004).

161) 법제도는 선박에 법인격을 부여하여 선박 사업에 관심이 있는 사람들에게 일종의 선박 압류를 허용한다. 우리는 배가 인격에 대한 도덕적인 자격이 있다고 생각하지 않으며, 선박이 실제의 추가적 법인격(extra‒legal personalities)을 가진 것으로 간주하지 않지만, 그럼에도 불구하고, 선박에 법인격의 형태를 부여하는 것은 편리하고 비교적 저렴한 방법으로 가치 있는 법적 목적을 수행한다. Filipe Maia Alexandre(2017), pp.19‒20.

162) 사람, 동물, 물건 및 회사, 자연 등의 법적 지위는 국가에 따라, 그리고 시대에 따라 다양하며, 심지어 동일 국가에서 동일한 실체인 경우에도 다르다. 역사상 최초의 법적 자료인 함무라비 법전(Hammurabi's Code)에서 경제력(wealth)에 따라 처벌을 달리하는 방식으로 남성의 법적 지위를 다르게 결정하였고, 노예제도가 존재하였던 국가들에서 노예들은 인간과 동일한 법적 지위를 갖지 못했으며, 몇몇 국가들에서는 인종과 성별에 근거하여 다른 법적 지위를 부여했다. 예를 들어, 미국에서 아프리카계 미국인은 1870년 3월 31일에야 비로소 투표할 수 있게 되었고, 백인과 흑인 인종 간 결혼(interracial marriages)은 Loving v. Virginia판결이 내려진 1967년 이후에야 허용되었다[Loving v. Virginia, 388 U.S. 1 (1967)]. 다른 한편, 사우디법하에서 모든 여성들은 남성 보호자(wali)의 허가 없이 여행을 하거나 공식 업무를 수행하거나 특정 의료절차를 밟을 수 없다. 또한, 중세 동물재판의 경우 동물에게도 법적 지위가 부여된 바 있다. 다른 한편, 법인격의제론에 따라 가상인에게 법적 지위가 부여되기도 한다. Filipe Maia Alexandre(2017), p.17.

163) The original question, "Can machines think?" I believe to be too meaningless to deserve discussion. Nevertheless I believe that at the end of the century the use of words and general educated opinion will have altered so much that one will be able to speak of machines thinking without expecting to be contradicted.

164) 그밖에 국가적 세수의 감소를 막을 방법이 필요하다는 것도 들어진다. 실제로 인공지능로봇은 다양한 인지적이고 창조적인 작업과 (운전과 같은) 매뉴얼 작업을 사용하지만 기술적 제한으로 인해 지금까지 자동화될 수 없었던 작업에서 노동자를 대체할 수 있기 때문에 노동 시장을 혼란시킬 수 있는 전례 없는 잠재력을 가지고 있다. 인공지능이 직업 피라미드의 거의 모든 단계에서 일자리를 대체할 수 있다는 사실은 새로운 직업이 만들어지는 속도가 사라지는 직업의 속도를 따라잡을 수 없으리라는 우려를 야기한다. 또한 인공지능으로 인해 순(net) 일자리가 창출되는 경우에도 현재의 재교육 방법이 그 속도를 따라갈 수는 없다는 문제점이 있다. 그런데, 자본 소득이 노동 소득보다 훨씬 낮은 세율로 과세되므로 세금징수액 감소로 인해 정부의 수입 손실을 직접적으로 초래할 것이란 점이 예측가능하다. 인공지능로봇에 법인격을 인정하게 되면 노동 소득으로 과세할 수 있어서 국가의 세수가 빠져나가는 문제점을 해결할 수 있다. 이러한 점 때문에 EU 로봇 민사법규칙도 인공지능로봇에 법인격을 인정하는 것을 고려하는 듯하다.

165) Filipe Maia Alexandre(2017), pp.17‒18.

166) European Parliament(2017), p.5.

167) 인공지능로봇을 응답 인공지능(reactive machines), 제한된 메모리를 가진 인공지능(machines with limited memory), 마음이론 인공지능(machines with a theory of mind), 자의식 인공지능(self‒aware machines)의 4가지 유형으로 나누고 단순 응답을 하거나, 프로그래밍된 결과에 불과한 전 3자에 대하여는 법인격을 인정할 수 없고, 마지막 유형인 자의식 인공지능에 대하여는 법인격을 인정할 수 있다는 주장도 있다. Filipe Maia Alexandre(2017).

168) WIPO Secretariat(2019).

169) 이에 대하여 조영선(2018), 206면 참조.

170) 발명자주의란 발명행위 내지 창작행위는 정신적, 신체적 활동에 의하여 발명 내지 창작물을 만들어 내는 사실행위이기 때문에 오로지 자연인만이 행할 수 있고, 실제로 발명행위를 한 자연인만이 특허권을 원시적으로 취득한다는 의미이다. 특허청(2016), 65면 참조.

171) 135 USC 102(f) "A person shall be entitled to a patent unless (f) he did not himself invent the subject matter sought to be patented."

172) 레식 교수가 제시하는 바와 같이 소프트웨어의 경우 5년 사이의 보호기간도 참조가 된다. Lawrence Lessig(2002), p.254.

173) Perry and others(2010), p.7.

174) 저작권법은 정신의 창조력으로 만들어진 지적 노동의 산물만을 보호한다. See 17 U.S.C. § 102(a); Trade—Mark Cases, 100 U.S. 82, 94 (1879); Burrow—Giles Lithographic Co. v. Sarony, 111 U.S. 53, 58(1884).

175) 미국저작권청의 실무지침서에 의하면 인간이 창작한 저작물만이 저작물 등록대상이 됨을 밝히고 있다. 자연이나, 동식물이 만들거나 신성 또는 초자연적인 존재가 창조한 것으로 알려진 작품은 저작물 등록이 되지 않는 것으로 규정한다. 예시 목록인 원숭이가 찍은 사진, 코끼리가 그린 벽화, 실제 동물 가죽의 외관, 바닷물에 의해 부드러워지고 모양이 형성된 유목(driftwood), 자연석에 나타난 무늬나 흠집 및 기타 성질, 성령(Holy Spirit)을 저자로 하는 음악에는 저작물성이 인정되지 않는다. 마찬가지로 저작권청은 인간 저자의 창조적인 입력이나 개입 없이 무작위로 또는 자동적으로 작동하는 기계 또는 단순한 기계적 과정에 의해 만들어진 저작물을 등록대상에서 제외하고 있다. 313.2 of Chapter 300 Copyrightable Authorship: What Can Be Registered, the December 2014 version of Compendium.

176) 다만, 컴퓨터프로그램저작물(이하 "프로그램"이라 한다)의 경우 공표될 것을 요하지 아니한다.

177) 이 점은 Balkin교수도 언급하고 있다. Jack M. Balkin(2015), p.58 참조. 국내에서는 김윤명(2016), 19면에서 컴퓨터 내지 컴퓨터 프로그램을 활용한 저작물의 경우 저작자를 그 저작물의 창작을 위하여 필요한 기여를 한 자로 보고, 단체에서 도입한 컴퓨터 프로그램에 의해 작성된 결과물로서 회사명의로 공표된 것도 업무상 저작물로 보는 개정안을 제시하고 있다. 한편, 인공지능과 저작권 문제에 대한 전반적 고찰로는 손승우(2017) 발표 논문이 잘 정리하고 있다.

178) In the case of a literary, dramatic, musical or artistic work which is computer—generated, the author shall be taken to be the person by whom the arrangements necessary for the creation of the work are undertaken.

179) 이는 4차 산업혁명시대를 상정하여 규정된 것으로 보기 힘들어 참조하기에 적절치 않다는 반론도 가능하다.

180) 29A.

181) 2015년 유럽 디지털 단일시장 전략에서도 텍스트 마이닝과 데이터 마이닝 허용 등 저작권 예외에 관한 입법적 제안을 고려하고 2015년 EU 저작권법 현대화 실천계획에서도 저작권 예외 수정을 언급하고 있다. 영국의 2014년과 2015년 저작권법 개정에서는 디지털시대에 대응하여 기본적으로 권리제한규정을 확충하여 보호와 이용의 균형 측면에서 보면 이용자의 이용 측면을 중시하고 있다고 평가된다.

182) Andres Guadamuz/Diane Cabell(2007).

183) Emilie Hermans(2018).

184) Section 60d.

185) TDM의 목적, 데이터베이스에 대한 TDM, 말뭉치의 공유, 삭제와 보존, 보상의무를 규정하고 있는 독일 입법이 개정안 마련 시 참조가 된다는 안효질(2018) 참조.

186) 한편, EU 저작권지침안(EU Directive on Copyright in the Digital Single Market)이 2019. 3. 26. 채택되어 2019. 5. 17. 공포되고, 6. 7. 발효하였는데, TDM에 대하여 합법적으로 접근 가능한 저작물에 대하여 수행된 경우의 예외와 보유기간 한정에 대한 예외를 두고 있다 (제3조, 제4조).

187) 구법 제47조의6은 인터넷 검색 서비스에 수반되는 소정의 이용(예컨대, 정보수집, 인덱스 작성, 검색결과로서의 스니펫이나 섬네일 등의 표시)에 대해 허용하였으나, 신법 제47조 의5 제1항 제1호에서는 인터넷 검색 서비스 뿐만 아니라 구글 북스와 같은 서적 검색 서 비스 등 다양한 소재검색 서비스가 적법한 행위가 될 수 있다.

188) Authors Guild v. Google, Inc., No. 05－8136, 2005 WL 2463899(S.D.N.Y. Sept. 20, 2005); Authors Guild, Inc. v. Google, Inc., 954 F. Supp. 2d 282(S.D.N.Y. 2013); Authors Guild, Inc. v. Google, Inc., 804 F.3d 202 (2d Cir. 2015); The Authors Guild Inc. v. Google Inc., 804 F.3d 202(2nd Cir. 2015), petition for cert. filed, 2015 WL 9596031(U.S. Dec. 31, 2015) (No. 15－849), 14. Apr 18 2016 Petition DENIED.

189) 오승종(2019)에서도 Ticketmaster Corp. v. Tickets.com Inc., 54 U.S.P.Q.2d 1322(C.D. Cal. 2000), Sony Computer Entertainment, Inc. v. Connectix Corp., 203 F.3d. 2000(9th Cir. 1999), Perfect 10, Inc. v. Amazon.com, Inc., 508 F.3d 1146(9th Cir. 2006), A.V. v. iParadigms LLC, 77PTCJ 704(4th Cir. 2009) 등의 예를 들며 변용적 이용으로 볼 여지가 크다고 하며, 창작 성이 매몰 또는 퇴색된 형태의 복제나 개작이 될 가능성이 높고. 의거성 판단에 있어 주 관설에 의하면 의거성을 인정하기 어렵고 객관설의 경우 인정이 가능하나 의거성의 인정 범위가 지나치게 확대될 우려가 있다는 등을 이야기하는데 필자와 같은 입장을 취하고 있다고 판단된다. 오승종(2019), 464－465면, 469면 참조.

190) 한미FTA가 체결됨에 따라 2011년에 저작권법을 개정하면서 두게 된 저작물의 공정한 이 용에 관한 일반조항만이 관련된다. 즉 저작권 제한에 관한 개별조항(제23조부터 제35조의 2까지, 제101조의3부터 제101조의5까지의 경우) 외에 저작물의 통상적인 이용 방법과 충 돌하지 아니하고 저작자의 정당한 이익을 부당하게 해치지 아니하는 경우에는 저작물을 이용할 수 있도록 하고 있다. 공정이용의 판단기준은 (ⅰ) 이용의 목적 및 성격, (ⅱ) 저 작물의 종류 및 용도, (ⅲ) 이용된 부분이 저작물 전체에서 차지하는 비중과 그 중요성, (ⅳ) 저작물의 이용이 그 저작물의 현재 시장 또는 가치나 잠재적인 시장 또는 가치에 미 치는 영향에 의한다. 저작권법 제35조의3.

191) 이에 대한 국내 소개 논문으로 김병일(2017), 37면 이하 및 정진근(2017), 63면 참조.

192) 정진근(2017) 참조. 오승종 교수는 전게 논문에서 TDM과 관련하여 개별조항 형태로 대상 의 유형 등을 구체적으로 고려한 저작재산권 제한규정 신설을 제안한다. 오승종(2019), 484면.

제 3 장 데이터와 법

I. 서 론

전세계적으로 데이터의 중요성이 날로 높아지고, 인간 삶에 있어 데이터가 석유나 식음료처럼 중요한 자원으로 자리 잡으면서 데이터가 화폐나 부동산, 지적재산권에 견줄만한 새로운 형태의 '자산'으로 주목받는 소위 '데이터경제' 시대로 들어섰다. 이제 데이터경제는 데이터 자체가 지역 간 및 국가 간 이동이 용이한 생산 요소인 4차 산업혁명시대에 있어서 빅 데이터, 비즈니스분석 소프트웨어 및 기타 데이터 관련 기술에 대한 투자가 전통적으로 높은 ICT중심 지역인 유럽과 북미에서 그 외의 지역과 국가들로 빠르게 확장되고 있는 글로벌 현상이다. 지구촌이 데이터경제로 신속하게 재편되고 있는 상황에서 구글, 아마존, 페이스북, 애플과 같이 데이터 플랫폼과 IT·모바일 기술을 융합해 운영하는 데이터 기반의 기업들이 세계의 대표 기업으로 빠르게 부상하였다.

이처럼 데이터가 부가가치를 창출하는 새로운 자산으로 부각되는 데이터경제의 시대에는 데이터의 공유와 활용, 자유로운 이동이 국가경쟁력의 원천을 이룬다고 평가된다. 그러나 종래 개인데이터는 인격권의 대상으로 헌법상의 자기정보결정권을 구체화하는 개인정보보호법에서 보호되어 왔으며 유럽에서는 개인정보권을 헌법에서 명문화하기까지 하였다. 그러나 오늘날은 데이터의 공유와 활용을 가능하게 하기 위하여 국가 정책적 차원에서 데이터 거래 활성화와 유통의 장애요인을 극복하려는 정책적 노력과 법제도 개선을 하고 있다. 한편 블록체인기술 등 4차산업혁명 기술은 개인데이터의 주체가 자신의 데이터를 통제, 관리할 수 있게 해주어 개인이 자신의 개인데이터의 보호와 이용에 대한 주도권을 행사할 수 있게 되었다. 이러한 기술적 진보는 데이터 유통의 활성화라는 관점에서 개인데이터를 재산권으로 이해하고 나아가 데이터 소유권(data ownership)을 인정하자는 논의로까지 발전하였다.

이하에서는 먼저 거시적인 관점에서 데이터경제의 등장과 그 법정책을 조감하고(II), 이어 현재의 데이터에 대한 법적·기술적 보호방안을 검토한 다음

(Ⅲ), 이를 기초로 데이터의 거래 및 유통 법제를 살펴본 뒤(Ⅳ), 마지막으로 데이터 유통을 활성화하기 위하여 데이터에 대한 소유권적 보호방안을 검토하는(Ⅴ) 순서로 기술하기로 한다.

Ⅱ. 데이터경제의 등장과 법정책

1. 데이터경제의 개념

유럽연합 집행위원회(EC)가 2017년 발표한 '데이터경제구축전략'[193])에 따르면 데이터경제(Data Economy)는 데이터의 활용이 모든 산업의 발전과 새로운 가치 창출에 촉매 역할을 하는 시대의 경제를 의미한다고 한다.[194]) 이는 사람의 행동이나 기업의 활동이 만들어내는 데이터를 경쟁력 향상에 활용하는 새로운 경제를 가리키며 데이터 시장이 경제에 미치는 직접, 간접, 유도 효과(direct, indirect, and induced effects)를 포함한다.[195]) 데이터경제는 제조자, 연구자 및 인프라 제공자 등 다양한 시장 참여자가 데이터에 접근하고 이용할 수 있도록, 즉 디지털기술이 구현하는 데이터의 생성, 수집, 저장, 처리, 배포, 심층 분석, 전달 및 활용에 협력하는 경제적 생태계이다.[196])

2. 데이터경제의 부상(浮上)

가. 세계의 데이터경제

2018년 세계 데이터시장 규모는 1,660억 달러로 추산되었다. 미국의 경우 구글, 애플, 페이스북, 아마존의 세계 최대 데이터 빅4 기업이 있어 미국의 데이터경제는 소수의 대규모 기업에 의지하고 있으나, 직접효과가 유럽의 약 2배, 후방효과는 3배 높은 수치를 보였으며, 전세계 데이터시장의 50% 이상을 차지하고 있다. 세계 2위의 시장인 유럽의 직접 및 후방효과는 미국과 일본보다 더 빠르게 증가했다. 일본의 경우 최근 ICT에 대한 투자가 세계에서 가장 많고, 직접효과와 후방효과도 지속적으로 증가하였다. 데이터경제 시대의 도래에 발맞추어 미국, 유럽, 일본 등 주요 ICT 선진국들은 미래 경쟁력을 좌우하는 데이터의 중요성을 인식하고 데이터 산업 활성화를 위해 전략 수립과 투자 확대 등 데이터 패권 경쟁을 벌이고 있고 중국은 거대 인구를 배경으로 독자적인 데이터경제를 구축하고 있다.

나. 우리나라의 데이터경제

한국의 데이터산업 시장은 2015년 이래 매년 4~5%의 성장을 하고 있는 바 2018년의 시장 규모는 15조 1,545억원을 기록하였고 2024년에는 23조원에 이를 것이다. 그중 데이터 서비스와 데이터 구축 및 컨설팅이 대부분을 차지하고 나머지는 데이터베이스관리시스템(DBMS)을 비롯한 데이터 솔루션 부문이 점유한다.[197] 그러나 세계시장에서의 점유율은 1%에도 미치지 못하는 미미한 수준이다.

3. 데이터경제 법제

가. 외국의 데이터경제 법제

1) 유럽의 법제

유럽연합은 2015년 개인데이터 보호를 위한 일반데이터보호규정(General Data Protection Regulation, GDPR)을 제정한데 이어 앞서본 '데이터경제 구축 전략'에서 역내에서의 데이터의 공개와 사용의 보장, 데이터 분석 역량의 강화를 통해 경제성장뿐 아니라 일자리 창출과 사회 발전을 도모하며[198] 특히 데이터에의 접근성, 상호운용성, 방해받지 않는 이동성 및 데이터 소유권에 관한 논의를 한데[199] 이어 '비개인데이터의 자유로운 유통을 위한 규정(Regulation on the free flow of non-personal data)'을 제정하여 2019. 5. 28. 발효시켰다.[200]

영국은 정보공개법(Freedom of Information Act 2000)을 시작으로 오픈데이터 정책을 본격적으로 추진하여 공공기관에 원칙적 정보공개의무를 부과하여 보유하고 있는 모든 정보에 대한 국민의 접근권을 보장하고, 적용 예외를 명시하였다. 2014년 오픈데이터 전략(Open Data Strategy)에서 데이터의 양적·질적 수준 향상, 혁신을 위한 데이터 이용 개방 등을 천명, 실천하며, 2015년 오픈 데이터 로드맵(Open Data Roadmap, 2015)을 통해 더 많은 데이터의 개방과 오픈데이터의 재활용을 지원하였다.[201] 프랑스는 2016. 10. 7. 디지털공화국법(Digital Republic Act 2016)을 제정하여 공익데이터(data of general interest) 개념을 도입하고 공공데이터의 개방과 활용을 도모하였다.[202]

2) 미국의 법제

미국 오바마 행정부는 2009. 12. 오픈정부지침을 채택하였고 2012. 5. 발표한 '디지털 전략'[203]에 입각해 수치 데이터 이외에 문서정보 등의 비정형 데이터의 공개를 추진하였다.[204] 오픈데이터 포털사이트인 'Data.gov'를 개설, 공공데이터를 공개하였는데, 2017. 11. 기준 198,280개의 데이터셋을 확보하고,

이용자의 환경에 따라 2차이용이 용이한 다양한 형식으로 데이터를 다운로드
할 수 있게 하였다. 미국에서는 개인데이터의 수집과 배포 금지는 헌법상 기본
권으로 보호되지 않으며[205] 우리나라와 달리 개인정보 보호에 관한 일반법이
존재하지 않고 개별영역의 법이 산재한다.[206] 이 중 건강보험의 이전과 책임에
관한 법률(HIPAA)[207]은 의료서비스제공자와 더불어 보험회사가 개인의 의료정
보에 접근하고 취득하는데 필요한 사항과 환자의 데이터이동권을 규정하였다.
2018. 6. 28. 제정된 캘리포니아 소비자개인정보보호법(Califormia Consumer Privacy
Act)은 미국 역사상 가장 강력한 개인정보보호법으로 평가되며, 미국 내 기존
산업별 개인정보보호법들과는 달리 상당히 광범위하게 개인정보보호 관련 내
용을 규정하고 있다.

3) 일본의 법제

일본은 액티브 재팬(Active Japan)하의 '액티브 데이터 전략', '신산업구조비
전' 전략을 세우고 2016. 12. 관민데이터활용추진기본법을 제정하여 국가, 지방
공공단체, 독립행정법인, 기업이 보유한 데이터의 적절하고 효율적인 활용을
위한 환경을 조성하고 프랑스의 공익데이터처럼 관민데이터라는 새로운 개념
을 도입하여, 공익성을 요건으로 하여 관민데이터의 범위에 국가안전을 해치거
나 공공질서의 유지 방해, 또는 공중안전 보호에 지장을 초래할 우려가 있는
것은 제외시키고, 아울러 민간데이터의 경우 국가에 사업자의 경쟁적 지위 기
타 정당한 이익을 보호하도록 하였다. 또한 2017년 시행된 개정 개인정보보호
법상 익명가공정보를 신설해 익명가공정보로 처리한 이후에는 목적 범위에 제
한 없이 다른 처리자들과 공유가 자유롭게 하고 2018년 시행된 차세대의료기
반법에서는 의료데이터의 '익명가공'화를 통하여 보건의료기관 외의 제약회사
등에게 제공할 수 있게 하고, 실효적인 의료데이터 규제 완화를 위하여 옵트아
웃(opt-out) 방식을 채용하였다. 또한 2018년 일본 경제산업성 'AI·데이터 이
용에 관한 계약 가이드라인'에서 데이터 제공형 계약, 데이터 공용형(플랫폼형)
계약 등의 데이터 거래의 법률관계에 관한 지침과 표준약관을 제시하였다. 그
러나 데이터이동권을 도입하지는 않았다.

나. 우리나라의 데이터경제 법제

우리나라는 일찍이 국민의 알 권리 보장을 위하여 1996년 "공공기관의정
보공개에관한법률(이하 '정보공개법')"[208]을 제정하여 공공기관에 정보공개의무를
부과하였고 2013년 "공공데이터의 제공 및 이용 활성화에 관한 법률(이하 '공공
데이터법')"[209]을 제정하여 공공데이터 제공을 의무화하고 한국정보화진흥원에

공공데이터활용지원센터를 설치하여 이를 지원하게 하였으나 민간데이터를 포함한 일반법으로서의 데이터 이용 법제는 없었다. 2019. 1. 발표한 데이터 · AI 경제 활성화 계획(2019년~2023년)에서는 '데이터와 AI를 가장 안전하게 잘 쓰는 나라'를 표방하고, 데이터의 축적과 활용 및 안전한 데이터 거래를 위한 법제도 연구를 계획하였다.

한편 프라이버시 보호를 위하여 2011년 개인정보보호법210)을 제정하였던 바 중앙집중적으로 개인데이터를 처리하는 인터넷 시스템하에서 헌법상 개인정보자기결정권을 보호하는 입법으로 사업자가 시민의 개인데이터를 처리하고 활용함에 있어 어떻게 개인데이터를 보호할 것인가 하는 사업자 규제에 초점이 맞춰져 있었다. 뒤에서 보는 바와 같이 비식별개인데이터의 자유로운 이용을 위하여 2020년 가공정보의 개념을 도입하고 그 이용을 자유화하였다.211)

4. 데이터의 개념과 유형

가. 데이터의 개념

데이터는 정보와 유사한 의미로 사용되나 엄밀하게는 양자의 의미에 차이가 있다. 정보는 의미론적 정보와 구문론적 정보로 나눌 수 있는데, 의미론적 정보는 정보보다는 지식(knowledge)이므로 데이터로 부르기는 어려우며, 데이터란 구문론적 정보로서 "원(源)정보 중 필요한 부분을 정해진 규칙에 따라 기호화, 즉 코딩(coding)하고 이러한 코딩이 원칙적으로는 컴퓨터 등 정보처리장치에 의하여 처리될 수 있도록 디지털화된 것"이라고 정의하기도 한다.212) 당연히 데이터 경제나 데이터 소유권에서 말하는 데이터는 구문론적 정보를 가리키는 것이다.

데이터를 정의하는 실정법으로 공공데이터법은 "공공데이터"를 "데이터베이스, 전자화된 파일 등 공공기관이 법령 등에서 정하는 목적을 위하여 생성 또는 취득하여 관리하고 있는 광(光) 또는 전자적 방식으로 처리된 자료 또는 정보(제2조 2호)"로 정의하고 있다. 데이터베이스를 데이터로 분류하는 것은 타당하지 않다고 할 것이다.213) 본장에서는 데이터를 전자적 방식으로 처리된 자료 또는 정보라고 정의하기로 한다.

나. 데이터의 유형

데이터는 여러 가지 기준에 따라 이를 유형화할 수 있다.

1) 개인정보인지 여부에 따른 유형

먼저 데이터는 그 내용에 따라 개인정보인 데이터와 개인정보 아닌 데이터로 나눌 수 있다. 비개인정보 데이터로는 예컨대 주가정보, 날씨정보, 교통정보 데이터가 있다. 개인정보 데이터는 프라이버시 보호 차원에서 별도로 보호된다. 개인정보로 수집되었다가 이후 비식별화된 데이터가 비개인정보 데이터인가 하는 점에 관하여는 논란이 있으나 비식별화된 데이터에는 개인정보보호법상 예외가 인정된다는 점에서 비개인정보 데이터에 속한다고 할 수 있다. 그러나 데이터권의 귀속 주체에 관하여는 아래에서 논의하는 바와 같이 일반적인 비개인정보 데이터와는 달라질 수 있다.

2) 정형화 여부에 따른 유형

한편 데이터는 그 정형화 여부에 따라 정형 데이터와 비정형 데이터로 나눌 수 있다. 정형 데이터는 미리 정의된 데이터 모델이나 방식으로 정리된 데이터를 말하고 비정형 데이터는 그렇지 않은 데이터를 말한다. 후자는 영상, 음성, 숫자, 문자 등 다양하고 형태가 다른 데이터가 합체되어 있으므로 그 처리에 있어 정형 데이터에 비해 어려움이 있다.[214]

3) 공공성의 정도에 따른 유형

데이터는 그 내용의 공공성의 정도에 따라 공공데이터, 민간데이터 및 공익데이터로 나눌 수 있다. 공공데이터라 함은 공공의 목적을 위하여 생성된 데이터를 말한다. 강학상의 공공데이터에는 그 생성 주체, 취득 주체 또는 관리 주체가 공공기관인지 민간인지 여부를 불문한다.[215] 민간데이터라 함은 개인 기타 민간이 또는 개인적인 목적을 위하여 생성한 데이터를 말한다. 공익데이터라 함은 민간데이터 중 공익적 성격을 가진 데이터를 말한다. 이들을 구별하는 이유는 공공재로서의 성격의 농담(濃淡)에 따라 공개 여부, 이용 허용의 범위 등에서 차이가 있기 때문이다.

4) 콘텐츠 데이터와 비콘텐츠 데이터

콘텐츠는 앞서 본 정보 중 의미론적 정보를 말한다. 즉 콘텐츠란 부호·문자·도형·색채·음성·음향·이미지 및 영상 등(이들의 복합체 포함)의 자료 또는 정보를 말한다.[216] 이 콘텐츠 중 전자화된 것이 콘텐츠 데이터이다. 바꾸어 말하면 콘텐츠에는 데이터화 한 것도 있고 아직 데이터화되지 않은 것도 포함된다. 콘텐츠 데이터에 대하여는 뒤에서 보는 바와 같이 콘텐츠산업진흥법에 따른 보호가 별도로 주어진다.

Ⅲ. 데이터에 대한 법적·기술적 보호

1. 일 반

앞서본 바와 같이 데이터에는 개인정보인 데이터와 비개인정보인 데이터가 있고 개인정보인 데이터는 인격적 법익으로서 개인정보보호법에 따른 보호를 받고 있다. 여기에서는 개인정보임을 막론하고 데이터의 재산적 법익이 어떻게 보호될 수 있는가 하는 점을 살펴본다. 그 보호방법으로 데이터에 대한 일반 불법행위의 법리에 따른 보호, 부정경쟁행위에 대한 보호, 영업비밀로서의 보호, 저작권법상의 보호 및 콘텐츠로서의 보호를 살펴보고 마지막으로 기술적 보호 방법을 알아본다.

2. 불법행위의 법리에 의한 보호

데이터를 불법적으로 이용당하거나 기타 침해를 당한 자는 그 침해자에 대하여 민법상 불법행위 책임을 물을 수 있다. 민법상 고의 또는 과실로 인한 위법행위로 타인에게 손해를 가한 자는 그 손해에 대한 배상책임이 있다.217) 경쟁자가 상당한 노력과 투자에 의하여 구축한 성과물을 상도덕이나 공정한 경쟁질서에 반하여 자신의 영업을 위하여 무단으로 이용함으로써 경쟁자의 노력과 투자에 편승하여 부당하게 이익을 얻고 경쟁자의 법률상 보호할 가치가 있는 이익을 침해하는 행위는 부정한 경쟁행위로서 민법상 불법행위에 해당하므로 데이터 보유자는 그 침해자에 대하여 이 요건을 주장 입증하여 불법행위로 인한 손해배상을 청구할 수 있다. 나아가 데이터의 무단이용 상태가 계속되어 금전배상을 명하는 것만으로는 데이터 보유자 구제의 실효성을 기대하기 어렵고 무단이용의 금지로 인하여 보호되는 데이터 보유자의 이익과 그로 인한 침해자의 불이익을 비교·교량할 때 데이터 보유자의 이익이 더 큰 경우에는 침해 행위의 금지 또는 예방을 청구할 수 있다.218)

3. 부정경쟁행위에 대한 보호

데이터의 무단 이용 등 이에 대한 침해는 부정경쟁행위를 구성할 수 있다. 부정경쟁방지법은 부정경쟁행위의 한 유형으로 "타인의 상당한 투자나 노력으로 만들어진 성과 등을 공정한 상거래 관행이나 경쟁질서에 반하는 방법으로 자신의 영업을 위하여 무단으로 사용함으로써 타인의 경제적 이익을 침해하는 행위"[219]를 열거한다. 앞서본 판례가 인정한 불법행위의 한 유형과 흡사하다. 데이터 보유자가 상당한 노력을 들여 구축한 데이터를 반경쟁적인 방법으로 무단 이용하여 데이터 보유자의 경제적 이익을 침해하는 것은 부정경쟁행위에 해당할 수 있다. 이러한 부정경쟁행위에 대하여는 침해금지청구권, 손해배상청구권 등이 인정된다.

한편 일본에서는 2018년 부정경쟁방지법을 개정하여 이른바 한정제공 데이터에 대하여 부정경쟁방지법적인 보호를 하였다. 제3자와 데이터를 공유하는 경우, 특히 데이터가 거래계약이 아닌 플랫폼을 통하여 공유되는 경우, 뒤에서 보는 영업비밀로서 보호되는 데 필요한 비밀관리성과 비공지성을 결할 위험이 있다. 이때에도 일본에서는 유상으로든 무상으로든 그 데이터가 다른 사람과 공유를 전제로 일정 조건하에 이용 가능하되, 무상으로 일반 공중이 이용할 수는 없고, 전자기적으로 관리되어 상당량 축적된 기술상 또는 영업상 정보에 해당하는 경우 절취·사기·강박 등의 부정한 수단에 의한 취득·사용·개시하는 행위, 정당하게 취득한 사람이 부정한 이득을 목적으로 또는 데이터 제공자에게 손해를 가할 목적으로 이를 횡령·배임에 상당한 태양으로 사용하거나 개시하는 행위, 부정행위가 개입하였음을 알면서 취득 등의 행위를 하는 경우 그 행위의 금지와 손해배상을 청구할 수 있다.[220] 입법론적으로는 참고가 된다.

4. 영업비밀로서의 보호

데이터가 영업비밀에 해당하는 경우에는 영업비밀보호법에 따라 보호될 수 있다.[221] 영업비밀인 데이터 보유자는 그 침해자에 대하여 금지청구권과 손해배상청구권을 행사할 수 있다. 영업비밀로서의 데이터 보호는 데이터에 배타적인 재산권을 부여한 것이 아니라 특정한 데이터 침해라는 타인의 '행위'를 금지하는 것에 그친다는 점에서 불법행위에 대한 보호와 맥을 같이 한다.

5. 저작권에 의한 보호

데이터가 저작물에 해당한다면 저작권에 의한 보호를 받을 수 있다. 저작권법은 저작물은 인간의 사상 또는 감정을 표현한 창작물이라고 정의하므로[222] 데이터가 의미론적 정보로서 인간의 사상 또는 감정을 표현한 창작물에 해당한다면 그 무단 이용 등 침해자에 대하여 침해금지청구권 및 손해배상청구권을 행사할 수 있다. 데이터수집가공자에게도 가공된 데이터에 저작물성이 인정된다면 2차적 저작물 작성자로서의 저작권이 인정될 수 있다. 또한 앞서 본 바와 같이 데이터를 체계적으로 배열 또는 구성한 편집물로서 개별적으로 그 데이터에 접근하거나 그 소재를 검색할 수 있도록 한 데이터베이스의 제작자에게는 그의 데이터베이스의 전부 또는 상당한 부분을 복제·배포·방송 또는 전송할 권리가 인정되므로223) 이를 침해하는 자에 대하여 금지청구 및 손해배상 청구를 할 수 있다. 데이터베이스 제작자의 권리와 데이터 보유자의 권리 간의 충돌도 문제가 된다.

6. 콘텐츠로서의 보호

콘텐츠 데이터는 콘텐츠산업진흥법에 따른 보호를 받을 수 있다. 즉 누구든지 정당한 권한 없이 콘텐츠제작자가 상당한 노력으로 제작하여 일정한 방법에 따라 콘텐츠 또는 그 포장에 제작연월일, 제작자명 및 이를 보호받는다는 사실을 표시한 콘텐츠의 전부 또는 상당한 부분을 복제·배포·방송 또는 전송함으로써 콘텐츠제작자의 영업에 관한 이익을 침해해서는 안되고,224) 이러한 위반 행위로 인하여 자신의 영업에 관한 이익이 침해되거나 침해될 우려가 있는 데이터 보유자는 침해자에 대하여 민사책임을 물어 침해행위의 금지 및 손해배상을 청구할 수 있고 나아가 형사책임을 물을 수도 있다.225)

7. 데이터에 대한 기술적 보호

종래 데이터를 보호하는 기술에 관하여는 프라이버시 보호 차원에서 많은 기술적 진보가 이루어졌다. 이러한 기술로는 인증(Authentication), 속성 기반 크레덴셜(Atribute based credentials), 안전한 사적 통신, 통신의 익명성·가명성 확보, 데이터베이스의 개인정보보호, 통계적 노출조절기법(Statistical disclosure control, SDC), 프라이버시 보존형 데이터마이닝, 스토리지 프라이버시(Storage privacy)226) 등이 있다. 이를 설계에 의한 프라이버시 보호(Privacy by Design)라 부른다.227) Privacy by Design이란 개인정보를 확실히 보호하기 위해서 시스템 설계 단계에서부터 기술적으로 프라이버시를 보호하는 구조의 구축을 하여 프라이버시를 보호해야 한다는 것을 의미한다.

유럽연합의 2018년 일반데이터보호규정(General Data Protection Regulation, GDPR)에서는 새로운 시스템이나 데이터베이스, 혹은 서비스를 개발할 때 설계 단계에서부터 개인정보 보호 방안을 강구하라고 요구하는 'Privacy by Design'을 제25조에 명문화하였다. 개인정보처리자는 개인정보의 처리가 자연인의 권리 및 자유에 미치는 위험의 다양한 가능성 및 정도와 함께 최신 기술, 실행 비용, 그리고 처리의 성격, 범위, 상황 및 목적을 고려하여, 가명처리 등의 기술 및 관리적 조치를 개인정보 처리 방법을 결정한 시점 및 그 처리가 이루어지는 해당 시점에 이행해야 한다고 규정하였다. 프라이버시 보호에서 출발한 데이터 보호기술은 데이터의 재산적 이익을 보호하는 데에도 유용하다.[228] 이러한 데이터에 대한 기술적 보호는 즉각적이고 실효적인 대책이 될 수 있는 점, 비교적 시간과 비용이 적게 드는 점, 유연하게 적용할 수 있는 점 등에서 법률적 보호 장치에 비하여 장점이 있다.

IV. 데이터 거래 및 유통법제

1. 데이터 유통을 증진하기 위한 장치

데이터의 유통은 데이터의 수집, 저장 및 축적, 가공, 제공 및 이용의 단계를 거친다.[229] 데이터 거래의 원칙적 형태는 데이터 보유자와 데이터 이용자 간의 거래이지만 원 데이터 보유자와 데이터 가공자 간의 거래, 데이터 가공자와 가공된 데이터의 이용자 간의 거래 등이 연쇄적으로 형성된다. 예컨대 사회관계망기업은 이용자들로부터 포스팅 등 데이터를 제공받고 이용자들에게 플랫폼 서비스와 데이터 분석결과를 제공하면서 제3자에게는 수집된 데이터와 API를 함께 제공하여 그 생태계 내에서 부가 서비스를 영위하게 한다. 이때 사회관계망기업은 대체로 계약으로 데이터에 대한 권리를 자신에게 유보한다. 한편 플랫폼사업자는 자신 또는 가입 기업으로 하여금 데이터 거래의 중개를 하기도 한다.[230]

데이터 유통이 원활하려면 먼저 원시데이터가 풍부하여야 한다. 이를 위하여 데이터 수집의 자유를 보장하고, 공공데이터를 개방할 뿐 아니라 민간데이터도 필요한 범위 내에서 적절한 대가를 지불하고 수집, 이용할 수 있도록 하여야 한다. 데이터의 저장과 관련하여서는 개인정보의 비식별조치, 데이터 보안과 저장 공간의 확보, 데이터베이스의 구축, 가공기술의 진보, 데이터에 대한 지식재산권자의 권리 주장 우려의 해소 등의 문제를 해결하여야 한다. 데이터의 이용의 관점에서는 검색 가능한 데이터베이스에의 접근, 데이터 제공자와 데이터 이용자 간의 정보 비대칭으로 인한 거래비용의 저감 장치, 예컨대 데이터 품질의 인증, 데이터셋과 데이터제공자 등 서비스제공자에 대한 평가 정보의 축적이 되어 있어야 하고 특히 제공되는 데이터의 가격이 적정하여야 한다.

또한 데이터 표준을 정립하고 제공하는 데이터 서비스제공자가 다른 경우 서비스제공자 간 데이터의 상호운용성이 확보되어야 하고 플랫폼의 경우 데이터 판매자와 구매자 모두 멀티호밍(multihoming)[231]이 가능하여야 한다. 거래중개 서비스제공자 등 유통 전문가의 양성도 필요하다.

이러한 유통촉진을 위하여 기술적, 환경적 조치를 취함은 물론 나아가 유통을 촉진하는 법제를 정비하여야 할 것이다. 그에 관련하여서는 비식별화 의무 부과, 데이터 접근권의 보장, 데이터 이동권의 보장, 데이터거래법제의 정교화 등의 조치가 필요하다. 아래에서 이를 나누어 살펴보기로 한다.

2. 비식별화 의무의 부과

개인정보의 비식별화란 개인정보의 일부 혹은 전부를 삭제 또는 변형하여 그 정보의 주체를 식별할 수 없도록 하는 것을 말한다. 비식별화 방법으로는 가명처리, 총계처리, 데이터 삭제, 데이터 범주화, 데이터 마스킹 등 여러 가지가 있는바 대표적인 것이 가명화(pseudonymisation)와 익명화(anonymisation)이다. 가명화란 원래의 상태로 복원하기 위한 추가 정보의 사용·결합 없이는 정보주체를 알아볼 수 없게 하는 것을 말하고 익명화란 원래의 상태로 복원하기 위한 추가 정보를 사용·결합하여도 정보주체를 알아볼 수 없게 하는 것을 말한다. 유럽연합 일반정보보호규정(GDPR)은 양자를 구별하여 가명화정보는 일정한 법률요건을 충족하는 경우 목적 외 처리를 허용하고, 익명화정보는 아예 GDPR이 적용되지 않는다고 한다. 한편 일본은 익명가공처리된 정보의 유통을 장려하고 미국은 지정된 식별자 제거 또는 전문가 평가를 통해 비식별 정보를 광범위하게 허용한다.[232]

우리나라의 개인정보보호법은 가명정보 개념을 도입하여 통계작성, 과학적 연구, 공익적 기록 보존의 목적으로 정보주체의 동의 없이도 가명정보를 처리할 수 있도록 하였다. 여기서 과학적 연구에는 기술의 개발과 실증, 기초연구뿐만 아니라 응용연구 및 민간 투자 연구도 포함된다. 가명정보를 제3자에게 제공하는 경우에는 특정 개인을 알아보기 위해 사용될 수 있는 정보를 포함하지 못하도록 하였다.[233]

3. 데이터 접근권의 보장

데이터 접근권(Right of Access)에는 두 가지가 있다. 한 가지는 일반 대중이 데이터를 열람, 조사할 수 있는 권리를 말하고 다른 한 가지는 데이터주체가 자신의 데이터에 접근하여 이를 관리할 수 있는 권리를 말한다. 전자는 헌법상 정보의 자유 내지 국민의 알 권리에 기초하는 권리로서 대체로 국가를 비롯한 일반적으로 접근할 수 있는 정보원(源)에 대하여 청구할 수 있는 권리이다. 후자는 데이터 주체의 자기정보결정권에 기초하여 자신에 관한 데이터의 내용, 처리의 목적, 데이터를 제공하는 곳, 데이터 보관 주기 등 개인데이터와 관련된 사항들을 확인할 수 있는 권리이다. 우리나라도 알 권리로서 공공데이터에 대한 접근권은 앞서 본 바와 같이 정보공개법과 공공데이터법에 의거하여 이를 보장하고 있다. 오늘날은 플랫폼이나 사회관계망 서비스제공자들이 거대한 데이터를 수집, 보유하고 있으므로 공익을 위하여 플랫폼 등에 대하여 데이터 접근권을 주장할 수 있는지가 문제된다.[234] 정부가 공익을 목적으로 플랫폼 등에 대하여 데이터에의 접근을 요구하는 경우가 있는데 예컨대 영국의 조사권한법(Investigatory Powers Act)은 반 암호화 법에 따라 정부는 서비스제공자가 자체적으로 암호화하여 이용자에게 제공하는 암호의 해독을 요청할 수 있다.[235] 데이터 주체의 데이터 접근권에 관하여는 본편 제1장에서 상세히 살펴보았으므로 생략한다.

4. 데이터 이동권의 보장

데이터 이동권(Right of Data Portability)이라 함은 데이터 주체가 그 관리자에 대하여 개인데이터를 수령하거나 다른 데이터 관리자에게 전송할 권리를 말한다. 유럽연합은 일반정보보호규정(GDPR)에서 데이터 주체의 의사를 중시한 데이터 활용을 실현하고자 데이터 주체에 데이터 이동권, 삭제권 등을 인정하고 개인정보에 관한 충분한 보호가 주어지지 않는 제3국으로의 데이터 이동을 제한하였다.[236][237] 즉 GDPR 제20조에 따르면 개인데이터 주체가 (a) 개인데이터를 동의 또는 계약에 의하여 처리하는 경우와 (b) 자동화된 수단에 의하여 처리하는 경우, 구조화되어 있고 통상 사용하는 것으로 기계로 읽을 수 있는 양식에 따라 데이터처리자(controller)에게 제공한 자신에 관한 개인데이터를 수령하거나 다른 데이터처리자에게 전송할 권리를 가지고(동조 제1항), 기술적으로 가능하다면 그 개인데이터를 데이터처리자로부터 다른 데이터처리자에게 직접 전송되도록 하는 권리를 가지며(동조 제2항), 데이터 이동권에 대한 제한으로서 공익을 위하여 행하는 작업의 수행에 필요하거나 또는 데이터처리자에게 부여된 공적 권한을 행사함으로써 하는 정보처리에는 적용되지 않고(동조 제3항), 데이터 이동권이 다른 사람의 자유와 권리에 부정적인 영향을 미쳐서는

안된다(동조 제4항).238)

미국의 경우 앞서 본 바와 같이 건강보험의 이전과 책임에 관한 법률(HIPAA)은 환자에게 데이터이동권을 부여하였고 해밀턴 프로젝트에서는 데이터 이동성을 보다 넓은 개념의 신원 이동성으로 일반화하면서, 플랫폼 간에 검증된 연결관계 사이의 메시지를 이동할 수 있게 함으로써 전환 비용을 줄이고 경쟁을 촉진하도록 제안하였다.239) 이 데이터이동권은 개인이용자가 사회적 관계망 운영자 간의 사회적 관계 이동을 요구할 수 있도록 한다. 필리핀도 데이터보호법(Data Protection Act)에서 데이터이동권을 인정하였다.240)

우리나라에서도 신용정보법에서 금융분야 마이데이터(MyData) 산업을 위한 개인신용정보 이동권을 규정하였다. 개인인 신용정보주체가 금융회사 등에 대하여 본인에 관한 개인신용정보를 본인이나 본인신용정보관리회사, 다른 금융회사 등에게 전송하여 줄 것을 요구할 수 있는 개인신용정보 전송요구권을 도입하였다. 동법에서는 개인의 신용관리를 지원하기 위하여 개인의 신용정보를 일정한 방식으로 통합하여 그 개인에게 제공하는 행위를 영업으로 하는 본인신용정보관리업(MyData)을 도입하여 본인신용정보관리회사는 금융회사 등으로부터 안전성과 신뢰성이 보장될 수 있는 방식으로 본인의 신용정보를 전송받아 데이터 분석 및 컨설팅, 신용정보주체의 개인정보 자기결정권의 대리 행사 및 일정한 투자일임업·투자자문업 등을 부수업무나 겸영업무로 할 수 있다.241) 이 신용정보법에 대하여는 개인의 개인정보이동권을 인정하여 개인주도의 개인정보관리를 가능하게 하기보다는 개인정보 브로커업을 활성화하는데 그친다는 비판이 있으나242) 신용정보주체가 능동적으로 본인 정보를 통제하고 활용하는 기반을 마련하였다고 할 수 있다. 이러한 데이터 이동권은 데이터 주체에게 자신의 데이터를 통제할 수 있는 권리를 부여한다는 점에서 뒤에서 살펴볼 데이터소유권과 관련된다.

5. 데이터거래법제의 정교화

데이터 거래를 활성화하기 위하여는 데이터계약법제가 정립되어야 한다. 데이터 계약은 데이터의 생명 주기에 따라 데이터 생성계약, 데이터 저장계약, 데이터 관리 계약, 데이터 중개계약, 데이터 가공계약, 데이터 분석계약, 데이터 이용계약, 데이터 플랫폼 가입계약 등으로 나누어진다. 당사자 간의 권리의무는 이러한 계약 유형별로 달리 규정될 것이다. 일본 경제산업성은 2018. 6. 15. "AI·데이터 이용에 관한 가이드라인"을 제정하였는바 데이터 계약을 데이터 제공형, 데이터 창출형, 데이터 공용형(플랫폼형)의 세 가지 유형으로 정리하고 각각의 구조 및 법적 논점, 적절한 계약 방법 등 설명하였다. 본 가이드라인은 데이터권을 데이터에 적법하게 접근하고 이용을 통제할 수 있는 사실상의 지위나 계약에 의한 이용권한을 결정하는 채권적 지위 내지 권리로 보아 데이터를 계약에 의하여 보호하는 방법을 제시하였다.

한국 민법 개정안은 전형계약의 하나로 데이터계약에 관한 절(제9절의3)을 신설하고 데이터계약은 당사자 한쪽이 상대방에게 데이터를 이전하거나 이용하게 할 것을 약정하고 상대방이 그 대금을 지급하기로 약정함으로써 효력이 생긴다고 정의한다.[243] 동 개정안은 데이터계약을 데이터이전계약과 데이터이용계약만에 한정하고 있으나 앞서 본 바와 같이 데이터계약에는 다양한 유형이 있다.

데이터 거래를 활성화하기 위하여는 데이터 거래소의 설립을 제도화하고 데이터 보유자와 데이터 이용자를 연결하는 시장을 형성하도록 하여야 할 것이다. 미국에서는 2019년 말 현재 650개의 각종 데이터 거래소가 운영되고 있다고 하고, 중국에서도 정부 주도로 설립된 '귀양 빅데이터 거래소'와 민간과 공공부문이 공동으로 지원하는 '데이터 거래 지원센터'가 상해, 북경, 심천 등 3곳에서 운영되고 있다. 한국에서는 2012년부터 한국데이터산업진흥원이 기업 간 데이터를 사고팔 수 있는 '데이터스토어'를 운영하고 있고,[244] 2019. 12.에는 민간 거래소인 KDX 한국데이터거래소가 설립되었으며 금융데이터거래를 위하여 한국거래소의 금융·정보기술 자회사 코스콤이 2020년부터 금융 클라우드 서비스를 기반으로 한 데이터거래소를 운영하고 있다.

V. 데이터에 대한 소유권적 보호

1. 데이터에 대한 개인주도적 관리 가능성

가. 마이데이터 사업의 대두

페이스북과 구글 등 IT 대기업은 이용자의 개인정보를 대량으로 수집, 저장하고 이를 바탕으로 알고리즘을 개선하여 서비스를 운영하면서 이익을 거두었다. 그러나 이용자는 개인데이터가 이러한 플랫폼에 축적된 채로 선택과 통제를 빼앗겨 왔다.[245] 즉, SNS 계정이 폐쇄당하면, 오랜 시간에 걸쳐 쌓은 데이터와 교류 관계, 평판, 선호, 거래 등이 모두 소실된다. 이는 이용자가 데이터의 소유권을 가지지 않은 채, 구글이나 유튜브, 아마존 닷컴, 트위터, 페이스북 등 통합 서비스에 자신의 정보 보관 및 보호를 맡길 수밖에 없기 때문이다.

4차 산업혁명 시대에는 기술의 발전에 힘입어 사업자가 소비자의 개인데이터를 활용함에 있어 어떻게 개인데이터를 보호할 것인가의 문제를 넘어 개인데이터의 주체가 개인데이터를 통제, 관리할 수 있고 사업자의 개인데이터 활용에 적극적으로 관여할 수 있게 되었다. 세계 주요국에서는 특히 데이터의 활용 증진을 위하여 국가 또는 민간의 주도이든 상관없이 개인데이터 스토어(Personal Data Store: PDS) 또는 개인데이터 서비스와 같이 개인이 주도하여 개인데이터를 안전하고 구조화된 방식으로 저장, 관리 및 배포할 수 있게 한다.[246]

미국은 공공과 민간 부문이 보유한 데이터를 재이용하기 쉬운 형태로 본인에게 돌려주고 본인 참여하에 데이터 활용을 확대하기 위한 MyData사업을 시행하고 있다. MyData는 개인이 기업으로부터 자기 데이터를 전자형식으로 직접 내려받아 이용하거나 제3자 제공을 허용하는 방식으로 데이터 활용체계를 데이터주체 중심으로 전환하여 개인데이터 보호와 활용이 양립 가능하도록 하고 있다.[247]

영국의 2011년 정부 주도 'Better Choice, Better Deals' 정책의 일환인 "마이데이터(midata)정책"에 따르면 개별 개인은 기업이 보유하는 개인의 마이데이터를 전자형식으로 취득할 수 있고 취득한 마이데이터를 제3자에게 제공할 수 있다.[248] 2013년 기업규제개혁법에 의하여 금융, 에너지, 모바일 분야에서 소비자 데이터 제공을 의무화하고 제공 방식 및 전담기관을 지정하였다. 마이데이터 정책을 통해 새로운 서비스를 창출하기 위해 2013년에 영국 BIS는 midata Innovation Lab을 설립하여 개인에게 환원된 데이터를 이용하여 개인에게 편리한 서비스를 제공하는 앱을 개발하였고,[249] HAT는 영국 연구회의 지원으로 '개인 주도 데이터 관리 구조'를 개발하였다.[250]

프랑스에서는 2012년부터 비영리기관인 차세대 인터넷 재단(Fondation Internet Nouvelle Gééation, Fing)이 은행, 보험회사, 전력회사, 통신사, 플랫폼 제공사의 참여하에 MesInfo 프로젝트를 통하여 마이데이터에 해당하는 셀프데이터(SelfData) 사업을 수행하고 있다. 이는 (i) 개인 자신이 사용하는 서비스 제공업체로부터 개인 데이터를 획득하여 스스로 기록하거나 생성하는 데이터를 추가하고, (ii) 일반적으로 신뢰할 수 있는 제3자 서비스 제공업체인 개인정보관리시스템(Personal Information Management System, PIMS)의 도움을 받아 데이터를 직접 저장하고 관리하며, (iii) 의식적으로 제3자의 사용을 협상을 통하여 허락하며, (iv) 자신에 대한 통찰력을 얻고, 더 나은 결정을 내리고, 과거의 결정을 평가하고, 삶을 더 편하게 만들고, 일상적인 작업을 간소화하기 위해 (일반적으로 제3자 서비스제공업체 또는 플랫폼의 도움을 받아) 자신이 선택한 방식으로 데이터를 사용한다는 개념이다.251)

일본에서는 개인이 자발적으로 개인데이터를 신탁하는 정보은행, 소비자 자신이 개인데이터를 관리하고 그 데이터를 제공하는 서비스 사업자를 선택할 수 있는 VRM, 본인의 동의에 따라 여러 IT 서비스가 연계하는 ID 연계 신뢰체계 등 개인데이터를 활용한 실증 실험을 한 바 있다. 동경대학 PLR(Personal Life Repository)이나 후지쯔 퍼스널 데이터 스토어(PDS)의 실증실험이 그 예이다.

한국에서도 과학기술정보통신부는 개인데이터 플랫폼인 K‒마이데이터 (Mydata)를 개설하여 개인이 기업이나 기관 쪽에 넘어간 자신의 개인데이터를 스스로 파일 형태로 내려받거나 요청한 곳에 직접 제공하는 서비스를 추진하였다.

나. 개인데이터 관리를 가능하게 하는 기술의 발전

데이터의 제공 및 공유 기술에는 크게 스크린 스크래핑(Screen Scraping) 방식과 표준 API(Application Programming Interface) 방식이 있다. 스크린 스크래핑은 애플리케이션 등을 통해 서비스를 제공하는 기업이 개인의 인증데이터를 받아 대리 접속하는 방식으로 온라인 스크린에 보이는 개인데이터 중에서 필요한 데이터만을 추출하는 방법이다. 표준 API 방식을 채택하면 사용자의 인증데이터가 필요없고 API 내 포함된 데이터만 전송 받을 수 있어 필요 이상의 과도한 개인데이터 수집 및 보안의 염려가 없다. 또한 데이터 전송의 표준화는 데이터 활용의 상호운용성을 향상시키고 쉽게 프로그램을 개발할 수 있게 하여 데이터 생태계 활성화에 도움이 된다. 따라서 마이데이터 도입국들은 데이터 공유 표준화 방식으로 오픈 API방식을 지향한다.

PDS를 가능하게 하는 또하나의 중요한 기술로서 블록체인기술을 들 수 있다. 블록체인 분산원장을 활용하여 이용자의 데이터를 서버에서 분리하여 스스로 관리할 수 있게 하는 방법이 사용된다. 개인주도로 개인데이터를 관리함에 있어서도 블록체인의 특성을 이용하게 다양한 응용 서비스가 개발되고 있는바,252) 이에 관련한 블록체인 기술로는 블록체인 기반 분산형 브라우저 Blockstack, 블록체인을 활용하여 이용자의 개인정보 보호를 유지한 상태에서 데이터를 클라우드 서비스나 타인에게 제공하는 데이터 보안 기술인 Enigma, 오픈 소스 블록체인기술로 개인에게 데이터 저장소와 스마트 지갑을 제공하는 Pillar 등이 있다.

위에서 살펴본 바와 같이 미국, 영국 등 유럽 주요국들은 개인에게 데이터 주도권을 환원하는 마이데이터 등 개인 데이터 스토어(Personal Data Store: PDS) 사업을 통하여 데이터를 활용한 사업을 고도화하고 있다. 여기에 사용되는 블록체인기술은 기업이 고객을 관리하는 기존 방식이 소수의 대기업에게 데이터 집중을 가져오는 폐해를 없애고 이용자가 주도하여 자신의 정보를 관리하는 것을 가능하게 한다. 이는 소비자 입장에서는 자신의 개인 데이터를 기업으로부터 돌려받아 필요로 하는 기업에 데이터를 제공하고 이용료를 받거나 반대 급부로 최적의 서비스를 받는 것을 가능하게 하고, 중소벤처 등 개인정보를 이용하여 사업을 하려는 사업자 입장에서는 비용을 지불하고 누구나 원하는 개인데이터를 이용할 수 있어서 데이터의 활용도를 높이는 효과를 가져올 수 있다.

다. 데이터 소유권 논의의 대두

과거 중앙집중적 인터넷 환경에서 기업이 개인데이터를 관리하면서 법이 개인데이터 보호를 위하여 기업의 개인정보관리를 규제하는 방식이었다면, 위에서 살펴본 바와 같이 블록체인기술의 등장으로 이제 개인이 주도적으로 자신의 개인데이터를 관리하고 소유하며 이익도 창출할 수 있는 상황으로 변화하였다. 개인정보의 자기주도적 관리가 성공하기 위하여는 이를 뒷받침하는 법제 정비도 필요하므로, 각국에서는 소비자에 대한 데이터제공을 의무화하거나 제3자에 대한 이동을 허용하고 있다. 그러나 이러한 권리는 일종의 인격권으로서 개인데이터에 재산권적 성격을 부여한 것으로 보기는 어렵다. 이에 개인이 주도적으로 관리하고 소유하고 이익도 창출할 수 있는 개인데이터에 대한 독점적 권리의 재산권적 성격을 어떻게 볼 수 있는지 하는 문제가 대두되었다. 나아가 마이데이터 산업을 활성화하려는 정책적 노력과 데이터 거래를 촉진하려는 법경제학적 입장에서 데이터에 대해 독점적 지배권을 인정하려는 견해도 생겨났다. 특히 유럽연합에서는 역내 데이터의 자유로운 교환(free flow of data)을 촉진하여 디지털 단일시장을 수립하는 하나의 정책 방안으로 데이터 소유권이 논의되었다.[253] 데이터에 대하여 이러한 독점적 권리를 인정함으로써 (i) 데이터 창출과 수집 인센티브의 제공, (ii) 데이터 상업화 인센티브의 제공, (iii) 거래 안정화 수단의 제공, (iv) 데이터 거래의 법적 확실성의 제공 및 (v) 데이터에 대한 접근의 증대를 도모할 수 있다고 한다.[254] 데이터에 대한 독점권이 법률적으로 보장된다면 자신이 수집하고 가공한 데이터를 공개하고 그 이용을 촉진할 수 있게 된다는 것이다. 이하에서는 유럽에서의 논의를 시발로 이 문제를 다루어 본다.

2. 데이터에 대한 독점적 권리의 인정 가능성

가. 데이터에 대한 독점적 권리를 부인하는 견해

먼저 사실적인 근거에서 데이터에 독점적인 권리를 부여하는 것에 반대하는 견해가 있다. 즉 개인데이터를 개인의 식별가능성을 기준으로 정의하고 그 범위를 획정하게 되면 빅데이터 분석기술이 발전하면 할수록 거기에 맞추어 개인데이터의 범위가 확대되는 것은 불가피하며 개인데이터를 개인과 연결될 수 있는 데이터로 넓게 정의할 경우 개인데이터의 범위를 확정할 수 없거나 그 범위가 불명확할 수밖에 없기 때문에 재산권의 대상을 특정하기 곤란하므로 개인데이터에 대한 독점적 권리를 인정할 수 없다고 한다.[255)]

또한 경제적인 이유로 데이터에 대해 독점적 권리를 인정하는 것에 반대하는 견해가 있다. 이 견해는 데이터는 경제적 활동에 따른 자연스러운 생성물에 불과하고 의도적으로 구축된 목적물이 아니므로 새로운 권리보호 방식으로 인센티브를 부여할 필요가 없다고 하고, 저작물과 달리 광범위하게 유포되는 사례가 드물고 직접적인 거래의 대상이 되는 경우도 많지 않으므로 독자적인 권리 인정의 필요성이 적으며, 데이터의 실시간성 내지 즉시성으로 인해 장기간 권리를 부여할 실익이 적다는 점 등을 들고 있다. 또한 개별 단위의 데이터 하나하나는 그 가치가 작고, 데이터 구축에 관여하는 다수자 중 누구에게 권리를 귀속시킬지 분명하지 않으며, 그동안 플랫폼 등 데이터 수집·보관자 즉 데이터 보유자와 서비스 이용자와 같은 데이터 생성자가 데이터로 인한 이익을 분배하여 왔으나 데이터 생성자에게 독점적 권리를 부여하면 데이터 생성 이후의 가공 또는 유통 사업자에 대한 동기 부여가 저하되고 오히려 거래비용이 증가한다는 점 등을 지적하였다.[256)]

한편 정책적인 견지에서 데이터에 대한 소유권을 부여하는 것에 부정적인 견해가 있다. 이 견해는 데이터의 공공재로서의 성격이 소유권의 객체로 하는 데 방해가 된다고 한다. 데이터는 인위적으로 생산한다기보다는 활동하는 가운데 생성되는 경우가 많으므로 개인데이터를 제외하고는 공공의 목적을 위하여 공동체의 전원이 이를 이용할 수 있도록 개방하는 것이 바람직하다는 것이다. 심지어는 개인데이터라 하더라도 공익목적을 위하여 가명화 등의 방법으로 개인데이터를 이용할 수 있도록 하는 것이 사회정책적으로 타당하다고 한다.

나아가 법률적인 관점에서는 데이터에 대한 소유권적 권능 즉 접근을 포함한 사용, 수익 및 처분에 관한 권능을 특정 주체에게 부여하는 것이 복제용이성, 비배제성(non-excludable), 비경합성(non-rivalrous) 등 데이터의 특성에서 볼 때 지배가능하지 않다는 이론적 난점이 있고 현실적으로도 데이터에 대한 사실상의 지배를 가진 자가 일대일로 공유하는 것이므로 점유에 근거한 계약책임, 불법행위 책임 등의 기존의 법리에 따라 충분히 해결할 수 있다고 한다.[257] 우리 민법상 소유권의 객체는 물건인데 데이터에는 물건과 같은 물리적 요소가 없으므로 현행 민법하에서는 소유권을 인정하기 어렵다고 한다.[258]

나. 데이터에 대한 독점적 권리를 인정하는 견해

데이터가 독점적 권리의 대상이 된다는 견해는 법률적으로 세 가지로 나누어진다. 먼저 데이터에 물건성을 인정하여 모든 특정 가능한 데이터에 소유권을 인정할 수 있다는 견해이다. 데이터가 네트워크를 타고 전달되는 도중에는 전기신호로서의 성격을 가지므로 물건이 된다고 보며[259] 데이터에 대한 소유권을 인정할 수 있다는 견해가 그중의 하나이다.[260] 데이터 소유권을 인정한 판례로는 1995년 독일 칼스루에 고등법원은 데이터 제공자가 저장한 데이터를 삭제한 행위에 대해 독일 민법상 데이터 제공자의 소유권을 침해한 것이라고 판시하여 데이터 소유권을 제한없이 명시적으로 인정한 바 있다.[261]

둘째 모든 데이터가 소유권의 객체가 되는 것은 아니나 배타적 지배가능성을 확보해주는 기술과 결합한 데이터는 소유권의 객체도 될 수 있다는 것이다. 데이터가 물건으로서의 일반요건, 즉 비인격성·경제적 가치성·관리가능성은 충족하지만, 소유권의 객체가 되기 위한 특별요건인 배타적 지배가능성을 갖지 아니하므로 기본적으로는 데이터 소유권이 불가능하나 블록체인(blockchain) 기술과 같이 특정성, 독립성 및 배타적 지배가능성이라는 물건으로서의 요건을 충족시키는 기술적 조치가 취하여진 데이터의 경우에는 소유권의 대상이 될 수 있다고 한다. 예컨대 데이터 내용의 가치와 무관하게 개인키 보유자와 같이 특정인만이 처분할 수 있도록 설계된 블록체인상 기록된 암호화폐와 같은 데이터는 소유권의 대상이 될 수 있다고 본다.[262]

셋째는 데이터를 소유권의 대상으로 삼는다 하여도 비경합성, 비배타성 및 무제한의 복제가능성으로 인해 데이터 자체의 점유를 생각할 수 없고, 보호 대상이 되는 배타적인 권리를 상정할 수 없기 때문에 민법상 소유권 규정 중 적용할 만한 것을 찾기 어려우므로 데이터에 대한 소유권을 인정할 수는 없으나 소유권 이외의 다른 배타적 재산권을 부여할 수는 있다는 견해이다.[263]

같은 관점에서 현실세계의 물건에 대응하여 사이버세계에 존재하는 물건을 사이버물(cyber-objects)이라고 부르면서 사이버물을 사이버공간에서 특정되고 독립한 존재로서 배타적 지배가 가능한 것이라고 정의하는 견해는 사이버공간에 존재하기 때문에 물리적으로 존재하지 않는다는 점에서 현실세계 물건과 큰 차이가 있으며, 사이버공간에서 거래의 대상이 되거나 경제적 가치를 가지며, 항구성, 대항력, 배타성을 가지기 때문에 물건의 일종으로 인정될 수 있다는 것이다.264) 사이버물의 경우 배타성은 네트워크에 연결된 자원에 대한 타인의 접근을 배제함에 의하여 달성될 수 있고 이러한 사이버물에 대한 배타적인 권리를 사이버물권이라 부를 수 있다고 한다.265) 블록체인기술에 의한 개인정보의 개인주도 관리는 블록체인에 정보를 축적하고 개인에게 타인의 데이터 접근과 공유에 대한 보상을 관리하도록 할 수 있으므로 블록체인에 의하여 관리되는 개인정보의 경우도 배타성을 가진다고 할 것이고266) 이렇게 본다면 데이터도 사이버물에 포함될 수 있다는 것이다.

다. 소결 - 데이터에 대한 소유권 부여의 가능성

소유권은 객체에 대하여 무엇이든 할 수 있는 적극적 권리와 객체에 대하여 누구의 간섭도 배제할 수 있는 소극적 권리를 포함하여 객체에 대한 모든 포괄적 권능을 가지며 이러한 권능에서 구체적으로 혼일성267), 탄력성268) 및 항구성269)을 가진다. 유체물에 대하여 소유권이 인정되나 유체물 이외의 객체에 대하여도 소유권의 속성 즉 그 적극적 권리와 소극적 권리를 포함한 포괄적 권능행사가 가능하다면 그러한 객체에 대하여도 소유권을 인정할 수 있을 것이다. 데이터가 이러한 성격을 가지는 소유권의 대상이 될 수 있는지를 살펴본다.

소유권의 객체가 되기 위하여는 먼저 특정 가능하여야 하고, 독립될 수 있으며, 배타적 지배가능성이 있어야 하며, 나아가 이를 대외적으로 공시할 수 있어야 한다. 데이터는 비경합성과 비배제성을 가진 무형재산이므로 자연 상태에서는 소유권의 객체로서의 요건을 충족하지 못한다.270) 그러나 앞서 본 바와 같이 블록체인기술과 같이 데이터에 대한 배타적 지배가능성의 요건을 충족시킨다면 데이터에 대한 소유권을 인정할 수 있다는 견해를 발전시켜 본다면 블록체인기술뿐 아니라 향후 데이터에 대한 배타적 지배가능성을 충족시키는 다양한 기술이 개발될 수 있으므로 배타적 지배가능성을 충족시키는 기술적 조치를 취한 데이터는 소유권의 객체가 될 수 있고 등록 등의 방법으로 이를 공시할 수 있으며 특히 블록체인기술을 활용한다면 언제든지 데이터의 소재를 추적할 수 있으므로 점유와 같은 공시방법이 없다고 하여 소유권의 객체가 될 수 없다고는 할 수 없다. 나아가 물권에 대한 대외적 공시방법을 갖추어 그 권리의 주체와 범위를 명확히 하여야 할 것이다. 아울러 데이터권 보유주체의 경제적 이익 확보를 위하여 그 데이터 이용 허가절차와 그 이용에 대한 대가 지급에 관한 시스템을 구축하여야 할 것이다. 이러한 시스템은 블록체인을 활용하여 온라인상 비교적 용이하게 구축할 수 있을 것이다.

둘째는 데이터가 우리 민법상 소유권의 객체인 물건에 해당될 수 있는지를 본다. 우리 민법이 물건의 개념을 "유체물 기타 관리할 수 있는 자연력"에 한정하여 정의하고 있으므로(민법 제98조) 데이터는 이에 해당하지 않아 물건의 개념에 포섭될 수 없다. 이점이 데이터에 소유권을 인정할 수 없는 실정법상의 제약이라고 할 수 있다. 그러나 물건의 개념을 유체물에 한정하여야 할 논리적 필연성은 없다. 외국의 입법례중에는 물건의 개념에 유체물 이외의 객체도 포함시킨 것이 있다.271) 따라서 민법을 개정하여 물건의 개념을 확장할 수 있을 것이다.272) 그러한 입법 이전이라도 해석론으로 데이터에 대한 배타적인 권리를 소유권에 준하는 것으로 보아 준소유권이라 부를 수 있을 것이다.273) 그러나 이러한 해석론은 물권법정주의에 반한다는 비판을 받을 수 있으므로 궁극적으로는 입법에 의하여 해결되어야 할 것이다. 즉 데이터권이 하나의 물권으로 인정받기 위하여는 물권법정주의의 원칙에 따라 법률로 그 범위와 효력이 인정되어야 할 것이다. 어떻든 본장에서는 데이터에 대하여 부여된 독점 배타적인 권리를 데이터권(Exclusive Right to Data)이라 부르기로 한다.

3. 데이터권과 구별되어야 하는 개념

먼저 데이터권은 개인데이터에 대한 인격적 이익에 부여되는 개인정보자기결정권 등 인격권과 구별될 뿐 아니라 이러한 인격권의 재산권적 요소와도 구별된다. 사람은 자신의 성명, 초상(肖像), 음성 등 자기의 인격적 표지에 대한 배타적인 권리를 가지고 이를 상업적으로 이용할 권리도 보유한다. 이 상업적 권리가 이른바 퍼블리시티권으로 고객흡인력이 있는 유명 연예인, 스포츠선수 등에게 인정되는 것이다. 데이터권은 인격권 및 인격권의 재산적 요소와 별개의 독립한 재산권이라 할 수 있다.

데이터권은 또한 데이터베이스권과 구별되어야 한다.274) 데이터베이스권은 데이터베이스 제작자에 부여된 권리275)로서 데이터베이스 제작에 관한 하드웨어에 대한 투자나 노력을 그 보호의 요건으로 하나 데이터에 대한 재산권적 보호는 그러한 투자나 노력 없이 집적할 수 있는 데이터에 대해 부여된 권리이다.

4. 데이터권의 귀속

데이터권을 인정하는 경우 그 권리가 누구에게 귀속하는가 하는 점이다. 일반적으로 소유권은 그 객체를 만든 자에게 귀속한다.[276] 데이터의 경우에도 데이터를 생성한 자에게 원시적인 데이터권이 귀속할 것이다.[277] 무주(無主)인 데이터를 수집하여 이에 대하여 사실상의 지배를 취득한 자에게도 원칙적으로 데이터권이 인정될 수 있다. 그러나 현재의 관행은 데이터권에 대한 명확한 정의를 내리지 않고, 데이터의 수집이 가능한 모든 주체에게 원칙적으로 수집을 금지하지 않음으로써 일종의 데이터권의 공유를 인정하고 있다. 데이터에 대한 시효취득이나 선의취득도 부정할 이유가 없을 것이다. 소유의 의사로 평온, 공연하게 데이터를 사실상 지배한 자 또는 선의로 평온, 공연하게 데이터를 양수한 자는 그 데이터권을 취득한다.[278] 그러나 그 데이터의 공익성으로 인하여 특정인의 독점적 권리의 대상으로 삼는 것이 적절하지 아니한 경우에는 데이터권이 부정되어야 할 것이다. 가공된 데이터에 대하여는 민법상 가공의 법리에 따라 그 권리가 귀속한다. 타인의 데이터를 가공한 때라도 그 데이터권은 원데이터에 대한 데이터권자에게 속할 것이나 가공으로 인한 가액의 증가가 원데이터의 가액보다 현저히 다액인 때에는 가공자에게 귀속할 것이다.[279]

국가 또는 지방자치단체가 작성한 데이터에 대하여는 데이터권이 인정되지 않는다. 따라서 국가 등이 보유한 데이터는 국가 등의 허락 없이 누구나 이용할 수 있다.

5. 데이터권자의 권리의무

가. 적극적 권리

데이터권자는 데이터를 배타적으로 사용, 수익, 처분할 수 있다(민법 제211조). 자신이 데이터를 사용함은 물론 타인에게 그 사용을 허락하고 그 대가를 받을 수도 있고 이를 양도, 담보제공 등 처분할 수도 있다. 데이터권자는 이러한 권리를 자신이 직접 행사할 수도 있고 이를 타인에게 신탁하여 행사하게 하거나 본인신용정보관리업자에게 대리시킬 수도 있다.

나. 소극적 권리

데이터권자는 데이터권을 침해하는 자에 대하여 침해의 제거를 청구할 수 있고 데이터권을 방해할 염려 있는 행위를 하는 자에 대하여 그 예방이나 손해배상의 담보를 청구할 수 있다.[280] 나아가 데이터권자는 고의 과실로 데이터권을 침해한 자에 대하여 손해배상을 청구할 수 있고 부당이득반환도 청구할 수 있다. 그런데 데이터권 침해에 대한 구제방법에 관하여 데이터거래의 특성상 거래비용이 높고 데이터 거래 및 이용의 활성화를 위하여 방해배제보다는 손해배상이 효과적이라는 견해가 있다.[281] 그러나 거래비용이 높다고 하여 방해배제를 불허할 사유로는 되지 않고 데이터 이용활성화를 도모한다고 하여 방해배제를 금할 이유도 되지 않으므로 방해배제 허용 여부는 데이터권자의 데이터에 대한 수익권이 잘 보장될 수 있는지 여부를 기준으로 판단하여 하여야할 것이다. 따라서 아직 데이터권에 대한 관념이 정립되지 않은 현단계에서는 손해배상청구권과 함께 방해배제청구권도 인정하는 것이 타당할 것이다.

데이터권의 침해에 대한 구제방법도 이를 법정하고 시스템화하는 것이 필요할 것이다. 데이터에 관한 인격권 침해에 대한 손해배상은 위자료 지급에 그치나 데이터권 침해에 있어서는 그 경제적 손해에 대한 평가가 필요하므로 손해액 산정이 용이하지 않다. 이 손해액 산정에 관하여는 지식재산권 침해에 대한 손해액 산정방법을 원용할 수 있을 것이다. 예컨대 종량적인 법정손해배상 제도를 도입할 수 있고 침해자가 얻은 이익을 데이터권자의 손해로 보거나 데이터이용료 상당의 손해에 일정한 이익을 가산하는 방법도 고려할 수 있을 것이다. 이를 위하여 데이터권 침해에 대한 손해배상액 산정 가이드라인을 제정하여 그 기준을 설정할 수 있을 것이다.

다. 데이터권자의 의무 - 데이터권의 한계

데이터권도 하나의 재산권으로서 그 재산권은 헌법에 의하여 보장된다.[282] 그러나 데이터권자는 데이터권을 행사함에 있어 공공복리에 적합하도록 하여야 할 의무를 부담하고,[283] 데이터권은 국가안전보장 · 질서유지 또는 공공복리를 위하여 필요한 경우에 제한할 수 있으므로[284] 그러한 목적을 위하여 데이터권의 행사가 제한될 수 있다. 데이터의 공공재적 성격으로 인하여 공공복리를 위한 제한의 폭이 다른 재산권에 비하여 광범하다고 할 것이다. 즉 데이터의 공정한 이용은 무제한적으로 허용되어 데이터의 통상적인 이용 방법과 충돌하지 아니하고 데이터권자의 정당한 이익을 부당하게 해치지 아니하는 경우에는 누구든지 데이터를 이용할 수 있도록 하여야 할 것이다.[285] 데이터의 이용을 촉진하기 위하여 저작물의 법정허락제도[286]나 특허발명의 강제실시제도[287]와 같은 제도를 도입할 필요가 있을 것이다.

VI. 결 론

이상에서는 데이터경제와 법정책, 현행 법제하에서의 데이터 보호 가능성, 그리고 데이터 거래 및 유통 법제 및 데이터에 대한 소유권적 보호 방안을 차례로 검토하였다. 오늘날 4차산업혁명시대에는 데이터는 산업의 쌀에 비유된다. 데이터의 효용을 극대화하기 위하여는 그 유통이 활발하여야 하며 그 유통을 활발하게 할 수 있도록 하기 위하여는 데이터에 대한 적절한 보호가 필요하다. 데이터 보호법제에서는 창작적 데이터를 지재권으로 보호하는 외에, 데이터의 대부분을 차지하는 개인데이터 등 창작성이 없는 데이터에 대한 보호가 긴요한바 본 장에서는 데이터소유권을 계약에 의하여 보호하는 외에 물권적 권리를 창설하는 방안을 집중적으로 살펴보았다. 실제로 개인에게 정보의 주도적 관리권을 넘김으로서 개인이 직접 관리하고 다양한 이용조건을 설정하는 방식으로 실효적이고 배타적 지배가 가능하게 될 것이므로 법률적으로도 데이터에 재산권 나아가 물권적 성격을 인정할 수 있게 되고 이로써 데이터에 대한 이용편의성을 도모할 수 있게 될 것이다.

블록체인과 같은 개인데이터의 자기주도적 관리 기술의 사회적 수용은 법제도적 측면에서도 많은 변화를 필요로 한다. 우선 개인정보보호법제에 있어서 유럽 GDPR상의 데이터 이동권은 개인정보자기결정권을 인터넷서비스제공자를 선택할 권리를 제공함에 의하여 달성하려 하는데 그치고 있어 엄밀한 의미에서 개인이 스스로 개인데이터를 관리하는 경우를 상정한 개인정보보호법제는 아직 없다. 이에 블록체인과 같은 개인데이터의 자기주도적 관리 기술의 사회적 수용으로 개인이 스스로 개인데이터를 관리하는 경우가 보편화되면 인터넷 서비스제공자에 의한 개인데이터의 중앙집중식 관리하에서 개인의 자기정보결정권을 보호하기 위하여 마련된 현재의 개인정보보호법의 체계는 많은 변화를 필요로 하며 개인데이터법제에 대한 접근도 달리할 필요가 있을 것이다.

권리관리기관의 관리법제 정비와 기술적 측면의 안전성 기준 마련 등을 넘어 개인데이터 권리귀속관계를 비롯한 개인데이터의 공사법적 성격 명확화, 그 재산권성의 인정을 깊이 성찰할 때가 되었다. 블록체인기술을 이용한 마이데이터는 집중형 온라인 서비스가 안고 있는 많은 문제를 해결할 수 있는 분산형 인터넷을 기반으로 하는바 데이터보호법제의 체계의 변화를 필요로 한다. 즉, 중앙집중형, 분산형 기술 양자를 포섭하는 기술 중립적인 데이터보호법제 마련이 필요하다 할 것이다. 블록체인 시스템을 데이터보호법제 안으로 수용하는 것은 사용자에게 데이터를 제어할 권리를 부여하여 개인이 스스로 자신의 데이터를 축적·관리하고 제3자에 대한 데이터 제공 통제를 가능하게 할 것이다. 아울러, 블록체인 서비스가 데이터를 기술적으로 보호할 수 있도록 설계될 필요가 있다. 이처럼 기술의 진보에 따라 데이터에 대한 통제가 가능해짐으로써 데이터 주체가 데이터를 직접 또는 전문기업을 통하여 관리할 수 있게 되었으므로 이를 조속한 시간내에 법적으로 뒷받침하여 데이터경제에 활력을 제공하여야 할 것이며 이를 위하여는 기술과 법의 협업이 어느 때보다 요청된다고 할 것이다.

---

193) European Commission(2017a).

194) European Commission(2017a).

195) IDC/Open Evidence(2017). 간접효과에는 전방효과와 후방효과가 있다.

196) IDC/Open Evidence(2017).

197) 한국데이터산업진흥원(2019) 참조.

198) 2003년에 유럽 집행위원회는 공공정보 재이용에 관한 EU지침 2003/98/EC를 제정하였는바 동 지침은 2013년에 개정되고 2016년 말까지 EU 회원국의 96%가 동 지침 개정안의 일부 또는 전체를 국내입법화하였다. 그 주요 내용은 "원칙적 공개"의 채택, 공공정보(PSI)에 대한 원가 기반 요금 부과에서 한계비용 기반 요금으로의 변경, 수수료 계산에 대한 투명성 증가, 공공기관으로서의 특정 문화 기관의 포함, 기계 가독성 및 개방형 포맷의 지원이다. 개방법제에 대한 세부적 법적 장벽으로는 데이터 개방법제의 불통일, 프라이버시 보호 (General Data Protection Regulation, EUR-Lex, 2016, Regulation (EU) 2016/679 of the Parliament and of the Council), 데이터이용허락제도, 명확한 이용기준의 설정 미비 등이 거론되고 있다.

199) 유럽에 있어서 디지털화의 이점이 제대로 성공으로 연결되기 위하여는 EU 정책과 DSM 전략 및 관련 정책 이니셔티브의 구현이 선행되어야 한다. 사실, 2017년 DSM 전략의 중간 검토는 진전을 보였으나, 데이터 경제를 완전히 개방하기 위해 긴급히 필요한 몇 가지 정책 수단을 강조했는데, 그 중 첫 번째로 비개인적 데이터 계획의 자유로운 유통이라는 EU 규정에 대한 제안은 현재 유럽 의회와 협의회에서 협상 중이다.

200) Regulation (EU) 2018/1807 of the European Parliament and of the Council of 14 November 2018 on a framework for the free flow of non-personal data in the European Union. 동 규정은 비개인정비개인데이터의 EU 역내에서의 자유유통을 위하여 당국의 데이터 접근권, 용이한 클라우드서비스제공자의 교체, 사이버 보안과의 조화 등을 규정한다.

201) 2017. 2. 9. 영국 내각 산하의 정부 디지털국이 발표한 정부 혁신전략에서는 데이터 이용 개선이라는 제하에서 개인 민감 정보가 안전하게 취급될 것을 재확인하고 시민들이 편리하게 이용할 수 있도록 정부부처 간 데이터 공유를 천명하였다.

202) 이에 대한 자세한 내용은 전주열(2016) 참조; Loi n° 2016-1321 du 7 octobre 2016 pour une République numérique.

203) White House Office(2012).

204) White House Office(2012).

205) Whalen v. Roe, 429 U.S. 589 (1977); Paul v. Davis, 424 U.S. 693 (1976).

206) 프라이버시법(Privacy Act), 금융프라이버시법(The Financial Privacy Act), 케이블통신정책

법(Cable Communications Policy Act), 전자통신프라이버시법(Electronic Communication Privacy Act), 비디오프라이버시보호법(Video Privacy Protection Act), 건강보험의 이전과 책임에 관한 법률(Health Insurance Portability and Accountability Act), 공정신용보고법(Fair Credit Reporting Act) 등.

207) Health Insurance Portability and Accountability Act.

208) 동법은 1996. 12. 31. 법률 제5242호로 제정하여 1998. 1. 1. 시행되었다.

209) 동법은 2013. 7. 30., 법률 제11956호로 제정하여 2013. 10. 31. 시행되었다.

210) 동법은 2011. 3. 29. 법률 제10465호로 제정되어 2011. 9. 30. 시행되었다. 동법 제정 이전에는 정보통신망법상의 개인정보보호규정이 일반법의 역할을 하였다.

211) 그 외 정보통신망법 및 신용정보법도 동시에 개정되었음은 본편 제2장에서 살펴본 바와 같다.

212) 이동진(2018), 221 – 222면 참조.

213) "데이터베이스"는 소재를 체계적으로 배열 또는 구성한 편집물로서 개별적으로 그 소재에 접근하거나 그 소재를 검색할 수 있도록 한 것을 말하고(저작권법 제2조 제19호) 그 소재인 데이터와는 구별되는 개념이다.

214) 기술적으로는 반(半)정형데이터의 개념을 인정하여 데이터에 스키마(schema) 형태의 유무와 나아가 형태가 있으면서 연산가능(calculable) 여부에 따라 형태가 있고 연산가능하면 정형 데이터, 형태는 있으나 연산가능하지 않으면 반정형 데이터(로그 등), 형태도 없고 연산도 가능하지 않으면 비정형 데이터(소셜 데이터 등)로 분류한다.

215) 그러나 우리나라의 공공데이터법은 앞서 본 바와 같이 공공데이터를 "공공기관이 법령 등에서 정하는 목적을 위하여 생성 또는 취득하여 관리하고 있는" 데이터라고 정의하여 그 주체가 공공기관일 것을 요건으로 하고 있고 데이터의 생성목적이 반드시 공공의 목적에 한정하지 않으며 또 민간이 생성한 데이터라도 공공기관이 이를 취득하였거나 관리하는 데이터면 공공데이터로 분류한다는 점에서 차이가 있다.

216) 콘텐츠산업진흥법 제2조 제1호.

217) 민법 제750조 참조.

218) 대법원 2010. 8. 25.자 2008마1541 결정 참조.

219) 부정경쟁방지 및 영업비밀보호에 관한 법률 제2조 제1호 카목 참조.

220) 일본 개정 부정경쟁방지법 제2조 제11호, 제12호, 제3조, 제4조 참조.

221) 부정경쟁방지 및 영업비밀보호에 관한 법률 제3장 참조.

222) 저작권법 제2조 제1호.

223) 저작권법 제93조.

224) 콘텐츠산업진흥법 제37조 제1항. 동조 제2항은 기술적 보호조치 무력화도 금지한다.

225) 콘텐츠산업진흥법 제38조 제1항, 제40조 제1항 제1호 참조.

226) 이런 기술을 통틀어 프라이버시 강화 기술(Privacy Enhancing Technologies, PETs)이라 부른다. ENISA(2014) 참조.

227) 이 개념은 기본적으로 프라이버시 보호조치가 주어진 IT 시스템에 내장되어 있어 개인이 아무것도 하지 않아도 프라이버시가 자동으로 보호되는 것을 의미하는 Privacy by default 로 발전하였다.

228) 이러한 기술로 거래 상대방에게 어떠한 정보도 제공하지 않은 채, 자신이 해당 정보를 가지고 있다는 사실을 증명하는 영지식 증명(Zero – Knowledge Prof), 분산된 여러 노드들이 각 개인별 입력 및 출력 내용을 공개하지 않고도, 임의의 기능을 공동으로 계산할 수 있는 암호화 기술인 안전한 다자간 계산(SMPC; Secure Multi – Party Computation) 및 데이터를 암호화한 채로 연산이 가능하도록 해주는 동형암호(Homomorphic Encryption) 기술 등이 제시되었다.

229) 견해에 따라서는 데이터 생태계를 데이터 생산 등 획득 단계, 데이터를 저장, 수정, 삭제, 보완하는 처리 단계, 데이터를 분석 이용하는 단계, 분석하고 이용한 결과에 관한 데이터를 보관하는 단계 및 보관한 데이터를 재사용하거나 폐기하는 단계의 5단계 과정으로 분류한다. 방동희(2018), 83면.

230) 이상용(2018), 11면.

231) 멀티호밍은 호스트 또는 컴퓨터 네트워크를 여러개의 네트워크에 연결하는 방법으로 일반 호스트나 최종 사용자 네트워크가 1개의 네트워크에만 연결될 뿐이므로 신뢰성과 성능을 높일 목적으로 사용된다.

232) 미국 HIPAA(Health Insurance Portabilty and Acountabilty Act)가 취하는 방식이다.

233) 동법 제28조의2 내지 제28조의7 참조.

234) "일반적으로 접근할 수 있는 정보원"으로는 신문, 방송, 인터넷 뉴스 서비스, 구글, 네이버 등 검색서비스 등이 있으며 그 외 유튜브, 줌(Zoom)서비스 등이 그 광범한 이용으로 인하여 일반적으로 접근할 수 있는 정보원에 가까워지고 있다.

235) 2016. 7. 2. 제정된 법으로 일명 Snoopers' Charter라 불린다. 우리나라에서도 텔레그램 등이 보유하고 있는 정보의 공개가 문제된적이 있다.

236) 2016. 12.에는 EU지침 제29조의 실무작업반(Article 29 Working Party: 29WP)에서 정보이동권에 관한 지침(Guidelines on the right to data portability)이 채택된 데 이어 2017. 4. 5. 1차 개정안이 채택되었다. European Commission(2017b).

237) 프랑스의 디지털공화국법에도 이메일 등 데이터의 회수와 이동성에 관한 규정을 두고 있다.

238) GDPR 제20조에 대하여는 박훤일(2017), 214-215면 참조.

239) Joshua Gans(2018). 이러한 제안과 유사하게 시카고대학 경영대학원의 Luigi Zingales 교수와 Guy Rolnik 교수는 개인이용자에게 사회적 관계망 운영자 간 사회적 관계 이동요구권을 인정하는 사회적 관계 이동법(Social Graph Portability Act)을 제안하여 각 이용자에게 자신이 만든 모든 디지털 연결의 소유권, 즉 "사회적 관계(social graph)"를 재양도할 수 있게 한다.

240) 필리핀이 아시아국가로는 최초로 2012. 8. 데이터보호법(Data Protection Act, Republic Act 10173)을 제정하면서 정보주체의 권리로서 데이터이동권을 도입하였다. 동법 제18조에서 데이터 주체는 개인데이터가 전자적 수단과 구조화되고 일반적으로 사용되는 형식으로 처리되는 경우, 데이터 주체에 의한 추가 사용을 허용하는 전자 형식 또는 구조적이고 일반적으로 사용되는 형식으로 처리되는 데이터의 사본을 개인데이터 관리자로부터 얻을 권리를 가진다고 규정한다.

241) 동 개정안에 신설된 제2조 제9호의2·제9호의3, 제4조 제1항·제2항, 제11조 제4항, 제11조의2 제5항, 제22조의8부터 제22조의10까지 참조.

242) 시민사회 의견서(2018).

243) 동 개정안 제674조의10.

244) 그러나 '데이터스토어'의 2014년부터 2018년 5년간 누적 거래량이 11억 원으로 미미한 수준에 그쳤다.

245) 스콧 갤러웨이(2018)에서 구글, 아마존, 페이스북, 애플과 같은 대표적 플랫폼 기업들의 데이터 정보 축적과 이용에 대하여 잘 설명하고 있다.

246) PDS를 개인이 자신의 데이터를 수집, 축적, 갱신, 수정, 분석 및/또는 공유할 수 있게 하는 기술로 정의하고 이 기술의 핵심은 제3자의 권리주체 데이터에 대한 접근을 허용할지를 결정하는데 있다거나, 개인의 삶을 향상시키기 위해 정보를 수집·저장·관리·활용·공유할 수 있게 하고, 어떤 정보를 언제 어떤 사람이나 조직과 공유할지를 관리할 수 있게 하는 기술로 정의한다.

247) 마이데이터 사례로 에너지 분야의 그린버튼(Green Button) 및 의료 분야의 블루버튼(Blue Button), 교육분야의 마이스튜던트버튼, 태양광(오렌지버튼) 등이 있다.

248) Ctrl Shift(2018).

249) Midatalab 홈페이지 참조.

250) Graham Hill(2014).

251) MesInfos 홈페이지 참조.

252) 자세한 내용은 박진아(2018) 참조.

253) EU는 데이터 공유 및 거래 활성화를 위한 정책/규제적 환경 조건(Policy/Regulatory Framework Conditons)의 하나로 데이터 소유권(data ownership) 문제를 거론하였다 [IDC/Open Evidence(2017), 참조].

254) 이 논거에 대한 비판으로는 정보통신정책연구원(2019), 55−57면 참조. 그러나 같은 경제학적 반박 논리가 성립하므로 이 비판은 단면적인 관찰에 불과하다.

255) 예컨대 Nadezhda Purtova(2017).

256) EU Politcal Strategy Centre(2017) 참조.

257) 정보통신정책연구원(2019), 103면 참조. 이 견해는 공유되어야 할 재산이 분할적으로 사유되어 소유자들 간의 전략적 행동으로 인하여 사회에 유용한 자원의 활용을 방해하는데, 데이터의 경우에도 데이터 소유권이 파편화되면 데이터셋의 통합(agregation)에 의한 규모의 경제가 실현되지 못하는 문제가 생기나 이런 경우에도 법적 개입이 아니라 당사자 간 협상에 의한 해결의 여지가 있다고 여긴다. 이것이 양면시장형 사업 모델을 개발한 디지털 플랫폼이 성공한 요인이 되어 이들은 높은 거래비용에도 불구하고 다수의 당사자들 사이의 상호작용을 가능하게 하여 데이터 통합과 데이터에서의 규모의 경제를 촉진시킨다고 주장한다[정보정책연구원(2019), 52면].

258) 김진우(2017), 1535면; 선지원(2019), 105면; 이동진(2018), 135면 이하 참조.

259) 민법 제98조(물건의 정의) 본법에서 물건이라 함은 유체물 및 전기 기타 관리할 수 있는 자연력을 말한다.

260) 오병철(2001), 16면.

261) OLG Karlsruhe, Urt. v. 07.1.195 −3 U 15/95 – Haftung für Zerstörung von Computerdaten 참조. 그러나 이 판결 이후 독일 법원은 데이터의 물건성을 부정하는 판결을 내렸다(LG Konstanz, Urt. v. 10.05.196 – 1 S 292/95 = NJW 196,262; OLG Dresden, Beschl. v. 05.09.2012– 4 W 961/12 = ZD 2013,232.).

262) 최경진(2019), 235면 및 고학수/임용 편(2019), 10−15면 참조. 그 외 독자적인 거래의 대상이 되고 있는 컴퓨터 프로그램에 대하여만 물건성을 인정하는 견해로는 김관식(2017), 472면 참조.

263) 데이터 소유권 논의에서 개인데이터의 배타적 지배권 인정 가능성에 대하여 다룬 문헌으로 이상용(2018), 19면; 이종주(2019); 이성엽(2018) 등 참조.

264) 박진아(2011) 참조.

265) 물권의 특징은 관리가능성, 독립성 및 통제가능성으로 객체를 독점적으로 지배하고, 제3자의 간섭을 배제하는 배타성을 가지고 그 대상을 사용, 수익, 처분할 수 있는 권리도 포함한다. Joshua A.T. Fairfield(2005), pp.1049−1050; F. Gregory Lastowka/Dan Hunter(2004), p.40 참조.

266) 라스토카(Lastowka)교수가 그렇게 주장한다. Michael A. Carrier/Greg Lastowka(2007), p.1485.; R. Polk Wagner(2005), p.457, p.496.; Patricia L. Bellia(2004), p.2164, p.2169(defin− ing the term to embrace a network resource owner's right to "set the terms of access to the resource")

267) 소유권이 사용, 수익, 처분 등의 모든 권능이 융화되어 일체를 이루는 권리의 성격을 말

한다. 이러한 혼일성 때문에 소유권과 제한물권이 동일인에게 귀속하면 제한물권이 혼동으로 소멸한다.

268) 제한물권의 설정 등의 사유로 소유권이 한때 제한될 수 있으나 그 제한이 소멸하면 당연히 완전한 지배가 회복되는 성격을 말한다.

269) 소유권이 시간적으로 존속기간이 없고 소멸시효에도 걸리지 않는 성격을 말한다.

270) 따라서 데이터에 대한 소유권은 민법상 인정되는 물건에 대한 권리에 유사한 것이 아니라 지식재산권에 가까운 권리가 될 것이라는 견해가 있다. 정보통신정책연구원(2019).

271) 프랑스 민법은 동산을 성질상의 동산과 법률상의 동산으로 구분하고(제527조, Les biens sont meubles par leur nature ou par la détermination de la loi), 채권, 주식 기타 지분 등을 법률상의 동산으로 규정하였다(제529조, Sont meubles par la détermination de la loi les obligations et actions qui ont pour objet des sommes exigibles ou des effets mobiliers, les actions ou intérêts dans les compagnies de finance, de commerce ou d'industrie, encore que des immeubles dépendant de ces entreprises appartiennent aux compagnies. Ces ac-tions ou intérêts sont réputés meubles à l'égard de chaque associé seulement, tant que dure la société.). 또한 오스트리아 일반민법은 물건의 개념을 "사람과 구분되고 사람이 이용할 수 있는 모든 것(Alles, was von der Person unterschieden ist, und zum Gebrauche der Menschen dient, wird im rechtlichen Sinne eine Sache genannt.)"이라고 광범위하게 규정하면서(제285조), 물건을 유체물과 무체물로도 구분한다(제291조, Die Sachen werden nach dem Unterschiede ihrer Beschaffenheit eingetheilt: in körperliche und unkörperliche).

272) 2019. 11. 18. 발의된 민법 개정안(의안번호 23867호) 제98조는 물건을 "전기나 데이터 등 관리할 수 있는 무체물"이라 정의한다. 입법론으로는 배대헌(2003), 347면.

273) 우리 민법은 이미 물건 이외의 객체에 대한 공동소유를 준공동소유라고 부르고 물건이외의 객체에 대한 점유를 준점유라고 부른다.

274) 앞서본 바와 같이 "데이터베이스"는 소재를 체계적으로 배열 또는 구성한 편집물로서 개별적으로 그 소재에 접근하거나 그 소재를 검색할 수 있도록 한 것을 말한다(저작권법 제2조 제19호).

275) 데이터베이스제작자는 그의 데이터베이스의 전부 또는 상당한 부분을 복제 · 배포 · 방송 또는 전송할 권리를 가진다(저작권법 제93조 제1항).

276) EU도 데이터 생성자(data producer)에게 물권적 권리를 부여하는 방안을 제안한 바 있다. European Commission(2017a) 참조.

277) 빅데이터의 권리주체를 登載者(uploader)로 보고 등재자는 빅데이터의 처분 권능을 가지며 처분상의 이익을 향유하는 자인데 유체물의 소유자와는 달리 동일한 빅데이터의 등재자가 수인이 될 수 있으며, 등재자들 사이의 관계가 유체물의 공유자와는 다를 수도 있고, 등재자의 수가 많아지면 시장에서의 독점적 지위를 상실하여 그의 처분의 이익이 줄어들 가능성이 있으므로 등재 권리관계에서 등재권의 분할이나 양도의 제한이 필요할 수도 있다는 견해로는 박주현(2018), 204면 참조.

278) 민법 제246조 제1항은 "10년간 소유의 의사로 평온, 공연하게 데이터를 사실상 지배한 자는 그 소유권을 취득한다"고 하고 민법 제249조는 "평온, 공연하게 동산을 양수한 자가 선의이며 과실없이 그 동산을 점유한 경우에는 양도인이 정당한 소유자가 아닌 때에도 즉시 그 동산의 소유권을 취득한다"고 규정한다.

279) 민법 제259조 제1항은 "타인의 동산에 가공한 때에는 그 물건의 소유권은 원재료의 소유자에게 속한다. 그러나 가공으로 인한 가액의 증가가 원재료의 가액보다 현저히 다액인 때에는 가공자의 소유로 한다."고 규정한다.

280) 민법 제214조는 "소유자는 소유권을 방해하는 자에 대하여 방해의 제거를 청구할 수 있고 소유권을 방해할 염려있는 행위를 하는 자에 대하여 그 예방이나 손해배상의 담보를 청

구할 수 있다."고 규정한다.

281) 정보통신정책연구원(2019), 44면. 동 견해는 방해배제의 경우 권리 관계가 명확하지 않은 데이터에 대하여 추후에 형사 처벌의 우려가 있기 때문에 쉽게 사용할 수 없는 반면, 손해배상에서는 데이터의 침해에 따른 피해자의 직접적인 손해 정도를 확정하기 어려워서 상대적으로 데이터의 활용에 따른 부담이 줄어들기 때문이라고 하나 방해배제 위반에 대하여 원칙적으로 형사책임을 지지 않는 우리 법제에는 타당하지 않고 손해액의 확정이 어렵다면 오히려 방해배제를 인정하는 것이 효율적일 것이다.

282) 헌법 제23조 제1항은 "모든 국민의 재산권은 보장된다. 그 내용과 한계는 법률로 정한다." 고 규정한다.

283) 헌법 제23조 제2항은 "재산권의 행사는 공공복리에 적합하도록 하여야 한다."고 하고 제3항은 "공공필요에 의한 재산권의 수용·사용 또는 제한 및 그에 대한 보상은 법률로써 하되, 정당한 보상을 지급하여야 한다."고 규정한다.

284) 헌법 제37조 제2항은 "국민의 모든 자유와 권리는 국가안전보장·질서유지 또는 공공복리를 위하여 필요한 경우에 한하여 법률로써 제한할 수 있다"고 규정한다.

285) 저작권법 제35조의3 제1항은 저작물의 공정한 이용에 관하여 "저작물의 통상적인 이용 방법과 충돌하지 아니하고 저작자의 정당한 이익을 부당하게 해치지 아니하는 경우에는 저작물을 이용할 수 있다."고 규정한다.

286) 저작권법 제50조(저작재산권자 불명인 저작물의 이용) 참조.

287) 특허법 제107조(통상실시권 설정의 재정) 참조.

제4장 사물인터넷과 법

I. 서 론

4차산업혁명에 의한 변화는 인공지능 및 로봇 공학에서의 3D 인쇄 및 유비쿼터스 컴퓨팅에 이르는 모든 것을 포괄한다. 이러한 모든 변화는 클라우드, 빅데이터 및 인공지능에 중점을 두며, 이 중심에는 웨어러블, 커넥티드 홈, 스마트 시티 또는 무인 자동차 등 사물인터넷(Internet of Things, IoT)을 구성하는 수많은 장치에서 센서가 생성하는 데이터가 있다.

사물인터넷은 우리가 주변 세계와 어떻게 상호작용하는지에 대한 실시간 생활 데이터를 수집하기 위해 인터넷에 "칩 및 센서"를 가진 사물들을 연결하는 기술을 의미하는데, 세계 사물인터넷 시장은 고속으로 성장하고 있다.[288] 자동차 사물인터넷, 커넥티드 조명기기를 중심으로 한 빌딩 자동화, 스마트 헬스케어, 문·창문센서를 통한 건물 침입 감지, 가정용 스마트 전력량계 등의 분야에서 성장속도가 높은 것으로 나타나고 있다. 건강관리에서는 자동차와 웨어러블, 가정용 및 사무용 기기에 이르기까지 사물인터넷의 숫자는 계속 증가하고 있다. 예를 들어, 삼성의 새로운 "스마트 냉장고"는 문이 닫힐 때마다 냉장고의 내용물을 사진으로 찍고, 소비자가 쇼핑을 할 때 인터넷을 통해 소비자가 사진을 볼 수 있도록 디지털화하는 최신식 사물 중 하나이다.[289] 뿐만 아니라 사물인터넷은 전체 도시로 연결되어 스마트 시티(Smart City)를 구축하는데, 바르셀로나가 대표적인 예이다.[290] 한편 사물인터넷과 인공지능기술을 결합한 서비스를 제공하는 자무코는 사물인터넷 첨단 기능을 적용한 항공기 시트를 개발 중인데, 수면 탐지 센서 등을 적용하여 승객의 심박은 물론 호흡, 몸의 뒤척임 등을 실시간으로 감지하며, 승객은 기내 인포테인먼트 시스템에서 자신의 바이오리듬 결과를 볼 수 있으며 사용자가 시트를 이용할 때 시스템이 승객의 상태를 인지해 좌석 포지셔닝을 전환함과 아울러 승무원이 승객 바이오데이터를 활용해 승객이 잠들어 있는지 확인하는 것도 가능하다.[291] 이처럼 사물인터넷은 일반 사물이 사용되는 방식을 분석함으로써 일상적인 문제에 혁신적인 솔루션을 제공할 가능성을 열어준다.[292]

그러나 사물인터넷에는 빛과 그림자가 있다. 한편에서는 이러한 새로운 발전은 우리 모두에게 큰 혜택을 가져다 줄 것이다. 의심할 여지없이, 기업은 비즈니스 제품 사용 방식을 보다 잘 이해함으로써 제품 개발 및 마케팅 전략을 개선하는 등 큰 혜택을 볼 수 있을 것이다. 소비자의 편리함 역시 배가될 것이다. 그러나 다른 한편에서는 이러한 연결된 장치가 생성하고 사용하는 많은 데이터가 개인 데이터이며 일부는 매우 민감한 데이터이므로, 개인 데이터보호 및 보안에 심각한 문제를 발생시킬 수 있다. 그러므로 사물인터넷에서는 연결된 기기에서 발생하는 개인정보 보호와 보안을 둘러싼 관련 당사자들의 책임 배분이 중요하게 된다. 아울러 연결된 센서 기기가 수집, 저장, 전송하여 분석된 정보가 가져오는 차별 문제도 심각하며 사물인터넷의 네트워크, 서비스와 관련한 법적 문제, 개인정보보호 일반론과 별개로 권리귀속에 관한 데이터소유권, 노동법 문제, 표준화기구의 책임 문제도 다룰 필요성이 있다. 이하에서는 이러한 필요성에 입각하여 사물 인터넷과 관련하여 개념 및 현황, 개인정보보호, 보안, 관련당사자의 책임 등 주요한 법적 문제를 중심으로 살펴보기로 한다.

Ⅱ. 사물인터넷의 개념과 현황

1. 사물인터넷의 개념

사물인터넷(事物인터넷, Internet of Things, IoT)은 아직 정식으로 정의된 바는 없지만, 각종 사물에 센서와 통신 기능을 내장하여 인터넷에 연결하는 기술 또는 그 시스템을 의미한다.293) 인터넷으로 연결된 사물들이 데이터를 주고받아 스스로 분석, 학습한 데이터를 사용자에게 제공하거나 사용자가 이를 원격 조정할 수 있는 인공지능 기술 내지 시스템이다. 사물인터넷에 연결되는 사물은 자신을 특정할 수 있는 고유의 인터넷 프로토콜(IP)를 가지고 인터넷에 연결되며 외부 환경에서 데이터를 얻기 위해 센서를 내장한다.

사물의 범위는 시계, 안경 및 기타 웨어러블, 건강 지표, 스마트 계량기 및 스마트 전구, 자동온도조절기 및 냉장고와 같은 가정 자동화, 자율주행차 등 모빌리티, 스마트 도시까지 광대하며 계속적으로 증가하는 추세에 있다.294) 여기에는 제조 및 공급망 관리를 지원하는 소비자용 장치와 B2B 장치가 포함되지만 일반적으로 스마트 폰, 태블릿, 랩톱 및 기타 컴퓨터는 포함되지 않는다.295) 그러나 최근 제정된 캘리포니아 사물인터넷법에서는 연결 기기 (connected devices)를 "인터넷에 직접 또는 간접적으로 연결할 수 있어 인터넷 프로토콜 주소 또는 블루투스 주소가 할당된 모든 기기 또는 기타 물리적 개체로, 스마트 폰, 시계, 스피커, 웨어러블 기기, 텔레비전, 온도 조절기, 초인종 등 모든 연결 기기"로 정의하고 있는바, 본고에서도 스마트폰을 포함하여 논의하고자 한다.296)

이 모든 것들을 연결하는 것은 사물 간 통신이든, 아니면 사물과 컴퓨터 간 내지 사물과 사람 간 통신이든 간에 사물이 센서를 통해 인터넷에 연결하여 데이터를 기록, 처리, 저장 및 전송하는 것이다.297)

이상과 같이 사물인터넷을 또 다른 관점에서는 인터넷에 "칩 및 센서"를 가진 사물을 연결하는 기술로 정의하는 데에서 더 나아가 사물인터넷을 연결된 기기에서 창출된 데이터를 분석하여 최적화하는 것으로 확장하기도 하는데,298) 이와 같이 사물인터넷의 개념을 넓게 이해하는 경우 사물인터넷의 고유한 법적 문제 외에 데이터 일반과 인공지능을 둘러싼 법적 문제를 함께 다루어야 하는 등 개념이 불분명해지므로 적절한 개념 규정이라 하기 어렵다.

2. 사물인터넷의 구조

다양한 형태의 성능이 다른 IoT 기기가 사물 등에 내장된 센서와 통신 기능으로 상호 연결된 네트워크, 홈·가전, 의료, 교통 등 IoT 서비스 특성에 특화된 플랫폼, 다양한 플랫폼들의 기술적·사업적 토대가 되는 플랫폼의 플랫폼(platform of platforms)으로 구성된다. 이에 통신방식(ZigBee, Bluetooth, WiFi 등) 및 보안 특성(암호, 인증방식 등)이 서로 다른 기기·센서가 상호연결된 IoT 네트워크를 대상으로 하는 해킹 및 악성코드 공격 등을 탐지·차단하기 위한 네트워크 보안 기술이 필요하고, 서로 다른 기능을 수행하는 IoT 기기 간 통합 네트워킹에 요구되는 단말 상호 간 인증, 보안통신 및 접속제어 기능이 필요하게 됨과 아울러, 또한 홈·가전, 의료, 교통 등 IoT 서비스 특성과 임베디드, 웨어러블, 모바일 등 동작환경에 특화된 보안 플랫폼이 필요하게 된다.299) 플랫폼의 플랫폼에는 인공지능, 클라우드, 빅데이터 등이 사물인터넷의 단순한 요소기술이 아니라 사물인터넷의 제반 분야에 광범위하게 영향을 미치는 또 하나의 플랫폼들의 토대가 되는 플랫폼으로 간주된다.300)

3. 사물인터넷의 유형

가. 사물인터넷의 목적에 따른 유형

사물인터넷은 그 이용 목적에 따라 관찰용, 데이터 분석용, 제어용으로 나눌 수 있다. 관찰용(monitoring) 사물인터넷은 연결된 사물 간의 상태와 환경을 관찰할 수 있도록 해준다. 분석용(analyzing) 사물인터넷은 수집된 데이터를 저장, 분석하고 특정한 상황을 추적할 수 있도록 해준다. 제어용(controlling) 사물인터넷은 수집된 데이터에 기초하여 상황을 통제할 수 있도록 해준다. 이 제어는 인간이 할 수도 있지만 점점 시스템에 의한 자동제어로 나아가고 있다. 이 자동제어도 초기에는 사전에 정한 규칙에 따른 규칙준수제어형(rule-based control)이었으나 기계학습기술이 발전함에 따라 자율제어형(self-operative control)으로 바뀌고 있다.301) 사물인터넷을 그 발전 단계에 따라 연결형, 지능형 및 자율형으로 분류하는 견해도 이와 유사하다고 할 수 있다.302) 이처럼 오늘날의 사물인터넷은 모든 사물을 인터넷으로 연결하여 사물 간 센싱, 네트워킹, 정보처리 등으로 사람의 개입 없이 지능적이고 자율적 서비스를 제공할 수 있어 인간을 둘러싼 환경에 중심을 두고 자율적 상황대처가 가능하다는 점에서 효용이 있다.303)

나. 사물인터넷 적용 분야에 따른 유형

사물인터넷은 그 적용분야에 따라 산업IoT, 가정IoT, 사회IoT로 나눌 수 있다. 산업IoT(Industrial IoT, IIoT)는 산업자동화 및 제어 시스템(Industrial Automation and Control Systems, IACS)에서 출발하여 인더스트리 4.0(Industry 4.0)으로 진화하면서 사이버 물리 시스템(Cyber Physical Systems) 등 스마트 제조(smart manufacturing)에 활용되는 사물인터넷을 말한다.304)

가정IoT(Home IoT, HIoT)는 가정에서 모바일 기기, 가전제품, 가구 등을 인터넷과 통신으로 모두 연결하여 정보를 수집하고 교환하는 플랫폼인 사물인터넷을 말한다. 가정IoT는 인공지능과 결합하므로 인공지능 IoT(AIoT)의 주요부분을 형성한다. 가정IoT는 AI 스피커를 사용하여 음성으로 전등, 가스, 조명 및 난방 조절, 엘리베이터 호출을 할 수 있고 가스 누출, 화재 감지, 누수 감지 및 이를 모바일 앱으로 상황을 알리고 CCTV 영상을 제공해 준다.

사회IoT(Social IoT, SIoT)는 스마트 기기들이 서로 연결되어 그들 자신의 사회적 네트워크를 형성하는 사물인터넷을 말한다. 사회IoT는 교통시스템 운영(Smart Traffic Management and Surveillance System), 스마트 헬스케어(Smart

Healthcare),305) 스마트 신발(Smart Shoe), 스마트 구매(Smart Retailing), 스마트 관광(Smart Museum) 등에 매우 유용하다.306) 사회IoT는 그 기기 간의 관계에 따라 다섯 가지로 유형화할 수 있다. 즉 동일제조사관계(Parental Object Relationship, POR),307) 동일지역관계(Co-location Object Relationship, C-LOR),308) 공동작업관계(Co-work Object Relationship, C-WOR),309) 동일소유자관계(Ownership Object Relationship, OOR),310) 및 친지관계(Social Object Relationship, SOR)311)가 그것이다. 각 관계에 따라 개인정보보호나 보안에 다른 기준을 적용할 수 있다.

다. 만물인터넷(Internet of Everything)

사물인터넷은 만물인터넷으로 진화하고 있다. 만물인터넷(IoE)은 사물간의 연결하는 사물인터넷을 넘어 프로세스, 사람, 데이터 및 사물 모두가 지능적으로 연결되어 서로 소통하며 새로운 가치와 경험을 창출하는 플랫폼을 말한다. 인터넷 프로토콜이 장착된 기기와 5G 광대역통신망의 이용, 그리고 IPv6312)의 이점으로 신속하고 안전한 만물인터넷 플랫폼을 구축할 수 있게 되었다.313)

4. 사물인터넷의 법적 문제 개관

사물인터넷과 관련하여 여러 법적 이슈들이 있으나 주로 문제되는 개인정보보호와 보안에 대해서는 주요국들을 중심으로 입법이 이루어지거나 진행 중에 있다. EU 데이터처리지침 제29조 작업반 의견(the Article 29 Working Party, an Opinion on the Internet of things)에서는 개인정보보호와 보안을 중심으로 문제를 정리하고 있고 미국에서도 개인정보보호와 보안문제를 해결하기 위한 입법이 이루어지고 있다.

EU에서는 2018년 5월 일반데이터보호규정(GDPR)이 시행되기 이전에 이미 데이터 보호 지침 95/46(data protection Directive 95/46)에 따라 설립된 데이터 보호 및 개인정보보호에 관한 독립적인 자문 기관인 제29조 작업반(the Article 29 Working Party)에서 2014년 9월 발표한 사물인터넷에 대한 의견(an Opinion on the Internet of things (Working Paper 223), 이하 '제29조 작업반 의견'이라 한다)은 많은 이슈들, 기존의 법과 미래의 법이 사물인터넷에 적용되는 방법과 이해 관계자에 대한 권장 사항을 제시한다. EU 제29조 작업반 의견은 이러한 문제를 6가지 특정 과제로 압축하는데, 사용자의 개인 데이터 통제 불능(lack of control), 처리 데이터에 대한 설명부족과 사용자 동의의 실효성 문제, 물리적 제약에 따른 보안위협, 개인정보의 동의목적과 다른 2차 사용 및 용도 변경 문제, 데이터 통합 문제, 서비스 이용시 익명을 유지할 가능성에 대한 제한문제를 다룬다.

미국에서도 2015년 1월 미연방거래위원회(US Federal Trade Commission)는 미국의 관점에서 "연결된 세계의 프라이버시와 보안(privacy and security in the connected world)"이라는 사물인터넷에 관한 공공 보고서를 공개했다.314) 또한 캘리포니아 등 여러 주들에서도 개인정보보호와 보안과 관련한 사물인터넷법(안)을 제안하고 있다.

이러한 주요 국가들에서 논의되고 있는 사물인터넷 법제 동향과 사물인터넷과 관련하여 일반 민사 법리에서 나오는 이슈들에 기초하여 이하에서는 주요 논점별로 살펴보고자 한다.

Ⅲ. 사물인터넷의 개인정보보호 문제

1. 일 반

IoT 기기가 수집하는 데이터에 개인정보를 포함하는 경우에는 개인정보보호법이 적용되는 것은 당연하다. IoT 기기와 연결된 개인데이터의 보호와 관련하여 가장 먼저 휴대폰이 문제되었다. 휴대폰에는 비디오, 사진, 전화번호부, 캘린더, 문자 메시지 및 인터넷 브라우징 내역, 은행 명세서, 의료 정보 및 기타 개인정보보호에 영향을 미치는 기타 민감한 문서와 같은 방대한 양의 데이터가 포함된다.315) 휴대전화가 범죄를 추적하는데 사용된 압수와 수색에 대한 형사소송법상의 문제로서 다소 논점이 다르기는 하나, 휴대전화에 담겨있는 정보가 얼마나 개개인의 일거수일투족(一擧手一投足)을 실시간으로 적나라하게 드러내 줄 수 있는 지의 위험성을 알리기 위하여 한 사례를 들자면, 주지하는 바와 같이 Riley v. California 사건316)에서는 범죄 혐의자를 체포하면서 압수한 휴대전화에서 그가 직전에 일어난 총격 사건에 연루된 것으로 의심되는 차 앞에 서 있었던 사실을 발견하고 해당 총격 사건의 살인 혐의로 기소하였는데, 이 사건에서는 경찰이 영장없이 체포된 개인에게 압수한 휴대전화의 디지털 정보를 조사할 수 있는지에 관하여 미국 대법원은 휴대전화의 정보가 수색의 대상이지만 경찰이 체포 시 압수한 휴대전화를 수색하기 전에 법원의 수색 영장을 받아야 한다고 판시했다.317) 알리토 판사는 이 다수의견에 동의하면서 다만 디지털 이전 시대의 규칙이 휴대전화를 수색하는 데에 적용되어서는 안되며 법집행과 개인정보보호 간의 새로운 균형이 요구된다고 하였는데 이는 별도의 입법이 필요함을 밝힌 것으로 해석된다.318)

최근에는 단순히 휴대폰 수준을 넘어서 신체에 부착하는 웨어러블 기기들의 신체 민감정보에 이르기까지 IoT기기가 증가하면서 연결된 기기에서 생성되는 많은 데이터에 대한 개인정보 보호가 더욱더 문제된다.

이러한 다양한 IoT기기를 상정하면 기존의 개인정보보호원칙은 기기 제조업자, 타사 응용 프로그램 및 데이터를 수집, 사용 또는 노출하는 소셜 플랫폼과 같이 여러 관련 당사자가 참여하는 IoT의 경우에 유지되기가 어렵다.[319] 이에 IoT 제조업자가 개인정보보호 설계 및 보안 설계 원칙을 핵심 가치에 포함하도록 장려하거나 강제하는 방법과 기기의 기능 및 개인정보 요건을 조정하는 방법도 논의된다.[320]

IoT에서 해결해야 할 개인정보 보호 및 보안 문제는 국가개인정보보호기관 집단인 글로벌 개인정보보호 집행 네트워크(the Global Privacy Enforcement Network, GPEN)가 2016. 9. 발표한 연구에서 명확하게 제시하였다. 동 보고서에 따르면 조사대상 기기의 59%가 고객에게 개인정보 수집, 사용 및 공개 방법을 적절하게 설명하지 못했으며, 조사대상 기기의 68%가 고객에게 개인정보 저장 방법을 설명하지 못했다.[321] 아울러 조사대상 기기의 72%가 개인정보를 기기에서 삭제할 수 없었으며, 38%가 넘는 기기는 고객의 개인정보보호 문제가 있는 경우 쉽게 접근할 수 있는 연락처 정보를 포함하지 않았다.[322] 스크린이나 입력장치를 결여한 사물인터넷의 특성상 설명이나 고지를 제대로 하지 못한 것이다.

이하에서는 IoT 기기가 생성하는 데이터를 둘러싼 개인정보보호와 관련한 문제들을 제1장 프라이버시보호와 중복되는 부분은 제외하고 IoT에 특유한 개인정보보호문제를 중심으로 살펴보기로 한다.

2. 개인정보 해당성

현재 실시되고 있는 주요 IoT 기술은 개인의 특정 식별정보를 사용하기보다는 비개인적 특성을 활용하는 경우가 많은 것은 사실이긴 하나, 하나의 IoT 기기만으로는 개인을 식별할 수 없더라도 다른 정보나 기기와 결합하여 개인 식별이 가능하므로 개인정보에 해당할 수 있다. 이는 EU GDPR이나 EU 제29조 작업반 의견이나 우리나라 개인정보보호법[323][324]에서도 일관되게 개인데이터를 개인을 식별할 수 있는 광범위한 정보로 정의하고 있으며, 가명화(pseudonymisation)와 같은 기술을 구현한 후 처리되는 데이터도 재식별의 위험 때문에 개인데이터로 간주될 수 있다고 하고 있다. 즉 우리 개인정보보호법은 가명정보를 "가명처리함으로써 원래의 상태로 복원하기 위한 추가 정보의 사용·결합 없이는 특정 개인을 알아볼 수 없는 정보"[325]라고 정의하여 개인정보에 이를 포함하고 있다. 한편, 일본 개인정보보호법은 우리나라와 같은 '가공정보' 대신 '익명가공정보'라는 용어를 사용하면서 "특정 개인을 식별할 수 없도록 개인정보를 가공하고 당해 개인정보를 복원할 수 없도록 한 정보"로 정의하고 있는데, 용어의 정의에는 차이가 있으나 비슷한 개념으로 이해할 수 있다.[326] 우리 법이나 일본법이나 가명정보 차원을 넘어서 해당 정보가 익명화된다면, 즉 IoT를 통하여 수집한 데이터를 가명처리하면서 복원을 위한 추가정보의 사용이나 결합을 불가능하게 한다면 가명정보에 해당하지 않으므로 개인정보보호법의 적용을 받지 않을 수 있을 것이다. 그러나 구체적으로 복원을 위한 추가정보의 사용이나 결합이 불가능한 사례가 어떠한지는 개인정보보호법의 하위법령과 가이드라인 등에 의하여 구체화되어야 할 것이다.

한편 IoT기기에서 생성되는 건강 진단의 결과, 스트레스 검사 결과 등의 경우에는 개인정보 중 민감정보에 해당하므로, 보다 엄격한 보호가 주어진다. 즉 처리를 위하여 본인의 사전 동의가 필요하며 옵트아웃에 의한 제3자 제공이 금지된다.[327]

3. 관련 당사자

IoT 생태계의 다양한 이해 관계자인 기기 제조업자, 소셜 미디어 플랫폼, 타사 응용 프로그램 개발자(third-party application developers), 데이터 호스팅 제공자(data hosting providers)는 업무를 목적으로 개인정보파일을 운용하기 위하여 스스로 또는 다른 사람을 통하여 개인정보를 처리하는 개인정보처리자에 해당할 수 있다.[328] EU 제29조 작업반에서도 IoT 생태계의 다양한 이해 관계자 모두가 스스로 또는 다른 사람과 함께 개인 데이터 처리의 목적과 수단을 결정하는 사람으로서 IoT 기기에서 생성한 데이터를 특정 목적으로 사용하는 데이터 컨트롤러에 해당할 수 있다고 한다. EU GDPR의 시행으로 데이터 컨트롤러 외에 데이터 프로세서에도 해당할 수 있다. 따라서 IoT 관련 당사자가 우리법상의 개인정보처리자, EU GDPR상의 데이터 컨트롤러나 데이터 프로세서에 해당하는 경우 데이터 보호 원칙을 준수하여야 한다.

한편, IoT 기기 사용자는 데이터 주체로 인정되나, 보다 중요한 점은 데이터 주체인지 여부는 특정 IoT 기기의 소유권이 누구인지에 따라 결정되는 것이 아니며, 기기가 개인 데이터를 처리하는 경우 해당 개인이 데이터 주체가 된다는 것이다.

4. 동의요건

IoT에 특유한 개인정보보호문제로서 사용자의 동의 확보 방법에 대하여 살펴본다. IoT에서 수집되는 데이터가 개인정보에 해당하는 경우 이를 합법적으로 처리하기 위해서는 데이터 주체의 동의를 요한다. 그러나 IoT 기기는 화면이 없고 키보드 또는 터치 스크린과 같은 입력 메커니즘이 없어서 동의의 전제로서 정보제공을 하기 어려운 경우가 대부분이다. 제29조 작업반 의견에서도 이러한 점을 지적한다. IoT에 특유한 사용자의 동의 확보 방법에 대하여는 아직 어떤 식으로 대응할지 기준을 제시하고 있는 예를 찾지 못했는데, 추가적인 연구가 필요하다고 할 것이다.

이와 관련하여 EU의 전자개인정보보호규정(e-Privacy Regulation)[329])에서는 IoT기기의 데이터를 보관하거나 이에 접근하는데 있어서 동의를 받아야 하는 경우를 규정하는데 어떤 식으로 동의를 받아야 하는지에 대하여는 규정하고 있지 않다. 즉 IoT 관련당사자가 IoT 기기에서 수집된 원시 데이터를 보관하거나 이에 접근하는 경우 해당 기기를 "단말기(terminal equipment)"로 간주하여 기기 제조업자 또는 제3자는 데이터의 보관 또는 접속을 위하여 IoT 기기 사용자의 추가적인 동의를 받아야 한다고 규정한다. 동의의 방법은 명확한 적극적 행위에 의해 주어져야 하며, 데이터 주체의 의사를 자유롭고, 구체적이며, 설명을 받아서 하는 모호하지 않은 표시여야 한다는 점을 분명하게 밝히고 있다.[330] 앞에서 설명한 대로 시각적인 화면이 없고 입력 메커니즘이 없으며, 동의를 위한 정보제공도 어려운 IoT 기기의 특성상 이러한 동의의 요건과 방법을 어떻게 충족시킬 수 있을 지에 대하여는 별도의 검토가 필요하다.

5. 개인정보보호원칙

IoT에서 수집되는 데이터의 처리를 위한 합법적인 근거가 수립되면 개인정보는 개인정보보호원칙에 따라 수집되고 처리되어야한다. 즉, 목적 제한 원칙,[331] 데이터 최소화 원칙, 필요 최소한 기간 보유 원칙, 투명성(transparency) 원칙 등이 마찬가지로 적용된다.[332] IoT 개인정보관리자는 다른 개인정보관리자와 동일한 방식으로 데이터 주체의 권리를 존중해야한다. 따라서 데이터 주체는 IoT 개인정보관리자가 보유한 데이터의 세부사항을 얻을 수 있어야 한다. 그리고 데이터 주체는 이전에 제공된 동의를 철회하고 그들에 관한 데이터 처리에 반대할 수 있어야 한다.[333] 아울러 IoT에서 수집되는 개인정보의 유형별로 보호등급제를 고려해 보아야 할 것이다. 예컨대, 개인의 건강에 관한 민감한 데이터와 같이 중요도가 높은 개인정보에 대하여는 IoT의 사용자의 명시적인 사전동의 외에 가명/익명화를 의무화하도록 하는 더 높은 표준을 적용하는 방안도 고려해 볼 수 있다.[334] 또한 사물인터넷의 유형별로 별도의 개인정보보호기준을 정할 수도 있을 것이다.

6. 새로운 규칙의 적용

2018. 5. 발효된 GDPR은 데이터 컨트롤러가 준수해야 할 의무의 범위를 크게 확대하고 심화하였는데 이는 IoT 영역에도 적용된다. GDPR의 시행으로 특히 프라이버시 영향평가, 프라이버시 설계(privacy by design) 및 프라이버시 초기값 설정(privacy by default)의 경우와 같이 구조화된 접근 방식의 새로운 요건으로 인해 IoT 참여자의 데이터 보호 조건이 더욱 명확해졌다. 중요한 점은 데이터 컨트롤러의 지시에 따라 개인데이터를 처리하는 데이터 프로세서는 데이터보호지침에서는 적용 범위 밖에 있었으나 GDPR의 시행으로 적용범위에 속하게 되었다는 것이다. IoT 생태계 참가자도 GDPR에 따라 전 세계 매출의 4%에 해당하는 위반에 대한 벌금, 더 강력하고 세분화된 동의 요건, 데이터 유출 통지에 관한 규칙, 프로파일링 제한, 정보주체의 의사를 기반으로 한 데이터 활용 촉진을 위한 데이터이동권(right to data portability) 및 잊힐 권리의 보장 의무 등의 적용을 받는다.

우리나라에서는 아직 개인정보 일반에 관하여 EU GDPR의 새로운 규칙을 도입하고 있지 않으며, 다만 신용정보법에서 EU GDPR의 데이터이동권에 해당하는 개인신용정보의 전송요구권[335]이라든지 프로파일링(profiling) 거부권에 해당하는 자동화평가대응권[336]을 도입하였으나, 신용정보의 대부분은 IoT와 무관하게 수집되므로 본장에서 논의할 여지는 적으므로 설명을 생략한다.

Ⅳ. 사물인터넷의 보안 문제

1. 일 반

디지털 헬스케어, 자율주행차, 스마트공장, 스마트 홈·가전, 스마트시티 등 산업 분야에서 IoT가 가속화되고 있는 것은 물론 개인의 일상생활에서도 IoT 연결 기기 등이 확산되고 있으나 이의 부작용으로 보안 위협 역시 늘고 있어, IoT와 관련된 침해사고가 개인의 생명·신체·재산에 큰 피해로 이어질 우려가 커지고 있다. IoT기기는 보안 결함이 발생하기 쉬우며 패치가 불가능하거나 업데이트가 쉽지 않아 해킹에 노출될 수 있다.[337] 이하에서는 IoT의 보안을 구체적으로 법제화하기 위한 노력으로 사물인터넷 기기의 규제, 표준화, 인증/허가 등을 중심으로 살펴본다.

2. 사물인터넷 기기의 규제

우리나라에는 엄밀하게는 아직 사물인터넷 기기를 규율하는 법제가 마련되어 있지 않다. 정보보안법은 그 적용대상에 따라 공공부문, 민간부문, 공통부문으로 나눌 수 있다. 공공부문에 관한 규범으로는 국가사이버안전관리규정[338]이 있을 뿐 이에 관한 입법은 없다.[339]

행정안전부는 2019년 정부사물인터넷 도입 가이드라인을 제정하였다.[340] 그 제정목적은 행정 공공기관이 사물인터넷 인프라를 도입시 상호호환성과 보안성을 확보하는데 있다.[341] 그 적용대상은 사물인터넷을 도입하려는 행정기관으로 그 법적 성격은 행정규칙에 해당한다 할 것이다. 동 가이드라인에서는 사물인터넷 구성요소별 보안 요구사항을 규정하고 있는데, 디바이스 보안으로[342] 기밀성(Confidentiality), 무결성(Integrity), 가용성(Availability), 인증/허가(Authentication/Authorization) 요구사항을 지키도록 요구한다.[343] 즉, 첫째, 기밀성 관련 보안 요구사항으로는 사물인터넷 기기 간 전송되는 메시지는 암호화된 형태로 전송되어야 하고, 중요 데이터를 암호화하여 안전하게 처리 및 저장 관리하여야 하며, 기기 고유 식별정보를 안전하게 처리 및 관리해야 한다. 둘째, 무결성 관련 보안 요구사항으로는 사물인터넷 기기는 데이터 위변조 방지를 위해 데이터 무결성 검증 기능을 제공해야 한다. 셋째, 가용성 관련 보안 요구사항으로는 사물인터넷 기기는 주기적인 Keep Alive 메시지 전송 또는 기기 상태 정보 전송 기능, 안전한 소프트웨어 업데이트 및 보안 패치 기능을 제공하여 물리적 제거·파괴 및 비정상적인 설치 시도를 방지하고 소프트웨어 안전성을 보장해야 한다. 넷째, 인증/허가(Authentication/Authorization) 관련 보안 요구사항으로는 사물인터넷 기기는 기기 간 상호인증 기능, 오너십(Ownership) 제어와 같은 권한 제어 및 설정 기능, 접근 제어 기능을 제공해야 한다. 별도 UI가 제공(OS 기반)되는 사물인터넷 기기의 경우 사용자 인증 기능, 기기 인증 기능을 제공할 수 있어야 하며 안전하고 강력한 비밀번호를 설정하고, 주기적인 업데이트 기능을 제공할 수 있어야 한다.

그밖에 게이트웨이 보안으로[344] 사물인터넷 기기의 최초 등록 시 게이트웨이와의 보안키(Secure Key) 합의, 보안정책 설정과 같은 초기 보안 설정을 지원할 수 있도록 인터페이스를 제공하여야 하며, 네트워크서버에 등록되는 기기는 (초)경량, 저전력 기기를 위한 비밀키 설정 등을 대행하는 기능을 제공할 수 있어야 한다.[345] 한편, 사물인터넷 서비스 보안으로[346] 서비스 플랫폼에서 사용하는 서버, 소프트웨어, 미들웨어 등에 기본적으로 설정되어 있는 패스워드(디폴트 패스워드)를 반드시 변경 후 사용하도록 하고, 서버 등의 장비에 있어서 계정관리, 패스워드 설정, 잠금 설정, 화면보호기 설정 등 관련 지침을 준수하여 적절한 보안 수준을 유지하도록 하며, 운영체제, 펌웨어, 소프트웨어에 대한 주기적 무결성 검증 및 최신 업데이트와 보안 패치의 적용 등을 하여, 플랫폼, 송·수신 메시지, 서비스 플랫폼의 데이터 전송, 수집되는 데이터, 개인정보 등 민감정보 수집 등과 관련하여 서비스 보안의 요건을 정하고 있다.[347]

민간부문의 정보보안에 관한 내용을 담고 있는 정보통신망법은 정보보호를 위한 일정한 기술성 요건, 관리체계 등을 규정하여 정보통신서비스제공자로 하여금 정보통신망의 안전성 및 정보의 신뢰성을 확보하기 위하여 정보보호조치를 마련하도록 하고 있는데,[348] 구체적으로는 정보보호조치에 관한 지침[349]에서 관리적·기술적·물리적 보호조치를 규정하고 있다. 그런데 현행법은 정보통신서비스 제공자의 정보통신망 안정성 확보조치만을 규정하고 있을 뿐 IoT 연결 기기 등의 정보보호에 관한 대책은 마련하고 있지 않다.[350] 아울러 공통부문에서는 정보통신기반보호법이 공공부문과 민간부문을 구분하지 않고 주요정보통신기반시설로 지정하여 취약점 점검 및 대응조치 등을 규정하고 있다.

아직 사물인터넷 기기를 규율하는 법제가 미비한 우리나라와 달리 미국에서는 몇몇 주에서 주법이 제정되고 있어 그에 대하여 살펴본다. 먼저 캘리포니아에서는 사물인터넷법이 사물인터넷 연결장치를 규제한다.[351] 동법은 연결된 기기 제조업자에게 기기에 합리적인 보안 기능을 갖출 의무를 부과하는바 합리적 보안기능이라 함은 (ⅰ) 해당 기기의 본질과 기능에 적합한 기능, (ⅱ) 해당 기기가 수집, 포함 또는 전송할 수 있는 정보에 적합한 기능 및 (ⅲ) 무단접근, 파괴, 사용, 수정 또는 공개로부터 해당 기기 및 해당 기기에 포함된 모든 정보를 보호하도록 설계된 기능을 말한다.352)

동법을 준수해야 하는 제조업자란 캘리포니아에서 판매 또는 판매를 위하여 제공하는 연결 기기를 제조하거나 타인에게 제조를 의뢰하는 자를 말하고 제조가 아닌 구매나 브랜딩만을 위한 계약을 하는 자는 포함하지 않는다.353)

인증(Authentication)은 사용자 · 프로세스 · 기기 등의 주체가 특정 정보 시스템(Information system)의 데이터에 접근하기 위한 권한을 확인하는 수단을 말하고354) 보안 기능(Security features)은 해당 기기의 보안을 위해 디자인된 기능을 의미한다.355) 무단접근, 파괴, 사용, 수정 또는 공개(Unauthorized access, de-struction, use, modification, or disclosure)는 '소비자'에 의해 승인되지 않은 접근, 파괴, 사용, 수정 또는 공개를 말한다.356)

연결 기기가 근거리 통신망(Local Area Network, LAN) 외부에서 인증(Authentication)이 가능한 기기에 (1) 제조된 각각의 기기마다 고유한(Unique) 사전 프로그램된(Preprogrammed) 암호가 있는 경우 또는 (2) 해당 기기에의 최초 접근이 승인되기 전, 사용자에게 새로운 인증 수단을 생성하도록 요구하는 보안 기능이 포함된 경우에는 합리적인 보안 기능을 갖춘 것으로 본다.357) 실질적으로 이러한 보안 기능은 사물인터넷 기기가 제조업자가 설정한 "일반" 초기 암호로 더 이상 작동하지 않기 때문에 공격에 덜 취약하다는 것이다.

오레곤주는 최초로 사물인터넷에 관한 입법을 한 주로서,358) 동법에 따르면, 주 안에서 기기를 제조, 판매 또는 판매를 위하여 제공하는 인터넷 "연결 기기"의 제조업자에게 기기가 "합리적인 보안 기능(reasonable security features)"을 갖추도록 의무화한다.359) 동법의 "합리적인 보안 기능"이란 연결된 장치 및 연결된 장치가 저장하는 모든 정보를 무단 접근, 파기, 사용, 수정 또는 공개되지 않도록 보호하는 방법을 의미하는데, 이 방법은 연결된 기기의 특성과 기능에 적절하고 연결된 기기가 수집, 저장 또는 전송할 수 있는 정보의 유형에도 적절하여야 한다.360)

오레곤주 법률은 (a) LAN 외부에서 인증하기 위한 수단으로서 (1) 연결된 각 장치마다 고유한 사전 프로그래밍된 암호(preprogrammed password) 또는 (2) 사용자가 연결된 기기에 처음으로 접근하기 전에 새로운 인증 수단을 생성해야한다는 요건을 포함하거나, (b) 연결된 기기에 대한 보안 조치에 적용되는

연방법 또는 연방규정의 요건을 준수한 경우에는 "합리적인 보안 기능"을 가지고 있다고 본다.361)

사전 프로그래밍된 고유 암호(preprogrammed unique password) 또는 기기의 새로운 사용자가 기기를 처음 사용하기 전에 새로운 인증 방법을 생성해야한다는 요건에 따라 새 스마트 기기는 다른 사람의 기기와는 다른 초기 암호를 가진다. 이러한 기능은 사물인터넷 기기가 감시 또는 해킹에 덜 취약한 추가 보안을 제공한다. 전 세계 사물인터넷 기기 수가 수십억 대에 이를 것으로 추정하고 사람들이 기기의 편리함을 소중히 생각하지만 개인정보를 희생하고 싶어 하지는 않는다는 사실을 감안할 때 사물인터넷 기기는 최소한 "합리적인 보안(reasonable security features)"을 유지하는 것이 무엇보다 중요하다.362)

다만, 이 법이 사용자가 본인의 재량에 따라 연결된 기기에 비제휴 타사 소프트웨어 · 응용프로그램을 추가하는 경우에는 해당 연결된 기기의 제조업자에게 의무를 부과하는 것은 아니다.363) 동법은 전자 매장(electronic store), 게이트웨이, 마켓플레이스 혹은 소프트웨어 · 응용프로그램 등을 구매 및 다운로드 하는 수단의 제공자(provider)에게는 적용되지 않는다.364) 이 법은 사용자의 재량에 따라 연결 기기에서 실행되는 소프트웨어 또는 펌웨어를 수정하는 기능을 포함하여 사용자가 연결된 기기를 완전히 제어하지 못하도록 할 의무를 연결 기기 제조업자에게 부과하는 것은 아니다.365) 연결된 기기의 주요 기능이 연방 규제 기관에 의해 공표된 연방 법률, 규정, 또는 지침상의 보안 요건에 따르고 있을 경우 이 법은 적용되지 않는다.366)

3. 표준화의 진행

미국의 경우에 기업의 사이버 보안과 관련한 실사(due diligence) 수행의무에 관하여는 국가표준기술원(National Institute of Standards and Technology, NIST)의 사이버보안체계(Cybersecurity Framework), 연방거래위원회(Federal Trade Commission, FTC)의 지침 및 국방부(DoD)의 무결 데이터 전송지침(Deliver Uncompromised Initiative)을 살펴볼 수 있다. 표준기술원의 체계는 법률 또는 규정에 의해 부과된 강제적 조치에 대한 민간 부문의 저항으로 시작되었다. 오바마 정부는 표준기술원이 업계와 파트너십을 맺고 업계 모범 사례를 기반으로 하고 모든 유형의 회사에 적용할 수 있는 자발적이고 위험 기반 체계를 개발할 수 있도록 하였다.367) 2014년에 처음 개발되었고 2018. 4. 개정된 이 체계는 사이버 보안의 기반을 마련하였다.368)369)

연방거래위원회는 미국에서 사업을 하는 기업의 "불공정 또는 사기 행위 또는 관행"을 차단하기 위한 규칙을 만들 권한이 있어 사이버 보안 관행이 해당 기업의 광고 또는 중요 인프라 부문에서 운영되는 것과 일치하지 않는 기업에 대한 벌금을 부과한다.370) 미 국방부는 특히 중소기업에 의한 공급망의 심각한 취약성에 대한 보고에 힘입어 하위 순위 공급업체가 모범 사례를 준수할 수 있도록 1급 계약자에게 요구함으로써 사이버 표준을 높이기 위한 조치를 취하고 있다. 2018년 미 국방부는 무결 통신 조치(Deliver Uncompromised Initiative)에서 가격, 전달 및 성능이라는 소싱의 3가지 기둥에 네 번째 기둥으로 보안을 추가하여 구축하는 것을 목표로 하였으며,371) 최근 통과된 미국국방권한법(National Defense Authorization Act) 중에 미 국방부 내 중요한 사이버 보안 프로그램 및 이니셔티브를 더욱 강화하도록 하는 내용을 포함하고 있다.372) 개인정보보호와 관련하여 NIST는 위험 기반 사이버보안체계를 모델로 하여 개인정보보호를 위한 자발적 체계를 개발하기 시작했다. 시스템보안공학에 관하여는 미국 NIST는 시스템 및 소프트웨어 공학에 관한 국제표준인 ISO 15288의 영향하에서 작업한다.373) 이 표준은 데이터 보호 보안 요건에 관하여 IoT업계가 지켜야 할 기준이 될 가능성이 높다.

아울러 사물인터넷 개발 및 성장법(Developing and Growing the Internet of Things Act)에 의하여 설치된 작업반에서 의회와 협력하여 IoT 기기 제조자가 기기에 내장 보안 장치를 포함하도록 강제하는 사물인터넷 특별법규 및 표준을 제정할 것으로 기대된다.374)

4. 인증/허가

우리나라는 2017. 9. IP카메라의 무단접속 및 불법 촬영·유포 등 사생활 유출에 따라 과학기술정보통신부 등은 동년 12. 'IP카메라 종합대책'을 발표하였으며375) 인터넷진흥원(KISA)도 산업 발전을 저해하지 않으면서 민간의 자율적 보안성 강화를 유도하기 위해 사물인터넷 제품에 대해 일정 수준의 보안을 갖추었는지 시험하여 기준 충족 시 인증서를 발급해 주는 IoT 제품에 대한 자율보안인증제를 시행 중으로 2019년에는 등급세분화 등이 이루어졌다.376) 물론 법적 의무사항은 아니다.

또한 EU 사이버 보안법(Cybersecurity Act)이377) 유럽연합의 네트워크 및 정보보안 기구인 ENISA에 더 많은 권한과 예산, 책임을 부여하고, EU 공통의 사이버보안 인증체제를 마련하여 IoT 등 인터넷 연결 ICT 제품 및 서비스의 사이버보안 분야를 통일적으로 정비하였다.378) EU 집행위원회가 인증 의무화 수준(기본, 보통, 높음)을 정하게 되는 2023년까지 EU 사이버보안 인증의 획득은 공급자의 자유이나 사이버보안 인증을 받았거나 혹은 높은 수준의 인증을 받은 제품 및 서비스를 소비자가 선호할 것이므로 인증은 사실상 강제되며, 2023년 이후에는 주요 인프라(전력, 수도, 운송, 의료, 에너지 등)와 안전(소비자의 생명, 신체, 건강 등)과 밀접한 인터넷 연결 ICT 제품 및 서비스부터 인증이 의무화될 것이다.379)

IoT에 대한 다양한 공격과 그 안전성 확보라는 시대적, 보편적 필요에 따라, 결국 이러한 사이버보안 인증 획득 요구는 전 세계적으로 확대되고 강화될 것이다. ICT 프로세스, 제품, 서비스의 사이버 보안 수준을 어느 정도 높이기 위하여 주요 사회 기반 시설 시스템 및 산업 기관의 경우 사이버 보안 인증서 취득을 필수 항목으로 할 필요가 있다.

5. 기 타

우리나라 개인정보보호법은 개인정보의 안전한 관리에 관한 제반규정을 두고 있으며, 개인정보처리자에게 개인정보가 분실·도난·유출·변조 또는 훼손되지 아니하도록 내부 관리계획 수립, 접속기록 보관 등 하위법령으로 정하는 안전성 확보에 필요한 기술적·관리적 및 물리적 조치를 취하도록 하고 있다.380) 상세한 사항은 개인정보의 안전성 확보조치 기준381)에서 규정하고 있는데, 개인정보처리자가 개인정보의 안전성 확보조치를 위해 준수해야 할 관리적·기술적 보호조치로서 내부관리계획의 수립·시행, 접근권한의 관리, 접근통제 시스템 설치 및 운영, 개인정보의 암호화, 접속기록의 보관 및 위·변조 방지, 보안프로그램 설치 및 운영, 물리적 접근 방지, 개인정보의 파기 등을 다루고 있다.382)

한편 미국 주정부들은 최근 들어 개인정보보호 및 사이버 보안에 대한 새롭고 확장된 요건을 적극적으로 통과시키고 있다. 캘리포니아 소비자 개인정보보호법(California Consumer Privacy Act, CCPA)과 같은 법률이 주목을 받고 있지만 신용카드 데이터 또는 기타 개인정보 도용에 대한 공개를 요구하는 데이터유출통지법을 통과시켰던 주, 예컨대 일리노이, 메인, 메릴랜드, 매사추세츠, 뉴저지, 뉴욕, 오레곤, 텍사스 및 워싱턴 주는 개인정보의 정의를 확장하거나 새로운 통지 요건을 규정하는 내용으로 유출통지법제(Breach Notification Laws)를 개정했다.383)

2017. 6.에 발효된 중국의 사이버 보안법384)은 사이버 공간에서의 국가 주권을 전제로 하여 보안을 자유로운 데이터 흐름과 언론의 자유 보다 강조한다. 동법은 "네트워크 사업자"와 "중요산업과 영역"에 적용된다. "네트워크사업자"는 네트워크 소유자, 관리자와 네트워크 서비스 제공자를 포괄하고 "중요산업과 영역"은 에너지, 교통, 수자원, 금융 서비스 및 공공 서비스를 포함한다. 중국내에서 사업을 하는 해당 법인은 데이터 현지화 의무, 즉 중국 내에서 선택된 데이터를 저장해야 할 의무를 지며, 중국 당국의 허가 없이 중국인에 대한 정보 및 데이터를 해외로 전송하는 것을 금지하고(제37조), 중국 당국이 해당 법인의 네트워크 운영에 대한 현장 점검을 수행할 수 있도록 하며(제38조) 이에는 소스코드 제공을 포함한다. 이 네트워크 운영자에는 IoT사업자도 포함된다. 2018. 11. 1. 공공 보안 기관의 인터넷 보안 감독 및 조사에 대한 규정(公安机关 互联网安全监督检查规定, Regulations on Internet Security Supervision and Inspection by Public Security Organs)이 발효되었는바 동 규정은 중국 공안부가 CSL에서 5대 이상의 컴퓨터가 인터넷에 연결된 컴퓨터 네트워크에 대한 현장 및 원격 조사를 함에 있어 그 방법을 규정하였다. 정보보안기술의 개인정보보안규격 (Information Security Technology-Personal Information Security Specification -(GB/T 35273-2017))은 2017. 12. 29. 국가정보기술표준기술위원회(TC260)에서 제정되었으며, 2018. 5. 1.에 발효되었다. TC260은 표준 설정을 목적으로 중국 표준화 관리국(Standardization Administration of China)과 중국 사이버 공간 관리국 (Cyberspace Administration of China)이 공동으로 감독한다. 2019. 12. 1.부터 시행될 사이버보안 다단계보호체계 ("MLPS 2.0")는 중국사이버보안법에 의하여 강제되는 MLPS 관련 인터넷 보안 의무를 준수해야 하는 중국에 있는 모든 회사와 개인의 기술적 및 조직적 통제를 규정한다.

Ⅴ. 관련 당사자의 책임

1. 일반 – 관련 당사자를 위한 일반 권고사항

IoT 데이터는 익명화 및 보안이 어렵기 때문에 일부 데이터 보안 및 개인정보 보호에 관한 IoT 기기의 법적 책임 문제를 제기한다. IoT 기기의 작동 또는 부작동으로 인해 사람이 해를 입을 경우 관련 당사자의 법적 책임과 관련해서 불법행위책임은 고의 또는 과실에 기한 책임의 원칙에 기초해서 처리된다. 제조물책임법의 적용이 있을 수도 있다.

EU의 GDPR에서도 데이터 컨트롤러인 IoT 관련 당사자가 데이터 처리의 보안을 전적으로 책임져야 하는데, 이것은 법적인 만큼이나 기술적인 문제이다. IoT 보안 문제를 위한 데이터보안법(Data Security Law)과 관련하여 EU 네트워크 정보보안(Network Information Security, NIS) 지침이 존재하는데, NIS 지침은 중요한 인프라 보호를 위한 "상당한 주의를 기울여야 할 최소한의 기준 (minimum standards of due care)"을 최초로 정의한바 이를 준수한 회사는 개인정보침해소송에서 면책될 수 있다.385)

아직까지 법적 책임과 관련하여 과실을 판단함에 있어서 관련 당사자들의 법적 의무를 정한 법제는 없으나 EU의 제29조 작업반 의견에서 IoT 생태계의 데이터 컨트롤러가 법적 의무를 준수하도록 돕기 위하여 각 당사자들이 지켜야 할 권고사항을 정하고 있으므로 하나의 판단기준이 될 수 있다.

제29조 작업반 의견은 먼저 모든 관련 당사자에게 적용되는 권고사항을 제시한다.386)

(i) 새로운 응용 프로그램을 출시하기 전에 개인정보영향평가를 수행할 것.

(ii) 처리에 필요한 데이터가 추출되는 즉시 원시 데이터를 삭제할 것.

(iii) 프라이버시의 설계(Privacy by Design) 및 프라이버시 초기설정(Privacy by Default) 원칙을 적용할 것. 즉, 이는 그 명칭이 말하는 바처럼 데이터 보호 규정 준수는 제품 또는 서비스 설계에 적용되어야하고 초기 설정이 개인 정보 보호 규칙을 준수해야한다는 것을 의미한다.

(iv) 데이터 주체와 사용자는 자신들의 권리를 행사할 수 있어야 하며 언제든 데이터자기통제권 원칙에 따라 데이터를 통제할 수 있을 것. 즉 그들은 자신들의 데이터가 어떻게 사용될지 그 방법을 결정할 수 있을 것.

(v) 처리에 관한 정보는 사용자에게 친숙한 방식으로 제공될 것.

(vi) 사용자는 동의를 함에 있어 명시적이고, 통지를 받은 후 자유롭게 할 수 있고 이를 철회할 기회를 가질 수 있을 것.

일본에서도 사업자가 보안이 불충분한 시스템을 개발하여 타인에게 손해를 가한 경우의 법적 책임과 관련하여 총무성 및 경제산업성이 IoT 보안 가이드 라인 ver1.0을 발표했다.387) IoT 보안 가이드라인 ver1.0에서는 그 목적을 위하여 IoT 특유의 성질과 보안 대책의 필요성을 감안하여 IoT 장비 및 시스템, 서비스에 대해 그 관계자가 보안 확보 등의 관점에서 요구되는 기본적인 대처(取組)를 명확히 한 것으로 되어 있다. 법적 구속력이 없으나, IoT 시스템에 대한 보안문제가 있을 경우 그로 인해 손해가 발생한 경우에는 사업자가 책임을 질 가능성이 있으므로 이 경우 사업자로서 지켜야 할 기술적 수준으로 IoT 보안 가이드라인 ver1.0이 기준이 될 수 있다.

이하에서는 제29조 작업반 의견에서 규정하고 있는 관련 당사자를 위한 일반 권고사항, 기기 제조업자, 소셜 플랫폼, 데이터 플랫폼, IoT 기기 소유자와 기타 참가자에 대한 권고사항을 살펴보기로 한다.

2. 기기 제조업자의 책임

기기 제조업자의 책임과 관련하여 앞에서 살펴본(IV장의 2 참조) 디바이스 보안에 있어서 기밀성(Confidentiality), 무결성(Integrity), 가용성(Availability), 인증/허가(Authentication/Authorization) 요구사항이 참조가 된다. 이 요건의 충족이 과실의 판단기준이 될 수 있다.

EU 제29조 작업반 의견에서는 보다 자세히 이에 대하여 규정하고 있는데, 기기 제조업자에 대한 권고사항은 다음과 같다.[388] 이는 직접적 법적 의무는 될 수 없으나 법적 책임 문제에 대하여 과실을 판단하는 하나의 기준이 될 수 있을 것이다.

무엇보다도 강조하고 있는 바는 데이터 주체가 기기에서 수집되는 데이터에 대한 통제권을 가질 수 있도록 기기를 설계하도록 하는 것인바 그 주요 내용은 아래와 같다.

(i) 투명성과 사용자 통제성을 강화하기 위하여 데이터가 데이터 컨트롤러에게 전송되기 전에 로컬(local)에서 데이터를 읽고, 편집하고 변경할 수 있는 도구를 제공함과 아울러 기기에서 처리한 개인 데이터를 이동될 수 있는 형식으로 저장할 것.

(ii) 사용자에게 데이터에 대한 접근 권한과 데이터 내보내기 기능을 제공할 것.

(iii) 사용자가 자신의 개인데이터에 접근할 권리를 보장할 것. 데이터를 구조적이고 일반적으로 사용되는 형식(structured and commonly-used format)으로 쉽게 내보낼 수 있는 도구를 제공할 것. 따라서 기기 제조업자는 집계된 데이터나 자신들이 저장하고 있는 원시데이터를 얻고자 하는 사용자에게 사용자 친화적인 인터페이스를 제공할 것.

(ⅳ) 사용하지 않을 때는 무선 인터페이스(wireless interfaces)를 비활성화할 것. 기기 제조업자는 응용프로그램에 대한 접근 권한을 부여할 때 세분화된 선택사항을 제공할 것. 세분성은 수집된 데이터의 범주뿐만 아니라 데이터가 캡처되는 시간 및 빈도와 관련이 있을 것. 스마트폰의 "방해금지"기능과 마찬가지로 IOT기기는 "수집하지 않음" 옵션을 제공하여 예약하거나 센서를 신속하게 비활성화할 수 있도록 할 것.

또한, 기기 내 로컬 데이터처리원칙 즉 (ⅰ) 기기 제조업자는 기기에서 직접 원시 데이터를 집계된 데이터로 변환하여 기기를 벗어나는 데이터의 양을 최소화할 것과 (ⅱ) 기기 제조업자는 로컬 제어 및 처리자 (소위 개인정보보호 프록시)를 활성화하여 사용자가 기기에서 수집한 데이터를 명확하게 파악하고 로컬 저장소를 이용하여 기기 제조업자에 데이터를 전송할 필요 없이 처리할 수 있도록 할 것을 강조하고 있는 점도 주목할 만하다. 한편, IoT기기가 스마트폰과 다른 점은 IoT 기기는 여러 데이터 주체가 공유하거나 심지어 임대(예컨대, 스마트 홈)할 수도 있으므로 동일한 기기를 사용하는 서로 다른 개인을 구별하여 서로의 활동을 알 수 없도록 설정이 가능하도록 하는 점도 중요하다.

아울러 데이터주체에 대한 정보제공과 철회권을 인정하는 내용도 들어있는바 (ⅰ) 수집된 데이터 유형, 센서가 수신하는 데이터 유형 및 그 데이터들의 처리 및 결합 방법에 대한 정보를 사용자에게 제공할 것과 (ⅱ) 데이터 주체가 동의를 철회하거나 데이터처리를 반대하는 경우 즉시 모든 관련 당사자에게 그 사실을 고지할 것이 그것이다. 그밖에 위치추적 방지,[389] 보안,[390] 표준화[391] 관련 내용도 포함한다.

미국 연방거래위원회 보고서[392]가 개인정보보호 및 보안침해에 대한 IoT 기기 제조업자에 대한 적극적인 기소를 배경으로 발표되었는데, 기기 제조업자에 대하여 (ⅰ) 보안설계(security by design) 접근방식을 채택할 것, (ⅱ) 직원이 조직 내 모든 수준에서 보안을 관리할 수 있도록 교육 및 인식 캠페인을 수행할 것, (ⅲ) 타 서비스 제공자가 동일한 보안 표준을 준수하도록 보장할 것 및 (ⅳ) 보안 위험에 대한 "심층 방어(defence in depth)"전략을 채택할 것. 즉, 특정 위험에 대처하기 위해 여러 보안 계층이 있는지 확인하여야 한다는 권고사항을 제시한다.

위에서 살펴본 바와 같이 EU 제29조 작업반 의견에서는 기기 제조업자에 대하여 데이터 주체의 통제권을 인정하고 기기 내 로컬 데이터처리원칙 등 보안설계의 구조를 구체화하는 점에 특색이 있고 미국 연방거래위원회 보고서와 마찬가지로 보안과 표준화에 관한 내용을 담고 있다.

3. 응용 프로그램 개발자의 책임

EU 제29조 작업반 의견이 제시하는 응용 프로그램 개발자에 대한 권고사항은 요약하면,[393] 응용 프로그램 개발자는 IoT기기의 센서가 사용자의 데이터를 수집하고 있다는 것을 자주 고지하여 사용자가 경각심을 가질 수 있도록 하고 데이터 주체의 데이터통제권과 이동권을 인정하고 원시데이터보다는 집계된 데이터 사용을 권장하며 민감한 데이터 취급에 주의하도록 하는 것이다.[394] 마찬가지로 이러한 권고사항은 법적 책임이 문제되는 경우 과실을 판단하는 하나의 기준이 될 수 있을 것이다.

4. 소셜 플랫폼의 책임

가. 소셜 플랫폼의 책임

EU 제29조 작업반 의견은 소셜 플랫폼에게 (ⅰ) IoT기기를 기반으로 하는 소셜 응용프로그램(social applications)은 사용자의 기기에서 생성된 정보를 사용자에게 검토, 편집 및 결정하도록 요청한 후 소셜 플랫폼에 게시하도록 기본설정(default settings)하여야 하며,[395] (ⅱ) 소셜 플랫폼에 IoT 기기가 게시한 정보는 기본적으로 검색엔진에 의해 공개되거나 색인화되지 않도록 할 것을 권고한다.[396][397] 마찬가지로 이러한 권고사항은 소셜 플랫폼의 법적 책임이 문제되는 경우 과실을 판단하는 하나의 기준이 될 수 있을 것이다.

나. 데이터 플랫폼의 책임

데이터 플랫폼의 책임과 관련하여 앞에서 살펴본(Ⅳ장의 2 참조) 우리나라 정부사물인터넷 도입 가이드라인에서 규정하는 사물인터넷 서비스 플랫폼에 요구되는 서비스 보안 요건도 참조가 된다. 이 요건의 충족이 과실의 판단기준이 될 수 있다.

한편 EU 제29조 작업반 의견은 데이터 플랫폼에게 데이터이동을 가능하도록 하고 익명화를 위하여 식별자가 적게 포함되도록 하는 표준 사용을 권고하고 있다.[398] 즉 (ⅰ) 데이터 플랫폼도 표준화기구와 함께 명확하고 자명한 데이터 형식뿐만 아니라 이동 가능하고 상호 운용 가능한 데이터 형식을 촉진하여, 서로 다른 당사자 간의 데이터 전송을 용이하게 하고 데이터 주체가 IoT 기기에 의해 자신들에 관하여 실제로 수집되는 데이터를 이해하도록 조력하도록 하고, (ⅱ) 데이터 플랫폼도 표준화기구와 함께 원시 데이터 형식뿐만 아니라 새로 형성되는 집계된 데이터 형식에도 중점을 두며, (ⅲ) 데이터 플랫폼도 표준화기구와 함께 IoT 데이터의 적절한 익명화를 위해 가능한 한 강력한 식별자가 적게 포함되는 데이터 형식을 홍보하도록 한다.

5. IoT 기기 소유자와 기타 참가자의 책임

가. 기기에 대한 법적 문제

사물인터넷 센서 등의 기기가 고정형, 즉 특정한 장소에 설치되어 이동하지 않는 경우에는 전기용품에 해당하며, 백업용이나 이동형의 경우 IoT기기용 충전기가 사용되는데 이 역시 전기용품이다. 전자 제품을 판매하는 경우에는 전기용품 및 생활용품 안전관리법(이하 '전안법'이라 한다)상의 안전인증이 필요하다. 안전인증대상 전기용품과 공급자 적합성 확인대상 전기용품인지에 따라 안전인증을 받을지 아니면 안전확인 신고를 할지가 결정된다. 전안법에서는 "전기용품"을 공업적으로 생산된 물품으로서 교류 전원 또는 직류 전원에 연결하여 사용되는 제품이나 그 부분품 또는 부속품으로 정의하고 있고,[399] "안전인증대상전기용품"이란 구조 또는 사용 방법 등으로 인하여 화재·감전 등의 위해가 발생할 우려가 크다고 인정되는 전기용품으로서 안전인증을 통하여 그 위해를 방지할 수 있다고 인정되는 소정의 것으로 정의한다.[400] 또한 "공급자 적합성 확인대상 전기용품"을 구조 또는 사용 방법 등으로 인하여 화재·감전 등의 위해가 발생할 가능성이 있는 전기용품으로서 제조업자 또는 수입업자가 직접 또는 제3자에게 의뢰하여 실시하는 제품시험을 통하여 그 위해를 방지할 수 있다고 인정되는 소정의 것으로 정의한다.[401]

안전인증대상 전기용품의 경우 동 제품의 제조업자(외국에서 제조하여 대한민국으로 수출하는 자를 포함한다) 또는 수입업자는 안전인증대상제품에 대하여 모델 별로 정한 안전인증기관의 안전인증을 받도록 하고 있다.[402] 공급자 적합성 확인대상 전기용품의 경우 안전확인대상 제품의 제조업자 또는 수입업자는 안전확인대상 제품에 대하여 모델별로 안전확인시험기관으로부터 소정의 안전확인시험을 받아, 해당 안전확인대상 제품이 안전기준에 적합한 것임을 확인한 후 그 사실을 소관 기관에 신고하여야 한다.[403]

따라서 사업자로서는 전기제품인 IoT 장치를 제조하는 경우에는 해당 장치가 전안법 상의 전기용품에 해당 여부를 확인해야한다.

IoT 기기가 원격조작기능이 구현되는 것이 예정되어 있는 경우에는 원격

조작에 대한 기술 기준을 충족해야한다. 예컨대, 헬스케어앱 등 의료기기가 문제되는 경우, 적용법은 의료기기법이 된다. 우리나라 의료기기법상 "의료기기"는 사람이나 동물에게 단독 또는 조합하여 사용되는 기구·기계·장치·재료·소프트웨어 또는 이와 유사한 제품으로서 ⅰ) 질병을 진단·치료·경감·처치 또는 예방할 목적으로 사용되는 제품, ⅱ) 상해(傷害) 또는 장애를 진단·치료·경감 또는 보정할 목적으로 사용되는 제품, ⅲ) 구조 또는 기능을 검사·대체 또는 변형할 목적으로 사용되는 제품, ⅳ) 임신을 조절할 목적으로 사용되는 제품의 하나에 해당하는 것을 의미한다.[404)405)] 이 중 의료기기 기술 발전 및 국제적 기준을 반영하여 2018년 의료기기 정의에 소프트웨어를 추가하였다.[406)]

의료기기의 제조를 업으로 하려는 자는 식품의약품안전처장의 제조업허가를 받아야 하며(제6조 제1항), 제조업허가를 받은 자(이하 "제조업자"라 한다)는 제조하려는 의료기기에 대하여 각 구분에 따라 제조허가 또는 제조인증을 받거나 제조신고를 하여야 한다(동조 제2항).[407)] 식품의약품안전처장은 혁신의료기기로 지정된 의료기기소프트웨어를 제조하려는 자에 대하여 의료기기소프트웨어제조기업 인증을 하고 제조허가 또는 제조인증에 필요한 자료의 일부를 면제할 수 있다(제24조).

우리나라에서는 아직 의료기기에 해당하는 소프트웨어에 대하여 구체적인 기준이 나와 있지 않으나, 일본의 경우 후생노동성에서 "프로그램의 의료기기에 해당성에 관한 기본 방침"이라는 것이 공표되어 있고, 구체적으로 어떤 것이 '의료기기'에 해당하는지 표시되어 있다.[408)] 이 중 사람의 생명 및 건강과 기능에 미치는 영향 등을 고려하여 프로그램의 의료기기 해당 여부 판단을 함에 있어서 ⅰ) 프로그램 의료기기에 의해 얻어진 결과의 중요성을 감안하여 질병의 치료, 진단 등에 어느 정도 기여하는지, ⅱ) 프로그램 의료기기의 기능 장애 등이 발생한 경우에 사람의 생명과 건강에 영향을 줄 우려(결함이 있을 경우의 위험)를 포함한 종합적인 위험의 개연성이 어느 정도인지를 고려해야 한다고 되어 있다. 헬스케어앱이 의료기기에 해당하면 사전에 ⅰ) 의료기기 제조 판매업 허가, ⅱ) 의료기기 제조업 등록, ⅲ) 장관에 의한 승인, 제3자기관에 의한 인증을 받아야 한다. 그러나 단순한 건강관리용 프로그램에 대하여는 의료기기성을 부인한다.[409)]

나. IoT 기기 소유자의 책임

EU 제29조 작업반 의견이 제시하는 IoT 기기 소유자에 대한 권고사항은

다음과 같다.410)

(i) 연결 기기의 사용 및 사용으로 결과하는 데이터 처리에 대한 동의는 정보를 제공받고 자유롭게 할 수 있을 것. 기기나 특정서비스를 사용하지 않기로 결정한 사용자에게 경제적으로 불이익을 주거나 기기의 기능에 대한 접근을 제한하지 않을 것.

(ii) 연결 기기의 사용자(예컨대, 호텔, 건강보험 또는 렌터카)와의 계약관계에서 데이터가 처리되는 데이터 주체는 기기를 관리할 수 있을 것.

(iii) IoT기기 사용자는 IoT기기의 존재 여부와 수집된 데이터 유형에 대해 데이터가 수집된 비사용자 데이터 주체(non-user data subjects)에게 알릴 것. 또한 IoT기기 사용자는 기기가 데이터를 수집하지 않기를 원하는 데이터 주체의 선택을 존중할 것.411)

다. 기타 참가자의 책임

계약관계의 존재 여부에 관계없이 비사용자 데이터 주체(non-user data subjects)는 접근 및 반대할 권리를 행사할 수 있어야 한다.

VI. 사물인터넷의 기타 법적 문제

1. 차별 문제

IoT 데이터를 통해 소비자를 분류하고 차별할 수 있기 때문에 센서의 광범위한 배치는 IoT에 대한 기술적 및 법적 문제를 야기한다.412) IoT 기기에서 수집한 데이터로 개인의 움직임 및 생체 데이터에 대한 세부 정보를 지속적으로 추적하는 개인용 웨어러블 피트니스 추적기의 경우는 건강관리라는 유익한 목적으로 사용될 수 있는 반면 차별적인 목적으로도 사용될 수 있다.413)

수집된 데이터는 사람의 체력 수준을 결정하고, 소모된 칼로리를 추정하고, 수면의 질 및 수면 패턴을 특성화하는데 사용되거나, 사람의 섭식 장애, 불면증, 당뇨병, 흡연 또는 알코올 및 약물 남용을 드러낼 수도 있다.414)

IoT 기기의 센서 데이터는 개별 소비자에 대한 예상치 못한 정보를 제공할 수 있으므로, 업계 규제 기관 또는 소비자가 이 과정에 대한 부지(不知)나 이해 부족에도 불구하고, 고용주, 대출기관 및 보험회사는 이 데이터를 사용하여 추론을 도출하고 경제적으로 중요한 결정을 내릴 수 있다.415) 이 데이터는 잠재적 고용주나 보험회사에 엄청난 양의 개인정보를 제공할 수 있으며 고용

또는 보험 신청을 거부하는 데 사용될 수도 있다.416)

아직 관련 법들은 IoT에 기반한 개인 데이터가 공개됨에 따른 차별을 처리할 준비가 되어 있지 않다. 그러나, 무분별한 정보 노출 가능성으로 인해, IoT는 인종, 연령 또는 성별과 같은 취약 계층에 대한 새로운 형태의 차별이나 경제적 차별로 이어질 수 있어, 이러한 유형의 연령, 인종 또는 성별에 대한 새로운 유형의 불법적 차별로 인한 집단 소송을 유발할 수도 있을 것이다.417)

2. 네트워크에 관한 법적 문제

통신 등의 네트워크에서는 무선 통신을 이용하는 경우에는 전파법에 주의할 필요가 있다. 2000년 전파법 제47조의2에서 전자파인체보호기준에 대한 조항을 신설하여 전자파인체보호기준의 법적 근거를 마련하고 같은 해 전자파인체보호기준 고시를 제정하였는데 동 고시에 의해 전자파강도 기준은 ICNIRP 1998년 기준에 따라 일반인과 직업인을 구분하여 규제하고 전자파흡수율은 IEEE C.95－1 1991년 기준을 준용하여 적용하고 있다. 전파를 방출하는 제품을 국내에서 사용하는 경우, 본래 그 사용자가 전파법에 따른 무선국 개설을 위한 과학기술정보통신부장관의 허가를 받아야 하나(제19조 제1항), 발사하는 전파가 미약한 무선국 등으로서 ⅰ) 표준전계발생기·헤테르다인방식 주파수 측정장치, 그 밖의 측정용 소형발진기, ⅱ) 적합성평가(제58조의2제1항)를 받은 무선기기로서 개인의 일상생활에 자유로이 사용하기 위하여 과학기술정보통신부장관이 정한 주파수를 이용하여 개설하는 생활무선국용 무선기기, ⅲ) 수신전용 무선기기, ⅳ) 적합성평가를 받은 무선기기로서 다른 무선국의 통신을 방해하지 아니하는 출력의 범위에서 사용할 목적으로 과학기술정보통신부장관이 용도 및 주파수와 안테나공급전력 또는 전계강도 등을 정하여 고시하는 무선기기의 경우에는 과학기술정보통신부장관에게 신고하지 아니하고 개설할 수 있어 예외가 인정된다.418) 일반적으로 IoT 기기는 이러한 예외에 해당하여 사용자가 별도로 무선국 개설을 위한 허가를 받거나 신고를 할 필요는 없을 것이다.

3. IoT 서비스에 관한 법적 문제

IoT 내용은 최첨단 비즈니스 모델인 것도 많아, 기존의 법률과 저촉될 수 있다. 예를 들어, 자동 운전 차량이면 자동차관리법, 위치정보의 이용 및 보호에 관한 법률(이하 '위치정보법'이라 한다)과의 관계가 문제된다. 먼저 자동차관리법상 '자율주행자동차'로 지칭되는 무인자동차는 운전자 또는 승객의 조작 없이 자동차 스스로 운행이 가능한 자동차라고 정의되고 있으며,[419] 시험·연구목적으로 안전운행요건(허가대상, 고장감지 및 경고장치, 기능해제장치, 운행구역, 운전자 준수사항 등)을 갖추어 임시운행 허가를 받은 후에 운행이 가능하도록 하고 있다.[420]

위치정보법에서는 위치정보를 이동성 있는 물건 또는 개인이 특정한 시간에 존재하거나 존재하였던 장소에 관한 정보로서 전기통신설비 및 전기통신회선설비를 이용하여 수집된 것으로 정의하는바,[421] 물건의 위치 정보, 특히 해당 정보가 개인위치정보에 해당하는 경우 동법의 적용을 받게 된다. 이동성 있는 물건의 위치정보를 수집·이용·제공하기 위해서는 이동하는 물건의 소유자 등 당사자로부터 개인정보 수집 등에 대한 동의를 받아야 한다.[422] 개인위치정보란 '특정 개인의 위치정보'를 의미하는 것으로 위치정보만으로는 특정 개인의 위치를 알 수 없는 경우에도 다른 정보와 용이하게 결합하여 특정 개인의 위치를 알 수 있는 것도 개인위치정보에 해당한다.[423] 따라서 각종 사물에 달린 센서에 따라 인식하지 못한 상태에서도 데이터가 수집되고, 수집된 데이터가 다른 정보와 결합하여 개인을 특정할 수 있는 개인위치정보가 될 가능성이 있어 개인위치정보의 수집·이용·제공에 대한 동의가 필요하다.

위치기반서비스(Location Based Service, LBS)를 업으로 영위하고자 하는 자는 방송통신위원회에 신고하도록 하고 있으며,[424] 위치기반서비스사업자의 지위를 갖게 될 경우 개인위치정보를 개인위치정보주체가 지정한 제3자에게 제공하는 경우에도 동의를 얻어야 하며, 매회 개인위치정보주체에게 제공받는 자, 제공일시 및 제공목적을 즉시 통보해야 한다.[425] 또한 위치기반서비스(LBS)사업자가 사물인터넷을 통해 수집·보관하고 있는 정보가 개인위치정보에 해당하는 경우에는 개인위치정보의 수집, 이용 또는 제공목적을 달성한 때에는 즉시 해당 정보를 파기해야 하는데 다만 위치정보 수집·이용·제공사실 확인자료는 기록·보존하여야 한다.[426]

또한 IoT를 활용한 의료 서비스가 의료 행위에 해당하여 무면허의료를 금지하는 의료법을 위반하는지도 문제이다. IoT를 활용한 의료서비스의 경우 현행 의료법상의 규율을 받게 된다. 현행 의료법은 의료행위는 의료인만 할 수 있도록 하고 있고,[427] 원격진료 또한 의료인과 의료인 사이에서만 가능하도록 하고 있다. 즉 의료인은 이 법에 따른 의료기관을 개설하지 아니하고는 의료업을 할 수 없으며, ⅰ) 응급환자를 진료하는 경우428), ⅱ) 환자나 환자 보호자의 요청에 따라 진료하는 경우, ⅲ) 국가나 지방자치단체의 장이 공익상 필요하다고 인정하여 요청하는 경우, ⅳ) 보건복지부령으로 정하는 바에 따라 가정간호를 하는 경우, ⅴ) 그 밖에 이 법 또는 다른 법령으로 특별히 정한 경우나 환자가 있는 현장에서 진료를 하여야 하는 부득이한 사유가 있는 경우 외에는 그 의료기관 내에서 의료업을 하여야 한다.429) 예외적으로 먼 곳에 있는 의료인430)간의 컴퓨터 · 화상통신 등 정보통신기술을 활용하여 의료지식이나 기술을 지원하는 원격의료를 할 수 있도록 하고 있다.431)

또한 IoT에서 사용되는 기술이나 비즈니스 모델은 특허나 저작권 등 지적재산권에 주의가 필요하다.

4. 데이터 소유권

현재, IoT 기기(소비자 또는 기기 제조업자)가 생성하고 수집한 데이터를 누가 소유하고 있는지에 대하여 규정하는 법령이 없다. IoT 기기에서 수집한 데이터를 소유한 자를 결정하는 문제는 대부분 회색 영역이 될 수 있다. 데이터의 주체에 대하여 개인이나 기업들이 축적한 개인 데이터베이스에 대하여 권리를 인정하고, 제3자에게 데이터에 접근하여 이용하도록 할 수 있는지 등은 아직 해결하기 어려운 법적 문제이다. 사용자가 제조업자 서버에 저장된 센서 데이터를 보거나 편집 또는 삭제할 수 있는지, 기기의 업데이트 및 유지 관리를 하는 제조업자에게 센서 데이터의 소유권을 인정하는 접근이 필요한지, 누가 IoT 기기가 수집한 데이터를 제조업자 또는 서비스와 공유할 것인지, 사용자가 원시 센서 데이터에 접근하여 다른 서비스나 기기로 내보낼 수 있는 권리를 인정할 수 있는지 등이 문제된다. 이에 대한 자세한 내용은 제3장 데이터와 법 관련 부분을 참조하기 바란다.

5. 노동법 문제

미국 위스콘신주 리버폴스 소재의 Three Square Market사는 50여명의 자사 직원들에게 RFID 기술을 적용한 마이크로칩을 이식하여 출퇴근 기록, 식당 결제, 출입문 개폐, 복사기 등 사내 기기사용, 명함공유, 의료건강정보저장, 컴퓨터 · 유무선 전화기 보안 등에 활용하고 있다.432) 그러나 이 칩을 이식한 직원이 언제 어디서 무엇을 하는지 추적하고 감시하는 것이 가능하다는 점에서 많은 논란의 소지가 있다. 또한 최근 스마트폰 이용이 일상화되면서 스마트폰에 직장관계와 사생활 데이터가 분리되지 않고 함께 수집되는 경우도 문제된다.

이와 같이 어떤 기업이 IoT 기기를 채택하고 그 기기가 직원에 대한 데이터를 수집하는 경우 해당 기업이 법적 책임을 질 가능성이 있다. 이러한 문제를 미연에 방지하기 위하여 기업차원에서는 고용계약에 데이터 수집에 대한 동의 조항을 포함하고, 데이터 보호 등에 관한 최신 법률을 준수하는 노력을 기울일 것이다.433)

물론 법정책적 차원에서도 IoT 기기에 직장관계 데이터가 따로 관리되도록 하고, 직원의 데이터가 자동으로 저장되는 경우 opt-out 권리를 인정하도록 하는 규정 마련이 필요한 것은 물론이다.

6. 표준화기구의 책임

표준화기구 및 데이터 플랫폼의 책임과 관련해서는 법적 책임을 규정하는 예는 없으나, EU 제29조 작업반 의견이 제시하는 아래의 권고사항이 표준화기구 등의 책무를 정함에 있어 참조가 된다.434)

(i) 앞에서 살펴본 데이터 플랫폼과 마찬가지로 표준화기구도 명확하고 (clear) 자명한(self-explanatory) 데이터 형식뿐만 아니라 이동 가능하고 상호 운용 가능한 데이터 형식을 촉진하여, 서로 다른 당사자 간의 데이터 전송을 용이하게 하고 데이터 주체가 IoT 기기에 의해 자신들에 관하여 실제로 수집되는 데이터를 이해하도록 조력할 것.

(ii) 데이터 플랫폼처럼 표준화기관도 원시 데이터 형식뿐만 아니라 새로 형성되는 집계된 데이터 형식에도 중점을 둘 것.

(iii) 데이터 플랫폼처럼 표준화기구도 IoT 데이터의 적절한 익명화를 위해 가능한 한 강력한 식별자가 적게 포함되는 데이터 형식을 홍보할 것.

(iv) 표준화기구는 데이터 주체에 대한 보안 및 개인정보보호 최저 기준을 설정하는 인증된 표준에 따라 작업할 것.

(v) 표준화기구는 IoT의 특성에 맞게 경량(lightweight) 암호화 및 통신 프로토콜을 개발하여 기밀성, 무결성, 인증 및 접근 관리(access control)를 보장할 것.

Ⅶ. 결 론

사물인터넷 기술은 빠른 속도로 발전하고 있으며, 현재도 이와 관련한 많은 법령들이 필요에 따라 제개정되고 있으나 아직 규제 방식이 불분명하기 때문에 법적 관점에서 회색 영역으로 남아있는 부분이 많다. 이러한 문제점에 입각하여 본 장에서는 사물인터넷과 관련한 주요 법적 문제를 중심으로 살펴보았는데, 그 내용을 토대로 시사점을 도출하면 다음과 같다.

첫째, IoT 기기의 개인정보보호 문제이다. ⅰ) IoT를 통하여 나온 데이터도 개인의 식별가능성이 있으면 개인정보로서 보호의 대상이 된다. 센서 또는 생체 데이터가 개인정보로 간주될 수 있다. IoT기기 사용자도 데이터주체로 인정되나 IoT 기기의 소유나 사용 여부에 상관없이 기기가 개인의 데이터를 처리하는 경우 데이터의 주체는 개인정보 보호 주체가 된다.

ⅱ) IoT의 개인정보 보호의무를 지는 자의 범위는 IoT기기의 제조업자, 소셜 미디어 플랫폼, 타사 응용프로그램 개발자, 데이터 호스팅 제공자 등 데이터 처리의 목적과 수단을 결정하는 사람으로서 개인정보처리자 내지 데이터 컨트롤러가 될 수 있다.

ⅲ) 개인정보처리자 내지 데이터 컨트롤러에게는 목적제한, 최소한 정보저장, 필요최소한 기간 보유 등 데이터 보호원칙이 적용되고 합법적 처리를 위한 동의요건과 투명성요건, 민감데이터 처리 요건이 적용된다. 특히 동의요건과 관련하여 IoT 기기는 화면이 없으며 키보드 또는 터치 스크린과 같은 입력 메커니즘이 없다는 점에서 이를 해결하기 위한 방법이 제시되어야 한다. IoT 기기 제조자는 웹 사이트의 개인정보보호정책에서 개인정보보호 및 데이터 관련 정보를 제공하는 것으로 충분할지도 검토를 요한다. 투명성 요건에서는 어떤 종류의 센서를 사용하여 기기가 자신이나 사용자에 대해 어떤 정확한 정보를 수집하는지, 해당 정보가 기기 자체, 사용자의 스마트 폰, 클라우드의 제조업자 서버 또는 위의 모두에 저장되는지, 정보의 저장 위치, IoT 기기는 어떤 데이터를 전송하는지 등이 분명하게 되어야 한다. 개인데이터를 처리하는 자는 데이터주체에게 언제든지 동의를 철회할 수 있는 방법을 제공해야하며 그러한 철회 전에 수집된 데이터 세트의 내용을 알 수 있는 방법을 제공해야 한다. 즉 "이용약관"은 옵트아웃 옵션뿐만 아니라 IoT 데이터의 수집 및 사용을 명확하게 설명해야한다. 인터넷 연결 및 데이터 수집 기능을 갖춘 제품을 설치함으로써 회사는 수집한 데이터의 저장 및 사용 방법에 대한 잠재적 책임에 노출될

수 있다.

　ⅳ) 동의 요건과 관련하여 개인정보처리자가 당초 수집 목적과 합리적으로 관련되거나 상충되지 않는 범위에서 정보주체의 동의 없이 연결된 기기를 통하여 나온 개인정보를 이용하거나 제공할 수 있도록 하고 있는데, 당초 수집 목적 이외의 목적으로 이용하거나 제공한 사실과 이용 또는 제공의 목적 등의 고지의무, 옵트아웃의 권리 인정, 손해발생에 대한 책임 등도 인정하는 추가적 법조항을 마련할 필요가 있다.

　ⅴ) 연결된 기기를 통하여 나온 가명정보를 정보주체의 동의 없이 통계작성, 과학적 연구, 공익적 기록보존 등 목적으로 이용할 수 있도록 하는 데에 상업적 목적도 포함하는 것이라면 이용하거나 제공한 사실과 이용 또는 제공의 목적 등의 고지의무, 이익 공유 청구권, 손해발생에 대한 책임 등도 인정하는 추가적 법조항을 마련할 필요가 있다.

　둘째, IoT 기기와 보안 이슈에서는 관련 당사자의 책임과 관련하여 IoT 기기에 보안 제어 기능을 내장하여야 하는지, 기기 정보는 어떻게 암호화되는지 등 상당한 주의를 기울여야 할 최소한의 기준 내지 due diligence와 같은 기업들에 적용할 수 있는 체계들이 EU나 미국에서 입법이나 연성법(softlaw) 형태로 나오고 있으며, 이러한 기준들은 관련 당사자의 책임 판단에 있어서 일응 기준이 될 수 있다. IoT 기기를 취급 또는 제조 또는 판매하는 회사는 이러한 기기의 보안과 데이터에 관한 표준 보안 프로토콜(암호화 등) 및 관련 법률을 충족하는지 심각하게 고려해야한다. 관련 회사들이 이러한 기준을 충족하지 못하면 보안과 데이터 보호 결여로 인해 법적 책임을 질 여지가 있다.

　IoT 기술에 적용할 수 있는 특화된 법과 표준이 필요하며, IoT시스템 및 IoT 기기 제조공급자에게 IoT 시스템 및 기기의 설계 단계에서부터 보안을 고려, 업데이트가 가능하도록 '보안 내재화' 개념을 적용하도록 법적으로 의무화할 필요가 있다. 뿐만 아니라 IoT시스템 및 IoT 기기 제조공급자에게 자신이 제공한 IoT시스템 및 IoT 기기의 보안을 정기적으로 점검할 의무를 부과할 필요가 있다. 또한 IoT시스템 및 IoT 기기의 보안에 문제가 발생하였을 때 이를 신속하게 해결할 의무를 부과할 필요가 있다. 한편 IoT시스템운영자에게도 IoT 시스템 및 IoT 기기 제조공급자에 준한 의무를 부과할 필요가 있다. 아울러 이들에게 개인정보영향평가도 의무화하여야 할 것이다.

　셋째, 기타 IoT 기기에서 나오는 데이터들이 결합하여 분석됨으로써 야기되는 차별 문제에도 추후 상세한 검토가 필요하다.

넷째, IoT와 관련한 사업을 기획하는 입장에서는 앞에서 살펴본 기기, 네트워크, IoT 서비스 법제에 대하여도 유의하여야 한다.

IoT는 빠르게 성장하는 영역으로, 이 기술의 초기 단계에 투자하기로 선택한 기업에게는 큰 기회가 될 수 있다. 그러나 IoT의 법적 영향을 고려해야 하고 IoT의 법적 규제는 기술 자체만큼 복잡하므로 이 기술을 규율하는 최신 법제에 대한 이해가 필수적이다. 국가적 차원에서는 IoT 법제에 대한 적절한 정비가 필요한데, 우리나라가 이러한 IoT 규범에 있어서 선제적으로 표준 모델을 제정할 수 있다면 입법에 있어서 선도적 위치를 점할 수 있을 것이다. 또 그 성질상 국경을 초월하기 때문에 이를 규율하는 법률은 국제적 차원에서 공동 규범화를 추구해 나가야 할 것이다.

우리가 IoT의 성공적인 채택, 성장 및 개발을 통하여 IoT의 혜택을 향유하기 위하여는 IoT가 가져오는 법적 문제들을 적절하게 해결하여야 할 것이다.

---

288) 미래창조과학부(2014) 3면에 의하면 전세계 IoT 응용SW와 서비스의 시장성장률은 2020년까지 각각 89%와 122%로, IoT 기기(11.2%)에 비해 응용SW, 서비스 중심으로 성장할 것으로 예상되었다. 전 세계 IoT 지출가이드 보고서 (Worldwide Semiannual Internet of Things Spending Guide)에 따르면, 사물인터넷 시장규모가 2019년 7,450억 달러에 이르러 2018년 지출액 6,460억 달러보다 15.4% 증가하고 전 세계 IoT 시장이 2017년부터 2022년까지 두 자릿수의 연간 성장률을 유지하며 2022년에는 1조 달러를 넘을 것으로 보았다. 한국IDC(2019) 참조. 2020년에는 인터넷에 500억 개의 사물이 연결될 것으로 예상되고 있다는 기술로는 Jodie Fothergill/Karl H. Lincke(2016) 참조.

289) Jodie Fothergill/Karl H. Lincke(2016).

290) Jodie Fothergill/Karl H. Lincke(2016).

291) Retrieved from https://1boon.daum.net/techplus/5dacf9f36654465edc21086b.

292) Id.

293) Richard Kemp(2017), p.1.

294) Richard Kemp(2017), p.1.

295) Richard Kemp(2017), p.1.

296) 1798.91.05 (b).

297) 1798.91.05 (b).

298) 최병삼외(2017), 3－4면.

299) 미래창조과학부(2014), 13－16면 참조.

300) 최병삼외(2017), 3－4면.

301) Alex Grizhnevich(2018).

302) 정보통신기획평가원(2018), 6면 참조. 이 견해는 연결형을 사물이 인터넷에 연결되어 주변 환경을 센싱하고 그 결과를 전송할 수 있으며, 모니터링한 정보를 통해 원격에서 사물이 제어되는 단계, 지능형을 사물이 센싱 및 전송한 센싱된 데이터를 분석 및 예측하는 지능적 행위를 취할 수 있는 단계, 자율형을 사물 간 분산협업지능을 기반으로 상호 소통하며 공간, 상황, 사물 데이터의 복합 처리를 통해 스스로 의사결정을 하고 물리세계를 자율적

으로 제어할 수 있는 단계로 본다. 필자의 분류에 따르면 연결형은 관찰용 및 분석용, 지능형은 제어용 중 규칙준수제어형, 자율형은 자율제어형에 포섭할 수 있을 것이다.

303) 행정안전부/한국정보화진흥원(2019), 3-4면.

304) 산업IoT에 관한 상세는 Hugh Boyes and others(2018), pp.1-12.

305) 이를 따로 IoMT(Internet of Medical Things) 또는 IoHT(Internet of Health Things)라 부른다.

306) 이상의 사회 IoT의 분류에 관하여는 Bhargav Thakka(2019).

307) 이 관계는 그 기기가 같은 생산자에 의하여 동시에 생산된 동일 생산 배취(batch)간에 형성되는 것이다.

308) 동일 도시, 동일 가정 등에 있는 센서와 같이 신속한 연결에 유용한 관계이다.

309) 공동작업관계는 응급 서비스와 같이 스마트 기기가 공통적인 IoT앱의 제공에 연계되어 있는 경우이다.

310) 동일소유자관계는 동일제조사관계의 반대편에 있는 것으로 휴대폰이나 게임 콘솔과 같이 분야가 다른 기기이지만 동일한 사용자가 소유하는 경우이다.

311) 친지관계는 기기의 소유자는 다르지만 동료, 친구, 친척 간에 센서나 기기를 상시적으로나 간헐적으로 연결하는 관계이다.

312) IPv6(Internet Protocol version 6)는 인터넷 프로토콜 스택 중 네트워크 계층의 프로토콜로서 버전 6 인터넷 프로토콜로 제정된 차세대 인터넷 프로토콜을 말한다.

313) Dipesh Vaya/Teena Hadpawat(2019).

314) US Federal Trade Commission(2015).

315) K. Rose and others(2015).

316) In Riley v. California, 134 S. Ct. 2473, 573 US. 373(2014). 이 사안에서 Riley는 만료된 차량 등록번호판을 부착하고 운전하다가 경찰관의 검문과 조사과정에서 Riley의 면허가 정지되었음이 밝혀졌다. 경찰은 부서의 방침에 따라 Riley의 자동차를 압류하였던바 총기를 숨겨 소지한 사실과 2개의 권총을 소유한 사실이 발각되었다. Riley는 체포되었고 그의 휴대전화는 압수되어 결국 이 총격 사건의 범인으로 탑승 차량에서의 총기 발사, 반자동 총기에 의한 공격, 살인미수 혐의로 기소되었다.

317) 우리나라에 있어서도 수사기관이 압수수색영장만으로 컴퓨터나 휴대전화의 송수신 메시지 등의 내용을 확인하는 관행이 있었으나 오늘날은 휴대폰 내 문자 메시지와 음성 사서함 내용을 들여다보는 것은 사생활 침해 우려가 있으므로 법원의 별도 압수수색영장을 받아야 한다.

318) 그의 견해는 21세기 개인정보보호는 연방 의회와 주 입법의 특권이라고 인용하면서 수정헌법 제4조의 무딘 도구(the blunt instrument of the 4th Amendment)를 사용하는 연방법원의 손에 맡겨서는 안된다는 것이었다.

319) K. Britton(2016).

320) K. Rose and others(2015).

321) GPEN(2016).

322) GPEN(2016).

323) 우리나라에서도 개정 데이터 3법의 하나로 2020. 8. 5. 시행되는 개인정보보호법은 "개인정보"를 살아 있는 개인에 관한 정보로서 (ⅰ) 성명, 주민등록번호 및 영상 등을 통하여 개인을 알아볼 수 있는 정보와 (ⅱ) 해당 정보만으로는 특정 개인을 알아볼 수 없더라도 다른 정보와 쉽게 결합하여 알아볼 수 있는 정보, 또는 (ⅲ) 가명정보, 즉 가명처리함으로써 원래의 상태로 복원하기 위한 추가 정보의 사용·결합 없이는 특정 개인을 알아볼 수 없는 정보의 어느 하나에 해당하는 정보로 정의하고 있다(제2조 제1호). 이번에 개인정보의 정의와 관련하여 개정된 내용은 동조 제1호 나목에서 "쉽게 결합할 수 있는지 여부"가

그동안 해석상 논란이 있어왔으므로 이를 분명히 하기 위하여 "다른 정보의 입수 가능성 등 개인을 알아보는 데 소요되는 시간, 비용, 기술 등을 합리적으로 고려하여야 한다."고 단서를 추가하고 다목의 가명정보를 추가하였다. 또, 가명정보에 있어서 "가명처리"를 개인정보의 일부를 삭제하거나 일부 또는 전부를 대체하는 등의 방법으로 추가 정보가 없이는 특정 개인을 알아볼 수 없도록 처리하는 것으로 정의하였다(제2조 제1의2호). 우리나라의 경우에도 IoT에서 생성되는 많은 개인식별정보나 가명정보도 개인정보로서 보호받을 수 있다.

324) 일본의 경우에도 2017. 5. 30. 개정 개인정보보호법에 따르면, "개인정보"라 함은 생존하는 개인을 특정할 수 있는 정보 모두를 의미하고 종래에는 "개인정보"에 해당하는지 불명확했던 "개인식별부호"까지 개인정보의 범위에 포함되게 되어 ⅰ) 운전면허번호, 여권번호 등의 개인에게 발급되는 부호, ⅱ) 지문 데이터, 얼굴 인식 데이터 등의 신체적 특징의 데이터도 개인정보로서 보호받게 되었다.

325) 제2조 제1호 다목.

326) 일본 개인정보보호법 제2조 제9항. 일본에서는 IoT에서 생성되는 정보를 익명가공정보로 이용하는 경우에는 사업자는 익명가공정보를 정보 주체 본인의 동의 없이 제3자에게 제공할 수 있으며, 사업자 스스로 활용도 가능하다. 그러나 익명가공정보를 생성한 사업자는 ⅰ) 익명가공정보의 적정가공의무, ⅱ) 누출방지조치의무, ⅲ) 작성시의 공표의무, ⅳ) 제3자 제공을 하는 경우의 공표·명시 의무가 있다. 個人情報保護委員会(2017), 個人情報の保護に関する法律についてのガイドライン(匿名加工情報編), 平成28年11月(平成29年３月一部改正).

327) 우리 개인정보보호법 제23조 참조. 일본의 경우에도 배려가 필요한 개인정보를 취득할 경우에는 본인의 사전 동의가 필요하며 옵트아웃에 의한 제3자 제공을 금지한다. 배려가 필요한 개인정보는 "본인의 인종, 신념, 사회적 신분, 병력, 범죄 경력, 범죄에 의해 피해를 입은 사실 기타 본인에 대한 부당한 차별, 편견 기타 불이익이 생기지 않도록 그 취급에 특히 주의를 요하는 것"을 말한다.

328) 우리 개인정보보호법 제2조 제4, 5호.

329) European Commission(2017c).

330) 사용자 기기와 관련된 다양한 데이터 활동에 대하여 전자개인정보보호규정(e-Privacy Regulation)은 다음과 같은 사용자 동의 기준을 규정한다.
(ⅰ) 단말기 장비의 처리 및 저장 기능 사용 및 최종 사용자 단말기 장비에서의 정보 수집 행위, 즉 ① 행동 또는 관심 기반 광고를 제공하기 위해 쿠키를 배치하거나 기기 지문을 사용하는 행위 또는 신제품의 마케팅 또는 개발을 위해 사용자의 IoT 기기에서 센서 또는 위치 데이터 수집행위에 대하여는 사전 동의가 필요하다. 이 동의의 방법은 명확한 적극적 행위에 의해 주어져야 하며, 데이터 주체의 의사를 자유롭고, 구체적이며, 설명을 받아서 하는 모호하지 않은 표시여야 한다(Article 8(1)(b)). ② 통신 내용(communication)을 전송하기 위한 목적으로만 메시징앱에서 사용자 간에 송수신되는 데이터 패킷(data packets) 수집 행위에 대하여는 전자통신 네트워크를 통한 통신 전송만을 목적으로 하기 때문에 동의가 필요하지 않다(Article 8(1)(a)). ③ 사용자가 소셜 네트워킹 사이트에 사진을 업로드할 수 있도록 휴대폰의 카메라에 접근하거나 사용자가 걸음 수 또는 심장박동 수를 모니터링할 수 있도록 센서에서 데이터를 수집하거나 사용자가 온라인지도에서 장소에 위치 태그(geo-tag)를 지정하거나 내비게이션 서비스를 제공할 수 있도록 위치 데이터 추적을 하는 행위에 대하여는 사용자가 요청한 정보 사회 서비스(information society service)를 제공하는 것이므로 동의가 필요하지 않다(Article 8(1)(c)). ④ 자사 쿠키(first party cookies)를 배치하여 해당 사이트의 올바른 기능을 개선하거나 보장하기 위해 웹 사이트 또는 사회관계망 사이트 사용자에 대한 정보 (예컨대, 게시물의 조회수)를 얻는 행

위에 대하여도 사용자가 요청한 정보 사회 서비스 제공업체가 수행하는 웹 청중(web audience)의 측정에 필요하므로 동의를 필요로 하지 않는다(Article 8(1)(d)).

(ⅱ) 단말기 장비에서 방출된 데이터를 수집하여 다른 장비 및/ 또는 네트워크 장비에 연결 가능하도록 하는 경우에 ① 공공장소(예컨대, 공항)에서 휴대 전화에서 방출되는 신호를 수집하여 사용자가 Wi-Fi 핫스팟에 연결할 수 있도록 하는 경우에는 연결을 하는데 필요하기 때문에 통지나 동의가 필요하지 않다(Article 8(2)(a)). ② 공공장소에서 휴대폰으로 방출되는 위치 데이터를 모니터링하여 풋폴(footfall) 및 트래픽 확인의 경우에는 명확하고 눈에 띄는(prominent) 통지가 필요하지만 동의는 요하지 않는다. ③ 공공장소에서 휴대폰으로 방출된 위치 데이터를 고객 프로파일과 일치시켜서 개인화된 광고를 제공하는 경우, 명확하고 눈에 띄는 통지가 필요하며 전자개인정보보호규정 초안 제16조에 따라 직접 마케팅에 대한 동의에 관한 추가 규칙도 적용된다.

331) 이에 대하여 우리나라 개인정보보호법 제3조 제1항과 제2항에 잘 규정하고 있다.

332) Article 29 Data Protection Working Party(2014), pp.16−17.

333) 일본의 경우에도 제3자 제공에 관한 기록 등의 의무로서 개인데이터를 제3자에게 제공하는 경우에는 추적(추적 가능성) 확보의 관점에서 해당 정보를 제공하는 측과 제공받는 측 각각에 대해 규제가 강화되었다. 추적성 확보에는 제3자에게 개인 데이터를 제공하는 측에게는 제공 일자, 제공처 등에 관한 기록의 작성, 해당 기록의 일정 기간 보존을 요구하고 제3자로부터 제공받는 측에는 제공자 정보ㆍ제공일자, 제공자가 해당 개인정보를 취득한 경위 확인, 제공자 정보 및 그 취득 경위에 관한 기록의 작성, 해당 기록의 일정 기간 보존을 요구한다. 개인데이터를 제3자에게 제공하고자 하는 경우에는 미리 본인에게 (ⅰ) 제3자에 대한 제공을 이용 목적으로 하는 사실, (ⅱ) 제3자에게 제공되는 개인정보의 항목, (ⅲ) 제3자에 대한 제공방법, (ⅳ) 본인의 요구가 있으면, 제3자 제공을 정지한다는 사실을 통지하고 본인이 쉽게 알 수 있는 상태에 두는 것이 필요하던 데에서 법개정으로 (ⅴ) 본인의 요구를 받아들이는 방법이 추가되었다. 사업자는 위 5개 항목을 개인정보보호위원회에 신고하여야 하고 개인정보보호위원회가 그 신고내용을 공표하던 데에서 이제는 임의적으로 자사 홈페이지 등에 기재하고, 제3자에게 제공할 수 있게 되었다. 회사는 개인정보를 이용할 필요가 없어진 경우 지체없이 해당 개인정보를 삭제하도록 노력해야 한다는 노력의무가 규정되었다. 이것은 불필요해진 개인정보를 계속 저장함으로써 발생하는 개인정보 유출위험을 회피하는 것이 목적이다.

334) 일본의 경우에도 배려가 필요한 개인정보를 취득할 경우에는 본인의 사전 동의가 필요하며 옵트아웃에 의한 제3자 제공을 금지하고 있다.

335) 개인인 신용정보주체가 신용정보제공ㆍ이용자 등에 대하여 본인에 관한 개인신용정보를 본인이나 본인신용정보관리회사 등에게 전송하여 줄 것을 요구할 수 있도록 하였다(동법 제33조의2 신설).

336) 개인인 신용정보주체는 개인신용평가회사 등에게 개인신용평가 등의 행위에 자동화평가를 실시하는지 여부 등에 대하여 설명을 요구하고, 해당 신용정보주체에게 자동화평가 결과의 산출에 유리하다고 판단되는 정보의 제출 등을 할 수 있도록 하였다(동법 제36조의2 신설).

337) 당뇨병 환자의 몸 밖에 부착하여 인슐린을 공급하여 지속적으로 정상혈당을 유지하게 하는 췌장과 같은 역할을 하는 의료기기인 인슐린 펌프가 해킹에 노출되는 것으로 보고된 바 있다. O'Brien(2016).

338) 동 규정은 2013. 9. 2. 대통령훈령 제316호로 일부 개정되어 당일 시행되었다.

339) 국가사이버안전관리규정을 법률로 제정하기 위하여 2006년 이후 사이버 안보 관련 법안이 발의되고 폐기되는 과정을 거친 후 2016. 5. 30. 이철우의원이 대표발의한 국가사이버안보에관한법률안과 2017. 1. 3. 정부가 발의한 국가사이버안보법안이 국회에서 논의되었

다. 동 법안에서는 국가안보를 위협하는 사이버공격을 신속히 차단하고 피해를 최소화하기 위하여 국가사이버안보위원회를 설치하고(안 제5조), 국가기관·지방자치단체 및 국가적으로 중요한 기술을 보유·관리하는 기관 등을 책임기관으로 하여 소관 사이버공간 보호책임을 부여하며(안 제6조 및 제7조), 사이버위협정보의 공유와 사이버공격의 탐지·대응 및 사이버공격으로 인한 사고의 통보·조사 절차를 정하는 등 국가사이버안보를 위한 조직 및 운영에 관한 사항을 체계적으로 정립하려는 것이다. 구체적으로 사이버안보를 위한 예방활동으로 사이버안보 기본계획 및 시행계획의 수립(안 제10조), 사이버안보 실태의 평가(안 제11조), 사이버위협정보의 공유(안 제12조)를 하고 사이버안보를 위한 대응활동으로 사이버공격의 탐지 등(안 제14조), 사이버공격으로 인한 사고의 통보 및 조사(안 제15조), 사이버위기경보의 발령 및 사이버위기대책본부의 구성(안 제16조 및 제17조)을 하도록 하였다.

340) 행정안전부·한국정보화진흥원(2019) 1면 참조.

341) 행정안전부·한국정보화진흥원(2019) 1면 참조.

342) 디바이스·센서와 게이트웨이 간 통신 주파수에 노이즈를 발생시키거나, 동시에 동일한 주파수에 접속 또는 신호의 위·변조로 실제 정상 신호를 방해하는 방법 등으로 보안을 위협할 수 있다.

343) 행정안전부/한국정보화진흥원(2019) 97-98면 참조.

344) 사물인터넷 게이트웨이는 수많은 사물인터넷 기기와 외부 환경(WAN)과의 연결점으로써 사물인터넷 기기로부터 방대한 센싱 데이터가 송·수신되고, 사물인터넷 기기의 제어 및 관리가 이루어지므로 악의적인 공격자의 공격위협이 존재한다.

345) 그밖에도 (ⅰ) 프로토콜 변환 과정에서 데이터 기밀성을 유지하고, 악의적인 위·변조를 방지할 수 있어야 하고, (ⅱ) 임의의 메시지를 주입하여 발생할 수 있는 보안 위협에 대응할 수 있어야 하며, (ⅲ) 송·수신 데이터는 불법적인 스니핑(sniffing) 또는 도청 방지를 위해 암호화된 형태로 전송되어야 하며, (ⅳ) 프로토콜 취약점을 이용한 공격을 감내(Fault tolerant)할 수 있어야 하며, (ⅴ) 프로토콜 변환, 통신 방식 변환 과정에서 보안 정책이 일관성을 갖고 적용될 수 있도록 하여야 하며, (ⅵ) 방화벽, IPS와 같은 수단을 통해 네트워크 침입 탐지 및 네트워크 트래픽 제어를 할 수 있어야 하며, (ⅶ) 사물인터넷 네트워크 및 기기에 대한 모니터링 기능을 지원하고, 오작동·악의적인 조작·트래픽 폭증과 같은 이상 징후를 탐지할 수 있어야 하며, (ⅷ) 사물인터넷 서비스 제공 지원을 위한 보안 터널링(Secure Tunneling) 기능을 제공해야 하며, (ⅸ) 선택적으로 자신에게 연결된 사물인터넷 기기로 구성된 그룹의 생성, 관리 및 그룹 키 관리 기능을 제공하도록 할 수도 있다. 행정안전부·한국정보화진흥원(2019) 99~100면의 내용을 요약, 재구성함.

346) 사물인터넷 서비스 플랫폼은 제공 서비스 및 사용자, 기기 등을 관리하고, 센터 시스템과 각 기기 간의 연결기능을 제공하는데, 사물인터넷 환경의 특성상 각 장치들은 사용자의 민감정보를 수집할 가능성이 높으므로 이러한 데이터는 처리 과정에서의 보안이 필수적이다.

347) (ⅰ) 플랫폼: 기존 인터넷망 및 업무망과 물리적 또는 논리적으로 분리하여야 하며, 인터넷망 또는 업무망과 연계가 필요한 경우 연계구간을 지정하여 운영; (ⅱ) 플랫폼, 서비스-단말기, 플랫폼/서비스-게이트웨이 간 송·수신하는 메시지: 메시지 인증 코드(MAC) 등을 이용하여 메시지에 대한 무결성을 검증; (ⅲ) 서비스 플랫폼의 데이터 전송: 서비스 기능에 부합하는 데이터만 전송하고, 개인을 식별할 수 있거나 유추할 수 있는 데이터 또는, 다른 데이터와 연관하여 주요 정보가 될 수 있는 데이터 등은 전송하지 않도록 함; (ⅳ) 수집되는 데이터: 임계 범위 설정 등을 통해 유효 값인지 검증; (ⅴ) 단말기 도난, 탈취, 분실, 파괴 등의 식별: 관리 단말목록, 동작 상태, 업데이트 정보 등 관리; (ⅵ) 로그 유지 및 감시: 데이터에 대한 접근기록과 단말기, 게이트웨이, 서버 등의 장비에 대한 접

근기록을 유지하고 비정상적인 접근을 주기적으로 감시; (vii) 트래픽 모니터링: 디바이스, 게이트웨이, 서버에 대한 악성코드 감염, 해킹 등의 비인가 접근, 오작동, 불능 등의 비정상 행위를 식별하고 차단; (viii) 개인정보 등 민감 정보 수집: 해당 정보를 통해 가공되는 정보가 최소한의 개인정보를 포함하도록 정책 수립. 행정안전부/한국정보화진흥원(2019), 100-101면의 내용을 요약, 재구성함.

348) 동법 제6장(정보통신망의 안정성 확보 등) 참조.

349) 방송통신위원회 고시 제2013-3호

350) 직접적으로 IoT 보안과 관련하여 2019년 10월 28일 노웅래 의원이 발의한 정보통신망법 개정안에서는 정보통신망 연결기기등에 대한 정보보호지침을 마련하여 권고하고, 정보통신망 연결기기등과 관련된 침해사고가 발생하는 경우 관계 중앙행정기관에게 피해 확산 방지 조치를 요청하는 등 침해사고에 대한 대응방안을 마련하는 한편, 정보통신망 연결기기등에 대한 정보보호인증을 실시할 수 있도록 함으로써 정보통신망 연결기기등의 안전성 및 신뢰성 확보를 위한 제도적 장치를 마련하고자 한다(안 제45조, 안 제48조의5 및 제48조의6 신설 등).

351) 동법은 2018년에 제정되어 2020. 1. 1. 발효하였다. Senate Bill No. 327 An act to add Title 1.81.26 (commencing with Section 1798.91.04) to Part 4 of Division 3 of the Civil Code, relating to information privacy. [Approved by Governor September 28, 2018. Filed with Secretary of State September 28, 2018.] The National Law Review(2020).

352) 1798.91.04(a).

353) 1798.91.05(c).

354) 1798.91.05(a).

355) 1798.91.05(d).

356) 1798.91.05(e).

357) 1798.91.05(b).

358) Oregon House Bill 2395는 ORS 646.607을 개정하여 2020. 1. 1. 발효하였다.

359) The National Law Review(2019).

360) The National Law Review(2019).

361) Id. 앞서본 바와 같이 캘리포니아주법(CA Civ. Code §1798.91.04 (2018))도 "합리적인 보안 기능(reasonable security features)"이라는 용어를 사용한다는 점에서 오레곤주법은 캘리포니아의 법률과 유사하다.

362) Oregon's New IoT Law, The National Law Review July 3, 2019.

363) 1798.91.06 (a).

364) 1798.91.06 (b).

365) 1798.91.06 (c).

366) 1798.91.06 (d).

367) The White House Office of the Press Secretary(2013).

368) National Institute of Standards and Technology(2018).

369) NIST의 사이버보안체계에 있어서의 역할은 NIST에게 자발적이고 업계 주도적인 사이버보안 표준과 중요한 인프라에 대한 모범 사례 개발을 촉진하고 지원하도록 하는 2014년 사이버보안강화법(Cybersecurity Enhancement Act of 2014)에 의해 강화되었다. Public Law 113-274. NIST.

370) 지금까지 연방거래위원회는 사기적 거래 관행에 대하여만 대응하였다.

371) John Peatross(2018).

372) NDAA(2019), p.14.

373) ISO; Richard Kemp(2017), p.6.

374) 2020. 1. 9. 상원에서 양당 합의로 통과한 이 법률은 점점 더 증가하는 수의 연결 및 상호
연결된 IoT 기기의 잠재력과 개발의 극대화를 주요 목표로 IoT를 관리할 정책을 다루는
데, 이는 디지털 시대에 미국의 글로벌 경쟁 우위를 유지하는 전략을 위한 것이다. 동 법
률은 연결된 사물인터넷 기술의 성장을 촉진하는 방법에 대한 권고를 의회에 제안하는
일을 맡고 있는 민간 및 학계의 전문가들과 연방기관의 실무 그룹을 소집한다. 상무부가
연방 이해 관계자의 작업반을 소집하여 증가하는 수의 사물인터넷에 관하여 의회에 권장
사항을 제공하고 보고하도록 요구하고 있다(Sec.4(a)). 이 법률은 작업반에 법률, 예산, 주
파수 요구, 개인정보보호, 보안, 소규모 비즈니스 과제 및 IoT 이후의 국제 소송 또는 협
상에 대해 조언하는 관리위원회를 설치한다(Sec.4(e)). 작업반의 권고는 미국에서 사물인
터넷의 개발 및 배포를 계획하고 장려하는 방법에 중점을 둔다. 또한 DIGIT법은 연방통신
위원회(FCC)가 사물인터넷을 지원하는 데 필요한 주파수의 범위를 평가하는 보고서 작성
의무를 부과한다(Sec.5(e)). 동법은 사물인터넷의 잠재력을 최대한 실현하고 민간 및 공공
부문이 협력하여 연결된 기술에 대한 정보를 잘 갖춘 정책을 만들고자 한다. 이 법률은
연방 정부와 기술 산업 간의 협력관계를 개선하고 안전한 IoT 장치의 추가 배포 기회를
창출하기 위한 것이다. Senate(2020). 상원의원 Deb Fischer (R-Neb.), Brian Schatz
(D-Hawaii), Cory Gardner (R-Colo.) 및 Cory Booker (DN.J.)가 재제출한 것이다.
375) 과학기술정보통신부(2017).
376) 인터넷진흥원, 「IoT 보안인증서비스」.
377) 2019. 3. 12. 유럽연합(EU) 의회를 통과하였다.
378) "사물인터넷의 GDPR? 유럽연합, 새 사이버 보안법 준비 중", 보안뉴스, 2018. 7. 17.자 기사.
379) 이근우(2019).
380) 개인정보보호법 제29조.
381) 행정자치부 고시 제2014-7호.
382) 동 고시는 개인정보보호법 제24조 제3항 및 제29조와 동법 시행령 제21조 및 제30조에 의
거한다.
383) Chris Cwalina and others(2019). 일리노이 주지사는 개인정보보호법(SB 1624)에 대한 개정
안에 서명해야하며, 기업은 최소 500명의 일리노이 주민과 관련된 위반에 대해 검찰총장
에게 통지해야한다. 검찰총장은 또한 위반에 관한 정보를 게시할 수 있다. 온라인소비자
정보의 개인정보를 보호하기 위한 Maine주의 새로운 법률(LD 946)은 ISP가 동의 없이 소
비자 데이터를 사용, 판매 또는 배포하는 것을 금지한다. 2020년 7월 1일부터 시행되는
이 법은 Maine주의 ISP가 고객에게 불이익을 주거나 할인을 제공하는 등 ISP가 고객의 데
이터를 판매할 수 있도록 고객에게 압력을 가하는 것을 금지할 것이다. 메릴랜드 개인정
보보호법 개정안(HB 1154)은 2019년 10월 1일부터 시행된다. 그 중에서도 개정법은 다음
과 같다. (1) 법의 적용대상 사업자를 메릴랜드주민의 개인정보를 소유하거나 라이센스하
거나 또는 보유하는 사업자로 확대한다. (2) 유출에 책임이 있는 사업자가 해당 데이터
소유자 또는 라이센스 사용자에게 통지에 필요한 정보를 청구하는 것을 금지한다. (3) 비
즈니스가 유출에 관한 통지를 제공하거나, 적용가능한 개인정보를 보호 또는 보안을 유지
하고, 특정한 정보보안기관에 장래 유출을 경고하고 회피하기 위한 통지를 제공하는 것
이외의 목적으로 "유출 관련 정보"를 사용하는 것을 금지한다. 매사추세츠주 데이터유출
통지법(HB 4806)에 대한 개정은 2019년 4월 11일에 발효되었다. 이 개정은 유출에 주민의
사회보장번호가 관련된 경우 18개월 동안 무료 신용모니터링을 제공해야한다. 더욱이, 유
출통지는 지연을 피하기 위해 지속적으로 제공되어야한다. 노출된 데이터가 제3자 소유인
경우 통지는 해당 제3자를 식별해야한다. 마지막으로, 기업은 주 정부 규제 기관에 "서면
정보 보안 프로그램"을 유지하고 있는지 고지하여야 한다. 2019년 9월 1일부터 뉴저지의
법률(S. 52)은 "개인정보"의 정의를 확장하여 사용자의 온라인 계정과 관련된 사용자 이

름, 이메일 주소, 비밀번호 및 보안 질문 및 답변을 포함한다. 유출이 발생하면 사업체는 서면 또는 전자 통지를 통해 영향을 받는 뉴저지 주민에게 이를 통지하여 해당 사업체와 관련된 로그인 자격 증명 및 동일한 사용자 이름 또는 이메일 주소, 비밀번호 또는 보안 질문/답변을 사용하는 다른 계정을 즉시 변경하도록 지시해야 한다. 중요한 것은 주민의 이메일 계정이 보안 유출의 대상인 경우 해당 사업체는 해당 이메일에 전자 통지를 할 수 없다. New York주는 해킹 방지 및 전자 데이터 보안 개선법(SB5575B) 개정으로 보안유출 보호 범위를 (1) 생체 인식 데이터, (2) 보안 코드가 없는 계정 번호 및 신용 카드 또는 직불 카드 번호, (3) 사용자 이름, 이메일 주소, 비밀번호 및 보안 질문과 답변까지 확대하였다. (1) 권한이 없는 사람이 부주의로 공개한 결과 유출이 발생하고 기업이 해당 유출이 재정적 또는 정서적 피해를 가져오지 않는다는 것을 합리적으로 발견한 경우 또는 (2) 해당 기업이 이미 연방 또는 다른 뉴욕 규정에 따라 통지를 발송한 경우 유출 통지 발행 의무에서 면제된다. 또한, "유출"의 정의는 개인정보의 획득과 더불어 무단 접근을 포함하도록 확대되었다. 또한 기업은 다음과 같은 절차를 통해 정보를 보호하기 위해 "합리적인 보호 조치"를 취해야 하나 이에 제한되지 아니한다. 즉, 보안 프로그램을 구현하고 감독하는 직원의 지정 및 교육; 보안 프로그램의 효과를 정기적으로 테스트하고 필요한 수정을 할 것; 더 이상 사용되지 않는 개인 정보의 즉각적 삭제. 또한, 뉴욕 검찰총장은 2년이 아닌 3년 기한 동안 이 법을 위반한 기업에 대해 소송을 제기할 것이다. 2020년 1월 1일부터 오레곤 소비자정보보호법(Oregon Consumer Information Protection Act; SB 684)은 데이터유출 통지요건을 공급업체에게까지 확대한다. 공급업체는 유출이 250명 이상의 소비자와 관련이 있거나 영향을 받는 개인의 수를 알 수 없는 경우 검찰총장뿐만 아니라 보안 위반을 발견한 날로부터 10일 이내에 계약된 "대상 법인"에게 통지해야한다. 해당 대상이 이미 검찰총장에게 통지한 경우 공급업체는 검찰총장에게 통지할 필요가 없다. 법은 또한 "개인정보"의 정의를 확장하여 "소비자 계정에 대한 접근을 허용할 목적으로 소비자를 식별하는 사용자 이름 또는 기타 수단"을 포함한다. 2020년 1월 1일부터 텍사스 신원 도용 집행 및 보호법(Texas Identity Theft Enforcement and Protection Act; HB 4390) 개정에 따라 기업은 유출이 최소 250명의 텍사스 주민에게 영향을 미치는 경우, (1) "불합리한 지연" 없이 해당 유출을 발견한 후 60일 이내에 해당 개인 및 (2) 유출을 확인한 후 60일 이내에 텍사스 검찰총장에게 유출 통지를 보내야한다. 또한 이 법률은 "텍사스 주, 다른 주 및 관련 외국 관할 구역에서 데이터 개인정보보호법을 연구할 15명의 임명직으로 구성"된 Texas 개인 정보보호자문위원회를 설립한다. Washington주 법안(HB 1071)에 따라 2020년 3월 1일부터 "개인정보"의 정의가 다음 범주를 포함하도록 확장되었다. 생년월일; 전자 기록에 서명하기 위한 고유한 개인 키; 학생, 군대 또는 비밀번호 식별 번호; 의학 정보; 생체 정보; 온라인 로그인 자격 증명. 사업자들은 유출이 해당 전자 메일 계정과 관련된 자격 증명과 관련되지 않은 경우 유출통지를 전자메일로 보낼 수 있다. 유출이 500명 이상의 주민에게 영향을 미치는 경우, 해당 기관은 노출된 정보의 유형, 노출 기간, 유출을 해결하기 위한 조치 및 영향을 받는 개인들에게 송부한 통지사본을 검찰총장에게 통지해야 한다. 통지 당시에 검찰총장에게 제공해야하는 정보를 알 수 없었던 경우, 그 기관은 검찰총장에게 업데이트된 통지를 해야 한다. 마지막으로, 법은 이전의 45일 통지 기한을 30일로 단축한다.

384) 2016. 11. 7. 통과되었고 정식명칭은 중화인민공화국 네트워크안전법이다.

385) 2016. 7. 6.에 제정된 EU 네트워크 정보보안(Network Information Security: NIS) 지침은 주로 독일의 2015년 사이버 보안법을 기반으로 하였는바 EU회원국은 2018. 5. 9.까지 이를 국내법화하여야 한다. 이에 따라 독일, 프랑스, 영국, 스페인 등의 국가가 이를 국내법으로 입법하였다. NIS Directive(2016), pp.1 – 30.

386) Article 29 Data Protection Working Party(2014), pp.21 – 22.

387) 総務省(2016).

388) Article 29 Data Protection Working Party(2014), pp.22-23.

389) (ⅰ) 위치 추적을 방지하기 위해 기기 제조업자는 무선 인터페이스를 사용하지 않을 때 무선 인터페이스를 비활성화하여 기기 지문을 제한하거나 또는 임의식별자(예컨대, Wi-Fi 네트워크를 스캔하기 위한 임의의 MAC 주소)를 사용하여 영구식별자가 위치 추적에 사용되지 않도록 할 것.

390) (ⅰ) 기기 제조업자는 보안 취약점이 발견되면 사용자에게 고지하고 기기를 업데이트할 수 있는 간단한 도구를 제공할 것. 기기가 더 이상 사용되지 않고 더 이상 업데이트되지 않으면 기기 제조업자는 사용자에게 기기가 더 이상 업데이트되지 않을 것임을 고지하고 분명히 알도록 할 것. 취약점의 영향을 받을 가능성이 있는 모든 이해 관계자들에게도 고지할 것.
    (ⅱ) 기기 제조업자는 보안설계(Security by Design) 과정을 따르고 일부 구성 요소를 주요 암호화 기본 요소에 사용할 것.

391) (ⅰ) 집계된 데이터는 표준화된 형식일 것, (ⅱ) 기기 제조업자는 표준화기구 및 데이터 플랫폼과 협력하여 공통 프로토콜을 개발할 것.

392) US Federal Trade Commission(2015).

393) Article 29 Data Protection Working Party(2014), p.23.

394) (ⅰ) 센서가 데이터를 수집하고 있음을 사용자에게 주의 또는 경고의 형식으로 자주 알려야 한다. 응용 프로그램 개발자가 기기에 직접 접근할 수 없는 경우 앱은 사용자에게 여전히 데이터를 기록하고 있음을 알리기 위해 정기적으로 알림을 보내야 한다.
    (ⅱ) 응용 프로그램은 데이터주체가 IoT 기기가 수집한 개인정보에 대한 접근, 수정 및 삭제 권한을 용이하게 행사할 수 있도록 하여야 한다.
    (ⅲ) 응용 프로그램 개발자는 데이터 주체가 원시 및/또는 집계된 데이터를 표준 및 사용 가능한 형식으로 내보낼 수 있는 도구를 제공하여야 한다.
    (ⅳ) 개발자는 처리중인 데이터 유형과 그들로부터 민감한 개인데이터를 유추할(inferring) 가능성에 특히 주의하여야 한다.
    (ⅴ) 응용 프로그램 개발자는 데이터 최소화 원칙을 적용하여야 한다. 즉 개발자는 집계된 데이터(aggregated data)를 사용하여 목적을 달성할 수 있는 경우 원시 데이터(raw data)에 접근하지 말고, Privacy by Design 접근 방식을 따르되 서비스 제공에 필요한 데이터 수집량을 최소화하여야 한다.

395) Default settings of social applications based on IoT devices should ask users to review, edit and decide on information generated by their device before publication on social platforms.

396) Information published by IoT devices on social platforms should, by default, not become public or be indexed by search engines.

397) Article 29 Data Protection Working Party(2014), p.23.

398) Article 29 Data Protection Working Party(2014), p.24.

399) 전안법 제2조 제1호.

400) 전안법 제2조 10호 가목.

401) 전안법 제2조 12호 가목.

402) 전안법 제5조 제1항. 일본의 경우에도 「전기용품안전법」이라는 법률이 있다. 전자제품에 해당하는 경우에는 제품에 PSE 마크를 표시할 의무가 있다. 전기용품 중 특정전기용품은 등록검사기관의 검사가 필요하며, 기타 전기용품에 대해서는 자체 검사로 충분하다. 만일 자체검사의 결과, 기준을 충족하지 못한 경우에는 행정기관에서 개선명령, PSE 마크의 표시 금지, 위험 조치 명령 등의 조치가 취해진다. 中野秀俊.

403) 전안법 제15조 제1항.

404) 의료기기법 제2조 제1항. 다만, 「약사법」에 따른 의약품과 의약외품 및 「장애인복지법」 제65조에 따른 장애인보조기구 중 의지(義肢)·보조기(補助器)는 제외한다.

405) 일본에서 의료 관련 기기의 경우에는 「의약품, 의료기기 등의 품질, 유효성 및 안전성 확보 등에 관한 법률」(약기법)을 준수해야 한다. 특히 의료기기가 의약품·의약 기기 등 법상 의료기기에 해당하는지가 문제된다. 약기법에서는 ⅰ) 사람 또는 동물의 질병의 진단, 치료 또는 예방에 사용되는 것, ⅱ) 사람이나 동물의 신체 구조나 기능에 영향을 미치는 것이 목적으로 되어있는 것이 의료기기에 해당한다. 약기법 시행령에는 '의료기기'에 해당하는 「프로그램」의 종류가 열거되어 있다.

406) 법률 제15945호 일부개정 2018. 12. 11.

407) 인체에 미치는 잠재적 위해성이 낮아 고장이나 이상이 발생하더라도 생명이나 건강에 위해를 줄 우려가 거의 없는 의료기기로서 식품의약품안전처장이 정하여 고시하는 의료기기의 경우 품목류별 제조허가, 제조인증 또는 제조신고를 하고 그외의 의료기기는 품목별 제조허가, 제조인증 또는 제조신고를 한다.

408) 厚生労働省医薬食品局監視指導·麻薬対策課長(2014).

409) ① 일상적인 건강관리를 위해 개인의 건강상태를 나타내는 측정치(체중, 혈압, 심장박동수, 혈당수치 등)를 표시, 전송, 저장하는 프로그램, ② 전자 혈압계 등 의료기기에서 얻은 데이터를 전송하고 개인의 기록관리용으로 표시, 저장, 그래프화하는 프로그램, ③ 개인의 복약 이력 관리 및 모자의 건강 기록 관리를 위해 기존의 약수첩과 모자수첩의 정보의 일부 또는 전부를 표시, 기록하는 프로그램, ④ 개인의 건강 기록 데이터를 단순한 기록을 위해 건강관리서비스 제공자와 공유하는 프로그램(진단에 사용하지 않는 것에 한한다), ⑤ 휴대 정보 단말기 내장 센서 등을 이용하여 개인의 건강정보(신체 움직임 등)를 감지하여 생활환경의 개선을 목적으로 가전 기기 등을 제어하는 프로그램, ⑥ 휴대 정보 단말기 내장 센서 등을 이용하여 개인의 건강정보(보행 등)를 감지하고 건강 증진과 체력 향상을 목적으로 생활 개선 메뉴의 제시 및 실시 상황에 맞는 조언을 하는 프로그램, ⑦ 건강진단을 위해 성명 등의 수진자 정보, 접수 정보, 검사 항목, 검사 장비의 사용 및 문진하는 의사의 일정 등 건강진단의 실시에 관한 정보 및 건강진단의 검사·진단 데이터를 관리하고 건강진단결과의 통지표를 작성하는 프로그램, ⑧ 건강진단결과를 입력, 저장, 관리하고 수진자에 대한 보고용 데이터와 결과를 표형식 등으로 만드는 프로그램, ⑨ 보건지도의 지도 상황을 입력, 저장, 관리, 실적보고를 위한 데이터를 생성하는 프로그램, ⑩ 건강검진의 문진결과, 수진자의 생활습관관련 정보, 생활습관개선 지도상황, 개선에 대한 정보를 입력, 저장, 관리, 생활습관의 개선을 위해 학회 등에 의해 미리 설정된 보건지도 통보 후보로부터 해당 후보를 제시하는 프로그램 厚生労働省医薬食品局監視指導·麻薬対策課長(2018).

410) Article 29 Data Protection Working Party(2014), p.23−24.

411) Users of IoT devices should inform non−user data subjects whose data are collected of the presence of IoT devices and the type of collected data. They should also respect the data subject's preference not to have their data collected by the device.

412) Chike Patrick Chike(2018), p.11; Peppet, S. R.(2014).

413) Chike Patrick Chike(2018), p.11; K. Rose and others(2015).

414) Chike Patrick Chike(2018), p.12; K. Rose and others(2015).; Peppet, S. R.(2014).

415) Chike Patrick Chike(2018), p.12; Peppet, S. R.(2014).

416) Chike Patrick Chike(2018), p.12; Peppet, S. R.(2014).

417) Chike Patrick Chike(2018), p.12; Peppet, S. R.(2014).

418) 동시행령 제25조 제1호 내지 제4호. 일본의 경우, 무선 LAN 등의 통신을 할 경우 技適 마크가 부착된 장비를 사용한다면 사용자는 면허의 취득을 요하지 않고 있다. 따라서 이러

한 IOT 장치를 판매하는 사업자는 技適 마크를 취득할 필요가 있다. 技適 마크를 획득하기 위해서는 국가의 등록을 받은 등록 증명 기관에서 "기술 기준 적합 증명"과 "공사설계 인증"을 취득해야한다. 기술기준적합증명은 총무대신의 등록을 받은 자(등록인증기관) 등이 특정무선설비에 대하여 전파법에 규정된 기술기준에 적합한지 여부에 대한 판정을 무선설비별로 실시하는 제도이다. 등록인증기관은 총무성령으로 정하는 바에 따라 무선설비 각각에 대한 시험(총무대신이 고시하는 시험 방법 또는 이와 동등 이상의 방법 (특성시험의 시험 방법에 의한)) 등의 심사를 실시하는 등으로 증명한다. 공사설계인증은 특정무선설비가 기술기준에 적합한지 여부의 판정에 대해 그 설계도(공사설계) 및 제조 등의 취급 단계에서 품질관리방법(확인 방법)을 대상으로 등록인증기관이 실시하는 인증제도이다. 総務省　電波利用ホームページ.

419) 자동차관리법 제2조 제1의3.
420) 자동차관리법 제27조 제1항.
421) 위치정보법 제2조.
422) 위치정보법 제15조 제1항.
423) 위치정보법 제2조 제2호.
424) 위치정보법 제9조.
425) 위치정보법 제19조.
426) 위치정보법 제23조.
427) 의료법 제27조 제1항.
428) 응급의료에 관한 법률 제2조 제1호에 의한다.
429) 의료법 제33조 제1항.
430) 의료업에 종사하는 의사·치과의사·한의사만 해당한다.
431) 의료법 제34조 제1항.
432) 최은수(2018), 150면.
433) Jodie Fothergill/Karl H. Lincke(2016).
434) Article 29 Data Protection Working Party(2014), p.24.

제 5 장 블록체인과 법

I. 서 론

블록체인(Blockchain)은 정보통신기술(ICT)의 융합으로 이루어낸 4차 산업 혁명시대에서 신뢰성을 강화하고 효율성을 제공하는 기반 기술로서 4차 산업혁명의 바탕이 되는 기술이라 할 수 있다. 이는 다수의 참가자가 일련의 동기화된 원장을 공동으로 관리하는 탈중앙적인 분산원장체제를 이루기 때문에 다른 말로는 분산원장기술(Distributed Ledger Technology, DLT)이라고 한다. 블록체인은 2009년 나카모토 사토시라 자칭하는 익명의 개발자가 구현하였고 비트코인(Bitcoin)이 바로 그가 공개키(public key) 암호방식과 작업증명(proof-of-work)으로 구성된 합의 알고리즘을 결합하여 만든 암호화폐(crypto-currency)이다.435)

세계경제포럼(WEF)은 블록체인 기술의 파급효과에 대한 보고서에서 블록체인을 세상을 바꿀 21개 기술 중 하나로 꼽았고, 미구에 전 세계 GDP의 10%가 블록체인 기술로 저장될 것이라는 예측을 내놓았으며, 블록체인은 그러한 파급효과로 인하여 제2의 인터넷으로 불린다.436) 블록체인 기술은 공동분산원장을 통하여 대량 거래가 각 거래참가자마다 증빙을 동일하게 보유함으로써437) 기존 중앙집중형 네트워크 기반의 인프라에 비하여 높은 보안성, 확장성, 투명성 등을 보장할 수 있다. 그러나 블록체인의 기술적 단점에 대한 의문도 새로이 제기되고 있고 암호화폐에 대한 투기나 범죄는 블록체인 기술의 부정적 측면을 부각시키고 있다.

이에 블록체인 기술에 대한 법적 대응이 관심을 끌고 있는바 특히 암호화폐에 대한 규제를 비롯하여 블록체인 기술을 적용한 스마트 계약과 대안적 어플리케이션의 등장, ICO방식에 의한 자금의 공모 등 현행 법체계로 수용하기 힘든 새로운 현상에 대한 대처438)와 블록체인 플랫폼에 대한 해킹439)과 사기 등 리스크의 법적 관리의 필요 등이 지적되고 있다.

이러한 문제의식하에 본절에서는 먼저 (ⅰ) 블록체인의 개념과 법적 쟁점 등을 개관하고 이어 (ⅱ) 블록체인 거래의 법률관계, (ⅲ) 암호화폐의 법률관계 및 (ⅳ) 블록체인을 통한 자금조달의 법적 문제, (ⅴ) 블록체인 단체법 및 (ⅳ) 블록체인거래에 대한 과세 문제를 순차로 고찰한다.

Ⅱ. 블록체인의 개관

1. 블록체인의 개념과 유형

가. 블록체인의 개념

블록체인이란 데이터가 중앙 서버에 집중되지 않고 네트워크의 여러 컴퓨터에 분산해서 저장되는 시스템이다.[440] 특정한 여러 정보를 담은 컴퓨터 코드들로 이뤄진 블록(Block)들이 서로 유기적으로 묶여 사슬처럼 이어져 있어 블록체인(Blockchain)이라 부른다.[441] 블록체인은 종래의 기록시스템과는 달리 특정의 제3기관(Trusted Third Party)의 중앙서버에 기록·저장하는 것이 아니라 온라인 P2P(Peer-to-Peer) 네트워크에 분산하여 모든 참가자가 거래내역을 기록하고 그 기록된 원장 전체를 각각 보관하고 이를 갱신하는데 그 특징이 있다.[442]

나. 블록체인의 유형

블록체인 참가의 성격과 범위, 작업증명의 참가권한에 따라 공개 블록체인(Public Blockchain),[443] 비공개 블록체인(Private Blockchain),[444] 하이브리드 또는 컨소시엄 블록체인(Hybrid or Consortium Blockchain)으로 나뉜다. 공개 블록체인은 참여 컴퓨터를 의미하는 노드(node)[445]에 제한이 없고 누구든지 블록체인의 데이터를 읽고, 쓰고, 검증할 수 있으며 완전 분산기장 형태로서 네트워크상의 합의로 거래를 승인한다.[446] 비공개 블록체인은 읽기, 쓰기, 합의 과정에 참여할 수 있는 참여자는 미리 지정되어 있으나 필요에 따라 특정 참여자를 새로 추가하거나 제외할 수 있다. 한 주체가 통제하는 기업형 블록체인으로 기존의 중앙집중식 데이터베이스에 암호감사기능(Cryptographic auditability)이 추가된 형태라고 볼 수 있다. 참여자들이 시장의 유지를 위해서 스스로 활동하므로 그들을 위한 암호화폐와 같은 유인책이 필요하지 않다는 점에서 유인책을 필요로 하는 공개 블록체인과 구성방법이 다르다는 점에 유의할 필요가 있다. 그 외 하이브리드 블록체인은 공개 블록체인과 비공개 블록체인을 혼용한 형태로서 미리 선정된 여러 기관이 참가하여 이들이 합의한 규칙에 따라 거래를 하는 형태이다.[447]

2. 블록체인 기술의 효용과 문제점

가. 블록체인 기술의 장점

블록체인 기술은 공인된 제3자의 중개기관이 없이 개인 간 거래를 가능하게 하는 탈중개성(脫仲介性), 쉽게 블록을 구축하여 연결하고 새로운 아이디어를 수용할 수 있는 확장성(scalability), 모든 사용자가 거래장부를 분산, 저장 관리함으로써 네트워크 일부의 장애로 전체 블록체인에 영향을 받지 않는 보안성(security)[448], 확인 저장된 데이터는 영구적으로 보관되고 불변적(immutable)이어서 거래를 용이하게 추적할 수 있는 투명성(transparency)을 가진다는 점에서 큰 장점이 있다.

나. 블록체인 기술의 적용분야[449]

블록체인 기술이 적용되는 분야를 금융업과 비(非)금융업으로 구분하여 볼 수 있다. 우선 블록체인은 공인인증서를 대체하는 인증수단으로 활용할 수 있고, 송금, 무역금융, 보험, 주식 및 채권 발행 및 거래기록 관리와 핀테크 플랫폼 등의 금융 분야에서 활용된다. 비금융분야로는 투표, 부동산, 자동차 등 자산의 소유권 관리와 우편서비스, 회계감사, 사물인터넷(IoT) 및 공급사슬 관리, 디지털 음원 및 저작권 보호, 에너지, 의료정보, 공유경제, 기부, 복지, 공공서비스 분야 등에서 블록체인기술을 활용할 수 있다.

다. 블록체인 기술의 문제점[450]

블록체인은 다양한 장점에도 불구하고 그에 대한 비판과 우려의 의견도 있다. 블록체인의 한계로는 특히 공개 블록체인의 경우, 참여자에게 동등한 지위와 권한을 부여하므로 정부, 관리기관, 투자자, 발행자 등 각각의 역할이 상이한 금융시장의 자산거래에는 적용하기가 쉽지 않다. 일반적으로 공개 블록체인의 보안은 암호와 각 블록체인 플랫폼이 제공하는 금전적 이익에 의해 유지되므로 더 큰 경제적 동기를 부여하여 시스템 자체를 무너뜨릴 수 있다. 또한 공개 블록체인 플랫폼상의 합의에 시간이 걸려 실시간 금융거래가 불가능한 문제가 있다.[451] 또한 네트워크의 확장이 어렵고 거래 속도가 느리다는 제약이 있다.[452] 그리고 기록에 문제가 생기거나 시스템이 공격에 노출될 경우, 중간에서 해결해 줄 기관이 없어 시스템 유지비용이 소요되고 복잡성과 불완전성이 있다는 비판을 받고 있다.[453] 그러나 이는 대체로 기술적 문제로서 조만간 해결될 것으로 전망된다.[454]

3. 블록체인의 법적 수용

블록체인은 사회를 구성하는 개인들이 공적 관계를 맺는 방식을 근본적으로 바꾸어버린다는 측면에서 하나의 '혁명'으로 부르기도 한다.[455] 블록체인은 장부의 관리를 특정 주체에 맡기는 집중형 구조 대신 각 참가자가 인터넷 등에서 기본적으로 동일한 장부를 공유하는 분산형 방식에 의해 동시에 각종 자산·권리의 소재와 이전의 기록을 가능하게 하는 등 중앙권력을 분산시키고도 사회 시스템이 잘 돌아가도록 만드는 점에서 혁신적이다.

블록체인 기술을 널리 이용하려면 그 전제로 블록체인 분산원장기록에 법적 효력이 인정되어야 할 것인바 블록체인기록의 전자문서성을 인정할 수 있고,[456] 전자서명수단에 블록체인을 포함하고 있어,[457] 블록체인 기술을 문서로 활용할 수 있는 법적 근거가 확보되었다고 할 수 있다. 국제적으로도 일부 국가와 미국의 일부 주에서 블록체인이나 분산원장 관련 기록에 법률적 효력을 부여하는 입법을 하는 등 전면적으로 수용되고 있다.

4. 블록체인에 대한 법적 규제

가. 블록체인에 대한 법적 규제의 필요성

블록체인 특성상 가해자의 특정이 곤란한 경우가 많이 발생할 것이고 또한 가해자가 인공지능인 경우 누가 책임을 질 것인가를 결정해야 한다. 블록체인 기술을 사용한 암호화폐가 도박, 마약, 무기 등의 암시장 거래, 불법 상속과 증여, 탈세, 비자금이나 범죄 자금의 돈세탁 용도로 사용되는 등 익명성을 보장해주는 블록체인 기술을 악용한 불법거래가 횡행하고 있다.[458] 또한 처음부터 관여 주체들이 공모하여 거짓된 정보를 분산원장에 기재할 수도 있고 블록체인 기술 기반의 스마트 계약의 내용이 불법, 불공정 또는 반사회적일 때에도 이를 취소하거나 중단할 수 없다는 문제도 있다.

나. 블록체인과 프라이버시 보호의 난점

블록체인 기술은 프라이버시 보호와 충돌하고 있다. 공개 분산원장 방식으로 운용되는 블록체인 기술은 한번 저장된 정보는 블록체인 특성상 파기하기 어렵다는 점에서 기존 개인정보 보호법규가 미처 상정하지 못한 새로운 개념과 모델로 발전하고 있기 때문이다. 개인정보보호법 및 신용정보의 이용 및 보호에 관한 법률은 목적 달성이 된 개인정보 또는 최장 5년이 경과한 금융거래기록이나 개인신용정보를 파기하도록 하고 있으나[459] 블록체인 기술을 통하여 분산원장으로 개인정보를 보유하고 있는 경우에 모든 분산원장 보관자가 개인정보처리자 또는 위탁관리자에 해당하는 지 등 책임 주체의 문제와 아울러 그러한 책임주체가 블록체인의 분산된 환경에서 과거 블록을 파기하기 어려워 정보의 파기를 요구하는 현행법을 준수하지 못할 위험이 있다. 이론적으로는 구성원 전원의 동의로 특정 블록을 파기하고 그 이후 블록의 순서를 변경할 수는 있으나 이러한 조치는 사실상으로는 불가능하다. 결국 개인정보 파기의 범주에 복원이 불가능한 방법으로 영구 삭제하는 것 외에 기술적 조치를 통해 내용을 확인할 수 없는 형태로 폐기하는 것도 포함시키거나 전자적으로 기록된 개인정보에 대한 접근 차단 또는 읽을 수 없는 정보로의 변환 등의 기술적 조치를 취하면 삭제 파기의무를 다한 것으로 보는 등 블록체인 기술에 적합한 개인정보 파기를 인정하는 입법이 필요할 것이다.

다. 블록체인에 대한 국제적 규제

블록체인의 규제와 표준화를 위해서는 국제적 합의가 이루어져야 한다. 블록체인 특성상 국가가 중심이 되는 중앙 집중 방식의 수직적인 조직 구조에서 벗어나 국경의 상관없이 개인과 개인이 직접 상호작용하는 사회를 만들기 때문이다. 특히 암호화폐에 대한 과세 문제에 국제적 합의가 이루어지지 않으면 혼란을 가져오고 일부 국가의 피해로 남을 것이며, 블록체인 생태계에서 암호화폐의 영향력이 커져 기존 화폐를 대체·잠식한다면 어느 한나라가 규제하는 것이 의미가 없어진다. 따라서 최근 주요국들이 장기적으로 암호화폐와 블록체인에 대한 공조의 필요성에 공감하고 있고 불법거래와 자금세탁방지 등의 조치에는 국제적인 합의가 이루어졌다. 이에 관한 자세한 내용은 후술한다.

Ⅲ. 블록체인 계약법 - 스마트계약

1. 스마트계약의 개념

가. 스마트계약코드와 스마트계약

블록체인 기술을 이용한 거래는 이른바 블록체인 플랫폼의 일부를 이루는 스마트계약 방식으로 이루어진다.[460] 스마트계약(smart contract)은 법률행위의 조건이 기재된 컴퓨터 프로그램 즉 데이터의 배열과 컴퓨터프로그램에 사전에 선택된 행위를 실행하는 컴퓨터지시·명령으로 된 컴퓨터 코드를 말한다.[461] 스마트계약은 디앱(DApp)에서 많이 사용된다. 디앱이란 Decentralized Application의 약자로서 이더리움, 큐텀, 이오스 같은 플랫폼 위에서 작동하는 탈중앙화 분산

애플리케이션을 말한다. 크립토키티 게임이 대표적인 예이다.462) 이 스마트계약코드는 법률적으로는 단독행위, 계약의 청약 또는 합동행위일 수 있다. 예컨대 유언을 스마트계약코드로 하게 되면 이는 단독행위이다. 다만 스마트계약코드는 그 작성자의 이행행위도 자동적으로 실행된다는 점에서 통상의 법률행위와는 차이가 있다.463)

스마트계약코드가 법률상 단독행위로 평가되는 경우에는 그 코드의 작성, 공개행위로 그 법률적 효력을 발생할 것이며 계약의 청약으로 평가되는 것이라면 그에 상응하여 제시된 조건을 실현한 경우 예컨대 스마트계약코드에서 정한 암호화폐의 특정 전자지갑으로의 송금 또는 일정한 정보를 입력하는 행위를 함으로써 스마트계약코드 작성자의 의사표시와 그 상대방의 의사표시가 합치된 것으로 평가되어 계약이 성립함과 아울러 그 이행까지 완료된 것으로 볼 수 있다. 계약에 해당하는 법률상 스마트계약은 이렇게 성립하는 것으로 일종의 의사실현계약이라고 할 수 있다. 스마트계약은 한 개 이상의 스마트계약코드를 필요로 하나, 스마트계약코드를 설정한다고 하여 반드시 스마트계약을 포함하는 것은 아니다.464) 그러나 스마트계약코드는 그 외에도 법률상 합동행위로 평가될 수 있고 스마트계약방식으로 주식대금의 납입 등 출자를 하여 법률상 합동행위를 하였다면 이 합동행위는 스마트계약코드 작성자가 의도한 단체를 설립하는 결과가 된다. 따라서 본 장에서는 스마트계약코드에 따라 성립된 단독행위, 계약, 합동행위 모두를 포괄하여 스마트계약이라 부르기로 한다.465)

나. 스마트계약의 장점과 문제점

스마트계약을 이용하는 장점은 계약 체결과 실행 사이의 시차를 최소화할 수 있고 불필요한 서류 교환 및 작성 등을 생략할 수 있으며, 신뢰가 없는 당사자 간에도 시스템을 신뢰하고 계약을 체결할 수 있게 되며 초기의 조건에 의하여 자동적으로 거래가 성립하므로 중간 관리자에 의한 조작이나 사기를 방지할 수 있고 계약의 이행을 강제하는데 드는 비용이 없다는 점에 있다. 즉 스마트계약을 이용함으로써 거래비용을 대폭 절감할 수 있게 된다. 그러나 앞서본 블록체인 시스템의 문제점이 스마트계약에도 그대로 적용되고 스마트계약의 리스크가 계약을 실행하는 컴퓨터시스템에 의지함으로 인하여 발생할 수 있다.

2. 스마트계약의 체결

가. 스마트계약의 형식

스마트계약의 형식에 관하여는 코드내재형계약과 코드외재형계약이 있다고 설명된다.466) 코드내재형계약은 계약의 조건의 많은 부분이 스마트계약코드에 들어 있는 경우이고 코드외재형계약은 모든 계약의 조건이 자연어로 되어 있고 스마트계약코드는 그 이행을 자동화하는데 그치는 경우이다.467) 향후에는 스마트계약의 효용을 제고하기 위하여 코드내재형계약이 증가하고 더욱이 인공지능 등 전자대리인이 스마트계약코드를 이해하고 그 조건을 실행하여 스마트계약을 성립시킬 수 있을 것이므로 코드내재형계약이 원칙적인 형태가 될 것이다.

나. 스마트계약의 성립시기

앞서본 바와 같이 스마트계약에 있어서는 스마트계약 코드 설정자의 조건 설정 및 입력을 청약으로 볼 수 있고 상대방의 조건 이행행위를 승낙으로 볼 수 있다. 그 과정을 보면 당사자들은 스마트계약에 암호화된 서명을 하고 이를 분산원장에 배포한다. 이렇게 설정해둔 코드의 조건이 충족되면 프로그램이 스스로 필요한 조치를 취한다. 예를 들어, 재화나 서비스가 제공되면 스마트계약은 분산 원장을 통해 지급하고, 만약 지급이 안 된 경우, 재화나 서비스를 중지시키고 원상태로 복구하는 과정을 밟는다.468)

그런데 스마트계약의 조건의 성취 여부를 두고 분쟁이 발생하는 경우, 특히 이행의 일부가 오프라인에서 행하여 져야 하는 경우 조건 성취 여부 즉 계약의 성립 여부를 누가 어떻게 판단하여야 하는가 하는 문제가 발생한다. 스마트계약코드에 오류가 있는 경우, 누구의 책임으로 보고 계약의 효력에는 어떠한 영향을 주는가와 코드 설정자의 의사와 다른 내용으로 설정된 경우, 코드설정자의 의사가 우선하는지 스마트계약코드가 우선할 것인지가 문제될 수 있으나469) 전자계약에서와 마찬가지로 표시주의를 관철하여 스마트계약코드가 우선하는 것으로 처리하는 것이 거래안전에 도움이 될 것이다.

3. 스마트계약의 효력

가. 스마트계약의 하자로 인한 계약의 실효

스마트계약의 하자가 있는 경우에는 계약의 취소가 문제되는바 불일치한 부분이 중요한 내용이어서 코드 설계자가 상대방에게 착오 등을 이유로 의사표시의 취소를 하고 코드를 수정할 수 있는가 하는 점이 문제된다. 이미 이행이 완료된 계약을 취소하는 것이 되지만 우리 민법 제109조는 표의자에 중대한 과실이 없고 선의의 제3자에 대한 것이 아니라면 계약이 이행되었다 하더라도 의사표시의 취소를 금지하지 않고 취소의 효과는 소급하므로470) 착오를 이유로 취소를 허용하는 경우에는 큰 혼란이 생기게 될 것이다.

나. 불공정한 스마트계약의 효력

스마트계약코드가 불공정한 경우 스마트계약의 효력은 어떻게 되는가. 이미 이행까지 완료된 계약의 무효를 주장하도록 허용한다면 거래상의 혼란과 무효인 계약의 원상회복의 실효성 등의 관점에서 큰 문제를 야기하게 될 것이다. 법률행위에 반사회적인 조건 또는 금전적 대가가 결부됨으로써 반사회적 성격을 띠는 경우 및 표시되거나 상대방에게 알려진 법률행위의 동기가 반사회적인 경우에는 무효로 되는바 당사자의 철회권이 보장된 계약인데 이를 스마트계약의 형식을 취할 경우 철회를 할 기회가 부여되지 않고 사실상 강제하는 것이 되어 무효로 될 수 있다.471) 나아가 스마트계약코드를 약관으로 보아 약관규제법에 따라 불공정 약관을 규제할 수 있을 것이다. 그런데 약관이 인간이 판독할 수 없는 코드 형태로 되어 있는 경우 스마트계약코드 설정자에게 약관인 스마트계약코드의 내용의 설명 의무를 어떻게 부과할 것인가 문제되며 그 불공정성을 어떻게 심사할 것인가 하는 문제가 있다.472)

4. 스마트계약의 종료

스마트계약은 그 속성상 계약의 효력 발생과 이행이 동시에 행해지므로 원칙적으로 이행의 문제를 남기지 않으므로 계약 위반이나 그에 따른 계약의 해지 또는 해제의 문제는 발생하지 않으며 이행의 문제가 없어 계약상의 위험부담 문제 역시 발생하지 않으나473) 예외적으로 스마트계약상의 이행이 오프라인에서 이루어져야 하는 경우 그 이행을 블록체인 플랫폼상 확보하여야 하며 오프라인에서 이행이 완료된 때 스마트계약도 종료하게 될 것이다. 그러나 중대한 사정 변경이 있거나 양 당사자가 합의한다 하더라도 스마트 계약의 성질상 계약의 중도 종료는 불가능하다고 할 것이며 다만 양 당사자는 반대계약을 함으로써 최초의 스마트계약의 효력을 사실상 소멸시킬 수 있을 뿐일 것이다.

Ⅳ. 블록체인의 화폐 - 암호화폐의 법률관계

1. 암호화폐의 개념

암호화폐(crypto-currency)는 블록체인 기술을 바탕으로 분산형으로 발행되는 전자적 화폐를 말한다. 비트코인이 암호화폐의 대표적인 예이며474) 그 외

이더리움(Ethereum) 플랫폼에서 사용하는 이더(Ether)나 에이다(ADA)등의 알트코인(Altcoin)[475]도 암호화폐에 속한다. 전자화폐는 일반 화폐와는 달리 전자적으로 발행되어 유통되는 환금성 있는 증표 일체를 말하므로[476] 암호화폐와는 구별되는 개념이다. 종래 유럽[477]과 일본에서는 가상통화라는 용어를 사용하여 왔으나 자금세탁방지기구가 가상자산(virtual assets)이라는 용어를 쓰기 시작한 이후에는 가상자산이라 부른다. 일본에서는 교환가능하고 이전가능한 전자적 재산가치를 암호통화라 부른다.[478] 미국 등은 암호화폐의 국제 통화시스템에 대한 위협에 대비하여 가상자산이라고 부르나 암호화폐의 화폐적 속성을 무시할 수 없으므로 본절에서는 강학상의 개념으로서 암호화폐라는 개념을 사용하기로 한다.

2. 암호화폐의 법적 성격

지급수단이자 재화이며 또한 금융상품으로서의 성격이 문제되므로 이를 나누어 살펴본다.

가. 지급수단성

지급수단에는 전자자금이체, 직불전자지급수단, 전자채권 등 채권을 발생시키는 채권형, 화폐로 대표되는, 물권적으로 이전 즉 이를 교부함으로써 채권의 만족을 얻게 되는 물권형, 그리고 어음, 수료, 선불전자지급수단 등 채권을 표창하는 증권을 교부함으로써 채권이 이전되어 지급의 효과가 발생하는 유가증권형의 3가지가 있는바[479] 암호화폐는 채권형[480]이나 유가증권형 지급수단은 아니고 화폐처럼 암호화폐의 교부 내지 이전으로 채권의 만족을 얻게 되는 물권형 지급수단이라 할 수 있다.[481]

나. 재화성

재화를 교부하면 반대급부와 함께 교환계약이 성립하거나 대물변제의 효과가 발생하게 된다. 암호화폐는 앞서본 바와 같이 지급수단의 성질을 가지고 있으며 그 가치가 고정되어 있지 않고 수요와 공급의 원리에 따라 변화하는 특성이 있으나 네트워크상에서의 매매 대상으로 되고 있으므로 재화성도 가진다고 할 수 있다.[482] 우리 법원도 비트코인의 재산적 가치를 인정하고 무형재산으로 특정 가능하여 형사법상 몰수의 대상이 된다고 판시하였다.[483]

이 사건의 피고인은 성인사이트를 개설하여 운영하면서 유료회원들로부터 이용료로 비트코인을 지급받았다. 수사 과정에서 경찰은 피고인이 보유하고 있던 비트코인을 압수하였다.[484] 암호화폐의 몰수가부에 관하여 대법원은 피고인

의 위 범죄는 범죄수익 은닉의 규제 및 처벌 등에 관한 법률상 중대범죄이
고[485] 비트코인은 재산적 가치가 있는 무형의 재산으로서 특정할 수 있는바 피
고인이 보유하고 있던 비트코인 중 중대범죄에 의하여 취득한 금액에 상당하
는 부분만 몰수할 수 있다고 판시하였다. 이 판결은 암호화폐의 무형재산성을
인정하였고 그에 기초하여 몰수가능성을 긍정하여 재화로서의 성격을 인정하
는 데로 나아가고 있다고 평가할 수 있다.

다. 금융상품성

암호화폐는 자금공급자와 자금수요자 간의 자금을 전달하는 매개수단이
될 수 있어 금융적 기능을 가지고 있다고 본다. 그리고 암호화폐는 그 발행인
이나 취득자에 의해 일방적으로 가격이 결정되지 않고 가격결정 매커니즘이
우연성을 가지고 있어 일부 투자상품성을 가진다고 볼 수 있다. 요컨대 암호화
폐는 일종의 금융상품으로서 계약자유의 원칙에 따라 일정한 거래소에 상장되
어 투자대상이 되는 금융투자상품성을 가진다고 볼 수 있다.[486]

라. 소 결

이상 살펴본 바와 같이 암호화폐는 재화성과 지급수단성 그리고 금융상품
성을 동시에 가지는 복합적인 성격을 가진 지급수단으로서[487] 고유의 재화성
내지 사용가치를 가지고 또 지급수단으로서 교환가치를 가지면서 배타적 지배
도 가능한 화폐로서의 기능을 수행한다고 볼 수 있어 실물화폐의 일종이라 할
수 있을 것이다.[488]

3. 암호화폐에 대한 법적 규제

가. 개 설

어느 나라도 아직 암호화폐를 법화로 취급하고 있지는 않으나 일본은
2017. 4.부터 가상통화를 법적 지급수단으로 인정하고 있다. 또한 세계 통화기
금은 암호화폐에 대해 긍정적인 태도를 보이고 있다. 현재 암호화폐 거래소는
전자상거래법상 통신판매업자로 등록하여 영업을 하고 있으나 암호화폐 거래
소의 중개행위가 통신판매에 해당하는지는 의문이므로[489] 동법에 따라 암호화
폐 거래소를 규제하는 것은 어려워 보인다. 암호화폐의 국제적 거래도 암호화
폐가 외국환거래법이 규정하는 지급수단에 해당하지 않음은 위에서 본 바와
같으므로 그 거래에 외국환이 수반되지 않는 한 동법상의 규제 대상이 된다고
보기는 어렵다.

비트코인은 물론 이더리움, 리플, 라이트코인, 대쉬, NEM, 이더리움 클래

식, 비트코인 클래식, 모네로, 지캐시(Zcash), 디크리드(Decred) 등 많은 암호화
폐 모두가 분산형 플랫폼 비즈니스 모델을 지향하므로 한 국가에서 이를 규제
하는 데는 어려움이 있다. 암호화폐 투자에 대한 책임이 투자자 개인에게 귀속
됨은 당연하나 암호화폐의 가격변동이 심하여 손해의 위험이 크고 비밀키 관
리 방법 등 일정한 IT 지식을 필요로 하므로 투기적 거래를 방지하는 법적 수
단 마련과 함께 소비자에 대한 교육의 필요성도 지적되고 있으며[490] 나아가 암
호화폐와 관련하여 거래소나 개인이 관리하는 비밀키를 필요할 때 국가가 관
리할 수 있는 체제나 압수 등의 수단과 물리적으로 어려울 때의 관리방법 등의
문제도 제기된다.[491]

나. 암호화폐에 대한 국제적 규제

암호화폐를 국제적으로 규제하는 기구는 국제자금세탁방지기구(Financial
Action Task Force on Money Laundering, FATF)이다.[492] 동 기구는 2016. 6. 구체적
인 암호화폐 거래의 자금세탁위험에 대한 권고기준 및 모범지침서(Guidance for
a Risk-Based Approach to Virtual Currencies)를 발표하여 세계 각국에 법제화를 권
고하였으며 2019. 6. 21. 강력한 "가상자산과 가상자산서비스제공자에 대한 규
제 가이드(Guidance for a Risk-Based Approach to Virtual Assets and Virtual Asset
Service Providers)"를 제정하였다.

먼저 동가이드는 암호화폐라는 용어를 사용하지 않고 "가상자산(virtual as-
set)"이라는 용어를 사용하여 이를 디지털 방식으로 거래되거나 이전될 수 있고
지불 또는 투자 목적으로 사용될 수 있는 디지털 가치 표상(表象, representation)
으로, 법화, 증권 및 기타 기존 금융 자산의 디지털 표상을 제외한다고 정의한
다. 또한 "가상자산서비스 제공자(Virtual Asset Service Provider, VASP)"를 "타인을
위하여 (ⅰ) 가상자산과 법화 간의 거래, (ⅱ) 가상자산 간의 거래, (ⅲ) 가상자
산의 이전, (ⅳ) 가상자산이나 가상자산을 표창하는 증권의 보관, 관 및 (ⅴ)
가상자산 발행자의 청약, 판매에 관련된 금융 서비스의 제공 및 참여를 업으로
하는 자"를 의미한다고 정의한다.

동 가이드는 회원국에 가상자산서비스제공자(VASP)가 (ⅰ) 송금 시 정확한
송금인 정보와 수취인 정보를 획득, 보관하고 이를 수취 기관에 제공하는지 여
부와 (ⅱ) 수취 기관이 송금인 정보와 정확한 수취인 정보를 획득, 보관하는지
여부를 확인할 의무를 부과하였다. 자금 송금 시, 가상자산서비스제공자가 확
인, 보관해야 하는 고객 정보에는 (ⅰ) 송금인 성명, (ⅱ) 거래 처리에 사용된
송금 계좌번호(예: 암호화폐 지갑), (ⅲ) 송금인 주소 또는 국가 등록 신분 번호

또는 신원 식별이 가능한 처리업체 등록 고객 번호(거래 번호 불가), 또는 출생년도, 출생지, (ⅳ) 수취인 성명, (ⅴ) 거래 처리에 사용된 수취계좌번호(예: 암호화폐 지갑)가 포함된다.[493]

다. 외국에서의 암호화폐에 대한 규제[494]

먼저 미국에서는 암호화폐는 연방정부와 주정부 차원에서 각각 규제되고 있고 유럽에서는 2016. 5. 유럽의회(European Parliament)가 가상통화에 대하여 방관정책을 권고하는 결의를 하면서 가상통화의 기초기술에 대한 전문지식을 축적할 실무위원회를 구성할 것을 요구한 바 있다. 일본에서는 국제자금세탁방지기구의 2016년 지침에 따라 가상통화법을 제정하여 암호화폐를 가상통화의 일종으로 규제한다.[495] 또한 2017. 4. 1. 가상통화법과 함께 시행된 개정 자금결제법에서 가상통화의 매매, 교환 및 그 매개등의 업무인 가상통화교환업을 하려는 자에게 등록의무를 부과하여 규제한다. 국제자금세탁방지법제에 의거하여 암호화폐를 규제하는 데에는 호주, 캐나다, 싱가포르 등의 여러 나라들도 동참하고 있다.

리히텐스타인은 암호토큰법을 제정하여 암호화폐의 거래에 대한 법적 효력의 인정범위를 명확히 하는 입법을 하였다. 리히텐스타인은 '토큰 및 신뢰기술에 기반한 거래서비스제공자에 관한 법(Token – und VT – Dienstleister – Gesetz; TVTG)'을 2020. 1. 1. 시행하여 세계 최초로 분산원장기술 및 암호토큰에 대한 포괄적 법체계를 갖춘 국가가 되었다. 동법은 블록체인 기술이라는 용어 대신 "신뢰기술(Vertrauenswürdige Technologien, VT)"이라는 용어를 사용하여 "토큰의 무결성(완전성, Integrität), 토큰의 신뢰기술 식별자에의 명백한 귀속과 토큰의 처분을 보장하는 기술"이라고 정의하였다. 나아가 "토큰(Token)"을 신뢰할 수 있는 기술 시스템에 탑재된 물권, 채권 및 사원권 기타 절대적 내지 상대적인 권리로 표시될 수 있는 정보로서 신뢰기술 식별자(VT – Identifikatoren)에 귀속된 정보라고 정의하고 국내에 존재하는 재산(Vermögen)으로 보아 그 재산성을 인정하였다. 나아가 토큰의 처분권자에 관하여는 토큰에 대한 신뢰기술의 암호키의 소지자가 토큰에 대한 처분권을 가지고 있고(제5조 제1항), 처분권자로 추정되며(동조 제2항), 무권한자로부터의 선의 취득도 인정되고(동조 제3항, 제9조), 토큰의 처분으로 토큰에 대한 처분권한을 양도할 수 있고 담보권이나 용익권을 설정할 수 있을 뿐 아니라(제6조) 토큰의 처분은 토큰에 표시된 권리에 대한 처분으로서의 효력을 가지고 제3자에게 대항할 수 있는(제7조) 법적 효력까지 인정하였다.

4. 우리나라에서의 암호화폐에 대한 규제

가. 개 설

2020. 3. 24. 특정 금융거래정보의 보고 및 이용 등에 관한 법률(이하 '특정 금융정보법')이 개정되어 우리나라에서도 암호화폐에 대한 법적 규제가 시작되었다.496) 동법은 암호화폐를 가상자산이라 부르며 이를 정의하고 가상자산거래 행위의 범위를 정하며 가상자산사업자의 개념을 설정하였다(법 제2조 제1호·제2호·제3호). 아래에서는 암호화폐거래소의 관점에서 동법상의 규제를 살펴본다.

나. 특정금융정보법상 암호화폐에 대한 규제

1) 가상자산 및 가상자산거래의 개념

가상자산(virtual assets)이란 경제적 가치를 지닌 것으로서 전자적으로 거래 또는 이전될 수 있는 전자증표 및 그에 관한 권리를 말한다(법 제2조 제3호). 다만 화폐·재화·용역 등으로 교환될 수 없는 전자적 증표등은 제외된다.497) 이 정의는 FATF Guide의 정의보다 더 넓다.498) 따라서 모든 종류의 암호화폐나 토큰이 가상자산에 포함됨은 물론 예외에 해당되지 않는 모든 전자자산을 포함하는 광범위한 것이다. 가상자산거래라 함은 가상자산의 매도 또는 매수를 비롯한 가상자산에 관한 일체의 거래를 말한다(동법 제2조 제2호 라목, 제2조 제1호 하목).499)

2) 가상자산사업자의 요건과 신고의무

동법은 가상자산거래를 영업으로 하는 자를 가상자산사업자라 정의한다(제2조 제1호 하목). 가상자산사업자는 (ⅰ) 정보보호 관리체계 인증을 받았을 것,500) (ⅱ) 실명확인이 가능한 가상자산 입출금 계정501)을 통하여 금융거래등을 할 것502), (ⅲ) 신청인 또는 그 임원에 본 법, 자본시장법 위반 등 위반 전력이 없을 것503) 및 (ⅳ) 가상자산사업자 신고 말소 후 5년이 지났을 것의 요건을 갖추어야 한다. 이 요건을 갖추지 못하면 가상자산사업자 신고는 수리되지 않는다.504)

가상자산사업자는 금융당국에 상호 및 대표자의 성명, 연락처 등을 신고하여야 하고, 만약 신고하지 않고 영업을 하거나 거짓이나 그 밖의 부정한 방법으로 신고한 때에는 처벌을 받는다(법 제7조, 제17조 및 제19조). 신고 사항이 변경된 경우에도 같다(법 제7조 제2항). 동법 시행 전부터 영업중인 가상자산사업자는 동법 시행일부터 6개월 이내인 2021. 9. 까지 위 요건을 갖추어 신고해야 한다(부칙 제2조). 신고는 5년 이내의 일정 기간 단위로 갱신된다(법 제7조 제6

항). 법 위반 사항이 있는 경우 6개월의 범위에서 영업이 정지될 수 있다(법 제7조 제5항). 금융당국은 가상자산사업자의 신고에 관한 정보를 공개할 수 있다(법 제7조 제7항). 거짓이나 그 밖의 부정한 방법으로 신고를 하는 등 일정한 사유에 해당하는 경우 신고를 직권으로 말소할 수 있다(법 제7조 제4항).

3) 가상자산사업자의 업무수행상의 의무

가상자산사업자는 불법재산 등으로 의심되는 거래의 보고 및 고액 현금거래 보고 등의 의무를 지고 그 이행을 위하여 고객별 거래내역을 분리하고 관리하는 등의 조치를 해야 한다. 가상자산사업자는 금융거래와 관련하여 수수(授受)한 재산이 불법재산이라고 의심되는 합당한 근거가 있는 경우, 금융실명법을 위반하여 불법적인 금융거래를 하는 등 자금세탁행위나 공중협박자금조달행위를 하고 있다고 의심되는 합당한 근거가 있는 경우 및 1,000만원 이상의 고액 현금거래의 경우 금융당국에 보고하여야 한다(법 제4조 제1항, 제4조의2 제1항). 또한 가상자산사업자는 고객별 거래내역을 분리하여 관리하는 등의 조치를 취하여야 한다(법 제8조). 가상자산사업자는 업무지침작성운용의무도 부담한다. 즉 (i) 의심거래 등 보고 업무를 담당할 자의 임명 및 내부 보고 체제의 수립, (ii) 자금세탁행위와 공중협박자금조달행위의 방지를 위하여 해당 금융회사등의 임직원이 직무를 수행할 때 따라야 할 절차 및 업무지침의 작성·운용 및 (iii) 자금세탁행위와 공중협박자금조달행위의 방지를 위한 임직원의 교육 및 연수의 조치를 할 의무를 진다.

4) 가상자산사업자와 거래하는 금융회사의 의무

금융회사등은 가상자산사업자의 신고의무 이행 여부와 자금세탁행위나 공중협박자금조달행위를 할 우려가 있는지 여부 등을 확인할 의무를 지며 해당 사항이 있는 경우에는 금융거래를 거절하여야 한다(법 제5조의2 제4항). 따라서 암호화폐거래소는 은행과 거래 시 은행이 요구하는 자료를 제출하여야 한다.

5) 기 타

가상자산사업자에 대한 규제권한은 금융정보분석원이 가지고 있으나 금융감독원이 위탁받아 행사한다.[505] 가상자산사업자의 금융거래등에 대해서는 국외에서 이루어진 행위로서 그 효과가 국내에 미치는 경우에도 동법이 적용된다.[506]

다. 암호화폐거래소의 지위

우리나라 하급심 판결[507] 중 암호화폐거래소의 역할을 기술한 사례가 있어 이를 살펴본다. 동 판결에 의하면 암호화폐거래소는 자체 약관 등에 근거하여 불특정 다수의 고객들로부터 매매대상물(현금과 암호화폐)을 입금 또는 이체 받아 보관하고 있는 상태에서 매매주문의 접수, 체결 및 청산을 통해 암호화폐 매매를 중개, 청산 및 출금(출고)해 주는 사업체로 암호화폐 매매 내지 유통 시 장을 개설하는 기능을 하고 있다. 통상 암호화폐거래소에서는 고객들로 하여금 먼저 고객이 암호화폐거래소에 회원가입 신청을 하여 거래소 시스템상에 계정 (ID 및 비밀번호)을 생성하고 지정된 은행계좌에 현금을 입금하거나 거래소 전자 지갑에 암호화폐를 이체하도록 한 뒤, 위와 같이 현금과 암호화폐가 입금, 이 체되면 거래시스템상 해당 계정별로 입금된 현금액과 이체된 암호화폐량을 그 대로 반영하여 KRW 포인트 및 암호화폐 포인트를 충전해주어 시스템 내에서 고객 간에 암호화폐 거래를 할 수 있도록 하고, 고객이 계정에 보유하고 있는 KRW 포인트, 암호화폐 포인트에 대해서 언제든지 출금 또는 출고 요청을 할 경우 그 계정의 잔여 포인트 범위 내에서 지급 또는 이체해야 할 의무를 부담 한다. 한편 암호화폐거래소 고객 입장에서는 자신들의 매매대상물 잔고 및 계 약체결 내역이 실제 금융계좌나 블록체인 네트워크에 기록되지 않은 채 오로 지 거래소 자체의 전산시스템에 기록·처리·보관되는 방식으로 운영되므로, 고객들로서는 거래소가 제공하는 거래시스템에 게시되는 정보를 그대로 믿고 그 정보에 기초하여 암호화폐 매매 주문, 계약 체결, 출고 여부를 결정할 수밖 에 없게 되어 있다.

라. 암호화폐거래소와 고객 간의 암호화폐에 관한 법률관계

위 하급심 판결은 나아가 암호화폐거래소의 약관과 현금 및 암호화폐의 성질, 암호화폐거래소의 기능에 비추어 보면 암호화폐거래소와 고객 사이의 매 매대상물(현금과 암호화폐)에 관한 일반적인 법률관계를 다음과 같이 보았다. 먼 저, 고객이 현금을 암호화폐거래소가 금융기관에 개설한 법인계정에 입금하면 그 현금에 대한 소유권은 금융기관에 이전되고, 암호화폐거래소는 금융기관에 대하여 예금청구권을 취득하게 되며, 고객은 암호화폐거래소에 대하여 현금 출 금청구권을 취득하게 된다. 그리고 고객이 암호화폐를 암호화폐거래소의 전자 지갑에 입고하면 암호화폐에 대한 소유 내지 처분권은 암호화폐거래소에 이전 되고, 고객은 암호화폐거래소에 대하여 암호화폐 출고청구권을 취득하게 된다. 한편 고객은 암호화폐거래소에 암호화폐 매매를 위하여 매매대상물을 입금, 입 고한 것이고, 암호화폐거래소는 암호화폐 매매를 중개, 청산, 출금(출고)해주어 야 하므로 암호화폐거래소는 고객에 대하여 매매대상물을 중개, 청산하면서 고 객으로부터 출금, 출고 요청을 받을 때까지 이를 사용하지 말고 보관하다가 고

객으로부터 언제든지 반환요청이 있을 경우 이를 반환할 의무를 부담한다. 다만 암호화폐거래소인 X와 고객 사이에서 매매대상물의 소유 내지 처분권이 누구에게 귀속되는지, X가 구체적으로 어떤 의무를 부담하는지, 그리고 그러한 의무를 위반한 경우 어떤 책임을 부담하는지에 관하여는 관련 법령이 아직 마련되어 있지 아니하므로 구체적인 사안에서 기존 법령의 해석과 당사자 사이의 계약관계에 비추어 판단하여야 한다. 나아가 위 하급심 판결은 암호화폐거래소에 대하여 고유자산인 암호화폐와 고객 예치 암호화폐를 분리 보관할 의무를 인정하였다.508)

마. 암호화폐거래소 관여자의 형사책임

위 하급심 판결은 암호화폐거래소의 책임자가 자신의 거래소에 개설된 상피고인 회사직원 계정에 마치 수백억 원의 예탁금이 현금으로 실제 입금된 것처럼 동 계정의 KRW 포인트를 임의로 조작하고 이를 토대로 거래소의 다른 고객들로부터 암호화폐를 매수하는 방법으로 자신의 거래소의 암호화폐 시세를 인위적으로 끌어올리는 등의 행위를 한 자에 대하여 사전자기록등위작 및 동행사, 사기, 배임의 형사책임을 인정하였다.509)

바. 암호화폐거래소의 해킹에 대한 책임

앞서 본 바와 같이 암호화폐거래소에 예치된 고객의 금전 또는 암호화폐가 해킹 등으로 부정인출되는 사례가 많은바 이 경우 암호화폐거래소의 책임이 문제된다. 이러한 해킹에 대한 암호화폐거래소의 책임에 관한 판결510)을 살펴본다.

2017. 11. 30. 원고 박안은 암호화폐거래소 빗썸에 개설된 계정이 해킹을 당하여 동 계정에 예치된 4억 7,800여만원 상당의 원화(KRW) 포인트가 이더리움으로 교환돼 빗썸 직원의 승인을 받아 출금됐다. 이에 박안은 빗썸을 운영하는 비티씨(BTC)코리아닷컴을 상대로 '빗썸 측이 전자금융거래법에 따라 금융기관과 비슷한 고도의 보안조치를 해야 했다'며 4억 7,800여만원의 손해배상 소송을 제기하였다. 법원은 가상화폐는 이를 가지고 재화나 용역을 구입할 수 없고, 가치 변동이 커 현금·예금으로 교환할 수 없으며, 투기 수단으로 주로 이용되고 있다는 점에서 전자금융거래법상의 '전자화폐'에 해당하지 않음을 전제로 암호화폐거래소는 전자금융거래법이 정한 '금융회사'나 '전자금융업자'에 해당하지 않는다고 판단하고 금융위원회 허가 없이 가상화폐 거래를 중개하는 빗썸에게 전자금융업자에 준해 전자금융거래법을 적용하는 것은 타당하지 않다고 판시하면서 원고의 청구를 기각하였다.

이 사건에서 원고는 2017. 4. 빗썸 관계사가 악성코드 공격을 받아 빗썸 회원 3,100여명의 개인정보가 유출된 바 있고 그때부터 3개월 가까이 이어진 해킹 공격으로 5천여개의 계정(아이디, 비밀번호)이 해커에 의해 탈취당하기도 한 사실을 들어 빗썸이 선량한 관리자로서 주의의무를 다하지 않았다고 주장 하였다. 이에 대해 법원은 원고가 해킹 피해를 입었을 당시 해커가 어떤 방법 을 이용해 로그인했는지 알 수 없고 해킹 공격으로 유출된 정보에 원고의 정보 가 포함됐다고 볼 만한 증거도 없으며 해킹 발생 당시 빗썸이 10차례에 걸쳐 출금 인증코드 문자메시지를 원고의 휴대폰으로 전송해 이더리움 출금 절차가 진행되고 있다는 사실을 알렸지만, 원고가 이 메시지를 수신하지 못한 사실에 비추어 볼 때 원고의 휴대폰이 해킹당하거나 복제 당하였을 가능성도 있어 원 고의 핸드폰이나 컴퓨터가 해킹당해 개인정보가 탈취되었을 가능성도 있다는 근거로 원고가 본 피해와 빗썸이 당한 해킹 공격 사이에 인과관계가 있다고 판 단하기 어렵다고 보았다. 또한 컴퓨터, 스마트폰 등을 통해 접속하면 위치나 시간에 따라 아이피 주소가 변경될 수 있다. 박씨가 주로 사용하는 아이피 주 소와 다른 주소로 접속한 것을 막지 못하였다 하여 빗썸이 주의의무를 다하지 못한 것으로 보기는 어렵다고 판시하였다. 결국 이 판결에 따르면 암호화폐거 래소의 책임을 인정받기 위하여는 고객이 입은 피해와 암호화폐거래소가 당한 해킹 공격 사이에 인과관계를 입증하여야 한다는 결론이 되어 피해자에게 기 술적으로 과도한 입증책임을 지운다는 비판을 받을 수 있다.

사. 기타 관련 법률에 의한 규제

1) 전자금융거래법에 의한 규제 가부

암호화폐가 전자금융거래법상 전자화폐를 비롯하여 전자자금이체, 직불전 자지급수단, 전자채권 선불전자지급수단에 해당하는지 여부를 검토할 필요가 있다. 전자금융거래법상 전자화폐는 이전가능한 금전적 가치가 전자적 방법으 로 저장되어 발행된 증표 또는 그 증표에 관한 정보로서 재화 · 용역 구입의 매 체성(지급수단성), 현금 · 예금을 대가로 발행·교환이 예정되고(환금성), 사용범위 의 범용성 등을 갖추어야 한다(동법 제2조 15호). 즉 동법상 전자화폐에 해당하 기 위하여는 전자정보성, 금전가치성, 유통성, 지급수단성, 환금성, 범용성 등 으로 요건을 충족하여야 하나 환금성과 범용성을 갖추지 못하여 동법상의 전 자화폐에는 해당하지 않는다고 할 것이다.[511]

2) 자본시장법상 규제 가부

암호화폐는, 이를 구매하기 위해 지급된 대중의 자금은 마치 금융상품에 투자된 자금과 유사하게 자금수요자에게 제공될 수 있고 그 지급수단성이 제한적인 반면 오히려 그 가치가 등락한다는 점에서 앞서본 바와 같이 금융투자상품성을 가지고 있어, 자본시장법의 규제대상이 될 가능성이 있다고 할 수 있다. 먼저 암호화폐가 자본시장법상의 금융투자상품 중 증권에 해당하는지 여부를 살펴본다.512) 특히 채무증권, 투자계약증권, 파생상품에 해당할 수 있는가를 검토해 본다. 발행권자가 존재하지 않고 분산형으로 발행되는 암호화폐에는 지급채무라는 개념이 발생하지 않아 표시될 지급청구권이 존재하지 않으므로 증권에 지급청구권이 표시된 채무증권에 해당하지 않는다 할 것이다. 이어 암호화폐를 시세차익을 위해 또는 지급수단으로서 단순히 매입하는 것을 공동사업으로 보기는 어려우므로, 암호화폐가 투자자가 타인과의 공동사업에 투자하고 사업의 결과에 따른 손익을 받는 계약상의 권리를 표시하는 투자계약증권에 해당할 수 없다. 가사 시세차익이 발생하더라도 이를 공동사업의 결과에 따른 손익으로 볼 수 없으므로 투자계약증권에 해당한다고 볼 수 없다. 결국 암호화폐는 자본시장법상 6종류의 증권 즉 채무증권, 지분증권, 수익증권, 투자계약증권, 파생결합증권 및 증권예탁증권의 어디에도 해당되지 않는다고 할 것이다.

나아가 암호화폐가 자본시장법상 금융투자상품 중 파생상품에 해당하는지 여부를 살펴보면 암호화폐는 암호화폐거래소에 상장되어 현실적으로 거래되고 기초자산의 가격에 따라 가치가 결정된다고 보기 위한 기초자산이 따로 존재하지 않으므로 선물, 옵션, 스왑 등의 파생상품에 해당한다고 보기는 어렵다.513)

다만 입법론적으로는 암호화폐는 발행권자가 존재하지 않으므로 그 가치가 계량적으로 표시는 되지만 액면가치가 처음부터 존재하지 않는 점, 거래소를 통해 투자수단으로서 기능을 할 수 있는 시스템이 마련되어 있는 점, 공급량이 처음부터 일정 양으로 예정되어 있고 일정 시점이 경과하게 되면 더 이상 발행 자체가 불가능하게 되는 점 등에서 특징이 있으므로 향후 자본시장법을 개정하여 암호화폐를 금융투자상품의 하나로 열거하여 규제할 수는 있다 할 것이다.

5. 암호화폐에 대한 강제집행

가. 암호화폐반환청구권에 대한 강제집행

1) 암호화폐거래소에 보관된 암호화폐에 대한 강제집행

법원은 암호화폐거래소에 보관된 암호화폐에 대한 출금청구채권의 압류 또는 가압류를 인정하고 있다. 즉 암호화폐거래소에 채무자가 개설한 전자지갑에 보관되어 있는 암호화폐에 대한 출금청구권을 가압류한 사례가 있고 2018. 2. 초, '암호화폐거래소에 대해 채무자가 가지고 있는 암호화폐의 전송, 매각 등 일체의 이행청구권'을 대상으로 한 가압류 결정을 한 사례도 있었다고 한다. 일본의 법원도 암호화폐판매회사가 암호화폐거래소에 암호화폐를 맡겨 놓은 경우 암호화폐판매회사로부터 암호화폐를 구매한 사람이 판매회사를 상대로 판매회사가 거래소에 보유하는 암호화폐 반환청구권을 압류하였다.

이 경우 피압류채권을 특정하는 것이 문제로 된다. 채권집행을 하기 위해서는 압류채권 목록에 기재하는 채권의 특정이 문제되는바 일본의 사례에서 채권자는 채무자인 이용자의 제3채무자인 암호화폐거래소(가상통화 교환업자)에 대한 채권을 "채무자와 제3채무자 사이의 가상통화(자금결제에 관한 법률 제2조 제5항)의 매매, 교환, 양도, 이체, 송부, 대차, 관리, 임치 등에 관한 계약에 근거하여 채무자가 제3채무자에 대하여 보유하고 있는 가상통화 등(금전을 포함)의 반환청구권 중, 채권자가 정한 순서(각 가상통화 종류별로 지갑의 순서를 나열하고, 동종의 가상통화에 대한 지갑의 경우에는 채권가압류, 채권압류가 되지 않은 지갑을 먼저 압류하는 것으로 특정)에 따라 본 압류명령이 제3채무자에 송달된 시점에 있어서 제3채무자의 가상통화 시가에 의해 엔화로 환가한 금액 중 청구금액에 이르는 금액"이라고 특정한 바 있다. 그 외에도 법원은 암호화폐 지급청구권, 암호화폐 전송, 매각청구권 등의 가압류를 허용한 바 있다.

2) 개인에게 위탁한 암호화폐반환청구권에 대한 집행

암호화폐거래소가 아닌 개인에게 위탁한 경우 그 개인에 대한 암호화폐반환청구권도 강제집행의 대상이 될 수 있다. 암호화폐거래소에 위탁한 경우와 구별할 이유가 없기 때문이다.

나. 토큰발행자에 대한 토큰지급청구권에 대한 강제집행

신규코인공모(ICO)절차에서 투자자가 토큰발행자에 대하여 가지는 토큰지급청구권에 대한 강제집행도 허용된다. 스위스 아이콘 파운데이션이 발행하는 아이콘이라는 암호화폐의 프리세일에서 그 구매대행을 위탁한 채권자가 구매대행회사인 채무자가 제3채무자인 아이콘 파운데이션에 대하여 가지는 2017. 9. 프리세일에 기한 일정 수량의 아이콘 지급청구권을 가압류한 사례가 있다.

다. 암호화폐 인도청구 및 대상청구

암호화폐 인도청구 및 그에 대한 대상(代償)청구도 허용된다. 원고가 피고에게 암호화폐인 비트코인을 보내 주면 피고가 이를 사용한 뒤 원고에게 같은 수량의 비트코인으로 반환할 것을 당사자간에 약정하였던바 피고가 원고로부터 받은 비트코인 중 일부만을 반환하자 원고가 피고에게 반환받지 못한 비트코인의 인도 및 그 강제집행이 불능일 경우 시가에 해당하는 금액의 지급을 구하였던바 법원은 피고는 원고에게 미반환 비트코인을 인도하고, 그 강제집행이 불가능하면 변론종결일 당시의 비트코인의 국내 시가로 환산한 돈을 지급하라고 판결하였다.

V. 블록체인을 통한 자금조달 - 신규토큰공모(ICO)

1. ICO의 개념

ICO(Initial Coin Offering)는 기업 등이 암호토큰을 발행하여 투자자를 공모하고 투자자로부터 암호화폐를 투자받아 자금을 조달하는 것을 말한다.[514] 주식시장에서 신규 주식을 공모하는 IPO(Initial Public Offering)에 빗대어 만든 용어이다. 그러나 ICO는 공개된 주식시장에서 토큰을 발행하지 않고 기업이 독자적인 토큰을 발행하여 자금을 조달한다는 점에서 IPO와는 전혀 다르다. 따라서 ICO는 신규암호토큰공모 또는 줄여서 신규토큰공모라고 번역할 수 있겠다.

ICO는 기업의 자금조달 목적을 위해서만이 아니라 다양한 목적을 위해서도 이용될 수 있다.[515]

2. 토큰의 개념과 유형

가. 토큰의 개념

ICO에서 토큰 즉 암호토큰을 발행하는 자는 투자자 등으로부터 암호화폐를 투자 받고 그 대가로 토큰을 교부한다. 토큰은 일정한 재산적 가치를 표창하는 것으로서 블록체인 플랫폼상에 존재하는 것이다. 이더리움이나 웨이브(Wave) 플랫폼상의 스마트계약 표준 양식에 따라 토큰을 제조할 수 있고 별도로 프로토콜이나 블록체인을 창설할 필요가 없다는 점에서 그러한 과정이 필요한 암호화폐와는 구별된다.[516] 즉 암호화폐는 발행자가 없는 반면 토큰은 발행자가 있다는 점에서 근본적으로 다르다는 점에 유의하여야 한다.[517]

나. 토큰의 유형

토큰의 용도는 프로젝트에 따라 다르나 기본적으로는 개발하는 서비스내에서 가치를 누릴 수 있도록 설계하는 경우가 많은바 규제의 관점에서 보아 아래 두 가지가 있다.

1) 편익토큰

편익토큰은 유틸리티 토큰(Utility Token)이라고도 부르는데 ICO를 하는 기업의 서비스의 제공을 받을 권리를 표창하는 토큰을 말한다. 편익토큰은 장래에 일정한 상품이나 서비스 예컨대 비트코인과 교환할 수 있다는 점에서 경제적 가치를 가진다.

2) 자산기초토큰

자산기초토큰(Asset Backed Token)은 ICO가 프로젝트의 수익의 분배를 받을 권리를 표창하는 토큰인데 로얄티 토큰(Royalty Token)이라고도 부른다.518) 그 외 비트코인 등의 암호화폐 자체도 토큰으로 발행될 수 있으나 이러한 경우는 극히 희소하므로 제외하기로 한다. 편익토큰은 규제를 받지 않는 경우가 많으나 자산기초토큰은 대부분의 국가에서 규제를 하고 있다. 토큰을 암호화폐 거래소에 상장하면 다른 암호화폐와 교환하는 것도 가능하게 된다. 발행회사의 경영 상태나 서비스의 동향에 따라 토큰의 가격이 시장에서 등락할 수 있다.

3. ICO에 대한 법적 규제

가. 개 설

한국 금융위원회는 2017. 9. 29. ICO를 전면금지한다는 방침을 발표하였다. 정부는 ICO로 발행되는 토큰이 증권에 해당됨을 불문하고 모든 형태의 ICO를 금지하고 자본시장법, 유사수신행위규제법 및 방문판매법 등을 적용하여 처벌하겠다는 뜻을 밝혔다. 그러나 미국, 스위스, 일본 등 세계 주요국들은 자금세탁 방지 규정 등을 준수할 경우 ICO에 별다른 규제를 가하지 않는다는 점에서 한국정부의 방침은 정책적으로 문제가 있고519) 법률적으로도 규제의 적법성에도 아래와 같은 의문이 있다.

나. 자본시장법 위반 여부

먼저 자본시장법 적용가능성을 본다. 자본시장법의 적용대상이 되는 증권은 어떤 권리가 화체되어 그 증권이 그러한 권리를 표창하고 있음이 본질적인 특성이라고 할 수 있는바 ICO로 발행된 토큰이 편익토큰, 즉 자산기초토큰처럼 토큰에 특정 권리가 화체되어 있는 것이 아니라 특정 기능이나 혜택이 부여된 특수한 프로그램에 해당된다면 이를 증권으로 보기는 어렵다. 편익토큰은 암호화폐와 마찬가지로 자본시장법상의 채무증권, 지분증권 또는 투자계약증권520) 등 어디에도 해당하지 않는다고 할 것이고 유가증권 법정주의를 채택하고 있는 현행 자본시장법에 명시된 기타 어느 증권에 해당하지 않는다고 보이므로 자본시장법의 적용대상이 되기는 어렵다고 할 것이다.[521)

다. 유사수신행위규제법 위반 여부

나아가 유사수신행위규제법의 적용대상인지 여부를 본다. 유사수신행위규제법상 유사수신행위란 장래에 출자금의 전액 또는 이를 초과하는 금액을 지급할 것을 약정하고 출자금을 받는 행위를 말하는데[522) ICO상의 토큰 발행자가 ICO투자자의 출자금 반환을 보장하지 않는 한 토큰 발행을 통한 자금 모집행위가 유사수신행위가 된다고 볼 수는 없다. ICO에서 최소 판매 금액에 미치지 못하거나 향후 사업진행과정상 일정 조건이 충족되지 못하는 경우에 하는 투자금 반환약정은 ICO자체가 무효임을 이유로 투자자에게 원상회복의무를 이행하는 것이고 출자금 보장은 아니므로 이러한 약정 역시 유사수신행위에 해당하지 않는다고 할 것이다.

라. 방문판매법 및 전자상거래법 위반 여부

그밖에 방문판매법 및 전자상거래법의 적용여부를 본다. 방문판매법상 방문판매란 판매업자가 방문을 하는 방법으로 그의 사업장 외의 장소에서 소비자에게 권유하여 재화 또는 용역을 판매하는 것을 말하고, 전자상거래법상 통신판매란 우편·전기통신 등의 방법으로 소비자에게 재화 또는 용역을 판매하는 것을 말하는바[523) ICO의 대상인 토큰이 재화에 해당한다 가정하더라도 토큰발행자는 자신의 토큰을 판매하는 것이므로 타인의 재화를 판매하는 방문판매업자나 통신판매업자라 할 수 없어 ICO는 방문판매법이나 전자상거래법의 적용대상이 될 수 없다 할 것이다.

4. ICO에 대한 외국의 규제

가. 일본에서의 ICO에 대한 규제

가까운 일본에서는 합법적으로 ICO를 할 수 있도록 허용하고 있으므로 이를 비교법적으로 살펴볼 필요가 있다.[524) 토큰에 대하여 주식과 같이 배당이나 수익을 분배하면 금융상품거래법(金融商品取引法)상의 유가증권에 해당하게 되나 그렇지 않으면 유가증권에 해당하지 않는다고 이해된다. 또 ICO를 통하여 배당을 하더라도 ICO의 경우는 토큰의 대가로 금전을 받는 것이 아니라 암호화폐를 받는 것이고 암호화폐는 금전이 아니므로 금전의 모집을 요건으로 하는 펀드에는 해당하지 않는다고 보는 견해가 우세하다. 그러나 소비자보호법 등에 위반할 여지는 있다.

　　자금결제법상 토큰이 가상통화에 해당하는 경우에는 금융청에 등록한 가상통화교환업자 이외에는 업으로서 판매할 수 없는바 불특정인이 아니라 일부의 사람에게만 교환할 수 있는 상품형태로 하면 가상통화법에 저촉되지 않는다고 이해되고 있으나 그 일부가 어느 정도 규모여야 하는가에 관하여는 의론이 있다. 한편 선불카드와 유상의 온라인게임 내의 포인트 등과 같은 선불식지불수단(前払式支払手段)을 발행하는 자는 원칙적으로 등록 또는 신고를 하여야 하는바 암호화폐가 선불식지불수단에 해당한다면 동법의 규제를 받는다. 토큰을 어떤 물품의 구입이나 서비스의 제공에 쓸 수 있는 경우 선불식지급수단에 해당할 수 있으나 ICO에서 발행하는 토큰은 선불식지급수단에는 해당하지 않는 것으로 이해되고 있다. 일본에서는 가상통화법에 의거 합법적으로 ICO를 할 수 있는 종합형 블록체인 플랫폼이 창설되어 있다.525)

나. 기타 국가에 있어서의 ICO에 대한 규제526)

　　먼저 미국의 경우를 보면 증권거래위원회(SEC)는 2017. 7. "The DAO" 조사보고서527)에서 ICO로 발행한 The DAO토큰을 비롯한 암호토큰이 1933년 증권법(US Securities Act of 1933)과 1934년 증권거래법(US Securities Exchange Act of 1934)이 정의하는 "증권(Securities)"의 개념에 해당할 수 있다고 밝혔다.528) 한편 유럽연합 증권감독국(ESMA)은 ICO에 관여하는 회사들이 EU의 사업설명서 지침(the Prospectus Directive), 금융상품시장지침(Markets in Financial Instruments Directive), 대체투자펀드운용자지침(Alternative Investment Fund Managers Directive) 및 자금세탁방지지침(Fourth Anti-Money Laundering Directive)의 4개 지침을 준수하여야 함을 밝히는 수준에서 신중하게 대응하고 있다.529)

　　싱가포르 금융관리국(MAS)은 2017. 8. 미국 SEC와 유사하게 ICO를 통해 발행된 토큰은 '증권'과 마찬가지로 증권선물법(Securities and Futures Act)상의 자본시장상품(capital markets products)에 해당하는 경우 MAS의 규제 대상이 되며, 토큰 발행자는 ICO개시 전에 MAS에 관련 서류를 제하여야 한다는 의견을 표명하였다.530) 홍콩에 있어서도 2017. 9. 증권선물거래위원회(SFC)는 ICO를 통해 발행된 토큰이 증권으로 분류될 수 있다는 입장을 발표하였다.531) 결국 주요 선진국 중에서 중국532)과 한국을 제외하고는 위에서 살펴본 국가 외에 호주, 캐나다, 스위스 규제 당국은 ICO에 관하여 미국의 SEC와 비슷한 입장을 취하고 있다고 할 수 있다.533)

Ⅵ. 블록체인 단체법 - 분산자율조직(DAO)의 법률관계

1. DAO의 개념

블록체인기술과 스마트계약을 이용하여 암호화폐를 사용하는 투자자 집단을 형성할 수 있다. 그 대표적인 예가 DAO(Decentralized Autonomous Organization)이다.534) 이는 우리말로는 분산자율조직이라 칭할 수 있다.535) DAO는 투자자들의 암호화폐(대표적인 것이 이더리움이다)를 출자받아 제3자가 운영하는 프로젝트에 자금을 투자하여 그로부터 생기는 수익을 투자자에게 나누어주는 구조이다. 투자자는 설계자가 지정한 전자지갑주소로 암호화폐를 송금함으로써 설계자가 설정한 조건을 실행하면 그 이후의 절차는 자동적으로 실행되어 투자자는 토큰의 소유자로서 지위를 가진다. DAO는 사전에 결정된 규칙(pre-agreed upon rule set)에 의해 작동하므로 단독으로 펀드를 관리할 수 있어 인간의 개입이 매우 제한되거나 사실상 없는 자치조직으로536) 개인들이 자신들의 정체성과 개인정보를 통제할 수 있는 개방적 플랫폼을 운용할 수 있게 한다. DAO의 대표적인 예가 벤처자본 조달을 목적으로 한 The DAO이다.537) The DAO는 이더리움 DAO의 개념을 실체화시킨 프로젝트로서, 이더리움 블록체인 상에 스마트계약코드로 구현되어 있으며, '이더(Ehter)'와 자체 발행 코인인 'Dao Token'을 거래단위로 사용하여 2016. 4.부터 같은 해 6.까지 크라우드펀딩 방식으로 무려 1억 5천만달러의 자금을 조달하는데 성공하였으며 The DAO의 자본금은 스마트계약을 통해 제3자에게 투자할 수 있도록 코드화되어 있다.538)

2. DAO의 법적 성격

DAO는 발전 도상에 있는 존재로서 그 조직의 형태나 법률관계는 아직 불분명하다고 할 수 있다. The DAO를 예로 들어 설명하면, The DAO의 형성 초기 역시 크라우드 펀딩 참여자들을 중심으로 온라인상에서 그 법적 지위를 둘러싼 논의가 매우 활발하게 일어났다.539) The DAO가 스마트계약에 의해 설립되었기 때문에 이를 투자계약적 성격을 가진 것으로 볼 여지도 있지만 회사법상의 주식회사 등 일정한 조직을 설립한 것으로 볼 수도 있었기 때문이었다.

가. 투자계약으로 보는 견해

스마트계약에 의해 형성된 계약당사자들 간의 관계를 좀 더 구체적으로 보면, 주식회사에서 요구되는 이사회의 구성이라든가 감사의 선임 등의 절차는 예정되지 않을 수 있으므로 기존의 주식회사법상의 요건을 충족하지 못함으로 이는 DAO설계자와 투자자 간에 체결된 계약으로 보는 견해이다.

나. 조합으로 보는 견해

DAO에게 법인격이 없고 계약상 참여자 간 책임관계가 분명하지 않으므로 DAO 설계자와 블록체인의 노드(node)를 구성하는 참여자 모두를 조합원으로 하는 일종의 조합(general partnership)이라고 보아야 한다는 견해이다.540) 이 견해에 따르면 설계자와 참여자는 DAO로 인한 결과에 대하여 연대하여 무한책임을 진다.

다. 주식회사에 준한 사단으로 보는 견해

DAO를 법인으로 보는 견해는 DAO를 설립하기 위한 코드 설계자가 주식회사의 발기인과 유사한 지위에서 다수인이 투자를 통해 하나의 단체의 설립을 기획한다는 것이다. 코드 설계자는 자본금의 규모 등에 관한 투자계획, 투자방법과 그에 대한 토큰의 발행에 의한 대가의 교부, 의사결정절차, 이익의 분배 등의 설계안을 공지하는데 이는 주식회사의 정관 또는 부속정관과 유사한 기능을 한다. 이러한 공지사항을 인지한 투자자는 암호화폐로 투자를 하고 그 대가로 토큰을 받는다. 토큰의 소유자는 일정한 의사결정에 참여할 수 있고 이익이 발생하면 예정된 이익분배를 받을 수도 있어 이는 마치 주식회사의 주주와 유사한 지위에 서게 된다.541) 따라서 법인격이 없는 DAO는 주식회사에 준한 법인격 없는 사단에 해당한다고 한다. 다만 DAO에서는 한발 더 나아가 주식회사에서 하는 인간의 통제가 코드로 대체되어 설계자를 비롯한 인간의 관여 없이도 얼마든지 거래를 할 수 있다는 점에서 주식회사와 차별화된다.

라. 소 결

DAO가 단순한 출자계약을 넘어 주식회사와 유사한 구조를 가지고 있음은 부인할 수 없다.542) 또 DAO출자자들에게 연대무한책임을 지우는 조합설은 당사자의 의사에 반할 뿐만 아니라 출자자에게 과도한 부담을 지워 DAO자체의 이용을 저지하는 결과가 될 것이다. 따라서 DAO에 주식회사와 같은 법인격이 부여될 때까지는 주식회사에 유사한 법인격 없는 사단으로 이해하는 것이 타당할 것이다.543)

3. DAO의 법률관계

거래현실에서 보면 책임주체인 중앙 서버가 없다는 점이 블록체인의 장점으로 보이지만 거래상 책임소재가 불분명해지는 문제가 있어 DAO의 존재를 인정하고 DAO를 중심으로 법률관계의 간면한 처리를 도모할 필요성이 부각된다. DAO의 내부 관계자들이 서로 간에 어떠한 권리의무를 가지는가는 DAO의 구조에 달려 있다. 출자계약을 넘어 사단성을 가진다면 DAO에 출자자들은 사원에 준하는 지위를 가지게 될 것이다. DAO 및 그 구성원이 DAO와 거래하는 제3자에 대하여 어떠한 권리의무를 지는가는 DAO가 체결한 계약 기타 법률행위에 달려 있다. DAO의 설계자를 제외한 구성원은 제3자에 대하여는 책임을 지지 않는다고 해석하는 것이 당사자의 의사에 부합할 것이다.[544] 일반 사단과는 달리 DAO설계자에게는 DAO와 연대하여 제3자에게 책임을 지우는 것이 타당할 것인바 그 이론적 근거는 주식회사의 대표이사나 대주주의 제3자에 대한 책임에 관한 법리에서 찾을 수 있을 것이다.

VII. 블록체인거래에 대한 과세

1. 개 설

블록체인 거래 특히 암호화폐 거래에 대한 과세에 관하여는 블록체인의 특성과 암호화폐의 법적 성격을 규명하여 과세 가부와 과세의 종류를 논하여야 할 것이다. 구체적으로는 부가가치세나 소비세 등 거래세, 양도소득세와 소득세 내지 법인세의 부과 여부가 문제된다.[545] 암호화폐를 포함하여 블록체인 플랫폼상의 거래 대상을 물건으로 본다면 거래세나 양도소득세 기타 소득세의 부과가 가능할 것이다.[546] 그러나 암호화폐 등을 화폐의 일종으로 파악한다면 과세에 어려움이 있을 것이다.

2. 부가가치세의 과세 가부

현행 부가가치세법에 따르면 부가가치세 과세대상은 '사업자가 행하는 재화 또는 용역의 공급과 재화의 수입'으로 명시되어 있고[547] 재화란 '재산 가치가 있는 물건과 권리'로 정의되고 있고 용역은 '재화 외의 재산가치가 있는 모든 역무와 그 밖의 행위'로 정의되고 있다.[548] 암호화폐 거래에 대한 부가가치세 부과 가부에 관하여는 재화설, 용역설 그리고 비재화용역설로 나누어져 있는바 재화설은 암호화폐의 교부로 재산권이 이전된다는 점에서 부가가치세법상 재화로 볼 수 있다고 하고 용역설은 암호화폐의 특성을 비추어 볼 때 동법이 열거하고 있는 물건이나 권리 등의 재화에 해당한다고 해석하기는 어렵고 비트코인 공급행위를 용역의 행위로 볼 수 있다고 하며[549] 비재화용역설은 암호화폐는 지급수단으로서 화폐에 가까우므로 재화로도 용역으로도 볼 수 없고 또 조세법률주의의 관점에서 과세대상은 엄격히 해석해야 하므로 암호화폐의 거래에 대하여는 부가가치세를 부과할 수 없다고 할 것이라고 한다.550) 외국 중 싱가포르는 암호화폐의 거래에 부가가치세를 부과한다.551)

3. 소득세 과세 가부

소득세법에서 정의하고 있는 소득552) 중 가상화폐와 가장 관련이 있는 소득은 사업소득과 기타소득인바 사업성 요건을 만족하는 경제활동으로부터 발생되는 소득을 사업소득의 하나로 열거하고 있고553) 이 유형의 사업소득은 다른 유형의 사업소득과 유사해야 함을 전제로 하고 있어 완전포괄주의 개념을 채택하고 있지는 않으므로 해석상 의문이 있으나 동 유형의 사업소득으로 보아 일응 과세할 수 있고 사업소득에 해당하지 않는 경우에는 기타소득으로 보아 과세할 수 있을 것이다.554) 미국과 일본에서는 암호화폐 거래로 인한 소득에 대하여 소득세를 과세하고 있다.

4. 양도소득세 과세 가부

암호화폐 관련 사업으로부터의 소득 이외에도 암호화폐의 가치 변동에 따른 추가적인 소득에 대한 양도소득세의 과세가 문제될 수 있다. 암호화폐의 매입시점과 매도시점의 가치 차이로 시세차익이 발생할 수 있는바 소득세법상555) 주식, 출자지분 또는 기타 자산의 양도로 발생하는 소득으로 보아 양도소득세를 부과할 수 있을 것이다.556) 그러나 외환차익, 채권 양도거래 등과 같이 과세가 되지 않고 있는 개인의 양도소득이 있으므로557) 개인이 암호화폐를 매매하여 얻은 시세차익을 과세대상에 포함시키는 것에 대해서는 형평의 견지에서 논란의 소지가 있다. 법인의 암호화폐 매매차익으로 인한 양도소득에 대하여는 법인세를 부과할 수 있을 것이다.558)

5. 암호토큰에 대한 과세

암호토큰에 대한 과세 문제 역시 암호화폐와 마찬가지로 암호토큰의 법적 성격에 달려 있다. 특히 암호토큰을 암호화폐의 일종으로 볼 것인가가 문제된다. 암호토큰은 암호화폐에 비교하여 환금성이 떨어지고 토큰발행기업의 경영상태나 서비스에 따라 그 가치도 등락하므로 이는 화폐적 속성보다는 재화 내지는 증권에 가까운 속성을 지닌다 할 것이므로 과세에 있어서도 재화나 증권에 준하여 취급하여야 할 것이다. 또 토큰의 거래 대가는 대체로 현금이 아니라 암호화폐이므로 암호화폐 자체의 가치를 소득으로 볼 수 있는가 하는 문제가 있으나 토큰을 매도하여 받은 암호화폐를 현금화하였을 때 소득이 실현되어 과세 대상이 된다고 보아야 할 것이다.

Ⅷ. 블록체인 분쟁의 해결

1. 블록체인 분쟁의 특징

블록체인거래나 불법행위는 전세계에 흩어져 있는 컴퓨터 노드상에서 이루어지므로 그에 적용될 준거법과 관할 법원을 결정하기 어렵고 그에 관한 분쟁이 선결 문제로 발생한다. 다음으로 법원의 판결을 받았다 하더라도 이를 집행하기 어렵다는 문제가 있다. 위에서 본 바와 같이 암호화폐를 상대로 하는 집행의 어려움뿐 아니라 상대방이나 암호화폐거래소가 소재하는 국가의 법원이 다른 나라에서 내려진 판결을 승인, 집행하여 줄지를 알 수 없다. 그리고 블록체인 분쟁에는 기술적인 내용이 많이 포함되므로 블록체인 기술 전문가를 분쟁해결의 주재자로 삼을 필요가 있고 또한 당사자들이 외부에 공개하기를 꺼리는 소프트웨어나 하드웨어에 관한 증거가 문제되는 경우가 많아 그 과정이 공개되는 재판을 받고 싶어 하지 않는 경향이 있다.

2. 블록체인 분쟁의 준거법과 국제재판관할

가. 국제 블록체인분쟁의 준거법

준거법이라 함은 외국적 요소가 있는 법률관계에 적용될 특정 국가의 법을 말한다. 블록체인 거래의 준거법에 관하여 거래 당사자 간에 준거법에 관한 합의가 있으면 원칙적으로 그 합의에서 지정한 국가의 법을 적용할 수 있을 것이다. 그러나 블록체인 거래가 소비자거래이거나 근로제공계약 기타 경제적 약자가 일방당사자인 거래인 경우 준거법 합의의 유효성을 바로 인정하기에는 어려움이 있다. 또한 스마트계약과 같이 사전에 약관의 형태로 준거법 합의를 한 경우 당사자 간에 진정한 준거법 합의가 있었는지 여부가 문제될 수 있다.

블록체인 거래에서 준거법 합의가 없는 경우 통상 그 거래와 가장 밀접한 관련이 있는 곳의 법이 준거법이 되는 것이 일반 원칙이나 블록체인에 있어서는 어디가 그 거래와 가장 밀접한 관련이 있는 지를 판단하기 어렵다. 거래와 가장 밀접한 관련을 가지는 곳은 통상 계약체결지나 이행지일 것이나 블록체인 거래는 익명으로 이루어지기도 하고, 서버도 서버를 관리하는 자가 없거나 전 세계에 흩어져 있는 모든 노드가 그 역할을 하고 있다고 할 수 있으므로 계약체결지나 이행지를 특정할 수 없어 예측하지 못한 국가의 법을 적용 받을 위험이 있다. 블록체인에 관련한 국제적 불법행위의 경우 불법행위지를 특정할 수 없어 같은 문제가 있다. 스마트계약의 국제적 준거규범에 관하여 신용장에 인정되는 독립의 원칙과 엄격일치의 원칙을 원용하자는 견해 등 통일적인 블록체인 거래 규범을 정립하자는 주장이 힘을 얻고 있다.559)

나. 국제블록체인거래분쟁의 재판관할

국제재판관할 결정의 일반적 원칙은 당사자 또는 그 분쟁이 된 사안이 제소된 국가의 법원과 "실질적 관련"이 있어야 한다는 것이다.560) 여기서 '실질적 관련'이라 함은 자국 법원이 재판관할권을 행사하는 것을 정당화할 수 있을 정도로 당사자 또는 분쟁의 대상이 그 나라와 관련성을 갖는 것을 말한다.561) 퍼블릭 블록체인이나 허가가 불필요한 블록체인에 있어서 국제재판관할 결정의 문제도 준거법 지정 문제와 마찬가지의 어려움이 있다. 블록체인 거래상의 국제재판관할합의도 원칙적으로는 유효하여 그 합의에서 지정된 분쟁해결기관이 관할권을 가질 것이다. 그러나 블록체인 거래가 소비자거래이거나 근로제공계약 기타 경제적 약자가 일방당사자인 거래인 경우 재판관할합의의 유효성을 바로 인정하기 어렵고 특히 스마트계약과 같이 사전에 약관의 형태로 재판관할합의를 한 경우 그 구속력을 인정하기 어렵다. 블록체인 불법행위의 경우나 블록체인 거래에서 국제재판관할합의를 하지 않은 경우에는 일반 원칙에 의거하여 국제재판관할을 정할 수밖에 없다.

블록체인 분쟁에 있어서는 어디에 실질적 관련이 있는지 판단하기 어렵다. 중앙 서버 관리자가 있으면 그의 소재지에 국제재판관할이 집중될 수 있겠지만 블록체인에서는 그러한 중앙 서버가 없어 전세계 노드의 위치 모두에 국제재판관할이 인정하여야 하는 어려움에 봉착하는 점은 준거법 지정의 경우와 마찬가지이다. 특히 불법행위 사건의 경우 불법행위지와 결과발생지에 수백개의 피해가 발생하였을 경우 그 행위지와 결과발생지 모두에 국제제판관할이 모두 인정될 수도 있다. 또한 국제재판관할을 넘어 역외에 대하여도 규제 관할권을 행사할 위험이 있다562).

3. 블록체인 분쟁의 재판외 해결

가. 재판외 해결 방법

이러한 이유로 블록체인 분쟁에 있어서는 재판외 분쟁해결방법 즉 ADR을 선호하게 된다. 재판외 분쟁해결방법으로는 조정과 중재가 있으나 조정의 경우 조정이 성립하지 않거나 조정에 따른 이행이 되지 않으면 다시 재판을 할 수밖에 없다는 점에서 중재를 많이 이용하고 있다. 블록체인 거래 약관 예컨대 스마트계약 자체에 당사자 일방의 신청에 따라 중재법상 시스템이 발동될 수 있도록 중재 조항을 삽입하는 방안이 있고 이 경우 스마트계약에서 중재인이 지정되고 그가 행한 중재판정이 자동으로 코드에 반영되도록 처음부터 프로그래밍되어 있으면 중재판정 집행의 어려움이 없으며 중재인의 역할은 분쟁이 발생한 사건에 한정되므로 슈퍼노드의 재등장이라는 비판을 받지도 않을 것이고 해킹의 위험도 회피할 수 있다. 또한 블록체인 중재 판정의 집적은 블록체인에 관한 실체 법규범의 정립에 큰 기여를 할 수 있을 것이다. 블록체인 중재에 있어서는 스마트계약 등을 활용하여 중재기관, 중재법 및 중재절차에 있어 새로운 시도를 하고 있는바 아래에서 그 예를 살펴본다.

나. 오픈바자(OpenBazaar)

오픈바자는 블록체인계약에 있어 공증기능을 제공함과 아울러 중재서비스를 제공한다. 블록체인거래에서 분쟁이 발생하면 당사자는 공증인(notary)에게 분쟁발생사실을 통지한다. 이 공증인의 역할은 중재인의 판정에 따른 거래를 생성하고 서명하는 것이다. 중재인을 선정하는 데는 세 가지 방법이 있다. 먼저 자동 매칭방법은 양당사자의 선호 중재인목록('preferred arbiter' list)에 기초하여 자동적으로 중재인을 선임하는 것이다. 둘째는 당사자의 합의로 중재인을 선임하는 방법이다. 당사자 일방이 중재인 선임에 협력하지 않는 경우 공증인이나 타방 당사자가 중재인을 선임할 수 있다. 세 번째 방법은 공증인이 중재인의 역할을 하는 것이다. 분쟁이 발생하면 당사자들은 중재합의를 하여 구체적인 사항에 명시적으로 합의를 하여 중재인의 승인을 받는다. 중재 서비스를 제공하고자 하는 자는 목록에 중재인의 직무, 소요기간, 보수 및 중재 이력을 기재하여 공시한다. 처리중재사건의 공시를 통하여 현지중심의 상인법 (polycentric merchant law)이 형성될 수도 있다. 초기에는 무료로 봉사하는 중재인도 있을 것이나 중재인 보수를 결정하는 메커니즘도 사전에 합의해 둘 필요가 있다. 중재절차를 개시하기 전에 당사자들은 3심까지의 상소제도에 합의할 수 있다. 상소비용은 상소 당사자가 부담한다.

다. 클레로스(Kleros)

게임이론, 블록체인과 크라우드소싱(crowdsourcing)기법을 활용하여 분쟁을 신속하고 투명하며 저렴하게 처리하는 탈중앙 중재 프로토콜이다. 이 시스템에 의하면 중재인으로 선임되기 위하여는 토큰을 기탁하여야 한다. 기탁하는 토큰의 금액이 클수록 중재인으로 선임될 가능성도 높아진다. 중재인으로 선임되지 않으면 기탁한 토큰을 반환받는다. 중재인은 익명이며 판정도 익명으로 내려진다. 중재인이 중재판정의 다수의견과 같은 의견을 제시하면 토큰을 받으나 소수의견을 제시하면 토큰을 잃는 구조이다. 중재판정에 대하여는 상소할 수 있도록 되어 있다. 이 방식은 신속하고 저렴한 절차이나 중재인의 등급을 어떻게 매길 수 있을지 중재합의는 유효한지, 법원의 관여가 배제되는지, 블록체인외의 쟁점(off-chain issues)도 대상이 되는지 등의 불확실한 문제가 있다.

라. 삼바(SAMBA, Smart Arbitration & Mediation Blockchain Application)

스마트중재계약에 기초하여 블록체인 기술을 활용한 안전하고 효율적인 국제적 분쟁해결 플랫폼을 제공하고자 한다. 삼바계정에 등록하고 중재신청서를 제출하면 이를 회원사인 중재기관에 송부하고 그 중재기관이 이를 수락하면 중재절차가 개시된다. 삼바는 사건관리 플랫폼을 제공하고 분쟁해결절차의 연혁을 기록하며 절차규칙을 코드화한다. 이 방식은 현실의 중재기관을 이용한다는 점에서 친숙하나 사건관리플랫폼 등에 블록체인 기술을 반드시 사용해야 되는지에 의문이 있고 기술적 제약도 있다는 비판을 받는다.

마. 쥬리 온라인(JuryOnline)

이는 스마트계약에 기초한 ICO실행 플랫폼에 분쟁해결기능을 추가한 것이다. 이 플랫폼은 프로젝트와 투자자 간의 관계를 체계화하여 투자의 단계별로 이정표(milestones)를 정하고 이 이정표에 도달할 때마다 사전에 예탁된 자금을 인출할 수 있도록 하고 있다. 만약 투자자가 이 인출에 동의하지 않는 경우에는 전문가/중재인이 그 분쟁을 해결하거나 결정을 하는데 중재인은 가부 중하나만 결정하도록 하고 있다.

바. 컨피딜(Confideal)

컨피딜은 이더리움 블록체인사에 스마트계약을 구축할 수 있도록 도와주는 서비스인데 분쟁해결메커니즘을 포함하고 있다. 분쟁이 발생한 경우 컨피딜이 제3자 중재인을 임명하고 중재인이 당사자를 접촉하여 판정을 내린다.

Ⅸ. 결론 - 블록체인 기술의 향후 법적 과제

이상에서는 블록체인 기술로 인한 새로운 법적 문제로서 스마트계약, 암호화폐, ICO, DAO 및 블록체인 거래에 대한 과세 문제를 살펴 보았다. 그러나 이는 향후 블록체인기술이 야기할 새로운 법적 문제 중 드러난 빙산의 일각에 불과하다. 블록체인 기술은 공법 영역에 있어서도 우리에게 수많은 과제를 던져주고 있다. 블록체인 기술은 중앙통제기관이나 신뢰할 수 있는 제3자를 필요로 하지 않고 정보독점의 폐해를 해소하여 정보이용의 투명화를 보장하며 개인의 자신의 데이터에 대한 통제를 가능하게 함으로써 평등 사회, 개인이 자신의 권리를 스스로 보호할 수 있는 사회를 실현하여 인권의 신장과 진정한 민주주의 사회를 열고 있다.[563] 행정의 투명화를 보장하고 부패를 차단하는 블록체인 기술은 행정법 영역에 있어서도 새로운 논의를 촉발할 것이다.

사법의 영역에서도 소유권의 귀속을 명확히 하고 스마트계약을 통한 직접적 이행을 보장함으로써 물권법 영역에 새로운 지평을 열고 있다.[564] 단순한 데이터의 이전을 넘어 가치의 이전을 가능하게 하는 블록체인 기술은 명확해진 소유권제도와 함께 전통적인 계약법의 영역을 축소시킬 것이다. 또한 블록체인 기술은 불법행위법의 영역에서도 완벽한 디지털 포렌식을 가능하게 하여 불법행위의 입증이나 손해의 산정을 용이하게 하고 있으며 이는 보험 산업에 새로운 모델을 제시하고 있다. 분쟁의 해결도 많은 부분이 자동화되고 거래시스템에 부수하게 되어 국가재판제도의 이용에 커다란 변화를 가져올 것이다.

그러나 블록체인 기술은 이에 그치지 아니하고 나아가 미래의 4차산업혁명의 진전에 커다란 기여를 할 것으로 전망된다. 블록체인 기술은 데이터베이스(DB), 정보 보호, 운용체계(OS), 반도체 칩, 사물인터넷(IoT)[565], 인공지능(AI) 개발에 적용될 뿐 아니라 블록체인 기술을 이용해 기존의 인터넷 구조를 개편하고, 도메인 시스템 및 라우팅 시스템을 보완하는 연구를 통하여 웹과 나란히 인터넷 위에 얹히는 구조가 되거나 블록체인이 웹3.0 핵심 기술의 하나로 들어갈 것으로 예측한다.[566] 그렇게 되면 블록체인 기술이 가져올 사회적 파장은 더욱 심대하게 될 것이므로 이에 미리 대비하고 이를 십이분 활용할 수 있는 제도적 기반을 구축하여야 할 것이다.

435) 손경한 편(2019), 3-51면 참조.

436) 백종찬외(2016), 11면.

437) 성승제(2017), 326면.

438) 손경한 편(2019), 201면이하 참조. 박정국/이한욱(2017), 28면.

439) 2018. 1. 26. 일본 가상화폐 거래소 '코인체크'가 580억엔(약 5660억원) 상당의 가상화폐 넴 (NEM)을 해킹당한 것을 비롯하여 해외에서 2011년부터 발생한 가상화폐 해킹 사례가 수 십 건이 넘는다. 한국에서도 2018. 6. 코인레일이 500억원을 해킹당하였고 빗썸은 2017. 1. 부터 2019. 3.까지 3차례에 걸쳐 793억원을 탈취당했으며 2019.11. 업비트는 580억원 상당 을 해킹당하였다.

440) 블록체인에 관한 국내 소개 문헌으로는 박지훈(2017); 돈 탭스코트/알렉스 탭스콧(2017); 아키하네 요시하루/아이케이 마나부(2017), 손경한 편(2019) 각 참조.

441) 비피기술거래(2017), 4면.

442) 비피기술거래(2017), 14-16면 참조.

443) 그 참여에 허가가 필요 없다는 점에서 '무허가형 원장(Permissionless Ledger)'라고도 한다.

444) 그 참여에 허가가 필요하다는 점에서 '허가형 원장(Permissoned Ledger)'이라고도 한다.

445) 네트워크의 기본요소인 지역 네트워크에 연결된 컴퓨터와 그 안에 속한 장비들을 통틀어 하나의 노드(node)라고 한다.

446) 비피기술거래(2017), 22면.

447) 비공개 블록체인과 하이브리드 블록체인은 완전한 탈중앙화를 추구하기 어려운 금융자산 거래에 주로 채용되며 증권회사, 결제회사, 거래플랫폼 제공회사, 정부기관 등이 참여하는 구조가 된다. 비피기술거래(2017), 24-25면 참조.

448) 비피기술거래(2017), 16-17면.

449) 적용가능분야에 대한 상세한 설명은 아키하네 요시하루/아이케이 마나부(2017), 31-77면 참조, 그 외 비피기술거래(2017), 27-49면 각 참조.

450) 공개 블록체인 기술의 문제점에 관해서는 비피기술거래(2017), 22면, 백종찬외(2016), 18-25면 각각 참조.

451) 은행으로 이체를 하면, 이체 수령인이 거의 즉시 출금을 할 수 있는 반면, 블록체인에서 는 최소 10~60분이라는 시간을 기다려야 한다. 블록체인은 지급과 결제가 사실상 동시에 이루어지기 때문이다.

452) 발생한 모든 거래 내역을 일련의 블록에 저장하게 되면 과도하게 많은 저장공간을 차지 하게 되므로 확장이 어려울 수 있고, 한 번에 처리할 수 있는 거래건수가 한정되어 있는 경우에는 속도가 느려질 수 있다.

453) 공개 블록체인은 이미 정해진 몇 가지 기초적인 검증조건을 통과하면 모든 것이 기록될 수 있기 때문에 해킹이 일어나더라도 계좌 동결, 채권 압류, 강제 이체 등이 불가능하다.

454) 한 예로, 블록체인은 주기적으로 생성되는 '블록 단위'로만 이체 건수를 묶어 처리하기 때 문에, 대규모 실시간 처리를 위해서는 아예 블록을 없애고 전통적 방법처럼 '이체 건수 별'로 바로 처리하는 분산원장기술이 논의되고 있다.

455) 돈 탭스코트/알렉스 탭스콧(2017) 참조; 전명산(2017), 179면.

456) 전자문서 및 전자거래 기본법상 "전자문서"란 정보처리시스템에 의하여 전자적 형태로 작 성, 송신·수신 또는 저장된 정보라고 정의하고 있으므로(전자문서법 제2조 제1호) 정보 처리시스템의 일종인 블록체인에서 저장된 데이터의 문서성에는 문제가 없다.

457) 전자서명법 제6조(다양한 전자서명수단의 이용 활성화) 제1항은 "국가는 생체인증, 블록 체인 등 다양한 전자서명수단의 이용 활성화를 위하여 노력하여야 한다."고 규정하여 블

록체인을 전자서명수단의 하나로 명시하였다.

458) 암호화폐의 가치 상승에 따른 채굴 경쟁으로 일부 해커들이 좀비 컴퓨터를 양산한 뒤 인
증서를 조작하여 가상화폐를 불법 채굴하거나, 암호화폐 거래소의 사이트를 해킹하여 암
호화폐를 유출하는 사례도 주기적으로 나타나고 있다.

459) 개인정보보호법 제21조, 신용정보법 제20조의2 참조.

460) 블록체인기술이 등장하기 훨씬 전에 Nick Szabo는 스마트계약을 "a set of promises,
specified in digital form, including protocols within which the parties perform on these
promises"라고 정의한 바 있었으며[Nick Szabo(1996) 참조], 2013년 Vitalik Buterin이 블록
체인 기술을 이용하여 그 기능을 확장하면서 널리 확산되었다.

461) 미국 애리조나주가 스마트계약을 분산되고, 탈중앙화되고 공유하고 복제된 원장에서 작동
하고 그 원장을 보존하고 그 원장상에 자산의 이전을 지시하는 사건에 응한 프로그램을
의미한다고 정의한 것은 바로 스마트계약코드를 말한다고 할 것이다.

462) 디앱은 분산원장에 기록된 스마트 계약과 이를 실행하기 위한 사용자 프로그램으로 구성
된다. 웹 어플리케이션과 같은 API를 통해 블록체인 상에 존재하는 스마트 계약을 실행시
켜 업무를 수행한다. 웹 앱은 참여자 신분증명 · 결제수단 보장 등 많은 시스템이 필요하
지만 디앱은 별도 시스템이 필요 없어 편리하다. 다만 디앱 계정을 만들 때에는 이더리움
등 해당 블록체인 지갑을 개설해야 한다.

463) 정경영/백명훈(2017), 107-109면은 스마트계약코드는 상대방의 조건성취가 있을 경우 코
드 작성자의 이행행위까지 내재되어 있다는 점에서 통상의 의사표시와 구별된다고 설명
한다.

464) 이는 스마트계약코드는 사전에 조건을 정할 수 있으나 그것이 반드시 법률상 계약으로
평가되는 것은 아니기 때문이다. Linklaters(2017), p.5; Alexander Savelyev(2017), pp.128-
133.

465) 스마트 법적 계약(the smart legal contract), 스마트계약코드(smart contract code)로 나누는
외에 스마트대체계약(the smart alternative contract)을 또 하나의 유형으로 열거하는 견해
가 있으나(Josh Stark(2016)) 기계 간 계약 또는 인공지능 간 계약을 스마트계약으로 보는
이상 스마트대체계약이라는 개념은 불필요하다고 할 것이다. 미국 ISDA는 저자와 같이
두 개의 개념으로 분류하고 있다.

466) Linklaters(2017), p.14

467) 정경영/백명훈(2017), 127-128면은 코드 설계자는 스마트계약코드의 내용을 자연어로 설
명하는 문서(백서, white paper)를 작성하여 이를 자신의 블로그에 올리거나 SNS 등을 통
해 타인이 인식할 수 있게 한다고 하면서(이하 제안서라 함) 이렇게 자연어로 된 제안서
와 스마트계약코드와 실행파일 셋 중 청약의 의사표시로 되는 것은 인간이 이해할 수 있
는 언어로 표시되어야 한다는 점에서 스마트계약코드는 의사표시로 볼 수는 없고 제안서
를 코드설계자의 의사표시로 보아야 한다고 설명한다. 이 설명은 코드외재형계약에는 타
당하나 코드내재형계약의 경우에는 계약조건이 코드에도 포함되어 있다는 점에서 제안서
만이 청약의 내용으로 되는 것은 아니라 할 것이다. 또한 제안서만을 청약으로 보면 이를
둘러싸고 수많은 분쟁이 발생할 수 있어 스마트계약을 체결하는 장점을 상실하게 될 것
이다.

468) Reggie O'Shields(2017), pp.1-2.

469) 스마트계약의 성립과정과 그 문제점에 관하여는 정경영/백명훈(2017), 60-74면 참조.

470) 정경영/백명훈(2017), 133면.

471) 정경영/백명훈(2017), 129-130면 참조.

472) 현재로서는 약관의 주요내용을 자연어로 작성하여 공시하도록 하고 당사자의 요구가 있
는 경우 스마트계약코드를 자연어로 번역하여 제공하도록 하여야 할 것으로 보이나 기술

의 진보에 따라 다른 해결방안도 가능할 것이다.

473) 정경영/백명훈(2017), 133면 참조.

474) 금융경제학상 화폐는 교환의 매개, 가치의 척도 및 가치 저장의 기능을 모두 수행하여야 하는바 비트코인은 대체로 그 역할을 하고 있으므로 일종의 화폐라 할 수 있다.

475) 알트코인은 alternative coin의 약자로서 비트코인이외의 대체성 있는 암호화폐를 지칭한다.

476) 한국 전자금융거래법상 전자화폐는 이전가능한 금전적 가치가 전자적 방법으로 저장되어 발행된 증표 또는 그 증표에 관한 정보로서 현금 또는 예금과 동일한 가치로 교환될 수 있는 환금성 등의 요건을 갖춘 것으로 정의되는데(동법 제2조 제15호 참조) 전자금융거래법은 중앙집중형 전산시스템을 상정하여 설비 등 각종 규제들을 구체적으로 적시하고 있으므로 암호화폐 등 분산원장 방식의 블록체인의 금융거래에는 적용되지 않는다. 입법례에 따라서는 전자화폐를 후술하는 법화(Fiat Currency, FC)를 포함하는 개념으로 쓰기도 한다.

477) 유럽은행청(the European Banking Authority)은 2014년 가상통화를 중앙은행 또는 공공기관에 의해 발행되지 않고 반드시 법화(Fiat Currency, FC)와 연결되지 않지만 지급수단으로 인간에 의해 수령되고 전자적으로 이전, 저장 및 거래되는 가치의 전자적 표창(a dig-ital representation of value)이라고 정의하였다(The European Banking Authority ("EBA")'s Opinion on 'Virtual Currencies'(2014)).

478) 일본 가상통화법(仮想通貨法)은 가상통화를 두 종류로 나누는바 1호 가상통화((1号仮想通貨)는 불특정인에 대하여 사용할 수 있고 불특정인과 교환가능하고 이전가능한 전자적 재산가치를 말하고, 2호 가상통화(2号仮想通貨)는 불특정인간에 비트코인과 같은 1호 가상통화와 상호교환가능하고 이전가능한 전자적 재산가치라고 정의한다. 일본이 이처럼 통화라는 용어를 사용하는 것은 비트코인 등에 법적인 통용력을 부여하려는 데 있는 것으로 보인다.

479) 정경영/백명훈(2017), 123면 참조.

480) 암호화폐는 중앙기관 등 신뢰할 수 있는 제3자에 기반하여 발행된 것이 아니고 당사자의 노력 즉 채굴행위(mining)에 의해 분산형으로 발행되고 거래소에서 환금할 수 있으나 종국적으로 환금의무를 부담하는 자가 없어 특정 당사자에게 청구할 수 있는 성질의 것이 아니므로 채권형이 아니다.

481) 외국환거래법상 지급수단에 해당하는지 여부는 동법상의 지급수단의 개념을 살펴보아야 한다. 동법 제3조 제1항 3호는 지급수단을 정부지폐·은행권·주화·수표·우편환·신용장, 일정한 환어음, 약속어음 그 밖의 지급지시 및 증표, 플라스틱카드 또는 그 밖의 물건에 전자 또는 자기적 방법으로 재산적 가치가 입력되어 불특정 다수인 간에 지급을 위하여 통화를 갈음하여 사용할 수 있는 것이라 정의하고 있는바 암호화폐는 열거된 지급수단에 해당하지 않고 전자 또는 자기적 방법으로 재산적 가치를 입력한 "물건"도 아니므로 외국환거래법상 지급수단에 해당하기는 어렵다.

482) 정경영/백명훈(2017), 120-121면 참조.

483) 대법원 2018. 5. 30. 선고 2018도3619 판결 참조.

484) 이 사건 제1심법원(수원지방법원 2017. 9. 7. 선고 2017고단2884 판결)은 비트코인의 객관적 기준가치를 상정할 수 없고, 현금과는 달리 물리적 실체 없이 전자화된 파일의 형태로 되어 있으므로 이를 몰수할 수 없다고 판단하였다. 또한, 피고인이 보유하고 있던 비트코인이 범죄수익인지 여부를 특정할 수 없다고 보아 이를 추징하지도 않았다. 그러나 이 사건의 항소심판결(수원지방법원 2018. 1. 30. 선고 2017노7120 판결)은 우선 압수된 비트코인이 범죄수익으로 취득한 것이라는 점을 인정한 다음, ① 비트코인은 예정된 발행량이 정해져 있고 P2P 네트워크 및 블록체인 기술에 의하여 그 생성, 보관, 거래가 공인된 점,

② 일반적인 '게임머니'도 '재산적 가치가 있는 모든 유체물과 무체물'을 의미하는 개념인 구 부가가치세법상의 '재화'에 해당하므로, 물리적 실체가 없이 전자화된 파일이라도 재산적 가치를 인정할 수 있다는 점, ③ 비트코인은 거래소에서 법정화폐로 환전할 수 있고, 비트코인을 지급수단으로 인정하는 비트코인 가맹점이 존재하는 등 비트코인에 일정한 경제적 가치가 인정되는 점 등을 종합하여, 비트코인은 범죄수익법상 몰수의 대상인 '재산'에 해당한다고 판단하고 이를 몰수하였다.

485) 범죄수익법은 "중대범죄에 해당하는 범죄행위에 대하여 범죄행위에 의하여 생긴 재산 또는 그 범죄행위의 보수로 얻은 재산"을 범죄수익으로 규정하고, 그 범죄수익을 몰수할 수 있다고 규정하고 있으며 같은 법 시행령은 "은닉재산이란 몰수·추징의 판결이 확정된 자가 은닉한 현금, 예금, 주식, 그 밖에 재산적 가치가 있는 유형·무형의 재산을 말한다"고 규정하고 있으므로 재산적 가치가 인정되는 무형재산도 몰수할 수 있으며 정보통신망법상 동 범죄는 중대범죄에 해당된다고 보았다.

486) 암호화폐가 금융투자상품으로서 자본시장법의 적용을 받는지 여부에 관하여는 후술한다.

487) 정경영/백명훈(2017), 119-123면은 현재 통용되고 있는 암호화폐 즉 비트코인(BTC)이나 이더리움 플랫폼의 이더(ETH)의 본질은 지급수단이나 그 가치가 확정된 통상적인 지급수단이 아니라 가치가 수요와 공급의 원리에 따라 변화하는 금융상품형 전자지급수단이고 이들은 분산형으로 발행되어 채권성을 보유하지 않고 배타적 지배는 인정되므로 제한적 물권성을 가진 금융상품성 전자지급수단이라고 본다.

488) 실물화폐는 상품화폐 또는 물품화폐라고도 하며 물건이 가진 실질적 가치와는 관계없이 표시되어 있는 화폐단위로 통용되는 명목화폐에 대한 개념으로 희소가치가 있거나 교환이 편리한 가축, 면직물, 조개, 가죽, 금, 은 기타 귀금속 등의 물품들이 그 사회의 고유한 사회문화적 배경을 반영하여 사용되던바 4차산업혁명이라는 사회문화적인 배경에 따라 암호화폐가 실물화폐로 등장하였다고 못 볼 바 아니다.

489) 전자상거래소비자보호에 관한 법률에 의하면 통신판매중개란 사이버몰의 이용 허락 등 일정한 방법으로 거래 당사자 간의 통신판매를 알선하는 행위를 말하고(동법 제2조 제4호), 통신판매란 우편·전기통신 등의 방법으로 재화 또는 용역의 판매에 관한 정보를 제공하고 소비자의 청약을 받아 재화 또는 용역을 판매하는 것을 말하므로(동조 제2호) 정보통신망을 통한 판매를 알선하는 행위가 아닌 암호화폐거래 중개행위에 동법을 적용할 수는 없는 노릇이라 할 것이다.

490) 2018. 1. 15. 국무조정실이 발표한 '정부의 가상화폐에 대한 대응'에 의하면 암호화폐 거래소 폐쇄 보다는 거래 실명제 시스템을 도입하고 매매차익에 대해 과세함으로써 투기는 방지하되 블록체인 기술의 발전은 도모하기로 하는 정책을 취하는 것으로 해석된다. 홍영선(2018), "정부, 가상화폐 대책 극단적 처방 대신 '현실적 규제' 선택", CBS노컷뉴스, 2018. 1. 16자 기사.

491) 木下信行외(2017), 37-39면.

492) FATF는 1989년 설립되어 자금세탁방지 및 테러자금조달금지 문제를 총괄하는 OECD 산하 국제기구이다. 한국은 2009년 파리에서 개최된 총회에서 정회원으로 가입하였다. FATF는 자금세탁방지를 위한 40개의 권고와 테러 자금 조달방지를 위한 8개의 특별 권고를 발령한 바 있다.

493) 한편 은행감독 바젤위원회(Basel Committee on Banking Supervision, BCBS)는 2019. 3. 19. 암호자산에 관한 성명(Statement on Crypto-Assets) 발표하여 암호 자산을 취득 또는 관련 서비스를 제공하는 은행에 그에 관한 실사(due diligence), 위험관리(risk management) 및 관련 정보의 공개(disclosure)와 감독기관에 보고(supervisory dialogue)할 것을 권고하였다.

494) 제외국의 암호화폐에 대한 규제에 관하여는 Gurulkan/Cakir(2018) 참조.

495) 일본은 2019. 4. 가상통화에 대한 규제 권한을 금융청에서 일본 암호화폐거래소협회

(JVCEA)로 이관하여 암호화폐 거래소에 대해 엄격한 자율 규제를 하고 있고, 2019. 5. 31. 금융상품거래법과 결제서비스법을 개정하여 가상통화 명칭을 암호자산으로 바꾸고 암호화폐 마진 거래를 초기 예치금의 4배까지 허용하였으며 일본 금융청에 암호화폐 거래소 및 중개인들에게 주식 중개인과 같은 수준의 관리 · 감독 의무를 부과하였다. 동 개정법은 2020. 4. 발효하였다.

496) 동 개정법의 시행일은 2021. 3. 25.이다.

497) 가상자산이 아닌 것으로는 (ⅰ) 화폐 · 재화 · 용역 등으로 교환될 수 없는 전자적 증표 또는 그 증표에 관한 정보로서 발행인이 사용처와 그 용도를 제한한 것, (ⅱ) 게임아이템, (ⅲ) 전자금융거래법상 선불전자지급수단 및 전자화폐, (ⅳ) 전자등록주식 · 사채등, (ⅴ) 전자어음, (ⅵ) 전자선하증권, (ⅶ) 기타 거래의 형태와 특성을 고려한 일정한 전자거래 객체가 있다(법 제2조 제3호 단서).

498) FATF Guide는 가상자산(virtual asset)을 "디지털 방식으로 거래되거나 이전될 수 있고 지불 또는 투자 목적으로 사용될 수 있는 디지털 가치 표상(表象, representation)으로 법화, 증권 및 기타 기존 금융 자산의 디지털 표상을 제외한다."고 정의한다.

499) 가상자산거래에 해당하는 것으로는 (ⅰ) 가상자산의 매도 또는 매수, (ⅱ) 가상자산의 타 가상자산과의 교환, (ⅲ) 가상자산의 일정한 이전, (ⅳ) 가상자산의 보관 또는 관리, (ⅴ) 가상자산 양수도의 중개, 알선, 대행, (ⅵ) 기타 가상자산과 관련하여 자금세탁행위와 공중협박자금조달행위에 이용될 가능성이 높은 일정 행위가 있다(동법 제2조 제2호 라목, 동법 제2조 제1호 하목).

500) 암호화폐거래소의 해킹 사고를 방지하기 위하여 정부는 2017. 12. 정보통신서비스 부문 직전년도 매출액 100억 원 이상, 전년도 직전 3개월간 일 평균 방문자 100만 명 이상인 암호화폐거래소에 정보보호관리체계(ISMS) 인증을 의무화하고 정보보호최고책임자(CISO) 지정제도를 도입하였다.

501) 일정한 동일 금융회사등에 개설된 가상자산사업자의 계좌와 그 가상자산사업자의 고객의 계좌 사이에서만 금융거래등을 허용하는 계정을 말한다(동법 제7조 제3항 제2호 참조). 금융회사등이 이 실명확인이 가능한 입출금 계정을 개시하는 기준, 조건, 그 밖에 필요한 사항 등은 따로 정한다(제7조 제9항).

502) 다만, 가상자산거래의 특성을 고려하여 금융당국이 정하는 자는 이 요건을 갖추지 않아도 된다(동법 제7조 제3항 제2호 단서)

503) 동법 제7조 제3항 제3호 참조.

504) 동법 제7조 제3항.

505) 동법 제7조 제8항.

506) 동법 제6조 제2항.

507) 서울남부지방법원 2018. 10. 18. 선고 2018고합182 판결.

508) 그 근거로 암호화폐거래소들로 구성된 한국블록체인협회에서 정부의 암호화폐 규제 흐름에 맞추어 2017. 12. 15.에 처음 자율규제안을 마련하였고 2018. 4. 17. 일부 수정하여 시행하고 있는데 자율규제안 작성에는 X도 관여하였고 피고인 A는 대표이사로서 자율규제안에 관한 설명 및 기자간담회에도 참석하였으며 X거래소는 자율규제안을 보관하고 있었다. 자율규제안은 장래를 향하여 적용되는 것이기는 하나 시행 당시까지 각 거래소들의 운영 방식 및 고객들과 형성한 법률관계의 내용이 반영될 수밖에 없다. 그런데 자율규제안에도 암호화폐의 70% 이상을 콜드월렛에 보관하는 것을 의무화하고, 거래소의 고유자산인 암호화폐과 고객들이 거래소에 입고한 암호화폐를 별도로 분리, 보관해야 한다는 내용이 포함되어 있다는 점을 들었다.

509) X 암호화폐거래소는 거래를 위한 신규 자금을 입금 받을 수 없게 되어 암호화폐 거래량이 급감하였고, 이로 인해 X거래소의 암호화폐 시세가 국내의 다른 대형 암호화폐거래소

들과 비교하여 낮게 형성되는 바람에 고객들의 이탈이 늘어나 거래량이 더욱 감소하는 등 거래소 운영과정에서 악순환이 계속되었다. 이에 피고인들은 X의 다른 직원들 몰래 X 거래소에 개설된 피고인 B 계정(ID:Z)에 마치 수백억 원의 예탁금이 현금으로 실제 입금된 것처럼 위 계정의 KRW 포인트를 임의로 조작하고 이를 토대로 거래소에서 매수주문을 제출하여 그러한 점을 알지 못하는 X의 다른 고객들을 기망하여 그들로부터 암호화폐를 매수하는 방법으로 X 거래소의 암호화폐 시세를 인위적으로 끌어올리는 한편, 위와 같은 고객들로부터 매수한 암호화폐를 X보다 높은 시세가 형성되어 있는 타 거래소에 개설된 피고인 B 계정으로 이체한 후 그곳에서 매각하여 금 382억 9,645만 1,860원 상당의 재산상 이익을 취득한 데 대하여 사전자기록등위작 및 동행사, 사기, 배임의 형사책임을 인정하였다.

510) 서울중앙지방법원 2018. 12. 14. 판결(박안 대 비티씨코리아) 참조.
511) 서울중앙지방법원 2018. 12. 14. 판결(박안 대 비티씨코리아) 참조.
512) 자본시장법상 증권의 개념에 관하여는 김건식/정순섭(2009), 26−44면 참조.
513) 자본시장법상 파생상품의 개념에 관하여는 김건식/정순섭(2009), 45−54면 참조.
514) 백명훈/이규옥(2017), 79면 참조.
515) ICO는 블록체인을 활용한 응용기술의 개발이나 친환경 에너지 개발 프로젝트나 난민 구호를 위한 후원금 모금 등에 이용될 수 있다. 예컨대 휴매니크 코인은 지구촌 20억명의 빈민을 위하여 핸드폰 은행을 만들어 준다는 목표로 2017. 4. ICO를 진행하여 약 50억원을 모금한 바 있다.
516) 암호화폐와 토큰의 차이에 관하여는 Aziz(2018); 백명훈/이규옥(2017), 77−78면 참조.
517) 따라서 스타트업 테더(Tether Limited)가 달러와 1대1로만 교환할 수 있도록 발행한 테더코인(Tether Coin)은 코인 상품권이라 불리나 발행자가 있다는 점에서 일종의 암호토큰이라 할 수 있다. 테더코인에 대한 소개로는 Wikipedia, "Tether" 참조.
518) ICO를 증권형과 코인형으로 나누고 전자는 프로젝트에서 나오는 수익을 배분하거나 기업에 대한 일정한 권리·배당을 부여하는 방식이고 후자는 플랫폼에서 신규 가상통화를 발행하는 방식이라고 설명하나 증권에 해당하지 않는 편익을 제공하는 유형이 많고 플랫폼에서 신규 가상통화를 발행하는 경우는 오히려 예외적이라는 점에서 적절한 분류는 아니다.
519) 이러한 이유로 한국 정부도 2017. 12. 일반 투자자를 대상으로 하는 공모방식의 ICO은 원칙적으로 금지하나 일정 요건을 갖춘 기관투자자 등을 대상으로 하는 사모방식의 ICO는 허용할 방침을 밝혔다. 김형민(2017), "정부, 가상화폐 ICO 기관투자자 등 일부 허용 검토", 조선비즈, 2017. 12. 8.자 기사 참조.
520) 다만 토큰이 투자계약성을 가지는지 여부를 다시 검토할 필요는 있다는 견해로는 정경영/백명훈(2017), 122면 참조.
521) 그러나 ICO로 발행한 토큰이 증권에 해당된다면 자본시장법상 증권 모집 규정위반으로 동법 소정의 과징금, 과태료 부과 또는 형사처벌을 받을 수 있다(동법 제429조 제1항 제1호 및 제2호, 제444조 제12호 및 제13호, 제446조 제20호, 제22호, 제23호 및 제24호, 제449조 제1항 제36호 참조).
522) 동법 제2조 제1호 참조.
523) 동법 제2조 제1호 참조.
524) 林 賢治, ICO의法的論点 참조.
525) 주식회사 테크뷰로(テックビューロ)가 제공하는 ICO플랫폼 COMSA가 바로 그것이다.
526) ICO에 대한 미국 및 기타 국가의 규제 내용은 Stephane Blemus(2018), pp.8−14. 참조.
527) 후술하는 바와 같이 The DAO는 이더리움(Ethereum) 네트워크를 기반으로 하여 처음으로 창조된 DAO(분산자율조직)의 한 종류로 ICO를 통해 1억 5,000만 달러의 이더리움을 조달했지만 해킹으로 5,000만 달러에 해당하는 이더리움을 탈취당하는 사건이 발생하여 SEC

가 개입하게 되었다.

528) 1934년 증권거래법 21(a)항이 정의하는 "증권" 중 "투자계약(investment contract)"의 개념
에 토큰이 포섭될 수 있는지를 검토하였다. 미국 연방대법원의 W.J Howey Co.판결
(Securities and Exchange Commission v. W. J. Howey Co., 328 U.S. 293 (1946)) 이후 "투자
계약"은 "Howey 테스트"상 3가지 요건을 충족시켜야 하는바 암호 토큰이 (ⅰ) 권유자 또
는 제3자의 노력만으로 이익을 기대하고 (ⅱ) 공동기업에 (ⅲ) 금전을 투자할 경우는 투
자계약으로 되어 증권에 해당할 수 있고 이 경우 ICO에 의한 자금 조달은 연방증권법과
SEC의 규제 대상이 된다고 보았다. Stephane Blemus(2018) pp.8-11.

529) Stephane Blemus(2018), p.13.

530) Stephane Blemus(2018), p.12.

531) Stephane Blemus(2018), p.12.

532) 2017. 9. 중국인민은행(PBoC)을 비롯한 7개 금융 규제 당국은 ICO를 통한 자금조달을 전
면 금지하면서 중단 조치 이전에 ICO로 기금을 모금하였거나 모금하고 있는 기업들은 모
든 투자자의 자금을 돌려 줄 것을 명시하였다. 오광진(2017), "중국 가상화폐 통한 자금조
달 전면 중단", 2017. 9. 4.자 기사.

533) Stephane Blemus(2018), pp.13-14.

534) 일찍이 "Decentralized Organized Company"라는 개념을 제창한 견해로는 Daniel Larimer
(2013) 참조.

535) 이더리움 창시자 Vitalik Buterin은 DAO를 "a virtual entity that has a certain set of
members or shareholders which, perhaps with a 67% majority, have the right to spend the
entity's funds and modify its code"라고 정의하였다.

536) 서정호외(2017), 62면.

537) 'a DAO'는 분산자율조직을 가리키는 일반명사인데 반하여 'The DAO'는 블록체인 플랫폼
의 한 종류인 이더리움(Ethereum) 네트워크를 기반으로 하여 처음으로 창조된 특정 분산
자율조직의 고유명사이다. The DAO 홈페이지 참조.

538) 그러나 The DAO는 곧 해킹을 당하여 미화 5천만달러 상당의 암호화폐를 상실할 위험에
처하였던바 블록체인 해쉬값의 과반수 찬성으로 2016. 7. 20. 하트포크(hard fork)를 단행
함으로써 해킹을 면하였다.

539) 정경영/백명훈(2017), 35면.

540) Allen/Overry(2016), p.5,

541) 정경영/백명훈(2017), 174면.

542) 다만 DAO에 주주로 참여하는 것에는 문제가 있다. 예컨대 BitShares에는 제안을 검토하는
데는 시간과 에너지가 필요하므로 투표권을 행사하는 제도가 결여되어 있다.

543) DAO에 대한 영미법적 고찰에 관하여는 Shawn S. Amuial and others(2016), Chapter 4.

544) DAO와 제3자의 관계에 관하여는 Allen/Overry(2016), pp.6-7.

545) 블록체인거래에 대한 과세에 관하여는 손경한 편(2019), 김병일교수 집필부분 참조.

546) 현재 미국은 암호화폐를 물권(property)의 하나로 보아 이러한 입장에 있다.

547) 동법 제3조, 제4조 참조.

548) 동법 제2조 참조.

549) 신상화/강성훈(2015), 89면 참조.

550) 유럽사법법원은 2015년 ECJ Judgement, Skatteverket v David Hedqvist Case C-264/14.에서
이런 입장을 취하여 부가가치세가 면제된다고 판결하였고 일본에서도 2017년부터 매상세
를 부과하지 않고 있다.

551) 싱가포르는 비트코인을 통화나 디지털 재화가 아닌 일반적인 용역으로 분류하여 비트코
인과 현실 경제에서의 통화 간의 환전 거래는 용역 공급 거래로 본다[정승영(2016), 65면

참조]. 호주는 과거 부가세를 과세하였으나 암호화폐의 화폐적 성격을 인정하여 이를 면제하였다.

552) 소득세법상 소득은 이자소득, 배당소득, 사업소득, 근로소득, 연금소득, 기타소득과 이를 모두 합산한 종합소득과 퇴직소득, 양도소득으로 구분된다.

553) 소득세법 제19조 제20호는 "제1호부터 제19호까지의 규정에 따른 소득과 유사한 소득으로서 영리를 목적으로 자기의 계산과 책임하에 계속적 · 반복적으로 행하는 활용을 통하여 얻는 소득"이라 규정한다.

554) 개정 소득세법은 2022. 1.부터 암호화폐 거래 차익을 기타소득으로 보아 20%의 소득세를 부과한다.

555) 동법 제94조에 따르면 양도소득은 (i) 토지 또는 건물의 양도로 발생하는 소득, (ii) 부동산을 취득할 수 있는 권리, 지상권, 전세권과 등기된 부동산임차권의 양도로 발생하는 소득, (iii) 주식 또는 출자지분의 양도로 발생하는 소득, (iv) 기타자산의 양도로 발생하는 소득으로 구분된다.

556) 호주, 브라질, 캐나다 및 이스라엘에서는 이미 암호화폐 거래에 대하여 양도소득세를 부과하고 있다. Gurulkan/Cakir(2018) 참조. 그러나 소득세 과세 대상에 있어 열거주의의 입장에서는 소득세법이 양도소득 대상을 부동산, 주식, 파생상품 등만 열거하고 있다고 보므로 소득세법을 개정하여야 양도소득세를 부과할 수 있다고 본다.

557) 정승영(2015), 97면 참조.

558) 다만 소득세법이 양도소득세를 부과할 수 있는 양도차익에 관하여 열거주의를 취하는 경우에는 소득세법을 개정하여야 양도소득세를 부과할 수 있게 될 것이다. 양도소득세 과세방안의 구체적 내용에 관하여는 손경한 편(2019) 이하 참조.

559) 김인호(2019), 23면 이하 참조.

560) 한국 국제사법 제2조 제1항은 "법원은 당사자 또는 분쟁이 된 사안이 대한민국과 실질적 관련이 있는 경우에 국제재판관할권을 가진다. 이 경우 법원은 실질적 관련의 유무를 판단함에 있어 국제재판관할 배분의 이념에 부합하는 합리적인 원칙에 따라야 한다."고 규정한다.

561) 서울중앙지방법원 2007. 8. 30. 선고 2006가합53066 판결.

562) 木下信行 外(2017), 37−39면.

563) Kobina Hughe(2017), pp.654−665.

564) Georgy Ishmaev(2017), pp.666−686.

565) 예컨대 이더리움을 이용한 IoT 기기인증 및 제어 등의 기술개발을 들 수 있다.

566) 박현제(2018), "블록체인 인터넷에 앞장서자", 전자신문, 2018. 1. 31.자 기사 참조.

제5편

과학기술분쟁의 해결

제 1 장 과학기술분쟁과 그 해결

Ⅰ. 서 론

　과학기술로 인하여 발생하는 분쟁은 매우 다양하다. 가습기살균제사건, 자동차 급발진사고, 담배소송, 고엽제소송, 원전가동중지소송, 환경침해소송 등이 모두 과학기술분쟁의 예이다. 외국의 예로는 보팔 유니온카바이드 화학공장 폭발사건, 소련 체르노빌 원자력발전소 사고 등 수 많은 사건이 과학기술과 관련되었거나 과학기술적 지식이 있어야 제대로 분쟁을 해결할 수 있는 것이었다.

　과학기술의 발전이 분쟁과 그 해결에 미치는 영향은 두 측면에서 관찰할 수 있다. 먼저 과학기술의 발전은 종래에 존재하지 않았던 새로운 유형의 분쟁을 발생시킨다. 생명과학의 발전은 생명의 탄생과 사망을 둘러싸고 과거에는 없었던 대리모 문제나 인간복제, 연명치료중단 등의 새로운 문제를 생기게 하였다. 새로운 유형의 분쟁에 이르지 않는다 하더라도 종래에 비하여 그 분쟁의 양상이 많이 달라지게 된다. 예컨대 과거 종이문서의 진위를 둘러싼 분쟁이 전자문서의 진위를 가리는 분쟁으로 전화하는 것이다. 또한 과학기술의 발전은 분쟁해결방식에 있어 새로운 가능성을 제시한다. 예컨대 정보기술의 발전으로 분쟁해결절차를 온라인으로 진행할 수 있게 되었으며 디지털 포렌식을 이용하여 손쉽게 입증할 수 있게 되었다.

　이 장에서는 먼저 과학기술분쟁의 개념을 정의하고 과학기술분쟁의 특징을 살펴보며 나아가 이를 유형화한다. 과학기술분쟁의 특징과 유형을 검토하는 것은 그에 따라 분쟁해결 방법과 절차가 달라질 수 있고 또 달라져야 하기 때문이다. 따라서 이어 과학기술분쟁의 특징과 유형에 따른 각각의 해결방법을 검토해 본다. 이를 전제로 다음 장에서 과학기술분쟁의 해결방법으로 과학기술분쟁의 ADR(대체적 분쟁해결), 과학기술행정정소송, 과학기술민형사소송을 순차로 살펴보기로 한다.

Ⅱ. 과학기술분쟁의 개념

1. 협의의 개념

과학기술분쟁을 협의로 이해하는 견해는 과학기술로 인하여 발생하는 일체의 분쟁만을 과학기술 분쟁으로 본다. 컴퓨터, 전자제품, 의약품 등으로 인하여 발생하는 피해에 관한 분쟁이 그 전형적인 예이다. 우주발사체 낙하사고, 항공기사고, 원자력발전소사고 등도 과학기술로 인한 분쟁의 범주에 속한다.

2. 광의의 개념

과학기술을 광의로 이해하는 견해는 과학기술로 인하여 발생하는 분쟁뿐 아니라 그 분쟁의 해결에 과학기술적 지식이 필요한 일체의 분쟁을 과학기술 분쟁으로 본다. 예컨대 담배소송은 과학기술로 인한 분쟁은 아니지만 그 해결에는 담배가 인체에 해로운 것인지, 폐암 등을 유발하는지 여부 등을 판단하기 위하여 과학기술적 지식이 필요하므로 과학기술분쟁이 된다. 유전자감식에 의한 친자확인이나 범인 식별도 과학기술적 지식이 필요하다는 점에서 과학기술 분쟁에 포함시킬 수 있다.

3. 최광의의 개념

과학기술분쟁은 최광의로는 과학기술을 둘러싼 일체의 분쟁 또는 과학기술적 쟁점을 포함하는 일체의 분쟁을 포함한다. 법률적인 분쟁을 의미하는 것이므로 과학이론의 진위나 과학과 종교 간의 관계에 관한 논쟁 등 법률적 논점을 포함하지 않는 다툼은 과학기술분쟁의 개념에서 제외된다. 예컨대 이산화탄소가 지구온난화의 주범인지에 관한 논쟁은 과학 그 자체에 관한 논쟁이므로 과학기술분쟁이 아니나 저탄소 녹색운동에 국가예산을 쓸 것인가에 관한 다툼은 과학기술분쟁이 된다.

여기에서는 과학기술을 둘러싼 일체의 분쟁이라는 최광의 개념에 따라 살펴본다. 다만 과학기술의 발전에 따라 상식화된 과학기술이 문제되는 경우는 제외하는 등 그 범위를 적절히 축소할 필요가 있을 것이다. 예컨대 현재는 대형컴퓨터를 사용해야 그 결과를 얻을 수 있어 과학기술적 문제라 할 수 있다 하더라도 후일 노트북이나 핸드폰을 사용하여 간단히 결과를 얻을 수 있다면 그에 관한 분쟁은 더 이상 과학기술분쟁이 될 수 없다 할 것이다. 과학기술에 관한 전문적인 지식이 문제될 때 비로소 과학기술분쟁의 개념에 포섭될 수 있기 때문이다.

Ⅲ. 과학기술분쟁의 특징

1. 개 설

과학기술에 관련한 분쟁은 그 원인, 규모, 태양, 성질 등이 다양하기 때문에 그 특징을 일의적으로 말하기는 어렵다. 그러나 과학기술이 관련되지 않은 분쟁 예컨대 부동산거래분쟁과는 확연히 다른 특징이 있다고 할 수 있다. 과학기술분쟁에는 기술성, 심각성, 가치관련성, 윤리관련성, 불법행위성 등의 특징이 있다. 아래에서 개별적으로 살펴본다.

2. 과학기술분쟁의 기술성

가. 정보의 비대칭성

과학기술분쟁이 발생한 경우 그 발생의 원인, 경과, 피해의 정도 등에 관한 정보는 거의 모두 가해자가 가지고 있고 피해자는 그에 관한 정보가 없음은 물론 그 정보에의 접근조차 봉쇄되는 경우가 많다. 이와 같은 정보의 비대칭성이 과학기술분쟁의 해결을 어렵게 하며 피해자 보호를 위한 특별한 배려가 요청된다.

나. 인과관계규명의 난해성

과학기술분쟁에 있어서는 원인된 사고나 행위와 그 결과 간에 인과관계를 입증하기 용이하지 아니하다. 사고가 거대한 과학기술적 장치나 시스템에 의하여 발생한 경우 그 장치나 시스템 중 어느 부분에 그 사고의 원인이 있는지를 판별하기 어렵다. 인간의 과오와 기술적 결함이 경합하여 결과를 초래한 경우에는 더욱 어려워진다.

다. 피해의 만발성(晩發性)

과학기술로 인한 피해는 그 신체상해 또는 재산손해가 즉시 발생하지 아니하고 오랜 기간 잠복기를 거치거나 그 침해가 누적되어 나타나는 만발성 피해가 많음이 특징이다. 예컨대, 담배소송, 고엽제등 화학무기소송, 원폭피해소송, 환경소송 등에서는 그 피해가 수년 내지 수십 년 후에 현재화된다. 이러한 경우에는 중간에 다른 원인이 개입할 여지가 많고 증거 수집의 어려움으로 원인규명 나아가 인과관계 입증이 어렵다.

라. 과학기술적 지식의 필요성

위와 같은 과학기술분쟁의 기술성 내지 전문성으로 인하여 과학기술이 문제되는 분쟁에는 대체로 그 판단에 과학기술적 지식이 필요하다. 따라서 과학기술분쟁의 판단자는 당해 분쟁에 관한 과학기술적 지식을 가지고 있는 사계의 전문가로서 스스로 판단하거나 제3의 전문가의 조력을 받아 판단을 하게 된다. 당사자의 대리인도 과학기술에 대한 전문지식이 없이는 당사자를 적절히 대리할 수 없다. 따라서 과학기술분쟁을 담당할 전문 법률가가 필요하다.

3. 과학기술분쟁의 심각성

가. 분쟁의 광범성/집단성

환경분쟁, 가습기살균제사건, 의약품사고 분쟁, 전자파 분쟁 등 피해자가 다수인 경우 분쟁은 집단성을 띠게 되어 집단소송이나 단체소송의 법리에 따라 처리할 필요가 생긴다. 따라서 그러한 절차의 특수성과 판결의 효력 즉 그 소송에 참여하지 아니한 피해자들에게도 기판력이 미치는가 등의 문제가 생긴다.

나. 피해의 다대성

과학기술사고로 인한 피해 그 자체가 클 뿐 아니라 피해의 수습을 위한 사고방제 비용이 많이 드는 경우가 허다하다. 예컨대, 환경오염을 초래한 사고 등과 같은 경우 피해자가 다수이거나 광범위한 지역에 걸쳐 발생함으로써 거액의 손해배상을 하여야 하고 또 원상회복과 피해확산의 방지를 위하여 다대한 비용을 지출하지 않으면 안된다.

다. 분쟁의 치명성

방사능 피폭, 의약품 오용, 비행체 낙하 등 과학기술이 개재된 사고가 특정 소수에게 발생하였다 하더라도 피해자의 생명, 신체, 재산에 중대한 침해를 초래할 수 있다. 따라서 사고발생을 예방하기 위한 법적 개입이 필요하게 된다.

라. 신속한 해결의 필요성

과학기술분쟁은 그 피해의 확산을 방지하기 위하여 신속하게 그 원인이 규명되고 피해를 진압하며 피해자들에 대한 치료와 보상이 이루어져 추가적인 피해가 발생하지 않도록 할 필요성이 크다. 따라서 피해의 확산을 막기 위한 긴급 처분(emergency measures)을 하여야 하는 등 분쟁해결방법으로 통상적인 재판제도를 이용하는 것은 적절하지 않은 경우가 많아 관계 기술 분야의 전문가에 의한 재판외 분쟁해결이 많이 이용되고 있다.

마. 분쟁예방의 필요성

과학기술분쟁은 이미 발생하고 나면 이를 수습하기도 어렵거니와 그 해결을 위하여 지출하여야 할 사회적 비용이 다대하므로 그 분쟁을 미연에 방지하는 것이 최선의 대응이라 할 수 있다. 과학기술분쟁을 예방하기 위하여는 그 위험이 발생하지 않도록 관계자들에게 일정한 주의의무와 안전조치의무를 부과하고 그 준수 여부를 감시하며 만약 그러한 의무를 위반하는 경우, 행정벌이나 형사벌을 가하는 등 과학기술에 대한 규제가 불가피하다.

바. 국가개입의 필요성

위와 같은 과학기술분쟁의 심각성과 다대성, 치명성, 예방과 신속해결의 필요성 등으로 인하여 과학기술분쟁에는 국가 등 공공기관의 개입이 필요한 경우가 많다. 과학기술분쟁의 행정적 해결이 필요한 경우가 있고 또 행정권의 개입으로 인한 행정소송도 빈발하게 된다. 과학기술로 인한 피해에 대하여 국가가 그 전보의 일차적 책임을 지거나 이를 사회화하는 경우 국가 등의 개입은 더욱 현저해진다.

4. 과학기술분쟁의 가치관련성

가. 인간의 가치와의 관련성

앞서 언급한 바와 같이 과학기술은 그 자체로 항상 인간의 존엄과 가치에 결부되어 있을 뿐 아니라 과학기술법이 지향하는 바도 인간의 존엄과 가치의 보존과 확장에 있으므로 생명윤리 분쟁을 포함한 과학기술분쟁 역시 인간의 존엄과 가치에의 관련성 유무, 인간의 존엄성 훼손 여부와 훼손의 정도 등을 문제 삼으며 그에 따라 판단의 결론이 달라지게 된다.

나. 인권침해의 위험성과 수인(受忍)한도

과학기술로 인한 인권 침해의 소지가 크다. 특히 피해자 자신이 인식하지 못하는 가운데 인권침해가 일어나는 경우가 많다. 그 대표적인 경우가 프라이버시 침해이다. 전자감시, CCTV에 의한 감시, 전자주민등록증과 전자여권 제도, 위치추적시스템 등이 문제되고 있고 유전자정보의 무단이용 또는 과잉이용 등도 같은 문제를 일으킨다.[1] 과학기술로 인한 국민의 환경권이나 보건권 침해도 빈발하고 있다. 과학기술이 가져다주는 편익 또한 크므로 이러한 인권 침해를 어느 정도의 범위 내에서 수인하여야 하는가가 문제된다.

다. 사회적 가치 관련성

산업혁명기인 18세기 초반 영국에서 있었던 러다이트 운동,2) 정보혁명이 시작된 20세기 말 반세계화운동3) 등에서 보는 바와 같이 사회적 변혁으로 인한 과학기술분쟁은 사회의 변화와 그 가치의 형성과 깊은 관련이 있다. 따라서 과학기술분쟁의 해결에 있어서는 그 분쟁이 가지는 사회적 함의를 충분히 고려하여야 한다.

라. 국가적 가치 관련성

오늘날 과학기술은 국가의 명운을 좌우하는 문제로 되었다. 일본은 일찍이 과학기술입국의 기치하에 과학기술 발전에 힘쓰고 특히 세계 최초로 1971년부터 매 5년마다 과학기술 예측조사를 실시하는 등 미래지향적 기술개발에 힘써 세계 2위의 경제대국으로 부상하였다. 과학기술에 대한 국가의 기본정책 수립과 과학기술의 연구개발에 있어서의 선택과 집중은 매우 중요한 문제이다. 따라서 과학기술분쟁의 해결에 있어서도 과학기술에 대한 국가적 가치기준과 우선순위를 고려할 필요가 있다.

5. 과학기술분쟁의 윤리관련성

과학기술의 윤리관련성으로 인하여 과학기술분쟁도 법 이전에 윤리와 밀접한 관련이 있다. 과학기술 윤리성 분쟁은 그 연구대상의 윤리성, 연구방법의 윤리성, 과학기술자의 행위의 윤리성 등에 관한 분쟁으로 나눌 수 있다.4)

가. 연구대상의 윤리성에 관한 분쟁

과학기술 연구개발의 대상으로 하는 것이 윤리적으로 허용되는가에 관한 분쟁이다. 예컨대 원폭제조기술의 개발, 인간복제나 배아줄기세포복제의 연구, 생명과학발명의 특허보호 가부 등에 관한 분쟁이 이 범주에 속한다. 연구개발된 과학기술의 활용 여부에 관한 분쟁도 넓게는 이 범주에 넣을 수 있다.

나. 연구방법의 윤리성에 관한 분쟁

과학기술 연구의 과정이나 방법, 그 결과의 귀속과 공표 등에 관한 분쟁이다. 예컨대 동물 실험 등 실험 대상의 권익 침해, 위험을 초래하는 연구방법의 채택, 비과학적 연구방법의 채택 등 과학기술 연구윤리 위반에 관한 분쟁이다.

다. 과학기술자 행위의 윤리성에 관한 분쟁

과학기술자의 행위의 윤리성에 관한 분쟁이다. 예컨대 타인 연구의 표절이나 가로채기, 연구에 관여하지 않은 자의 연구자로의 이름걸기, 연구비 유용, 타인 기술 훔치기, 기술적 영업비밀의 침해, 첨단기술의 해외유출 등뿐 아니라 연명치료중단, 안락사, 임사환자에 대한 치료 거부 등도 행위 윤리성 분쟁의 범주에 속할 수 있다.

위와 같은 분쟁은 단순히 윤리적인 비난으로 끝날 수도 있지만 많은 경우에 민사상, 형사상의 법적 책임까지 문제 된다.

6. 과학기술분쟁의 불법행위관련성

가. 계약분쟁의 희소성

과학기술분쟁의 대부분은 분쟁당사자 간에 계약 등의 일정한 법률관계가 존재하지 아니하여 그에 대한 법적 책임은 불법행위책임으로 되고 따라서 불법행위로서의 요건을 구비하였는지가 문제된다. 다만 분쟁당사자 간에 고용관계, 위임관계, 지적재산권 라이센스 계약관계, 연구개발계약관계 등의 법률관계가 있는 예외적인 때에는 계약책임이 문제된다.

나. 위험책임 내지 무과실책임성

과학기술분쟁으로 불법행위책임이 문제된다 하더라도 그 특수성으로 인하여 가해자에게 고의 과실이 있어야 책임을 지우는 이른바 과실책임의 원칙을 관철하기 어렵고 위험책임의 법리에 따라 그 피해를 사회적으로 분산시키거나 가해자에게 무과실책임을 지우는 경우가 많다. 무과실책임부과로 생길 수 있는 당사자의 도덕적 해이를 방지하기 위하여 가해자에게 무과실을 입증하도록 하는 입증책임전환의 법리가 채택되기도 한다. 이러한 과학기술불법행위의 위험책임성 내지 무과실책임성은 분쟁해결방법에 있어 일반 불법행위 분쟁의 해결방법과는 큰 차이를 가져온다.

Ⅳ. 과학기술분쟁의 유형

1. 분쟁유형의 분류방법

과학기술분쟁은 분쟁의 객체, 분쟁의 성질, 또는 분쟁해결절차를 각 기준으로 분류할 수 있다. 분쟁의 객체에 따른 분류는 다시 과학분야별 분류와 기술분야별 분류로 나눌 수 있고 분쟁의 성질에 따른 분류는 과학기술 규제분쟁, 과학기술 관계분쟁, 과학기술 책임분쟁으로 나눌 수 있다. 또한 분쟁해결절차에 따라서는 대면 분쟁해결과 비대면 분쟁해결로 분류할 수 있다.

2. 과학기술 분야별 분쟁의 유형

가. 과학 분야별 분쟁

1) 물리적 분쟁

제조물책임 등 기계나 제품상의 하자에 관한 분쟁, 전자파, 항공기소음 등 소음·진동, 악취로 인한 피해 분쟁, 우주비행체 낙하 피해, 항공기 사고 등의 우주항공기술 분쟁 등이 물리적 분쟁에 속한다. 물리적 분쟁은 비교적 가치의 개입이 적고 그 원인규명도 상대적으로 덜 어려워 소송에 의하여 해결할 수 있는 분쟁유형이다.

2) 화학적 분쟁

대기오염, 수질오염, 토양오염, 해양오염, 핵 누출 등 방사능오염, 화학무기, 가습기살균제, 담배 또는 마약의 중독성 여부와 그로 인한 피해, 자연생태계파괴, 체내축적, 기형아 출산 등 건강·재산·정신에 대한 피해에 관한 분쟁이 화학적 분쟁에 속한다. 화학적 분쟁은 그러한 피해를 알면서도 야기하는 경우가 많고 장기간에 걸치며 또 만발성으로 인하여 그 원인의 규명이나 그 책임자의 판별이 어려워 가치판단이 가능한 전문가에 의한 해결이 바람직하다.

3) 생물학적 분쟁

인간복제, 배아복제, 생명과학 발명의 특허보호, 코로나 바이러스, 신종플루/돼지인플루엔자 등 질병전파분쟁, 인공호흡기제거 등 연명치료 중단, 안락사, 사망여부 등 생명이나 건강에 관련된 분쟁이 생물학적 분쟁에 속한다. 생물학적 분쟁은 가치가 깊숙이 개입되고 그로 인한 사회적 파급효과가 매우 커서 사회적 가치에 대한 확고한 신념을 가진 전문가에 의한 판단이 요구된다.

나. 기술 분야별 유형

1) 정보기술 분쟁

전자파 피해 분쟁, 해킹, 개인정보침해 등 사이버 불법행위 등이 정보기술 분쟁의 예이다. 정보기술 분쟁은 그 피해의 범위가 광범하고 그 분쟁이 신속히 해결되어 피해의 확산을 막을 필요가 크다.

2) 생명의약기술 분쟁

의료, 의학기술, 약품에 관한 분쟁으로, 유방실리콘 삽입수술 소송, 고엽제 소송, 담배소송, 약화사고 소송 등이 생명의약기술 분쟁에 속한다. 생명의약기술 분쟁은 인간의 생명과 건강에 직결되고 또 그 파급효과도 큰 반면 원인규명이 어렵다는 점에 큰 특징이 있다.

3) 기계·제품 분쟁

제조물책임 분쟁이나 가습기살균제 분쟁이 그 대표적인 예이다. 기계·제품 분쟁도 그 피해자가 많고 또 원인규명이 쉽지 않다는 특징이 있다.

4) 기타 기술분야 분쟁

우주비행체 낙하 피해 등 우주항공기술 분쟁, 해양과학기술 분쟁, 나노기술 분쟁, 융합기술 분쟁 등 새로운 기술분쟁의 유형이다. 새로이 연구개발되고 있는 기술 분야이므로 그 기술에 대한 전문가가 희소하고 그 피해의 정도나 범위를 측정하기 어렵다는 특징이 있다.

3. 분쟁의 성질에 따른 분류

가. 분쟁의 법적 성격에 따른 유형

과학기술분쟁이 그 법률관계의 성질에 따라 사법상의 분쟁과 공법상의 분쟁으로 나눌 수 있다.

1) 사법(私法)상의 분쟁

사법은 민법, 상법 등 일반 사람들 간의 법률관계에 적용되는 법을 말한다. 사법은 사적 자치의 원칙과 그에 따른 자기책임의 원칙이 지배하므로 그 분쟁해결에 있어서도 당사자의 선택에 따라 대체적 분쟁해결제도가 광범하게 활용되고 있다. 사법상의 분쟁은 주로 개인분쟁이나 집단분쟁이 발생하는 경우도 있다.

2) 공법(公法)상의 분쟁

공법은 헌법, 행정법, 형법 등 국가등 공적 주체와 국민 간의 법률관계에 적용되는 법을 말한다. 행정주체의 국민에 대한 우월적 지위를 전제로 법치행정의 원칙과 공익과 사익 간의 조정이 그 주된 내용이 된다. 그러나 국가와 국민 간의 관계가 모두 공법관계는 아니고, 국가기관이 필요한 물품을 구입하는 경우처럼 국민과 동등한 입장에서 하는 행위는 사법관계일 수 있다. 공법상의 분쟁은 자율적으로 해결되기 어렵고 행정심판이나 행정소송으로 엄격한 절차에 따라 일정한 경우에는 제3자에게도 효력이 있는 결정이 내려진다.

3) 사법분쟁의 공법분쟁화

경제민주화 등으로 인한 공권력의 확대에 의하여 공법역역이 확장됨에 따라 사법영역이 축소되는 경향이 있고, 사법영역에 속하는 분쟁이라 하더라도 이해관계인이 국가의 개입을 요청하여 그 분쟁이 공법화하는 추세를 보인다. 또는 국가의 행정처분이나 형사처분이 선행하고 그에 기초하여 민사소송이 제

기되기도 한다. 과학기술법의 영역에서는 국민의 과학기술에 대한 전문성 부족
으로 그러한 경향이 더욱 심하다고 할 수 있다. 그러나 국가의 과도한 개입은
행정력의 낭비를 가져올 뿐 아니라 국가가 일방 당사자에 편중된 처분을 하는
경우 이를 바로 잡기 어려우므로 국가의 개입은 필요 최소한에 그치고 법률 부
조(扶助)5)를 확충하여 경제적 약자가 법률상의 구제를 받을 수 있도록 하여야
할 것이다.

나. 과학기술관계 분쟁

1) 계약분쟁

기술투자자와 기술개발자 간 분쟁, 기술적 혜택의 분점에 관한 분쟁 등 기
술개발상의 분쟁, 기술 사용권분쟁 등 기술이전 등 기술의 이용에 관한 분쟁,
기술의 담보제공 등 기술금융에 관한 분쟁, 국가연구개발협약상의 분쟁 등이
기술계약 분쟁으로 분류될 수 있다. 단순한 계약의 해석 문제를 넘어 사회정책
적 고려를 하여야 하는 점에서 일반 계약분쟁과 다른 특징이 있다.

2) 권리분쟁

과학기술에 관한 권리의 원시적 귀속, 양도·양수, 상속, 직무상작 등 그
권리귀속에 관한 분쟁과 과학기술에 관한 특허권, 영업비밀, 신기술보호 등 권
리나 법익을 침해함으로 인한 분쟁이 있다. 지적재산권에 관한 분쟁이 다수이
나 그에 한하지 않고 더 넓은 의미의 법익의 귀속이나 침해에 관한 분쟁도 이
에 포함된다.

3) 기관분쟁

과학기술 관련 기관 분쟁에는 그 분쟁 당사자를 기준으로 연구기관 간 분
쟁, 연구기관과 소속 연구자 간 분쟁, 연구기관과 감독관청 간의 분쟁 등으로
나눌 수 있고 그 분쟁의 내용에 따라 권리귀속 분쟁, 연구기금사용 분쟁, 연구
부정에 대한 제재처분 분쟁, 연구환경 분쟁 등이 있다. 이 분쟁은 사법상의 계
약관계에 관한 것보다 행정법상 또는 사법상의 특별권력관계 또는 공법상 계
약에서 일어나는 것이 많다.

4) 국가 간 분쟁

오늘날 과학기술이 국가의 경쟁력의 요체로 되었으므로 국가 간의 기술분
쟁도 많이 발생하고 있다. 1980년대 미국과 일본 간의 반도체 등 기술분쟁,6)
한국과 중국 간의 반도체기술유출분쟁이 그 대표적인 사례들이다. 기술유출 분
쟁 외에도 국가 간 기술장벽, 기술표준, 기술수출거부 등의 분쟁이 있다.

다. 과학기술 책임분쟁

과학기술로 인하여 타인에게 피해를 준 자의 책임과 관련하여 손해배상분쟁, 피해제거 분쟁, 형사책임분쟁이 있을 수 있다.

1) 손해배상 분쟁

대부분의 과학기술분쟁이 불법행위분쟁이고 특히 손해배상책임분쟁이 그 주류를 이룬다고 하였음은 앞서 언급한 바와 같다. 손해배상책임분쟁에는 원인자/가해자와 피해자 간 분쟁이 가장 기본적인 형태이나 그 외 원인자 간에 책임분담이나 구상권 행사의 가부와 법위를 둘러싼 분쟁이 있고 피해자의 범위에 따라 개인이 제기하는 분쟁과 집단이 제기하는 분쟁으로 나눌 수 있다. 이러한 종류의 분쟁은 책임원인의 규명과 원인행위와 손해 간의 인과관계 입증의 어려움 때문에 전문가에 의한 분쟁해결이 바람직하다.

2) 피해제거 분쟁

피해의 제거와 나아가 그 예방에 관한 분쟁이며 원상회복에 관한 분쟁이나 피해제거비용 상환 분쟁을 포함한다. 피해의 제거나 예방은 신속하게 이루어져야 하므로 가처분과 같은 임시의 절차가 사용되고 또 신속한 판단을 할 수 있는 분쟁해결 메커니즘을 채택하는 것이 긴요하다.

3) 가해자에 대한 제재 분쟁

과학기술로 초래되는 피해를 야기한 가해자에 대한 형사책임을 포함한 제재에 관한 분쟁이다. 사고의 재발을 방지하고 피해자에 대한 정신적 보상을 위하여 가해자에 대한 합리적인 제재는 필수적이다. 자유형이나 금전형도 사용될 수 있겠지만 명예형도 경우에 따라서는 효과적인 제재수단이 될 수 있다. 따라서 분쟁해결기관이 반드시 법원 등 국가기관이 되어야 하는 것은 아니고 소속기관이나 커뮤니티 등 효과적인 제재를 과할 수 있는 단체이면 이러한 분쟁을 담당할 수 있다.

4. 분쟁해결절차에 따른 분류

가. 대면 분쟁해결(Face-to-face Dispute Resolution)

분쟁당사자가 법정 등 일정한 장소에서 회합하여 또한 화상회의를 통하여 대화하면서 분쟁을 해결하는 방식이다. 과학기술 사고로 인하여 정신적 피해를 입었다거나 향후 쌍방 간의 협력을 통하여 피해를 치유하고 재발방지에 상호 협력하여야 할 관계인 경우에 유용한 분쟁해결방식이다. 이 방식은 단순한 피해의 전보를 넘어 당사자, 특히 피해자의 심리적 요인을 반영할 수 있다는 장점이 있다.

나. 비대면 분쟁해결(Untact Dispute Resolution)

서면 심리나 제3자가 매개하는 분쟁해결절차와 같이 분쟁당사자가 서로 대면함이 없이 분쟁을 해결하는 방식이다. 비대면방식은 당사자 간에 감정이 격앙되어 있는 경우나 손해배상액의 범위에 관한 다툼과 같이 객관적, 기계적 판단으로 종식될 수 있는 분쟁에 유용한 방식이다. 그러나 분쟁당사자 간의 직접적인 대화를 통하여 상대방의 내면적 입장을 간취하거나 미묘한 심리적 갈등 요인을 반영할 수 없는 경우가 있고 대면하여서는 할 수 없는 감정적 표현을 문자로 보내는 등 오히려 분쟁을 악화시킬 위험이 있다.

Ⅴ. 과학기술분쟁의 특징과 유형에 따른 해결방법

위에서 살펴본 바와 같이 과학기술분쟁은 그 특징으로 인하여 그 유형별로 분쟁해결 방법을 달리할 필요가 있다. 과학기술분쟁의 해결을 위하여 일반 분쟁해결방법과 달리 채택되는 방법들을 순차로 살펴본다.

1. 사전적 청문절차의 이행

과학기술사고가 발생하면 먼저 그 원인의 규명과 사고 수습을 위하여 관련당사자들을 모아 사전 청문절차(hearing)를 진행한다. 사고의 규모가 크거나 피해당사자가 많아 사회적 파장이 큰 경우 유용한 방식이다. 이를 통하여 피해자들의 분쟁해결 내용과 절차에 관한 희망을 청취하여 이를 반영할 수 있다.

2. 전문가에 의한 분쟁의 해결

앞서본 바와 같이 과학기술분쟁은 전문가의 판단을 받아 이를 해결하는 것이 긴요하다. 또한 전문가의 판단을 받는 데 장기간과 다대한 비용이 소요되지 않도록 하는 것이 중요하다. 이를 위하여 관련 과학기술분야별 분쟁해결기구를 설치하는 방식이 많이 채택되고 있다. 법원에서는 담당 전문재판부를 설치하고, 행정부에서는 전문행정기관에 분쟁해결권한을 부여하는 방법이 쓰이며 전문 ADR기구에 의하여 분쟁을 해결하는 방법도 채택되고 있다. 각 분쟁해결기구의 전문성을 제고하기 위하여 자문위원제도를 두고 있으나 그 효율적이고 적정한 활용에는 특별한 배려가 필요하다.

3. 집단적 분쟁해결 방법의 구비

다수자에게 피해가 발생하였거나 집단적 대응이 요구되는 분쟁에 있어서는 집단소송, 단체소송, 집단적 피해배상조정 등의 방법이 원용된다. 우리나라에서는 아직 과학기술분쟁에 집단소송이나 단체소송이 원칙적으로 인정되지 않으나 소비자 피해와 개인정보 침해의 경우 집단소송과 집단조정이 예외적으로 인정되고 있고 환경피해에 대한 집단조정이 허용된다.

가. 과학기술로 인한 피해에 관한 단체소송

일정한 소비자 단체는 사업자가 소비자의 생명·신체 또는 재산에 대한 권익을 직접적으로 침해하고 그 침해가 계속되는 경우 법원의 허가를 얻어 소비자권익침해행위의 금지·중지를 구하는 단체소송을 제기할 수 있다.7) 또한 개인정보처리자가 집단분쟁조정을 거부하거나 집단분쟁조정의 결과를 수락하지 아니한 경우에는 일정한 소비자단체 또는 비영리민간단체는 법원의 허가를 받아 권리침해 행위의 금지·중지를 구하는 소송을 제기할 수 있다. 이 단체소송은 피고주소지 법원에 전속관할이 인정되며 원고의 청구를 기각하는 판결에는 원칙적으로 대세적 효력이 인정되어 동일한 사안에 관하여는 원고적격 있는 다른 단체는 단체소송을 제기할 수 없다.8) 환경분쟁에는 단체소송제도가 없다.

나. 과학기술로 인한 피해의 집단분쟁조정제도

환경피해, 소비자피해 및 개인정보침해의 경우 집단분쟁조정이 인정된다. 다수인에게 동일한 원인으로 인한 환경피해가 발생하거나 발생할 우려가 있는 경우에는 환경분쟁조정위원회의 허가를 얻어 그 대표당사자가 조정을 신청할 수 있는 제도9)와 소비자단체 등은 과학기술로 인한 다수의 소비자의 피해와 개인정보 침해에 대하여 분쟁조정위원회에 집단 분쟁조정을 신청할 수 있는 제도가 있다.10)

4. 온라인 분쟁해결방법의 구비

과학기술분쟁 특히 정보기술 분쟁의 경우 그 증거가 컴퓨터 네트워크를 통하여 재현될 수 있고 또 그 진정 성립도 검증할 수 있으므로 온라인 분쟁해결 절차가 많이 사용된다. 소프트웨어 분쟁이나 디지털정보거래 분쟁 등이 이러한 예이다. 재판절차나 재판외 분쟁해결절차가 전자화하고 있음은 일반적 추세이며 코로나 바이러스로 그러한 경향이 촉진되었다.11)

5. 디지털 포렌식의 활용

과학기술분쟁해결에는 디지털 포렌식이 광범위하게 활용된다. 디지털 포렌식(digital forensic)이라 함은 법적 증거를 확보하기 위하여 컴퓨터 시스템, 네트워크 등 디지털 저장매체로부터 정보를 수집, 분석 및 보존하는 행위를 말한다.12) 디지털 포렌식의 핵심은 디지털 증거의 무결성(integrity)을 유지하는데 있는바 이를 위하여는 다음과 같은 네 가지 요건이 충족되어야 한다.13) 즉 (i)컴퓨터 등 저장매체에 담긴 정보에 대하여 법집행기관이 변경을 가하지 않았을 것, (ii) 컴퓨터 등 저장매체에 담긴 원 정보를 검색하는 자가 그럴 자격과 능력을 갖추었을 것, (iii) 디지털증거의 생성과 보존에 적용된 모든 과정이 검증 가능할 것, (iv) 조사담당 책임자가 법과 절차의 준수에 관한 전반적인 책임을 질 것이 그것이다. 디지털 포렌식을 행하는 절차는 (i) 조사의 준비, (ii) 정보의 수집, (iii) 정보의 검사, (iv) 정보의 분석, (v) 보고서 작성의 단계를 거쳐 이루어진다.14)

6. 가해자의 1차적 책임부담에 의한 분쟁해결

피해의 다대성, 원인규명의 곤란성 등으로 인하여 원칙적으로 가해자 내지 원인자에게 무과실책임 등 1차적 책임을 지우고 그 책임부존재에 대한 입증책임을 부과하는 등 가해자의 책임을 무겁게 하여 분쟁을 신속하게 해결할 수 있도록 하고 있다. 가해자나 원인자가 부담한 책임은 보험 등의 방법으로 사회화한다. 가해자나 원인자가 부담하기에는 그 피해 규모가 큰 경우에는 국가가 1차적 책임을 부담함으로써 분쟁해결과 피해구제에 있어서의 신속을 도모하는 경우도 있다.

VI. 결 론

이상 살펴본 바와 같이 과학기술분쟁에는 기술성, 심각성, 가치관련성, 윤리관련성, 불법행위성 등의 특징이 있다. 과학기술분쟁의 유형은 분쟁의 객체, 분쟁의 성질, 또는 분쟁해결절차를 각 기준으로 분류할 수 있는바 분쟁의 객체에 따라서는 과학 분야별 유형과 기술 분야별 유형이 있고 분쟁의 성질에 따른 유형에는 과학기술 규제분쟁, 과학기술 관계분쟁, 과학기술 책임분쟁이 있다. 이와 같은 과학기술분쟁의 유형과 그 특징에 따라 과학기술분쟁 해결방법으로는 사전적 청문절차의 이행, 전문가에 의한 분쟁의 해결, 집단적 분쟁해결 방법, 온라인 분쟁해결방법 등이 채택되고, 디지털 포렌식이 많이 활용되며 분쟁의 신속한 해결을 위하여 가해자의 1차적 책임부담 방식이 인정되고 있다. 결국 과학기술분쟁해결을 담당하는 자가 당해 과학기술과 디지털 포렌식 등에 관한 전문성을 보유하고 과학기술의 사회적, 법적 함의를 충분히 이해하는 것이 중요하다. 과학기술 분쟁이 발생하고 난 뒤 그 해결을 위한 제도적 정비도 필요하지만 무엇보다도 과학기술분쟁의 발생을 미연에 방지하기 위한 제도를 갖추는 것이 긴요하다 할 것이다. 따라서 법률상 또는 계약상 과학기술의 위험에 대한 안전조치의무를 부과하고 그 준수 여부를 감시하며 그 의무를 위반한 때에는 계약상의 책임을 묻는 것은 물론 행정벌이나 형사벌을 가하여 그 절차상 발생하는 분쟁을 적절히 해결하는 것 또한 과제로 등장하였다.

1) 자세한 것은 본서 제4편 제1장 참조.
2) 산업혁명의 결과 기계에 의한 상품의 대량, 염가생산으로 수공업적 숙련노동을 압박하여 임금이 하락하자 노동자들이 일으킨 기계파괴운동이다.
3) 정보기술의 발달로 인한 세계화로 인한 인간 소외에 항의하여 1999. 6. 독일 쾰른에서 열린 선진국 정상회담에서 시위대 3만 명이 '인간 사슬'을 만들어 포위하고 같은 해 12월 미국 시애틀에서 열린 세계무역기구(WTO) 각료회의를 중지시키는 데모를 하는 등의 반세계화운동이다.
4) 과학기술윤리에 관하여는 본서 제1편 제5장 참조.
5) 법률부조라 함은 무료법률상담, 소송비용 납부 유예, 국선대리인 제공 기타 법률구조를 포함하는 넓은 개념이다. 외국에서는 소송에 소요되는 비용을 제3자가 제공하는 claim funding제도가 활용되고 있다.
6) 한국산업기술진흥협회(1989), 33-35면 참조.
7) 소비자기본법 제70조.
8) 소비자기본법 제71조 내지 제75조, 개인정보보호법 제52조 내지 제57조 참조.
9) 환경분쟁조정법 제4장 다수인관련분쟁의 조정 참조.
10) 소비자기본법 제68조, 개인정보보호법 제49조 참조. 집단분쟁조정에 관한 상세는 본편 제2장 참조.
11) 본편 제2장 내지 제4장 중 전자적 절차 참조.
12) 컴퓨터 포렌식(computer forensic), 사이버 포렌식(cyber forensic)이라는 용어도 쓰이는바 우리말로는 디지털 채증(採證)이라고 번역할 수 있다. 오늘날 디지털 포렌식은 법적 증거수집을 넘어 사회 각 분야에서 다양하게 활용된다.
13) Guidelines issued by the Association of Chief Police Officers(ACPO), UK.
14) Wikipedia, "Computer Forensics".

제 2 장   과학기술분쟁의 ADR에 의한 해결

I. 서 론

과학기술분쟁은 과학기술로 인하여 발생하는 분쟁만 포함하는 협의의 개념으로도, 혹은 과학기술과 관련된 일체의 분쟁을 포함하는 광의의 개념으로도 볼 수 있고, 그 원인·규모·태양·성질 등이 다양하기 때문에 그 특징을 일의적으로 말하기는 어렵지만, 분쟁해결에 기술적 지식이 필요하며, 신속한 해결이 요구된다는 점에서는 공통점이 있다. 재판외 분쟁해결제도는 법원에 의한 재판을 제외한 모든 분쟁해결수단을 의미하는 광의의 재판외 분쟁해결수단과 합의에 의한 해결을 지향하는 재판외 분쟁해결수단을 의미하는 협의의 재판외 분쟁해결수단으로 구분할 수 있다. 행정적 분쟁해결제도는 재판외 분쟁해결수단의 하나로 크게 ① 행정절차에 있어서의 재판외 분쟁해결수단, ② 행정부가 제공하는 각종 분쟁조정위원회를 통한 재판외 분쟁해결수단 및 ③ 행정심판·행정소송과 결부된 행정쟁송상의 재판외 분쟁해결수단으로 구분할 수 있는데, 행정절차에 있어서의 재판외 분쟁해결수단은 예방적 측면이 있는 반면, 각종 분쟁조정위원회를 통한 재판외 분쟁해결수단과 행정쟁송에 수반되어 행해지는 재판외 분쟁해결수단의 경우에는 사후적 분쟁해결로서의 특성을 지닌다.[15] 한편, 재판적 방식에 의하더라도 기관이 법원이 아니면 광의의 재판외 분쟁해결수단에 포함되므로 사법절차에 유사한 재판적 방식에 의하지만 주체가 행정기관인 행정심판이 광의의 재판외 분쟁해결수단에 포함될 것이고, ① 행정청과 피규제자 간의 규제준수에 대한 자발적 협약, ② 각종 조정위원회의 조정 등이 협의의 재판외 분쟁해결수단에 속할 것이다.[16]

II. 과학기술분쟁의 조정에 의한 해결

1. 개 설

과학기술분쟁을 조정에 의하여 해결하는 제도는 중재에 의하여 해결하는 것에 비하여 많이 활용되고 있다. 예를 들면 환경분쟁조정법, 원자력손해배상법, 산업기술의 유출방지 및 보호에 관한 법률, 발명진흥법, 저작권법, 반도체배치설계에 관한 법률, 소프트웨어산업진흥법, 정보통신망 이용촉진 및 정보보호 등에 관한 법률, 소비자기본법, 의료사고 방지 및 의료분쟁 조정등에 관한 법률(이하 "의료분쟁조정법") 등 다양한 과학기술분야에 있어 조정에 의한 분쟁해결이 이루어지고 있다. 이를 분야별로 살펴본다.

2. 환경분쟁의 조정

가. 환경분쟁의 해결 수단과 조정

"환경분쟁"은 환경피해에 대한 다툼과 환경시설의 설치 또는 관리와 관련된 다툼[17)]을 말하고 "환경피해"는 사업활동, 그 밖에 사람의 활동에 의하여 발생하였거나 발생이 예상되는 대기오염, 수질오염, 토양오염, 해양오염 등으로 인한 건강상 · 재산상 · 정신상의 피해를 말한다.[18)] 우리나라에서 환경분쟁의 해결수단은 ① 민사상의 구제(환경오염이 개인 또는 기업 등 사경제 부문에 의해 야기되는 경우 피해자와 가해자 사이의 민사소송을 통한 구제), ② 행정구제(환경오염으로 인한 피해가 환경과 관련된 국가 내지 지방자치단체의 행정작용으로 인한 경우 행정심판, 행정소송, 국가배상, 손실보상 등을 통한 구제), ③ 환경분쟁조정(調整)제도를 통한 구제(환경분쟁의 특성상 정식의 사법절차로써 분쟁해결이 용이하지 않은 점을 고려하여 신속·원활한 분쟁해결을 위한 보충적인 제도)로 나누어 볼 수 있다.[19)]

그러나 환경피해로 인한 분쟁이 발생한 경우 법원에 소송을 제기하여 구제받기 위해서는 가해자의 고의 또는 과실, 가해행위의 위법성, 가해행위와 피해 사이의 인과관계, 손해의 발생 등을 피해자가 증명하여야 하나 과학적 조사능력을 갖추지 못한 피해자가 이를 증명한다는 것은 매우 어려운 일이며, 소송 진행에 많은 시간과 비용이 소요되기 때문에 사법절차를 통한 피해구제는 일정한 한계를 지니게 된다. 따라서 전문성을 갖춘 분쟁해결기구를 통하여 환경오염으로 인한 피해 분쟁을 소송외적 방법으로 신속하고 공정하게 해결하도록 하는 제도가 환경분쟁조정제도이다.[20)] 이러한 배경하에 환경정책기본법은 국

가 및 지방자치단체가 분쟁조정 및 피해구제에 필요한 시책을 강구하도록 규
정하고 있고,[21] 환경분쟁조정법은 환경오염으로 인한 피해의 조사와 그로 인한
분쟁을 신속하고 공정하게 해결할 수 있는 조정·구제 절차를 마련하고 있다.
환경분쟁의 조정(調整)에는 알선, 조정(調停), 직권조정, 재정 또는 중재와 같은
재판에 의하지 않는 분쟁 해결수단이 포함된다.[22] 이중 직권조정, 재정 및 중
재에 관하여는 뒤에서 보기로 하고 여기에서는 알선과 조정을 살펴본다.

▼ 표 5-2-1   환경분쟁조정(調整)의 유형 및 내용(2018 환경분쟁조정사례집, 11면)

유 형	대 상	내 용		비 고	
알선(斡旋)	비교적 간단한 피해 분쟁사건	알선위원이 분쟁당사자의 화해를 유도하여 합의가 이루어지게 하는 절차	합의	불성립 시 조정 또는 재정신청, 중재신청, 소송 제기	
조정(調停)	알선으로 해결이 곤란한 피해분쟁사건	조정위원회가 사실조사 후 조정안을 작성, 양측에 수락 권고 및 조정결정을 하는 절차	수락	이의신청	수락거부 시 재정신청, 중재신청, 소송제기
재정(裁定)	알선·조정으로 해결이 곤란한 손해배상사건	책임	재정위원회가 인과관계의 유무 규명을 통한 피해액을 판단·결정하는 재판에 준하는 절차	승복	불복 시 소송 제기
		원인	재정위원회가 환경피해를 발생시키는 행위와 환경피해 사이의 인과관계 존재여부를 결정	법적 효력 없음	
중재(仲裁)	당사자 사이에 중재합의가 존재하는 사건	중재위원회가 인과관계의 유무 및 피해액을 판단·결정하는 재판에 준하는 절차		확정 판결과 동일한 효력	

나. 환경분쟁조정위원회의 기능

　　환경분쟁이 발생하면 환경분쟁조정위원회에 조정(調停)을 신청할 수 있다.
환경분쟁에 대한 조정을 위하여 환경부에 중앙환경분쟁조정위원회(이하 "중앙
조정위원회")를, 특별시·광역시 또는 도에 지방환경분쟁조정위원회(이하 "지방
조정위원회")가 각 설치되어 있다.[23] 조정위원회 위원의 신분은 보장되고 조정

위원은 독립하여 직무를 수행하며 그 의사에 반하여 해임 또는 해촉되지 않는 다.24) 조정위원회는 모든 환경분쟁의 조정사무를 담당한다. 다만, 건축법상의 건축으로 인한 일조방해, 통풍방해, 조망저해로 인한 분쟁은 건축분쟁전문위 원회에서 조정하므로25) 환경분쟁조정위원회의 조정에서는 원칙적으로 제외되 나 그 건축으로 인한 다른 분쟁과 복합되어 있는 경우에는 예외적으로 조정할 수 있다.26)

다. 환경분쟁 조정 등의 신청

1) 당사자 적격

조정 등을 신청할 수 있는 자는 환경피해의 피해자이다. 다수인이 공동으 로 조정의 당사자가 되는 때에는 당사자는 그중에서 3인 이하의 대표자를 선 정할 수 있고 또는 위원회는 이를 권고할 수 있다.27) 동일한 원인에 의한 환경 피해를 주장하는 자는 위원회의 승인을 얻어 당사자로서 해당 절차에 참가할 수 있다.28) 소정의 환경단체는 중대한 자연생태계파괴로 인한 피해가 발생하였 거나 발생할 위험이 현저한 경우에는 위원회의 허가를 받아 분쟁당사자를 대 리하여 위원회에 조정을 신청할 수 있다.29) 조정 등의 피신청인이 되는 자는 환경피해를 야기한 자이다. 국가를 당사자로 하는 조정에 있어서는 환경부장관 이 국가를 대표한다.

2) 조정의 개시와 진행

조정은 당사자의 신청에 의하여 개시함이 원칙이나 직권으로도 개시할 수 있다.30) 즉 중앙조정위원회는 환경오염으로 인한 사람의 생명·신체에 대한 중대한 피해, 환경시설의 설치 또는 관리와 관련된 다툼 등 사회적으로 파급효 과가 클 것으로 우려되는 환경분쟁에 대하여는 당사자의 신청이 없는 경우에 도 직권으로 조정절차를 개시할 수 있다.31) 조정신청서가 관할위원회에 제출되 면 위원회는 지체없이 조정절차를 개시하여 소정기간내에 그 절차를 완료하여 야 한다.32) 조정위원회는 조정절차를 원칙적으로 비공개로 신속·공정하고 경 제적으로 진행하며, 조정의 절차에 참여하는 분쟁당사자들도 상호신뢰와 이해 를 바탕으로 성실하게 절차에 임할 의무가 있다.33)

3) 행정조치의 권고와 합의 권고

환경분쟁조정위원회는 환경피해의 제거 또는 예방을 위하여 필요한 경우 에는 관계행정기관에게 환경피해 원인 제공자에 대한 개선명령, 조업정지명령 또는 공사중지명령 등 필요한 행정조치를 취하도록 권고할 수 있고 관계행정 기관은 원칙적으로 그 권고에 응하여야 한다. 조정절차와 관련된 위원회의 중간결정에 대하여는 당해 위원회에 이의를 제기할 수 있다.[34] 위원회는 조정 시 당사자에게 피해배상에 관한 합의를 권고할 수 있으나 당사자가 이 권고에 구속되는 것은 아니다.

라. 환경분쟁의 알선

분쟁당사자는 조정신청에 앞서 알선절차를 이용할 수 있다. 알선신청을 하면 환경분쟁조정위원회가 지명한 3인 이내의 알선위원이 당사자 쌍방이 주장하는 요점을 확인하여 사건의 공정한 해결을 위하여 노력하고 당사자 사이에 당해 분쟁이 자주적으로 해결되도록 교섭장소의 제공, 자료의 제시 등을 통하여 교섭과 상의가 원활하게 진행되도록 중개한다. 합의서가 작성되면 알선절차는 종료한다. 알선중인 분쟁에 대하여 조정 또는 재정신청이 있으면 알선은 중단된다.[35]

마. 환경분쟁의 조정

조정신청이 있으면 환경분쟁조정위원회의 위원장은 위원회의 위원중에서 3인의 조정위원을 지명하여 조정위원회(調停委員會)를 구성하고 동 위원회가 조정을 한다.[36] 조정위원회의 회의는 구성원 전원의 출석으로 개의하고 구성원 과반수의 찬성으로 의결한다.[37]

바. 집단환경분쟁의 조정

환경분쟁의 특수성을 고려하여 집단환경분쟁조정제도가 마련되어 있다. 동일한 원인으로 인한 환경피해를 주장하는 자가 다수인 환경분쟁인 다수인관련분쟁[38]의 경우에는 환경분쟁조정위원회의 허가를 받아 그중의 1인 또는 수인이 대표당사자로서 조정을 신청할 수 있다.[39] 환경분쟁조정위원회는 다수인 관련분쟁 조정이 신청된 때에는 구성원의 범위 및 구성원 1인당 배상청구액의 상한 등의 사항을 신청후 15일 이내에 관보 또는 일간신문에 공고하고, 공람하게 하여 이해관계인이 그 조정절차에 참가할 수 있도록 한다. 이해관계인은 공고일로부터 60일 이내에 조정절차에 참가할 수 있고, 이에 참가하지 않은 자는 동일한 분쟁에 대하여 다시 조정을 신청할 수 없으므로 소송을 제기할 수밖에 없다.[40] 조정에 의하여 손해배상금을 지급받은 대표당사자는 소정기간내에 손해배상금을 지급받을 자 및 1인당 채권액의 상한, 배분기준 등을 기재한 배분계획을 작성하여 위원회의 인가를 받아 이를 배분하며[41] 위원회는 인가한 배분계획을 공고한다.

사. 조정의 효력

조정위원회가 분쟁의 해결을 위하여 작성한 조정안을 당사자가 수락하고

이를 조서에 기재함으로써 조정이 성립된다.42) 조정위원회는 당사자 간에 합의
가 이루어지지 아니하여도 신청인의 주장이 이유 있다고 판단되는 경우에는
당사자들의 이익과 그 밖의 모든 사정을 고려하여 신청 취지에 반하지 아니하
는 한도에서 조정을 갈음하는 결정을 할 수 있다.43) 조정조서와 이의신청 없는
조정결정은 재판상 화해와 동일한 효력이 있으나 당사자가 임의로 처분할 수
없는 사항에 관한 것은 그러한 효력이 인정되지 않는다.44) 다수인관련분쟁에
있어서 조정의 효력은 대표당사자와 참가를 신청한 자에 대하여만 미치는바45)
이는 조정에 참여하지 않은 당사자를 보호하기 위한 것이나 집단분쟁이 일의
적으로 해결되지 못하는 문제가 있다.

3. 원자력분쟁의 조정

원자력분쟁은 원자력사고로 인하여 발생한 분쟁을 말한다. 원자력사고는
원자력손해를 발생시키는바 "원자력손해"라 함은 핵연료물질의 원자핵분열 과
정의 작용 또는 핵연료물질이나 그에 의하여 오염된 것의 방사선 작용 또는 독
성(毒性) 작용으로 생긴 손해46)와 사고방제비용을 말한다.47) 원자력손해의 배
상에 관한 분쟁을 조정하기 위하여 원자력손해배상법에 의거, 원자력안전위원
회에 원자력손해배상심의회가 설치되어 있다. 동심의회는 분쟁 조정업무 외에
조정을 위하여 필요한 원자력손해의 조사 및 평가업무를 담당한다. 원자력손해
배상심의회가 조정하는 손해에는 당해 원자력사업자가 받은 손해와 당해 원자
력사업자의 종업원이 업무상 받은 손해는 제외된다.48) 원자력사업자가 받은 손
해중 원자력손해배상심의회가 조정하지 아니하는 손해와 당해 원자력사업자의
종업원이 업무상 받은 손해에 대하여는 민사소송을 제기하거나 그에 앞서 민
사조정법에 따라 조정신청을 할 수 있다. 국가를 상대로 하는 손해배상청구의
경우에는 국가배상법에 따른 배상심의회에 배상신청을 할 수 있다.49) 한편 원
자력손해배상분쟁의 조정의 결과에 이해관계 있는 제3자가 심의회의 허가를
받아 조정에 참가할 수 있는 제도가 있다.50) 원자력손해배상심의회의 조정에는
민법상 화해와 동일한 효력만 부여된다. 따라서 일방 당사자가 조정에 따른 이
행을 하지 않는 경우에는 소송을 제기할 수밖에 없다.

4. 과학기술 소비자분쟁의 조정

가. 개 관

전자상거래, 제조물책임, 의료서비스 이용 등 각종의 과학기술로 인하여

소비자가 피해를 입은 경우에 발생한 분쟁을 조정으로 해결하는 것이 바람직하다. 이러한 과학기술 관련 소비자 분쟁의 조정에 의한 해결을 위하여 각 특별법으로 조정제도를 두고 있고 소비자는 일반법인 소비자기본법에 따라 소비자원과 소비자분쟁조정위원회를 이용할 수 있다. 소비자는 과학기술로 인한 피해의 구제를 한국소비자원에 청구할 수 있고, 국가·지방자치단체·소비자단체도 피해구제청구를 받은 때에 한국소비자원에 그 처리를 의뢰할 수 있다. 한국소비자원장은 피해구제청구의 당사자에게 피해보상에 대한 합의를 권고할 수 있고 피해구제의 청구를 받은 날부터 원칙적으로 30일 이내에 위 합의가 이루어지지 아니할 때에는 소비자분쟁조정위원회에 조정을 신청한다. 한국소비자원은 피해구제 처리절차 중 당사자가 소를 제기하면 피해구제절차를 중지한다.51)

나. 전자상거래 분쟁의 조정

전자상거래 분쟁이 발생한 경우에는 전자문서·전자거래분쟁조정위원회(이하 "전자거래분쟁조정위원회")에 조정을 신청할 수 있다.52) 전자거래분쟁조정위원회 또는 조정부는 분쟁조정 신청을 받은 날부터 45일 이내에 조정안을 작성하여 당사자에게 권고하여야 하며 조정안에는 원상회복, 손해배상 및 그 밖에 피해의 구제를 위하여 필요한 조치사항을 포함할 수 있다. 조정안에 대하여 당사자가 동의한 경우에는 조정조서를 작성하고 이 조정조서에는 재판상 화해와 동일한 효력이 인정된다.53)

다. 제조물책임 분쟁의 조정

제조물책임 분쟁의 조정을 위하여 각종의 제조물책임분쟁조정위원회가 설치되어 있다. 예컨대 한국전자정보통신산업진흥회의 전자제품PL상담센터에는 분쟁심의위원회가 설치되어 먼저 분쟁을 알선하고 알선으로 해결하지 못한 문제에 대해 알선단계에서 당사자가 제출한 문서, 물증, 증언을 근거로 하여 외부위탁기관 및 조사관이 작성한 원인규명 결과를 토대로하여 심의, 조정한다. 또한 중소기업중앙회내에 중소기업 제조물책임분쟁조정위원회가 설치되어 있고, 전기제품안전협회에는 전기제품의 사고로 인한 분쟁의 조정을 위하여 전기제품PL상담센터가 설치되어 있다. 조정이 성립된 경우 그 조정결과는 민법상의 화해와 같은 효력만 갖는다. 제조물책임분쟁의 조정 및 중재를 위하여 조정기구를 설립할 필요가 있으며54) 이 조정기구의 조정결과에는 재판상 화해와 동일한 효력을 부여하여 집행력을 가질 수 있도록 할 수 있을 것이다.

라. 의료분쟁의 조정

　　의료사고를 당한 피해자는 의료분쟁조정법에 따라 한국의료분쟁조정중재원에 의료분쟁의 조정을 신청할 수 있다.[55] "의료분쟁"이란 의료사고로 인한 다툼을 말하고 "의료사고"란 보건의료인이 환자에 대하여 실시하는 의료행위 즉 진단·검사·치료·의약품의 처방 및 조제 등의 행위로 인하여 사람의 생명·신체 및 재산에 대하여 피해가 발생한 경우를 말한다. 조정신청은 의료사고의 원인이 된 행위가 종료된 날부터 10년 또는 피해자나 그 법정대리인이 그 손해 및 가해자를 안 날부터 3년내에 하여야 한다.[56] 조정절차는 원칙적으로 의료기관 등 피신청인이 조정에 응하고자 하는 의사를 조정중재원에 통지하여야 개시된다. 이는 의료분쟁조정제도의 큰 결함으로 지적된다.[57] 다만 의료사고로 인한 사망, 1개월 이상 의식불명, 장애인[58] 중 장애 정도가 중증에 해당하는 일정한 경우에는 예외적으로 피신청인의 동의 없이도 조정절차가 자동으로 개시된다.

　　조정신청을 받은 조정중재원의 의료분쟁조정위원회(이하 "조정위원회")는 5명의 조정위원으로 구성된 조정부에 사건을 배당한다.[59] 아울러 조정중재원 내 의료사고감정단(이하 "감정단")에 의료사고의 감정을 요청한다. 감정단은 역시 5명으로 구성된 감정부에 사건을 배당한다. 의료사고의 감정을 위하여 필요할 때에는 감정부는 의료사고가 발생한 보건의료기관의 보건의료인 또는 보건의료기관개설자에게 사고의 원인이 된 행위 당시 환자의 상태 및 그 행위를 선택하게 된 이유 등을 서면 또는 구두로 소명하도록 요구하거나 감정위원 또는 조사관을 의료사고가 발생한 보건의료기관에 파견하여 관련 문서 또는 물건을 조사·열람 또는 복사할 수 있다.[60] 감정부는 조정절차가 개시된 날부터 60일 이내에 의료사고의 감정결과를 감정서로 작성하여 조정부에 송부한다.[61] 피해자가 전문가의 감정을 받아 볼 수 있다는 점이 의료분쟁조정절차의 큰 장점이다. 감정서를 받은 조정부는 조정 기일을 열어 조정을 시도하고 당사자 쌍방이 조정결정에 동의하거나 동의한 것으로 보는 때에는 조정이 성립하고 이 성립된 조정에는 재판상 화해와 동일한 효력이 부여된다.[62] 또한 조정이 성립하거나 조정조서가 작성된 경우에는 피해자가 보건의료인의 형사책임을 묻지 않기로 하는 합의도 같이 하므로 업무상과실치상죄의 책임을 면하게 되어 보건의료인이 조정에 응할 이유가 된다.[63] 의료사고 피해자는 조정이 성립되거나 합의로 조정조서가 작성된 경우 그 미지급금에 대하여는 조정중재원에 대불을 청구할 수 있다.[64] 의료사고의 피해자는 의료분쟁조정중재원이 아닌 소비자분쟁조정위원회에 조정을 신청할 수도 있다.

마. 기타 과학기술 관련 소비자 및 개인정보 분쟁의 조정

소비자는 과학기술 관련 분쟁이 발생한 경우 소비자분쟁조정위원회(이하 "조정위원회")에 조정을 신청할 수 있고 개인정보 관련 분쟁의 당사자는 개인정보분쟁조정위원회(이하 "조정위원회")에 분쟁조정을 신청할 수 있다.[65] 분쟁조정을 신청하면 소송을 제기한 것처럼 시효가 중단된다.[66] 조정위원회는 분쟁조정신청을 받은 날부터 원칙적으로 30일(개인정보 관련 분쟁의 경우 60일)이내에 그 분쟁조정을 마쳐야 하고[67], 조정위원회의 위원장은 분쟁조정을 마친 때에는 지체 없이 당사자에게 그 분쟁조정의 내용을 통지하여야 한다. 당사자가 분쟁조정의 내용을 수락하거나 수락한 것으로 보는 때에는 그 분쟁조정의 내용은 재판상 화해와 동일한 효력을 갖는다.[68]

다수의 소비자가 과학기술로 인하여 피해를 입은 경우나 개인정보 피해 또는 권리침해가 다수의 정보주체에게 같거나 비슷한 유형으로 발생한 일정한 사건에 대하여 소비자단체나 비영리민간단체[69] 등은 집단분쟁조정을 신청할 수 있다.[70] 사업자(또는 개인정보처리자)가 조정위원회의 집단분쟁조정의 내용을 수락한 경우에는 조정위원회는 집단분쟁조정의 당사자가 아니더라도 피해를 입은 소비자(또는 정보주체)에 대한 보상계획서를 작성, 제출하도록 권고할 수 있고 집단분쟁조정의 당사자인 다수의 소비자나 정보주체 중 일부가 법원에 소를 제기하더라도 그들을 조정절차에서 제외하고 진행하는 등 집단분쟁조정에 관한 특례를 두고 있다.[71] 위 조정절차에 관하여 소비자기본법이나 개인정보보호법에서 규정하지 아니한 사항에 대하여는 민사조정법을 준용한다.

5. 기타 과학기술분쟁의 조정

가. 중소기업기술분쟁의 조정

중소기업이 관련된 기술 분쟁이 발생한 경우에는 중소기업기술분쟁조정·중재위원회(이하 "조정·중재위원회")에 조정을 신청할 수 있다.[72] 특이한 것은 손해배상액 산정 등을 위하여 필요한 경우에 조정부가 기술평가기관에 기술에 대한 평가를 의뢰하는 제도가 있다.[73] 사건의 당사자가 기술침해 및 손해배상 등이 반영된 조정내용에 대하여 합의된 사항을 조서에 기재하면 조정이 성립되며 이 조정조서는 재판상의 화해와 동일한 효력이 있다.[74]

나. 정보기술분쟁의 조정

정보기술에 관한 분쟁해결을 위한 조정제도도 정비되어 있다. 정보통신망을 통하여 유통되는 정보 중 사생활의 침해 또는 명예훼손 등 타인의 권리를 침해하는 정보와 관련된 분쟁은 정보통신심의위원회내의 명예훼손 분쟁조정부에 조정을 신청할 수 있다.[75] 방송통신분쟁에 대하여는 방송분쟁조정위원회에 조정을 신청할 수 있고 조정이 성립되면 재판상 화해와 같은 효력을 갖는다.[76] 정보보호제품 및 정보보호서비스의 개발·이용 등에 관한 분쟁에 대하여는 정보보호산업 분쟁조정위원회에 조정을 신청할 수 있으나 당사자가 수락한 조정안에 대하여는 재판상 화해와 같은 효력이 인정되지 못하고 당사자 간에 조정안과 동일한 내용의 합의가 성립된 것으로만 본다.[77] 소프트웨어사업분쟁에 관한 포괄적인 분쟁조정기관은 존재하지 않는다.[78]

방송사업자·전기통신사업자 상호 간의 분쟁 또는 사업자와 이용자 간의 분쟁 및 방송광고판매대행사업자 상호 간의 분쟁에 대하여는 방송통신위원회에 조정을 신청할 수 있다.[79] 전기통신시비스에 관련한 서비스의 제공, 품질, 이용계약의 체결, 이용, 약정 조건, 해지, 손해배상 등에 관한 분쟁이 발생한 경우 통신분쟁조정위원회에 조정을 신청할 수 있다.[80] 당사자 전원이 조정안을 수락하는 경우 조정이 성립되며 분쟁조정위원회는 지체 없이 조정서를 작성하여 당사자에게 송달하여야 한다. 당사자가 강제집행을 승낙하는 취지의 내용이 기재되고 당사자가 서명 또는 기명·날인한 조정서의 정본은 확정판결과 마찬가지로 집행력 있는 집행권원과 같은 효력을 가진다. 전기통신사업자 상호 간에 발생한 전기통신사업과 관련한 분쟁에 관련하여 재정신청을 받은 경우에 방송통신위원회는 재정을 하기에 부적합하거나 기타 필요하다고 인정하는 때에는 분쟁사건별로 분과위원회를 구성하여 이에 관한 알선을 할 수 있다.[81] 앞서 살펴본 바와 같이 알선은 조정의 한 형태이다.

다. 산업기술유출분쟁의 조정

산업기술[82]의 유출에 대한 분쟁이 발생하면 산업기술분쟁조정위원회에 조정을 신청할 수 있다.[83] 동위원회에서 성립한 조정에 대하여는 재판상 화해와 동일한 효력이 부여된다.

라. 지적재산권분쟁의 조정

지적재산권분쟁에는 비교적 조정제도가 완비되어 있다고 할 수 있다. 이를 간략히 살펴보면 특허 등 산업재산권, 직무발명, 영업비밀 및 부정경쟁행위에 관한 분쟁은 산업재산권분쟁조정위원회에,[84] 반도체배치설계분쟁은 배치설계심의조정위원회에,[85] 소프트웨어 등 저작권분쟁은 한국저작권위원회에[86] 각 분쟁조정을 신청할 수 있으며 그 조정조서는 재판상 화해와 동일한 효력이 있다. 도메인이름 분쟁에 관하여는 인터넷주소분쟁조정위원회에 조정을 신청할 수 있으나 당사자가 수락한 조정안에 대하여는 재판상 화해와 동일한 효력이 인정되지 않고 당사자 간에 조정안과 동일한 내용의 합의가 성립된 것으로만 본다.[87]

6. 조정제도에 대한 비판

거의 모든 행정청이 조정위원회를 설치하여 조정으로 분쟁을 해결하게 하고 있는바 조정위원회의 설치, 운영 등 그 행정비용이 조정으로 인하여 얻을 수 있는 효용을 넘는 경우가 허다할 것으로 보인다. 따라서 행정심판제도와 같이 조정위원회를 통합할 필요가 있다. 다만 분야별로 전문성이 요구되므로 전문분야별로 조정위원회가 설치되어야 할 것이다. 또한 조정신청에 대하여 시효중단의 효력을 명시한 입법도 있으나 그러한 효력에 관한 명문 규정이 없는 경우가 대부분이다. 시효제도의 취지에 비추어 조정신청에 일괄적으로 시효중단의 효력을 인정하는 것이 바람직할 것이다. 성립된 조정에 인정되는 법적 효력즉 재판상 화해와 같은 효력이 인정되는지 아니면 당사자 간 합의와 같은 효력만 인정되는 지에 관하여도 통일적인 태도를 볼 수 없다. 조정절차를 완비하여국민의 재판청구권을 침해하지 않는다면 모든 조정에 재판상 화해와 같은 효력을 부여하여 용이하게 조정내용을 집행할 수 있도록 하여야 할 것이다.

Ⅲ. 과학기술분쟁의 중재에 의한 해결

1. 개 설

과학기술분쟁도 다른 분쟁과 마찬가지로 중재에 의하여 해결될 수 있다. 과학기술계약상 분쟁을 해결하기 위하여 중재조항을 둔 경우가 대표적이다. IT 분쟁, 환경분쟁, 의료분쟁, 제조물책임분쟁, 특허침해분쟁 등도 중재에 의하여해결할 수 있고 오히려 전문가에 의한 신속한 해결이 가능하다는 점에서 바람직할 수 있다. 중재를 활성화하고 우리나라가 중재 중심지로 발전할 수 있도록중재산업 진흥기반을 조성하기 위한 특별법이 제정되어 있다.[88] 중재에는 그성질상 당사자자치의 원칙이 광범하게 적용된다.[89] 중재는 중재합의를 전제로한다. 중재합의는 독립된 합의 또는 계약 중 중재조항의 형식으로 할 수 있되서면으로 하여야 한다.[90] 사업자가 약관 속에 중재조항을 포함시킨 경우 그 중재조항이 고객에 대하여 부당하게 불리하면 그 중재조항은 무효이다.[91]

2. 과학기술분쟁 중재의 절차

가. 과학기술분쟁의 중재적격

중재는 사법상의 분쟁을 그 대상으로 하므로 상사사건뿐 아니라 일체의 민사사건이 그 대상이 된다.[92] 사법상의 분쟁이기만 하면 그것이 재산권상의 청구이든 비재산권상의 청구이든, 당사자가 화해를 할 수 있는 분쟁이든 아니든 불문한다.[93] 독점규제법이나 소비자보호법 위반 등 강행법규상 청구라 하더라도 그 청구가 손해배상청구 등 재산권상의 청구인 한 중재적격성이 있다.

나. 과학기술분쟁 중재기관과 중재인

국제적으로는 세계지적재산권기구 중재센터(WIPO Arbitration Center)에 의한 지적재산권분쟁 중재제도가 유명하다. 미국중재협회(American Arbitration Association)에는 기술분쟁의 중재를 위하여 별도의 기술중재규칙이 있다. 우리나라에서는 일반 상사분쟁과 마찬가지로 과학기술분쟁의 중재에 있어서도 대한상사중재원이 중추적 역할을 하고 있다. 과학기술분쟁의 중재기관으로는 중소기업관련 기술분쟁을 중재하는 중소기업기술분쟁조정·중재위원회, 의료분쟁중재를 위한 한국의료분쟁조정중재원, 인터넷 언론 등에 관한 분쟁의 중재를 위하여 언론중재위원회[94] 등이 있다.

과학기술분쟁의 중재에 있어 가장 중요한 것이 중재인의 선임이다. 중재인은 분쟁의 대상이 된 과학기술에 관한 해박한 지식을 가지고 있어야 할 뿐 아니라 그에 관련한 법적 쟁점에 관하여도 정통하여야 한다. 1인의 중재인이 이 두 가지를 겸유하고 있지 못한 때에는 각각 이를 가진 복수의 중재인을 선임하여야 한다. 중재인이 당해 과학기술에 관한 전문지식을 갖추고 있지 못한 때에는 기술적 측면에서 전문가 감정인의 보조를 받아야 하는바 이 경우에는 재판에 비하여 중재가 가지는 장점이 거의 발휘될 수 없다. 중재인의 선임에 관하여 당사자 간의 합의가 없으면 중재법이 정한 일정한 절차에 따라 1인 또는 3인의 중재인을 선정한다.[95]

다. 과학기술분쟁 중재의 절차

중재합의의 대상인 과학기술분쟁에 관하여 소가 제기된 경우에 피고가 중재항변을 하면 법원은 원칙적으로 그 소를 각하하여야 한다.[96] 다만 당해 분쟁에 중재적격성이 없거나 그 중재합의가 무효인 경우에는 소송을 진행할 수 있다. 중재인은 중재의 대상에 관련한 소송절차가 계속 중인 경우에도 중재절차를 개시하거나 속행할 수 있다.[97] 중재인은 자신의 판정권한에 관하여 판단할

권한(이른바 competence – competence)을 가진다.98)

중재인은 긴급한 필요가 있다고 인정하는 때에는 당사자의 신청에 의하여 신청인에게 적절한 담보를 제공할 것을 조건으로 과학기술로 인한 침해의 중지 등 임시적 처분을 할 수 있다.99) 중재인의 임시적 처분에 무관하게 당사자가 민사집행법에 따라 가압류, 가처분 등 보전처분을 할 수 있다.

당사자 일방이 중재의 대상인 분쟁과 관련된 분쟁의 병합을 신청한 때에는 중재인은 분쟁의 일의적 해결과 절차적 경제 등의 사정을 고려하여 이를 허용할 수 있을 것이나 상대방이 그 객관적 병합에 대하여 이의를 제기한 때에까지 병합을 허용하기는 어려울 것이다.100) 중재당사자 일방이 중재대상인 분쟁과 밀접한 관련을 가진 제3자와의 분쟁의 주관적 병합을 신청한 때에는 중재인은 분쟁의 합일적 해결을 위하여 그 제3자를 중재절차에 참가시켜 절차를 진행할 수 있을 것이다. 다만 상대방이 그 제3자의 중재절차의 참가에 대하여 이의를 제기하거나 그 제3자가 중재절차에의 참가를 거부한 때에는 병합을 허용할 수 없을 것이다.101)

당사자가 온라인 중재에 합의한 때에는 중재인은 중재절차를 온라인으로 진행하여야 할 것이며 온라인에 의하여 당사자 또는 증인을 화상으로 신문을 할 수 있을 것이다.102) 온라인 중재절차에서 중재인이 작성하는 문서와 당사자가 제출하는 문서는 전자서명을 첨부하여야 할 것이며 중재판정을 하는 경우에는 전자서명의 안전성이 확립될 때까지 전자서명을 첨부한 온라인 판정문을 작성하는 것과 별도로 종이서면으로 판정문을 작성하는 것이 바람직할 것이다.103)

라. 과학기술분쟁 중재판정과 그 집행

중재심문을 종료하면 중재인은 서면으로 중재판정을 한다. 중재판정은 확정판결과 동일한 효력이 있다.104) 중재인이 중재법상 중재판정 취소사유105)에 해당하는 위법한 판정을 한 때에는 당사자 일방은 관할법원에 중재판정취소의 소를 제기할 수 있는바 이 중재판정취소의 소는 중재판정의 취소를 구하는 당사자가 중재판정의 정본을 받은 날부터 3월내에 중재판정국의 관할 법원에 제기하여야 한다.106)

중재판정은 법원의 집행판결을 받아 이를 집행할 수 있는바 우리나라에서 내려진 중재판정은 중재판정취소사유가 없으면 승인되거나 집행되어야 한다.107) 즉 중재판정취소사유는 중재판정의 집행거부사유를 구성한다. 과학기술분쟁에 있어서는 중재판정의 대상이 된 과학기술분쟁이 우리나라 법상 중재로 해결될 수 없거나 과학기술에 관한 중재판정의 승인 또는 집행이 우리나라의 선량한 풍속이나 그 밖의 사회질서에 위배되는 경우에는 거부될 수 있다.[108]

3. 환경분쟁의 중재

가. 환경분쟁조정위원회의 중재

중앙분쟁조정위원회는 당사자 간에 중재합의가 있는 경우 중재를 할 수 있다.[109] 중재는 3명의 위원으로 구성되는 중재위원회에서 하며 중재위원회의 중재판정에는 확정판결과 동일한 효력이 인정된다.[110]

나. 탄소배출권거래와 분쟁의 중재

환경분쟁을 중재로 해결하는 대표적인 예가 탄소배출권분쟁이다. 탄소배출권이라 함은 "특정 기간 동안 온실가스 또는 이산화탄소 등가물 1톤을 배출할 수 있는 권리"[111]를 말한다. 이는 교토의정서 제12조에 규정된 청정개발체제(Clean Development Mechanism: CDM)에서 인정되는 메커니즘으로 지속가능한 발전과 온실가스 배출 감축을 위한 사업에 투자하여 인증된 온실가스 감축량(Certified Emission Reductions: CERs)을 획득하고 이를 자국의 감축의무를 달성하는 데 활용하거나 의무 달성에 필요한 국가 등에 매매할 수 있도록 하는 배출권 거래(Emission Trading) 제도이다. 우리나라도 정부가 시장기능을 활용하여 효율적으로 국가의 온실가스 감축목표를 달성하기 위하여 온실가스 배출권 거래 제도를 운영하고 있는데, 이 제도에는 온실가스 배출허용총량을 설정하고 배출권을 거래하는 제도 및 기타 국제적으로 인정되는 거래 제도를 포함한다.[112] 이러한 탄소배출권거래에 발생한 분쟁을 중재로 해결할 수 있다.[113]

다. 대구시 매립가스 배출권거래 분쟁 중재 사례[114]

2010. 1. 대한상사중재원이 탄소배출권에 관한 분쟁을 중재로 해결한 사례를 살펴본다.[115] 대구시는 쓰레기 매립장에서 발생하는 매립가스를 에너지로 재활용하는 메탄가스자원화시설 사업을 2006년부터 대구에너지환경(주)에게 시행케 하고 이어 지역난방공사에 매립가스 전부를 판매하기로 하는 계약을 체결하였다. 2008. 11. 유엔 기후변화협약(UNFCCC)이 본 사업에 대하여 동 협약에 등록된 21년간의 탄소배출권의 판매 예상 수입 1,700억원 상당의 탄소배출권을 인정하였다. 대구시는 대구에너지환경(주)와는 온실가스 감축 권리가 대구시에 있음을 고시하고 계약에도 명시하였으나 지역난방공사와의 계약에는 온실가스 감축 권리를 규정하지 않았다. 지역난방공사는 매립가스를 사용하기 위한 보일러 공사 등으로 약 173억 원의 투자를 하는 등 손실에 대한 보상으로

CERs의 50%를 줄 것을 요구하였다. 이에 대구에너지환경(주)도 기존 계약에 불구하고 약 268억원의 투자와 추가포집설비 공사비, 모니터링 비용에 대해 약 30%의 CERs 분배를 요구하였다. 당사자들은 중재합의를 하고 2009. 9. 대한상사중재원에 중재신청을 하였다.

대한상사중재원은 CDM 사업은 사업의 방법론 개발부터 시작하여 사업계획서 작성, 사업승인, 타당성확인, 사업등록, 온실가스 감축량에 대한 모니터링 등 일련의 절차에 관한 업무를 수행하고 사업시설을 운영하는 무형의 투자와 CDM 사업에 필요한 각종 시설을 설치하고 관리하는 데 필요한 비용, 즉 유형의 투자라는 두 가지 요소로 구성된다고 보면서 CERs 지분 분배에 있어서는 유무형의 투자의 비중을 대등하게 보아 사업 참여자의 기여도를 산정하기로 하고 대구에너지환경(주)에 대하여는 268억원 투자에 대한 지분은 인정하지 않았으나 모니터링에 대한 기여분으로 1.16%, 지역난방공사에 대하여는 매립가스 전량 매입과 약 32억 원의 보일러 등 추가설비투자 기여분으로 10.33%, 대구시에 대하여는 매립장 조성 및 관리, 사업위험부담, CDM 사업개발 등 기여분으로 88.51%를 각 인정하였다. 본 중재판정은 CERs에 관한 권리배분에 관한 국내 법령이나 판례가 없는 상황에서 최초로 CERs 배분에 관한 기준을 제시하였다는 점에 의의가 있다.

4. 지적재산분쟁의 중재[116]

가. 지적재산분쟁 중재의 특이성

지적재산권은 사권인 동시에 공권의 성격도 가지는 것이므로 그에 관한 분쟁이 공익에 관련되어 그러한 분쟁을 중재로 해결함에 약간의 제약이 있을 수 있다. 대표적인 예가 특허 등 지적재산분쟁의 중재적격성이다. 이는 특허 등 등록에 의하여 그 권리가 창설되는 지적재산권의 성립·유효성분쟁이 그 권리창설기관이 아닌 일반 법원이나 중재에 의하여 해결될 수 있느냐 하는 문제이다. 특허 등의 무효항변이 중재의 대상으로 될 수 있는지 하는 문제도 포함된다. 미국의 경우 1982년 특허법을 개정하여 특허의 유효성을 둘러싼 분쟁에도 중재적격성을 인정하였다.[117]

우리 중재법상 지적재산권 행사는 독점규제법 등 강행법규에 위반함을 이유로 하는 손해배상청구, 지적재산침해금지 등은 물론 일종의 불법행위 책임의 문제이므로 중재의 대상이 된다고 이해되고 있고 등록지적재산권의 무효의 중재적격성은 특허 침해 여부의 전제로서 무효의 항변을 제기한 경우는 일반적으로 중재적격성이 인정되나 특허유효성에 관한 분쟁자체의 중재적격성에 관하여는 견해가 대립되고 있다. 등록지적재산권 성립·유효성에 관한 분쟁의 등록국의 전속관할성을 강조하는 입장에서는 그 중재적격성을 부인한다. 그러나 재판관할합의를 허용할 것인가와는 별개로 당사자자치의 원칙이 존중되는 중재에 있어서는 당사자 간의 중재합의로 등록지적재산권의 성립·무효 등도 다른 계약상의 분쟁과 함께 중재의 대상으로 할 수 있도록 하되 다만 그 유효성판단의 효력은 중재당사자 간에만 미친다고 하여야 할 것이다.118) 나아가 등록지적재산권에 관한 권리자 아닌 자들 간의 중재절차에서 지적재산권의 유효성이 쟁점으로 된 경우 그 권리자 기타 이해관계인은 당사자의 동의를 얻어 당해 중재절차에 참가하여 그 성립·유효성 분쟁에 관한 주장·입증을 할 수 있도록 허용하여야 할 것이다.119)

나. 지적재산분쟁의 중재절차

중재합의의 대상인 지적재산분쟁에 관하여 소가 제기된 경우에 법원은 원칙적으로 그 소를 각하하여야 하나 대세적 효력을 가지는 등록지적재산권의 무효를 구하는 심판청구나 소는 각하할 수 없고 심판이나 소송을 진행하여 대세적 효력 있는 심결 또는 판결을 하여야 한다.120) 중재대상분쟁에 직접 관련된 지적재산권의 성립·유효성분쟁에 관하여 대세적 효력이 인정되는 재판을 위한 절차가 계속된 경우에는 중재인은 당사자의 신청에 의하여 그 재판이 있을 때까지 중재절차를 중지할 수 있을 것이나 타방 당사자가 이에 이의하거나 중재절차가 현저히 지연될 우려가 있는 경우에는 중재절차의 중지를 허용하여서는 안될 것이다. 이 경우 중재절차를 진행하여 중재판정을 하였으나 대세적 효력을 가진 재판이 확정된 때에는 문제가 생긴다. 이 경우에는 일정기간내에 중재인으로 하여금 당사자 일방의 신청에 의하여 중재절차를 재개하여 위 재판에 따라 종전의 중재판정을 취소하고 새로이 중재판정을 할 수 있는 기회를 부여하는 것이 타당할 것이다121).

다. 중재판정 결과의 공시

중재인이 분쟁에 관련한 지적재산권을 불성립, 무효 또는 소멸한 것으로 판단한 때에는 이 중재판정의 결과를 일반인에게 공시하여 향후의 유사한 분쟁에 대비할 수 있도록 하는 것이 타당할 것이다.122) 이 경우 중재인은 당해 지적재산권의 등록사무를 관장하는 특허청 등 기관에 중재판정문을 붙여 이를 통지하는 절차를 밟고 이 통지를 받은 특허청 등 기관은 그 취지를 특허등록원부 등 관계 공부에 기재하고 이를 공시하여야 할 것이다.123). 그러나 중재절차의 비공개원칙에 따라 중재판정문의 내용은 공개하여서는 안된다.

5. 기타 과학기술분쟁의 중재

가. 중소기업기술분쟁의 중재

중소기업이 관련된 기술분쟁이 발생한 경우에 중소기업기술분쟁조정·중재위원회(이하 "조정·중재위원회")에 중재합의를 하여 중재를 신청할 수 있다.124) 중재당사자는 합의로 위원장이 제시하는 중재부 중 하나를 선택할 수 있다.125) 손해배상액 산정 등을 위하여 필요한 경우에는 중재부는 기술평가기관에 기술에 대한 평가를 의뢰할 수 있다.126)

나. 의료분쟁의 중재

의료분쟁이 발생한 경우 당사자는 중재합의를 하여 의료분쟁조정중재원에 중재신청을 할 수 있다.127) 당사자는 위원장이 제시하는 조정부 중 하나를 당사자의 합의로 선택할 수 있다.128) 중재판정은 확정판결과 동일한 효력이 있다. 의료사고 피해자는 중재판정에 따른 금원을 지급받지 못한 경우 그 미지급금에 대하여 조정중재원에 대불을 청구할 수 있다.129) 의료분쟁의 중재제도는 그다지 활용되고 있지 않다.130)

다. 정보미디어분쟁의 중재

인터넷신문 등 언론사 등에 대한 정정보도청구 등 또는 손해배상의 분쟁에 관하여 언론사 등과 피해자가 중재합의를 한 때에는 언론중재위원회 중재부에 중재를 신청할 수 있다.131) 동법에 따른 중재결정에는 확정판결과 동일한 효력이 있으며 중재법의 관련규정132)에 의거 중재결정에 대한 불복과 취소를 할 수 있다. 동법이 중재법이 사용하는 중재판정이라는 용어대신 중재결정이라는 용어를 쓰는 등 중재에 관한 일반법인 중재법과의 정합성에 문제가 있다.

Ⅳ. 과학기술분쟁의 행정적 해결

1. 개설 – 과학기술분쟁의 행정적 해결의 유용성

과학기술분쟁은 관련 과학기술지식을 갖춘 전문가에 의한 신속한 해결이 요구되는바 과학기술에 대한 전문성을 갖춘 행정기관이 과학기술분쟁을 처리한다면 저렴한 비용으로 신속하게 그 분쟁을 해결할 수 있을 것이다. 다만 사법기관이 아닌 행정기관이 분쟁에 관여하는 것은 권력분립의 원칙에도 어긋나고 행정자원의 낭비를 가져올 위험도 있으므로 사법권이나 민간 ADR제도가 잘 작동하지 않는 영역으로 국한하여야 할 것이다. 여기에서는 행정적 분쟁해결제도 중 사인 간의 과학기술분쟁에 행정기관이 개입하여 일방적 결정을 통해 해결하는 재정(裁定)제도와 심판(審判)제도를 살펴본다. 재정은 행정청이 민간인 간의 분쟁에 대하여 사실조사와 당사자 심문을 거쳐 구속력있는 판단을 내리는 제도를 말하고[133] 심판은 소송에 앞서 당사자 일방의 청구에 따라 행정청이 행정청의 판단을 재심사하거나 분쟁에 대해 유권적 판단을 하는 것을 말한다.[134] 구체적으로는 ① 환경분쟁조정위원회의 재정과 직권조정제도, ② 방송통신위원회의 재정제도, ③ 지식재산권 관련 분쟁을 특허심판원, 품종보호심판위원회, 무역위원회, 세관 등에서 해결하는 제도를 살펴본다.

2. 환경분쟁의 행정적 해결

가. 환경분쟁의 재정 개설

재정이란 당사자 간의 환경분쟁에 관하여 재정기관이 준사법적 절차에 따라서 인과관계의 유무, 피해액 등에 대한 법률적 판단을 내려 분쟁을 해결하는 제도이다.[135] 재정위원회가 사실을 조사하여 이를 근거로 객관적인 판정을 내리며, 대심구조와 당사자의 구술변론권이 보장된 준사법적 절차라는 점에서 알선 및 조정과 구별된다.[136] 재정에는 원인재정과 책임재정의 두가지가 있다. 원인재정이라 함은 환경피해를 발생시키는 행위와 환경피해 사이의 인과관계 존재 여부를 결정하는 재정을 말하고, 책임재정은 환경피해에 대한 분쟁 당사자 간의 손해배상 등의 책임의 존재와 그 범위 등을 결정하는 재정을 말한다.[137] 재정제도는 1990년 환경보전법을 대체하는 환경정책기본법의 제정과 함께 제정된 환경오염피해분쟁조정법에서 처음으로 도입되었다.[138] 1995년 개정법에서 비로소 재정에 대하여 소가 제기되지 않는 한 재판상 화해와 동일한 효력을 부여하였다.

나. 재정의 절차

재정은 관할 환경분쟁조정위원회에 재정신청서를 제출함으로써 개시된다.[139] 재정신청전에 증거보전절차도 실시할 수 있다.[140] 재정은 사건의 경중에 따라 3인, 5인 또는 10인 이상의 위원으로 구성되는 재정위원회에서 행한다. 재정절차는 준사법적 성질을 띠고 있으므로 절차의 형식성이나 당사자의 절차적 권리 등이 알선이나 조정에 비하여 강화되어 있다.[141] 재정위원회는 재정신청된 사건을 조정에 회부하는 것이 적합하다고 인정하는 때에는 직권으로 직접 조정하거나 관할위원회에 송부하여 조정하게 할 수 있다.[142] 재정은 원칙적으로 원인재정의 경우 6개월, 책임재정의 경우 9개월 내에 각 처리하여야 한다.[143]

다. 재정의 방식과 효력

재정위원회는 원상회복에 과다한 비용이 소요되거나 기타의 사유로 인하여 그 이행이 현저히 곤란하다고 인정하는 경우를 제외하고는, 환경피해의 복구를 위하여 원상회복이 필요하다고 인정하면 손해배상을 갈음하여 당사자에게 원상회복을 명하는 책임재정을 하여야 한다.[144] 재정위원회의 재정에 불복하지 않으면 재정문서는 재판상 화해와 동일한 효력이 있다.[145] 다만, 당사자가 임의로 처분할 수 없는 사항에 관한 것은 그러하지 아니하다.

라. 재정에 대한 불복과 소송과의 관계

재정위원회의 원인재정에 대하여는 재정문서의 정본을 송달받은 당사자는 알선, 조정, 책임재정 및 중재를 신청할 수 있고,[146] 책임재정에 대하여는 재정문서의 정본이 당사자에게 송달된 날부터 60일 이내에 법원에 소송을 제기할 수 있다.[147] 당사자가 책임재정 불복소송을 제기하면 시효의 중단 및 제소기간의 계산에 있어서는 책임재정 신청 시 재판상 청구를 한 것으로 본다.[148] 재정이 신청된 사건에 대하여 소송이 계속중이면 수소법원은 재정이 있을 때까지 소송절차를 중지할 수 있고, 수소법원이 소송절차를 중지하지 않는 경우에는 재정위원회가 재정절차를 중지하여야 한다.[149]

마. 고속도로 소음피해 배상 재정 사례

부평－신월 간 경인고속도로에 인접한 명보빌라 등 346인의 주민들이 부천시 및 한국도로공사를 상대로 제기한 분쟁조정신청에 대하여 중앙환경분쟁조정위원회는 2002. 2. 14. 도공(道公)은 '신청인 346명 중 주민들 305명에게 합계 166,450,000원을 지급하고, 방음벽 높이 보강, 차량속도제한 등의 방음대책을 강구하여 주민들 거주 주택의 소음도가 도로변 소음 환경기준 65dB(A)를 초과하지 않도록 하여야 한다. 부천시에 대한 신청은 기각한다'는 취지의 재정을 하였다. 이 재정에 불복하여 도공은 피고들(주민들 및 부천시)을 상대로 채무부존재확인소송을 제기하였고, 피고 주민들은 손해배상[150] 및 유지청구[151]의 반소를 제기하였다. 1심법원은 피고 주민들의 손해배상 및 유지청구를 인정하였으나[152] 1997. 8. 9. 이후에 입주한 피고 주민들은 소음으로 인한 피해를 인식하면서 입주한 점 등을 이유로 손해배상책임은 인정하지 않고, 그 주택을 기준으로 소음이 70dB(A) 이상 유입되지 않도록 하여야 할 의무만 인정하였다. 2심법원[153]과 대법원[154]도 피고 주민들의 손해배상 및 유지청구를 인정하였다.

바. 미국의 환경분쟁의 행정적 해결

미국에서는 1996년에 제정된 행정분쟁해결법(Administrative Dispute Resolution Act)과 1998년 제정된 환경정책 및 갈등해결법(Environmental Policy and Conflict Resolution Act)이 행정부에 의한 환경분쟁조정의 근거가 된다. 연방환경청 (Environmental Protection Agency, EPA)의 갈등예방해결센터(Conflict Prevention and Resolution Center, CPRC)에서는 환경분쟁에 대한 협상·중재·조정 업무를 수행하며, 행정심판위원회(Office of the Administrative Law Judges, OALJ)에서 우리나라의 재정에 해당하는 환경분쟁사건의 심의·의결을 행한다.155) 행정심판위원회의 결정이 당사자에게 송달된 후 45일 이내에 상급기관인 환경항소심판원 (Environmental Appeals Boards, EAB)에 불복하거나 항소심판원이 직권으로 검토를 결정하지 않으면 연방환경청의 최종 결정으로 된다. 연방환경청의 최종결정에 불복하는 경우에는 연방법원에 제소할 수 있다.156)

사. 일본의 환경분쟁의 행정적 해결

일본에서는 1970. 2.에 공해분쟁처리법이 제정되어 시행되고 있는데 우리의 환경분쟁조정법의 모델이 되었다. 동법은 공해에 관한 분쟁에 대하여 알선, 조정, 중재 및 재정의 제도를 설치하여 공해분쟁의 신속하고 적정한 해결을 위하여 입법되었다. 분쟁처리방법 중 재정의 경우는 중앙의 공해등조정위원회에만 재정권한이 있다.157) 재정에 공해에 관한 피해의 손해배상책임의 유무 및 그 액수를 판단하는 책임재정과 피해와 가해행위 사이에 인과관계의 존부를 판단하는 원인재정의 두 가지가 있음은 우리법과 같다.158)

3. 정보통신기술 관련 분쟁의 재정

가. 개 요

방송통신위원회가 심의의결을 통하여 통신분야에서 발생하는 사건들을 사후적으로 해결하기 위한 방식에는 크게 두 가지 방법이 있다. 우선 신고 또는 인지에 의하여 전기통신사업법상 금지행위159) 위반사건으로 조사함으로써 시정조치 또는 과징금을 부과하여 통신사업자의 위법행위에 대한 억지력을 행사하는 방법이 있고, 다른 한편으로는 당사자의 신청에 의하여 전기통신기본법상 재정제도를 통해서 분쟁을 해결하는 방법이 있다.160) 그중 전기통신사업자 상호 간에 발생한 전기통신사업과 관련한 분쟁 중 당사자 간 협의가 이루어지지 아니하거나 협의를 할 수 없는 경우 방송통신위원회에 각종 의무의 이행 등을

구하는 재정을 신청할 수 있다.[161] 전기통신사업자 상호 간에 설비등의 제공·
공동이용·도매제공·상호접속·공동사용이나 정보의 제공 등에 관한 협정의
체결, 이행 또는 손해배상에 관한 분쟁이 그 주된 대상이 된다. 상호접속이나
설비제공 등의 협정과 관련된 사업자 간 분쟁은 재정의 대상인 동시에 금지행
위에 해당할 수도 있다. 방송통신위원회의 재정제도는 환경분쟁조정위원회, 건
축분쟁전문위원회 등에 비교하여 규제법의 집행 성격이 강하며 따라서 재정이
행정청인 방송통신위원회 자체의 심의·의결 사항으로 되어 있다.[162]

나. 재정의 절차[163]

방송통신위원회가 재정신청을 받은 때에는 그 사실을 다른 당사자에게 통
지하고 기간을 정하여 의견을 제출할 기회를 주어야 하며 재정의 결과가 제3
자(이해관계인)에게 영향을 주는 경우에는 이해관계인에게 의견을 제출하게 할
수 있다. 한편, 위원회는 전문가를 감정인으로 지정하여 감정을 하게 할 수 있
고, 당사자 또는 이해관계인의 동의하에 사업장 등에서 사실조사를 할 수 있
다. 방송통신위원회는 재정절차의 진행 중에 한쪽 당사자가 소를 제기한 경우
에는 재정절차를 중지한다.[164] 방송통신위원회는 재정신청을 접수한 날부터 원
칙적으로 90일 이내에 재정을 하여야 한다.[165]

다. 재정의 효력

방송통신위원회는 ① 사업자 제재 또는 무효인 계약의 이행강제 요청 등
신청사실이 재정대상이 아니라고 명백히 판단되는 경우, 동일한 사건에 관하여
이중으로 재정신청한 경우, 재정결정 또는 재정종결한 사건에 관하여 다시 재
정신청한 경우 등 재정신청이 부적법한 경우에는 각하하고, ② 재정신청이 이
유없다고 인정할 때에는 그 재정신청을 기각하며, ③ 재정신청이 이유있다고
인정할 때에는 전부 또는 일부의 손해배상 재정결정과 일정한 내용의 협정의
체결 및 협정의 이행 등을 내용으로 하는 재정결정을 할 수 있다. 당사자는 재
정문서의 정본을 송달받은 날부터 60일 이내에 해당 재정의 대상인 사업자 간
분쟁을 원인으로 하는 소송을 제기할 수 있다. 이러한 소송이 제기되지 않거나
취하된 경우 또는 양쪽 당사자가 방송통신위원회에 재정의 내용에 대하여 분
명한 동의의 의사를 표시한 경우에는 당사자 간에 그 재정의 내용과 동일한 합
의가 성립된 것으로 본다.[166] 재정에 재판상 화해와 같은 효력이 인정되지 않
는다는 점에서 그 효용에 문제가 있다.

라. 사 례

종래 방송통신위원회의 재정 사례의 다수는 이용자−사업자 간 분쟁이었는데,[167] 전기통신사업자 사이의 분쟁으로 KT가 SKT를 상대로 신청한 재정사건[168]을 소개한다. KT는 2003. 12. 26. 양자 간에 체결한 「이동전화계망간 상호접속 등에 관한 협정서」(이하 "상호접속협정서")에 의거 SKT에 대하여 셀룰러망(2G)뿐만 아니라 아이엠티이천망(3G)에 대해서도 가입자위치인식장치 및 이동단국교환기에 대한 최단경로 직접접속을 이행하라는 재정을 2008. 6. 2. 신청하였다. 이에 SKT는 ① 3G에 대한 이동단국 직접접속의무는 통신시장에 미치는 영향을 고려할 때 정책판단의 대상이며, 재정의 대상이 아니고, ② 3G는 방송통신위원회가 고시한 상호접속 의무대상이 아니며, ③ 상호접속기준에 규정되지 않은 내용이 협정서에 포함된 것으로 그 효력이 없다고 주장하였다. 방송통신위원회는 본 재정사건이 재정의 대상이 되고, 협정서의 내용이 관련 법규에 위배되지 않아 유효하다며 KT의 신청을 인용하는 재정을 하였다.

마. 미국 연방통신위원회의 분쟁해결절차

1) 통신법 위반 신고사건처리절차

미국 통신법상 연방통신위원회(Federal Communications Commission, FCC)가 제공하는 분쟁해결절차는 통신법 제208조[169]에 근거하여 FCC의 집행국(Enforcement Bureau) 시장분쟁해결과(Market Dispute Resolution Division)가 제공하는 조정이 주된 것으로 보인다.[170] 조정절차 중 비공식신고사건처리절차(informal complaint)는 통신사업자가 통신법을 위반한 작위 또는 부작위를 보여주는 사실관계와 신고자가 구하는 구제수단을 특정하여 제출하면 된다. 신고인이 이에 만족하지 못하는 경우에는 정식신고를 하여 정식신고사건처리절차가 개시되도록 할 수 있다. 정식신고에는 포함되어야 할 사항들이 좀 더 많고, 특히 신고인이 정식신고를 하기 전에 각 피신고인들과 합의에 의한 해결 가능성을 논하였거나 논의를 시도했다는 증명서를 제출해야 한다. 한편, 정식신고를 한 당사자들도 집행국의 신속처리절차(Accelerated Docket)를 적용해 줄 것을 신청할 수 있는데, 신속처리절차의 대상이 되면 당사자가 각자 서면을 내도록 하는 대신 약식심리(minitrial) 또는 청문을 수행한다. 이때 FCC의 행정법판사(ALJ)가 주로 이 약식심리를 주재한다. FCC의 이 절차는 방송통신사업에 관련된 모든 분쟁을 대상으로 하는 것이 아니라 통신법을 위반한 행위에 대한 것에 제한된다는 점, 최대한 자율적인 법준수와 분쟁해결을 지향한다는 점 및 위반행위의 신고가 있을 경우 이를 '규제기관 대 피규제자'의 절차로 구성하는 것이 아니라 '신고자 대 피신고사업자'의 절차로 구성하는 점이 특징이다.

2) 상호접속의무와 관련한 분쟁해결절차

미국 통신법은 경쟁시장의 조성을 위한 상호접속의무와 상호접속협약체결 관련 분쟁의 ADR에 관해 규정하고 있다.171) 기존 지역교환서비스제공사업 자172)에게 상호접속을 요청하는 다른 통신사업자는 자율 협상(voluntary nego-tiation), 주 규제위원회(State commission)가 개입하는 조정(mediation) 및 중재 (binding arbitration) 중에 선택할 수 있다. 협상, 조정, 중재 절차를 통해 이루어 진 당사자 간의 협약은 최종적으로 주 규제위원회의 승인을 받아야 하는데, 주 규제위원회는 ① 그 협약이 협상에 의해 체결된 것인 경우에는 (ⅰ) 당해 협약 이 협약 당사자가 아닌 통신사업자를 차별하거나 (ⅱ) 공익, 편의, 필요성 (public interest, convenience, and necessity)에 반하는 경우, ② 그 협약이 중재를 거 쳐 이루어진 경우에는 중재판정의 기준, 즉 통신법의 규정을 위반한다고 판단 되는 경우에만 승인을 거부할 수 있다. 주 법원은 주 규제위원회가 위와 같은 협약을 승인 또는 불승인하는 결정에 대해 심사권이 없고 연방지방법원에 관 할권이 있다.

4. 지식재산권 분쟁의 행정적 해결

가. 특허심판173)

1) 특허심판의 개요

특허심판이란 특허ㆍ실용신안ㆍ디자인ㆍ상표 출원에 대하여 심사관이 행 한 처분 또는 그 처분에 의해 등록된 산업재산권의 효력의 유효 여부 등에 관 한 분쟁을 특허심판원의 심판관 합의체로 행하는 쟁송절차를 말한다. 일반 행 정심판ㆍ소송과 별도로 이러한 특별행정심판제도를 두는 이유는 산업재산권은 전문적인 기술내용 등을 바탕으로 준사법적인 절차를 거쳐 등록 허부 처분이 내려지므로 그 적정 여부 및 분쟁을 전문지식과 경험을 갖춘 행정심판기관으 로 하여금 판단하도록 하는 것이 바람직하기 때문이다.174) 특허심판의 심결은 제3자에게도 효력을 미치는 이른바 대세적 효력이 있는 경우가 있는 점 등의 이유로 직권주의 내지 직권탐지주의가 적용된다.175)

특허심판은 결정계 심판과 당사자계 심판으로 구분되는데,176) 결정계 심 판이란 처분을 한 특허청을 상대로 하는 심판을 말하며, 당사자계 심판이란 청 구인과 피청구인이 존재하고 양 당사자가 서로 대립하는 구조를 취하는 심판 을 말한다. 결정계 심판에서는 거절결정불복심판177)과 정정심판178) 등이 있고,

당사자계 심판에는 특허의 무효심판,[179] 권리범위확인심판,[180] 정정의 무효심판,[181] 통상실시권 허락의 심판[182] 등이 있다. 이와 같은 특허심판 중 특허권 또는 실용신안권과 관련한 당사자계 심판은 과학기술분쟁의 행정적 해결에 해당한다고 볼 수 있다.

품종보호권에 관하여도 특허법과 유사하게 심판과 재심을 관장하기 위하여 농림축산식품부에 품종보호심판위원회를 두어 심사관의 거절결정에 대한 불복심판, 품종보호의 무효심판과 재심을 관장하고 있다.[183] 특허심판원과 품종보호심판위원회의 심결등에 대한 불복의 소는 심결 또는 결정의 등본을 송달받은 날부터 30일 이내에 특허법원에 제기하여야 한다.[184]

2) 식물신품종 무효심판 사례

'아라리오' 장미 품종은 경북 칠곡의 봉계농산이 1997년 '사하라'라는 품종의 변이체를 선발하여 특성검정 및 재선발 등의 육성과정을 거쳐 2001. 8. 22. 품종보호를 출원하였던바 꽃 색깔이 더 희고 가시 수가 적은 등 17개 형질에서 사하라와 구별돼 2003. 9. 품종보호권을 인정받았다. 이에 대해 2004. 5. 다고원예(일본 장미회사 케이세이 로즈 너스리즈의 대리인)가 '아라리오'품종이 '사하라'의 변이체를 선발하여 육성된 품종이므로 품종보호권은 케이세이사에게 있다고 주장하며 품종보호 무효심판을 청구한 사건이다.[185] 2004. 8. 품종보호심판위원회는 아라리오는 구별성, 안정성 등 품종보호 요건을 충족하는 신품종으로 유래 품종에 관계없이 품종보호를 받을 수 있다고 하여 동 청구를 기각하였다.[186]

3) 외국의 심판제도

미국의 특허심판제도로는 등록 후 무효심판(Post–Grant Review, PGR), 즉 제3자가 모든 무효 사유를 근거로 특허심판원(Patent Trial and Appeal Board)에 특허무효를 다툴 수 있는 제도[187]와 당사자계 무효심판(Inter Partes Review, IPR), 즉 제3자가 선행문헌과 관련된 신규성 또는 진보성 결여만을 근거로 특허심판원에 특허무효를 다툴 수 있는 제도[188]가 있다. 미국의 식물품종보호법은 무효심판제도는 두고 있지 않고 등록 후 재심사(Reexamination after issue) 제도를 두고 있는데 이에 불복하는 경우 연방관할항소법원 또는 D.C. 연방지방법원에 소송을 제기할 수 있도록 하고 있다.[189]

일본의 심판제도는 우리나라와 유사하다. 다만 권리범위확인심판제도는 없다. 일본 종묘법에는 특허법과 같은 심판제도가 없고 품종등록에 불복하는 자는 행정처분의 일반원칙에 따라 행정심판법에 근거하여 농림수산장관에게 이의신청을 하거나 법원에 직접 등록처분의 취소소송을 제기할 수 있다.[190]

나. 통상실시권 설정의 재정

1) 개 요

일정한 사유가 있어 특허발명을 실시하려는 자가 그 특허권자와 실시 허락에 합의하지 못한 경우에 특허청장에게 통상실시권 설정에 관한 재정을 청구할 수 있는 제도이다.[191] 과거 특허청의 행정처분이나 강제실시허여의 심판 제도가 있었으나 특허청의 재량권을 축소하고 그 분쟁의 성격에 맞추어 재정 제도로 전환하였다.[192] 식물신품종보호법에도 품종보호권에 대한 통상실시권 설정의 재정제도가 있는데 특허법상의 재정과 유사하다.[193]

2) 재정청구의 대상

특허발명을 실시하려는 하는 자[194]가 통상실시권 설정의 재정을 청구할 수 있는 경우는 다음과 같다. ① 특허발명이 천재지변이나 그 밖의 불가항력 기타 정당한 이유 없이 계속하여 3년 이상 국내에서 실시되고 있지 아니한 경우(다만 특허출원일부터 4년이 지나야 함) ② 특허발명이 정당한 이유 없이 계속하여 3년 이상 국내에서 상당한 영업적 규모로 실시되지 않거나 적당한 정도와 조건으로 국내수요를 충족시키지 못한 경우(다만 특허출원일부터 4년이 지나야 함) ③ 특허발명의 실시가 공공의 이익을 위하여 특히 필요한 경우 ④ 사법적 절차 또는 행정적 절차에 의하여 불공정거래행위로 판정된 사항을 바로잡기 위하여 특허발명을 실시할 필요가 있는 경우[195] ⑤ 자국민 다수의 보건을 위협하는 질병을 치료하기 위하여 의약품[196]을 수입하려는 국가에 그 의약품을 수출할 수 있도록 특허발명을 실시할 필요가 있는 경우.

3) 재정절차

특허청장은 재정의 청구가 있으면 그 청구서의 부본을 그 청구에 관련된 특허권자·전용실시권자 그 밖에 권리자에게 송달하고 기간을 정하여 답변서를 제출할 수 있는 기회를 주어야 하며, 필요하다고 인정하는 경우에는 산업재산 권분쟁조정위원회 및 관계부처의 장의 의견을 들을 수 있고, 관계 행정기관이나 관계인에게 협조를 요청할 수 있다. 특허청장은 재정을 하는 경우 청구별로 통상실시권 설정의 필요성을 검토하여야 하며, 정당한 사유가 있는 경우를 제외하고는 재정청구일부터 6개월 이내에 재정에 관한 결정을 하여야 한다. 재정은 그 이유를 구체적으로 적어야 하고, 통상실시권의 범위 및 기간, 대가와 그 지급방법 및 지급시기 등의 사항도 구체적으로 적은 서면으로 하여야 한다.[197]

4) 재정의 효력과 실효

당사자에게 재정서등본이 송달되었을 때에는 재정서에 적혀 있는 바에 따라 당사자 사이에 협의가 이루어진 것으로만 보며, 재정을 받은 자가 지급시기까지 대가를 지급하지 아니하거나 공탁을 하지 아니한 때에는 그 재정은 효력을 잃는다.[198) 재정을 받은 자가 ① 재정을 받은 목적에 적합하도록 그 특허발명을 실시하지 아니한 경우, ② 통상실시권을 재정한 사유가 없어지고 그 사유가 다시 발생하지 아니할 것이라고 인정되는 경우,[199) 또는 ③ 정당한 사유 없이 재정서의 일정 사항을 위반하였을 경우에는 이해관계인의 신청에 따라 또는 직권으로 그 재정을 취소할 수 있다. 재정에 대하여는 행정심판을 제기하거나 행정소송으로 취소를 구할 수 있으나 재정으로 정한 대가에는 불복할 수 없다.[200)

5) 사 례

우리나라에서 통상실시권 설정의 재정을 청구한 사례는 총 5건이 확인되는데 오래전에 1건만 인용되었고, 나머지 3건은 기각되었으며 1건은 취하되었다.[201) 인용된 사례를 보면 1978년 비스-티오 벤젠 제조방법에 대해서 한국의 제철화학(주)이 특허권자인 일본 소다(주)를 상대로 통상실시권 허여심판을 청구하였다. 특허청은 1980. 12. 3년 이상 특허발명 불실시가 정당한 이유 없는 특허권의 남용에 해당한다고 보아 실시료를 3%로 하는 통상실시권을 허여하였다.[202)

6) 외국의 특허관련 재정제도

일본의 경우 우리와 유사한 재정제도를 두고 있다. 즉, 불실시일 경우, 공공의 이익을 위한 경우 및 자신의 권리가 선원인 다른 권리와 이용·저촉관계에 있는 경우 특허청장에게 재정을 청구하도록 하고 있다.[203) 미국의 경우 특허법에서 강제실시권에 대해 규정하고 있지는 않으며, 다만 사유 재산을 "공공이용"으로 제공하는 경우에 연방정부의 강제실시권에 관한 규정이 있다.[204) 즉, 특허발명이 연방정부에 의해 실시된 경우 법원에 보상을 청구할 수 있고,[205) 정부지원연구개발성과로 대학 또는 기업이 보유한 특허에 대해 연방정부기관이 해당 발명의 계약자 등에게 모든 실시 분야에 있어서 특정한 상황하에서 상당한 조건에 따라서 통상실시권, 부분적 전용실시권 혹은 전용실시권을 제3자에게 허여하도록 하는 개입권(march-in rights)을 부여하고 있다.[206) 독일 특허법은 공공의 이익을 위하여 필요한 경우 등에 강제실시를 허락할 수 있으나 실시허락기관은 특허청이 아니라 특허법원이다.[207)

다. 무역위원회의 무역구제조치

1) 지식재산권 침해 불공정무역행위의 규제

지식재산권을 침해하는 불공정무역행위[208)[209)가 있으면 누구든지 불공정무역조사법210)의 규정에 따라 무역위원회에 서면으로 그 조사를 신청할 수 있고, 무역위원회는 불공정무역행위의 혐의가 있어 이를 조사할 필요성이 있으면211) 직권으로 조사할 수 있다.212) 불공정행위가 되는 지식재산권 침해의 법위에 관하여는 변화가 있었다.213) 조사신청은 불공정무역행위가 있었던 날부터 2년 이내에 하여야 하며,214) 무역위원회는 조사신청을 받으면 20일 이내에 조사 개시 여부를 결정하여야 한다. 조사대상 기간은 조사개시 결정시점 직전 3개 사업연도부터 해당 사업연도 기간 중 위원회가 정하는 기간까지를 원칙으로 한다. 소송절차 또는 특허심판이 진행 중인 경우, 불공정무역행위조사와 소송 및 특허심판은 제도의 취지와 목적 및 효과가 상이한 별개의 제도이기 때문에 조사를 계속 진행하는 것이 원칙이다.

2) 무역위원회의 판정

무역위원회는 조사를 개시하기로 결정하였을 때에는 그 결정일부터 원칙적으로 6개월 이내에 조사를 끝내고 판정하여야 하는바215) 판정 시에는 무역조사실의 조사검토보고서, 피신청인·신청인이 제출한 답변서 및 제출자료, 현지조사 내용, 전문가 감정결과, 피신청인 의견진술 내용 등을 참고한다. 불공정무역행위로 회복할 수 없는 피해를 입고 있거나 입을 우려가 있는 자는 무역위원회에 불공정무역행위의 중지나 그 밖에 피해를 예방할 수 있는 조치(이하 "잠정조치")를 신청할 수 있다.216) 잠정조치를 신청하는 자는 잠정조치의 시행 여부를 결정하기 전까지 무역위원회에 담보를 제공하여야 한다.217) 무역위원회는 불공정무역행위를 조사한 결과 혐의가 인정되면 시정조치를 명하거나 과징금을 부과할 수 있다.218) 시정조치 및 과징금 부과처분을 받은 당사자는 이의신청, 행정심판의 청구 또는 행정소송을 제기할 수 있다.

3) 사례: 에스보드 특허권침해 사건(조사번호: 구제 4-1-2006-3)

신청인 (주) 데코리는 "방향성 캐스터를 구비한 스케이트보드"의 특허권자인바219) 신청인의 특허제품이 국내시장에서 인기를 끌자 (주)두발테크등의 피신청인은 특허제품과 유사한 제품(이하 "유사 제품")을 중국에서 OEM 방식으로 제조, 수입하여 특허제품보다 저렴하게 온/오프라인을 통해 국내에 유통시켰다. 이에 신청인은 2006. 7. 6. 무역위원회에 유사 제품의 수입, 판매의 금지를 구하는 불공정무역행위조사를 신청하였고 이어 2006. 9. 15. 조사대상물품의 수입, 제조 및 판매의 중지를 요청하는 잠정조치를 신청하였다. 피신청인들은 해당 특허의 무효와 비침해의 답변을 하였고, 특허무효심판과 소극적 권리범위 확인심판을 청구하면서 심판결과가 나올 때까지 무역위원회의 조사를 중지해 줄 것을 요청하였다.

2006. 10. 23. 무역위원회는 피신청인이 조사대상물품을 수입 또는 판매하는 행위는 신청인의 특허권을 침해한 불공정무역행위로 판정하였고, 피신청인에 대하여 조사대상물품의 수입 및 판매를 중지하고 당해 재고 물품을 폐기처분할 것을 명하였다. 다만, 최종판정이 신속히 이루어짐에 따라 잠정조치신청에 대한 별도의 판단은 하지 않고 신청인이 제공한 담보를 반환하였다. 피신청인은 무역위원회 원결정의 취소를 구하는 이의신청을 하였으나 기각되었다.[220] 스케이트 보드가 유행성 제품이라는 점을 고려하여 무역위원회가 특허심판원의 심결을 기다리지 않고 판정기간을 단축하여 신속히 대처하여 독자적인 판단을 하였다는 점이 주목된다.

4) 외국의 불공정무역행위에 대한 구제

미국의 경우 무역문제에 관한 광범위한 조사권을 가진, 독립된 준사법적인 연방 정부기관인 국제무역위원회가 지식재산권 침해 관련 물품의 수입금지 사건에 대해 판정한다. 미국 통상법에 의한 조사는 보통 수입품의 특허권, 디자인권, 상표권, 저작권 등의 침해에 대해 신청할 수 있다.[221] 행정절차법[222]에 따라 행정판사(administrative law judge)가 주관하는 심리(trial)와 위원회의 검토(review)절차를 거친다. 침해에 대한 구제조치로는 침해로 판단된 제품의 수입을 세관에서 금지하는 수입배제명령(exclusion order)과 침해물품 수입업자 및 관련자에 대한 침해중지명령(cease and desist order)이 있다. 예외적인 경우에는 잠정적 수입배제명령이나 잠정적 침해금지명령을 내릴 수도 있다. 일본에는 한국이나 미국의 '무역위원회'에 해당하는 기관이 없고 세관에서의 무역구제제도만 있을 뿐이다.

라. 세관에서의 통관보류조치

1) 개 요

세관의 통관보류조치란 세관장이 신청 또는 직권에 의해 지식재산권 침해 의심물품에 대하여 일정기간 통관을 보류하고 침해 여부를 판단하는 것을 말한다. 관세청은 무역위원회 및 사법당국의 지식재산권 보호를 위한 제도와는 별개로 신속한 권리구제와 공정무역질서 확립을 위해 무역관련지식재산권협정(TRIPs)에서 인정하는 국경조치(border measures)[223]로 동 제도를 실시하고 있다.[224] 통관보류조치 대상이 되는 지식재산권은 상표권, 저작권 및 저작인접권뿐 아니라 품종보호권, 지리적표시, 특허권 및 디자인권도 포함된다.[225]

2) 지식재산권 사전신고제도

관세청장은 지식재산권을 침해하는 물품을 효율적으로 단속하기 위하여 필요한 경우에는 해당 지식재산권을 관계 법령에 따라 등록 또는 설정등록한 자 등으로 하여금 해당 지식재산권에 관한 사항을 신고하게 할 수 있다.[226) 지식재산권 세관보호를 위한 신고·심사·관리업무는 '(사)무역관련 지식재산권 보호협회(TIPA)'에서 위탁받아 수행하고 있다.

3) 지식재산권 침해물품의 통관보류절차

세관장은, ① 수출입신고된 물품, ② 환적 또는 복합환적 신고된 물품, ③ 보세구역에 반입신고된 물품, ④ 보세운송신고된 물품, ⑤ 일시양륙[227)]이 신고된 물품중 어느 하나에 해당하는 물품이 신고된 지식재산권을 침해하였다고 인정될 때에는 그 지식재산권을 신고한 자에게 해당 물품의 수출입, 환적, 복합환적, 보세구역 반입, 보세운송 또는 일시양륙의 신고(이하 "수출입신고등"이라 한다) 사실을 통보하여야 한다. 이 경우 통보를 받은 자는 세관장에게 담보를 제공하고 해당 물품의 통관보류나 유치를 요청할 수 있다(신고된 지식재산권 침해의심물품 수출입신고등 사실 통보에 따른 권리자의 통관보류요청). 그 외에 지식재산권을 보호받으려는 지식재산권 권리자 등이 침해의심물품의 통관으로부터 자신의 권리를 보호받기 위하여 사전에 세관장에게 통관보류 등을 요청할 수도 있고(통관예정물품의 권리침해 예방을 위한 통관보류 등 요청), 권리자의 통관보류 요청이 없더라도 지식재산권을 침해하였음이 명백한 경우에는 직권으로 통관보류를 할 수 있다(직권 통관보류).[228)] 통관보류요청을 받은 세관장은 특별한 사유가 없으면 해당 물품의 통관을 보류하거나 유치하여야 한다. 세관장은 통관보류 등을 한 경우 그 사실을 수출입신고 등을 한 자에게 통보하여야 하며, 지식재산권의 권리자에게는 통관보류 등의 사실 및 관련 정보를 통보하여야 한다.

4) 담보 제공

통관보류나 유치를 요청하려는 자는 세관장에게 해당 물품의 과세가격의 100분의 120에 상당하는 금액[229)]의 담보를 제공하여야 하며, 이 경우 담보를 제공하는 자는 제공된 담보를 법원의 판결에 따라 수출입신고 등을 한 자가 입은 손해의 배상에 사용하여도 좋다는 뜻을 세관장에게 문서로 제출하여야 한다.[230)] 세관장은 통관보류 등이 된 물품의 통관을 허용하거나 유치를 해제하였을 때에는 제공된 담보를 담보제공자에게 반환하여야 한다.[231)]

5) 통관보류기간

세관장은 통관보류 등을 요청한 자가 해당 물품에 대한 통관보류 등의 사실을 통보받은 후 10일(휴일 및 공휴일을 제외) 이내에 법원에의 제소사실 또는

무역위원회에의 조사신청사실을 입증하였을 때에는 해당 통관보류 등을 계속
할 수 있다.[232]

6) 수출입신고 등을 한 자의 통관허용 요청

수출입신고 등을 한 자가 통관 또는 유치 해제를 요청하려는 때에는 신청
서와 해당 물품이 지식재산권을 침해하지 아니하였음을 소명하는 자료를 세관
장에게 제출하여야 하며, 해당 요청을 받은 세관장은 그 요청사실을 지체 없이
통관보류 등을 요청한 자에게 통보하여야 하고, 그 통보를 받은 자는 침해와
관련된 증거자료를 세관장에게 제출할 수 있다. 세관장은 해당 요청이 있는 경
우 해당 물품의 통관 또는 유치 해제 허용 여부를 요청일부터 15일 이내에 결
정하여야 한다.[233] 통관 또는 유치 해제를 요청하려는 자는 세관장에게 담보를
제공해야 하는데 담보 제공에 대해서는 통관보류나 유치를 요청하려는 자와
마찬가지 원칙이 적용된다.[234]

7) 사례: 일본 세관의 PDP 제품에 대한 통관보류사건

일본 세관에서 특허권 침해를 이유로 통관보류조치가 문제된 사안으로
한 · 일 전자업계의 특허전쟁으로 불린 사건이 있었다.[235] 일본의 PDP 제조업
체인 후지쯔(Fujitsu)의 신청에 따라 일본 세관은 2004. 4. 22. 삼성의 PDP에 대
하여 수입을 중지할 것을 내용으로 하는 통관보류조치를 내렸다. 한국 정부는
이 통관보류조치에 대하여 WTO에 제소하는 것을 고려하였으나, 삼성과 후지
쯔가 일정한 조건하에 상호 특허기술을 크로스 라이선스하기로 하고 후지쯔가
법원 및 세관에 대한 청구와 신청을 취하하는 것으로 마무리되었다.[236]

8) 주요국의 제도

미국 세관(U.S. Customs and Border Protection, CBP)은 저작권이나 상표권 침
해물품에 대해 수입금지조치할 수 있다. 다만, 특허권에 대해서는 세관 스스로
특허권 침해라고 판단하여 수입을 저지할 권한은 없고 국제무역위원회의 앞서
본 바와 같이 수입배제명령에 따라 수입을 금지할 수 있다.[237] 일본은 한국이
나 미국의 '무역위원회'에 상응하는 기관이 없고, 세관에서 한국과 마찬가지로
지식재산권 침해물품의 통관보류조치를 취할 수 있다.[238] 수출입 금지 신청 심
사나 인정 절차에서 권리자와 그 외의 이해관계인 사이에 분쟁이 있을 경우,
또는 세관 단독으로는 판단이 곤란한 경우에 지식재산 전문가인 변호사, 변리
사 또는 대학 교수인 3인의 전문위원에게 의견을 요청하며 세관은 전문위원의
다수 의견을 존중하여 판단을 내린다.

5. 소 결

가. 각 제도의 비교

1) 재정(裁定)제도

앞서본 바와 같이 재정을 통해 당사자 사이의 과학기술분쟁을 해결하는 제도에는 ① 특허청장에 의한 특허권의 통상실시권 설정의 재정, ② 농림축산식품부장관 또는 해양수산부장관에 의한 품종보호권의 통상실시권 설정의 재정, ③ 환경분쟁조정위원회의 재정, ④ 방송통신위원회의 재정 등이 있다. 각 제도의 공통점은 답변서 제출이나 심문 등을 통해 당사자의 절차참여가 보장되며, 신속한 해결을 위해 판정기간에 제한을 두고 있다는 점이다.[239] 반면 차이점을 살펴보면 첫째, 재정의 효력에 있어서 환경분쟁조정위원회의 재정의 경우 '재판상 화해'의 효력을 인정하는 반면, 나머지 재정의 경우 '당사자 사이의 합의'의 효력만 인정하고 있고, 둘째, 재정 결정에 대한 불복 방법에 있어 특허청장의 재정이나, 농림축산식품부장관 또는 해양수산부장관의 재정의 경우는 일반 행정심판 또는 행정소송을 통해 불복하지만, 환경분쟁조정위원회나 방송통신위원회의 재정의 경우 손해배상이나 채무부존재 확인 등 민사소송을 통해 불복한다는 점이며, 셋째, 재정기관에 있어서 특허권이나 품종보호권에 대한 통상실시권 설정의 재정 및 방송통신위원회의 재정은 규제행정청이 직접 이를 담당하지만,[240] 환경분쟁조정위원회의 재정은 환경부 소속의 별도의 분쟁조정위원회가 담당하고 있다는 점에서 차이가 있다.

2) 심판제도

특별행정심판을 통해 과학기술분쟁을 해결하는 제도에는 ① 특허심판과 ② 품종보호심판이 있다. 심판제도와 재정제도를 비교해 보면, 심판의 경우는 법정 자격요건을 갖추고 직무상 독립하여 심판하는 심판관 합의체에 의한다는 점, 민사소송에 준하는 절차가 채택된다는 점에서 재정에 비해 훨씬 엄격한 절차가 적용되며 사실상 재판의 전심으로서의 역할을 하고 있다.

한편, 특허심판의 경우 재정과 같이 처리기간이 법령에 규정되어 있지는 않지만 맞춤형 심판 처리 프로세스를 도입 신속·우선·일반심판으로 구분하여, 신속심판은 3개월, 우선심판은 6개월 내에 처리하고 있다.[241] 품종보호심판의 경우 대부분 특허법의 규정을 차용하고 있기 때문에 절차적인 면에서 매우 유사하며, 그 심결에 대한 소가 특허법원의 전속관할이라는 점도 같지만, 11개의 상설 심판부에 의해 심판이 이루어지는 특허심판과 달리 품종보호심판위원회의 8인의 위원 중 1명만 상임이라는 점에서 조직의 구성과 운영 면의 차이가 있다.

3) 기 타

재정이나 심판이라는 용어를 사용하지는 않지만, 서로 대립하는 당사자 간의 과학기술분쟁에 대하여 일정한 조사절차를 거친 다음 일방적으로 결정을 내려 분쟁을 해결하는 제도로는 앞서 살펴본 무역위원회의 불공정무역행위에 대한 구제제도와 세관의 통관보류조치가 있다. 재정이나 심판과 다른 점은 당사자의 신청뿐 아니라 직권에 의해서도 절차가 개시되어 분쟁해결에 개입할 수 있다는 점이다.

이상 살펴본 각 제도의 특징을 표로 정리해 보면 다음과 같다.

▼ 표 5-2-2 과학기술분쟁의 행정적해결(각 제도의 비교)

분쟁유형	지식재산권 분쟁						환경분쟁	IT분쟁
담당기관	특허청		농림축산식품부 (해양수산부)		무역위원회	관세청	환경분쟁 조정위원회	방송통신 위원회
판정기관	심판관 합의체	특허청장	심판관 합의체	장관	무역위원회	세관장	환경분쟁 조정위원회	방송통신 위원회
제 도	특허심판	실시권재정	품종심판	실시권재정	무역구제	통관보류	재정, 직권조정	재 정
판정형식	심 결	재 정	심 결	재 정	시정조치, 과징금, 잠정조치	통관보류	재정, 직권조정	재 정
절차의 개시	심판청구	재정신청	심판청구	재정신청	신청 또는 직권	신청 또는 직권	재정신청 (직권조정의 경우 직권)	재정신청
판정기간		6개월 이내			6개월 이내		원인재정의 경우 6개월, 책임재정의 경우 9개월	90일 이내
제척, 기피, 회피 제도 유무	유		유		유		유	유
효 력		당사자 합의		당사자 합의			재판상 화해	당사자 합의

나. 행정적 분쟁해결제도에 대한 비판

행정기관에 의한 분쟁해결제도에 대해 no cost, no form, no lawyer 등 세 가지 no에 의하므로 간이 · 신속 · 저렴 · 원활한 분쟁해결의 이점이 있지만, 다음과 같은 문제점을 내포한다는 비판이 있다. 첫째, 행정부가 사법사무에 개입하여 법적 분쟁해결의 주체가 됨으로써 권력분립구조를 왜곡시키는 문제가 있으며, 특히 그것이 소의 제기에 앞서 거쳐야 할 필수적 전치절차가 된다면 위헌문제가 생길 수 있다는 것이고, 둘째, 조정기관은 양 당사자의 자유의사에 의한 합의를 유도하여야 하지, 조정기관이 일방적으로 결정한 내용을 양 당사자에게 수용할 것을 강권하는 것은 강제조정이 되어 '법관' 아닌 자의 재판을 받은 결과가 될 위험이 있으며, 셋째, 조정조서가 재판상 화해로까지 간주되는 것은 행정부가 한 일이 법원이 한 확정판결과 같은 효력을 갖게 되어 행정부가 법원만이 할 수 있는 판결을 한 결과가 되며, 나아가 행정위원회의 조정이 단순히 집행력에 그치지 않고 기판력까지 발생한다면 조정의 흠에 대해 법원에서 다툴 길이 봉쇄되어 '법관에 의한 재판을 받을 권리'의 침해라는 위헌문제가 생긴다고 한다.[242] 또한 조정과 재정 및 심판 간의 제도적 차이에 대한 인식이 부족하여 각 제도를 편의적으로 채택, 운영한다는 비판과 일부 재정의 효력이 당사자 간 합의에 그쳐 재정제도의 효용을 감소시키는 점, 재정 절차중 제소를 허용하고 제소로 인하여 그동안 행한 재정절차가 무용으로 돌아가는 점 등에 대한 비판도 있다.

V. 국제 과학기술분쟁의 ADR에 의한 해결

1. 국제 과학기술분쟁의 특징

오늘날 과학기술분쟁은 국제성을 가지는 경우가 많다. 과학기술의 용이한 이동성과 그에 관한 국제적 교류와 거래의 확대는 그에 관한 분쟁도 증가시키고 있다. 국제적 과학기술분쟁은 매우 특이한 양상을 보인다. 각국의 과학기술에 대한 이해의 차이, 과학기술정책의 차이, 과학기술윤리의 차이 등으로 인하여 국제적 과학기술분쟁이 발생하게 되면 그 해결이 매우 어렵게 된다. 즉 어느 국가에서 당해 과학기술분쟁이 해결되느냐에 따라 그 결과에 있어 큰 편차를 보일 위험이 있다. 그런 위험 때문에 국제적 과학기술분쟁을 ADR에 의해 해결하려는 경향은 국내적 과학기술분쟁에 비하여 더욱 강하다. 이하에서는 국제과학기술분쟁의 준거법을 살펴보고 국제과학기술분쟁의 ADR에 의한 해결방법 중 가장 많이 쓰이는 중재를 중심으로 살펴본다.

2. 국제 과학기술분쟁의 준거법

가. 과학기술분쟁해결의 전제적 문제의 준거법

1) ADR적격의 준거법

먼저 과학기술분쟁이 ADR에 의하여 해결될 수 있는 사항인지 여부를 판단하는 준거법에 관하여는 분쟁의 실체에 적용될 법이라는 견해와 ADR절차지법에 의한다는 견해가 대립되고 있다. 예컨대 중재적격성의 문제는 절차적인 문제이므로 중재지법에 의하는 것이 타당하다고 할 것이다. 만약 중재지가 존재하지 아니하면 중재합의의 준거법에 의하여 판단하여야 할 것이다. 중재인 또는 법원이 중재적격 여부를 판단을 함에 있어서는 피고의 상거소지국, 그 재산소재지국 기타 중재판정의 승인·집행이 문제될 수 있는 국가의 법이 당해 지적재산분쟁의 중재적격성을 인정하는지 여부를 고려하여야 할 것이다.[243]

2) ADR합의의 준거법

중재합의 등 ADR합의의 유효 여부와 그 취소·해제 및 철회의 효력의 준거법은 당사자 간에 다른 합의가 없는 한 일의적 해석을 위하여 중재지법 등 ADR절차지법에 의하여야 할 것이다. 만약 중재지 등 ADR절차지가 존재하지 아니하면 중재적격성의 경우와 마찬가지로 중재합의 등의 ADR합의지의 준거법에 의하여야 할 것이다.[244]

3) 분쟁의 실체 준거법

분쟁의 실체에 적용될 준거법에 관하여는 당사자자치의 원칙이 적용됨은 일반적으로 승인되고 있다. 당사자는 특정 국가의 법뿐 아니라 UNCITRAL 계약법원칙이나 상인법(lex mercatoria)과 같은 법규범(rules of law)을 준거법으로 지정할 수 있음이 명시적으로 인정되고 있다.[245] 그러나 과학기술분쟁에 있어서는 관련 국가의 강행규정이 개입되어 당사자자치의 원칙이 제한될 수 있다. 우리 중재법 제29조도 당사자자치의 원칙을 선언하고 당사자들이 준거법을 지정하지 않은 경우에는 분쟁의 대상과 최밀접관련국법을 적용한다고 규정하고 있다. 통상 당해 과학기술이 이용 내지 실용되는 곳이 당해 과학기술과 가장 밀접한 관련이 있는 곳이 될 것이다. 형평과 선에 따른 또는 우의적 중재는 당사자들이 명시적으로 권한을 부여하는 경우에 한하여 할 수 있도록 함이 우리나라를 포함한 대부분 국가들이 취하는 태도인바 과학기술분쟁의 중재에도 우의적 중재의 가능성이 열려 있다 할 것이다.

나. 과학기술계약 분쟁의 준거법

과학기술개발계약, 과학기술이용계약 등 과학기술계약의 준거법 결정에 관하여는 당사자 자치가 거의 전면적으로 인정된다.246) 당사자가 준거법을 선택하지 않았거나 준거법합의가 무효인 과학기술계약에는 그 계약과 가장 밀접한 관련이 있는 국가의 법을 적용한다.247) 과학기술계약의 당사자가 당해 계약에 따라 이행을 행하여야 하는 경우에는 계약체결 당시 그의 소재지국248)법이 가장 밀접한 관련이 있는 것으로 추정된다. 이 경우 이행이라 함은 과학기술 양도계약의 경우에는 양도인의 이행을, 과학기술이용계약의 경우에는 이용허락 당사자의 이행을, 과학기술 위임·도급계약 및 이와 유사한 과학기술 용역 제공계약의 경우에는 용역의 이행을 각 말한다.249)

과학기술이용자의 보호를 위하여 그의 상거소지법상의 보호는 원용될 수 있다.250) 과학기술개발을 위한 근로계약 등에 있어서 근로자의 근로제공지법이나 사용자 소재지법상의 보호도 마찬가지로 원용될 수 있다.251) 과학기술계약의 성립 및 유효성은 그 계약이 유효하게 성립하였을 경우 적용되는 준거법에 따라 판단한다.252) 이 문제는 과학기술에 부여되는 권리의 성립 및 유효성의 준거법과는 구별하여야 한다.

다. 과학기술권리 분쟁의 준거법

과학기술권리분쟁의 ADR에 있어서도 원칙으로는 분쟁의 대상인 당해 과학기술과 가장 밀접한 관련이 있는 국가의 법이 준거법이 되어야 할 것이다. 그러나 권리의 귀속과 그 제3자에 대한 효력 등의 문제는 대세적인 효력을 인정하는 것이 거래의 안전을 위하여 필요하므로 권리의 소재지(situs) 개념을 기초로 준거법을 정하는 방법을 고려할 필요가 있다. 지적재산권에 관련하여서는 권리자의 결정이나 권리의 성립, 소멸, 양도성 등 지적재산권에 관한 일체의 문제를 보호국법에 따라 결정함이 타당하다는 전면적 보호국법설253)과 지적재산권침해와 관련하여 보호국은 곧 침해지국이 된다는 견해254)가 있으나 보호국의 개념이 그다지 명확하지 않으므로 등록지재권과 비등록지재권을 구별하여 등록지재권은 그 권리가 등록국에 소재한다고 보아 등록국법에 의하고, 비등록지재권은 당해 지적재산을 창작한 자의 소재지를 그 권리의 소재지로 보는 견해가 유력하다. 특히 최초저작권의 귀속 등은 저작자의 창작 당시 본국법에 의한다는 견해가 국제적으로 힘을 얻고 있다255). 과학기술에 인정되는 권리는 지적재산권에 한정되지 아니하므로 그 권리의 준거법에 관하여는 특별한 검토가 필요하다 할 것이다.256)

라. 과학기술 불법행위 분쟁의 준거법

과학기술로 인한 피해의 발생 등 과학기술 불법행위분쟁의 ADR에 있어서도 원칙으로는 분쟁의 대상인 당해 과학기술 불법행위와 가장 밀접한 관련이 있는 국가의 법이 준거법이 되어야 할 것이다. 과학기술 불법행위는 그 행위가 행하여진 곳이 가장 밀접한 관련이 있는 것으로 추정된다. 이 행위지의 개념에는 불법행위 행동지와 그 결과발생지를 모두 포함한다고 이해된다. 과학기술 불법행위가 행하여진 당시 동일한 국가안에 가해자와 피해자가 소재하는 경우에는 그 소재지국법을, 가해자와 피해자 간에 존재하는 법률관계가 과학기술 불법행위에 의하여 침해되는 경우에는 그 법률관계의 준거법을 각 적용하는 것이 최밀접관련국법을 적용하는 결과가 될 것이다.257) 과학기술 불법행위로 인한 손해배상청구권이 피해자의 적절한 배상을 위한 것이 아니거나 또는 그 범위가 피해자의 적절한 배상을 위하여 필요한 정도를 넘는 때에는 법정지법에 따라 제한될 수 있다.

3. 국제 과학기술분쟁의 조정

국제적 과학기술분쟁의 당사자들은 조정으로 분쟁을 해결하여 시간 및 비용을 절감할 수 있다. 이러한 조정을 위하여 유엔국제거래법위원회는 1980년 조정규칙258)을, 2002년에는 국제상사조정 모델법259)을, 2018년 이를 개정한 "국제상사조정 및 조정에 의한 국제화해합의에 관한 모델법"260)을 각 제정하였다. 당사자는 이러한 조정규칙이나 모델법에 따라 조정을 할 수 있다. 조정의 결과 당사자들 간 최종 합의가 성립된 경우 그 집행을 가능하게 하는 조약이 있다. 2019. 8. 7. 체결된 "조정에 의한 국제화해합의에 관한 UN협약", 일명 싱가포르 협약261)이 바로 그것이다. 동 조약은 조정을 통한 당사자 간 합의에 법원 판결이나 중재판정과 같은 효력을 부여하여 동 협약의 가입국의 국내 법원을 통하여 집행할 수 있도록 하고 있다.262)

4. 국제 과학기술분쟁의 전문가 결정

국제 과학기술분쟁의 당사자들은 전문가 결정(expert determination)제도를 활용할 수 있다.263) 전문가 결정은 당사자의 합의로 과학기술에 관한 쟁점을 전문가의 판단에 따라 해결하는 제도이다. 당사자가 지정한 전문가가 기술에 대한 가치평가, 사용료 또는 손해배상액의 책정, 사용기술이 계약기술 또는 특허기술에 포함되는지 여부 등을 평가(evaluation)하여 그 평가의견에 따라 당사자가 분쟁을 해결하거나 소송 또는 중재 절차에 제출한다. 전문가 결정제도는 국제건설분쟁해결에 있어 분쟁재정위원회(Dispute Adjudication Board)나 분쟁심사위원회(Dispute Adjudication Board)의 형태로 많이 활용되어 왔고,[264] 그러한 차원에서 국제상업회의소는 전문가 결정제도를 운영하여 왔다.[265] 기술을 포함한 지식재산권분쟁에 관하여는 세계지식재산권기구(WIPO)가 전문가결정규칙(Expert Determination Rules)을 제정하여 그 수요에 응하고 있다.[266] 개별 국가 차원에서는 일본의 특허발명 기술적 범위 판정제도, 영국 지식재산청의 전문가의 견제도, 싱가포르 지식재산청이 특허와 관련한 전문가 결정제도를 각 운영하고 있다.[267] 전문가 결정제도 또한 비용과 시간의 특면에서 유용한 ADR제도이다.

5. 국제 과학기술분쟁의 중재

가. 국제 과학기술분쟁의 중재절차

중재절차에 관하여는 중재지법이 적용됨이 일반적으로 승인되고 있다. 과학기술분쟁의 중재에 있어서도 마찬가지이다. 즉 중재절차는 당사자가 합의한 바에 따라 진행하며 당사자 간에 합의가 없는 때에는 중재인은 중재지법을 고려하여 자신이 적절하다고 판단하는 바에 따라 중재절차를 진행할 수 있다.[268] 외국을 중재지로 하는 과학기술분쟁에 관하여 국내법원에 소가 제기되고 피고가 중재항변을 하는 경우 법원이 바로 그 소를 각하하기보다는 외국에서 내려질 중재판정이 국내에서 승인집행될 수 있는지 여부를 충분히 고려하여 각하 또는 소송절차의 중지[269]를 명하여야 할 것이다.

국재중재에 있어서도 중재인은 과학기술로 인한 침해의 중지 등 임시적 처분을 할 수 있다. 당사자가 이 임시적 처분에 복종하지 아니하는 때에는 상대방은 외국의 법원에 임시적 처분의 집행을 신청할 수 있는지에 관한 국제규범은 아직 없는 실정이다. 이러한 중재인의 임시적 처분에 무관하게 당사자는 법정지법에 따라 피신청인에 대한 가압류, 가처분 등 보전처분을 할 수 있다.[270]

중재사건의 국제적 병합은 용이한 문제가 아니나 가급적 국제적 공조 등을 통하여 분쟁이 신속하고 경제적으로 해결될 수 있도록 중재인과 당사자 그리고 관할 법원이 노력하여야 할 것이다. 예컨대 중재대상분쟁과 관련된 분쟁이 수 개국에 걸쳐 발생하였고 그에 관한 소송절차가 2국가 이상에 계속된 때에는 당해 소의 수소법원은 중재판정이 있을 때까지 그 소송절차를 중지할 수 있을 것이다.[271] 온라인에 의한 화상심문 등 중재절차의 진행은 국제중재에 있

어서는 매우 유용하다.272)

나. 국제 과학기술분쟁에 대한 중재판정

국제중재에 있어서도 중재판정은 서면으로 하여야 함은 국내중재와 마찬가지이나 외국에서 승인집행될 가능성을 고려하여 그 형식적 완결성에 유의하여야 한다. 중재판정에 일정한 사유가 있는 경우 중재판정취소의 소를 제기할 수 있으며273) 이 소는 중재판정국 법원의 전속관할에 속한다. 다만 당사자가 대세적 효력있는 재판의 존재를 이유로 중재인에게 중재절차의 재개를 신청하였으나 중재인이 이에 응하지 아니하거나 대세적 효력을 가진 재판에 반하는 판정을 한 때에는 그에 대한 중재판정취소의 소는 예외적으로 중재지국법원뿐 아니라 대세적 효력 있는 재판을 한 국가의 법원에도 관할이 있다고 할 것이다274). 해당 중재판정에 관하여 대한민국의 법원에서 내려진 승인 또는 집행판결이 확정된 후에는 중재판정 취소의 소를 제기할 수 없다.275)

다. 국제 과학기술분쟁에 대한 중재판정의 승인 및 집행

중재판정의 국제적 승인 집행에 관한 국제규범으로는 '외국중재판정의승인집행에 관한 UN협약(이하 "뉴욕협약")276)이 있다. 동 협약에 따라 우리나라에서 내려진 중재판정은 외국에서 승인, 집행될 수 있으며 외국에서 내려진 중재판정도 우리나라에서 승인될 수 있고 관할법원의 집행판결을 받아 집행될 수 있다.277) 다만 우리나라는 뉴욕협약에 가입하면서 상사유보선언과 상호주의 유보선언을 하였으므로 과학기술분쟁이 상사에 속하지 아니하는 경우에는 동 협약의 적용이 없음에 유의할 필요가 있다. 중재판정이 중재적격이 없거나 공서위반에 해당하는 등 중재판정취소사유와 유사한 사유가 있는 때에는 외국중재판정의 승인·집행이 거부될 수 있다.278) 우리 중재법은 뉴욕협약의 적용대상이 아닌 외국중재판정은 외국판결에 준하여 승인·집행을 허용해 주고 있다.279)

VI. 결 론

이상 살펴본 바와 같이 과학기술에 관한 분쟁을 ADR에 의하여 해결하고자 하는 경우 조정제도는 개개의 법률에 산재하여 그 통일성이 없는 반면 중재제도는 중재법이 거의 유일한 법규로서 과학기술분쟁에 대한 특수한 수요를 충족시키지 못하고 있는 실정이다. 오히려 과학기술분쟁을 행정적으로 해결하는 것이 적절한 경우가 있다. 대체적 분쟁해결제도의 성패(成敗)는 ADR절차의 공정성과 중립성 그리고 그 전문성에 달려 있다. 무릇 ADR에 종사하는 자는 자신이 법관을 대신하는 자로서 공정한 절차 진행과 판단을 하는데 최선을 다하는 자세를 가져야 할 것이다. 과학기술분쟁의 행정적 해결에 있어 심판제도는 심판관의 자격, 구성이나 절차 면에서 재판에 준하는 엄격한 기준이 있지만, 재정 등의 경우 기관별로 재정기관의 구성이나 재정절차에 있어 심판 수준의 준사법적 절차가 보장되고 있지 않다. 재정의 절차적 공정성을 보장하기 위하여 재정에 대한 결정도 행정청이 직접 하기보다 환경분쟁의 재정처럼 별도의 독립된 재정위원회에서 행하는 것이 바람직할 것이다.

과학기술 ADR의 장점은 무엇보다도 그 전문성에 있다고 하여야 할 것이다. ADR기관과 행정기관의 전문성에 의지하여 과학기술분쟁은 신속하고 적정하게 해결될 수 있다. 이러한 전문성에는 과학기술적 측면에서의 전문성뿐 아니라 법률적 측면에서의 전문성도 필요할 것인데 한국의 ADR담당자나 행정적 분쟁해결기구[280]에는 이공계 대학을 졸업한 로스쿨 출신 변호사 등 기술적 전문성과 법적 전문성을 모두 갖춘 인력을 확보하여야 할 것이다. 특히 불공정무역행위에 대한 판정이나 세관의 지재권침해물품 수입금지조치 제도는 그 담당자의 전문성 부족으로 외부의 판단에 의존하고 있는바 특허심판원 등의 전문기관으로 그 권한을 이관할 필요가 있다 할 것이다.

과학기술분쟁은 앞으로도 계속 증가할 것이므로 이에 대한 재판외 해결 요청도 증가할 것이며, 지금보다 그 대상이 되는 분쟁의 범위가 확대될 가능성이 있다. 과학기술분쟁은 원인·규모·태양·성질 등이 다양하기 때문에 행정기관 등에 의한 재판외 해결이 바람직한 유형이 있는 반면, 법원에 의해 해결되어야 할 성질의 분쟁도 있을 것이다. 결국 법원과 ADR기관 간의 적절한 역할 분담이 필요하며 ADR의 대상이 되는 분쟁의 범위를 명확하게 한정하고 그 절차를 완비하여 국민의 재판청구권 보장에 소홀함이 없어야 할 것이다.

특히 과학기술분쟁의 조정제도는 과학기술의 다양성을 감안하더라도 앞서 본 바와 같이 그 각종의 조정제도 간에 제도적 편차가 너무 커서 오히려 형평성 문제를 일으키고 있다. 따라서 이러한 불균형을 해소하기 위하여는 과학기술분쟁의 ADR에 의한 해결을 촉진하기 위한 일반법으로서 과학기술분쟁ADR법을 제정하고 그에 따라 과학기술분쟁조정중재원[281]을 설치하여 ADR제도의 혜택을 제대로 받지 못하는 피해자를 구제하는 제도를 도입할 필요가 있다 할 것이다. 이 경우 과학기술로 인한 피해의 집단성을 고려하여 환경분쟁조정법상의 다수인 관련 분쟁에 관한 규정과 소비자보호법상의 집단조정에 관한 규정

을 참조하여 다수인이 관련된 피해를 일거에 조정 또는 중재할 수 있는 제도를
도입하여야 할 것이다. 또한 국제적 과학기술분쟁이 증가하고 있고 국제 조정
과 중재에 관한 국제규범이 생겨나고 있음을 고려하여 이에 대응하는 국내규
범을 정비하여야 할 것이다.

---

15) 김정순(2006), 11면.
16) 김정순(2006), 14면.
17) 환경기술개발및지원에관한법률 제2조제2호의 규정에 따른다.
18) 그 외 소음·진동, 악취, 자연생태계 파괴, 일조 방해, 통풍 방해, 조망 저해, 인공조명에
    의한 빛공해, 지하수 수위 또는 이동경로의 변화, 진동에 의한 지반침하를 원인으로 인한
    피해도 포함한다. 다만 방사능오염으로 인한 피해는 원자력손해배상법에 따른 조정을, 지
    반침하 중 광물 채굴로 인한 피해는 광업법 상의 조정을 거친다. 환경분쟁조정법 제2조
    참조. 광업법 제81조는 광해배상분쟁에 대하여 법원에 조정을 신청할 수 있고 광해 조정
    에 관하여는 따로 특별법을 제정하게 되어 있으나 입법이 미비한 상황이다.
19) 박균성/함태성(2008), 199면.
20) 환경분쟁조정제도는 1971년 공해방지법 개정 시 처음 도입되었고 동법을 대체한 환경보
    전법의 1977년 개정시 조정에 재판상 화해와 동일한 효력이 인정되었다.
21) "국가 및 지방자치단체는 환경오염 또는 환경훼손으로 인한 분쟁이나 그 밖에 환경 관련
    분쟁이 발생한 경우에 그 분쟁이 신속하고 공정하게 해결되도록 필요한 시책을 마련하여
    야 한다."(동법 제42조)와 "국가 및 지방자치단체는 환경오염 또는 환경훼손으로 인한 피
    해를 원활하게 구제하기 위하여 필요한 시책을 마련하여야 한다."(동법 제43조)는 규정
    참조.
22) 환경분쟁조정위원회가 하는 알선, 조정(調停) 및 재정(裁定)을 합쳐 조정(調整)이라 한다
    (동법 제2조3호).
23) 동법 제4조.
24) 다만 결격사유에 해당되거나 장기간의 심신쇠약 등으로 직무를 수행함에 현저히 부적당
    하다고 인정되는 때 또는 직무와 관련된 비위사실이 있거나 위원의 직을 유지하기 적합
    하지 아니하다고 인정되는 비위사실이 있는 경우는 예외가 인정된다(동법 제10조).
25) 건축법 제88조 이하 참조.
26) 동법 제5조. 그리고 중앙조정위원회는 국가 또는 지방자치단체를 당사자로 하는 분쟁의
    조정, 2 이상의 시·도의 관할구역에 걸치는 분쟁의 조정, 직권조정 등의 사항을 관할하
    고 지방조정위원회는 당해 시·도의 관할구역안에서 발생한 분쟁의 조정을 관할한다.
27) 이른바 선정대표자. 동법 제19조.
28) 동법 제20조.
29) 동법 제26조.
30) 1995년 법 개정 시 당사자의 신청 없이도 할 수 있는 직권조정제도를 도입하였다.
31) 동법 제30조 제1항. 분쟁조정 예정가액이 10억원 이상인 분쟁이 포함된다. 중앙환경분쟁
    조정위원회가 당사자 사이의 민사분쟁에 관하여 당사자의 의사와 관계없이 직권으로 조
    정절차를 개시할 수 있고 일방적으로 조정안을 제시하여 수락을 권고한다면 구조적으로
    위험성이 있다는 견해로는 김시철(2009), 87면.
32) 재정신청이 있는 경우에도 조정절차가 선행한다.
33) 신의성실의 원칙 동법 제3조.

34) 당해 결정이 있음을 안 날로부터 14일 이내에 하여야 한다. 동법 제23조.

35) 동법 제27조 내지 제29조.

36) 동법 제31조. 조정절차의 진행방식에 있어서 당사자 사이의 합의를 촉진한다기보다는 심사관의 사실조사, 전문가의 의견수렴 및 이에 근거한 심사보고서를 조정위원회에서 한 두 차례 검토한 후 일방적으로 조정안을 제기하여 수락을 권고하여 사실상 재정절차와 동일하게 운영되고 있다. 김충묵(2000), 91면; 김시철(2009), 84면에서 재인용.

37) 동법 제32조 제1항, 제34조, 제35조 참조.

38) 동법 제2조 제4호.

39) 동법 제46조. 이 허가신청은 일정한 요건을 갖추어야 허가된다. 동법 제47조 참조.

40) 동법 제51조, 제52조 및 제54조.

41) 동법 제56조 내지 제61조.

42) 조정위원회는 30일 이상의 기간을 정하여 당사자에게 조정안의 수락을 권고한다(동법 제33조).

43) 동법 제33조의2. 이 조정결정에 대하여는 그 송달일로부터 14일 이내에 이의신청을 할 수 있고 조정절차는 종결된다.

44) 동법 제35조의2.

45) 동법 제53조.

46) 중대한 환경손상으로 인한 환경이용 관련 경제적 이익의 상실을 포함한다.

47) 원자력손해배상법 제2조 제2호. 이 사고방제비용에는 (ⅰ) 중대한 환경손상의 원상회복조치비용과 (ⅱ) 원자력사고로 인한 손해의 방지와 경감을 위한 방제조치비용이 포함된다.

48) 원자력손해배상법 제15조. 이는 동법이 원자력사업자 이외의 자가 입은 손해의 배상을 위한 것이기 때문이다. 동법상 원자력사업자의 개념에 관하여는 제2조 제3호.

49) 국가배상법 제12조.

50) 동법 시행령 제14조.

51) 소비자기본법 제55조 내지 제59조 참조.

52) 소비자전자상거래에 관하여는 한국소비자원의 소비자분쟁조정위원회에도 조정신청을 할 수 있다(소비자기본법 제 60조 이하).

53) 전자문서 및 전자거래에 관한 법률 제32조 내지 제35조 참조.

54) 박동진(2012).

55) 동법 제27조.

56) 동법 제27조 제13항.

57) 반면 소비자기본법에 따른 소비자분쟁조정위원회에의 조정신청에는 의료기관등이 의무적으로 조정에 응하여야 하므로(동법 제65조 제2항 참조) 환자들이 의료분쟁조정중재원 보다 소비자분쟁조정위원회를 선호하는 경향까지 있어 의료분쟁조정중재원의 설립 취지가 몰각되고 있는바 이점은 시정을 요한다.

58) 장애인복지법 제2조가 정의하는 장애인을 말한다.

59) 동법 제25조 참조.

60) 동법 제28조 참조.

61) 동법 제29조.

62) 동법 제36조 참조.

63) 다만, 피해자가 신체의 상해로 인하여 생명에 대한 위험이 발생하거나 장애 또는 불치나 난치의 질병에 이르게 된 경우에는 예외이다. 동법 제51조 제1항 참조.

64) 동법 제47조.

65) 개인정보보호법 제43조 내지 제47조 참조.

66) 동법 제68조의 3. 아래서 볼 집단분쟁조정의 의뢰 또는 신청에도 시효중단의 효력이 있다. 개인정보보호법에는 시효중단에 관한 명문규정이 없으나 해석상 같은 결과가 될 것이다.

67) 그 기간내에 그 분쟁조정을 마칠 수 없는 경우에는 그 기간을 연장할 수 있다.

68) 동법 제67조, 개인정보보호법 제47조 제5항 참조. 분쟁조정의 내용 통지를 받은 당사자는 그 날부터 15일 이내에 분쟁조정의 내용에 대한 수락 여부를 조정위원회에 통보하여야 하고, 15일 이내에 의사표시가 없는 때에는 수락한 것으로 본다. 그러나 개인정보분쟁조정에서는 조정안을 제시받은 당사자가 제시받은 날부터 15일 이내에 수락 여부를 알리지 아니하면 조정을 거부한 것으로 보므로(동법 47조 제3항) 수락의사를 표시하지 않은 경우 정반대의 결과를 가져오는 점에 유의하여야 한다.

69) 당사자적격이 있는 비영리민간단체는 비영리민간단체 지원법에 따른 단체로서 일정한 요건을 갖추어야 한다(소비자기본법 제68조, 개인정보보호법 제49조 참조).

70) 소비자기본법 제68조 이하, 개인정보보호법 제49조 이하.

71) 소비자기본법 제68조 및 제68조의2 참조. 위에서 본 집단환경분쟁조정절차와 유사한 규정을 두었다.

72) 중소기업기술 보호 지원에 관한 법률 제23조 이하 참조.

73) 중소기업기술분쟁조정 · 중재 운영세칙 제17조 참조.

74) 중소기업기술 보호 지원에 관한 법률 제25조 제6항.

75) 정보통신망 이용촉진 및 정보보호 등에 관한 법률 제44조의10.

76) 방송법 제91조 내지 제91조의6 참조.

77) 정보보호산업의 진흥에 관한 법률 제25조 내지 제29조 참조.

78) 2003년 소프트웨어 산업진흥법에 소프트웨어사업분쟁조정위원회가 설치된 바 있으나, 실적 부족으로 정부위원회 정비계획에 따라 2009년 폐지되었다. 따라서 프로그램저작권분쟁은 저작권위원회에, 하도급분쟁은 소프트웨어하도급분쟁조정협의회에, 정보보호관련 분쟁은 정보보호산업 분쟁조정위원회에 각 조정신청을 할 수밖에 없다.

79) 방송통신위원회의 설치 및 운영에 관한 법률 제12조는 위원회의 심의·의결사항으로 방송사업자 · 전기통신사업자 상호 간의 분쟁 조정 또는 사업자와 이용자 간의 분쟁 조정 등에 관한 사항 및 방송광고판매대행사업자 상호 간의 분쟁 조정 등에 관한 사항을 포함하고 있다(동조 제13호 및 제14호 참조).

80) 전기통신사업법 제45조의2 내지 제45조의7 참조.

81) 전기통신사업법 제46조.

82) 여기에서 말하는 산업기술은 산업에 관련한 모든 기술을 말하는 것이 아니라 국가핵심기술, 일정한 첨단기술, 핵심 뿌리기술 등 법이 정한 산업기술에 한정된다. 산업기술의 유출방지 및 보호에 관한 법률 제2조.

83) 산업기술의 유출방지 및 보호에 관한 법률 제23조 이하.

84) 발명진흥법 제41조 내지 제49조의2 참조.

85) 반도체집적회로의 배치설계에 관한 법률 제25조 내지 제34조.

86) 저작권법 제112조 내지 제118조의2.

87) 인터넷주소자원법 제16조 이하.

88) 중재산업 진흥에 관한 법률.

89) 중재법 제6조는 법원은 중재법에서 정한 경우를 제외하고는 중재법에 관한 사항에 관여할 수 없다고 규정하여 법원의 중재에의 간섭을 최소화하는 당사자자치를 선언하고 있다.

90) 중재법 제8조. 중재절차상 이루어진 것이 아니라 하더라도 일방 당사자가 당사자 간에 교환된 문서의 내용에 중재합의가 있는 것을 주장하고 상대방 당사자가 이를 다투지 아니하는 경우에는 서면에 의한 중재합의가 있는 것으로 본다(동법 제8조 제3항 제3호).

91) 한국 약관규제에 관한 법률 제14조(소제기의 금지등)는 "고객에 대하여 부당하게 불리한

소제기의 금지조항 또는 재판관할의 합의조항이나 상당한 이유없이 고객에게 입증책임을 부담시키는 약관조항은 이를 무효로 한다"라고 규정한다.

92) 중재법 제1조.

93) 일본중재법 제13조가 당사자가 화해할 수 있는 민사상의 분쟁(이혼 또는 파양의 분쟁을 제외한다)을 대상으로 하고 있는 것과 다르다.

94) 언론중재 및 피해구제 등에 관한 법률 제24조 제1항은 "당사자 양쪽은 정정보도청구등 또는 손해배상의 분쟁에 관하여 중재부의 종국적 결정에 따르기로 합의하고 중재를 신청할 수 있다."고 규정한다.

95) 중재법 제12조.

96) 중재법 제9조.

97) 국제지적재산소송원칙 제40조(중재합의의 효력) 참조.

98) 중재법 제17조. 중재절차는 당사자가 합의한 바에 따라 진행하며 당사자 간에 합의가 없는 때에는 중재인은 중재지법을 고려하여 자신이 적절하다고 판단하는 바에 따라 중재절차를 진행할 수 있다(중재법 제20조).

99) 중재법 제18조.

100) 국제지적재산소송원칙 제43조(객관적 병합) 참조.

101) 국제지적재산소송원칙 제44조(주관적 병합) 참조.

102) 도메인이름에 관한 온라인 분쟁해결절차로서 국제인터넷주소관리기구(ICANN)가 1999. 8. 26. 채택한 통일분쟁해결정책(UDRP)은 가장 성공적인 온라인 분쟁해결절차이다. 그 법적 성격에 대하여는 특수한 행정절차라는 견해와 일종의 중재라는 견해가 있는바 우리나라 판례는 후자의 입장에 서있는 것으로 보인다.

103) 국제지적재산소송원칙 제46조(온라인 중재절차) 참조.

104) 중재법 제35조.

105) 중재판정 취소사유로는 중재판정이 한국법상 중재로 해결될 수 없는 것을 대상으로 하였거나, 중재합의의 대상이 아니거나 중재합의의 범위를 벗어난 사항을 다룬 경우, 중재판정의 승인 또는 집행이 한국의 선량한 풍속이나 그 밖의 사회질서에 위배되는 경우 등이 있다(중재법 제36조 제2항).

106) 중재법 제36조.

107) 중재법 제37조, 제38조.

108) 예컨대 기술이전계약이나 공동연구개발계약의 내용이 현저히 불공정하여 공정거래법에 위반될 뿐 아니라 신의칙에도 반하는 결과가 되는 경우 그러한 내용의 계약의 준수를 명하는 중재판정은 사회질서위반으로 그 집행이 거부될 수 있다.

109) 2015년에 개정된 환경분쟁 조정법(2015. 12. 22. 법률 제13602호로 일부개정된 것)에서 당사자의 합의에 기초한 '중재' 제도가 도입되었다.

110) 환경분쟁조정법 제45조의2 이하 참조.

111) 환경부 배출권거래제 시범사업 운영규정 참조.

112) 저탄소녹색성장기본법 제46조.

113) 안건형(2010), 137면 이하 참조.

114) 중재 제09111−0149호. 중재판정은 공개되지 않으므로 이하의 설명은 설동근(2010), 10면에 의거하였다.

115) 중앙일보 2010. 2. 8.자 기사 참조.

116) 이에 관한 자세한 논의는 손경한(2007), 71−100면 참조.

117) 35 U.S.C. 294(a). 특허 또는 특허권에 관한 계약은 그 계약과 관련된 특허의 유효성 또는 침해에 관한 분쟁을 중재에 의하여 해결하기로 하는 조항을 포함할 수 있다. 본 계약에 그러한 조항이 없는 경우 당사자는 특허의 유효성 또는 침해분쟁이 일어난 후에도 서면

에 의하여 중재로 그러한 분쟁을 해결하기로 합의할 수 있다. 그러한 조항이나 합의는 유효하며 취소할 수 없으며 집행가능하다. 다만 법이나 형평법에 계약의 취소사유가 있는 경우에는 그러하지 아니하다.

118) 국제지적재산소송원칙 제37조(등록지적재산권의 성립·유효성분쟁의 중재적격성) 제1항 참조.

119) 국제지적재산소송원칙 제37조 제2항 참조.

120) 국제지적재산소송원칙 제40조(중재합의의 효력) 참조.

121) 국제지적재산소송원칙 제45조(재판절차와의 관계) 참조. 이와 같은 경우에 있어서 당사자가 중재인에게 중재판정을 취소하고 새로운 중재판정을 받기 위하여 중재절차의 재개를 신청하였으나 중재인이 이에 응하지 아니하거나 대세적 효력을 가진 재판에 반하는 판정을 한 때에는 당사자는 관할법원에 중재판정취소의 소를 제기할 수 있을 것이다. 이 소는 중재인이 중재절차재개여부에 관한 결정을 하지 아니하거나 중재절차재개신청일로부터 일정한 기간이 경과한 때나 대세적 재판에 위반한 중재판정을 한 때로부터 일정기간 내에 중재판정취소의 소를 제기하도록 하여야 할 것이다(국제지적재산소송원칙 제48조(중재판정의 취소) 참조).

122) 미국 특허법 제294조(35 U.S.C. 294) 참조.

123) 국제지적재산소송원칙 제47조(중재판정결과의 공시) 참조.

124) 중소기업기술 보호 지원에 관한 법률 제26조.

125) 동법 제26조 제5항 및 중소기업기술분쟁조정·중재 운영세칙 제9조 제2항.

126) 중소기업기술분쟁조정·중재 운영세칙 제17조 참조.

127) 의료사고 피해구제 및 의료분쟁 조정 등에 관한 법률 제25조 이하 참조.

128) 동법 제43조 제3항, 동법 시행령 제17조 참조.

129) 동법 제47조.

130) 2015년부터 2019년까지 접수된 사건 5,077건 중 3,721건이 조정 성립되었고, 총 성립금액은 약 374억8,154만 원이었으나 중재판정은 5건(0.1%)에 불과하였다.

131) 언론중재 및 피해구제 등에 관한 법률 제24조.

132) 중재법 제36조 참조.

133) 재정은 행정청이 분쟁에 대하여 사실조사 및 심문 등의 절차를 거쳐 일방적으로 구속력 있는 결정을 내릴 수 있다는 점에서 그러한 권한이 없는 조정과는 다르다[황해봉(2005), 7면].

134) 심판은 행정심판기관이 사건에 개입하여 재결(또는 심결)을 하는 외부적·타율적 결정으로 공식적인 엄격한 법적 절차에 따라 당사자 간의 미래의 관계를 고려하지 않고 과거 사건에 관한 법적 판단으로 결정된다[황해봉(2005), 7면].

135) 중앙환경분쟁조정위원회가 2018년까지 처리한 4,057건의 분석에 관하여는 환경부 중앙환경분쟁조정위원회(2018), 21−23면 참조.

136) 박균성/함태성(2008), 256면.

137) 환경분쟁조정법 제35조의3 참조. 책임재정 외에 원인재정제도는 2018년 개정 시 도입하였다. 국회 환경노동위원회(2018), 18면 참조.

138) 1990년 환경오염피해분쟁조정법 제16조 및 제28조~제44조 참조. 하지만 동법에 의한 알선은 물론 조정이나 재정까지도 당사자 간의 합의조성행위 이상의 의미를 갖지는 못하였다(동법 제40조).

139) 환경분쟁조정법 제16조 제1항.

140) 동법 제39조 제2항.

141) 동법 제37조.

142) 동법 제43조 제1항. 조정에 회부된 사건에 관하여 당사자 간에 합의가 이루어지지 아니한

때에는 재정절차를 계속 진행하고, 합의가 이루어진 때에는 재정의 신청은 철회된 것으로 본다(동법 제43조 제2항).

143) 동법 시행령 제12조 제1항 제3호.

144) 동법 제35조의3 제2호, 제41조.

145) 다만 재정문서의 정본이 당사자에게 송달된 날부터 60일 이내에 당사자 양쪽 또는 어느 한쪽으로부터 그 재정의 대상인 환경피해를 원인으로 하는 소송이 제기되거나(제기된 소송이 철회된 경우 제외) 또는 지방조정위원회의 재정위원회가 한 책임재정에 불복하여 중앙조정위원회에 책임재정을 신청한 경우(동법 제42조 제1항)에는 그러한 효력이 인정되지 않는다.

146) 동법 제42조 제2항.

147) 동법 제42조. 지방조정위원회의 책임재정에 대하여 중앙조정위원회에 책임재정을 신청할 수 있음은 언급하였다.

148) 동법 제44조.

149) 동법 제45조. 다만, 수소법원의 촉탁에 따라 중앙조정위원회가 원인재정을 하는 경우는 제외한다(동법 제45조 제2항 단서). 또한 재정위원회는 재정이 신청된 사건과 동일한 원인으로 다수인이 관련되는 동종·유사 사건에 대한 소송이 진행 중인 경우에는 결정으로 재정절차를 중지할 수 있다(동조 3항).

150) 민법상 불법행위로 인한 손해배상청구(과실책임)와 환경정책기본법 제31조 제1항에 따른 손해배상청구(무과실책임) 등이 있다.

151) 유지청구는 환경오염피해가 현실로 발생하였다든가 또는 그 발생이 예측되는 경우에 그 배제 또는 예방을 구하는 것으로서 보통 조업의 정지·제한이나 일정한 예방·개선조치 청구의 모습을 취한다. 민법 제214조의 방해제거청구권과 방해예방청구권이 기본적인 근거 조항이 되고, 민법 제217조는 일정한 생활방해에 대해서는 인용하도록 하면서 수인한 도를 넘을 경우에는 적당한 조치를 청구할 수 있다고 규정하고 있다. 박균성/함태성(2008), 199–200면.

152) 수원지방법원 성남지원 2003. 10. 2. 선고 2002가합1044(본소), 2002가합2139(반소) 판결.

153) 서울고등법원 2004. 6. 15. 선고 2003나75888(본소), 2003나75895(반소) 판결.

154) 대법원 2007. 6. 15. 선고 2004다37904, 37911 판결.

155) 환경부(2008), 60면. 연방환경청(EPA) 산하 독립위원회인 행정심판위원회(OALJ) 외에 연방정부의 독립기관인 환경분쟁해결원(US Institute for Environmental Conflict Resolution, USIECR)이 있는데, 연방정부가 당사자인 (또는 관련 있는) 환경, 공공용지, 자연 보호 등에 관한 분쟁에 대한 ADR을 담당하며, 연방환경청(EPA) 산하 독립기관인 행정심판위원회(OALJ)는 EPA와 개인, 기업, 정부기관, 기타 조직 간 환경분쟁 사건의 재정을 담당하고 있다. 환경부 중앙환경분쟁조정위원회(2012), 75~76면 참조.

156) EPA, About the Office of Administrative Law Judges(OALJ) 참조.

157) 공해분쟁처리법 제3조, 제14조. 공해등조정위원회외에 도·도·부·현(都道府縣)에는 각 지방자치단체의 조례에 따라 공해에 대한 분쟁에 대하여 알선, 조정, 중재를 하는 공해심사회(公害審査会)가 있다(공해분쟁처리법 제14조). 환경부 중앙환경분쟁조정위원회(2012), 77–79면 참조.

158) 동법 제42조의12 이하 및 제42조의27 이하 참조.

159) 전기통신사업법 제50조 참조.

160) 김윤정(2008), 293–294면. 따라서 당사자는 분쟁해결을 위해 금지행위 신고와 재정신청 간에 선택권이 있었지만, 사업자 간 협정체결 및 이행 분쟁의 경우에는 상대방에 대한 협정체결의 강제력을 확보하고자 금지행위로 신고하는 경향이 있었다.

161) 전기통신사업법 제45조 이하 참조.

162) 이희정(2009), 24-26면.

163) 자세한 사항은 방송통신위원회 재정 및 알선 등에 관한 규정(개정 2019. 04. 30. 방송통신 위원회고시 제2019- 7호) 제2장 참조.

164) 전기통신사업법 제45조 제5항. 2019. 11. 12. SK브로드밴드가 넷플릭스와의 망사용 협상 재정 신청을 하였으나 2020. 4. 넷플릭스가 SK브로드밴드를 상대로 채무부존재 확인소송 을 제기하여 재정절차가 종료되었다. 사안의 내용을 정리하면 다음과 같다. 2019년 10월 기준 넷플릭스 국내 이용자는 200만명으로, 2018년 2월 40만명이었던 것에 비해 1년 8개월만에 이용자가 5배 가까이 늘었다. 이 과정에서 SK브로드밴드는 일본에 접속되 있는 국 제망 회선을 증설하는 등 투자 비용을 늘렸다. 국내에서 유통되는 트래픽 역시 증가했지 만, 넷플릭스는 추가적인 망 사용료를 내지 않고 있는 상황이다. 넷플릭스의 주장은 자체 적으로 캐시서버를 운영하고 있기 때문에 자신들은 통신망 대가를 내지 않아도 된다는 것이며, 넷플릭스가 자체 캐시서버를 운영한다고 하더라도 동영상 서비스가 통신망을 통 해 이루어지며 캐시서버를 활용하면 국내 ISP들은 국제 회선 비용을 절감할 수 있지만 그 렇다고 국내 트래픽 유통 비용이 줄어드는 것은 아니기 때문에 망 이용대가를 넷플릭스 가 내야한다는 것이 SK브로드밴드의 주장이다.

165) 전기통신사업법 제45조 제3항, 제4항 참조.

166) 전기통신사업법 제45조 제7항.

167) 방송통신위원회 출범 이후 2013년 9월까지의 연도별 재정처리 현황은 총 78건이며 그 중 이용자-사업자 간 분쟁은 66건, 사업자 간 분쟁은 12건(매년 1~3건)이다. 방송통신위원 회 심결지원팀(2013), 16면.

168) 방송통신위원회 200904재정013협정이행사건.

169) § 208 of the Communications Act, 47 U.S.C. § 208.

170) 이하 이희정(2009), 42-49면의 내용과 FCC(미국 연방통신위원회) 홈페이지에 소개된 내 용을 정리한 것이다.

171) 47 U.S. Code §251, §252. 이하 이희정(2009), 42-49면의 내용과 미국 통신법 제252조(47 U.S. Code § 252)의 내용을 정리한 것이다.

172) Incumbent Local Exchange Carriers, ILEC.

173) 특허권과 실용신안권의 경우(구 실용신안법상 선등록 제도와 관련한 심판의 경우 제외) 심판제도의 내용에 있어 차이가 없으므로 이하 특허권에 대해서만 논한다.

174) 특허심판원(2017), 3면.

175) 또한 민사소송은 구술심리주의가 적용되나, 심판은 구술심리 또는 서면심리 모두가 가능 하다. 특허심판원(2017), 5면.

176) 심판 외에 심판관 합의체가 심리하는 절차로 특허취소신청제도가 있다. 이 제도는 특허 부여 후 일정기간(6개월)내에 하자가 있는 특허를 재검토하여 조기에 취소시키는 제도이 다. 기존의 결정계 심판과는 달리 참가제도가 인정이 되며, 양 당사자가 대립하는 당사자 계 심판과도 다르다. 특허법 제133조의2 참조.

177) 이는 특허청 심사관의 거절결정에 불복하는 출원인이 제기하는 심판이다. 특허법 제132조 의17 참조.

178) 이는 특허권자가 특허권 설정등록 후 명세서 또는 도면에 잘못 기재된 사항이나 분명하 지 않게 기재된 사항을 바로 잡거나 그 청구범위를 감축하기 위하여 청구하는 심판을 말 한다. 특허법 제136조 참조.

179) 특허권에 무효사유가 있는 경우에는 이를 무효로 할 수 있도록 함으로써, 하자있는 권리 의 존속으로 인한 폐해를 방지할 수 있도록 하는 심판이다. 특허법 제133조 참조.

180) 이는 확인대상발명이 특허권의 권리에 속하는지 여부의 확인을 구하는 심판이다. 특허법 제135조 참조.

181) 이는 특허발명의 명세서 또는 도면에 대한 부적법한 정정(취소신청·무효심판 절차에서 정정청구에 의한 정정 또는 정정심판에서의 정정 등)의 무효를 구하는 심판을 말한다. 특허법 제137조 참조.

182) 이는 특허권과 선행 원인인 다른 권리와의 이용/저촉관계를 조정하기 위한 심판이다. 특허법 제138조 참조.

183) 식물신품종보호법 제91조, 제92조 및 제99조 참조.

184) 특허법 제186조, 식물신품종보호법 제103조.

185) 이 사건은 농림부 품종보호심판위원회(2004)의 내용을 정리한 것이다.

186) 그 외 금전수 신품종 무효심판사건에서 원육성권자인 대만의 '원무원예'로부터 품종보호에 관한 권리를 승계받았다고 주장하면서 동아리(금전수, Zamioculcas zamiifolia Engl) 품종등록에 대하여 등록무효심판을 청구한데 대하여 품종보호심판위원회는 무효사유가 없다는 기각심결을 하였으나(품종보호심판위원회 2015. 9. 9.자 2015당1 심결), 특허법원은 이 사건 등록품종은 무권리자가 출원한 것이어서 무효로 되어야 한다며 심결을 취소하였다(특허법원 2016. 12. 15. 선고 2015허6497 등록무효(품) 판결).

187) 특허등록일로부터 9개월 이내에만 제기할 수 있다.

188) 특허등록일로부터 9개월이 경과한 후 또는 등록 후 부효심판(PGR) 종료 후 제기한다.

189) The Plant Variety Protection Act § 91 (7 U.S.C. § 2501), §§71, 72(7 U.S.C. §§ 2461, 2462).

190) 井内 龍二/伊藤 武泰/谷口 直也(2008), 63−65頁.

191) 특허법 제107조. 다만, 공공의 이익을 위하여 비상업적으로 실시하려는 경우와 불공정거래행위로 판정된 사항을 시정하기 위하여 특허발명을 실시할 필요가 있는 경우에는 협의 없이도 재정을 청구할 수 있다.

192) 1961년 특허법 개정 시 특허국장의 행정처분에 의한 강제실시제도를 마련하였으며, 1986년 개정 특허법에서 통상실시권 설정의 재정제도가 도입되었다. 1995년과 2005년 WTO/TRIPs의 규정을 반영하여 강제실시권의 발동요건에 불공정거래행위의 시정을 추가하면서 국내수요를 위한 공급에만 한정되지 않는 것으로 하고, 최빈국 등의 공중보건문제 해결을 위한 의약품 접근권을 확대하기 위한 의약품 수출을 위한 강제실시를 허용하고 재정 시 산업재산권분쟁조정위원회 및 관계부처의 의견을 들을 수 있도록 개정하였다. 특허청(2007), 580−585면 참조.

193) 식물신품종보호법 제67조 참조.

194) 통상실시권 설정 재정의 청구인 적격에 대해서 특허법 제107조를 엄격하게 해석하여 청구인은 제네릭 제조 혹은 수입 회사에 한정된다고 보는 소수의 견해도 있지만, "특허발명을 실시하고자 하는 자"가 반드시 생산 및 제조 능력을 갖춘 자만을 의미하는 것이 아니며, "강제실시를 필요로 하는 자"로 해석할 수 있으므로 직접 실시는 아니더라도 위탁 생산 등을 통한 간접적 실시가 가능하다면, 개인, 단체, 기업 모두가 다 가능하기 때문에 청구인 자격에 제한을 두어서는 안 된다는 다수의 의견이 있다고 한다[특허청(2009), 121−122면].

195) 다만, 반도체 기술에 대하여는 공익 실시 또는 불공정거래행위 시정을 위한 실시에 한하여 재정을 청구할 수 있다(특허법 제107조 제6항).

196) 의약품 생산에 필요한 유효성분, 의약품 사용에 필요한 진단키트를 포함한다.

197) 특허법 제107조, 제108조, 제109조 및 제110조 참조.

198) 특허법 제111조 제2항 및 제113조.

199) 다만, 이 경우에는 재정을 받은 통상실시권자의 정당한 이익이 보호될 수 있는 경우에 한한다.

200) 특허법 제114조, 제115조.

201) 특허청(2009), 52−54면에 소개된 내용과 특허청(2017)의 내용을 정리한 것이다.

202) 기각된 사례를 보면 (1) 1993년, 아렉서스 메티칼 컴퍼니가 정당한 이유없이 3년 이상 국내 불실시를 이유로 프랑스 제약회사 소유인 낙태약(mifepristone) 제조방법에 대한 통상실시권 설정의 재정을 청구하였으나 1994. 3. 낙태목적의 의약품은 국내 제조 불허가 대상품목으로서 정당한 이유가 있는 불실시로 판단하였고, (2) 2002년에는 건강사회를 위한 약사회, 인도주의 실천 의사협의회, 민중의료연합 등의 시민사회단체가 스위스 제약회사 노바티스가 특허권을 보유한 백혈병 치료제인 '글리벡'에 대해서 환자의 경제적 부담완화를 위하여 인도로부터 글리벡의 수입이 가능하도록 재정을 청구하였으나, 2003. 2. 강제실시를 허여할 정도로 공공의 이익이 있는 것으로 보기 어렵다고 하였고, (3) 2008. 12. 에이즈감염인연대 'KANOS'와 정보공유연대 'IPleft'는 에이즈 치료제인 '푸제온'에 관하여 '푸제온'에 대한 국내 특허권은 미국의 듀크 대학이 소유하고 있고, 실질적으로 국내에서 '푸제온'을 공급하고 있는 제약회사는 스위스의 로슈로서 국내에서 '푸제온'에 대한 통상실시권만을 가지고 있던바 청구인은 로슈와 정부의 약가협상 결렬로 4년이상 국내 공급이 거부되어 환자의 의약품 접근권이 심각하게 제한되고 있다는 이유로 공공의 이익을 위하여 특히 필요한 경우에 해당됨을 주장하였으나 2009. 6. '푸제온'이 환자의 생명과 밀접한 관계가 있어서 해당 의약품의 공급이 공공의 이익을 위해서 필요하지만, 국내 제조 혹은 수입 등을 통한 실질적인 접근권 제공의 결여, 통상실시권 재정의 긴급성의 결여 등의 이유로 청구를 기각하였다.

203) 일본 특허법 제83조, 제93조 및 제92조 참조. 앞서 본 바와 같이 우리나라는 자신의 권리가 선원인 다른 권리와 이용·저촉관계에 있을 때에는 통상실시권 허락심판제도를 두고 있다(특허법 제138조).

204) 정부사용 28 USC § 1498, 개입권 35 USC §203. 또한 식물품종보호법(The Plant Variety Protection Act) 제44조(7 U.S.C. § 2404)에 강제실시권을 규정하고 있다.

205) 28 USC § 1498(a).

206) 35 USC §203; 37 CFR §401.14(j).

207) 독일 특허법 제24조.

208) 대한민국의 법령이나 조약에 따라 보호되는 특허권·실용신안권·디자인권·상표권·저작권·저작인접권·프로그램저작권·반도체집적회로의 배치설계권이나 지리적 표시 또는 영업 비밀을 침해하는 물품등에 관하여 해외에서 이를 국내에 공급하는 행위 또는 이를 수입하거나 수입된 물품등을 국내에서 판매하는 행위와 그런 물품등의 수출 또는 국내에서의 수출목적 제조행위를 말한다(불공정무역조사법 제4조 제1항 제1호).

209) 불공정무역조사법 제4조는 그 외에 원산지표시위반행위, 허위과장표시행위 및 수출입 질서를 해칠 우려가 있는 행위를 불공정무역행위로 규정한다.

210) 정식 명칭은 "불공정무역행위조사 및 산업피해구제에 관한 법률"이다.

211) "조사할 필요성"에 관하여는 [무역위원회고시(2017-1호)] 제7조(직권조사) 참조.

212) 불공정무역조사법 제5조, 제6조.

213) 1987. 7. 대외무역법 제정 시에는 국내 법령에 의하여 보호되는 지식재산권이 아닌 교역상대국에서 보호되는 지식재산권 중에서 상표권과 디자인권의 침해만을 대상으로 하다가 1989. 12. 교역상대국에서 보호되는 '상표권, 디자인권' 이외에 '특허권, 실용신안권, 저작권, 저작인접권, 프로그램저작권' 침해도 포함하는 것으로 확장되었다. 이어 1992. 12.에는 '교역상대국의 법령' 뿐 아니라 '국내의 법령'에 의하여 보호되는 지식재산권 침해도 포함하는 것으로 확장되고 1994. 12.에는 '반도체집적회로의 배치설계권'을 포함하였고 2000년 개정법에서는 지리적 표시 및 영업비밀이 포함된 반면 타국 법령에 의한 지재권 침해를 국내에서 제재해 오던 제도를 폐지하였다. 2010년 개정법에서는 '해외에서 지식재산권침해물품등을 국내에 공급하는 행위'를 그 행위유형에 추가하고, 2020년 개정법에서는 출판권, 데이터베이스 제작자의 권리, 지리적 표시권을 추가하였다.

214) 2020. 6. 11. 시행된 개정법(2019. 12. 10. 법률 제16798호) 제5조 제2항 참조.

215) 동법 제9조.

216) 동법 제7조 제1항. 잠정조치에 관하여는 동법 제7조 제2항 각호 참조.

217) 동법 제8조 제1항. 잠정조치를 신청하는 자가 담보를 제공하지 아니할 경우 무역위원회는 기한을 정하여 담보의 제공을 명할 수 있고 그 기한까지 담보를 제공하지 아니하면 잠정조치의 신청을 되돌려 보낼 수 있다(2020년 개정법 제8조 제2항).

218) 2019년까지 전체 불공정무역행위 관련 조사건수 305건 중 지식재산권 침해를 이유로 한 조사건수는 195건(63.9%)으로 높은 비율을 차지하고 있는데, 지식재산권 침해 사건 195건 중 특허·실용신안 사건수는 67건(34.4%), 영업비밀 사건수는 9건(4.6%)이다. 무역위원회 (2020). 지식재산권 침해 사건 195건 중 상표 사건은 96건(49.2%), 디자인 사건은 16건 (8.2%), 저작권 사건은 10건(5.1%)이며, 지식재산권 침해 사건 외에 원산지 위반 사건이 69건, 허위과장표시 사건이 2건, 수출입질서저해 사건이 39건이다.

219) 신청인의 제394848호 특허발명은 비틀림 또는 굽힘 시 탄성복원할 수 있는 탄성체를 구비한 연결요소와 방향성 캐스터가 유기적으로 작용함으로써, 주행 시 작은 반경으로 쉽게 회전할 수 있고, 사용자가 발로 지면을 구르는 대신 앞뒤 보드를 서로 비트는 동작만으로도 주행추진력이 발생한다는 장점이 있었다.

220) 한편, 무역위원회의 결정 이후 특허심판원은 피신청인이 청구한 특허무효심판청구를 기각하는 심결을 하였고, 소극적 권리범위확인심판에서도 조사대상물품이 신청인의 특허권리 범위에 속한다는 심결이 내려졌다.

221) The Tariff Act of 1930 제337조(19 U.S.C. §1337).

222) The Administrative Procedure Act.

223) 동협정 제51조 내지 제60조.

224) 관세법 제235조 및 지식재산권 보호를 위한 수출입통관 사무처리에 관한 고시(관세청고시 제2019－1호).

225) 2010년 개정 관세법(2010. 12. 30. 법률 제10424호로 일부개정된 것)에서 '대한민국과 유럽연합 및 그 회원국 간의 자유무역협정(한·EU FTA)' 이행을 위하여 수출입물품의 통관 시 보호되는 지식재산권의 범위를 특허권 등에까지 확대하였다.

226) 동법 제235조 제2항.

227) 동법 제141조 제1호 참조.

228) 동법 제235조 제3항, 제4항 및 제7항 참조.

229) 담보를 제공하여야 하는 자가 일정한 중소기업인 경우에는 해당 물품의 과세가격의 100분의 40에 상당하는 금액.

230) 동법 시행령 제241조.

231) 동령 제241조.

232) 동령 제239조 제3항. 통관보류 등을 요청한 자가 부득이한 사유로 10일 이내에 법원에 제소하지 못하거나 무역위원회에 조사신청을 하지 못하는 때에는 이 입증기간은 10일간 연장될 수 있다.

233) 이 경우 세관장은 관계기관과 협의하거나 전문가의 의견을 들어 결정할 수 있다(동법 시행령 제240조).

234) 동법 시행령 제241조.

235) 장승화(2005), 26－27면의 내용을 정리한 것이다.

236) 또 하나의 사례로는 일본 마쓰시타가 LG전자의 PDP 제품에 대한 특허침해를 이유로 도쿄법원에 제소하고 일본 세관이 2004. 11. 11. 통관보류조치를 취하자 LG전자는 이에 대항하여 같은 달 12일 한국 무역위원회에 특허 침해 불공정 무역행위 조사를 신청하였고 무역위원회는 2004. 11. 29. LG전자가 신청한 마쓰시타 한국 판매 법인인 파나소닉코리아의 PDP

수입 및 판매를 금지하는 잠정조치를 하였다. 그후 양사는 협의로 분쟁을 종료하였다.

237) 자세한 내용은 나종갑(2008), 97-149면 참조.

238) 근거법률은 관세법 제69조의2 및 69조의 11이다.

239) 다만, 식물신품종보호법상 품종보호권의 통상실시권 설정의 재정에 대해서는 다른 제도와 달리 법령상 판정기간의 제한이 없는데 사건 자체가 드물기 때문인 것으로 보인다.

240) 특허청장의 경우 필요할 경우 산업재산권분쟁조정위원회 및 관계부처의 장의 의견을 들을 수 있도록 하고 있고(임의적 절차), 농림축산식품부장관 또는 해양수산부장관은 반드시 종자위원회의 심의를 거친 후 재정을 하도록 되어 있으며, 방송통신위원회는 이러한 절차 없이 재정이 이루어진다는 점에서 서로 차이가 있다.

241) 특허심판원 홈페이지 설명에 따르면, 우선심판의 경우 통상 우선심판결정일부터 6개월 이내의 심판처리가 가능하며, 신속심판의 경우 신속심판결정일부터 3개월 이내의 심판처리가 가능하다고 한다. 특허심판원, "특허심판의 절차". 한편, 특허청 2018년 지식재산통계 연보에 따르면 특허·실용신안 심판 사건의 평균 처리기간은 2018년 15.6개월, 2017년 11.9개월, 2016년 10개월, 2015년 7.2개월, 2014년 9.4개월이다.

242) 이시윤(2009), 20면.

243) 국제지적재산소송원칙 제38조(중재적격성 판단의 준거법) 참조.

244) 국제지적재산소송원칙 제39조(중재합의의 유효성) 참조.

245) 유엔국제거래법위원회(UNCITRAL)의 1985년 모델국제상사중재법(Model Law on International Commercial Arbitration, 2006년 개정법 포함) 제28조 제1항, 중재법 제29조 제1항 참조.

246) 국제사법 제25조, 중재법 제29조. 참조. 그러나 불공정한 준거법약관은 무효로 될 수 있다. 한국 약관법은 한국이 당해 계약과 밀접한 관계가 있는 경우 강행규정으로 적용될 수 있다.

247) 국제사법 제26조 (준거법 결정시의 객관적 연결) 제1항 참조.

248) 소재지국이라 함은 자연인의 상거소지국, 법인의 주된 사무소 소재지국, 계약이 당사자의 직업 또는 영업활동으로 체결된 경우에는 당사자의 영업소 소재지국을 각 말한다.

249) 국제사법 제26조 제2항 참조.

250) 국제사법 제27조 (소비자계약) 참조.

251) 국제사법 제28조 (근로계약) 참조.

252) 국제사법 제29조 (계약의 성립 및 유효성) 참조.

253) 서울고등법원 2008. 7. 8. 선고 2007나80093 판결 참조.

254) 서울중앙지방법원 2008. 6. 20. 선고 2007가합43936 판결은 베른협약 제5조 제2항에 규정된 '보호가 요구된 국가(the country where protection is claimed)'라 함은 '그 영토 내에서의 보호가 요구되고 있는 국가', 즉 '보호국'을 의미하며, 특히 저작재산권의 침해 문제에 관련해서는 '그 영토 내에서의 침해행위에 대하여 보호가 요구되고 있는 국가', 즉 '침해지국'을 의미하는바 이 사건에서 원고는 자신의 저작재산권에 대한 침해행위가 대한민국 영토 내에서 발생하였음을 주장하며 이에 대한 보호를 요구하고 있으므로, 결국 대한민국의 법률이 보호국법이자 침해지국법으로서 이 사건에 적용될 준거법이 된다고 하면서 중국 서적을 국내출판사가 중국 내에서 저자와 출판위탁계약을 맺은 중국회사와 계약을 맺고 국내에서 출판하였으나 그 중국회사가 중국의 저자로부터 해외 번역·출판에 대한 권한을 부여받지 않은 경우 한국저작권법상 저작권침해가 된다고 보았다.

255) 국제지적재산소송원칙 제24조. ALI(2008), §312 등 참조.

256) 예컨대 사이버스페이스에서 창작된 사이버재산권 내지 가상재산권(virtual property)의 권리관계를 들 수 있다.

257) 국제사법 제32조 (불법행위) 참조. 그러나 엄밀하게는 국제사법 제32조가 적용되는 소송의 경우와 중재법 제28조가 적용되는 중재의 경우에 그 준거법이 달라질 수 있다.

258) UNCITRAL Conciliation Rules (1980).

259) Model Law on International Commercial Conciliation (2002). 이 모델법은 2020년 현재 33개 국 45법역의 입법에 영향을 주었다.

260) UNCITRAL Model Law on International Commercial Mediation and International Settlement Agreements resulting from Mediation (2018).

261) United Nations Convention on International Settlement Agreements Resulting from Mediation.

262) 동 협약은 한국, 미국, 중국, 싱가포르 등 다수의 국가가 서명하였으며 2020년 싱가포르, 사우디아라비아, 카타르 등 국가에서 발효하였다.

263) 전문가결정제도 일반에 관한 고전으로는 John Kendall(2008).

264) 손경한/최성규(2014), 144면.

265) ICC, Experts.

266) Joyce Tan(2018), p.29.

267) 일본기술적범위판정제도(특허법71조); IPO(2014). IPOS, Expert Determination Opinion for IPOS Patent Proceedings.

268) 국제지적재산소송원칙 제41조(중재절차의 진행) 참조.

269) 국내에서는 기일 추정방식이 사용된다.

270) 국제지적재산소송원칙 제42조(지적재산침해금지 등 임시적 처분) 참조.

271) 국제지적재산소송원칙 제45조 제3항 참조.

272) 국제지적재산소송원칙 제46조(온라인 중재절차) 참조. 팬데믹으로 대면 심문이 어려운 경우 유용함이 입증되었다.

273) 중재법 제36조 참조.

274) 국제지적재산소송원칙 제41조(중재절차의 진행) 참조.

275) 중재법 제36조 제4항.

276) the UN Convention on the Recognition and Enforcement of Foreign Arbitral Awards, 1958. 우리나라는 1973. 2. 8.에 동 협약에 가입하였다.

277) 중재법 제39조(외국 중재판정) 제1항 참조.

278) 뉴욕협약 제5조 제1항, 제2항. 모델중재법 제36조 제1항 참조.

279) 중재법 제39조(외국 중재판정) 제2항 참조. 그러나 뉴욕협약에 세계의 거의 모든 교역국 이 가입하였고 또 뉴욕협약 비가입국의 중재판정에 동 협약을 적용하더라도 상호주의 유 보선언에 의한 조절이 가능하므로 선진국에서는 비가입국에도 동 협약을 적용하는 태도 를 보이는 입법례가 늘어나고 있다. 국제지적재산소송원칙 제49조(외국중재판정의 승인·집행) 제1항도 이러한 입장을 취한다.

280) 미국의 경우 변호사 자격을 갖춘 행정심판관(Administrative Law Judge, ALJ)이 행정적 분 쟁해결절차를 담당하여 분쟁해결이 활발히 이루어지고 있고 이공계 출신 변호사가 조정, 중재를 담당하여 전문적 해결을 하고 있다. 우리나라의 경우 특허심판에 어느 정도의 전 문성이 인정되고 있을 뿐이다.

281) 대한상사중재원에 과학기술조정중재부를 두는 방안도 고려할 수 있다. 이 경우 기술조정 규칙과 기술중재규칙을 별도로 제정하여야 할 것이다.

제 3 장 과학기술행정소송

I. 서 론

과학기술절차법의 영역에는 과학기술 입법절차[282], 과학기술 행정절차, 그리고 과학기술 소송절차 중 과학기술헌법소송절차와 과학기술행정소송절차가 있다. 본고에서는 과학기술절차법 중 과학기술행정소송절차를 살펴본다. 과학기술행정소송은 다른 행정소송과는 다른 특징을 보인다. 그것은 과학기술행정 내지 과학기술법의 특징에 기인하는 것이기도 하지만 과학기술분쟁의 특수성에 기인하는 것이기도 하다. 이러한 특수성을 가지는 행정소송에 관하여 종래에는 독일에서의 원자력행정소송을 중심으로 하는 단편적 논의가 있었을 뿐이었다.[283] 오늘날은 원자력이 아니더라도 우리 생활에 파괴적인 영향을 미치는 과학기술이 우리와 밀접한 관계를 가지고 발전하고 있다. 그 대표적인 것이 정보기술, 생명공학기술 및 신물질기술이다. 이러한 새로운 과학기술의 발전은 과학기술에 관련한 행정과 행정소송에도 큰 영향을 미치고 있다. 우리는 이러한 시대에서의 과학기술행정법과 행정소송제도를 새로이 자리매김하여야 할 것이다. 즉 과학기술행정소송에 있어서 과학기술행정의 특수성을 인정하면서도 그에 대한 적절한 사법적 통제를 모색할 필요가 있다. 이러한 관점에서 본 절에서는 과학기술 관련 행정법령과 판례를 중심으로 먼저 과학기술행정과 과학기술행정소송의 개념과 특징을 살펴보고(II), 과학기술행정소송의 유형을 고찰한 다음(III), 과학기술행정소송의 당사자적격을 비롯한(IV) 과학기술행정소송의 절차적인 문제를 차례로 살펴보기로 한다.

II. 과학기술행정과 과학기술행정소송

1. 과학기술행정의 개념과 특징

가. 과학기술행정의 개념

과학기술행정이라 함은 과학기술의 진흥과 과학기술의 위험으로부터 국민의 안전을 지키기 위한 행정을 말한다. 넓게는 행정에 있어 과학기술적 판단이 필요한 행정이나 첨단 과학기술을 사용하여 국민들의 생활에 중대한 영향을 미치는 행정도 포함시킬 수 있다.284) 그러나 행정에 있어 단순히 전자적 수단 등 기술적 수단을 사용한다고 하여 이를 과학기술행정이라고 할 수는 없다.285) 과학기술정책을 통한 과학기술의 연구개발을 촉진하는 과학기술진흥행정은 행정법상 경제행정286)의 일종이고 과학기술의 위험으로부터 국민의 안전을 지키는 과학기술안전행정은 행정법상 경찰행정287)의 일종이라 할 수 있다.

나. 과학기술행정의 특징

1) 과학기술행정의 자기제한성

먼저 과학기술의 전문성이 행정에 미치는 영향으로 전문성이 부족할 수 있는 과학기술행정청은 스스로 그 권한 행사를 제한해야 한다는 것이다. 즉 행정청은 과학기술행정을 폄에 있어 과학기술전문가의 판단을 존중하고 가급적 간섭을 자제하여야 한다. 특히 당해 기술이 발전 도상의 기술일 때에는 더욱 그러하다.288) 이를 과학기술행정 불간섭의 원칙이라 할 수 있다. 이는 개발도상에 있는 과학기술 즉 유치기술(幼稚技術, infant technology)에 있어서는 더욱 현저하다.

2) 과학기술행정의 기술성과 전문성

과학기술행정은 전문적·기술적 지식과 판단력을 가진 자가 하여야 한다. 예컨대 신기술지정처분을 함에 있어서는 신규성, 진보성, 현장적용성 등의 기술적 요건의 충족 여부를 심사하여야 한다.289)290) 특정분야의 전문적인 과학기술행정을 위하여 독립된 행정청을 두기도 하는바 원자력의 생산과 이용에 따른 방사선재해로부터 국민을 보호하고, 공공의 안전과 환경보전을 위하여 원자력안전위원회를 설치한 것291)이 대표적인 예이다. 과학기술행정청은 행정처분을 하기에 앞서 심의기관이나 자문기관 기타 전문가의 조언을 들어야 하며292) 환경영향평가나 주민참여절차를 거쳐야 한다. 나아가 행정처분 후에도 전문가의 평가를 받는 등 엄격한 사후통제를 받아야 한다.293) 이러한 기술성과 전문성 때문에 과학기술행정처분은 신중하게 이루어져야 하며 부분허가, 예비결정 등 가급적 단계적 행정처분294)을 하는 것이 바람직하고 특히 행정절차295)를 준수하여야 한다.

3) 과학기술행정의 재량성

과학기술행정의 전문성으로 인하여 행정청에 비교적 광범한 재량이 인정된다. 행정행위가 재량성 유무 및 범위와 관련하여 이른바 기속행위 내지 기속

재량행위와 재량행위 내지 자유재량행위의 구분은 당해 행위의 근거가 된 법규의 체재·형식과 그 문언, 당해 행위가 속하는 행정 분야의 주된 목적과 특성, 당해 행위 자체의 개별적 성질과 유형 등을 모두 고려하여 판단하여야 하는바[296] 과학기술행정법규는 그 문언만 보더라도 불확정개념을 사용하고 행정청의 판단여지를 인정하거나 재량을 인정하는 규정이 많다.[297]

예컨대 유해화학물질[298]로 인하여 이미 사람의 건강이나 환경에 중대한 위해가 발생한 경우는 물론 단순히 위해가 발생할 우려가 있다고 환경부장관이 판단하는 경우에도 그 제조·수입 등의 중지를 명할 수 있는바 위해 여부의 판단에 행정청의 재량을 인정하고 있다.[299] 해양안전심판원이 해양사고의 원인에 관계있는 자에 대하여 시정 또는 개선을 권고하거나 명하는 재결에 있어서 시정 또는 개선할 사항과 해양사고의 원인과의 관련 여부 판단은 재량행위로 인정되고 있다.[300] 그러나 전염병예방법상 보건복지부장관이 예방접종으로 인한 질병 등 피해 발생 여부를 판단함에 있어 실제 예방접종으로 인한 질병 등 피해가 발생하였다고 인정되는 경우에도 임의로 예방접종으로 인한 피해로 인정하지 않을 수 있는 자유재량을 부여한 것은 아니므로 '예방접종으로 인한 장애인정'은 재량행위가 아니다.[301] 과학기술행정에 재량이 인정된다 하더라도 법치행정의 원칙상 과학기술에 관한 헌법규정[302]과 과학기술법[303]에 의거하여 행하여져야 한다는 제한에는 복종하여야 할 것이다.

4) 과학기술행정의 시의성

현대의 과학기술은 급격하게 발전하고 있으므로 그 행정에 있어서도 시의성을 확보하여야 한다. 신기술을 적용한 서비스나 제품이 신속하게 시장에 진출할 수 있게 이에 관한 규제를 할 때 우선허용·사후규제 방식을 우선적으로 고려하고, 행정청이 신기술 서비스·제품 관련 규제의 적용 여부의 신속 확인, 신기술 서비스·제품 육성을 저해하는 규제와 그 전이라도 해당 규제의 적용면제 등의 특례를 인정할 필요가 있다.[304] 이를 규제 샌드박스라고 하며 각종 신기술 관련 법령에 이러한 행정이 가능하게 하는 법적 근거를 부여하였다.[305]

5) 과학기술행정에서의 사정변경

과학기술행정에 있어서는 사정변경이 빈번히 발생한다. 여기서 사정변경이라 함은 행정계획 시, 행정처분 시, 행정처분취소 시 및 행정소송판결 시 간에 행정처분을 계획하거나 처분을 하거나 취소하는 근거가 된 사정에 변화가 생긴 경우를 말한다. 과학기술행정에 있어서는 다음과 같은 다양한 사정변경 사유가 있을 수 있다.

먼저 새로운 발견이나 발명이 수시로 일어난다. 예컨대 기존물질의 유해성이나 무해성이 밝혀진 경우306), 기존물질의 새로운 용도가 발견된 경우307), 기존 물건이나 물질의 유해성을 감소시키거나 안정성을 향상시키는 기술이 개발된 경우308) 등은 과학기술행정에 엄청난 영향을 미친다. 기후변화 등으로 새로운 위험이 발생한 경우와 같이 기술적 자연환경의 변화한 경우나 특정 재화에 대한 사회적 수요가 대폭 증가하거나 감소한 경우와 같이 사회적 기술환경의 변화가 행정에 코페르니쿠스적 전환을 강요하기도 한다.

일반 행정처분에 있어서는 국민의 신뢰보호와 기득권 보호의 차원에서 이미 허가한 행정처분을 취소하는 것은 엄격한 요건하에서만 허용될 것이나 과학기술행정에 있어서는 기술의 변화에 따른 사정변경 때문에 면허, 허가, 등록 등의 절차를 거쳐 권리나 자격을 부여한 수익적 처분을 취소하거나 행정처분에 부관309)을 부과하거나 부담을 지우는 경우가 발생할 수 있다. 따라서 국민의 생활향상이나 안전을 위하여 당사자에게 의무를 부과하거나 당사자의 자유나 권익을 제한, 박탈하는 침익적(侵益的) 행정처분이라 하더라고 언제나 기속행위로 볼 것은 아니며 사정변경에 따른 재량이 인정하여야 하는 경우도 있다.

6) 과학기술행정의 인권침해 위험

과학기술행정을 함에 있어서 사용되는 기술과 그로 인한 파급효과로 국민의 안전을 위협하고 기본적 인권을 침해할 위험이 크다. 예컨대 CCTV설치나 강제 혈액채취 등으로 인하여 사생활보호를 받을 권리를 침해당할 소지가 있고 국토개발행정계획이나 원전 기타 공장설치허가 등으로 인하여 환경권을 침해당할 위험이 있다.310) 행정상의 필요를 위하여 기술적으로 수집된 정보를 불법적으로 분석, 사용하거나 심지어는 불법적으로 수집하여 인권을 침해하기도 한다.311) 또한 과학기술행정에서는 과학기술자를 대상으로 하는 것이 많은데 그 과정에서 과학기술자의 권리312)를 침해할 위험이 있다. 그리고 과학기술행정에서는 긴급한 행정처분을 하여야 할 경우가 많은바 이로 인한 인권침해의 가능성 또한 크다. 따라서 행정처분은 기술성 및 전문성 존중과 인권침해의 위험 방지라는 두 마리 토끼를 잡아야 하는데 여기서 과학기술행정법 나아가 과학기술행정소송의 딜레마가 존재한다.

다. 과학기술행정에 있어서 행정절차의 중요성

1) 행정절차가 중요한 이유

과학기술행정에 있어서 행정절차가 엄격하게 준수되어야 하는 것은 앞서 본 바와 같이 그 기술성·전문성으로 인하여 내용 통제가 어렵고 그 행정처분의 효력이 제3자에 미치는 경우가 많으며313) 그렇지 않다 하더라도 다수의 이해관계인이 있는 경우가 많기 때문이다. 그 예로 신기술지정처분으로 신기술지정의 표시, 신기술 우선 사용의 권고, 기술사용료 지급 청구권 부여, 자금 지원 등의 우대를 받으므로 신기술보유기업의 경쟁기업이나 신기술사용희망기업에게도 중대한 영향을 미친다. 또한 행정처분을 하면 일반적으로 공정력(公定力), 즉 행정처분에 하자가 있더라도 그 하자가 중대하고 명백하여 당연 무효가 아닌 한, 권한 있는 기관에 의하여 취소될 때까지는 상대방 또는 이해관계인들이 그 효력을 부인하지 못하는 힘이 생기므로 그 처분을 함에는 사전에 엄격한 행정절차를 따라야 한다.

2) 이해관계인의 서면 의견청취

행정청이 당사자에게 의무를 부과하거나 권익을 제한하는 침익적 행정처분을 할 때에는 청문이나 공청회를 개최하지 않으면 당사자 등에게 의견 제출의 기회를 주어야 한다.314) 신기술지정처분은 침익적 행정처분은 아니나 제3자에게 미치는 영향이 크므로 서면 의견청취절차를 규정하고 있다. 즉 신기술지정 신청이 있으면 먼저 이 사실을 관보에 게재하고 이해관계인의 의견을 청취하여야 하며 관계기관에 의견조회도 하여야 한다.315) 신청 기술의 심사나 신기술지정처분을 하는 단계에서 이해관계인의 이의절차에 관하여는 명문의 규정이 없으나 이해관계인 보호의 차원에서 특히 이의신청이나 무효심판에 준하여 이의를 하거나 지정취소를 구할 기회를 부여하는 것이 타당할 것이다.316) 신기술지정을 취소하는 경우317)에도 취소예고, 소명자료의 제출, 소명자료의 조사 등의 절차를 거쳐 취소처분을 하여야 한다. 이는 신기술지정 취소가 당사자의 권익을 제한하는 처분이므로 당연한 것이다.

3) 청문318)

행정처분 시 법령상 청문을 하여야 하거나 행정청이 필요하다고 인정하는 경우 청문을 하게 되어있다.319) 과학기술행정에서의 청문절차는 기술의 이전 및 사업화 촉진에 관한 법률320), 전기사업법321), 고압가스 안전관리법322) 원자력안전법323) 등 수많은 법률에서 그 예를 발견할 수 있다. 과학기술행정에 있어서는 해당 처분의 영향이 광범위하여 널리 의견을 수렴할 필요가 있다고 행정청이 인정하는 경우가 아니더라도 이해관계인에게 심각한 영향을 주는 경우에는 청문을 하여야 할 것이다.

4) 공청회324)

행정청이 처분을 할 때 다른 법령등에서 공청회를 개최하도록 규정하고 있는 경우, 해당 처분의 영향이 광범위하여 널리 의견을 수렴할 필요가 있다고 행정청이 인정하는 경우 및 국민 다수의 생명, 안전 및 건강에 큰 영향을 미치거나 소음 및 악취 등에 관련하여 국민생활에 큰 영향을 미치는 처분에 대하여 30명 이상의 당사자등이 공청회 개최를 요구하는 경우에는 공청회를 개최하여야 한다.325) 행정청은 공청회 개최 14일 전까지 일정 사항을 당사자등에게 통지하고 관보, 공보, 인터넷 홈페이지 또는 일간신문 등에 공고하는 등의 방법으로 널리 알려야 한다.326) 과학기술법령에서 공청회를 별도로 규정하고 있는 예로는 환경영향평가법령327)이나 원자력안전법령328)을 들 수 있다.

5) 영향 분석 및 평가

행정청은 행정처분이 가져올 사회적 영향을 사전적으로 분석하고 사후적으로 평가하여 그 적절성을 판단하여야 한다. 예컨대 행정청이 규제를 신설하거나 강화하는 경우 규제영향분석을 하여야 한다.329) 환경행정에 있어서는 환경영향을 고려하고 대책을 강구하는 환경영향평가를 실시하여야 한다.330)

2. 과학기술행정소송의 개념과 특징

가. 과학기술행정소송의 개념

과학기술행정소송이라 함은 과학기술행정에 관한 분쟁을 다투는 소송절차를 말한다. 분쟁을 다루는 기관이 법원이라는 점에서 행정기관에 의하여 행정쟁송이 다루어지는 행정심판과 다르다. 과학기술행정에 관련되는 한 국가연구개발사업 출연금 환수소송과 같이 민사소송의 형태로 제기되는 것도 과학기술행정소송의 범주에 포함하여 살펴본다. 과학기술행정소송은 여타 행정소송과 마찬가지로 과학기술행정에 대한 합법성 통제와 과학기술행정으로 인한 피해의 구제를 그 목적으로 한다. 그러나 과학기술행정의 특수성으로 인하여 소송에 의한 그 행정에 대한 합법성 통제에는 여러 가지 제약이 있고 피해의 구제에 있어서도 예외를 인정하여야 할 경우가 많다.

나. 과학기술행정소송의 특징

1) 행정처분의 전문성 · 기술성

과학기술행정처분의 전문성 · 기술성으로 인하여 그 위법성 판단에 어려움이 있고 사법적 통제에 한계가 있다. 먼저 법원은 행정청의 기술적 판단을 존중하여야 한다. 법치행정을 담보하되 기술의 발전에 상응한 행정을 방해하지 않아야 한다. 행정처분에 대한 내용적 심사에 있어서도 행정재량의 남용금지

위반 여부에 심사의 중점이 놓인다. 과학기술안전 관련 행정소송에 있어서는 과학기술의 위험성에 관한 기술적 판단이 문제되며 국민의 안전을 담보하기 위하여 침익적 처분에 준한 사법적 통제가 이루어져야 할 것이다. 예컨대 미국 행정절차법(Adminisrative Procedure Act)에 따르면 법원의 행정처분에 대한 심사 기준에는 자의변덕심사(恣意變德審査, arbitrary and capricious review)331)와 좀더 엄격한 기준을 적용하는 실질적 증거심사(substantial evidence review)332)의 두 가지가 있으나 과학기술행정소송에서는 통상 자의변덕심사를 행한다. 예컨대 미국 연방법원은 1950년대부터 보급되기 시작한 케이블TV에 관련하여 케이블TV에 관한 아무런 규정이 없던 기존 연방통신법하에서도 미국 연방통신위원회(Federal Communication Commission, FCC)의 케이블TV에 대한 규제 권한을 광범하게 인정하고 자의변덕심사기준에 따라 법원의 개입을 자제하여 왔으나333) 케이블TV의 영향력이 커진 1979년에 이르러서는 연방통신위원회가 케이블TV사업자에 대하여 20개 이상의 채널보유를 명하는 규정을 제정할 수 있는 권한을 부정하는 개입을 함으로써334) 1984년 의회로 하여금 케이블TV에 관한 새로운 장을 신설하는 연방통신법 개정을 하게 한 예가 과학기술행정에 대한 사법권 개입의 기준을 보여준다.335)

2) 행정의 절차적 적법성 중시

과학기술행정처분의 전문성·기술성으로 인하여 그에 대한 사법심사는 제한적일 수밖에 없으며 주로 앞서본 과학기술행정 불간섭의 원칙을 준수하였는지 여부의 심사와 행정처분의 절차적 합법성에 심사의 중점이 놓인다. 앞서 본 바와 같이 과학기술행정처분은 원칙적으로 행정절차를 거치게 되어 있고 개별법에서 일정한 절차를 거칠 것을 규정하고 있는바 그 준수 여부가 합법성심사의 주된 대상이 된다.

3) 행정에 의한 안전과 인권침해의 방지

과학기술행정으로 과학기술자, 행정처분의 상대방 및 제3자의 안전이 위협받고 그 인권을 침해당할 위험이 큰 만큼 행정처분에 대한 심사에 있어 이들에 대한 안전 확보와 인권침해 여부에 특히 중점이 놓여야 한다. 이를 위하여 원고적격336)이나 소의 이익337) 요건을 확대 해석할 필요가 있고 행정처분의 적법성에 관한 주장, 입증에 있어서도 행정청의 책임이 무거워진다.

4) 행정처분 후 사정변경의 고려

앞서 본 바와 같이 과학기술행정에 있어서는 사정변경이 빈번히 발생한다. 법원이 행정처분의 적법성을 심사함에 있어 과학기술 발전의 추이를 살펴 사정판결을 하여야 하는 경우도 생겨나고 있다.

　5) 이해관계인의 다수성

　과학기술 행정처분은 과학기술위험으로 인한 피해의 광범성, 피해의 만발성으로 인한 분쟁의 잠재성, 규범(예방)의 실패로 인한 국가의 책임과 위험진압에 있어서의 국가개입 등 공공성을 그 특징으로 한다. 또한 분쟁주체가 주민, 소비자, 이용자 등 개인이기보다는 일정한 집단이 되는 경우가 많아 집단적 해결이 필요한 경우도 있다. 이로 인하여 광범한 원고적격 인정의 필요성 등이 지적된다.

Ⅲ. 과학기술행정소송의 유형

1. 개설 – 과학기술행정소송의 분류방법

가. 과학기술행정의 분야에 따른 유형

1) 과학기술진흥 관련 행정소송

　과학기술진흥 관련 행정소송은 다시 과학기술 연구개발 관련 행정소송, 과학기술 연구성과 관리 관련 행정소송, 과학기술 연구성과 보호 관련 행정소송 및 과학기술 연구성과 활용관련 행정소송으로 나눌 수 있다. 과학기술 연구개발 관련 행정소송에는 국가연구개발사업에 관련한 국가 출연금 지급청구, 국가연구개발사업 참여제한, 국가연구개발사업 출연금환수 청구 등의 소송이나 권리귀속 소송 등이 이에 속한다. 과학기술 연구성과 관리 관련 행정소송에는 연구성과의 귀속이나 보상에 관한 소송 등이 있다. 과학기술 연구성과 보호 관련 행정소송은 다시 지적재산권관련행정소송과 지적재산권외 과학기술보호행정소송으로 나눌 수 있다. 전자에는 특허심결취소소송,[338] 특허청의 처분에 대한 행정소송, 지식재산권침해 불공정행위에 대한 무역위원회의 처분에 대한 행정소송, 지식재산권침해관련 세관의 통관보류조치 등 처분에 대한 행정소송 등이 있다.[339] 지적재산권외 과학기술보호행정소송으로는 신기술지정처분에 관련한 소송, 기술유출방지 관련 행정소송, 기술적 보호조치 관련 행정소송 등이 있다. 과학기술 연구성과 활용 관련 행정소송에는 과학기술 연구성과의 양여, 실시 등의 이전과 사업화에 관한 행정으로 인한 소송이다. 기술거래기관 지정, 기술사업화전문회사의 지정, 기술지주회사의 등록, 기술평가기관의 지정, 기술신탁관리업의 허가 등과 그 취소에 관한 소송과 기술사업화를 위한 국유재산의 대여, 국유 지식재산권의 무상양여 등에 관한 소송도 포함된다.

2) 과학기술안전 관련 행정소송

정부가 과학기술로 인한 위해로부터 국민의 안전을 지키기 위한 행정에서 발생하는 소송이다. 구체적으로는 원자력 그 밖의 유해물질로 인한 피해, 전자파 피해, 전파 방해, 병원균 등 유해생물로 인한 피해, 대기·물·토양 등 자연오염, 사회생활환경의 악화 등의 방지 행정으로 인한 소송이다. 화력, 수력발전소, 방사성폐기물처분장, 폐기물처리시설 등의 위험시설에 관한 행정이나 공항, 도로, 송전탑, 방조제, 간척시설, 공장 등 자연훼손 공해유발 시설에 관한 행정에 관련한 소송도 이 범주에 포함시킬 수 있다. 과학기술안전 관련 행정소송에는 다시 과학기술 위해예방 관련 행정소송[340], 과학기술 위해진압 관련 행정소송[341] 및 과학기술 위해치유 관련 행정소송[342]이 있다.

3) 과학기술 판단 관련 행정소송

이는 행정의 대상이 과학기술의 진흥이나 안전은 아니나 행정을 함에 있어 과학기술적 판단을 요하는 행정에 관련한 소송이다. 행정의 대상이 과학기술이 아니더라도 행정을 위한 과학기술의 선택 등 과학기술적 판단을 하여야 한다는 점에서 그 특징에 있어서는 위에서 본 두 가지 유형의 행정소송과 다를 바 없다.

나. 행정소송의 내용에 따른 분류

과학기술행정소송도 일반 행정소송과 같이 항고소송[343]과 당사자소송[344]으로 나눌 수 있고[345] 항고소송에는 취소소송, 무효등확인소송 및 부작위위법확인소송[346]의 세 가지 유형이 있으며[347], 항고소송의 대상인 처분의 종류에 따라 원처분불복소송[348]과 재결불복소송[349]으로 나눌 수 있다. 취소소송의 유형은 다시 침익적 처분[350] 취소소송과 수익적 처분 취소소송[351]으로 나눌 수 있다. 당사자소송에는 공법상 과학기술계약에 관련한 소송과 국가가 관리하는 과학행정기술 관련 영조물의 설치관리의 하자나 유해화학물질의 유출로 인한 피해 등으로 인한 국가의 책임을 묻는 국가배상소송이나 손실보상소송 등이 있다.

특허심결취소소송은 특허심판원의 심결을 다투는 행정소송의 일종으로 당사자에 관련된 절차법적 사항은 특허권의 특수성에 따른 다소의 예외가 있다.[352] 특허부여절차를 다투는 심결취소소송은 항고소송으로 그 소송물은 심결의 실질적 판단의 위법뿐 아니라 심판절차에서의 절차상 위법 등 위법성 일반이고,[353] 개개의 위법사유는 공격방어방법에 불과하다는 것이 판례의 입장이다.354) 특허무효절차를 종결하는 심결취소소송은 형식은 항고소송이나 당사자소송에 가깝다. 아래에서는 이 유형의 분류에 따라 상세히 고찰한다.

다. 당사자에 따른 분류

과학기술행정소송도 원고적격에 따라 처분당사자 소송과 제3자 소송으로 나눌 수 있다.355) 처분당사자소송은 행정처분의 상대방이 자신의 권익이 침해되었음을 이유로 제기하는 행정소송이고 제3자 소송은 행정처분의 상대방이 아닌 제3자가 그 행정처분의 제3자효로 인하여 입은 불이익을 제거하기 위하여 제기하는 소송이다. 이 제3자 소송도 처분당사자 소송과 마찬가지로 침익적 처분소송과 수익적 처분소송으로 나눌 수 있다. 과학기술행정처분에는 제3자효를 가지는 처분이 많으므로 제3자소송이 많으며 따라서 그 원고적격이 문제된다.

라. 전심절차에 따른 분류

항고소송의 제기에 앞서 반드시 행정심판이라는 전심절차를 거쳐야 하는지 여부에 따라 임의적 전치소송과 필요적 전치소송으로 나눌 수 있다. 국가연구개발사업 참여제한처분이나 지식재산권침해 불공정행위에 대한 무역위원회의 처분 등에 대하여는 일반적인 행정쟁송외에 이의신청을 할 수 있는 권리가 부여되어 있는바356) 이는 필요적 전치소송은 아니나 임의적 전치절차의 하나라 할 수 있다. 과학기술 행정처분은 행정절차를 거쳐서 하는 경우가 많으므로 원칙적으로는 임의적 전치소송으로 하고 있으며 특허심결취소소송과 같이 행정청의 전문적이고 신중한 판단을 거쳐 소송을 제기하는 것이 바람직한 경우에 한하여 필요적 전치소송으로 하고 있다.

마. 소 결

이상 과학기술행정소송의 종류를 살펴보았으나 그 대부분은 과학기술행정처분을 다투는 항고소송이다. 따라서 이하에서는 항고소송으로 침익적 과학기술행정처분에 대한 소송, 수익적 과학기술행정처분에 대한 소송 및 과학기술행정처분에 대한 제3자 소송을 살펴보고, 당사자소송으로 공법상 과학기술계약 관련 소송과 과학기술행정상 손해배상·손실보상소송을 설명하기로 한다.

2. 과학기술행정처분 대상자의 소송

가. 침익적 과학기술행정처분에 대한 소송

과학기술행정에 있어서는 침익적 행정처분이 많은바, 침익적 과학기술행정처분에 대한 소송은 이를 다투는 소송이다. 국토개발행정계획 취소소송, 과학기술 관련 사업허가취소처분이나 과징금부과처분에 대한 취소소송 등이 대표적인 예이다. 또한 국가연구개발사업에 참여한 자가 일정한 위법행위를 한때에는 향후 국가연구개발사업에 참여를 제한할 수 있고 지원한 출연금을 환수할 수 있는바357) 국가연구개발사업 등의 참여제한처분358)이나 국가연구개발사업 출연금환수처분에 대한 취소소송, 그리고 산업집적활성화 및 공장설립에 관한 법률에 의거하여 행한 국가산업단지입주계약 해지처분359)도 이 범주에 속한다.

나. 수익적 과학기술행정처분에 대한 소송

일정한 기술수준이나 시설을 갖춘 자가 과학기술에 관한 행위를 할 수 있도록 되어 있는데 과학기술행정청이 당사자에게 면허를 주거나 허가하는 수익적 행정처분을 거부하거나 하지 않는 때에는, 그에 대한 취소소송이나 부작위위법확인소송을 제기할 수 있다. 예컨대 앞서 본 신기술지정 절차에서 제기하는 신기술지정거부처분 취소소송이나 원전 등 과학기술시설을 위한 공유수면점용·사용허가거부처분 취소소송360)이 있다.

3. 과학기술행정처분에 대한 제3자 소송

가. 제3자 침익적 처분소송

이 소송은 그 처분의 상대방에서는 수익적 처분일 수 있으나 제3자에게는 침익적 효과를 가져 오는 행정처분에 대하여 제3자가 그 취소를 구하는 소송이다. 제3자가 제기하는 과학기술 관련 영업허가 취소소송, 신기술지정처분 취소소송 등이 이에 포함된다.

나. 제3자 수익적 처분소송

이 소송은 반대로 그 처분의 상대방에게는 침익적 처분일 수 있으나 제3자에게는 수익적 효과가 있는 행정처분의 거부처분에 대하여 제3자가 제기하는 행정소송이다. 제3자가 제기하는 과학기술 관련 영업허가거부처분 취소소송, 신기술지정거부처분 취소소송 등 과학기술행정처분의 거부의 취소나 부작위의 위법확인을 구하는 소송이 그 예이다.

4. 과학기술행정상 당사자소송

과학기술행정 당사자소송에는 (ⅰ) 과학기술행정법상 신분이나 지위의 확인에 관한 소송, (ⅱ) 과학기술행정처분 등의 무효·취소를 전제로 하는 부당이득반환소송, (ⅲ) 과학기술행정법상 금전지급청구에 관한 소송, (ⅳ) 국가연

구개발협약 등 과학기술행정법상 계약에 관한 소송 등이 있다. 과학기술행정
당사자소송 중 가장 대표적인 것이 국가연구개발사업을 위한 연구개발협약 등
공법상 과학기술계약에 관한 소송이다. 이 소송은 원칙적으로 당사자소송으로
제기되나 항고소송의 형태로 제기할 수 있는 경우도 있다.[361] 과학기술행정에
관련하여 국가기관이 한 손해배상이나 보상에 관한 재정[362]을 다투는 소송도
당사자소송의 범주에 속한다.

5. 과학기술행정상 손해배상 · 손실보상소송

과학기술행정처분이나 원자력 기타 국가위험시설로 입은 피해의 전보에
관한 소송이다.[363] 위법한 행정처분이나 과학기술 행정 영조물[364]의 설치관리
의 하자로 인한 손해배상소송과 위법하지 않은 처분이나 시설로 인하여 입은
손실보상소송 양자를 포함한다. 전자의 예로는 식품의약품안전청장이 식품위
생법에 의거한 국민의 생명 · 신체에 대한 위험 예방조치 불이행으로 입은 손
해[365]나 공항 주변의 항공기 소음으로 인한 피해[366]에 대한 국가배상소송 등
이 있다. 후자의 예로는 전기의 수급조절을 위하여 산업통상자원부장관이 전기
사업자등에게 전기의 공급 등을 명함으로 인하여 전기사업자 등이 입은 손실
에 대하여 정당한 보상을 하여야 하고[367] 전기사업자가 타인의 토지의 지상 또
는 지하 공간에 송전선로의 설치, 토지 등에의 출입이나 일시사용, 다른 자의
식물의 변경 또는 제거로 인하여 그 타인이 입은 손실에 대하여 정당한 보상을
하여야 함에도[368] 정당한 보상을 하지 않는 경우 피해자가 제기하는 손실보상
청구소송이 있다.[369]

과학기술행정처분이나 국가위험시설의 설치 · 관리에 있어 위법성 판단이
어렵고 또 손해가 다수인에게 발생하는 경우가 많아 입법은 물론 소송에 있어
서도 무과실책임에 가까운 책임이 인정되는 경향이 있다. 국가의 손해전보에
관련하여 분쟁조정위원회 등을 두어 손해배상이나 손실보상에 관한 분쟁을 소
송 외에서 해결하기도 한다.[370] 한편 과학기술인이 전문가라는 점에서 과학기
술 행정가를 포함한 과학기술인에게 문외한이 입은 피해에 대하여 엄격한 책
임을 지우는 경향도 발견된다.

Ⅳ. 과학기술행정소송의 당사자적격

1. 과학기술행정소송의 원고적격

가. 제소의 법률상의 이익

취소소송은 행정처분의 취소를 구할 법률상의 이익이 있는 자가 제기할 수 있으므로[371] 행정처분의 상대방은 물론 행정처분의 직접 상대방이 아닌 제3자도 행정처분의 취소 등을 구할 법률상 이익이 있으면 원고적격이 인정된다.[372] 과학기술행정소송에 있어서의 법률상의 이익에 관하여 판례는 행정처분의 직접 상대방이 아닌 제3자라 하더라도 당해 행정처분으로 인하여 법률상 보호되는 이익을 침해당한 경우에는 그 처분의 취소나 무효확인을 구하는 행정소송을 제기하여 그 당부의 판단을 받을 자격이 있다 할 것이며, 여기에서 말하는 법률상 보호되는 이익이라 함은 당해 처분의 근거 법규 및 관련 법규에 의하여 보호되는 개별적 · 직접적 · 구체적 이익이 있는 경우를 말하고, 제3자가 단지 간접적인 사실상 경제적인 이해관계를 가지는 경우나 공익보호의 결과로 국민 일반이 공통적으로 가지는 일반적 · 간접적 · 추상적 이익이 생기는 경우에는 법률상 보호되는 이익이 있다고 할 수 없다고 판시하고 있다.[373] 과학기술행정의 안전 위협 및 인권침해의 위험을 고려한다면 원고적격을 가급적 넓게 인정하여야 할 것이므로 여기 법률상의 이익에서 말하는 '법률'은 당해 처분의 근거 법규 및 관련 법규에 한하지 아니하고 당해 처분의 절차에 관한 법규, 근거 법규의 취지와 목적, 헌법상의 기본권 규정 및 법의 일반원칙까지 포함한다고 해석하는 것이 타당할 것이다.[374]

나. 경업자의 원고적격

행정처분을 받은 자의 경업자 예컨대 먼저 신기술지정처분을 받은 자는 경쟁자의 유사한 내용의 기술에 대한 신기술지정처분을 다툴 원고적격이 인정되고 동시에 사업허가를 신청한 자는 다른 자에 대한 사업허가처분의 취소를 다툴 원고적격이 인정된다. 판례는 건설기술진흥법[375]은 단순히 신기술의 보급과 관련된 공익을 보호하는 데에 그치는 것이 아니라, 건설기술의 연구 · 개발을 촉진할 목적으로 기술개발자에게 각종 독점적 지위와 계약상의 우선권을 인정함으로써 기술개발자의 사익도 그 보호대상으로 하고 있음이 명백하므로, 신기술지정처분을 받은 자가 누리는 지위는 단순히 간접적이거나 사실적 · 경제적 이해관계에 그치는 것이 아니라 근거 법률에 의하여 보호되는 직접적이고 구체적인 이익에 해당한다고 할 것이어서 건설기술진흥법에 의거, 신기술

지정처분을 받은 자는 유사한 내용의 기술에 대하여 행하여진 신기술지정처분을 다툴 원고적격이 있다고 보았다.376) 마찬가지로 항만공사 시행허가 등의 수익적 행정처분을 신청한 여러 사람이 서로 경쟁관계에 있어 일방에 대한 허가처분이 타방에 대한 불허가로 될 수밖에 없는 때에는 허가처분을 받지 못한 사람은 처분의 상대방이 아니라 하더라도 당해 처분의 취소를 구할 원고적격이 있고, 다만 구체적인 경우에 있어서 그 처분이 취소된다 하더라도 허가처분을 받지 못한 불이익이 회복된다고 볼 수 없을 때에는 원고적격이 없다.377)

다. 환경상의 이익을 침해받은 자의 원고적격

환경상의 이익을 침해받은 자의 원고적격에 관하여 판례는 환경상 침해가 예상되는 영향권의 범위내에 있는지 여부에 따라 구체적인 기준을 제시하였다. 즉 그 행정처분의 근거 법규 또는 관련 법규에 그 처분으로써 이루어지는 행위 등 사업으로 인하여 환경상 침해를 받으리라고 예상되는 영향권의 범위가 구체적으로 규정되어 있는 경우에는 그 영향권 내의 주민들에 대해서는 당해 처분으로 인하여 직접적이고 중대한 환경피해를 입으리라고 예상할 수 있고, 이와 같은 환경상의 이익은 주민 개개인에 대하여 개별적으로 보호되는 직접적·구체적 이익으로서 그들에 대해서는 특단의 사정이 없는 한 환경상 이익에 대한 침해 또는 침해 우려가 있는 것으로 사실상 추정되어 법률상 보호되는 이익으로 인정됨으로써 원고적격이 인정된다고 할 것이며, 그 영향권 밖의 주민들은 당해 처분으로 인하여 그 처분 전과 비교하여 수인한도를 넘는 환경피해를 받거나 받을 우려가 있다는 자신의 환경상 이익에 대한 침해 또는 침해 우려가 있음을 입증해야만 법률상 보호되는 이익으로 인정되어 원고적격이 인정된다고 판시하였다.378)

라. 집단소송 등 원고적격의 확대

과학기술행정에 관련하여서는 피해자 등 이해관계인이 다수인 경우가 많아 집단소송제도의 필요성이 지적되고 있으나 현재 집단소송을 인정하고 있는 입법은 없고 환경분쟁조정법에서 집단분쟁조정제도가 제한적으로 인정되고 있을 뿐이다.379) 입법론으로서는 다수의 이해관계인이 특정지역이나 특정집단에 속하는 경우에는 과학기술행정소송에 있어서 집단소송제도를 도입하는 것이 타당할 것이다. 즉 집단소송이 불가피한 경우380)에는 법원의 허가를 얻어 집단소송을 제기할 수 있도록 하여야 할 것이며 그 판결의 효력은 원칙적으로 그 집단 구성원 전원에게 미치도록 하여야 할 것이다.381) 그러한 입법이 될 때까지는 소송절차상의 운영의 묘를 살려 원고적격을 완화한다든가 소송참가를 관

대한 조건하에서 허용한다든가 대표당사자제도를 광범하게 이용할 수 있도록
하여야 할 것이다. 일반적으로 행정상 이행소송이 인정된다 하더라도 과학기술
집단소송에 있어서 행정상 이행소송이 인정될 것인가는 따로 논의를 해보아야
할 문제이다.

2. 과학기술행정소송에 있어서 이해관계인의 소송참가

과학기술행정소송의 결과에 따라 권리 또는 이익의 침해를 받을 제3자 또
는 제3자 행정청은 법원의 허가결정을 얻어 그 소송에 참가할 수 있다.[382] 과
학기술행정소송의 당사자도 제3자의 소송참가를 신청할 수 있으며 법원이 직
권으로 그러한 결정을 할 수도 있다. 과학기술행정소송에 있어서는 이해관계인
의 소송참가를 광범하게 허용할 필요가 있다. 그것은 과학기술행정이 특정집단
전체에 영향을 미치는 경우가 많고 이익과 불이익 간의 상호구속성을 가지는
개인법익 간의 대립에 대하여 판단하는 경우가 많아서 과학기술행정처분에 제
3자효가 인정되는 경우가 많기 때문이다. 이는 공익 대 사익의 대립뿐 아니라
사익 대 사익의 대립이 문제되는 경우가 많기 때문이다.[383]

3. 과학기술행정소송의 피고적격

과학기술행정처분에 대한 취소소송, 무효확인소송 및 부작위위법확인소송
은 그 처분을 행한 또는 행하지 않은 행정청을 피고로 한다.[384] 법령에 의하여
행정권한의 위임 또는 위탁을 받은 행정기관, 공공단체 및 그 기관 또는 사인
도 행정청이 되는 것이므로[385] 예컨대 국가연구개발사업을 위탁받아 처리하는
전문기관은 자신에 대한 각종 행정소송의 피고적격이 있고, 국가산업단지의 관
리업무를 위탁받은 한국산업단지공단은 그 산업단지 안에 입주하려는 임대사
업자와 체결한 입주계약의 해지처분 취소소송의 피고적격이 있다.[386] 또한 저
작권 등록 무효확인소송의 피고적격은 문화체육관광부장관으로부터 저작권 등
록업무에 관한 권한을 위탁받은 한국저작권위원회에 있다.[387] 연구개발협약상
출연금의 지급을 구하는 소나 원자력손해배상을 구하는 소는 당사자소송으로
서 행정청인 전문기관이나 원자력안전위원회를 피고로 하지 않고 국가(연구개
발협약의 주체가 지방자치단체인 경우에는 그 지방자치단체)가 피고가 된다.[388]

4. 과학기술행정소송에 있어서 소의 이익

소의 이익이라 함은 행정처분이 취소된 경우에 현실적으로 법률상의 이익

이 현실적으로 회복될 수 있는 상태에 있는지 여부에 관한 것이다.389) 행정처분을 취소하더라도 원상회복에 불가능하거나 행정처분 후의 사정으로 이익침해가 해소된 경우 또는 행정처분의 효력 소멸 후에는 원칙적으로 소의 이익이 없다. 그러나 행정처분의 효과가 기간의 경과, 처분의 집행 그 밖의 사유로 인하여 소멸된 뒤에도 그 처분의 취소로 인하여 회복되는 법률상 이익이 있으면 소의 이익이 있다.390) 예컨대 신기술지정취소처분에 대하여 신기술지정의 유효기간이 경과한 후 그 취소를 구한 경우, 유효한 신기술지정처분이 존재하여 이를 근거로 신기술지정연장신청이 가능하였다면, 신기술지정취소처분을 다툴 법률상의 이익이 있다 할 것이며, 공장등록이 취소된 후 그 공장시설물이 철거되었다 하더라도 대도시 안의 공장을 지방으로 이전할 경우 조세특례제한법상의 세액공제 및 소득세 등의 감면혜택이 있고, 공업배치 및 공장설립에 관한 법률상의 간이한 이전절차 및 우선 입주의 혜택이 있는 경우 그 공장등록취소처분의 취소를 구할 소의 이익이 있다 할 것이다.391) 또한 과학기술행정처분으로 인하여 인권이 침해되고, 제소당시에는 인권침해의 상태가 종료되었다 하더라도 과학기술행정의 적법성을 담보한다는 의미에서 소의 이익을 인정하여야 할 것이다.

V. 과학기술행정소송절차

1. 개 설

과학기술행정소송은 과학기술행정의 특징으로 인하여 그 절차에 있어서도 일반 행정소송과 다른 특색이 발견된다. 이하에서는 행정소송의 대상, 임시적 구제, 심리절차, 주장과 입증, 조정 등의 ADR, 사정변경과 사정판결, 소송절차에 있어서의 과학기술의 이용 등의 순서로 살펴보기로 한다.

2. 과학기술행정소송의 대상

가. 항고소송의 대상

항고소송의 대상은 행정처분이다. 행정처분에는 행정청이 행하는 구체적 사실에 관한 법집행으로서의 공권력의 행사 또는 그 거부 및 행정심판에 대한 재결뿐 아니라 그 밖에 이에 준하는 행정작용을 포함한다.392) 앞서 본 바와 같이 국가연구개발사업상 국가연구개발사업참여제한처분이나 출연금환수처분 모두 항고소송의 대상이 되며 특허실시권등록처분도 그 대상이 된다.393) 행정청의 고시가 일반적·추상적 성격을 가질 때에는 법규명령 또는 행정규칙에 해당할 것이지만, 다른 집행행위의 매개 없이 그 자체로서 직접 국민의 구체적인 권리의무나 법률관계를 규율하는 성격을 가질 때에는 행정처분이 된다.394) 판례는 약제 및 치료재료의 산정기준 등에 관한 보건복지부 고시 중 상한금액부분은 그 자체로서 국민건강보험가입자 또는 국민건강보험공단과 요양기관에 대하여 지불하여야 하거나 상환받을 수 있는 약제비용의 증감이라는 법률상 이익에 직접적인 영향을 미치는 일반 행정처분으로 보았다.395)

과학기술행정에 있어서는 여러 가지의 행정계획396)이 수립되는바 행정계획의 행정처분성이 문제된다. 과학기술기본법에 따라 수립되는 과학기술기본계획이나 원자력안전법에 따라 수립되는 원자력안전종합계획은 단순히 유도적 행정계획이고 구속성이 없으므로 그 처분성이 부정된다 할 것이나 산업입지 및 개발에 관한 법률에 따른 각종 산업단지계획에 대한 승인은 행정처분이라 할 것이다. 오늘날 행정법원은 홍수조절댐건설기본계획이나397) 국토이용계획의 행정처분성을 인정하는 등 행정계획의 행정처분성을 비교적 광범하게 인정하고 있다.398)399)

나. 당사자소송의 대상

당사자소송의 대상은 분쟁이 된 공법상의 법률관계이다.400) 출연금 지급청구권 등의 공법상 계약관계, 원자력손해배상 등 국가배상청구권이나 손실보상청구권 등 공법상 손해전보관계 등이 당사자소송의 대상이 된다.

3. 과학기술행정소송에서의 임시적 구제

가. 행정처분의 공정력

일반적으로 취소소송의 제기는 행정처분의 효력이나 그 집행에 영향을 주지 않는다.401) 과학기술행정소송의 경우에도 마찬가지이다. 이는 대체로 행정처분의 공정력 때문으로 이해되고 있으나 반드시 그렇지 않다는 견해도 있다.402)

나. 과학기술행정소송에 있어서의 집행정지

일반적인 취소소송과 같이 과학기술행정소송에 있어서도 예외적으로 집행정지가 인정된다. 특히 제3자효가 인정되는 행정처분의 경우 그 제3자는 집행정지를 신청할 수 있다. 본안 법원은 취소소송이 제기된 경우에 처분 등이나 그 집행 또는 절차의 속행으로 인하여 생길 회복하기 어려운 손해를 예방하기 위하여 긴급한 필요가 있다고 인정할 때에는 행정처분의 집행을 정지할 수 있다.403) 여기서 '회복하기 어려운 손해'란 특별한 사정이 없는 한 금전으로 보상할 수 없는 손해로서 금전보상이 불가능한 경우 내지는 금전보상으로는 사회관념상 행정처분을 받은 당사자가 참고 견딜 수 없거나 참고 견디기가 현저히 곤란한 경우의 유·무형의 손해를 일컫는다.404) 그리고 '처분이나 그 집행 또는 절차의 속행으로 인하여 생길 회복하기 어려운 손해를 예방하기 위하여 긴급한 필요'가 있는지는 처분의 성질과 태양 및 내용, 처분상대방이 입는 손해의 성질·내용 및 정도, 원상회복·금전배상의 방법 및 난이 등과 본안청구의 승소가능성 정도 등을 종합적으로 고려하여 구체적·개별적으로 판단하여야 한다.405)406)

집행정지는 행정처분의 효력 자체나 그 집행 또는 절차의 속행을 정지하는 것이으로,407) 공공복리에 중대한 영향을 미칠 우려가 있을 때에는 허용되지 아니한다.408) 신기술지정연장거부처분에 대한 집행정지는 원칙적으로 허용되지 않는다.409)

다. 집행정지의 취소

집행정지의 결정이 확정된 후 집행정지가 공공복리에 중대한 영향을 미치거나 그 정지사유가 없어진 때에는 집행정지 취소결정을 할 수 있는바410) 집행정지 결정의 취소사유는 원칙적으로 집행정지결정 확정 후에 발생한 것이어야 하고, '집행정지가 공공복리에 중대한 영향을 미치는 때'라 함은 일반적·추상적인 공익에 대한 침해의 가능성이 아니라 당해 집행정지 결정과 관련된 구체적·개별적인 공익에 중대한 해를 입힐 개연성을 말한다.411)

라. 과학기술행정소송에 있어서의 가압류·가처분

일반적으로 항고소송에 있어서는 집행정지 외에 가압류나 가처분은 허용되지 않는다고 해석되고 있다.412) 그러나 당사자소송에서는 집행정지가 인정되지 않으므로 가압류·가처분이 허용된다 할 것이다.

4. 과학기술행정소송에서의 심리

가. 개 설

과학기술행정소송에 있어서 법원의 역할은 일반 행정소송과 약간의 차이가 있으며 그에 따라 법원의 심리의 범위, 방법 및 절차에 있어 특수성이 인정된다. 변화하는 기술분야에 대한 무간섭 원칙, 과정과 절차의 통제, 결과에 대한 불통제 등의 특징을 발견할 수 있다.

나. 행정처분상 적법절차의 준수여부의 심리

앞서 본 바와 같이 과학기술행정의 적정성은 행정절차의 준수에 의하여 담보되고 정당화되는 것이므로 행정절차법의 엄격한 준수가 요청된다.[413] 따라서 행정절차를 이천하지 아니하였으면 그 자체로 하자있는 행정처분으로서 취소를 면할 수 없다.[414] 따라서 과학기술행정처분의 적법성을 심사하는 법원으로서는 행정절차 등 행정처분과정을 엄격히 심사하여 결정과정의 과오를 시정할 것을 명하는 재판을 할 수 있을 뿐이다.

다. 처분청의 사실인정에의 구속과 처분청의 재량 인정

먼저 법원은 과학기술 행정청의 사실인정을 존중하여야 하며 그 사실인정에 구속된다. 법원은 행정청의 사실인정이 현저하게 경험칙에 반하는 경우에 한하여 사실조사를 하여 새로운 사실을 인정할 수 있을 뿐이다. 즉 영미법상 인정되고 있는 실질적 증거의 법칙(substantial evidence rule)[415]에 따라 행정청의 사실인정은 어느 정도 증거가 있고 명백히 잘못되거나 자의적인 판단이 아닌 한 법원에 의해 존중되어야 할 것이다. 또한 앞서 본 바와 같이 과학기술행정에 있어서는 불확정개념에서 기인하는 행정청의 재량과 판단여지가 인정된다. 과학기술의 위험 예측에 기초한 결정 등에 있어서 불확정개념을 해석·적용한 행정청의 판단에는 법원이 관여할 수 없다.

라. 재량권의 일탈·남용의 심리

과학기술행정에 있어 행정청에 재량이 인정된다 하더라도 이는 무제한적인 재량은 아니며 행정청의 재량에 속하는 처분이라도 재량권의 한계를 넘거나 그 남용이 있는 때에는 법원은 이를 취소할 수 있다.[416] 재량권 한계의 심사 시 고려되어야 할 요소로는 기본권 침해 여부,[417] 평등의 원칙 및 비례의 원칙 위반 여부[418]이다. 재량권의 불행사나 명백히 불합리한 행사 또는 재량의 해태도 재량권의 일탈이나 남용이 될 수 있다.[419] 행정청의 기술적 판단과 인정한 사실에 오인이 없고 그에 따라서 한 행정처분에는 원칙적으로 재량권의 일탈이나 남용이 없을 것이다.[420]

5. 과학기술행정소송에 있어서의 주장과 입증

일반적으로 행정소송에 있어서는 변론주의를 원칙으로 하되 직권탐지주의가 보충적으로 적용된다고 보고 있으나 과학기술행정소송에 있어서는 과학기술행정의 전문성과 기술성으로 인하여 직권탐지주의를 채택하기 어렵고 변론주의에 의하여 심리판단하여야 할 것이다. 과학기술 행정처분의 효력을 다투는 자가 먼저 그 위법사유를 주장하여야 한다.[421] 이는 특허심결취소소송에 있어서도 마찬가지이며[422] 따라서 법원이 당사자가 주장하지 않은 법률요건에 대하여 판단하는 것은 변론주의 원칙에 위배된다.[423] 원고가 위법사유를 주장하면 그 처분의 적법성은 행정청이 주장, 입증하여야 한다. 그러나 행정처분의 당연무효를 주장하여 그 무효확인을 구하는 행정소송에 있어서는 원고에게 그 행정처분이 무효인 사유를 주장, 입증할 책임이 있다.[424]

과학기술행정소송에 있어서 인과관계의 입증은 반드시 의학적·자연과학적으로 명백히 되어야 하는 것은 아니고 제반 사정을 고려할 때 사회적·법적으로 인과관계가 있다고 추단되는 경우에도 그 입증이 있다고 보아야 한다.[425] 법원은 보충적으로 직권 증거조사를 할 수는 있으나[426] 과학기술 행정소송에서는 증거 수집과 판단의 어려움 때문에 예외적인 경우에 한정되어야 할 것이다.

6. 과학기술행정소송에서의 조정

가. 조정에 의한 해결의 필요성

과학기술분쟁의 재판외 해결의 필요성은 이미 살펴본 바와 같으나[427] 과학기술행정소송에서도 그 분쟁의 기술적 성격으로 인하여 법원의 조정을 통하여 분쟁을 종식시킬 필요가 크다. 장해등급상향조정, 유족급여 등 산업재해사건, 과학기술 관련 사업허가나 사업정지처분취소사건, 건설계획취소사건, 과징금부과처분취소사건 등이 그 예이다. 원고측에서는 소송비용, 승소 여부의 불확실성, 절차의 지연 등의 이유로, 피고측은 행정청으로서의 위신 유지, 사업의 원활한 추진을 위한 주민들과의 합의의 필요성 등의 이유로 조정으로 분쟁을 끝내기를 원한다. 법원이 재량권 일탈·남용 등으로 행정처분을 취소하면 행정청은 판결의 취지에 따라 원처분보다 감경된 처분을 다시 하여야 하나 조정을 통해 당사자의 법적 불안정 상태를 조기에 해소할 수 있게 된다. 법원으로서도 사건의 부담을 줄일 수 있고 특히 판결에 대한 항소[428]를 억제하기 위하여 행정소송을 조정으로 종결할 필요가 크다.

나. 조정권고제도

권력분립의 원칙 등에 비추어 행정소송법상 조정이나 화해가 가능한 지는 이론상 의문이 있으나[429] 실무상으로는 법원이 '조정권고'를 하고[430] 행정청이 권고된 행정처분을 하면 원고가 소를 취하하는 방법으로 실제로 많이 활용되고 있다.[431] 행정청으로 하여금 법원의 조정권고에 승복시키기 위하여는 조정권고의 이유를 적극적으로 설시하여야 할 것이다.

다. 행정소송상 조정의 문제점

그러나 행정소송상 조정은 재량행위와 같이 소송물을 처분할 수 있는 경우에 한하여 가능하다고 할 것이고 그러한 경우에도 제3자의 권익보호를 위한 충분한 고려가 있어야 할 것이다. 조정이 당해 행정처분 등의 성질에 반하거나 공공복리에 적합하지 아니한 경우에는 허용되지 않는다고 할 것이다. 법원이 사건의 조기종결을 위하여 조정권고를 남용하는 경우도 있는바 특히 집행정지 절차에서 조정권고를 하는 것은 삼가야 할 것이다. 바람직하기로는 행정소송법을 개정하여 조정의 요건과 절차를 명문화하여 그 남용을 막아야 할 것이다.432)

7. 과학기술행정소송에 있어서의 사정변경

가. 서

과학기술행정에 있어서는 앞서본 바와 같이 과학기술의 진보에 따라 사정변경이 빈번히 발생한다. 여기서 사정변경이라 함은 행정처분 시와 행정처분취소 시 간에 행정처분을 하거나 취소하는 근거가 된 사정에 변화가 발생한 경우를 말한다. 과학기술행정소송에 있어서도 행정처분 시와 행정처분에 대한 판결 시 간에 사정변경이 발생할 수 있다. 이런 사정변경을 이유로 하는 행정처분의 취소나 사정판결이 허용될 것인가가 문제된다.

나. 사정변경을 이유로 하는 행정처분의 적법성

일반 행정처분에 있어서는 국민의 신뢰보호와 기득권 보호의 차원에서 이미 허가한 행정처분을 취소하는 것은 엄격한 요건하에서만 허용될 것이다. 그러나 과학기술행정에 있어서는 이미 한 허가처분 기타 수익적 처분을 취소하거나 부관을 부과하거나 부담을 지우는 경우가 많이 발생할 수 있다. 따라서 침익적 행정처분이라 하여 반드시 기속행위로 볼 것은 아니며 사정변경에 따른 재량이 부여되는 경우도 있을 수 있다.

다. 사정판결의 증가

취소소송에 있어서 처분을 취소하는 것이 현저히 공공복리에 적합하지 않다고 인정되는 때에는 원고의 청구를 기각할 수 있다.433) 사정판결은 일반적으로 위법한 행정처분을 취소하지 않고 그대로 유지하는 것이기 때문에 법치행정의 원리 및 재판을 통한 국민의 권익보장이라는 헌법이념에 비추어 그 요건을 매우 엄격하고 제한적으로 해석하여야 한다고 이해되고 있으나434) 사정판결을 할 필요가 있다고 인정하는 때에는 당사자의 명백한 주장이 없는 경우에도 일건 기록에 나타난 사실을 기초로 하여 직권으로 사정판결을 할 수 있으며, 그 요건인 '현저히 공공복리에 적합하지 아니한가' 여부를 판단할 때에는 위법·부당한 행정처분을 취소·변경하여야 할 필요와 그 취소·변경으로 발생할 수 있는 공공복리에 반하는 사태 등을 비교·교량 하여 그 적용 여부를 판단하면 족하다.[435]

과학기술의 발전에 따른 행정처분 시와 재판 시 간의 상황의 변화로 행정처분의 효력을 그대로 유지하는 것이 오히려 국민의 권익보호에 더 나은 경우가 왕왕 있으므로[436] 과학기술행정처분을 사법심사 함에 있어서는 사정판결의 요건을 일반 행정처분에 대한 것과 같은 정도로 엄격히 해석할 필요는 없을 것이다. 판결례로는 4대강 마스터플랜에 따른 하천공사 시행계획 취소청구사건에서 예비타당성 조사를 하지 아니한 위법을 인정하면서도 공공의 이익 등을 이유로 사정판결을 한 예가 있다.[437] 그러나 대체로는 사정판결을 할 사유에 해당하지 않는다고 보았다.[438]

8. 과학기술행정소송절차와 과학기술

가. 행정의 정보화와 행정소송

전자정부로 대변되는 행정의 정보화는 행정소송에 큰 영향을 미치고 있다.[439] 전자정부법에 따르면 행정처분을 비롯한 각종 행정서비스는 정보통신망을 통하여 전자적인 방법으로 행해지고[440] 당사자의 행정처분 신청등도 전자문서로 할 수 있고 당사자와의 교신도 전자문서로 하도록 하고 있다.[441] 이러한 행정의 정보화는 행정소송에 있어 원고는 문서제출명령신청 등에 의해 당해 행정처분 관련 문서 일체를 용이하게 법정에 현출시킬 수 있고 행정청도 이를 용이하게 증거나 참고자료로 제출할 수 있어 법원의 행정처분 적법성의 심사에 큰 도움을 주고 있다.

나. 행정소송의 전자소송화

행정소송도 전자소송방식으로 진행된다.[442] 특히 국가, 지방자치단체, 행정청, 검사, 지방자치단체의 장, 전자소송의무자로 지정된 공공기관 등 전자소송의무자가 당사자인 사건은 처음부터 전자기록사건이 되어 행정소송 중 행정처분취소소송은 모두 전자소송으로 진행되며[443] 점차 그 활용대상이 모든 행정소송으로 확대되고 있다. 전자소송제도는 과학기술행정소송에서의 주장과 입증에 큰 도움이 되고 있다.[444]

다. 증거조사에 있어서 과학기술의 활용

오늘날 행정청이 행정처분의 적법성을 입증하는데 과학기술을 많이 활용하고 있다. 가장 대표적인 것이 교통행정에서의 범칙금 통고처분이다. 그 외에도 CCTV 등 영상정보나 디지털 포렌식 등 전자정보를 활용하여 행정처분의 법적 근거를 용이하게 입증하고 있다. 나아가 환경행정소송, 예컨대 오염물질 배출기준 초과에 대한 행정처분에 있어서도 과학적인 오염물질 측정기술과 장비를 사용하여 오염물질배출자에 대한 위법사실을 효과적으로 입증하고 있다. 이는 향후 지문인식, DNA정보 등 생체정보의 활용으로 더욱 가속화될 전망이다. 그러나 과학기술의 발달로 행정처분의 적법성의 입증이 편의로워진 반면 행정청의 입증의 부담이 더욱 강화되고 정보보호 및 정보보안에 대한 요구가 높아져서 행정소송 과정에서 입증에 장애요소가 될 수도 있다.

VI. 결 론

이상 과학기술행정소송의 특수성에 비추어 침익적 과학기술행정처분 및 수익적 과학기술행정처분에 대한 소송, 과학기술행정처분에 대한 제3자 소송 등 과학기술행정소송을 유형별로 나누어 검토하고, 과학기술행정소송의 절차와 관련하여 원고적격, 피고적격, 이해관계인의 소송참가 등 당사자적격 문제와 소의 이익 문제를 살펴보았으며, 소송의 대상, 임시적 구제, 심리 절차, 주장과 입증, 조정제도의 활용, 사정판결, 소송에 있어서 과학기술의 활용 등 과학기술행정소송절차에 있어 구체적인 문제를 검토하였다.

과학기술행정소송에 있어서도 일반 행정소송에 있어서와 마찬가지로 과학기술행정에 대한 적법성 통제가 주된 논점이 되는 것은 말할 것도 없다. 그러나 앞서 살펴본 바와 같이 과학기술행정의 기술성과 전문성으로 인하여 행정청의 개입을 자제하여야 하는 과학기술행정 불간섭의 원칙이 적용되고 과학기술행정이 개입하더라도 그에 관련한 불확정개념에서 기인하는 행정청의 재량과 판단여지로 인하여 광범한 재량권 행사가 허용되어 법원의 행정처분에 대한 심사가 제한되는 등의 특색이 있다. 그러나 법원이 과학기술행정의 내용에 대하여 통제를 함에는 제한이 있으나 행정청이 준수하여야 할 행정절차를 소홀히 하여 국민의 권리에 불이익을 가져오는 경우와 과학기술행정 불간섭의 원칙 위반 등의 경우에는 행정청에 대하여 엄격한 책임을 물어서 과학기술행정에 대한 사법적 통제를 적절히 함으로써 과학기술행정에 있어 법치주의를 신장시켜 나가야 할 것이다. 이를 위하여는 과학기술의 행정에 종사하는 공무원은 물론 행정절차를 주재하는 자, 행정심판에 관여하는 자와 행정소송을 대리하는 변호사 및 법관 모두가 과학기술법에 대한 이해를 바탕으로 행정과 사법절차에 임하여야 할 것이다.

---

282) 미국에서 이루어지고 있는 협상을 통한 규칙제정(Negotiated Rulemaking)절차에 관하여는 손경한 편(2010), 683면 참조.

283) 강구철(1996).

284) 예컨대 전염병 예방이나 치료 등 국민의 보건에 관한 행정, 환경 위험의 평가와 그에 대한 조치에 관한 행정, 첨단 기술을 사용하는 빅 데이터 행정이나 데이터 처리 행정 등이다. 정부 3.0에 의한 정부데이터의 개방도 그 한 예라 할 수 있다. 미국과 독일의 데이터 처리행정에 대한 규제에 관하여는 Paul M. Schwartz(2011) 참조.

285) 그러나 전자정부 시스템의 도입과 같은 기술시스템의 운영 행정은 기술적 판단을 요한다는 점에서 과학기술행정에 포함된다. 즉 행정의 과학기술화는 과학기술행정의 한 내포를 이룬다.

286) 강학상 경제행정이란 공공주체가 경제정책을 실현하기 위하여 경제주체의 활동을 규제, 유도 또는 조장하여 경제질서를 형성하는 행정작용을 말한다. 김동희(2013b), 555면 참조.

287) 강학상 경찰행정이란 사회공공의 안전과 질서를 유지하기 위하여 국민에게 명령, 강제하는 권력적 행정작용을 말한다. 김동희(2013b), 196면 참조. 그 법적 근거를 일반통치권에 한할 필요는 없고 특별법에 의거한 행정도 포함시킬 수 있을 것이다. 예컨대 위험시설에서 화재가 발생하거나 유독가스가 배출되는 경우 사람의 생명 또는 신체에 대한 위해를 방지하기 위하여 관할 행정청은 해당 지역 주민 등에게 대피명령을 할 수 있고 주민 등은 즉시 이 명령에 따를 의무가 있다(재난 및 안전관리 기본법 제40조 참조).

288) 다만 국가 정책적 견지에서 특정기술의 연구개발을 촉진하는 행정은 필요하다.

289) 건설기술진흥법상 국토교통부장관은 국내에서 최초로 특정 건설기술을 개발하거나 기존 건설기술을 개량한 자의 신청을 받아 그 기술을 평가하여 신규성·진보성 및 현장 적용성이 있을 경우 그 기술을 신기술로 지정·고시할 수 있다(제14조 제1항 참조).

290) 서울행정법원 1999. 11. 23. 선고. 99구4166 판결 참조.

291) 원자력안전위원회의 설치 및 운영에 관한 법률 제1조 참조.

292) 예컨대 건설신기술을 지정함에 있어서는 건설기술인협회 등의 심의를 거쳐야 하며(건설기술진흥법 제14조, 동법 시행령 제32조 참조), 산업통상자원부장관이 전기사업의 허가 또는 취소, 금지행위의 중지, 과징금의 부과 등을 명하는 경우에는 전기위원회의 심의를 거쳐야 한다(전기사업법 제7조, 제12조, 제23조, 제24조 참조)

293) 예컨대 환경부장관은 신기술인증 후 그 활용실적을 토대로 신기술의 성능 및 경제성 등에 대하여 사후평가를 실시할 수 있고 그 결과를 공표하고, 관련 기관이나 사업자에게 통보하여야 한다(환경기술 및 환경산업 지원법 제7조의2 제5항, 제6항 참조).

294) 단계적 행정처분이라 함은 예비결정, 잠정결정, 부분허가, 확약(Zusicherung) 등 여러 단계의 행정결정이 연계적으로 내려지는 행정처분을 말한다. 단계적 행정처분에 관한 상세한 설명으로는 박균성(2013a), 423면 이하 참조.

295) 수질보전법에 따른 오염물배출허가, 대기보전법에 다른 대기오염시설설치허가에 있어서의 심의절차 등 특별법상의 행정절차가 규정되어 있기도 하나 1999년 일반법으로서 행정절차법이 제정되어 행정처분기준의 설정·공표, 행정처분이유의 제시, 의견제출, 청문, 공청회 등의 의견청취절차 등을 규정하고 있다. 김철용(2012), 316면 이하; 김동희(2013a), 378면 이하; 박균성(2013a), 555면 이하 등 참조.

296) 서울행정법원 2011. 5. 18. 선고 2009구합25101 판결 참조.

297) 예컨대 "공공의 이익을 위하여 특히 필요하다고 인정하는 경우(전기사업법 제29조 제1
항)" 또는"국민건강에 중대한 위해가 발생하거나 발생할 우려가 있는 경우(식품안전기본
법 제15조 제1항)"에는 정부는 일정한 조치를 취하거나 긴급대응을 하여야 한다고 규정한
다.

298) 유해화학물질관리법상 "'유해화학물질'은 유독물, 관찰물질, 취급제한물질 또는 취급금지
물질, 사고대비물질, 그 밖에 유해성 또는 위해성이 있거나 그러할 우려가 있는 화학물질
을 말한다(제2조 제7호)"고 정의하여 불확정개념인 유해화학물질 해당여부의 판단에도 이
미 행정청의 재량이 인정되고 있다.

299) 동법 제43조의2 제1항 참조.

300) 대법원 2004. 4. 16. 선고 2003추20 판결; 대법원 2006. 10. 26. 선고 2004추58 판결; 대법원
2011. 2. 24, 선고 2009추15 판결 등 참조.

301) 서울행정법원 2011. 5. 18. 선고 2009구합25101 판결 참조.

302) 헌법 제127조 제1항, 제22조 제2항 및 제34조 제6항 참조.

303) 과학기술기본법, 산업기술혁신촉진법 등 수많은 과학기술 관련 법이 있다.

304) 행정규제기본법 제5조의2 제19조의 3 참조.

305) 정보통신 진흥 및 융합 활성화 등에 관한 특별법(정보통신융합법) 제3조의2, 제37조, 제38
조의2, 산업융합촉진법 제10조의2 내지 5, 금융혁신지원 특별법(금융혁신법) 및 지역특화
발전특구에 대한 규제특례법(지역특구법) 각 참조.

306) 예컨대 석면이나 전자파의 유해성이 새로이 밝혀져 규제의 필요성이 생긴 경우이다.

307) 예컨대 DDT의 살충효과나 탈모방지제 비아그라에 성기능향상 효능이 각 발견되어 농약
이나 의약품 제조허가가 가능하게 된 경우이다.

308) 예컨대 원자력을 대체하는 값싼 에너지원이 개발되거나 전자파 발생을 원천적으로 차단
하는 물질의 발명 등으로 원전 폐쇄나 신물질 사용 강제 등의 행정이 가능해진다.

309) 행정처분의 효과를 제한하기 위하여 주된 행정처분에 부가된 종된 조건을 말한다.

310) 원전으로 인한 환경권침해를 우려하여 독일 정부는 2022년 말까지 총 17기에 달하는 독
일 내 모든 원자력발전소를 단계적으로 폐쇄하는 특별법을 2011. 6. 6. 입법하였다.

311) 미국 1978년 외국정보감시법(Foreign Intelligence Surveillance Act, FISA) 및 2008년 개정법
이 미국 국가안보국(National Security Agency, NSA)에 부여한 데이터 수집과 분석, 이를
위한 감시권한의 불법적인 행사에 관련하여 2013. 6. 6. 에드워드 스노든이 미국내 통화감
찰 기록과 PRISM 감시 프로그램을 폭로하였는바 이는 중요한 인권을 침해하는 과학기술
행정의 예이다.

312) 헌법 제22조 제2항.

313) 이른바 제3자효 행정행위이다.

314) 행정절차법 제22조 제3항 참조.

315) 예컨대 환경기술과 관련하여 신기술인증 신청을 받으면 환경부장관은 신청받은 기술의
주요 내용을 30일 이상 인터넷 홈페이지 등에 공고하여 이해관계인의 의견을 들은 후 신
기술인증 평가를 실시하도록 되어있다(환경기술 및 환경산업 지원법 시행령 제18조의4
참조).

316) 여기서 말하는 이의나 지정취소절차는 통상의 행정심판이나 행정소송과는 별도의 특별절
차를 말한다.

317) 지정된 건설신기술이 (ⅰ) 거짓이나 그 밖의 부정한 방법으로 지정받았거나 (ⅱ) 해당 신
기술의 내용에 중대한 결함이 있어 건설공사에 적용하는 것이 불가능한 경우에는 국토교
통부장관이 신기술 지정을 취소할 수 있도록 하고 있다(건설기술진흥법 제15조 참조).

318) '청문(hearing)'이란 행정청이 처분을 하기에 앞서 당사자 또는 이해관계인의 의견을 직접

듣고 증거를 조사하는 절차를 말한다(행정절차법 제2조 제5호).

319) 행정절차법 제22조 제1항 참조.

320) 동법 제37조는 기술거래기관의 지정취소, 사업화 전문회사의 지정취소, 기술거래사의 등록취소, 기술지주회사의 등록취소, 기술평가기관의 지정취소, 기술신탁관리업의 허가취소 또는 업무정지 처분을 하려면 청문을 하도록 규정하고 있다.

321) 동법 제13조와 제73조의7은 산업통상자원부장관이 전기사업 허가를 취소하거나 전기안전관리전문업자 또는 전기안전관리대행사업자 등록을 취소하려면 청문을 하여야 한다고 규정한다.

322) 동법 제35조의3은 동법상의 허가관청이나 등록관청이 허가나 등록의 취소 또는 검사기관의 지정취소 처분을 하려면 청문을 하여야 한다고 규정한다.

323) 동법 제101조는 원자력안전위원회가 발전용원자로 건설허가 등 동법상의 허가 또는 등록의 취소 처분을 하려는 경우에는 청문을 실시하여야 한다고 규정한다.

324) "공청회"란 행정청이 공개적인 토론을 통하여 행정작용에 대하여 당사자등, 전문지식과 경험을 가진 사람 등으로부터 의견을 널리 수렴하는 절차를 말한다(행정절차법 제2조 제6호).

325) 행정절차법 제22조 제2항 참조.

326) 행정절차법 제38조

327) 환경영향평가법시행령 제16조 참조.

328) 원자력안전법 시행령 제145조는 환경영향평가법시행령 제16조보다 더욱 상세하게 공청회에 관하여 규정하고 있다.

329) 행정규제기본법 제7조

330) 환경영향평가제도는 1970년 미국 국가환경정책법(National Environmental Policy Act, 42 U.S.C. § 4321 et seq. (2000))상의 환경평가(environmental assessments)와 환경영향진술(Environmental Impact Statement)제도에서 유래한다.

331) 5 U.S.C. § 706(2)(A).

332) 5 U.S.C. § 556(d).

333) 예컨대 U.S. v. Midwest Vedeo Corp.(Midwest I), 406 U.S. 649(1972).

334) FCC v. Midwest Vedeo Corp.(Midwest II), 440 U.S. 689(1979).

335) 이러한 미국법원의 태도변화에 관하여는 Jerry Kang(2009), pp.731-742 참조.

336) 원고적격이란 소를 제기할 수 있는 당사자적격을 뜻하며 원고적격이 없으면 그 소는 각하된다.

337) 소의 이익은 원고가 판결을 구할 만한 법적인 권리보호의 이익 또는 필요를 말한다.

338) 심결취소소송에는 심결의 종류에 따라 특허거절결정불복심결취소소송, 특허등 무효사건 심결취소소송, 특허등 취소사건 심결취소소송 등이 있고 그 소송물, 당사자적격, 심리범위, 심결취소판결의 기속력 등에 있어 일반적인 행정소송과는 크게 다르다.

339) 이에 관하여는 본편 제2장 중 과학기술분쟁의 행정적 해결 부분 참조.

340) 예컨대 재해 예방 등 위해예방을 위한 긴급한 행정처분에 대한 관련 행정소송이다.

341) 예컨대 위해진압을 위한 긴급한 행정처분이나 부담의 부과에 관한 소송이다.

342) 예컨대 과학기술행정으로 인한 손해배상소송, 과학기술행정 손실보상 소송이다.

343) 공권력을 행사한 행정처분 그 자체가 위법함을 이유로 그 취소나 변경 등을 구하는 소송이다.

344) 행정처분등을 원인으로 하는 법률관계에 관한 소송 기타 공법상의 법률관계에 관한 소송으로써 그 법률관계의 한쪽 당사자를 피고로 하는 소송이다.

345) 과학기술행정소송에서 민중소송이나 기관소송을 명문으로 인정하고 있는 것을 발견할 수 없는바 과학기술행정과 관련하여 집단소송 등 공익을 위한 소송을 제기하여야 할 경우도

있으므로 민중소송이나 기관소송을 입법화할 필요가 있다.

346) 예컨대 주민이 환경부장관에게 인근의 유해화학물질을 제조하는 공장에 대한 유해화학물
    질 제조중지처분을 신청하였음에도 환경부장관이 상당한 기간내에 처분을 하지 않는 경
    우 그 주민은 환경부장관을 상대로 부작위위법확인소송을 제기할 수 있다(유해화학물질
    관리법 제43조의2 참조).

347) 행정소송법 제4조 및 대법원 1997. 9. 30. 선고 97누3200 판결 등 참조. 다만 일부 학설은
    부작위위법확인소송 외에 의무이행소송까지 인정할 수 있다고 한다. 강현호(2012a), 549면.

348) 과학기술행정소송의 대부분은 허가취소처분취소소송을 비롯한 원처분불복소송일 것이다.

349) 특허심결취소송이 그 대표적인 예이다.

350) 학자에 따라서는 침해적 처분이라 부르기도 한다.

351) 이는 수익적 처분의 거부처분에 대한 취소를 요구하는 소송이다.

352) 우선 심결취소의 소는 심결 또는 결정의 등본을 송달받은 날부터 30일 이내에 제기하여
    야 하는데(심결취소소송의 제소기간) 이는 통상의 기간과 달리 법원이 기간을 늘리거나
    줄일 수 없는 불변기간이다(특허법 제186조 제3항, 제4항). 심결취소소송절차는 특허법원
    (2018a) 참조.

353) 다만, 예를 들어 심결취소소송에 있어서 심판단계에서 주장된 거절이유 또는 무효사유와
    다른 사유가 주장되고 그 주장을 입증하기 위한 새로운 증거가 제출되는 경우에 이를 어
    떻게 취급할 것인가 하는 문제가 존재하는데 대법원은 당사자계 사건에서는, 결정계 사건
    과 달리, 심결취소소송의 소송물을 심결에 존재하는 위법성 일반으로 파악하여 행정처분
    에 대한 항고소송과 마찬가지로 사실심리의 범위에 대한 제한이 없다는 견해를 취하고
    있다.

354) 대법원 2009. 5. 28. 선고 2007후4410 판결.

355) 박정훈(2006), 66-69면은 취소소송을 침익적 처분에 대한 취소소송, 수익적 처분의 거부
    조치에 대한 취소소송, 침익적 제3자효를 가지는 처분에 대한 취소소송 및 수익적 제3자
    효를 가지는 처분의 거부조치에 대한 취소소송의 4유형으로 나눈다.

356) 환경기술 및 환경산업 지원법 제5조의2 제5항, 불공정무역행위 조사 및 산업피해구제에
    관한 법률 제14조 각 참조.

357) 과학기술기본법 제11조의2, 환경기술 및 환경산업 지원법 제5조의2 등 참조. 서울행정법
    원 2005. 3. 17. 선고 2004구합3359 판결은 과학기술기본법의 명시적인 위임없이 국가연구
    개발사업참여를 제한을 할 수 있도록 규정한 구 국가연구개발사업의관리등에관한규정 제
    20조는 과학기술기본법의 위임범위와 한계를 벗어난 것으로서 무효라고 판시하여 2010.
    2. 4. 과학기술기본법 제12조의2가 신설되었다.

358) 대법원 2012. 6. 14. 선고 2010두23002 판결은 한국보건산업진흥원장이 자신이 지원하는
    대학교 산학협력단의 주관연구책임자인 甲에게 '한의약연구개발사업 참여제한 2년, 행정
    제재기간 이후 선정평가 시 감점 2점'을 내용으로 하여 한 행정제재처분은 제재기간 동안
    국가연구개발사업에 대한 甲의 참여를 제한하는 점 등에 비추어 항고소송의 대상이 되는
    행정처분이라고 판시하였다.

359) 서울행정법원 2008. 1. 30. 선고 2007구합29680 판결 참조.

360) 부산지방법원 2013. 6. 13. 선고 2012구합5191 판결은 한국수력원자력(주)가 고리 원전의
    원자로에서 발생한 열을 바닷물을 끌어들여 냉각시키기 위하여 기장군수를 상대로 제기
    한 공유수면 관리 및 매립에 관한 법률 제8조에 따른 공유수면 점용·사용허가의 연장거
    부처분 취소소송에서 주민들의 공유수면 점용·사용 관련 동의가 있다고 보아 원고 승소
    판결을 하였다.

361) 국가연구개발사업 출연금환수처분취소 소송이 그 예이다. 당사자소송 형태로 제기하는 경
    우에는 출연금반환의무부존재확인소송이 될 것이다.

362) 예컨대 전기통신사업법 제40조의2 제5항에 의거 통신위원회가 한 손해배상금 또는 실비 보상금에 관한 재정 등이다.

363) 모든 국민의 재산권은 보장되며 공공필요에 의한 재산권의 수용·사용 또는 제한에 대하여는 정당한 보상을 지급받을 수 있다는 헌법 제23조가 그 헌법적 근거가 된다.

364) 영조물은 국가나 공공 단체 등이 계속적으로 공공 목적에 제공하는 인적·물적 시설을 말한다.

365) 대법원 2010. 11. 25. 선고 2008다67828 판결 참조.

366) 서울중앙지방법원 2008. 1. 22. 선고 2004가합106508 판결 참조.

367) 전기사업법 제30조 참조.

368) 전기사업법 제90조, 제90조의2 참조.

369) 원자력안전법 제110조에 의거 원자력이용과 이에 따른 안전관리 중에 방사선에 의하여 신체 또는 재산에 피해를 입은 자가 제기하는 보상청구소송도 이 범주에 속한다.

370) 본편 제2장 조정제도 참조. 예컨대 원자력손해배상심의회의 조정이 있다(원자력손해배상법 제15조)

371) 행정소송법 제12조 전단 참조.

372) 이 법률상의 이익의 개념에 관하여는 '법률상 보호되고 있는 이익설'이 통설 판례이다. 김동희(2013a), 732면 참조.

373) 대법원 2000. 2. 8. 선고 97누13337 판결, 대법원 2009. 9. 24. 선고 2009두2825 판결 등 참조. 나아가 행정처분의 근거 법규 및 관련 법규뿐 아니라 환경영향평가법령과 같이 행정처분에 있어 반드시 거쳐야 하는 절차법규도 포함된다고 본다. 대법원 1998. 4. 24. 선고 97누3288 판결 참조.

374) 동지 강현호(2012a), 585면.

375) 구 건설기술관리법.

376) 서울행정법원 1999. 11. 23. 선고 99구4166 판결 참조. 대법원 2002. 11. 8. 선고 2001두281 판결도 같은 취지이나 그 원심판결인 서울고등법원 2000. 12. 1. 선고 99누16032 판결은 제1 신기술지정처분이 신규성과 진보성을 갖추지 못하여 당연무효이므로 제1 처분을 받은 자는 제2 신기술지정처분을 다툴 원고적격이 없다고 보았었다. 법학전문대학원예비인가취소에 관한 대법원 2009. 12. 10. 선고 2009두8359 판결도 같은 취지이다.

377) 대법원 1998. 9. 8. 선고 98두6272 판결 참조.

378) 대법원 2006. 3. 16. 선고 2006두330 전원합의체 판결; 대법원 2010. 4. 15. 선고, 2007두16127 판결 참조. 동취지 대법원 2006. 12. 22. 선고 2006두14001 판결은 나아가 환경상 이익에 대한 침해 또는 침해 우려가 있는 것으로 사실상 추정되어 원고적격이 인정되는 자에는 환경상 침해를 받으리라고 예상되는 영향권 내의 주민들을 비롯하여 그 영향권 내에서 농작물을 경작하는 등 현실적으로 환경상 이익을 향유하는 자는 포함되나 그 영향권 내의 건물·토지를 소유하거나 환경상 이익을 일시적으로 향유하는 데 그치는 자는 포함되지 않는다고 보았다.

379) 동법 제46조 제1항은 다수인에게 같은 원인으로 환경피해가 발생하거나 발생할 우려가 있는 경우에는 그 중 1명 또는 수인(數人)이 대표당사자로서 조정을 신청할 수 있다고 규정한다.

380) 환경분쟁조정법 제47조 참조.

381) 증권 관련 집단소송에 있어서 소를 제기하려면 법원의 허가를 받아야 하며(증권관련집단소송법 제7조 내지 제19조 참조) 그 확정판결은 제외신고를 하지 아니한 구성원에 대하여도 그 효력이 미친다(동법 제37조 참조). 반면 환경분쟁집단조정의 효력은 대표당사자와 공고에 따라 참가를 신청한 자에게만 미칠 뿐이므로(환경분쟁조정법 제53조 참조) 그 효력이 제한적이다.

382) 행정소송법 제16조 제1항 참조.

383) 이명구(1998), 236면.

384) 행정소송법 제13조 제1항 본문, 제38조 참조. 다만, 다른 법률에 특별한 규정이 있으면 그 행정청이 피고가 되며, 행정처분 후 그 권한이 다른 행정청에 승계된 때에는 승계 행정청이 피고가 된다. 동항 단서 참조.

385) 행정소송법 제2조 제2항 참조.

386) 서울행정법원 2008. 1. 30. 선고 2007구합29680 판결 참조.

387) 대법원 2009. 7. 9. 선고 2007두16608 판결 참조. 따라서 저작권심의조정위원회 위원장을 피고로 한 저작권 등록처분 무효확인청구의 소는 피고적격이 없는 자를 상대로 한 부적법한 소라고 판시하였다.

388) 행정소송법 제39조 참조.

389) 원고적격까지 문제되는 법률상의 이익인 광의의 소의 이익에 대비되는 협의의 소의 이익을 말한다. 김동희(2013a), 729면 참조.

390) 행정소송법 제12조 제1항 후단 참조.

391) 대법원 2002. 1. 11. 선고 2000두3306 판결 참조.

392) 행정소송법 제2조 제1항 제1호 참조.

393) 상표사용권등록에 관한 대법원 1991. 8. 13. 선고 90누9419 판결 참조.

394) 대법원 2003. 10. 9.자 2003무23 결정 등 참조

395) 대법원 2004. 5. 12.자 2003무41 결정 참조.

396) 행정계획은 행정주체가 장래 일정 기간 내에 도달하고자 하는 목표를 설정하고 이를 위하여 필요한 수단을 조정하고 통합하는 작용 또는 그 결과로 설정된 활동기준을 말한다. 김동희(2013a), 183면.

397) 서울행정법원 2008. 6. 27. 선고 2007구합10099 판결은 국토해양부가 2006. 12. 20. 임진강 유역 홍수대책의 일환으로 한탄강홍수조절댐 건설기본계획을 고시하자, 강원 철원군, 경기 연천군 및 포천시의 주민 157인이 고시의 취소를 구한 사건에서 그 행정처분성을 인정하였다. 다만 원고들의 청구는 기각되었다.

398) 대법원 2003. 9. 23. 선고 201두10936 판결은 국토이용계획 변경신청거부를, 대법원 2004. 4. 28. 선고 2003두1806 판결은 도시계획변경입안제안거부를 각 행정처분으로 보았다. 그러나 대법원 2011. 4. 21.자 2010무111 전원합의체 결정은 국토해양부, 환경부, 문화체육관광부, 농림수산부, 식품부가 합동으로 2009. 6. 8. 발표한 '4대강 살리기 마스터플랜'은 행정기관 내부에서 사업의 기본방향을 제시하는 계획일 뿐 국민의 권리 · 의무에 직접 영향을 미치는 것이 아니라는 이유로 처분성을 부정하였다. 단순한 환지계획이나 도시기본계획 또는 상하수도정비기본계획도 같다.

399) 특히 행정계획으로 인 · 허가가 의제되는 등 집중효가 발생하는 경우에는 더욱 그러하다.

400) 행정소송법 제3조 제2호 참조.

401) 행정소송법 제23조 제1항. 그러나 독일연방행정법원법 제80조 제1항은 집행정지의 효력을 인정한다고 한다.

402) 김동희(2013a) 참조.

403) 행정소송법 제23조 제2항. 행정처분의 효력정지나 집행정지를 구하는 신청사건에서는 '처분이나 그 집행 또는 절차의 속행으로 인한 손해발생의 우려'등 적극적 요건에 관한 주장 · 소명 책임은 원칙적으로 신청인 측에 있으며 행정처분 자체의 적법 여부를 판단할 것이 아니고 행정처분의 효력이나 집행 등을 정지시킬 필요가 있는지 여부만이 판단대상이 되므로 집행정지 요건 결여를 이유로 한 효력정지신청 기각결정에 대하여 행정처분 자체의 적법 여부를 불복사유로 삼을 수 없다(대법원 2011. 4. 21.자 2010무111 전원합의체 결정 참조. 불복가능하다는 반대의견 있음).

404) 대법원 2011. 4. 21.자 2010무111 전원합의체 결정 등 참조. 대법원 2004. 5. 12.자 2003무 41 결정은 이를 전제로 약제 및 치료재료의 산정기준 등에 관한 보건복지부 고시의 효력 이 계속 유지되는 경우 이로 인한 매출액의 감소, 시장점유율 및 판매신장률의 감소, 거 래처의 감소, 신약의 공급중단 위기 가능성, 이 사건 약제들의 적정한 상한금액을 확보하 지 못할 위험성 등의 경제적 손실과 기업 이미지 및 신용의 훼손 등을 입게 되어 신청인 의 경영상황에 비추어 볼 때 경영상의 위기를 맞게 될 수도 있으므로 이러한 손해는'회복 하기 어려운 손해'에 해당한다고 보았다.

405) 대법원 2011. 4. 21.자 2010무111 전원합의체 결정. 동 결정은 나아가 4대강 살리기 마스터 플랜에 따른 팔당 인근 거주 주민들이 각 공구별 사업실시계획승인처분에 대한 효력정지 를 신청한 사안에서, 주민들 중 환경영향평가대상지역 및 근접 지역에 거주하거나 소유권 등을 가지고 있는 사람들이 사업으로 인하여 그 권리를 수용당하고 타지로 이주하여 더 이상 농사를 지을 수 없게 됨으로 입는 손해는 효력정지 요건인 금전으로 보상할 수 없거 나 사회관념상 금전보상으로는 참고 견디기 어렵거나 현저히 곤란한 경우의 유·무형 손 해에 해당하지 않는다고 보았다.

406) 서울행정법원 2011. 12. 7.자 2011아3795 결정은 방송통신위원회의 PCS 사업폐지 승인처분 에 대하여 PCS 이용가입자가 제기한 집행정지신청사건에서 이 승인처분으로 인하여 ㈜케 이티가 PCS 통신망을 철거하는 등 사업폐지 절차에 들어가면 신청인들을 포함한 케이티 의 PCS 이용가입자 약 159,000명에게 회복하기 어려운 손해가 발생할 우려가 있고 이를 예방하기 위하여 처분의 효력을 정지할 긴급한 필요를 인정하여 그 집행정지를 명하였다.

407) 행정처분의 효력정지는 처분등의 집행 또는 절차의 속행을 정지함으로써 목적을 달성할 수 있는 경우에는 허용되지 않는다(행정소송법 제23조 제2항 단서 참조).

408) 이 소극적 요건에 대한 주장소명책임은 행정청에 있다. 대법원 1999. 12. 20.자 99무42 결 정; 대법원 2004. 5. 17.자 2004무6결정; 대법원 2004. 5. 12.자 2003무41 결정 등 참조.

409) 당초의 신기술 보호기간 만료 후에 신기술 보호기간 연장신청을 거부한 경우, 그 거부처 분의 효력정지를 구할 법률상 이익이 없으나 허가 기한이 그 허가된 사업의 성질상 부당 하게 짧은 경우, 이를 그 허가 자체의 존속기간이 아니라 그 허가조건의 존속기간으로 볼 수 있다(대법원 2005. 1. 17.자 2004무48 결정 참조). 구 건설기술관리법 제18조, 법 시행 령 제34조의2의 규정에 의하면, 신기술지정의 효력은 그 보호기간의 만료로 소멸하고 그 만료 후에도 계속하여 신기술로서 보호받고자 하는 자는 다시 보호기간을 연장받아야 하 도록 되어 있어, 당초의 보호기간 만료 후에도 연장신청에 대한 거부처분을 받을 때까지 당초 신기술 지정의 효력이 지속된다고 볼 수는 없으므로, 신청인에 대한 신기술 보호기 간 연장신청 거부처분의 효력을 정지하더라도 이로 인하여 보호기간이 만료된 신기술 지 정의 효력이 회복되거나 행정청에게 보호기간을 연장할 의무가 생기는 것도 아니라고 할 것이어서 이 거부처분의 효력정지를 구하는 신청은 그 이익이 없다(대법원 2005. 1. 17.자 2004무48 결정 참조).

410) 행정소송법 제24조 제1항 참조.

411) 대법원 2004. 5. 17.자 2004무6 결정, 대법원 2005.7.15.자 2005무16 결정 등 참조.

412) 대법원 2011. 4. 18.자 2010마1576 결정 등 대법원의 확립된 입장이다.

413) 행정절차법에 의하면 행정청이 당사자에게 의무를 과하거나 권익을 제한하는 처분을 하 는 경우에는 소정의 절차를 거쳐야 한다.

414) 대법원 2000. 11. 14. 선고 99두5870 판결은 행정청이 지하수개발이용수리 및 원상복구명 령과 같은 침해적 행정처분을 함에 있어서 당사자에게 위와 같은 사전통지를 하거나 의 견제출의 기회를 주지 아니하였다면 사전통지를 하지 않거나 의견제출의 기회를 주지 아 니하여도 되는 예외적인 경우에 해당하지 아니하는 한 그 처분은 위법하여 취소를 면할 수 없다고 하고 또한 대법원 1991. 7. 9. 선고 91누971 판결도 법이 정한 청문절차를 거치

지 아니하거나 거쳤다 하더라도 그 절차적 요건을 제대로 준수하지 아니한 경우에는 가
사 행정처분이 실질적으로 정당하다 하더라도 그 처분은 위법하여 취소를 면할 수 없다
고 판시하였다.

415) 법원의 행정처분에 대한 판단범위는 원칙적으로 법률문제 및 사실인정이 실질적 증거에
의하여 밑받침되고 있는가 등에 대해서만 한정된다는 법칙을 말한다. 미국 Administrative
Procedures Act, 5 U.S.C. § § 551－59 (1976); Universal Camera Corp. v. NLRB,340 U.S.
474(1951) 등 참조.

416) 행정소송법 제27조 참조.

417) 서울행정법원 2008. 4. 16. 선고 2007구합24500 판결은 후천성면역결핍증(AIDS)을 유발하
는 인체면역결핍바이러스(HIV)에 감염되었다는 이유로 국내에 체류하던 외국인에 대한
출국명령은 그 처분으로 보호하고자 하는 전염병 예방이라는 공익의 달성 여부가 확실하
지 않은 반면, 외국인의 거주·이전의 자유, 가족결합권을 포함한 행복추구권 등을 심각
하게 침해하여 사회통념상 현저하게 타당성을 잃은 것으로서 재량권을 일탈·남용한 위
법이 있다고 판시하였다.

418) 청주지방법원 2009. 5. 14. 선고 2008구합803 판결은 병아리 부화장을 건립하기 위한 부지
조성 목적의 개발행위허가신청에 대하여 행정청이 악취와 오·폐수 등 환경오염과 조류
인플루엔자(AI) 등 전염병 피해 발생의 예방을 이유로 이를 불허한 사안에서, 이는 처분
의 사유들이 객관적이고 구체적인 근거 없이 막연하고 추상적인 위험성에 기초하고 있어
사실을 오인하였고, 목적 달성을 위하여 지나치게 과도한 수단을 사용한 것으로 비례의
원칙에도 반하여 재량을 일탈·남용한 것이라고 판시하였다.

419) 박균성(2013a), 301－302면 참조.

420) 대법원 2011. 2. 24. 선고 2009추15 판결에서 예인선단과 대형 유조선의 충돌로 발생한 이
른바 '태안반도 유조선 기름누출사고'와 관련하여 중앙해양안전심판원이 주 예인선 선장
甲에게 2급 항해사 면허 취소, 예인선단장 乙에게 시정권고의 재결을 한 사안에서, 甲과
乙의 과실을 인정하고, 나아가 甲의 2급 항해사 면허를 취소한 것이 재량권의 일탈·남용
에 해당하지도 않는다고 판시하였다.

421) 대법원 1995. 7. 28. 선고 94누12807 판결 등 참조. 반면 직권탐지주의를 취한 것이라는 견
해로는 김남진/김연태(2013a), 737면; 박윤흔(2009), 975면 참조.

422) 즉 직권주의가 가미되어 있다고 하더라도 여전히 변론주의를 기본 구조로 하는 이상 심
결의 위법을 들어 그 취소를 청구함에 있어서는 직권조사사항을 제외하고는 그 취소를
구하는 자가 위법사유에 해당하는 구체적 사실을 먼저 주장하여야 한다. 대법원 2000. 3.
23. 선고 98두2768 판결; 대법원 2003. 8. 19. 선고 2001후1655 판결 등 참조.

423) 대법원 2011. 3. 24. 선고 2010후3509 판결 참조. 동 판결은 '화장용 팩 마스크'에 관한 등
록디자인이 공지 디자인으로부터 용이하게 창작할 수 있다는 이유로 특허심판원이 한 등
록무효심결에 대한 심결취소소송에서 법원이 당사자가 주장하지 아니한 등록무효사유를
근거로 취소청구를 기각한 것은 변론주의 원칙에 위배된다고 판시하였다.

424) 대법원 1992. 3. 10. 선고 91누6030 판결; 대법원 2000. 3. 23. 선고 99두11851 판결 등 참조.

425) 대법원 1996. 9. 10. 선고 96누6806 판결, 대법원 2000. 3. 28. 선고 99다67147 판결 등 참조.

426) 행정소송법 제26조 참조.

427) 본편 제2장 참조.

428) 2011년의 경우 서울행정법원 판결에 대한 항소율은 60%에 이른다.

429) 행정소송법 제8조 제2항의 "행정소송에 관하여 이 법에 특별한 규정이 없는 사항에 대하
여는 법원조직법과 민사소송법의 규정을 준용한다"는 규정을 근거로 가능하다는 것이 한
국의 일본의 해석이다. 독일 제4차 개정 행정법원법(1990. 12. 17.) 제106조는 당사자가
'화해의 대상'에 관해 처분권이 있는 한 재판상 화해를 할 수 있도록 하고 있다.

430) 예컨대 피고 행정청은 면허취소처분을 일정기간의 면허정지처분으로 변경하고 원고는 소
　　를 취하하는 방식이다. 한탄강댐 사건에서 서울행정법원은 건설교통부는 한탄강댐을 2분
　　의 1로 축소해서 건설하기로 하는 새로운 처분을 하고 주민들은 소를 취하하는 조정권고
　　를 하였으나 조정에 실패하여 결국 판결을 하기에 이르렀다

431) 2010년 서울행정법원에 접수된 행정사건 7,704건 중 15%에 해당하는 1,158건이 조정으로
　　종결되었다. 2011. 7. 18.자 법률신문 기사 참조.

432) 행정소송상 조정제도 입법을 위하여 법무부는 2012. 5. 행정소송법 개정시안에서 위법·
　　부당한 행정처분에 대하여 법원이 화해권고결정을 할 수 있고 확정된 화해권고결정은 확
　　정판결과 동일한 효력을 갖는다고 규정하였으나 2013. 3. 개정안에는 이를 삭제하였다.

433) 행정소송법 제28조.

434) 대법원 1995. 6. 13. 선고 94누4660 판결 등. 박균성(2013a), 1225면.

435) 대법원 2009. 12. 10. 선고 2009두8359 판결 등 참조.

436) 예컨대 의약품의 제조시설미비를 이유로 제조허가를 취소하여 행정소송에 제기된 후 제
　　조시설은 완비되어 있었음이 규명되었으나 당해 의약품에 현저한 부작용이 있음이 밝혀
　　진 경우가 있다.

437) 부산고등법원 2012. 2. 10. 선고 2011누228 판결은 4대강 마스터플랜에 따른 낙동강 살리
　　기 사업 중 보의 설치와 준설 등의 사업은 관련 법률이 정한 예비타당성 조사절차를 거치
　　지 아니하였으므로 국가재정법 제38조 제1항을 위반한 하자가 존재하여 위법하나, 원상회
　　복이 어려운 점 등의 사유를 들어 위 사업에 관한 행정처분을 취소하지 않았다.

438) 대법원 1998. 5. 8. 선고 98두4061 판결; 대법원 1985. 11. 26. 선고 84누316 판결 참조.

439) 정부는 전자정부 구현을 위한 행정업무등의 전자화 촉진에 관한 법률을 2001. 3. 28. 법률
　　제6439호로 제정하여 같은 해 7. 1.부터 시행하였으며 2007. 1. 3. 법명을 전자정부법으로
　　개칭하였다.

440) 행정기관은 전자문서를 기본으로 하여 작성, 발송, 접수, 보관, 보존 및 활용하여야 하고
　　(동법 제25 제1항), 국민에게 제공하는 일정한 급부를 정보통신망을 통하여 제공할 수 있
　　으며(동법 제15조), 고지서·통지서 등의 통지를 본인이 원하면 전자문서로 통지할 수 있
　　고(동법 제11조 제1항), 법령의 제정·개정, 행정예고, 공청회·여론조사등을 함에 있어
　　정보통신망을 통한 의견수렴 절차를 병행할 의무를 진다(동법 제31조 제1항).

441) 행정기관은 민원사항의 신청, 신고 또는 제출 등을 전자문서로 할 수 있게 하고(동법 제7
　　조 제1항) 그 처리결과도 전자문서로 통지할 수 있도록 하고 있다(동조 제2항).

442) 2010년 "민사소송 등에서의 전자문서 이용 등에 관한 법률"이 제정되어 그에 의거한 "특
　　허소송에서의 전자문서 이용 등에 관한 규칙"이 2010. 4. 26.부터 시행되어 특허심결취소
　　소송에 제일 먼저 전자소송이 도입되었고 일반 행정소송에는 2013. 1. 21.부터 동법이 적
　　용되고 있다. 동법의 적용범위에 관한 제3조 제3호 및 제4호 참조. 구체적인 사항은 대법
　　원규칙인 민사소송 등에서의 전자문서 이용 등에 관한 규칙에 규정되어 있다.

443) 국가·지방자치단체·행정청과 공무원연금공단, 근로복지공단 등 47개 공공기관은 전자
　　소송 의무 대상자로 지정되었으며 행정처분을 다투는 항고소송이 행정소송의 대부분이라
　　는 특성을 반영해 조세, 영업관계, 토지관계 등 8개 항목으로 세분화된 사건분류를 적용
　　하고 있다.

444) 법원은 전자 영상 증거에 의하여 정확하고 신속한 판단을 할 수 있다.

제 4 장 과학기술 민·형사소송

I. 서 론

'과학기술445) 민·형사소송'446)에 관한 논의를 위하여는 실로 엄청난 폭과 깊이를 지니고 인류문명 발전사의 원동력으로 기능해 온 과학기술의 연혁을 '재판의 시각'에서 재검토해 볼 필요가 있다. 우선 과학기술의 부작용 등에 근거한 의료과실 소송과 같은 피해보상 소송이 나타났을 것으로 보인다. 그러다가 환경침해라는 인류사적 문제가 임계치에 육박하자 환경 관련 소송이, 또 대량생산시대에서 대규모 손해의 보전이라는 관점에서 제조물책임 소송이 논의되었을 것으로 보인다. 또한 현대 디지털사회에서는 개인정보와 관련된 프라이버시침해 등에 근거한 각종 소송도 빈발하게 되었는데 이러한 과정은 모두 과학기술의 발전에 궤를 같이 하면서 새롭게 창출되는 유형의 소송일 것이다. 한편 위와 같은 과정의 어느 시점부터는 과학기술 사상 자체를 보호하기 위한 지식재산권 소송이 병행되었을 것으로 보이고, 이 소송은 '공적 정보에 대하여 개인에게 배타적 이용권'을 부여할지 여부를 주로 진보성(창작성)이라는 잣대를 기준으로 판단하는 과정이므로 앞선 여타 소송과는 성격이 판이하다. 전통적으로 특허소송이 대부분이었으나 최근 디지털 저작권소송도 많은 IT 기술과 관련하여 논의되고 있다.

이렇듯 현재까지 일반적으로는 과학기술과 친하다고 볼 수 없는 법정에서 점점 더 과학기술이 많이 현출되는 국면에는, 긍정적인 측면에서는 대규모의 자본이 투여되는 과학기술상의 아이디어를 보호하는 특허소송이, 부정적인 측면에서는 고도의 과학기술이 관여된 각종의 제품이나 서비스의 안전성 등과 관련하여 극단적으로는 생명권 침해에 의한 민형사상의 불법행위 소송이 병존하고 있는 것이다.

특허소송은, 실체법 체계는 물론 재판제도 혹은 절차법적인 측면에서도 다른 소송과 구별되는 특유의 구조가 범세계적으로 장기간에 걸쳐 형성·정착되었는데 이는 과학기술에 대한 평가가 재판의 핵심(소송물)이 된다는 점에 기인하는 것이다. 한편 과학기술 관련 불법행위 소송447)에는 피해자 보호를 위한 증명책임의 경감 혹은 전환 등의 실무운영과 나아가 이를 반영한 성문법 제정 등의 예가 많다는 점에서 현대 소송제도에서 독특한 지위를 차지하게 되었고, 그러한 특징을 민·형사소송법의 측면에서 포착하려는 시도는 특수분야에서의 전문성의 확보를 통한 효율성·공정성의 추구라는 면에서 중요한 작업일 것이다.

그리고 장차 과학기술 민·형사소송448) 논의를 '널리 민·형사소송절차에 있어서 과학기술 전반이 어떠한 방식으로든 깊이 개입하는 형태에 관한 소송론'이라고 보면, 앞서 본 과학기술 자체를 어떻게 보호할지를 주된 쟁점으로 하는 '보호대상' 소송(특허소송), 과학기술로 인한 피해 혹은 부작용 여부가 소송의 대상이 되는 '규제대상' 소송(의료소송, 환경소송, 제조물 책임소송, 개인정보침해소송)과 더불어 과학기술이 기존 소송의 증명을 위하여 동원되는 '증거방법' 소송(DNA 신원확인정보 데이터베이스를 이용한 사법절차, 전문심리위원 제도 등)까지 포함될 것이다. 그러나 '증거방법' 소송 논의는 추후로 미루기로 하고, 이하에서는 '규제대상' 소송과 '보호대상' 소송의 순서에 따라 그간 국내 사안을 중심으로 살펴보도록 한다.449)

Ⅱ. 제조물책임소송

1. "제조물책임법" 개요

가. 입법경위 및 현황

현대사회의 대규모 제품생산이 소비자에게 과거에는 상상도 하기 어려웠던 큰 편리성을 부여한 것은 사실이나, 제조물의 결함에 의하여 손해를 입은 소비자를 구제하는 데는 고도의 과학기술에 대한 이해를 수반한 입증상의 어려움 등의 문제가 대두되었으므로 이 분야는 민법상의 불법행위에서 독립된 특별법 영역으로 발전하였다.450) 그런 의미에서 제조물책임이란 "제조물의 결함으로 인하여 소비자 또는 제3자의 생명·신체 또는 재산 등에 손해가 발생하였을 경우, 그 제조물의 제조업자나 판매업자에게 손해배상책임을 지게 하는 법리"로 통상 설명된다.451)

우리나라에서도 같은 취지의 "제조물책임법"452)이 2002. 7. 1.부터 시행453)되었는데, 무과실 책임을 도입하여 "제조업자는 제조물의 결함으로 생명·신체 또는 재산에 손해454)를 입은 자에게 그 손해를 배상하여야 한다."라고 규정하여455) 고의·과실을 요구하는 민법상 불법행위 책임의 특칙으로 '결함' 및 결함의 존재와 손해발생 사이의 '인과관계'를 요건으로 하는 책임원칙을 규정하고, 제조업자가 면책사유를 입증하지 못하면 책임을 지게 하였다.[456] 이하 제조물책임의 요건과 손해배상이라는 효과를 순차로 살펴본다.[457]

나. 주요내용

1) 책임요건으로서의 "제조물"

동법은 "제조물"이란 제조되거나 가공된 동산[458]을 말한다고 규정한다.[459] 하지만 미가공 1차 농림축산물에 대하여는 현대의 산업적 농림수산업 경향에 비추어 또 농약이나 화학적 사료 등에 의한 결함 발생가능성을 이유로 제조물책임을 물어야 한다는 견해가 유력하고, 소프트웨어에 대하여도 찬반론이 대립 중인데, 세계적으로도 입법례와 판례가 다양하게 나타나 있으나 소프트웨어가 현대사회에서의 차지하는 절대적 위치[460]에 비추어 볼 때 제조물책임법 개정으로 해결하여야 한다는 주장도 있다. 나아가 혈액에 대하여도 논의가 있는데[461] 혈액이 동산임은 분명하지만 이를 제조물책임의 대상으로 본다면 혈액제공자는 의료행위자에게 책임을 물어야 할 것이나 전자는 혈액의 적출대상일 뿐 제조자라고 볼 수 없고, 후자는 혈액 제조자가 아닌 의료행위라는 용역의 제조자이므로 이들에게 책임을 물을 수 없다는 것이 일반적인 견해이다. 그러나 혈액 자체가 아니고 일부성분을 추출 · 가공한 혈액제제(血液製劑)는 수혈용이라 하더라도 혈액에 보존액이나 항응고제가 첨가되는 등 인공적인 가공처리를 거친다는 점에서 제조물책임법의 적용대상이 된다고 이해된다.[462]

2) 책임요건으로서의 "결함"

"결함"은 제조상의 결함, 설계상의 결함, 표시상의 결함으로 나누어지나 "그 밖에 통상적으로 기대할 수 있는 안전성이 결여되어 있는 것"도 열거하여[463] 세 가지 유형에 포섭될 수 없는 유형의 결함도 포함하고 있다. 먼저 "결함"이라는 개념은 제조물책임법으로 새롭게 도입된 개념으로 "소비자의 신체, 재산 등 법익을 침해할 가능성의 존재(안전성의 결여)"를 의미하며 민법상 '하자'와는 구별된다.[464] 각 책임의 성질에 관하여는, 제조상의 결함으로 인한 제조물책임은 무과실책임으로, 설계상의 결함 또는 표시상의 결함으로 인한 제조물책임은 과실[465]책임으로 설명된다.

'제조상의 결함'이란 제조업자가 제조물에 대하여 제조 · 가공상의 주의의무를 이행하였는지에 관계없이 제조물이 원래 의도한 설계와 다르게 제조 · 가공됨으로써 안전하지 못하게 된 경우[466]라고 규정하는데 이는 제조과정에 이물질이 혼입된 식품이나, 자동차에 부속품이 빠져 있는 경우를 의미한다.

'설계상의 결함'이란 제조업자가 합리적인 대체설계를 채용하였더라면 피해나 위험을 줄이거나 피할 수 있었음에도 대체설계를 채용하지 아니하여 해당 제조물이 안전하지 못하게 된 경우[467]인데, 설계도면대로 제품이 생산되었지만 설계자체가 안전하지 아니한 경우로 녹즙기에 어린이들의 손가락이 잘린 경우처럼 설계자체의 안전성이 결여된 경우를 의미한다고 한다.[468] 대법원은 후술할 고엽제 사건 판결[469]을 통해 일반적으로 적용가능한 기준을 제시하였다.

'표시상의 결함'이란 제조업자가 합리적인 설명·지시·경고 또는 그 밖의 표시를 하였더라면 해당 제조물에 의하여 발생할 수 있는 피해나 위험을 줄이거나 피할 수 있었음에도 이를 하지 아니한 경우[470]를 말하는데, 제조물 자체의 결함은 아닌 점에서 앞의 두 경우와 구별된다.[471]

이상 동법은 결함을 3가지 유형으로 규정하였지만 "그 밖에 통상적으로 기대할 수 있는 안전성이 결여되어 있는 것"을 두어 향후의 발생가능한 유형에 대한 일반규정을 두었는데, 아직 이 부분이 문제된 사안은 없는 것으로 보인다.[472]

3) 책임요건으로서의 "인과관계" 증명책임

결함의 존재와 손해발생 사이의 '인과관계'는 손해배상을 청구하는 원고(피해자)가 부담하는 요건사실이다. 피해자의 입증의 부담을 덜어주기 위하여 피해자가 일정한 '간접사실'을 증명하면 제조물을 공급할 당시에 해당 제조물에 결함이 있었고(결함의 존재), 그 결함으로 인하여 손해가 발생한 것(인과관계)으로 추정된다. 다만, 제조업자가 제조물의 결함이 아닌 다른 원인으로 인하여 그 손해가 발생한 사실을 증명한 경우에는 예외이다.[473] 피해자가 이러한 추정을 받기 위하여 증명하여야 할 사실은 (ⅰ) 해당 제조물이 정상적으로 사용되는 상태에서 피해자의 손해가 발생하였다는 사실, (ⅱ) 그 손해가 제조업자의 실질적인 지배영역에 속한 원인으로부터 초래되었다는 사실 및 (ⅲ) 그 손해가 해당 제조물의 결함 없이는 통상적으로 발생하지 아니한다는 사실이다. 이러한 추정은 종전의 판례[474]의 태도에 부합하는 것이다.[475]

4) 책임의 주체로서의 "제조업자"와 "제조물공급자"

첫째, 제2조 제3호는 "제조업자"를 "가. 제조물의 제조·가공 또는 수입을 업으로 하는 자, 나. 제조물에 성명·상호·상표 또는 그 밖에 식별가능한 기호 등을 사용하여 자신을 가목의 자로 표시한 자 또는 가목의 자로 오인하게 할 수 있는 표시를 한 자"로 설명하고 있다. 이는 우선 '업으로' 제조·가공 또는 수입행위를 하여야 하는 것으로 동종의 행위가 반복되기만 하면 반드시 영리를 목적으로 할 필요 없고 공익을 목적으로 하는 경우도 해당될 수 있는 것이다. 그리고 나.목의 취지는 소비자를 두텁게 보호하기 위한 것이다.[476)

둘째, 제조자 아닌 제조물 공급자도 피해자의 요청에 응하여 그 제조업자 등의 신원을 고지하지 않으면 손해배상책임을 진다. 즉 피해자가 제조물의 제조업자를 알 수 없는 경우에 그 제조물을 영리 목적으로 판매 · 대여 등의 방법으로 공급한 자는 그 손해를 배상하여야 한다. 다만, 피해자 등의 요청을 받고 상당한 기간 내에 그 제조업자 또는 공급한 자를 그 피해자 등에게 고지한 때에는 면책된다.[477) 이는 사실상 공급자의 고의, 과실 입증책임이 피해자에게 있던 것을 전도하여 피해자가 제조업자를 알 수 없는 경우에 공급자가 제조업자를 알았거나 알 수 있었는지 여부와 관계없이 원칙적으로 무과실책임으로서의 배상책임을 부담하도록 한 것인데, 다만 균형을 위하여 단서로 공급자가 제조업자를 고지한 때에는 면책을 인정하였고 나아가 책임 주체인 공급자는 제조업자와 달리 '영리 목적'을 요건으로 하였다.

5) 면책사유

동법은 손해배상책임을 지는 자의 면책 사유를 열거하고 있는데, 첫째, 제조업자가 해당 제조물을 공급하지 아니하였다는 사실, 둘째, 제조업자가 해당 제조물을 공급한 당시의 과학 · 기술 수준으로는 결함의 존재를 발견할 수 없었다는 사실(소위 개발위험의 항변, 기술수준의 항변), 셋째, 제조물의 결함이 제조업자가 해당 제조물을 공급한 당시의 법령에서 정하는 기준을 준수함으로써 발생하였다는 사실(소위 법령기준준수의 항변), 넷째, 원재료나 부품의 경우에는 그 원재료나 부품을 사용한 제조물 제조업자의 설계 또는 제작에 관한 지시로 인하여 결함이 발생하였다는 사실이 그것이고,[478) 나아가 손해배상책임을 지는 자가 제조물을 공급한 후에 그 제조물에 결함이 존재한다는 사실을 알거나 알 수 있었음에도 그 결함으로 인한 손해의 발생을 방지하기 위한 적절한 조치를 하지 아니한 경우에는 이 면책을 주장할 수 없도록 하여 면책을 제한하고 있다.[479) 아울러 동법에 따른 손해배상책임을 배제하거나 제한하는 특약을 무효로 하여[480) 면책 특약을 제한함으로써 면책 제한 규정의 실효성을 보장한다.

6) 손해배상액의 산정

앞서 본 손해배상청구권 발생요건이 충족되면 제조업자는 피해자에게 손해를 배상하여야 하는데 확대손해의 전보를 원칙으로 한다. 그러나 가습기 살균제 사건을 계기로 영미법계의 징벌적 손배배상 제도를 도입[481)하여 제조물의 결함을 알면서도 필요한 조치를 소홀히 한 제조업자에게 손해의 3배 이내의 배상책임을 지운다. 이에는 악의적인 영리불법행위에 대하여 부당하게 취득한 이익을 환수하고 재발을 방지하며 나아가 정신적 손해도 배상하는 전보적 기능도 포함되어 있다.

동법은 제조업자가 제조물의 결함을 알면서도 그 결함에 대하여 필요한 조치를 취하지 아니한 결과로 생명 또는 신체에 중대한 손해를 입은 자가 있는 경우에는 그 자에게 발생한 손해의 3배를 넘지 아니하는 범위에서 배상책임을 지운다.[482] 이 경우 법원은 배상액을 정할 때 (i) 고의성의 정도 (ii) 해당 제조물의 결함으로 인하여 발생한 손해의 정도 (iii) 해당 제조물의 공급으로 인하여 제조업자가 취득한 경제적 이익 (iv) 해당 제조물의 결함으로 인하여 제조업자가 형사처벌 또는 행정처분을 받은 경우 그 형사처벌 또는 행정처분의 정도 (v) 해당 제조물의 공급이 지속된 기간 및 공급 규모 (vi) 제조업자의 재산상태 및 (vii) 제조업자가 피해구제를 위하여 노력한 정도를 고려한다.

다. 향후 전망

위와 같은 연혁과 사회환경의 변화는 향후 제조물책임법의 운용을 주목하게 하는데 나아가 영미식 집단분쟁해결제도의 도입, 제조물책임보험의 활성화[483]등의 보완이 필요하다는 견해[484]가 있다. 제조물책임법 관련 사건은 일단 판결이 선고되면 인과관계 이론 등에서 후행사건에 미치는 영향이 적지 않으므로 이하에서는 관련 대법원 판결이 선고된 순서에 따라 사안을 살펴보기로 한다.

2. 혈액제제 사건

가. 개 관

혈우병 환자 등이 수혈을 통하여 HIV(Human Immunodeficiency Virus)에 감염되어 후천성면역결핍증(AIDS, Acquired Immune Deficiency Syndrome) 환자가 되는 등 피해를 입고 혈액제제 제조회사를 상대로 손해배상청구를 한 사건[485]과 역시 같은 경로로 C형 간염 바이러스에 감염되었다며 그 손해의 배상을 구하는 사건[486]이다.[487] 대상판결들은 2002. 7. 1. 이후 공급된 혈액제제가 아니므로 제조물책임법이 직접 적용될 여지가 없고, 원고들도 모두 제조자의 기대가능성을 전제로 한 민법상 과실 불법행위 책임으로 청구원인을 구성하고 있다.

나. 대상판결들

1) 대상판결 1 (혈액제제 투여 HIV 감염 사건)[488]

대법원은 일반인들이 의약품의 결함이나 제약회사의 과실을 완벽하게 입증하는 것은 극히 어려우므로, 환자인 피해자가 제약회사를 상대로 바이러스에 오염된 혈액제제를 통하여 감염되었다는 것을 손해배상책임의 원인으로 주장하는 경우, 혈우병 환자인 갑 등이 을 회사가 제조한 혈액제제를 투여받기 전에는 감염을 의심할 만한 증상이 없었고, 제조한 혈액제제를 투여받은 후 바이러스 감염이 확인되었으며, 혈액제제가 HIV에 오염되었거나 오염되었을 상당한 가능성이 있다는 점을 증명하면, 제조한 혈액제제 결함 또는 과실과 감염 사이의 인과관계를 추정하여 손해배상책임을 지울 수 있도록 증명책임을 완화하는 것이 손해의 공평·타당한 부담을 지도원리로 하는 손해배상제도의 이상에 부합한다고 한다.[489]

2) **대상판결 2** (혈액제제 투여 C형 간염 바이러스 감염 사건)[490]

대법원은 우선 원고들의 감염과 피고측의 과실의 인과관계에 대하여 "원심의 위와 같은 판단[491]은 받아들일 수 없다… 혈액제제 제조업체로서는 혈액제제의 제조를 위해 순결한 혈액을 확보하여 보존함은 물론이고 필요한 최선의 조치를 다하여 제조된 혈액제제를 통한 감염의 위험을 제거할 고도의 주의의무가 있다[492]… 공혈자 선정절차 등을 통하여 이 사건 혈액제제의 원료인 혈장이 HCV에 오염되는 것을 완전히 배제하지는 못하더라도, 이 사건 혈액제제의 HCV 감염력을 낮출 수 있다면, 공혈자에 대한 문진 등을 이행하지 않은 것과 혈액제제를 투약한 환자들의 감염 사이에 인과관계가 없다고 단정하기 어렵다. 따라서 원심으로서는 피고 을이 위 원고들에게 투여된 혈액제제에 필요한 혈액을 제공받을 당시에… 문진 등을 통하여 HCV의 감염 위험이 높은 사람으로부터 혈액이 제공되지 않도록 하는 조치 등을 이행하였다면 이 사건 혈액제제의 HCV 감염력을 낮출 수 있었는지와 피고 을이 위와 같은 조치 등을 이행하였는지에 관하여 심리하여야 할 것이다."라고 판시하였다.

그리고 의약품의 결함 또는 제약회사의 과실과 손해 사이에 인과관계에 관하여는 "위 원고들에게 1991. 5.경 전에 HCV에 감염되었다고 의심할 만한 증상이 있었다고 인정할 만한 증거가 없는 반면, 위 원고들이 1991. 5.경 이후 제조된 이 사건 혈액제제를 투여받았고, 그 이후에 HCV에 감염되었음이 밝혀졌으므로, 원심판단과 같이 1991. 5.경 이후에 제조된 이 사건 혈액제제의 결함과 위 원고들의 HCV 감염 사이의 인과관계는 추정된다. 위 원고들이 단순히 TNBP 공법이 적용되기 이전에 제조되어 그 공법을 적용하여 1991. 5.경 이후에 제조된 이 사건 혈액제제보다 수십 배 높은 감염가능성을 가지고 있던 혈액제제를 더 장기간 투여받았다는 사정만으로는 위와 같은 인과관계의 추정이 번복된다고 보기 어렵다."라고 판시하고 있다.

다. 평 가

대상판결 1에 대하여는, 혈액제제에 한정하여 판시한 것이지만, 그 판시내용에서 의약품 관련 제조물책임에 있어서 증명책임 완화의 필요성 및 추정요건 정립 등에 대한 기초를 제공하고 있으므로, 일반적인 의약품 관련 제조물책임에 있어서도 위 판결의 정신을 응용하여 적용할 수 있을 것으로 생각되어, 선례적 가치가 큰 판례라는 평가가 있다. 나아가 대상판결 2에 대하여도 의약품을 제조함에 있어 제약회사에 고도의 주의의무를 인정하고, 그 위반을 이유로 제조물책임을 인정한 판결로서, 향후 제조물책임 법리 구성에 상당한 시사점을 주는 판결이 될 것으로 보이고 제약회사의 과실과 손해 사이의 인과관계를 추정하여 의약품에 결함이 없다는 점을 제조업체가 증명하도록 한 점에서도 증명책임에 관한 법률적 관점에서 의미 있는 판결로 보인다는 평가[493]가 있다.

3. 고엽제 사건[494]

가. 개관[495]

1961년부터 약 10년간 미군은 합계 1,940만 갤런(약 7,200만 리터)의 고엽제를 주로 남부·중부 베트남에 살포했다.[496] 이 고엽제에 포함된 TCDD의 대인 발암성은 WHO(세계보건기구)의 국제암연구기관(IARC)에 의하여 인정된 것이고 일단 체내에 흡수되면, 대사와 배출이 어렵다.

1970년대 후반부터 미국의 베트남전 참전군인 등은 미국 정부를 상대로 손해배상청구소송을 잇따라 제기하였다.[497] 그러나 그 청구들은 군복무 중에 발생한 우발적인 사고에 대하여는 국가를 상대로 손해배상을 청구할 수 없다는 이른바 페레스 원칙(Feres Doctrine)에 의하여 모두 기각되었다. 그러자 미국의 베트남전 참전군인과 그 유족 등은 1979년경 7개의 고엽제 제조회사를 상대로 제조물책임을 구하는 집단소송을 제기하였는데,[498] 1984. 5. 7. 고엽제 제조회사들이 원고들에게 1억 8,000만 달러의 합의금을 지불하기로 하는 내용의 화해가 성립되었고, 그 후 위 화해를 승인하는 법원의 판결이 확정되었다.[499] 집단소송 이후 미국에서는 1991년 입법으로 국가보상과 지원정책을 실시하기로 하였는데 정책의 기조는 고엽제와 해당 질병과의 상관관계이었다. 미국 국가보훈부는 1991년 고엽제법(Agent Orange Act of 1991)의 제정에 따라 미국 국립과학원(NAS)에 고엽제와 해당 질병 간의 상관관계를 규명하기 위한 연구를 의뢰하고, 연구결과를 기초로 고엽제 관련 국가보상정책을 실시하였다. 1991년 고엽제법하에서 약 1만 명의 미국 베트남전쟁 참전군인이 혜택을 받고 있다.500)

한국에서는501) 미국에서의 고엽제 관련 소송 내용이 국내에 알려지기 시작하자 월남전에 참전하고 전역한 자들과 일부 사회단체가 보상 등을 청원하였고, 이에 따라 1993. 1. 3. 법률 제4547호로 한시법인 '고엽제후유의증환자진료 등에 관한 법률'이 제정되었다.502) 그 후 수차의 개정을 거쳐 '고엽제후유의증 등 환자지원 및 단체설립에 관한 법률'(약칭, '고엽제법')로 법률명도 최종변경되었고 고엽제후유의증환자에 대하여도 장애등급에 따른 수당을 지급하고, 환자 본인과 배우자 및 자녀에 대하여 교육보호 및 취업보호를 하게 하는 등 보호범위를 확대하였다.503) 한편, 고엽제 피해자들은 위 고엽제법에 근거한 의료지원 등이 실제의 손해배상에는 많이 부족하다고 불만을 가지고 미국의 예에서 보는 바와 같이 소송을 통한 피해보상을 희망하였다. 이에 피해자 1만 6,579명이 미국의 고엽제 제조사 다우케미컬과 몬산토를 상대로 제소한 5조 원대의 본건 손해배상청구소송을 제기하였는데 청구를 모두 기각한 1심 판결(99가합84123)과 달리 그 항소심 판결(2002나32662)에서는 피해자 5,227명에게 1인당 600만~4,600만 원씩 총 631억 원을 배상하라고 일부승소판결을 하였다.504) 그러나 대법원은 항소심을 파기하여 염소성 여드름(특이성 질환) 피해자 39명에 대하여만 인과관계를 인정하여 손해배상책임을 인정하고, 이들을 제외한 5,188명이 주장한 당뇨병, 폐암, 후두암 등 10가지 질병(비특이성 질환)에 대하여는 고엽제로 질병을 얻은 것이라고 보기 어렵다며 인과관계를 부인하고 파기환송하였다. 아래에서는 여러 쟁점 중 '인과관계'를 중심으로 그 판시 내용을 살펴본다.

나. '인과관계'에 관한 대상판결의 개요505)

『1) 고엽제 노출과 특이성 질환인 염소성여드름과의 인과관계 유무

원심은 그 채용 증거를 종합하여, 베트남전에 참전한 관련 선정자들에게 베트남전 복무 종료 후 염소성여드름이 발생한 사실, 염소성여드름은 고엽제에 함유된 TCDD에 노출될 경우 발생하는 이른바 '특이성 질환'인 사실 등을 인정하였다. 나아가 원심은 여러 제반사정 등506)을 종합하여, 관련 선정자들이 고엽제에 함유된 TCDD에 노출되어 염소성여드름이 발생하였을 개연성이 인정되고, 달리 그 개연성을 뒤집을만한 반증이 없으므로, 관련 선정자들은 베트남전 동안 고엽제의 TCDD에 노출되어 염소성여드름이 발생하는 손해를 입게 되었

다고 판단하였다. 기록에 비추어 살펴보면, 원심의 위와 같은 판단은 정당하고, 거기에 상고이유에서 주장하는 바와 같이 논리와 경험의 법칙을 위반하여 자유심증주의의 한계를 벗어나거나 인과관계 및 개연성에 관한 법리를 오해한 위법 등이 있다고 할 수 없다.

2) 고엽제 노출과 비특이성 질환과의 인과관계 유무

원심은,... 역학적 인과관계[507]를 바탕으로 개별 피해자의 질병이 TCDD 노출로 인하여 발생하였을 상당한 개연성을 인정할 수 있다고 전제하였다.[508] 나아가... 관련 선정자들은 그 복무 당시 TCDD에 직·간접적인 경로를 통하여 노출되었을 상당한 개연성이 있다고 판단하였다.[509][510] 그리하여... 살포된 고엽제의 TCDD에 노출됨으로 인하여 각 보유 질병이 발생하는 손해를 입게 되었다고 판단하였다.

그러나 원심의 위와 같은 판단은 수긍하기 어렵다. 역학은 집단현상으로서의 질병에 관한 원인을 조사하여 규명하는 것이고 그 집단에 소속된 개인이 걸린 질병의 원인을 판명하는 것이 아니다. 따라서 어느 위험인자와 어느 질병 사이에 역학적으로 상관관계가 있다고 인정된다 하더라도 그로부터 그 집단에 속한 개인이 걸린 질병의 원인이 무엇인지가 판명되는 것은 아니고,... 걸린 질병이 그 위험인자로 인하여 발생하였을 가능성이 얼마나 되는지를 추론할 수 있을 뿐이다.

한편 특정 병인에 의하여 발생하고 원인과 결과가 명확히 대응하는 '특이성 질환'과 달리, 이른바 '비특이성 질환'은 그 발생원인 및 기전이 복잡다기하고, 유전·체질 등의 선천적 요인, 음주, 흡연, 연령, 식생활습관, 직업적·환경적 요인 등 후천적 요인이 복합적으로 작용하여 발생하는 질환이다. 이러한 비특이성 질환의 경우에는 특정 위험인자와 그 비특이성 질환 사이에 역학적으로 상관관계가 있음이 인정된다 하더라도, 그 위험인자에 노출된 개인 또는 집단이 그 외의 다른 위험인자에도 노출되었을 가능성이 항시 존재하는 이상, 그 역학적 상관관계는 그 위험인자에 노출되면 그 질병에 걸릴 위험이 있거나 증가한다는 것을 의미하는 데 그칠 뿐, 그로부터 그 질병에 걸린 원인이 그 위험인자라는 결론이 도출되는 것은 아니다.

따라서 비특이성 질환의 경우에는 특정 위험인자와 비특이성 질환 사이에 역학적 상관관계가 인정된다 하더라도, 어느 개인이 그 위험인자에 노출되었다는 사실과 그 비특이성 질환에 걸렸다는 사실을 증명하는 것만으로 양자 사이의 인과관계를 인정할 만한 개연성이 증명되었다고 볼 수 없다.[511][512]』

다. 평 가

대상판결은 그 인정범위는 논외로 하고, 세계적으로 고엽제 제조업체의 손해배상책임을 인정한 첫 확정판결이라는 점에 의의가 있다. 그러나 피해자들이 1999년 1심 소송을 제기한 후 14년 만에 내려진 결론이고 2심 판결이 선고된 2006년 이후 7년만의 대법원판결의 결론이지만 인정 대상과 범위를 극히 제한해 버려 고엽제 피해자에 대한 실질적인 보상 효과는 미미할 것으로 전망되어 원고(피해자)들은 강한 불만을 표출하고 있다. 그리고 민사소송의 경우 원고가 피고의 불법행위를 입증해야 하는 게 원칙이지만 고엽제의 경우 그 성분이나 후유증 등에 대한 전문적인 지식은 주로 미국에서 연구가 이뤄진 만큼 미국 제조사 쪽에 정보가 훨씬 많은 게 현실인바 전문성을 필요로 하는 의료소송에서 병원 쪽에 입증책임을 돌리는 최근의 판례 경향도 이런 정보의 비대칭성 때문인 점을 고려하면 대법원이 너무 엄격하게 판단을 내렸다고 하지 않을 수 없다는 비판[513])도 있다.

4. 자동차 급발진 주장 사건

가. 개 관

이른바 '급발진 사고'란 차량이 정지하고 있던 상태에서 운전자가 시동을 건 후 가속(액셀레이터) 페달을 밟지 않았거나 살짝 밟았음에도 엔진에서 비정상적인 굉음이 발생함과 함께 차량이 급발진(급전진 또는 급후진)하였고, 차량을 멈추려고 브레이크 페달을 밟았는데도 정지하지 않았으며 사고 후에는 동일 현상이 거의 재현되지 않는다는 내용으로 요약된다.[514] 이는 자동변속차량에서만 나타나는 현상으로, 사고자는 차량의 결함을 근거로 제시하며 제조물책임법에 의한 손해배상을 구하는데 한국의 경우 2004년 대법원 판결을 시작으로 사안이 축적되어 있으나 아주 예외적인 경우 이외에는 대개 청구기각판결이 선고되고 있다. 이하에서는 한국에서 내려진 주요 관련 판결을 살펴보고, 외국의 사안들을 요약한 후 평가 단계에서 최근의 BMW 사건, 가까운 미래에 운용될 자율주행차 관련 쟁점을 포함하여 전체적인 흐름을 조망한다.

나. 우리나라 사례

1) 급발진 주장을 기각한 사례

대법원 2004. 3. 12. 선고 2003다16771 판결[515]로, 원고들은 각 차량의 제조·설계상 결함을 주장하였는데 대법원은 다음과 같이 판시하며 원고들의 상고를 기각하였다.

『가) 자동차의 제조·설계상의 결함 주장에 관하여

...이 사건 자동차의 엔진제어장치에 원고 주장과 같은 결함이 있음을 인정할 수 없고 나아가 이 사건 자동차가 정상적으로 사용되는 상태에서 제조업자의 배타적 지배하에 있는 영역에서 사고가 발생하였다는 점이 입증되지 아니하므로 원심이 위 급발진 사고가 자동차의 결함으로 인하여 발생하였다고 추정할 수도 없다고 보아 이 부분 원고의 주장을 배척한 조치는 정당하고,...

한편, 자동차의 급발진은 엔진제어장치의 결함이 아니라 원고의 페달오조작으로 인한 것으로 추인되는 이 사건에서 원심이 원고 주장의 다른 결함, 즉 고성능의 컴퓨터를 장착하지 않았다거나 전자파 간섭에 의한 작동불량유형 및 영향분석실험을 실시하지 않았다는 점에 대하여 별도로 판단하지 아니하였다 하여 판단유탈의 위법이 있다고 할 수 없다.

나) 보다 안전한 대체설계를 하지 않음으로 인한 설계상의 결함 주장에 관하여

설령 이 사건 급발진사고가 운전자의 액셀러레이터페달 오조작으로 발생하였다고 할지라도, 만약 제조자가 합리적인 대체설계를 채용하였더라면 급발진사고를 방지하거나 그 위험성을 감소시킬 수 있었음에도 대체설계를 채용하지 아니하여 제조물이 안전하지 않게 된 경우 그 제조물의 설계상의 결함을 인정할 수 있지만, 그러한 결함의 인정 여부는 제품의 특성 및 용도, 제조물에 대한 사용자의 기대의 내용, 예상되는 위험의 내용, 위험에 대한 사용자의 인식, 사용자에 의한 위험회피의 가능성, 대체설계의 가능성 및 경제적 비용, 채택된 설계와 대체설계의 상대적 장단점 등의 여러 사정을 종합적으로 고려하여 사회통념에 비추어 판단하여야 할 것이다(대법원 2003. 9. 5. 선고 2002다17333 판결 참조).

그런데 기록에 의하여 살펴보면, 이 사건에서 원고가 급발진사고를 방지할 수 있는 대체설계로서 주장한 쉬프트 록(Shift Lock)은 운전자가 브레이크 페달을 밟아야만 자동변속기 레버를 주차 위치에서 전(후)진 위치로 움직일 수 있도록 고안된 장치로서 쉬프트 록을 장착하더라도 모든 유형의 급발진사고에 대하여 예방효과가 있는 것이 아니고... 여러 사정[516]에 비추어 볼 때 정리회사가 이 사건 자동차에 쉬프트 록을 장착하였더라면 급발진사고를 방지하거나 그 위험성을 감소시킬 수 있었음에도 이를 장착하지 아니하여 위 자동차가 안전하지 않게 된 설계상의 결함이 있다고는 볼 수 없는 것이다...[517]

다) 표시상의 결함 주장에 관하여

...이 사건 자동차의 취급설명서에 엔진시동 시에는 액셀러레이터 페달과 브레이크 페달의 위치를 확인한 후 브레이크 페달을 밟고 시동을 걸고 자동변속기 선택레버를 이동시키라는 지시문구가 기재되어 있으므로 원고가 위 지시내용을 확인하고 이에 따랐더라면 사고는 충분히 예방할 수 있었던 점을 인정할 수 있으므로, 법령에 의한 면허를 갖춘 사람만이 운전할 수 있는 자동차에 있어서 위의 지시 외에 운전자가 비정상적으로 액셀러레이터 페달을 밟는 경우까지 대비하여 그에 대한 경고나 지시를 하지 아니하였다 하여 결함이 존재한다고 볼 수는 없다고 할 것이다.』

위 사안은 그간의 논의를 종합 정리, 판단한 것으로 그 이후의 상당수의 급발진 주장 사건에 가이드라인으로 작용하고 있는 것으로 보인다.[518]

2) 급발진 주장을 인정한 사례

대법원 2008. 6. 12. 선고 2007도5389 판결이 있다. 대법원은 다음과 같이 판시하면서 무죄를 선고한 원심을 유지하였다.

『원심은... 가해차량은 피고인이 운전을 하기 전에 이미 원래의 운전자로서 피고인에게 대리운전을 의뢰한 사람에 의해 진입금지표시에 위반하여 일방통행로에 진입하여 주차된 상태였고, 더욱이 피고인이 가해차량을 운전하여 위 일방통행로를 벗어나려고 역주행하였다고 볼 수 없으며, 오히려 가해차량 자체에서 발생한 피고인이 통제할 수 없는 어떤 불가항력적인 상황에 의해 위와 같이 상상하기 어려운 속력의 역주행이 일어났을 가능성이 있는 것으로 합리적인 의심을 할 여지가 있다고 볼 수 있는 여러 정황들이 확인되고 있는바, 사정이 이러하다면, 피고인에게 이 사건 사고 당시 조향 및 제동 장치를 정확하게 조작하여 이 사건과 같은 사고를 방지할 것까지 기대할 수는 없었을 뿐만 아니라(피고인이 브레이크페달을 밟았던 점에 비추어 제동장치는 작동하지 않았던 것으로 보인다), 설사 피고인이 그렇게 했다고 하더라도 이 사건과 같은 사고를 미리 방지하기는 어려웠을 것으로 보이고, 더 나아가 이러한 합리적인 의심을 배제하고 피고인의 업무상 과실의 점 등을 인정할만한 다른 증거가 없다는 취지로 판단하여, 결국 피고인의 이 사건 업무상 과실의 점 및 사고와의 인과관계의 점에 대한 증명이 부족하다는 이유로 피고인에게 무죄를 선고한 제1심판결을 유지하였다. 원심판결의 이유를 앞서 본 법리와 기록에 비추어 살펴보면, 원심의 위와 같은 사실인정 및 판단은 정당한 것으로 충분히 수긍할 수 있다.』

이 사안에 대하여는 엄격한 증명을 요하는 형사재판의 특성이 반영된 것으로 민사사건에서도 동일하게 인정될지는 미지수이지만 간접적으로나마 자동

차 급발진의 가능성을 인정하였다는 점에서 의미가 있다는 평가가 있다.519)

다. 외국의 사례

미국에서는 급발진사고가 1970년대 초반부터 보고되기 시작하자, 국립도로교통안전청(NHTSA, National Highway Traffic Safety Administration)은 1987. 1.부터 조사를 실시하여 1989. 1.경 자동차 자체에는 급발진사고에 직접적인 영향을 줄 만한 기계적 결함은 발견할 수 없고, 급발진사고원인은 운전자의 조작 잘못인 것으로 보인다는 취지의 조사 결과를 발표하였고 그 후에도 여러 정부기관이 급발진사고를 조사하였지만 그 원인규명에 실패하였다.520) 미국에서 급발진사고로 인한 제조물책임을 묻는 소송에서 승소한 예는 거의 자동차의 구조상 결함이 인정된 경우521)이었다고 한다. 한편 일본에서는 1976년부터 급발진사고의 보고가 증가하기 시작하였는데, 운수성 소속 교통안전공해연구소는 1989. 4. '오토메틱차의 급발진·급가속에 관한 시험조사보고서'를 발표하였는바, 이에 의하면, 오토메틱차에 대하여 고장, 오작동 등에 의한 엔진회전수의 상승이 있어도 브레이크 기능의 결함이 없으며 브레이크를 강하게 밟음으로써 차량을 정지시킬 수 있다는 점이 보고되었다고 한다. 사단법인 일본자동차공업회도 운수성의 요청에 따라 1990. 2. 1. '오토메틱차의 급발진, 급가속에 관한 시험조사보고서'를 발표하였는바, 위 보고서에 의하면, 1987. 1.부터 1989. 3.까지 보고된 오토메틱차의 급발진, 급가속에 관한 사례 1,167건 중 904건은 운전자가 브레이크 페달과 액셀러레이터 페달을 잘못 밟은 것이 원인이 되어 발생한 것으로 생각된다고 하였다.522)

그러나 2013. 10. 미국 오클라호마주에서 일어난 '진 북아웃(Jean Bookout)'이란 사람이 자신이 몰던 캠리 승용차가 고속도로 출구에서 급발진하여 장벽에 충돌한 사고와 관련하여 배심원단은 위 차량의 전자식 엔진조절 장치 불량을 인정하고 피해자들에게 300만 달러를 배상하라고 평결을 내렸고, 징벌적 손해배상금을 산정하려고 하자 도요타는 피해자들과 비밀리에 합의하였다고 한다. 배심원 재판이지만 미국 사법부에서 최초로 자동차의 전자장치 결함의 가능성을 인정한 것이다.523)

라. 기타 쟁점

1) 자동차 결함 주장 소송

첫째, 폭스바겐그룹이 불법 소프트웨어를 이용해 자사 디젤 차량의 배출가스 처리 장치를 제어하는 방식으로 대기오염 물질 배출량을 조작한 것이 2015년 미국에서 처음 드러나면서 전 세계적인 파장을 일으켰는데 최대 40배가 넘는 오염물질을 배출하는 대신 연비 등 성능이 향상된 것처럼 조작한 것으로 조사되었다. 한국에서도 폭스바겐과 아우디의 차량 배출가스 조작과 관련해 문제가 되었는데 폭스바겐 등 한국인 차주 123명이 관련 부당이득반환청구 등 소송을 제기하였다. 그러나 청구원인은 기망의 불법행위로 인한 손해배상책임을 묻는 등 제조물책임법 사안은 아닌 것인데[524], 법원은 2019. 7. 25. 차량 금액의 10%를 배상하라는 판결[525]을 하였는바 폭스바겐과 아우디 등에는 표시광고위반 책임이, 딜러 회사들에는 하자담보책임이 있어 소비자들의 재산 및 정신적 손해를 배상해야 한다고 판시한 것이다.[526]

둘째, 현재 제1심 소송진행 중인 사안으로 BMW 차량화재 사건이 있다. 이는 주로 '520d' 모델에서 원인모를 화재가 발생한 사실에 관련하여 2018년 국토교통부 민관합동조사단이 '차량결함'을 화재의 원인으로 지목하였고 이에 화재사고가 발생하지 아니하였음에도 격락손해 등을 주장하는 원고들의 승소가능성이 주목받고 있다고 한다. 다만, 이 사안 역시 주로 차량 자체의 손해배상만을 구하는 것이므로 제조물책임법이 적용되기는 어려울 것으로 생각된다.

2) 자율주행차와 제조물책임[527]

소위 자율주행자동차(Autonomous Vehicles, 무인자동차) 기술은 눈앞에 다가온 현실로 우리나라도 2020년 상용화를 목표로 개발을 서두르고 있다.[528] 그런데 교통사고 발생 시 운전자의 과실에 의한 경우는 자동차손해배상보장법상의 운행자 책임론으로, 자동차의 결함에 의한 확대 손해발생의 경우는 제조물책임법에 의한 논의가 필요하다. 그런데 자율주행자동차 시스템이 완성되면 운행에 운전자의 개입이 거의 없게 될 것으로 보여 교통사고 시 제조물의 결함이 차지하는 비중이 매우 높아질 수밖에 없다는 점에서 제조물책임법 영역에서의 본격적 논의 필요성이 있다.

쟁점을 미리 살펴보자면 첫째, 자율주행자동차는 제조물이지만 장착된 소프트웨어가 제조물인가. 둘째, 소프트웨어 제조업자도 책임주체인 제조업자에 해당하는가. 셋째, 자율주행자동차로 야기된 교통사고에서 자동차 결함 여부와 판단기준은 어떠한가. 넷째, 제조업자의 개발위험의 면책항변의 인정 여부는 어떠한가 등이 그것이다. 간략히 논의를 소개하자면 많은 입법례와 논란이 있지만 소위 임베디드 소프트웨어의 경우 곧 자율주행자동차 자체의 결함으로 보아야한다는 입장이 유력하고 이는 제조업자의 범위에도 영향을 줄 것이므로 입법적 해결이 바람직하다고 한다.[529] 셋째 쟁점의 경우 제조상의 결함 보다는 설계상의 결함이 더욱 문제될 것으로 보이는데 특히 초창기에는 비밀리에 소프트웨어를 개발할 것이므로 시장에 출하되는 제품을 보아야 비로소 합리적 대체설계가 가능하다는 면에서 설계상 결함이 인정되기 어려울 것이라는 견해가 있고,[530] 넷째 쟁점 중 제조물책임법이 제조업자가 비록 면책사유가 있더라도 일정한 경우 관찰의무 등을 부여하여 면책을 제한하고 있다는 점에서 사후적인 리콜이나 위험성 통지 등이 중요할 것으로 보인다.

마. 평 가

급발진 주장 사고는 2017. 10.까지 교통안전공단에 접수된 것만 539건에 이르는 등 교통사고에 적지 않은 비중을 차지하는데 특히 파괴력과 의외성이란 점에서 잠복된 위험성이 크다. 그런데 앞서 본 바와 같이 세계적으로도 이와 관련하여 제조물책임 요건입증이 어려운 것이 현실로, 우리 제조물책임법에 의하더라도 또 대법원의 증명책임 완화이론에 의하더라도 쉽지 않은 면이 존재한다. 그러나 비록 형사사건이라 증명도에 차이가 있기는 하지만 2007도 5389 사건에서 보듯이 많은 급발진 주장 사고 중 한 건이라도 차량결함에 의한 것이 있을 수 있다는 전제하에 새로운 논의가 필요한 점, 폭스바겐 등 차량 배출가스 조작 사건, BMW 화재 사건에서 보듯이 세계적인 자동차 기업도 자신들도 모르는 혹은 알지만 외부에 공개하지 아니하는 결함에 관련된 정책[531]을 취할 수 있다는 점에서 신뢰하기 어려운 면이 분명히 존재하는 점, 최근 미국의 판례 및 실무도 어느 정도 급발진을 인정하는 쪽으로 보이는 점, 가습기 살균제 사건에서 보듯이 제조물에 의한 피해는 치명적일 수 있는데 그런 취지에서 개정법은 징벌적 손해배상 제도 등 보다 전향적으로 제조물책임법을 적용하려는 입법자의 의도를 반영하고 있는 점, 곧 닥쳐올 자율주행자동차 시대를 대비하는 의미에서 현상황에서의 자동차 산업의 재점검이 필요하다고 보이는 점 등에 비추어 보면 급발진 주장 사고에 대한 보다 전향적인 실무변화를 요구하는 목소리는 점점 커질 것으로 예상된다.

5. 담배 소송[532]

가. 개 관

피고는 대한민국과 주식회사 케이티앤지(이하 '피고 회사')였다.[533] 갑 외 5인(이하 '이 사건 흡연자들')은 10대 또는 군에 입대한 20세부터 국산담배를 흡연하여 오다가 폐암 등이 발병하였다는 이유로 1999년 피고들을 상대로 불법행위를 원인으로 하는 손해배상청구를 하였다.[534] 이 사건 흡연자들이 손해배상청구권을 인정받기 위해서는 담배에 제조물책임상의 결함 등이 인정되고, 흡연과 이 사건 흡연자들에게 발병한 폐암 등과 사이의 인과관계도 인정되어야 할 것인데, 이 글에서는 흡연과 폐암 등 발병 사이의 인과관계를 인정할 수 있는 지를 '역학적 방법에 의한 인과관계의 증명'과 관련하여 살펴보고자 한다.

대상판결의 제1심과 원심은 원고들의 청구를 모두 기각하였다.535)536) 이에 원고들은 모두 상고를 제기하였고, 대법원은 원심의 결론을 유지하면서, 원고들이 제기한 상고를 모두 기각하였다.537)

나. 대상판결

1) 흡연과 폐암 발병 사이의 인과관계

대상판결에서는 무엇보다 (역학적) 인과관계538)의 문제가 주요 쟁점이었는데 대법원은 다음과 같이 판시하였다.

『원심판결 이유에 의하면, 폐암은... 흡연보다는 환경오염물질과 같은 다른 요인에 의한 것일 가능성이 높은 사실 등을 알 수 있다. 흡연으로만 생기는 특이성 질환이 아니라 물리적 · 생물학적 · 화학적 인자 등 외적 환경인자와 생체의 내적 인자의 복합적 작용에 의하여 발병될 수 있는 비특이성 질환인 사실, 폐암은 조직형에 따라 크게 소세포암과 비소세포암으로 나뉘는데, 흡연과 관련성이 높은 것부터 흡연과 관련성이 있다고 볼 근거가 없는 것까지 다양한 종류가 있는 사실, 비소세포암은 특정한 유형의 암을 지칭하는 것이 아니라 소세포암이 아닌 모든 유형의 암을 통틀어 지칭하는 것으로서 여기에는 흡연과 관련성이 전혀 없거나 현저하게 낮은 폐암의 유형도 포함되어 있는 사실, 의학계에서는 일반적으로 흡연과 관련성이 있는 폐암은 소세포암과 비소세포암 중 편평세포암, 선암이고, 그중 소세포암과 편평세포암은 관련성이 매우 크지만 선암은 위 두 조직형의 폐암과 비교해서 관련성이 현저히 낮다고 평가되고 있는 사실, 세기관지 폐포세포암은 선암의 일종인바 결핵, 폐렴, 바이러스 등에 의해 발생한다는 보고가 있고, 편평세포암이나 소세포암에 비해 흡연과의 관련성이 현저하게 낮으며 비흡연자 중에도 발병률이 높게 나타나 위 사실관계에 따르면, 흡연과 비특이성 질환인 비소세포암, 세기관지 폐포세포암의 발병 사이에 역학적 인과관계가 인정될 수 있다고 하더라도, 어느 개인이 흡연을 하였다는 사실과 위 비특이성 질환에 걸렸다는 사실이 증명되었다고 하여 그 자체로서 양자 사이의 인과관계를 인정할 만한 개연성이 증명되었다고 단정하기는 어렵다.』

다. 외국의 사례539)

미국의 담배소송은 3단계로 나눌수 있는바,540) 구체적으로 보면, 제1단계의 담배소송으로 최초의 담배소송(이른바 Lowe사건)이 1954년 세인트루이스에서 제기되었는데 흡연피해자들은 제조물책임법리를 활용하였지만 모두 패소하게 되었다. 제2단계의 담배소송은 흡연에 대한 '주의(Caution) 글'을 담배갑에 표시할 의무를 가한 1965년 '연방담배표시광고법(the Federal Cigarette Labeling and Advertising Act)' 등과 함께 시작되었는데 아이러니컬하게도 담배갑에 "주의글"이 한번 나오자 담배를 피울지 안 피울지는 흡연자의 "정보를 바탕으로 자발적인 선택"에 따라 정해지며, 그곳에서는 자신의 의지가 무엇보다 우선되어야 한다고 하는 담배업계의 주장에 일정한 설득력이 생겼다고 한다.[541] 그러던 중 1994년 담배회사가 1960년대 이후 30년간 은폐해 왔던 내부문서가 폭로되고, 그 안에서 담배회사가 담배의 유해성을 인식하고도 중독성 있는 니코틴의 양을 조작한 것으로 드러났으며 담배회사들은 고의로 미성년자의 흡연을 장려하는 등 국민건강에 피해를 주어 왔다며 다수의 민사소송이 제기되어 담배소송은 제3단계로 접어들게 되었다.[542] 주목할 점으로 집단소송이 활용된 것[543]과 주정부가 담배소송을 제기한 것인데 1997. 6. 20. 전미 40주 법무장관과 주요 담배회사 간에 체결된 담배에 관한 화해사건이 가장 유명하다. 포괄적 화해를 통하여 기존 판례를 뒤집어 3,685억 달러라는 경이적인 액수의 손해배상을 지불하게 된 것이다.

라. 기타 관련 소송

1) 건강보험공단 소송[544]

대상판결이 선고된 직후 국민건강보험공단은 담배제조회사 4곳을 상대로 537억여 원 상당의 손해배상청구소송을 제기했는데, 위 사건을 통하여 다시 한번 대상판결에서 문제되었던 첨가제를 포함한 담배의 유해물질 등과 관련된 제조물책임, 고의에 의한 불법행위, 흡연과 폐암 사이의 인과관계 등 다양한 쟁점에 대하여 다투어질 것으로 보인다. 외국의 담배소송 전개 과정에 비추어 보면, 아직까지 우리나라의 담배소송은 시작에 불과한 것으로 보이지만, 앞으로 개별 사안에서의 다양한 쟁점에 관한 선례의 축적을 통하여 관련 법리가 보다 구체화될 것으로 생각된다.

2) 전자담배의 향후쟁점[545]

세계 각국에서 전자담배가 주목받고 있는데, 이와 관련하여 주로 네가지 쟁점이 있다. 첫째 유해성 및 건강에 대한 위험 증대 여부, 둘째 금연효과에 대한 상반된 평가, 셋째 기존 담배와의 이중사용 문제, 넷째 미성년자를 중심으로 한 비흡연자를 흡연용 담배 사용으로 유도하는 게이트웨이 문제, 다섯째 기존 담배에 비해 해악감소의 가능성에 의한 긍정적 효과가 그것인데, 과연 전자담배가 담배의 해악에서 인류를 구원할지 아니면 더 큰 지옥으로 밀어넣을지가 논쟁의 대상인 것이다.546)

전자담배에 대한 규제는 의약품 혹은 의료기기로 보는 경우, 담배 또는 담배제품으로 보는 경우, 규제방식도 새로운 규제를 도입하는 경우, 완전금지, 담배규제의 틀에서 규제하는 경우 등 국제적으로 다양한 방식으로 규제하고 있다. 그런데 전자담배의 유해성에 대한 의문은 아직 해결되지 않은 것으로 보이고, 이는 전자담배의 범위에 잎담배를 원료로 하는 것이 포함되고 있으며, 광고와 달리 니코틴이 함유된 것도 존재한다는 점에서 향후 해결을 요하는 과제라 할 것이다.547)

마. 평 가

대상판결은 국내에서 최초로 제기된 담배 소송은 아니지만 역학적 인과관계에 대한 본격적 논의를 포함한 다양한 쟁점을 다룬 점에서 그 의의가 있다. 그러나 인과관계를 부정한 결과에 대하여는 "흡연자가 폐암에 걸렸을 경우 그 인과관계는 역학적으로 입증할 수밖에 없고 이는 수만건의 연구결과에 의하면 명백하며, 1989년 이전에는 담배가 폐암을 유발할 수 있음을 경고한 적이 없다"는 비판이 있고, 나아가 "니코틴의 의존성에 대하여 담배회사들도 알고 있었음이 내부문건 등에 의하여 밝혀지고 있으므로, 앞으로의 담배소송에서 우리 대법원의 보다 전향적인 자세를 기대해 보고, 담배소송을 보다 적극적으로 할 수 있도록 종래의 소비자집단소송 제도를 보완하여 집단소송을 통하여 미국과 같이 민사손해배상을 지급받을 수 있는 길을 열어주는 것도 바람직한 법정책의 방안이 될 수 있다"는 주장548)도 있다.

6. 가습기 살균제 사건

가. 개 관

일상적으로 사용하는 가습기에서 사용되는 물에 서식하는 미생물이나 해충을 죽이기 위하여 첨가한 살균제가 도리어 인간에게 치명적인 피해를 끼친 사건이다. 불행하게도 세계적으로도 우리나라에서 처음 발생하였고 따라서 진단도 처음으로 내려져 전세계적으로 주목받은 최악의 화학참사사건이다.549) 가습기 살균제의 성분은 폴리헥사메틸렌 구아니딘(polyhexamethylene guanidine, PHMG)과 염화올리고에톡시에틸 구아니딘[Oligo(2－ethoxy)ethoxyethyl guani－dium chloride, PGH], 메틸클로로이오치아졸리논(methylchloroisothiazolinone

MCI/MCIT) 등 세 가지이다.550) 이들은 한국의 SK 케미칼 등 대기업에서 혹은 외국기업에서 원료를 공급받아 옥시레킷벤키저(이하 '옥시')와 같은 외국계 기업과 롯데마트 등 주요 대형할인점에서 주문자상표부착(OEM)방식으로 판매되었는데, 1994년 첫 제품이 나온 후 시장의 인기를 얻어 2011년까지, 특히 유아나 노약자가 있는 가정에서 구매가 늘어 20여종이 판매되었다.551) 가습기 살균제 제조사의 반발 등 많은 논란을 겪은 끝에 관련자 대부분이 유죄판결을 받았고 이에 국회는 피해자 보상을 위한 입법을 하였다.

나. 특별법의 제정

2017. 2. 8. "가습기살균제 피해구제를 위한 특별법"(약칭: 가습기살균제피해구제법)이 제정되었는바 그 주요내용은 (i) 독성이 판명된 화학물질을 함유한 가습기살균제의 사용으로 인하여 생명 또는 건강상 피해를 입은 피해자와 그 유족을 신속하고 공정하게 구제하는 것을 목적으로 하고(제1조), (ii) 가습기살균제피해에 대한 구제급여 지원 등에 관한 사항을 심의·의결하기 위하여 환경부 소속으로 가습기살균제피해구제위원회를 두고, 위원회 내에 폐질환조사판정전문위원회와 폐외질환조사판정전문위원회를 두며(제7조), (iii) 가습기살균제 피해자를 구제하기 위하여 손해배상청구권의 대위를 전제로 환경부장관이 요양급여, 요양생활수당, 장의비, 간병비, 특별유족조위금, 특별장의비 및 구제급여조정금 등의 구제급여를 지급하고(제12조부터 제20조까지), (iv) 손해배상책임을 지는 사업자를 알 수 없는 등의 사유로 구제급여를 받을 수 없는 피해자와 구제급여에 상당하는 지원이 필요하다고 인정되는 피해인정 신청자에게 구제급여에 상당하는 급여를 지급하기 위하여 한국환경산업기술원에 특별구제계정을 설치하여 운영하며(제31조), (v) 특별구제계정의 재원으로 가습기살균제 사업자와 원료물질 사업자이 부담하는 가습기살균제피해구제분담금과 기부금 등을 규정하고, 해당 분담금은 개별 가습기살균제로 인한 피해자 발생 수와 판매량 등을 기준으로 산정하도록 하고(제34조 및 제35조), (vi) 가습기살균제 피해자 지원 등을 위하여 가습기살균제종합지원센터를 설치하고 건강피해의 조사·연구 등을 위하여 가습기살균제보건센터를 설치·운영하는 것(제40조)이다.

하지만 동법은 피해자에 대한 지원을 강화하기 위하여 2018. 8. 14. 개정되었는데552) 이는 가습기 살균제의 전체 피해가 모두 밝혀진 것이 아니고 나아가 그 구제절차도 아직도 상당 부분 진행 중임을 의미하는 것으로 잘못된 과학기술에 의한 피해의 광범성을 여실히 보여주는 예라고 할 것이다.

다. 민형사상 제재

위와 같은 광범한 피해에 따라 우선 관련자들에 대한 형사처벌이 이루어졌다.[553] 이러한 형사처벌은 그 피해규모 등에 비추어 양형에 다소의 논란이 있는 외에, 검찰이 가습기 살균제 사건을 조사하는 과정에서 서울대와 호서대의 교수들이 옥시로부터 가습기 살균제의 독성에 관하여 거액의 연구를 수주한 사실이 드러나 형사 기소되어 파장을 일으켰다.[554]

민사소송을 보면 가습기 살균제를 사용하다 '간질성 폐손상' 등 폐질환을 얻어 2011년 사망한 피해자 유가족 6명은 2012. 1. 살균제 제조업체들과 국가를 상대로 소송을 냈던바 유가족들과 업체들 사이에는 조정이 성립되었고[555] 국가에 대한 청구는 기각되었다.[556] 한편 정부는 2014. 12. 제조업체를 상대로 30억원 대의 구상권 청구 소송을 제기한 바 있다고 한다. 그리고 2018. 8. 31. 옥시는 피해자에 대한 배상안을 발표하고 신청 등록을 받기 시작하였는데 2019년 미국 법정에서 손해배상 소송이 개시되었다.[557] 우리나라 법원은 "피고들이 제조 · 판매한 이 사건 가습기살균제에는 설계상 및 표시상의 결함이 존재하고, 그로 인하여 원고가 신체에 손상을 입었으므로, 피고들은 제조물책임법 제3, 5조에 따라 이 사건 가습기살균제의 결함으로 손해를 입은 원고에 대하여 그 손해를 연대하여 배상할 의무"를 인정하였다.[558]

라. 평 가

이 사건은 한국에서 최근 20년간 가장 큰 여파를 가져온 것인데 많은 시사점을 준다. 특히 과학기술발전에 매진하면서 지탱하여 온 한국에서 이러한 어처구니 없는 사건이 발생한 것은 총체적인 난국(도를 넘어선 이윤추구, 기업의 압력에 무방비로 노출된 학계,[559] 법조계, 정부의 규제력 미흡 등)을 드러내는 것으로 향후 철저한 대비책이 필요하다고 할 것이다. 향후 소위 이해관계충돌문제를 제도적으로 보강하지 않는다면 이러한 사건은 재발할 위험성이 있는 것이므로 본건 관련 특별법 제정의 취지를 살려 장기적 · 근본적인 대책마련이 과제라 할 것이다. 국민은 국가를 믿고, 국가가 그러한 믿음에 충실히 답하여야 하며 국민의 생명과 건강을 보호하는 것은 절대로 타협할 수 없는 가치이기 때문이다.[560]

7. 기타 사건

가. 감기약(콘택 600) 부작용 사건[561]

합성 교감신경흥분제인 페닐프로판올아민(Phenylprophanolamine;이하 'PPA')[562] 함유 일반의약품인 감기약 "콘택600"을 복용한 사람이 출혈성 뇌졸중으로 사

망한 사안으로 대법원은 다음과 같이 설시하고 있다.[563]

첫째, 설계상의 결함에 관하여 현재에도 세계 여러 나라에서 여전히 PPA 함유 감기약이 사용되고 있는 사실 등의 사정들[564]을 위 법리에 비추어 보면 이 사건 의약품인 콘택600의 제조자인 피고가 합리적인 대체설계를 채용하지 아니하여 그 제조 및 공급 당시의 기술 수준과 경제성 등에 비추어 기대가능한 범위 내의 안전성을 갖추지 못함으로써 이를 복용하였다가 피해를 입은 소비자에 대하여 불법행위책임을 부담하게 할 정도의 결함을 가지고 있다고 보기 어렵다고 판시하였다.

둘째, 표시상의 결함에 관하여도 사회통념상 망인이 복용한 콘택600에는 출혈성 뇌졸중의 위험에 대한 적절한 경고표시가 기재되어 있었다[565]고 보아야 하고, 피고 유한양행에게 망인이 의사의 처방이 필요하지 않은 일반의약품인 콘택600을 복용할 당시 특별히 더 출혈성 뇌졸중의 위험성을 경고하여 망인이 콘택600을 복용하지 말도록 표시할 의무가 있다고 하기 어렵다고 보았다. 피고 대한민국에 대한 청구에 대하여도 과실이 없다고 판단하여 결국 원고의 청구를 모두 기각하였다.

위 판결은 약국에서 쉽게 구할 수 있는 의약품의 제조물책임법 적용요건을 밝힌 것인데, 설계상 결함에 대한 상세한 설명과 더불어 대법원 판결의 문제점을 지적하며, 표시상 결함도 인정가능하다는 비판이 있고, 증명책임의 부담에 따라 자칫 피해자는 스스로의 위험부담 하에 의약품을 복용하여야 하고 혹시 있을 수 있는 부작용으로 인한 손해를 전부 감내하는 모순이 생길 수 있다며 약사법에서 잠자고 있는 의약품 부작용 피해구제 사업을 적극적으로 시행하여야 한다는 견해[566]도 있다.

나. 로타 바이러스 사건[567]

원고는 농장에서 한우를 사육하였고, 피고는 동물용 의약품의 수입, 판매 및 유통업을 영위하는 회사로서 '칼프가드'라는 명칭의 백신을 수입·판매하였다.[568] 원고는 2008년 위 백신을 분만 4~6주 전의 어미 소들에 접종시켰는데, 2008. 10. 9.부터 2009. 3.말까지 이 소들이 출산한 송아지들 가운데 폐사된 송아지들의 비율은 71%~91%에 이르렀다. 원고는 송아지들이 대량 폐사하자, 2009. 2.경부터는 위 백신의 접종을 전면 중지하는 대신 다른 회사 제품을 어미 소들에 접종시켰다. 다른 회사 제품에 의하여 처음 어미 소에 항체가 형성되어 송아지에게 전달된 시기는 2009. 2.경부터 6주가 지났을 때가 되는데, 2009. 4.경부터 2009. 10.경까지도 계속하여 송아지 폐사율이 70% 내지 80%대를 유지함으로써 위 백신을 사용하였을 때와 별다른 차이가 없다가, 2009. 11. 에 처음으로 50%가 되었고, 2009. 12.에는 다시 73%로 올라갔다가, 2010년부터는 다시 52%, 33% 등으로 폐사율이 격감하였다.

원고는 청구원인으로, 피고가 수입하여 판매한 위 백신에 제조상의 결함이 있다는 이유로 제조물책임법이나 일반 불법행위법에 따른 손해배상청구권을 주장하였다.569) 이에 대하여 대법원은 "피고의 손해배상책임을 인정하려면, 제품의 사용자인 원고가 이 사건 백신을 정상적인 용법에 따라 사용하였음에도 송아지가 로타바이러스 감염으로 집단 폐사하는 손해가 발생하였고, 폐사한 송아지의 어미소에게 접종한 이 사건 백신이 정상적인 효능을 갖추지 못한 하자가 있는 것이었음을 일응 추단하게 하는 사실이 먼저 증명되어야 하고, 그에 대한 증명책임은 원고에게 있다. 물론 거기에서 나아가 폐사한 송아지들이 로타바이러스 감염이 아니라 대장균 등 병원성 미생물에 감염되어 폐사하였다는 등 다른 손해발생 원인이 존재한다는 등의 반대사실은 제품을 수입 · 유통시킨 피고가 증명하여야 할 것이지만, 이는 제품의 하자 등 기본적인 전제사실이 증명된 다음의 문제"라고 전제하고 원심이 의거한 감정서의 증명력을 부인하고570) 원심이 피고 책임 인정의 근거로 삼은 송아지 폐사체 등에서 로타바이러스가 검출되었다는 점만으로 이 사건 백신의 효능에 하자가 있었다고 추단하기는 어려우며571) 기타 원심이 판시한 사정에 의하여 이 사건 백신이 백신으로서 통상 지녀야 할 품질이나 요구되는 성능 또는 효능을 갖추지 못한 하자가 있다거나 이를 추단하기에 충분하다고 보기는 어렵다고 판시하며 원심을 파기하였다.

이 판결과 관련하여 대법원이 고도의 기술이 집약되어 대량 생산되는 제품의 하자에 대한 손해배상청구에서 제조물책임에서와 마찬가지로 소비자의 증명책임을 완화하였다는 점에서 대량소비사회에서의 소비자보호를 위한 큰 전기를 마련하였다는 평가572)와 송아지 집단폐사가 "제조업자의 배타적 지배 하에 있는 영역"에서 발생하였을 것을 요구하지 않은 점은 적절하다는 평가가 있다.

다. 라돈 침대 사건

라돈침대 사건은 모나자이트573)라는 천연방사능 물질을 함유한 침대를 사용한 소비자들이 건강권, 생존권에 관하여 큰 위협을 받은 사태로, 적어도 7개 침대모델 61,406개의 침대에 사용되었고 2010년 이후 생산한 침대의 70%에 해당한다고 한다.574) 이에 피해자인 소비자들은 소송과 별도로 소비자분쟁조정도 진행하였는데 소비자원 소비자분쟁조정위원회가 2018. 10. 30. 라돈이 검출된 ○○침대 매트리스 소비자들 6,378명에게 매트리스 교환과 위자료 30만원을 지급하라고 결정한 바 있으나, 제조사측이 이의하여 타결이 무산되었고 재판에 의하여 해결할 수밖에 없게 되었다.575)

이를 계기로 정부는 '생활주변방사선 안전관리법'을 2019. 1. 15. 일부개정 하였는데 현행법은 원료물질 및 공정부산물을 수입·판매하는 자에게만 원자력안전위원회에 등록하도록 하고 그에 대한 기록·보고 의무만을 부여하고 있는데 반하여 개정법은 등록대상을 원료물질 및 공정부산물을 사용한 가공제품의 제조·수출입업자까지 그 범위를 확대하였다. 그리고 등록제조업자가 가공제품을 수출입하는 경우 수출입할 때마다 원자력안전위원회에 신고하도록 강화하였고, 음이온효과 및 신체밀착 제품에 대해 방사성 원료물질 또는 공정부산물을 사용한 제품의 제조·수출입을 금지하고, 방사선작용이 건강·환경에 유익한 것처럼 과장 광고하는 것을 금지하며, 원료물질 취급자, 가공제품 제조업자 등의 안전기준 준수여부를 지속적으로 관리하고 미흡한 사항을 시정·보완하기 위하여 정기검사 제도를 도입하고, 원료물질 또는 공정부산물의 취급자 및 제조업자로 하여금 종사자에 대해 정기적으로 건강검진을 실시하도록 하는 등 생활주변방사선 안전관리체계를 개선하였다.

라. 인보사 사건576)

인보사케이주(인보사)는 코오롱생명과학이 2004년 내놓은 세계 최초의 골관절염 유전자 치료제로 알려져 왔다. 그러나 인보사의 주성분이 지난 15년 동안 알고 있던 형질전환 연골세포가 아니라 그 연골세포를 만들 때 실험실에서 썼던 다른 세포였다는 사실이 2019. 3.말 코오롱생명과학이 미국에서 3상 임상시험을 준비하던 중 뒤늦게 확인됐다. 이에 식품의약품안전처는 2017년 인보사 제조판매 허가를 취소하였는데 당시까지 투약 건수는 3,800건으로 추정된다.577)

이에 유족은 인보사를 맞은 암환자가 사망하였는데 이 환자는 인보사 투여 후 극심한 무릎 통증에 시달리다가 암이 재발했다고 하면서, 인보사 개발사인 코오롱티슈진 등을 상대로 소송을 제기할 예정이라고 한다. 나아가 암환자에게 인보사 투여를 권장하고 직접 주사를 놓은 병원에 대한 소송도 검토 중이라고 한다. 현재 코오롱티슈진과 관계사 코오롱생명과학 등을 상대로 손해배상 소송을 제기한 원고는 2019. 8. 5. 현재 767여명으로 이 소송은 제조물책임법 등에 기한 소송으로 알려져 있다. 코오롱생명과학 임상개발 담당 이사와 경영진도 구속되었다.

Ⅲ. 환경소송

1. 환경소송 일반

환경소송은 사인이나 사업시행자 등의 경제활동에 의한 환경침해에 대응하는 사법적 구제수단으로서의 민사소송과 국가의 행정작용에 의한 환경침해에 대응하는 공법적 구제수단으로서의 행정소송 혹은 형사소송으로 구분되는데, 전자의 대표적인 예가 손해배상청구소송과 방지[578]청구소송이다. 그중 손해배상청구는, 불법행위의 법리에 기초하고 있고[579] 방지청구는 물권 침해의 법리에 기초하고 있다.[580] 또한 오염원인자 상호 간의 구상관계는, 하자담보책임[581]과 불완전이행[582]의 법리에 기초해 처리된다.[583]

2. 손해배상청구

가. 개 설

환경침해가 불법행위에 해당함을 이유로 손해배상청구를 하는 경우에는 일반적인 불법행위와 마찬가지로 고의 또는 과실, 위법성, 인과관계, 손해의 발생이 요건이지만, 환경침해의 특수성(잠복성, 계속성, 광역성, 간접성), 환경문제에 대한 사회적 평가는 사회경제적 상황의 변화와 자연과학적 지식의 발전에 민감하게 반응하는 점 등을 반영하여, 판례와 학설은 다음과 같이 전통적인 민법이론에 대한 수정·보완 노력을 기울여 왔다.[584]

나. 고의·과실

고의에 관하여는 특별히 추가논의할 것이 없지만, 과실의 경우는 그 근거인 주의의무에 관한 학설이 나뉘지만 판례와 통설은 예견가능성설의 입장이다.[585][586] 그러나 실무에서는 환경정책기본법이 '환경오염의 피해에 대한 무과실책임'이라는 표제하에 "환경오염 또는 환경훼손으로 피해가 발생한 경우에는 해당 환경오염 또는 환경훼손의 원인자가 그 피해를 배상하여야 한다."고 규정하여[587] 무과실책임을 인정하고 있고, 개별법[588]에도 무과실책임 조항이 다수 존재하므로 그 조항들에 기하여 손해배상청구를 하는 경우가 많으며, 또 예견가능성이 없다는 가해자의 주장이 받아들여지는 경우도 거의 없으므로, 과실유무가 주된 쟁점이 되는 경우는 별로 없다.

다. 위법성

본래 불법행위에 있어서 위법성이란 정당한 사유 없이 타인의 권리 또는 법익을 침해하는 것을 말하는데 환경침해행위의 경우 그 판단이 어려운 측면이 있고, 이에 법원은 환경 관련 소송에서 이와 같은 난점을 극복하기 위해 '수인한도(참을 한도)'라는 개념에 의존하고 있는바, 이에 따르면 환경피해가 사회공동생활을 함에 있어서 일반적으로 용인될 수 있는 범위 내의 것인 때에는 위법성을 인정할 수 없으나 수인의 한도를 초과하면 위법성을 인정해야 한다.589) 그리고 판례도 환경침해의 위법성 판단기준을 '사회통념상 참을 한도'로 보고, 환경침해의 정도가 '참을 한도'를 넘었는지 여부는 피해의 정도, 피해이익의 성질 및 그에 대한 사회적 평가, 가해건물의 용도, 지역성, 토지이용의 선후관계, 가해 방지 및 피해 회피의 가능성, 공법적 규제의 위반 여부, 교섭 경과 등 모든 사정을 종합적으로 고려하여 판단해야 한다고 판시하였다.590)

그렇다면 구체적으로 위법성의 증명책임은 어디에 있는가의 논의가 필요한데 이는 판례가 제시한 모든 사정을 피해자인 원고가 증명하여야 한다면 가혹하기 때문이다. 그러나 위법성은 손해배상책임의 성립을 위한 요건이므로 증명책임이 원칙적으로 원고인 피해자에게 있음을 부인할 수는 없으므로, 실제 소송에서는 원고(피해자)는 피해의 발생, 피해의 정도를 증명하는 외에 침해받는 이익의 종류나 성질 등 자신에게 유리한 요소들의 존재를 증명함으로써 위법성의 존재를 추인시키려 하고, 피고(가해자)는 가해행위의 공공성, 공법적 기준의 준수 등 자신에게 유리한 요소들의 존재를 반증함으로써 위법성 판단을 저지하려는 식으로 재판이 진행된다. 법원은 위 증명결과를 종합 고려하여 문제가 된 환경침해가 참을 한도를 초과한 것인지, 즉 위법한 것인지를 판단하게 된다.591)

라. 손 해

환경오염으로 인한 손해(피해)는 침해행위의 태양에 따라 다양한데, 우선 재산상 손해가 문제될 것으로 예컨대 신체나 건강이 침해되었다면 치료비 및 일실이익 상당의 손해가 발생할 수 있다. 그 외에 사육하던 동식물이 폐사592) 시 시가 상당의 손해, 소유 부동산의 가치하락 시 그 감소액 상당의 손해가 그것이다. 또한 정신적 손해가 발생할 수도 있는데, 질병까지는 이르지 않더라도 환경침해로 인하여 참을 한도를 넘는 육체적·정신적 고통593)을 겪는 경우에 위자료가 문제될 수 있을 것이다.

마. 인과관계

환경소송에서 불법행위책임을 인정하는 데 가장 큰 장애는 가해행위와 생명·신체·물건의 손해발생 사이의 인과관계에 대한 증명인바, 즉 환경침해에서는 피해의 간접성, 원인물질의 불명료성 및 원인물질이 피해자에게 도달하거나 작용하는 경로규명의 어려움 등으로 인하여 인과관계의 증명이 쉽지 않으므로, 증명책임에 관한 일반원칙을 유지하면서 문제점을 해소하기 위해 환경민사재판에서는 피해자의 증명책임을 경감 내지 사실상 전환하는 시도들이 이루어졌다.[594]

　그 이론적 시도로 개연성설(사실상 추정 이론), 역학적 인과관계설,[595] 위험영역설 등이 오랜 기간 논의되어 왔는데 현재 판례[596] 및 통설의 입장은 신개연성설(간접반증 이론)로 볼 수 있다. 피해자를 쉽게 구제하기 위하여 인과관계의 증명도를 완화하자는 개연성설이 비판받는 다음의 점, 즉 이론구성이 추상적이고 애매하여 판사에게 지나친 재량을 부여한다는 약점을 극복하기 위한 이론으로, 인과관계의 인정에 필요한 요소들을 유형화(가령, 원인물질, 도달경로, 원인물질의 배출 등)하고, 그 중 피해자가 증명해야 할 대상들을 축소·경감하여 인과관계의 존재를 일응 추정하며, 면책을 원하는 가해자에게 넓은 간접반증[597]의 책임을 부담시킴으로써 피해자의 인과관계 증명에 대한 부담을 완화하고자 하는 것이다. 대법원도 이와 관련하여 개연성 입증의 기준을 제시한 바 있다.[598][599]

　바. 소멸시효

　환경침해는 언제 '참을 한도'를 넘어섰는지 판단하기 어렵고, 반면 그 피해는 장기간에 걸쳐 서서히 누적적으로 나타나는 특성이 있어, 소멸시효의 기산점이 언제인지가 중요하다. 불법행위로 인한 손해배상청구권은 피해자가 그 손해 및 가해자를 안 날로부터 3년간, 불법행위를 한 날로부터 10년간 이를 행사하지 않으면 소멸한다.[600] 판례는 이 단기소멸시효의 기산점이 되는 '그 손해 및 가해자를 안 날'이란 현실적으로 손해의 발생과 가해자를 알아야 할 뿐만 아니라 그 가해행위가 불법행위로서 이를 이유로 손해배상을 청구할 수 있다는 것을 안 때를 의미한다고 한다.[601] 그러나 일반인으로서는 손해배상을 청구할 수 있을 정도로 '참을 한도'를 넘어섰다고 판단하기는 어렵지만 대체로 가해자에게 명시적으로 항의하면서 피해대책이나 피해보상을 요구하였다면 그 무렵에는 위와 같은 인식이 있었다고 보는 것이 실무이다. 또한 기존의 확정판결들에 의하여 기준이 정립[602]되어 이미 '참을 한도' 초과 여부가 명확한 경우와 이후로도 계속 손해가 발생하는 경우라면 해당 환경침해 행위 시부터 단기소멸시효가 진행된다고 볼 수 있을 것이다. 한편 환경침해 행위가 반복되는 계속적 불법행위의 경우 원칙적으로 판례는 불법행위가 계속적으로 행하여지는 결

과 손해도 역시 계속적으로 발생하는 경우에는 특별한 사정이 없는 한 그 손해
는 날마다 새로운 불법행위에 기하여 발생하는 손해라고 본다.[603]

3. 방지청구

가. 유 형

방지청구는 환경상의 이익을 침해하는 행위의 중지·배제나 예방을 위하
여 그 침해를 유발한 자에게 일정한 작위 또는 부작위를 구하는 것이다. 부작
위 청구는 침해방지의 목적 내지 결과를 그대로 표현한 것이고, 작위 청구는
방지를 실현하기 위한 이행방법을 구하는 것인데 부작위청구의 경우는 다시
상대방 행위의 적극적 금지를 구하는 경우(예컨대, 일조방해를 이유로 한 건축공사
금지)와 일정한 상태·결과의 발생금지를 구하는 경우(예컨대, 일정수준량 이상 소
음의 유입금지)로 나뉠 수 있는바 상황에 맞는 적절한 피해구제 방법이 선택될
것이다.

나. 요 건

손해배상청구와 달리 가해자의 고의 또는 과실, 피해자의 손해의 발생은
그 요건이 아니다. 그러나 손해배상청구의 위법성 판단에서 고려되는 요소들은
대체로 방지청구의 위법성 판단에서도 고려되어야 할 것으로 침해의 위법성
판단 시 손해배상청구에서 논의된 '참을 한도'론도 원칙적으로 적용될 것이지
만, 실무에서는 가해자에게 철거 등을 명하는 방지청구의 경우 가해자에게 막
대한 비용이나 손해를 초래할 수 있으므로, 방지청구에서 침해의 위법성은 손
해배상청구에서보다는 엄격하게 판단되고 있다.[604] 그리고 방지청구 특유의 위
법성 판단요소로서는 이익형량을 들 수 있는데 방지청구는 그것이 허용될 경
우 소송당사자뿐 아니라 제3자의 이해관계에도 중대한 영향을 미칠 수 있으므
로, 해당 청구가 허용될 경우에 방지청구를 구하는 당사자가 받을 이익과 상대
방 및 제3자가 받을 불이익 등을 비교형량한다.[605]

IV. 의료소송

1. 의료소송의 특징 및 법적 구성

의료소송[606]이란 "의료인이 진단과 치료 또는 보건위생의 차원에서 인체
에 위해를 야기할 우려가 있는 행위를 함에 있어 평균수준의 의료인이라면 마

땅히 하여야 할 주의의무를 다하지 아니하여 발생된 손해에 관한 소송"이라고 정의할 수 있다. 그리고 의료행위와 의료소송의 특성으로는 일반적으로 ① 인간의 생명, 신체를 직접적 대상으로 한다는 점에서 보호법익의 최고성과 고도·최선의 주의의무가 요구된다는 점, ② 진료방법 선택의 광범한 재량성과 환자의 사생활보호라는 점에서 비공개성(밀실성, 피해자의 의사측의 과실 입증에 어려움이 존재), ③ 자연과학인 의학이 판단과정의 중심문제가 되고, 생체현상에는 늘 과학적 분석과 계량의 한계를 초월하는 신비와 불가사의가 있으며 예상외의 결과가능성이 존재한다는 점에서 과오판단의 어려움과 한계가 존재하는 점(의료배상책임보험의 필요성[607]), ④ 피해자 보호를 위하여 증명책임 경감론이 오랜 기간 발전되어 오는 등 정보편재현상을 극복하기 위한 소송절차에서의 특수성이 존재하는 점 등을 들 수 있다.[608]

이러한 의료소송의 법적 구성은, 진료행위 자체가 환자와 의사 사이의 일종의 준위임계약의 이행이므로 의료과정에서의 손해는 계약법상 존재하는 의사의 진료상 주의의무 내지 설명의무 위반에 따른 것이어서 채무불이행책임으로 구성하는 것이 원칙일 것이나, 민법상 불법행위로도 구성(예컨대 환자가 의식불명으로 계약체결능력이 없는 경우 특히 유용)될 수 있다. 순수이론상으로 본다면 증명책임이 피해자인 환자측에 있는 불법행위 책임보다는 병원측에 귀책사유 부존재의 증명책임이 부담되는 채무불이행책임이 환자측에 유리할 것으로 보인다. 그러나 대법원의 "의사가 환자에게 부담하는 진료채무는 질병의 치유와 같은 결과를 반드시 달성해야 할 결과채무가 아니라 환자의 치유를 위하여 선량한 관리자의 주의의무를 가지고 현재의 의학수준에 비추어 필요하고 적절한 진료조치를 다해야 할 채무 이른바 수단채무라고 보아야 하므로 진료의 결과를 가지고 바로 진료채무 불이행 사실을 추정할 수는 없으며 이러한 이치는 진료를 위한 검사행위에 있어서도 마찬가지"라는 판시에서 보듯이[609] 결국 환자가 병원측의 채무불이행책임을 구하는 경우도 피해자인 환자측에서 의사가 "환자의 치유를 위하여 선량한 관리자의 주의의무"를 다하지 못하였음을 주장·증명하여야 하는바 이는 결국 피해자인 원고측이 피고측의 과실을 주장·증명하여야 하는 셈이어서 채무불이행책임을 묻는 것이 반드시 유리하다고 할 수 없다.[610] 이하 의료소송절차 개요를 살펴보고, 의료소송의 가장 핵심적 내용이라 할 수 있는 과실의 증명 등 의료소송에서 책임의 인정요건에 대하여 논의하고 의료현장에서 문제가 된 쟁점을 살펴본다.

2. 의료소송절차 개요

가. 절차의 특수성

의료소송 역시 통상의 손해배상청구소송의 절차를 따르나 거의 대부분이 '과실'에 의한 불법행위 여부가 다투어지게 된다. 그런데 과실 존부는 규범적 판단이므로 당해 사건에서 구체적으로 요구되는 의료행위의 수준을 파악하는 것이 선행되어야 하고, 이를 위하여는 많은 경우 전문가인 감정인의 의견이 필수적으로 참조되어야 하는 점 등의 특수성에서 다음의 유의점이 도출된다. 첫째, 진료행위의 재량성과 예상외의 결과가능성은 결정적으로 진료과정의 비공개성과 결합되어 정보편재현상을 가져오기 쉽고, 피해자측이 의료진 과실을 입증하기 어렵다. 둘째, 피해자측은 어떠한 진료행위가 있었는지 그 자체를 알 수 없는 경우가 많으므로, 법원은 피고(의료진)측에 진료행위의 경과를 시간적 순서에 따라 상세히 기재한 진료경위서[611]를 초기에 제출하도록 권유한다. 이러한 사안의 경위는 의료소송의에서 사안 자체에 대한 접근곤란을 극복하는데 유용하다. 셋째, 의료소송은 쟁점정리가 필요하고 사실조회나 신체감정 혹은 진료기록감정에 상당한 시간이 소요되므로 변론준비절차를 거치는 경우가 많다. 이는 당사자의 신청만으로 감정촉탁을 할 경우 감정 사항이 누락될 수 있고, 재판부에서 가지고 있는 궁금증이 반영되지 않는 경우도 있으므로 감정사항을 협의하는 기회가 된다.

나. 진료기록부

의료인은 각각 진료기록부, 조산기록부, 간호기록부, 그 밖의 진료에 관한 기록을 갖추어 두고 환자의 주된 증상, 진단 및 치료 내용 등 의료행위에 관한 사항과 의견을 상세히 기록하고 서명하여야 하고,[612] 진료기록부 등은 보존하여야 하며,[613] '의료인은 진료기록부등을 거짓으로 작성하거나 고의로 사실과 다르게 추가기재·수정하여서는 아니'된다.[614]

진료기록의 제출은 소송상 아주 중요한 문제이므로, 피고병원 진료기록의 경우 환자는 의료인, 의료기관의 장 및 의료기관 종사자에게 본인에 관한 기록[615]에 대하여 열람 또는 그 사본의 발급 등 내용의 확인을 요청할 수 있고 이 경우 의료인 등은 정당한 사유가 없으면 이를 거부할 수 없다.[616] 나아가 민사소송법상 문서제출명령제도도 이용할 수 있으므로 제도적인 미비점은 거의 없다.[617]

다. 각종 감정절차 등

앞서 보았듯이 의료소송은 재판부가 직접 파악할 수 없는 고도의 전문지식에 대한 이해가 수반되어야 하는 소송이므로 불가피하게 각종 감정절차를 거치는 경우가 많다. 먼저 신체감정 절차로, 이는 노동능력상실률을 중심으로 하는 통상의 인신사고로 인한 손해배상절차와 큰 차이는 없다.[618] 둘째, 진료기록감정은 의료소송의 주된 지연원인[619] 중 하나이다. 특히 최근 의료인들이 법조인자격을 취득하는 경우가 증가하므로 대리인에 의한 직접적 진료기록부 분석, 의학문헌 제출 및 이론구성이 가능한 상황으로 변화하고 있어 진료기록 감정 제도의 이용빈도가 줄어들고 또 효율적 준비로 그 기간도 단축될 수 있을 것이다. 현재는 대학병원, 종합병원 혹은 한국의료분쟁조정중재원[620]에 감정촉탁을 하고 있다. 셋째, 위와 같은 절차를 거친 후 미진한 점이 있을 경우는 감정보완촉탁 혹은 감정의견조회(사실조회) 등의 방법으로 보완이 이루어 질 수 있다.

라. 변론기일의 진행 등

의료소송의 변론기일은 앞서 본 증거방법들이 현출된 이후 비로소 열리게 되는데 고도의 전문성 때문에 전문가증인(감정인) 신문 등 절차를 거치는 경우가 적지 않다. 이때 법원은 직권으로 의료인이 포함된 전문심리위원[621]을 지정하여 심리에 도움을 받는 경우가 있는데, 대개 전문심리위원은 소송절차상 법원의 보조기관으로의 성질을 가지므로 그의 의견이 증거자료가 되는 것은 아니지만 그의 감정서에 대한 의견 등은 변론 전체의 취지로 판결의 결론에 영향을 줄 수 있다.[622]

3. 의료소송에서 책임의 인정요건

의료소송에서 의료인측의 손해배상책임이 인정되기 위하여는 귀책사유(고의/과실), 귀책행위(채무불이행/불법행위), 손해의 발생, 귀책행위와 손해발생 사이의 인과관계가 요구되는데, 아래에서는 그 중 '과실', '인과관계' 및 '설명의무'에 관하여 살펴본다.

가. 과실의 증명

1) 일반적 판단기준

의료상의 과실은 일반적으로 '의료인이 진료행위를 함에 있어서 당시의 의료수준에 비추어 일반적인 의사들에게 요구되고 있는 주의의무를 위반'하는 것을 의미한다. 의사가 진찰·치료 등의 의료행위를 함에 있어서는 사람의 생명·신체·건강을 관리하는 업무의 성질에 비추어 환자의 구체적인 증상이나 상황에 따라 위험을 방지하기 위하여 요구되는 최선의 조치를 취하여야 할 주의의무가 있고, 의사의 이와 같은 주의의무는 의료행위를 할 당시 의료기관 등 임상의학 분야에서 실천되고 있는 의료행위의 수준을 기준으로 삼되, 그 의료수준은 통상의 의사에게 의료행위 당시 일반적으로 알려져 있고 또 시인되고 있는 이른바 의학상식을 뜻하므로 진료환경 및 조건, 의료행위의 특수성 등을 고려하여 규범적인 수준으로 파악되어야 하고, 해당 의사나 의료기관의 구체적 상황을 고려할 것은 아니다.(623) 결국 의사의 과실을 인정하려면 결과 발생을 예견할 수 있고 또 회피할 수 있었음에도 이를 하지 못한 점을 인정할 수 있어야 하고, 위 과실의 유무를 판단함에는 같은 업무와 직무에 종사하는 일반적 보통인의 주의 정도를 표준으로 하여야 하며, 이때 사고 당시의 일반적인 의학의 수준과 의료환경 및 조건, 의료행위 특수성 등을 고려하여야 한다.(624) 환자 측이 증명하여야 하는 주요사실은 과실이라는 추상적 개념 그 자체가 아니라 그와 같은 법적 판단의 기초가 되는 구체적 사실로 보아야 할 것이다.

  2) '의료환경 및 조건, 의료행위의 특수성'의 구체적 의미와 과실 판단

  의료환경에서는 우선 '긴급성'의 개념이 논의될 필요가 있는데, 전문의가 아닌 일반의가 혼자 야간응급실의 당직근무를 하고 있었다면 그의 과실 유무를 판단함에 있어서는 전문의가 아닌 일반의를 표준으로 하고, 이에 당시의 진료환경 및 조건, 야간응급의료의 특수성을 고려하여야 할 것이라고 한다.(625) 다음 의료행위의 재량성 문제에 대하여는 의료환경 및 조건, 의료행위 특수성 등에 비추어 의사는 진료를 행함에 있어 환자의 상황과 당시의 의료 수준 그리고 자기의 전문적인 지식과 경험에 따라 생각할 수 있는 몇 가지 조치 중에서 적절하다고 판단되는 진료방법을 선택할 수 있고, 그것이 합리적인 재량의 범위를 벗어난 것이 아닌 한 진료의 결과를 놓고 그 중 어느 하나만이 정당하고 그와 다른 조치를 취한 것에 과실이 있다고 말할 수는 없다고 본다.(626) 이러한 기준으로 의료행위 당시를 기준으로 과실의 유무를 결정하게 될 것이다.

  3) 증명책임과 증명방해

  앞에서 본 바와 같이 의료소송을 어떻게 법적으로 구성하건 과실의 증명 책임은 일단 환자에게 있다. 그러나 의료행위는 일반인으로서는 의료행위 과정에 주의의무 위반이 있었는지 여부나 그 주의의무 위반과 손해발생 사이에 인과관계가 있는지 여부를 밝혀내기가 극히 어렵다는 특수성이 있으므로, 그 결과의 발생에 의료상의 과실 이외의 다른 원인이 있다고 보기 어려운 간접사실

들을 입증함으로써 그와 같은 증상이 의료상의 과실에 기한 것이라고 추정하는 것도 가능하다.[627]

한편 의료분쟁은 그 전문성과 증거의 구조적 편재 때문에 사실인정이나 법적 판단을 함에 있어 중요한 역할을 차지하고 있는 의사측이 가지고 있는 진료기록 등이 사후에 허위내용으로 작성되었거나 추가(가필)되는 등 그 변조 여부가 쟁점이 되는 경우가 종종 있다. 이때 실제로 변조행위가 이루어진 것으로 인정되는 경우 의사측이 변조이유에 대하여 상당하고도 합리적인 이유를 제시하지 못하는 한, 당사자 간의 공평의 원칙 또는 신의칙에 어긋나는 입증방해행위에 해당한다 할 것이고, 법원으로서는 이를 하나의 자료로 하여 자유로운 심증에 따라 의사 측에게 불리한 평가를 할 수 있다는 소위 자유심증설이 판례의 입장이다.[628] 이와 관련하여 최근 의료진의 과실입증 수단의 하나로 수술실 CCTV 설치 찬반논란이 있다.[629][630]

나. 인과관계의 증명

원래 의료행위에 있어서 주의의무 위반으로 인한 불법행위 또는 채무불이행으로 인한 책임이 있다고 하기 위하여는 의료행위상의 주의의무 위반과 손해발생 사이에 인과관계가 전제되어야 하나, 의료행위의 전문성 및 재량성 등의 이유로 손해발생의 직접적인 원인이 의료상의 과실로 말미암은 것인지 여부는 보통인으로서는 밝혀낼 수 없는 특수성이 있어서 환자측이 인과관계를 의학적으로 완벽하게 입증한다는 것은 극히 어렵다. 환자가 치료 도중에 사망한 경우에 있어서는 피해자측에서 일련의 의료행위 과정에 있어서 저질러진 일반인의 상식에 바탕을 둔 의료상의 과실 있는 행위를 입증하고 그 결과와 사이에 일련의 의료행위 외에 다른 원인이 개재될 수 없다는 점, 이를테면 환자에게 의료행위 이전에 그러한 결과의 원인이 될 만한 건강상의 결함이 없었다는 사정을 증명한 경우에 있어서는, 의료행위를 한 측이 그 결과가 의료상의 과실로 말미암은 것이 아니라 전혀 다른 원인으로 말미암은 것이라는 입증을 하지 아니하는 이상, 의료상 과실과 결과 사이의 인과관계를 추정하여 손해배상책임을 지울 수 있도록 입증책임을 완화하는 것이 손해의 공평·타당한 부담을 그 지도원리로 하는 손해배상제도의 이상에 맞는다.[631]

판례 중 일반인의 상식에 바탕을 둔 의료과실과 나쁜 결과 사이의 인과관계가 부정된 사례는 잘 발견되지 아니하는 등[632] 인과관계에 대한 입증책임은 사실상 전환된 것이나 마찬가지이어서 실무상 의료소송의 초점은 의료행위상 과실 입증에 맞춰지고 있다.[633]

다. 설명의무

1) 법적 의의 및 증명책임

대법원은 의료사고 과실판단에 있어서 1차적으로 의술적인 과실이 있는가를 보고, 이를 인정하기 어려운 경우(심증은 가는데 물증이 없는 경우)에 2차적으로 설명의무위반은 없는가를 살펴보고 있다. 환자들이 의사에게 진료의 모든 과정과 결정을 일임하다시피 한 과거와 달리 오늘날 환자들은 인터넷 등을 통하여 의료정보 취득이 훨씬 용이하여졌고 권리의식 또한 강하여진 점 등에서 자신의 신체에 관한 결정과정에 적극적으로 참여하고자 하는 요구를 적극 반영할 필요가 강하여졌다. 이는 환자의 자기결정권 행사의 전제(이하 '조언설명')로서 기능하는 설명의무가 법적으로 더욱 유의미해진 것을 의미하고 이러한 경향을 반영하여 설명의무는 본연의 (조언)설명의무 외에 지도설명(요양지도)의무, 고지설명의무로도 나뉘어 유형화[634]되고 있다. 이러한 중요성을 지닌 설명의무를 위반하였다는 증명책임을 누가 지는가가 사후적으로 문제되는바 법원은 의사에게 설명의무이행의 증명책임을 부담시키고 있다.[635] 이에 의료법은 의사는 사망이나 신체에 중대한 손상을 가져올 위험이 있는 '수술, 수혈, 전신마취'의 실행전에 환자측에게 그에 대하여 설명하고 문서로 동의를 받도록 하여 환자의 안전 및 자기결정권을 더욱 강하게 보장하고 있다.[636]

2) 설명의무의 범위

일반적으로 의사는 환자에게 수술 등 침습을 과하는 과정 및 그 후에 나쁜 결과 발생의 개연성이 있는 의료행위를 하는 경우 또는 사망 등의 중대한 결과 발생이 예측되는 의료행위를 하는 경우에 있어서 응급환자의 경우나 그 밖에 특단의 사정이 없는 한 진료계약상의 의무 내지 위 침습 등에 대한 승낙을 얻기 위한 전제로서 당해 환자나 그 법정대리인에게 질병의 증상, 치료방법의 내용 및 필요성, 예상되는 위험 등에 관하여 당시의 의료수준에 비추어 상당하다고 생각되는 사항을 설명하여 당해 환자가 그 필요성이나 위험성을 충분히 비교해 보고 그 의료행위를 받을 것인가의 여부를 선택할 수 있도록 할 의무가 있으며, 설명의무는 후유증이나 부작용 등의 위험발생 가능성이 희소하다는 사정만으로 면제될 수 없고, 그 후유증이나 부작용이 당해 치료행위에 전형적으로 발생하는 위험이거나 회복할 수 없는 중대한 것인 경우에는 그 발생가능성의 희소성에도 불구하고 설명의 대상이 된다.[637]

또한 설명의무는 모든 의료과정 전반을 대상으로 하는 것이 아니라 수술 등 침습을 과하는 과정 및 그 후에 나쁜 결과 발생의 개연성이 있는 의료행위를 하는 경우 또는 사망 등의 중대한 결과발생이 예측되는 의료행위를 하는 경우 등과 같이 환자에게 자기 결정에 의한 선택이 요구되는 경우를 대상으로 하는 것이다.[638] 따라서 환자에게 발생한 중대한 결과가 의사의 침습행위로 인한 것이 아니거나 또는 환자의 자기결정권이 문제되지 아니하는 사항에 관한 것은 위자료 지급대상으로서의 설명의무 위반이 문제될 여지는 없다고 봄이 상당하다.[639)640]

한편 의사에게 해당 의료행위로 인하여 예상되는 위험이 아니거나 당시의 의료수준에 비추어 예견할 수 없는 위험에 대한 설명의무까지 부담하게 할 수는 없는바, 대법원[641]은 설명의무의 한계로서 의료행위 당시의 의료수준에 비추어 예견할 수 있는지 여부를 판단함에 최소한 의료행위와 결과발생 사이의 개연성의 담보를 요구하고 있다.[642]

4. 최근의 의료사건 판례[643]

가. 보라매병원 사건[644] - 의사의 생명보호의무

환자는 넘어짐 사고로 머리를 다쳐 응급실에 내원한 후 인공호흡기에 의존하였는데 그의 부인이 치료비 등의 문제로 퇴원을 고집하였고 이에 병원측은 책임을 묻지 않겠다는 각서를 쓰게 한 후 입원지 36시간 만에 퇴원을 허락하였다. 이에 집으로 호송하려고 인공호흡기를 떼자 환자가 바로 사망한 사안으로, 형사사건화되었다.

대법원은 특히 담당의사 등에게 환자의 사망이라는 결과 발생에 대한 정범의 고의는 인정되나, 환자의 사망이라는 결과나 그에 이르는 사태의 핵심적 경과를 계획적으로 조종하거나 저지 · 촉진하는 등으로 지배하고 있었다고 보기는 어려워 공동정범의 객관적 요건인 이른바 기능적 행위지배가 흠결되어 있다는 이유로 상고를 기각하며[645] 원심(부인, 담당의사 각각 살인죄와 살인죄의 방조범 인정)을 유지하였다.

이에 관하여 의료계는 반발하며 보호자나 법정대리인의 의견을 존중할 수 있는 제도적 보완책과 의학적 충고에 반하는 퇴원에 대한 법적 · 제도적 보완장치가 시급하다고 주장하였고, 사회적으로는 회생가능성 없는 환자에 대한 병원측의 퇴원허가(임종을 집에서 맞는 관행)가 더 이상 이루어지지 않는 결과로 나타나게 되었다.[646]

나. 김할머니 사건[647] - 존엄사의 요건

앞서 본 보라매병원 사건은 의사의 생명보호의무를 우선시한 판결이지만

'질병의 호전을 사실상 포기한 상태에서 오로지 현 상태를 유지하기 위한 치료' 에 이르지 아니한 경우에 적용되는 것이다. 그러나 만일 의학적으로 환자가 의 식의 회복가능성이 없고 생명과 관련된 중요한 생체기능의 상실을 회복할 수 없으며 환자의 신체상태에 비추어 짧은 시간 내에 사망에 이를 수 있음이 명백 한 경우(이하 '회복불가능한 사망의 단계')라면 이때 이루어지는 진료행위(이하 '연명 치료')에 대하여는 다른 기준으로 진료중단 허용 가능성이 판단되어야 할 것으 로 소위 존엄사의 허용가능성[648]이 다루어져야 할 것인데 그 사안이 김할머니 사건이다.

환자(여, 당시 75세)는 2008. 2. 기관지내시경으로 조직검사를 받던 중 발생 한 과다출혈로 심정지가 발생했고 이후 심폐소생술로 심장은 회복됐지만 지속 적 식물인간 상태로 11개월간 자발호흡 및 의식 없이 인공호흡기로 생명이 유 지되게 되었다. 이에 환자의 자녀들은 평소 어머니의 뜻대로 자연스러운 죽음 을 맞이할 수 있도록 인공호흡기 제거를 요청했으나 병원측이 거부하자 인공 호흡기를 제거하라는 소송을 제기했고, 1, 2심 재판 모두 원고가 승소하였다. 이에 대법원은 아래와 같이 연명치료 중단의 허용기준을 제시하면서 상고를 기각하였다.[649]

『회복불가능한 사망의 단계에 이른 후에 환자가 인간으로서의 존엄과 가 치 및 행복추구권에 기초하여 자기결정권을 행사하는 것으로 인정되는 경우에 는 특별한 사정이 없는 한 연명치료의 중단이 허용될 수 있다.[650] 환자가 회복 불가능한 사망의 단계에 이르렀을 경우에 대비하여 미리 의료인에게 자신의 연명치료 거부 내지 중단에 관한 의사를 밝힌 경우(이하 '사전의료지시')에는, 비 록 진료 중단 시점에서 자기결정권을 행사한 것은 아니지만 사전의료지시를 한 후 환자의 의사가 바뀌었다고 볼 만한 특별한 사정이 없는 한 사전의료지시 에 의하여 자기결정권을 행사한 것으로 인정할 수 있다. 한편, 환자의 사전의 료지시가 없는 상태에서 회복불가능한 사망의 단계에 진입한 경우에는 환자의 평소 가치관이나 신념 등에 비추어 연명치료를 중단하는 것이 객관적으로 환 자의 최선의 이익에 부합한다고 인정되어 환자에게 자기결정권을 행사할 수 있는 기회가 주어지더라도 연명치료의 중단을 선택하였을 것이라고 볼 수 있 다면, 그 연명치료 중단에 관한 환자의 의사를 추정할 수 있다고 인정하는 것 이 합리적이고 사회상규에 부합된다.』[651]

국회는 2016. 2. 3. 소위 '웰다잉법'(공식약칭: 연명의료결정법)[652]으로 불리우 는 법을 제정하여 회복가능성 없는 환자가 자기결정에 따라 무의미한 연명치료를 중단할 수 있도록 하는 법적 장치를 만들었다. 이 법에 의하면 말기환자 또는 임종과정에 있는 환자는 연명의료중단 등 결정 및 호스피스에 관한 사항을 계획하여 "연명의료계획서"를, 19세 이상인 사람이면 누구나 "사전연명의료의향서"를 작성할 수 있고, 심폐소생술, 혈액 투석, 항암제 투여, 인공호흡기 착용 등 4가지 의료행위뿐 아니라 일정한 체외생명유지술(ECLS, 심장이나 폐순환 장치), 수혈, 승압제 투여 등 임종기에 접어든 말기 환자의 생명만 무의미하게 연장할 뿐인 의학적 시술도 중단하거나 유보할 수 있다.[653]

다. 수혈거부 사건[654] - 종교와 생명보호의무

종교적 이유로 무수혈방식 수술을 진행하던 중 과다출혈 등으로 타가수혈이 필요한 상황이 되었고 이에 의료진이 가족들에게 문의하였지만, 가족들의 의견이 나뉘어져 혼선을 빚던 중 사망한 사안이다. 업무상 과실치사로 기소되었는데 1, 2심 모두 무죄를 선고하였고 대법원도 상고를 기각하였다.[655] 이 판결은 의사의 생명보호의무를 보호하기 위하여 단계별로 지침을 제공한 것으로 평가되고 있다.[656]

라. 낙태죄 위헌 결정[657] - 임신한 여성의 자기결정권

헌법재판소는 임신한 여성의 자기낙태를 처벌하는 형법 제269조 제1항(이하 '자기낙태죄 조항')과 의사가 임신한 여성의 촉탁 또는 승낙을 받아 낙태하게 한 경우를 처벌하는 같은 법 제270조 제1항 중 '의사'에 관한 부분(이하 '의사낙태죄 조항')이 각각 임신한 여성의 자기결정권을 침해한다며 2020. 12. 31.까지는 개선입법을 이행하여야 한다고 기존의 결정례를 변경하면서 헌법불합치 결정을 내렸다. 법원은 개선입법 전에 낙태죄로 기소된 의사에 대하여 무죄를 선고하였다.[658]

5. 향후 쟁점

가. 원격진료[659]

전통적인 의료행위는 의사가 진료실에서 환자를 직접 관찰, 증상들에 대한 문진 등을 거친 후 가능성있는 질병들에 관하여 검사를 시행하는 것으로 이루어진다. 그런데 IT 기술의 발전에 따라 전통적인 의료행위의 형태도 의사들이 환자의 얼굴을 마주하는 것보다는 다양한 영상검사와 모니터에 나타난 검사결과들을 토대로 환자에 대한 의료행위를 결정하는 모습이 드물지 않게 보인다. 이에 의료법은 의료인[660]은 대면진료의 원칙에도 불구하고 "컴퓨터·화상통신 등 정보통신기술을 활용하여 먼 곳에 있는 의료인에게 의료지식이나 기술을 지원하는 원격의료(이하 '원격의료'라 한다)를 할 수 있다"라고 하여[661] 원격의료를 일부 허용하였는바 허용되는 원격의료는 ① 의료인과 다른 의료인 간에 행하여져야 하고, ② 컴퓨터 · 화상통신 등 정보통신기술을 활용하여야 하며, ③ 의료지식이나 기술을 지원하는 것이어야 한다. 따라서 의료인의 환자에 대한 원격의료는 허용되지 않는데 원격의료가 환자의 직접 진찰에 대한 예외인가에 대해서는 여러 가지 해석이 있다.[662]

원격의료의 허용 여부에 대한 논의에서 새로운 기술의 적용이 의료인이나 환자의 편의성을 증가시킬 수 있는 경우에도 당연히 환자의 건강증진과 안전이 가장 핵심적인 고려사항이 되어야 할 것이고, 과학적 행위인 의료행위는 동시에 엄격한 규범적 판단대상이므로, 사회적 유용성, 경제적 · 산업적 고려에 의하여 그 허용범위가 결정되는 것은 의료행위의 본질에 반하는 것일 수 있음을 유의하여야 할 것이다.[663]

나. 왓슨 AI 진료

IT 산업과 함께 4차 산업혁명의 한 축으로 불리는 분야가 바로 의료 산업(BT, Biotechnology) 분야로 소위 디지털 헬스케어라고 불리는 것이다.[664] 최근에 각광받는 'IBM 왓슨'과 같이 AI를 활용한 진단 솔루션, 5G 통신 기술과 결합하여 활성화가 기대되고 있는 원격 의료시스템, 의사의 손을 대신하여 집도하는 정교화된 수술 로봇, 데이터 위조가 방지되고 권리 추적이 가능한 블록체인 기술을 활용한 의료비 청구 시스템 · 의약품 유통 시스템 · 임상데이터 관리 시스템 등을 들 수 있다.[665]

그런데 규제 당국의 입장에서 이러한 디지털 헬스케어 기반의 비즈니스를 볼 때 유전자 정보 같은 의료 데이터의 민감성 문제와 의료기술이 인체에 미치는 영향 때문에 기존의 규제를 완화하여 주는데 신중할 수밖에 없을 것이지만, 새로운 산업 발전이라는 측면과 국민건강증진이라는 시각에서 보면 이 역시 아주 중요한 기여요인이라 할 것이므로 양자를 적절히 조화한 정책과 법제가 마련되어야 할 것이다.[666]

V. 특허소송

1. 개 요

가. 의미와 종류

현대사회에서 세계적인 과학기술개발전쟁의 주요 무기가 지식재산권이 된지는 오래되었지만, 특히 최근에는 아예 연구의 구상단계부터 지식재산권 취득과 그에 근거한 소송까지 염두에 둔 개발전략이 일반화되었다는 점에서 초고도화 단계에 들어선 것으로 평가된다.[667] 이러한 의미에서 실무상 혹은 강학상의 용어로서 '특허소송'은 폭넓게 특허, 상표, 디자인, 품종보호 등과 관련된 분쟁을 해결하기 위한 소송을 의미하는 것으로 여겨지는데, 본고에서는 서론에서본 바와 같이 과학기술 관련 소송만을 다룬다는 취지에서 순수한 특허권(실용신안권)에 한정해 논의한다.[668]

실무상 심결취소소송과 특허권침해 등 민사소송으로 크게 나눌 수 있는데전자는 ① 특허청 심사관의 특허거절결정 시 특허청장을 피고로 한 결정계 심결취소소송과 ② 특허의 무효심판·권리범위확인심판의 심결 등에 대한 특허권자 또는 이해관계인을 피고로 한 당사자계 심결취소소송으로 분류된다. 후자는 일반민사 손해배상소송이나 침해금지청구소송의 기본구조를 취하고 있으나약간의 특칙이 있다.

나. 현재의 관할 및 제도적 특이점

특허법원은 1998. 3. 1. 설치[669]된 이후 줄곧 심결취소소송만을 담당하였고, 특허침해민사소송은 일반법원에서 담당하였는데, 2015. 12. 1. 개정된 민사소송법 제24조에 따라 특허권침해 등 민사소송의 항소심(특허권 침해금지신청가처분 사건의 항고심은 제외)은 특허법원에 전속하게 되었다.[670]

특허소송상의 제도적 특이점으로는, 첫째, 특허거절이나 특허등록결정 자체를 직접 소의 대상으로 삼을 수 없고 반드시 특허심판원의 심판을 거쳐 그심결에 대해서만 법원에 소를 제기할 수 있도록 규정하여 필수적 심결전치주의(재결주의)를 택하였다.[671] 둘째, 기술분야에 대한 전문성을 보좌하기 위하여특허법원에는 기술심리관[672] 등을, 서울중앙지방법원에는 기술조사관을 두고있다.[673] 셋째, 국제재판부를 설치하고 있다.[674] 행정소송인 심결취소소송은앞에서 살펴보았으므로 생략한다.

2. 특허권침해 등 민사소송[675]

특허권의 침해행위에 대하여 가능한 민사상 구제수단은 침해금지청구와 손해배상청구인데 우선 침해금지청구의 요건사실은 ① 원고가 특허권 등의 권리자일 것, ② 피고의 실시행위가 있을 것, ③ 피고의 실시행위가 특허발명의 보호범위에 속할 것이다. 손해배상청구의 요건사실은 이에 더하여, ④ 침해자의 고의나 과실, ⑤ 인과관계 및 손해발생 및 ⑥ 발생한 손해액이 필요하다.[676]

특허권침해 등 민사소송은 전체적으로는 당연히 일반 민사소송의 구조를 따르게 되나, 관할의 면에서 앞서 본 특이점이 있고, 침해 태양의 특정 시 침해행위를 사실적 용어를 사용하여 구체적·개별적으로 특정[677]하여야 한다는 점에서 특색이 있고,[678] 증액배상제도가 2019. 7. 8.부터 적용되고 있다.[679]

3. 기타소송

가. 특허권 침해금지가처분

1) 의 의

특허권 침해금지가처분은 '특허권을 침해하거나 침해할 우려가 있는 자에게 금지청구권에 기한 본안판결에서 명하게 될 침해금지의 부작위의무를 미리 부과'하는 것이므로 임시의 지위를 정하기 위한 가처분에 속하며, 가처분에서 명하는 부작위의무가 본안소송에서 명할 부작위의무와 내용상 일치하는 이른바 만족적 가처분에 속한다. 그러나 본안사건보다 결정이 빨리 내려지고 상대적으로 소송비용이 낮다는 장점은 민사소송에서 전반적으로 두드러지고 있는 '보전소송의 본안화' 현상이 특허권침해금지가처분 사건에서 사건수의 증가 등 더욱 뚜렷하게 드러나고 있다. 그런 점에서 물론 본안소송과 같은 정도와 시간을 들여 심리를 하는 것은 부적절할 것이지만 특허권 침해금지가처분이 인용되면 채무자는 계쟁 물품에 대한 경제활동이 전면적으로 금지되어 치명적인 손해를 입을 우려가 있으므로 신중하게 발령하여야 할 것이어서 실무는 심문기일을 여는 것이 일반적이다.[680]

2) 피보전권리 및 보전의 필요성

피보전권리는 채권자[681]의 특허권에 기한 금지청구권 및 채무자의 침해금지 부작위의무라는 권리의무 관계의 존재이고, 피보전권리의 존부는 결국 채무자의 행위가 특허권침해행위를 구성하는지 여부에 달려 있으므로, 실체심리를 통하여 특허의 권리범위를 확인하고 채무자의 구체적 행위태양을 확정한 후

침해여부의 판단이 내려져야 할 것이다. 한편 보전의 필요성의 측면에서 보면 특허권침해금지가처분은 임시의 지위를 정하기 위한 가처분이므로 현저한 손해를 피하거나 급박한 위험을 막기 위하여 또는 그 밖의 필요한 이유가 있을 경우에 하여야 할 것이고[682], 특히 만족적 가처분에 속하기 때문에 보전의 필요성에 관하여 보다 고도의 소명[683]을 필요로 하며, 법원은 기타 제반 사정들을 고려하여 신중하게 결정하여야 할 것이다.[684]

유의할 것은 앞서 보았듯이 침해금지청구권의 요건으로서 침해자(채무자)의 고의 · 과실 등 주관적 요소는 필요하지 않는 점, 본안소송에서의 장래 승패의 예상 역시 실무상 보전의 필요성 유무를 판단하는 하나의 요소가 되므로 본안승소가능성이 낮은 경우에는 가처분이 배척됨으로써 채권자가 입게 될 손해보다 가처분으로 인하여 채무자가 부당하게 손해를 입을 가능성이 더 높아지므로 미리 가처분을 받아들일 만한 보전의 필요성은 적어진다고 할 수 있는 점, 침해금지가처분으로 인하여 본안판결의 확정시까지 공공복리에 심각한 위해가 발생할 우려가 있을 경우에는 그와 같은 공익적 요소도 고려하여 보전의 필요성 유무를 판단하여야 하는 점 등이다.

나. 특허형사소송

특허권을 침해하면 형사 소추를 당할 수 있다.[685] 우리나라에서는 증거수집의 어려움, 손해배상 청구 시 높은 인지액, 민사사건의 형사화 관행 등에 따라 특허침해의 경우도 형사 고소가 빈번히 사용되어 왔다.[686] 그러나 그에 대한 이론적 비판 및 세계적인 입법례,[687] 앞서 본 특허법상의 증액배상제도의 도입 취지 등에 비추어 볼 때 이러한 경향은 향후 수정되어야 할 것이다.[688]

---

445) 과학기술적 사상을 보호하는 특허법 분야에서는 과학기술을 크게 IT(Information Technology)와 BT(Biotechnology)로 구별하기도 한다('땅에는 생물산업(BT), 하늘에는 정보통신산업(IT)'. 빌게이츠 마이크로소프트 회장이 미래세계를 표현한 말이라고 한다.) 이러한 구분은 과학기술에 의한 불법행위에서도 적용가능한데 예를 들면 IT 분야에서는 환경소송(전자파 등) 문제, 개인정보 침해 문제 및 자동차급발진 문제 등이, BT 분야에서는 의료소송, 환경소송(오염사고), 제조물 책임 등이 논의된다.

446) 법률용어가 아닐 뿐 아니라 강학상으로도 잘 쓰이지 않는 다소 애매한 용어인데 그럼에도 이 용어를 사용하는 것은 그 개념 자체가 주는 장점과 필요성이 있기 때문일 것이다.

447) 대법원은 사건배당 시 손해배상 사건의 내용을 사건명만으로 쉽게 이해할 수 있도록 하기 위하여 재판예규['손해배상 사건에 대한 사건명 표시의 구분'(재민 86-5)]를 두고 있다.

448) 과학기술은 행정청의 허가 등 행정행위와 밀접한 관계가 있다는 점에서 행정소송 및 헌법소송과도 밀접한 관련이 있으나 각 다른 장에 관련 설명이 있으므로 본 장에서는 우선 과학기술 민사소송을 중심으로 하되 관련 형사소송을 언급하기로 한다.

449) 개념적으로 혹은 이론적으로 제조물책임소송으로 해결되어야 할 것으로 보이는 유형이

상당하므로 본서 2010년 초판에서 '보건소송'으로 구별된 부분(담배소송, 고엽제소송, 의약품소송)은 제조물 책임소송 부분에서 설명한다.

450) 1960년대에 이미 대량생산 사회로 접어든 미국에서는 그 무렵 제조물책임(Product Liability, PL) 법리가 태동하였고, 1963년 California주 대법원에서 내린 Greenman v. Yuba Power Products, Inc., 59 Cal.2d 57, 27 Cal. Rptr. 697, 377 P.2d 897(Cal. 1963): 원고가 자기의 부인으로부터 선물로 받은 선반 등으로 사용될 수 있는 동력기(제품명: Shopsmith)를 사용하던 중 그 기계의 하자로 인하여 나무조각이 튕겨와 원고의 얼굴에 부상을 입고 과실과 보증위반을 들어 제조자와 판매자를 상대로 손해배상의 소를 제기한 사건이다]에서 Traynor판사는 "제조자가 그의 제품이 점검되지 않고 사용되는 것을 알면서 시장에 유통시켰고 그것에 결함이 있었기 때문에 인체에 상해를 줄 수 있는 하자를 가지고 있다는 것이 입증될 때에는 불법행위법상의 엄격책임을 진다"고 하여 제조자의 과실의 유무에 상관없이 피해자는 제조자를 상대로 소를 제기할 수 있게 되었다. 이로써 결함제품사고의 피해자 보호에 큰 진전을 이루게 되었고, 미국이 소비자 천국으로 되는데 기여하였으며 이러한 법리는 유럽의 20여개 국가와 일본을 비롯하여 브라질, 중국 등으로 파급되어 이제는 규범의 국제표준으로까지 자리잡게 되었다고 한다. 최병록(1994), 49면; 기타 외국의 입법례에 관하여는 최병록(1994), 8−40면과 사법연수원(2015), 127−140면 참조.

451) 제조물의 결함으로 손해가 확대된 것이 아니라, 제조물 자체에 손해가 한정된 경우에는 제조물책임법을 적용하지 않음을 주의하여야 한다. 대법원 2000. 7. 28. 선고 98다35525 판결 참조.

452) 이하 법명 없이 조문만 표시된 것은 제조물책임법을 말한다.

453) 우리 관련 판례는 1975년 이후 비로소 나타나기 시작하였는데 특히 1990년대 이후 외국에서 상당 부분 정립되어 있던 제조물책임의 개념을 염두에 두고 민법 제750조의 일반불법행위에 근거하여 제조자의 책임을 물어왔다고 한다. 다만 제조자의 위험방지의무위반을 추론하여 그 과실을 인정하였고, 결함 및 인과관계의 입증에 있어서 사실상의 추정이론을 적용하는 일관된 태도로 피해자의 입증부담을 경감시켰으나, 결함을 체계적으로 유형화하지는 않았으며, 결함의 판단기준도 명확하게 제시하지 못했다고 한다. 연기영(2009), 141면; 전체적인 과거의 사안은 사법연수원(2015), 142−162면 참조.

454) 그 제조물에 대하여만 발생한 손해는 제외한다.

455) 동법 제3조 제1항.

456) 그러나 동법이 발효된 10여년의 기간 동안 소비자들이 구제받은 판결례는 매우 적었다는 비판이 있던 차에 후술할 가습기 살균제 사건이 발생하여 동법이 개정되었다. 개정법은 2017. 4. 18. 개정되어 2018. 4. 19.부터 시행되었다.

457) 이하는 사법연수원(2015), 165면 이하, 김용담(2016a), 472면 이하 등을 과학기술 쟁점과 관련된 부분을 중심으로 요약 정리한 것이므로 그 외의 상세는 위 문헌들 참조.

458) 다른 동산이나 부동산의 일부를 구성하는 경우를 포함한다.

459) 동법 제2조 제1호. 나아가 제조물의 요건으로 '상업적 유통'이 요구되는가에 대하여 논의가 있다. 고엽제 사건에서 피고측은 고엽제는 미국정부가 전시에 제조한 군수물자이므로 상업적으로 유통되었다고 볼 수 없어 제조물이 아니라고 주장하였는데 이에 대하여 법원은 상업적 유통의 필요성과 범위에 대한 해석론을 제시한 바 있다. 대법원 2013. 7. 12. 선고 2006다17539 판결(고엽제 사건).

460) 자율주행자동차, 의료기기 등은 사실상 그 자체가 소프트웨어라고 보아도 과언이 아닐 것이다.

461) 수혈은 일상적인 의료행위이므로 만일 바이러스에 오염된 혈액을 수혈받은 경우 받을 수 있는 막대한 피해가 문제된다.

462) 사법연수원(2015), 170면.

463) 동법 제2조 제2호.

464) 즉 하자는 단순히 상품성의 결여이나, 결함은 소비자의 신체, 재산 등 법익을 침해할 가능성의 존재(안전성의 결여)로 본질적으로 상이하므로, 안전성과 관련된 손해를 일으키지 않는 품질상의 하자는 제조물책임법상의 결함이 아니어서 민법의 규율을 받는데 그치는 점에서 다르다. 후술 대법원 2013. 9. 26. 선고 2011다88870 판결 참조.

465) 합리적 대체설계를 채용하지 않은 과실 및 제조업자가 합리적인 설명 등을 하지 않은 과실.

466) 동법 제2조 제2호 가목.

467) 동법 제2조 제2호 나목.

468) 이와 관련된 사안으로는 제조물책임법 시행 전에 공급이 이루어진 것으로 제조물책임법이 적용된 사안은 아니었으나 헬기추락 사고를 다룬 대법원 2003. 9. 5. 선고 2002다17333 판결이 있다.

469) 대법원 2004. 3. 12. 선고 2003다16771 판결에서 구체적으로 "피고들이 베트남전 동안 제조·판매한 고엽제에는 인체의 안전을 위한 고도의 위험방지의무를 위반함으로써 사회통념상 통상적으로 기대되는 안전성을 결여한 설계상의 결함이 있다고 봄이 상당하다."로 설시하고 있다. 한편 담배 사건에서도 설계상의 결함과 표시상의 결함이 논의되었는데 모두 부정되었다(후술).

470) 제2조 제2호 다목.

471) 상기 고엽제 사건에서 대법원은 "제조자가 합리적인 설명·지시·경고 기타의 표시를 하였더라면 당해 제조물에 의하여 발생될 수 있는 피해나 위험을 줄이거나 피할 수 있었음에도 이를 하지 아니한 때에는 표시상의 결함에 의한 제조물책임이 인정될 수 있지만, 그러한 결함 유무를 판단함에 있어서는 제조물의 특성, 통상 사용되는 사용형태, 제조물에 대한 사용자의 기대의 내용, 예상되는 위험의 내용, 위험에 대한 사용자의 인식 및 사용자에 의한 위험회피의 가능성 등의 여러 사정을 종합적으로 고려하여 사회통념에 비추어 판단하여야 할 것이다."라고 판시하였다.

472) 다만, 그 취지는 대법원이 동법 제정 이전부터 외국에서 정립된 제조물책임법리를 적용하여 왔다는 점에서 이미 선취된 바 있고 향후에도 같은 입장이 유지될 것으로 예상된다.

473) 신설된 동법 제3조의2 참조.

474) 이러한 취지는 입법전에도 판례가 피해자의 입증부담을 경감하는 판시를 하였다. 대법원 2000. 2. 25. 선고 98다15934 판결; 대법원 2004. 3. 12. 선고 2003다16771 판결; 나아가 제조물책임법이 문제된 대법원 2013. 9. 26. 선고 2011다88870 판결(로타 바이러스 사건)에서 "소비자 측으로서는 그 제품이 통상적으로 지녀야 할 품질이나 요구되는 성능 또는 효능을 갖추지 못하였다는 등 일응 그 제품에 하자가 있었던 것으로 추단할 수 있는 사실과 제품이 정상적인 용법에 따라 사용되었음에도 손해가 발생하였다는 사실을 증명하면, 제조업자 측에서 그 손해가 제품의 하자가 아닌 다른 원인으로 발생한 것임을 증명하지 못하는 이상,.."고 판시하여 개정입법의 기초를 제공하였다.(후술)

475) 역학적 인과관계는 후술할 고엽제 사건에서 상세히 설명한다.

476) 예컨대 '제조원 ○', '수입원 ○'이라고 표시하거나 '판매원 ○'이라고 표시한 경우라도 실질적으로 제조업자로 사회적으로 인식될 수 있다면 여기에 해당한다고 한다. 따라서 제조·가공 또는 수입업자가 아닌 순수한 판매자는 유의할 필요가 있을 것이다. 이와 관련하여 고엽제 사건에서 피고들이 실제로 고엽제를 제조하여 미국 정부에 판매한 이상 제조물책임에서 말하는 제조업자의 지위를 가진다고 판시하였다.

477) 동법 제3조 제3항.

478) 동법 제4조 제1항 제1호 내지 제4호.

479) 동법 제4조 제2항.

480) 동법 제6조.

481) 우리 민법은 대륙법계의 전통에 따라 전보배상을 원칙으로 하므로, 실제 발생한 손해 (actual damage) 이상의 배상은 인정하지 않았고, 형사처벌이 존재하는 상황에서 징벌적 배상은 이중처벌의 논란이 있었다. 고세일(2013), 160면. 그러나 일부 기업들이 현시점에 서의 제조물 결함 수리비용과 사후적으로 피해구제에 필요한 비용을 형량하여 후자가 적 다고 판단되면 결함의 존재를 알면서도 제조물을 유통시키는 제조물책임구조의 특수성을 감안하여 제조물책임법의 경우 징벌적 손해배상제도가 필요성이다는 점이 논의되어 왔다.

482) 동법 제3조 제2항.

483) 특히 징벌적 손해배상제도의 도입으로 제조업자의 배상능력이 문제될 경우가 있을 수 있다.

484) 이경미/황경웅(2019), 88-94면.

485) 대법원 2011. 9. 29. 선고 2008다16776 판결(대상판결 1, 파기 후 항소심에서 조정으로 종 결되었다).

486) 대법원 2017. 11. 9. 선고 2013다26708 등 판결(대상판결 2, 파기환송된 후 현재 항소심에 계속 중이다).

487) 현대 의학적 시술에 필수적이지만 아직 완전한 인공혈액이 만들어지지 아니하고 있는 상 황에서 응고인자를 정맥으로 평생 투여해야 하는 혈우병 환자의 경우 바이러스 감염 등 결함이 없는 안전한 혈액제제를 수혈받는 것은 생명이 걸린 중차대한 문제이다. 그러므로 이와 관련된 혈액제제 제조업체 등의 책임론은 당시의 과학기술적 수준을 고려한 법적 판단을 요구한다. 다만 앞서 보았듯이 혈액제제는 인공적인 가공처리를 거친다는 점에서 제조물책임법의 적용대상이 된다고 보는 것이 일반적이다.

488) 우리나라에서 의약품의 제조물책임에서의 증명책임이 정면으로 문제된 사실상 첫 사건이 라고 할 수 있다고 한다. 수혈을 통하여 HIV에 감염된 우리나라의 과거 사례로는 대법원 1995. 8. 25. 선고 94다47803 판결과 대법원 1998. 2. 13. 선고 96다7854 판결이 있었다.

489) 여기에서 바이러스에 오염되었을 상당한 가능성은, 자연과학적으로 명확한 증명이 없더라 도 혈액제제의 사용과 감염의 시간적 근접성, 통계적 관련성, 혈액제제의 제조공정, 해당 바이러스 감염의 의학적 특성, 원료 혈액에 대한 바이러스 진단방법의 정확성 정도 등 여 러 사정을 고려하여 판단할 수 있다고 하면서, 을 회사는 자신이 제조한 혈액제제에 아무 런 결함이 없다는 등 피해자의 감염원인이 자신이 제조한 혈액제제에서 비롯된 것이 아 니라는 것을 증명하여 추정을 번복시킬 수 있으나, 단순히 피해자가 감염추정기간 동안 다른 회사가 제조한 혈액제제를 투여받았거나 수혈을 받은 사정이 있었다는 것만으로는 추정이 번복되지 않는다고 보았다.

490) 혈우병 환자인 원고들이 피고 을이 공급받은 혈액제제를 투여받음으로써 C형 간염 바이 러스에 감염되었고, 이를 이유로 피고들을 상대로 손해배상을 청구한 사안으로, 혈액제제 제조업체의 책임을 물을 수 있는지 여부가 쟁점이었다.

491) 원심은 피고 을이 매수한 혈액을 이 사건 혈액제제의 원료로 사용한 1985년부터 1990년까 지의 기간에는 HCV의 유전학적 구조가 밝혀지지 아니하여 이를 진단할 수 있는 방법이 없는 상황이었고 그 전염경로도 완전히 밝혀지지 않았으며, 이런 상황에서 당시의 기술수 준으로 피고 을이 적절한 문진사항을 마련하여 매혈자에 대한 문진만으로 HCV 감염 혈 액을 충분히 배제해 낼 수 있었을 것으로 보이지 않으므로, 피고 을이 매혈자에 대하여 문진을 행하지 아니한 것이 위 원고들의 감염과 인과관계가 있다고 보기 어렵다고 판단 하였다.

492) 제조업체가 자체 혈액원 등을 통하여 혈액제제에 필요한 혈액을 충당하는 과정에서 문진 등을 통하여 HCV 등의 감염 위험이 높은 자로부터 혈액이 제공되지 않도록 하는 등의 조 치를 이행하였는지에 대한 증명책임은 특별한 사정이 없는 한 혈액제제 제조업체가 부담 한다.

493) 김재춘(2018).

494) 대법원 2013. 7. 12. 선고 2006다17539 판결(이하 '대상판결'). 같은 날 선고된 2006다17546 판결, 2006다17553 판결도 같은 취지로 제조물책임 또는 민법상 불법행위책임에 기한 손해배상을 구하는 소송이다. 고엽제가 제조물에 해당하는지 등 관련 쟁점은 각주 15에서 설명하였다; 본건 이전에도 서울고등법원 1995. 9. 6. 선고 94구28170 판결 등 사례가 있으나 본고에서는 위 2006다17539 판결을 중심으로 논의한다.

495) 이하 전체적으로 손영화(2014), 94-105면을 축약·정리한 것이다.

496) 사용된 고엽제 전체의 60% 이상을 차지했던 것은 화학 합성물질 중 가장 강한 독성을 가진 것으로 알려진 다이옥신을 포함하는 "에이전트 오렌지"(이하, AO)로 전투행위[작전명 '목장 일꾼'(Operation Ranch Hand), 정글지대에 숨어 있는 베트콩들의 은신처를 없애고 아군부대 주변의 시계청소 목적으로 주로 공군 수송기로 공중살포되었다]의 일부라는 등 이유로 AO의 다이옥신 농도는 미국 내에서 농업 목적에 사용된 고엽제의 다이옥신 농도를 크게 웃돌고 있었다. AO에 불순물로 포함된 것은 가장 독성이 강한 2, 3, 7, 8-TCDD이다.

497) 미국 정부가 고엽제의 위험성에 대하여 경고하지 않아 각종 질병이 발생하는 피해를 입게 되었다는 것이 청구의 이유였다.

498) 참전군인들이 AO 및 다른 폐녹시기 제초제에 노출되었다던 것이 퇴역군인의 질병 및 사망뿐만 아니라, 참전군인 자식들의 선천성 장애의 원인이 되었다고 주장하였다.

499) 위 화해의 효력이 미치는 원고 집단의 숫자는 미국, 호주, 뉴질랜드 3개국의 참전군인 등 약 244,000명이었고, 위 소송에 참가하지 않은 우리나라의 참전군인들에게는 분배되지 아니하였다. 이에 대한민국의 베트남전 참전군인 25명이 1994년경 피고들을 포함한 고엽제 제조회사들을 상대로 미국 캘리포니아 북부지구 연방지방법원에 고엽제에 관한 제조물책임소송을 제기한 바 있는데, 미국 뉴욕 동부지구 연방지방법원으로 이송되어 진행되던 위소송은 1999. 2.경 법원의 소 각하 결정으로 종결되었다. 외국인이 미국 법원에서 소송을 제기할 수 있는 것은 미국이 국제법이나 국제조약을 위반하여 불법행위를 한 경우에 한정되는데 미국 법원은 베트남 전쟁 중 제초작업을 위해 AO를 살포한 것은 국제법 위반에 해당하지 않는다고 판단하였고, 결국 베트남전 참전 한국군인이 미국에 낸 소송은 이런 원칙에 따라 모두 배척된 것이라고 한다(한국은 1964년부터 8년간 총 31만 명이 베트남에 파견되어 5,000여 명이 사망하고 약 15만 명의 고엽제피해자가 존재하는 것으로 알려져 있다). 손영화(2014), 99면.

500) 2003년부터는 1967년부터 1971년 사이에 AO를 살포한 한반도의 비무장 지대 및 그 부근에 있던 군인의 자녀들에게도 그 보상을 확대하고 있다.

501) 상세는 손영화(2014), 104면 이하와 박진영(2011), 180면 이하 참조.

502) 위 법률에서는 월남전에 참전하고 전역한 자 중 고엽제로 인한 질병을 얻은 고엽제후유증 환자에 대하여는 국가유공자예우 등에 관한 법률상의 전상군경으로, 이미 사망한 환자의 유족에 대하여는 같은 법의 전몰군경의 유족으로 보아 각 보상을 행하기로 하였고, 한편 월남전에 참전하고 전역한 자 중 고엽제로 인하여 발생되었다고 의심되는 질병을 얻은 고엽제후유의증환자에 대하여는 그 질병에 대한 진료를 행하도록 규정하였다. 다만 고엽제후유의증환자와 그 가족에 대하여는 질병에 대한 진료 외에는 아무런 보상이나 지원을 규정하지 아니하였다.

503) 고엽제법은 여러 차례의 개정을 통하여 고엽제 후유증과 후유의증의 범위 등을 변경하였던 바, 대상판결은 고엽제후유의증이나 고엽제후유증 중 말초신경병, 버거병은 고엽제 노출과의 역학적 인과관계를 인정할 만한 자료가 부족함에도 보훈정책적 차원에서 보상 또는 지원을 하기 위하여 인정된 질병인 점 등을 이유로 인과관계를 인정하기 어렵다고 설시한 항소심을 수긍하고 있다; 현재까지의 고엽제 피해자 보상정책과 관련된 의료계의 문제점 등 상세는 박창범(2019), 273면 이하 참조(경제적 이익과 관련된 가짜 고엽제 환자

문제 및 의료진의 수가제도, 병원의 인센티브 제도 및 보험제도와 관련되어 나타나는 과
잉진료의 문제점, 고엽제 후유증 판정제도의 문제점을 설명하고 있다).

504) 손해배상 소송의 전제가 되는 쟁점 중 하나였던 고엽제의 제조물로서의 결함 여부와 관
련하여 제1심 재판부는 이를 인정하지 않았지만 제2, 3심 재판부는 "피고들은 고엽제 제
조자로서 설계상의 결함으로 인해 발생한 손해에 대해 제조물책임을 부담한다."는 결론을
내렸다. 그러나 핵심쟁점인 고엽제 노출과 참전군인들에게 발병한 질병 사이의 인과관계
유무는 1~3심의 판단이 모두 상이하다.

505) 대상판결의 쟁점은 ① 고엽제와 원고 질병의 인과관계, ② 10년 소멸시효, ③ 재판관할권
등인데 그 중 ①만을 설명한다. 본문 이하는 이에 관한 대상판결의 내용이다.

506) 고엽제에 함유된 TCDD에 대한 개개인의 신체적 감수성이 그 발현 여부와 형태에 미치는
영향, TCDD에 노출된 후 염소성여드름이 발병하는 기간, 만성적인 염소성여드름의 발생
가능성, 관련 선정자들이 베트남전 복무 종료 후 염소성여드름이 발생하는 데 걸린 기간,
우리나라에서의 염소성여드름 발생 빈도, 우리나라의 폐기물 소각량이나 소각 처리율과
폐기물처리업체 근로자나 일반주민에 대한 혈청 TCDD 농도에 관한 조사결과, 관련 선정
자들이 베트남전 복무 후 귀국하여 국내에서 환경적으로 TCDD에 노출되었을 가능성.

507) 역학이란 집단현상으로서의 질병의 발생, 분포, 소멸 등과 이에 미치는 영향을 분석하여
여러 자연적·사회적 요인과의 상관관계를 통계적 방법으로 규명하고 그에 의하여 질병
의 발생을 방지·감소시키는 방법을 발견하려는 학문이다. 역학적 인과관계론은 환경소송
에서 주로 논의되는 논리구성인데, 이 이론은 병리학적으로 오염물질로 인한 발병이 밝혀
지지 않은 상황에서 인간을 집단적으로 관찰하여 당해 오염물질과 그 질병 발생 사이에
역학적 방법으로 인과관계가 있음을 밝히면 인과관계가 일응 증명되었다고 보는 것으로
가해자는 피해자의 생명·건강침해에 관해 다른 원인이 존재한다는 것을 입증(간접반증)
하여야 법적 책임에서 벗어날 수 있다는 것이다. 대상판결은 항소심에서 인정된 역학적
인과관계를 배척하였다.

508) 임상의학이나 병리학적으로 고엽제에 함유된 TCDD가 인체의 건강에 영향을 미치는 작용
기전에 관하여 명확히 밝혀진 것이 거의 없고 그에 관한 인체실험이 가능한 것도 아니므
로, 이러한 경우에는 고엽제에 노출된 사람들을 집단적으로 관찰하여 TCDD와 질병 발생
사이에 역학적으로 인과관계가 있음을 밝히고 이러한 역학적 인과관계를 바탕으로 개별
피해자에게 TCDD가 도달한 후 질병이 발생한 사실을 근거로 하였다.

509) 고엽제 노출과 각종 질병 사이의 연관성(association)을 조사한 미국 국립과학원 보고서에
서 고엽제 노출과 원인적 연관성을 인정한 '이 사건 비특이성 질환'은 고엽제 노출과 역학
적 인과관계를 인정하기에 충분하다고 판단하였다.

510) 그리고 이러한 상당한 개연성이 있음을 원고들이 증명한 이상, 피고들이 반증으로 관련
선정자들이 베트남에 복무할 당시 노출된 TCDD가 각 보유 질병을 발생하게 할 정도의
농도가 아니라거나, 그 질병에 관하여 실제 TCDD에 노출된 베트남전 참전군인의 발병률
이 TCDD에 노출되지 아니한 집단과 유사하거나 그보다 낮다는 점을 증명하거나, 또는 관
련 선정자들의 각 보유 질병이 전적으로 다른 원인에 의하여 발생한 것임을 증명하여야
만 그 책임을 면할 수 있는데, 이를 인정할 만한 증거가 없다고 판단하였다.

511) 이러한 경우에는 그 위험인자에 노출된 집단과 노출되지 않은 다른 일반 집단을 대조하
여 역학조사를 한 결과 그 위험인자에 노출된 집단에서 그 비특이성 질환에 걸린 비율이
그 위험인자에 노출되지 않은 집단에서 그 비특이성 질환에 걸린 비율을 상당히 초과한
다는 점을 증명하고, 그 집단에 속한 개인이 위험인자에 노출된 시기와 노출 정도, 발병
시기, 그 위험인자에 노출되기 전의 건강상태, 생활습관, 질병 상태의 변화, 가족력 등을
추가로 증명하는 등으로 그 위험인자에 의하여 그 비특이성 질환이 유발되었을 개연성이
있다는 점을 증명하여야 한다.

512) 원심이 인과관계를 인정하는 근거로 삼은 미국 국립과학원 보고서는 고엽제 노출과 이 사건 비특이성 질환 사이에 연관성이 있다는 점, 즉 고엽제 노출과 이 사건 비특이성 질환의 발병 위험의 증가 사이에 통계학적 연관성(statistical association)이 있다는 점만을 나타낼 뿐, 양자 사이에 인과관계(causation)가 존재함을 나타내는 것은 아니라는 점을 명확히 하고 있다. 나아가 여기서 말하는 통계학적 연관성은 일반적인 인구군에서 고엽제 노출과 그 결과 사이의 연관성을 나타내는 것일 뿐, 어느 개인이 걸린 질환이 고엽제 노출과 연관되어 있을 가능성이나 고엽제 노출로 인하여 유발될 가능성이 있음을 나타내는 것이 아니라는 점도 밝히고 있다. 그렇다면 단지 고엽제 노출과 이 사건 비특이성 질환 사이에 통계학적 연관성이 있다는 사정과 베트남전에 참전하였던 관련 선정자들이 이 사건 비특이성 질환에 걸렸다는 사정만으로는 관련 선정자들 개개인의 이 사건 비특이성 질환이 베트남전 당시 살포된 고엽제에 노출됨으로 인하여 생긴 것이라고 인정할 만한 개연성이 있다고 할 수 없다.

513) 2013. 7. 12.자 한겨레신문 사설.

514) 여러 유형이 있는데, 위의 개념에 더하여 정지상태에서 자동변속기 레버를 전혀 움직이지 않았음에도 급발진하는 경우, 서행 상태에서 갑자기 전, 후진하는 경우 등도 넓은 의미의 급발진사고에 포함시킬 수 있다고 한다. 민유숙(2004), 229면; 영미권에서는 SUA(Sudden Unintended Acceleration)라고 한다.

515) 대우자동차가 제작한 여러 종의 자동변속장치 차량의 사고와 관련된 10개의 사안 중 하나인데, 당시 차량의 운전자들(차량의 소유자 혹은 주차관리원 등)이 모두 정지상태에서 출발하기 위하여 자동변속기의 선택레버를 주차에서 전진(후진)레버로 이동하였는데, 차량이 급발진(급전진 및 급후진)하여 다른 차량이나 건물 등을 충격한 후 정지한 사안들이다. 사고차량들은 모두 당해 급발진사고 이전에 동일한 사고를 일으킨 경력이 없고, 사고 후 자동차의 부품고장, 멸실 등 차량 자체의 결함은 없는 것으로 조사되었다. 모두 10건의 사고에 대한 판결이 선고되었는데 모두 제조물책임법 시행 전에 공급된 차량이어서 위 법이 직접 적용되지는 않았으나 사실상 같은 법리를 적용한 것으로 보인다. 본건이 급발진사고에 관한 첫 대법원판결로 볼 수 있어 그 의미가 크다. 다른 판결의 사안 및 기타 상세한 설명은 민유숙(2004) 참조.

516) 시동을 켠 후 자동변속기의 레버를 주차 위치에서 후진 또는 전진 위치로 변속하는 단계에서 비정상적으로 액셀러레이터 페달을 밟는 경우에 한하여 이를 방지 또는 감소시키는 효과를 가질 뿐이며, 또한 설령 쉬프트 록이 장착된 차량이라고 할지라도 운전자가 자동변속기를 주차가 아닌 다른 위치에서 변속시키는 과정에서 급발진사고가 발생하는 위험성은 방지할 수 없어서 쉬프트 록의 장착으로 급발진 사고를 예방할 수 있는 효과가 크다고 보기 어렵고 그 정도를 가늠하기도 어려운 점 등.

517) 쉬프트 록(Shift Lock)이 장착된 차량의 경우 상대적으로 급발진 주장 사고가 매우 적고, 쉬프트 록은 불과 몇천 원에 불과하므로 이를 미장착한 경우는 합리적 대체설계를 채용하지 않은 것으로 보아 설계상의 결함을 인정하기에 부족하지 않다는 비판도 있다.

518) 예컨대 대법원 2011. 7. 14. 선고 2009다143 판결, 대법원 2015. 2. 26. 선고 2014다74605 판결 등에서 사안에 다소 차이는 있지만 같은 법리가 적용된 바 있다.

519) 다음 민사 사안으로 대법원 2011. 10. 27. 선고 2010다72045 판결이 있다. 이 사안은 1심에서는 급발진이 인정되었으나, 항소심에서 파기되고 상고가 기각되어 확정된 사안으로 대법원은 역시 운전조작 미숙으로 발생한 것으로 보고 있다.

520) 캐나다도 정부차원에서 급발진사고를 조사한 결과 1988. 12. 운전자의 실수를 원인으로 결론지었다.

521) 사고 당시 액셀러레이터 연결 부위가 망가졌거나, 크랭크의 일부 부품이 손상되거나 스로틀밸브가 열렸다거나 하는 등의 사정이 입증된 경우

522) 이상은 민유숙(2004), 240면을 인용한 것이다.

523) 나무위키, "급발진".; 연합뉴스 2015. 8. 27.자 기사 참조.

524) 제조자로서 실제로는 이 사건 실내 인증시험 기준을 충족하지 못하면서도 이 사건 소프트웨어를 설치하여 기준을 충족하는 것처럼 작동하도록 차량을 제작한 기망을 통해 인증을 획득하고 이러한 사실을 소비자들에게 고지하지 않았기 때문이다.

525) 서울중앙지방법원 2019. 7. 25. 선고 2015가합573371 (일부)판결, 위 판결문에 따르면 외국에서의 사건 진행 경과는 다음과 같다. "(1) 피고 폭스바겐과 아우디는 한국뿐만 아니라 전 세계적으로 이 사건 소프트웨어가 설치된 디젤 차량을 판매하면서 위와 같은 두 가지 모드 설정 방식으로 질소산화물 규제기준에 관한 시험을 통과하여 왔다. 이러한 배출가스 저감장치 작동 조작과 관련된 문제가 밝혀지자 미국과 독일에서는 관련자들에 대한 수사가 개시되어 피고 폭스바겐과 아우디 임직원 등 책임자들이 기소되거나 재판에서 유죄판결을 선고받는 등 형사사건이 진행되어 왔다. 또한, 미국과 독일, 영국, 아일랜드, 체코 등 여러 국가에서 차량 소유자들이 피고 폭스바겐, 아우디 등을 상대로 손해배상 등을 구하는 민사소송을 제기하였다. (2) 독일에서 차량 소유자들이 피고 폭스바겐, 피고 아우디 또는 공식판매대리점들에 대하여 제기한 손해배상 및 매매대금반환청구 등 소송에서 1심 법원의 판단은 서로 엇갈리고 있으나, 상당수의 사건은 피고 폭스바겐 측에서 합의를 통해 해결하고 있다. 독일 연방대법원은 2019. 1. 8. 지적결정(Hinweisbeschluss)을 통하여 '이 사건 소프트웨어가 설치된 차량에 대하여 행정청이 운행을 금지시킬 위험이 존재하고 이로써 통상적인 차량 사용을 위한 물건의 적합성이 결여될 수 있기 때문에 민법상 하자가 존재하는 것으로 인정될 수 있다'는 법적 견해를 제시하였고, 이에 따라 당사자들이 합의하여 상고 취하로 소송이 종결된 바 있다. (3) 미국에서는 차량 소유자들이 집단소송(class action)을 제기하였고, 2016. 6.경 피고 폭스바겐과 아우디 측이 차량 소유자들에게 2015. 9. 18.를 기준으로 한 중고차 가격으로 대금을 지급하는 것에 더하여 손해배상금을 추가로 지급하는 내용의 집단적 합의가 이루어졌고, 법원에서 이를 승인받음으로써 소송이 종결되어왔다."

526) 한국경제(2019), "'배출가스조작' 폭스바겐·아우디, 고객에 차 값 10% 배상판결", 2019. 7. 25.자 기사.

527) 논의의 상세는 최병록(2017) 참조.

528) 자동차관리법 제2조 제1의3호 "자율주행자동차"란 "운전자 또는 승객의 조작 없이 자동차 스스로 운행이 가능한 자동차"를 말한다.

529) 최병록(2017), 219면.

530) 최병록(2017), 224면(그런 면에서 자율주행자동차 상용화가 본격화된 후는 설계상 결함의 인정 폭이 넓어질 것이라고 한다).

531) 미국 포드(Ford)사의 핀토(pinto)자동차 사례에 의하면 포드사는 그 결함(뒤에서 시속 20마일 이상으로 추돌하는 경우 연료탱크가 말려 들어가 차가 폭발)이 있음을 알았음에도 연료탱크를 보호해 폭발을 막는 장치를 부착하는 것이 예상되는 부상자(사망자 포함)에게 배상하여야 할 돈 보다 적다고 판단하여 결함을 개선하지 아니하고 그대로 판매하였다고 한다. 법원에서는 손해배상금 250만 달러와 징벌적 손해배상금 1억 2500만 달러를 지급하라고 판결하였다고 한다. Grimshaw v. Ford Motor Company(119 Cal.App.3d 757, 174 Cal.Rptr.348), 이경미/황경웅(2019), 69면 각주 12).

532) 대법원 2014. 4. 10. 선고 2011다22092 판결(이하 '대상판결'). 우리나라의 경우 현재까지 개인이 제기한 '담배 소송'은 모두 4건으로, 승소한 전례가 없다; 양봉식(2019), "저물어가는 궐련형 전통담배…뜨고 있는 전자담배", 세계일보, 2019. 7. 31.자 기사) 참조.

533) 대한민국은 1948년경부터 재무부장관 내지 산하 전매청을 통하여 담배를 제조·전매하였는데, 1987. 4. 한국전매공사가 담배 제조·판매업무 등에 관한 국가의 권리·의무를 모두

승계하였고, 그 후 한국담배인삼공사, 피고 주식회사 케이티앤지(이하 '피고 회사')가 순차 그 권리·의무를 승계하였다.

534) 이 사건 소송에서는 ① 담배에 제조물책임상의 결함, 즉 설계상·표시상 결함 등이 있는 지 여부(원고들은 피고 대한민국 또는 피고 회사가 담배 제조 과정에서 다양한 종류의 각종 첨가제를 투여함으로써 니코틴 의존증을 증가시켜 왔고, 각종 첨가제 등이 연소되는 과정에서 담배의 유해성 등이 증가되었음에도 흡연자들에게 담배의 유해성에 대한 구체적인 경고 등을 하지 아니하였으므로, 피고들이 제조·판매한 담배에 설계상 결함 및 표시상 결함 등이 있고, 피고들의 이러한 행위가 고의에 의한 불법행위에 해당한다고 주장하였다.) ② 피고들이 담배의 위해성에 관한 거짓정보를 전달하거나 기망행위를 하였는지, '저타르', '저니코틴' 등의 문구로 기망하여 손해를 입혔다고 볼 수 있는지, 담배의 위해성에 관한 정보를 은폐하였는지 등, ③ 피고들이 소비자보호법에 따른 의무를 위반하였는지 여부, ④ 흡연과 폐암 등의 발병 사이에 인과관계가 있는지 여부 등의 쟁점이 다투어졌다.

535) 피고들이 제조·판매한 담배에 설계상·표시상 결함 등이 있음을 인정하지 않고, 피고들에게 담배의 위해성에 대한 거짓정보의 전달 등 고의에 의한 불법행위 등도 인정하지 않았다.

536) 다만 제1심과 원심은 흡연과 폐암 등 발병 사이의 개별적 인과관계의 인정 여부에 있어서는 큰 차이를 보였다. 제1심은 담배소송에서는 공해소송에서의 입증책임완화의 법리를 적용할 수 없다고 본 다음 결과적으로 이 사건 흡연자들의 흡연과 폐암 등 발병 사이의 개별적 인과관계를 부정한 반면, 원심은 담배소송에서도 공해소송에서의 입증책임완화의 법리를 적용할 수 있다고 전제하였으나 결과적으로 이 사건 흡연자들 중 고령의 남성으로서 편평세포암이나 소세포암 진단을 받은 일부 흡연자들의 경우에는 흡연과 폐암 발병 간의 인과관계를 인정하고, 이 사건 흡연자들 중 비소세포암 진단을 받은 갑과 세기관지폐포세포암 진단을 받은 을에 대하여는 인과관계를 부정하였다.

537) 박영주(2015), 219면.

538) 역학적 방법에 의한 인과관계의 증명은 대상판결에 직접 인용된 고엽제 사건(2006다17539)과 본건 담배소송 이외에 대기오염물질의 배출금지와 손해배상을 청구한 사안(대법원 2014. 9. 4. 선고 2011다7437 판결)에서 문제되었는데 결국 대법원은 특정 위험인자와 비특이성 질환 사이에 역학적 상관관계가 인정되더라도 어느 개인이 위험인자에 노출된 사실과 비특이성 질환에 걸린 사실의 증명만으로 양자 사이의 인과관계를 인정할 만한 개연성이 증명된 것으로 보지 않고, ① 어떤 위험인자에 노출된 집단과 노출되지 않은 다른 일반 집단을 대조하여 역학조사를 한 결과 위험인자에 노출된 집단에서 비특이성 질환에 걸린 비율이 위험인자에 노출되지 않은 집단에서 비특이성 질환에 걸린 비율을 상당히 초과한다는 점, ② 그 집단에 속한 개인이 위험인자에 노출된 시기와 노출 정도, 발병시기, 위험인자에 노출되기 전의 건강상태, 생활습관, 질병 상태의 변화, 가족력 등을 증명하여야만, 위험인자에 의하여 비특이성 질환이 유발되었을 개연성이 있다는 점을 증명한 것으로 보고 있어, 역학적 방법에 의한 인과관계의 증명을 엄격하게 보고 있는 것으로 생각된다고 한다. 박영주(2015), 249면.

539) 손영화(2014), 87-94면의 축약이다. 나아가 김운묵/김지현(2011)도 참조하였다.

540) 미국에서는 담배 소송이 장기간에 걸쳐 진행되었고 그 과정에서 담배의 유해성에 관한 과학적 연구결과가 반영되었으므로 그 역사를 살펴보는 것은 담배에 대한 법적 평가를 개관하는 방법이 될 것이다. 간략히 보자면, 제1단계는 "구매자 책임의 원칙"이 지배하면서 담배흡연의 위험인수에 따라 흡연자의 청구가 모조리 기각된 시대(1950년대부터 60년대 중반까지), 제2단계는 "담배는 유해물질"이라며 환경책임 유사의 책임이 추궁되었지만, 경고표시 부착이 법제화된 것과 Restatement에 의하여 담배가 유해물은 아닌 것에 의하여

청구가 봉쇄된 시대(1980년대), 그리고 제3단계는 "공중위생상의 문제"로 인식한 시기(현재)로 나눌 수 있다고 하므로 1990년대 중반부터 미국의 담배업체에 법적 책임을 묻게 될 가능성이 높아졌다고 할 것이다.

541) 그러던 중 Cipollone 사건이 있었다. 40년에 걸친 흡연이 폐암을 발병시켰다고 해서 치포롱(Rose Cipollone)이라는 여성이 복수의 담배회사를 상대로 1983년 소송을 제기하였는데 담배회사의 경고 해태 등을 소추한 원고측 증인으로 이 재판에 출석한 정신의학자 쟈피(Jerome Jaffe)는 죽음 직전의 치포롱과 1시간 이상 면담하고 그 결과를 토대로 "로즈는 정보가 주어진 후 (흡연을) 스스로 선택한 것이 아니라 심한 니코틴 의존에서 그것을 그만둘 수 없었다."라고 증언하였다. 1988년 11명의 배심원은 1984년에 본인이 사망한 후 수계인인 남편에게 치포롱의 폐암 죽음은 "내가 선택한 행위의 결과인 책임 80%는 스스로 져야 할"것이라는 일견 모순되는 판단을 밝히면서 손해배상으로 40만 달러를 지불하라는 평결을 내렸다. 그러나 위 평결은 1990년 항소심에서 뒤집히는 바람에 담배회사는 손해배상을 하지 아니하였다.

542) 담배의 유해성에 관하여 여론이 공감대를 형성하고 1994. 2. FDA가 지적한 담배의 중독성과 담배업자들의 부당한 행위가 언론에 대대적으로 보도되었으며, ABC TV방송이 담배회사들의 니코틴조작에 대하여 보도하는 등 상황이 담배회사에게 급격히 불리하게 돌아간 것이다.

543) 담배소송을 둘러싼 미국의 소송에 있어서 우리나라에 없는 특징이 바로 배심제도이다. 그런데 배심재판에서는 종종 손해배상액을 크게 뛰어넘는 징벌적 손해배상 평결이 내려지는데 예컨대, 2001년도 손해배상결정액 1위는 필립모리스에 대해 제기된 담배소송으로, 약 3,900억 달러였다고 한다. 손영화(2014), 92면. 그러나 상당수의 사건은 항소심에서 파기되거나 금액이 조절되는 것으로 보인다.

544) 서울중앙지방법원 2014가합525054로 계속 중이다. "건보공단, 담배소송 12일 법정 공방 본격 시작… 관심 '고조' 담배회사들 대형로펌 내세워 답변서 제출…서울중앙지법 첫 변론기일", 이투데이, 2014. 9. 11.자 기사 참조.

545) 김민배(2018)을 주로 참조한 것이다.

546) 김민배(2018), 315면. 정의 및 종류 그리고 규제경과는 위 논문 316면 이하 참조.

547) 결국 전자담배를 둘러싼 논의는 이제 시작된 수준의 것으로 향후 과학적 연구결과와 기호식품으로서의 담배에 대한 흡연자의 자유선택이란 점에서 사회적 공감대를 종합하여 이루어져야 할 것으로 생각된다.

548) 손영화(2014), 94면.

549) 한국환경독성보건학회 추산에 따르면 가습기살균제로 인해 건강 피해를 경험한 이들은 약 49만~56만 명에 달하고, 중증 피해자만 4만여 명으로 추산된다. 그러나 2019. 8. 23. 기준 정부에 피해를 신고한 이는 6,509명에 불과(그 중 1,431명이 사망)하며, 이들 가운데 피해자로 인정받은 사람은 835명뿐이다. 특별구제 대상인 2,144명(기업기금인정자)을 합해도 신고자 중 절반에 미치지 못하는 이들만이 금전적인 지원을 받고 있다는 것이다.

550) PHMG: 옥시싹싹 뉴가습기 당번, 와이즐렉(롯데마트 PB상품), 좋은상품(홈플러스 PB), 코스트코의 PB 제품 /PGH: 세퓨, 아토오가닉/CMIT-MIT: 애경 가습기메이트, 이플러스 가습기 살균제(이마트 PB상품)이라고 한다.

551) SK케미칼(당시 유공)은 '가습기메이트'라는 상품을 내놓으며 "물에 첨가하면 각종 질병을 일으키는 각종 세균을 완전히 살균해 준다", "세계 최초", "인체에는 전혀 해가 없는 것으로 조사됐다"는 등의 광고를 했다. 1994년부터 2011년까지 17년간 20개 종류의 가습기 살균제가 판매됐고, 연간 60만개 정도가 사용된 것으로 파악된다. 특히 2009년 신종플루가 대유행한 이후 위생관념과 세균 혐오증이 확산되면서 가습기 살균제 사용량이 부쩍 늘어났다. 가습기 살균제 피해자가 대거 발생한 2011년 겨울은 예외적으로 추워서 실내에서

가습기 살균제 사용이 더욱 늘었던 것으로 추정된다. 이 때문에 영유아 사망 사건이 발생한 2006년 이전에도 이미 가습기 살균제로 인한 피해 사례가 있었을 것이라는 주장이 힘을 얻고 있으나 2001년 이전엔 전자의무기록이 없어 피해 사실 자체가 묻혔을 것이라는 추정이다.

552) 구법은 독성 화학물질을 함유한 가습기살균제로 인해 건강피해를 입었다는 점을 환경부로부터 인정받은 사람만 가습기살균제 피해자로서 피해자단체를 구성하고 그 단체에 가습기살균제 사업자 등에게 손해배상청구 등을 위한 정보청구권을 부여하고 있는 등 피해자 보호에 미비하여 피해자에 대한 지원을 강화하고 현행법상 일부 미비사항을 보완하려는 것이었다.

553) 대법원은 2018. 1. 25. 신 전 대표이사의 상고심에서 징역 6년을 선고한 원심을 확정했다. 하지만, 같은 혐의로 기소된 존 리 전 옥시 대표이사는 증거 부족을 이유로 무죄를 선고받았다. 같은 혐의로 기소된 전 롯데마트 대표, 전 홈플러스 그로서리매입본부장에 대해서는 각각 금고 3년, 징역 4년을 선고했다.

554) 호서대학교 교수는 징역 1년 4월이 확정되었으나, 서울대학교 교수는 2심에서 그 부분 무죄판결을 받았다.

555) 이후 피해자 150여명이 7건의 소송을 추가로 제기하였다.

556) 서울중앙지방법원 2015. 1. 29. 선고 2012가합4515 판결은 "가습기 살균제에 일부 유해한 화학물질이 사용된 것은 인정되지만, 국가가 이를 미리 알았다고 볼 증거가 부족하다"다며 원고들의 청구를 기각하였다.

557) 미국 캘리포니아에 거주하는 교포가 인근 한인마트에서 가습기 메이트를 구입하여 어머니방에 사용했고 어머니는 결국 폐섬유화가 진행되어 사망했다. 2016년 미국 법원은 재판관할권이 없다는 이유로 소를 기각했으나, 2019년 피해자측이 애경이 가습기 살균제를 미국에 수출한 증거를 발견하여 법원에 제출함에 따라 재판 개시 결정이 내려졌다고 한다.

558) 수원지방법원 2019. 9. 18. 선고 2016나51085 판결(상고). '옥시싹싹 new 가습기당번'이라는 상품명의 가습기살균제를 사용하다가 상세불명의 폐질환 진단을 받은 원고가 제조 · 판매사들을 상대로 제기한 소송이다.

559) 이윤을 추구하는 기업들이 자사 제품이 유해하다는 증거가 나온다면 그간의 투자금 제품의 시장성 등을 고려하여 출시를 포기하지 못하고 연구자를 고용하여 위험이 불확실하다는 결론을 만들곤 하였는데 이를 청부연구 혹은 청부과학이라고 한다. 박창범(2019), 196면

560) 본건이 민사사건으로 진행되었다면 "제조물책임법"이 적용될 것인데 면책사유에는 해당하지 아니하고 징벌적 배상의 문제가 남는다는 주장은 선권일(2018) 참조; 나아가 박종원(2017), 93면 이하는 "화학물질 등록 및 평가 등에 관한 법률"은 가습기 살균제사건을 계기로 제정된 법인데 과연 이 법으로 제2, 제3의 가습기 살균제 사건을 막을 수 있을지 의문을 제기하며 해결과제를 제시하고 있다.

561) 대법원 2008. 2. 28. 선고 2007다52287 판결. '콘택600'은 2001. 9. 7. 제조 · 공급되어 제조물책임법이 직접 적용되는 사안은 아니었고, 1, 2심 재판에서 모두 원고 청구가 기각된 후 상고되었다. 그러나 2003. 12.에 감기약을 구입하여 복용한 후 사고가 발생한 것을 고려할 때 2002. 7. 1. 이후 공급한 제조물로 추정되어 제조물책임법이 적용된 사안이라는 견해도 있다.

562) 교감신경수용체를 직접 자극을 하여 코 안쪽 부위의 충혈을 완화시키는 작용을 하고, 중추신경계를 자극하여 식욕을 억제하는 작용을 하는 것으로 알려져 있다.

563) 헬기추락 사고 법리를 제시한 후 이와 같은 법리는 "의약품의 경우에도 마찬가지로 적용되어야 하되, 다만 의약품은 통상 합성화학물질로서 인간의 신체 내에서 화학반응을 일으켜 질병을 치유하는 작용을 하는 한편 정상적인 제조과정을 거쳐 제조된 것이라 하더라도 본질적으로 신체에 유해한 부작용이 있다는 측면이 고려되어야 한다."라고 주의사항을

환기하였다.

564) 대법원이 고려한 사정으로 2000년 4월경 공표된 원심 판시 미국 예일대학교 의과대학의 연구보고서는 주로 식욕억제 제제로 PPA를 사용한 젊은 여성을 연구대상으로 하였는데, 예일대 연구 중 PPA 함유 감기약 복용과 출혈성 뇌졸중과의 상관관계에 관한 통계에 의하면 연구대상자 전체를 대상으로 하는 경우와 여성을 대상으로 하는 경우 원심 판시와 같이 통계적으로 유의한 결과가 나타나지는 않았던 사실 등을 열거하였다.

565) 그 근거로 그 사건 사고 당시 망인이 복용한 콘택600의 사용설명서에는 부작용으로 출혈성 뇌졸중이 표시되어있는 사실, 콘택600은 1일 2회 복용하는 감기약으로 1일 PPA 최대 섭취량은 80mg인 사실, 망인이 콘택600을 복용하던 시기에 적용되는 콘택600 사용설명서에는 고혈압 환자, 출혈성 뇌졸중의 병력이 있는 환자, 심장애 환자에는 투여하지 말고, 다른 PPA 함유 의약품과 같이 복용하지 말라는 주의사항이 기재되어 있는 사실을 열거하였다.

566) 전병남(2009), 255면; 한국의약품안전관리원에서는 2014. 12.부터 정상적인 의약품 사용에도 불구하고 예기치 않게 사망, 장애, 질병 등 피해가 발생한 경우, 환자 및 유족에게 사망일시보상금, 장애일시보상금, 장례비, 진료비 등 피해구제 급여를 지급하는 제도인 '의약품 부작용 피해구제' 제도를 시행하고 있다. 이 제도가 시행되기 전에는 피해 당사자가 개별 소송으로 의약품으로 인한 피해 사실을 입증하여 보상을 받아야 했으나, 제도 시행으로 개인이 복잡한 소송 절차를 거치지 않고도 국가기관의 도움을 받아 보상받을 수 있게 되었는데, 2018년까지 의약품 부작용 피해구제 운영 현황은 피해구제 신청은 총 350건으로, 진료비 신청이 193건(55%)으로 가장 많았고, 사망일시보상금 76건(21.7%), 장례비 68건(19.4%), 장애일시보상금 13건(3.7%) 순이었으며, 피해구제 급여는 총 220건으로 약 47.4억원이 지급되었다고 한다. 2019. 3. 13. 식품의약품안전처 보도자료.

567) 대법원 2013. 9. 26. 선고 2011다88870 판결.

568) 위 백신은 소(牛) 코로나바이러스와 로타바이러스의 생혼합백신으로서, 어미 소에게 분만 전 2회 접종하여 바이러스에 대한 항체를 형성시킨 다음 출생 직후의 송아지에게 초유를 먹임으로써, 어미 소에 형성된 항체 등 면역물질이 송아지 체내에 전달되도록 하는 방식으로 기능한다.

569) 제1심은 원고가 제조물책임법에 따른 손해배상청구를 하는 것으로 원고의 주장을 정리한 후 입증부족을 이유로 기각하였음에 반하여 제2심은 위 백신이 효능이 없음을 원인으로 한 손해배상청구로 원고의 주장을 정리한 후 피고의 귀책사유가 추인된다고 하여 원고가 입은 손해를 배상할 책임이 있다고 인정하되 피고의 책임을 50%로 제한하였다. 이상주(2017), 753면.

570) 이점에 관하여 대법원은 증거로 된 감정서는 그 작성에 있어 정확한 실험결과가 나오도록 하기 위하여 필요한 노력을 다하였다고 보기는 어렵고 검사방법 자체에 관해서도 결과의 정확성을 보장할 정도로 엄격하게 통제된 조건과 환경 속에서 이루어졌다는 점을 증명할 자료도 제출된 것이 없음을 근거로 삼았다.

571) 이점에 관하여 대법원은 여러 근거를 들어 송아지 폐사체 등에서 로타바이러스가 검출되었다고 하여 곧 이 사건 백신의 효능에 하자가 있었다고 추단하기는 어렵다고 판시하였다.

572) 이상주(2017), 752면.

573) 라돈은 원래 자연 상태에서 존재하는 무색·무미·무취의 물질인데 사람이 라돈을 흡입하게 되면, 동위 원소가 '알파 붕괴'를 하면서 투과성이 낮은 대신 에너지가 커서 인체의 DNA에 큰 손상을 남기는 알파 입자를 내놓게 된다. 따라서 라돈은 흡연 다음으로 위험한 폐암의 위험인자로 여겨지고 있다. 미국에서는 매년 2만 명 정도가 라돈에 의한 폐암으로 사망하는 것으로 추정되고 있으며, 전체 폐암 환자의 3~15% 정도가 라돈에 의한 것으로 파악되고 있다. 음이온 효과를 높이기 위해 매트리스 안에 음이온을 발산시킨다는 돌가루

를 깔았는데, 알고 보니 이 돌가루의 원료가 라돈을 발생시키는 '모나자이트'였던 것으로 밝혀졌다. 원자력안전위원회는 2018. 5. ○○침대 매트리스의 방사선 피폭선량이 기준치의 최고 9.3배에 달한다는 조사결과를 발표한 바 있다.

574) 모나자이트로 검색한 특허건수는 382건으로 특허 부여가 거절되지 않은 사유 등에 대하여 논란이 있다. 나아가 TRIPs협정 제27조 제2항의 규정은 "2. 회원국은 회원국 영토내에서의 발명의 상업적 이용의 금지가 인간, 동물 또는 식물의 생명 또는 건강의 보호를 포함, 필요한 경우 공공질서 또는 공서양속을 보호하거나, 또는 환경에의 심각한 피해를 회피하기 위하여 동 발명을 특허대상에서 제외할 수 있다. 단, 이러한 제외는 동 이용이 자기나라 법에 의해 금지되어 있다는 이유만으로 취해서는 아니된다."라고 하여 환경파괴의 우려가 있는 발명에 대해서 불특허할 수 있도록 되어있다. 그러나 현재 한국 특허심사기준 3601~3606에서 담고 있는 구체적인 기준에는 방사능 물질 등의 유해물질 이외에 환경이나 생태계 파괴와 관련된 구체적인 심사기준은 제시되어 있지 않다. 즉 인체의 유효성에만 초점이 맞추어져 있고 생태환경 보호에 관하여는 규제방침이 불명확하게 되어 있는 바, 라돈 침대 사건을 계기로 특허제도의 운영에서 위와 같은 논의까지 확대되기를 기대한다.

575) 침대제조사는 손해배상 소송 변론에서 소비자들의 정신적 피해와 라돈 검출 사이에 인과관계가 없고, 판매 당시 법령을 준수하여 과실이 없다고 주장하였고 해당 사건 외에도 소비자 1,700여 명이 국가 등을 상대로 170억 원대 손해배상소송도 제기되었다.

576) 김기범(2019), "가습기살균제 피해 구제, 이대로면 일 '미나마타병'전철 밟는다.", 경향신문, 2019. 8. 25.자 기사.

577) 에듀윌 시사상식, "인보사케이주".

578) 대법원은 과거 '유지청구(留止請求)'라는 용어를 사용하였으나, 최근에는 '방지청구'라는 용어를 사용하고 있다(대법원 2015. 9. 24. 선고 2011다91784 판결 등).

579) 민법 제750조 및 제758조, 각종 환경 관련 특별법의 무과실책임 규정과 더불어, 2016년부터 시행된 '환경오염피해 배상책임 및 구제에 관한 법률'(이하 '환경오염피해구제법')에 기초한 불법행위법적 구성을 한다.

580) 소유자·점유자의 물권을 규정하고 있는 민법 제205조, 제206조, 제214조, 매연 등 불가량물에 의한 생활방해를 규정하고 있는 제217조에 기초하는 것이다.

581) 민법 제580조 참조.

582) 민법 제390조 참조.

583) 김용담(2016b), 33면; 공법적 형식의 환경법은 국가·원인자 사이의 관계를 규율하는 데 그치고, 피해자를 구제하는 데에 미흡했다. 이에 따라 최근에는 환경문제 해결의 다른 한 축으로서 환경사법, 특히 불법행위법이 가지는 역할이 다시금 주목받고 있다고 한다. 허성욱(2012), 97면.

584) 김용담(2016b), 33면.

585) 방지의무위반설, 예견가능성설, 신수인한도론, 환경권설 등이 있어 왔다.

586) 손해의 발생에 관하여 예견가능성이 있으면 '조업정지' 등을 통하여 손해회피조치를 취함으로써 사고발생을 방지할 수 있다는 점에서 예견가능성을 과실의 중심 내용으로 하는 견해. 예견가능성의 유무는 동종의 사업을 하는 자가 통상 갖추고 있는 전문적 지식을 표준으로 하여 판단해야 한다고 한다. 이러한 논의의 상세는 김용담(2016b), 34, 38면 이하 참조.

587) 동법 제44조 제1항.

588) 예컨대 토양환경보전법 제10조의3 참조.

589) 김용담(2016b), 35면 참조.

590) 대법원 2015. 9. 24. 선고 2011다91784 판결.

591) 판례는 공법상 정해진 환경기준을 준수한 경우에도, 대체로 공법상 환경기준의 준수가 바로 민사책임을 배제하는 것은 아니라고 보고 있고(대법원 1991. 7. 23. 선고 89다카1275 판결, 대법원 2014. 2. 27. 선고 2009다40462 판결 등), 나아가 환경침해 행위가 있은 후에 신설된 새로운 공법적 규제도 위법성의 평가에 있어서 의미 있는 자료가 될 수 있다고 판시한 바 있다(대법원 2014. 2. 27. 선고 2009다40462 판결).

592) 대법원 2003. 9. 5. 선고 2001다68358 판결에서는 "고속도로 확장공사 및 차량통행에 따른 소음·진동으로 인하여 종전 사업장에서 더 이상 양돈업을 할 수 없게 된 경우, 양돈업자들이 입은 소극적 손해는 그곳에서의 양돈장을 폐업, 이전함으로 인하여 상실하게 된 수입이라고 할 것인바, 그 손해기간은 차량통행으로 인한 소음·진동으로 양돈장의 정상적인 영업이 불가능하여 이를 폐업한 때부터 위 양돈장과 유사한 정도의 시설물 건설 및 양돈상태 조성에 드는 기간에 정상적인 노력으로 위 양돈장을 위한 대체지와 양돈 영업시설을 확보하는 데 소요되는 통상의 기간을 더한 기간이다."라고 판시하였다.

593) 예컨대, 공사소음 등으로 창문을 개폐하지 못하는 데서 오는 압박감과 생활의 불편, 대화나 TV 시청의 곤란, 수면방해, 불안감 내지 불쾌감 등.

594) 입법례로는 환경오염피해구제법률 제9조 참조.

595) 고엽제 소송과 담배 소송에서 논의된 바 있다(제조물책임법 각 부분 참조).

596) 개연성설에 가까운 판결(대법원 1974. 12. 10. 선고 72다1774 판결, 한국전력 사건)을 들어 개연성설을 취하고 있다는 주장도 있으나 현재는 신개연성설에 가깝다고 본다. 대법원 1984. 6. 12. 선고 81다588 판결(진해화학 사건), 대법원 1984. 6. 12. 선고 81다558 판결, 대법원 1997. 6. 27. 선고 95다2692 판결, 대법원 2004. 11. 26. 선고 2003다2123 판결, 대법원 2012. 1. 12. 선고 2009다84608, 84615, 84622, 84639 판결 등.

597) 본증의 대상이 된 주요사실이나 간접사실의 존부를 직접 다투지 않고, 그 부존재를 확정케 하는 별개의 간접사실을 증명함으로써 요증사실의 부존재를 추인시키는 것을 의미한다. 위 이론들에 관하여는 김용담(2016b), 48면 이하 참조.

598) 대법원 1984. 6. 12. 선고 81다558 판결 참조.

599) 그 외의 특수한 경우로 복수원인자의 경합이 문제되는데, 대법원은 공단 소재 공장들에서 공해물질을 배출하여 공단 주변 주민들에게 생활환경침해를 유발하고 나아가 발병가능한 만성적인 신체건강상의 장애로 인하여 정신적 고통이 야기된 사건에서 공장주들에게 공동불법행위자로서 위자료를 지급할 의무가 있다고 판시한 바 있다(대법원 1991. 7. 26. 선고 90다카26607, 26614 판결). 그리고 다수의 행위자가 관련된 환경오염피해에 있어서 각각의 행위는 발생한 손해에 부분적으로만 기여할 수 있거나 하였을 경우가 문제인데, 판례의 태도는 각각의 개별 행위와 전체의 손해와의 사이에 인과관계를 요구함이 없이, 같은 공단 내 위치하는 등 서로 밀접한 시간적·장소적 관련성을 가지는 경우 공동불법행위책임(민법 제760조 제1항)을 인정하고, 서로 다른 공단 내에 위치하거나 축산폐수와 공장폐수가 경합한 경우 등에서는 객관적 관련공동성을 인정하지는 않지만 공동 아닌 수인의 행위중 어느 자의 행위가 그 손해를 가한 것인지를 알 수 없는 때에 해당하는 것으로 보아 같은 결론에 이른다(민법 제760조 제2항 참조. 김용담(2016b), 54면).

600) 민법 제766조.

601) 대법원 1999. 3. 23. 선고 98다30285 판결.

602) 일조방해의 정도와 관련하여 가해건물의 신축 후 피해건물의 각 세대별 일조시간 감소는 실무상 가장 중요한 기준이 되는데 실무는 동지일을 기준으로 8시부터 16시까지 8시간 중 일조시간이 통틀어 4시간 이상 확보되는 경우 또는 9시부터 15시까지 6시간 중 일조시간이 연속하여 2시간 이상 확보되는 경우에는 일응 일조방해가 참을 한도를 초과하지 않는 것으로 본다. 대법원 2010. 6. 24. 선고 2008다23729 판결 참조.

603) 그러나 일조방해가 계속적 불법행위인지가 문제가 된 사안에서, 대법원은 위법한 건축행

위에 의하여 건물 등이 준공되거나 외부골조공사가 완료되면 그 건축행위에 따른 일영의 증가는 더 이상 발생하지 않게 되고 해당 토지의 소유자는 그 시점에 이러한 일조방해행위로 인하여 현재 또는 장래에 발생 가능한 재산상 손해(피해 부동산의 시세 하락 등)나 정신적 손해 등을 예견할 수 있다고 할 것이므로, 이러한 손해배상청구권에 관한 위 단기 소멸시효는 원칙적으로 그때부터 진행한다고 하므로, 일조방해를 계속적 불법행위가 아니라 일회적 불법행위로 본 바 있다. 대법원 2008. 4. 17. 선고 2006다35865 전원합의체 판결.

604) 대법원 2015. 9. 24. 선고 2011다91784 판결.

605) 대법원 2015. 9. 24. 선고 2011다91784 판결, 대법원 2015. 10. 29. 선고 2008다47558 판결.

606) 정확한 용어는 '의료과실에 기한 손해배상 소송'일 것이다. 의료분쟁은 꾸준히 증가해오고 있는데 특히 2017년 이대목동병원 신생아 사망사건 이후 더욱 관심이 많아지고 있다고 한다. 의료분쟁 조정·중재 사건수 현황과 의료진의 배상금액은 다음과 같다[출처; 전한덕(2019), 274, 289면(한국의료분쟁조정중재원 통계연보, 배상금액은 억 원 단위로만 기재한다)].

	2013	2014	2015	2016	2017
접수건수	1,398	1,895	1,691	1,907	2,420
배상금액	21억 원	47억 원	46억 원	57억 원	71억 원

607) 전한덕(2019), 279면에서는 변호사, 공인회계사 등 전문직 종사자에 대하여는 배상책임보험가입이 법적으로 강제되고 있는데 의료진들의 경우는 사고의 발생가능성이 높음에도 불구하고 임의보험(가입률은 2018년 현재 의원급 의료기관은 25.5%, 병원급 의료기관은 19.4%이다)으로 되어 있어 문제라고 한다.

608) 이하 상당부분은 본서의 초판인 위 책의 설명을 상당부분 그대로 따르되, 출판 이후의 판결과 이론을 보충한 것임을 밝혀 둔다,

609) 대법원 1988. 12. 13. 선고 85다카1491 판결.

610) 이에 대한 논의는 김용담(2016a), 513면 참조.

611) 통상 피고측에 보내는 "응소안내"에서 요구하는 진료경위서에는 환자가 피고병원에 내원할 당시의 상태(체온, 맥박, 호흡수 기타 외관적 상태)와 그에 따라 의사가 취한 구체적 내용(문진, 시진, 촉진, 방사선촬영, 투약 등)이 기재되도록 할 뿐 아니라 그 증거자료인 진료기록부의 해당부분이 적절히 인용되도록 하여야 한다. 그리고 법률적 사항으로 의학적 핵심을 요약하고 피고병원의 행위가 적절한 것이었는지 불가항력적이었는지, 시효소멸, 합의 등도 기재하도록 하고 있다. 나아가 피고병원이 소규모일 경우 의사의 수 및 전공과목, 병실의 개수, 진료기기의 구비 여부 등 각종 의료환경도 기재하도록 하고 있다. 피고측은 이에 불응할 수 있으나 상기 사항은 어차피 주요한 심리대상이므로 불응 시 증인 신문 혹은 당사자 신문과정이 불필요하게 길어지고 번잡하여질 수 있다는 점에서, 또 피고측도 무과실 주장을 보강하는 측면에서 분량의 정도 차이는 있어도 임의로 제출되는 것이 일반적이다.

612) 의료법 제22조.

613) 대법원 1998. 1. 23. 선고 97도2124 판결은 의사에게 진료기록부를 작성하도록 한 취지와 그 작성방법에 관하여 상세히 판시하였다.

614) 그리고 진료기록부 등을 한글로 기록하도록 노력하여야 하지만(의료법 시행규칙 제14조) 여러 가지 이유로 아직 영어(약칭)로 기재되는 경우가 대부분이므로 번역문과 함께 증거로 제출되고 있다.

615) 추가기재·수정된 경우 추가기재·수정된 기록 및 추가기재·수정 전의 원본을 모두 포함한다.

616) 의료법 제21조 제1항.

617) 다른 병원 진료기록의 경우 그동안 문서송부촉탁의 방법에 의하였는데 환자측에서 송부에 동의하지 않는다면 다른 병원이 비밀유지의무를 이유로 송부를 거부하는 경우가 있었으므로, 문서제출명령, 법원 밖 서증조서 등을 이용하여야 할 것이다.

618) 대법원 2017. 11. 9. 선고 2013다26708 등 판결(혈액제제 투여 C형 간염 바이러스 감염 사건)은 바이러스로 인한 간질환과 간손상에 기인한 장애와 관련한 항목이 존재하는지 면밀히 심리해 보고, 만약 존재한다면 이를 토대로 필요한 감정을 거친 후 각종 노동능력상실률표와 피해자의 연령, 교육 정도, 노동의 성질 기타 사회적·경제적 조건을 모두 참작하여 경험칙에 따라 합리적이고 객관성 있게 그 노동능력상실률을 정하여야 한다고 판시하였다.

619) 일반 민사사건의 2배 이상으로 추측된다.

620) 의료사고 피해구제 및 의료분쟁 조정법에 근거하여 2012. 4. 8.부터 운영되는 것인데 2016. 5. 개정(소위 신해철법)으로 '사망, 1개월 이상 의식불명, 장애등급 1급 중 일부'에 해당하는 중대한 의료사고의 경우 상대방의 동의가 없어도 조정절차를 자동개시하도록 하여 개정 전 환자나 그 가족이 조정을 신청해도 상대방인 의료인이 응하지 않을 때는 신청이 각하되었던 것에서 진일보한 것으로 평가된다.

621) 2019. 3. 1. 기준 의사인 상임전문심리위원은 서울고등법원에 2명 등 5개 고등법원에 6명이 있고, 전국의 후보자검색결과 위 6명 이외에 834명의 의료인 전문심리위원이 등록되어 있다.

622) 또한 의료분쟁은 재량성이 강한 의료행위를 비전문가인 법원이 사후적·규범적으로 판단하여야 하는 부담, 분쟁해결에 장시간이 소요되고 침해가 인정될 경우 피해보상금이 막대하며 현재 의료배상책임보험제도가 잘 활용되지 않고 있는 점, 정서적·정신적 피해라는 측면이 상당히 강한 점 등을 고려하면 일반적으로 조정에 의한 해결이 적절할 것이다. 조정의 방식으로는 기존의 수소법원 조정 외에 한국의료분쟁조정중재원에 의한 전문적인 조정이 가능하다.

623) 대법원 1987. 1. 20. 선고 86다카1469 판결.

624) 대법원 2008. 8. 11. 선고 2008도3090 판결.

625) 대법원 1999. 11. 23. 선고 98다21403 판결, 대법원 2003. 1. 10. 선고 2002다52275 판결 참조.

626) 대법원 2003. 6. 13. 선고 2003다5795 판결.

627) 과실과 후술할 인과관계의 추정과 관련하여 실무는, ① 일반인의 상식에 기초한 과실을 근거로 의학교과서, 사실조회, 감정촉탁결과 등을 토대로 의료인의 과실을 구체적으로 적시한 후 인과관계를 추정하는 방법과 ② 직접 증거로 의료상 어떠한 과실을 입증하기 어려운 경우에는 여러 가지 간접사실에 의하여 과실과 인과관계를 동시에 추정하는 방법을 병존적으로 사용하고 있다고 한다.

628) 대법원 2010. 7. 8. 선고 2007다55866 판결; 대법원 1995. 3. 10. 선고 94다39567 판결.

629) 경기도는 2019. 5. 1.부터 경기도의료원 안성병원을 시작으로 수원, 의정부, 파주, 이천, 포천 등에 위치한 산하 6개 병원 수술실에 CCTV를 설치했다. 이에 대해 경기도의사회는 성명을 통해 "수술실 CCTV 의무화 주장은 불신만 증가시키고 의사와 환자 간의 갈등을 조장한다."며 도의 정책을 강하게 비판했다. 2019. 6. 9.자 국민일보 기사.

630) 대법원 2000. 1. 21. 선고 98다50586 판결은 가해행위와 피해자측의 요인이 경합하여 손해가 발생하거나 확대된 경우에는 그 피해자 측의 요인이 체질적인 소인 또는 질병의 위험도와 같이 피해자 측의 귀책사유와 무관한 것이라고 할지라도, 그 질환의 태양·정도 등에 비추어 가해자에게 손해의 전부를 배상하게 하는 것이 공평의 이념에 반한다면 법원은 손해배상액을 정하면서 과실상계의 법리를 유추적용할 수 있다고 보았다.

631) 대법원 1995. 2. 10. 선고 93다52402 판결.

632) 그러나 2017. 12. 16. 이화여자대학교 목동병원 신생아 중환자실 인큐베이터에서 미숙아

신생아 4명이 집단으로 사망한 '이대목동병원 신생아 집단사망사건'에서 서울남부지방법원은 2019 2. 21. 선고된 업무상과실치사 사건(서울남부지방법원 2019. 2. 21. 선고 2018고합237 판결)에서 관련 의사들 모두에 무죄를 선고하였는 바 항소심이 주목된다.

633) 하지만 그 경우에도 의사의 과실로 인한 결과발생을 추정할 수 있을 정도의 개연성이 담보되지 않는 사정들을 가지고 막연하게 중한 결과에서 의사의 과실과 인과관계를 추정함으로써 결과적으로 의사에게 무과실의 입증책임을 지우는 것까지 허용되는 것은 아니라고 할 것이다.

634) 간단히 설명하면 고지설명은 환자의 자기결정권과 무관하게 환자의 알 권리를 충족시켜 주기 위한 의무로 환자의 병명이나 상태 등에 대하여 설명할 의무를 의미한다.

635) 대법원 2007. 5. 31. 선고 2005다5867 판결(담췌관조영술 검사 후에 급성췌장염이 발생하여 사망한 사안에서, 의료진의 검사과정에서의 과실을 부정하고 설명의무 위반만을 인정하여 손해배상의 범위를 사망으로 인한 전 손해가 아니라 설명의무 위반으로 인한 위자료로 한정한 원심을 수긍한 사례) 참조.

636) 2016. 12. 20. 개정 시 신설된 의료법 제24조의2 참조.

637) 대법원 2007. 5. 31. 선고 2005다5867 판결.

638) 설명의무는 수술 시에만 한하지 않고 검사·진단·치료 등 진료의 모든 단계에서 발생한다고 하겠고, 이러한 설명의무 위반에 대하여 의사에게 위자료 등의 지급의무를 부담시킨다.

639) 대법원 2010. 5. 27. 선고 2007다25971 판결.

640) 그리고 즉시 추가검사 등 의료행위를 시행하지 않고 경과관찰을 선택한 의사의 판단이 설명의무를 위반하여 환자의 치료기회를 상실시켰다거나 자기결정권을 침해하였다고 할 수 없다는 사례(대법원 2013. 2. 28. 선고 2011다36848 판결).

641) 대법원 2015. 1. 29. 선고 2012다41069 판결.

642) 한편 설명의무 위반으로 인한 손해배상의 범위에 관하여 대법원은 신체침해결과에 대한 모든 손해가 아닌 설명의무 위반과 상당인과관계 있는 손해의 배상만을 인정하고 있다(대법원 1996. 4. 12. 선고 95다56095 판결).

643) 앞서 보았듯이 대부분의 의료소송은 그 특징을 고려한 민형사소송으로 해결되고 있는 실정으로 그러한 과정에서 앞서 본 여러 가지 법리가 정립되고 있으며 그렇게 발전된 법리는 다시 새로운 사건의 해결도구로 사용되거나 진화하기도 한다. 그러나 몇가지 사안은 의료행위에 대한 근본적인 성찰을 요구한다고 보이므로 그 대표적인 사안들을 살펴보도록 한다.

644) 대법원 2004. 6. 24. 선고 2002도995 판결.

645) 1심 재판에서는 환자의 부인과 담당의사 등에게 부작위에 의한 살인죄의 공동정범으로 유죄 판결이 내려졌고, 2심 판결에서는 부인에 대하여는 역시 살인죄가 인정되었으나, 담당의사 등에 대하여는 작위에 의한 살인죄의 방조범이 인정되었다.

646) 박창범(2019), 14면(중환자실 부족현상과 과잉진료라며 퇴원을 주장하는 환자보호자와 병원 간의 갈등도 심하여졌다고 한다). 한편 대법원 2005. 1. 28. 선고 2003다14119 판결에서 환자의 반항을 억압한 후 위세척을 실시하고 활성탄을 투여하였어야 할 의무를 인정하고 있다.

647) 대법원 2009. 5. 21. 선고 2009다17417 판결.

648) 존엄사에 관한 의사입장에서의 일반논의와 외국의 예는, 박창범(2019), 29면 이하 참조.

649) 대법원 판결 후 2009. 6. 인공호흡기를 제거하였으나 환자의 자발호흡이 되살아나 약 7개월 후인 2010. 1. 사망하였다. 이에 환자보호자가 연명치료 중단을 요구하였으나 병원측이 이를 거부한 이후 발생한 병원비는 누가 부담하여야 하는가의 문제가 남게 되었다. 실제로 김할머니 사건에서 병원측은 식물인간상태로 된 2008. 2.부터 사망한 때인 2010. 1.까

지의 진료비지급소송을 제기하였는데 대법원 2016. 1. 28. 선고 2015다9769 판결은 환자와 의료인 사이의 기존 의료계약은 중단을 명한 연명치료를 제외한 나머지 범위 내에서는 유효하게 존속한다고 판시하여 연명치료 중단소송이 제기된 2008. 6.경부터 연명치료중단 판결이 확정된 2009. 5.경까지의 미납진료비를 지급할 의무가 있다고 판시하였다.

650) 한편, 환자가 회복불가능한 사망의 단계에 이르렀는지 여부는 주치의의 소견뿐 아니라 사실조회, 진료기록 감정 등에 나타난 다른 전문의사의 의학적 소견을 종합하여 신중하게 판단하여야 한다.

651) 위 판결에 대하여는 흔히 보는 '사전의료지시'로 '심폐소생술 거부(DNR, Do Not Resuscitate)'가 있는데 실질적으로 잘 이용되지 않는 한계가 있다는 지적이 있고, '짧은 시간 내에 사망에 이를 수 있음이 명백한 경우'의 요건이 구체적이지 않다는 비판[박창범(2019), 38면]이 있다.

652) 호스피스·완화의료 및 임종과정에 있는 환자의 연명의료결정에 관한 법률.

653) 동법은 2018. 2.경부터 본격적으로 시행되고 있는데 2019. 7. 11. 기준으로 사전연명의료의향서를 작성한 사람은 256,025명에 이르고, 연명의료계획서도 53,900여명이 작성하였다고 한다. 서한기(2019), "연명의료 결정법 시행 1년 5개월…5만4천명 존엄사 선택했다", 헬스통신, 2019. 7. 11.자 기사.

654) 대법원 2014. 6. 26. 선고 2009도14407 판결.

655) 판시의 요지는 다음과 같다. "어느 경우에 수혈을 거부하는 환자의 자기결정권이 생명과 대등한 가치가 있다고 평가될 것인지는 환자의 나이, 지적 능력, 가족관계, 수혈 거부라는 자기결정권을 행사하게 된 배경과 경위 및 목적, 수혈 거부 의사가 일시적인 것인지 아니면 상당한 기간 동안 지속되어 온 확고한 종교적 또는 양심적 신념에 기초한 것인지, 환자가 수혈을 거부하는 것이 실질적으로 자살을 목적으로 하는 것으로 평가될 수 있는지 및 수혈을 거부하는 것이 다른 제3자의 이익을 침해할 여지는 없는 것인지 등 제반 사정을 종합적으로 고려하여 판단하여야 한다. 다만 환자의 생명과 자기결정권을 비교형량하기 어려운 특별한 사정이 있다고 인정되는 경우에 의사가 자신의 직업적 양심에 따라 환자의 양립할 수 없는 두 개의 가치 중 어느 하나를 존중하는 방향으로 행위하였다면, 이러한 행위는 처벌할 수 없다. 특히 의사는… 수술을 할 필요성이 있는지에 관하여 통상적인 경우보다 더욱 세심하게 주의를 기울임으로써, 과연 수술을 하는 것이 환자를 위한 최선의 진료방법인지 신중히 판단할 주의의무가 있다… 그리고 환자가 수혈 대체 의료 방법을 선택하였다고 하더라도 이는 생명에 대한 위험이 현실화되지 아니할 것이라는 전제 내지 기대 아래에서의 결정일 가능성이 크므로, 위험 발생 가능성이 현실화된 상태에서 위험을 무릅쓰고 수술을 계속하는 것이 환자의 자기결정권에 기초한 진료라고 쉽게 단정하여서는 아니 된다."

656) 상세는 박창범(2019), 59면. 이 판결에 대한 비판으로는 이경환(2015) 참조.

657) 헌법재판소 2019. 4. 11. 선고 2017헌바127 전원재판부 결정. 4인의 헌법불합치의견, 2인의 단순위헌의견, 2인의 반대의견(합헌)이 있다. 동 결정에 대한 평석은 김천수(2019) 참조.

658) 광주지방법원 2019. 7. 2. 선고 2018노627 판결(상고)은 '헌법재판소가 이 사건 헌법불합치 결정의 주문에서 이 사건 법률조항이 개정될 때까지 계속 적용되고, 이유에서 개정시한까지 개선입법이 이루어지지 않는 경우 그 다음 날부터 이 사건 법률조항이 효력을 상실하도록 하였더라도, 이 사건 헌법불합치결정을 위헌결정으로 보는 이상 이와 달리 해석할 여지가 없고 특히 형벌조항에 대한 위헌결정의 경우, 죄형법정주의 등 헌법과 형사법하에서 형벌이 가지는 특수성에 비추어 위헌결정의 소급효와 그에 따른 재심청구권을 명시적으로 규정한 법률의 문언에 반하여 해석으로 그 소급효 및 피고인의 재심에 관한 권리를 제한하는 것은 허용되기 어렵다는 점도 고려'되어야 한다고 판시하였다. 이 판결은 헌법불합치결정의 법적 의미에 대한 대법원 2011. 6. 23. 선고 2008도7562 전원합의체 판결의

다수의견에 따른 결론이다.

659) 이하는 정규원(2017)과 정규원(2018)을 요약한 것이다.

660) 의료업에 종사하는 의사 · 치과의사 · 한의사만 해당한다.

661) 동법 제34조 제1항.

662) 대법원 2013. 4. 11. 선고 2010도1388 판결은 "구 의료법 제18조 제1항(현재 의료법 제17조 제1항)은 스스로 진찰을 하지 않고 처방전을 발급하는 행위를 금지하는 규정일 뿐 대면진 찰을 하지 않았거나 충분한 진찰을 하지 않은 상태에서 처방전을 발급하는 행위 일반을 금지하는 조항이 아니다"라고 해석하고 있음에 반하여, 헌법재판소 2012. 3. 29. 선고 2010 헌바83 전원재판부 결정은 의료법 제89조 등 위헌소송에서 "제17조 제1항의 '직접 진찰한' 은 의료인이 '대면하여 진료를 한'으로 해석되는 이외에 달리 해석될 여지가 없고, 결국 이 사건 법률 조항은 의료인의 '대면진료의무'와 '진단서 등의 발급 주체' 양자를 모두 규율하고 있다"라고 해석하고 있다고 한다. 한편 원격의료 시 책임귀속 주체로는 현지의료 기관 개설자, 현지의사, 원격지의료기관 개설자, 원격지의사 등이 있다며 책임의 귀속을 설명하는 견해는 김용담(2016a), 533면 참조.

663) 강태욱(2019). 원격 의료와 관련하여서 대면의료 원칙이라는 기준에 집착한 의료 관련 전 문가 단체들의 반대로 한국에서 10년이 넘는 기간 단 한 발짝도 나가지 못하고 있는 동안 일본은 이미 2016년부터 범용적인 원격진료를 허용하였고, 중국 역시 인터넷 기반 의료 서비스가 활발하고 이루어지고 있으며 그 기술적 발전도 상당한 것으로 알려져 있다고 한다.

664) 전통적으로 진찰과 치료가 다년간의 교육과 경험을 통하여 교육된 전문가인 의사를 통하 여 이루어졌다면, 그 과정에 IT 기술과 바이오 기술을 결합함으로써 전통적인 의사의 역 할을 도울 뿐만 아니라 다른 관점에서 의료 분야의 혁신을 이루어내려는 시도가 이루어 지고 있는 것이다. 현재 개발이 이루어진 기술들을 살펴보면, 전자의무기록(EMR) 솔루션, 영상전송시스템(PACS)과 같이 차트를 전산화하는 것은 고전적인 분야라고 할 수 있다.

665) 가장 대표적으로 언급되는 영상의학 데이터나 암조직 검사와 같은 병리데이터에 대한 분 석 기술은 국내의 여러 의료기관뿐만 아니라 루닛, 뷰노와 같은 스타트업들을 통해서도 활발한 연구 개발이 이루어지고 있고 전세계적으로도 우수한 기술력을 자랑하고 있다.

666) 강태욱(2018).

667) 2000년경 소위 'patent troll(특허괴물)'이 나타난 바 있다. "개인 또는 기업으로부터 특허기 술을 사들여 보유한 특허를 이용하여 생산 또는 판매를 하지 않고 특허소송을 제기하거 나 특허소송을 빌미로 라이선스를 요구하여 막대한 로열티 수입을 올리는 특허전문기업 을 말함. 특허괴물에 대해서는 개인발명가들의 특허를 중개하고 신기술의 라이선스를 촉 진한다는 긍정적인 측면과, 빈번한 특허소송으로 사회적 비용의 증가, 특허발명의 불실시 로 인한 기술발전의 저해 등의 부정적인 측면이 함께 거론되고 있음. 긍정적인 측면도 있 기 때문에 최근에는 특허괴물 대신 중립적인 의미의 '특허 비실시기업(non-practicing entities, NPE)' 또는 '특허주장 기업(patent assertion entities, PAE)'등의 명칭으로 더 많이 쓰이고 있음." 특허청(2019), 204면.

668) 특히 '부정경쟁방지 및 영업비밀보호에 관한 법률'이 규정하는 영업비밀에 관련된 소송도 '경영상의 영업비밀'(거래선, 원가정보 등)이 아닌 '과학기술적 영업비밀' 침해를 다루는 경우는 본격적으로 과학기술이 관련된 소송이라고 할 수 있을 것이고, 그런 의미에서 영 업비밀보호제도는 특허제도와 함께, 또 특허제도를 보완하는 과학기술의 주요 보호수단이 기도 하다. 즉 발명성 있는 영업비밀을 특허권으로 보호받을 것인지, 영업비밀로서 비밀 로 관리하여 보호받을 것인지의 여부는 해당 기업의 기술관리전략에 의해 결정되어질 것 인데, 영업비밀 전략을 택할 경우 타인이 같은 영업비밀을 개발하여 이를 특허화한다면 보호 중인 영업비밀이 완전히 무력화될 위험부담을 감수하여야 할 것이다. 일반적으로 영

업비밀로 보호받기 위하여는 비공지성, 경제성 및 비밀관리성이 요구되는데 특히 비밀관리성에 실무상 많은 다툼이 있고 이는 주된 사실심리의 대상이기도 한다. 상세는 한국특허법학회(2017) 참조.

669) 종전의 특허재판제도는 특허청 내의 심판소와 항고심판소에서 1심과 2심을 다루고 상고심만 대법원에서 다루도록 되어 있었는데, 헌법재판소의 위헌결정을 받아 특허심판원의 심결 또는 결정에 대한 불복의 소는 특허법원에 제기할 수 있도록 함으로써 사실관계 및 법률관계를 법원에서 충분히 심리할 수 있도록 하였다.

670) "특허권 등의 지식재산권에 관한 소"라는 개념의 모호성 및 문제점은 특허법원 지적재산소송실무연구회(2019), 159면.

671) 연 20만여 건의 특허출원에 대한 결정(처분)에 대하여 직접 행정소송을 제기하는 경우 법원에 큰 부담이 되는 점, 특허심판원이 보유한 과학기술에서의 전문성 등에 비추어 볼 때 지금까지 재결주의가 많은 기여를 한 것은 분명하다. 또한 특허법원이 제2심처럼 특허심판원의 심결을 취소한다는 점에서 심결취소소송은 항소심 재판과 유사한 역할로 보이지만, 특허심판과 심결취소소송은 법원의 제1심과 제2심처럼 심급적으로 연계되어 있는 것이 아니고, 특허청장은 일반행정소송과 마찬가지로 피고의 지위에 있게 되므로, 특허심판절차에서 한 주장이나 제출한 자료를 심결취소소송에서 바로 원용할 수는 없고, 소송절차에서 별도로 주장과 자료제출을 하여야 함을 유의하여야 한다.

672) 법원조직법 제54조의2는 '법원은 필요하다고 인정하는 경우 결정으로 기술심리관을 소송의 심리에 참여하게 할 수 있고, 기술심리관은 재판장의 허가를 얻어 기술적인 사항에 관하여 소송관계인에게 질문을 할 수 있으며, 재판의 합의에서 의견을 진술할 수 있다.'라고 규정하고 있다.

673) 2019. 12. 31. 현재 특허법원에는 특허청에서 파견된 기술심리관 17명(기계 5명, 전기 3명, 화학 3명, 약품 2명 등), 법원조사관 6명이 근무하고 있다.

674) 이는 특허법원 및 서울중앙지방법원의 전문화가 심화됨에 발맞추어 최근 지식재산권 관련 소송 담당 법원에 국제재판부를 설치하여 국제적 사법접근성을 강화하고 법원의 전문성을 더욱 제고하는 내용으로 법원조직법이 개정(2018. 6. 13. 시행)되었다. 법정에서 외국어로 변론하는 것을 허가하고, 허가된 외국어로 작성된 문서에는 번역문을 첨부하지 않는 것을 원칙으로 하며, 허가된 외국어로 판결문을 번역제공하는등 이미 세계적으로 상당부분 유사한 입법이 이루어진 지식재산권 분야에서 중요 국제사건 유치 및 법리 선도 등을 위하여 한걸음 나아간 조치를 취한 것이다. 2019. 1. 25. 선고된 1건을 포함하여 2019. 12. 31. 현재 특허법원에는 2건, 서울중앙지방법원에는 1건의 국제사건이 선고 혹은 진행 중이다.

675) 상세는 특허법원 지적재산소송실무연구회(2019), 165면 이하 참조.

676) 침해소송에서 사용되는 용어를 살펴본다. 원고에 의해 특정된 상대방의 기술을 가리키는 용어로는 '피고 실시기술', '피고 물건', '피고 방법', '피고 실시발명' 등이 사용되고 있고, 권리남용항변(진보성 흠결)이나 자유실시기술항변이 주장되는 경우 공지기술을 '비교대상발명', '선행공지기술' 등으로 부르고 있다. 권리범위확인심판에서는 확인의 대상이 되는 기술을 '확인대상발명'으로 부르고 있다.

677) 예컨대, "피고는 원고의 제000호 특허권을 침해하여서는 아니된다."라고 청구취지를 기재한다면 이는 '침해'의 의미가 다양하다는 점에서 특정된 것이라고 볼 수 없고 금지대상인 물건, 방법 등이 역시 특정되지 아니한 것이기도 하다. 적어도 "피고는 별지 기재 0 제품을 생산·사용·양도·대여 또는 수입하여서는 아니된다."는 방식으로 기재되어야 할 것이다.

678) 그리고 구체적인 변론절차에 들어가면 특허법원의 경우 2018. 9. 1. 개정된 '특허법원 민사항소심 소송절차안내'[2016. 3. 16. 제정된 '특허법원 침해소송 항소심 심리 매뉴얼'을 개

정, 특허법원(2018b)참조)]에 항소장 및 준비서면 작성요령, 증거의 신청 및 조사 절차, 서류의 작성 및 서증의 제출 방법 등을 중심으로 상세하게 기재되어 있다.

679) 그 외에 특허권침해 등 민사소송의 심리의 특색으로는 신속한 심리의 필요성(재판이 지연될 경우 해당 기술이 진부한 것으로 될 공산이 크므로, 변론준비절차의 활용, 실권효의 적용 등), 쟁점별 집중 변론의 필요성(기술설명회를 통한 기술이해 및 쟁점 정리의 필요성, 침해여부와 침해인정 시 손해배상액 산정 절차를 분리심리하는 방안), 전문가의견의 청취필요성(고도의 과학기술적 쟁점이 논의되므로 기술심리관의 확충 이외에 전문가 증인의 활용 및 전문심리위원의 활용 등), 증거의 확보와 영업비밀 보호와의 조화 필요성(비밀유지명령 제도 등의 도입), 분쟁의 국제화(세계적인 특허법 통일 경향 및 동일 분쟁이 여러 나라에서 동시에 심리되는 점 등을 고려할 때 국제재판부의 적절한 운용이 요구), 화해 및 조정의 모색 등이 제시되고 있다.

680) 가처분인용결정에 대한 항고심은 앞서 본 특허법원으로의 관할통합에서 제외되므로 특허법원이 아닌 각 지역 고등법원에서 심리하고 있음을 유의하여야 한다.

681) 본안사건의 '원고', '피고'에 대응하여 민사집행법에서 '채권자', '채무자'라는 용어를 사용하고 있는데 실무상으로는 '신청인', '피신청인'이라는 용어도 혼용되고 있다.

682) 민사집행법 제300조 제2항.

683) 여기서 고도의 소명이란 채무자에게 반증을 허용하더라도 심증이 번복될 가능성이 극히 적은 경우를 말한다.

684) 법원으로서는 가처분의 인용 여부에 따른 당사자들의 이해득실관계, 본안소송에 있어서의 장래 승패의 예상, 공공복리에 미칠 영향 기타 제반 사정들을 고려해야 한다.

685) 특허법 제225조 제2항은 "특허권 또는 전용실시권을 침해한 자는 7년 이하의 징역 또는 1억 원 이하의 벌금에 처한다."라고 권리침해죄를 규정하고 그 외 허위표시죄(제228조) 등 상세한 형사처벌규정을 두고 있다. .

686) 게다가 최근 2019. 3. 19. 시행된 개정 '사법경찰직무법'에 따라 특허청 산업재산경찰의 수사범위가 상표권 침해 등에서 특허권 침해, 영업비밀침해 등으로까지 확대되었다.

687) 권보원(2018), 141면 참조.

688) 이러한 경향은 강학상의 간접침해행위에 대한 형사처벌을 부정한 대법원 1993. 2. 23. 선고 92도3350 판결 참조.

◼ 참고문헌 ◼

[국내문헌]

e - 나라지표(2020), "교통사고 현황(사망, 부상)", http://www.index.go.kr/potal/ main/EachDtlPageDetail.do?idx_cd = 1614.

강구철(1996), "原子力安全規制에 대한 司法的 統制와 多段階的 行政節次, 現代行政 法學理論; 佑齋李鳴九博士華甲紀念論文集 II", 우재 이명구박사화갑기념논문집 간행위원회.

강대임(2019), "고경력 과학기술인 활용 현황과 개선방안", 지역혁신을 위한 고경력 과학기술인 활용 전략 모색 정책토론회.

강일신(2014), "정합적 법해석의 의미와 한계 - 원리규범충돌의 해결이론 관점에서", 법철학연구 제17권 제1호.

강재규(2010), "현행 행정소송제도의 재구성을 위한 시론적 연구", 公法研究 제39권 제1호, 한국공법학회.

강현호(2005), 「행정법총론」, 博英社.

강현호(2012a), 「국가경영행정법(상)」, 도서출판 디비북스.

강현호(2012b), 「국가경영행정법(하)」, 도서출판 디비북스.

개인정보보호위원회 홈페이지, http://www.pipc.go.kr.

계희열(2007), 「헌법학(중)」, 박영사.

고세일(2014), "대륙법에서 징벌적 손해배상 논의", 법조 제63권 제1호, 법조협회.

고학수/임용 편(2019), 「데이터오너십」, 박영사.

과학기술정보통신부(2017), 「보도자료 범부처 'IP카메라 종합대책' 마련」.

과학기술정보통신부(2019), 「2030년을 향한 중장기 이공계 청년 연구인력 성장지원 방안」, 과학기술관계장관회의.

과학기술정책연구원(2009), 「생명공학의 등장과 발달에서 지적재산권과 공유지식의 역할」, 정책자료 2009 - 11.

과학기술정책연구원(2013), 「과학기술인력정책의 효과성 제고 방안」.

과학기술정책연구원(2017), 「기술혁신에 따른 고용패러다임 변화와 과학기술인력 양 성전략」.

곽관훈(2016), "제4차 산업혁명 시대의 불확실성 증가와 법적 과제", 2016년 비교법 연구의 미래이슈 발굴을 위한 학술대회 자료집, 한국법제연구원.

곽윤직(2003), 「민법총칙(제7판)」, 박영사.

교육부/한국연구재단(2015), 「연구윤리 확보를 위한 지침 해설서」.

국가과학영재정보서비스(2020), 「2019년도 - 과학영재교육 통계」, 국가과학영재정보 서비스 홈페이지.

국립생물자원관, "생물해적행위 반대 및 이익공유 요구 사례", https://www.abs.go.
　　kr/kabsch/sub.do?cid＝135.
국회 환경노동위원회(2018), 「환경분쟁조정법 일부개정법률안 심사보고서」.
권보원(2018), "특허침해는 범죄행위인가", 저스티스 통권 제168호.
권복규/김현철(2014), 「생명윤리와 법(제3판)」, 이화출판.
권성훈(2020), "특정연구기관 현황과 주요 쟁점", 국회입법조사처.
권영성(2008), 「헌법학원론」, 법문사.
김건식/정순섭(2009), 「자본시장법」, 두성사.
김관식(2017), 「컴퓨터프로그램의 전송과 특허권 침해」, 특허판례연구.
김남진/김연태(2013a), 「행정법 I(제17판)」, 법문사.
김남진/김연태(2013b), 「행정법 II(제17판)」, 법문사.
김남철(2019), "에너지법제의 평가와 과제 ― 독일 법제와의 비교를 중심으로 ―", 법
　　학논총 제39권 제3호.
김도균(2010), "우리 대법원 법해석론의 전환: 로널드 드워킨의 눈으로 읽기 ― 법의
　　통일성(Law's Integrity)을 향하여 ―", 법철학연구 제13권 제1호.
김동희(2013a), 「행정법 I(제19판)」, 박영사.
김동희(2013b), 「행정법 II(제19판)」, 박영사.
김문조(2008), "기술사회의 도래와 위험", 한국사회: 어제, 오늘, 내일.
김문환 편(1998), 「법학의 이해」, 길인사.
김문환(2010), "과학기술과 법의 관계에 관한 고찰", 과학기술과 법 제1권 1호.
김민배(2018), "전자담배에 대한 규제와 법적 쟁점", 토지공법연구 제81집.
김병일(2004a), "인간배아줄기세포와 특허", 지식재산논단 제1권 제1호.
김병일(2004b), 「유전자원 및 전통지식의 보호와 지적재산권에 관한 연구」, 법제연구,
　　한국법제연구원.
김병일(2017), 「빅데이터 분석과 데이터 마이닝을 위한 저작권 제한」, 저작권법 제정
　　60주년 기념 공동학술세미나.
김보미/박문수(2020). "이공계 인력 개념 활용의 입법적 고찰", 과학기술학연구.
김봉태(2009), 「식물 신품종보호제도의 동향과 해조류 양식산업에의 시사점」, 수산정
　　책연구.
김선화(2018), "과학기술과 헌법상의 경제조항", 한국과학기술법학회·헌법재판연구원
　　주최 '과학기술에 대한 헌법적 통제' 자료집.
김성돈(2010), "뇌과학과 형사책임의 새로운 지평", 한국과학기술법학회심포지움 발
　　표문.
김성진(2008), 「과학기술과 법」, 동인출판사.
김수갑/김민우(2008), "과학기술인력 양성을 위한 법·정책적 개선방안", 법학연구.
김시철(2009), "환경분쟁조정법에 따른 분쟁해결과 ADR의 일반이론(Ⅱ)", 환경법연구
　　제31권 제1호.

김영주(2019), "고경력 과학기술인 활용·지원 해외사례", 지역혁신을 위한 고경력 과학기술인 활용 전략 모색 정책토론회.

김영호(2003), "기술위험의 출현배경과 특성", 2003년 한국과학기술학회 후기 심포지엄 자료집.

김영환(2007), "위험사회(Risikogesellschaft)에서의 책임구조의 변화", 법학논총.

김용담(2016a), 「주석 민법 : 채권각칙7」, 한국사법행정학회.

김용담(2016b), 「주석 민법 : 채권각칙8」, 한국사법행정학회.

김운묵/김지현(2011), "미국 담배소송의 변천과 보건법정책 효과", 의료법학 제12권 제1호.

김유성(1980), "과학기술의 진보와 법의 발전", 서울대학교 법학 제20권 2호.

김윤명(2009), 「퍼블릭 도메인과 저작권법」, 커뮤니케이션북스.

김윤명(2016), 「인공지능과 법적 쟁점」, SPRi Issue Report.

김윤정(2008), "구 통신위원회 및 방송통신위원회의 2007년 및 2008년 주요 심결례 분석 – 재정사건을 중심으로", 경제규제와 법 제1권 제2호, 서울대학교 공익산업법센터.

김은정(2016), 「에너지 관련 정책과 법제의 개선방안에 관한 연구」, 법제처.

김익중(2013), 「한국 탈핵」, 한티재.

김인호(2019), "스마트계약에 의한 국제거래의 관할과 준거법", 국제거래법연구 제28집 제1호.

김일환(2018), "헌법 제127조의 개정필요성과 그 내용", 한국과학기술법학회·헌법재판연구원 주최 '과학기술에 대한 헌법적 통제' 자료집.

김장한(2007), 「안락사와 법 in: 과학기술과 법」, 박영사.

김재광(2002), "원자력발전소 허가절차의 문제점과 개선방안", 과학기술법연구 제8집, 한남대학교 과학기술법연구소.

김재광(2013), 「사회갈등시설법론(제3판)」, 한국학술정보.

김정순(2006), "행정법상 재판외 분쟁해결법제연구", 한국법제연구원 연구보고서.

김종천(2009), "과학기술발전에 따른 리스크·위험방지를 위한 국가의 안전보호의무", 외법논집 제33권 제1호.

김지영(2013), "프랑스 원자력안전법제의 현황과 과제 – 원자력안전법제로의 시사점 도출을 중심으로-", 환경법연구 제35권 제3호.

김진(2004), "과학 및 공학과 윤리의 만남", 공학윤리, 철학과 현실사.

김진우(2017), "대가로서의 디지털 개인정보", 비교사법 제24권 제4호.

김철수(2004), 「헌법학신론」, 박영사.

김철수(2007), 「헌법학개론」, 박영사.

김철수/정재황/김대환/이효원(2014), 「세계비교헌법」, 박영사.

김철용(1982), "수질·토양보전법제", 환경법연구 제4집, 환경법학회.

김철용(1999), "계획확정절차의 도입문제", 행정법연구, 행정법이론실무연구회.

김철용(2010a), 「행정법 I(제13판)」, 박영사.

김철용(2010b), 「행정법 I(제10판)」, 박영사.

김철용(2012), 「행정법(전면개정판)」, 고시계사.

김철환(2011), "토론문 −재판절차에서 영업비밀의 비밀유지방안 관련−", 한국지식재산보호원 2011년 영업비밀 보호제도 개선을 위한 토론회 토론자료.

김충묵(1989), "環境行政訴訟에 관한 硏究", 조선대학교 박사학위 논문.

김충묵(2000), "환경분쟁조정제도에 관한 연구", 법학연구 제4권 제1호.

김태호(2001), "行政의 危險決定에 관한 法的 統制 − 원자력발전 관련 행정결정을 중심으로 − 대상판결: 서울고등법원 판결 2000. 6. 15. 선고 97구 37342 판결", 行政法硏究 第7號, 행정법이론실무학회.

김필제(1996), "주요 화학물질관리정책 국제동향", 농업생명과학 제3권 제1호.

김향기(2008), 「법학개론」, 대영문화사.

김현철(2014), "생명윤리법학의 의의", 생명윤리정책연구 제8권 제1호.

김현철(2015), "생명윤리법의 모델−생명윤리기본법을 중심으로", 법학논집 제19권 제3호.

김현철(2019), "과학기술사회와 시민의 권리−헌법적 대응을 중심으로", 「과학기술의 발전과 헌법의 대응」, 한국헌법학회 2019년 추계학술대회 발표집.

김현철/고봉진/박준석/최경석(2014), 「생명윤리법론」, 박영사.

김현철/김건우/박준석(2019), 「과학기술 관련 인권 규범에 대한 연구」, 한국법제연구원.

김형성(1999), "헌법상 환경규정의 규범적 의의", 환경법연구 제26권 제4호.

김형의(2019), "고경력과학기술인 활용 사례 및 효과", 지역혁신을 위한 고경력 과학기술인 활용 전략 모색 정책토론회.

김혜선(2014), "지식재산권법상 유전자원 관련 전통지식 보호에 관한 연구", 중앙법학 제38권 제3호.

김환석(2001), "과학기술 시대의 연구윤리", 유네스코한국위원회 편, 「과학연구윤리」, 당대.

김환석(2010), "과학기술 민주화의 이론과 실천 −시민참여를 중심으로−", 경제와 사회 제85호.

나노안전성정보시스템 홈페이지, http://nano.nier.go.kr

나무위키, "과학기술원".

나무위키, "급발진".

나종갑(2008), "미국·EU 및 입본 등 주요국의 지적재산권침해무역구제관련규정연구", 무역구제 제29호, 지식경제부 무역위원회.

남희섭(2005), "특허발명의 강제실시", http://ipleft.or.kr/?p=2484.

노기현(2012), "소송상 행정지도의 권리구제 한계와 극복방안", 法學硏究 제15권 제2호, 인하대학교 법학연구소.

노화준(2001), "과학기술윤리와 국가의 역할: 생명윤리를 중심으로", 행정논총 제39권 4호.

농림부 품종보호심판위원회(2004), "품종보호위원회 장미 신품종 보호심판 심결", 2004. 8. 20.자 보도자료.

대영문화사(2009), 「행정학사전」.

데이비드 레스닉(2016), 「과학의 윤리 – 더욱 윤리적인 과학을 향하여」, 양재섭/구미정 역, 나남.

돈 탭스코트/알렉스 탭스(2017), 「블록체인혁명」, 박지훈 역, 을유문화사.

두산백과, "사회구성주의", 네이버 지식백과 참조.

로렌스 레식(2002), 「코드, 사이버공간의 법이론」, 김정오역, 나남출판.

로버트 머튼(1998), 「과학사회학」, 석현호/양종회/정창수 역, 민음사.

류권홍(2012), "에너지 안보와 에너지 법제의 현황", 환경법연구 제34권 제2호.

류창호(2004), 「식품안전법제의 체계화에 관한 연구: 식품안전기본법의 입법제안을 중심으로」, 한국법제연구원 보고서.

명준표(2016), "미세먼지와 건강 장애", 대한내과학회지 제91권 제2호.

무역위원회(2020), "불공정무역행위 통계자료", https://www.ktc.go.kr/statsUnjust.do.

미래창조과학부(2014), 「사물인터넷(IoT) 정보보호 로드맵」.

민유숙(2004), "자동차 급발진사고와 제조물책임", 대법원판례해설 제49호.

박균성(2008), "과학기술위험에 대한 사전배려원칙의 적용에 관한 연구", 행정법연구 제21호.

박균성(2013a), 「행정법론(상)(제12판)」, 박영사.

박균성(2013b), 「행정법론(하)(제11판)」, 박영사.

박균성/함태성(2008), 「환경법」, 박영사.

박기주(2016), "과학기술 헌법조항의 재검토 및 개정방향", 헌법재판연구 제3권 제1호.

박노일(2006), "環境行政訴訟에서의 被害者 救濟 擴大에 관한 研究", 배재대학교 석사학위 논문.

박동진(2012), 「제조물책임법 개정방안 연구」, 공정거래위원회.

박수헌(2008), "동물보호법과 이종이식에서의 공여동물의 보호", 강원법학 제27권.

박영주(2015), "흡연과 폐암 발병 사이의 인과관계", 고요한 정의의 울림: 신영철 대법관 퇴임기념 논문집: 공의를 향한 사랑, 고민, 열정을 기리며, 사법발전재단.

박윤흔(2009), 「행정법강의(상)」, 박영사.

박은정(2000), 「생명공학시대의 법과 윤리」, 이화여대출판사.

박정국/이한욱(2017), "블록체인 기술의 동향과 금융권의 대응", 지급결제와 정보기술 제63호, 금융결제원.

박정현(2007), "Biosynthesis, secretion and action of insulin", https://www.diabetes.or.kr/workshop_2007autumn/files/092809.pdf.

박정훈(2006), 「행정소송의 구조와 기능」, 博英社.

박종원(2017), "가습기 살균제 사건에 비추어 본 화학물질 리스크 평가·관리법제의 문제점과 개선방안", 한양법학 제28권 제2집.

박주현(2018), "스마트 공유경제사회에서 빅데이터의 법률관계에 관한 소고(小考)", 법학논총 한양대학교 법학연구소 제35권 제2호.

박지훈(2017), 「비즈니스 블록체인」, 한빛 미디어.

박진아(2011), "사이버물권시론", 원광법학 제27권 제2호.

박진아(2018), "블록체인과 개인정보보호 – 블록체인의 매직(Masic)과 법적 도전", 영남법학 제47호.

박진영(2011), "고엽제후유의증 환자지원 등에 관한 법률 부칙 제2조 위헌확인", 헌법재판소결정해설집.

박창범(2019), 「사례로 보는 의료윤리와 법」, 군자출판사.

박효근(2003), "원자력행정에 있어서 재량의 절차적 통제", 환경법연구, 한국환경법학회.

박효근(2005), "환경행정소송의 제기요건과 본안심리", 법제.

박훤일(2013), "지식재산권 담보설정계약 당사자의 권리와 의무", 지식재산연구 제8권 제3호.

박훤일(2017), "정보이동권의 국내 도입 방안 – EU GDPR의 관련 규정을 중심으로 –", 경희법학 제52권 제3호.

방동희(2018), "데이터 경제 활성화를 위한 데이터 법제의 필요성과 그 정립방향에 관한 소고 – 4차산업혁명과 지능정보사회에서 데이터 거래의 기반 확보를 중심으로–", 법학연구, 제59권 제1호.

방송통신위원회 심결지원팀(2013), 「전기통신사업법 재정제도의 이해」.

배건이(2011), "미래세대 환경권에 대한 입법론적 연구", 동국대학교 법학박사학위 논문.

배대헌(2003), "거래대상으로서 디지털정보와 물건개념 확대에 관한 검토", 상사판례연구 제14집.

백명훈/이규옥(2017), "블록체인을 활용한 ICO의 이해와 금융법상 쟁점", 금융법연구 제14권 제2호, 한국금융법학회.

백종찬/한승환/안상욱/김태연(2016), 「금융기관을 위한 블록체인의 이해」, 피넥터 보고서.

법제처, 「저작권 침해정지·예방 및 손해배상 청구」, 찾기쉬운 생활법령정보 홈페이지.

브리태니커 비주얼 사전, "과학", 네이버 지식백과.

비상학습백과 중학교 과학, "과학", 네이버 지식백과.

비피기술거래(2016), 「원자력안전규제 전문인력 양성을 위한 개선 방안 연구」.

비피기술거래(2017), 「블록체인 산업 지도를 바꾼다 – 블록체인의 시장 전망과 국가별 정책 및 규제 현황」.

사법연수원(1999), 「행정소송」, 사법연수원.

사법연수원(2015), 「특수불법행위법연구」, 사법연수원.

상사법무(2015), "공동연구개발계약 ハンドブック", NBL 제149권.

생명공학정책연구센터(2005), 「줄기세포 연구에 대한 각국의 입법/지원 동향」.

서울대 법학연구소 편(1994), 「법학통론(개정판)」, 서울대 출판부.

서울대학교 연구지침(2020), https://snurnd.snu.ac.kr/?q=node/724.

서울행정법원 실무연구회(2008), 「행정소송의 이론과실무」, 사법발전재단.

서이종(2014a), "만주의 '벌거벗은 생명'과 731부대 특설감옥의 생체실험 희생자", 만주연구 제18권.

서이종(2014b), "일본제국군의 세균전 과정에서 731부대의 농안·신징 지역 대규모 현장세균실험의 역사적 의의", 사회와 역사 통권 제103호.

서정호/이대기/최공필(2017), "금융업의 블록체인 활용과 정책과제", KIF 금융리포트, 한국금융연구원.

선권일(2018), "가습기 살균제 사건과 징벌적 손해배상의 문제", 기업법무 리뷰 제11권 제1호.

선지원(2019), "데이터 경제 시대의 정보법제에 대한 소고", 법학논총 제36집 제2호.

설동근(2010), "국내 최초 온실가스배출 감축권 분쟁 — 첫 해석 기준 마련", 대한변협신문 제304호.

성낙인(2007), 「헌법학」, 법문사.

성낙인(2011), 「헌법학(제11판)」, 법문사.

성승제(2017), "블록체인 활성화의 법적 과제", 기업법연구 제31권 제2호, 한국기업법학회.

성태경(2015), "표준과 기술혁신: 연구과제 및 전망", 기술혁신연구 제23권 제3호.

소비자보호원(2011), 「나노제품이 안전성 및 유통실태 조사」.

손경한 편(2010), 「과학기술법」, 진원사.

손경한 편(2019), 「블록체인과 법」, 박영사.

손경한(1998), "한국 사이버법의 최근 동향", KITAL 98−03, 1998. 7.

손경한(2007), "국제지적재산분쟁의 중재", 仲裁研究 제17권 제2호.

손경한(2010a), "과학기술법의 개념과 내용", 손경한 편, 「과학기술법」, 진원사.

손경한(2010b), "과학기술법의 법원(法源)," 과학기술과 법 제2권.

손경한(2010c), "과학기술진흥법제의 체계적 고찰", 충북대학교 과학기술과법 창간호.

손경한/박진아(2005), "지적재산개발 계약에 관한 법적 문제", 정보화정책저널 제12권 제4호, 한국정보화진흥원.

손경한/박진아(2013), "과학기술자의 지위에 관한 법제의 현황과 개선방안", 성균관법학, 제25권 제4호.

손경한/최성규(2014), "국제건설분쟁의 해결", 국제거래법연구 제23권 제1호.

손수정/임민형/임채윤/정미애/손수아(2020), 과학기술 공공연구기관 역할 재정립 방안 연구.

손승우(2007), "기술임치제도에 대한 고찰", 중앙법학 제9집 제2호.

손승우(2017), 「저작권법 현재와 미래를 위한 준비: 인공지능」, 저작권법 제정 60주년 기념 공동학술세미나.

손승우/김윤명(2016), 「인공지능 기술 관련 국제적 논의와 법제 대응방안 연구」, 한국 법제연구원.

손영화(2014), "담배소송과 고엽제소송에 관한 연구 – 소송을 통한 법정책에의 영향을 중심으로 –", 한양법학 제25권 제4집.

손진상(2008), "공공사업에 따른 집단갈등 해소방안 – 원자력발전소 건설을 중심으로 –", 고려법학, 고려대학교 법학연구원.

손화철(2003), "사회구성주의와 기술의 민주화에 대한 비판적 고찰", 철학 제67호.

송성수(2001), "과학기술자의 사회적 책임과 윤리", 과학기술정책연구원.

송성수/김병윤(2001), "공학윤리의 흐름과 쟁점", 유네스코한국위원회 편, 「과학연구 윤리」, 당대.

스콧 갤러웨이(2018), 「플랫폼 제국의 미래」, 비즈니스 북스.

시민사회 의견서(2018), 신용정보법 개정안(김병욱 의원 대표발의)에 대한 시민사회 의견서, http://www.privacy.or.kr/wp–content/uploads/2018/12/신용정보법_개정안김병욱_의원_대표발의_의견서.pdf.

식품의약품안전처(2018), 「의약품 허가특허연계제도 해설서」.

신상화/강성훈(2015), 「가상화폐 이용 증대에 따른 과세상 쟁점 분석 및 대응 방안 연구: 비트코인을 중심으로」, 한국조세재정연구원.

신치재(1996), "원자력관련시설 건설허가절차에 있어 서의 주민참여문제", 과학기술 법연구 제2집, 한남대 과학기술법연구소.

아키하네 요시하루/아이케이 마나부(2017), 「블록체인 구조와 이론」, 양현 역, 위키북스.

안건형(2010), "탄소배출권 거래 분쟁과 중재를 통한 분쟁해결", 콘텐츠재산연구.

안경봉(2001), "인터넷과 국제조세", 인터넷 법률 제9호.

안성경(2007), 「환경영향평가모델을 통한 입법평가제도의 도입방안 연구」, 한국법제 연구원.

앤드루 웹스터(1998), 「과학기술과 사회」, 김환석/송성수 역, 한울.

양승우/이세준/최지선/이명화/김재경/정도채(2012), 「과학기술 법제 분석 및 개선방안」, 과학기술정책연구원.

양재모(2010), "생명과학기술의 발달로 인한 인체의 이용과 법적 규율 – 인체의 소유권을 중심으로 –", 법과 정책연구 제10집 제1호.

양해림/정진우/정윤승/임윤정/변순용(2018), 「공학도를 위한 공학윤리(개정 증보판)」, 충남대학교출판문화원.

양희진(2001), "전통지식의 보호와 지적재산권, 과학기술과 사회", 다른과학.

에듀윌 시사상식, "인보사케이주", 다음 지식백과.

연기영(2009), "제조물책임법의 제정과정과 주요내용", 경기법학논총 7호.

오병선(2003), "세대간 정의의 자유공동체주의적 접근", 법철학연구 제6권 제2호.

오병철(2001), 「디지털정보거래의 성립에 관한 연구」, 한국법제연구원.

오병철(2010a), "과학기술안전법", 손경한 편, 「과학기술법」, 진원사.

오승종(2012), 「저작권법(제3판)」, 박영사.

오승종(2019), "데이터마이닝 및 텍스트 마이닝과 저작재산권의 제한", 홍익법학 제20권 제2호.

오준근(2006), "과학기술관련 법적규제와 헌법재판", 윤명선교수정년기념논문집간행위원회.

오태광(2019), "줄기세포 기술발전의 최근 동향과 시장전망", BioIN.

우상덕(1994), "법의학", 최신의학사.

울리히 벡(2014), 「위험사회: 새로운 근대성을 향하여」, 홍성태 역, 새물결.

울리히 카르펜(2008), "법률의 질, 판단의 영역", 송은영 역, 입법정책 제2권 제1호.

원자력안전위원회(2012), 「알기 쉽고 읽기 좋은 원자력 안전관리」.

원자력진흥위원회(2012), 「원자력시설 해체 핵심 기반기술 개발 계획(안)」.

위키피디아, "생명공학기술".

위키피디아, "안락사".

위키피디아, "유전자가위".

윌리엄 프랑케나(2003), 「윤리학」, 황경식 역, 철학과현실사.

유네스코한국위원회 편(2001), 「과학연구윤리」, 당대.

윤석준/이정현(2018), "1LG−3: ISO 45001 High Level Structure에 기반한 화학물질 관리", 한국공업화학회 2018년도 학술발표자료.

윤석찬(2017), "인공임신을 통한 대리모계약의 유효론과 제반 쟁점", 영남법학 제44호.

윤선희/이봉문(2001), 「생명공학 시대의 식물특허 개선방안 연구」, 지식재산연구센터.

윤일영(2017), "과학기술과 교육의 융합 시너지, 융합형 인재 교육", 융합연구정책센터.

윤종민(2010), "국가연구개발 저작물 관리의 법적 고찰", 산업재산권 제33호, 한국산업재산권법학회.

윤종민(2012), "과학기술 역할 변화와 과학기술 법제 개편 방안", 2012 KASTAL−STEPI 공동심포지엄: 과학기술 법제 지배구조 개편 및 과학기술기본법의 재설계, 한국과학기술법학회/과학기술정책연구원.

윤진효(2003), "기술위험의 구조와 절차", 과학기술학연구 제3권 1호.

이경미/황경웅(2019), "개정 제조물 책임법에 관한 소고", 중앙대학교 법학논문집 제43집 제1호.

이광영(2005), "도메인이름에 관한 분쟁해결실태−UDRP에 의한 분쟁해결을 중심으로−", 재판자료 제111집: 외국사법연수논집 [26−하].

이광옥(2003), "行政訴訟上 假救濟制度에 관한 研究", 창원대학교 석사학위 논문.

이규홍/정필운(2010), "헌법 제22조 제2항 관련 개헌론에 관한 소고 : 지적재산권 조항의 재정립에 관하여", 법조 제59권 제11호, 법조협회.

이동진(2018), "데이터 소유권(Data Ownership), 개념과 그 실익", 정보법학 제22권

제3호.

이명구(1995), "과학기술적 위해에 대한 재판적 통제에 관한 연구 –행정소송상의 원고적격의 문제와 사법심사를 중심으로–", 법학논총, 한양대학교 법학연구소.

이부영(1982), "行政訴訟의 類型에 關한 研究 : 抗告訴訟과 當事者訴訟을 中心으로", 청주대학교 석사학위 논문.

이상수(2000), "우리나라 과학기술법체계의 문제점: 과학기술진흥계획을 중심으로", 과학기술법연구 제6집.

이상용(2018), "데이터 거래의 법적 기초", 법조 제67권 제2호.

이상욱/조은희 편(2011), 「과학윤리특강」, 사이언스북스.

이상주(2017), "고도의 기술이 집약되어 대량 생산되는 제품의 하자에 대한 손해배상 청구에서의 증명책임의 분배", 법과 정의 그리고 사람: 박병대 대법관 재임기념 문집.

이상팔(1995), "지역주민의 위험정책 수용에 관한 연구: 원자력폐기물처분장 수용과정에서 나타난 행위자, 제도, 지역공동체의 영향을 중심으로", 고려대학교 박사학위논문.

이성엽(2018), "한국의 데이터주도 혁신에 대한 법의 대응과 진화", 경제규제와 법 제1권 제2호.

이성엽(2019), "개인정보의 개념의 차등화와 개인정보이동권의 대상에 관한 연구", 경제규제와 법 제12권 제2호.

이순태(2008), 「행정소송·심판 실무총서 : 이론·사례·판례·서식·주석」, 법률미디어.

이시우(2004), "현대과학기술의 발전과 그 위험에 관한 헌법적 연구", 헌법학연구 제10권 제1호.

이시윤(2009), 「신민사소송법(제5판)」, 박영사.

이용식(2007), "형사절차에서 DNA증거의 활용과 한계", in: 과학기술과 법, 서울대학교 기술과법 센터.

이원태(2016), 「유럽연합의 로봇법 프로젝트」, 한국인터넷자율정책기구 KISO 저널 제23호.

이원태/문정욱/이시직/심우민/강신일(2016), 「지능정보사회의 규범체계 정립을 위한 법·제도 연구」, 정보통신정책연구원.

이은기(2012), "한국과 미국의 에너지 관련법제의 변화 –기후변화에 대응한 최근 에너지입법을 중심으로–", 환경법연구 제34권 제2호.

이익희(2004), "특허발명의 강제실시제도", 지식재산논단.

이재성(2003), "기술활동과 책임의 문제", 철학연구 제86집.

이재혁(2019), "인간–사물 범주와 근대 소유권 문제", 한국사회학 제53권 제2호, 한국사회학회.

이종영(2000), "독일 원자력법의 체계와 내용", 법학논문집 제24집 제2호.

이종영(2004), "식품안전성확보와 식품규제의 한계", 중앙법학 제6집 제4호.

이종영(2006), "다중이용업소의 안전관리를 위한 제도적 방안", 법과 정책연구 제6집 제1호.

이종영(2010), "녹색기술과 법", 손경한 편, 「과학기술법」, 진원사.

이종주(2019), 「데이터 소유권 동향」, SW중심사회 10월호.

이주환(2019), "미국특허법상 선행기술로서 판매된 발명법리(On-Sale Bar)와 미국 연방대법원 Helsinn판결", 저스티스 통권 174호.

이준(2019), "양자컴퓨터 R&D 현황과 전망", 주간기술동향, 정보통신기획평가원.

이준석(2013), "비용편익분석의 한계, 그리고 사법심사: 환경행정작용을 중심으로", 환경법연구 제35권 제1호.

이준연(2008), 「행정소송 이론과 실무」, 법률정보센터.

이중기(2016), "인공지능을 가진 로봇의 법적 취급: 자율주행자동차 사고의 법적 인식과 책임을 중심으로", 홍익법학 제17권 제3호.

이해완(2012), 「저작권법(제2판)」, 박영사.

이호용/박선아(2017), "EU, 미국, 일본의 화학물질관리법 주요 쟁점 비교 연구", 한국법정책학회 법과 정책연구 제17집 제4호.

이희정(2009), "방송통신위원회의 재정제도에 관한 연구 - 그 법적 성격과 기능을 중심으로 -", 행정법연구 통권24호, 한국행정법연구소.

인터넷진흥원, 「IoT 보안인증서비스」, https://www.kisis.or.kr/kisis/subIndex/307.do.

임마누엘 칸트(2013), 「법이론」, 이충진 역, 이학사.

임명환(2016), "블록체인 기술의 영향과 문제점 및 시사점", 주간기술동향 기획시리즈, 정보통신기술진흥센터.

임병웅(2009), 「이지 특허법(제7판)」, 한빛지적소유권센터.

임상혁(2010), 「나는 노비로소이다-소송으로 보는 조선의 법과 사회」, 너머북스.

임채웅(2009), "도메인이름을 둘러싼 분쟁에 관한 연구", 인터넷 법률 제47호.

임홍근/이태희(2013), 「법률영어사전」, 법문사.

자크 엘륄(2011), 「기술의 역사」, 박광덕 역, 한울.

장동익(2004), 「흄: 인성론」, 서울대학교 철학사상연구소.

장문철(2003), "도메인이름분쟁조정결정에 대한 한국법원의 경향", 도메인이름분쟁조정위원회 창립 1주년 기념 국제세미나.

장승화(2005), "일본 關稅定率法에 의한 삼성 PDP 통관보류조치의 WTO 합치성 분석", 무역구제 제17호, 산업자원부 무역위원회.

장인순/황나미/박승미(2015), "자궁 내 인공수정 시술을 받은 원인불명 난임진단 여성의 임신성공 영향 요인: 배란유도 유형을 중심으로", Journal of Korean Biological Nursing Science, 2015: 17(2).

전명산(2017), 「블록체인 거버먼트: 4차 산업혁명의 물결」, 알마.

전병남(2009), "감기약 콘택600 제조물책임사건에 관한 민사법적 고찰", 의료법학 제10권 제1호.

전상현 (2018), "개인정보자기결정권의 헌법상 근거와 보호영역", 저스티스 통권 제 169호.

전용일/배정생(2014), "일본의 화학물질관리법제에 대한 고찰 – 화심법을 중심으로", 전북대학교 법학연구소 법학연구 통권 제41집.

전응준(2008), 「특허신탁에서 특허침해소송의 제 문제」, 한국지적재산권법제연구원.

전주열(2016), "프랑스 공공데이터 관련 법제도의 최근 동향", 외법논집 제40권 제4호.

전한덕(2019), "의사배상책임보험의 의무화에 관한 법적 연구", 외법논집 제43권 제2호.

정경영/백명훈(2017), 「블록체인 기반의 스마트계약 관련 법제 연구, 디지털사회 법제연구(I)」, 한국법제연구원.

정광수(2017), 「과학기술윤리연구」, 과학문화연구센터, 한국학술정보.

정규원(2017), "의료법 해석과 관련한 원격진료의 허용 여부와 그 범위에 관한 고찰", 대법원형사실무연구회 발표자료.

정락인(2019), "정자팔아 용돈버는 '대학생 대리부'들이 설친다", 시사저널, 제1575호.

정명현(2014), "유전자원 관련 전통지식과 지식재산 보호", 지식재산정책 제21권.

정병걸(2008), "기술위험 관리와 위험갈등: 휴대전화 전자파의 인체유해성 논란", 과학기술학연구 제8권 제1호.

정보통신기획평가원(2018), 「ICT R&D 기술로드맵 2023 [블록체인·융합]」.

정보통신정책연구원(2019), 「데이터 소유권에 관한 법·제도 및 정책 연구」.

정부합동 GHS 추진위원회(2005), 「화학물질의 분류 및 표지에 관한 세계조화시스템 (GHS) – 대한민국 정부공식 번역본 –」.

정상기(2009), 「과학기술과 법(제3판)」, 글누리.

정상조 편(2019), 「부정경쟁방지법 주해」, 박영사.

정상조/박성수 편(2010), 「특허법주해(I)」, 박영사.

정승영(2015) "가상화폐(Virtual Currency)의 세법상 분류와 과세 – 비트코인(Bitcoin) 사례를 중심으로 –", 조세학술논문집 제31집 제1호, 한국국제조세협회.

정승영(2016), "가상화폐(Virtual Currency)에 대한 부가가치세 과세 문제", 조세학술논집 제32집 제1호, 한국국제조세협회.

정승화(2016), "블록체인 기술기반의 분산원장 도입을 위한 법적 과제 – 금융산업을 중심으로 –", 금융법연구 제13권 제2호, 한국금융법학회.

정종섭(2013), 「헌법학원론(제8판)」, 박영사.

정준현 (2019), "사물인터넷 환경과 개인정보보호의 법적 문제", 일감법학 제42호.

정진근(2017), 「빅데이터 분석과 데이터 마이닝을 위한 저작권 제한 발제에 대한 토론문」, 저작권법 제정 60주년 기념 공동학술세미나.

정차호/이문욱(2005), "공동발명자 결정방법 및 관련 권리의 연구", 지식재산21 통권 제88호, 특허청.

정찬형(2012), 「상법강의(상)(제15판)」, 박영사.

정철(2018), "새로운 과학기술가치를 담은 개헌 – 과학기술 헌법개정론의 평가를 중심으로-", 국민대학교 법학논총 제31권 제2호.

정치학대사전편찬위원회, "21세기 정치학대사전 - 소프트로(soft law)", 네이버 지식
　　백과

정필운/고인석(2017), 「인공지능윤리 가이드라인의 필요성과 제정방향」, 박정의원 주
　　최 인공지능윤리 가이드라인, 그 필요성과 내용 세미나.

제리 카플란(2016), 「인간은 필요없다-인공지능시대의 부와 노동의 미래」, 신동숙
　　역, 한스미디어.

조성경(2009), "사용후핵연료 관리 이슈 공론장과 그 갈등구조에 관한 소고", 방사성
　　폐기물학회지 제7권 제1호.

조영선(2011), "특허를 받을 수 있는 권리(발명자권)의 위상 검토와 제언", 고려법학,
　　고려대학교 법학연구원.

조영선(2013), 「특허법(제4판)」, 박영사.

조영선(2018), "인공지능과 특허의 법률 문제", 고려법학 제90호.

조용진(2015), "첨단과학기술법제의 정합성 법리 -나노기술을 중심으로-", 성균관대
　　학교 법학박사 학위논문.

조용진/손경한(2013), "나노기술법제에 관한 비교법적 고찰", 과학기술법학 제5권.

조용진/손경한(2014), "과학기술안전법제의 현황과 개선방안", 과학기술법학 제6권.

조천수(2004), "라드브루흐의 방법3원론, 법이념과 공식", 법철학연구 제7권 제1호.

조해현(2008), 「행정소송」, 韓國司法行政學會.

조효남(2010), 「현대과학기술윤리」, 구미서관.

중산신홍(2008), 「저작권법」, 윤선희 역, 법문사.

중산신홍(2010), 「특허법」, 홍문당.

지원림(2012), 「민법강의(제8판)」, 홍문사.

직업백과, "연구기획평가사".

진영광(2002), "우리나라 抗告訴訟의 對象으로서 處分性과 訴의 利益에 관한 硏究 :
　　行政訴訟法 第12條·第19條에 대한 大法院判例分析을 中心으로", 인하대학교 석
　　사학위 논문.

채종헌/정지범(2019), 「고준위 방사성 폐기물 처리시설 정책의 공론화와 갈등예방에
　　관한 연구」, 한국행정연구원 연구보고서.

천주교인권위원회, "법의학이란?", http://org.catholic.or.kr/chrc/summary/forensic.htm.

철학사전편찬위원회(2009), 「철학사전」, 중원문화.

최경진(2019), "데이터와 사법상의 권리, 그리고 데이터 소유권(Data Ownership)",
　　정보법학 제23권 제1호.

최병록(1994), "제조물책임의 법리와 입법방향에 관한 연구", 경북대학교 대학원.

최병록(2017), "자율주행자동차에 있어서 제조물책임의 주요 쟁점에 관한 연구", IT와
　　法연구 제14권.

최병삼/양희태/이제영/최해옥/이성원/임수연(2017), 「글로벌 주도권 확보를 위한 사

물인터넷 플랫폼 전략(2차년도)」, 과학기술정책연구원.

최병조(2007), 「민법주해(1)」, 곽윤직 편, 박영사.

최병현/박소라(2012), "줄기세포/재생의료의 현황 및 미래전략", Hanyang Medical Reviews 제32호.

최봉철(1999), "문언중심적 법해석론 비판", 법철학연구 제2권.

최봉철(2005), "드워킨의 「법의 제국」", 법철학연구 제8권 제2호.

최봉철(2010), "최근 법실증주의의 전개와 자연법론과의 관계", 법철학연구 제13권 제3호.

최봉철(2014), "법의 효력: 요건과 효과를 중심으로", 법철학연구 제17권 제3호.

최상복(2004), 「산업안전대사전」, 도서출판 골드.

최선웅(2007), 「행정소송의 원리」, 진원사.

최선웅(2011), "환경행정소송에서의 원고적격", 행정법연구 제30권, 행정법이론실무학회.

최성준(2004), "도메인이름의 법적성격과 그 보호", 손경한 편, 「사이버지적재산권법」, 법영사.

최은수(2018), 「4차산업혁명 그 이후 미래의 지배자들」, 비즈니스북스.

최치호/김수철/박수진/이명진/이미정/이은경/임재혁/조원희(2015), 「바이오기술계약총서」, IPMS.

콘라트 헤스(1987), 「서독헌법원론」, 계희열 역, 박영사.

토머스 휴즈(2008), 「테크놀로지, 창조와 욕망의 역사」, 김정미 역, 플래닛미디어.

특허법원 지적재산소송실무연구회(2010), 「지적재산소송실무」, 박영사.

특허법원 지적재산소송실무연구회(2019), 「지적재산소송실무」, 박영사.

특허법원(2018a), "특허법원 심결취소 소송절차안내", https://patent.scourt.go.kr/dcboard/new/DcNewsViewAction.work?seqnum=3265&gubun=41.

특허법원(2018b), "특허법원 민사항소심 소송절차안내", https://patent.scourt.go.kr/dcboard/new/DcNewsViewAction.work?seqnum=3265&gubun=41.

특허심판원(2017), 「심판편람(제12판)」.

특허심판원, "특허심판의 절차", https://www.kipo.go.kr/ipt/HtmlApp?c=1301&cat=menu=t01_03_01.

특허청(2003), "통상실시권 설정 재정청구 결정서", http://glivec.jinbo.net/Decision%20PDF%20Format.pdf.

특허청(2007), 「우리나라 특허법제에 대한 연혁적 고찰」.

특허청(2008), 「심사지침서 -특허·실용신안-」.

특허청(2009), 「신기술분야에서의 강제실시제도의 적용에 관한 연구 - TRIPs 협정 개정에 따른 강제실시제도의 적용 사례를 중심으로」.

특허청(2011), 「2012 직무발명제도」.

특허청(2016), 「인공지능(AI) 분야 산업재산권 이슈 발굴 및 연구」.

특허청(2017), "강제실시제도", https://www.kipo.go.kr/kpo/HtmlApp?c=8008&catmenu
    =m11_04_05.

특허청(2019), 「지식재산권 용어사전」.

프랭크 파스콸래(2016), 「블랙박스 사회」, 이시은 역, 안티고네.

하명호(2013), 「행정쟁송법」, 박영사.

한국IDC(2019), "전 세계 사물인터넷(IoT) 지출 규모 2019년 7,450억 달러 전망".

한국과학기술학회(2014), 「과학기술학의 세계 – 과학기술과 사회를 이해하기」, 휴먼사
    이언스.

한국데이터산업진흥원(2019), 「2018 데이터산업 현황조사」.

한국법제연구원(2014), 「입법평가 전문기관 자료집」.

한국사전연구사, "정치학대사전 – 국제인권규약", 네이버 지식백과.

한국산업기술진흥협회(1989), "美·日 技術紛爭事例", 기술관리 제69호.

한국산업안전보건공단(2008), 「산업안전보건 관련 국제기구 현황 및 활동(2208) – 별
    첨자료」.

한국산업안전보건공단(2010), 「MSDS/GHS 제도 및 화학물질관리」.

한국특허법학회(2017), 「영업비밀보호법」, 박영사.

한국표준과학연구원, "개정 국제단위계(SI) 해설", https://www.kriss.re.kr/standard/
    view.do?pg=explanation_tab_01.

한국헌법학회 편(2013), 「헌법주석 I」, 박영사.

한국헌법학회 편(2018), 「헌법주석」, 경인문화사.

한상호(2002), "도메인이름관련분쟁의 새로운 동향과 해결방안에 관한 검토", 21세기
    한국민사법학의 과제와 전망, 송상현선생화갑기념논문집.

한스 요나스(1994), 「책임의 원칙 – 기술시대의 생태학적 원리」, 이진우 역, 서광사.

한영우(2010), 「한국선비지성사」, 지식산업사.

한지영(2006), "유럽에서 인간배아줄기세포 특허와 생명윤리", 산업재산권 제19호.

한지영(2011), "유럽, 특히 영국에서 인간의 배아줄기세포의 특허 보호 및 생명윤리에
    관한 연구", 산업재산권 제36호.

한지영(2014), "인간배아줄기세포의 특허보호에 관한 유럽의 최신 동향", 산업재산권
    제44호.

행정안전부/한국정보화진흥원(2019), 「정부사물인터넷 도입 가이드라인」.

허성욱(2011), "기후변화시대의 에너지법", 경제규제와 법 제4권 제1호.

허성욱(2012), "기후변화시대의 불법행위법 – 기후변화대응 정책수단으로서 불법행위
    소송의 장·단점 및 발전방향에 관한 소고", 사법 제21권.

허영(2004), 「한국헌법론」, 박영사.

홍동희(2007), "科學技術 研究開發事業에 대한 公法的 研究", 경희대학교 박사학위
    논문.

홍동희(2012), 「(과학기술)연구개발 행정법론」, 과학기술법제연구원.

홍성욱(1994), "과학과 기술의 상호관계: 지식으로서의 기술과 실천으로서의 과학", 창작과 비평.

홍성욱(1999), "과학과 기술의 상호 작용 – 지식으로서의 기술과 실천으로서의 과학", 「생산력과 문화로서의 과학 기술」, 문학과지성사.

홍완식(2014), 「입법학연구」, 피앤씨미디어.

홍정선(2012), 「행정법특강(제12판)」, 상원서적. qkr

환경부 중앙환경분쟁조정위원회(2012), 「환경분쟁조정제도 선진화 방안 연구」.

환경부(2004), "OECD의 화학물질관리 조직체계", http://me.go.kr/home/web/policy_data/read.do?pagerOffset＝4490maxPageItems＝0&maxIndexPages＝10&searchKey＝&searchValue＝&menuId＝92&orgCd＝ &condition.orderSeqId ＝1876&condition.rnSeq ＝4577&condition.deleteYn＝N&seq＝239.

환경부(2008), 「환경관련 법률·국제협약 현황」.

환경부(2019), 「인도의 생물자원 접근과 이익공유 절차 안내서」.

황해봉(2005), "행정법상 분쟁조정제도와 국민참여에 의한 행정분쟁해결제도(Ⅰ)", 법제 통권 제571호, 법제처.

[국외문헌]

313.2 of Chapter 300 Copyrightable Authorship: What Can Be Registered, the December 2014 version of Compendium.

Adam L. Sparks(2009), "The Difficulty of Determining Joint Inventorship, Especially with Regard to Novel Chemical Compounds and Their Applications", 8 Loyola Law and Technology Annual 44.

Albert E. Utton(1979), The Use of The Substantial Evidence Rule to Review Administrative Findings of Fact in New Mexico, 10 N.M. L. Rev.

Alex Grizhnevich(2018), IoT systems classification with examples, https://www.scnsoft.com/blog/iot−systems−classification.

Alexander Savelyev(2017), Contract law 2.0: 'Smart' contracts as the beginning of the end of classic contract law, Information & Communications Technology Law, Taylor & Francis.

ALI(2008), Intellectual Property: Principles Governing Jurisdiction, Choice of Law, and Judgments in Transnational Disputes.

Allen/Overry(2016), Decentralized Autonomous Organizations.

Andres Guadamuz/Diane Cabell(2013), Data Mining White Paper: Analysis of UK/EU law on data mining in higher education institutions.

APC(2006), APC Internet Rights Charter, http://www.apc.org/en/system/files/APC_charter_EN_0.pdf.

Article 29 Data Protection Working Party(2014), Opinion 8/2014 on the on Recent Developments on the Internet of Things, Adopted on 16 September 2014.

Aziz(2018), Coins, Tokens & Altcoins: What's the Difference?, https://masterthecrypto.com/differences−between−cryptocurrency−coins−and−tokens/.

Benjamin D. Allgrove(2004), Legal Personality For Artificial Intellects: Pragmatic Solution Or Science Fiction?(University of Oxford 2004).

Bhargav Thakka(2019), A New era of IoT: The Social IoT/Social Network of Things, Social Internet of Things (SIoT).

C. Bohret(1989), "Neuartige Folgen − eine 'andere' verwaltung?", VerwArch, 80.

Cal. CON ARTICLE XXXV MEDICAL RESEARCH[SECTION1 − SEC.7], http://leginfo.legislature.ca.gov/faces/codes_displayText.xhtml?lawCode = CONS&division = &title = &part = &chapter = &article = XXXV.

Cal. HSC PART 5.5 USE OF HUMAN CELLS, http://leginfo.legislature.ca.gov/faces/codes_displayexpandedbranch.xhtml?lawCode = HSC&division = 106.&title = &part = 5.5.&chapter = 1.&article = &goUp = Y.

Calliess, Rechtstaat und Umbeltstaat.

CBD, The Cartagena Protocol on Biosafety, http://www.cbd.int/biosafety/.

Charles Rosen/Nils Nilsson/Bertram Raphael and others(2010), 'Shakey' 1967 LIFE, http://cyberneticzoo.com/cyberneticanimals/1967−shakey−charles−rosen−nils−nilsson−bertram−raphael−et−al−american/.

Chike Patrick Chike(2018), The Legal Challenges of Internet of Things, Technical Report.

Chris Cwalina/Jeewon Kim Serrato/Anna Rudawski/Alexis Wilpon(2019), Nine States Pass New And Expanded Data Breach Notification Laws, https://www.dataprotectionreport.com/2019/06/nine−states−pass−new−and−expanded−data−breach−notification−laws/.

CNN(1998), Researchers isolate human stem cells in the lab, http://edition.cnn.com/HEALTH/9811/05/stem.cell.discovery/.

Commission's High−Level Expert Group on Artificial Intelligence(2019), "Ethics Guidelines for Trustworthy AI".

Creative Commons, http://creativecommons.org/.

Ctrl Shift(2018), Data Mobility: The personal data portability growth opportunity for the UK economy.

D. Robinson(2010), Confronting Biopiracy: Chanllenges Cases And International Debate, Earthscan, Oxford, UK 2010.

Daniel Larimer(2013), Over Paying for Security, Let's Talk Bitcoin.

Daniel Wüger/Thomas Cottier(2008), Genetic Engineering and the World Trade System, Cambridge University Press.

David Lindsay(2007), International Domain Name Law: ICANN and the UDRP. Hart Publishing, Oxford and Portland, Oregon.

David R. Johnson/David G. Post(1996), Law and Borders−−The Rise of Law in Cyberspace, 48 Stan. L. Rev. 1357.

Dipesh Vaya/Teena Hadpawat(2019), Internet of Everything (IoE): A New Era of IoT, ICCCE 2019, Springer, Singapore.

Don Tapscott/Alex Tapscott(2016), Blockchain Revolution. Brilliance Audio.

Douglas/Wildavsky(1982), Risk and Culture, Berkely, Univ. of California Press.

Eben Moglen, Eben Moglen explaining why the GPL is a license and why it matters, http://fsfe.org/projects/gplv3/barcelona−moglen−transcript.en.html #q12−contract−theory.

Elizabeth C. Woodard(2009), The UDRP, ADR, and Arbitration: Using Proven Solutions to Address Perceived Problems with the UDRP, 19 Intell. Prop. Media & Ent. LJ, 1170.

Emilie Hermans(2018), Copyright law reform in Germany − what is this "UrhWissG", really?, https://blogs.openaire.eu/?p=3525.

Energy Safety and Security Act, https://laws−lois.justice.gc.ca/eng/annual−statutes/2015_4/page−1.html.

ENISA(2014), Privacy and Data Protection by Design.

EPA, About the Office of Administrative Law Judges(OALJ), https://www.epa.gov/aboutepa/about−office−administrative−law−judges−oalj.

EPA, Particulate Matter(PM) Pollution, https://www.epa.gov/pm−pollution/particulate−matter−pm−basics.

Ernst Kapp(1877), Eine Philosophie der Technik.

EU Political Strategy Centre(2017), Enter The Data Economy: EU Policies for a Thriving Data Ecosystem, EPSC Strategic Notes Issue 2.

European Commission(2017a), Communication from the Commission to the European Parliament, the Council, the European Economic and Social Committee and the Committee of the Regions, "Building a European Data Economy", Brussels.

European Commission(2017b), Guidelines on the right to data portability, Article 29 Data Protection Working Party, http://ec.europa.eu/justice/data−protection/index_en.htm.

European Commission(2017c), Proposal for a REGULATION OF THE EUROPEAN PARLIAMENT AND OF THE COUNCIL concerning the respect for private life and the protection of personal data in electronic communications and repealing Directive 2002/58/EC(Regulation on Privacy and Electronic Communications), Brussels, 10. 1. 2017 COM(2017) 10 final 2017/0003 (COD)

European Parliament(2017), Licence for Designers, Annex to the resolution: Recommendations as to the content of the proposal requested, European Parliament resolution of 16 February 2017 with recommendations to the Commission on Civil Law Rules on Robotics (2015/2103(INL)).

F. Gregory Lastowka/Dan Hunter(2004), The Laws of the Virtual Worlds, 92 Cal. L. Rev.

F. Thiele/R.E.Ashcroft(2005), Bioethics in a Small World, Springer Verlag.

FCC, https://www.fcc.gov/.

Filipe Maia Alexandre(2017), The Legal Status of Artificially Intelligent Robots−Personhood, Taxation and Control, Tilburg University Dissertation.

Frascati Manual 2015, https://www.oecd.org/sti/inno/Frascati−Manual.htm.

Garrett Hardin(1968), "The Tragedy of the Commons, Science", 162 SCIENCE 1243.

Georgy Ishmaev(2017), Blockchain Technology as an Institution of Property,

Metaphilosophy Vol. 48 No. 5.

Gesetz zum Schutz von Embryonen, http://www.gesetze−im−internet.de/bundesrecht/eschg/gesamt.pdf.

Gesetz zur Sicherstellung des Embryonenschutzes im Zusammenhang mit Einfuhr und Verwendung menschlicher embryonaler Stammzellen (Stammzellgesetz − StZG), http://www.gesetze−im−internet.de/stzg/StZG.pdf.

GNU, http://www.gnu.org/licenses/gpl.html.

GPEN(2016), 2016 GPEN Sweep Internet of Things(with a focus on accountability), https://ico.org.uk/media/about−the−ico/disclosure−log/1625142/irq0648379−attachment.pdf.

Graham Dukes(2006), The Law and Ethics of the Pharmaceutical Industry, Elsevier, 2005cs of Biotechnology, Vol. I & II, Elgar Reference Collection.

Graham Hill(2014), "Guest post: 'How Marketing−as−a−Service builds trust and engagement' by Graham Hill", Ctrl Shift.

Guidelines issued by the Association of Chief Police Officers(ACPO), UK.

Gurulkan/Cakir(2018), A Legal Analysis on The Worldwide Regulations of Cryptocurrencies, https://www.gurulkan.com/insights/a−legal−analysis−on−the−worldwide−regulations−of−cryptocurrencies.

H. M. O'Brien(2016), The Internet of things. Journal of Internet Law. 19(12).

Hans Schöler(2012), Antworten auf häufig gestellte Fragen zur Stammzellforschung, https://www.wissensschau.de/stammzellen/stammzellenforschung_deutschland.php.

Harry Pettit(2017), Are robots more than just 'personal property'? Estonia works toward giving AI legal status, Mailonline, 10 October 2017, http://www.dailymail.co.uk/sciencetech/article−4965922/Estonia−working−giving−robots−AI−legal−status.

Howard Eves(1990), An Introduction to the History of Mathematics, 6th edition, Philadelphia: Saunders College.

Hugh Boyes/Bil Hallaq/Joe Cunningham/Tim Watson(2018), The industrial internet of things (IIoT): An analysis framework, Computers in Industry, Volume 101.

ICANN, http://www.icann.org/.

ICC, Experts, https://iccwbo.org/dispute−resolution−services/experts/.

IDC/Open Evidence(2017), "European Data Market Smart 2013/063", Final Report.

IEC, http://www.iec.ch/.

IGF, The Charter of Human Rights and Principles for the Internet, https://www.ohchr.org/Documents/Issues/Opinion/Communications/InternetPrinciplesAnd

RightsCoalition.pdf.

International Court of Justice, https://www.icj−cij.org/en.

IPO(2014), Opinions: resolving patent disputes, https://www.gov.uk/guidance/ opinions−resolving−patent−disputes.

IPO(2016), Examination Guidelines for Patent Applications relating to Biotechnologic Inventions in the Intellectual Property Office, http://www.ipo.gov.uk/ biotech.pdf.

IPOS, Expert Determination Opinion for IPOS Patent Proceedings, https://www. ipos.gov.sg/protecting−your−ideas/hearings−mediation/expert−determinati on.

ISO(2015), ISO/IEC/IEEE 15288:2015 Systems and software engineering−System life cycle processes, https://www.iso.org/standard/63711.html.

ISO, About Us, https://www.iso.org/about−us.html.

J. Craig Venter/David Ewing Duncan(2021), The New Darwin: A Revolution in Our Understanding of the Natural World, Little, Brown Book Group.

J. M. Samet/F. Dominici/F. C. Curriero/I. Coursac/S. L. Zeger(2000). Fine particulate air pollution and mortality in 20 U.S. cities, 1987-1994. The New England Journal of Medicine, Vol. 343.

Jack Goldsmith/Tim Wu(2008), Who Controls the Internet?: Illusions of a Borderless World, Oxford University Press.

Jack M. Balkin(1993), Understanding legal understanding: the legal subject and the problem of legal coherence, Yale Law School Faculty Scholarship Series, Paper 273.

Jack M. Balkin(2015), The Path of Robotics Law, 6 Calif. L. Rev. Circuit 45, 52.

Jeremy Rifkin(2000), The Age of Access, The Putnam Publishing Group.

Jiyoung Han(2005), Der Patentschutz biotechnologischer Erfindungen, Duncker& Humblot.

Jodie Fothergill/Karl H. Lincke(2016), Internet of Things (IoT) Legal Considerations for Businesses, Mariscal & Abogados Asociados, https://www.mariscal− abogados.com/internet−of−things−iot−legal−considerations−for− businesses/.

Joel R. Reidenberg(1998), Lex Informatica: The Formulation of Information Policy Rules Through Technology, 76 Texas Law Review 553.

Johann Gottlieb Fichte(1793), Beweis der Unrechtmäßigkeit des Büchernachdrucks: Ein Räsonnement und eine Parabel, (Berlinische Monatsschrift 21, 1793) .

John G. Simon/Charles W. Powers/Jon P. Gunnemann(1972). The Ethical Investor, New Haven: Yale University Press.

John Kendall/Clive Freedman/James Farrell(2008), Expert Determination, 4th Ed. Sweet & Maxwell.

John Locke(1690), An Essay Concerning the True Original Extent and End of Civil Government.

John Peatross(2018), Deliver Uncompromised: The Department of Defense's Latest Security Initiative, https://aronsonllc.com/deliver−uncompromised−the−department−of−defenses−latest−security/.

John Perry Barlow(1996), "A Declaration of the Independence of Cyberspace.

John Rawls(1971), A Theory of Justice, Harvard University Press, Cambridge.

Joseph Raz(1990), Practical Reason and Norms, Princeton University Press.

Joseph Raz(1992), The relevance of coherence, Boston University Law Review Vol. 72 No. 2.

Josh Stark(2016), Making Sense of Blockchain Smart Contracts, https://www. coindesk. com/making−sense−smart−contracts.

Joshua A.T. Fairfield(2005), Virtual Property, 85 B.U.L. REV.

Joshua Gans(2018), The Hamilton Project, Brookings, Enhancing Competition with Data and Identity Portability, USA.

Joyce Tan(2018). WIPO Guide on Alternative Dispute Resolution (ADR) Options for Intellectual Property Offices and Courts. WIPO.

Justin Hughes(1988), "The Philosophy of Intellectual Property", 77 Geogetown Law Journal 287.

K. Britton(2016), Handling privacy and security in the Internet of Things. Journal of Internet Law, https://www.coursehero.com/file/16667577/Handling−Privacypdf/.

K. Rose/S. Eldridge/L. Chapin(2015), Internet of things: An overview understanding the issues and challenges of a more connected world, http://www. internetsociety.org/sites/default/files/ISOC−IoT−Overview−20151022.pdf.

Kenneth L. Port/Jay Dratler, Jr/Faye M. Hammersley/Terence P. McElwee/Charles R. McManis/Barbara A. Wrigley(2005), Licensing Intellectual Property in the Information Age, Carolina Academic Press.

Klaus Schwab(2016), The Fourth Industrial Revolution: what it means, how to respond, www.weforum.org/agenda/2016/01/the−fourth−industrial−revolution−what−it−means−and−how−to−respond/.

Kobina Hughes(2017), Blockchain, The Greater Good, and Human and Civil Rights, Metaphiposophy, Volume 48.

Lawrence B. Solum(1992), Legal Personhood for Artificial Intelligences, 70 N.C.L. Rev.

Lawrence Lessig(2000), Code and Other Laws of Cyberspace, http://code−is−law.org/.

Lawrence Lessig(2002), The Future of Idea: The Fate of the Commons in a Connected World.

Lawrence Lessig(2006), Code: Version 2.0, http://codev2.cc/.

Linklaters(2017), Whitepaper Smart Contracts and Distributed Ledger – A Legal Perspective, https://www.isda.org/a/6EKDE/smart−contracts−and− distributed −ledger−a−legal−perspective.pdf.

Mark Greenberg(2006), How Facts Make Law, Scott Hershovitz(ed.), Eploring Law's Empire; The Jurispudence of Ronald Dworkin, Oxford University Press.

Mark Perry/Thomas Margoni(2010), "From Music Tracks to Google Maps: Who Owns Computer−generated Works?", Law Publications. Paper 27.

Mark S. Holmes(2007), Patent Licensing, Practising Law Institute.

Martin Heidegger(1962), Die Technik und die Kehre(技術과 轉向).

Mathias Klang(2006), Disruptive Technology, Goetheborg University.

MesInfos, http://mesinfos.fing.org/english/.

Michael A. Carrier/Greg Lastowka(2007), Against Cyberproperty, 22B.T.L.J.

Michael C. McFarland(1986), The Public Health, Safety and Welfare: An Analysis of the Social Responsibilities of Engineers, 5 IEEE Technology and Society Magazine, No.4, Dec.

Midatalab, http://www.midatalab.org.uk.

Mihail C. Roco/William Sims Bainbridge(eds.)(2003), Nanotechnology: Societal Implications − Maximizing Benefir for Humanity, Report of the National Nanotechnology Initiative Workshop, National Science Foundation, USA.

Miller/Davis(1983), Intellectual Property, West Publishing Co.

Mpassi Sinjela(2007), Human rights and Intellectual Property Rights − Tensions and Convergences −, Martinus Nijhoff Publishers Leiden/Boston.

Nadezhda Purtova(2017), Do Property Rights in Personal Data Make Sense after the Big Data Turn? Individual Control and Transparency, Tilburg Law School Legal Studies Research Paper Series No. 21/2017.

National Institute of Standards and Technology(2018), Cybersecurity Framework Version 1.1.

National Science and Technology Council Networking and Information Technology Research and Development Subcommittee(2016), The National Artificial Intelligence Research and Development Strategic Plan.

Nature(2008), Japan to allow limited hyman embryonic cloning, https://www. nature.com/news/2008/080528/full/453577c.html.

NDAA(2019), Reform and Rebuild: The Next Steps National Defense Authorization Act FY－2019, https://republicans－armedservices.house.gov/sites/republicans. armedservices.house.gov/files/wysiwyg_uploaded/FY19%20NDAA%20Confere nce%20Summary%20.pdf.

Neil MacCormick(1978), Legal Reasoning and Legal Theory, Clarendon Press, Oxford.

Nicholas Davis(2016), What is the fourth industrial revolution?, https://www. weforum.org/agenda/2016/01/what－is－the－fourth－industrial－revolution/.

Nick Szabo(1996), Smart Contracts: Building Blocks for Digital Markets, https://www.fon.hum.uva.nl/rob/Courses/InformationInSpeech/CDROM/Litera ture/LOTwinterschool2006/szabo.best.vwh.net/smart_contracts_2.html.

NIS Directive(2016), Directive (EU) 2016/1148 of the European Parliament and of the Council of 6 July 2016 concerning measures for a high common level of security of network and information systems across the Union OJ L 194, 19. 7. 2016.

NIST(2020), Cybersecurity Framework Questions and Answers, https://www.nist. gov/cyberframework/frequently－asked－questions/framework－basics# framework.

Open Source License Resource Center, Black Duck Software. http://www. blackducksoftware.com/oss.

P. P. Polanski(2007), Customary Law of the Internet: In the Search for a Supranational Cyberspace Law, T.M.C. ASSER PRESS.

Patricia L. Bellia(2004), Defending Cyberproperty, 79 N.Y.U. L. REV.

Perrow(1984), "Complexity, Coupling and Catastrophe", 「Normal Accidents」.

Peter L. Strauss(2002), Administrative Justice in the United States, 2nd Ed., Carolina Academic Press.

Peter M. Asaro(2007), Robots and Responsibility from a Legal Perspective http://www.peterasaro.org/writing/asaro%20legal%20perspective.pdf.

Primary Sources on Copyright(1450 - 1900), http://www.copyrighthistory.org/cam/ index.php.

R. Polk Wagner(2005), On Software Regulation, 78 S. CAL. L. REV.

REACH, Understanding REACH, https://echa.europa.eu/regulations/reach/ understanding －reach.

Rebecca F. Wisch(2008), Brief Overview of Pet Trust Laws, Animal Legal & Historical Center, https://www.animallaw.info/article/brief－overview－pet－ trust－laws.

Reggie O'Shields(2017), Smart Contracts: Legal Agreements for the Blockchain,

21N.C. Banking Inst. 177.

Regulation (EU) 2016/679, OJ L 119, 04.05.2016; cor. OJ L 127, 23. 5. 2018.

Richard Kemp(2017), Legal Aspects of the Internet of Things, White Papers, Kemp
　　IT Law.

Richard M. Stallman(2006), Don't Let 'Intellectual Property' Twist Your Ethos.
　　http://www.gnu.org/philosophy/no−ip−ethos.html.

Roberto Andorno(2007), "The Invaluable Role of Soft Law in the Development of
　　Universal Norms in Bioethics", paper at a Workshop jointly organized by
　　the German Ministry of Foreign Affairs and the German UNESCO
　　Commission, Berlin,　http://www.unesco.de/1507.html.

Robin Nott(1988), Text of the EC Directive on Biotechnology with introduction
　　and comment, 2 BIO−SCIENCE L. REV.

RoboLaw, Guidelines on Regulating Robotics, Regulating Emerging Robotic
　　Technologies in Europe: Robotics facing Law and Ethics, 22/09/2014.

Roger Brownsword(2002), Stem Cells, Superman, and the Report of the Select
　　Committee, The Modern Law Review 2002.

Roger Brownsword(2008), Rights, Regulation, and the Technological Revolution,
　　Oxford University Press.

Roger Brownsword(2008), Rights, Regulation, and the Technological Revolution,
　　Oxford University Press.

Ronald Dworkin(1986), Law's Empire, Harvard University Press, Cambridge.

S. E. Nisipeanu/E. Chiurtu, D.(2017), "Darabont, Increasing of the occupational
　　safety and health performances, according to ISO 45001, with respect of the
　　Regulation (EC) no 1907/2006 on the Registration, Evaluation, Authorisation
　　and Restriction of Chemicals (REACH)", Quality − Access to Success, 2017
　　Supplement 1, Vol. 18.

S. R. Peppet(2014), Regulating the internet of things: First steps toward managing
　　discrimination, privacy, security, and consent. Texas Law Review, http://
　　www.texaslrev.com/wp−content/uploads/2015/08/Peppet−93−1.pdf.

Schulte(2009), Patentgesetz mit EPÜ, Kommentar, Carl Heymanns Verlag, 8. Auf.

Shawn S. Amuial/Josias N. Dewey/Jeffrey R. Seul(2016), The Blockchain: A Guide
　　for Legal & Business Professionals.

Stanford Encyclopedia of Philosophy(2018), Philosophy of Technology, http://
　　plato.stanford.edu/entries/technology/.

Stephane Blemus(2018), Law and Blockchain: A Legal Perspective on Current
　　Regulatory Trends Worldwide.

Tade Matthias Spranger(2002), Europe's Biotech Patent Landscape: Conditions and

Recent Developments, 3 Minnesota Intell. Prop. Rev.

The DAO, https://daowiki.atlassian.net/wiki/spaces/DAO/overview?mode＝global.

The European Banking Authority ("EBA")'s Opinion on 'Virtual Currencies'(2014).

The National Law Review(2019), Oregon's New IoT Law, The National Law Review, https://www.natlawreview.com/article/oregon－s－new－iot－law.

The National Law Review(2020), IoT Manufacturers － What You Need to Know About California's IoT Law, https://www.natlawreview.com/article/iot－manufacturers－what－you－need－to－know－about－california－s－iot－law.

The White House Office of the Press Secretary(2013), Executive Order 13636 － Improving Critical Infrastructure Cybersecurity, https://obamawhitehouse.archives.gov/the－press－office/2013/02/12/executive－order－improving－critical－infrastructure－cybersecurity.

The White House(2016a), Preparing for the Future of Artificial Intelligence, White House Blog.

The White House(2016b), Artificial Intelligence, Automation, and the Economy.

Tobias Lochen(2007), Die voelkerrechtlichen Regelungen ueber den Zugang zu genetischen Ressourcen, Mohr Siebeck.

Ulrich Beck(1992), "Risikogesellschaft", 1986; "Risk Society: Towards a New Modernity".

University of Readging(2014), Turing Test Success Marks Milestone In Computing History, http://www.reading.ac.uk/news－archive/press－releases/pr583836.html.

US Federal Trade Commission(2015), Internet of Thing Privacy & Security in a Connected World, FTC Staff Report, January 2015.

Vandana Shiva(1998), Biopiracy, Green Books.

Viola Prifti(2015), 日欧特許法における「公序良俗」条項 ヒト胚性幹細胞発明について.

Vitalik Buterin(2014), Ethereum White Paper － A Next Generation Smart Contract & Decentralized Application Platform.

W. Benedek/V. Bauer/M. Kettemann(2008), Internet Governance and the Information Society: Global Perspectives and European Dimensions, Eleven International Publishing.

White House Office(2012), Digital Government: Building a 21st Century Platform to Better Serve the American People.

Wikipedia, "Computer Forenscis".

Wikipedia, "Jon Postel".

Wikipedia, "Science".

Wikipedia, "Technology".

Wikipedia, "法源".

William F. Funk/Sidney A. Shapiro/Russell L. Weaver(2010), Administrative Procedure and Practice: Problems and Cases, 4th Ed., West.

William Langewiesche(1998), Inside the Sky: A Meditation on Flight.

WIPO Secretariat(2019), Draft Issues Paper on Intellectual Property Policy and Artificial Intelligence, WIPO Conversation on Intellectual Property(IP) and Artificial Intelligence(AI) Second Session WIPO/IP/AI/2/GE/20/1 (December 13, 2019).

Wissenscahuf.de.(2018), Stammzellforschung in Deutschland: iPS－Zellen als Chance?, https://www.wissensschau.de/stammzellen/embryonale_stammzellen.php.

ＡＩネットワーク社会推進会議(2017), 国際的な議論のためのＡＩ開発ガイドライン案.

角田政芳(2005),「公序良俗の意義(1) － ピンゴゲーム装置事件」, 中山信弘외 編「別册 ジュリスト170号 特許判例百選」(有斐閣, 第三版, 平成 16年 2月 20日).

個人情報保護委員会(2017), 個人情報の保護に関する法律についてのガイドライン(匿 名加工情報編), 平成28年11月(平成29年3月一部改正).

技術情報協会(2012), 醫藥 ライセンス契約を成功させるマニュアル·ノウハウ集,日本印 刷株式会社

大浜 啓吉(2011), 行政裁判法 (行政法講義 2), 岩波書店.

柳川 範之/山岡 浩巳(2017), "ブロックチェーン·分散型台帳技術の法と経済学", 日本 銀行ワーキングペーパーシリーズ.

木下信行/岩下直行/久保田隆/本柳祐介(2017), "ブロックチェーンの法的検討(下)", 東 京 : 商事法務.

武久征治 外(2007), 知的財産契約の理論と實務, 日本評論社.

文部科学省告示第六十九号, ヒトES細胞の樹立に関する指針 https://www.mext.go.jp/b_menu/houdou/31/04/__icsFiles/afieldfile/2019/03/ 29/ 1414990_003.pdf.

文部科学省告示第六十八号, ヒトES細胞の使用に関する指針 https://www.mext.go.jp/b_menu/houdou/31/04/__icsFiles/afieldfile/2019/04/ 01/1414990_002.pdf.

文部科学省告示第四号, ヒトES細胞の樹立に関する指針 https://www.mext.go.jp/b_menu/houdou/31/04/__icsFiles/afieldfile/2019/04/ 01/1414990_001.pdf.

松尾豊(2017),「人工知能学会倫理指針について」, http://ai－elsi.org/archives/471.

新保史生(2017), ロボット法をめぐる法領域別課題の鳥瞰, 情報法制研究 第1号.

人工知能と人間社会に関する懇談会 第1回会合 平成 28年5月 30日.

引地 進(2006), ヒトES細胞の特許性について, tokugikon, no. 241.

日本 総務省 AIネットワーク化検討会議の中間報告書, 2016. 4. 15.

井内 龍二/伊藤 武泰/谷口 直也(2008), 特許法と種苗法の比較, パテント Vol. 61 No. 9, 日本弁理士会.

知的財産戦略本部 検証·評価·企画委員会 新たな情報財検討委員会(2017), データ·人工知能（ＡＩ）の利活用促進による産業競争力強化の 基盤となる知財システムの構築に向けて 報告書.

総務省(2016), IoTセキュリティガイドライン ver1.0.

投稿日(2017), COMSA（コムサ）とは | 仮想通貨ICOクラウドセールの魅力と買い方, https://kabu−daytrade.com/comsa−explane/.

夏井高人(2017), アシモフの原則の終焉, 法律論叢 第89巻 第4·5合併号.

厚生労働省医薬食品局(2014), プログラムの医療機器への該当性に関する基本的な考え方について(薬食監麻発1114第5号), 厚生労働省医薬食品局監視指導·麻薬対策課長.

厚生労働省医薬食品局(2018),「プログラムの医療機器への該当性に関する基本的な考え方について」の一部改正について(薬生監麻発1228第2号), 厚生労働省医薬食品局監視指導·麻薬対策課長.

■ 판례색인 ■

• 기 타

[국외판결]

• 미국 판결

■ 사항색인 ■

공저자 약력 (가나다순)

김 동 준
- 충남대학교 법학전문대학원 교수
- 성균관대학교 법학박사
- 미국 Univ. of New Hampshire Franklin Pierce School of Law (J.D.)

김 병 일
- 한양대학교 법학전문대학원 교수
- 독일 Ludwigs-Maximilians Universität 법학박사 (Dr. iur.)
- 독일 Max-Planck-Institut fur Patentrecht 연구원

김 현 철
- 이화여자대학교 법학전문대학원 교수
- 서울대학교 법학박사
- 이화여대 법학전문대학원 교무부원장

박 진 아
- (사) 기술과법연구소 소장
- 이화여자대학교 법학박사
- 미국 Temple University School of Law 법학박사 (SJD)

손 경 한
- (사) 기술과법연구소 이사장
- 일본 국립오사카대학 법학박사
- 성균관대학교 법학전문대학원 과학기술법 전임 교수

오 병 철
- 연세대학교 법학전문대학원 교수
- 연세대학교 법학박사
- 충북대학교 대학원 공학박사과정 수료

원 세 환
- 한국과학기술연구원(KIST) 홍보실장
- 성균관대학교 법학박사
- 독일 Max-Planck-Institut fur Patentrecht 방문 연구원

이 규 홍
- 특허법원 부장판사
- 연세대학교 법학박사
- 미국 Franklin Pierce Law Center(현 UNH) 방문학자

이 성 환
- 법무법인 안세 대표변호사
- 서울대학교 법학박사
- 국민대학교 법과대학 교수

이 종 영
- 중앙대학교 법학전문대학원 교수
- 독일 Würzburg 대학교 법학박사(Dr. iur.)
- 한국환경법학회 회장

이 홍 기
- (사) 기술과법연구소 책임연구원
- 성균관대학교 법학박사
- 성균관대 법학연구원 선임연구원

정 찬 모
- 인하대학교 법학전문대학원 교수
- Oxford 대학교 법학박사
- 정보통신정책연구원 연구위원

조 용 진
- 한국식품연구원 산업기반연구본부장
- 서울대학교 농학박사/성균관대학교 법학박사
- 과학기술연합대학원대학교(UST) 전임교수

최 치 호
- 한국과학기술연구원(KIST) 기술사업단장
- 숭실대학교 법학박사
- 한국연구소기술이전협회 회장

한 지 영
- 조선대학교 법학과 교수
- 독일 Ludwigs-Maximilians Universität 법학박사 (Dr. iur.)
- 일본 지적재산연구소(IIP) 초빙연구원

과학기술법 2.0

초판발행	2010년 8월 31일
제2판발행	2021년 1월 1일

지은이	손경한·조용진 외 13명
펴낸이	안종만·안상준

편 집	김상인
기획/마케팅	정성혁
표지디자인	손원찬
제 작	고철민·조영환

펴낸곳	㈜ **박영사**
	서울특별시 금천구 가산디지털2로 53, 210호(가산동, 한라시그마밸리)
	등록 1959. 3. 11. 제300-1959-1호(倫)
전 화	02)733-6771
f a x	02)736-4818
e-mail	pys@pybook.co.kr
homepage	www.pybook.co.kr
ISBN	979-11-303-3770-8 93360

copyright©손경한·조용진 외 13명, 2021, Printed in Korea

정 가   45,000원